9급 공무원 시험대비

박문각
공무원

기 본 서

KB274315

합격까지 함께 만점 한국사

최근 출제 경향 분석을 통한 본문 구성

주요 핵심 내용의 도식화 + 기출 수록

풍부한 자료들과 주요 사료 모두 탑재

노범석 편저

노범석 한국사

단권화 기본서

이 책의 **머리말**

노량진 현장에서 검증되고 다져진 노범석 한국사가,
이제 수험생 여러분의 합격 파트너가 되겠습니다.

20여 년 동안 강의를 하면서 맞닥뜨리는 것 중 하나가 바로 국사에 대한 수험생 여러분들의 절치부심한 고민들입니다. 한국사 수업에 대한 수험생들의 고민 중 가장 흔한 것이 '지루하고 암기량이 너무 많아 어렵다'는 것이었습니다. 역사라는 긴 시간의 흐름이 요즘 수험생들의 짧게 생각하려는 특성과는 아무래도 어울리지 않는 것이 사실이기도 합니다.

그러나 이러한 수험생 여러분들의 고민을 '요즘 수험생들'의 탓으로만 돌릴 수는 없습니다. 기실 시중에 출판된 공무원 한국사 수험서의 상당수를 살펴보면 오랜 강의 생활을 한 본인으로서도 이해하기 어려운 부분이 적지 않습니다. 내용이 쉽게 전달되지 않을 뿐만 아니라, 사전 지식 없이는 이해할 수 없는 낯선 용어나 개념이 하나 둘이 아닙니다. 문장이나 단어의 사용도 한문 투의 것이 많아 한글 세대가 읽어내기가 그리 쉽지 않은 것이 사실입니다.

이 같은 점 때문에 현장에서 수험생들을 가르치는 교수로서 나름대로 쉽게 그리고 오래 기억될 수 있도록 여러 가지 방법을 시도하고 있습니다. 아무리 중요한 내용일지라도 학생들에게 명확히 전달되지 않는다면 그 수업은 실패이기 때문입니다.

『노범석 한국사』는 바로 그러한 현장 수업의 경험을 기초로 하여 집필하였습니다. 이 시기의 이 부분에서는 어떤 설명, 어떤 사화(史話)가 학생들에게 쉽게 받아들여졌고, 학생들이 특히 관심을 갖는 부분은 어떠한 내용이었는지를 수업의 실제 경험에서 기억하여 찾아내고자 하였습니다.

또한 통계학적 분석을 동원하여 최신 출제 경향을 한눈에 파악할 수 있도록 하였으며, 국정 교과서는 물론 개정 교과서의 내용까지 담아 돌발적인 고난도 문제까지 해결할 수 있도록 한국사의 모든 내용을 폭넓게 다루었습니다.

이처럼 『노범서 한국사』는 공무원 한국사를 준비하는 수험생 여러분들이 최소한의 노력으로 최대의 효과를 얻을 수 있도록, 어떠한 시험 환경에서도 완벽히 대비할 수 있도록 하였습니다. 또한 수험생들로 하여금 가벼운 마음으로 역사에 다가설 수 있도록 교재를 구성했으며, 이에 맞추어 교재도 단권화 하였습니다. 개념 서술 형식도 나열식 설명은 가급적 피하면서 구체적 내용 하나하나에 대하여 인과 관계의 맥을 간결하게 짚어, 전체적인 흐름을 중시하는 방식을 취하였습니다.

기본적으로 국정 교과서에 맞춰 서술 체계는 통사의 형식을 채택하였고, 공무원 한국사 출제 비중에 맞춰 시대별·주제별 비중을 안배하였습니다. 특히 정치사의 경우 전체적인 역사적 흐름을 잡을 수 있도록 인과적 전개 방식을 취해 『노범석 한국사』만이 가진 스토리텔링 기법을 교재에 적극 반영하였습니다. 또한 각종 사료와 역사 통계 자료 및 사진 자료 등을 풍부하게 삽입하여 공무원 시험의 다양한 유형에 적극 대비토록 하였습니다. 그리고 최근 공무원 한국사 시험의 트렌드인 개정 한국사 내용을 적극 반영하기 위해 현행 고등학교에서 이용하고 있는 한국사 교과서의 내용을 심층 분석하여 수록하였습니다.

여기에 엄선된 핵심 기출문제 등을 수록하여 개념 완성과 동시에 개념의 문제 적용력을 향상시킬 수 있도록 하였습니다. 감히 『노범석 한국사』가 최고의 수험서라고 할 수는 없지만, 현장에서 얻어진 경험을 바탕으로 구성된 가장 효율적인 개념과 과학적인 기출 분석 및 예측을 담은 독보(獨步)적인 교재임에는 틀림없다고 자부합니다.

이번 『노범석 한국사』의 출간으로 더 이상 수험생 여러분들이 공무원 한국사 학습에 어려움을 느끼고 고민하지 않기를 바람해 마지않으며, 『노범석 한국사』가 출간되기까지 오랜 시간 수많은 고민과 어려움을 함께해 준 신윤원 선생님 이하 연구실 직원들, 늘 학원에서 사는 저를 이해해 준 가족들에게 감사의 말을 올립니다. 또 잦은 교정과 편집 요청에도 한결같이 성심을 다해 준 박문각 출판팀 여러분에게도 깊은 감사의 마음을 표합니다.

아직도 불이 꺼지지 않은 노량진 현장에서

노범석

구성과 특징

예·복습을 통한 학습 효율성 극대화!
소단원 '강'의 핵심 내용을 정리한 **해법 요람**

- 소단원인 각 '강'의 핵심 내용을 요약 노트형으로 구성하여 예·복습 시 학습
  효율성을 극대화하였습니다.
- 인과성 파악 및 이해를 극대화시킨 서술식 개념 정리와 달리 요약 노트형
  으로 간추려 스피드한 개념 파악이 가능하도록 하였습니다.

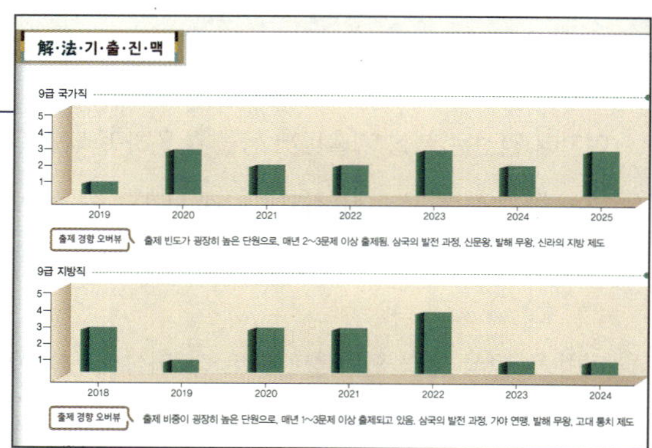

무려 7개년 기출을 중단원 '장'별로
세분하여 분석한 그 누구도 모방할 수 없는 **해법 기출 진맥**

- 2019년부터 2025년까지 9급 국가직·지방직·법원직을 모두 망라한 최대
  기출 분석으로 출제 경향을 꿰뚫어 봅니다.
- 연도별 출제 빈도와 주요 출제 주제, 각 시험별 출제 빈도 및 패턴을
  분석하였으며, 주요 출제 포인트를 제시하였습니다.

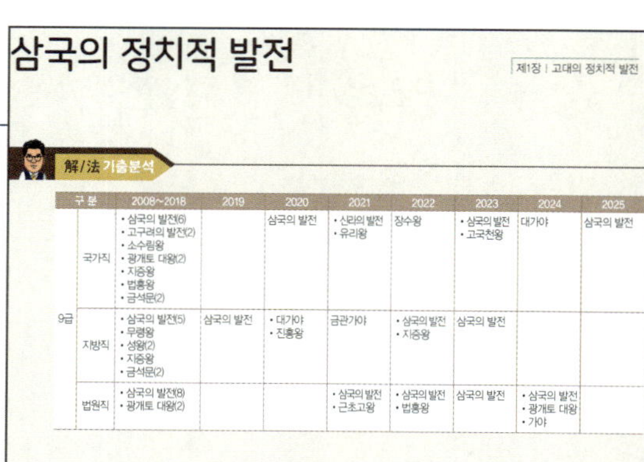

디테일한 기출 분석을 위한 소단원 '강'별 **해법 기출 분석**

2008년부터 2025년까지 망라한 소단원 '강'별 기출 주제 분석을 더해 출제
포인트를 재각인시키고 중요 개념의 맥(脈)을 잡아 드립니다.

혁신적인 스토리텔링 교수법이 녹아 있는 **서술식 개념 구성**

- 정확한 Time Line을 구축하고 역사적 사건을 인과적으로 이해하여 어떠한 문제에도 대처할 수 있도록 완벽한 스토리텔링 개념으로 구성하였습니다.
- 단순 암기가 아닌 이해를 바탕으로 한 개념 학습이 가능하도록 본문을 서술형으로 구성하였으며 개념에 입체적 학습을 돕기 위한 각종 지도, 도식형 부가 서술 및 심화 자료를 총망라하였습니다.

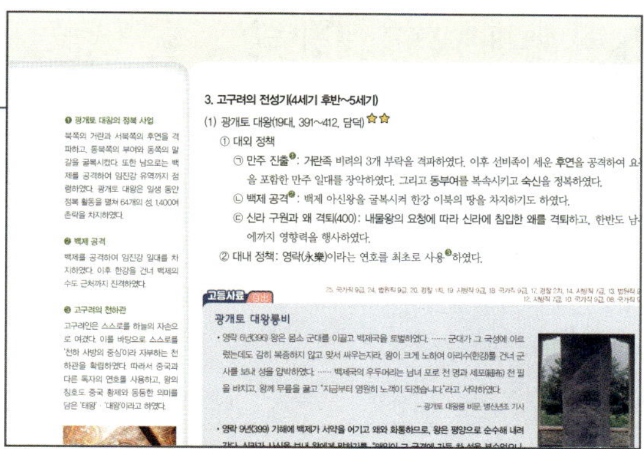

고등 교과서는 물론 수능과 한국사능력검정까지 **최대·최다 학습 콘텐츠**

- **고등 사료 百出**
  고등 교과서에 수록된 각종 사료와 자료를 정리하여 고등 수준 한국사를 마스터하도록 하였습니다.
- **심화 사료 百出**
  각종 한국사 시험에 출제된 심화사료 등을 모아 고난도 문제에 대비토록 하였습니다.
- **9급 위 한국사**
  대학원 수준의 한국사 전문 사료와 자료 혹은 개념 내용을 별도로 정리하여 만점 방지 초고난도 문제는 물론, 9급 수험생의 선택적 학습이 가능하도록 하였습니다.

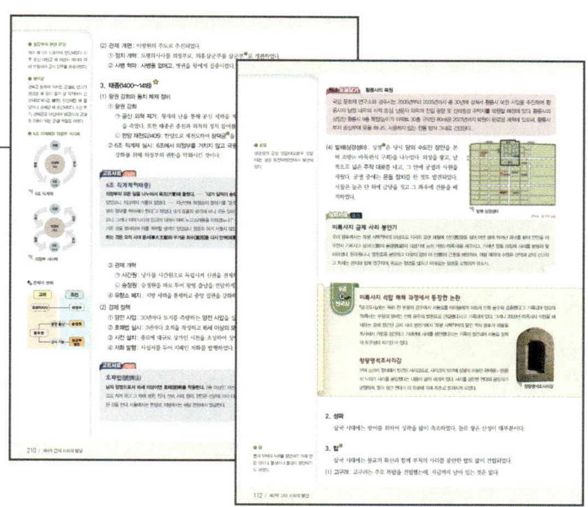

개념 완성과 실전 대비를 한번에 **대표 기출문제**

- 단원이 끝날 때마다 노범석 교수님이 심혈을 기울여 직접 선정하고 해설하신 기출문제를 수록하였습니다. 주요 기출문제를 통해 개념 이해 정도를 파악할 수 있고, 최신 기출문제까지 수록하여 최신 시험 경향을 확인할 수 있도록 하였습니다.
- 선다와 보기에 대한 상세한 해설을 달아 혼자서도 완벽히 기출문제를 소화할 수 있도록 하였습니다.

이 책의 차례

6막 근대 사회의 전개

1장 개항과 근대적 개혁 추진
解法 기출 진맥

2장 구국 민족 운동의 전개
解法 기출 진맥

3장 개항 이후의 경제·사회·문화
解法 기출 진맥

7막 일제의 침략과 민족의 독립운동

1장 일제 식민 통치와 민족의 수난
解法 기출 진맥

2장 국내외 항일 운동
解法 기출 진맥

3장 일제 강점기의 경제·사회·문화
解法 기출 진맥

8막 현대 사회의 발전

1장 광복과 대한민국의 수립
解法 기출 진맥

2장 민주주의의 시련과 발전
解法 기출 진맥

3장 평화 통일과 경제·사회·문화의 변화
解法 기출 진맥

부록

1

한국사의 바른 이해와 선사 문화

제1장 선사 문화의 전개와 국가의 형성

선사 문화의 전개와 국가의 형성

解·法·기·출·진·맥

9급 국가직

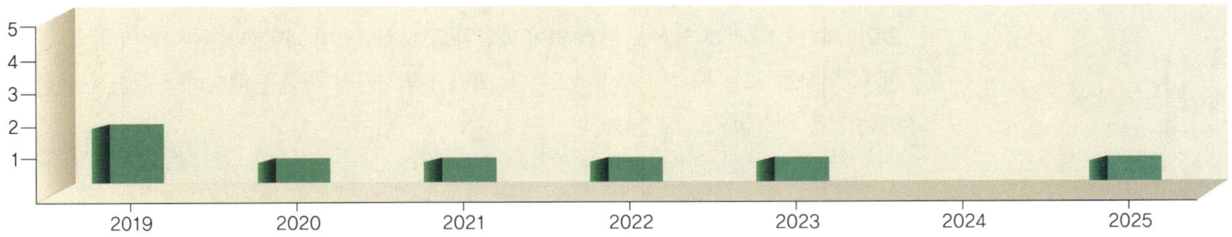

(막대그래프: 2019년 2, 2020년 1, 2021년 1, 2022년 1, 2023년 1, 2024년 0, 2025년 1)

> **출제 경향 오버뷰** 거의 매년 꾸준히 출제되고 있음. 구석기, 신석기, 청동기, 고조선, 부여, 옥저, 동예, 삼한

9급 지방직

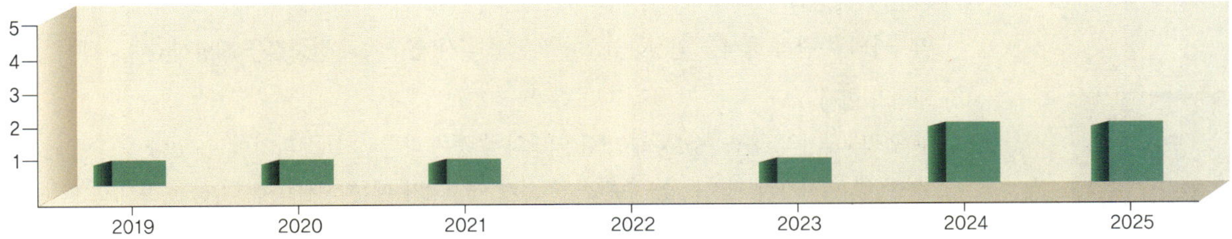

(막대그래프: 2019년 1, 2020년 1, 2021년 1, 2022년 0, 2023년 1, 2024년 2, 2025년 2)

> **출제 경향 오버뷰** 거의 매년 꾸준히 출제되고 있음. 선사 전반, 신석기, 고조선, 부여, 고구려, 옥저

9급 법원직

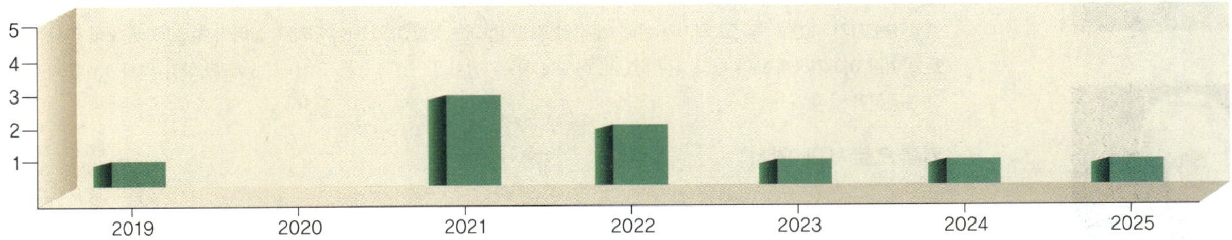

(막대그래프: 2019년 1, 2020년 0, 2021년 3, 2022년 2, 2023년 1, 2024년 1, 2025년 1)

> **출제 경향 오버뷰** 거의 매년 꾸준히 출제되고 있음. 신석기, 청동기, 고조선, 고구려, 동예

01강 한국사의 바른 이해

01 역사[1]의 의미

1. 사실(事實)로서의 역사(History as past)[2]

(1) 역사를 보는 관점

사실로서의 역사는 객관적 사실, 즉 현재에 이르기까지 일어났던 모든 과거의 사건을 의미한다.

(2) 랑케(L. Ranke)

엄격한 사료 비판과 원사료에 충실한 있는 그대로의 사실을 강조하였다. 역사가는 사실을 알리는 역할만 해야 하며, 편견이나 선입견에 사로잡히지 않고 끝까지 객관적으로 기술해야 한다고 했다.

(3) 의의와 한계

① 의의: 과거의 객관적 사실을 편견 없이 배열함으로써 역사의 과학화를 추구하였다.

② 한계: 역사를 보는 시각이 무미건조하다. 그리고 역사가의 해석을 배제하고 객관적 사실을 추구하는 것은 현실적으로 불가능하다.

2. 기록(記錄)으로서의 역사(History as historiography)[3]

(1) 역사를 보는 관점

과거의 객관적 사실을 토대로 역사가가 이를 조사하고 연구하여 **주관적으로 재구성**한 것이다.

(2) 카(E. H. Carr)

역사가의 주관적 해석을 인정하였으나 객관적 역사 연구와의 절충점을 지향하였다.

(3) 의의와 한계

① 의의: 과거의 재구성을 통해 역사 이면의 수많은 다른 사실을 파악할 수 있다.

② 한계: 역사가의 가치관 등 주관적 요소가 개입되기 때문에 사료 분석 등을 토대로 학문적 검증을 거쳐야 한다.

심화사료 百出

2019. 경찰 1차

사실로서의 역사

역사가는 자기 자신을 죽이고 과거가 본래 어떠했는가를 밝히는 것을 그의 지상 과제로 삼아야 하고, 이때 오직 역사적 사실로 하여금 이야기하게 해야 한다. 시간적으로 현재에 이르기까지 일어났던 모든 과거 사건을 의미하며, 역사란 바닷가의 모래알과 같이 수많은 과거들의 집합체가 된다.

– 랑케

기록으로서의 역사

역사가와 사실은 서로를 필요로 한다. 사실을 갖지 못한 역사가는 뿌리가 없는 존재로 열매를 맺지 못하고, 역사가가 없는 사실은 생명이 없는 무의미한 존재일 뿐이다. 이리하여 '역사란 무엇인가?'라는 물음에 대한 나의 최초의 대답은 결국 다음과 같은 것이 된다. **역사란 역사가와 사실 사이의 부단한 상호 작용의 과정이며, 현재와 과거 사이의 끊임없는 대화이다.**

– E. H. 카, 「역사란 무엇인가?」

---

❶ 역사의 어원

• 역사는 일반적으로 '과거에 있었던 사실'과 '조사되어 기록된 과거'라는 두 가지 뜻을 지니고 있다.

• 한자의 '역사(歷史)': 역(歷)은 과거에 있었던 사실이나 인간이 과거에 행한 것을 뜻하는 말이며, 사(史)는 기록을 관장하는 사람 또는 '기록을 한다'는 의미이다.

• 영어의 'history': 조사와 탐구를 통하여 획득한 지식을 의미하는 그리스 어의 'historia'에서 유래하였다.

• 독일어의 'Geschichte': 과거에 일어난 일을 뜻하는 말로 사용되었다.

❷ 사실로서의 역사

역사는 바닷가의 모래알과 같이 수많은 과거 사건들의 집합체라고 보았다.

❸ 크로체와 콜링우드

크로체는 모든 역사는 현재의 역사라고 강조했으며, 콜링우드는 주관적 견해가 역사 서술의 바탕이 될 수 있다고 하였다.

랑케

E. H. 카

02 _강 우리나라의 선사 시대

解/法 기출분석

구 분		2008~2018	2019	2020	2021	2022	2023	2024	2025
9급	국가직	• 선사(2) • 구석기 • 신석기(2) • 청동기(2)	청동기	구석기	신석기		청동기		청동기
	지방직	• 선사(전반)(2) • 구석기(3) • 신석기(3) • 청동기(2) • 철기					구석기	신석기	신석기
	법원직	• 선사(3) • 신석기(5) • 청동기(6) • 철기	청동기		신석기				

解法요람

선사 시대 총정리

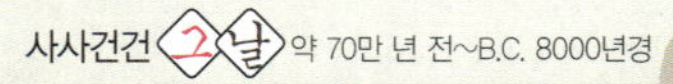

선사 시대의 문화권

❶ 동이족(東夷族)

중국 문헌에서는 동북 지역에 살던 우리 조상들을 동이족이라고 불렀다. 또한 중국 측 기록에서 우리 민족을 예족·맥족·예맥족·한족 등으로 표현하고 있다.

❷ 주먹 도끼

짐승을 사냥하고 가죽을 벗기며, 땅을 파서 풀이나 나무 뿌리를 캐는 등 여러 용도에 사용되었다. 한 손에 쥐고 사용할 수 있는 크기였다.

❸ 슴베찌르개

주로 구석기 시대 후기에 사용되었다. 슴베(자루 속에 박히는 부분)가 달린 찌르개로서, 창의 기능을 하였다.

❹ 불 땐 자리 발견

구석기 유적지인 용호동 유적에서 불 땐 자리가 확인되었다.

01 우리 민족의 기원

1. 우리 민족의 기원

우리나라에 사람이 살기 시작한 것은 구석기 시대부터이며, 신석기 시대에서 청동기 시대를 거치면서 민족의 기틀이 형성되었다. 우리 조상들은 대체로 만주와 한반도를 포함한 **동북아시아 지역**❶에서 하나의 민족을 이루고, 독자적인 문화를 이룩하였다.

2. 우리 민족의 특징

인종상으로는 황인종에 속하고, 언어학상으로는 알타이 어족과 가까운 관계에 있었다.

02 구석기 문화

1. 시대 구분

구석기 시대는 **석기를 만드는 방법의 발달**에 따라 전기, 중기, 후기의 세 시기로 나뉜다.

(1) 전기 구석기: 한 개의 석기를 가지고 여러 가지 용도로 사용했다. **주먹 도끼**❷ 등이 대표적이다.

(2) 중기 구석기: 용도에 맞게 석기를 제작하여 점차 한 개의 석기가 하나의 쓰임새를 가지게 되었다.

(3) 후기 구석기: 쐐기 같은 것을 대고 형태가 같은 여러 개의 돌날격지를 만들었다. 이러한 돌날격지를 이용하여 **슴베찌르개**❸와 같이 작고 날카로운 석기를 제작하였다.

2. 구석기 시대의 생활

(1) 경제 생활: 약 70만년 전부터 만주와 한반도에 구석기 시대 사람들이 살기 시작하였다. 이들은 뗀석기와 동물 뼈로 만든 도구 등을 가지고 **사냥과 채집**을 하면서 생활하였다.

(2) 도구의 사용: 주먹 도끼와 찍개·찌르개·팔매돌은 사냥 도구이고, 긁개·밀개 등은 조리 도구로 사용되었다. 후기에 들어와 슴베찌르개가 등장하였다.

(3) 주거 생활: 동굴이나 바위 그늘에서 살거나 강가에 **막집**을 짓고 살았다. 구석기 시대 후기의 막집 자리에는 기둥 자리, 담 자리 및 불 땐 자리❹가 남아 있다. 집터의 규모는 작은 것은 3~4명, 큰 것은 10명이 살 수 있을 정도의 크기였다.

(4) 사회 생활: 무리를 이루어 큰 사냥감을 찾아다니며 생활하였다. 무리 중에서 경험이 많고 지혜로운 사람이 지도자가 되었으나, 권력을 갖지는 못했다. 모든 사람이 **평등한 공동체적 생활**을 하였다.

(5) 예술 활동: 공주 석장리, 단양 수양개 등에서 고래와 물고기 등을 새긴 조각이 발견되었다. 다산과 사냥감의 번성을 비는 주술적 의미가 깃든 것으로 보인다.

3. 유적지

대표적인 유적지로는 경기도 연천 전곡리, 충남 공주 석장리 등이 있다.

❖ 구석기 시대 유적지

시대	출토 지역 (발굴 시기)	유물 및 특징
전기	단양 금굴(충북) (1983~85)	• 우리나라 최고(最古)의 유적지 • 구석기 상한선 설정(70만 년 전)
	상원 검은모루 동굴(평남) (1966~70)	포유동물 화석, 주먹 도끼, 외날 찍개, 긁개 발견
	연천 전곡리(경기) (1979~83, 86, 91)	• 유럽 아슐리안계 주먹 도끼, 양면핵석기 발견 • 모비우스의 주먹 도끼 학설을 깸
	공주 석장리(충남) (1964~74, 90~92)	• 전기~후기를 포괄하는 12문화층 형성 • 남한 최초의 유적 발견지
	제천 점말 동굴(충북) (1973~80)	• 전기~후기에 이르는 10여 문화층 • 사람 얼굴을 새긴 코뿔소의 뼈가 출토
중기	제주 빌레못 동굴 (1977~81)	집터, 동물 화석 발견
	웅기 굴포리(함북) – 하층 (1963~64)	• 찌르개, 맘모스 화석 출토 • 신석기 · 청동기 유물도 발견
	웅기 굴포리(함북) – 상층 (1963~64)	• 동침신전앙와장(東枕伸展仰臥葬) – 신석기 • 개, 뱀, 망아지 등으로 여겨지는 장신구 출토(호신부) – 신석기
후기	종성 동관진(함북) (1935)	• 1935년 최초 발견 유적지 • 동물 뼈, 뗀석기 출토
	단양 수양개(충북) (1983~85, 95~96)	• 석기 제작지 발견 • 고래와 물고기를 새긴 조각품 출토
	청원 두루봉 동굴(충북) (1976~83)	• 흥수아이(국화꽃을 뿌린 장례 의식 확인, 호모 사피엔스 사피엔스) • 사람 얼굴을 새긴 사슴 뼈 발견

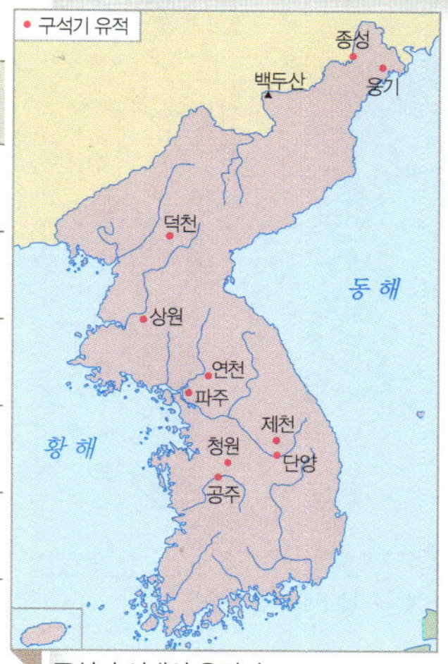

구석기 시대의 유적지

공주 석장리 유적지

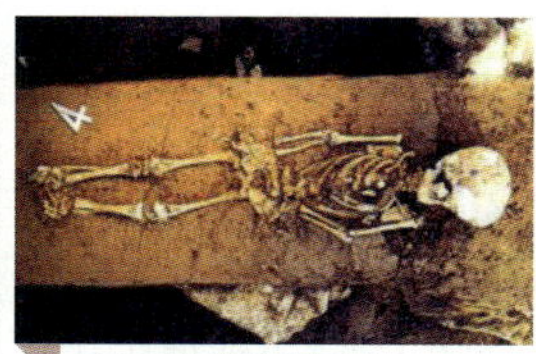
흥수아이(청원 두루봉)

인골 화석이 발굴된 구석기 시대 유적지: 남한보다 북한에서 먼저 발견되었다.

북한	평남 덕천군 승리산 동굴 (어금니 화석과 아래턱뼈 조각 발견)	• 하층: 덕천인(호모 사피엔스) • 상층: 승리산인(호모 사피엔스 사피엔스)
	평양 만달리 동굴	20~30대 가량의 남자 두개골 · 아래턱뼈 발견(호모 사피엔스 사피엔스)
남한	단양군 상시 바위 그늘	25세 가량의 남자 뼈 출토, 동물 화석 출토
	청원 두루봉 동굴의 흥수아이	5세를 전후한 어린아이의 유해(호모 사피엔스 사피엔스)

4. 전환기(중석기 시대)[5]

(1) 환경의 변화: 기원전 1만 년 경에 빙하기가 끝나면서 기온과 해수면이 상승하였다.

(2) 도구의 변화: '잔석기'라고 불리는 작고 가벼운 석기와 이음 도구(석기를 나무나 뼈에 꽂아 사용)를 제작했다. 빠르게 움직이는 작은 동물들을 사냥하기 위해 활과 화살을 만들었다.

[5] 중석기 시대

유럽에서는 구석기 시대에서 신석기 시대로 넘어가는 과도기적인 단계를 중석기 시대로 부르고 있다. 그러나 한반도에서 중석기 시대가 존재했는지는 명확하지 않다.

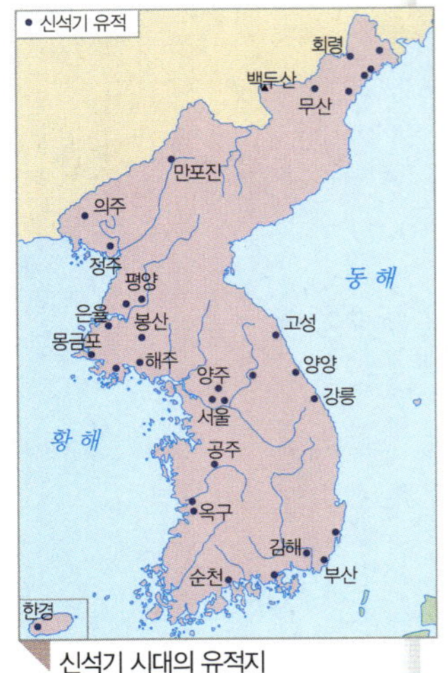

신석기 시대의 유적지

03 신석기 문화 ⭐

1. 시기

우리나라의 신석기 시대는 **기원전 8,000년경**부터 시작되었다.

2. 간석기

돌을 갈아 다양한 모양의 **간석기**를 만들어 사용하였다. 부러지거나 무뎌진 경우에도 다시 갈아 사용할 수 있게 되었다.

3. 토기의 사용: 흙을 빚어 토기를 만들고, 식량을 운반·조리·저장하였다.

(1) **신석기 전기 토기**: 빗살무늬 토기보다 앞선 시기의 토기로는 이른 민무늬 토기, 덧무늬 토기, 눌러찍기무늬 토기(압인문 토기) 등이 있다.

(2) **빗살무늬 토기**: 토기의 밑바닥은 뾰족하거나 둥근 모양이며, 표면에 빗살 모양의 가는 선 무늬를 새겼다. 서울 암사동, 평양 남경, 봉산 지탑리 등 전국 각지에서 발견되고 있다.

이른 민무늬 토기

대체로 무늬가 없고 두꺼움.

덧무늬 토기(융기문 토기)

그릇의 표면에 점토 띠를 덧붙임.

눌러찍기무늬 토기(압인문 토기)

손가락, 동물 뼈, 나뭇가지로 무늬를 찍음.

빗살무늬 토기

4. 경제 생활: 농경과 목축이 시작되었다(생산 경제).

(1) **농경의 시작**: 신석기 시대부터 **농경 생활이 시작**되어 조, 피, 수수 등 잡곡을 경작하였다. 황해도 봉산 지탑리와 평양 남경 유적에서 **탄화된 좁쌀**이 발견되어 농경의 흔적을 확인할 수 있다.

(2) **농기구**: 돌괭이, 돌삽, 돌보습, 돌낫 등 간석기와 뼈나 뿔로 제작한 농기구를 사용하였다.

(3) **수렵과 채집**: 농업 생산량이 적었기 때문에 여전히 사냥, 고기잡이와 채집이 식량을 얻는 중요한 수단이었다. 해안 지역에 형성된 대규모 조개더미❶는 당시 조개류 채집이 활발했음을 보여 준다.

(4) **원시적 수공업**: **가락바퀴**나 **뼈바늘**이 출토되는 것으로 보아 옷이나 그물을 만드는 **원시적인 수공업 생산**이 이루어졌음을 알 수 있다.

(5) **갈돌·갈판**: 갈돌과 갈판에 곡식이나 나무 열매를 갈아서 음식을 만들어 먹었다.

농경 굴지구(땅을 파고 일구는 도구)

오이도 패총

❶ **조개더미(패총, 貝塚)**

당시 사람들이 조개류를 많이 먹었으며, 때로는 장식으로 이용했음을 알 수 있다. 대표적인 유적지로는 웅기 굴포리, 부산 동삼동 등이 있다.

가락바퀴

가운데 구멍에 막대를 끼워 축으로 만들고 섬유를 축에 이어 회전시키면서 실을 만드는 방직 도구이다.

가락바퀴 사용 복원

신석기 시대의 주식, 도토리

우리나라 신석기 시대 유적에서는 도토리·가래·밤 등의 견과류가 출토되는데, 그중에서 가장 많은 것이 도토리이다. 도토리는 조와 기장 등의 곡물이 재배되기 이전에 가장 많이 이용된 야생 곡물이었다. 단단한 껍질을 가진 도토리는 잘 썩지 않아 오랫동안 저장할 수 있어 빗살무늬 토기나 저장 구덩이에 넣어 보관하였다. 경남 창녕 비봉리 유적에서 이러한 도토리 저장 구덩이들이 발견되고 있다.

5. 주거 생활

(1) **정착 생활**: 강가나 바닷가 등지에 움집을 짓고 한 곳에 머물러 생활하였다.

(2) **움집**: 반지하형 가옥으로, 바닥은 원형이나 모서리가 둥근 사각형 형태이다. 움집의 중앙에는 불씨를 보관하거나 취사와 난방을 위한 화덕이 있었다. 화덕이나 출입문 옆에는 저장 구덩을 만들어 식량이나 도구를 보관하였다. 움집에는 4~5명 정도의 가족이 거주할 수 있었다.

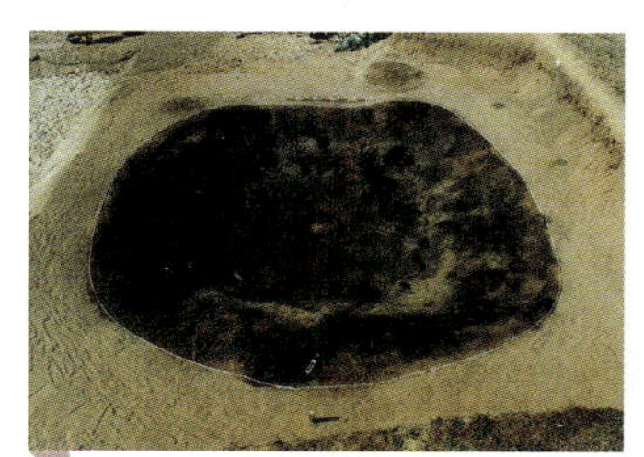
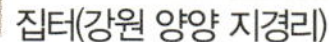

집터(강원 양양 지경리)

움집(서울 암사동)

6. 사회 생활(부족 사회)

(1) **평등 사회**: 구석기 시대와 마찬가지로 지배와 피지배의 관계가 발생하지 않은 평등한 사회였다. 연장자나 경험이 많은 자가 자기 부족을 이끌어 나갔다.

(2) **씨족 단위의 생활**: 신석기 시대에는 혈연 중심의 씨족 사회가 구성되었다. 각 씨족의 생활 구역이 정해져 있었고, 다른 씨족의 생활 구역을 침범하는 것은 금지되어 있었다.

(3) **부족 사회의 형성**: 부족은 혈연을 바탕으로 한 씨족을 기본 구성 단위로 하였다. 이들 씨족은 점차 다른 씨족과의 혼인(족외혼)을 통해 부족 사회를 형성하였다.

7. 원시 신앙의 등장

(1) **애니미즘(Animism)**: 농경에 큰 영향을 끼치는 자연 현상이나 태양·물 등 자연물에도 정령이 있다고 믿어 이를 숭배하였다.

(2) **토테미즘❷**: 자기 부족의 기원을 특정한 동식물과 연결시켜 부족의 수호신으로 섬겼다.

(3) **샤머니즘(Shamanism)**: 영혼이나 하늘을 인간과 연결시켜 주는 존재인 무당과 그 주술을 믿었다.

(4) **영혼 숭배❸**: 죽은 후에도 영혼은 없어지지 않는다고 여겨 영혼과 조상을 숭배하였다. 또한 죽은 사람을 매장하는 풍습이 생겨났다.

❷ **토테미즘(Totemism)**

대표적인 예로 단군 신화가 있다. 곰을 토템으로 하는 부족과 호랑이를 토템으로 하는 부족, 그리고 하늘을 모시는 부족 간의 경쟁을 통해 국가가 형성되는 과정을 다루었다.

❸ **동침신전앙와장**

죽은 사람을 매장할 때 머리는 해가 뜨는 동쪽으로 두고 몸을 똑바로 눕혔다. 이를 통해 당시 사람들이 태양 숭배와 영혼 불멸을 믿었음을 보여 준다.

8. 예술 활동❶

흙을 빚어 구운 인물상(양양 오산리)과 여인상(울산 신암리), 조개껍데기 가면(부산 동삼동 패총) 등 예술품을 만들었다. 여인상은 풍요와 다산을 상징한 것으로, 조개껍데기 가면은 공동체 의식에 사용된 것으로 추정한다.

양양 오산리 출토 얼굴상

신암리 여인상

조개껍데기 가면

9. 신석기 시대의 대외 교류

한반도에서 발견되는 흑요석❷은 백두산이나 일본에서 생산된 것으로, 당시 원거리 교역을 했음을 알 수 있다.

흑요석으로 만든 석기(부산 동삼동)

❖ 신석기 시대의 유적지

출토 지역	유물 및 특징
서울 암사동	빗살무늬 토기, 탄화된 좁쌀, 움집(바닥 원형, 화덕 중앙)
황해 봉산 지탑리	탄화된 좁쌀, 움집(바닥 원형, 화덕 중앙)
제주 한경 고산리	가장 오래된 신석기 유적, 돌화살촉, 이른 민무늬 토기(고산리 토기) 등 출토
부산 동삼동	조개껍데기 가면, 치레걸이, 조몬 토기, 흑요석(일본 규슈)
평양 남경	빗살무늬 토기, 탄화된 좁쌀
경남 창녕 비봉리	통나무배(한반도와 일본의 해상 교류), 도토리 저장 구덩
평남 온천 궁산리	주거 유적, 뼈바늘, 변형무늬 토기(물결무늬 · 번개무늬 등)

대표 기출문제

(가) 시기의 생활상에 대한 설명으로 옳은 것은?

2020. 국가직 9급

1935년 두만강 가의 함경북도 종성군 동관진에서 한반도 최초로 ⎡ (가) ⎤ 시대 유물인 석기와 골각기 등이 발견되었다. 발견 당시 일본에서는 ⎡ (가) ⎤ 시대 유물이 출토되지 않은 상황이었다.

① 반달 돌칼을 이용하여 벼를 수확하였다.
② 넓적한 돌 갈판에 옥수수를 갈아서 먹었다.
③ 사냥이나 물고기잡이 등을 통해 식량을 얻었다.
④ 영혼 숭배 사상이 있어 사람이 죽으면 흙 그릇 안에 매장하였다.

04 청동기의 보급과 사용 ⭐

1. 청동기[3] 시대의 시작

기원전 2000년경에서 기원전 1500년경 빗살무늬 토기 문화에서 점차 청동기 시대로 넘어갔다.

2. 청동기의 사용과 토기의 발전

(1) 도구의 발전

① 농기구 : 반달 돌칼, 바퀴날 도끼, 홈자귀 등의 석기가 농기구로 사용되었으나, 청동제 농기구는 없었다.

② 청동기

　㉠ 비파형 동검 : 비파라는 악기를 닮은 비파형 동검은 칼날과 손잡이를 별도로 만들어 조립하였다. 주로 만주와 한반도에서 발견되었다.

　㉡ 기타 : 칼, 거울, 방울 등이 청동으로 만들어져 사용되었다. 대표적으로 거친무늬 거울 등이 있다.

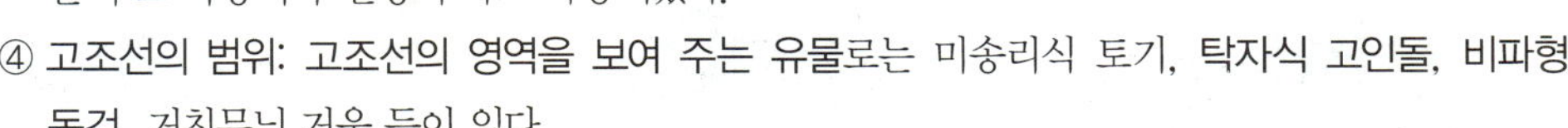
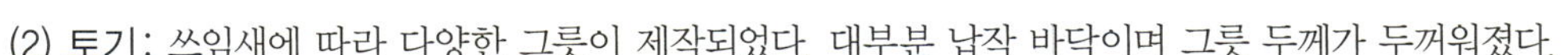
비파형 동검

③ 간돌검 : 정교하고 날카롭게 칼날을 갈아 만든 간돌검(마제석검)은 주로 사냥이나 전쟁 무기로 사용되었다.

④ 고조선의 범위 : 고조선의 영역을 보여 주는 유물로는 미송리식 토기, 탁자식 고인돌, 비파형 동검, 거친무늬 거울 등이 있다.

(2) 토기 : 쓰임새에 따라 다양한 그릇이 제작되었다. 대부분 납작 바닥이며 그릇 두께가 두꺼워졌다.

① 민무늬 토기[4] : 청동기 시대의 대표적인 토기로 무늬가 없는 것이 특징이다. 지역에 따라 형태가 약간씩 다르지만, 밑바닥이 판판한 원통 모양의 화분형이 기본 모양이었다. 빛깔은 적갈색이었다.

② 미송리식 토기[5] : 밑이 납작한 항아리 양쪽 옆으로 손잡이가 하나씩 달리고 목이 길고 넓게 올라가서 다시 안으로 오므라들고, 표면에 집선 무늬[6]가 있는 것이 특징이다. 고조선의 세력 범위를 보여 주는 특징적인 유물이다.

③ 붉은 간 토기 : 바닥이 둥근 모양이고, 목이 안으로 가볍게 오므라지는 것이 특징이다.

민무늬 토기

미송리식 토기

붉은 간 토기

---

❸ 청동기

제사용 도구, 지배 계급의 장신구 등으로 주로 사용되었다. 거친무늬 거울과 청동 방울의 쓰임새는 제사 지낼 때의 의식용으로 보인다.

거친무늬 거울

청동기 시대의 간돌검(마제석검)

❹ 민무늬 토기(무문 토기)

취사용·저장용·부장용 등 여러 형태의 토기가 만들어졌다.

❺ 미송리식 토기

의주 미송리 동굴에서 처음 발견되었다.

❻ 집선(集線) 무늬

여러 겹의 선이 그려진 무늬를 말한다.

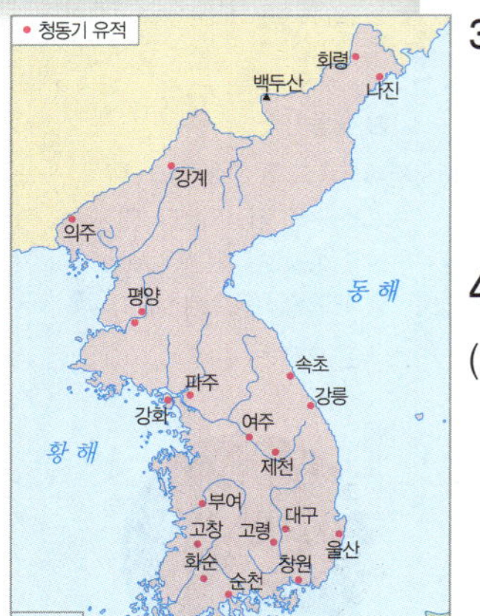
청동기 시대의 유적지

❶ 부여 송국리 유적지

집터는 원형과 장방형 2가지가 있으며 원형이 많은 편이다. '송국리식 토기'라고 불리는 민무늬 토기와 붉은 간 토기가 출토되고, 탄화미도 발견된다. 마을 주변에 도랑을 파고 목책을 설치한 흔적도 발견되고 있다.

❷ 북방식 고인돌

강화도 부근리 등 여러 곳에서 발견되었다.

선돌

3. 유적지

청동기 시대의 유적은 만주 지역과 한반도에 걸쳐 널리 분포 되어 있다. 대표적으로 **부여 송국리**❶, 의주 미송리, 여주 흔암리 등이 있다.

4. 무덤

(1) 고인돌 : 한반도 전역뿐 아니라 중국의 산둥 지방과 요동 지방 그리고 일본에도 퍼져 있다.
　① 탁자식(북방식)❷ : 4개의 받침돌로 직사각형 무덤방을 만들고 그 위에 덮개돌을 얹어 놓았다.
　② 바둑판식(남방식, 기반식) : 지하에 무덤방을 만들고, 덮개돌과 무덤방 사이에 3~4개 이상의 받침돌을 놓았다.
　③ 의미 : 수십 톤 무게의 큰 돌을 옮기려면 많은 인력을 동원할 수 있는 강력한 권력이 요구되었다. 따라서 고인돌은 이 시기 **계급 분화**를 보여 주는 대표적인 유물이다.

(2) 돌널무덤 : 지하에 구덩을 파고 직사각형의 돌판으로 벽을 만든 뒤, 그 위에 덮개돌을 놓았다.

(3) 돌무지무덤 : 돌로 쌓아 만든 무덤(적석총, 積石塚)이다. 이후 고구려와 백제로 이어졌다.

탁자식(북방식) 고인돌

바둑판식(남방식) 고인돌

돌널무덤

❀ 청동기 시대의 유적지

출토 지역	유물 및 특징
부여 송국리	• 탄화미 발견, 물에 댄 논에서 벼를 재배한 흔적 발견 • 환호(도랑)를 두르고 목책을 설치(방어 및 의례의 목적) • 원형의 송국리형 주거, 송국리식 토기 출토
여주 흔암리	밭이나 화전에서 벼를 재배한 흔적 발견
평양 남경	탄화미 발견
서천 화금리	국내 최대의 볍씨 창고 발견

解法 도움닫기 거석 문화와 고인돌

고인돌과 선돌(입석)은 거대한 바위를 이용해 만들어진 구조물로, 거석 문화의 상징이다. 우리나라에는 세계에서 가장 많은 고인돌이 분포되어 있으며 한 지역에 수백 기 이상의 고인돌이 밀집 분포하고 있다. 형태에 따라 탁자식·바둑판식·개석식으로 구분하고 있다. 유네스코 세계 유산 위원회는 2000년 12월에 고창, 화순, 강화의 고인돌 유적지를 세계 문화유산으로 지정하였다.

05 철기의 사용

1. 철기의 사용: 기원전 5세기경부터 한반도와 만주 등지에서 철기가 사용되었다.

(1) 철제 농기구의 사용: 철제 농기구의 사용으로 **농업이 발달**하여 경제 기반이 확대되었다.

(2) 청동기의 의기화: 철제 무기와 도구를 사용함에 따라 청동기는 점차 **의식용 도구**로 변하였다.

2. 중국과의 교류

(1) 경제적 교류: 명도전(연), 반량전(진), 오수전(한)은 중국과 활발하게 교류했음을 보여 준다.

(2) 문화적 교류: 경남 창원 다호리 유적에서 나온 붓과 평양에서 출토된 '진과(秦戈)'라는 한자가 새겨진 창을 통해 당시에 한자를 사용했음을 알 수 있다.

명도전
춘추 전국 시대 연나라 청동 화폐

반량전(경남 사천 늑도)
진에서 사용한 청동 화폐

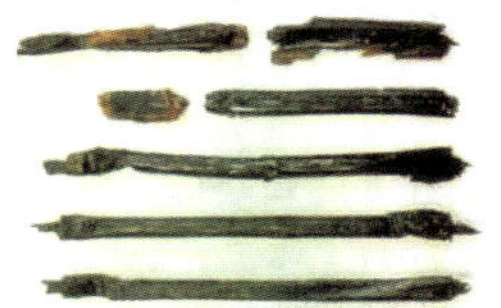

붓(경남 창원 다호리)

3. 청동기의 독자적 발전

한반도에서 청동기 문화가 독자적으로 발전하였다. 이에 따라 비파형 동검은 한국식 동검인 **세형동검**으로, 거친무늬 거울은 **잔무늬 거울**로 변하였다. 청동기 제작과 관련된 전문 장인이 등장했으며, 청동 제품을 만드는 틀인 **거푸집**이 전국 각지에서 발견되었다.

세형동검

잔무늬 거울

청동 도끼 거푸집
거푸집의 발견으로 우리나라에서 청동기를 직접 제작하였다는 것이 확인되었다.

덧띠 토기
토기의 입구에 덧띠를 말아 붙인 토기로, 청동기 시대부터 만들어졌다.

4. 초기 철기 시대의 토기

토기의 입구에 원형·타원형·삼각형의 덧띠를 붙인 **덧띠 토기**와 검은 간 토기 등이 사용되었다.

검은 간 토기
표면에 흑연을 발라 검은색의 광택을 내었다.

5. 초기 철기 시대의 무덤

철기 시대에는 항아리 안에 사람의 뼈를 추려서 매장하는 **독무덤**❶(옹관묘), 구덩이를 파고 시체를
나무로 만든 관(널)에 넣어 매장하는 **널무덤**(목관묘) 등이 유행하였다.

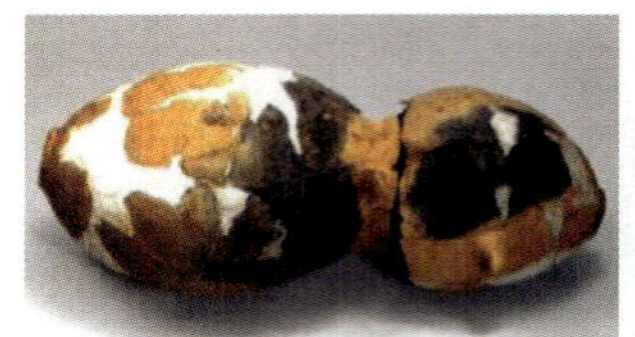

독무덤(옹관묘, 甕棺墓)

널무덤(토광묘, 목관묘, 木棺墓)

6. 초기 철기 시대의 유적지

유적지로는 사천 늑도(반량전), 창원 다호리(오수전, 붓), 제주 삼양동(대규모의 집터 발견) 등이 있다.

반달 돌칼

청동기 시대의 집터(대구)

철기 시대의 집터 복원(제주)

---

06 청동기·초기 철기 시대의 생활

1. 경제 생활

(1) **농기구의 발전**: 농기구로는 바퀴날 도끼, 홈자귀, **반달 돌칼**(추수용) 등 다양한 종류의 간석기❷가
사용되었다. 또한 청동 도끼와 연장을 이용하여 목제 농기구를 더욱 정교하게 만들었다.

(2) **벼농사의 시작**: 조, 보리, 콩 등 밭농사 중심이었지만, 일부 저습지에서는 **벼농사**를 지었다(탄화미 발견).

(3) **생산력의 증대**: 농업 생산력이 증가했기 때문에 사냥·어로·조개 채집의 비중이 점차 줄어들었다.
그리고 돼지, 소, 말 등 가축의 사육은 이전보다 늘어났다.

2. 주거 생활❸

(1) **위치**: 앞에는 하천이 흐르고, 뒤에는 북서풍을 막아 주는 나지막한 산이 있는 곳에 자리잡고 살았다.
이것은 우리나라의 전통적인 취락 형태가 되었다[배산임수(背山臨水)].

(2) **움집**
　① **크기와 형태**: 부부를 중심으로 하는 4~8명 정도의 가족이 거주할 수 있었다. 그리고 대체로
　　원형이나 **직사각형** 모양이었다.
　② **구조**: 점차 지상 가옥으로 바뀌었으며, 중앙에 있던 화덕은 벽 쪽으로 이동하였다. 저장 구덩은
　　한쪽 벽면을 밖으로 돌출시키거나 집 밖에 따로 만들었다. 움집을 세우는 데에 주춧돌을 이용하
　　기도 하였다. 철기 시대에는 **부뚜막**❹이 등장하였다.

(3) **취락 형성**: 농경 발달과 인구 증가에 따라 마을이 점차 확대되었다. 이에 따라 외부의 침입이나
접근으로부터 마을을 지키기 위해 도랑을 파고 목책을 둘렀다. 또한 주거용 이외에 창고, 공동 작
업장, 집회소, 공공 의식 장소 등이 나타났다.

3. 사회 구조의 변화[5], 계급 발생

(1) **군장의 등장**: 생산 경제가 이전보다 발달하여 **사유 재산 제도와 계급**이 발생하였다. 점차 계급 분화가 뚜렷해지면서 **권력과 경제력을 가진 지배자인 군장**이 등장하였다.

(2) **선민사상의 등장**: 특정한 민족이나 집단만이 신(神)에게 특별히 선택되었다는 사상이다. 주변의 약한 부족을 통합하고 정복하는 데 활용되었다.

(3) **남성 중심 사회의 형성**: 여성은 주로 집 안에서 집안일을 담당하고, 남성은 농경·전쟁과 같은 바깥일에 종사하였다. 이로 인해 부계 중심의 사회 구조가 형성되었다.

4. 청동기·초기 철기 시대의 예술

제사장이나 군장은 자신의 권위를 과시하는 **의식용 도구**로 청동거울·청동검 등을 사용하였다. 바위그림 등에는 당시 사람들의 소망을 반영했으며, 무덤에서 발견되는 껴묻거리들은 사후 세계에 대한 믿음을 보여 주고 있다.

(1) **울주 반구대 바위그림[6]**: 고래 잡는 사람, 호랑이, 사슴, 물을 뿜고 있는 고래, 작살이 꽂혀 있는 고래 등이 새겨진 바위그림으로, 국보로 지정되었다. 사냥과 고기잡이 성공 등 풍요와 다산을 바라던 당시 이 지역 사람들의 생활 모습과 신앙, 예술 세계를 알 수 있다.

(2) **고령 양전동(장기리) 바위그림[7]**: 동심원(태양 상징), 십자형, 삼각형, 사각형, 방패 모양 등의 기하학 무늬가 새겨져 있다.

반구대 바위그림 탁본(울산 울주 대곡리)

고령 양전동(장기리) 바위그림

5. 청동기·초기 철기 시대의 교류

부여 송국리 유적의 원형 움집이 일본에서 발견되고 있다. 이를 통해 송국리의 주거 집단이 일본으로 이주했음을 알 수 있다.

대표 기출문제

다음 유물이 사용된 시대에 대한 설명으로 옳은 것은?　　　2023. 국가직 9급

> 미송리식 토기, 팽이형 토기, 붉은 간 토기

① 비파형 동검이 사용되었다.
② 오수전 등의 화폐가 사용되었다.
③ 아슐리안형 주먹 도끼가 사용되었다.
④ 철이 많이 생산되어 낙랑과 왜에 수출되었다.

[5] 사회 구조의 변화
사유 재산이 발생하면서 사람들 사이에 갈등이 생기고, 빈부의 격차와 계급의 분화가 촉진되었다.

[6] 울주 반구대 바위그림
현존하는 청동기 바위그림 중 세계에서 가장 오래된 것으로 추정된다. 1960년대 댐 건설로 인해 침수와 노출이 반복되는 과정에서 훼손이 심각해졌다.

[7] 고령 양전동 바위그림
태양 숭배, 풍요로운 생산 등을 기원하는 제사터와 같은 용도로 추정된다.

[해설]
제시된 자료는 청동기 시대의 토기들이다. ① 청동기 시대에는 칼날 모양이 비파라는 악기를 닮은 비파형 동검이 사용되었다.
② 초기 철기 시대의 일이다. ③ 구석기 시대에 대한 설명이다. ④ 변한에 대한 설명이다.

[정답] ①

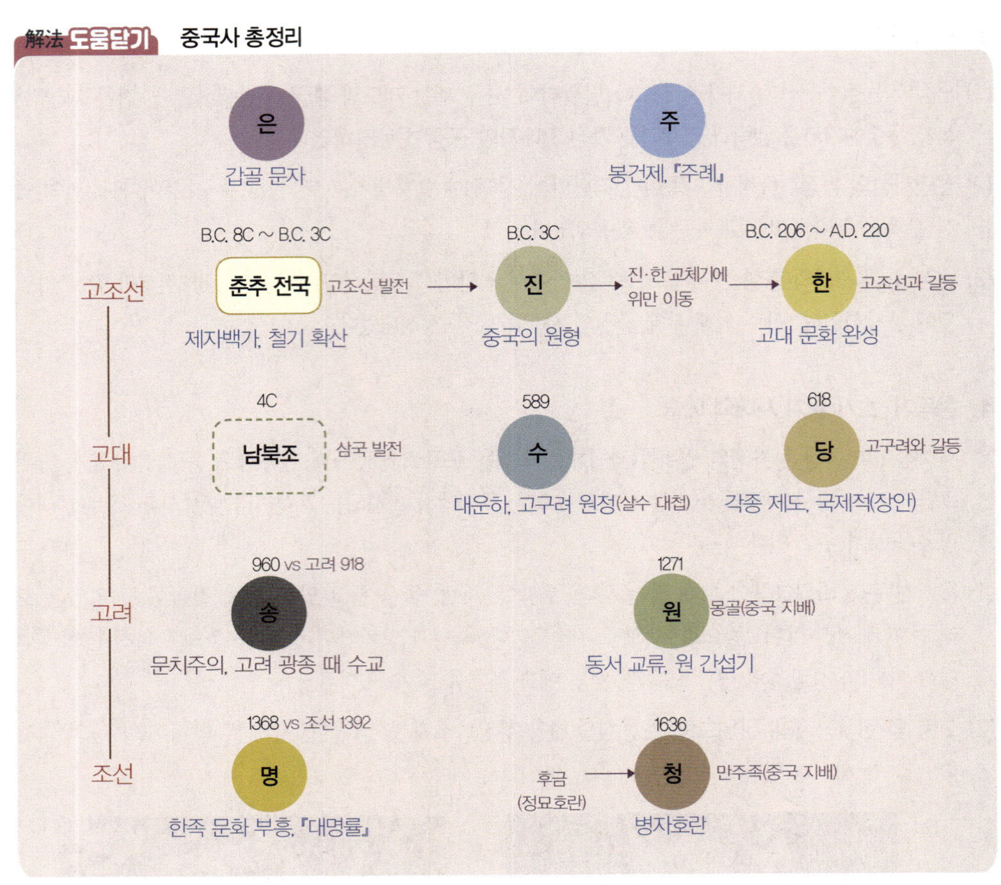
은
갑골 문자
주
봉건제, 『주례』
고조선
B.C. 8C ~ B.C. 3C
춘추 전국
고조선 발전
제자백가, 철기 확산
B.C. 3C
진
중국의 원형
진·한 교체기에
위만 이동
B.C. 206 ~ A.D. 220
한
고조선과 갈등
고대 문화 완성
고대
4C
남북조
삼국 발전
589
수
대운하, 고구려 원정(살수 대첩)
618
당
고구려와 갈등
각종 제도, 국제적(장안)
고려
960 vs 고려 918
송
문치주의, 고려 광종 때 수교
1271
원
몽골(중국 지배)
동서 교류, 원 간섭기
조선
1368 vs 조선 1392
명
한족 문화 부흥, 『대명률』
1636
청
만주족(중국 지배)
후금
(정묘호란)
병자호란

03강 고조선의 건국과 발전

解/法 기출분석

구 분		2008~2018	2019	2020	2021	2022	2023	2024	2025
9급	국가직	고조선(3)							
	지방직	고조선(8조법)						고조선	
	법원직	고조선(2)			고조선	고조선	고조선		고조선

고조선의 건국과 발전

※ 『관자』: 가장 오래된 기록

건국
- 성립: 단군왕검, 기원전 2333년(『삼국유사』, 『동국통감』)
- 영역: 요령~한반도
  비파형 동검, 고인돌(탁자식 · 북방식), **미송리식 토기**의 출토 분포와 거의 일치
- 단군 이야기: 청동기 문화를 바탕으로 고조선이 성립된 역사적 사실 반영
- 수록 문헌: 『삼국유사』(일연), 『제왕운기』(이승휴), 『세종실록지리지』, 『동국여지승람』 등

발전

단군 조선
- 세력 범위: 요령~한반도(대동강 유역 중심)
- 정치 조직 확립: 왕위 세습(B.C. 3C, 부왕 · 준왕), 관직 정비(상 · 대부 · 장군 · 박사)
- 대외 관계: 연나라와 대립(연과 대등할 만큼 강성)
- 연나라 장수 진개의 공격으로 요동 지역을 상실하고 대동강으로 이동(B.C. 3C 초)

위만 조선
- 유이민의 이동(2차): 진 · 한 교체기 위만이 고조선으로 이동, 세력 확대
  (cf) 1차 유이민 이동: B.C. 5C 전국 시대 혼란기
- 위만 왕조 성립(B.C. 194): 유이민 세력과 토착 세력의 연합 정권, 단군 조선 계승
- 철기의 본격적 수용, 중계 무역으로 번성
- 대외 관계: 흉노와 연결, 한과 대립(⇒ 한 무제의 침입)

멸망
- 한 무제의 침입, 지배층의 내분으로 멸망(B.C. 108) ⇒ 한 군현 설치 ⇔ 토착민의 저항

사회

8조법
- 기록: 『한서』 지리지(반고)
- 내용: 살인죄, 상해죄, 절도죄 ⇒ 생명 존중, 농경 사회, 사유 재산제와 계급 사회

고조선의 세력 범위

1. 고조선의 성립

청동기 문화를 바탕으로 우리나라 역사상 최초의 국가인 고조선이 성립하였다. 『삼국유사』[1]와 『동국통감』의 기록에 따르면 기원전 2333년에 단군왕검이 고조선을 건국했다고 전하고 있다. 또한, 『삼국유사』와 『제왕운기』는 고조선을 우리나라 최초의 국가로 기록하였다.

2. 고조선의 세력 범위

(1) 세력 범위: 고조선은 요녕성 일대인 **만주 지역**을 중심으로 존재(중국의 『관자』[2], 『산해경』 등)했으며, 평양을 중심으로 한반도 중부까지 점차 세력을 확장하였다.

(2) 근거: 비파형 동검, 거친무늬 거울, (북방식) 고인돌, 미송리식 토기가 출토되는 지역과 거의 일치한다.

3. 단군 신화

(1) 단군의 건국 이야기: 단군의 건국 이야기가 수록된 문헌으로는 『삼국유사』, 『제왕운기』, 『세종실록지리지』, 『응세시주』, 『동국여지승람』 등이 있다.

(2) 정치적 의미: 건국 과정에서 환인–환웅족과 곰(웅녀)을 토템으로 하는 부족이 결합했음을 보여 준다. 이때 호랑이를 섬기는 부족은 배제되었다.

(3) 천손 사상·선민 사상: 환웅 부족은 하늘의 자손이라고 주장하면서 **자기 부족의 우월성을 과시**하였다.

(4) 홍익인간: '널리 인간을 이롭게 한다'는 민본주의 통치 이념을 내세웠다.

(5) 제정일치: 단군왕검[3]은 당시 지배자의 칭호로, **제정일치** 사회였음을 알 수 있다.

(6) 농경 사회: 바람, 구름, 비를 주관하는 **풍백, 운사, 우사**가 있었다. 이를 통해 고조선은 농경 사회를 배경으로 성립했으며, 생산 활동에서 **농경이 큰 비중을 차지**했다는 것을 알 수 있다.

---

❶ 고조선 건국

『삼국유사』에 따르면 중국의 요(堯) 임금이 재위하던 시기에 단군이 고조선을 건국했다고 전해진다.

❷ 『관자』

춘추 시대 제나라 때 책으로, 고조선에 대한 기록이 보이는 가장 오래된 역사서이다.

❸ 단군왕검

단군은 제사장을, 왕검은 정치적 지배자를 의미한다(祭政一致).

▲ 고구려 각저총 씨름도의 곰과 범
큰 나무 아래 곰과 범이 앉아 있다.

고급사료 頻出

2021. 법원직 9급, 2018. 지방직 7급

단군 신화

옛날 하늘신 환인의 아들 환웅이 천하를 다스리고 인간 세상을 구원하고자 하는 생각이 있었다. 환인이 그 뜻을 알고 천하를 두루 살펴보니 태백산이 **널리 인간을 이롭게 할 만한 곳**이므로 천부인(칼, 거울, 방울) 3개를 가지고 내려가 다스리게 하였다. 환웅은 3천의 무리를 이끌고 태백산 꼭대기 신단수 밑에 내려와 그곳을 신시라 하였다. 환웅은 **풍백, 우사, 운사 등을 거느리고 곡식, 생명, 질병, 형벌 등 인간의 360여 가지 일을 주관**하며 세상에 살면서 인간을 다스리고 교화하였다. …… 곰과 범이 이것을 받아서 먹고 근신하기 삼칠일 만에 **곰은 여자의 몸이 되고, 범은 삼가지 못하여 사람이 되지 못하였다.** …… 환웅이 잠깐 변하여 결혼해서 아들을 낳으니 이를 **단군왕검**이라 하였다. 단군왕검은 평양성에 나라를 세우고 나라 이름을 **조선**이라고 하였다.　　– 일연, 『삼국유사』

▲ 단군의 초상화

02 단군 조선의 발전과 위만 조선 ⭐

1. 단군 조선의 발전

고조선은 요령 지방과 대동강 유역을 중심으로 독자적인 문화를 이룩하면서 발전[4]하였다.

(1) 정치 체제 정비

기원전 3세기경에는 부왕, 준왕 같은 강력한 왕이 등장하여 **왕위를 세습**하였다. 왕 밑에 **상, 대부, 장군, 박사** 등의 관직이 있었다.

(2) 중국 연나라와 대립

① 기원전 4세기: '왕'이라고 칭하며, 요서 지방을 경계로 하여 **연나라와 대립**할 만큼 성장하였다.

② 기원전 3세기: 기원전 3세기 초 연나라 장수 진개의 침략을 받아 서쪽의 넓은 **영토(요동)**를 상실하였다. 이에 따라 고조선의 중심이 **평양 일대로 이동**하였다.

고등사료 百出

2018, 국가직 7급

고조선의 성장

조선후(朝鮮侯)는 주(周)나라가 쇠약해지자 연(燕)나라가 스스로 높여 왕이 되어 동쪽을 침략하여 땅을 빼앗으려는 것을 보고, **조선후 역시 스스로 왕이라 칭하고** 군사를 일으켜 도리어 연나라를 공격하여 주나라 왕실을 받들고자 하였다. 조선의 대부(大夫) 예(禮)가 간언하자 곧 그만두었다.

– 삼국지 위지 동이전

---

2. 위만 조선의 성립

(1) 유이민의 이동

기원전 3~2세기인 **진·한 교체기**에 유이민 집단이 이주해 왔다. 이때 위만은 1,000여 명의 무리를 이끌고 고조선으로 들어왔다.

(2) 위만 세력의 성장과 위만 왕조의 성립(B.C. 194)

준왕은 위만을 박사로 임명하고, 서쪽 변경을 수비하는 임무를 맡겼다. 이후 세력을 키운 **위만은 수도인 왕검성에 쳐들어가 준왕[5]을 몰아내고 스스로 왕이 되었다.**

심화사료 百出

위만의 망명과 집권[6]

연나라 사람 위만(衛滿)도 망명하여 호복(胡服)을 하고 동쪽의 패수를 건너 준왕에게 나아가 투항하였다. …… 준왕은 그를 믿고 총애하여 벼슬을 내려 박사(博士)로 삼고 규[圭 : 제후를 봉할 때 사용하던 신인(信印)]를 내려주어 백 리의 땅을 봉해 주면서 서방 변경을 지키도록 하였다. 위만은 망명자의 무리를 꾀어내어 무리가 점차 많아지자, 이에 사람을 보내 준왕에게 거짓으로 알리기를 '한나라의 군대가 10곳의 방향에서 쳐들어오니, 들어가 숙위(宿衛)하기를 청합니다.'라고 하고, 마침내 돌아와 준왕을 공격하였다. 준왕은 위만과 싸웠지만 상대가 되지 못하였다라고 전한다.

– 『삼국지』 권 30, 「위서」 30, 오환선비동이전

---

④ 단군 조선의 발전

고조선은 기원전 7세기가~5세기 무렵, 중국의 산동반도에 있던 제나라와 교역하면서 선진 문물을 수용하였다.

🖊 고조선의 중심지 이동설

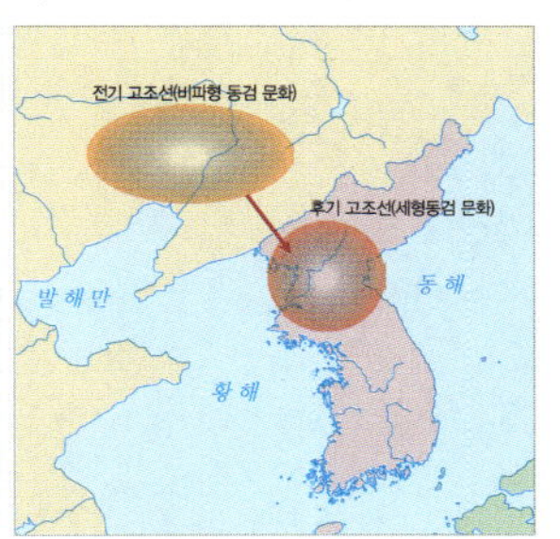

고조선의 중심지가 요동에서 기원전 3·4세기 무렵 대동강 유역으로 이동했다는 견해로, 최근 남한에서는 이를 채택하고 있다. 평양 일대에서 이 시대 유물이 대량 발견된 것이 근거가 되고 있다.

⑤ 준왕

왕위를 빼앗긴 준왕은 무리를 이끌고 남쪽으로 와서 왕이 되었다고 한다.

⑥ 위만의 고조선 계승

위만이 조선인의 옷(호복)을 입고 들어왔다는 것과 국호를 그대로 조선이라 했다는 것 등을 통해 위만 조선은 단군의 고조선을 계승한 것으로 보고 있다.

3. 위만 조선의 발전

(1) 정치·경제적 발전

철기 문화를 본격적으로 수용하여 강력한 국가로 성장하였다. 정복 활동을 통해 진번(황해도), 임둔(함경남도) 등을 차지하여 영토를 넓혔다. 그리고 **한반도 남부의 진**과 **중국의 한나라 사이에서 중계무역**으로 경제적 이익을 얻었다.

(2) 한(漢)과의 대립

고조선은 지리적인 이점을 이용해 한반도 남부의 진 등이 직접 중국의 한과 교역하는 것을 막고 **중계 무역의 이득을 독점**하려 하였다. 또한 흉노와의 연결을 통해 한나라를 견제하였다.

9급 위 한국사

한과 고조선의 대립

· **창해군 설치[한(漢)의 조선 견제]**
B.C. 128년 고조선에 복속해 있던 예국(穢國)의 왕 남려가 28만여 명의 주민을 이끌고 한에 투항하자 한은 이곳에 창해군을 설치하여 고조선을 압박하려 했는데 토착인의 저항으로 실패로 끝났다.

· **섭하 사건**
한의 무제는 섭하를 사신으로 파견하여 위만에게 신하로서의 위치를 지킬 것을 요구하였으나 위만 조선은 이를 거부하였다. 그러자 섭하는 귀국 중에 고조선의 장수를 살해하였는데, 이에 위만 조선은 군대를 보내 섭하를 살해하였다. 이 사건은 한나라가 고조선을 공격하는 계기가 되었다.

---

4. 고조선의 멸망

(1) 한 무제의 공격

B.C. 109년 한 무제는 군대를 보내 고조선을 공격했다. 고조선은 패수에서 대승을 거두는 등 한나라의 침략에 맞서 1년여간 항전하였다.

(2) 고조선의 멸망^❷(B.C. 108)

장기간의 전쟁으로 지배층의 내분이 일어났다. 결국 B.C. 108년 수도 왕검성이 함락되어 멸망하였다.

(3) 한 군현^❸의 설치

한나라는 고조선 영토에 4개의 군현을 설치하고 토착민을 통제하고자 하였다. 이에 따라 8조에 불과하던 법 조항도 60여 조로 늘어났으며 풍속도 각박해져 갔다.

심화사료 百出

고조선의 멸망

원봉 3년(B.C. 108) 여름, 니계상 삼이 사람을 시켜 조선왕 우거를 죽이고 항복해 왔지만, 왕검성은 함락되지 않았다. 죽은 우거왕의 대신(大臣) 성기(成己)가 또한 한나라에 반란을 일으키고 다시 군리(軍吏)를 공격하였다. 좌장군은 …… 성기를 주살하도록 하니, 이로써 마침내 조선을 평정하고 4군(郡)을 세웠다.

― 「사기」 권 115, 「조선열전」 55

03 고조선의 사회

1. 8조법

(1) 내용: 8조의 법 중에서 3개 조목의 내용만 전해진다.

① 살인죄: 살인자는 즉시 사형에 처한다. ⇨ **생명 존중**

② 상해죄: 남의 신체를 다치게 한 자는 곡물로써 보상한다. ⇨ **농경 사회**

③ 절도죄: 남의 물건을 도둑질한 자는 노비가 되는 것이 원칙이나, 용서를 받으려면 50만 전을 내놓아야 한다. ⇨ **사유 재산 존재, 계급 사회**

(2) 의미

고조선은 개인의 생명과 **노동력·사유 재산**을 중요하게 여겨 이를 보호하고자 하였다. 또한 형벌과 노비[4]가 존재한 **계급 사회**이고, 남성 중심의 가부장적 가족 제도가 성립했음을 짐작할 수 있다.

심화사료 百出 24. 지방직 9급, 23. 법원직 9급, 20. 법원직 9급, 20. 경찰 2차, 17. 국가직 7급(하), 15. 지방직 9급, 15. 경찰 2차, 12. 지방직 9급

8조법

(고조선에서는) 백성들에게는 금하는 법 8조를 만들었다. 그것은 대개 사람을 죽인 자는 즉시 죽이고, 남에게 상처를 입힌 자는 곡식으로 갚는다. 도둑질을 한 자는 노비로 삼는다. 용서받고자 하는 자는 한 사람마다 50만 전을 내야 한다. 비록 용서를 받아 보통 백성이 되어도 풍속에 역시 그들은 부끄러움을 씻지 못하여 결혼을 하고자 해도 짝을 구할 수 없다. 이러해서 백성들은 도둑질을 하지 않아 대문을 닫고 사는 일이 없었다. 여자들은 모두 정조를 지키고 신용이 있어 음란하고 편벽된 짓을 하지 않았다.

– 「한서」

2. 고조선의 사회상

(1) 지배층

관직명으로는 왕 밑에 상·경·대부·장군·박사 등이 있었다. 이 중에서 상[5]의 세력은 상당하였다.

(2) 피지배층

『한서』 지리지에 따르면 농민은 대나무 그릇에 음식을 담아 먹고, 도시에서는 술잔 같은 그릇에 음식을 담아 먹었다고 한다.

대표 기출문제

밑줄 친 '법'을 시행한 나라에 대한 설명으로 가장 옳은 것은? 2023. 법원직 9급

백성들에게 금하는 법 8조를 만들었다. 사람을 죽인 자는 즉시 죽이고, 남에게 상처를 입힌 자는 곡식으로 갚는다. 도둑질한 자는 노비로 삼는다. 용서받고자 하는 자는 한 사람마다 50만 전을 내야 한다. … 여자들은 모두 정숙하여 음란하고 편벽된 짓을 하지 않았다.

– 「한서」

① 서옥제라는 혼인 풍습이 있었다.

② 해마다 영고라는 제천 행사를 열었다.

③ 목지국의 지배자가 왕으로 추대되었다.

④ 한 무제가 보낸 군대의 침공으로 멸망하였다.

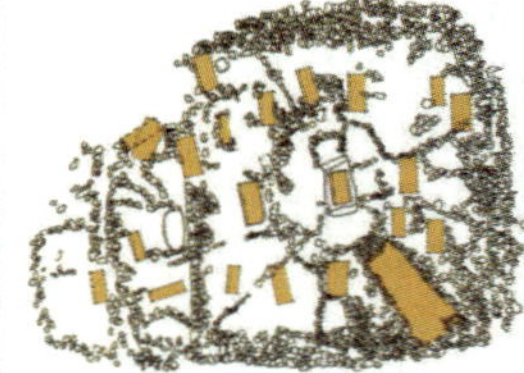

강상무덤(중국 랴오닝 성 다롄)
고조선 귀족의 무덤으로 추정된다. 순장의 사례로 언급되기도 하나, 가족 공동 묘로 보는 견해도 있다.

❹ 노비
주로 전쟁 포로나 범죄자 등이 노비가 되었다.

❺ 상(相)
왕 밑에서 국무를 관장하며 왕과 함께 국가의 중대사를 논의하였다. 또한 이들은 수천 호로 이루어진 지역 집단의 우두머리로서, 직접 별도의 영역과 주민을 다스리기도 하였다. 대표적으로 우거왕 때의 역계경 등이 있다.

✎ 기자 조선
중국의 사서에는 은나라가 멸망하자 은나라의 기자(箕子)가 고조선으로 와서 기자 조선을 세웠다는 견해가 있다. 그는 시서예악(詩書禮樂)을 발전시키고, 정전제와 8조교를 실시했다고 한다. 이를 근거로 조선 시대 유학자들 사이에는 기자를 성현으로 숭배하고, 조선이 문화국임을 자랑으로 여기는 인식이 더졌다.

해설
제시된 자료는 고조선의 8조법이다. ④ 고조선은 한 무제가 보낸 군대의 침입을 받아 기원전 108년에 멸망하였다.
① 고구려에 대한 설명이다. ② 부여에 대한 설명이다. ③ 삼한 중에서 마한의 세력이 가장 강했는데 마한에서 세력이 가장 큰 목지국의 지배자가 마한왕 또는 진왕(辰王)으로 추대되어 삼한 전체를 대표하였다.

정답 ④

04 _강 여러 나라의 성장

解/法 기출분석

구분		2008~2018	2019	2020	2021	2022	2023	2024	2025
9급	국가직	• 부여 • 고구려(3) • 동예와 옥저 • 동예 • 삼한	부여와 동예			옥저			
	지방직	• 여러 나라 성장 • 부여와 삼한 • 부여와 고구려 • 고구려 • 동예 • 동예와 옥저	옥저와 부여	옥저	부여				부여
	법원직	• 부여 • 부여와 삼한(2) • 고구려 • 동예(2) • 옥저			동예	고구려		삼한	

여러 나라의 성장

	부여	고구려	옥저	동예	삼한
위치	만주 송화강	압록강 졸본	함흥평야	강원도 (원산만)	한강 이남 (진의 성장)
국가	연맹 왕국(5부족) 왕 : 지배자 X ⇒ 대표자 O	연맹 왕국	군장 국가 : 왕 없음.		마한 54, 변한 12 진한 12
정치	가(加) : 사출도 대사자, 사자	대가(상가, 고추가) 사자, 조의, 선인	읍군 · 삼로 · 후		목지국왕 = 삼한왕
경제	반농반목, 말, 주옥, 모피	졸본 : 산악 지방 약탈 경제(부경)	토지 비옥 소금, 해산물	방직 기술 발달 단궁, 과하마, 반어피	1. 벼농사 발달 ① 저수지 多 ② 두레 ③ 제천 행사 x 2회 2. 철 – 변한 – 가야
제천 행사	영고(12월) ⇒ 수렵 사회의 전통	동맹(10월) 국동대혈	×	무천(10월)	수릿날(5월) 계절제(10월)
풍습	순장, 흰옷, 형사취수제 4조목의 법 : 1책 12법	서옥제, 형사취수제	민며느리제 가족 공동묘	족외혼, 책화 ⇩ 씨족 사회의 풍습 ∵ 폐쇄적 지형	1. 소도(별읍) : 천군, 제정 분리 2. 군장 : 신지, 읍차

01 부여 ⭐⭐

1. 위치

부여는 만주 길림시 일대 송화(鬆花)강 유역의 평야 지대를 중심으로 성장하였다.

2. 정치적 발전

(1) **왕의 존재**: 이미 1세기 초에 왕호를 사용하였다. 왕위 계승은 부자 상속이 원칙이었으나, 제가들이 합의하여 국왕을 추대하는 경우도 있었다.

(2) **왕권**: 수해나 가뭄으로 흉년이 들면 왕에게 그 책임을 묻기도 하였다. 한편, 왕을 배출한 부족의 세력은 매우 강해서 궁궐, 성책, 감옥, 창고 등의 시설을 갖추고 있었다.

(3) **정치 조직**: 왕 아래에 **마가·우가·저가·구가**와 대사자·사자 등의 관리가 있었다. 왕은 마가·우가·저가·구가 등 부족장들과 협의하여 국가의 중요한 일을 결정하였다.

(4) **사출도❶**: 가축의 이름을 딴 마가·우가·저가·구가는 각자 **행정 구역인 사출도**를 다스렸다. 사출도는 왕이 직접 통치하는 중앙과 함께 5부를 이루었다. 그리고 이들은 각자 대사자, 사자 등의 관리를 거느렸다.

(5) **대외 관계❷**: 3세기 말에 선비족의 침략을 받아 한때 수도가 함락되었으며, 4세기에는 전연의 침략으로 왕이 포로가 되는 위기를 맞았다.

(6) **멸망**: 5세기 문자왕 때 고구려에 편입되어, 연맹 왕국 단계에서 멸망하였다.

여러 나라의 성장

❶ **사출도(四出道)**

중앙(수도)을 중심으로 지방을 동·서·남·북의 4개 구역으로 나눈 것이다.

❷ **대외 관계**

중국의 한나라와는 우호적인 관계를 유지하였다.

심화사료 百出

25. 지방직 9급, 19. 국가직 9급, 19. 지방직 9급, 19. 서울시 9급(상), 18. 경찰 2차, 17. 국가직 7급, 17. 지방직 9급, 16. 지방직 7급, 15. 사복직 9급, 14. 지방직 9급, 14. 법원직 9급, 13. 서울시 9급, 13. 지방직 7급, 12. 경찰 1차, 10. 서울시 9급, 09. 법원직 9급

부여의 위치

남쪽으로 고구려, 동쪽으로 읍루, 서쪽으로 선비와 접해 있고 북쪽에는 흑룡강이 있다. 국토의 면적은 사방 2천 리가 되며, 호수는 8만 호이다. 그 백성은 토착 생활을 하고, 궁실과 창고, 감옥이 있다. — 「삼국지」 위서 동이전

부여의 정치 체제

나라에는 군왕이 있으며 **가축의 이름을 따서 벼슬 이름을 부르고 있다.** 마가, 우가, 저가, 구가, 태사자, 사자 등이 있다. 읍락에는 호민이 있으며, 민(民)인 하호는 모두 노복과 같이 여겼다. **제가는 사출도를 나누어 맡아본다.** 장마가 계속되어 오곡이 영글지 않으면 그 허물을 왕에게 돌린다. — 「삼국지」 위서 동이전

3. 경제

송화강 유역의 넓은 평야를 차지하여 농업과 목축이 발달하였다. 특산물로는 말·주옥·모피 등이 유명했고, 이를 중국에 수출하였다. 그리고 중국에서 청동 거울과 옥갑(장례 용구) 등을 수입하였다.

4. 사회

(1) **계급**: 귀족 계급인 **가(加)**가 있었고, 그 밑에 **호민(부유층)**과 하호(평민), 노비가 있었다.

(2) **법❸**: 살인자는 사형에 처하고 그 가족은 노비로 삼으며, 남의 물건을 훔쳤을 때는 **물건값의 12배**를 배상하게 하였다. 또한, 간음한 자와 투기가 심한 부인은 사형에 처하였다.

❸ **4조목**

1. 살인자는 사형에 처하고 그 가족은 노비로 삼는다.
2. 간음을 한 부인은 사형에 처한다.
3. 질투한 부인은 사형에 처한다.
4. 물건을 훔친 자는 12배로 배상한다.

심화사료 百出

부여의 경제

산릉과 넓은 연못이 많아서 **동이 지역에서 가장 넓고 평탄하다.** 토질은 오곡이 자라기에는 적당하지만 오과는 나지 않는다. 사람들은 체격이 크고 성질은 굳세고 용감하며 근엄 후덕하여 다른 나라를 침범하거나 노략질하지 않는다. ― 「삼국지」 위서 동이전

부여의 법률

형벌은 엄격하고 각박하여 사람을 죽인 자는 사형에 처하고, 그 가족은 적몰(籍沒)하여 노비로 삼았다. **도둑질을 하면 도둑질한 물건의 12배를 배상하게 하였다.** 남녀 간에 음란한 짓을 하거나 부인이 투기하면 모두 죽였다. 투기하는 것을 더욱 미워하여 죽이고 나서 그 시체를 나라의 남산에 버려서 썩게 하였다. 친정집에서 그 부인의 시체를 가져가려면 소와 말을 바쳐야 내어준다. **형이 죽으면 형수를 아내로 삼는데, 이는 흉노의 풍습과 같다.** ― 「삼국지」 위서 동이전

(3) 풍속

① 제천 행사[1] : 원시 수렵 사회의 전통을 계승한 **영고**[2]라는 제천 행사가 있었는데, 매년 12월에 열렸다. 이 행사에서 국가의 중요한 문제들을 논의했으며, 죄인을 처형하거나 풀어주었다.

② 우제점복[3] : 소를 죽여 그 굽으로 길흉을 점치기도 했다.

③ 장례[4] : 왕이나 지배층이 죽으면 많은 사람을 껴묻거리와 함께 묻는 순장의 풍습이 있었다.

④ 형사취수제[5] : 형이 죽은 뒤에 동생이 형수와 결혼하여 함께 사는 혼인 제도이다.

⑤ 의생활: 흰색을 숭상해 흰옷을 즐겨 입었다. 지배층은 모자를 금과 은으로 장식하였다.

심화사료 百出

부여의 제천 행사

은력(殷曆) 정월 보름에 하늘에 제사 지낸다. 온 나라가 대회를 열고, 연일 마시고 노래하고 춤추니 **영고**라 한다. 이때 감옥을 열고 죄인을 풀어 준다. ― 「삼국지」 위서 동이전

부여의 우제점복

전쟁을 하게 되면 그때도 하늘에 제사를 지내고, 소를 잡아서 그 발굽을 보아 길흉을 점치는데, 발굽이 갈라지면 흉하고 발굽이 붙으면 길하다고 생각한다. ― 「삼국지」 위서 동이전

부여의 장례 풍습

여름에 사람이 죽으면 모두 얼음을 넣어 장사지내며, 사람을 죽여서 순장을 하는데 많을 때는 백명 가량이나 된다. 장사를 후하게 지내는데, 곽(槨)은 사용하나 관은 쓰지 않는다. ― 「삼국지」 위서 동이전

부여의 의생활

나라 안에서는 옷을 입을 때 흰 빛을 숭상하여 흰 베로 만든 소매 넓은 도포와 바지를 입고 가죽신을 신는다. 외국에 나갈 때에는 수를 놓은 비단옷과 모직 옷을 즐겨 입고 대인들은 여우, 너구리, 원숭이, 또는 희거나 검은 담비의 가죽옷을 더하고 모자에 금·은으로 장식을 한다. ― 「삼국지」 위서 동이전

---

❶ 제천 행사
전쟁 등 군대를 동원할 일이 있으면 하늘에 제사를 지냈다고 한다.

❷ 영고(迎鼓 : 맞이굿)
'북을 울리면서 신을 맞이한다.'라는 의미를 지니고 있다.

❸ 우제점복(牛蹄占卜)
전쟁이 일어나면 먼저 하늘에 제사를 지내고 그 길흉을 판단하기 위해 소를 잡아 굽의 모양으로 점을 보았다.

❹ 옥갑

수백 개의 옥을 꿰매어 만든 장례 용구로, 부여는 중국에서 이를 수입하여 국왕의 장례에 사용하였다.

❺ 형사취수제(兄死娶嫂制)
형사취수제는 흉노와 같은 유목 민족에게서 많이 보이는 풍습으로, 우리나라에서는 고구려와 부여에 존재하였다.

✎ 백제의 부여 계승 의식
1. 백제 왕족의 성씨는 부여씨
2. 백제 개로왕은 북위에 사신을 보내 "우리나라는 고구려와 더불어 근원이 부여에서 나왔다."라고 함.
3. 백제 성왕은 사비 천도(538) 후 국호를 '남부여'로 개칭함.

02 초기 고구려 ⭐⭐

1. 정치적 발전

(1) **건국[6]** : 『삼국사기』에 따르면 고구려는 주몽이 건국하였다(기원전 37). 주몽은 부여 지배층의 박해를 피해 남쪽으로 내려와 **압록강 유역의 졸본(환인)** 지방에 자리잡았다.

고등사료 百出

고구려의 건국 이야기

시조 동명성왕은 성이 고씨이며, 이름은 주몽이다. ······ 하백의 딸 유화라 하는지라. ······ 그녀는 잉태하였고, 마침내 알 하나를 낳았다. ······ 한 사내아이가 껍데기를 깨고 나왔다. ······ **스스로 활을 만들어 쏘는데 백발백중**이었다. 부여의 속어에 활 잘 쏘는 것을 **주몽**이라 하니, 이로써 이름을 삼았다.　　　　　　　　　－ 『삼국사기』

(2) **수도 천도** : 건국 초부터 주변의 소국들을 정복하고 평야 지대로 진출하고자 하였다. 이러한 과정에서 압록강 유역의 **국내성**으로 수도를 옮겼다(유리왕).

(3) **세력의 확장** : 한 군현인 현도군을 공략하여 요동 지방으로 진출하였다. 동쪽으로는 부전고원을 넘어 옥저와 동예를 복속시키고 공물을 받았다.

(4) **정치 체제** : 고구려는 1세기에 이미 왕호를 사용했으며, **5부족 연맹**을 토대로 발전하였다. 왕 아래 상가·고추가 등 대가들이 있었으며, 각기 **사자·조의·선인** 등 관리를 거느렸다.

2. 경제

(1) **약탈 경제** : 고구려는 산이 많고 평야가 적어 부족한 식량을 다른 나라로부터 약탈하였다. 이때 빼앗아 온 식량을 보관하는 작은 창고를 집집마다 만들었는데, 이를 **부경**이라 한다.

(2) **특산물** : 유명한 특산물로는 맥궁[7]이 있었다.

심화사료 百出

21. 경찰 1차, 20. 지방직 7급, 18. 경찰 2차, 17. 지방직 9급(하), 17. 지방직 9급
14. 국가직 9급, 14. 서울시 7급, 13. 서울시 9급 12. 국가직 9급, 12. 국가직 7급, 10. 서울시 9급, 08. 국가직 9급

고구려의 정치 체제

- 부여의 별종(別種)이라 하는데, 말이나 풍속 따위는 부여와 같은 점이 많으나, 기질이나 옷차림이 다르다.
- 나라에는 **왕이 있고, 벼슬로는 상가·대로·패자·고추가·사자·조의·선인이 있다.** 신분이 높고 낮음에 따라 각각 등급을 나눈다. **왕의 종족으로 대가는 모두 고추가**로 불린다. **모든 대가들은 사자, 조의, 선인을 둔다.**
- 모임에서는 모두 비단에 수놓은 의복을 입고 금과 은으로 장식한다. 대가와 주부는 머리에 책(幘)을 쓰는데, 중국 것과 흡사하지만 뒤로 늘어뜨리는 부분이 없다. 소가는 절풍(折風)을 쓰는데, 그 모양이 고깔과 같다.　　　－ 『삼국지』 위서 동이전

고구려의 경제

- **큰 산이 많고 골이 깊으며 평야가 없다.** 사람들은 산골짜기에 살며 산골 물을 마신다. **좋은 농토가 없어 애써서 경작하나 식구들의 식생활에 부족**하다. 그 나라 사람들은 성미가 사납고 성급하여 노략질하기를 좋아한다.
- 나라에는 큰 창고를 설치하지 않고 대신에 **집집마다 작은 창고를 만들도록 하였다.** 이 창고를 이름하여 **부경**이라고 불렀다.　　　－ 『삼국지』 위서 동이전

❻ 고구려의 성립 과정

한나라가 설치했던 현도군을 몰아내면서 세력을 크게 늘렸다. 이후 부여의 유이민 집단과 함께 고구려를 건국하였다.

오녀산성
고구려의 첫 도읍지인 졸본성의 방어용 산성으로 추정된다.

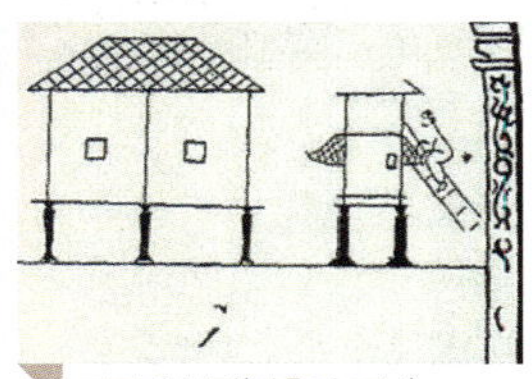

고구려 부경(덕흥리 고분)

❼ 맥궁

고구려, 만주 일대에서 널리 사용된 활로, 쇠붙이나 동물의 뿔로 만들었다.

3. 사회

(1) 계층

　① 지배층: 가(加)는 세력의 크기에 따라 대가(大加)·소가(小加)로 나뉘었다. 이들은 수천에서 수백에 이르는 가호(家戶)를 지배하였다.

　② 피지배층: 하호[1]는 빈농·소작농 등으로 추정된다. 이들은 전쟁 시에는 무기를 갖고 싸우는 전사가 될 수 없었고 보급품만 운반하였다.

(2) 법률

　① 형벌: 중대한 범죄자가 있으면 제가 회의를 통하여 사형에 처하고, 그 가족을 노비로 삼았다. 법률이 엄격하고 감옥(뇌옥)이 없었다.

　② 절도죄: 도둑질한 자는 12배로 배상하게 하였다(1책 12법). 배상하지 못할 경우에는 자녀를 노비로 삼았다. 그리고 남의 소나 말을 죽인 자는 노비로 삼았다.

(3) 풍속[2]

　① 제천 행사: 주몽과 그 어머니 유화 부인을 조상신으로 섬겼으며, 10월에는 **동맹**이라는 제천 행사를 성대하게 치렀다. 이때 왕과 신하들은 국동대혈(국내성 동쪽에 있는 동굴)에 모여 함께 제사를 지냈다.[3]

　② 혼인

　　㉠ 서옥제[4]: 신랑은 혼인이 결정되면 신부 집 뒤꼍에 조그만 집(서옥)을 짓고 산다. 자식을 낳아 장성하면 아내를 데리고 신랑 집으로 돌아간다.

　　㉡ 형사취수제[5](취수혼): 형이 죽으면 동생은 형수를 아내로 맞이하였다.

　③ 장례: 결혼할 때 수의(죽은 사람이 입는 옷)를 미리 마련하였다. 그리고 장례[6]를 치를 때 금·은, 돈, 폐백 같은 것을 후하게 쓰고 껴묻거리를 많이 묻었다(후장, 厚葬).

---

❶ 하호(下戶)

농업에 종사하는 대다수의 평민으로, 부여·초기 고구려·삼한에는 하호라는 계층이 존재했던 것으로 보인다.

❷ 풍속

고구려의 언어와 풍속은 부여와 매우 유사했다고 한다.

❸ 고구려의 제사

왕궁 왼편에 큰 집을 세우고 농업의 신과 토지신에게 제사를 지냈다고 전해진다. 또한 제천 행사인 동맹 때 여러 토착신에게 제사지냈다고 한다.

국동대혈

❹ 서옥제(壻屋制)

남자는 자식이 성장할 때까지 처가에 살면서 노동력을 제공하였다.

❺ 형사취수제(兄死娶嫂制)

가족 구성원을 보호하고 재산이나 인력이 다른 집안으로 유출되는 것을 막고자 한 것이다.

❻ 장례 풍습

금·은 재화를 무덤에 넣고 돌로 봉분을 만들고 주위에 소나무와 잣나무를 심었다.

심화사료 百出

고구려의 사회 모습

· 감옥이 없고 범죄자가 있으면 제가들이 모여서 논의하여 사형에 처하고 처자는 노비로 삼는다. **물건을 도둑질한 자는 그 물건의 12배를 물어주게 하고,** 소나 말을 죽인 자는 노비로 삼는다. 대체로 법을 엄격하게 적용하므로 범하는 자가 적으며, 심지어는 길가에 떨어진 물건도 줍지 않는다.

· **10월에 하늘에 제사 지낸다. 온 나라가 대회를 가지므로 동맹이라 한다.** 그 나라의 동쪽에 큰 굴이 있는데 그것을 **수혈(隧穴)**이라 부른다. 10월에 온 나라에서 크게 모여 수신(隧神)을 맞이하여 나라의 동쪽 위에 모시고 가 제사를 지내는데, **나무로 만든 수신을** 신의 좌석에 모신다.

· 남녀가 결혼하면 곧 죽어서 입고 갈 수의(壽衣)를 미리 조금씩 만들어 둔다. 장례를 성대하게 지내니, **금·은의 재물을 모두 장례에 소비하며,** 돌을 쌓아서 봉분을 만들고 소나무·잣나무를 그 주위에 벌려 심는다.
　　　　　　　　　　　　　　　　　　　　　　　　　　－「삼국지」 위서 동이전

서옥제(壻屋制)

혼인할 때 말로 미리 정하고, 여자 집에서 본채 뒤편에 작은 별채를 짓는데 그 집을 서옥(壻屋)이라고 부른다. 해가 저물 무렵에 신랑이 신부의 집 문 밖에 도착하여 자기 이름을 밝히고 무릎을 꿇어 절하면서 신부와 더불어 잘 수 있도록 해 달라고 청한다. 이렇게 두세 번 거듭하면 신부 부모는 그제야 허락하고 돈과 폐백은 곁에 쌓아 둔다. 자식을 낳아서 장성하면 아내를 데리고 집으로 돌아간다.
　　　　　　　　　　　　　　　　　　　　　　　　　　－「삼국지」 위서 동이전

03 옥저와 동예 ⭐

1. 위치와 정치 체제

(1) 위치

옥저와 동예는 각각 함경남도와 강원도 북부에 위치하고 있었다. 이 두 나라는 백두대간이 가로막고 있어서 외부와의 접촉이 적었고, 선진 문화의 수용도 상대적으로 늦었다.

(2) 정치 체제

왕은 없고 읍군·삼로·후·거수라고 불리는 군장이 각자 자신의 읍락을 다스렸다. 한 군현의 통제를 받다가 고구려에게 복속되면서 군장 국가 단계에서 소멸하였다.

2. 옥저

(1) 경제

옥저는 토지가 비옥했으며, 어물과 소금 등 해산물이 풍부하였다. 한편, 각종 특산물을 고구려에 공물로 바쳤다.

(2) 사회와 풍습: 옥저는 고구려와 같이 부여족의 한 갈래였으나, 풍속은 달랐다.

① **민며느리제**❼ : 신랑이 될 집안이 혼인을 약속한 여자아이를 데려와 키운다. 이후 아이가 성장하면 남자는 여자 집에 예물을 주고 혼인을 청하는 제도이다. 일종의 매매혼적 성격을 보여 준다.

② **가족 공동묘**: 사람이 죽으면 가매장했다가 나중에 뼈만 추려서 장례를 치르고, 가족 공동 무덤인 큰 목곽에 넣어 놓았다. 목곽 입구에는 죽은 자의 양식으로 쌀을 담은 항아리를 매달아 놓았다.

③ **보전(步戰)에 능함**: 『위서 동이전』에 따르면 옥저인들은 창을 잘 다루며, 보전을 잘했다고 한다.

❼ **민며느리제와 서옥제**

혼인으로 인해 신부 집안에서 발생한 노동력 손실을 신랑 측에서 보상해 준 것이다.

22. 국가직 9급, 20. 지방직 9급, 19. 지방직 9급, 18. 국가직 7급, 18. 경찰 1차, 16. 지방직 7급, 16. 사회복지직 9급, 13. 지방직 9급
12. 법원직 9급, 10. 국가직 7급

심화사료 百出

옥저의 위치와 사회 모습

고구려 개마대산의 동쪽에 있는데, 큰 바닷가에 접해 산다. 그 지형은 동북 방향은 좁고 서남 방향은 길어서 천 리 정도나 된다. 북쪽은 읍루·부여, 남쪽은 예맥과 맞닿아 있다. **대군왕이 없으며, 읍락에는 각각 대를 잇는 장수(長帥)가 있다.** 그들의 말은 고구려와 대체로 같지만 경우에 따라 좀 다른 것도 있다. …… 나라가 작고 큰 나라의 틈바구니에서 핍박을 받다가 **결국 고구려에게 신속케 되었다.** …… 토질은 비옥하며, 산을 등지고 바다를 향해 있어 오곡이 잘 자라며 농사짓기에 적합하다. 사람들의 성질은 질박하고, 정직하며 굳세고 용감하다. 소나 말이 적고, 창을 잘 다루며 보전(步戰)을 잘한다. **음식, 주거, 의복, 예절은 고구려와 흡사하다. 여자의 나이가 10살이 되기 전에 혼인을 약속하고, 신랑 집에서는 그 여자를 맞이하여 장성하도록 길러 아내로 삼는다.** 장사를 지낼 적에는 큰 나무 곽(槨)을 만드는데 길이가 십여 장(丈)이나 되며 한쪽 머리를 열어 놓아 문을 만든다.

– 『삼국지』 위서 동이전

옥저의 가족 공동묘 (골장제)

장사 지낼 때는 큰 나무로 곽을 만드는데, …… 가매장을 하여 겨우 시체가 덮일 만큼만 묻었다가 가죽과 살이 썩으면 이내 뼈를 취하여 곽 속에 넣는다. 집안 모두가 하나의 곽에 함께 들어간다. 죽은 사람의 숫자대로 살아 있을 때와 같은 모습으로 나무로 모양을 새긴다. 또한 기와 모양의 솥이 있는데, 그 가운데에 쌀을 넣고 곽의 출입구 한쪽에 메어 둔다.

– 『삼국지』 위서 동이전

▲ 옥저의 집터 유적

원시적인 온돌을 사용하였다.

3. 동예

(1) 경제

동예는 토지가 비옥하고, 해산물이 풍부하였다. 단궁[1]·과하마[2]·반어피[3] 등 특산물이 유명했으며, 명주와 삼베를 짜는 방직 기술이 발달하였다.

(2) 사회

① 족외혼: 씨족 사회의 전통이 남아 있어 같은 씨족끼리는 결혼하지 않았다(족외혼).

② 책화: 각 부족마다 생활권이 구분되어 있었다. 만약 다른 부족의 영역을 침범하면 책화라고 하여 노비, 소, 말 등으로 변상했다. 이는 씨족 사회의 풍습이었다.

③ 제천 행사: 동예는 매년 10월에 무천[4]이라는 제천 행사를 열었다.

④ 보전에 능함: 동예 역시 옥저와 마찬가지로 보전에 능하였다.

⑤ 주거 형태: 바닥은 땅 밑으로 약간 들어가 있는 반지하식이었으며, 바닥의 모양은 여(呂) 자형·철(凸) 자형의 형태[5]였다.

22. 서울 9급, 21. 법원 9급, 19. 국가 9·7급, 19. 경찰 2차, 18. 경찰 1차, 17. 국가 9급, 13. 지방 9급, 12. 지방 9급, 12. 법원 9급, 11. 법원 9급, 10. 국가 7급, 07. 법원 9급

심화사료 百出

동예

• 남쪽으로는 진한과 북쪽으로는 고구려·옥저와 맞닿아 있고 동쪽으로는 큰 바다에 닿았다.

• 대군장은 없고 후, 읍군, 삼로의 관직이 있어서 하호를 통치하였다. 그 나라의 노인들은 옛날부터 스스로 "고구려와 같은 종족이다."라고 한다.

• **예의 풍속은 산천을 중요시하여 산과 내마다 각기 구분이 있어 함부로 들어가지 않는다.** …… **부락을 함부로 침범하면 벌로 생구(노비)와 소, 말을 부과하는데, 이를 책화라 한다.** 동성끼리는 결혼하지 않는다.

• **해마다 10월이면 하늘에 제사 지내는데, 주야로 술 마시며 노래 부르고 춤추니 이를 무천이라 한다.**

• 호랑이를 신(神)으로 여겨 제사지낸다.

• 삼베가 나며 누에를 쳐서 옷감을 만든다. 단궁이 이 땅에서 나오고, 바다에서는 반어피가 나오며, 얼룩 표범이 있고 또한 과하마가 나온다.

• 꺼리는 것이 많아서 병을 앓거나 사람이 죽으면 옛 집을 버리고 곧 다시 새 집을 지어 산다. 삼베가 산출되며 누에를 쳐서 옷감을 만든다. 새벽에 별자리의 움직임을 관찰하여 그 해의 풍흉을 미리 안다. 주옥(珠玉)은 보물로 여기지 않는다.

– 「삼국지」 위서 동이전

여(呂) 자형 집터

철(凸) 자형 집터

주로 동해안 주변에서 나타나고 있어 동예의 독특한 주거 양식으로 파악된다. 방과 출입구의 경계에 폭이 좁아져 문을 만든 것으로 추정하기도 한다.

04 삼한

1. 삼한의 형성

한반도 중남부에는 청동기 문화를 바탕으로 한 진(辰)[6]이 있었다. 이후 고조선 지역에서 남하한 유이민들이 가져온 철기 문화를 받아들여 삼한이 성립되었다.

2. 구성: 마한은 54개, 변한과 진한은 12개의 소국으로 구성된 연맹체였다.

심화사료 百出　2024. 법원직 9급, 2017. 지방직 7급, 2017. 국가직 9급(하), 2014. 지방직 9급, 2014. 법원직 9급, 2013. 지방직 7급, 2009. 법원직 9급

삼한의 위치

한(韓)은 대방(帶方)의 남쪽에 있는데, 동쪽과 서쪽은 바다로 한계를 삼고, 남쪽은 왜(倭)와 접경하니, 면적이 사방 4천리 쯤 된다. (한에는) 세 종족이 있으니, 하나는 마한(馬韓), 둘째는 진한(辰韓), 셋째는 변한(弁韓)인데, 진한(辰韓)은 옛 진국(辰國)이다.

― 『삼국지』 위서 동이전

마한

마한은 (삼한 중에서) 서쪽에 위치하였다. 그 백성은 토저 생활(土著生活)을 하고 곡식을 심으며 누에치기와 뽕나무 가꿀 줄을 알고 면포(綿布)를 만들었다. (나라마다) 각각 장수(長帥)가 있어서, **세력이 강대한 사람은 스스로 신지(臣智)라 하고, 그 다음은 읍차(邑借)라 하였다.** (그 나라 사람들은) 산과 바다 사이에 흩어져 살았으며 성곽이 없었다.　― 『삼국지』 위서 동이전

변한과 진한

변진(弁辰)도 12국으로 되어 있다. 또 여러 작은 별읍(別邑)이 있어서 제각기 거수(渠帥)가 있다. (그중에서) 세력이 큰 사람은 신지(臣智)라 하고, 그 다음에는 험측(險側)이 있고, 다음에는 번예(樊濊)가 있고, 다음에는 살해(殺奚)가 있고, 다음에는 읍차(邑借)가 있다. …… 변한과 진한의 합계가 24국이나 된다. …… 그중에서 12국은 진왕(辰王)에게 신속(臣屬)되어 있다. **진왕(辰王)은 항상 마한 사람으로 왕을 삼아** 대대로 세습하였으며, 진왕이 자립하여 왕이 되지는 못하였다.　― 『삼국지』 위서 동이전

3. 정치

(1) 목지국[7]

마한의 소국들 가운데 세력이 가장 큰 **목지국**의 지배자가 **마한왕** 또는 **진왕(辰王)**으로 추대되어 삼한 전체를 대표하였다.

(2) 제정 분리 사회

① 정치: 삼한의 지배자 중에서 세력이 큰 자를 **신지**, 작은 자를 **읍차** 등으로 불렀다.

② 제사: 제사장인 천군이 있어 농경과 종교를 주관하였다. 천군이 주관하는 신성 지역인 소도는 군장의 세력이 미치지 않는 곳으로, 죄인이라도 이곳에 숨으면 잡아가지 못했다.

심화사료 百出　2017. 지방직 7급, 2017. 국가직 9급(하), 2014. 지방직 9급, 2014. 법원직 9급, 2013. 지방직 7급, 2009. 법원직 9급

천군과 소도

귀신을 믿으며 국읍마다 한 사람을 뽑아 **천신에게 제사 지내는 일**을 맡아보게 하였는데 그를 **천군**이라 불렀다. 또 이들 여러 고을에는 각각 **특정한 별읍**이 있었으며, 그곳을 **소도**라고 불렀다. 큰 나무를 세우고 방울과 북을 매달아 놓고 귀신을 섬겼다. **도망꾼들이 그곳으로 도망을 가면 그를 붙잡지 않았다.**　― 『삼국지』 위서 동이전

[6] 진국

중국의 역사서인 『사기』 조선 열전에 나오는 나라 이름이다. 고조선이 있었을 때 한반도 중남부에는 여러 나라가 있었던 것으로 추정된다.

[7] 목지국(目支國)

목지국의 위치에 대해서는 충청남도 설, 전라도 설 등 여러 가지가 저기되고 있다. 현재는 충청남도 아산만 또는 천안 일대로 보는 설이 가장 유력하다.

솟대

소도에 큰 나무를 세우고 방울·북을 매달아 신성 지역임을 표시하였다.

삼한에서는 토기, 철기 등을 전문적으로 제작하는 장인이 있었다. 이들은 비교적 높은 수준의 철기 제작 기술을 습득하고 있었다.

변한은 덩이쇠(각종 철제품을 만들던 재료)를 만들어 화폐처럼 사용하였다.

큰 통나무를 정(井)자 모양으로 귀를 맞추어 층층이 얹고 틈을 흙으로 발라 지은 집이다.

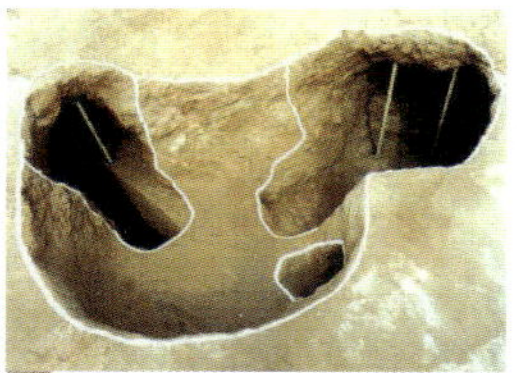

마한의 토실(土室)
(충남 공주 장선리)

마한의 무덤(주구묘, 周溝墓)
(전남 나주 용호리)

고대 사회에서 새는 하늘과 사람을 이어주는 존재로 여겨졌다. 이에 삼한 지역에서는 새의 형상을 올려놓은 솟대가 발견되고, 고분이나 제사 유적에 오리 모양 토기와 새 모양 목기, 새 무늬 청동기 등이 출토되기도 하였다.

4. 경제

(1) 농업 발달

삼한❶은 비옥한 평야 지대에 위치하여 일찍부터 농업이 발달하였다. 각종 **철제 농기구**들을 사용했으며 **벼농사**를 많이 지었다. 이에 따라 여러 개의 저수지가 만들어졌다.

(2) 두레

벼농사에는 많은 노동력이 필요했기 때문에 **두레**가 조직되었다. 이는 여러 사람이 힘을 모아 공동 작업을 하는 것으로, 공동체적 전통을 보여 준다.

(3) 철의 수출

변한에서는 **철**❷이 많이 생산되어 **낙랑, 왜** 등에 수출하였다. 철은 교역에서 **화폐**처럼 사용하였다.

심화사료 百出

2017. 지방직 7급, 2017. 국가직 9급(하), 2014. 지방직 9급, 2014. 법원직 9급, 2013. 지방직 7급, 2009. 법원직 9급

철의 수출

(변한) 나라에서 철이 생산되는데 한, 예, 왜인들이 와서 사 간다. 시장에서의 매매는 철로 이루어져 마치 중국에서 돈을 사용하는 것과 같으며, 낙랑과 대방의 두 군에도 공급하였다.

– 『삼국지』 위서 동이전

5. 사회 풍속

(1) 제천 행사

씨를 뿌리고 난 뒤인 **5월**과 곡식을 거두어들이는 **10월**에 **계절제**를 열어 하늘에 제사를 지냈다.

(2) 주거 형태

소국의 일반 사람들은 초가지붕의 반움집이나 귀틀집❸에서 살았다. 특히 『삼국지』 위서 동이전에 등장하는 반움집 형태인 토실은 마한의 특징적인 집 형태로 알려져 있다.

(3) 장례·무덤

① **마한**: 후장(厚葬)의 형태로 소와 말을 순장하는 풍습이 있었다. 특징적인 무덤 형태로는 시체를 매장한 목관 주변에 도랑을 둘러 묻은 곳을 표시한 주구묘가 있었다.

② **진한과 변한**: 큰 새❹의 깃털을 장례에 사용하여 사망자의 승천을 빌었다.

(4) 기타 풍습

삼을 재배하여 베를 짜고 뽕나무와 누에를 쳐서 비단을 생산하였다. 구슬을 보배로 여겼지만, 금·은은 귀하게 생각하지 않았다. 그리고 진한과 변한에서는 돌을 가지고 머리의 모양을 일정한 형태로 만드는 편두의 풍속이 있었다.

2017. 지방직 7급, 2017. 국가직 9급(하), 2014. 지방직 9급, 2014. 법원직 9급, 2013. 지방직 7급, 2009. 법원직 9급

삼한의 제천 행사

5월에 파종하고 난 후 귀신에 제사를 올린다. 이때 많은 사람들이 모여 노래 부르고 춤을 추고 술을 마시며 밤낮 쉬지 않고 놀았다. 10월에 농사가 끝나면 다시 제사지낸다. — 『삼국지』 위서 동이전

삼한의 주거 형태

그 풍속은 기강이 흐려서 …… 무릎 꿇고 절하는 예절 또한 없다. 초가지붕에 토실(土室)을 만들어 사는데, 그 모양은 마치 무덤과 같았으며, 그 문은 윗부분에 있다. 온 집안 식구가 그 속에 함께 살며, 나이와 남녀의 분별이 없다. — 『삼국지』 위서 동이전

삼한의 장례

그들의 장례에는 관(棺)은 있으나 곽(槨)은 사용하지 않는다. 소나 말을 탈 줄 모르기 때문에 소나 말은 모두 장례용으로 써버린다. …… 큰 새의 깃털을 사용하여 장사를 지내는데, 그것은 죽은 사람이 새처럼 날아다니라는 뜻이다. — 『삼국지』 위서 동이전

편두와 문신

어린아이가 출생하면 곧 돌로 그 머리를 눌러서 납작하게 만들려 하기 때문에 지금 진한 사람의 머리는 모두 납작하다. 왜(倭)와 가까운 지역이므로 남녀가 문신을 하기도 한다. — 『삼국지』 위서 동이전

오리 모양 토기(울산 중산동)

삼한 사회의 변동

한강 유역에서는 백제국이 성장하여 점차 마한 지역을 통합하였다. 낙동강 유역의 변한 지역에서는 구야국이, 동쪽의 진한 지역에서는 사로국이 성장하였다.

다음 풍습이 있었던 나라에 대한 설명으로 옳은 것은?

2022. 국가직 9급

가족이 죽으면 시체를 가매장하였다가 나중에 그 뼈를 추려서 가족 공동 무덤인 커다란 목곽에 안치하였다. 목곽 입구에는 죽은 자가 먹을 양식으로 쌀을 담은 항아리를 매달아 놓기도 하였다. — 『삼국지』 위서 동이전

① 민며느리제라는 혼인 풍습이 있었다.
② 제가가 별도로 사출도를 다스렸다.
③ 소도라는 신성 구역이 존재하였다.
④ 무천이라는 제천 행사를 열었다.

해설

제시된 자료는 옥저의 장례 풍습에 대한 내용이다. ① 민며느리제는 옥저의 혼인 풍습이다. ② 부여, ③ 삼한, ④ 동예에 대한 설명이다.

정답 ①

고대 사회의 발전

1 고대의 정치적 발전

01강 삼국의 정치적 발전

- **1** 고대 국가의 성립
- **2** 고구려의 발전
- **3** 백제의 발전
- **4** 신라의 발전
- **5** 가야 연맹

02강 삼국의 대외관계와 삼국 통일

- **1** 삼국의 대외 관계
- **2** 고구려와 수·당 전쟁
- **3** 나·당 연합군의 결성과 백제, 고구려의 멸망
- **4** 나·당 전쟁과 신라의 통일

03강 남북국 시대의 정치 변화

- **1** 통일 신라의 발전과 쇠락
- **2** 발해의 건국과 발전

04강 고대의 통치 조직과 정비

- **1** 고대 삼국의 통치 조직 정비
- **2** 남북국의 통치 체제

解·法·기·출·진·맥

9급 국가직

출제 경향 오버뷰 출제 빈도가 굉장히 높은 단원으로, 매년 1~3문제씩 출제됨. 삼국의 발전 과정, 신문왕, 발해 무왕, 신라의 지방 제도

9급 지방직

출제 경향 오버뷰 출제 비중이 굉장히 높은 단원으로, 매년 1~3문제 이상 출제되고 있음. 삼국의 발전 과정, 가야 연맹, 발해 무왕, 고대 통치 제도

9급 법원직

출제 경향 오버뷰 2019년 · 2020년을 제외하고 매년 2~5문제 이상 출제되고 있음. 삼국의 발전 과정, 신문왕, 발해 국왕, 고대 통치 제도

01강 삼국의 정치적 발전

解/法 기출분석

구분		2008~2018	2019	2020	2021	2022	2023	2024	2025
9급	국가직	• 삼국의 발전(6) • 고구려의 발전(2) • 소수림왕 • 광개토 대왕(2) • 지증왕 • 법흥왕 • 금석문(2)		삼국의 발전	• 신라의 발전 • 유리왕	장수왕	• 삼국의 발전 • 고국천왕	대가야	삼국의 발전
	지방직	• 삼국의 발전(5) • 무령왕 • 성왕(2) • 지증왕 • 금석문(2)	삼국의 발전	• 대가야 • 진흥왕	금관가야	• 삼국의 발전 • 지증왕	삼국의 발전		• 삼국의 발전 • 법흥왕
	법원직	• 삼국의 발전(8) • 광개토 대왕(2)			• 삼국의 발전 • 근초고왕	• 삼국의 발전 • 법흥왕	삼국의 발전	• 삼국의 발전 • 광개토 대왕 • 가야	

解法 요람

삼국의 발전과 항쟁

고구려	백 제	신 라

2세기

고구려
• 태조왕(1세기 후반)
  왕위 세습(계루부), 5부 체제
  옥저 정복
• 고국천왕
  부자 상속제, 행정적 5부 개편
  진대법(국상 을파소)

백제
* 도읍의 변천
1. 한성: 온조~개로왕
2. 웅진: 문주~성왕
3. 부여: 성왕~의자왕

신라
* 왕호의 변천
1. 거서간: 박혁거세
2. 차차웅: 남해
3. 이사금: 유리~흘해
4. 마립간: 내물~소지
5. 왕: 지증왕 이후

3세기

고구려
• 동천왕
  서안평 공격 ⇒ 실패
  관구검(위) 공격 ⇒ 국왕 피난

백제
• 고이왕
  6좌평제, 관등 · 관복 제정
  한강 유역 통합

4세기

고구려
• 미천왕
  서안평 점령, 낙랑군 축출
• 고국원왕
  전연의 침입(선비족 모용황)
  백제(근초고왕) 침공으로 전사
• 소수림왕
  불교 수용, 태학 설립, 율령 반포

백제
• 근초고왕
  부자 상속제, 고흥 『서기』
  고구려 공격(평양성 전투)
  영토 확장(전라도 해안)
  가야에 영향력 행사
  요서 · 산둥 · 규슈 진출
• 침류왕
  불교 수용(마라난타)
• 아신왕
  광개토 대왕에 굴복, 한강 이북 상실

신라
• 내물왕
  김씨 왕위 세습, 마립간(왕호)
  낙동강 동쪽의 진한 지역 장악
  고구려 도움으로 왜구 격퇴
  (호우명 그릇)

고구려	백 제	신 라

5세기

고구려
- 광개토 대왕
  거란 · 후연 · 동부여 · 숙신 격파
  한강 이북 진출(백제 공격)
  왜구 격퇴, 신라 구원
  최초 연호: 영락
- 장수왕
  평양 천도(427), 남북조와 각각 교류
  한성 점령(475), 남한강 진출
  흥안령 일대 점령
- 문자왕
  최대 영토 확보(부여 복속)

백 제
- 비유왕
  나 · 제 동맹(433~554)
- 개로왕
  한성 함락, 한강 유역 상실
- 문주왕
  웅진(공주) 천도, 왕권 약화
- 동성왕
  신라와 결혼 동맹(493), 탐라국 복속
  대중국 외교 재개

신 라
- 눌지왕
  나 · 제 동맹, 부자 상속제
  불교 전래: 묵호자(고)
- 소지왕
  결혼 동맹(나 · 제 동맹 강화)
  중앙 6부 · 관도 정비(우역 설치)
  시장 개설

6세기

고구려
귀족 간의 권력 싸움
⇒ 왕권 약화(안장왕, 안원왕 암살),
   나 · 제 동맹에 한강 유역 빼앗김.

* 대대로(토졸): 귀족 연합 정권

백 제
- 무령왕
  22담로 설치(지방 통제)
  중국 남조(양)와 교류(무령왕릉)
- 성왕
  사비 천도(538), 국호: 남부여
  중앙 관청 22부, 수도 5부, 지방 5방
  일본에 불교 전파(노리사치계, 552)
  한강 유역 일시 회복(551)
  관산성 전투에서 전사(554)

신 라
- 지증왕
  신라(국호), 왕(왕호), 우경 실시
  지방 주군 제도(군주 파견), 우산국 복속
  동시전 설치
- 법흥왕
  병부 설치(517), 율령 반포(울진 봉평비)
  불교 공인, 상대등 설치, 금관가야 병합
  연호: 건원(536)
- 진흥왕
  화랑도 개편, 불교 교단 정비(혜량)
  황룡사 건립, 전륜성왕, 거칠부『국사』
  한강 유역 장악(나 · 제 동맹 파기)
  낙동강 유역 장악(대가야 점령)
  단양 적성비, 4개의 순수비
  연호(개국, 대창, 홍제)

7세기

고구려
- 영양왕
  요서 선제 공격, 살수 대첩(612)
- 영류왕
  천리장성 축조, 친당 정책
  연개소문에 의해 축출
- 보장왕
  연개소문(막리지)의 대당 강경책
  안시성 싸움(645)

멸망(668): 지배층의 내분
⇒ 안동 도호부 설치,
   부흥 운동(오골성, 한성)

백 제
- 무왕
  미륵사 창건, 익산 천도 추진
- 의자왕
  '해동증자', 귀족 세력 숙청
  신라의 대야성 등 40여 성 공략

멸망(660): 정치 문란 · 지배층의 향락 ⇒
나 · 당 연합군 공격 ⇒ 사비성 함락 ⇒ 웅
진 도독부 설치 ⇒ 부흥 운동(임존성, 주류
성) 실패

신 라
- 진평왕
  원광(세속5계, 걸사표)
  온달 격퇴, 진종설
- 선덕 여왕
  첨성대, 황룡사 9층 목탑(자장), 분황사
- 진덕 여왕
  집사부와 창부 설치, 나 · 당 동맹
- 태종 무열왕
  백제 멸망, 집사부 시중 세력 강화
- 문무왕
  고구려 멸망, 나 · 당 전쟁, 삼국 통일
  완성(676, 대동강~원산만)

01 고대 국가의 성립[1]

1. 중앙 집권화: 부족장들은 중앙 귀족으로 편입되어 왕을 정점으로 한 중앙 집권 체제를 형성하였다.

2. 율령[2] 반포: 율령을 반포하여 통치 체제를 정비하였다.

3. 불교 수용: 부족별로 달랐던 토착 신앙 대신 불교를 국가 종교로 삼아 통합을 강화하였다.

4. 정복 전쟁: 주변 지역을 활발하게 정복하여 영역을 확대하고, 왕권은 더욱 강화하였다.

02 고구려의 발전

1. 초기 고구려[3]

(1) 건국: 고주몽[동명성왕(東明聖王), 재위 B.C. 37~B.C. 19]은 B.C. 37년 고구려를 세웠다.

(2) 유리왕: 졸본 지방을 벗어나 수도를 압록강 근처의 **국내성으로 천도**하였다.

(3) 태조왕(1세기 후반~2세기 전반, 53~146)
　① 영토 확장: 옥저를 복속하고 현도군, 서안평, 낙랑군을 공격하여 영토를 넓혔다.
　② 왕위 세습: 왕권이 크게 강화되어 **계루부의 고씨[4]**가 왕위를 독점적으로 세습하였다.

심화사료 百出
2021. 국가직 9급

유리왕의 황조가

펄펄 나는 저 꾀꼬리 / 암수 서로 정답구나
외로울사 이 내 몸은 / 뉘와 더불어 돌아가랴

고구려 태조왕(太祖王)의 정복 활동

동옥저를 정복하여 그 땅을 취하고 성읍을 만들며 국경을 개척하였는데, 동으로는 창해(동해)에 이르고 남으로는 살수에 이르렀다. …… 왕이 군사를 일으켜 요동 서안평을 습격하고, 대방령을 죽이고 낙랑 태수의 처자를 잡아 왔다.　－「삼국사기」

---

[1] 고대 국가의 성립
『삼국사기』에 따르면 신라–고구려–백제 순서대로 건국되었다고 하였다. 그러나 중앙 집권 국가의 형성은 일찍부터 중국 문화와 접촉한 고구려가 제일 빨랐다.

[2] 율령(律令)
'율'은 사회 질서를 유지하기 위한 형법에 해당하고, '령'은 행정법의 성격을 가지고 있다.

[3] 고구려의 건국
B.C. 1세기경에 압록강의 지류 동가강 유역에는 소노부·계루부 등 5부족이 세력을 형성하고 있었는데 주몽은 이들을 토대로 고구려를 세웠다.

국내성(國內城) 서쪽 벽(길림성 집안)

[4] 5부와 왕위 세습
소노부, 계루부, 절노부, 관노부, 순노부이다. 초기에는 소노부에서 왕위를 계승하였다. 그러나 나중에는 계루부가 왕위를 차지했으며, 절노부가 왕비족이 되었다.

2. 고구려의 발전(2~4세기 후반)

(1) 고국천왕(9대, 179~197)

① 5부[5] 개편: 부족적인 전통의 5부를 수도의 행정 구역인 5부(동·서·남·북·중부)로 바꾸었다.

② 부자 상속제의 확립: 왕위 계승을 형제 상속에서 **부자 상속제**로 바꾸었다.

③ 진대법 시행(194): 한미한 가문 출신의 을파소를 국상[6]으로 채용하여 **진대법**[7]을 실시하였다.

심화사료 百出 · 2023. 국가직 9급

진대법 시행

16년 겨울 10월, 왕이 질양(質陽)으로 사냥을 갔다가 길에 앉아 우는 자를 보았다. 왕이 말하기를 "아! 내가 백성의 부모가 되어 백성들이 이 지경에 이르게 하였으니 나의 죄로다." …… 그리고 관리들에게 명하여 **매년 봄 3월부터 가을 7월까지 관청의 곡식을 내어 백성들의 식구 수에 따라 차등 있게 빌려주었다가, 10월에 이르러 상환**하게 하는 것을 법규로 정하였다. – 「삼국사기」

(2) 동천왕(11대, 227~248)

서안평을 공격했는데 오히려 위나라 관구검의 반격으로 환도성[8](국내성)이 함락되었고, 동천왕은 동쪽으로 피난하였다.

(3) 미천왕(15대, 300~331)

① 서안평 점령(311): 전략적 요충지인 요동의 **서안평을 점령**하였다.

② 낙랑군 축출(313): 낙랑군과 대방군을 점령하고 대동강 유역을 확보하였다.

(4) 고국원왕(16대, 331~371, 사유): 전연(선비족)과 백제의 공격으로 큰 위기에 처했다.

① 전연(선비족)의 침입(342): 전연 모용황의 공격을 받아 수도인 국내성이 함락되어 궁궐이 불타고 남녀 5만여 명이 포로로 끌려갔다.

② 평양성 전투(371): 백제 근초고왕의 공격으로 고국원왕이 평양성에서 전사하였다.

심화사료 百出 · 2019. 지방직 7급

고국원왕의 전사

왕 41년 겨울 10월에 백제 근초고왕이 군사 3만 명을 이끌고 평양성을 공격해 왔다. 왕이 군대를 내어 막다가 화살에 맞아 돌아가셨다. – 「삼국사기」

(5) 소수림왕(17대, 371~384) ⭐

① 대내 정책

㉠ 불교 수용(372): 중국 전진으로부터 불교를 수용하였다.

㉡ 율령 반포(373): 율령을 반포하여 중앙 집권 체제를 강화하였다.

㉢ 태학 설립(372): 유학 교육 강화를 위해 태학을 설립하였다.

② 대외 정책: 백제를 견제하기 위해 전진과 수교하였다.

---

❺ 5부의 개편

계루부, 절노부(연나부), 순노부, 관노부, 소노부(연노부)가 각각 내부, 북부, 동부, 남부, 서부로 바뀌었다.

❻ 국상(國相)

건국 초기 최고 관직은 대보(大輔)였는데, 이후 좌보(左補)·우보(右補)로 분리되었다. 신대왕 때 좌·우보를 국상이라 개칭(166)하면서 국상이 최고 관직이 되었다(최초의 국상은 명림답부).

❼ 진대법

봄에 곡식을 빌려주었다가 가을에 추수하여 갚게 하였다. 이를 통해 소농들을 보호하고자 하였다.

❽ 환도성

국내성의 방어용 산성으로, 동천왕과 고국원왕 때 이민족의 공격으로 함락된 적이 있다.

3. 고구려의 전성기(4세기 후반~5세기)

(1) 광개토 대왕(19대, 391~412, 담덕) ★★

① 대외 정책

ㄱ 만주 진출[1]: 거란족 비려의 3개 부락을 격파하였다. 이후 선비족이 세운 후연을 공격하여 요동을 포함한 만주 일대를 장악하였다. 그리고 동부여를 복속시키고 숙신을 정복하였다.

ㄴ 백제 공격[2]: 백제 아신왕을 굴복시켜 한강 이북의 땅을 차지하기도 하였다.

ㄷ 신라 구원과 왜 격퇴(400): 내물왕의 요청에 따라 신라에 침입한 왜를 격퇴하고, 한반도 남부에까지 영향력을 행사하였다.

② 대내 정책: 영락(永樂)이라는 연호를 최초로 사용[3]하였다.

고등사료 頻出

광개토 대왕릉비

• 영락 6년(396) 왕은 몸소 군대를 이끌고 백제국을 토벌하였다. …… 군대가 그 국성에 이르렀는데도 감히 복종하지 않고 맞서 싸우는지라, 왕이 크게 노하여 아리수(한강)를 건너 군사를 보내 성을 압박하였다. …… 백제국의 우두머리는 남녀 포로 천 명과 세포(細布) 천 필을 바치고, 왕께 무릎을 꿇고 "지금부터 영원히 노객이 되겠습니다."라고 서약하였다.

– 광개토 대왕릉 비문, 병신년조 기사

• 영락 9년(399) 기해에 백제가 서약을 어기고 왜와 화통하므로, 왕은 평양으로 순수해 내려갔다. 신라가 사신을 보내 왕에게 말하기를, "왜인이 그 국경에 가득 차 성을 부수었으니, 노객(신라 왕)은 백성된 자로서 왕에게 귀의하여 분부를 청한다."고 하였다. …… 영락 10년(400) 경자에 보병과 기병 5만을 보내, 신라를 구원하게 하였다. …… 관군이 이르자 왜적이 물러가므로, 뒤를 급히 추격하여 임나가라의 종발성에 이르렀다. …… 왜구는 위축되어 궤멸되었다.

– 광개토 대왕릉 비문, 기해년조·경자년조 기사

광개토 대왕릉비

(2) 장수왕(20대, 412~491) ★★

① 외교 활동[4]: 중국의 남조·북조와 각각 우호 관계를 맺어 외교적 안정을 꾀하였다. 한편, 유연 등 북방 유목 민족과 외교 관계를 맺고 흥안령 일대의 초원 지대를 장악하였다.

② 평양 천도(427)[5]: 평양으로 도읍을 옮기고 적극적으로 남하 정책을 추진하였다.

③ 백제 공격(475): 백제의 수도 한성을 함락[6]시키고, 개로왕(부여경)을 살해하였다. 뒤이어 한강 전 지역을 포함한 죽령 일대로부터 남양만을 연결하는 선까지 영토를 넓혔다. 이러한 사실은 광개토 대왕릉비와 중원(충주) 고구려비에 잘 나타나 있다.

고구려의 전성기(5세기)

오회분 4호 묘 황룡도

고구려는 무덤 천장에 황룡을 그려 넣어 중국 황제와 대등한 위상을 표현하고 있다.

❹ 장수왕의 외교 활동

북위의 군대에 쫓긴 북연의 왕 풍홍이 고구려 망명을 요구하자 이를 받아들여 북위를 견제하고자 하였다. 이후 풍홍이 다시 남조의 송나라로 망명하려고 하자, 장수왕은 그를 죽여 북연과 송나라와의 연결을 차단하였다.

❺ 평양 천도(427)의 목적

1. 체제 정비(귀족 견제)
2. 남하 정책
3. 서해로의 적극 진출

❻ 한강 장악

서해의 해상권을 장악해 백제 및 왜가 중국에 접근하는 것을 차단하였다.

심화사료 百出

고구려의 한강 유역 진출

5월에 고구려대왕 상왕공(相王公)은 동쪽 오랑캐 신라 매금(寐錦)을 만나 영원토록 우호를 맺기 위해 이곳에 왔으나, 신라 매금이 오지 않아 실행하지 못하였다. 이에 고구려대왕은 태자공과 전부 대사자 다우환노에게 명하여 이곳에 머물러 신라 매금을 만나게 하였다. …… 상하(上下)에게 의복을 내리라는 교를 내리셨다. …… 12월 23일에 신라 매금이 고구려 당주인 발위사자 금노에게 신라 국내의 사람들을 내지로 옮기게 하였다.

— 중원 고구려비

(3) **문자왕(21대, 491~519)**: 부여 국왕의 투항으로 부여를 복속(494)하고 최대 영토를 확보하였다.

4. 귀족 연합 정권 시대(6세기)

(1) 배경

　① 대내적: 귀족 간의 권력 다툼이 일어나면서 왕이 시해되는 등 왕권이 약화되었다.

　② 대외적❼: 북으로는 북제와 돌궐이 공격해 왔으며, 남으로는 신라·백제 연합군에게 한강 유역을 상실하였다.

(2) **귀족 연립 정권**: 고구려 귀족들은 서로 타협하여 내부 분쟁을 수습하고, 정국을 함께 운영하였다. 이 무렵 대대로가 국정을 총괄했는데, 귀족들이 3년마다 선출하였다.

심화사료 百出

6세기경 고구려의 정치 상황

나라의 첫 번째 관등은 토졸이며, 옛 이름이 대대로이다. 국사를 총괄하며, 임기가 3년이다. 그 직을 잘 수행한 자는 연한에 구애를 받지 않는다. 교체하는 날에 혹 서로 승복하지 않으면 각기 무력을 동원하여 공격해서 이긴 자가 취임한다. 왕은 단지 궁궐의 문을 닫아걸고 스스로를 지킬 뿐, 그 싸움을 제어하지 못한다. 두 번째 관등은 태대형이고, 다음은 울절, 다음은 대부사자, 다음은 조의두대형이다. 이 다섯 관등이 국가의 기밀을 관장하고 정사를 도모하며 군사를 징발하고 사람을 뽑아 관작을 수여한다.

— 「한원」

대표 기출문제

밑줄 친 '이 왕'에 대한 설명으로 옳은 것은?

백제 개로왕은 장기와 바둑을 좋아하였는데, 도림이 고하기를 "제가 젊어서부터 바둑을 배워 꽤 묘한 수를 알게 되었으니 개로왕께 알려드리기를 원합니다."라고 하였다. …(중략)… 개로왕이 (도림의 말을 듣고) 나라 사람을 징발하여 흙을 쪄서 성(城)을 쌓고 그 안에는 궁실, 누각, 정자를 지으니 모두가 웅장하고 화려하였다. 이로 말미암아 창고가 비고 백성이 곤궁하니, 나라의 위태로움이 알을 쌓아 놓은 것보다 더 심하게 되었다. 그제야 도림이 도망을 쳐 와서 그 실정을 고하니 이 왕이 기뻐하여 백제를 치려고 장수에게 군사를 나누어 주었다.

— 「삼국사기」

① 평양으로 도읍을 천도하였다.

② 진대법을 처음으로 시행하였다.

③ 낙랑군을 점령하고 한 군현 세력을 몰아내었다.

④ 신라에 침입한 왜군을 낙동강 유역에서 물리쳤다.

중원(충주) 고구려비

장수왕 때 고구려가 남한강 유역까지 진출한 사실을 보여 준다.

❼ 북위 멸망

고구려에게 우호적이던 북위의 멸망으로 중국이나 다른 유목 민족과의 충돌이 많아졌다.

해설

밑줄 친 '이 왕'은 장수왕이다. ① 장수왕은 평양으로 도읍을 옮기고 적극적으로 남진 정책을 추진하였다. ② 고국천왕의 업적이다. ③ 미천왕 때 낙랑군을 점령하여 한 군현 세력을 한반도에서 몰아냈다. ④ 광개토대왕의 업적이다.

정답 ①

1. 백제의 건국[1]

기원전 18년, 온조가 하남 위례성[2](송파구 일대)에서 십제라는 이름으로 건국하였다. 우수한 철기 문화를 소유한 고구려계 유이민 세력과 한강 유역의 토착 세력이 결합하여 나라를 세운 것이다.

2. 백제의 발전 과정

(1) 고이왕(8대, 234~286)

① **영토 확장**: 목지국을 제압하여 **한강 유역을 완전히 장악**하였다.

② **국가 체제 정비**: 중앙에 6개의 **좌평**을 두어 업무를 분담시켰으며, 관등제를 정비하고 관리의 복색을 제정하였다.

(2) 근초고왕(13대, 346~375) ⭐⭐

① 대내 정책

㉠ **부자 상속제 확립**: 왕위의 부자 상속제를 확립하고 왕비족을 진씨로 고정하였다.

㉡ **역사서 편찬**: 왕명에 따라 박사 **고흥**이 『서기』를 편찬하였다.

② 대외 정책[3]

㉠ **마한 정벌**: 마한의 잔여 세력을 정복하여 전라도 해안까지 영토를 확보하였다.

㉡ **평양성 전투**: 고구려를 공격하여 평양성에서 **고국원왕을 전사**시켰다.

㉢ **가야**: 낙동강 유역의 가야에 영향력을 행사하여 왜로 가는 교통로를 확보하였다.

㉣ **해외 진출**: 동진과 외교 관계를 맺고, 요서 지방에 진출하여 요서군을 설치하였다. 또한 **산둥 지방과 일본의 규슈 지방에도 진출**하여 동진 – 백제 – 가야 – 왜로 이어지는 해상 교역로를 장악하였다.

㉤ **일본과 교류**: 일본 왕에게 **칠지도**[4]를 하사하고 아직기를 보내 한자를 가르쳤다.

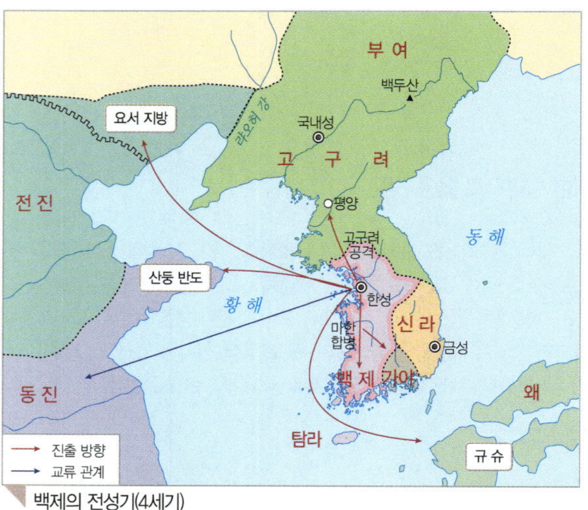

▼ 백제의 전성기(4세기)

---

❶ 백제의 건국

고구려 주몽의 아들인 온조가 백제를 세웠다고 전해진다. 이러한 기록 등을 통해서 고구려 유민이 백제 건국의 주체 세력임을 알 수 있다(왕족의 성-부여씨, 고구려 무덤 양식과 유사한 석촌동 돌무지무덤 등).

❷ 위례성

백제 초기의 성터 중 가장 규모가 큰 풍납토성이 위례성으로 추정된다.

❸ 근초고왕의 정복 활동

고구려의 세력권인 황해도 지역까지 진출하였다.

❹ 칠지도

칠지도는 창 모양의 칼로, 62자의 금으로 새겨진 문자가 있다. 그 내용을 보면 백제왕이 '왜왕(倭王)'을 '후왕(侯王, 제후국의 왕)'으로 대우하고 있음을 알 수 있다. 무기라기보다는 의식용 도구로 사용되었을 것으로 보인다. 현재는 일본의 이소노카미 신궁에 보관되어 있다.

고등사료 百出

백제의 해외 진출

- 백제국은 본래 고려(고구려)와 함께 요동의 동쪽 1,000여 리에 있었다. 그 후에 고려가 요동을 차지하니, **백제는 요서를 차지**하였다. 백제가 통치한 곳을 진평군(진평현)이라 한다. — 「송서」
- 백제는 본래 고구려와 더불어 요동 동쪽에 있었다. 진(晉)나라 때 이르러 고구려가 이미 요동을 경략하자 **백제 역시 요서 · 진평 2군의 땅을 점거**하여 백제군을 설치하였다. — 「양서」

(3) 침류왕(15대, 384~385): 동진의 마라난타를 통해 불교를 수용하였다.

(4) 아신왕(17대, 392~405): 고구려 광개토 대왕과의 전투에서 패배하여 항복하였다.

(5) 비유왕(20대, 427~455): 장수왕의 남하 정책에 대응하여 신라 눌지 마립간과 나·제 동맹을 맺었다.

3. 백제의 쇠락과 중흥

(1) 개로왕[5](21대, 455~475): 장수왕의 공격을 받아 475년 한성이 함락되었다. 이 과정에서 왕이 전사하였고 한강 유역을 상실하였다.

[5] 개로왕(부여 경)

북위에 국서를 보내 고구려 정벌을 요청하였다.

심화사료 百出

개로왕의 실정(失政)

개로왕이 도림의 말을 듣고 나라 사람을 징발하여 흙을 쪄서 성(城)을 쌓고 그 안에는 궁실, 누각, 정자를 지으니 모두가 웅장하고 화려하였다. 이로 말미암아 창고가 비고 백성이 곤궁하니, …… 도림이 도망을 쳐 와서 그 실정을 고하니 장수왕이 기뻐하여 백제를 치려고 장수에게 군사를 나누어 주었다. — 「삼국사기」

개로왕의 전사

[개로왕(蓋鹵王)] 21년(475) 가을 9월에 **고구려 왕 거련(巨璉)이 군사 3만 명을 이끌고 왕도(王都) 한성(漢城)을 포위**하였다. …… 왕이 (성을) 나가 도망치자 고구려의 장수 걸루 등은 왕을 보고는 말에서 내려 절한 다음 왕의 얼굴을 향하여 세 번 침을 뱉었다. 이어 그 죄를 책망하고, (개로왕을) 포박하여 아차성(阿且城) 아래로 보내 죽였다. — 「삼국사기」 권 25, '백제본기' 3, 개로왕 21년

(2) 문주왕(22대, 475~477)

　① 웅진 천도: 개로왕의 전사 직후 웅진[6](공주)으로 천도(475)하였다.

　② 정치적 혼란: 귀족 간 갈등으로 왕권이 약화되었고 중국과의 외교도 한때 단절되었다.

(3) 동성왕(24대, 479~501, 모대·여태)

　① 중국과의 외교 재개: 중국 남제에 사신을 파견하였다.

　② 신라와 혼인 동맹(493): 동성왕은 신라 이벌찬 비지의 딸을 왕비로 맞이하였다. 이에 따라 **신라(소지왕)와의 동맹을 강화**하였다.

　③ 탐라국 복속: 탐라국(제주)이 공납을 바치지 않자 군대를 보내 압박하여 복속시켰다.

(4) 무령왕(25대, 501~523, 사마·여륭) ⭐

　① 지방 통제: 22담로[7]를 지방에 설치하고 왕족을 파견하였다. 지방에 대한 통제를 강화한 것이다.

　② 영토 확장: 금강 이북의 영토를 회복하였고, 대가야를 압박하여 섬진강 유역을 차지하였다.

　③ 대외 정책[8]: 중국 남조의 양(梁)과 외교 관계를 강화하였으며, 일본에 5경 박사인 단양이와 고안무를 파견하였다.

[6] 공주 공산성

백제가 웅진 천도 후 웅진을 방어하기 위해 쌓은 산성이다. 당시에는 웅진성으로 불리다가 고려 이후 공산성으로 불리게 되었다. 2015년 유네스코는 이곳을 포함해 백제 역사 유적 지구로 지정하였다.

[7] 22담로

'담로'란 읍성(邑城)을 의미한다. 일종의 특수 행정 구역으로, 지방 지배의 거점이었다.

[8] 무령왕 때의 외교

521년 양나라로부터 '사지절도독 백제제군사 영동대장군'의 작호를 받았다. 고구려와의 전쟁에서도 여러 차례 승리하였고, 양나라에 사신을 보내 이러한 사실을 전해주었다.

(5) 성왕(26대, 523~554) ⭐⭐

　① 대내 정책

　　㉠ 사비 천도(538): 대외 진출에 유리한 **사비**(부여)로 도읍을 옮기고, 국호를 남부여로 고쳤다.

　　㉡ 통치 체제의 재정비: 22부❶의 중앙 관청을 두고, 관등제를 재정비❷하였다. 수도는 5부, 지방은 5방제로 편제하였다.

　　㉢ 불교의 진흥: 인도에서 불교를 공부하고 돌아온 겸익을 우대하였다.

　② 대외 정책: 중국 남조의 양나라와 교류를 강화했으며, 신라·일본과의 친선 관계를 추진하였다.

　　㉠ 일본에 불교 전파: 달솔 노리사치계 등을 일본에 파견해 불경을 전하였다(552).

　　㉡ 한강 유역 탈환: 신라, 가야와 연합하여 고구려를 공격하였다. 백제는 한강 하류의 6군을 회복했고, 신라는 한강 상류의 10군을 차지하였다(551).

　　㉢ 한강 유역 상실: 553년 진흥왕의 기습 공격을 받아 한강 하류 유역을 신라에게 빼앗겼다.

　　㉣ 관산성 전투❸(554): 가야와 연합하여 신라를 공격했지만, 성왕은 이 전투에서 전사하였다.

심화사료 頻出　　　　　　　　　　　　　　　　　　　　　　2022. 소방, 2013. 지방직 9급

관산성(충북 옥천) 전투

7월 왕이 신라를 습격하기 위하여 친히 보병과 기병 50명을 거느리고 밤에 구천(狗川)에 이르렀는데, 신라의 복병이 나타나 그들과 싸우다가 난병들에게 살해되었다. 시호를 성(聖)이라 하였다.

－『삼국사기』

(6) 위덕왕(27대, 554~598): 관산성 전투 때 태자로서 참전했고, 성왕 전사 이후 위기를 수습하였다.

(7) 무왕(30대, 600~641)

　① 백제의 부흥 노력: 호국적 성격의 사찰인 **미륵사**❹를 건립하고 익산(금마저) 천도를 추진하였다.

　② 일본에 문화 전파: 일본에 관륵을 보내어 천문·지리·역법 등을 전파하였다.

(8) 의자왕❺(31대, 641~660)

　① 체제 정비: 귀족 세력을 숙청하고, 유교 사상을 강조하는 등 개혁 정치를 펼쳤다.

　② 신라 공격❻: 신라의 40여 성을 함락하였다(642). 같은 해에 윤충으로 하여금 신라의 **대야성**을 공격하여 성주 김품석과 그의 부인인 김춘추의 딸을 살해하였다.

　③ 백제의 멸망: 의자왕의 실정❼, 잦은 전쟁으로 정치가 혼란해졌다. 660년 나·당 연합군의 공격으로 황산벌에서 계백의 결사대가 패배하고 수도 사비성이 함락되었다. 곧이어 의자왕이 항복하면서 백제는 멸망하였다.

대표 **기출문제**

(가), (나) 사이 시기에 있었던 사실로 옳은 것은?　　　　　　　2025. 국가직 9급

(가) 왕이 보병과 기병 5만 명을 보내 신라를 구원하게 하였고, 이에 왜군이 퇴각하였다.

(나) 백제 왕이 가야와 함께 관산성을 공격하였다. 신주군주 김무력이 나아가 교전을 벌였고, 비장인 도도가 백제 왕을 죽였다.

① 고구려가 낙랑군을 몰아냈다.　　　　　　② 신라가 금관가야를 병합하였다.

③ 고구려가 안시성에서 당군을 물리쳤다.　　④ 백제가 평양성에서 고국원왕을 전사시켰다.

04 신라의 발전

1. 초기 신라[8]

(1) **지배층의 형성**[9]

건국 이후 동해안으로 들어온 석탈해 집단(우수한 제철 기술 보유)이 등장하면서 박, 석, 김의 3성이 교대로 왕위를 차지하였다(이사금).

(2) **내물 마립간(4세기, 356~402)** ⭐

① 정치 체제의 정비: 김씨에 의한 왕위 세습을 확립하였다. 또한 이사금 대신에 마립간이라는 왕호를 사용하였다.

② 영토 확장: 낙동강 동쪽의 진한 지역을 거의 차지하였다.

③ 대외 관계

㉠ 왜구 격퇴: 왜를 물리치는 과정에서 고구려 광개토 대왕의 도움을 받았다.

㉡ 고구려 간섭: 왜구 격퇴 이후 고구려 군대가 신라에 주둔하여 신라의 내정을 간섭하였다. 호우명 그릇(청동 호우)[10], 광개토 대왕릉 비문을 통해 이를 확인할 수 있다.

㉢ 중국 문물 수용: 고구려를 통해서 전진[11]에 사신을 파견하였다.

심화사료 百出

2017. 국가직 7급

신라의 왕호 변천

논하여 말한다. 신라의 왕으로서 **거서간(居西干)**이라고 칭한 이가 한 사람, **차차웅(次次雄)**이 한 사람, **이사금(尼師今)**이 열여섯 사람, **마립간(麻立干)**이 네 사람이었다. 신라 말의 이름난 유학자인 최치원이 지은 『제왕연대력』에는 모두 아무 왕이라고 칭하고 거서간 등은 쓰지 않았는데, 혹시 그 말이 촌스러워서 칭할 만한 것이 못된다고 여겨서일까? …… 지금 신라의 사실을 기록하는데 그 방언(方言)을 그대로 보존하는 것이 또한 마땅하다.

– 『삼국사기』

2. 신라의 발전

(1) **눌지 마립간[12](19대, 417~458)**

① 나·제 동맹(433): 백제와 동맹을 체결하고, 신라 영토 안의 고구려군을 축출하였다.

② 부자 상속제 확립: 왕위 계승의 부자 상속제를 확립시켰다.

(2) **소지 마립간(21대, 479~500)**

① 결혼 동맹: 493년 이벌찬 비지[13]의 딸을 백제 동성왕에게 시집보내 백제와의 동맹을 강화하였다.

② 대내 정책: 6촌(6부)[14]을 6부의 행정 구역으로 개편했으며, 각 지방의 관도를 정비하고 우역[15]을 설치하였다. 한편, 경주(동경)에 시장을 개설하였다.

거서간(군장)
∨
차차웅(제사장)
∨
이사금(연장자)
∨
마립간(대군장)
∨
왕

» 신라의 왕호 변천

---

❽ 초기 신라

신라는 진한 소국의 하나인 사로국에서 출발하였는데, 경주 지역의 토착민 집단과 유이민 집단이 결합해 건국되었다(기원전 57).

❾ 강력한 토착 세력

- 중앙 집권화 늦어짐.
- 불교 공인 늦어짐.
- 화백 회의(6부 회의)

❿ 호우명 그릇(청동 호우)

경주의 호우총에서 발견되었다. "을묘년국강상광개토지호태왕호우십(乙卯年國岡上廣開土地好太王壺十)"이라는 글자가 그릇 바닥에 새겨져 있다. 장수왕 3년에 만든 것으로, 광개토 대왕의 제사에 참석한 신라 사신이 가져온 것으로 추정하고 있다.

⓫ 전진

5호 16국 중의 하나로, 고구려는 전진을 통해 불교를 수용하였다.

⓬ 눌지 마립간

고구려 묵호자에 의해 불교가 전래되었다.

⓭ 비지

신라 측 기록에는 이벌찬, 백제의 기록에는 이찬이라고 쓰여 있다.

⓮ 6부

각 부는 일정한 지역을 독자적으로 통치하였다. 그러나 5세기 후반에 수도의 행정 구역 명칭으로 바뀌었다.

⓯ 우역(郵驛)

일종의 우편 역마 제도이다. 조선 시대까지 운영되었다.

3. 신라의 전성기

(1) 지증왕(22대, 500~514) ⭐

① 대내 정책

    ㉠ **우경 보급과 순장 금지**: 우경을 실시했으며, 노동력 확보를 위해 순장을 금지하였다.

    ㉡ **국호와 왕호 제정**: 국호를 신라로 정하고, 왕호를 마립간에서 중국식인 '왕'으로 고쳤다.

    ㉢ **지방 제도의 정비**: 주군 제도[1]를 마련하여 **이사부를** 실직주의 **군주로 파견**하였다(최초). 또한 아시촌에 소경을 설치하였다(514).

    ㉣ **동시전 설치**: 동시전이라는 시장 감독 관청을 두고, 동시를 설치하였다.

② 대외 정책: 512년 이사부를 보내 우산국(울릉도)을 복속하였다.

심화사료 百出   2022. 지방직 9급, 2019. 경찰 2차, 2018. 지방직 7급, 2011. 지방직 9급

신라의 국호 제정

"신들의 생각으로는 신(新)은 '덕업이 날로 새로워진다.'는 뜻이고 나(羅)는 '사방을 망라한다.'는 뜻이므로, 이를 국호로 삼는 것이 마땅하다고 여겨집니다. …… 이제 여러 신하들이 한마음으로 삼가 신라국 왕이라는 칭호를 올립니다."라고 하니, 왕이 이에 따랐다.

－「삼국사기」

신라의 우산국 정복

이찬(伊湌) 이사부(異斯夫)가 하슬라주 군주(軍主)가 되어 이르기를, "우산국 사람들은 어리석고 사나워 힘으로 복속시키기는 어렵지만 꾀로서 복속시킬 수 있다."라고 하였다. 이에 나무 사자를 많이 만들어 전선(戰船)에 나누어 싣고 그 나라의 해안에 이르러 거짓으로 말하기를, "너희가 만약 항복하지 않으면 이 사나운 짐승을 풀어 밟아 죽이겠다."라고 하니, (그) 나라 사람들이 두려워하며 곧 항복하였다.

－「삼국사기」

(2) **법흥왕**[2](23대, 514~540) ⭐⭐

① 대내 정책

    ㉠ **통치 체제 정비**: 517년 **병부를 설치**하여 왕이 군권을 장악하였다. 율령을 반포하고 관리의 복색과 17관등제를 완성하였다. 이후 **상대등을 설치**[3]하여 재상과 같은 지위를 주었다.

    ㉡ **불교 공인(527)**: 이차돈의 순교를 계기로 불교를 공인하였다.

    ㉢ **연호 제정(536)**: 독자적인 연호를 세워 **건원**이라 하였다.

② 대외 정책

    ㉠ **대가야와 결혼 동맹(522)**: 이찬 비조부의 누이를 보내 대가야(이뇌왕)와 결혼 동맹을 맺었다.

    ㉡ **울진 봉평비**[4] **건립(524)**: 울진 봉평비를 통해 신라의 영역이 동북 방면으로 확대된 것과 법흥왕 때 율령을 반포했다는 것을 알 수 있다.

    ㉢ **금관가야 정복(532)**[5]: 금관가야를 정복하여 낙동강으로 진출하였다.

---

❶ 주군제(州郡制)

지방 행정 구역을 주·군으로 나누어 관리를 파견하였다. 이 시기의 주는 군사적인 필요에 의해 위치 이동이 가능했다.

❷ 법흥왕

왕호를 성법흥태왕(대왕)이라고 쓰기도 하였다.

❸ 상대등

상대등은 귀족 회의의 대표자였다. 531년에 이찬 철부가 최초로 상대등에 임명되었다.

❹ 울진 봉평비(524)

신라 영토로 새롭게 편입된 울진 지방 백성이 반발하자, 신라는 6부 회의(신라 육부가 새겨져 있음)를 열어 주민들에게 벌을 주었다. 520년에 반포한 율령에 근거하여 이들을 처벌했을 것이라고 짐작하고 있다.

❺ 금관가야 정복

금관가야의 왕 김구해가 왕비와 세 명의 아들(노종·무덕·무력)을 데리고 와서 항복하였다.

심화사료 百出

법흥왕의 체제 정비와 금관가야 정복

7년(520) 봄 정월 **율령(律令)을 반포**하고 처음으로 **모든 관리의 공복(公服)을 만들어** 붉은색과 자주색으로 위계를 정하였다.

9년(522) 봄 3월 가야국(加耶國) 왕이 사신을 보내 혼인을 청하였으므로, 왕이 이찬 비조부의 누이를 그에게 보냈다.

18년(531) 여름 4월에 이찬 철부(哲夫)를 상대등(上大等)으로 삼아 나라의 일을 총괄하게 하였다. 상대등의 관직은 이때 처음 생겼으니, 지금의 재상(宰相)과 같다.

19년(532) 금관국(金官國)의 왕 김구해(金仇亥)가 왕비와 세 아들, 즉 큰 아들은 노종(奴宗)이라 하고, 둘째 아들은 무덕(武德)이라 하고, 막내 아들은 무력(武力)이라 하였는데, (이들과) 함께 **나라의 재산과 보물을 가지고 와 항복하였다.** 왕이 예로써 그들을 대우하고 높은 관등을 주었으며 본국을 식읍으로 삼도록 하였다. 아들 무력은 벼슬이 각간(角干)에 이르렀다.

23년(536) 처음으로 **연호를 칭하여 건원(建元) 원년**이라 하였다.

– 『삼국사기』

---

(3) **진흥왕**(24대, 540~576) ⭐

① 대내 정책

　㉠ **화랑도 조직**: 화랑도라는 청소년 집단을 국가적인 조직으로 개편하였다.

　㉡ **역사서 편찬(545)**: 거칠부로 하여금 『국사』[6]를 편찬하게 하였다.

　㉢ **왕권 강화**: 스스로를 전륜성왕(불교의 이상적인 군주)이라고 하였다.

　㉣ **불교 진흥**: 황룡사 등의 사찰을 건립하였다. 또한 고구려에서 귀화한 승려 혜량을 승통으로 삼아 교단을 정비하였다.

　㉤ **연호 제정**: 개국, 대창, 홍제 등의 연호를 제정하였다.

　㉥ **품주 설치**: 처음에는 국가의 재정에 관한 일을 맡았으나, 점차 최고 관청으로 발전하였다.

② **대외 정책**: 한강 유역을 차지하고, 가야를 완전히 정복하였다. 단양 적성비와 4개의 순수비는 이같은 영토 확장을 잘 보여 준다.

　㉠ **한강 유역 차지**[7]: 성왕과 연합하여 551년에 한강 유역을 탈환하였다. 한강 하류 6군은 백제가, 상류 10군은 신라가 차지하였다. 그러나 진흥왕은 553년 **백제가 회복한 하류 6군을 빼앗아** 한강 유역 전체를 차지하였다.

　㉡ **관산성 전투**[8](554): 백제 성왕의 공격으로 관산성 전투가 벌어졌으나 성왕은 이 전투에서 전사하고 신라가 승리하였다.

　㉢ **당항성 설치**: 당항성을 쌓아서 **중국과 직접 교역**할 수 있는 교통로를 확보하였다.

　㉣ **가야 점령**: 창녕의 비화가야를 합병하고, 561년 창녕비를 세웠다. 그리고 562년 이사부를 앞세워 대가야를 정복하였다.

　㉤ **동북 방면 진출**[9]: 동해안을 따라 북상하여 함흥평야까지 진출하였다. 이 과정에서 비열홀주를 설치(556)하고, 568년 황초령비와 마운령비를 세웠다.

신라의 전성기(6세기)

[6] **『국사』**

이사부가 『국사』 편찬을 건의하였다.

북한산비

[7] **신라의 한강 유역 차지**

신라는 한강 유역을 다스리기 위해 신주(김무력을 군주로 파견, 후에 북한산주)를 설치하고, 충주에는 국원소경을 두었다. 또한 진흥왕이 한강 유역 일대를 순행한 것을 기념삼아 북한산 순수비를 건립하였다.

[8] **관산성 전투**

신라가 한강 유역을 확고하게 차지하는 계기가 되었다. 이 전투에서 활약한 김무력은 금관가야의 왕족 출신으로, 김유신의 할아버지다.

[9] **신라의 동북 방면 진출**

진흥왕은 고구려 내부의 혼란을 틈타 동해안 방면으로 진출하였다.

심화사료 百出　　25. 국가직 9급, 23. 법원직 9급, 20. 지방직 9급, 20 경찰 1차, 20. 법원직 9급, 18. 경찰 3차, 17. 지방직 7급, 17. 경찰 2차, 14. 경찰간부

진흥왕의 영토 확장

14년(553)	가을 7월 백제의 동북쪽 변방을 빼앗아 **신주(新州)를 설치**하고 아찬 김무력을 군주(軍主)로 삼았다.
15년(554)	**백제의 왕인 명농(明襛)이** …… **관산성(管山城)을 공격**하였다. …… 신주의 군주인 김무력이 주(州)의 군사를 이끌고 나아가 교전하였는데, 비장(神將)인 삼년산군(三年山郡)의 고간 도도가 급히 쳐서 백제 왕을 죽였다.
16년(555)	겨울 10월에 왕이 북한산에 순행하여 강역을 확장하고 국경을 정하였다.
23년(562)	가을 9월 **가야가 반란을 일으키자 왕이 이사부에 명하여 그들을 토벌**하게 하였는데, (이때) 사다함이 그를 보좌하였다. …… 이사부가 군사를 이끌고 그곳에 이르자 일시에 모두 항복하였다. ─ 「삼국사기」

「국사」의 편찬

이찬 **이사부**가 왕에게 "나라의 역사라는 것은 임금과 신하들의 선악을 기록하여, 좋고 나쁜 것을 만대 후손들에게 보여 주는 것입니다. 이를 책으로 편찬해놓지 않는다면 후손들이 무엇을 보겠습니까?"라고 말하였다. 왕이 깊이 동감하고 **대아찬 거칠부 등에게 명하여 선비들을 널리 모아 그들로 하여금 역사를 편찬하게 하였다.**   ─ 「삼국사기」

---

(4) 진평왕(26대, 579~632) ❶

　① 대내 정책

　　㉠ 중앙 관서 정비: 위화부, 조부, 예부 등이 새로 설치되었다.

　　㉡ 진종설 ❷: 왕족은 석가모니 종족의 환생이라는 진종설을 유포하여 왕권의 안정을 꾀하였다.

　　㉢ 세속5계: 원광에게 세속5계를 만들게 하였다.

　② 대외 정책: 고구려·백제로부터 계속 공격을 받았다. 이에 원광에게 '걸사표'를 짓게 하여 수나라에 보내 고구려 정벌을 요청하였다.

심화사료 百出　　2019. 지방직 7급, 2013. 법원직 9급

원광의 걸사표

30년(608) 왕이 고구려가 자주 국경을 침략하는 것을 걱정하여 **수나라에 군사를 요청**해 고구려를 치고자 **원광(圓光)**에게 명하여 **걸사표(乞師表)**를 짓도록 하였다. 원광이 말하기를, "…… 제가 대왕의 땅에서 살고 대왕의 물과 풀을 먹고 있으니 감히 명을 따르지 않겠습니까"라고 하면서, 이에 (글을) 지어 아뢰었다. …… (611) 왕이 사신을 수나라에 보내 표(表)를 올려 군사를 청하였는데, 수나라의 양제(煬帝)가 이를 허락하였다.   ─ 「삼국사기」

---

(5) 선덕 여왕(27대, 632~647) ❸ ⭐

　① 불교 진흥: 분황사와 분황사 모전 석탑 등을 세웠다. 자장의 건의로 황룡사에 **황룡사 9층 목탑** ❹을 건립하여 국가와 왕실의 권위를 높이려 하였다.

　② 과학 기술 발달: 천체 관측을 위해 **첨성대**를 세웠다.

　③ 대외 위기: 신라는 백제에 대야성 등 여러 성을 빼앗겨 위기에 빠졌다. 이에 **김춘추**를 고구려에 보내 도움을 요청하였으나 실패하였다. ❺

　④ 대내 위기: 상대등 비담과 염종 등이 반란을 일으켰으나 김춘추와 김유신이 이를 진압하였다.

（왼쪽 여백 주석）

❶ **진평왕**
건복(建福)이라는 독자적인 연호를 사용하였다.

❷ **진종설 유포**
왕이 곧 부처라는 왕즉불 사상을 강화하고 다른 왕족과 자신의 직계 가족을 차별화하였다.

❸ **선덕 여왕**
인평(仁平)이라는 독자적인 연호를 사용하였다.

❹ **신라 3보(新羅 三寶)**
신라를 지키는 세 가지 보물로 진흥왕 때 황룡사에 주조한 장륙존상, 진평왕 때 하늘로부터 받은 천사옥대, 선덕 여왕 때 자장의 건의로 건립한 황룡사 9층 목탑을 말한다.

❺ **김춘추의 외교 활동**
대야성 전투의 패배 직후 김춘추는 고구려에 가서 보장왕에게 군사를 청하였으나 고구려의 무리한 요구(죽령 서북, 즉 한강 유역의 땅 반환)로 무산되었다.

(6) 진덕 여왕(28대, 647~654)[6]

① 나·당 동맹 체결(648): 김춘추의 활약으로 나·당 동맹이 체결되었다.

② 중국식 제도 도입: 의관을 중국식으로 고치고 당나라의 연호[7]를 사용하였다.

③ 관제 정비: 품주를 개편하여 국왕 직속의 최고 관부로서 **집사부**를 설치하였다. 품주의 본래 기능(재정 업무)은 신설된 창부로 이관하였다.

2020. 지방직 7급

심화사료 百出

김춘추의 외교 활동

(진덕 여왕 2년) 당 태종이 김춘추에게 (나에게) 할 말이 있는가 하기에 김춘추가 말하였다. "신의 나라는 바다 모퉁이에 치우쳐 있으면서도 천자의 조정을 섬긴 지 여러 해가 되었습니다. 그런데 **백제는 강하고 교활하여 여러 번 침략을 해왔는데, 더구나 왕년에는 대대적으로 군사를 거느리고 깊이 쳐들어와 수십 성을 함락했습니다.** …… 만약 폐하께서 당나라 군사를 빌려 주어 흉악한 것을 잘라 없애지 않는다면 우리나라 인민은 모두 포로가 될 것이며, 산 넘고 바다 건너 행하는 조회도 다시는 바랄 수 없을 것입니다."라고 하였다. **태종이 매우 옳다고 여겨서 군사 출동을 허락하였다.**

– 「삼국사기」

解法 도움닫기 신라사의 시대 구분

구분	1. 박혁거세 – 22. 지증왕	23. 법흥왕 – 28. 진덕 여왕	29. 무열왕 – 36. 혜공왕	37. 선덕왕 – 56. 경순왕
「삼국사기」 (혈통 기준)	성골		무열계 진골	내물계 진골
	상대(上代)		중대(中代)	하대(下代)
「삼국유사」 (왕명 기준)	상고(上古)	중고(中古)	하고(下古)	
	신라 고유 왕명	불교식 왕명	중국식 시호	

부(部) 체제 : 삼국 초기에 존재한 정치 체제(과도기), 고구려 5부·백제 5부·신라 6부

- 부는 비교적 상당한 독자성을 지님.
  - 전통적인 고유 명칭 사용
  - 독자적인 관등, 군사력, 제사 체계(예 소노부의 종묘와 사직)를 지님.
  - 대외 교섭권은 중앙 정부에 의해 박탈
- 왕은 초월적 권력자가 아닌 유력 부의 장
  - 회의체 주재자, 결정권은 없음.
  - 이름 앞에 소속부 밝힘(예 영일 냉수리비, 울진 봉평비).
- 국가 중대사는 각 부의 수장들로 구성된 회의체에서 결정(제가 회의·정사암 회의·화백 회의)

광개토 대왕릉비 (장수 414)	• 추모왕의 신이한 출생(고구려 건국 이야기), 대무신왕~광개토 대왕까지의 연혁 • 광개토 대왕의 정복 활동 등을 기록, 고구려의 독자적 천하관 등이 보임. • 광개토 대왕릉을 지키는 묘지기 연호와 묘지 관리 지침
중원 고구려비 (충주 고구려비, 한강 점령 후)	• 충주에 건립(고구려의 남한강 유역 진출), 고구려의 신라 압박 사실을 보여줌. • 고구려가 스스로를 천하의 중심에 놓고 신라를 '동이'라고 낮추어 종속 관계로 파악하는 천하관을 엿볼 수 있음.
영일 냉수리비 (지증 503)	• 지증왕을 사훼부 지도로 갈문왕으로 표현, '사라'라는 명칭이 최초로 보임. • 재산 관련 분쟁 판결 기록(절거리의 소유로 결정)
울진 봉평리 신라비 (법흥 524)	• 신라의 영역이 동북 방면으로 확대, 울진 지방의 주민들이 반발하자 이를 진압 • 법흥왕 때 율령 반포 확인(장육십, 장백 등 형을 부과한 내용 기록) • 법흥왕을 훼부 모즉지 매금왕으로 표현
단양 적성비(진흥 551) 단양 신라 적성비	• 고구려 영토였던 단양 적성을 정복하고 세운 비석 • 이사부 활약, 한강 상류 진출
북한산비(진흥 555) 서울 북한산 진흥왕 순수비	한강 하류 진출(김정희 고증)
창녕비(진흥 561) 창녕 신라 진흥왕 척경비	• 가야 지역(비화가야) 점령 후 세운 비석 • 갈문왕 · 대등 · 군주 · 촌주 등 당시 지배 체제 확인
황초령비, 마운령비(진흥 568) 황초령 순수비, 마운령 순수비	고구려 지역인 함경도 진출

울진 봉평 신라비

단양 적성비

(나) 4세기 미천왕 때인 311년 고구려는 전략적 요충지인 서안평을 점령하였다. (가) 6세기 지증왕 때인 512년 신라 장군 이사부가 우산국(울릉도)을 복속하였다. (라) 6세기 법흥왕 때인 532년 신라는 금관가야를 정복하여 낙동강 유역으로 진출하였다. (다) 7세기 의자왕 때인 642년 백제는 신라의 대야성을 점령하였다.

정답 ③

대표 기출문제

다음 사건을 시기순으로 바르게 나열한 것은?

2023. 국가직 9급

(가) 신라의 우산국 복속
(다) 백제의 대야성 점령

(나) 고구려의 서안평 점령
(라) 신라의 금관가야 병합

① (가) ⇨ (나) ⇨ (다) ⇨ (라)
② (가) ⇨ (라) ⇨ (나) ⇨ (다)
③ (나) ⇨ (가) ⇨ (라) ⇨ (다)
④ (나) ⇨ (다) ⇨ (가) ⇨ (라)

05 가야 연맹

❀ **가야의 발전 과정**

시기	발전 과정
2세기	철기 문화 토대, 농업 생산력 증대 ⇨ 낙동강 하류 변한 지역에서 성장
3세기	김해의 **금관가야**(김수로 건국) 중심으로 **전기 가야 연맹** 성립: 농경 문화 발달, 중계 무역(철)
4세기 초	한 군현 소멸로 중계 무역 타격 ⇨ 전기 가야 연맹 약화 시작
4세기 중엽	백제와 신라의 공격으로 약화, **백제(근초고왕)의 영향권**에 편입
4세기 말~5세기 초	**고구려 군대의 공격으로 거의 몰락**
5세기 초	전기 가야 연맹 해체, 북부(고령, 합천, 거창, 함양) 세력 유지
5세기 말	고령의 **대가야**(이진아시왕 건국) 중심으로 **후기 가야 연맹** 성립
6세기 초	백제 · 신라와 대등, **신라와의 결혼 동맹**(국제적 고립 탈피 목적)
멸망	**금관가야 멸망(법흥왕)** ⇨ 백제와 연합(관산성 전투에서 성왕 지원) ⇨ **대가야 멸망(진흥왕)**, 신라 · 백제에 의해 분할 점령

1. 전기 가야 연맹(맹주 : 금관가야)

김수로❶가 건국한 김해의 금관가야가 중심이 되어 3세기 무렵 **전기 가야 연맹**을 이루었다.

(1) **경제적 발전**: 금관가야는 철이 많이 생산되었고 **낙동강 하류**에 위치하여 해상 활동에 유리하였다. 따라서 **낙랑과 왜의 규슈 지방을 연결하는 중계 무역**이 발달할 수 있었다.

(2) **쇠퇴**

① **4세기 초**: 고구려 미천왕에 의해 한 군현이 소멸되자 대외 중계 무역에 큰 타격을 입었다. 게다가 백제와 신라의 팽창에 밀려 전기 가야 연맹은 약화되기 시작하였다.

② **4세기 중엽**: 백제(근초고왕)의 영향권에 편입되어 백제와 왜를 이어주는 역할을 하였다.

③ **4세기 말~5세기 초**: 신라를 후원하는 **고구려군의 공격**을 받아 전기 가야 연맹은 거의 몰락하였다.

2. 후기 가야 연맹(맹주 : 대가야)

(1) **5세기 초**: 전기 가야 연맹이 해체되면서 남동부 지역의 세력이 약화되었다.

(2) **5세기 후반**: 고령의 대가야를 중심으로 **후기 가야 연맹**❷이 성립되었다. 대가야는 전쟁의 피해를 입지 않았기 때문에 금관가야를 대신하여 후기 가야 연맹의 맹주가 되었다.

(3) **6세기**: 대가야는 백제 무령왕의 공격으로 전라북도 일부 지역을 상실하였다. 이에 이뇌왕은 **신라와 결혼 동맹**(522, 법흥왕)❸을 맺었다. 그러나 금관가야가 멸망한 후에는 백제와 동맹을 맺었다(관산성 전투, 554).

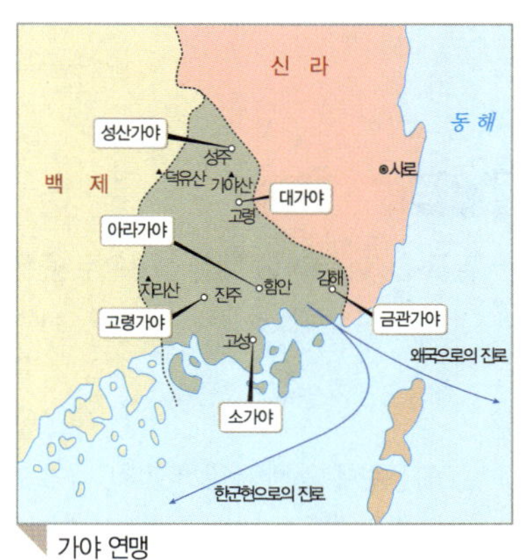

가야 연맹

❶ **김수로**

『삼국유사』에 따르면 아유타국에서 온 공주 허황옥과 혼인을 하였다고 전한다.

🖋 **임나일본부설**

왜왕이 한반도의 임나(가야) 지역에 통치 기관인 임나일본부를 설치하여 4~6세기까지 한반도 남부를 경영했다는 이론이다. 이 이론은 일제 강점기 때 식민 통치의 합리화에 이용되었으나 현재는 폐기되었다.

❷ **후기 가야 연맹**

전성기에는 소백산맥 넘어 전라북도 일부 지역(호남 동부)까지 영역을 확장하였다. 중국 남제와 통교했으며, 신라를 공격한 고구려 군대를 물리치는데 도움을 주기도 하였다.

❸ **결혼 동맹**

백제가 낙동강 유역에 진출하자 위기를 느낀 대가야는 신라와 결혼 동맹을 맺었다.

3. 멸망

532년 김해의 금관가야가 신라 법흥왕에 의해 정복당하고, 대가야가 562년 신라 진흥왕에게 멸망하면서 가야 연맹은 완전히 해체되었다.

4. 가야의 문화

(1) **특징**: 철기 문화가 발달했는데 철제 무기와 갑옷, 수레형 토기, 가야금, 금동관 등을 통해 고급 제철 기술의 수준을 알 수 있다.

(2) **유적**: 김해 대성동 고분에서 다량의 덩이쇠·판갑옷 등이, 고령 지산동 고분군[1]에서 금동관 등이 출토되었다. 그 외 유적지로는 부산 복천동 고분 등이 있다.

(3) **영향**: 가야의 토기는 일본의 스에키 토기에, 철기 문화는 일본의 철기 문물에 영향을 주었다.

❶ 지산동 고분군(대가야)

확인되는 무덤만 수백 기에 달하는데, 이 중 44호분에는 많은 사람들이 순장된 것으로 보인다.

금동관

가야 토기

심화사료 百出 　　　2021. 지방직 9급, 2020. 지방직 9급, 2019. 서울시 9급, 2017. 국가직 7급

금관가야 건국 설화(김수로)

천지가 개벽한 뒤로 이곳에는 아직 나라가 없고 또한 왕과 신하도 없었다. 단지 아홉 추장이 각기 백성을 거느리고 농사를 지으며 살았다. …… 너희들은 '거북아 거북아, 머리를 내밀어라. 만일 내밀지 않으면 구워 먹으리.'라고 노래를 부르면서 발을 구르고 춤추어라. 그러면 대왕을 맞이하게 되어 기뻐서 춤추게 될 것이다."라고 하였다. …… 얼마 지나지 않아 하늘에서 금으로 된 상자가 나타났다. 열어 보니 황금알 6개가 있었는데 …… 6알이 변하여 동자가 되어 있었는데 용모가 매우 훤칠하였다. …… 그 달 보름에 즉위하였으며, 처음 나타났다고 해서 이름을 **수로(首露)**라고 하였는데 …… 나라는 대가락이라 부르고 또한 가야국으로도 불렀으니 곧 6가야 중 하나다. 나머지 다섯 사람은 각기 돌아가 5가야의 임금이 되었으니 …… 　－「삼국유사」

대가야의 건국

시조는 이진아시왕이다. 그로부터 도설지왕까지 대략 16대 520년이다. …… 가야산신 정견모주(正見母主)는 곧 천신인 이비가지(夷毗訶之)에게 감응되어 대가야의 왕 뇌질주일(惱窒朱日)과 금관국의 왕 뇌질청예(惱窒靑裔) 두 사람을 낳았다고 되어 있으니. 즉, 뇌질주일은 이진아시왕의 별칭이고 뇌질청예는 수로왕의 별칭이 된다. 　－「신증동국여지승람」

대가야와 중국 남조(남제)와의 교류

가라국은 삼한의 종족이다. 건원 원년(479) 국왕 하지의 사신이 와서 공물을 바쳤다. 조서를 내려 "…… 가라왕 하지가 먼 동쪽의 바다 밖에서 관문에 이르러 폐백을 받드니 가히 보국장군 본국왕을 제수한다."라고 하였다. 　－「남제서」

대표 기출문제

밑줄 친 '이 나라'에 대한 설명으로 옳은 것은? 　　　2024. 국가직 9급

5세기 후반 가야의 주도 세력으로 성장한 <u>이 나라</u>는 낙동강 유역이라는 지리적 이점과 풍부한 철을 활용하여 후기 가야 연맹의 맹주가 되었다.

① 진흥왕에 의해 멸망하였다.
② 사비로 천도하고 국호를 남부여로 하였다.
③ 지방 행정 구역을 5경 15부 62주로 나누었다.
④ 평양으로 수도를 옮기고 남진 정책을 추진하였다.

해설

밑줄 친 '이 나라'는 대가야를 일컫는다. ① 대가야는 562년 신라 진흥왕에게 멸망하였다.
② 백제 성왕이 추진한 정책들이다.
③ 발해 선왕 때의 지방 제도 정비에 대한 설명이다. ④ 고구려 장수왕이 추진한 정책들이다.

정답 ①

02강 삼국의 대외 관계와 삼국 통일

解/法 기출분석

구 분		2008~2018	2019	2020	2021	2022	2023	2024	2025
9급	국가직			김유신			삼국 통일		
	지방직	삼국 통일			연개소문	김유신			
	법원직	• 고구려와 수 · 당 전쟁 • 삼국 통일					7세기 정치 상황		

신라의 삼국 통일

수 589 중국 통일　당 618 건국

612	살수 대첩	수 양제의 100만 대군 침입 때 을지문덕이 적을 살수에서 대파

천리장성 축조(당의 침략에 대비) vs 영류왕의 친당 정책(도교 전래)

642	연개소문 정변	연개소문: 반대파 숙청, 독재 정치, 당에 대하여 강경책, 백제 의자왕이 대야성 공격 · 함락(김품석 살해)
645	안시성 싸움	당 태종 침입, 60여 일간 저항 ⇨ 고구려의 대대적인 반격으로 당군 격퇴
648	나 · 당 연합군 결성	신라의 대중국 외교 성공(김춘추)
660	백제의 멸망	멸망: 의자왕의 향락 정치로 인한 국가 일체감 상실, 무리한 전쟁 ⇨ 웅진 도독부 부흥 운동: 복신과 도침(주류성), 흑치상지(임존성) 등은 왕자 풍을 왕으로 추대하고 200여 성을 회복 ⇨ 나 · 당 연합군에 의하여 진압
668	고구려의 멸망	멸망: 계속된 전쟁, 연개소문 사후 지배층의 권력 쟁탈전 ⇨ 안동 도호부(평양) 부흥 운동: 보장왕의 서자 안승을 받든 검모잠(한성)과 고연무(오골성) ⇨ 신라의 도움을 받기도 하였으나 실패
675	매소성 전투	이근행이 이끄는 당의 20만 대군 격파
676	기벌포 전투	금강 하구의 기벌포에서 당의 수군 섬멸, 평양에 있던 안동 도호부를 요동성으로 축출 ⇨ 삼국 통일 완성(676)

삼국 통일의 의의와 한계

의 의	• 당의 세력을 무력으로 축출 ⇨ 자주적 성격 • 고구려와 백제 문화의 전통을 수용하고 경제력 확충 ⇨ 민족 문화 발전의 토대 마련
한 계	외세 이용, 영토상 불완전한 통일(대동강~원산만 이남)

01   삼국의 대외 관계

1. 시기별 삼국의 대외 관계

(1) 4세기❶

백제는 한강을 중심으로 영토를 크게 넓히면서 전성기를 맞이하였다.

(2) 5세기

고구려가 남진 정책을 추진하자, 백제와 신라는 동맹을 맺고 이에 저항하였다.

(3) 6세기

6세기 진흥왕 때 신라가 한강 유역을 차지하면서 삼국 통일의 발판을 마련하였다.

❶ **4세기**

삼국은 주변 소국을 정복하며 영토를 넓혔다. 이에 따라 삼국의 영토가 서로 맞닿게 되면서 본격적인 항쟁이 전개되었다.

4세기

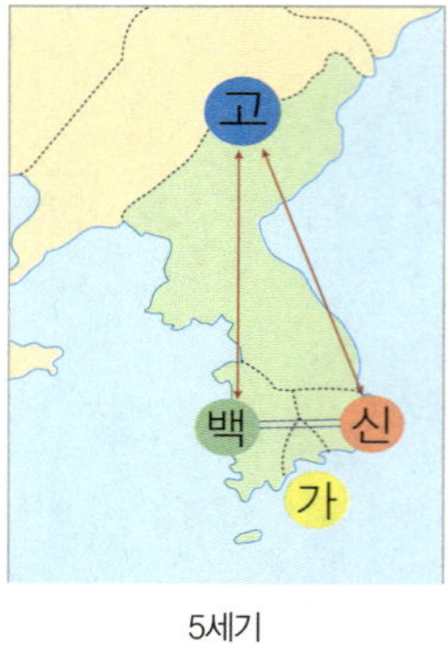

5세기

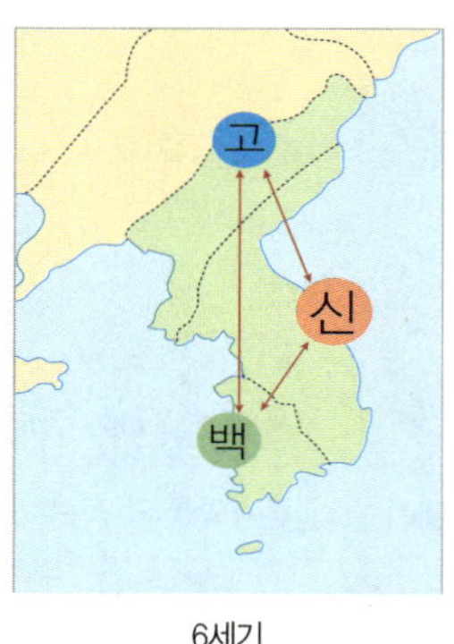

6세기

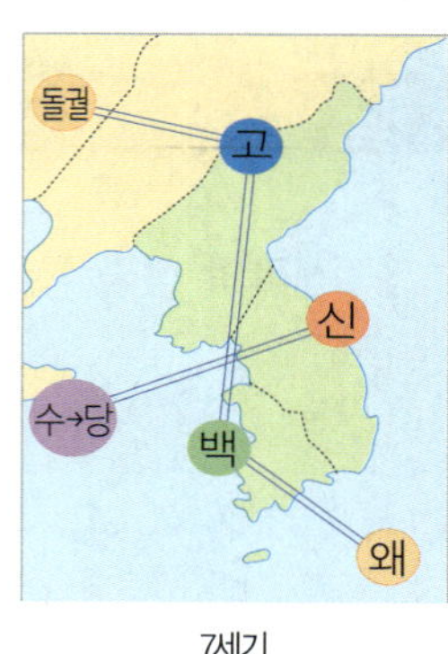

7세기

2. 7세기 전후 대외 관계의 변화

(1) 중국: 위진 남북조 분열의 시대가 끝나고 통일 왕조인 수·당❷이 등장하였다.

(2) 십자 외교

6세기 말부터 고구려❸와 백제는 한강 수복을 위해 신라를 공격하였다. 이후 북쪽의 돌궐·고구려와 남쪽의 백제·왜를 연결하는 남북 연합이 이루어졌다. 이에 대항하여 신라와 수·당의 동서 연합 세력이 형성되었다.

❷ **수·당**

동아시아의 패권을 장악하기 위해 고구려를 압박하였다.

❸ **고구려의 한강 수복 의지**

영양왕이 즉위한 해인 590년 온달은 한강 수복을 위해 신라를 공격하였다. 그러나 온달은 아차산성 근방의 전투에서 전사하였다.

02   고구려와 수·당 전쟁

1. 고구려와 수나라의 전쟁(살수 대첩)

(1) 배경

고구려는 남쪽으로 한강 유역을 신라에 빼앗기고, 북쪽에서는 수나라❹의 압박을 받았다.

(2) 전개

① **고구려의 요서 공격(598):** 영양왕은 1만 명의 말갈 병사를 보내 요서 지방을 선제 공격하였다. 이에 대한 반격으로 수나라 문제는 30만 대군을 보내 고구려를 침략했으나, 성과 없이 물러갔다.

❹ **수나라**

중국을 통일한 수나라는 돌궐을 복속시킨 후 점차 동북쪽으로 세력을 확대하면서 고구려를 압박하였다.

② **살수 대첩(612)**: 영양왕 때 수나라 양제는 113만 대군으로 고구려를 공격하였다. 수나라는 요동성을 공격했으나 고구려군의 완강한 저항[5]에 막혔다. 이에 수 양제는 우중문에게 30만 별동 부대를 이끌고 평양을 직접 공격하게 하였다. 그러나 **을지문덕**의 유도 작전에 말려들어 **살수(청천강)**에서 대패하였다.

(3) 결과

수나라는 4차례에 걸쳐 침략해왔으나 계속된 실패와 국력 소모로 결국 **멸망**하였다.

2019. 서울시 7급(상), 2018. 경찰 2차, 2014. 경찰간부

심화사료 百出

을지문덕이 우중문에게 보낸 5언시[여수장우중문시(與隋將于仲文詩)]

神策究天文	귀신같은 전술은 천문을 꿰뚫었고	妙算廳地理	묘한 전략은 지리를 통달했구나
戰勝功旣高	전쟁에서 이겨 공이 이미 높아졌으니	知足願云止	만족함을 알거든 그만함이 어떤가

2. 고구려와 당나라의 전쟁(안시성 전투)

(1) 천리장성 축조

수의 뒤를 이은 당은 유화책을 펴다가 점차 고구려를 압박하였다. 고구려는 **국경에 천리장성**[6]을 쌓고, 방어 체제를 강화하는 등 **당의 침략에 대비**하였다.

(2) 연개소문의 집권

① **권력 장악**: 천리장성 축조를 지휘하면서 세력을 키운 연개소문은 정변을 일으켜 영류왕을 제거하고 보장왕을 왕으로 세웠다(642). 이후 그는 스스로 (대)막리지에 올라 정권을 장악하였다.

② **대외 정책**[7]: 연개소문은 대당 강경책을 펼치며 신라를 압박하였다.

(3) 안시성 전투(645)

당 태종은 직접 수십만 대군을 이끌고 고구려를 침략하였다. 고구려는 요동성·비사성 등 국경의 여러 성이 함락되는 위기에 처했다. 그러나 **안시성(성주 양만춘)**에서 군·민이 협력하여 당군을 물리쳤다. 이후에도 고구려는 계속된 당의 침략을 막아냈다.

(4) 의의

수·당의 한반도 침략을 저지하여 **민족의 방파제 역할**[8]을 하였다.

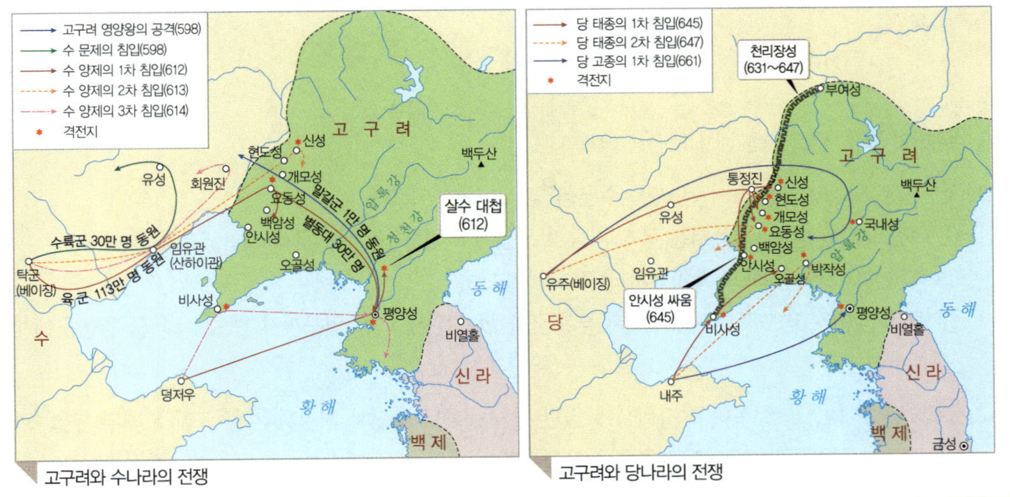

고구려와 수나라의 전쟁	고구려와 당나라의 전쟁

---

⑤ 청야 작전

외적이 쳐들어오면 들판이나 집안에 있는 곡식들을 전부 불태워 버리고 성에 들어가 끈질기게 버티는 작전이다.

⑥ 천리장성

당의 침략에 대비하여 16년의 공사 끝에 647년(보장왕 6) 완성한 성으로, 북쪽의 부여성(농안)에서 남쪽의 비사성(대련)에 이른다. 연개소문은 이 성곽 축조를 감독하면서 요동 지방의 군사력을 장악하여 정권을 잡을 수 있었다.

⑦ 연개소문의 대당 강경책

신라가 당에 구원을 요청하자 당은 고구려에 사신을 보내 자제를 요청하였다. 이에 연개소문은 오히려 당의 사신을 감금하였다. 이를 계기로 당 태종이 수십만 대군을 이끌고 고구려를 공격하였다.

⑧ 고구려의 수·당 침입 격퇴

고구려는 성곽을 이용한 방어 기술이 뛰어났으며, 요동 지역의 풍부한 철을 이용하여 우수한 철제 무기를 가질 수 있었다.

1. 나·당 연합군의 결성

(1) 신라의 위기

신라는 대야성❶을 비롯한 40여 성을 빼앗겼으며, 당항성까지도 공격받았다. 이에 신라는 고구려에게 군사적 도움을 요청했으나 실패하였다.

(2) 나·당 동맹❷의 결성(648)

신라는 대당 외교를 적극적으로 추진하였다. 고구려 원정에 실패했던 당나라는 신라의 제안을 받아들여 나·당 동맹이 성사되었다.

2. 백제의 멸망(660)

(1) 전개

나·당 연합군은 백제를 기습적으로 공격하였다. 백제군은 기벌포(백강) 전투에서 소정방이 이끄는 당나라 군대에게 패배하였다. 한편, **계백의 결사대가 황산벌**에서 저항했으나 **김유신**이 지휘한 신라군에게 패배하였다.

(2) 결과

나·당 연합군이 **사비성을 함락**하자, 웅진으로 피신하였던 **의자왕은 항복**하였다.

심화사료 百出

2022. 지방직 9급, 2018. 서울시 7급, 2014. 경찰간부

황산벌 전투

가을 7월 9일에 **김유신 등이 황산(黃山)의 벌판으로 진군하자 백제의 장군 계백이 군사를 거느리고 와서 먼저 험한 곳을 차지하여 세 군데에 진영을 설치하고 기다리고 있었다.** 김유신 등은 군사를 세 길로 나누어 네 번을 싸웠으나 (전세가) 불리하고 사졸(士卒)들은 힘이 다 빠지게 되었다. 장군 흠순이 아들 반굴에게 말하기를 "…… (이런) 위급함을 보고 목숨을 바치면 충과 효 두 가지 모두를 갖추게 된다."라고 하였다. 반굴이 적진으로 뛰어들어 힘껏 싸우다가 죽었다.

– 「삼국사기」

백제 멸망 당시 나·당 갈등

소정방이 부총관 김인문 등과 함께 기벌포에 도착하여 백제 군사와 마주쳤다. …… 소정방은 신라군이 늦게 왔다는 이유로 군문에서 신라 독군 김문영의 목을 베고자 하니, 김유신이 군사들 앞에 나아가 "황산 전투를 보지도 않고 늦게 온 것을 이유로 우리를 죄주려 하는구나. 죄도 없이 치욕을 당할 수는 없으니, 결단코 먼저 당나라 군사와 결전을 한 후에 백제를 쳐야겠다." 라고 말하였다.

– 「삼국사기」

---

3. 백제의 부흥 운동

(1) 전개: 부흥 운동의 중심이 된 곳은 **주류성❸**과 **임존성❹**이었다.

① **복신과 도침:** 주류성에서는 복신과 승려 도침이 **부여풍❺**을 왕으로 추대하였다.

② **흑치상지:** 임존성에서 흑치상지가 군사를 일으켰다.

③ **백강 전투(663):** 왜의 수군이 백제 부흥군을 돕기 위해 백강 입구까지 왔으나 나·당 연합군에게 패하였다.

(2) 결과: 200여 성을 회복하고 사비성에 있던 당군을 공격하면서 저항하였다. 그러나 내부 분열❻과 나·당 연합군의 공격으로 부흥 운동은 좌절되었다.

---

❶ **대야성(大耶城)**
경상남도 합천 지역이다.

❷ **나·당 동맹**
642년 백제의 대야성 공격 직후 신라는 당과 고구려 연개소문에게 각각 군사 지원을 요청했으나 거절당했다. 이후 신라 김춘추는 다시 당나라로 가서, 함께 백제를 정벌한 다음 고구려를 남북으로 협공하자고 제안하였다. 이에 나·당 연합이 성사되어 패강(대동강)을 경계로 영토를 나눌 것을 약속하였다.

❸ **주류성**
위치에 대해서는 여러 가지 설이 있다.

❹ **임존성**
현재 충남 예산군 대흥면에 있다.

❺ **부여풍**
의자왕의 아들로, 무왕 때부터 일본에 있었다. 백제 멸망 후 복신·도침에 의해 왕으로 추대되어 주류성에 머물렀다. 뒤에 고구려로 도망갔고, 고구려가 망한 뒤에는 당으로 유배되었다.

❻ **백제 부흥군의 내부 분열**
백제 장수 복신이 도침을 죽이고 왕자 풍을 살해하려다 오히려 왕자 풍에게 제거되었다. 이러한 내부 분열에 실망한 흑치상지는 당나라에 투항했으며, 지수신은 마지막까지 임존성에서 저항하다가 고구려로 망명하였다.

4. 고구려의 멸망(668)

(1) 배경

665년 연개소문이 죽고 연개소문의 맏아들 남생이 막리지를 계승하였다. 동생 남건·남산이 반발하여 정변을 일으키자, 남생은 국내성으로 도망간 후 당나라에 투항했다. 이와 같이 지배층 내부에서 권력 다툼**❼**이 일어나 정치적으로 혼란한 상황이었다.

(2) 멸망(668)

나·당 연합군의 공격으로 **평양성이 함락되고 보장왕이 항복**하면서 고구려는 멸망하였다.

5. 고구려의 부흥 운동

(1) 전개 과정

검모잠과 고연무 등은 보장왕의 서자인 안승을 내세워 한성(황해도 재령)과 오골성을 근거지로 고구려 부흥 운동을 전개하였다. 이들은 한때 평양성을 탈환했으나, 안승이 검모잠을 죽이고 신라로 망명하면서 부흥 운동은 실패하였다.

(2) 안승의 신라 투항

문무왕은 670년 안승**❽**을 고구려왕으로 봉하였다. 이후 안승이 이끄는 고구려 유민이 신라에 투항하였다. 문무왕은 이들을 금마저(전북 익산)에 살게 하고 674년 안승을 보덕국왕으로 봉하였다.

❼ 고구려의 내분

국내성으로 달아난 남생은 당나라에 항복하였다. 그리고 666년 연개소문의 동생인 연정토가 신라에 투항하였다.

❽ 안승

680년에 문무왕의 조카딸을 아내로 맞이하였고, 신문왕은 소판의 관등과 김씨 성을 주어 왕경에 거주하도록 하였다. 이러한 조치에 반발한 안승의 조카 대문은 이듬해에 금마저에서 반란을 일으켰다. 그러나 바로 진압되었고, 보덕국은 없어졌다.

심화사료 百出

2018. 서울시 7급(상), 2016. 경찰간부

연정토의 신라 투항

겨울에 당나라는 이적(李勣)을 요동도행군대총관(遼東道行軍大摠管)으로 삼고 …… 고구려를 쳤다. 고구려의 높은 신하인 연정토가 12성 763호 3,543명을 이끌고 와서 항복하였다. 연정토와 부하 24명에게 의복과 식량, 집 등을 주고 서울 및 주(州), 부(府)에 두었으며, 여덟 개의 성은 상태가 완전하였으므로 모두 군사를 보내 지키게 하였다.　　　－「삼국사기」

보덕국의 멸망(통일 신라 신문왕)

안승의 조카뻘 되는 장군 대문이 금마저에서 반역을 도모하다가 일이 발각되어 죽임을 당하였다. 남은 무리들이 관리들을 죽이고 읍을 차지하여 반란을 일으켰다. 왕이 군사들에게 명하여 토벌하였다. 마침내 그 성을 함락하여 그곳 사람들을 나라 남쪽의 주와 군으로 옮기고, 그 땅을 금마군으로 삼았다.　　　－「삼국사기」

백제와 고구려의 멸망

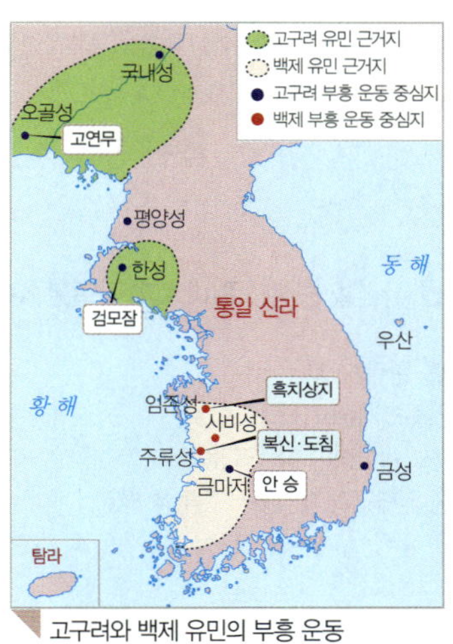

고구려와 백제 유민의 부흥 운동

나·당 전쟁과 삼국 통일 완수

1. 나·당 전쟁

(1) 당의 한반도 지배 야욕

① 웅진 도독부(660): 백제 멸망 후 백제의 옛 영토에 웅진 도독부를 설치하였다.

② 계림 도독부(663): 당은 신라에 계림 도독부를 설치하고 문무왕을 계림주 대도독으로 임명하였다. 이는 신라의 영토마저 차지하려는 당의 야심을 드러낸 것이었다.

③ 취리산 회맹(665)[1]: 당나라는 664년 부여융을 웅진 도독으로 임명하였다. 이후 당나라는 취리산 회맹을 주도하여 부여융과 문무왕에게 서로 다투지 않을 것을 약속하게 하였다.

④ 안동 도호부(668)[2]: 고구려 멸망 후 당은 고구려의 영토에 9개의 도독부 및 안동 도호부(평양)를 설치하고 고구려의 옛 땅을 직접 지배하려 하였다.

(2) 신라의 통일 과정

① 고구려 부흥 운동 지원[3]: 신라는 고구려 유민을 이끌고 남하한 안승을 금마저(익산)에 자리 잡게 하고, 674년 보덕국왕으로 봉하였다. 고구려 유민을 포섭하고자 한 것이다.

② 소부리주 설치(671): 신라는 당나라로부터 사비성을 무력으로 탈환하고 소부리주를 설치하였다.

③ 매소성 전투(675): 마전·적성에서 당나라 군대를 물리치고, 매소성에 주둔한 당나라 20만 대군을 격파하였다.

④ 기벌포 전투(676): 금강 하구의 기벌포에서 상륙을 시도하는 당의 수군을 섬멸하여 당의 세력을 완전히 몰아냈다. 이어 평양에 있던 안동 도호부도 요동성으로 밀어내는 데 성공[4]하였다.

2. 삼국 통일의 의의와 한계

(1) 의의: 당의 세력을 몰아낸 사실에서 **자주성**을 확인할 수 있다. 또, 고구려·백제 문화의 전통을 수용하여 민족 문화 발전의 토대를 마련하였다.

(2) 한계: 신라의 삼국 통일은 **외세를 이용**했으며, 대동강에서 원산만까지를 경계로 한 이남의 땅을 차지하는 데 그쳤다는 한계성을 가지고 있다.

심화사료 頻出　　　　　　　　　　　　　　　　　2018. 국가직 9급

신라 문무왕의 유언

여러 신하들이 유언으로 동해 입구의 큰 바위 위에서 장례를 치르었다. …… 남긴 조서는 다음과 같다. "과인은 나라의 운(運)이 어지럽고 전란의 시기를 맞이하여, 서쪽을 정벌하고 북쪽을 토벌하여 능히 영토를 안정시켰고 배반하는 자들을 치고 협조하는 자들을 불러 마침내 멀고 가까운 곳을 평안하게 하였다. ……"

− 「삼국사기」

대표 **기출문제**

삼국 통일 과정에서 나타난 사건을 순서대로 바르게 나열한 것은?　　　　　　　2017. 서울시 9급

　㉠ 나·당 연합군이 평양성을 함락시켰다.
　㉡ 신라가 매소성에서 당군을 크게 물리쳤다.
　㉢ 계백의 저항에도 불구하고 사비성이 함락되었다.
　㉣ 백제·왜 연합군이 나·당 연합군과 백강에서 전투를 벌였다.

① ㉡ ⇒ ㉠ ⇒ ㉢ ⇒ ㉣　　　　　　② ㉡ ⇒ ㉢ ⇒ ㉠ ⇒ ㉣
③ ㉢ ⇒ ㉣ ⇒ ㉠ ⇒ ㉡　　　　　　④ ㉣ ⇒ ㉢ ⇒ ㉠ ⇒ ㉡

---

❶ 취리산 회맹

백제의 부흥 운동에 대응하여 유민을 달래고자 했으며, 동시에 백제 옛 땅에 대한 당의 영향력을 강화하려는 의도에서 나온 것이었다.

❷ 안동 도호부

당은 안동 도호부를 통해 고구려와 백제 및 신라 땅에 설치된 모든 도독부를 관리하며 한반도 전체에 대한 지배권을 확보하고자 하였다.

❸ 백제와 고구려의 유민들 포섭

신라는 백제와 고구려의 지배층들에게 신라의 관직과 관등을 주었다.

❹ 당의 고구려 왕족 회유

평양의 안동 도호부가 요동으로 밀려난 후, 당은 회유책의 일환으로 고구려 보장왕을 요동 도독에 임명하였다. 그러나 보장왕은 고구려 유민과 연결되어 부흥 운동에 가담하였다.

✎ 발해 건국

기벌포 전투 이후에도 고구려 유민은 요동을 중심으로 부흥 운동을 끊임없이 일으켰다. 때마침 당의 강압적인 지배에 맞서 거란인이 봉기하자, 이를 틈타 고구려 장군 출신인 대조영이 고구려 유민과 말갈인을 이끌고 동쪽으로 탈출하였다. 대조영은 당의 추격을 천문령에서 물리치고 동모산에서 발해를 건국하였다(698).

해설

㉢ 660년의 일이다. ㉣ 663년의 일이다(백강 전투). ㉠ 668년의 일이다. ㉡ 675년의 일이다.

정답 ③

03강 남북국 시대의 정치 변화

解/法 기출분석

구분		2008~2018	2019	2020	2021	2022	2023	2024	2025
9급	국가직	• 신라 중대(2) • 문무왕 • 신문왕(2) • 발해(3)	발해 무왕	진성 여왕	발해 수도	발해(무왕)	신문왕	김헌창의 난	신문왕
	지방직	• 신라 하대 • 발해(2) • 발해(무왕) • 발해(무왕·선왕)		발해 문왕 때의 신라 상황	신문왕				발해
	법원직	• 신문왕(4) • 신라 하대(2) • 통일 신라 • 발해(3) • 발해 무왕					고대 정치	• 신라 하대 • 발해	• 신문왕 • 신라 하대

解法요람

통일 신라의 정치 상황

중대(전제 왕권 강화)	하대(왕위 쟁탈전)
• 상대등 약화 → 집사부 시중 강화(왕권↑) • 6두품 세력: 전제 왕권 뒷받침 • 9주 5소경, 9서당 10정, 국학	• 왕권 약화와 지방 통제 약화 • 6두품 세력 배제 → 반(反) 신라적 경향 • 농민 봉기 → 호족 세력 성장

	왕	주요 업적
중 대	신문왕	① 김흠돌의 모역 사건 계기로 귀족 세력 숙청 ② 중앙 14부 완성, 지방 9주 5소경 체제 완비 ③ 관료전 지급(687), 녹읍 폐지(689) ④ 9서당 10정 편제, 국학 설립
	성덕왕	정전 지급, 당과의 국교 재개
	경덕왕	① 중시의 명칭을 시중으로 격상, 지명을 중국식으로 변경 ② 불국사, 석굴암 축조, 국학을 태학(감)으로 개칭 ③ 녹읍 부활
하 대	원성왕	독서삼품과 실시
	헌덕왕	김헌창의 난 진압
	흥덕왕	사치금지령, 청해진 설치(장보고)
	진성 여왕	① 향가집 『삼대목』 편찬 ② 원종과 애노의 난을 시작으로 농민 항쟁의 전국적 확산, 호족의 성장 ③ 최치원의 『시무 10조』

발해의 발전

1. 고구려 계승 의식
　(1) 정치
　　　① 건국 주체 세력과 지배층: 고구려계(고씨, 대씨)
　　　② 일본에 보낸 국서
　　　　　㉠ 무왕: "고구려 옛 땅을 수복하고 부여의 유속을 이어받았다."
　　　　　㉡ 문왕: '고려국왕'으로 지칭, 스스로를 천손이라 칭함.
　　　③ 발해가 멸망한 뒤 발해 유민이 고려에 대거 망명
　(2) 문화: 고구려 문화 계승 – 정혜 공주 묘(굴식 돌방무덤, 모줄임 구조), 온돌 장치, 기와, 불상

2. 주요 국왕의 업적

1. 고왕(대조영) (698~719)	• 발해 건국(698): 길림성 돈화시 동모산 • 국호: 진, 연호: 천통 • 당이 발해군왕에 임명
2. 무왕(대무예) (719~737)	• 일본과 수교, 흑수말갈 공격 • 동북방 여러 세력 복속, 북만주 일대 장악 • 당의 등주 공격(장문휴) • 연호: 인안
3. 문왕(대흠무) (737~793)	• 상경, 동경 천도, 중앙 통치 체제 정비 • 당과 친선 관계, 당이 발해국왕에 봉함. • 신라와 관계 개선: 상설 교통로 개설 • 연호: 대흥
5. 성왕(대화여) (793~794)	상경 천도
10. 선왕(대인수) (818~830)	• 행정 구역 개편: 5경 15부 62주 • 대부분의 말갈족 복속, 요동 진출 • 남쪽으로 신라와 접함. • 발해의 전성기: 해동성국 • 연호: 건흥

남북국의 정세

01 통일 신라의 발전과 쇠락

1. 전제 왕권 강화

(1) **왕권 강화**: 통일 전쟁 과정에서 왕권이 강화되었다. 또한 진골 출신인 김춘추(무열왕)가 처음으로 왕위에 올랐으며, 이후 무열왕의 직계 자손이 왕위를 독점적으로 계승[1]하였다.

(2) **통치 체제 개편**: 왕의 직속 기관인 집사부의 영향력이 커졌으며, 그 장관인 중시[2](시중)의 권한이 강화되었다.

(3) **6두품의 성장**: 6두품 세력은 학문적 지식을 바탕으로 왕의 정치적 조언자로 활동하면서 정치적 진출을 활발히 하였다.

2. 신라 중대 왕의 업적

(1) **태종 무열왕**[3](29대, 654~661)
　① **최초의 진골 출신 왕**: 김춘추는 김유신의 도움을 받아 상대등 알천과의 경쟁에서 이긴 후 최초의 진골 출신 왕이 되었다.
　② **백제 멸망**: 660년 당나라와 연합하여 오랜 숙적인 **백제를 멸망**시켰다.
　③ **왕권 강화**: 집사부 장관인 **중시(시중)의 기능을 강화**하였다. 귀족 세력을 대표하는 상대등의 권한은 약화시켰으며, 갈문왕 제도[4]를 폐지하였다.

심화사료 百出

2012. 사회복지직 9급, 2011. 지방직(사회복지직 특채) 9급

무열왕의 즉위

진덕왕이 죽자, 여러 신하들이 이찬 알천에게 섭정하기를 청하였다. 알천이 한결같이 사양하며 말하기를, "신은 늙고 이렇다 할 만한 덕행도 없습니다. 지금 덕망이 높은 이는 춘추공 만한 자가 없습니다. 실로 가히 빈곤하고 어려운 세상을 도울 영웅호걸입니다." 마침내 (김춘추를) 봉하여 왕으로 삼았다. 김춘추는 세 번 사양하다가 부득이하게 왕위에 올랐다.　　　－『삼국사기』

(2) **문무왕**(30대, 661~681)
　① **삼국 통일 완성**[5](676): 고구려를 멸망(668)시키고 나·당 전쟁에서 승리함으로써 통일을 완성하였다. 대동강에서 원산만 이남에 이르는 영토를 차지하였다.
　② **지방 행정**: 지방관 감찰을 위해 외사정을 설치하였고, 북원소경과 금관소경을 두었다.
　③ **부석사 창건**: 의상을 지원하여 부석사를 창건하게 하고 화엄종을 개창하게 하였다.

(3) **신문왕**(31대, 681~692)[6] ⭐⭐
　① **왕권 강화**
　　㉠ 귀족 세력 숙청(김흠돌의 난, 681): 신문왕은 왕비의 아버지인 소판 김흠돌이 일으킨 반란을 진압하였다. 그리고 이 사건과 관련이 있는 귀족들(파진찬 흥원, 대아찬 진공 등)도 처단하였다.
　　㉡ 천도 시도(689): 수도를 달구벌(대구)로 옮기려고 했으나, 진골의 반대로 무산되었다.
　　㉢ 만파식적 설화: '만파식적(피리)을 불면 적들이 물러가고 평화가 온다.'라는 설화를 통해 이 시기 정치적 안정과 왕권 강화를 보여 주고 있다.

---

❶ 무열왕계의 왕위 독점
무열왕부터 혜공왕 때까지 무열왕의 직계 후손들이 왕위를 계승하였다. 『삼국사기』에서는 이 기간을 신라 중대(中代)라 하고, 이전(상대)·이후(하대)의 시기와 구분하였다.

❷ 중시
경덕왕 때부터 시중이라고 하였다.

❸ 중국식 시호 사용
무열왕은 불교식 왕명 대신 중국식 시호(무열)를 사용했다. 또한 우리나라 역사에서 처음으로 묘호(태종)를 사용한 왕이다. 시호는 죽은 후에 그의 공덕을 찬양하여 붙인 이름이고, 묘호는 왕이 세상을 떠난 뒤 그 이름을 높여 부르는 호칭이다.

❹ 갈문왕(葛文王) 제도
왕의 혈족 등에게 특권적 지위를 누리게 했던 제도이다. 왕권의 지지 기반을 확대하고, 왕권의 안정을 도모하였다.

❺ 문무왕의 통일 과업
660년 태자로서 참전하여, 김유신 등과 함께 군사를 이끌고 백제를 멸망시켰다. 또한 즉위 이후인 663년 백제 부흥 운동의 본거지인 주류성을 비롯한 여러 성을 함락시켰다.

❻ 신문왕의 권력 독점
신문왕은 김흠돌의 난을 진압한 후 왕비인 김흠돌의 딸을 출궁시키고 무열왕의 사위이자 김흠돌의 이복동생인 김흠운의 딸과 혼인을 하였다.

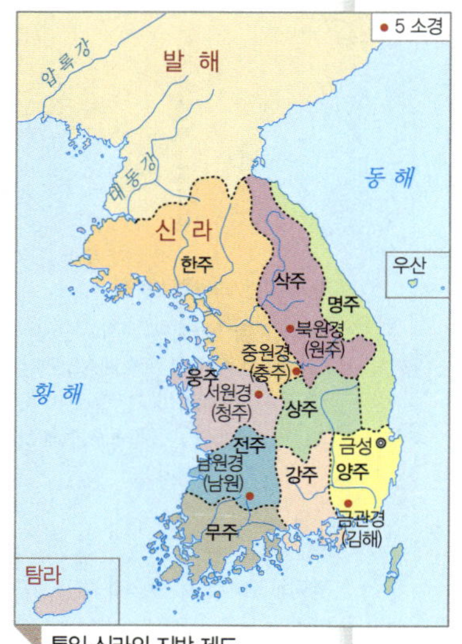

통일 신라의 지방 제도

❶ 국학

국학의 교육 내용과 관련된 관리 선발 제도가 제대로 갖추어지지 않았다. 때문에 신라 중대 이후 전제 왕권이 무너지면서 국학의 기능이 약화되었다.

❷ 정전(丁田)의 지급

국가는 농민이 원래부터 소유하고 경작하고 있던 토지의 권리를 법적으로 인정하는 대신 조세를 납부하게 하였다.

② 제도의 정비 : 통일 후 늘어난 영토와 인구를 통치하기 위해 각종 제도를 정비하였다.

　㉠ 중앙 행정 : 예작부의 설치로 14부의 중앙 통치 조직이 완성되었다.

　㉡ 지방 행정 : 9주 5소경 체제로 정비하였다.

　㉢ 군사 조직 : 중앙군인 9서당과 지방군인 10정을 설치하였다.

　㉣ 국학❶ 설립 : 국학을 설치하여 유학을 교육하였다.

③ 경제 정책

　㉠ 관료전 지급(687) : 문무 관리들에게 차등을 두어 관료전을 지급하였다.

　㉡ 녹읍 폐지(689) : 조세와 노동력을 함께 수취하던 녹읍을 폐지하였다.

심화사료 百出

신문왕 즉위 교서

과인이 위로는 하늘과 땅의 도움을 받고 아래로는 조상의 신령스러운 돌보심을 입어 **흠돌** 등의 악이 쌓이고 죄가 가득 차자 그 음모가 탄로 나고 말았다. …… 지금은 **이미 요망한 무리들이 숙청**되어 멀고 가까운 곳에 우려할 것이 없으니, 소집하였던 병마(兵馬)들을 빨리 돌려보내고 사방에 포고하여 이 뜻을 알게 하라!　　　－「삼국사기」

만파식적(萬波息笛) 이야기

왕이 배를 타고 그 산에 들어가니, 용이 검은 옥대(玉帶)를 가져다 바쳤다. 왕이 영접하여 함께 앉아서 묻기를, "이 산과 대나무가 혹은 갈라지기도 하고 혹은 합해지기도 하는 것은 무엇 때문인가?"라고 하였다. 용이 대답하기를 …… 성왕(聖王)께서는 소리로 천하를 다스릴 좋은 징조입니다. 대왕께서 이 대나무를 가지고 피리를 만들어 불면 천하가 화평할 것입니다. …… 왕이 행차에서 돌아와 그 대나무로 피리를 만들어 월성(月城)의 천존고(天尊庫)에 간직하였다. **이 피리를 불면 적병이 물러가고 병이 나으며, 가뭄에는 비가 오고 장마에는 개며, 바람이 잦아지고 물결이 평온해졌다. 이를 만파식적(萬波息笛)으로 부르고 나라의 보물이라고 칭하였다.**　　　－「삼국유사」 권2, '기이' 2, 만파식적

(4) 성덕왕(33대, 702~737)

　① 정전 지급(722) : 정전을 지급❷하였다. 백성들의 사유지였던 **민전**을 공식적으로 인정한 것이다.

　② 당과의 관계 회복 : 발해 무왕이 당나라의 등주를 공격하자, 당나라는 신라에 지원을 요청하였고 신라는 이에 응하였다. 이를 계기로 당과의 관계를 회복하여 대동강 이남의 영토에 대한 **지배권**을 당으로부터 정식으로 인정받았다.

(5) 경덕왕(35대, 742~765) ⭐

　① 전제 왕권의 동요 : 진골 귀족이 다시 세력을 키웠으며, 전제 왕권은 약화되기 시작하였다.

　② 왕권 강화 : 집사부 장관의 명칭을 **중시**에서 **시중**으로 바꾸어 그 권위를 높였다.

　③ 유교 교육 강화 : 국학의 명칭을 태학으로 바꾸었다. 박사와 조교 등을 두고, 유교 경전을 교육하였다.

　④ 한화 정책 : 중앙 관부와 관직의 이름을 **중국식**으로 바꾸고, **지방 행정 지역의 명칭(9주·군현)**도 중국식으로 고쳤다.

　⑤ 녹읍 부활(757) : 신문왕 때 폐지된 녹읍이 부활하였다.

　⑥ 문화재 : 불국사(혜공왕 때 완공)를 중창하고 **석굴암**을 건립하였다.

경덕왕의 한화 정책

왕은 사벌주를 상주로 바꾸는 등 9주의 명칭을 개정하고, **군현의 이름도 한자식으로 고쳤다.** 또한, **중앙 관서의 관직명도 중국의 예에 맞추어 한자식으로 바꾸었다.**

－「삼국사기」

(6) 혜공왕(36대, 765~780): 대공의 난(767)[3], 96 각간의 난(768)[4], 김지정의 난(780)[5] 등 진골 귀족의 반란이 빈번하게 일어났다. 김지정의 난을 진압하는 과정에서 혜공왕이 살해되었고 상대등 김양상이 선덕왕으로 즉위하였다.

3. 신라 하대의 정치 상황

(1) 배경: 8세기 후반, 중앙 귀족들 사이에 왕위 쟁탈전이 치열해졌다. 이에 따라 왕권이 약화되고 지방 통제력도 무너졌다.

(2) 선덕왕(37대, 780~785, 김양상): 김양상이 선덕왕으로 즉위하면서 내물계에서 왕이 배출되었다.

(3) 원성왕(38대, 785~798, 김경신): 선덕왕이 자식없이 죽자 내물왕계인 김경신과 무열왕계인 김주원이 왕위를 놓고 다투었다. 김경신이 이겨 원성왕이 되었고, 이후 그의 후손들이 왕위를 계승하였다.

① **지방 제도 개편:** 지방 9주의 장관 명칭을 총관에서 행정 기능이 강화된 **도독**으로 바꾸었다.

② **독서삼품과**[6]**의 실시(788):** 유교 경전의 이해 수준을 시험하여 관리를 채용하고자 하였다. 이 제도는 골품제 때문에 제 기능을 발휘하지 못했지만 유학을 널리 보급하는 데 기여하였다.

(4) 헌덕왕(41대, 809~826)

웅천주 도독 김헌창[7]은 아버지인 김주원이 왕위 다툼에서 패한 것에 불만을 품고 반란을 일으켰다(김헌창의 난, 822). 웅주(웅천주, 공주)에 나라를 세우고 국호를 **장안,** 연호를 **경운**이라고 하였다. 결국 진압되어 김헌창은 자살하였다.[8]

왕위 쟁탈에서 패배한 무열왕계 - 김주원

얼마 지나지 않아 **선덕왕이 세상을 떠나매, 나라 사람들이 김주원을 왕으로 받들어** 장차 궁중으로 맞아들이려 했다. 그의 집은 북천 북쪽에 있었는데 홀연히 냇물이 불어나 건널 수가 없었다. 이에 왕이 먼저 궁궐로 들어가 왕위에 올랐다. …… 새로 즉위한 왕께 경배하고 축하하니 이가 **원성대왕**이다. 왕의 이름은 경신이요 성은 김씨이니 대개 길몽이 맞았던 것이다. 주원은 명주로 물러가 살았다.

－「삼국유사」

김헌창의 난

헌덕왕 14년(822) 3월 웅천주 도독(熊川州都督) 헌창이 그의 아버지 주원이 왕이 되지 못한 것을 이유로 반란을 일으켜 나라 이름을 장안(長安)이라 하고 연호를 세워 경운(慶雲) 원년이라고 하였다. 무진(武珍)·완산·청주·사벌의 네 주 도독과 국원경·서원경·금관경의 사신(仕臣)과 여러 군현 수령을 위협하여 자기 소속으로 삼으려 하였다. …… 성이 장차 함락되려 하자 헌창은 화(禍)를 면할 수 없음을 알고 스스로 죽으니, 그를 따르던 사람이 머리를 베어 몸과 각각 따로 묻어 두었다. －「삼국사기」

❸ 대공의 난(767)

일길찬 대공이 그의 아우와 일으킨 반란이다.

❹ 96 각간의 난(768)

각간(角干)은 1관등인 이벌찬을 일컫는다. 96 각간이란 당시 반란을 일으킨 귀족과 이를 진압한 귀족 둘다 아우르는 표현이다.

❺ 김지정의 난(780)

김양상 일파와 대립하고 있던 이찬 김지정이 반란을 일으켜 무리를 모아 궁궐을 에워싸고 침범했다.

❻ 독서삼품과

독서 성적의 결과를 3등급으로 나누어 관료를 채용하는 제도로, 국학의 교육 과정과 연계하여 운영되었다.

❼ 김헌창

애장왕 때 시중이 되어 중앙에서 활동하였다. 그러나 김언승이 애장왕을 죽이고 헌덕왕이 된 이후 중앙 정계에서 밀려나 웅천주 도독이 되었다.

❽ 김범문의 난(825)

김헌창의 아들인 김범문도 고달산(경기도 여주)에서 반란을 일으켰으나 실패하였다.

(5) 흥덕왕(42대, 826~836)

    ① 사치 금지령: 왕실·귀족들의 사치와 향락이 심해지자 **사치 금지령**을 내렸다.

    ② 청해진 설치: 완도에 **청해진**을 설치하고, **장보고를 청해진 대사로 임명**하였다. 장보고는 청해진
       을 근거로 해적을 소탕하고, 해상 무역권을 장악하였다.

    ③ 제도 정비: 집사부를 집사성으로 승격시켜 왕권을 강화하고자 하였다.

(6) 왕위 계승 쟁탈전의 심화

    흥덕왕 사후 왕위 계승 쟁탈전이 다시 격렬해져 장보고도 왕위 다툼에 개입하였다. 이 과정에서 불
만을 품은 장보고가 문성왕 때 반란❶을 일으켰다.

4. 신라 하대의 사회적 혼란

(1) 민심의 동요: 왕위 쟁탈전에 따라 **중앙 정치**는 극도로 문란해졌고 사치와 향락이 더해져 국가 재정
은 바닥이 났다. 정부는 **부족한 재정을 보충**하기 위해 농민에게 **무거운 세금**을 부과하였다.

(2) 농민 봉기: 신라 하대에는 자연재해도 많이 일어나 농민의 생활은 더욱 어려워졌다. 이에 농민은 토
지를 잃고 노비가 되거나 초적❷이 되었다.

(3) 새로운 세력의 등장

    ① 호족의 등장❸: 지방에서는 호족이라 불리는 새로운 세력이 성장했다. 이들은 중앙 정부의 통제
       에서 벗어난 반독립적인 세력이었다.

    ② 6두품 세력의 변화: 6두품 출신의 일부 도당 유학생 등은 신라 골품제 사회를 비판하면서 새로운
       정치 이념을 제시하였다. 이들 중 일부는 지방의 호족 세력과 손잡고 사회 개혁을 추구하였다.

고등사료 百出

골품제의 모순

설계두❹는 신라의 귀족 자손이다. 일찍이 친구 네 사람과 술을 마시며 각기 그 뜻을 말할 때, **"신라는 사람을 쓰는 데 골품을
따져서 그 족속이 아니면 비록 뛰어난 재주와 큰 공이 있어도 한도를 넘지 못한다.** 나는 멀리 중국에 가서 출중한 지략을 발휘
하고 비상한 공을 세워 영화를 누리며, 높은 관직에 어울리는 칼을 차고 천자 곁에 출입하기를 원한다."라고 하였다. 그는 621년
몰래 배를 타고 당으로 갔다.

– 『삼국사기』

5. 신라의 쇠락과 후삼국의 성립

(1) 진성 여왕(51대, 887~897)⭐

    ① 『삼대목』: 각간 위홍과 승려 대구는 왕명에 따라 **향가 모음집**인 『삼대목』을 편찬하였다(888).

    ② 정치적 혼란: 정치적 혼란이 더욱 심해졌으며, 국가 재정은 궁핍해졌다. 당나라에서 귀국한 **최
       치원**❺은 이러한 사회 폐단을 바로잡기 위해 시무 10조를 건의하였으나, 받아들여지지 않았다.

    ③ 원종과 애노의 난: 정부는 각지에 관리를 보내 세금을 독촉했고, 이를 계기로 사방에서 농민들이
       봉기하였다. 889년 사벌주에서 원종과 애노가 난을 일으킨 것을 시작으로 농민 항쟁이 전국적으
       로 확산되었다. 이후 점차 조직화되어 적고적의 난(896)❻ 등이 일어났다.

    ④ 호족의 세력 확대: 자기 근거지에 성을 쌓고 군대를 보유하여 스스로 **성주** 또는 **장군**이라고 칭하
       면서 그 지방의 행정권과 군사권을 장악하였다. 원주의 양길, 전주의 견훤❼ 등이 대표적이다.

최치원의 개혁 요구

진성 여왕 8년(894) 봄 2월에 최치원이 시무 10여 조를 올리자, 왕이 이를 좋게 여겨 받아들이고 아찬으로 삼았다.   — 「삼국사기」

적고적의 난

진성 여왕 10년(896), 도적들이 나라의 수도 서남쪽 방면에서 일어나 붉은색 바지를 입어 스스로 달리 하매, 사람들이 적고적이라 불렀다. 그들은 신라의 주와 현을 무찌르고 서울(경주)의 서쪽 모량리에 이르러 민가를 약탈하였다.   — 「삼국사기」

(2) 후삼국의 성립

① **견훤(?~936)**: 서남 해안을 지키던 군인 출신이었다. 전라도 지방의 군사력과 호족의 지원을 바탕으로 세력을 키워, 나주와 무진주(광주)를 차례로 점령하였다. 이후 **완산주(전주)**에 도읍을 정하고 **후백제를 세웠다**(효공왕, 900).

② **궁예(?~918)**: 궁예는 신라 왕족의 후예로서, 처음에는 북원(원주) 지방의 도적 집단인 양길 아래에 들어가 세력을 키웠다. 이후 강원도, 경기도 일대를 점령하였다. 황해도 지역까지 세력을 넓힌 후 송악(개성)에 도읍을 정하고 **후고구려를 세웠다**(효공왕, 901).

후삼국의 분화

고등사료 百出   2022. 서울시 9급, 2018. 서울시 7급(상), 2014. 경찰간부

견훤과 궁예

- 견훤은 상주 가은현(경북 문경 가은) 사람으로, 본래의 성은 이씨였는데, 후에 견으로 성씨를 삼았다. 아버지는 아자개이니, 농사를 짓고 살다가 후에 가업을 일으켜 장군이 되었다. …… 드디어 **후백제 왕이라 스스로 칭하고** 관부를 설치하여 직책을 나누었다.   — 「삼국사기」
- **궁예는 신라 사람이다.** 성은 김씨이고, 아버지는 제47대 헌안왕 의정이며 …… **머리를 깎고 중이 되어** 스스로 선종(善宗)이라고 이름하였다. 신라가 쇠약해진 말기에 정치가 잘못되고 백성이 흩어져 …… 선종은 이런 혼란기를 타서 무리를 모으면 자신의 뜻을 이룰 수 있다고 생각하여 진성왕 즉위 5년에 죽주(竹州)의 도적 괴수 기훤(箕萱)에게 의탁하였다. …… 기훤이 얕보고 거만하게 대하자, **북원(北原)의 도적 양길(梁吉)에게 의탁하니**, 양길이 잘 대우하며 일을 맡기고 드디어 군사를 나누어 주어 동쪽으로 땅을 점령하도록 하였다. …… 선종은 스스로 왕이라 칭하고 사람들에게 말하기를 "지난날 신라가 당나라에 군사를 청하여 고구려를 멸하였으므로 평양(平壤)의 옛 도읍이 잡초로 무성하니 내가 반드시 그 원수를 갚겠다."라고 하였다.   — 「삼국사기」

대표 기출문제

다음 사실이 있었던 왕대의 설명으로 옳은 것은?   2025. 국가직 9급

- 김흠돌의 난을 계기로 진골 귀족 세력 등을 숙청하였다.
- 녹읍을 폐지하여 귀족의 경제적 기반을 약화하고자 하였다.

① 국학을 설립하였다.
② 불교를 공인하였다.
③ 독서삼품과를 시행하였다.
④ 이사부를 보내 우산국을 정벌하였다.

해설

제시된 자료는 신문왕 때의 김흠돌의 난 진압, 녹읍 폐지 등에 대한 내용이다. ① 신문왕은 국학을 설치하여 유학을 교육하였다. ② 불교를 공인한 왕으로는 고구려 소수림왕, 백제 침류왕, 신라 법흥왕 등이 있다. ③ 신라 하대 원성왕 때의 일이다. ④ 신라 지증왕 때 이사부가 우산국을 정복하였다.

정답 ①

1. 발해의 건국

(1) **건국(698)**: 당의 지방 통제력이 약화되자, **고구려 장군** 출신인 대조영이 고구려 유민과 말갈인들을 이끌고 길림성의 돈화시 동모산에서 발해를 세웠다.

(2) 특징

① **남북국 시대[1]**: 발해의 건국으로 남쪽의 신라와 북쪽의 발해가 공존하게 되었다.

② **고구려 계승**

㉠ **고구려 영역 확보**: 발해는 영역을 확대하여 옛 고구려의 영토를 대부분 차지하였다.

㉡ **정치적**

주도 세력	건국 주체 세력과 지배층은 고구려계인 고씨와 대씨 중심
일본에 보낸 국서	• 무왕: "고구려 옛 땅을 수복하고 부여의 유속을 이어받았다." • 문왕: 스스로 '고려국왕'이라 칭함. 일본도 답서에서 문왕을 '고려왕'으로 표현
유민의 고려 망명	멸망 이후 태자 대광현이 유민을 이끌고 고려에 망명

㉢ **문화적**: 정혜 공주 묘의 무덤 양식(굴식 돌방무덤, 모줄임 구조), 온돌 장치, 기와, 불상 등을 통해 고구려 문화의 계승을 확인할 수 있다.

③ **황제국 표방**: 당의 책봉을 받았지만, 내부적으로는 **황제국을 표방**하였다. 독자적인 연호를 사용했으며, 정효 공주 묘지에는 문왕을 '**황상**'이라고 표현하였다.

2. 주요 국왕들의 업적

(1) **1대 고왕(698~719, 대조영, 천통)**

① **국호와 연호 제정**: 동모산에서 나라를 건국하고 **국호를 진(震), 연호를 천통(天統)**이라 하였다.

② **당의 인정**: 진이 세력을 넓히자, 당은 대조영을 **발해군왕**으로 봉하였다. 발해라는 국호는 여기서 비롯된 것이다.

(2) **2대 무왕(719~737, 대무예, 인안)** ⭐

① **영토 확장**: 영토 확장에 힘써 **동북방의 여러 세력을 복속**하고 북만주 일대를 장악하였다.

② **당과의 충돌**

㉠ **배경[2]**: 당이 흑수말갈에 관리를 파견하여 발해를 견제하였다.

㉡ **일본에 사신 파견(727)**: 무왕은 당과의 전쟁에 앞서 **일본에 국서를 보내 발해가 고구려를 계승했음을 밝히고** 우호 관계를 맺자고 제의하였다.

㉢ **산둥 지방 공격(732)**: 무왕은 흑수말갈을 치는 한편, 중국 산둥 지방의 **등주에 장문휴가 이끄는 수군을 보내 공격**하였다. 또한 요서 지역에서 당나라 군대와 격돌하기도 하였다. 이때 신라(성덕왕)도 당과 함께 양면으로 발해를 공격하였다.

㉣ **외교 관계**: 발해 무왕은 돌궐, 일본 등과 연결하면서 **당과 신라를 견제**하였다.

2025. 지방직 9급, 2024. 법원직 9급, 2022. 국가직 9급, 2019. 국가직 9급, 2019. 국가직 7급, 2019. 서울시 7급
2016. 국가직 7급, 2015. 경찰 2차, 2013. 지방직 9급, 2013. 경찰 1차, 2012. 국가직 9급

발해의 고구려 계승

- 옛날 당 고종이 고구려를 쳐 없앴는데, 고구려는 지금 발해가 되었다.   – 「계원필경」
- 발해는 고구려의 옛 땅에 세운 나라이다. 백성에는 말갈이 많고 토인(고구려인)이 적다.   – 「유취국사」
- 고구려의 남은 자손들이 동류를 끌어모아 북으로 태백산 아래에 발을 붙이고 국호를 발해라고 하였다.   – 「삼국사기」

발해의 건국

발해말갈의 **대조영은 본래 고구려의 별종(別種)**이다. 고구려가 멸망하자 대조영은 가속(家屬)을 이끌고 영주(營州)로 옮겨와 살았다. …… 대조영은 마침내 그 무리를 거느리고 동쪽으로 가서 계루부의 옛 땅을 차지하고, **동모산에 웅거하여 성을 쌓고 살았다.** …… 스스로 진국왕(振國王)에 올라 돌궐에 사신을 보내어 통교하였다. …… 풍속은 고구려와 거란과 같고, 문자와 전적(典籍)도 상당히 있다.   – 「구당서」

발해 무왕이 일본에 보낸 국서

[신구(神龜) 5년(무왕 10, 728) 봄 정월] …… 고제덕 등이 왕의 교서(敎書)와 방물(方物)을 바쳤다. 그 교서에서 말하기를, "무예(武藝)가 아룁니다. 무예는 황송스럽게도 대국(大國)을 맡아 외람되게 여러 번(蕃)을 함부로 총괄하며, **고려의 옛 땅을 회복하고 부여의 습속(習俗)을 가지고 있습니다.** 그러나 다만 너무 멀어 길이 막히고 끊어졌습니다. 어진 이와 가까이하며 우호를 맺고 옛날의 예에 맞추어 사신을 보내어 이웃을 찾는 것이 오늘에야 비롯하게 되었습니다."   – 「속일본기」

무왕의 등주 공격

무예가 신하들을 불러 "흑수말갈이 처음에는 우리에게 길을 빌려서 당나라와 통하였다. …… 그런데 지금 당나라에 관직을 요청하면서 우리나라에 알리지 않았으니, 이는 분명히 당나라와 공모하여 우리나라를 앞뒤에서 치려는 것이다."라고 하였다. 이리하여 동생 대문예와 외숙 임아상으로 하여금 군사를 동원하여 흑수말갈을 치려고 하였다. …… 개원 20년 **무예가 장수 장문휴를 보내 해적을 이끌고 등주자사(登州刺史)** 위준을 **공격하자,** 당이 문예를 보내 병사를 징발하여 토벌하게 하였다. 이어 김사란을 신라로 보내 병사를 일으켜 발해 남쪽 국경을 공격하게 하였다.   – 「신당서」

무왕의 정복 활동

당 현종 개원 7년에 대조영이 죽으니, 그 나라에서 사사로이 시호를 올려 고왕(高王)이라 하였다. 아들 **대무예(무왕)**가 뒤이어 왕위에 올라 영토를 크게 개척하니, 동북의 모든 오랑캐가 겁을 먹고 그를 섬겼으며, 또 연호를 **인안(仁安)**으로 고쳤다.   – 「신당서」

---

(3) 3대 문왕(737~793, 대흠무, 대흥·보력) ⭐

  ① 연호 제정: 대흥, 보력 등의 독자적인 연호를 사용하였다.

  ② 왕권 강화: 불교의 전륜성왕 이념을 받아들였으며, 강화된 왕권을 바탕으로 고려국을 표방하고 유신을 단행❸하였다. 또한 **황상**❹이라는 칭호를 사용하여 황제 국가의 면모를 과시하였다.

  ③ 영토 확장: 당에서 안사의 난이 일어나 국력이 약화되었다. 이에 당은 762년 문왕을 발해군왕에서 **발해국왕**으로 봉하여 친선 관계를 강화하였다.

  ④ 천도❺: 755년 수도를 **중경 현덕부**❻에서 북쪽 상경 용천부로 옮겼다. 이후 785년(신라 선덕왕) 동경 용원부로 다시 천도하였다.

  ⑤ 외교 관계

    ㉠ 당·신라: 당과 친선 관계를 맺어 당의 문물을 받아들였다. 또 신라와의 관계를 개선하여 상설 교통로(신라도)를 개설하였다.

    ㉡ 일본: 일본에 보낸 국서❼에서 **천손(天孫)임을 자랑**하였고, 일본과의 관계를 장인과 사위로 비유하여 일본과 외교 마찰을 일으키기도 하였다.

영광탑
중국 길림성에 위치한 발해의 벽돌탑(전탑)이다. 탑 아래에 무덤칸을 만들고, 여기에 시신을 안치하였다.

❸ **유신의 단행**
발해 문왕 때 '유신을 단행했다.'라는 기록이 있다. 강화된 왕권을 바탕으로 새로운 제도 개혁을 추진한 것으로 보인다.

❹ **발해의 자주성**
발해 문왕 대에 만들어진 정혜 공주 묘지와 정효 공주 묘지에는 아버지인 문왕을 대왕(大王)이라 일컫고 '황상(皇上)'이라는 표현까지 쓰고 있다.

❺ **문왕의 잦은 천도**
문왕은 잦은 천도를 통해 발해 수도와 지방과의 연계를 강화하였다. 지방을 고르게 발전시키고, 지방에 대한 통제력을 강화하기 위함이었다.

❻ **중경 현덕부**
동모산에서 중경으로의 천도 시기는 무왕 때로 보기도 하고 문왕 때로 보기도 하는 등 명확치 않다.

❼ **일본에 보낸 국서**
발해에서 일본에 국서를 보낼 때 고려 국왕의 이름으로 보냈고, 일본에서 발해에 답서를 보낼 때도 고려 국왕이라 칭하였다.

2015. 경찰 간부

문왕에게 보낸 일본의 답서

을묘 발해왕에게 서를 내려 말하기를, "천황이 삼가 고려국왕에게 묻는다. 지금 온 문서를 살펴보니, 문득 부왕 때의 도를 고쳐, 날짜 아래 관품 성명을 대지 않아 문서 말미를 빈 공간으로 늘어놓곤, **천손이라 참람되이 불렀다**. 또 고씨 시절엔 병란이 끊이지 않아 조선의 위급한 시기로 인해 저가 형제라 칭했는데, 지금 대씨는 일찍이 무사한 고로 망령되이 **장인을 칭하니** 예를 잃은 것이다."

— 『속일본기』, 광인천황

---

(4) 5대 성왕(793~794, 대화여, 중흥)

수도를 동경 용원부에서 **상경 용천부**로 옮겼다. 상경은 이후 발해가 멸망할 때까지 수도였다.

(5) 9세기 발해의 내분

4대 대원의(793년 폐위)부터 9대 간왕(817~818)까지 왕위 계승을 둘러싼 심각한 내분에 빠졌다.

(6) 10대 선왕(818~830, 대인수, 건흥) ⭐

① **왕의 계보 변화[2]**: 선왕은 대조영의 동생 대야발의 후손이었다.

② **영토 확장**: 대부분의 말갈족을 복속시키고, 서쪽으로는 **요동으로 진출**하였다. 또, 남쪽으로는 신라[3]와 국경을 접하였다. 이리하여 **고구려와 부여** 등의 옛 **영토를 대부분 회복**하였다.

③ **지방 제도 정비**: 확장된 영토를 바탕으로 5경 15부 62주의 지방 행정 제도가 완비되었다.

④ **해동성국**: 선왕 때 발해는 전성기를 맞이하였다. 이때 당나라는 발해를 '해동성국'이라고 불렀다.

2017. 국가직 7급

발해의 전성기

처음에 그 나라의 왕이 자주 학생들을 경사(京師)의 태학(太學)에 보내어 고금(古今)의 제도를 배우고 익혀 가더니, 이때에 이르러 드디어 **해동성국(海東盛國)**이 되었다. 국토는 **5경(京)·15부(府)·62주(州)**이다.

— 『신당서』

---

3. 발해의 멸망

(1) 멸망(926)

9세기 후반에 들어와 귀족들의 권력 투쟁으로 국력이 크게 쇠퇴하였다. 결국 발해는 15대 애왕(대인선) 때인 926년에 **거란 야율아보기의 침략을 받아 멸망[4]**하였다.

(2) 멸망 이후

발해 유민은 후발해, 정안국, 대발해국 등을 세우며 부흥 운동을 전개하였다. 한편, 발해 왕자 대광현은 유민을 이끌고 고려(태조)로 망명하였다.

4. 발해의 대외 관계

(1) 당나라

① **대립**: 8세기 전반 무왕 때 **장문휴**를 보내 **중국 산둥 지방**을 공격하였다.

② **교류**: 8세기 후반 문왕 때 당과 수교를 맺고 활발히 교류하였다. 당나라 빈공과에 발해 지식인들이 응시·합격했으며, 산둥성 등주에는 발해 사신을 접대하는 발해관이 설치되었다.

---

❶ 발해 문왕

문왕은 자신을 고려 왕으로 표현하고, 자신은 고구려 역대 임금이 그러했던 것처럼 천손(天孫)이라고 했다. 따라서 문왕은 771년 일본에 보낸 국서에서 자신을 천손으로 표시하고, 일본과의 관계를 장인과 사위라고 하였다. 이에 일본은 답서를 보내 항의하였다.

❷ 왕위 계승의 변화

발해가 멸망할 때까지 대조영의 동생 대야발의 후손이 왕위를 계승하였다.

❸ 신라의 대응

826년 헌덕왕은 선왕의 영토 팽창에 대응하여 300리나 되는 장성을 대동강에 쌓았다.

❹ 발해 멸망에 대한 일설

일설에는 백두산 화산이 폭발하여 발해의 멸망을 촉진시켰다는 설도 있다.

(2) 신라

① 친선❺: 대조영은 건국 직후에 신라에 사신을 보냈고, 신라는 대조영에게 관등을 주었다. 이후 문왕 때 상설 교통로인 **신라도**가 개설되었는데, 원산에서 발해의 동경까지 39개의 역이 있었다.

② 대립: 732년 당과 발해의 전쟁 당시, 신라는 당의 요청으로 발해를 공격하였다. 이후에도 **쟁장 사건**❻과 **등제 서열 사건**❼ 등이 일어났는데 이는 양국의 대립 의식을 나타낸 것이다.

(3) 돌궐

당을 견제할 목적으로 북으로 돌궐과 친선 관계를 맺었다.

(4) 일본

당과 신라를 견제하기 위해 일본과 우호 관계를 맺었다. 동경 용원부를 통해 교류가 이루어졌다.

유득공의 『발해고』 서문

고려가 발해사를 편찬하지 않은 것을 보면 고려가 국세를 떨치지 못했음을 알 수 있다. 옛날에는 고씨가 북에서 고구려를, 부여씨가 서남에서 백제를, 박·석·김씨가 동남에서 신라를 각각 세웠으니, 이것이 삼국이다. 여기에는 반드시 삼국사가 있어야 할 것인데, 고려가 편찬한 것은 잘한 일이다. 그러나 **부여씨와 고씨가 망한 다음에 김씨의 신라가 남에 있고, 대씨의 발해가 북에 있으니 이것이 남북국이다.** 여기에는 마땅히 남북사가 있어야 할 터인데, 고려가 편찬하지 않은 것은 잘못이다.

중국의 역사 왜곡, 동북공정

중국은 '통일적 다민족국가론'을 내세워 한족(漢族)과 55개 소수 민족 모두가 중화 민족이고, 이들의 모든 역사도 중국의 역사라는 논리를 펼치고 있다. 이에 따라 중국 정부가 직접 나서서 동북공정이라는 역사 왜곡을 주도하고 있다. '동북공정'이란 '동북 변경 지역의 역사와 현상에 관한 체계적인 연구 과제'를 줄인 말로, 부여·고구려·발해를 중국사의 일부로 편입하는 작업이다. 중국의 전략 지역인 동북 지역, 특히 한반도와 관련된 역사를 중국의 역사(고대 중국의 동북 지방에 속한 지방 정권)로 만들어 한반도가 통일되었을 때 일어날 가능성이 있는 영토 분쟁을 미리 방지하는 데 그 목적이 있다. 이에 따라 한국에서도 중국의 역사 왜곡에 체계적으로 대처하기 위해 2006년 동북아 역사 재단을 출범하였다.

(가) 왕 대의 사실에 대한 설명으로 옳은 것은?

2019. 국가직 9급

  [(가)] 은/는 흑수말갈이 당과 통하려고 하자 군사를 동원하여 흑수말갈을 치게 하였다. 또한 일본에 사신 고제덕 등을 보내 "여러 나라를 관장하고 여러 번(蕃)을 거느리며, 고구려의 옛 땅을 회복하고 부여의 옛 습속을 지니고 있다."라고 하여 강국임을 자부하였다.

① 국호를 진국에서 발해로 바꾸었다.
② 신라는 급찬 숭정을 발해에 사신으로 보냈다.
③ 대흥이라는 독자적인 연호를 사용하였다.
④ 장문휴가 당의 등주를 공격하였다.

---

❺ **신라의 사신 파견**

8세기 후반 원성왕 때 일길찬 백어를 사신으로 파견하였고, 9세기 급찬 숭정을 발해에 사신으로 보냈다.

❻ **쟁장 사건**

당에 간 발해의 사신이 신라 사신보다 윗자리에 앉을 것을 요청했다가 거절당한 사건을 말한다.

❼ **등제 서열 사건**

신라의 최언위가 발해의 오광찬보다 당의 빈공과의 등제 석차가 앞서자 때마침 당에 사신으로 온 오광찬의 아버지인 오소도가 아들의 석차를 올려달라고 청하였다가 거절당한 사건을 말한다.

✎ **발해사에 대한 중국과 러시아의 입장**
- 중국: 당나라에 예속된 지방 민족이 세운 정권으로 본다.
- 러시아: 중국보다는 중앙아시아나 남부 시베리아의 영향을 강조하여 러시아의 역사에 편입시키려고 한다.

[해설]
제시된 자료의 (가) 왕은 발해의 무왕이다. ④ 발해 무왕 때 중국 산둥 지방의 등주에 장문휴를 필두로 하는 수군을 보내 공격하였다.
① 발해 고왕(대조영) 때의 일이다.
② 9세기 발해의 내분기에 신라 헌덕왕이 급찬 숭정을 사신으로 파견하였다. ③ 대흥은 발해 문왕 때 사용된 연호이다.

[정답] ④

04강 고대의 통치 조직과 정비

解/法 기출분석

구분		2008~2018	2019	2020	2021	2022	2023	2024	2025
9급	국가직	신라의 통치 제도(2)							발해
	지방직	• 통치 제도(2) • 백제의 통치 제도 • 삼국의 정치 제도 • 발해의 통치 제도(2)				발해의 통치 제도			
	법원직	통치 제도(2)							

경관직 총정리

구분	주례	백제	신라	발해		고려	원 간섭기	조선
합의 기구		정사암	화백 회의		정당성	도병마사 식목도감	도평의사사	의정부 비변사
내무 · 문관 인사 · 왕실 사무 · 훈봉	천	내신	위화부	좌	충부	이부	전리사	이조
호구 · 조세 · 어염 · 광산 · 조운	지	내두	조부, 창부	사	인부	호부	판도사	호조
제사 · 의식 · 학교 · 과거 · 외교	춘	내법	예부, 영객부	정	의부	예부	전리사	예조
무관 인사 · 국방 · 우역 · 봉수	하	병관, 위사	병부	우	지부	병부	군부사	병조
법률 · 소송 · 노비	추	조정	좌 · 우 이방부	사	예부	형부	전법사	형조
토목 · 산림 · 도량형 · 파발	동	예작부, 공장부		정	신부	공부	폐지	공조
감찰			사정부		중정대	어사대	감찰사	사헌부

삼국과 남북국의 지방 제도

구분	고구려	백제	신라	통일 신라	발해
수도	5부	5부	6부	6부	
지방	5부(욕살), 성(처려근지, 도사)	5방(방령), 군(군장), 성(도사)	5주(군주) 군(당주), 성(도사)	9주(총관 ⇒ 도독)	• 5경(상경, 동경, 서경, 남경, 중경)
특수 지역	3경[평양, 국내성, 한성(황해 도 재령)]	22담로(왕족 파견)	2소경(사신, 중원경, 동 원경)	5소경(사신, 북원경, 중원경, 서원경, 남원경, 금관경)	• 15부(도독) • 62주(자사) • 현(현승)
군사 제도	지방의 성에 군단 편성 (지방관이 지휘)	방령, 군장	서당, 6정	9서당(중앙군) 10정(지방군)	10위(중앙군)

01 고대 삼국의 통치 조직 정비

1. 지배 집단의 형성과 특징

(1) 독자적 세력의 성립

삼국은 고구려 5부, 백제 5부, 신라 6부가 중앙의 지배 집단이 되어 성장하였다. 각 부는 별도의 관리를 두었고, 각자의 영역을 독자적으로 지배하였다.

(2) 관료제와 중앙 정치 기구의 정비

삼국의 관등제와 관직 체계의 운영은 신분제에 의하여 제약을 받았다.

① 고구려
　　㉠ 관등: 10여 개의 관등[1]이 있었는데, **형계의 관등**[2]과 **사자계의 관등**[3]으로 나누어 졌다.
　　㉡ 관직: 귀족들에 의해 선출된 **대대로**[4]가 국사를 총괄했다. 또한, **조의두대형(5관등)** 이상의 관등을 가진 사람만이 장군이 될 수 있었으며, **제가 회의**에 참여할 수 있었다.

② 백제
　　㉠ 관등: 16관등이 있었는데, 좌평 및 솔 계열·덕 계열·무명(武名) 계열의 세 단계로 구성되었다. 등급에 따라 각기 **자(紫)색, 비(緋)색, 청(靑)색**의 공복을 입었다.[5]
　　㉡ 정치 조직: 6개의 부서(내신·내두·내법·위사·조정·병관)가 업무를 분담했으며, 장관으로는 좌평이 있었다. 좌평의 우두머리인 **상좌평**은 수상이 되었다. 한편, 내신좌평은 왕명 출납 업무를, 내두좌평은 재정에 관한 일을 담당하였다. 이후 **성왕** 때 중앙 관청을 **22부**(내관 12부, 외관 10부)로 확대·정비하였다.

③ 신라
　　㉠ 관등: 관등제는 골품제와 결합하여 운영되었는데 골품에 따라 개인이 승진할 수 있는 관등의 **상한선**[6]이 있었다. 법흥왕 때 17관등으로 완성되었다.
　　㉡ 관서의 설치·정비
　　　　ⓐ **법흥왕**: 국사를 총괄하고 화백 회의를 주관하는 **상대등**을 설치하였다. 또한 **병부**를 두어 군사 업무를 담당하였다.
　　　　ⓑ **진흥왕**: 재정 업무와 국가의 기밀 사무를 담당하는 품주[7]를 설치하였다.
　　　　ⓒ **진평왕**: 위화부(인사 업무), 조부(조세 업무), 예부(의례 업무) 등을 설치하였다.
　　　　ⓓ **진덕 여왕**: 기존의 품주가 **집사부**(국가 기밀)와 창부(재정)로 분화되었다.

(3) 합좌 제도의 발달

① **고구려**: 제5관등인 조의두대형 이상 귀족들이 **제가 회의**에서 주요 국사를 처리하였다. 또한, 제가 회의의 대표인 대대로는 귀족들이 선출했으며, 국왕은 대표 선출에 간섭할 수 없었다.
② **백제**: 사비(부여) 부근의 호암사라는 절에 있는 **정사암**이라는 바위 앞에서 귀족들이 회의를 하였다. 여기서 재상의 선출 등 **국가 중대사를 논의**하였다.
③ **신라**: **화백 회의**[8]에서 귀족들이 모여 국가의 중요한 일을 만장일치로 결정했는데 **상대등**이 의장 역할을 하였다. 화백 회의는 신라 6부의 전통을 계승한 것으로, 여기서 국왕을 폐위시키거나 새로운 국왕을 추대하기도 하였다.

---

❶ 고구려의 관등

고구려의 관등은 『위지동이전』에는 10관등, 『주서』에는 13관등, 『수서』에는 12관등, 『한원』에는 14관등으로 기록되어 있다.

❷ 형(兄)계

종래의 족장들이 각자 세력 기반의 차이에 따라 왕 아래로 통합된 것이다.

❸ 사자(使者)계

행정적인 관리 출신이 지위에 따라 여러 관등으로 분화된 것이다.

❹ 고구려의 재상

국상(國相), 대대로(大對盧), 막리지는 고구려에서 재상의 지위를 지칭한다.

❺ 백제의 공복

나솔 이상은 자줏빛 옷을 입고 은꽃[銀花]으로 관(冠)을 장식하게 하고, 대덕 이상은 붉은 옷을 입으며, 극우 이상은 푸른 옷을 입도록 하였다.

❻ 관직 승진의 제한

진골은 제관등인 이벌찬까지 승진할 수 있었지만, 6두품은 제6관등인 아찬까지, 5두품은 제10관등인 대나마까지밖에 올라갈 수 없었다.

❼ 품주(稟主)

565년(진흥왕 26)에 설치되어 651년(진덕 여왕 5)까지 존속하였다.

❽ 화백 회의 개최

남당과 4개의 영지(청송산·피전·우지산·금강산)에서 회의가 열렸다.

백제의 정사암 회의

호암사에는 정사암이라는 바위가 있다. 나라에서 장차 재상을 뽑을 때에 후보 3~4명의 이름을 써서 상자에 넣고 봉해 바위 위에 두었다가 얼마 후에 가지고 와서 열어 보고 그 이름 위에 도장이 찍혀 있는 사람을 재상으로 삼았다. 이런 이유로 정사암 (政事巖)이라 하였다.

— 「삼국유사」

화백 회의

큰 일이 있을 때에는 반드시 중의를 따른다. 이를 화백(和白)이라 부른다. **한 사람이라도 반대하면 통과하지 못하였다.** — 「신당서」

❖ **고구려, 백제, 신라의 관등 조직**

고구려		백제			신라				
관등		관등		관복	경위		관복	외위[1]	
1	대대로	1	좌평		1	이벌찬			
2	태대형	2	달솔		2	이찬			
3	울절(주부)	3	은솔	자색	3	잡찬	자색		
4	태대사자	4	덕솔		4	파진찬			
5	조의두대형	5	한솔		5	대아찬			
		6	나솔		6	아찬			
		7	장덕		7	일길찬	비색	1	약간
6	대사자	8	시덕		8	사찬		2	술간
7	대형	9	고덕	비색	9	급벌찬		3	고간
8	발위사자	10	계덕		10	대나마	청색	4	귀간
9	상위사자	11	대덕		11	나마		5	선간
10	소형				12	대사	황색	6	상간
11	제형	12	문독		13	사지		7	간
12	과절	13	무독		14	길사		8	일벌
13	부절	14	좌군	청색	15	대오지		9	일척
14	선인	15	진무		16	소오지		10	피일
		16	극우		17	조위		11	아척

2. 지방 제도[2]

(1) 고구려

① **중앙**: 고국천왕 때 부족적인 5부를 **행정적 성격의 5부**로 개편하였다.

② **지방**: 전국을 5부(=대성, 大成)로 나누고 각 부마다 제성, 성과 같은 여러 성(成)들을 두었다. 5부 에는 지방 장관인 욕살을 파견하고 그 아래 성들에는 처려근지와 도사를 파견하였다.

③ **특수 행정 구역**: 평양성, 국내성, 한성에 3경을 두었다. 지방을 통제할 목적으로 설치한 것이다.

(2) 백제

① **중앙**: 성왕 때 수도를 5부로 편제하였다.

② **지방**: **방군제**[3]를 시행하여 전국을 **5방**으로 나누고 그 밑에 군·성을 두었다. 5방에는 방령을, 군에는 군장을, 성에는 도사를 파견하였다.

③ **특수 행정 구역**: 무령왕 때 지방에 **22담로**를 두고 국왕의 자제 및 왕족을 파견하였다.

---

❶ 경위와 외위

신라의 관등제는 경위와 외위 두 종류가 있었다. 수도인 경주에 거주하는 중앙 귀족을 대상으로는 17등급의 경위를 주었다. 반면 신라 지방민에게는 11관등의 외위를 주었다. 통일 이후, 외위가 폐지되어 경위에 통합되었다.

❷ 삼국의 지방 통치

삼국은 외형상 중국의 군현 제도와 유사한 지방 조직을 설치했다. 실제로는 주요 거점만을 지배하는 데 그쳤고, 나머지 지역은 토착 세력이 실무를 담당하였다.

❸ 방군제

백제 성왕 때 정비되었다.

(3) 신라

　① **중앙**: 중앙 집권 체제가 강화되면서, 6부는 6개의 부족명에서 중앙의 행정 구역명으로 그 성격이 변화하였다.

　② **지방**: 전국을 5주❹로 나누었고, 그 아래에 군과 성을 두었다. 5주에는 군주❺를, 군에는 당주를, 성에는 도사를 파견하였다.

　③ **특수 행정 구역**: 2소경(중원경, 동원경)을 설치하고, 장관인 **사신**을 파견하였다.

3. 군사 조직: 삼국의 지방 행정 조직은 군사 조직❻이기도 하였다(주민 통치가 군사적 지배).

(1) **고구려**: 욕살이나 처려근지 등 지방 장관은 모두 중앙에서 파견되었다. 또한 각 지방의 성을 중심으로 군단이 편성되어 있었고 대모달, 말객과 같은 무관을 두었다.

(2) **백제**: 중앙의 각 부에는 500명의 군대를 두었다. 5방에 파견된 방령은 행정과 군사의 책임자로 700~1,200명의 군대를 통솔하였다.

(3) **신라**: 6정의 군단이 편성되어 있었는데, 중앙과 지방의 5주에 배치된 6개의 부대였다. 그 밖에 직업 군대인 **서당**이 있었다.

❹ **5주(州)**
- 실직주: 지증왕 때 설치. 이사부가 군주로 임명
- 사벌주: 법흥왕 때 설치. 통일 이후 상주로 개칭
- 신주: 진흥왕이 백제로부터 한강 유역을 빼앗아 얻은 지역. 통일 이후 한산주가 되었다가 경덕왕 이후 한주(漢州)로 개칭
- 비사벌주: 창녕 지역(옛 가야)
- 비열홀주: 진흥왕이 북진하면서 안변 지역에 설치

❺ **군주**
군주는 주 단위로 설치한 부대인 정(停)을 거느렸다.

❻ **삼국의 군사 조직**
삼국의 군사 조직은 지방 행정 조직과 분화되지 않았다. 따라서 각 지방관은 군대의 지휘관을 겸하였다.

02 남북국의 통치 체제

1. 통일 신라의 통치 체제

(1) **중앙 관제의 정비**: 최고 관청인 집사부를 포함한 14개의 관청❼을 두었다. 집사부와 장관인 시중의 역할이 강화되었다. 시중은 왕명을 받들어 행정을 총괄하였다.

❼ **통일 신라 중앙 관부의 특징**
통일 신라는 집사부를 제외한 13개의 관청들은 비교적 수평적인 관계였다. 그리고 주요 관청의 장관은 여러 명인 경우가 많았다(단, 사정부와 예작부의 장관은 1명씩).

❖ **통일 신라의 중앙 정치 기구**

당의 관부		기능	신라의 관부
		정책 시행	**집사부**: 국가 기밀 관리, 왕명 출납
6부	이부	문관 인사	위화부: 관리 선발 등 인사 업무
	호부	조세, 재정	• 창부: 재정 관리 • 조부: 조세 수취, 부역 관리
	예부	교육, 외교	예부, 영객부: 외국 사신 접대
	병부	무관, 군사	**병부**
	형부	사법, 형벌	좌 · 우 이방부: 법률 관련 업무
	공부	수공업, 토목	• 공장부: 공장(수공업자) 관리 • 예작부: 토목 · 건축 • 승부: 수레와 말 관리 • 선부: 선박 건조와 수리
어사대		관리 감찰	사정부

(2) 지방 행정 제도

① 9주 5소경

㉠ 9주: 통일 신라는 **지방을 9주로 편성**하였다. 주의 장관은 군주에서 총관, 총관에서 행정 기능이 강화된 도독으로 바뀌었다.❶

㉡ 5소경: 군사·행정상의 요지에는 5소경을 설치하였다. 수도인 **금성(경주)이 지역적으로 치우쳐 있는 것을 보완**하고, 각 지방의 균형 있는 발전을 꾀한 것이다.

② 하부 행정: 주 아래에는 군이나 현을 두어 지방관(군태수, 현령)을 파견하였다. 그 아래의 촌은 토착 세력인 촌주가 지방관의 통제를 받으면서 다스렸다. 향·부곡이라 불리는 특수 행정 구역도 존재하였다.

③ 지방 세력 견제책: 외사정을 파견하여 지방관을 감찰하였다. 또한 **상수리 제도❷**를 실시하여 지방 세력을 통제하였다.

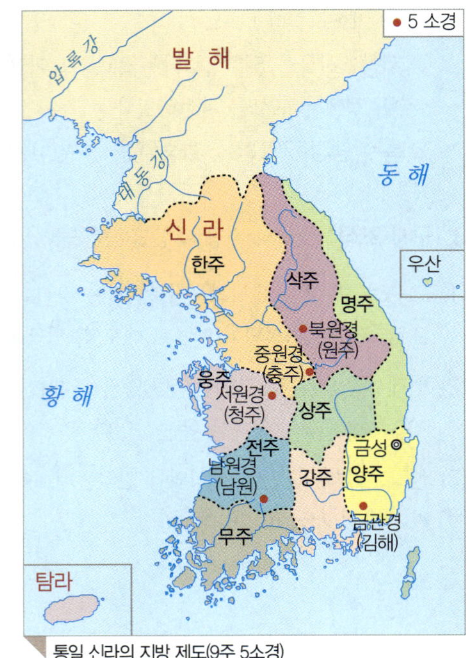

통일 신라의 지방 제도(9주 5소경)

(3) 군사 조직

① 중앙군: 중앙군은 9**서당❸**으로 편성했는데, 고구려·백제·말갈인까지 포함하였다.

② 지방군: 지방군으로는 10정을 편성하여 9주에 1정씩 배치했는데, 북쪽 국경 지대인 **한주(한산주)**에는 2정을 두었다.

2. 발해의 통치 체제

(1) **중앙 행정 조직**: 3성과 6부를 비롯한 당의 제도를 수용했으나, 그 명칭과 운영 방식은 독자적으로 하였다.

① 3성 6부: 왕 아래에 정당성, 선조성, 중대성을 두었다. 이 중 **정당성**은 최상위 정치 기구로, 왕명을 집행하였다. 정당성의 장관인 대내상이 수상의 역할을 하였다. 그리고 정당성 아래에 좌사정과 우사정을 두어 각각 3부씩 나누어 관할하게 하였다(이원적인 운영).

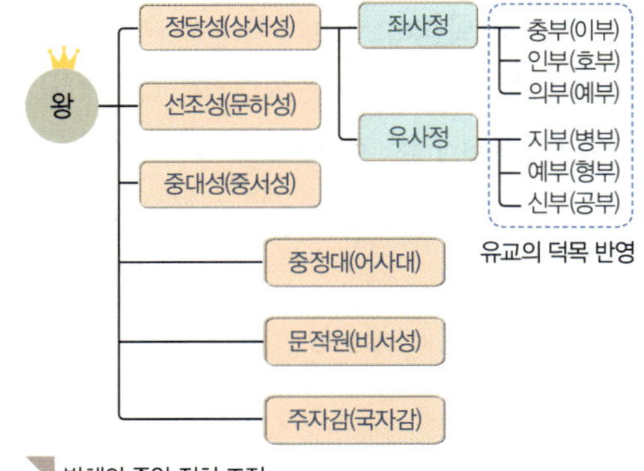

발해의 중앙 정치 조직

② 중정대: 관리들을 감찰하였다.

③ 문적원: 궁궐 안의 책들을 관리하고, 외교 문서 등 각종 문서를 작성하였다.

④ 주자감: 최고 교육 기관으로, 귀족 자제들에게 유학을 가르쳤다.

⑤ 기타❹: 전중시, 태상시, 사선시, 사빈시 등이 있었다.

(2) 지방 행정 제도

① 조직: 5경 15부 62주로 조직되었다. 전략적 요충지에 5경을 설치했으며, 지방 행정은 15부로 편성하고 그 아래에 주와 현을 두었다. 부·주·현이라는 행정 구역에 각각 도독·자사·현승이라는 지방관을 파견하였다. 이들은 관할 지역의 행정·재판·군사권을 담당하였다.

② 촌락: 지방 행정의 말단에는 촌락이 있었다. 촌락은 **수령**❺이라고 불리는 **토착 세력**이 다스렸다.

(3) 군사 조직

① 중앙군: 중앙군으로 10위를 두어 왕궁과 수도의 경비를 맡겼다.

② 지방군: 지방 행정 조직에 따라 지방군을 편성하여 해당 지방관이 지휘하게 하였다.

심화사료 百出

2025. 국가직 9급, 2018. 경찰 3차

발해의 지방 조직

그 나라는 사방 2천 리에 이른다. 주와 현 및 객사에 역참이 없고 곳곳에 촌락이 있는데 모두 말갈 부락이다. 그 백성은 말갈이 많고 **토인**❻이 적다. **모두 토인으로 촌장을 삼았는데, 큰 촌은 도독이라 하고, 그 다음 촌은 자사라고 하며, 그 아래는 백성들이 모두 수령이라 한다.**

– 『유취국사』

대표 **기출문제**

밑줄 친 '이 나라'에 대한 설명으로 옳은 것은?

2025. 국가직 9급

이 나라는 고구려의 옛 땅이다. …(중략)… 곳곳에 촌락이 있는데 모두 말갈의 부락이다. 그 백성은 말갈이 많고 토인(土人)이 적은데, 모두 토인을 촌장으로 삼는다.

– 『유취국사』

① 골품제를 실시하였다.

② 군사 조직으로 9서당 10정을 두었다.

③ 영락이라는 독자적인 연호를 사용하였다.

④ 지방 행정 구역을 5경 15부 62주로 나누었다.

---

❺ **수령**

수령은 지방 행정을 담당했으며, 대외사절의 일원으로 등장하는 경우도 있었다.

❻ **토인(土人)**

발해에서는 고구려인들을 토인이라고 하였다. 토인은 도독, 자사, 수령과 같은 지방 행정직의 대부분을 차지하였으며, 말갈 부락에서도 촌장이 되어 마을을 직접 지배하였다. 한편, 일부 말갈족 토착 지배자를 토인으로 포함하여 이해하는 경우도 있다.

해설
밑줄 친 '이 나라'는 발해를 일컫는다.
④ 발해는 지방 행정 구역을 5경 15부 62주로 정비하였다.
① 골품제는 신라의 신분 제도이다.
② 통일 신라의 군사 조직에 대한 설명이다. ③ 고구려 광개토 대왕 때의 일이다.

정답 ④

CHAPTER 2 고대의 경제·사회·문화

01강 고대의 경제 정책과 경제 생활
- **1** 수취 제도
- **2** 토지 제도
- **3** 경제 정책과 대외 무역
- **4** 귀족의 경제 생활
- **5** 농민의 경제 생활

02강 고대의 사회
- **1** 사회 계층의 발생과 신분 제도
- **2** 고대 국가의 신분과 사회 모습
- **3** 통일 전후의 사회 변화

03강 고대 불교와 학문의 발달
- **1** 고대의 불교
- **2** 도교와 풍수지리설
- **3** 한자의 보급과 교육
- **4** 천문학·수학·의학
- **5** 기술의 발달

04강 고대인의 자취와 멋
- **1** 고분
- **2** 건축과 탑
- **3** 불상과 공예
- **4** 회화·글씨·문학·음악
- **5** 일본과의 문화 교류
- **6** 중앙아시아 및 이슬람 세계와의 문화 교류

解·法·기·출·진·맥

9급 국가직

출제 경향 오버뷰 · 최근 6년간 경제·사회 파트는 출제되지 않고 있음. 골품 제도, 승려, 문화재

9급 지방직

출제 경향 오버뷰 · 최근 5년간 경제·사회 파트는 출제되지 않고 있음. 민정 문서, 골품제, 통일 신라의 경제, 승려

9급 법원직

출제 경향 오버뷰 · 최근 5년간 경제·사회 파트는 출제되지 않고 있음. 승려, 고분, 문화재, 삼국 문화의 일본 전파

01강 고대의 경제 정책과 경제 생활

解/法 기출분석

구 분		2008~2018	2019	2020	2021	2022	2023	2024	2025
9급	국가직	• 신라(토지 제도) • 민정 문서 • 순장 금지	통일 신라의 경제						
	지방직	• 신라(토지 제도)(2) • 민정 문서(2) • 농업 정책 • 통일 신라의 경제 • 대외 무역	통일 신라의 경제						
	법원직	신라의 토지 제도							

조세 제도

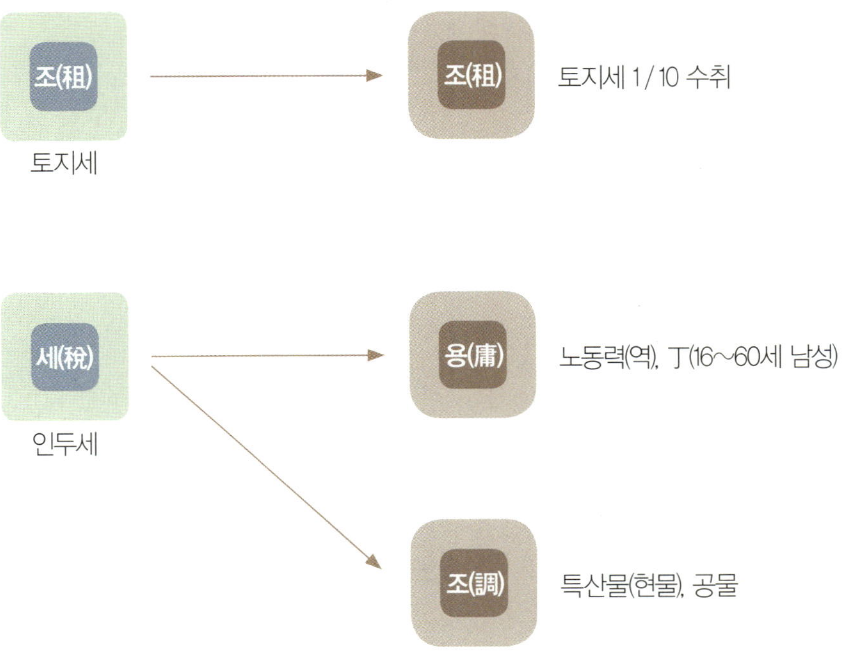

01 수취 제도

1. 삼국 시대

(1) 종류

① 조세: 대체로 재산의 정도에 따라 호를 나누어 **곡물과 포**를 거두었다.

② 공물: 각 지역에서 생산되는 **특산물을 현물**로 거두었다.

③ 역: 국가에서 노동력이 필요한 경우에는 15세 이상의 남자를 동원하였다.

(2) 삼국의 수취 제도

① **고구려**[1]: 조(租)는 호를 3등급으로 나누어 차등 징수하였다.

② 백제: 고구려의 수취 제도와 비슷하였다. 조세는 매년의 풍흉에 따라 차등 있게 납부하게 하였다.

③ 신라: 조(조세)·용(노동력)·조(특산물) 체제를 바탕으로 수취 제도를 운영하였다.

❶ 고구려의 인두세

성별·신분·소득 등에 관계없이 성인에게 부과된 조세(租稅)를 말한다. 토지 생산력의 수준이 낮았던 고대 사회에서는 수취의 중심이 토지보다 사람(인두세)이었다.

심화사료 頻出

2014. 지방직 7급, 2008. 지방직 7급

삼국의 수취 제도

1. 고구려

세[인두세(人頭稅)]는 **포목 5필**에 **곡식 5섬**이다. 조(租)는 상호가 **1섬**이고, 그 다음이 **7말**이며 하호는 **5말**을 낸다. 유인(遊人)은 3년에 한 번 10인이 가는 베 1필을 함께 낸다.   — 『수서』

2. 백제

• 세는 포목, 비단 실과 삼, 쌀을 내었는데, 풍흉에 따라 차등을 두어 받았다.   — 『주서』

• 2월 한수 북부 사람 가운데 15세 이상된 자를 징발하여 위례성을 수리하였다.   — 『삼국사기』

3. 신라

9월에 하슬라 사람 15세 이상을 징발하여 이하(泥河 : 일명 泥川이라고도 함)에 성을 쌓았다.   — 『삼국사기』

2. 남북국 시대

(1) 통일 신라

① 수취 제도의 정비

㉠ 조세: 통일 이전보다 완화하여 **생산량의 10분의 1** 정도를 수취하였다.

㉡ 공물: 촌락 단위로 그 지역의 특산물을 거두었다.

㉢ 역: 역은 군역과 요역으로 이루어졌으며, **16세~60세**의 남자를 대상으로 하였다.

② 민정(촌락) 문서[2]: 신라는 촌락의 토지, 인구 수, 소와 말의 수, 토산물 등을 파악하는 문서를 만들어 촌을 단위로 조세·부역·공물을 거두었다.

③ 민정 문서의 주요 내용

㉠ 발견: 1933년 일본 도다이 사[東大寺] 쇼소인[正倉院]에서 발견되었다. 서원경(청주) 부근 4개 촌락의 상황이 기록되어 있다.

㉡ 기록: 촌주가 변동 사항을 조사하여 3년마다 작성했으며, 촌을 단위로 기록하였다. 각 촌락의 둘레, 호구의 수, 토지의 종류와 면적, 말과 소의 수, 뽕나무·잣나무 수까지 기재되어 있다.

❷ 민정 문서

통일 신라 시기, 촌락의 경제 상황과 국가의 세무 행정을 파악할 수 있다.

ⓒ **호(가구)와 인구**: 호(戸)[3]는 사람의 많고 적음에 따라 상상호에서 하하호까지 9등급으로 나누었다. 인구는 남녀별로 나누어서 **나이에 따라 6등급으로 구분**하였다. 인구와 가호, 노비의 수는 물론 사람들의 사망·이동 등 변동 내용까지 기록하였다.

ⓔ **토지**: 논, 밭, 촌주위답 등 토지의 종류와 면적을 기록하였다.

　　ⓐ **연수유답**: '각 가호가 국가로부터 나누어 받은 땅'을 의미(왕토사상 반영)한다. 실제로는 농민들이 소유한 토지이다.

　　ⓑ **촌주위답**: 촌주에게 직역의 대가로 지급된 토지로, 연수유답에 포함되었다.

　　ⓒ **그 외**: 관모답(관청의 경비 충당), 내시령답(내시령에게 지급) 등이 있다.

ⓜ **특징[4]**: 호(戸)와 인구를 자세히 기록했는데, 이에 반해 **전답 면적의 증감에 대한 기록은 없었다.** 이를 통해 국가의 주된 관심이 토지보다는 주민들에게 있었음을 알 수 있다.

심화사료 百出

2015. 경찰 1차, 2012. 경찰 3차

민정(촌락) 문서

사해점촌(沙害漸村)은 11호인데, 중하 4호, 하상 2호, 하하 5호이다. 인구는 147명인데, 남자는 정(丁)이 29명(노비 1명 포함), 조자 7명(노비 1명 포함), 추자 12명, 소자 10명, 3년간 태어난 소자가 5명, 제공 1명이다. 여자는 정녀 42명(노비 5명 포함), 조여자 11명, 추여자 9명, 소여자 8명, 3년간 태어난 소여자 8명(노비 1명 포함), 제모 2명, 노모 1명, 다른 마을에서 이사 온 추자 1명, 소자 1명 등이다. 논은 전부 102결 2부 4속인데, 관모전이 4결, 내시령답이 4결, 연수유답이 94결 2부 4속이며 그중 촌주위답이 19결 70부이다. 밭은 62결, 마전은 1결 정도이다. 뽕나무는 914그루가 있었고, 3년간 90그루를 새로 심었다. 잣나무는 86그루가 있었고, 3년간 34그루를 새로 심었다.

---

(2) 발해

① **조세**: 조, 콩, 보리 등 곡물을 거두었다.

② **공물**: 베, 명주, 가죽 등의 특산물을 거두었다.

③ **역**: 궁궐, 관청 등의 건축에 농민들을 동원하였다.

02 토지 제도

1. 신문왕 이전

신라의 귀족들은 식읍과 녹읍을 국가로부터 받았다. 식읍[5]은 전공(戰功)을 세우는 등 특별한 경우에 받았으며, 녹읍[6]은 관직 복무의 대가로 받았다. 귀족들은 해당 지역에서 **조세와 공물을 거두었**고, 노동력까지 동원할 수 있었다.

2. 신문왕

687년(신문왕 7) '관료전'을 차등 있게 지급하였다. 그리고 2년 뒤부터는 **녹읍을 폐지**하고 대신에 세조(歲租)를 차등 있게 지급하였다.

---

[3] 호(戸) 구분의 기준
토지의 소유량이나 인구 숫자에 따라 호를 구분한 것으로 보이지만, 구체적으로 어떤 사항들을 기준으로 나누었는지는 명확하지 않다.

[4] 신라 민정 문서의 특징
- 기록되어 있는 것: 촌 이름·지형과 넓이, 호(煙), 인구(소아까지 구분), 노비, 소와 말, 토지, 수목(유실수) 등
- 기록되어 있지 않은 것: 주민들의 이름과 구체적 나이, 전답 면적 증감 등

[5] 식읍(食邑)
국가에서 왕족, 공신 등에게 준 토지와 가호다. 우리나라에서는 삼국 시대부터 조선 초기까지 존재하였다.

[6] 녹읍(祿邑)
국가에서 귀족 관료에게 지역 단위로 지급한 토지로서, 해당 지역의 백성들을 동원하여 일을 시킬 수 있었다. 노동력은 곧 군사력으로 전환될 수 있었기 때문에 녹읍이 존재하는 상황에서 왕권은 제약받을 수밖에 없었다. 녹읍은 신라의 토지 제도에서 비롯된 것으로, 고려 초기 무렵에 폐지된 것으로 보고 있다.

3. 성덕왕

백성들에게 정전을 지급하였다. 농민이 소유한 토지를 법적으로 인정해 주는 대신 조세를 납부하도록 하였다. 이는 토지와 백성에 대한 지배력을 강화하려 한 것이다.

4. 경덕왕

757년(경덕왕 16), 왕권의 약화와 귀족들의 반발로 **녹읍이 부활**[1]하였다.

22. 서울 9급, 19. 국가직 9급, 17. 국가직 9급(하), 16. 국가직 7급, 14. 사복직 9급, 13. 국가직 9급, 12. 지방직 9급, 10. 서울시 9급
10. 법원직 9급, 10. 지방직 7급, 07. 국가직 9급

통일 신라의 토지 제도

- 신문왕 7년(687) 5월 문무 **관료전을 지급**하되 차등을 주었다.
- 신문왕 9년(689) 1월 내외 관료의 **녹읍을 혁파하고 매년 조(租)를** 차등 있게 하사하는 것을 영원한 법식으로 삼았다.
- 성덕왕 21년(722) 8월 처음으로 백성에게 **정전을 지급**하였다.
- 경덕왕 16년(757) 3월 여러 내외관의 월봉을 없애고 **다시 녹읍을 나누어 주었다.**
- 소성왕 원년(799) 3월 청주 거로현(현 경남 거제 일대)을 국학생의 녹읍으로 삼았다.

– 『삼국사기』

2012. 지방직 9급

식읍

문무왕 8년, 김유신에게 태대각간의 관등을 내리고 식읍 5백 호를 주었으며, 이어서 수레와 지팡이를 내려주고 궁궐로 올라갈 때에 허리를 굽히고 빨리 걷지 않아도 되도록 하였다. 그의 여러 부하들에게도 각각 직위를 1등급씩 올려주었다.

– 『삼국사기』

03 경제 정책과 대외 무역

1. 삼국 시대

(1) 농업

① 철제 농기구의 보급: 6세기에 이르러 쟁기, 호미, 괭이 등 철제 농기구가 널리 사용되었다. 또한, 소를 이용한 우경이 점차 확대되면서 깊이갈이가 가능해졌다.

② 휴경 농법: 농사를 마치고 나면 대부분의 농지는 농사를 짓지 못하고 일정 기간 묵혀 두었다.

③ 고구려: 조·보리·콩 등 잡곡을 주로 생산했으나, 벼농사도 지었다.

④ 백제: 수리 시설을 만드는 기술이 발달했는데, 벽골제[2]를 통해 이를 알 수 있다.

⑤ 신라[3]: 지증왕 때의 기록(『삼국사기』)에 우경이 처음으로 등장하였다.

2018. 경찰 2차

신라 지증왕의 순장 금지[4]

지증왕 3년(502) 봄 2월에 명령하여 순장(殉葬)을 금하였다. 전에는 국왕이 죽으면 남녀 각 5명씩 순장하였는데, 이때 이르러 금한 것이다. …… 3월에 주주(州主)와 군주(郡主)에게 각각 명하여 농사를 권장케 하였고, 처음으로 소를 부려 논밭갈이를 하였다.

– 『삼국사기』

---

❶ 녹읍 부활에 대한 다른 의견

8세기 중반, 자연재해가 증가함에 따라 세금이 줄어들었다. 이에 따라 관리들에게 세조를 제대로 지급하지 못하자 다시 녹읍을 주었다는 견해가 있다.

❷ 벽골제

가장 규모가 크고 제일 오래된 저수지이다.

❸ 신라의 수리 시설 정비

눌지왕 때 국가 차원에서 시제라는 저수지를 만들고, 전국의 제방을 수리하였다.

❹ 지증왕의 순장 금지

4~6세기 농업 생산력의 발전으로 노동력이 중시되었다. 또한 불교의 전래에 따라 살생 금지의 영향을 받았다. 이에 따라 6세기 지증왕 때 순장을 금지하였다. 이후 사람이 죽으면 흙이나 나무로 만든 인형을 같이 매장하였다.

(2) 수공업

기술이 뛰어난 노비들에게 국가에서 필요한 무기, 장신
구 등을 생산하게 하였다. 수공업 제품을 생산하는 관청
을 따로 설치하기도 하였다.

(3) 상업

신라는 5세기 말 소지 마립간 때 경주에 시장을 열었다.
6세기 초 지증왕 때는 경주에 **동시**와 이를 감독하는 관
청인 **동시전**을 설치하였다.

(4) 대외 무역[5]

① 고구려 : 남북조 및 북방 민족[6]과 무역을 하였다.

② 백제 : 남중국 및 왜와 무역을 활발하게 전개하였다.

③ 신라 : 고구려와 백제를 통하여 중국과 무역을 하였다.
한강 유역으로 진출한 이후에는 **당항성**을 통하여 중
국과 **직접 교역**하였다.

삼국의 경제 활동　　2017. 지방직 7급

2. 남북국 시대

(1) 통일 신라

① 상업

㉠ 배경 : 통일 후 인구의 증가에 따라 상품 수요가 증가하여 상품 생산의 규모도 확대되었다.

㉡ 시장의 증가 : 효소왕 때 경주에 서시와 남시를 추가로 설치하였다.

② 수공업 : 왕실과 귀족의 생활 용품을 생산하기 위한 관청을 운영하였다. 기술자와 노비를 이곳에
소속시켜 금·은 세공품·비단류·그릇 등을 생산하도록 하였다.

③ 대외 무역

㉠ 당 : 8세기 이후 당과의 관계가 개선되면서 **공무역**뿐
만 아니라 **사무역**도 발달하였다. 이에 따라 신라인들
이 자주 드나들던 산둥반도와 양쯔강 하류에는 신라
인의 거주지인 **신라방**과 **신라촌**, 관청인 **신라소**, 여관
인 **신라관**, 절인 **신라원**이 만들어졌다.

ⓐ 무역로 : 당항성·울산에서 산둥반도나 남중국으
로 가는 바닷길이 주로 이용되었다.

ⓑ 교역품 : 명주, 베, 삼, 금·은 세공품 등을 수출하
였다. 그리고 비단[7]·서적 등 사치품들을 수입하
였다.

㉡ 이슬람 : 이슬람 상인이 울산항까지 와서 무역을 하
였다.

㉢ 일본 : 8세기 이후 일본과 무역이 활발해져 일본은 대마도에 신라역어소[8]를 설치하였다. 이 무
렵 당·신라·일본 간의 교류는 엔닌의 『입당구법순례행기』[9]를 통해 알 수 있다.

남북국 시대의 무역로

[5] 대외 무역

외국과의 무역은 4세기 이후에 크게
발달하였는데, 주로 공무역이었다.

[6] 고구려의 침묵 교역

중국 측 기록에 따르면, 고구려 모피
상인이 만주의 읍루족들과 침묵 교
역을 했음을 알 수 있다. 침묵 교역은
상대방과 직접 접촉하지 않고 물물을
교환하는 것으로, 주로 다른 인종이
나 적대적인 민족 사이에서 이루어진
교역 방식이었다.

[7] 비단

통일 신라 성덕왕 때 어아주·조하주
등 고급 비단을 생산하여 당나라에
보낸 사실이 기록되어 있다.

[8] 신라역어소

일본이 설치한 신라어 통역관 양성
기관이다.

[9] 『입당구법순례행기』(엔닌)

9세기 일본 승려인 엔닌이 당나라를
여행하면서 쓴 견문록이다. 엔닌은 법
화원에서 잠시 머문 적이 있었는데,
장보고가 일본으로 돌아갈 배를 구해
줬다. 이때의 고마운 마음을 전하는
엔닌의 편지를 통해서 장보고의 명성
이 국제적으로 높았음을 알 수 있다.

발해 삼채

④ **장보고의 활약**❶

흥덕왕 때 **청해진**❷을 설치하여 해적을 소탕하고, 서남해 해상 무역권을 장악하였다. 일본에 회역사, 당나라에 견당매물사 등을 파견하였으며, 산둥반도에 법화원이라는 절을 지었다.

고급사료 頻出   2017. 지방직 9급

장보고❸의 활동

장보고가 당에서 귀국하여 대왕(흥덕왕)을 뵙고 말하였다. "중국을 두루 돌아보니 우리 사람들을 노비로 삼고 있습니다. **청해에 진영을 설치**하고 해적들이 사람들을 약탈하지 못하도록 하기를 원하나이다." **청해는 신라 해로의 요지로 지금의 완도라 하는 곳이다.** 대왕이 장보고에게 군사 만 명을 주어 청해에 진을 두고 지키게 하니, 그 후로는 해상에서 나라 사람들을 파는 자가 없었다.

– 「삼국사기」

엔닌의 『입당구법순례행기』

이 엔닌은 대사(장보고)의 어진 덕을 입었기에 삼가 우러러 뵙지 않을 수 없습니다. 저는 이미 뜻한 바를 이루기 위해 당나라에 머물러 왔습니다. 부족한 이 사람은 다행히도 대사께서 발원하신 적산원(赤山院)에 머물 수 있었던 것에 대해 감경(感慶)한 마음을 달리 비교해 말씀드리기가 어렵습니다.

(2) 발해

① **농업**: 콩·보리·조 등을 재배하는 **밭농사**가 중심이었다. 일부 지역에서는 벼농사도 지었다.

② **목축**: 목축이 발달하여 돼지, 말, 소, 양 등을 길렀다. **솔빈부의 말**❹은 주요한 수출품이었다.

③ **수렵**: 동물 사냥이 활발하였다. 이에 따라 모피, 녹용, 사향 등이 많이 생산되어 수출되었다.

④ **수공업**: 철·구리·금 등 금속 가공업과 삼베·명주 등의 직물업, 도자기업 등이 발달하였다.

⑤ **상업**: 수도인 **상경 용천부** 등 도시와 교통 요충지에서는 상업이 발달하였다.

⑥ **대외 무역**

    ㉠ **당**: 모피·인삼·구리·말 등 토산물과 자기 등 수공업품을 수출하고, 비단·책 등을 수입하였다. 산둥반도의 덩저우에 설치된 발해 사신들의 숙소인 **발해관**은 이후 무역의 중심지가 되었다.

    ㉡ **일본**❺: 동해의 해로를 개척하여 일본과 교류하였다. 한 번에 수백 명이 오갈 정도로 무역이 활발하게 이루어졌다.

    ㉢ **신라**: 신라와의 관계는 대체로 소극적인 편이었다. 문왕 이후 **신라도**라는 상설 교통로를 통해 교류하였다.

심화사료 頻出   2022. 지방직 9급

발해의 특산물

귀하게 여기는 것에는 태백산의 토끼, 남해부의 곤포(다시마), 책성부의 된장, 부여부의 사슴, 막힐부의 돼지, **솔빈부의 말**, 현주의 포(베), 옥주의 면(누에솜), 용주의 주(명주), 위성의 철, 노성의 쌀, 미타호의 붕어가 있고, 과일에는 환도의 오얏, 낙유의 배가 있다.

– 「신당서」

04 귀족의 경제 생활

1. 삼국과 통일 신라

(1) 귀족의 경제 기반

귀족은 본래 소유하고 있던 토지, 노비 외에 국가에서 **녹읍, 식읍** 등을 받았다.

(2) 경제 기반의 확대

귀족은 노비와 농민을 동원하여 자기 소유의 토지를 경작시키고, 대부분의 수확물을 가져갔다.

(3) 의식주 생활

귀족은 기와집, 마구간, 우물, 주방 등을 갖춘 집에 살면서 풍족하고 화려한 생활을 하였다. 이들은 중국에서 수입된 비단으로 옷을 만들어 입고 보석과 금, 은으로 치장하였다.

(4) 통일 신라 왕실과 귀족의 생활

① **왕실**: 삼국 통일 과정에서 새로 획득한 땅과 국가의 수입 중 일부를 왕실의 수입으로 삼았다.

② **진골 귀족의 경제적 기반**: 귀족은 국가에서 준 토지와 곡물 이외에 대규모 사유지, 노비, **목장, 섬** 등을 소유하였다. 또한 **식읍과 녹읍**을 통하여 조세와 공물을 거두고 노동력을 동원하였다.

③ **귀족들의 호화로운 생활❻**: 귀족은 당이나 아라비아에서 수입한 비단, 양탄자, 유리 그릇, 귀금속 등 사치품을 사용하였다. 그리고 경주 근처에 호화로운 별장을 짓고 살았다.

2. 발해

발해의 귀족은 대토지를 소유하고 당나라에서 비단, 서적 등을 수입하여 화려한 생활을 할 수 있었다.

고구려 귀족 생활
(중국 길림성 집안 각저총)

고구려 귀족 저택의 주방
(황해 안악 3호분)

❻ 귀족들의 사치

신라 말 귀족의 사치가 절정을 이루었는데, 경주에는 금입택 등 호화 주택이 있었다.

고등사료 頻出　　　　　　　　　　2018. 지방직 7급, 2016. 국가직 9급

삼국 시대 귀족의 생활

- 대가들은 경작하지 않고 먹는 자가 1만 명이나 되며, 하호(평민)는 먼 곳에서 쌀, 낟알, 물고기, 소금 등을 져서 날라다 대가에게 공급하였다. — 「삼국지」
- 「위략」에 이르기를 대가들은 경작하지 않고, 하호들은 세금을 바치며 노비와 같다. — 「태평어람」

통일 신라 귀족의 생활

재상의 집에는 녹(祿)이 끊이지 않았다. 노비(노동. 奴僮)가 3천 명이고 비슷한 수의 갑옷 입은 병사와 소, 말, 돼지가 있었다. 가축은 바다 가운데 있는 섬에 풀어놓고 기르다가, 필요할 때 활을 쏘아 잡아먹었다. 곡식을 남에게 빌려 주고 이자를 받아 재산을 늘렸는데, 기간 안에 갚지 못하면 노비로 삼아 일을 시켰다. — 「신당서」

농민의 경제 생활

1. 삼국 시대

(1) **농민의 부담**

    ① **과도한 수취**: 농민은 국가와 귀족의 수취 대상으로 곡물, 삼베, 과실 등을 내야 했다.

    ② **요역 동원**: 성이나 저수지를 쌓는 일, 뽕나무를 기르는 일 등에 동원되었다.

    ③ **전쟁 동원**: 잡역에 동원되었으며, 전쟁에 군사로 참여하기도 하였다.

(2) **농민 생활**: 농민은 자기 소유의 토지를 경작하거나, 다른 사람의 토지를 빌려 경작하였다. 그러나 자연재해, 과도한 수취, 고리대 등이 원인이 되어 몰락하여 노비, 유랑민, 도적이 되었다.

초가집 모양 토기(대구 달성)

2. 남북국 시대

(1) **통일 신라**

    ① **농업 생산력의 한계**: 삼국 시대와 마찬가지로 **휴경 농법**이 일반적이었다.

    ② **경제 부담**: 남의 토지를 빌려 경작하는 농민들은 수확량의 반 이상을 토지 소유자에게 지대로 바쳐야 했다. 또한 잦은 부역과 군역으로 농사에 지장을 초래할 정도였다.

    ③ **향·부곡의 주민**: 농민보다 더 많은 **공물 부담**을 져야 했기 때문에 형편이 어려웠다.

    ④ **노비**: 왕실, 관청, 귀족, 절 등에 소속되어 음식, 옷 등을 만들거나 주인의 땅을 경작하였다.

(2) **발해**: 조세와 공물, 부역을 부담하였고, 농업·어업·수렵·목축 등에 종사하였다.

철제 보습과 호미, 따비

해설

제시된 자료는 통일 신라 때 작성된 것으로 추정되는 민정 문서이다. ④ 전시과 제도를 운영한 것은 통일 신라가 아니라 고려이다.

① 신문왕 때 문무 관료들에게 관료전이 지급되었고, 성덕왕 때 농민들에게 정전이 지급되었다. ② 민정 문서에 따르면 인구는 남녀별로 구분하고, 16세~60세 남자의 연령을 기준으로 나이에 따라 6등급으로 구분하였다. ③ 통일 신라는 지방을 9주로 편성하고, 주 아래에 군이나 현을 두어 지방관을 파견하였다.

정답 ④

대표 기출문제

다음과 같은 문서가 작성되었던 시대에 대한 설명으로 옳지 않은 것은?　　2016. 지방직 9급

> 토지는 논, 밭, 촌주위답, 내시령답 등의 토지의 종류와 면적을 기록하고, 사람들은 인구, 가호, 노비의 수와 3년 동안의 사망, 이동 등 변동 내용을 기록하였다. 그 밖에 소와 말의 수, 뽕나무, 잣나무, 호두나무의 수까지 기록하였다.

① 관료에게는 관료전을, 백성에게는 정전을 지급하였다.

② 인구는 남녀 모두 연령에 따라 6등급으로 나누어 파악하였다.

③ 전국을 9주로 나누고, 주 아래에는 군이나 현을 두어 지방관을 파견하였다.

④ 국가에 봉사하는 대가로 관료에게 토지를 나누어 주는 전시과 제도를 운영하였다.

02강 고대의 사회

解/法 기출분석

구분		2008~2018	2019	2020	2021	2022	2023	2024	2025
9급	국가직	• 고구려 사회상 • 골품제(3)							
	지방직	• 호족 • 신라 하대 사회 • 6두품 • 진골							
	법원직	6두품							

01 사회 계층의 발생과 신분 제도

1. 사회 계층의 발생(삼국 이전의 신분 제도)

(1) 가(加)[1] : 부여와 초기 고구려에는 가, 대가로 불린 권력자들이 있었다. 이들은 **자신의 관리와 군사력**을 지니고 정치에 참여하였다.

(2) 호민: 읍락 사회의 유력자로, 많은 재산을 가진 평민으로 인식되고 있다.

(3) 하호: 일반 백성을 일컫는 말로, 주로 농업에 종사하였다. 하호는 전쟁 시 **무기를 갖고 싸우는 전사가 될 수 없었다.**

(4) 노비: 읍락의 최하층에는 노비가 있었는데, 이들은 주인에게 예속되어 생활하는 천민층이었다.

2. 고대의 신분 제도

개인의 신분은 능력보다는 그가 속한 **친족 집단의 사회적 위치**에 따라 결정되었다.

(1) 귀족: 왕족과 옛 부족장 세력이 중앙의 귀족으로 편성되어 **정치·사회·경제적 특권**[2]을 누렸다.

(2) 평민: 대부분 농민으로 자유민이었으나, 정치·사회적으로 많은 제약을 받았다. 이들은 국가에 조세와 특산물을 바치고, 수시로 노동력을 징발당하였기 때문에 대부분 생활이 어려웠다.

(3) 노비: 대개 전쟁 포로가 되거나 귀족에게 진 빚을 갚지 못할 경우 노비가 되었다.

---

❶ 가(加)

중앙 집권 국가가 성립하는 과정에서 차츰 귀족으로 편제되어 갔다.

❷ 귀족의 경제적 특권

삼국 시대의 귀족들은 국가로부터 식읍 혹은 녹읍이라는 이름으로 군현 전체를 하사받기도 하였다.

고구려 벽화에 나타난 신분 차이
신분의 높고 낮음에 따라 인물 크기가 다르게 그려졌다.

1. 고구려의 신분 제도

(1) **귀족**: 왕족인 고씨를 비롯한 5부 출신의 귀족[1]들은 고위 관직을 맡아 제가 회의 등 국정 운영에 참여하였다. 전쟁이 나면 스스로 무장하고 앞장서서 적과 싸웠다.

(2) **평민**: 백성은 대부분 자영 농민이다.

　① **의무**: 국가에 조세를 바치고 병역 의무를 지며 토목 공사에도 동원되었다.

　② **진대법**: 고국천왕 때 진대법을 처음 실시하였다. 가난한 농민이 노비가 되는 것을 막으려 하였다.

(3) **천민**: 대부분 노비로, 피정복민이거나 몰락한 평민이었다.

2. 고구려의 사회 모습

(1) **사회 기풍**

　압록강 중류 지역은 산간 지역으로 식량 생산이 충분하지 못하였다. 따라서 일찍부터 정복 활동을 활발히 전개했으며, 사회 기풍도 씩씩하였다.

(2) **형법**

　① **특징**: 형법 적용을 엄격하게 하였다. 또한 감옥(뇌옥)이 없는 것이 특징이었다.

　② **형벌**: 반역자는 화형에 처한 뒤에 다시 목을 베었고, 그 가족을 노비로 삼았다. 적에게 항복한 자나 전쟁에서 패한 자는 사형에 처하였다. 부여와 마찬가지로 **도둑질한 자는 12배를 물게 하였다.** 또한 여자의 투기는 사형에 해당되는 죄로 여겼다.

(3) **풍습**

　① **혼인 풍습**: 고구려 지배층의 혼인 풍습으로는 **형사취수제**[2]와 함께 **서옥제**가 있었다.

　② **평민의 혼인**: 평민은 남녀 간의 자유로운 교제를 통하여 혼인했는데, 남자 집에서 돼지고기와 술을 보낼 뿐 다른 예물은 주지 않았다.

심화사료 百出

2019. 경찰 1차

고구려의 형사취수제

산상왕(山上王)의 휘(諱)는 연우(延優)로 고국천왕(故國川王)의 동생이다. …… 처음 고국천왕이 죽었을 때 왕후가 말하기를, "대왕이 돌아가셨으나 아들이 없으므로, 발기가 큰 동생으로서 마땅히 뒤를 이어야 하겠으나 첩에게 다른 마음이 있다고 하면서 난폭하고 거만하며 무례하여 이 때문에 당신을 보러 왔습니다"라고 하였다. 이에 연우가 더욱 예의를 차리며 친히 칼을 잡고 고기를 썰어 주었는데, 잘못하여 손가락을 다쳤으니, (왕후가) 치마끈을 풀어 다친 손가락을 싸 주었다. …… 연우가 그 말에 따랐으니, 왕후가 손을 잡고 궁으로 들어갔다. 다음 날 새벽 선왕의 왕명이라 속이고, 여러 신하들에게 명령하여 연우를 왕으로 삼았다. …… **왕은 본래 우씨의 도움으로 즉위하였으므로 다시 장가가지 않고 우씨를 세워 왕후로 삼았다.**

－「삼국사기」

3. 백제의 신분 제도

(1) **귀족**: 백제의 지배층은 **왕족인 부여씨와 8성**[3]의 귀족으로 이루어졌다. 이들은 정사암 회의를 통해 주요 정책을 논의했으며 중앙 고위 관직과 22담로의 지방 장관을 독점하였다.

(2) **평민과 천민**: 대부분의 백성은 평민으로 농민이었고, 노비 등 천민이 존재하였다.

---

❶ 고구려의 귀족

왕과 고추가 외에 고구려의 귀족은 그 세력의 크기에 따라 대가(大加) 혹은 소가(小加)라 불렸다.

❷ 형사취수제

형이 죽은 뒤에 동생이 형수와 같이 사는 혼인 제도이다. 대표적으로 고국천왕 사후, 왕비인 우씨와 왕의 동생인 산상왕과의 결합을 들 수 있다.

❸ 8성

8성의 귀족 가문은 진씨·해씨·국씨·목씨·사씨·연씨·백씨·협씨였다. 초기에는 왕비족인 진씨와 해씨가 힘을 키웠으나 후기로 가면서 사(택)씨와 연씨가 세력을 키워 정치를 주도했다.

4. 백제의 사회 모습

(1) 사회 기풍

백제의 언어, 풍속, 의복은 고구려와 큰 차이가 없었다. 백제는 일찍부터 중국과 교류하며 선진 문화를 수용하였다. 백제 사람은 키가 크고 의복이 깔끔하다는 중국의 기록은 그 세련된 모습을 알려준다.

(2) 형법

상무적인 기풍이 있어서 말타기와 활쏘기를 좋아하고, 엄격한 형법의 적용은 고구려와 비슷하였다.

① 반역자: 반역한 자나 전쟁터에서 퇴각한 군사 및 살인자는 목을 베었다.

② 형벌: 도둑질한 자는 귀양 보냄과 동시에 2배를 물게 하였다. 그리고 **관리가 뇌물을 받거나 국가의 재물을 횡령❹했을 때는 3배를 배상**하고, 종신금고형에 처했다.

(3) 풍습

중국 고전과 역사책을 즐겨 읽었고, 한문을 능숙하게 구사하였으며 관청 실무에도 밝았다. 투호와 바둑 및 장기는 고구려와 마찬가지로 백제 지배층이 즐기던 오락이었다.

심화사료 百出

2015. 교육행정직 9급

6세기 백제의 대외 관계와 풍속

백제는 예로부터 왔던 오랑캐로 마한의 족속이다. …… 양나라 초에 여태(餘太, 동성왕)를 정동장군(征東將軍)에 제수하였으나 자주 고구려에게 격파되었다. 보통(普通) 2년(521) **여륭(餘隆, 무령왕)**이 사신을 보내 표문을 올려 말하기를, "여러 차례 고구려를 물리쳤습니다."라고 하였다. 도성(都城)을 고마(固麻)라 하였고, 읍(邑)을 이르러 **담로(檐魯)**라 하였는데, 중국의 군현에 해당한다. **22개의 담로가 있어 왕족을 보내 그곳에 두었다.** …… **언어와 의복은 고구려와 거의 같지만, 걸을 때 두 팔을 벌리지 않는 것과 절할 때 한쪽 다리를 펴지 않는다.** 모자를 관이라 부르고, 저고리를 복삼, 바지를 곤이라 한다.

– 「양직공도」 백제국사조

❹ **횡령죄**

고이왕 때 관리의 부패와 횡령을 방지하기 위해 범장지법을 제정하였다.

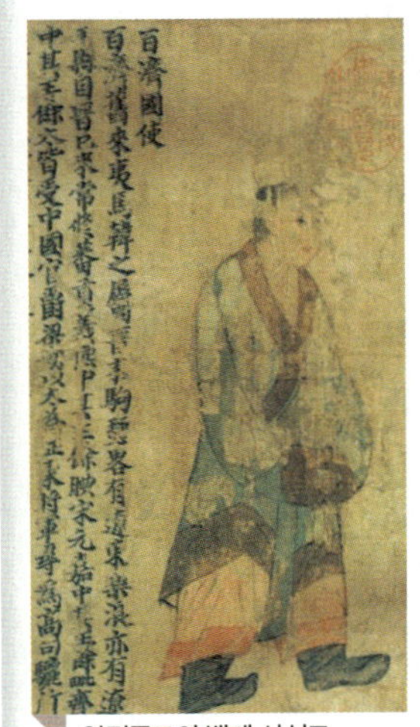

양직공도의 백제 사신도
(중국 난징 박물관 소장)

5. 신라의 신분 제도

(1) 골품제 ⭐

① 성립 : 처음에는 왕족을 대상으로 한 골제와 중앙의 귀족을 대상으로 한 두품제가 각각 별개로 존재하였다. 이후 진평왕 때 왕족 내부에서 성골과 진골이 분리되었다. 이에 따라 성골·진골과 6두품~1두품으로 신분 제도가 편성되었다.

② 특징: 골품은 신라 사회에서 개인의 사회 활동과 정치 활동의 범위까지 엄격히 제한하였다. 관등 승진의 상한선이 골품에 따라 정해져 있었고 가옥의 규모와 장식물은 물론, 복색이나 수레 등 신라인의 일상 생활까지 규제하였다.

관 등	골품				복색	중앙 관직					지방 관직			
	진골	6두품	5두품	4두품		중시(령)	시랑(경)	대사	사지	사	도독	사신	태수	현령
1. 이벌찬					자색									
2. 이 찬														
3. 잡 찬														
4. 파진찬														
5. 대아찬														
6. 아 찬					비색									
7. 일길찬														
8. 사 찬														
9. 급벌찬														
10. 대나마					청색									
11. 나 마														
12. 대 사					황색									
13. 사 지														
14. 길 사														
15. 대 오														
16. 소 오														
17. 조 위														

▼ 골품과 관등 제도

③ 구성

   ⊙ 성골: 신라의 최고층 왕족이다. 그러나 진덕 여왕을 마지막으로 성골은 단절되었다.

   ⓵ 진골❶: 성골이 없어진 뒤로는 진골에서 왕이 배출되었는데, **최초의 진골 출신 왕은 태종 무열왕(김춘추)**이었다. 진골은 최고 관등인 **이벌찬**까지 승진할 수 있었다. 또한 각부의 장관인 **영(令)**에 독점적으로 임명될 수 있었고, 갈문왕❷에 봉해질 수 있었다.

   © 6두품: 6두품은 두품 가운데서 가장 높은 계급으로, **득난**이라 불리었다. 지배 집단에 속했지만 제6관등인 아찬까지만 승진할 수 있어 골품제에 불만이 가장 많았다.❸

   @ 5~1두품: 5두품은 제10관등인 대나마까지, 4두품은 제12관등인 대사까지 승진의 제약이 있었다. 3두품 이하는 통일 이후 평민화되었다.

고등사료 百出

2019. 서울시 9급(상), 2019. 서울시 7급(상), 2017. 지방직 7급

골품제의 생활 규제

4두품에서 백성에 이르기까지는 방의 길이와 너비가 15척을 넘지 못한다. 느릅나무를 쓰지 못하고, 우물 천장을 만들지 못하며, 당기와를 덮지 못하고, 짐승 머리 모양의 지붕 장식이나 높은 처마 …… 섬돌로는 산의 돌을 쓰지 못한다. 담장은 6척을 넘지 못하고, 또 보를 가설하지 않으며 석회를 칠하지 못한다. 대문과 사방문을 만들지 못하고, 마구간에는 말 2마리를 둘 수 있다.

– 「삼국사기」

골품제의 정치 활동 제약❹

설계두가 이르기를, "신라에서는 사람을 등용하는데 골품을 따진다. (그러므로) 진실로 그 족속이 아니면 비록 큰 재주와 뛰어난 공이 있더라도 넘을 수가 없다. 나는 원컨대, 서쪽 중국(中華國)으로 가서 세상에서 보기 드문 지략을 떨쳐서 특별한 공을 세워 스스로 영광스러운 관직에 올라 고관대작의 옷을 갖추어 입고 칼을 차고서 천자의 곁에 출입하면 만족하겠다."라고 하였다.

– 「삼국사기」

골품제의 변동

할아버지는 주천(周川)으로 골품(骨品)은 진골이고 한찬(韓粲)을 지냈으며, 고조부와 증조부는 모두 조정에서는 재상, 나가서는 장수를 지내 집집에 널리 알려졌다. 아버지는 범청(範淸)으로 골품이 **진골에서 한 등급 떨어져서 득난(得難)이 되었다.**

– 성주사 낭혜화상 백월보광탑 비문

(2) 평민과 천민

   ① 평민: 양인으로, 국가에 조세, 공납, 요역 등을 바쳤으며 군역도 지고 있었다.

   ② 천민(노비): 전쟁 포로나 살인자, 채무자 등 범죄인이 노비가 되었다. 이들은 귀족에게 예속되어 토지를 경작하거나 귀족의 집안일을 돌보았다.

(3) 부곡민

   ① 구성: 정복 전쟁 과정에서 복속된 주민들과 어업, 목축 등 천한 일에 종사하는 주민들로 구성되었다.

   ② 특징: 신분적으로는 평민이었으나, **일반 평민들보다 무거운 부담을 지고 각종 차별을 받았다.**

6. 신라의 사회 모습

(1) 화랑도❺

   ① 발전 과정: 씨족 사회의 청소년 집단에서 유래하였다. 이후 **진흥왕 때 국가적인 조직으로 개편**하여 인재를 양성하였다.

   ② 활동: 원광은 세속5계를 만들어 행동 규범을 제시하였다. 이들은 사냥과 전쟁에 관한 교육을 받으며 심신을 연마하였다.

③ 역할: 진골 귀족 출신인 화랑[6]을 지도자로 삼고, 6두품 이하의 평민까지 포함된 낭도가 그를 따랐다. 이를 통해 계층 간의 대립과 갈등을 조절·완화하였다. 또한 불교의 미륵 신앙과 결부되어 화랑을 환생한 미륵으로 여겼다.

(2) 화백 회의
① 구성: 사로 6촌의 부족 회의인 6부 회의에서 유래한 것으로, 법흥왕 때 국가적 기구로 개편되었다. 진골 출신인 대등으로 구성되었고 상대등을 의장으로 하였다.
② 운영: 만장일치 제도를 채택했고 회의 장소는 주로 4영지였다.
③ 기능: 화백 회의[7]는 귀족의 단결을 강화하고 국왕과 귀족 간의 권력을 조절하였다.

2021. 지방직 9급, 2017. 지방직 7급

심화사료 **頻出**

원광의 세속5계[8]

원광이 귀산 등에게 말하기를 "**세속에도 5계가 있으니**, 첫째는 충성으로써 임금을 섬기는 것, 둘째는 효도로써 어버이를 섬기는 것, 셋째는 신의로써 벗을 사귀는 것, 넷째는 싸움에 임하여 물러서지 않는 것, 다섯째는 생명 있는 것을 죽이되 가려서 한다는 것이다. 그대들은 이를 실행함에 소홀히 말라."라고 하였다.

                                                          – 「삼국사기」

최치원의 난랑비 서문(신라 화랑인 난랑을 위해 만들어진 비석)

이 나라에 현묘한 도가 있어 이를 풍류라 하였다. 이 교의 기원은 선사(仙史)에 자세히 실려 있거니와 실로 이는 **3교(유·불·선)를 포함한 것으로 모든 민중을 교화하였다.** 즉, 집안에서는 효도하고 밖에서는 나라에 충성을 다하니 이것은 노나라 사구의 취지이다. 모든 일을 거리낌 없이 처리하고, 말하지 않고 실행하는 것은 주나라 주사(노자)의 종지였으며, 모든 악한 일을 하지 않고 선만 행하는 것은 축건태자(석가모니)의 교화 그대로이다.

                                                           – 「삼국사기」

7. 발해의 사회 구조

(1) 발해의 지배층: 지배층의 다수는 왕족인 대씨와 귀족인 고씨 등 **고구려계 사람**들이었다. 또한 발해의 지식인은 당에 유학하여 빈공과[9]에 응시하고, 때로는 신라인과 수석을 다투기도 하였다.[10]

(2) 주민의 구성(이원적): 발해의 **지배층**은 대부분 **고구려인**이었으며 그 밑의 **피지배층**은 말갈인들이었다. 말갈인 중에는 지배층으로 상승한 부류도 있었지만 주로 평민의 지위에 있었다.

(3) 사회 모습: 법률과 풍속은 고구려와 비슷하였다. 고구려와 마찬가지로 사회 기풍이 씩씩했으며, 활쏘기, 말타기, 격구 등을 즐겼다. 상층 사회를 중심으로 당의 문화가 널리 수용되었지만, 피지배층들에게는 고구려나 말갈 사회의 전통적인 생활 모습이 많이 남아 있었다.

解法 **도움닫기** 발해 여성의 지위

발해 여성은 사회적 지위가 비교적 높은 편이었으며, '여사'라는 여성 교사의 가르침을 받기도 하였다. 또한 발해 여성은 여러 명이 의자매를 맺어 번갈아 서로 남편들을 감시했고, 남편이 첩을 들이려 하면 다 같이 이를 꾸짖었다고 한다. 부인의 등쌀 때문에 발해 남자는 첩을 두기 어려웠을 뿐 아니라 밖에 나가서 한눈을 팔 수 없었다. 이런 분위기를 반영하여 일부일처제가 일찍부터 확립되었고 무덤은 부부 합장묘가 많았다고 한다.

[6] 화랑
전쟁과 사냥에 대한 교육을 받았던 화랑은 직접 전투에 참여하였다.

[7] 화백 회의의 영향력
나라의 중요한 일을 귀족들이 협의하여 결정하였다. 화백 회의에 의해 진지왕이 폐위되었다는 기록은 그만큼 영향력이 강력했음을 잘 보여 준다.

[8] 세속5계
- 사군이충(事君以忠)
- 사친이효(事親以孝)
- 교우이신(交友以信)
- 임전무퇴(臨戰無退)
- 살생유택(殺生有擇)

[9] 빈공과
당에서 외국인을 대상으로 시행한 과거 시험이다.

[10] 발해와 신라의 경쟁 의식
9세기 후반, 신라와 발해의 유학생이 여러 차례 빈공과의 수석을 다투었다. 906년에는 신라의 최언위가 발해의 오광찬보다 빈공과의 석차에서 앞서자 발해의 재상 오소도가 아들의 석차를 올려달라고 청하였다가 거절당하는 사건도 있었다.

03 통일 전후의 사회 변화

1. 통일 직후의 사회[1]

(1) 진골 귀족[2] : 중앙 관부의 장관과 주의 도독, 군대의 장군 등 권력의 핵심을 독점하였다.

(2) 6두품 : 학문적 식견과 실무 능력을 바탕으로 **국왕을 보좌**하면서 정치적 진출을 활발히 하였다. 하지만 신분의 제약으로 인하여 **중앙 관청의 우두머리나 지방의 장관 자리에는 오를 수 없었다.**

2. 신라 하대의 사회 혼란

(1) 중앙 정부의 통치력 약화 : 왕위 쟁탈전으로 인한 중앙 정부의 혼란은 통치력 약화로 이어졌다. 귀족들은 대규모 농장을 소유하고 수많은 농민을 예속시켰다. 이로 인해 국가 재정은 갈수록 궁핍해졌다.

(2) 귀족들의 사치 : 경주에 금입택[3]이 있었다는 기록을 통해 귀족들의 사치가 절정에 이르렀음을 알 수 있다. 흥덕왕 때 사치 금지령을 발표하기도 했으나 큰 효과를 거두지 못했다.

(3) 농민 생활의 동요 : 토지를 상실한 농민은 소작농이 되었다. 심지어 산간에서 화전을 일구거나 노비가 되기도 하였다.

> **심화사료** 百出
> 2019. 경찰 1차
>
> #### 흥덕왕의 사치 금지령
>
> 흥덕왕 즉위 9년, 태화(太和) 8년(834)에 교서를 내려 말하였다. "사람은 상하가 있고 지위는 존비가 있어서, 그에 따라 호칭이 같지 않고 의복도 다른 것이다. 그런데 풍속이 점차 경박해지고 백성들이 사치와 호화를 다투게 되어, 오직 외래 물건의 진기함을 숭상하고 도리어 토산품의 비야함을 혐오하니, 신분에 따른 예의가 거의 무시되는 지경에 빠지고 풍속이 쇠퇴하여 없어지는 데까지 이르렀다. 이에 감히 옛법에 따라 밝은 명령을 펴는 바이니, 혹시 고의로 범하는 자가 있으면 진실로 일정한 형벌이 있을 것이다."
>
> – 「삼국사기」

3. 신라 말 농민 봉기와 호족의 등장

(1) 배경 : 9세기 말 진성 여왕 때 사회 모순이 크게 증폭되고, 정부의 재정도 바닥이 드러났다.

(2) 농민 봉기의 발생

신라 하대의 대표적인 농민 봉기로는 상주(사벌주)에서 일어난 **원종과 애노의 난**이 있다. 이 시기 정치 문란과 자연재해로 삶의 터전을 잃은 농민들은 '**초적**'으로 변하여 도적질을 하였다.

(3) 호족의 등장

지방에서는 호족[4]이라 불리는 새로운 세력이 등장하였다. 점차 중앙 정부의 통제에서 벗어나 스스로 성주, 장군이라 부르며 **반독립적인 세력**으로 성장하였다.

---

❶ 백제, 고구려 지배층 포용
신라는 옛 백제와 고구려의 지배층에게 신라의 관등을 부여하였다.

❷ 진골 귀족
통일 이후 진골 귀족 가문 중에서는 6두품으로 신분이 떨어지는 경우도 있었다.

❸ 금입택(金入宅)
금입택은 금을 입힌 집이라는 뜻으로, 신라 왕경(王京)에 거주하던 진골 귀족들의 호화스런 생활을 짐작케 해준다.

❹ 호족의 출신 성분
중앙의 권력 투쟁에서 밀려나 지방에서 세력을 쌓은 귀족, 해상 활동으로 재력과 무력을 쌓은 군진 세력, 지방의 토착 세력으로 성장한 촌주 등이 있다. 호족 세력들은 반신라적 경향을 보이는 일부 6두품과 결탁하기도 하였다.

고등사료 百出   24. 지방직 9급, 24. 법원직 9급, 18. 서울시 9급(상), 18. 법원직 9급, 17. 경찰 1차, 16. 지방직 9급, 14. 국가직 7급, 12. 서울시 9급

원종과 애노의 난

[**진성왕(眞聖王)**] 3년(889)에 나라 안의 여러 주(州)·군(郡)에서 공물과 조세를 보내지 않아 나라의 창고가 텅 비어 나라의 씀 씀이가 궁핍하게 되었으므로 왕이 사자를 보내 독촉하였다. 이로 말미암아 도적들이 곳곳에서 벌떼처럼 일어났다. 이에 **원종 (元宗)과 애노(哀奴)** 등이 **사벌주(沙伐州)를 근거지로 반란을 일으키자 왕이 나마(奈麻) 영기(令奇)에게 명하여 (이들을) 붙잡 아 오도록 하였다.** 영기가 적의 보루를 멀리서 바라보고는 두려워 앞으로 나아가지 못하였으나 촌주(村主) 우련(祐連)은 힘껏 싸우다가 죽었다. 왕이 칙명을 내려 영기를 목 베고 나이 10여 세 된 우련의 아들로 촌주의 직을 잇게 하였다.   －「삼국사기」

진성 여왕 때의 사회 상황

당나라 소종 황제가 중흥을 이룰 때, 전쟁과 흉년이라는 두 가지 재앙이 서쪽에서 그치고 동쪽으로 오니 굶어서 죽고 전쟁으 로 죽은 시체가 들판에 별처럼 늘어 있었다.   － 해인사 묘길상탑기

대표 기출문제

㉠과 ㉡ 두 인물의 공통된 신분상의 특징으로 옳은 것은?   2017. 국가직 9급

- ㉠ 은(는) 신문왕에게 화왕계를 통하여 조언하였다.
- ㉡ 은(는) 진성 여왕에게 시무책 10여 조를 올렸다.

① 관등 승진에서 중위제(重位制)를 적용받았다.
② 중앙 관부의 최고 책임자를 독점하였다.
③ 자색(紫色)의 공복을 착용하였다.
④ 왕이 될 수 있는 신분이었다.

해설
제시된 자료의 ㉠은 설총, ㉡은 최 치원이다. 설총과 최치원은 6두품 출신의 인물이다. ① 6두품이 진출 할 수 있었던 관등인 아찬, 대나마, 나마에는 중위가 설정되어 있어 제 한된 관등을 넘지 않고도 승진을 계 속 할 수 있도록 하였다.
② 진골에 대한 설명이다. ③ 자색 공복은 진골이 입을 수 있었다. ④ 성골과 진골에 대한 설명이다.

정답 ①

03강 고대 불교와 학문의 발달

解/法 기출분석

구분		2008~2018	2019	2020	2021	2022	2023	2024	2025
9급	국가직	• 의상 • 선종 • 원효와 의상				의상과 자장			
	지방직	• 불교 전반(3) • 의상(3) • 선종 • 신라의 주요 지식인 • 역사서 • 신라의 교육 • 풍수지리 사상	자장		원광		문화재	혜초	
	법원직	• 불교(2) • 독서삼품과				도교	의상		

解法 요람

원효와 의상

VS

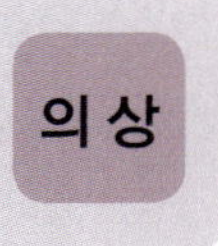

원효

1. 불교 이해의 기준 마련
   『금강삼매경론』, 『대승기신론소』

2. 일심 사상
   일심 ⇨ 화쟁 사상
   일체유심조 『십문화쟁론』
   (一切唯心造)

3. 불교의 대중화
   아미타 신앙(정토종) 보급

의상

1. 화엄 사상 정립(전제 왕권 뒷받침)
   『화엄일승법계도』, 일즉다 다즉일(一卽多 多卽一)

2. 부석사 건립
   (많은 제자 양성)

3. 아미타 신앙 + 관음 신앙
   (내세)   (현세)

01 고대의 불교

1. 삼국의 불교

(1) 배경

삼국은 중앙 집권 체제를 강화하고, 지방 세력을 통합하는 과정에서 불교를 수용하였다.

(2) 고구려의 불교

① 수용: 소수림왕 2년(372) 전진의 승려 순도를 통해 불교를 수용하였다.

② 발전: 중국 북조 불교의 영향을 받았다. 승려 승랑은 중국 삼론종❶ 발전에 크게 기여하였다.

(3) 백제의 불교

① 수용: 침류왕 때 동진에서 온 인도 승려 마라난타가 불교를 전해주었다.

② 발전

　㉠ 율종❷: 성왕 때 겸익❸이 인도에 가서 『율장』을 가지고 돌아왔다. 이후 율종이 성행하였다.

　㉡ 호국 불교: 무왕 때 호국적 성격의 사찰인 미륵사 등을 건축하였다.

(4) 신라의 불교

① 수용: 눌지왕 때 고구려에서 온 승려 묵호자(아도)가 불교를 전해주었다는 기록이 있다.

② 공인: 귀족들의 반대로 불교가 수용되지 못하다가 법흥왕 때에 이차돈의 순교를 통해 불교를 공인(527)하였으며 이때부터 불교식 왕명을 사용하였다(법흥왕~진덕 여왕).

③ 발전: 왕권 강화를 이념적으로 뒷받침했으며, 호국 불교로써 크게 발전하였다.

　㉠ 진흥왕: 스스로 불교의 진리를 퍼뜨린 전륜성왕임을 자처하였다. 황룡사를 건립했으며, 고구려 승려 혜량을 맞이하여 불교 교단을 정비하였다(국통·주통·군통).

　㉡ 원광: 진평왕의 요청으로 「걸사표」를 지어 수나라 황제에게 보냈고, 세속오계를 지었다.

　㉢ 화랑도: 미륵 신앙❹을 받아들여 화랑을 미륵불의 화신으로 여겼다.

　㉣ 자장❺: 진골 귀족 출신으로 계율종을 개창하고, 통도사를 창건하였다. 선덕 여왕 때 대국통에 임명되었다. 또한 선덕 여왕은 그의 건의를 받아들여 황룡사에 9층 목탑을 건립하였다.

④ 밀교: 민간 사회에서는 현실구복적인 밀교가 유행했는데, 질병 치료 등 소원을 빌었다.

심화사료 百出

왕즉불 사상

진평왕이 왕위에 올랐다. 이름은 백정(白淨)이고 진흥왕의 태자 동륜(銅輪)의 아들이다. …… 왕비는 김씨 마야부인(摩耶夫人)이다.

※ 백정, 마야부인 = 석가모니 부처의 부모 이름

－「삼국사기」

2. 통일 신라의 불교 발전

(1) 원효(617~686) ⭐⭐

의상과 함께 당나라에 가던 도중 해골에 고인 물을 마신 후 깨달음을 얻고, 의상과 헤어져서 돌아왔다. 진리는 마음속에 있다는 것[일체유심론(一切唯心論)]을 깨우친 것이다.

이차돈 순교비(백률사 석당)

백률사 석당은 이차돈의 명복을 빌기 위해 세워졌다.

❶ 삼론종(三論宗)

공(空)에 대해 깊이 이해하려는 불교 종파로, 고구려에서 크게 발달하였다.

❷ 율종(律宗)

엄격한 금욕 생활과 계율을 통해 개인의 해탈을 강조하였다.

❸ 겸익(謙益)

겸익은 최초의 구법승(중국·인도 등에서 공부한 승려)이다.

❹ 미륵 신앙

삼국 시대에는 미륵 신앙이 널리 수용되었다. 미륵불이 나타나 백성을 구제하고 이상적인 불국토를 건설한다고 하였다. 이는 백제의 미륵사 창건과 신라의 화랑도에 영향을 주었다.

❺ 자장(慈藏)

당에서 유학하다가 선덕 여왕 때 귀국하였다. 계율을 중시·강조했으며, 신라가 부처의 나라(불국토, 佛國土)라는 관념을 널리 퍼뜨렸다.

원효 대사

❶ 원효의 불교 대중화

원효는 '나무아미타불(南無阿彌陀佛)'만 외우면 누구나 극락에 이를 수 있다고 가르쳤다. 이를 통해 일반 백성들도 쉽게 불교를 접할 수 있었다.

❷ 아미타 신앙

다음 생에는 아미타불이 다스리는 서방정토에 태어나기를 바라는 신앙이다.

✎ 교종 5교

5교	개창자	중심 사찰
열반종	보덕	경복사(전주)
계율종	자장	통도사❸(양산)
화엄종	의상	부석사(영주)
법성종	원효	분황사(경주)
법상종	원측 진표	금산사(김제)

❸ 통도사

금강계단 불사리탑(부처의 사리 보관)이 있어 불보 사찰이라고 불린다.

✎ 삼보 사찰

• 통도사: 부처 사리(불)
• 해인사: 대장경(법)
• 송광사: 고승 배출(승)

❹ 화엄종의 분화

지엄(智儼)에게는 의상과 법장이라는 두 명의 뛰어난 제자가 있었다. 의상은 신라로 귀국하여 해동 화엄종을 창시하였으며, 법장은 지엄의 뒤를 이어 중국 화엄종의 명맥을 이었다.

❺ 원융 사상

지배층끼리의 갈등을 지양하고 지배층과 피지배층의 대립을 극복하는데 영향을 미쳤다. 이는 통일 이후 신라 사회를 통합하는데 크게 기여하였다.

❻ 의상

의상은 문무왕이 경주에 성곽을 쌓으려고 하자 백성을 위해 이를 만류하였다고 한다.

❼ 의상의 제자 양성

의상은 노비였던 지통과 빈민 출신인 진정을 제자로 받아들였다.

① 일심 사상: 원효는 모든 것이 한마음에서 나온다는 일심 사상을 바탕으로 화쟁의 논리를 폈다. 또한 대승 불교의 두 흐름인 중관파의 부정론과 유식파의 긍정론을 함께 비판하여(공유 논쟁 해결), 종파 간 사상적 대립을 극복하려고 노력하였다.

② 불교의 대중화❶: 극락에 가고자 하는 아미타 신앙❷(정토종)을 자신이 직접 전도하며 불교 대중화의 길을 열었다. 또한 스스로 승복을 벗고 '소성거사'라 칭하며 광대 옷차림으로 '무애가'를 지어 부르면서 대중들을 교화하였다.

③ 대표 저서: 「대승기신론소」, 「금강삼매경론」 등을 저술하여 불교 이해의 기준을 확립하였다. 또한 일심 사상을 바탕으로 한 「십문화쟁론」과 분황사에서 저술한 「화엄경소」 등이 있다.

심화사료 百出

2017, 법원직 9급, 2014, 법원직 9급, 2014, 지방직 7급, 2013, 국가직 7급

원효의 「대승기신론소(大乘起信論疏)」

부처님의 넓고, 크고, 깊은 가르침의 끝이 없는 의미를 종합하고자 이 논(대승기신론)을 풀어 설명하고자 한다. …… 이 논의 뜻이 이미 이와 같으니 벌리면 한량없고 가이없는 부처님의 가르침은 결국 일심(一心)의 법을 중심으로 삼는다. …… — 「대승기신론소」

원효의 불교 대중화

원효가 이미 계율을 잃어버려 설총을 낳은 이후 속인의 옷으로 바꾸어 입고 스스로 소성거사(小姓居士)라고 하였다. 우연히 광대들이 놀리는 큰 박을 얻었는데 그 모양이 괴이하였다. 그 모양대로 도구를 만들어 「화엄경」의 "일체 무애인(無㝵人)은 한 길로 생사를 벗어난다."라는 문구에서 그 이름을 따와서 '무애'라고 하며 이내 노래를 지어 세상에 퍼뜨렸다. 일찍이 이것을 가지고 많은 촌락에서 노래하고 춤추며 교화하고 음영하여 돌아오니 가난하고 무지몽매한 무리까지도 모두 부처의 호를 알게 되었고, 모두 나무아미타불을 부르게 되었으니, 원효의 법화가 컸던 것이다. — 「삼국유사」

원효의 일심(一心) 사상

열면 헬 수 없고 가없는 뜻이 대종(大宗)이 되고, 합하면 이문(二門) 일심(一心)의 법이 그 요차가 되어 있다. 그 이문 속에 만 가지 뜻이 다 포용되어 조금도 혼란됨이 없으며 가없는 뜻이 일심과 하나가 되어 혼용된다. — 「대승기신론소」

(2) 의상(625~702) ⭐⭐

당나라에 유학을 가서, 화엄종의 교조인 지엄❹에게 화엄학을 배우고 귀국하였다.

① 부석사 창건: 경북 영주에 부석사를 창건(문무왕)하고, 해동 화엄종을 개창하였다. 그 후 화엄 사상을 널리 보급하고자 많은 사찰을 건립하였다.

② 화엄 사상: 의상은 「화엄일승법계도」를 저술하여 화엄 사상의 요체를 제시하였다. 원융 사상❺을 통해 하나 속에 우주 만물을 아우르고자 했으며, 모든 존재가 서로 의존하고 조화를 이루고 있다고 주장하였다[일즉다 다즉일(一卽多多卽一)].

③ 아미타 신앙과 관음 신앙: 의상❻은 아미타 신앙과 함께 현세에서 고난을 구제받고자 하는 관음 신앙을 이끌었다. 이는 원효의 불교 대중화와 그 맥을 같이 하고 있다.

④ 영향: 화엄 사상을 통해 전제 왕권을 뒷받침했다. 또한 교단을 형성하여 많은 제자를 양성❼하였다.

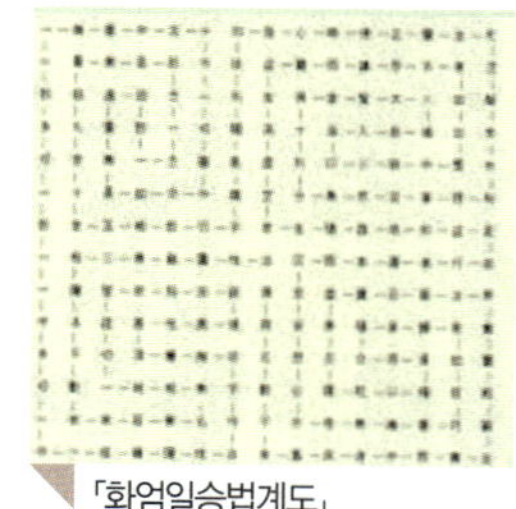

「화엄일승법계도」
의상이 화엄 사상의 중요 내용을 간결한 시(詩)로 축약한 글이다.

심화사료 百出

2019. 지방직 7급, 2018. 국가직 7급, 2015. 지방직 9급, 2013. 지방직 9급, 2012. 지방직 9급, 2009. 지방직 7급

의상의 화엄일승법계도(華嚴一乘法界圖)

하나 안에 일체요, 많음 안에 하나이며 / 하나가 곧 일체요, 많음이 곧 하나이다. (一中一切多中一 / 一卽一切多卽一)

한 티끌 속에 시방을 머금고 / 일체의 티끌 속 또한 이와 같다. (一微塵中含十方 / 一切塵中亦如是)   － 화엄일승법계도

의상과 문무왕

문무왕이 도성을 새롭게 짓고자 하니, 의상이 말하기를 "비록 궁벽한 시골(草野) 띳집(茅屋)에 있다고 해도 바른 도를 행하면 복된 일이 오래 갈 것이고, 만일 그렇지 못하면 사람을 수고롭게 하여 성을 쌓을 지라도 아무 이익이 없을 것입니다."하니, 왕이 곧 그 성을 쌓는 것을 그만두었다.   － 「삼국사기」

의상의 학업

성은 김씨이다. 29세에 황복사에서 머리를 깎고 승려가 되었다. 얼마 후 중국으로 가서 부처의 교화를 보고자 하여 원효(元曉)와 함께 구도의 길을 떠났다. …… 처음 양주에 머무를 때 주장(州將) 유지인이 초청하여 그를 관아에 머물게 하고 성대하게 대접하였다. 얼마 후 종남산 지상사에 가서 지엄을 뵈었다.   － 「삼국유사」

(3) **진표**: 백제 유민 출신으로, 김제 금산사를 중심으로 활동하였다. 점찰(참회)법회를 개최하여 불교 대중화에 기여했으며, 법상종을 크게 유행시켰다. 또한 그는 미륵 신앙을 널리 확산시켰다.

(4) **혜초(704~?)**: 중앙아시아·인도 각국의 지리, 풍속, 산물을 기록한 『왕오천축국전』[8]을 남겼다.

3. 발해의 불교

발해의 불교는 고구려 불교를 계승했으며 왕실과 귀족을 중심으로 널리 유행하였다. 문왕은 스스로를 불교의 이상적 군주인 전륜성왕이라고 하였다.

4. 선종의 발달

(1) **특징**: 선종[9]은 경전의 이해를 통하여 깨달음을 추구하는 교종과는 달리, 문자 교육을 배격[불립문자(不立文字)]하고 실천 수행을 통하여 마음속에 내재된 깨달음(견성오도)을 얻고자 하였다.

(2) **확산**: 신라 하대에 교종의 권위에 대항하면서 크게 유행하였다. 지방의 호족 세력과 관계를 가지면서 각 지방에 본거지를 두고 여러 종파를 이루었다(선종 9산).

(3) **영향**: 선종은 지방을 근거로 성장하여 지방 문화의 역량을 향상시켰다. 선종 승려[10]는 사회 변혁을 희망하던 6두품·호족들과 함께 고려 왕조 개창에 사상적 바탕을 마련해 주었다.

5교 9산

제2막
고대 사회의 발전

❽ 『왕오천축국전』

중국의 둔황 막고굴(불교 유적 석굴 사원)에서 발견되었으며, 현재 프랑스 국립 도서관에 있다.

❾ 선종

선종은 중국에서 달마를 개조로 하여 창시된 종파이다. 누구나 불성을 갖고 있으므로 스스로 참선을 통해 깨달음을 얻을 수 있다고 하였다. 이는 호족·6두품이 진골과 대등한 존재라는 사실을 자각하는 기반이 되어, 이들로부터 큰 호응을 받았다.

🔍 9산 선문

9산	개창자	중심 사찰
가지산	도의(최초)	보림사(장흥)
실상산	홍척	실상사(남원)
동리산	혜철	태안사(곡성)
봉림산	현욱	봉림사(창원)
사자산	도윤	흥녕사(영월)
사굴산	범일	굴산사(강릉)
성주산	무염	성주사(보령)
희양산	도헌	봉암사(문경)
수미산	이엄	광조사(해주)

❿ 선종 승려의 포섭

선종 승려인 절중과 심희는 신라 조정의 부름을 거절하였고, 경보는 견훤과의 제휴를 거부하였다. 궁예는 자신에게 비판적인 승려 석총과 형미를 살해하여 민심을 잃었다. 이에 반해 왕건은 이엄 등 선종 승려들을 포용하여 지방 호족들의 마음을 얻을 수 있었다.

도의

820년대 초에 승려 도의가 서쪽으로 바다를 건너가 당나라 서당대사의 깊은 뜻을 보고 지혜의 빛이 스승과 비슷해져서 돌아 왔으니, 그가 그윽한 이치를 처음 전한 사람이다. …… 그러나 메추라기의 작은 날개를 자랑하는 무리들이 큰 붕새가 남쪽으로 가려는 높은 뜻을 헐뜯고, 기왕에 공부했던 경전 외우는 데만 마음에 쏠려 선종을 마귀 같다고 다투어 비웃었다. 그래서 도의 는 빛을 숨기고 자취를 감추어 서울에 갈 생각을 버리고 마침내 북산에 은둔하였다. － 봉암사 지증대사 적조탑비 비문

02 도교와 풍수지리설

1. 고대의 도교❶

(1) **전파**: 삼국 시대에 전래된 도교는 산천 숭배·신선 사상과 결합되어 불로장생·현세구복을 추구하였다.

(2) **각국의 도교**

① 고구려

㉠ **을지문덕의 오언시**: 수나라 장수 우중문에게 보낸 오언시에서 '지족(知足)'이라는 표현을 통해 노장 사상(도교)이 반영되었음을 알 수 있다.

㉡ **도교 전래❷**: 영류왕 때에 도사(道士)와 『도덕경』이 공식적 으로 전래되었다.

㉢ **연개소문의 도교 장려❸**: 보장왕 때 **연개소문**은 귀족과 연 결된 불교 세력을 억누르기 위해 **도교를 장려**하였다.

㉣ **사신도**: 고구려 고분 벽화에는 동서남북을 관장하는 도교 의 신이 그려져 있다(사신도).

사신도(현무도)

② 백제

㉠ **금동 대향로**: 부여의 능산리 절터 부근에서 발견되었다. 불교를 상징 하는 연꽃 위에 도교의 이상 세계를 표현하였다. 불로장생하는 신선과 용, 봉황 등 상상의 동물이 조화롭게 표현되어 있다.

㉡ **사택지적비**: 의자왕 때 상좌평을 역임한 사택지적이 말년에 늙어가는 것을 탄식하며 인생의 무상함을 이야기하고(도교적 요소), 불교에 귀의 해 불당과 탑을 건립하였다는 내용의 비문이다. 부여에서 발견됐으며, 백제 한학의 높은 수준을 보여 주고 있다(4·6 변려체).

㉢ **산수무늬 벽돌**: 도교의 이상적 세계를 형상화하여 새겨 넣었다.

㉣ **무령왕릉**: 무령왕릉에서는 도교 사상과 관련된 지석, 즉 **매지권**이 발견되었다. 매지권에는 무 령왕(사마왕) 부부의 사후에 토지를 매입하여 장사를 지냈다는 내용이 기록되어 있다.

백제 금동 대향로

---

❶ **삼국 도교의 특징**
삼국의 도교는 중국의 도교와는 달 리 수련 도교의 성격이 강하였다. 금 욕을 중시했으며, 기(氣)를 몸 안에 축적하여 오래 살고자 하였다.

❷ **도교 전래**
『삼국유사』에 따르면 7세기 고구려인 들은 도교의 일파인 오두미도를 신봉 하였다고 전해진다. 이 무렵 당으로부 터 도교를 받아들였다.

❸ **연개소문의 도교 장려**
연개소문은 도교 진흥 정책으로 불 교 사찰을 빼앗아 도관(道觀)을 만들 기도 하였다. 이는 불교계의 반발을 야기했고 승려 보덕은 백제로 망명하 였다. 이후 보덕은 도교의 불로장생 사상에 대항하기 위해 열반종을 개창 하였다.

산수무늬 벽돌

③ 신라

　㉠ 화랑도: 화랑들이 산천을 순례하며 수련한 것에서 도교의 영향을 알 수 있다.

　㉡ 월지(안압지)[4]: 월지의 세 섬은 신선들이 노닐었다는 삼신산을 나타낸 것(신선 사상)이다.

　㉢ 최치원: 정치에 뜻을 잃고 은둔 생활을 하면서 도교에 관심을 두었다.

2021. 지방직 9급

연개소문의 도교 수용

[보장왕(寶藏王) 2년(643)] 3월에 연개소문(淵蓋蘇文)이 왕에게 아뢰어 말하기를, "삼교(三敎)는 비유하자면 솥의 발과 같아서 하나라도 없어서는 안 됩니다. **지금 유교와 불교는 모두 흥하는데 도교는 아직 성하지 않으니, 이른바 천하의 도술(道術)을 갖추었다고 할 수 없습니다.** 엎드려 청하오니 당(唐)나라에 사신을 보내 도교를 구하여 와서 나라 사람들을 가르치게 하소서."라고 하였다. 대왕이 깊이 그러하다고 여기고 표(表)를 올려서 (도교를) 요청하였다. 태종(太宗)이 도사(道士) 숙달(叔達) 등 8명을 보내고, 이와 함께 노자(老子)의 『도덕경(道德經)』을 보내주었다. 왕이 기뻐하여 불교 사찰을 빼앗아 이들을 머물도록 하였다.

－『삼국사기』

무령왕릉 지석에 나타난 도교 사상

돈 1만 매, 이상 1건

을사년(乙巳年) 8월 12일 **영동대장군(寧東大將軍) 백제 사마왕(斯麻王)**은 상기의 금액으로 매주(賣主)인 토왕(土王), 토백(土伯), 토부모(土父母), 상하 2,000석 이상의 여러 관리에게 문의하여 **남서 방향의 토지를 매입해서 능묘(陵墓)를 만들었기에** 문서를 작성하여 명확한 증험으로 삼으며 모든 율령(律令)에 구애받지 않는다.

문무왕 때 조성된 신라 왕실의 별궁터로, 이곳에서 연회를 열거나 귀빈을 접대하였다.

무령왕릉 지석

2. 풍수지리설

(1) **유입**: 신라 말기에 **도선**❺과 같은 선종 승려들은 중국에서 유행한 풍수지리설을 들여왔다.

(2) **특징**: 풍수지리설은 산세와 수세를 살펴 도읍, 주택, 묘지 등을 선정하는 인문지리적 학설이다. 국토를 배(船) 또는 저울에 비유함으로써 **국토의 효율적인 이용**을 주장하기도 하였다.

(3) **영향**❻: 경주 중심의 지리 개념에서 벗어나 다른 지방의 중요성을 자각하는 계기를 마련하였다. 이후 예언적 성격의 도참설이 더해져 고려 시대에 크게 유행하였다.

도선은 선종 승려(동리산문)이자 음양풍수설의 대가이다. 신라 하대에 풍수도참설을 체계적으로 정리하였다. 또한 개성·평양·한양이 국가의 중심지가 될 것을 예언하여 고려 왕들의 추앙을 받았다.

풍수지리설은 각 지방에 선종 사찰을 세우거나 호족 세력의 근거지를 마련하는 데 이용되었다. 특히 호족은 풍수지리설을 통해 수도인 금성(경주)의 운이 다했다고 주장하며 세력을 키웠다.

03 　한자의 보급과 교육

1. 한자의 수용

철기 시대부터 우리나라에 한자가 보급되었는데 우리의 언어 구조와 달라 사용하는 데 불편한 점이 있었다. 이에 따라 삼국은 이두와 향찰❼ 등 다양한 표기법을 만들었다.

한자 수용 이후, 한자의 뜻과 소리를 빌려 우리말을 표현하기 위해 만든 표기법이다. 임신서기석은 이두를 활용했으며, 『삼국유사』와 『균여전』에 실린 향가는 향찰로 쓰여졌다.

2. 고대의 교육과 유학

(1) 고구려

① 교육 기관: 4세기 소수림왕 때 수도에 **태학❶**을 설립(372)하여 유교 경전과 역사서를 가르쳤고, 평양 천도 이후 지방에 경당이라는 사립 교육 기관을 설치하여 한학과 무술을 가르쳤다.

② 박사 제도: 5경❷을 가르치는 5경 박사가 태학에 있었다.

고구려의 경당(局堂)

(고구려의) 사람들은 학문을 좋아하여 …… 거리 모서리마다 큰 집을 짓고 **경당(局堂)**이라고 부르는데, 자제로 미혼(未婚)인 자를 무리 지어 살도록 하고, **경전을 읽으며 활쏘기를 연습한다.**

– 「신당서」

(2) 백제

① 교육 기관: 백제의 교육 기관에 대한 기록은 없고 5경 박사와 의박사, 역박사 등을 두어 유교 경전과 기술학 등을 가르쳤다.

② 한학의 발달: 개로왕이 북위에 보낸 국서의 세련된 문장과, 4·6 변려체의 **사택지적비문** 등을 통해 백제 한학의 높은 수준을 알 수 있다.

(3) 신라

① 통일 이전: 원광법사가 지은 **세속 오계**를 통해 충, 효, 신을 강조하였다. 또한 **임신서기석❸**을 보면 신라에서도 유교 경전을 공부하였던 사실을 알 수 있다.

② 국학: 통일 이후 **신문왕 때 국학을 설립**하여 유학을 교육하였다.

　㉠ 입학 자격: 12등급 대사 이하의 하급 귀족에게 입학 자격을 주었다.

　㉡ 교육 과정: 박사와 조교가 「논어」 등 유교 경전들을 가르쳤다.

　㉢ 변천: 경덕왕은 국학의 명칭을 태학감(태학)으로 바꾸었다.

③ 독서삼품과(788, 원성왕 4): 원성왕 때 유교 경전의 이해 수준을 평가하여 관리를 등용하기 위해 독서삼품과를 실시하였다. 골품제 때문에 제 기능을 발휘하지 못했지만 유학 보급에 기여하였다.

④ 도당 유학생: 대부분 6두품 출신으로 당에서 유학한 이들인데, 김운경❹·최치원 등이 있었다.

⑤ 주요 학자

　㉠ 강수❺: 외교 문서를 잘 지어 신라의 통일 사업을 도왔다. 「답설인귀서」, 「청방인문표」가 유명하다.

　㉡ 설총❻: 원효의 아들로 신문왕에게 「화왕계」❼를 올려 유교적인 도덕 정치를 강조하였다. 더불어 이두를 집대성하여 한문 교육 대중화에 기여하였다.

　㉢ 최치원❽: 당에 건너가 빈공과에 급제하고 문장가로 이름을 떨친 후 귀국하였다. 진성 여왕에게 개혁안인 **시무 10여조**를 건의하였으나 받아들여지지 않았다. 그 후 은둔 생활을 하면서 뛰어난 문장과 저술을 남겼는데, 그 중 「토황소격문」❾이 실려 있는 「계원필경」은 현존하는 가장 오래된 문집이다.

심화사료 百出

국학의 설립과 독서삼품과(讀書三品科) 실시

국학은 예부(禮部)에 속하였는데, **신문왕 2년(682)에 설치**하였다. 경덕왕이 대학감(大學監)으로 고쳤으나 혜공왕이 옛 이름대로 하였다. ······ **여러 학생은 글을 읽어 세 등급으로 벼슬길에 나아갔는데,** 『춘추좌씨전』이나 또는 『예기』 또는 『문선』을 읽어 능히 그 뜻을 통달하고 아울러 『논어』와 『효경』에도 밝은 자를 상(上)으로 하였고, 『곡례(曲禮)』·『논어』·『효경』을 읽은 자를 중(中)으로 하였고, 『곡례』·『효경』을 읽은 자를 하(下)로 하였으며, ······

— 『삼국사기』

설총의 「화왕계」

어떤 이가 화왕(모란)에게 말하였다. "두 명(장미와 할미꽃)이 왔는데 어느 쪽을 취하고 어느 쪽을 버리시겠습니까?" 화왕이 말하였다. "장부(할미꽃)의 말도 일리가 있지만 어여쁜 여자(장미)는 얻기가 어려운 것이니 이 일을 어떻게 할까?" 장부가 다가서서 말하였다. "저는 대왕이 총명하여 사리를 잘 알 줄 알고 왔더니 지금 보니 그렇지 않군요. ······" 화왕이 대답하였다. "내가 잘못했노라."

— 『삼국사기』

최치원

(최)치원은 ······ 나이 12세가 되어 장차 배를 타고 당에 들어가 공부를 하려 할 때 그 아버지가 말하기를 "십 년 안에 과거에 급제하지 못하면 내 아들이 아니니 힘써 공부하라!"라고 하였다. ······ 건부 원년 갑오(874)에 예부시랑 배찬 아래에서 한 번 시험을 보아 합격하여 선주(宣州) 율수현위(溧水縣尉)에 임명되었다.

— 『삼국사기』

(4) 발해

① 주자감: 발해의 **최고** 학부로 각종 유교 경전과 한문학을 교육했다.

② 유학 중시: 유교 덕목인 충, 인, 의, 지, 예, 신을 6부의 명칭으로 삼았다.

③ 문적원: 국립 도서관으로 도서와 문서를 관장하는 기관이었다.

④ 유학생 파견: 당나라로 유학을 간 이들은 빈공과에 응시하여 신라인들과 경쟁하였다.

3. 역사서의 편찬

(1) 고구려: 영양왕 때 이문진이 이전의 『유기』를 간추려 『신집』 5권을 편찬하였는데 전하지 않는다.

(2) 백제: 4세기 후반 근초고왕 때 박사 고흥을 시켜 『서기』를 편찬했는데 지금은 남아있지 않다.

(3) 신라: 진흥왕 때 거칠부를 시켜 『국사』를 편찬(545)하였는데 지금은 전하지 않는다.

(4) 통일 신라

① 김대문: 설화집인 『계림잡전』, 불교 고승들의 전기집인 『고승전』, 화랑들의 전기인 『화랑세기』, 한산 지방의 지리지인 『한산기』 등을 편찬하였다.

② 최치원: 신라 역대 왕의 업적을 정리한 『제왕연대력』을 편찬하였다.

04 천문학·수학·의학

1. 고대의 천문학[10]

(1) 관측 이유: 농경과 밀접한 관련이 있고, 왕의 권위를 하늘과 연결시켰기 때문이다.

(2) 고구려: 고구려에서는 별자리를 그린 **천문도**가 만들어졌다. 이는 훗날 조선 태조 때 '천상열차분야지도'의 기본 바탕이 되었다. 고분 벽화에도 별자리 그림이 남아 있는데, 사실적이고 정확하였다.

(3) 신라: 7세기 선덕 여왕 때 **첨성대**를 세워 천체를 관측하였다.

[10] 고대의 천문 기록

우리 민족은 일찍부터 천문 현상을 관측하여 기록하였다. 『삼국사기』에는 일·월식, 혜성의 출현, 기상 이변 등에 관한 관측 기록이 많이 수록되어 있는데, 매우 정확한 기록임이 밝혀지고 있다.

첨성대

석굴암 본존불의 수학적 비율

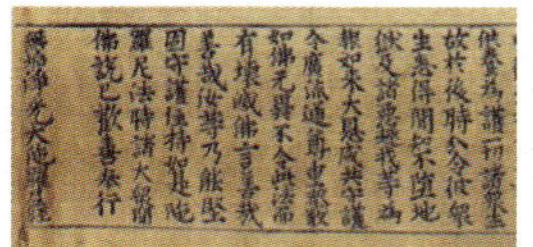

황남대총에서 발견된 금동관

2. 고대의 수학❶

(1) **고대 삼국**: 고구려 고분의 구조, 백제의 석탑 등에 수학적 지식이 활용되었다.

(2) **통일 신라**: 석굴암의 석굴 구조나 석가탑·다보탑 등의 건축에도 정밀한 수학적 지식이 이용되었다.

3. 고대의 의학

백제는 중국 남조와의 교류를 통해 의학적 지식을 교류하였으며, 일본에도 의학 지식을 전파하였다. 신라는 백제나 고구려를 통해 간접적으로 영향을 받았다.

05 기술의 발달

1. 목판 인쇄술과 제지술

(1) **무구정광대다라니경❷**: 불국사 3층 석탑에서 발견된 '무구정광대다라니경'은 8세기 초에 만들어진 두루마리 불경으로, 현존하는 세계에서 가장 오래된 목판 인쇄물이다.

(2) **제지술의 발달**: 통일 신라에서는 대량으로 불경을 인쇄하기 위해 목판 인쇄술과 제지술이 발달하였다. 무구정광대다라니경에 쓰인 종이는 지금까지 보존될 수 있을 만큼 품질이 뛰어나다.

2. 제련 기술

(1) **고구려**: 철광석 생산이 풍부하여 일찍부터 철을 다루는 기술이 발달하였다.

(2) **백제**
① **칠지도**: 4세기 후반에 백제에서 만들어 **일본에 보낸** 칠지도는 강철로 만들고 금으로 글씨를 상감해 새겨 넣은 것으로, 백제 제철 기술의 우수함을 잘 보여 주고 있다.
② **백제 금동 대향로**: 백제의 금속 공예 기술이 매우 뛰어났음을 보여 주는 걸작품이다.

(3) **신라**: 신라 고분에서 출토된 금관들은 제작 기법이 뛰어나며 독특한 모양이 돋보인다.

대표 기출문제

다음 (가), (나) 승려에 대한 설명으로 옳은 것은?　　　　2022. 국가직 9급

(가) 중국 유학에서 돌아와 부석사를 비롯한 여러 사원을 건립하였으며, 문무왕이 경주에 성곽을 쌓으려 할 때 만류한 일화로 유명하다.
(나) 진골 귀족 출신으로 대국통을 역임하였으며, 선덕 여왕에게 황룡사 9층탑의 건립을 건의하였다.

① (가)는 모든 것이 한마음에서 나온다는 일심 사상을 제시하였다.
② (가)는 『화엄일승법계도』를 만들었다.
③ (나)는 『왕오천축국전』이라는 여행기를 남겼다.
④ (나)는 이론과 실천을 같이 강조하는 교관겸수를 제시하였다.

04 강 고대인의 자취와 멋

解/法 기출분석

구 분		2008~2018	2019	2020	2021	2022	2023	2024	2025
9급	국가직	고분(2)			• 발해 수도별 유적 • 유네스코 세계 유산	유네스코 세계 유산		백제 문화재 (미륵사)	유네스코 세계 유산
	지방직	• 고분 • 문화재(경주)							유네스코 세계 유산
	법원직	• 고분(3) • 백제 문화재 • 신라 하대 문화							대가야 문화재

삼국의 고분

고구려	백제	신라

국내성: 돌무지무덤
장군총

한성 시대: 돌무지무덤
석촌동 고분

초기: 돌무지덧널무덤
천마총, 황남대총

후기: 굴식 돌방무덤(이후 보편화)

벽화: 생활풍속도
⇨ 사신도(상징적)

웅진 시대: 송산리 고분군(1~6호분)
벽돌무덤: 무령왕릉, 송6호
사비 시대: 능산리 고분군(규모↓, 세련) + 금동 대향로

통일 전후: 굴식 돌방무덤
(둘레돌 12지신상)
김유신묘

발해의 고분

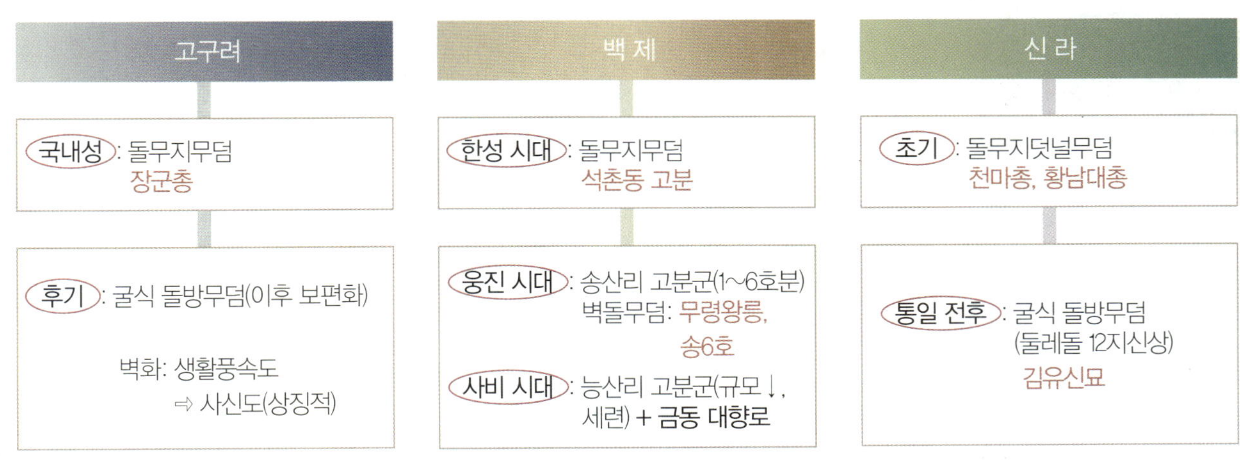

발해

정혜 공주 묘	굴식 돌방무덤	육정산 고분군, **고구려** 영향, 모줄임 천장 구조, 묘지, 돌사자상
정효 공주 묘	벽돌무덤	용두산 고분군, **당** 영향, 묘지, 벽화(12명 인물도)

1. 고구려의 고분

(1) 초기(돌무지무덤❶) : 고구려는 초기에 돌을 쌓아올린 돌무지무덤을 만들었다. 만주의 집안(지안) 일대에 1만 2,000여 기가 무리를 이루고 있다. 화강암을 계단식으로 7층 가량 쌓아올린 **장군총**이 대표적이다.

장군총

(2) 후기(굴식 돌방무덤❷)

① **형태 및 보존** : 굴식 돌방무덤은 돌로 널방을 짜고 그 위에 흙으로 덮어 봉분을 만든 것이다. 널방의 벽과 천장(모줄임 구조)에는 벽화를 그리기도 하였다.

② **벽화** : 사신도❸·무용·씨름·사냥·생활 풍속 등 다양한 주제의 벽화가 그려져 있다. 초기에는 주로 생활 모습을, 후기에는 사신도 등 상징적인 그림을 많이 그렸다.

❖ **고구려의 고분**

돌무지무덤	장군총	만주의 집안, 돌을 계단식으로 7층으로 쌓음, 화강암으로 테두리를 두름, 벽화는 없음.
	안악 3호분	황해 안악, 미천왕릉이나 고국원왕릉으로 추측, 벽화(고구려 지배층의 생활 모습) 존재
	쌍영총	평남 용강, 서역 계통의 영향을 받아 팔각으로 된 두 기둥(쌍영), 벽화(기사도) 존재
굴식 돌방무덤	수산리 고분	평남 남포, 신분에 따라 사람 크기를 달리 그림, 벽화(교예도) 존재
	무용총	만주 집안, 벽화(사냥 그림, 행렬 모습 등) 존재
	각저총	만주 집안(국내성), 벽화(고구려 하층민의 씨름 모습과 별자리 그림) 존재
	강서 고분(대묘)	평남 남포, 널방에는 사신도가, 천장에는 신선 세계가 그려져 있음(도교 영향).

---

❶ 돌무지무덤

석총(石塚)이라고 불리며, 청동기 시대부터 삼국 시대까지 만들어졌다. 이른 시기의 것들은 단순한 돌무지였지만 점차 기단을 만들고 피라미드 형태로 정교하게 돌을 쌓아 올렸다.

❷ 굴식 돌방무덤

돌로 1개 이상의 방을 만들어 앞방과 널방(시신을 넣은 관을 두는 곳)으로 구분하고, 이를 통로로 연결하였다.

❸ 사신도(四神圖)

동서남북을 지키는 도교의 방위신(청룡·백호·현무·주작)으로, 죽은 자의 사후 세계를 지켜준다고 믿었다.

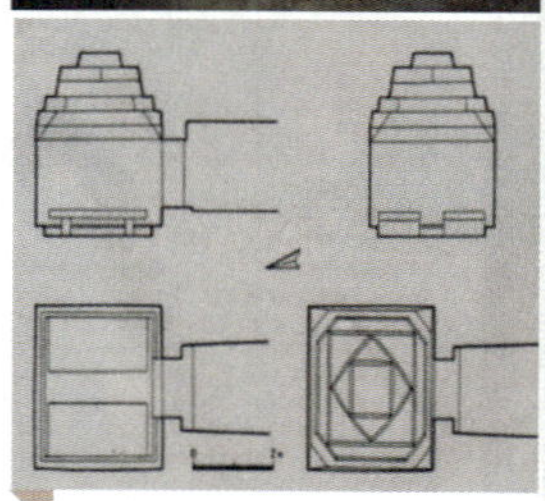
굴식 돌방무덤(모줄임 구조)

쌍영총 기둥

무용총 수렵도

각저총 씨름도

2. 백제의 고분

(1) 초기 한성 시기(석촌동 계단식 돌무지무덤)

초기 한성 시기에 계단식 돌무지무덤을 만들었는데, 서울 석촌동에 일부가 남아 있다. 이는 **백제**
건국의 주도 세력이 고구려와 같은 계통이라는 건국 이야기의 내용을 뒷받침하고 있다.

(2) 웅진 시기(송산리 고분군)

① 굴식 돌방무덤 : 거대한 규모로 만들어졌다.

② 벽돌무덤 : 벽돌무덤은 **중국 남조의 영향**을 받아 묘실을 벽돌로 축조해 만든 것으로, 완전한 형태로
발견된 **무령왕릉**이 유명하다. 송산리 1~5호분은 굴식 돌방무덤이나, 송산리 6호분은 무령왕릉과
같은 벽돌무덤이다. 무령왕릉에는 벽화가 없지만, 송산리 6호분에는 사신도 등이 있다.

석촌동 계단식 돌무지무덤

 무령왕릉

무령왕릉 내부

1971년 송산리 고분군 배수로 공사 중에 우연히, 거의 완전한 형태로 발견된
무령왕릉은 널길(통로)과 현실(널방, 시체가 있는 방)을 아치형으로 조성한 벽
돌무덤(전축분)이었다. 무령왕릉은 중국 남조의 영향을 받아 연꽃 등 우아하
고 화려한 백제 특유의 무늬를 새긴 벽돌로 무덤 내부를 만들었으며, 무덤 주
인공이 무령왕과 왕비임을 알려주는 지석이 발견되어 연대를 확실히 파악할
수 있는 고분이다. 시신이 들어 있는 목관의 목재는 일본에서만 나는 금송이었
다. 또한 무령왕릉에서 출토된 여러 유물들이 중국, 일본, 가야에서도 출토되어,
무령왕릉이 백제가 중국 남조의 선진 문화를 소화하여 가야나 왜에 전해주는
국제적 지위를 차지하고 있었음을 증명하고 있다.

무령왕릉 진묘수(석수)

2020. 지방직 7급, 2019. 서울시 7급, 2018. 경찰 2차

무령왕릉 지석

영동대장군 백제 사마왕께서 나이가 62세 되는 계묘년(523) 5월 7일에 돌아가셨다. 을사년(525) 8월 12일에 안장하여 대묘(大墓)
에 올려 모시며 기록하기를 이와 같이 한다. …… 병오년(526) 11월 백제국왕태비가 천명대로 살다 돌아가셨다. 서쪽의 땅에서 (빈
전을 설치하여) 삼년상을 지내고 기유년(529) 2월 12일에 다시 대묘(大墓)로 옮기어 장사지내며 기록하기를 다음과 같이 한다.

(3) 사비 시기(능산리 고분군)

규모는 작지만 세련된 굴식 돌방무덤을 만들었다. 이곳에도 사신도가 그려져 있는데 백제의 사신도
는 온화한 모습인 것이 특징이다.

능산리 고분군의 사신도

❖ 백제의 고분

벽돌무덤	무령왕릉	공주 송산리, 중국 남조 양나라 양식, 도교 영향, 석수, 지석, 매지권, 양나라 동전, 금관, 귀고리, 팔찌 등 다량의 유물 출토, **벽화 없음.**
	송산리 6호분	공주 송산리, 벽화(소박한 형태의 사신도, 일월도)
굴식 돌방무덤	능산리 고분	부여 능산리, 1호분에 벽화(연화문, 사신도)

(1) 통일 이전(돌무지덧널무덤[1] ⇨ 굴식 돌방무덤)

  ① 초기: 나무로 관을 짜고 그 위에 돌을 얹는 돌무지덧널무덤이 주를 이루었다. 구조적 원인으로 인해 **도굴이 어려워 부장품이 많이 남아 있다.** 대표적으로 **천마총**, 서봉총, 호우총, 황남대총 등이 있다.

  ② 통일 직전: 신라 최초의 벽화 고분인 어숙묘가 굴식 돌방무덤으로 만들어졌다.

(2) 통일 이후(규모가 작은 굴식 돌방무덤)

  ① 변화: 불교의 영향으로 화장이 유행하였다. 고분 양식도 거대한 돌무지덧널무덤에서 점차 **규모가 작은 굴식 돌방무덤**으로 바뀌었다. 그리고 봉토 주위를 둘레돌로 두르고, 12지신상을 조각하는 독특한 양식이 새롭게 나타났는데 **김유신 묘**가 대표적이다.

  ② 괘릉: 원성왕의 무덤으로 알려져 있다. 12지신상 외에도 문인상과 무인상이 함께 존재한다.

김유신 묘

김유신 묘 둘레돌에 있는 12지신상

괘릉의 무인상

✤ 신라의 고분

			천마총	말 배가리개에 그린 천마도, 금관 출토, 벽화 없음.	도굴이 어려워 부장품이 많이 발견
신라	돌무지 덧널무덤	경주	호우총	광개토 대왕의 명문이 새겨진 호우명 그릇 발견	
			황남대총	금관, 금제 허리띠, 서역 유리병 등 발견	
			서봉총	금관, 금제 허리띠 등의 부장품 출토	
	굴식 돌방무덤	영주	어숙묘	통일 직전 등장. 신라 최초의 벽화 고분	
통일 신라	굴식 돌방무덤	경덕왕릉, 흥덕왕릉 괘릉, 김유신 장군 묘		둘레돌에 12지신상 조각, 화장의 유행(문무왕릉)	

4. 발해의 고분

고구려를 계승한 것과 중국의 영향을 받은 고분이 함께 발견되는 것이 특징이다.

(1) 정혜 공주 묘(문왕의 둘째 공주): 중국 길림성 돈화현 육정산 고분군에 위치하였다. 굴식 돌방무덤으로, 모줄임 천장 구조가 고구려 고분과 닮았다. 묘지[2]가 출토되었으며 이곳에서 나온 돌사자상은 매우 힘차고 생동감이 있다.

(2) 정효 공주 묘(문왕의 넷째 공주): 중국 길림성 화룡현 용두산 고분군에 위치하였다. 당나라의 영향을 받은 **벽돌무덤**으로, 묘지와 벽화[3] 등이 발견되었다.

---

❶ 돌무지덧널무덤

신라에서 주로 만든 무덤이다. 지상이나 지하에 시신과 껴묻거리를 넣은 나무덧널을 설치하고 그 위에 냇돌을 쌓은 다음에 흙으로 덮었다. 구조상 널방이 없어 벽화를 그릴 수 없었다. 무덤 안으로 들어가는 널길이 없었기 때문에 도굴이 어려워 많은 껴묻거리가 그대로 남아 있다.

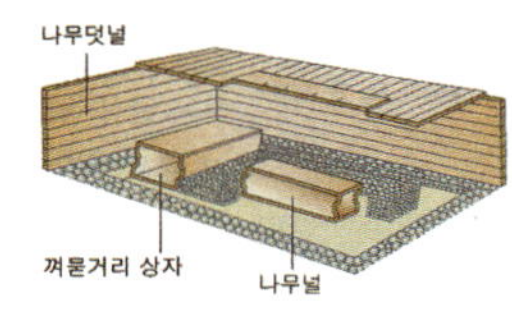
돌무지덧널무덤의 구조

❷ 묘지(墓誌)

죽은 자의 생애와 가족 관계 등을 기록하여 관과 함께 묻은 유물이다.

정혜 공주 묘에서 출토된 돌사자상

❸ 정효 공주 묘의 벽화

무사·시위·내시·악사 등이 그려진 벽화가 발견되었다.

02 건축과 탑

1. 건축

(1) **고구려**: 장수왕이 평양에 세운 **안학궁**은 궁궐터 한 면의 길이가 620m나 된다. 이후 평원왕 때 평양에 **장안성**을 건립하였다.

(2) **백제**: 부소산성 남쪽의 **관북리 유적**을 백제 왕궁터로 추정하고 있다. 무왕 때 익산 미륵사를 건설했다고 하나 지금은 터만 남아 있다. 또한 이 시기에는 궁남지[4]도 조성되었다.

(3) **신라**

① **통일 이전**: 사찰터로 황룡사지가 있다. **황룡사**[5]는 진흥왕 대 건립되었고, 선덕 여왕 때 자장의 건의에 따라 9층의 목탑이 건립되었다.

② **통일 이후**: 불교가 융성함에 따라 사원을 많이 축조했는데, 그중 8세기 중엽에 세운 **불국사**와 **석굴암**이 통일 신라의 사원 건축을 대표한다.

  ㉠ **불국사**[6]: 불국사는 불국토의 이상을 조화와 균형 감각으로 표현한 절이다. 『법화경』의 사바 세계, 『무량수경』의 극락 세계, 『화엄경』의 연화장 세계를 형상화하였다.

  ㉡ **월지(안압지)**: 연못, 인공섬, 구릉과 건물이 매우 자연스럽게 어울리도록 꾸며졌다. 통일 신라의 뛰어난 조경술을 보여 주고 있다.

  ㉢ **석굴암**[7]: 화강암으로 쌓은 **인조 석굴**로, 장방형의 전실과 원형의 후실로 이루어져 있다.

황룡사 복원도

불국사

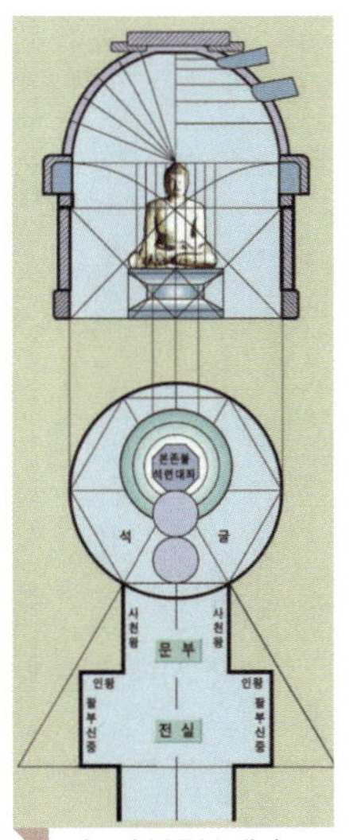

석굴암 본존불 배치도

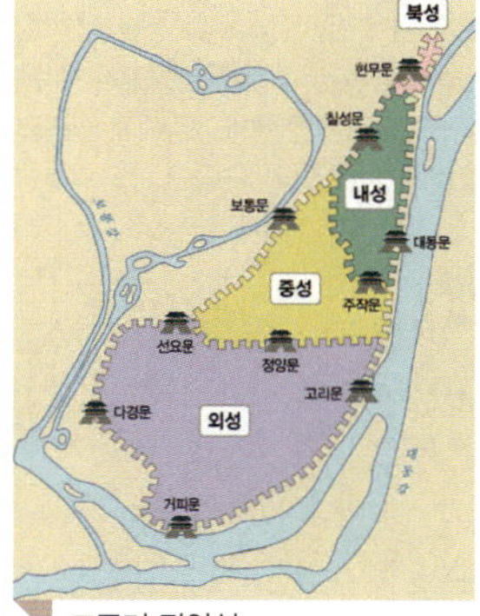

고구려 장안성

내성(궁궐), 북성(후방 방위), 중성(행정 기구), 외성(민가)의 4개의 성곽으로 이루어졌다.

❹ 궁남지

무왕 때 조성된 것으로 추정된다.

❺ 황룡사(皇龍寺)

진흥왕이 새 궁궐을 짓고자 하였는데, 황룡이 나타나자 궁궐 대신 절을 짓고, 황룡사라 하였다. 황룡사에는 장육존상이 존재했다고 한다.

❻ 불국사

경덕왕 때 재상 김대성이 전생의 부모를 위해 석불사(석굴암)를, 현생의 부모를 위해 불국사를 지었다고 전해진다.

❼ 석굴암

지상의 세계를 상징하는 네모난 전실과 하늘의 세계를 상징하는 둥근 후실로 구성되어 있다. 특히 후실 천정은 돔형으로 돌을 쌓아 올려 역학적인 안정감을 주었다. 석굴암의 본존불과 보살상들은 통일 신라 시대 조각의 최고 경지를 보여 주고 있다.

국립 문화재 연구소와 경주시는 2005년부터 2035년까지 총 30년에 걸쳐서 황룡사 복원 사업을 추진하여 황룡사지 담장 내곽의 사역 중심, 남문지 외곽의 진입 광장 및 신라왕경 주택지를 복원할 예정에 있다. 황룡사의 상징인 황룡사 9층 목탑(높이가 아파트 30층 규모인 80m)은 2027년까지 복원이 완료될 계획에 있으며, 황룡사 부지 중심부에 못을 하나도 사용하지 않는 전통 방식 그대로 건립된다.

❶ 상경

상경성의 궁성 정문터(오봉루 성문터)는 상경 용천부(영안)에서 발견되었다.

(4) **발해(상경성터)**: 상경❶은 당시 당의 수도인 장안을 본떠 조방(= 바둑판식 구획)을 나누었다. 외성을 쌓고, 남북으로 넓은 **주작 대로**를 내고, 그 안에 궁궐과 사원을 세웠다. 궁궐 중에는 **온돌 장치**를 한 것도 발견되었다. 사찰은 높은 단 위에 금당을 짓고 그 좌우에 건물을 배치하였다.

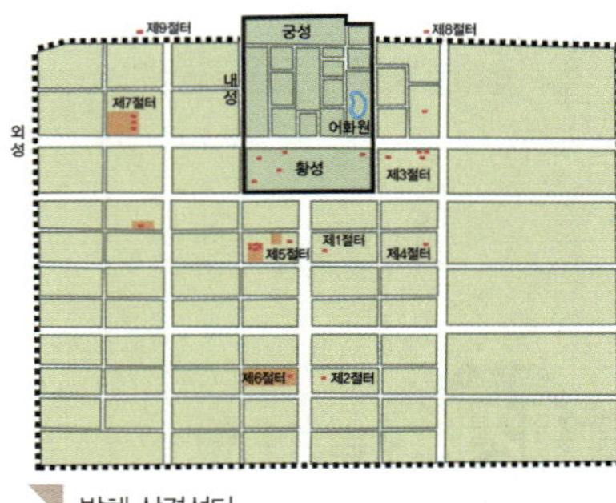

▼ 발해 상경성터

2024. 국가직 9급

미륵사지 금제 사리 봉안기

우리 왕후께서는 좌평 사택적덕의 따님으로 지극히 오랜 세월에 선인(善因)을 심어 이번 생에 뛰어난 과보를 받아 만민을 어루만져 기르시고 삼보(三寶)의 동량(棟梁)이 되셨기에 능히 가람(=미륵사)을 세우시고, 기해년 정월 29일에 사리를 받들어 맞이하셨다. 원하옵나니, 영원토록 공양하고 다함이 없이 이 선(善)의 근원을 배양하여, 대왕 폐하의 수명은 산악과 같이 견고하고 치세는 천지와 함께 영구하며, 위로는 정법을 넓히고 아래로는 창생을 교화하게 하소서.

미륵사지 석탑 해체 과정에서 등장한 논란

『삼국유사』에는 '즉위 전 무왕이 경주에서 서동요를 아이들에게 퍼뜨려 선화 공주와 결혼했다.'고 기록되어 있으며 '미륵사는 무왕의 왕비인 선화 공주의 발원으로 건립됐다.'라고 기록되어 있다. 그러나 2009년 미륵사지 석탑을 해체하는 중에 발견된 금제 사리 봉안기에서 '좌평 사택적덕의 딸인 백제 왕후가 재물을 희사해서 가람을 창건하고 기해년에 사리를 봉안했다.'라는 기록이 발견되어 서동요 설화의 허구성이 제기된 바 있다.

창왕명석조사리감

부여 능산리 절터에서 발견된 사리감으로, 사리감의 외부에 성왕의 아들인 위덕왕(= 창왕)의 누이가 사리를 공양했다는 내용의 글이 새겨져 있다. 사리를 봉안한 연대와 공양자가 분명하며, 절의 창건 연대가 이 유물에 의해 최초로 밝혀지게 되었다.

▼ 창왕명석조사리감

2. 성곽

삼국 시대에는 방어를 위하여 성곽을 많이 축조하였다. 돌로 쌓은 산성이 대부분이다.

❷ 탑

본래 부처의 사리를 봉안하기 위해 만든 것이나, 불상이나 불경이 봉안되기도 하였다.

3. 탑❷

삼국 시대에는 불교의 확산과 함께 부처의 사리를 봉안한 탑도 많이 건립되었다.

(1) **고구려**: 고구려는 주로 목탑을 건립했는데, 지금까지 남아 있는 것은 없다.

(2) 백제

① **미륵사지 석탑❸** : 미륵사지 석탑은 서탑만 일부가 남아 있는데, **목탑의 모습을 많이 지니고 있다.**

② **정림사지 5층 석탑❹** : 미륵사지 석탑을 계승한 부여 정림사지 5층 석탑은 경쾌하면서도 안정된 모습이다.

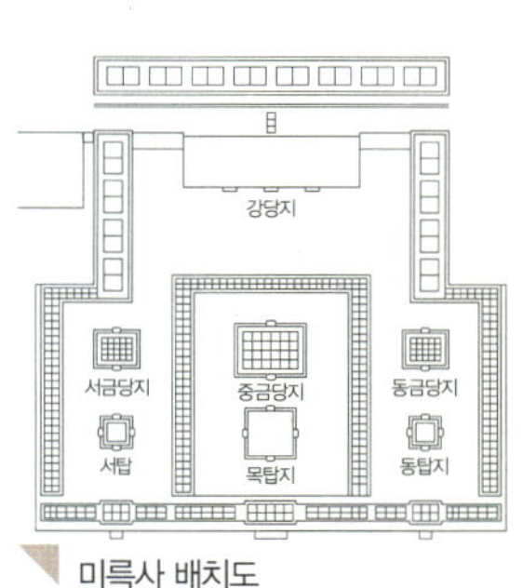
미륵사 배치도

미륵사지 석탑(전북 익산)

정림사지 5층 석탑(충남 부여)

(3) 신라

① 통일 이전

㉠ **분황사 모전 석탑❺** : 선덕 여왕 때 돌을 벽돌 모양으로 만들어 쌓은 모전 석탑으로, 지금은 3층까지만 남아 있다.

㉡ **황룡사 9층 목탑** : 자장의 건의에 따라 **백제 기술자 아 비지**의 지도를 받아 세운 목조탑으로, 몽골의 침입 과 정에서 소실되었다.

분황사 모전 석탑

② **신라 중대** : 이중 기단 위에 3층으로 쌓는 전형적인 통일 신라의 석탑 양식을 완성하였다.

㉠ **감은사지 3층 석탑❻** : 신문왕은 아버지 문무왕을 위해 감은사를 건립하였다(682). 현재 사찰 은 없고 2개의 석탑이 존재하고 있는데, 뛰어난 균형미를 보여 준다.

㉡ **불국사 3층 석탑(석가탑)❼** : 불국사에는 **통일 신라 석탑의 전형**이라 할 수 있는 석가탑이 있다.

㉢ **다보탑** : 복잡하면서도 화려한 형태미와 조화된 균형감으로 신라 예술의 정수를 보여 준다.

㉣ **화엄사 4사자 3층 석탑** : 사자 모양의 석상들이 3층의 탑신을 받치고 있는 형태이다.

감은사지 3층 석탑

불국사 3층 석탑

다보탑

화엄사 4사자 3층 석탑

탑의 구조

③ **신라 하대**: 선종 승려들의 사리를 봉안한 **승탑과 탑비**가 유행하였다.
　　㉠ **양양 진전사지 3층 석탑**: 석탑의 기단과 탑신 부분에 부조로 불상을 새긴 것으로 유명하다.
　　㉡ **승탑**: 팔각 원당형을 기본형으로 삼고 있는 승탑과, 승려의 일대기를 새긴 탑비는 세련되고
　　　균형감이 뛰어나다. 쌍봉사 철감선사 승탑이 대표적이다.

(4) **발해**: 대부분 **벽돌로 쌓은 전탑**으로, **영광탑**❶이 대표적이다.

❶ 영광탑
현재 온전히 남아 있는 유일한 발해의 탑으로, 탑 아래에 무덤칸을 만들고 그곳에 시신을 안치하고 있는 무덤탑의 성격을 띠고 있다.

양양 진전사지 3층 석탑

쌍봉사 철감선사 승탑

발해 영광탑

심화사료 百出

2018. 서울시 7급(상), 2017. 지방직 9급(하)

황룡사 9층 목탑 건립 배경

신인이 예를 갖춰 절하고 또 묻기를 "너희 나라는 어떤 어려움에 빠져 있는가?"라고 하니 **자장**이 "우리나라는 북쪽으로 말갈을 연하고 남쪽으로 왜국을 접하고 있고 **고구려와 백제 두 나라가 번갈아 변경을 침범**하여 이웃나라의 침략이 종횡하니 이것이 백성의 걱정입니다."라고 하였다. 신인이 말하기를 "지금 너희 **나라는 여자가 왕이 되어** 덕은 있으나 위엄은 없다. 그러므로 이웃나라가 꾀하는 것이다. 마땅히 속히 본국으로 돌아가라."라고 하였다. 자장이 "본국으로 돌아가면 장차 무엇이 이익이 되겠는가."라고 물으니 신인이 "황룡사 호법룡은 나의 장자로 범왕의 명을 받아 그 절에 가서 호위하고 있으니 본국으로 귀국하여 **절 안에 9층탑을 조성하면 이웃나라가 항복하고 구한(일본, 오월, 말갈, 예맥 등 신라의 주변 민족)이 와서 조공하여 왕업이 영원히 평안**할 것이다. 탑을 건립한 후에 팔관회를 베풀고 죄인을 사면하면 곧 외적이 해를 가할 수 없을 것이다. …… "라고 하였다. …… 정관 17년 계묘 16일에 당 황제가 하사한 경전·불상·가사·폐백을 가지고 귀국하여 **탑을 건립하는 일을 왕에게 아뢰었다.**

– 「삼국유사」

03 불상과 공예

1. 불상

삼국 시대에는 미륵보살 반가상이 많이 만들어졌다. 이 중에서도 삼산관을 쓰고 있는 금동 미륵보살 반가상이 널리 알려져 있다.

(1) **고구려**: 연가 7년명 금동 여래 입상이 유명한데, 중국의 영향을 받았다.

삼산관(三山冠)을 쓰고 있는 금동 미륵보살 반가상

연가 7년명 금동 여래 입상
고구려에서 제작했다는 내용이 불상 뒷면에 새겨져 있음.

(2) 백제: 백제인의 미소로도 불리는 **서산 마애 삼존불**은 바위 위에 부처 셋을 나란히 조각한 것이다.

(3) 신라

　　① 경주 배리 석불 입상: 통일 이전의 것으로, 일명 **신라의 미소**라 불린다.

　　② 석굴암 본존불: 본존불은 **균형 잡힌 모습**과 **사실적인 조각**으로 살아 움직이는 느낌을 가지게 한다.

(4) 발해: 고구려 양식을 계승한 것으로 여겨지는 불상이 발굴되었다. 동경 절터에서 발견된 **이불병좌상**은 흙을 구워 만든 것으로, 두 명의 부처가 나란히 앉아 있는 모습을 하고 있다.

서산 마애 삼존불

경주 배리 석불 입상

석굴암 본존불

이불병좌상

2. 석등

(1) 통일 신라: 균형 잡힌 걸작으로 유명한 법주사의 쌍사자 석등과 불국사의 석등 등이 남아 있다.

(2) 발해: 현무암으로 만들었고 높이가 6m에 이르며, 강하고 힘찬 느낌을 준다.

3. 공예

(1) 삼국 시대: 고분에서 출토되는 금제 장식이 대부분이다.

(2) 통일 신라

　　① 상원사 종: 성덕왕 때 제작된 것으로 현존하는 가장 오래된 종이다.

　　② 성덕 대왕 신종(에밀레 종, 봉덕사 종)❷: 경덕왕이 성덕왕을 기리기 위해 만들기 시작해서 혜공왕 때 완성되었다.

(3) 발해: 벽돌과 기와 무늬는 **고구려의 영향**을 받아 소박하고 힘찬 모습을 띠고 있다.

❷ 성덕 대왕 신종

성덕 대왕 신종은 청동으로 만들었는데, 신비한 종소리는 당시 신라의 금속 주조 기술이 매우 뛰어났음을 보여 주고 있다. 현재 남아 있는 우리나라의 종 가운데 가장 크다. 이 종의 겉면에는 주조에 참여한 사람들의 이름이 적혀있는데 이들은 주로 나마의 관등을 가진 자들이었다.

법주사 쌍사자 석등

발해의 석등

상원사 종

성덕 대왕 신종

1. 회화와 글씨

(1) 고구려

　　① 회화: 무용총, 각저총 등 대표적인 고분의 벽화들이 유명하다.

　　② 글씨: 광개토 대왕릉 비문의 서체는 웅건한 자태를 뽐내고 있다.

고구려인의 생활상을 볼 수 있는 생활 벽화

무용총의 벽화를 통해 복원한 고구려인의 의상

(2) 백제: 송산리 6호분의 사신도, 능산리 고분군의 사신도와 연화 무늬 등은 온화한 미를 보여 준다.

(3) 신라

　　① 회화

　　　㉠ 천마도: 천마총에서 나온 천마도가 신라의 힘찬 화풍을 잘 보여 주고 있다. 천마도는 말의 배 가리개에 그린 그림으로 자작나무 껍질을 겹쳐서 만들었다.

　　　㉡ 솔거: 신라의 대표적인 화가로, 분황사의 관음보살상 등을 그렸다고 한다.

　　② 글씨

　　　㉠ 김생❶: 질박하면서도 굳센 신라의 독자적인 서체를 완성했다.

　　　㉡ 김인문: 무열왕의 아들로, 그가 쓴 글과 비문이 지금까지 전해지고 있다.

2. 문학

(1) 고구려

　　① 황조가: 고구려 유리왕이 사모하는 여인을 그리워하며 지었다는 4언시이다.

　　② 을지문덕의 5언시: 을지문덕이 수나라 장군 우중문에게 보낸 시이다.

(2) 백제: 「정읍사❷」는 『악학궤범』에 수록되어 현재까지 전해 내려오는 백제 가요이다.

(3) 신라

　　① 회소곡: 신라 여성들의 길쌈 노동을 노래한 것이다.

　　② 향가: 주로 승려나 화랑에 의해 지어졌다. 진성 여왕 때 각간 위홍이 승려 대구와 함께 향가 모음집인 『삼대목』을 편찬하였는데 오늘날 전하지는 않는다. 『삼국유사』의 14수와 『균여전』의 11수만이 오늘날까지 전하고 있다.

(4) 가야(구지가 – 거북이 노래): 주술적인 내용이 담긴 노래로 수로왕 설화와 관련이 있다.

(5) 발해: 문왕 때 양태사가 일본에 사신으로 갔을 때 지은 「밤에 다듬이 소리를 들으며」가 있다.

안악 3호분의 벽화

백제 능산리에서 출토된 연화 무늬

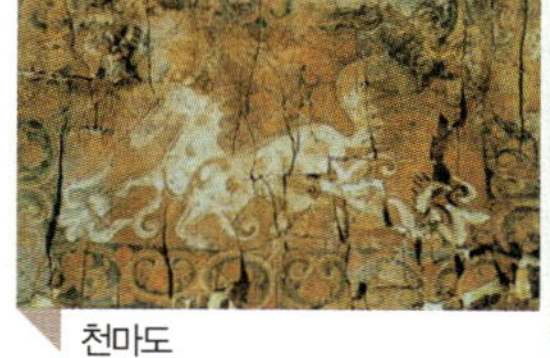

천마도

❶ 김생

이규보는 그의 저서 『동국이상국집』에서 탄연, 유신, 최우와 더불어 김생을 신품 4현이라고 극찬하였다.

❷ 「정읍사」

정읍현에 사는 행상의 아내가 남편이 돌아오지 않자 높은 산에 올라 먼 곳을 바라보며 남편이 혹시 밤길에 위해(危害)를 입지 않을까 하는 마음을 나타낸 노래이다.

「황조가」

[유리명왕(瑠璃明王) 3년(B.C. 17)] 겨울 10월에 왕비 송씨(松氏)가 죽었다. 왕이 다시 두 여인에게 장가들어 후실로 하였다. 하나는 화희(禾姬)라고 하는데 골천(鶻川) 사람의 딸이었고, 또 하나는 치희(稚姬)라 하는데 한인(漢人)의 딸이었다. 화희가 치희에게 욕하기를 "너는 한인(漢人) 집의 비첩(婢妾)에 불과한데, 어찌해서 무례함이 심한가?"라고 하였다. 치희가 부끄럽고 분하여 도망쳐 돌아갔다. 왕이 그 말을 듣고 말을 채찍질하여 이를 따라갔으나 치희는 화가 나서 돌아오지 않았다. 왕이 일찍이 나무 밑에서 휴식을 취하다가 꾀꼬리[黃鳥]가 날아와 모여드는 것을 보고, 이에 감상에 젖어 노래하였다.

펄펄 나는 저 꾀꼬리
암수 서로 정답구나
외로울사 이 내 몸은
뉘와 더불어 돌아가랴

– 「삼국사기」

「구지가」

거북아, 거북아	龜何龜何(구하구하)
머리를 내놓아라.	首其現也(수기현야)
만약 내어 놓지 않으면	若不現也(약불현야)
구워서 먹으리.	燔灼而喫也(번작이끽야)

3. 음악: 음악과 무용은 종교 및 노동과 밀접한 관련이 있다.

(1) **고구려**: 고구려의 **왕산악**은 중국의 칠현금을 개량하여 **거문고**를 만들었다.

(2) **신라**: 백결 선생은 「방아타령」을 지었고, 옥보고는 거문고 30곡을 지었다고 한다.

(3) **가야**: 우륵❸이 만든 가야금과 12악곡이 신라에 전해져 우리 음악 발전에 크게 기여하였다.

(4) **발해**: 악기로는 고구려의 거문고를 계승한 발해금이 있었다.

▼ 노래하고 연주하는 토우
주로 가야와 신라의 고분에서 출토됨.

❸ 우륵

대가야가 망할 즈음 우륵이 가야금을 가지고 신라로 들어갔다. 신라 진흥왕은 그를 국원(충주)에 안치시키고 계고 등을 보내 그의 업적을 계승하게 하였다.

고대 문화의 일본 전파

| 백 제 | 일본 고대 아스카 문화 형성에 가장 크게 기여 |

혜 자 – 쇼토쿠 태자의 스승

고구려 **혜** 관 – 일본에 삼론종 전파

담 징 – 종이·먹 제조 기술, 호류사 금당 벽화

| 신 라 | 조선술, 축제술(한인의 연못) |

수산리 고분 벽화(고구려)

다카마쓰 고분 벽화(일본)

일본 국보 1호
목조 미륵보살 반가상

❶ **아스카 문화**
일본 나라의 아스카 지방을 중심으로 발전하였던 고대 일본 문화이다. 6세기 중반 이후 한반도로부터 전래된 불교 문화를 중심으로 7세기 전반에 융성하였다.

1. 삼국의 문화 전파: 삼국의 문화는 일본에 전파되어 일본 고대 문화 성립과 발전에 큰 영향을 끼쳤다. 특히 삼국 중에서 일본과 가까웠던 **백제가 삼국 문화의 일본 전파에 가장 크게 기여**하였다.

(1) 고구려
  ① 담징: 7세기 초에 담징은 **종이와 먹의 제조 방법**을 전하였고, 호류사의 금당 벽화를 그렸다고 전해지고 있다.
  ② 혜자: 승려 혜자는 **쇼토쿠 태자의 스승**이 되었다.
  ③ 혜관: 일본 삼론종의 시조가 되었다.
  ④ 다카마쓰 고분 벽화: 일본 나라 시에서 발견된 다카마쓰 고분 벽화가 고구려 수산리 고분 벽화와 흡사한 점에서 고구려의 영향력을 살펴볼 수 있다.

(2) 백제
  ① 아직기와 왕인: 4세기에 아직기는 일본의 태자에게 한자를 가르쳤다. 뒤이어 일본에 건너간 왕인은 『천자문』과 『논어』를 전하고 가르쳤다.
  ② 단양이와 고안무: 5경 박사인 단양이와 고안무는 **무령왕** 때 일본에 가서 **유학**을 전파하였다.
  ③ 노리사치계: 6세기 **성왕** 때 노리사치계가 불경과 불상을 전하였다.
  ④ 관륵: 무왕 때 파견된 관륵은 역(曆), 천문지리, 둔갑방술 등의 책을 전하였다.
  ⑤ 영향: 일본에 전래된 백제 문화의 영향을 받아 고류사(광륭사) 미륵보살 반가 사유상, 호류사(법륭사) 백제 관음상 등이 제작되었다.

(3) 신라: 배 만드는 기술과 제방 쌓는 기술을 전해 주어 '한인의 연못'이라는 이름까지 생기게 되었다.

(4) 영향: 삼국의 문화는 야마토 조정의 성립(6세기경)과 아스카 문화❶의 형성에 큰 영향을 끼쳤다.

2. **통일 신라의 문화 전파**: 통일 신라 문화의 전파는 일본에서 파견해 온 사신 등을 통해서 이뤄졌다.

(1) 문화의 전파: 원효, 설총이 발전시킨 불교와 유교 문화는 일본 하쿠호 문화❷의 성립에 기여하였다.

(2) 화엄 사상의 전파: 심상이 전해준 화엄 사상은 일본 화엄종 개창에 영향을 미쳤다.

3. **발해의 문화 전파**: 발해는 일본에 양태사, 왕효렴 등 유명한 문인을 사신으로 파견하였으며, 장경 선명력, 불경 등을 전해 주었다.

7세기 후반에 발달한 일본의 고대 문화로, 당과 통일 신라의 영향을 많이 받았다. 불상. 가람 배치. 탑. 율령과 정치 제도에서 신라의 불교와 유교의 영향이 컸다.

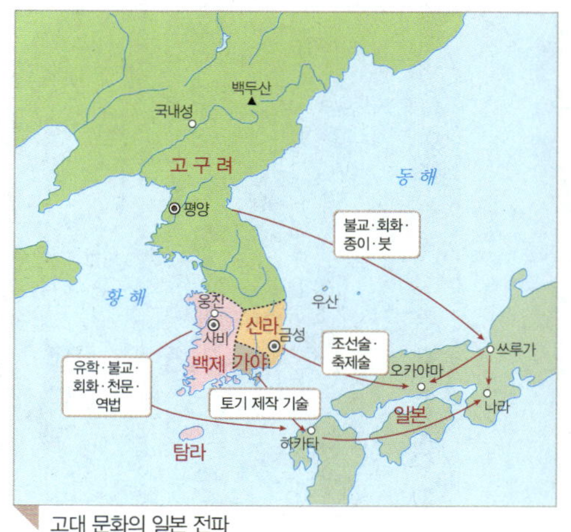

고대 문화의 일본 전파

호류사 금당 벽화(복원도)

06 중앙아시아 및 이슬람 세계와의 문화 교류

1. **고구려**: 쌍영총의 무덤 양식, 각저총의 씨름도, 우즈베키스탄 아프라시압 궁전 벽화 등을 통해 고구려와 서역과의 교류를 알 수 있다.

2. **신라**: 황남대총에서 출토된 유리잔과 백인이 새겨진 유리구슬, 경주 계림로 보검 등을 통하여 신라와 서역과의 교류를 짐작해볼 수 있다.

사마르칸트 지역 아프라시압 궁전 벽화의 고구려 사신 복원도

머리에 깃털을 꽂고 있는 오른쪽 두 사람이 고구려 사신이다.

경주 계림로 보검

③ 계단식 돌무지무덤은 서울 석촌동 고분군에서 발견되었다. 부여 능산리 고분군에서는 규모는 작지만 세련된 굴식 돌방무덤이 발견되고 있다. ① 백제의 미륵사지 석탑은 목탑의 모습을 많이 지니고 있다. ② 정림사지에는 미륵사지 석탑을 계승한 정림사지 5층 석탑이 있다. ④ 무령왕릉에는 무덤 주인공이 무령왕과 왕비임을 알려 주는 지석이 발견되었다.

우리나라 유네스코 세계 유산에 대한 설명으로 옳지 않은 것은?

2022. 국가직 9급

① 미륵사지에는 목탑 양식의 석탑이 있다.
② 정림사지에는 백제의 5층 석탑이 남아 있다.
③ 능산리 고분군에는 계단식 돌무지무덤이 있다.
④ 무령왕릉에는 무덤 주인공을 알려 주는 지석이 있었다.

 ③

3

중세 사회의 발전

CHAPTER 1 중세의 정치적 변천

01강 중세 사회의 성립
- **1** 후삼국의 성립
- **2** 고려의 건국과 민족의 재통일

02강 정치 구조의 정비
- **1** 태조
- **2** 혜종~정종
- **3** 광종
- **4** 경종
- **5** 성종
- **6** 통치 조직의 정비
- **7** 관리 등용 제도

03강 문벌 귀족 사회의 성립과 대외 관계
- **1** 거란의 침입과 격퇴
- **2** 고려 중기의 정치 상황
- **3** 여진의 침입
- **4** 문벌 귀족 사회의 성립과 모순

04강 무신 정변과 몽골의 침입
- **1** 무신 정변
- **2** 무신 집권기의 사회 동요
- **3** 몽골과의 전쟁

05강 고려 후기의 정치 변동
- **1** 원의 내정 간섭
- **2** 공민왕의 개혁 정치
- **3** 홍건적과 왜구의 격퇴

解·法·기·출·진·맥

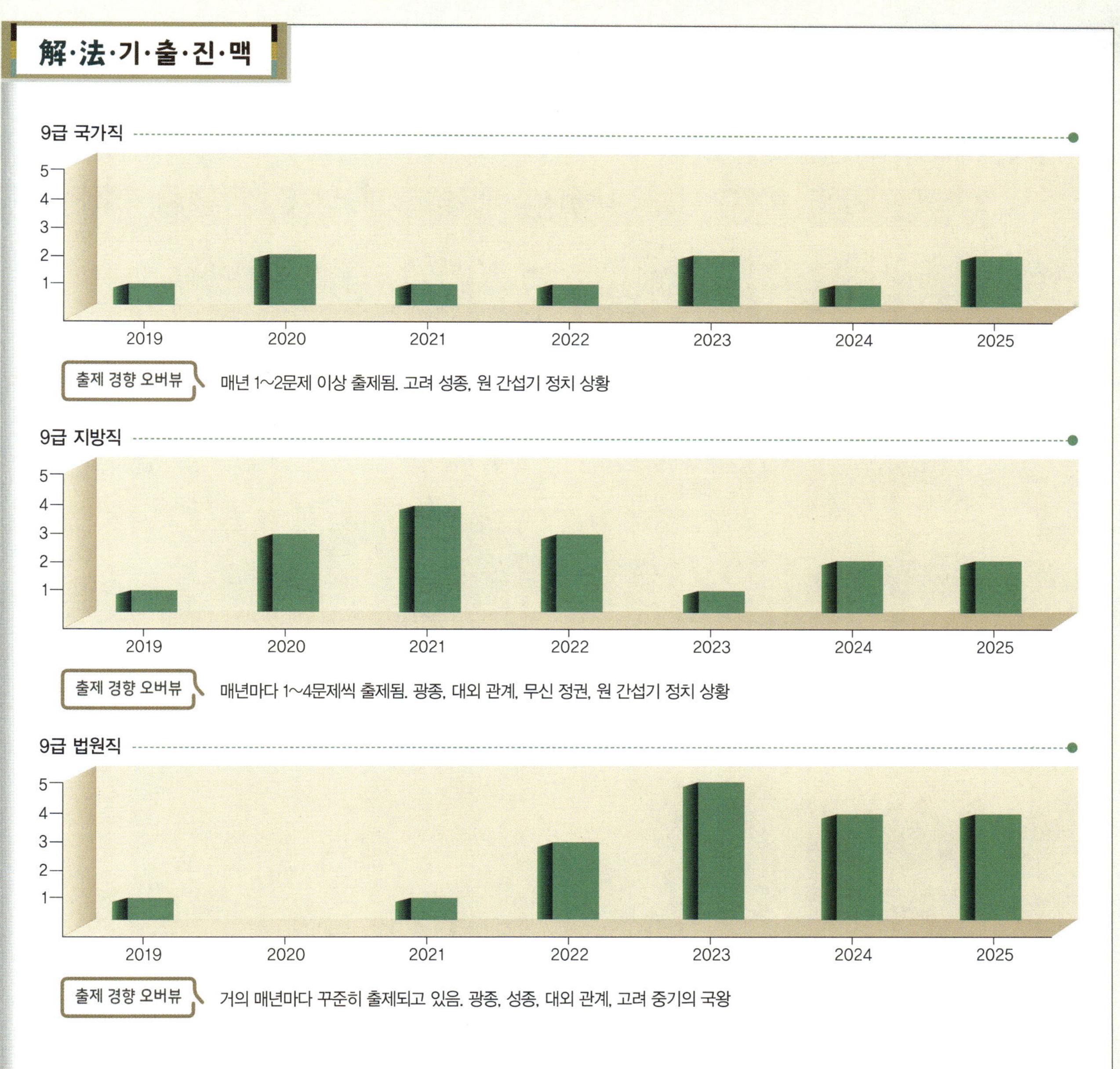

출제 경향 오버뷰 — 매년 1~2문제 이상 출제됨. 고려 성종, 원 간섭기 정치 상황

출제 경향 오버뷰 — 매년마다 1~4문제씩 출제됨. 광종, 대외 관계, 무신 정권, 원 간섭기 정치 상황

출제 경향 오버뷰 — 거의 매년마다 꾸준히 출제되고 있음. 광종, 성종, 대외 관계, 고려 중기의 국왕

01 강 중세 사회의 성립

解/法 기출분석

구분		2008~2018	2019	2020	2021	2022	2023	2024	2025
9급	국가직								
	지방직	후삼국 시대							
	법원직	후삼국 통일			후삼국 통일				

解法 요람

후삼국 시대와 고려의 민족 재통일

	사 건	내 용
900	후백제 건국	• 견훤이 호족, 군사 세력을 토대로 완산주(전주)에서 건국 • 신라에 적대적, 농민에 과중한 조세 수취, 호족 포섭 실패
901	후고구려 건국	• 궁예가 초적, 호족 세력을 토대로 송악(개성)에서 건국 • 마진[904, 철원 천도(905)], 태봉(911) 등 잦은 국호 변경 • 미륵 신앙을 이용해 전제 정치 도모
918	고려 건국	• 왕건이 궁예를 축출하고 건국, 고구려 계승 의식 • 국호: 고려, 연호: 천수, 송악 천도(919)
926	발해 멸망	거란족에 의해 멸망, 발해의 유민 고려로 망명
927	공산 전투	고려가 후백제에 크게 패함(견훤이 신라를 공격하여 경애왕 죽임).
930	고창 전투	고려가 후백제에 승리하고 이를 계기로 주도권 장악
935	신라 멸망	신라 경순왕의 고려 투항(경순왕 김부: 고려 최초 사심관)
936	후백제 멸망	후백제 지배층의 내분
	고려의 통일	선산(일리천) 전투에서 고려가 승리함으로써 후삼국 통일

01 후삼국의 성립

1. 후백제(900~936)[1]

(1) 건국: 견훤은 전라도 지방의 군사력을 토대로 성장하였다. 이후 **완산주**(전주)에 도읍을 정하고 후백제를 세웠다(900). 중국과 외교 관계를 맺고 오월, 거란, 일본 등에 외교 사절을 파견하였다.

(2) 한계: 견훤은 신라에 **적대적**이었고, 호족을 포섭하는 데 실패하였다. 또한 농민에게 지나치게 조세를 수취하여 민심을 잃었다.

2. 후고구려(901~918)[2]

(1) 건국: **궁예**[3]는 한때 북원(원주) 지방의 도적인 양길의 부하로 있었다. 점차 세력을 키워 자립하여 강원도·경기도 일대를 장악하였다. 이후 **송악**(개성)에 도읍을 정하고 **후고구려**를 세웠다(901).

(2) 체제 정비: 국호를 마진으로 바꾼 궁예는 이듬해에 도읍을 철원으로 옮겼으며, 이후 국호를 다시 **태봉**으로 바꾸었다. 그는 **독자적인 연호를 사용**하면서 황제국 체제를 지향하였다. 그리고 국정을 총괄하는 **광평성**과 순군부 등 여러 관서를 설치하였으며, 9관등제를 실시하였다.

(3) 한계: 궁예는 **미륵불을 자칭**하면서 전제 정치를 도모하였다. 또한 죄없는 관료와 장군을 살해하는 등 실정을 거듭하여 신하들에 의해 축출되었다.

3. 신라의 위축

후백제·후고구려의 성립 이후 경주 일대를 중심으로 겨우 명맥만 유지하였다.

02 고려의 건국과 민족의 재통일

1. 왕건의 등장과 고려 건국

(1) **왕건**[4]의 등장: 호족 출신인 왕건은 혈구진·패강진 등의 호족 세력을 기반으로 삼아 성장하였다. 궁예의 신하로 있으면서, 나주와 진도 등 서남해 지방에서 큰 전공을 세웠다.

(2) 고려 건국(918): 궁예를 몰아낸 뒤 신하들의 **추대**를 받아 왕위에 올랐다. 국호를 **고려**[5]라 하고 자신의 세력 근거지였던 **송악**으로 도읍을 옮겼다(919).

2. 왕건의 정책

(1) 대내: 각 지역의 호족과 선종 승려들을 포섭하는 한편, 세금을 줄여 민심을 얻었다.

(2) 대외: 신라에 우호적인 **정책**을 펼쳐 후백제의 침입을 받은 신라에 구원병을 보냈다. 또한 중국의 여러 나라와 외교 관계를 맺어 대외 정세를 안정시켰다. 926년 발해가 거란에 멸망당하자 **발해 유민을 대대적으로 포용**[6]하였다.

---

❶ 후백제의 세력 범위

차령산맥 이남의 충청도와 전라도 지역을 차지하였다. 이 지역의 우세한 경제력을 토대로 군사적 우위를 확보할 수 있었다.

❷ 후고구려의 세력 범위

궁예는 황해도 지역까지 세력을 넓혔다. 이후 한강 유역을 차지한 다음 경상북도 상주 일대로 세력을 확장하였다.

❸ 궁예

궁예는 신라 왕족 출신으로 태어나자마자 버림받았다. 부석사에 있던 신라 왕의 초상화를 칼로 훼손하는 등 반(反)신라 감정이 강하였다.

✎ 후고구려의 국호 및 연호의 변천

연도	국호	연호
901	후고구려	
904	마진	무태
905		성책
911	태봉	수덕만세
914		정개

❹ 왕건

송악(개성)의 호족 출신으로, 궁예의 부하가 되었다. 903년 수군을 이끌고 후백제의 영토인 금성(나주)을 점령하는 등 많은 전공을 세워 수상인 시중이 되었다.

❺ 고려 국호의 의미

왕건은 고려라는 국호를 통해 옛 고구려 지역의 회복을 표방하였다. 이는 발해 유민의 흡수에도 유리하게 작용하였다.

❻ 고려의 발해 유민 포용

934년에는 발해의 왕자 대광현이 많은 유민들을 이끌고 망명해왔다.

3. 후삼국의 통일

(1) **공산 전투(927)**: 927년 **견훤**은 신라의 금성(경주)을 습격하여 경애왕을 죽이고 경순왕을 즉위시켰다. 왕건은 신라를 돕기 위해 출전했지만, 대구 부근의 공산에서 패배하였다. 이를 계기로 고려와 신라의 친선 관계는 강화되었다.

(2) **고창 전투(930)**: 고려는 고창(안동) 전투에서 후백제에게 대승을 거두었다. 이후 경상도 일대의 호족들이 왕건에게 복종했으며, 고려는 후백제와의 경쟁에서 우위에 서게 되었다.

(3) **견훤의 투항(935)**[1]: 견훤의 아들인 신검과 금강이 왕위 계승을 둘러싸고 다툼을 벌였다. 신검은 견훤을 금산사에 가두고, 스스로 왕이 되었다. 이후 견훤은 금산사를 탈출하여 고려에 투항하였다.

(4) **신라의 멸망(935)**: 중앙 정치 문란과 지방 통제 기능 상실, 후백제의 잦은 침략[2] 등으로 인해 국가 유지가 어려워지자, 신라 **경순왕이 고려에 자진 항복**하였다. 이를 통해 고려는 신라의 전통과 권위를 계승하여 정통성을 확보할 수 있었다.

(5) **후백제의 멸망(936)**: 왕건은 후백제군을 **일리천** 전투에서 격파하였다. 당시 후백제의 왕이었던 신검의 항복을 받아 후삼국 통일(936)을 완성하였다.

고려의 민족 재통일

❶ **견훤의 귀순**

견훤은 왕위를 넷째 아들 금강에게 물려주려 하였다. 그러나 장남인 신검은 견훤을 금산사에 유폐하고, 금강을 살해하였다. 이후 금산사를 탈출한 견훤은 고려의 영토인 나주를 거쳐 고려에 귀순하였다. 견훤은 후삼국 통일 직후 병으로 사망하였다.

❷ **후백제의 신라 공격**

후백제는 90년 대야성을 공격했으며 이후에도 계속하여 신라의 여러 성을 빼앗았다.

심화사료 百出

견훤의 귀순

견훤이 막내아들 능예, 딸 애복, 애첩 고비 등을 데리고 나주로 달려와서 고려에 들어가기를 청하였다. 태조가 장군 유금필, 만세(태조의 사촌 동생) 등을 보내 전함 40여 척을 가지고 바닷길로 가서 견훤을 맞이하게 하였다. 견훤이 들어오자 태조는 다시 그를 상부(尙父: 아버지처럼 높인다는 뜻)라고 불렀으며, 남쪽 궁궐을 주고 지위는 모든 관리의 위에 있게 하고 양주를 식읍으로 주었다. 또한, 금과 은을 주고 노비 40명과 10필의 말을 주었다.

－「고려사」

❖ **중세 사회의 성립**

구분	신라	고려
지배 세력	진골 중심 귀족	호족(문벌 귀족), 6두품 출신
정치 제도	골품제에 기초한 폐쇄적 정치 구조	유교 정치 이념에 입각한 통치 체제 정비
사회	폐쇄적(골품제)	비교적 개방적(과거제)
사상 · 종교	불교 중심	유교와 불교의 공존
문화 발달	수도(경주) 중심의 귀족 문화	중앙 귀족 문화와 지방 문화 공존

02강 정치 구조의 정비

解/法 기출분석

구분		2008~2018	2019	2020	2021	2022	2023	2024	2025
9급	국가직	시무 28조				성종			
	지방직	• 정치 제도(3) • 지방 제도(3) • 문 · 무산계	태조	광종	식목도감	광종		성종	태조
	법원직	• 왕권 강화 정책 • 광종(3) • 고려 전기의 국왕 • 시무 28조 • 중앙 정치 조직(4)					• 태조 • 성종 • 통치 제도	• 태조 • 고려 전기의 국왕 • 대간	고려 전기의 국왕

중세 시대사 개관

지배층	호족(초기)	문벌 귀족(중기)	무신	권문세족(후기)	신진 사대부(말기)
	태조 918 광종	성종 현종 문종 숙종 예종 인종 1170	정중부 경대승 이의민 최충헌 최우	1270 충렬 충선 공민	우왕 1388(위화도 회군)
특징	자주적	보수적	기존 질서 붕괴 (-) 사회 동요 ↑ (+) 능력 중시, 관료 사회	자주권 상실	보수 vs 개혁
외교	북진 정책 거란(요): 강경책	여진 ⇨ 금 별무반(윤관) 사대 요구 수용 동북 9성 ㄴ 북진 정책 좌절	몽골: 대몽 항쟁	원 ⇨ 내정 간섭	이민족 침입 (홍건적, 왜구)
유학	독자적 (최승로)	보수적, 사대적 (최충, 김부식)	유학 쇠퇴	성리학 수용 (안향)	성리학↑ (이색, 정몽주, 정도전)
역사	자주적 『7대 실록』	보수적 『삼국사기』 김부식	자주적 『동명왕편』 이규보	자주적 『삼국유사』 일연 『제왕운기』 이승휴	성리학적 사관 『사략』 이제현

1. 통치 체제의 정비

(1) 호족 세력 통합 및 견제

　① 혼인 정책과 사성 정책: 태조는 각 지역 호족의 딸들과 혼인하여 결속을 강화하였다. 또한 유력 호족들에게 '왕'씨 성을 하사하였다.

　② 공신 정책: 건국 과정에서 공을 세운 이들을 공신으로 책봉하고 **역분전**을 하사하였다.

　③ 사심관 제도❶: 신라 경순왕 김부를 시작으로 개경에 거주하는 고관들을 출신 지역의 **사심관**으로 임명하였다. 이들은 부호장 이하의 관직 등에 관한 사무를 맡아보면서 해당 지역을 관리하였다.

　④ 기인 제도❷: 호족의 자제를 볼모로 삼아 수도에 두고 출신 지역의 일을 자문하게 한 제도이다.

(2) 정치 제도 정비: 태봉의 관제를 중심으로 신라와 중국의 제도를 참고하여 정치 제도를 정비하였다.

(3) 정책 방향 제시

　① 훈요 10조: 태조는 말년에 '훈요 10조'를 남겨 **후대의 왕들이 지켜야 할 정책의 기본 방향**을 제시하였다.

　②『정계』·『계백료서』: 태조는『정계』와『계백료서』를 지어 신하들이 지켜야 할 규범을 제시하였으나 현재 전하지 않는다.

2. 민생 안정책❸

(1) 취민유도: 세율을 10분의 1로 낮추었으며, 호족들의 지나친 수취를 금지시켰다.

(2) 흑창 설치: 빈민 구제 기구로 진대법을 계승한 흑창을 설치하였다.

3. 북진 정책

(1) 고구려 계승: 태조는 고구려 계승을 표방하여 **국호**를 고려, 연호는 천수라 하였다. 또한, 북진 정책을 추진하여 고구려의 옛 땅을 회복하고자 하였다. 이에 따라 고구려의 옛 수도인 평양을 **서경**으로 삼아 중시했으며, **청천강에서 영흥 지방(만)까지 영토를 넓혔다.**

(2) 거란과의 관계❹: 거란은 낙타 50필을 보내 친선 관계를 맺고자 했으나, 태조는 발해를 멸망시킨 거란을 적대시하였다. 거란의 사신들을 섬으로 유배보내고, 낙타를 만부교 아래에서 굶겨 죽였다(만부교 사건).

(3) 발해 유민의 포섭: 발해 왕족인 대광현이 망명하자 왕계라는 이름을 하사하고 관직을 제수하였다.

4. 숭불 정책

　태조는 훈요 10조에서 불교를 숭상할 것과 팔관회·연등회 등 행사를 개최할 것을 당부하였다.

---

❶ **사심관 제도**

충숙왕 때 폐지되었다. 조선의 경재소와 유향소는 이 제도에서 분화된 것이다.

❷ **기인 제도**

통일 신라 시대의 상수리 제도를 계승한 것이다. 점차 그 기능이 약화되어 몽골 침입 이후 천역으로 인식되었다.

❸ **노비 해방**

후삼국의 통일 과정에서 억울하게 노비가 된 농민들을 해방시켰다.

❹ **대거란 강경책**

태조는 '거란은 발해와의 옛 동맹을 저버리고 하루아침에 발해를 쳐서 멸망시킨 무도한 나라이므로 교류할 수 없다'고 하면서 거란과의 친선을 거부하였다.

심화사료 百出

정략 결혼⑤과 사성(賜姓) 정책

- 신성왕태후(神成王太后) 김씨는 신라인 잡간 억렴의 딸이다. 신라왕 김부가 사신을 보내어 항복하기를 청하니 태조가 이를 후히 대접하고 돌아가 왕에게 고하라 하며 이르기를, "지금 왕이 나라를 과인에게 주니 그 줌이 크도다. 바라건대 종실과 결혼하여 사위와 장인의 친분을 길이 하고자 하노라." 하니 김부가 회보하기를, "우리 백부 억렴에게 딸이 있어 용모가 두루 아름다운지라 이 딸이 아니면 내정을 고루 갖출 수 없을 것이다." 하므로 태조가 이를 취하여 안종을 낳았다.

　　　　　　　　　　　　　　　　　　　　　　　　　　　　　　　　　　　— 『고려사』, 권 88, 열전 1, 후비 1, 신성왕태후 김씨

- 왕순식(王順式)은 명주 사람으로 본주 장군이 되어 …… 뒤에 자제와 더불어 무리를 거느리고 와서 협력할 뜻을 보이니 태조가 왕씨 성을 하사하시고 대광 벼슬을 내렸다. …… 태조가 신검을 토벌할 때 순식은 명주에서 자기 병사들을 거느리고 참전하였다.

　　— 『고려사』, 권 92, 열전 5, 왕순식

사심관 제도

태조 18년 **신라왕 김부가 와서 항복하였다.** 이에 신라국을 없애고 경주라 하였다. **김부를 경주의 사심관으로 임명**하여 부호장 (副戶長) 이하 관직 등에 관한 일을 맡게 하였다. 이에 모든 공신들이 이를 본받아 각기 자기 주의 사심관이 되었다. **사심관은 여기에서 비롯하였다.**　　　　　　　　　　　　　　　　　　　　　　　— 『고려사』, 권 75, 지 29, 선거 3, 사심관조

기인 제도

기인(其人)은 국초에 **향리의 자제를 뽑아 서울에서 인질을 삼고** 또 해당 지방의 일과 그에 대한 고문(顧問)에 대비토록 했는데 이를 기인이라 하였다.　　　　　　　　　　　　　　　　　　　　　　　　　　— 『고려사』, 권 75, 지 29, 선거 3, 사심관조

태조의 훈요 10조

짐은 평범한 가문 출신으로 분에 넘치게 사람들의 추대를 받아 왕위에 올랐다. 재위 19년 만에 삼한을 통일하였고, 이제 왕위에 오른 지도 25년이 되었다. 몸이 이미 늙어지니, 후손들이 사사로운 인정과 욕심을 함부로 부려 나라의 기강을 어지럽게 할까 크게 걱정이 된다. 이에 '**훈요**'를 지어 후대의 왕들에게 전하고자 하니, 바라건대 아침 저녁으로 펼쳐 보아 영원토록 귀감으로 삼을지어다.

1. 우리나라의 대업은 부처님 덕분이니, 교·선의 사원을 창건하도록 하라.
　┗불교를 숭상하면서 타락하지 않도록 경계할 것
2. 모든 사원은 다 도선이 산수의 순역을 가려서 개창한 것이니, 함부로 사원을 지어 지덕을 손상시키지 말라.
　┗풍수지리설 중시
3. 왕위 계승은 적자·적손을 원칙으로 할 것
4. 중국의 제도와 꼭 같게 할 필요는 없으며, 거란과 같은 야만국의 풍속을 본받지 말 것
　┗거란 배격
5. 서경은 수덕이 순조로워 우리나라 지맥의 근본이니 후세의 왕들이여, 100일간 그곳에서 머물라.
　┗풍수지리설 중시, 북진 정책, 서경 중시(서경에 왕실의 세력 기반을 구축하려는 의도가 반영)
6. 연등, 팔관의 주신은 가감하지 말 것
　┗연등회, 팔관회 중시
7. 소인을 멀리하고, 현인과 친하며, 조세를 가볍게 하고, 상벌을 공평히 할 것
　┗유교 정치 사상의 입장에서 덕치와 애민을 강조
8. 차현 이남의 인물을 등용하지 말 것
9. 관리의 녹봉은 그 직무에 따라 제정할 것
10. 경사를 널리 읽어 고인의 말을 거울 삼을 것　　　　　　　　　— 『고려사』, 권 2, 세가 2, 태조 26년

---

⑤ 정략 결혼

왕건은 중요 지역의 유력한 호족의 딸들과 혼인을 하였는데 혜종과 정종·광종의 모후는 각각 나주와 충주를 세력 기반으로 하고 있었다.

태조 왕건 청동상
(개경 현릉 부근에서 출토)

황제가 착용하는 통천관을 쓰고 있다. 고려는 왕건이 개창한 이래 황제국을 칭하고 있으며, 주변 나라들도 고려를 황제의 나라로 인식하였다. 금이 고려에 보낸 국서에 보면 '고려국 황제'라는 표현을 썼다.

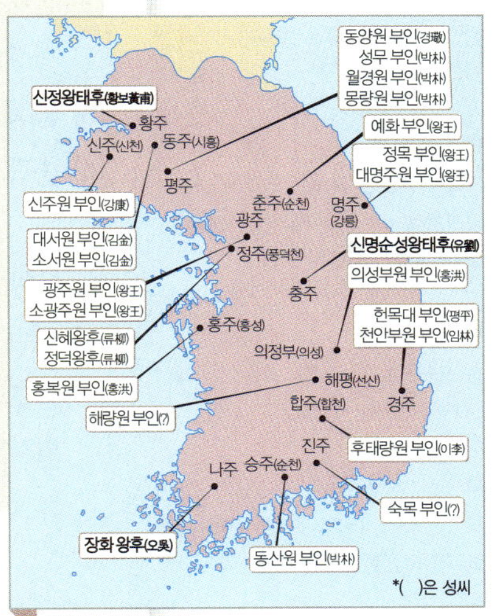

왕건의 혼인 정책

❶ 혜종

어머니인 장화 왕후 오씨의 세력이 약했기 때문에 정치적 기반이 불안정하였다. 이에 따라 혜종의 재위 기간 내내 혜종에 대한 암살 시도와 왕위에 대한 위협이 계속되었다.

❷ 광군

947년 거란군의 침입에 대비하여 조직된 특수 군대이다. 이를 통제하는 관서로 광군사를 두었다. 현종 때 주현군으로 개편되었다.

❸ 광학보(廣學寶)

불교의 가르침을 배우는 사람들을 위하여 설치한 장학 기관이다.

1. 혜종(943~945)❶

(1) **혼인 정책의 부작용**: 태조가 죽은 뒤에 호족들은 정권 쟁탈전을 벌였고, 왕권은 불안정하였다.

(2) **왕규의 난 발생(945)**: 외척인 왕규가 자신의 외손자인 광주원군을 옹립하려 하였다. 이에 서경의 왕식렴과 결탁한 왕의 동생 요(정종)가 왕규를 제거하고 왕위에 올랐다.

2. 정종(945~949)

(1) **서경 천도 계획**: 왕식렴이 있는 서경으로 천도하고자 하였으나 실패하였다.

(2) **광군 조직(947)**: 서경의 입지를 강화하고 **거란의 침입**에 대비하기 위해 **광군**❷ 30만을 조직하였다.

(3) **광학보 설치**: 불교를 장려할 목적으로 광학보❸를 설치하였다.

❹ 쌍기

중국 후주(後周) 출신으로 사신으로 고려에 왔다가 귀화하였다. 광종은 그의 건의에 따라 과거제를 실시하였다.

❺ 외왕내제(外王內帝)

대외적으로는 국왕의 호칭을 사용하면서 내부적으로는 황제의 제도를 취한 형태를 말한다.

❻ 공복 제정

광종은 관리의 공복을 관등에 따라 달리하는 4색 공복제[자(紫), 단(丹), 비(緋), 녹(綠)]를 정하였다.

❼ 송과의 수교

송나라와 수교한 이후, 광종 말기에는 송의 연호를 사용하였다.

❽ 국사 · 왕사 제도

시행은 태조 때부터로 보이지만, 제도적으로 정착된 것은 광종 때이다.

03 광종(949~975) ⭐⭐

1. 전제 왕권의 강화: 정종의 친아우 소가 즉위하여 4대 국왕 광종이 되었다.

(1) **호족 견제**: 대상 준홍과 좌승 왕동을 비롯한 공신 세력을 숙청하여 왕권을 강화하였다.

　① **노비안검법(956)**: 불법적으로 노비가 된 자들을 조사하여 양인으로 해방하였다. 이를 통해 **호족의 세력을 약화**시키고 **국가의 수입 기반을 확대**하였다.

　② **과거제 실시(958)**: **쌍기**❹의 건의로 실시하였다. 공신의 우선 등용을 막고, **유학을 공부한 인재**를 관리로 선발하였다. 국왕에게 충성할 새로운 인물을 뽑아 **신 · 구 세력의 교체**를 추진한 것이다.

(2) **칭제건원**: 광종은 자신을 **황제**라 부르게 하고, **광덕 · 준풍** 등 독자적인 연호를 사용하였다. 또한 개경을 **황도**, 서경을 서도라 하였다. 이 같은 정책들을 통해 외왕내제❺ 체제를 구축하였다.

(3) **공복 제정(960)**❻: 지배층의 위계 질서를 확립하기 위하여 공복을 제정하였다(자 · 단 · 비 · 녹).

(4) **송과의 수교(962)**❼: 5대 10국을 통일한 송과 외교 관계를 맺고 선진 문물을 수입하였다.

2. 사회 · 문화 정책

(1) **제위보 설치**: 기금을 마련한 뒤 그 이자로 행려자나 빈민을 구제하였다.

(2) **불교의 장려**: 국사 · 왕사 제도❽를 정비하고 승과를 실시하였다. 또한 **귀법사**를 창건하고, 균여를 귀법사의 주지로 삼아 불교 사상의 통합을 추진하였다.

고려 광종

휘(諱)는 소(昭), 자(字)는 일화(日華)이니 **정종의 동생**으로 태조 8년(925) 을유일에 태어났다. 치세 초반에는 신하에게 예를 갖추어 대우하고 송사를 처리하는 데 현명하였다. **빈민을 구휼하고, 유학을 중히 여기며, 노비를 조사하여 풀어 주었다.** 밤낮으로 부지런하여 거의 태평의 정치를 이루었다. **중반 이후로는 신하를 많이 죽이고 불법(佛法)을 지나치게 좋아하여 절도가 없이 사치스러웠다.** 재위 기간은 26년이며 51세까지 살았다.　　　　　　　　　　　　　　－「고려사절요」 권 2, 광종 대성대왕

광종의 공신 세력 숙청

평농서사 권신(權信)이 대상(大相) 준홍(俊弘)과 좌승(佐丞) 왕동(王同) 등이 반역을 꾀한다고 참소하자 왕이 이들을 내쫓았다.　　　　　　　　　　　　　　－「고려사」, 세가, 광종

노비안검법

우리 태조가 창업한 초기에 여러 신하 중 본래 노비를 소유하고 있던 자를 제외하고는 본래 없는 자들이 혹은 종군하다가 포로를 잡아 노비로 삼기도 하고, 혹은 재물로 노비를 사기도 하였습니다. …… **광종 때에 이르러 비로소 노비를 심사하여 그 시비를 분간케 하였습니다.** 그리하여 천한 노예들이 뜻을 얻어 존귀한 사람을 능욕하고, 다투어 허위 사실을 날조하여 본 주인을 모함한 자가 헤아릴 수 없었습니다.　　　　　　　　　　　　　　－「고려사절요」

과거제의 실시

왕이 쌍기를 등용한 것을 옛 글대로 현인을 발탁함에 제한을 두지 않은 것이라 평가할 수 있을까. 쌍기가 인품이 있었다면 왕이 참소를 믿어 형벌을 남발하는 것을 왜 막지 못했는가. **과거를 설치하여 선비를 뽑은 일**은 왕이 본래 문(文)을 써서 풍속을 변화시킬 뜻이 있는 것을 쌍기가 받들어 이루었으니 도움이 없다고는 할 수 없다.　　　　　　　　　－「고려사」, 세가, 광종, 이제현의 논평

청주 용두사지 철당간

당간은 절에 세우는 일종의 깃대이다. 광종 때 만들어진 이 당간에는 연호인 '준풍'이 새겨져 있다.

04　경종(975~981)

전시과 제도(시정 전시과)를 처음으로 실시하였다. 관품과 인품을 고려하여 전지와 시지를 지급하였다.

05　성종(981~997) ⭐⭐

1. 유교 정치의 실현[9]: 신라계 유학자들이 국정을 주도하면서 유교 정치가 본격적으로 펼쳐졌다.

(1) 정치적 개혁

　① 중앙 관제 정비: 당의 제도를 모방한 2성 6부제를 중심으로 중앙 관제를 수립하였다.

　② 과거 제도 정비: 과거 제도를 정비하고, 과거 출신자들을 우대하였다.

　③ 문무산계제 실시: 지배층의 위계 질서를 재편성하기 위해 문무산계제[10]를 실시하였다. 이를 통해 중앙과 지방의 지배층을 구분하였고 지방의 지배층은 격하시켰다.

　④ 지방 제도 정비: 최승로의 건의에 따라 전국의 주요 지역에 12목을 설치하고 지방관을 파견하였다. 향리 제도를 정비하고, 경주에 동경을 설치하여 3경제를 마련하였다. 또한 분사(分司) 제도를 정비하여 서경[11]에도 개경의 중앙 정부와 유사한 관청들을 운영하였다.

❾ 유교식 예제 마련

성종 때 유교식 의례를 수용하여 환구단과 사직을 세웠다.

❿ 문무산계제

중앙의 문·무 관리는 문산계를 받았다. 문산계에 포함되지 않는 향리, 탐라의 왕족, 여진의 추장 등에게는 무산계를 수여하였다.

⓫ 서경

서경이 명당이라는 풍수지리설(서경 길지설)이 널리 퍼져 서경 천도와 북진 정책 추진의 이론적 근거가 되었다.

(2) **대외 관계**: 중국과 우호적인 관계를 유지하고, 북방의 거란을 배척하였다. 이에 거란은 소손녕을 보내 고려를 침략하였다(993). 이때 **서희**가 소손녕과 회담하여 거란과 교류하겠다고 약속하고, 대신 압록강 일대에 **강동 6주**를 확보하여 압록강까지 영토를 확대하였다.

(3) **경제적 개혁**: 왕이 직접 농사를 지어 모범을 보였다(친경지, 적전). 재해 시 세금을 감면해 주는 면재법을 시행했으며, **건원중보**(우리나라 최초의 화폐, 철전)를 발행했으나 널리 이용되지 못하였다.

(4) **사회적 개혁**: 빈민 구제 기관인 **의창①**, 물가 조절 기관인 **상평창②** 등이 설치되었다. 또한 신분 질서 확립을 목적으로 **노비환천법③**이 실시되기도 하였다.

(5) **유교 교육의 진흥**

① **중앙**: 교육 조서를 반포하여 유학 교육을 장려하였고, 최고 교육 기관인 **국자감**을 정비하였다. 또한, 비서성(개경)·수서원(서경)이라는 도서관을 설치하였다.

② **지방**: 교육 기관인 **향교**를 설치하였다. 또한 지방에 **경학박사와 의학박사**를 파견하였다.

③ **문신월과법④**: 문신월과법을 제정하여 중앙의 관리들에게 매월 시를 지어 바치게 하였다.

2. 최승로⑤의 시무 28조

성종은 중앙의 관리들에게 정책을 건의하도록 하였다. 이에 최승로는 **시무 28조**를 바쳤다. '불교는 수신(修身)의 근본이요, 유교는 치국(治國)의 근원이다.'라고 하여 유교 이념을 강조하고, **지방관 파견·불교 행사 축소⑥** 등을 건의하였다. 이를 수용한 성종은 불교 행사를 억제하고, **유교를 바탕으로 통치 체제를 정비**하였다.

심화사료 百出

최승로의 5조 정적평⑦(광종 비판)

선왕은 정종의 유명(遺命)을 받고 아우로서 왕위를 계승한 후 예로써 아랫사람을 접하며 밝은 관찰력으로 사람을 잘 알아보았습니다. …… **그가 즉위한 해로부터 8년간 정치와 교화가 청백 공평하였고 형벌과 표창을 남용하지 않았습니다. 그러나 쌍기(雙翼)를 등용한 후로부터 문사를 존중하고 대우하는 것이 지나치게 풍후하였습니다.** …… 그 마무리를 잘하지 못한 것이 참으로 애석합니다. 더구나 경신년(광종 11, 960)부터 을해년(광종 26, 975)까지 16년간은 간흉(奸兇)들이 앞을 다투어 진출하면서 …… 군자는 받아들여지지 못하고 소인은 그 뜻을 얻었습니다. 마침내 자식이 부모를 거스르고 종이 그 주인을 논박하기에 이르러, 상하 간에 마음이 떠나고, 군신간이 해체되었습니다.

– 『고려사』 열전, 최승로, 5조 정적평

최승로의 시무 28조 ⑧

2. 불사(佛事)를 많이 베풀어 백성의 고혈을 짜내는 일이 많고, 죄를 지은 자가 중을 가장하고 구걸하는 무리들이 중들과 서로 섞여 지내는 일이 많습니다. 원컨대 군왕의 체통을 지켜 이로울 것이 없는 일은 하지 마십시오.

3. 우리 왕조의 시위하는 군졸은 태조 때에는 그 수효가 많지 않았으나, 뒤에 광종이 풍채 좋은 자를 뽑아 시위케 하여 그 수가 많아졌습니다. 태조 때의 법을 따라 날쌔고 용맹스런 자만 남겨 두고 그 나머지는 모두 돌려보내어 원망이 없도록 하십시오.

6. 불보(佛寶)의 돈과 곡식은 여러 절의 중이 각기 주군(州郡)에서 사람을 시켜 관장하며, 해마다 장리(長利: 비싼 이자)를 주어 백성을 괴롭게 하니 이를 모두 금지하소서.

7. 태조께서 나라를 통일한 후에 군현에 수령을 두고자 하였으나, 대개 초창기에 일이 번다하여 미처 이 일을 시행할 겨를이 없었습니다. 청컨대 외관(外官, 지방관)을 두소서.

8. 중이 마음대로 궁궐에 출입하여 총애 받는 것을 금하십시오.

9. 관료들로 하여금 조회할 때에는 모두 중국 및 신라의 제도에 의하여 공복을 입도록 하여 지위의 높고 낮음을 분별하도록 하십시오.

11. 풍속은 각기 그 토질에 따라 다른 것이므로 모든 것을 반드시 구차하게 중국과 같게 할 필요는 없습니다.

13. 봄에는 연등을 설치하고 겨울에는 팔관을 베풀어 사람을 많이 동원하고 노역이 심하오니, 원컨대 이를 감하여 백성이 힘 펴게 하소서.

16. 중들이 다투어 절을 짓는데, 수령들이 백성을 동원하여 일을 시키니 백성이 매우 고통스럽게 여기고 있습니다. 엄히 금하십시오.

19. 공신의 등급에 따라 그 자손을 등용하여 업신여김을 받고 원망하는 일이 없도록 하십시오.

20. 불교를 행하는 것은 수신의 근본이며, 유교를 행하는 것은 치국의 근원이니, 수신은 내생을 위한 것이며, 치국은 곧 오늘의 일입니다. 오늘은 지극히 가깝고 내생은 지극히 먼 것인데, 가까움을 버리고 지극히 먼 것을 구함은 또한 잘못이 아니겠습니까?

22. 광종이 노비를 안검하니, …… 천한 노예들이 주인을 모함하는 일이 이루 헤아릴 수 없이 많았습니다. 그런즉 선대의 일에 구애되지 말고, 노비와 주인의 송사를 판결할 때는 분명하게 하여 후회가 없도록 힘써야 합니다.

---

⑧ 시무 28조

조목	내용
1	북방 지역의 방어책
2	공덕재(불교 행사)의 폐지
3	왕실 시위 군졸 축소
4	왕이 행려자에게 음식을 나눠 주는 행사 폐지
5	중국과의 사무역 금지
6	사원의 고리대 비판
7	지방관의 파견
8	승려의 궁중 출입 금지
9	중국·신라의 제도를 따라 복식 제도 정비
10	승려의 역관 유숙 금지
11	중국 문물의 주체적인 수용
12	섬 사람들의 공역 경감
13	연등회와 팔관회 축소
14	신하에 대한 예우
15	왕실 내속 노비의 감소
16	사찰 남설 금지
17	신분에 따른 가옥 크기 규정
18	불상에 금과 은 사용 금지
19	삼한 공신(후삼국 통일에 협력한 공신) 자손의 처우 개선
20	왕의 지나친 불교 숭배 억제
21	초제 등의 제사 제한
22	노비의 신분 규제 철저 (광종의 노비안검 비판)

대표 기출문제

밑줄 친 '왕'의 재위 기간에 있었던 일로 옳은 것은?

2022. 지방직 9급

- 평농서사 권신(權信)이 대상(大相) 준홍(俊弘)과 좌승(佐丞) 왕동(王同) 등이 반역을 꾀한다고 참소하자 왕이 이들을 내쫓았다.
- 왕이 쌍기의 건의를 받아 처음으로 과거를 실시하였다. 시(詩)·부(賦)·송(頌) 및 시무책을 시험하여 진사를 뽑았으며, 더불어 명경업·의업·복업 등도 뽑았다.

① 노비안검법을 제정하였다.
② 전민변정도감을 설치하였다.
③ 토지 제도로서 전시과를 시행하였다.
④ 12목을 설치하고 지방관을 파견하였다.

해설

제시된 자료는 광종 때의 공신 숙청과 과거제 실시에 대한 내용이다. ① 광종은 노비안검법를 제정하여 불법적으로 노비가 된 자들을 조사하고 양인으로 해방하였다. ② 전민변정도감은 불법적인 농장을 규제하고, 백성을 보호하기 위해 설치한 기구이다. 고려 원종 때 처음 설치되었고 이후 충렬왕·공민왕·우왕 때 설치와 폐지를 반복하였다. ③ 경종 때 처음 전시과 제도를 실시하였다. ④ 성종의 업적이다.

정답 ①

1. 중앙 정치 기구 ⭐

❖ 고려의 중앙 관제

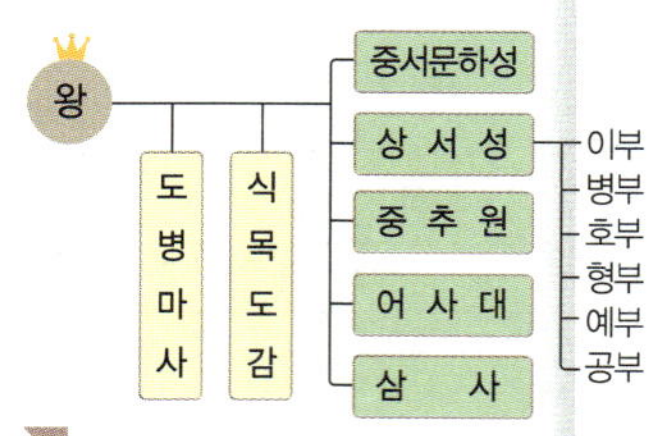

고려의 중앙 관제

중서문하성(재부) [종1품, 문하시중]	재신(2품 이상) 낭사(3품 이하)	국가 정책 계획 · 결정	
중추원(추부) [종2품, 판원사]	추밀(2품 이상) 승선(3품)	군사 기밀 왕명 전달	
外 도병마사	재추 주요 관직 겸직	국방 문제 담당 임시 회의 기구 ⇒ 도평의사사(도당)로 개편(충렬왕) ⇒ 국정 전반 담당 최고 정무 기구	
內 식목도감		국내 법 제정, 각종 시행 규정 담당, 임시 회의 기구	
상서성	이부	문관 임명 · 승진 등 인사	
	병부	무관 임명 · 승진 등 인사, 군사 관련 사무	
	호부	호구 · 공부, 조세 징수	
	형부	법률, 재판, 노비 문제	
	예부	의례, 학교, 과거	
	공부	물품 제작, 조달, 건축 · 토목 관련 사무	
어사대		정치의 잘잘못을 논하고 관리들의 비리를 감찰, 서경권	어사대 + 낭사 = 대간(대성)
삼사		화폐, 곡식의 출납에 대한 회계 사무	
춘추관		실록, 국사 편찬 담당	
한림원		외교 문서 · 왕명 · 교서 작성 주관	

❶ 도병마사(都兵馬使)

성종 때 처음 설치되어, 성종~현종 시기에 완성되었다.

❷ 식목도감(式目都監)

성종~현종 시기에 설치되었다.

❸ 중서문하성(中書門下省)

국초에 내의성 등으로 불리다가 문종 때 중서문하성이라고 하였다.

❹ 상서성(尙書省)

실질적인 권한은 없었다. 장관인 종1품 상서령도 명예직이었다.

❺ 6부(六部) 판사제

재신들이 6부의 판사를 겸임하고 상서 위에서 각 부를 관할하는 제도이다.

❻ 추밀(추신)

판원사(판중추원사)가 중추원의 장관 역할을 하였다.

❼ 삼사(三司)

조선의 삼사는 사헌부·사간원·홍문관을 지칭하며, 언론 기관이다.

(1) **특징**: 성종 때 2성 6부제를 토대로 마련했으며, 문종 대에 이르러 대부분 완성하였다. 당·송의 제도를 수용하여 2성 6부, 중추원과 삼사를 정비하였다. **도병마사❶**와 **식목도감❷**은 고려의 독자적인 제도로, 고대의 귀족 합의제 전통이 반영된 것이다.

(2) **중서문하성❸**: 문하시중을 수상으로 한 최고 관서로 **국정을 총괄**하였고, 재신과 낭사로 구성되었다.
　① **재신(2품 이상)**: 상층 구성원으로 백관을 통솔하고 **국가의 중요 정책을 심의, 결정**하였다.
　② **낭사(3품 이하)**: 하층 구성원으로 간관이라고도 불렸다. 간쟁과 봉박, 서경의 기능을 맡아보며, 정치의 잘못을 비판하였다.

(3) **상서성❹**: 6부를 하위 기관으로 두고 정책을 집행하였다.

(4) **6부❺**: 상서성에 소속되어 실제 정무를 분담하였으며, 정3품의 상서가 각 부의 장관이 되었다.

(5) **중추원**: 중서문하성과 함께 양부라 불렸고 추밀과 승선으로 구성되었다.
　① **추밀❻**: 2품 이상의 고관으로, 군국기무와 **군사 기밀**을 관장하였다.
　② **승선**: 3품의 관리로, **왕명 출납**을 담당하였다.

(6) **삼사❼**: 조세의 징수 · 운반 · 저장 등과 그에 따른 **세입 · 세출의 회계 업무**를 담당하였다.

(7) 재추 회의(고려의 독자적 기구, 재신+추밀[8])

　① 도병마사: 주로 국방·군사·대외 문제를 논의하던 임시 기구이다. 충렬왕 때 도평의사사(도당)로 개편되면서, 국정 전반을 결정하는 최고 정무 기구가 되었다.

　② 식목도감: 법의 제정이나 각종 시행 규정 등 대내 문제를 다루던 임시 기구이다.

(8) 어사대: 대관이라 불렸고 관리의 비리를 감찰하였다. 또한, 정치의 잘잘못을 논의하고 풍속을 교정하는 일을 담당하였다. 어사대의 관원은 중서문하성의 낭사와 함께 대간[9]이라고 불리며 간쟁과 봉박, 서경 등의 임무를 수행하였다.

❋ 대간(대성, 성대)

	대(臺)	간(諫)	
	감찰	간쟁	서경: 관리를 임명할 때 동의권 ⇩
고려	어사대	낭사	고려: 모든 관직
조선	사헌부	사간원	조선: 5품 이하 관리

(9) 기타

　① 한림원[10]: 왕명을 기록하고 외교 문서를 작성하였다. 그 밖에 과거의 고시관[11] 역할도 하였다.

　② 춘추관: 실록과 국사 편찬을 담당한 관청으로, 국초에는 사관이라 불렸다.

2. 지방 행정 조직(이원적 구성)

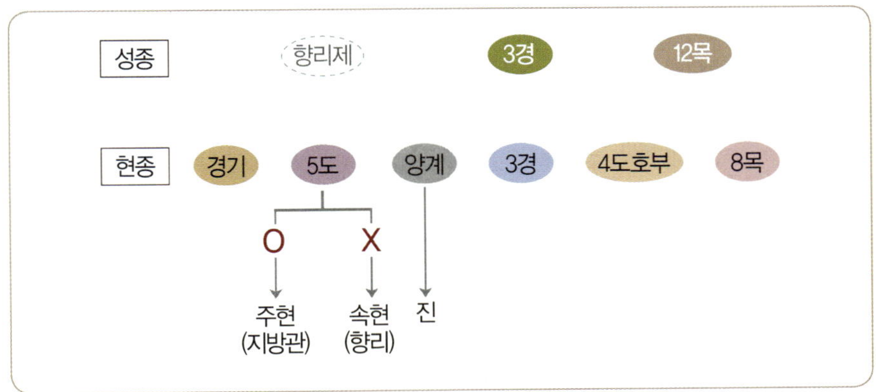

(1) 지방 제도의 정비 과정

　① 국초[12]: 사심관 제도와 기인 제도를 실시하였다.

　② 성종

　　㉠ 지방관 파견: 최승로의 건의를 수용하여 12목을 설치하고 최초로 지방관을 파견했다.

　　㉡ 3경제: 서경과 동경(경주)을 설치하고, 개경을 포함한 3경 체제를 갖추었다. 이후 동경 대신 남경(문종 때 설치, 한양)을 3경에 편제하였다.

　③ 현종: 전국을 5도와 경기, 양계로 크게 나누었다. 5도 양계 안에 4도호부 8목을 비롯하여 56개의 주·군, 28개의 진 등을 편성하였다.

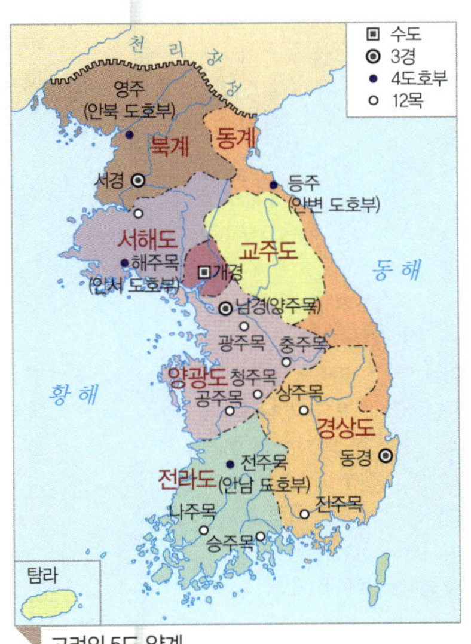

고려의 5도 양계

---

(2) 5도

① 성격: 중앙 관직인 **안찰사**가 파견되어 도 내를 순찰하였다. 상설 행정 기관은 따로 없었다.

② 안찰사❶: 관품은 보통 5품 내지 6품으로 낮았다.

ㄱ 임기: 임기는 6개월이었고, 경관직이었으므로 지방에 상주하지는 않았다.

ㄴ 업무: 형옥·조세 수납·군사·민생 등의 일을 수행하고, 지방관(수령)을 **감찰**하였다.

③ 군현❷

ㄱ 운영: 토착 세력인 호장, 부호장 등 향리가 지방관 밑에서 실질적 행정 사무를 담당하였다.

ㄴ 특징: 지방관이 파견되지 않은 속현이 지방관이 파견되는 주현보다 더 많았다. 속현은 주현을 통해 간접적으로 통제를 받았다. 이를 보완하고자 **예종 때부터 속현에 감무❸를 파견**하였다.

④ 향리

ㄱ 역할: 지방관을 보좌하여 노역 징발, 조세 징수와 같은 **지방 행정 실무**를 담당하였다. 그러나 속현 등이 다수 존재하는 상황에서 향리는 **지방의 실질적인 지배 세력**이었다.

ㄴ 특징: 신분이 세습되었으며, **외역전이** 지급되었다. **상층 향리일 경우 과거 응시가 가능**하여 중앙 관직에 진출할 수 있었다.

ㄷ 향리 견제: 향리의 관제를 격하시켜 중앙 관리와는 엄격히 구별하였다. 일부 향리의 자제들은 인질이 되어 개경으로 보내졌다(기인 제도).

❖ **고려와 조선의 향리 비교**

구분	고려	조선
차이점	• 권한이 강함(실질적 지방 지배자). • 보수 有(외역전 지급 받음.) • 군사 지휘권의 행사(일품군) • 과거를 통해 중앙 관리로 진출	• 권한이 약함(아전으로 격하), 6방에 배속 • 보수: 토지 지급 없음(관청 경비 중 식료 지급). • 군사 지휘권 없음. • 과거 응시 제한(근무 일수 채우고 관청 허가를 받아야 함.)
공통점	• 중간 계층 • 세습 가능 • 지방의 행정 실무 담당	

⑤ **특수 행정 구역❹**: 향·부곡·소·역·진 등으로, 주현을 통하여 간접적으로 통제받았다.

(3) 양계

① 성격: 국경 지대인 **북계와 동계에 설치한 군사적 특수 지역**이다. 중앙에서 **병마사**를 파견하였고, 방어사주와 진으로 구성되었다.

② 병마사❺: 양계에 상주하면서 군사 업무뿐 아니라 민정까지 총괄하였다.

(4) 경기: 현종 때 왕경❻ 주변의 현들은 경기로 묶어 중앙 정부의 직할에 두었다.

(5) 3경 4도호부 8목

① 3경: **국가의 균형적 발전을 도모하는 동시에 지방 세력을 견제하기** 위해 설치하였다. 성종 때 경주를 동경으로 승격하여 개경, 서경의 3경 체제를 갖추었다. 이후 문종 때 동경 대신 남경(한양)이 3경에 편제되었다.

② 4도호부❼: 군사적 방어의 중심지 역할을 하였는데, 동계와 북계·서해도·전라도에 설치되었다.

③ 8목: 지방 행정의 중심지 역할을 했으며, 양계와 교주도에는 설치되지 않았다.

3. 군사 제도

(1) **중앙군**: 중앙군은 2군 6위[8]로 구성되었으며, 45개의 령[9]이 배속되었다.

　① **구성**

　　㉠ 2군: 응양군(1령)과 용호군(2령)으로, 현종 때 설치된 **국왕의 친위 부대**이다.

　　㉡ 6위: 좌우위, 신호위, 흥위위, 금오위, 천우위, 감문위이다. **수도의 경비와 국경 방어**, 경찰 업무, 궁성문의 수비 등을 맡았다.

　② **편성**: 대부분 **직업 군인**으로 군적에 올라 **군인전**을 지급받고, 직역을 자손에게 세습하였다.

(2) **지방군**: 16세 이상의 농민병으로 편성되었다.

　① **주현군**: 일반 주현에 주둔했으며 **지방관의 지휘**를 받았다. 지역의 방어를 담당했으며, 정용군·보승군과 노동 부대인 일품군으로 구성되었다.

　② **주진군**: 양계의 진 등에 주둔하였다. 좌군·우군·초군으로 구성된 상비군으로, 국경 수비를 전담하였다.

(3) **특수군**

　① **광군**: 정종 때 **거란족의 침입**에 대비하기 위해 편성한 것으로, 이후 주현군의 모체가 되었다.

　② **별무반**: 여진족의 정벌을 위해 숙종 때 편성되었다. 신기군(기병), 신보군(보병), 항마군(승병)으로 구성되었다.

　③ **삼별초**[10]: 최우 집권기에 설치된 군대로, **최씨 정권의 군사 기반**이 되었다.

❽ **2군 6위의 합좌 기관**

2군 6위에는 지휘관인 상장군과 대장군으로 구성된 **중방**이, 령에는 각 령의 지휘관인 장군들의 합좌 기관인 **장군방**이 있어, 군사 문제를 논의하였다.

❾ **령(領)**

2군 6위에는 모두 45개의 령이 딸려 있었다. 령은 1,000명의 군인으로 조직된 부대였다.

❿ **삼별초**

도적을 잡기 위해 설치한 야별초에서 시작되었다. 야별초(치안 유지, 야간 경비)에서 분리된 좌별초와 우별초, 그리고 몽골의 포로였다 탈출한 군사로 이루어진 신의군으로 구성되었다. 개경 환도와 몽골과의 강화에 반대하여 대몽 항쟁을 계속하였다.

홍패

합격자가 받은 것으로, 응시자의 이름과 지위·성적·고시관의 명단이 기록되어 있다.

✎ 무과

예종~인종 때 잠깐 실시되었으나 곧 폐지되었다. 이후 고려 말 공양왕 때 비로소 정식으로 설치되었으나 제대로 시행되지 못하였다. 따라서 무관들은 세습에 의해 충원되거나, 간단한 시험을 거쳐 선발하였다.

❶ 좌주와 문생의 관계

과거를 통해 지공거(知貢擧), 과거 시험관인 좌주(座主)와 급제자인 문생(門生)의 관계가 형성되었다. 이들은 유대를 굳게 맺고서 학문의 전통을 이어가는 한편, 사회·정치적으로 폐단을 일으키기도 하였다.

❷ 음서의 범위

음서는 한 명만 혜택을 받는 1인 1자의 원칙이 적용됐다. 4~5품은 아들과 손자까지 혜택이 주어졌지만, 3품 이상의 경우 조카·사위·동생·양자도 혜택을 받을 수 있었다.

07 관리 등용 제도

1. 과거 제도: 능력에 따른 관리 등용 제도로, 시험을 통해 인재를 선발하였다.

(1) **시행**: 3년마다 시행되는 **식년시**가 원칙이나 **격년시**가 유행하였다.

(2) **응시 자격**: 법적으로 **양인 이상**이면 과거에 응시할 수 있었다. 실제로 제술업이나 명경업에는 주로 귀족과 상층 향리 자제들이 응시하였고, 농민은 주로 잡과에 응시하였다.

(3) **과거 종류**

　① **제술과(업)**: 문학적 재능과 정책 등을 시험하였다.

　② **명경과(업)**: 유교 경전에 대한 이해 능력을 시험하였다.

　③ **잡과(업)**: 법률·회계·지리 등 실용 기술학을 시험하여 기술관을 뽑았다.

　④ **승과**: 교종시와 선종시로 나누어 시험보았다.

(4) **응시 절차**

　① **1차(향시)**: 상공(개경), 향공(지방), 빈공(외국인)으로 구분하여 선발하였다.

　② **2차(국자감시)**: 향시 합격자와 국자감생 등이 국자감에서 시험을 보았다.

　③ **3차(예부시)**: 동당(감)시라고도 하며 출제 위원인 지공거(고시관)가 선발했다.

(5) **변화**: 공민왕 때 원의 영향으로 과거삼층법이 실시되었다. 향시(초시)−회시(예부 주관)−전시(최종 시험, 국왕이 직접 임명)의 순서로 진행되었다. 시험에서 왕의 영향력이 한층 커졌으며, 좌주와 문생의 관계❶에서 빚어지는 파벌의 폐해를 시정할 수 있었다.

2. 음서 제도: 조상의 음덕으로 자손이 관리가 될 수 있는 제도이다.

(1) **종류**: 문무 5품 이상 관리의 자손에 대한 일반적인 음서, 공신 자손에 대한 음서, 왕실의 먼 후대 자손에 대한 음서 등으로 나뉜다.

(2) **범위❷**: 고려 시대에는 **공신과 종실의 자손** 외에 5품 이상 관료의 아들, 손자 등에게 음서의 혜택을 주었다. 음서의 연령은 18세 이상으로 규정되어 있지만 10세 미만의 경우도 많았고 대략 15세를 전후해 관직에 취임하였다.

(3) **특징**: 대부분 음서를 거쳐 5품 이상의 고위직에 진출했으며, 공음전과 함께 **귀족 특권 유지와 세습**에 기여하였다.

대표 기출문제

(가)에 들어갈 기구로 옳은 것은?　　　　　　　2021. 지방직 9급

고려 시대 중서문하성과 중추원의 고위 관료들은 도병마사와 　(가)　에서 국가의 중요한 일을 논의하였다. 도병마사에서는 국방과 군사 문제를 다루었고, 　(가)　에서는 제도와 격식을 만들었다.

① 삼사　　　　　② 상서성　　　　　③ 어사대　　　　　④ 식목도감

03강 문벌 귀족 사회의 성립과 대외 관계

解/法 기출분석

구 분		2008~2018	2019	2020	2021	2022	2023	2024	2025
9급	국가직	• 별무반 • 대외 관계(2) • 예종	인종	서울(한성)			서희	현종	
	지방직	• 대외 관계(2) • 숙종 • 현종 • 서경(지역사)		별무반	대외 관계	강조			대외 관계
	법원직	• 대외 관계 • 현종~예종 • 최충				• 숙종 • 예종	인종~의종		• 목종 · 문종의 업적 • 성종~인종

문벌 귀족 사회의 성립과 대외 관계

성종 — 문벌 귀족 사회의 성립 — **거란** ①1차 강동 6주(서희 담판)

현종 — 지방 행정 제도 개편: 5도 양계, 4도호부, 8목 — **거란** ②2차 개경 함락(강조의 정변) ③3차 귀주 대첩(강감찬)

문종 — 문벌 귀족 사회의 심화, 중앙 관제의 완성
이자연: 경원 이씨, **최충**: 9재 학당(문헌공도) ⇨ 사학 12도
경정 전시과

숙종 — **의천**: 국청사, 천태종
화폐 발행: 삼한통보, 해동통보, 활구(은병) — **여진** 별무반(윤관)

예종 — 관학 진흥책: 7재 설치, 양현고 — **여진** 동북 9성(윤관)

인종 — 문벌 귀족 사회의 모순 표출
이자겸의 난(1126), **묘청**의 서경 천도 운동(1135) — **금(여진)** 고려에 사대 요구 (이자겸 수용)

1. 고려 전기의 외교 노선

(1) 북진 정책

고려는 태조 때부터 고구려 옛 땅을 회복하려는 **북진 정책**을 추진하였다.

(2) 친송 정책

송❶은 고려와의 친선을 도모하며 **군사적 지원**을 받고자 했지만, **고려는 군사적 개입은 피하면서 실리를 추구**하였다.

(3) 대거란 강경책❷

태조 때부터 발해를 멸망시킨 거란을 적대시하였다. 그러나 거란(요)은 송을 공격하기 전에 후방의 안정을 확보하고자 하였다. 이에 따라 고려와 긴장 관계가 형성되었다.

❶ **송의 외교적 목적**

송은 만리장성 이남까지 진출해 온 거란을 견제하기 위해서 고려와 긴밀한 우호 관계를 유지하고자 하였다.

❷ **거란에 대한 강경책**

- 태조: 거란이 조공으로 보낸 낙타를 만부교 밑에서 굶겨 죽였다(만부교 사건).
- 정종: 광군사를 설치하고 광군 30만을 조직하였다.

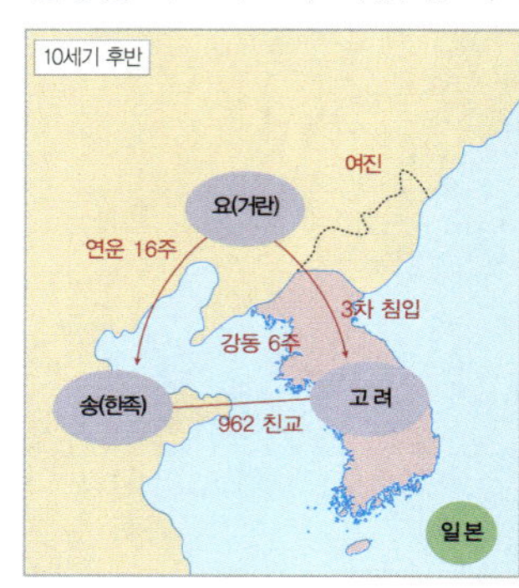

1차 침입	성종(993)	서희의 외교(강동 6주) ⇨ 거란과의 교류 약속
2차 침입	현종(1010)	① **강조의 정변** ⇨ 2차 침입 ② **개경 함락** ⇨ 현종 피난 ③ 양규의 선전 ④ 강화 체결
3차 침입	현종(1018)	강감찬의 귀주 대첩
결과		• 고려, 송, 거란 세력 균형 ⇨ 평화 유지 • 나성(개경)과 천리장성(압록강에서 도련포까지) 축조

2. 거란의 침입

(1) 제1차 침입(성종, 993)

① 배경: 거란은 986년 압록강 중류 지역의 정안국❸을 멸망시킨 후, 고려에 대한 침략을 시작하였다.

② 과정: 성종 때인 993년, 거란(요)의 소손녕은 80만 대군을 이끌고 침략하였다. 거란은 고려가 차지하고 있는 옛 고구려 땅을 내놓고 송과 교류를 끊을 것을 요구❹하였다.

③ 서희의 외교 담판: 서희는 소손녕과 담판에서 **고려가 고구려의 후계자임을 밝히고, 거란과 교류하겠다고 약속**하였다. 이에 고려는 **압록강 동쪽의 강동 6주**❺를 확보하여 국경이 압록강까지 확대되었다.

④ 결과: 고려는 거란의 연호를 사용했으며, 거란은 송을 공격하여 수도 근처까지 압박하였다.

❸ **정안국**

발해 유민이 압록강 유역에 세운 국가이다. 정안국이 송과 손잡고 거란을 치려고 하자, 거란(요)은 정안국을 침공하여 멸망시켰다.

❹ **거란의 1차 침입 과정**

거란은 송을 공격하기 전에 후방의 안정을 확보하려고 고려를 공격하였다. 거란의 침략에 당황한 고려에서는 서경 이북의 땅을 넘겨주고 평화 조약을 맺자는 주장이 나오기도 하였다. 그러나 거란의 침략 의도가 송과의 외교 관계를 단절하는 것에 있다고 파악한 서희는 거란의 장수 소손녕과 외교 담판을 벌였다.

❺ **강동 6주 확보**

서희는 적장 소손녕과의 담판에서 고려가 고구려를 계승했음을 분명히 하고, 북방 지역의 교통로를 확보하면 거란과 교류하겠다고 약속하였다. 거란이 압록강 일대에 대한 고려의 영유권을 인정함에 따라 고려는 6개의 성을 쌓아 압록강까지 영토를 확대하였다.

심화사료 百出　　2025. 지방직 9급, 2023. 국가직 9급, 2023. 법원직 9급, 2018. 국가직 9급, 2014. 지방직 9급, 2013. 국가직 7급

서희와 소손녕의 담판

소손녕: 너희 나라는 신라 땅에서 일어났고 고구려의 옛 땅을 우리가 소유하고 있거늘. 너희 나라가 고구려의 옛 땅을 자주 침식할 뿐 아니라 **우리 거란과 국경을 접하고 있으면서 바다를 건너 송나라만 섬기기 때문에** 오늘의 출정을 보게 된 것이니 이제 만일 그 땅을 할양하고 조공을 바치면 무사할 것이다.

서희: 그것은 틀린 말이다. **우리는 고구려 옛 땅을 터전으로 하고 있어서 나라 이름도 고려**라 하였고, 평양을 서경이라 한 것이다. 만약 국경을 논한다면 당신 나라의 동경도 모두 우리 경내에 들어 있는데 어찌 침식했다고 할 수 있겠느냐. 더욱이 압록강 내외의 땅도 또한 우리 경내이지만 지금은 여진이 잠식하여 장악하고 간사한 짓까지 하고 있어 도로의 막힘이 바다를 건너기보다 어려우므로 당신 나라와 통교하지 못한 것이다. **만약 여진을 쫓고 우리 국토를 되찾아 큰 성과 작은 성을 쌓아서 재침을 막아 통로가 트이면** 어찌 감히 수빙(修聘)을 하지 않겠는가. 이 말씀을 귀국 임금에게 아뢰어 주기 바란다.

― 「고려사」

(2) 제2차 침입(현종, 1010)

① 원인: 거란은 신하가 임금을 죽인 죄(강조의 정변[6])를 묻는다는 명분을
내세워 40만 대군을 이끌고 2차 침입을 감행하였다.

② 과정: 서북면을 지키던 **강조**[7]의 패배 이후, 개경이 함락되고 현종은 전
라도 나주까지 피난하였다. 그러나 **흥화진의 양규** 등 거란의 배후에서
고려군은 저항을 계속하였다.

③ 결과: 퇴로의 차단을 우려하고 있었던 거란은 고려의 강화 조건(국왕의
거란 방문, 강동 6주 반환)을 받아들이고 물러갔다.

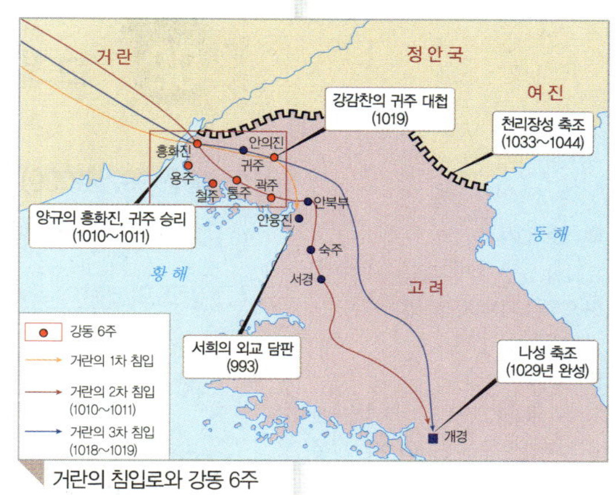

거란의 침입로와 강동 6주

2022. 지방직 9급

심화사료 百出

거란의 2차 침입 당시 강조의 패배

군대를 이끌고 통주성 남쪽으로 나가 진을 친 강조는 거란군에게 여러 번 승리를 거두었다. 하지만 자만하게 된 그는 결국 패
해 거란군의 포로가 되었다. 거란의 임금이 그의 결박을 풀어 주며 "내 신하가 되겠느냐?"라고 물으니, 강조는 "나는 고려 사람
인데 어찌 너의 신하가 되겠느냐?"라고 대답하였다. 재차 물었으나 같은 대답이었으며, 칼로 살을 도려내며 물어도 대답은 같
았다. 거란은 마침내 그를 처형하였다.

– 「고려사」, 열전, 강조

(3) 제3차 침입(현종, 1018)

① 원인: 거란은 현종의 거란 방문과 강동 6주의 반환을 요구하였다. 그러나 고려가 이를 거절하자
다시 침략하였다.

② 과정: 거란의 소배압이 10만 군을 거느리고 쳐들어 왔다. 거란군은 개경 근처까지 진출했지만
고려군의 저항에 부딪혀 흥화진 등에서 패배하였다. 결국 귀주에서 퇴각하는 거란군을 **강감찬**
이 지휘하는 고려군이 크게 물리쳤다(**강감찬의 귀주 대첩**, 1019).

3. 결과

(1) 세력 균형: 고려가 거란의 침입을 막아냄으로써 송, 거란(요), 고려 삼국 간의 세력 균형이 유지되었
다. 이후 고려는 거란과 외교 관계를 맺고 사신을 교환하였다.

(2) 국방 강화와 전란 대비

① 나성 축조: 현종 때 강감찬의 건의로 **개경**에 나성을 쌓아 도성 수비를 강화하였다.

② 천리장성 축조[8]: 압록강에서 동해안의 **도련포**에 이르는 북쪽 국경 일대에 천리장성을 쌓았다.

③ 대장경 조판: 거란의 침입을 부처의 힘으로 막고자 **초조대장경**이 조판되었다.

---

6 강조의 정변

목종의 어머니 천추 태후와 김치양
이 불륜 관계를 맺고 왕위를 빼앗으
려 하였다. 이런 상황에서 강조가 군
사를 일으켜 김치양 일파를 죽인 다
음 목종을 폐위시키고 현종을 즉위
시켰다.

7 강조

강조는 거란군의 침입에 맞서 싸웠지
만 패하여 거란군의 포로가 되었다.
거란은 그에게 귀순을 제의했으나
강조는 이를 거부하고 처형당하였다.

8 천리장성

덕종 때 쌓기 시작해서 정종 때 완성
되었다.

1. 목종(997~1009)

(1) **개정 전시과**[1] **시행**: 목종 원년에 시정 전시과를 개편하여 **개정 전시과**를 시행하였다.

(2) **강조의 정변**: 목종이 후사가 없자 김치양[2]은 천추 태후와 모의하여 본인과 태후의 아들을 왕의 후계자로 삼으려고 하였다. 이에 서북면 도순검사 **강조**가 군사를 일으켜 **개경**에 들어와 김치양 일파를 제거하고 **목종을 폐위**시킨 후 **현종을 왕으로 옹립**하였다.

심화사료 頻出

2024. 국가직 9급

강조의 정변

강조의 군사들이 궁문으로 마구 들어오자, 목종이 모면할 수 없음을 깨닫고 태후와 함께 목 놓아 울며 대궐 밖으로 나와 법왕사로 자리를 옮겼다. 잠시 후 황보유의 등이 대량원군을 받들고 도착하여 드디어 왕위에 올렸다. 강조가 목종을 폐위하여 양국공으로 삼고, 군사를 보내 김치양 부자(父子)와 유행간 등 7인을 죽였다. …… 강조가 사람을 시켜 그를 죽인 후 왕이 자결하였다고 보고하였으며, 시신은 문짝을 취하여 만든 관에 넣어 객관(客館)에 임시로 안치하였다. 왕은 왕위에 있는 지 12년이었고 나이는 30세였다.

- 「고려사」

2. 현종(1009~1031)[3]

(1) **거란의 침입 격퇴**: 거란의 2·3차 침입을 물리쳤다. 이후 개경에 나성을 쌓아 방어를 강화하였다.

(2) **지방 제도 정비**: 경기와 5도 양계, 4도호부·8목을 두어 지방 제도를 정비하였다.

(3) **『7대 실록』 편찬**: 거란의 침입 때 소실된 서적들을 보완하기 위해 『7대 실록』을 편찬하였다.

3. 문종(1046~1083)

안정과 번영을 이룬 황금기였지만, 문벌 귀족의 기득권 강화 등 보수화가 심화된 시기이기도 하였다.

(1) **중앙 경관직 완성**: 성종 때부터 정비되어 온 중앙 경관직이 완비되었다.

(2) **경정 전시과 시행**: 개정 전시과를 개편하여 경정 전시과[4]를 시행하였다.

(3) **송과의 국교 재개**: 현종 때 단절된 송과의 외교 관계를 회복하였다(1071).

(4) **남경 설치**: 한양을 남경으로 승격시켜 개경, 서경[5]과 함께 3경이라 하였다.

(5) **사학 12도**: 최충의 문헌공도를 중심으로 **사학 12도**가 성행하였다.

(6) **불교 장려**: 흥왕사를 건립했으며, 문종의 넷째 아들인 **의천**이 승려가 되었다.

(7) **민생 안정책**: 재해로 인한 손실에 비례해 전세를 감면하였다(답험손실법). 그리고 전품제[6]를 실시하였다.

4. 숙종(1095~1105) ⭐

숙종은 조카인 헌종이 어린 나이로 즉위하자 선위를 받는 형식으로 왕위를 찬탈하였다.

(1) **별무반**: 여진족 토벌을 위해 윤관의 건의를 받아들여 **별무반**을 조직하였다.

(2) **화폐 정책[7]**: 주전관(주전도감)[8]을 설치하여 **해동통보·은병** 등을 주조하였다. 특히, 은병은 우리나라의 지형을 본뜬 고액 화폐로 민간에서는 활구라 불렸다.

(3) **남경 건설**: 김위제의 주장(한양 명당설)에 따라 남경에 남경개창도감을 두고 궁궐을 지었다.

(4) **관학 진흥**: 국자감 안에 **서적포**를 설치(1101)하고 책을 인쇄·출판하였다.

(5) **불교 장려**: 의천은 숙종의 후원으로 국청사를 건립하고 **천태종**을 창시하였다.

5. 예종(1105~1122)

(1) **여진 정벌**: 윤관은 별무반을 이끌고 여진을 정벌한 뒤 함흥평야 일대에 9성을 설치하였다(1107). 그러나 1년 만에 9성을 여진족에게 돌려주었다.

(2) **관학 진흥책**: 사학의 융성에 따른 관학 위축에 대응하여 각종 관학 진흥책을 펼쳤다.
　① **7재 설치**: 국자감(국학)[9]을 재정비하여 **전문 강좌**인 7재를 설치하였다.
　② **양현고 설치**: 양현고라는 **장학 재단**을 설립하여 유학생들에게 경제적 지원을 하였다.
　③ **청연각·보문각 설치**: 학문 연구 기관이자 **도서관**인 청연각과 보문각을 건립하였다.

(3) **복원궁 설치**: 복원궁이라는 도교 사원을 건립하였다.

(4) **민생 안정책**: 구제도감[10]과 혜민국[11]을 설치하고, 속현에 감무를 파견[12]하였다.

03　여진의 침입

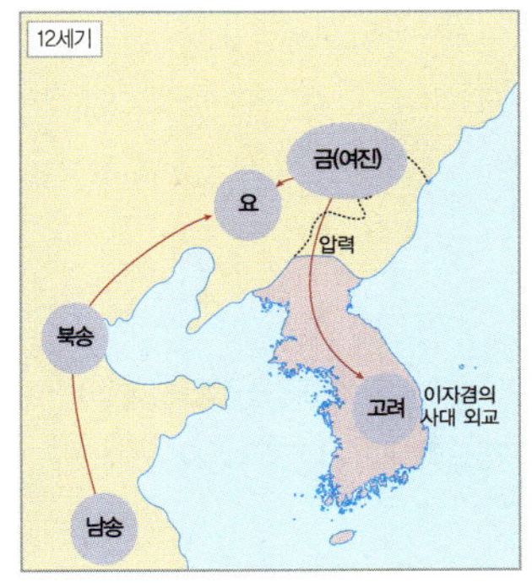

12세기 초	완옌부를 중심으로 통일 ⇒ 고려와 충돌
숙종	**별무반** 편성(윤관 건의)
예종	여진족을 축출하고 **동북 9성** 축조(윤관, 1107) ⇒ 1년 만에 반환
예종	'금'의 건국(아골타)
인종	금이 거란을 멸망시킨 뒤 고려에 군신 관계 요구 ⇒ 이자겸이 정권 유지를 위하여 금의 사대 요구 수용

1. 여진과의 충돌

(1) **초기의 여진족**: 여진[13]은 한때 말갈이라 불리면서 오랫동안 고구려에 복속되어 있었다. 발해 멸망 이후 여진으로 불리며 부족 단위로 흩어져 생활하였다.

(2) **여진족의 성장**: 요(거란)가 쇠퇴하는 상황에서 여진족은 완옌부를 중심으로 부족을 통일하였다.

⓭ **시대별 여진족의 명칭**

우리나라	명칭
고대 이전	숙신 · 읍루
삼국~ 통일 신라	물길
	말갈
고려~ 조선 전기	여진
조선 후기	만주족

척경입비도(拓境立碑圖)

윤관이 9성을 개척하고 비석을 세우는 장면을 조선 후기에 그린 것이다.

❶ 별무반 편성

여진과의 충돌에서 기병 위주인 여진에게 번번이 패하자, 윤관은 숙종에게 별무반 편성을 건의하였다.

❷ 동북 9성의 위치 논란

동북 9성의 위치는 오랫동안 논란의 대상이 되었는데, 두만강 유역설·길주 부근설·간도 부근설 등이 있다. 최근 함흥평야설이 폐기되었는데, 이는 일제 식민사학자들이 제시한 것으로, 고려의 정복 지역을 함흥평야로 국한시켰다.

2. 윤관의 여진 정벌

(1) **1차 접촉**: 여진은 고려군과 자주 충돌하였다. 이에 숙종은 윤관을 보냈으나 기병이 강한 여진에게 대패하였다.

(2) **별무반 편성❶**: 숙종 때 윤관의 건의에 따라 기병을 주축으로 한 별무반을 조직하였다. 기병 중심의 신기군, 보병 중심의 신보군, 승병 중심의 항마군으로 구성되었다.

(3) **동북 9성 축조(예종)**: 윤관이 별무반을 이끌고 정벌을 단행하여 동북 지방 일대에 9성을 쌓았다.

(4) **동북 9성❷의 반환**: 여진의 계속된 침입 등으로 9성의 방어가 어렵게 되자, 여진에게 조공을 약속받고 1년 만에 9성을 돌려주었다.

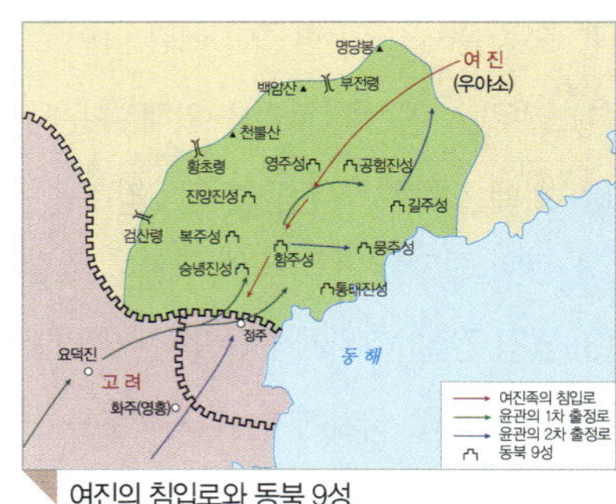

여진의 침입로와 동북 9성

심화사료 百出   2022. 서울시 9급, 2020. 지방직 9급, 2014. 지방직 9급, 2012. 경찰 3차, 2007. 국가직 9급

별무반의 편성

"신이 **오랑캐에게 패한 것은, 그들은 기병인데 우리는 보병**이라 대적할 수 없었기 때문이었습니다." 이에 **왕에게 건의하여 새로운 군대를 편성**하였다. 문·무 산관, 이서, 상인, 농민들 가운데 말을 가진 자를 **신기군**으로 삼았고, 과거에 합격하지 못한 20살 이상 남자들 중 말이 없는 자를 모두 **신보군**에 속하게 하였다. 또 승려를 뽑아서 **항마군**으로 삼았다. － 「고려사절요」

3. 금나라와의 사대 외교

(1) **배경**: 여진의 아골타가 만주 지역 대부분을 차지하고 1115년 **금나라**를 건국하였다. 금나라는 거란(요)을 멸망시킨 이후, 고려에 군신 관계를 요구하였다.

(2) **과정**: 많은 신하들이 이에 반대했으나, 당시 집권자였던 **이자겸**은 전쟁을 피하고 정권을 유지하기 위해 금의 요구를 수용하였다.

(3) **결과**: 금과 군사적인 충돌은 피할 수 있었지만, 고려 초부터 추진된 북진 정책은 좌절되었다. 뒷날 묘청·정지상 등이 금국정벌론을 펼치는 배경이 되었다.

심화사료 百出   2019. 국가직 9급

금나라의 사대 요구 수용(고려 인종)

금(金)을 섬기는 일의 가부를 의논하게 하니 모두 불가(不可)하다고 하였다. 유독 **이자겸**과 척준경만이 말하기를, "금이 과거 소국(小國)일 때는 요(遼)와 우리나라를 섬겼습니다. 그러나 지금 **금이 급격하게 세력을 일으켜 요와 송(宋)을 멸망**시켰으며, …… 나날이 강대해지고 있습니다. …… 게다가 **작은 나라가 큰 나라를 섬기는 것은 선왕의 도리**이니, 사신을 보내어 먼저 예를 갖추고 위문하는 것이 옳습니다."라고 하니, 왕이 그 말을 따랐다. － 「고려사」

04 문벌 귀족 사회의 성립과 모순

1. 문벌 귀족 사회의 성립

(1) 문벌 귀족의 형성: 여러 세대에 걸쳐 중앙에서 고위 관직자를 배출한 가문을 **문벌 귀족**이라 부른다. 이들은 **지방 호족 출신과 신라 6두품 계통의 유학자 출신** 등으로 구성되었다.

(2) 문벌 귀족 사회의 모순

 ① 정치·경제적 특권: 과거와 음서를 통하여 관직을 독점하고, 중서문하성과 중추원의 재상이 되어 정국을 주도하였다. 또한 과전과 공음전을 받아 경제 기반을 확보하였다.

 ② 보수화: 문벌 귀족은 오랜 기간 특권을 누리면서 **문종 이후 점차 보수화**되었다. 이들은 왕실이나 귀족 간의 혼인 등을 통해 기득권을 독점하였다.

2. 인종(1122~1146)[3]

(1) 문벌 귀족 사회의 모순 표출: 이자겸의 난(1126)과 묘청의 난(1135) 등이 일어났다.

(2) 주요 정책

 ① 교육 제도 정비: 국자감(국학)에 경사 6학[4] 제도를 마련했으며, 무과를 폐지[5]하였다. 또한, 지방 교육 진흥을 위해 각 주에 향교를 세웠다.

 ② 『삼국사기』 편찬(1145): 김부식이 왕명을 받아 기전체 사서인 『삼국사기』를 편찬하였다.

 ③ 『상정고금예문』[6] 편찬: 최윤의 등이 고금(古今)의 예문을 정리하여 50권의 책으로 만들었다.

3. 이자겸의 난(1126)

(1) 배경: 예종이 죽자 이자겸의 외손자인 **인종이 즉위**하였다. 이자겸은 예종의 측근 세력들을 제거[7]하면서 권력을 장악하였다.

(2) 전개

 ① 반란의 발생: 이자겸[8]은 도참설(십팔자위왕설, 十八子爲王說)을 내세워 인종을 독살하려 하였다. 이에 위협을 느낀 인종이 이자겸을 제거하려 하자, 오히려 이자겸은 척준경과 함께 반란을 일으켰다.

 ② 이자겸의 몰락: 인종은 척준경을 이용하여 이자겸을 몰아냈다. 이후 척준경도 쫓겨났다.

(3) 결과: 왕권이 크게 실추되었고, 중앙 지배층 사이의 분열을 심화시켰다. 이 사건은 **문벌 귀족 사회의 붕괴를 촉진하는 계기**가 되었다.

심화사료 頻出

2017. 국가직 7급, 2013. 법원직 9급

이자겸의 난

왕이 어느 날 홀로 한참 통곡하였다. **이자겸의 십팔자(十八子)가 왕이 된다는 비기(秘記)**가 원인이 되어 왕위를 찬탈하려고 독약을 떡에 넣어 왕에게 드렸던 바, 왕비가 은밀히 왕에게 알리고 떡을 까마귀에게 던져주었더니 그 까마귀가 그 자리에서 죽었다.

– 『고려사』

✎ 대표적인 문벌 귀족

- 경원 이씨: 이자겸
- 해주 최씨: 최충
- 경주 김씨: 김부식
- 파평 윤씨: 윤관

❸ 인종

어머니는 이자겸의 딸인 문경 태후이며, 이자겸의 딸 두 명(이모)을 왕후로 맞이하였다.

❹ 경사 6학

국자학, 태학, 사문학, 율학, 서학, 산학을 말한다.

❺ 무학재 폐지

관학 7재 중 무학재(강예재)에서는 무예의 이론과 실기를 교육했는데, 인종 때 폐지되었다.

❻ 『상정고금예문』

무신 집권기, 최우가 주도하여 강화도에서 금속 활자로 『상정고금예문』 28부를 인쇄(고종, 1234)하였다.

❼ 예종의 측근 세력 제거

이자겸은 예종의 동생인 대방공 보를 포함하여 한안인, 문공미 등 50여 명을 살해하거나 유배하였다. 이들은 대개 예종 때 등용된 정계의 신진 세력이었다.

❽ 이자겸

아들을 출가시켜 현화사 불교 세력과 강력한 유대 관계를 맺었다.

4. 묘청의 서경 천도 운동(1135)

(1) 배경

이자겸의 난으로 개경의 궁궐이 불타는 등 국왕과 왕실의 권위가 크게 떨어졌다. 또한 서경(평양) 출신의 신진 관리들이 성장하면서, 개경 귀족들과 갈등이 커져 갔다.

(2) 전개

① 묘청 세력: 인종에게 '황제를 칭하고, 금을 정벌할 것'을 건의하고, **서경(평양) 천도**[1]를 주장하였다.

② 개경 세력: 김부식 등은 민생 안정을 내세워 금과 사대 관계를 유지하고자 하였다.

③ 인종: 서경 천도에는 동의하여 서경에 대화궁과 팔성당(토착신)을 세웠다. 그러나 칭제건원과 금나라 정벌 등 너무 과격한 주장은 수용하지 않았다.

④ 반란의 발생: 정권 장악이 어렵게 되자, 묘청 세력은 서경에서 난을 일으켰다. 이들은 국호를 대위국, 연호를 천개, 군대를 천견충의군이라고 하였다. 그러나 **묘청의 난은 김부식이 이끈 관군에 의해 진압되었다.**

❖ 서경파 vs 개경파

구분	서경파	개경파
세력	묘청 · 정지상[2] 등 신진 관료 세력	김부식 등 기존 문벌 귀족
사상	**국풍파**(풍수지리설, 불교, 낭가)	**한학파**(유학)
외교	금나라 정벌(북진 정책)	금나라 정벌 반대
성격	자주적	보수적, 합리적
역사 의식	고구려 계승 의식	신라 계승 의식

(3) 결과

① 문벌 귀족 사회의 모순 심화: 묘청의 난 이후, 개경 문벌 귀족의 보수화 경향은 더욱 강화되었다. 그리고 무신 차별도 더욱 심각해졌다.

② 서경의 지위 격하: 묘청의 난 이후, 서경에 별도의 관서를 두는 분사(分司) 제도가 폐지되었다.

③ 『삼국사기』 편찬[3](1145): 묘청의 난을 진압한 후 개경파인 김부식이 『삼국사기』를 편찬하였다.

④ 신채호의 평가: 신채호는 『조선사연구초』에서 서경 천도 운동을 '조선 역사상 일천년래 제일대 사건'이라 하여 자주성을 높이 평가하였다.

2020. 법원직 9급, 2015. 지방직 9급, 2008. 지방직 7급

서경 천도 운동에 대한 신채호의 평가[4]

묘청의 천도 운동에 대하여 역사가들은 단지 왕사(王師)가 반란한 적을 친 것으로 알았을 뿐인데, 이는 근시안적인 관찰이다. 그 실상은 낭가(郎家)와 불교 양가 대 유교의 싸움이며, 국풍파(國風派) 대 한학파(漢學派)의 싸움이며, 독립당 대 사대당의 싸움이며, 진취 사상 대 보수 사상의 싸움이니, 묘청은 전자의 대표요 김부식은 후자의 대표였던 것이다. …… 만약 김부식이 패하고 묘청이 이겼더라면, 조선사가 독립적, 진취적으로 진전하였을 것이니 이것이 어찌 **일천년래 제일대 사건**이라 하지 아니하랴. – 『조선사연구초』

<hr>

❶ 묘청의 서경 천도

묘청 세력은 지덕쇠왕설을 내세워 천도를 주장하였다. 지덕이 쇠한 개경을 버리고 지덕이 왕성한 서경으로 수도를 옮기면 금이 굴복하고 주변 나라들이 조공을 바칠 것이라고 주장하였다.

❷ 정지상

서경 출신으로, 척준경을 몰아낸 공로로 출세하였다.

❸ 『삼국사기』 편찬 배경

인종은 실추된 왕권을 다시 세우고, 과거의 역사를 되돌아보면서 치국의 도리와 군신의 의리 등을 역사에서 되찾고자 하였다.

❹ 신채호의 평가

신채호는 기존 유교주의 입장에서 묘청의 서경 천도 운동을 바라보던 사관을 극복하고, 한국사의 전체적 흐름 속에서 이 사건의 역사적 의미를 재조명하였다.

서경파의 주장(묘청)

제가 보건대 **서경 임원역의 땅은 풍수지리를 하는 사람들이 말하는 아주 좋은 땅입니다.** 만약 이곳에 궁궐을 짓고 전하께서 옮겨 앉으시면 천하를 다스릴 수 있습니다. 또한 **금나라가 선물을 바치고 스스로 항복할 것이고 주변의 36나라가 모두 머리를 조아릴 것입니다.**

– 「삼국사기」

개경파의 주장(김부식)

금년 여름 서경 대화궁에 30여 개소나 벼락이 떨어졌습니다. 서경이 만일 좋은 땅이라면 하늘이 이렇게 하였을 리 없습니다. 또 서경은 아직 추수가 끝나지 않았습니다. 지금 거동하시면 농작물을 짓밟을 것이니 이는 백성을 사랑하고 물건을 아끼는 뜻과 어긋납니다.

– 「삼국사기」

묘청의 난

임술일에 왕이 다음과 같이 조서를 내렸다. "…… 나에게 불평을 품은 나머지 당돌하게 병란을 일으켜 관원들을 잡아 가두었으며 천개(天開)라는 연호를 표방하고 군호(軍號)를 충의(忠義)라고 하였으며 공공연히 병졸들을 규합하여 서울을 침범하려 한다. 사변이 뜻밖에 발생하여 그 세력을 막을 도리가 없다."

– 「고려사」

대표 **기출문제**

(가) 인물에 대한 설명으로 옳은 것은?

2022. 지방직 9급

군대를 이끌고 통주성 남쪽으로 나가 진을 친 ⟦(가)⟧ 은/는 거란군에게 여러 번 승리를 거두었다. 하지만 자만하게 된 그는 결국 패해 거란군의 포로가 되었다. 거란의 임금이 그의 결박을 풀어 주며 "내 신하가 되겠느냐?"라고 물으니, ⟦(가)⟧ 은/는 "나는 고려 사람인데 어찌 너의 신하가 되겠느냐?"라고 대답하였다. 재차 물었으나 같은 대답이었으며, 칼로 살을 도려내며 물어도 대답은 같았다. 거란은 마침내 그를 처형하였다.

① 묘청의 난을 진압하였다.
② 별무반의 편성을 건의하였다.
③ 목종을 폐위하고 현종을 옹립하였다.
④ 거란과 협상하여 강동 6주 지역을 고려 영토로 확보하였다.

해설

제시된 자료의 (가) 인물은 고려의 장수인 강조이다. ③ 목종 때 강조가 정변을 일으켜 목종을 폐위시켰으며 현종을 왕으로 옹립하였다.
① 김부식에 대한 설명이다. 김부식이 이끈 관군의 공격으로 묘청의 난은 약 1년 만에 진압되었다. ② 윤관에 대한 설명이다. ④ 서희의 외교 담판에 대한 설명이다.

정답 ③

04강 무신 정변과 몽골의 침입

解/法 기출분석

구 분		2008~2018	2019	2020	2021	2022	2023	2024	2025
9급	국가직	• 삼별초 • 지역사(제주도)		최충헌					무신 정권
	지방직	• 무신 정권 • 대몽 항쟁			무신 정권		• 삼별초 • 지역사(강화도)		
	법원직	• 무신 정권(3) • 대외 관계(4) • 만적의 난	지역사(압록강)					무신 정권	최우(2)

무신 정권기의 정치 변동과 집권 기구

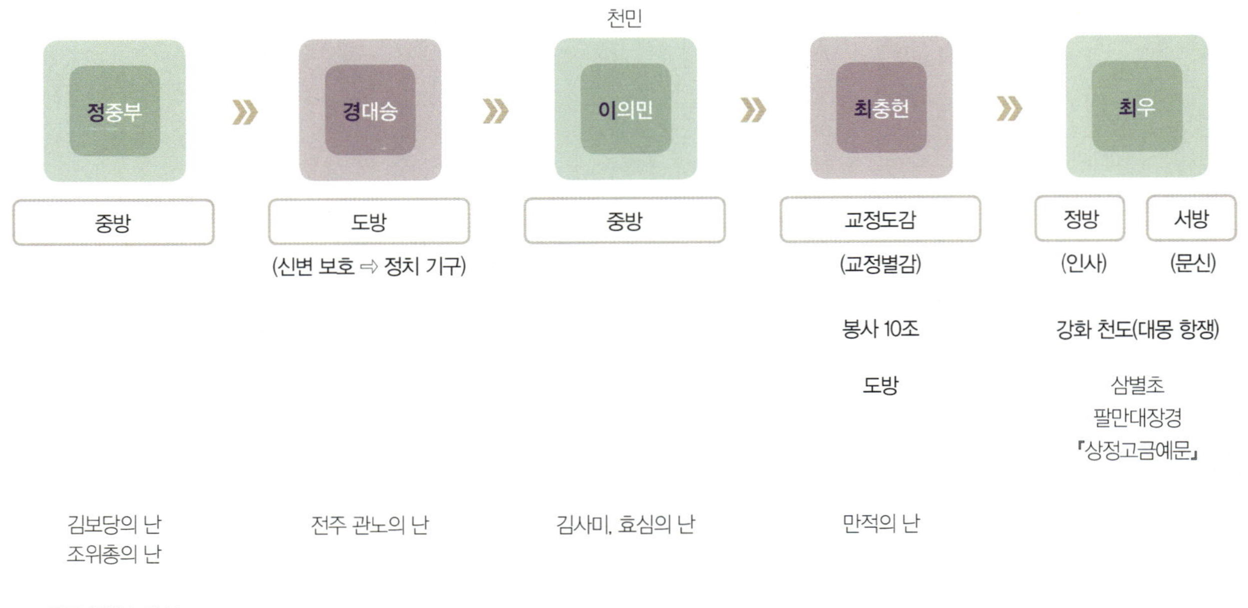

01 무신 정변

1. 무신 정변의 배경

(1) 문벌 귀족 지배 체제의 모순

묘청의 난 이후 정치적 분열은 계속되었고 의종은 향락에 빠지는 등 실정을 거듭하였다.

(2) 숭문천무[1]의 심화

무신은 오랫동안 승진 등 여러 가지 차별을 받았다. 또한, 하급 군인은 군인전도 지급받지 못했다.

심화사료 百出

무신 정변의 원인

의종 24년 8월 그믐날 수박희(태견)를 하였다. 대장군 이소응이 이기지 못하고 달아나려 하였다. 이때 한뢰가 갑자기 나서 이소응의 뺨을 후려쳐 섬돌 아래로 떨어지게 하였다. 왕과 여러 신하들이 손뼉을 치며 크게 웃었다. 정중부, 김광미, 양숙, 진준 등은 낯빛을 바꾸어 서로 눈짓을 하더니 정중부가 날카로운 소리로 한뢰를 꾸짖었다. "이소응이 비록 무관이나 벼슬이 3품인데 어찌 이렇게 심한 모욕을 주는가." 왕이 정중부의 손을 잡고 달래서 말렸다.　　　　　　　　　　　　　　　　　　　－「고려사」

무신 정변의 발생

날이 저물어 어가가 보현원 근처에 당도하자 이고와 이의방이 먼저 가서 왕의 명령이라 둘러대며 순검군을 집합시켰다. …… 왕의 사저에 난입해 10여 명을 죽인 후, 사람을 시켜 길에서, **"무릇 문신의 관을 쓴 자는 비록 서리(胥吏)라 할지라도 모조리 죽여 씨를 말려라!"**라고 고함을 치게 했다.　　　　　　　　　　　　　　　　　　　－「고려사」

2. 정변의 발생(1170)

정중부, 이의방 등 무신들은 보현원에서 정변을 일으켜 많은 문신을 살해하였다. 이어 의종을 거제도에 유폐하고 의종의 동생(명종)을 왕으로 세워 권력을 장악하였다.

3. 무신 정권의 전개

(1) 형성기(1170~1196)

정치는 중방[2]을 중심으로 이루어졌는데, 권력 다툼으로 집권자가 자주 교체되었다.

① **정중부**: 정중부는 이의방 등을 제거(1174)하고 **중방**을 중심으로 권력을 행사하였다.

② **경대승**: 정중부를 제거(1179)하고 정권을 잡은 경대승은 신변 안전을 위해 사병 집단인 **도방**[3]을 설치하였다. 이후 조정의 질서를 회복하려 했으나, 30살의 나이로 병사하였다(1183).

③ **이의민**[4]: 천민 출신의 이의민은 **중방**을 중심으로 정권을 잡았으나, 갖은 횡포와 부정 축재를 일삼다가 최충헌에게 피살당했다.

(2) 확립기(1196~1258) – 최씨 무신 정권의 시대 ⭐

4대 62년간 최씨 정권이 계속되면서 무신 정권은 안정되었으나, 국가 통치 조직은 오히려 약화되었다.

공민왕릉의 무인상과 문인상

무인상보다 문인상이 한 계단 위에 배치되어 있어 고려의 문신 우대 경향을 잘 보여 주고 있다.

❶ 숭문천무(崇文賤武)

무신은 승진에 제한을 받아 정3품 상장군까지만 오를 수 있었다. 또한, 군대의 총사령관도 문신이 독점하였다(서희·강감찬·윤관·김부식은 모두 문신 출신). 뿐만 아니라 지급받는 토지도 문신이 받는 것보다 적었다.

❷ 중방

무신의 최고위직인 상장군·대장군의 합좌 기구이다. 무신 집권기 초반, 무신들은 중방을 권력 기구로 삼았다.

❸ 도방(都房)

경대승은 개인의 사병 집단을 사저에 유숙하게 하고 이를 도방이라 불렀다.

❹ 이의민

무신난과 김보당, 조위총 등의 저항 세력을 타도하는 데 공을 세워 상장군이 되었다. 경대승이 두려워 고향 경주에 숨어 살다가 경대승 사후에 권력을 잡았다.

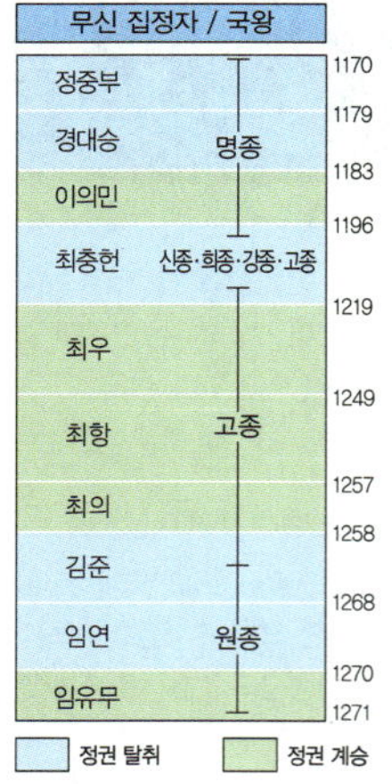

① **최충헌**[●](1196~1219): 명종 – 신종 – 희종 – 강종 – 고종

㉠ **봉사 10조**: 최충헌이 명종에게 올린 개혁안으로, 토지 겸병·승려의 고리대업 금지·조세 개혁 등을 제시하였다. 그러나 개혁은 흐지부지되었으며, 오히려 자신의 권력 강화에 집중하였다.

2022. 소방, 2018. 경찰 3차, 2014. 국가직 7급, 2012. 서울시 9급

최충헌의 봉사 10조(시무 10조)

적신 이의민은 성품이 사납고 잔인하여 윗사람을 업신여기고 아랫사람을 능멸하였고, 임금 자리를 흔들기를 꾀하여 화의 불길이 커져 백성이 살 수 없으므로 **신 등이 일거에 소탕하였습니다.** 원컨대 폐하께서는 새로운 정치를 도모하시어 태조의 바른 법을 좇아 행하여 중흥하소서. 삼가 열 가지 일을 조목으로 나누어 아룁니다.

1. 새 궁궐로 옮길 것
2. 관원의 수를 줄일 것
3. 농민으로부터 빼앗은 토지를 돌려줄 것
4. 선량한 관리를 임명할 것
5. 지방관의 곡물 진상을 금할 것
6. 승려의 고리대금업을 금할 것
7. 탐관오리를 징벌할 것
8. 관리의 사치를 금할 것
9. 함부로 사찰을 건립하는 것을 금할 것
10. 신하의 간언을 용납할 것

㉡ **도방의 부활**: 신변 보호를 위해 사병 기관인 도방을 부활시켰다. 이후 도방은 삼별초와 함께 무신 정권의 군사적 기반이 되었다.

㉢ **교정도감**[❷] **설치**: 반대 세력을 숙청하기 위해 감찰 기구로서 교정도감을 설치하였다. 이후 인사·재정 등 국가의 중요 정책을 결정·집행하는 **최고 권력 기구**가 되었다.

㉣ **흥녕부 설치**: 희종 때 최충헌은 **진강후**에 책봉되어 경상도 진주 지역을 **식읍**으로 받았다. 이를 관리하기 위해 흥녕부를 따로 설치하였다.

㉤ **이규보 등용**[❸]: 이규보 등 문인들을 발탁하여 그들의 행정 능력을 활용하였다.

㉥ **지눌의 신앙 결사 운동 후원**: 귀법사, 흥왕사 등 교종계 승려들의 반란 사건 이후 최충헌은 선종계 지눌의 신앙 결사 운동을 후원하였다.

② **최우(최이)**[❹](1219~1249): 고종(1213~1259)

㉠ **정방 설치**: 자신의 집에 정방을 설치하여 모든 관직에 대한 **인사권을** 행사하였다.

㉡ **서방 설치**: 최우의 집에 설치된 문인들의 숙위 기관이다. **문인들이 정책을 자문**하였다.

㉢ **삼별초**[❺] **조직**: **좌별초·우별초와 신의군**을 포함하여 조직하였는데, 공적인 임무를 띤 **최씨의 사병**이었다. 이후 정부가 몽골과 강화하자 끝까지 항쟁하였다.

㉣ **대몽 항쟁**: 몽골이 침략하자 최우는 **강화도로 천도**하여 항전하였다. 또한, 몽골의 침입을 불교의 힘으로 격퇴하기 위해 **팔만대장경(재조대장경)을** 만들었다.

③ **최항**: 최우의 뒤를 이어 교정별감이 되어 대몽 항쟁을 이어갔다.

④ **최의**: 대신들의 지지를 얻지 못하고 실정을 거듭하다가 김준 등에게 살해되었다.

(3) **붕괴기(1258~1270)**: 1258년(고종 45) 최의가 제거되면서 무신 정권은 붕괴기[❻]에 접어들었다.

① **김준**: 천민 출신으로 최의를 살해하고 정권을 잡았으나 임연 일파에게 살해되었다.

② **임연**: 김준을 제거하고 정권을 잡은 이후 몽골에 항전하려 했으나 병으로 사망하였다.

③ **임유무**: 개경 환도를 거부하다가 살해되었다. 이에 원종은 **개경으로 환도(1270)**하였다.

4. 무신 정변의 영향

(1) 정치: 무신 집권으로 왕권은 약화되었으나, 귀족 사회에서 관료 체제로 전환되는 계기가 되었다.

(2) 경제: 지배층의 대토지 소유는 더욱 늘어났고 **전시과 체제는 붕괴되었다.** 또한, 국가의 과도한 수취와 집권층의 수탈로 민생이 피폐해졌다.

(3) 사회: 농민과 천민의 대규모 봉기가 일어나는 등 신분제가 동요되었다.

(4) 문화: 불교계에서는 신앙 결사 운동이 일어났으며, 유학은 침체되었다. 그리고 **대몽 항쟁**을 겪으면서 민족적 자주 의식이 강화되었다.

02 무신 집권기의 사회 동요

1. 최씨 무신 집권기 이전(명종 재위 기간)

무신들 간의 권력 다툼과 집권층의 농민에 대한 수탈이 심화되었다. 이에 따라 민란이 빈번하였다.

(1) 김보당의 난(1173): 동북면 병마사 김보당이 의종의 복위를 위해 난을 일으켰다(최초의 반무신 난).

(2) 조위총의 난(1174): 서경 유수 조위총이 지방군과 농민을 이끌고 정중부 정권 타도를 주장하며 항거하였으나 실패하였다(농민 봉기의 성격도 띰).

(3) 교종계 승려의 난: 귀법사 등 교종 계통 승려[7]들이 반란을 일으켰다.

(4) 망이·망소이의 난(1176)[8]: 공주 명학소에서 망이와 망소이가 봉기하였다. 이 사건은 이후 향·소·부곡 등이 폐지되는 계기가 되었다.

(5) 전주 관노의 난(1182): 전주의 군인·관노·승려가 반란을 일으켜 한때 전주를 점령하였다.

(6) 김사미·효심의 난(1193)[9]: 명종 때 운문과 초전에서 농민 중심으로 **신라 부흥 운동**을 전개하였다.

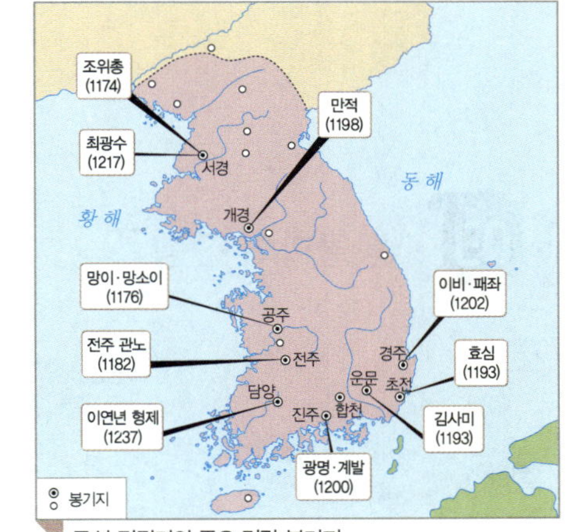

무신 집권기의 주요 민란 봉기지

2. 최씨 무신 집권기

(1) 만적의 난(1198): **최충헌의 사노비**인 만적은 '사람은 누구나 공경대부가 될 수 있다.'고 주장하며 봉기를 계획했으나 실패하였다. 이 사건은 신분 차별에 항거하는 신분 해방 운동의 성격을 띠었다.

(2) 이비와 패좌의 난(1202): 경주에서 이비와 패좌가 **신라 부흥 운동**을 표방하면서 난을 일으켰다.

(3) 최광수의 난(1217): 서경에서 **고구려 부흥 운동**을 일으켰다.

(4) 대몽 항쟁기: 최우 집권 시기, 이연년 형제가 전라도 담양에서 **백제 부흥 운동**을 일으켰다.

❼ 승병

고려 사찰에서는 토지, 노비 등과 같은 재산을 지키기 위해 승병을 양성하였다.

❽ 망이·망소이의 난

무신 정권은 명학소를 충순현으로 승격시켜 무마하였으나 봉기가 계속되자 군대를 보내 토벌하였다. 이 사건을 계기로 향·소·부곡과 같은 특수 행정 구역은 폐지되어 점차 일반 군현으로 통합·승격되었다.

❾ 김사미·효심의 난

김사미·효심의 난은 경주·강릉의 봉기 세력과 연합하여 그 세력을 크게 확대하였다. 산발적으로 전개되던 민란은 이를 계기로 점차 다른 지역과 연합하였다.

✎ 삼국 부흥 운동

고려 왕조를 부정하는 삼국 부흥 운동이 일어났다. 경주에서 신라 부흥 운동, 서경에서 고구려 부흥 운동, 담양에서 백제 부흥 운동이 일어났지만 모두 실패하였다.

김보당의 난

명종 3년 8월에 동북면 병마사 **김보당이 동계에서 군사를 일으켜 정중부, 이의방을 치고 전왕(의종)을 복위시키고자 하는데** 동북면 지병마사 한언국도 군사를 일으켜 이에 호응하고 장순석 등을 보내어 거제의 전왕을 받들고 계림에 나와 살게 하였으나. 9월에 한언국은 붙잡혀 죽고 또 조금 뒤에 안북 도호부에서 김보당을 잡아 보내니 이의방이 이를 저자에서 죽이고, 무릇 문신은 모두 살해하였다.

– 「고려사」

망이 · 망소이의 난

망이 등이 홍경원을 불지르고 그곳에 있는 승려 10여 명을 죽였다. 주지승을 핍박하여 그로 하여금 편지를 가지고 개경으로 가게 하였는데, 대략 다음과 같은 내용이었다. **"이미 우리 고향을 현(충순현)으로 승격시킨 후** 수령을 두어 무마하게 하고 나서 그 길로 군대를 동원하여 토벌하고 내 어머니와 처를 잡아 가두니, 그 뜻이 어디에 있는가. 차라리 칼날 아래 죽을지언정 결코 항복하여 포로가 되지는 않을 것이며 반드시 개경에 이르러 복수한 뒤에야 그치겠다."

– 「고려사」

만적의 난

경계의 난❶(정중부의 난과 김보당의 난) 이래로 공경대부가 천한 노예들 가운데서 많이 나왔다. **장수와 재상의 씨가 따로 있는 것이 아니다.** 때가 오면 누구나 할 수 있는 것이다. 우리들 노비만이 어찌 매질 밑에서 고생하라는 법이 있는가. …… 먼저 최충헌을 죽인 후 이어 각각 그 주인들을 죽인 후 노비 문서를 불살라 삼한에서 천인을 없애면 공경장상이라도 우리가 모두 할 수 있을 것이다.

– 「고려사」

❶ 경계(庚癸)의 난

정중부 등이 일으킨 무신 정변(1170)과 김보당이 일으킨 반무신난(1173)을 합쳐 부르는 말이다.

---

03 몽골과의 전쟁 ⭐

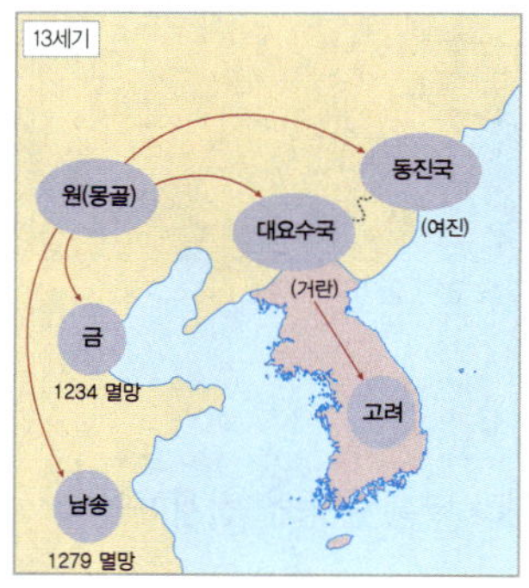

강동의 역 (1219)	1. 거란족의 일부가 몽골에 쫓겨 고려 침입 2. 몽골과 연합하여 거란족 섬멸(1219) ⇒ 몽골의 공물 요구
몽골 1차 침입 (1231)	1. 몽골 사신 저고여 피살 2. 몽골 1차 침입(1231) ⇒ 고려의 몽골 요구 수용
몽골 2차 침입 (1232)	1. 과도한 조공 요구 ⇒ 강화 천도(대몽 항쟁) 2. 몽골 2차 침입(1232) 3. 처인성에서 장수 살리타가 김윤후에게 사살되자 퇴각
대몽 항쟁기	장기 항전의 배경 ⇒ **일반 민중들의 저항**

1. 배경

(1) **몽골족의 흥기**: 13세기 초엽에 유목 생활을 하던 몽골족(칭기즈 칸)이 부족 단위에서 벗어나 통일 국가를 이루었다. 이후 금나라를 공격하는 등 정복 사업을 전개하였다.

(2) **강동의 역(1219)**: 거란족❷의 일부가 몽골에 쫓겨 고려 국경을 침범하자, 고려는 몽골군과 연합하여 강동성에 있는 거란족을 섬멸하였다. 이를 계기로 몽골은 고려에 공물을 요구하였다.

(3) **저고여 피살 사건**: 몽골 사신 저고여가 고려에 왔다가 귀국 길에 압록강변에서 살해당하였다(1225).

❷ 거란의 침입

몽골에 쫓긴 거란족이 고려에 들어왔다가 제천 방면에서 김취려에게 패하여 물러갔다(1217).

2. 몽골의 침입 과정[3]과 고려의 항쟁

(1) 제1차 침입(1231)

① 원인: 저고여 피살 사건을 구실로 몽골의 살리타가 대군을 이끌고 침입해 왔다.

② 박서와 지광수의 활약: 귀주성에서 박서의 완강한 저항에 부딪히자 몽골군은 길을 돌려 개경을 포위하였다.

③ 결과: 몽골군이 수도를 포위하자 고려 정부는 몽골의 요구를 수용하고 강화를 체결하였다.

(2) 제2차 침입(1232)

① 원인: 몽골이 무리한 조공을 요구하자 **최우 정권**은 항전할 것을 결의하고 **강화도로 도읍을 옮겼다.**[4]

② 처인성 전투: 몽골이 다시 침입(2차 침입)해 왔으나 **처인성(용인) 전투**에서 **김윤후**가 이끄는 민병과 승군에 의해 몽골군 총사령관 **살리타가 사살**되었다.

③ 결과: 지리적 접근이 어렵고 지휘관을 잃은 몽골군은 소득 없이 퇴각하였다.

(3) 고려의 대몽 항쟁

① 강화도에서의 저항: 최씨 무신 정권은 백성들을 산성과 섬으로 피난시키고 항전과 외교를 병행하면서 저항하였다. 지배층들은 민심을 모으고 부처의 힘으로 몽골군을 물리치기 위해 **팔만대장경을 조판**(1236~1251)[5]하였다.

② 민중들의 저항[6]: 일반 백성들은 물론 부곡민, 노비, 초적들까지 나서서 몽골군에 대항하여 싸웠다.

(4) 무신 정권의 붕괴와 개경 환도

① 무신 정권의 붕괴[7]: 항전을 고집하던 최씨 정권이 무너지고, **몽골과의 강화가 성립**(1259)되었다.

② 개경 환도(1270): 원종은 몽골군의 지원을 받으며 **개경 환도**를 단행하였다.

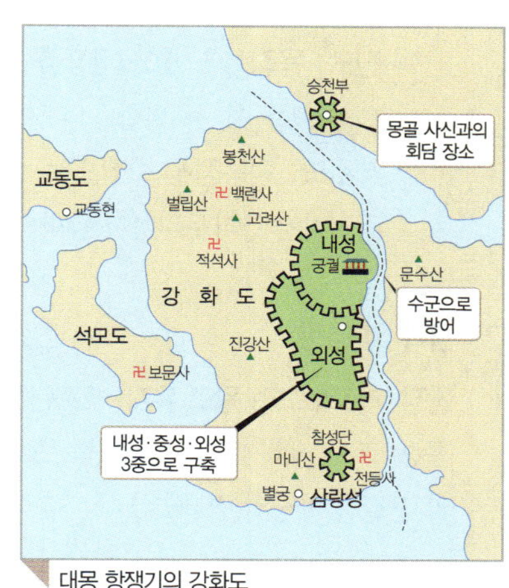

대몽 항쟁기의 강화도

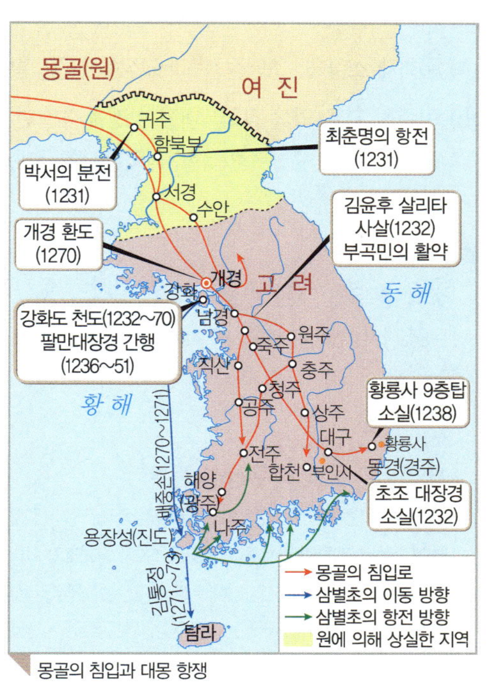

몽골의 침입과 대몽 항쟁

❸ 몽골의 침입 과정

1차(1231)	• 박서(귀주성)의 항쟁 • 지광수(노군·잡류)
1232	강화도 천도
2차(1232)	처인성 전투 (김윤후+부곡민)
1234	금나라 멸망
3차 (1235~39)	• 삼남 지방 공격 • 황룡사탑 소실
4차 (1247~49)	전라도까지 남하
5차(1253)	충주성 전투 (김윤후+천민)
6차 (1254~57)	다인철소 전투

❹ 강화도 천도

최씨 정권은 강화도로 천도했으나 조세는 바닷길로 운반했기 때문에 장기간 항전할 수 있었다. 또한 강화도에 궁궐(고려궁지)·사직·사찰 등을 건립하고 연등회와 팔관회도 시행했다.

❺ 대장도감 설치

최우 정권은 1236년 대장도감을 설치하여 대장경 조판 사업을 담당하게 하였다.

❻ 일반 민중들의 저항

충주 다인철소와 처인부곡에서의 전투가 대표적인 사례로, 이들 지역은 각각 익안폐현과 처인현으로 승격되었다.

❼ 무신 정권의 붕괴

최씨 무신 정권이 무너진 이후에도 권력은 무신들이 장악하고 있었고, 이들은 주전론을 주장하며 원종의 폐위를 시도하였다. 그러나 몽골의 압력으로 실패하였고, 이후 국왕과 문신들의 정치적 입지가 강화되었다.

(5) 삼별초의 항쟁(1270~1273)

　① 원인: 고려 왕실이 **개경 환도**와 **삼별초 해산 명령**을 내리자 대몽 항쟁에 앞장섰던 삼별초는 배중손의 지휘 아래 반기를 들었다(1270).

　② 전개 과정

　　㉠ 강화도: 고려 조정이 개경으로 환도하자 삼별초는 왕족인 승화후 온을 왕으로 추대하고 항몽 정권을 수립하였다.

　　㉡ 진도: 용장성을 쌓고 행궁을 마련하며 서남해 일대를 장악하고 항전[1]하였다. 그러나 김방경이 이끄는 여·몽 연합군의 공격으로 진도가 함락되었고, 승화후 온과 배중손도 전사하였다.

　　㉢ 제주도: 김통정을 중심으로 한 잔여 세력은 제주도로 옮겨 항쟁을 계속하였다. 결국 마지막 근거지인 항파두리성이 함락되면서 항쟁은 막을 내렸다.

3. 결과 및 영향

(1) **왕정 복고와 고려 왕조 유지**: 1270년(원종) 무신 정권이 붕괴되고 **왕정**이 복구되었다. 몽골은 고려를 직속령으로 편제하지 않고, 예외적으로 **고려의 주권과 고유한 풍습을 인정**하였다(세조 구제). 이는 고려의 끈질긴 항쟁의 결과였다.

(2) **원의 내정 간섭 강화**: 원나라는 고려 왕실을 보존시킨 상태에서 내정 간섭을 강화하였다.

(3) **국토의 황폐화**: 장기간 전쟁으로 국토는 황폐해졌으며, 백성들은 많은 피해를 입었다.

(4) **문화재 소실**: 초조대장경[2]과 교장(속장경), 황룡사 9층 목탑을 비롯한 수많은 문화재가 소실되었다.

(5) **민족적 자주 의식 강화**: 대몽 항쟁을 겪으면서 민족적 자주 의식이 강화되었다. 이러한 사실은 단군을 민족의 시조로 인식한 『삼국유사』와 『제왕운기』의 편찬을 통해서도 알 수 있다.

2023. 법원직 9급, 2014. 지방직 9급, 2014. 지방직 7급

강화 천도에 대한 반발

유승단이 "**성곽을 버리며 종사를 버리고, 바다 가운데 있는 섬에 숨어 엎드려** 구차히 세월을 보내면서, 변두리의 백성으로 하여금 장정은 칼날과 화살 끝에 다 없어지게 하고, 노약자들은 노예가 되게 함은 국가를 위한 좋은 계책이 아닙니다."라고 반대하였다.

－ 『고려사절요』

처인성 전투와 충주산성 전투[3]

김윤후는 고종 때 사람이다. (그는) 일찍이 승려가 되어 백현원에 살았는데 몽골병이 오자 처인성으로 난을 피하였다. **몽골의 원수(元帥) 살례탑이 와서 처인성을 공격하자 김윤후가 그를 활로 쏴 죽였다.** 왕이 그 공을 가상히 여겨 상장군을 제수하였으나 …… 굳이 사양하고 받지 않았다. 이에 (훨씬 낮은 계급인) 섭낭장(攝郎將)으로 고쳐 제수하였다. **뒤에 (그는) 충주산성 방호별감이 되었다.** 몽골병이 와서 성을 포위한 지 무릇 70여 일 만에 군량미가 거의 다 떨어졌다. 김윤후가 사졸을 설득하고 독려하여 말하기를 …… 드디어 관노(官奴)의 명부를 가져다 불살라 버리고 또 빼앗은 소와 말을 나누어 주니 사람들이 다 죽음을 무릅쓰고 적진에 나아갔다.

－ 『고려사』

노군, 잡류 별초의 활약

처음 충주 부사 우종주가 매양 장부와 문서로 인하여 판관 유홍익과 틈이 있었는데, 몽골병이 장차 쳐들어온다는 말을 듣고 성 지킬 일을 의논하였다. 그런데 의견상 차이가 있어서 우종주는 양반 별초를 거느리고 유홍익은 **노군과 잡류 별초**를 거느리고 서로 시기하였다. 몽골병이 오자 우종주와 유홍익은 양반 등과 함께 다 성을 버리고 도주하고, **오직 노군과 잡류만이 힘을 합쳐서 이를 쫓았다.**

－ 『고려사』

---

❶ 삼별초의 활동

삼별초는 서남해 도서 지방을 점령하여 정부의 조세 수송로를 차단하였다. 또한 일본에 외교 문서를 보내 몽골의 침입 가능성을 경고하고, 연대의 필요성과 군사적 지원을 요청하였다.

❷ 초조대장경 소실

초조대장경의 경판은 대구 팔공산 부인사에 보관했으나 1232년 몽골의 침입 때 불타버렸다(소실 시기에 대해서는 논란 있음).

❸ 충주산성 전투

1253년(고종 40), 충주산성에서 김윤후를 비롯한 군민들은 1개월여 동안 몽골의 공격을 막았으나 식량이 부족하여 점차 사기가 떨어지게 되었다. 이때 김윤후는 노비 문서를 모조리 불살라버리고 노획한 소·말을 사람들에게 균등하게 분배하였다. 이에 사기가 오른 충주의 관민과 노비들은 혼신의 힘을 다하여 싸웠으며, 몽골군은 기세가 꺾여 더 이상 공격하지 못했다.

2017. 국가직 9급(하), 2014. 국가직 9급

삼별초의 항쟁

(원종) 11년에 수도를 개경으로 다시 옮기면서 …… 삼별초가 딴 마음이 있어 복종하지 않았다. …… **배중손**과 노영희는 삼별초를 이끌고 시랑(市廊)에 모여서 **승화후(承化侯) 온(溫)을 협박하여 왕으로 삼고** 관부를 설치했는데 …… 적은 **진도로 들어가서 근거지로 삼고** 인근 고을들을 노략질하였으므로 왕이 김방경에게 명령하여 토벌케 하였는데 …… 적장 **김통정은 패잔병을** 거느리고 탐라(제주도)로 들어갔다.

– 「고려사」

고려첩장❹

· 이전 문서에서는 몽고의 연호를 사용했는데, 이번 문서에서는 연호를 사용하지 않았다.

· 이전 문서에서는 몽고의 덕에 귀의하여 군신 관계를 맺었다고 하였는데, 이번 문서에서는 강화로 도읍을 옮긴 지 40년에 가깝지만, 오랑캐의 풍습을 미워하여 **진도로 도읍을 옮겼다**고 한다.

세조 구제❺

첫째, 옷과 머리에 쓰는 관은 고려의 풍속에 따라 바꿀 필요가 없다.

둘째, 사신은 오직 원 조정이 보내는 것 이외에 모두 금지한다.

셋째, 개경으로 다시 돌아가는 것은 고려 조정에서 시간을 조절할 수 있다.

넷째, 압록강 둔전과 군대는 가을에 철수한다.

다섯째, 전에 보낸 다루가치는 모두 철수한다.

여섯째, 몽골에 자원해 머무른 사람들을 조사하여 돌려보낸다.

… (후략) …

❹ **고려첩장(高麗牒狀)**

1271년 진도에 있던 삼별초가 보낸 외교 문서를 가마쿠라 막부가 3년 전에 원종이 보낸 국서와 비교하여 이해가 잘 안 되거나 불확실한 부분을 정리한 12가지 항목이다.

❺ **세조 구제**

황위 다툼을 하던 쿠빌라이는 고려의 태자(고려 원종)가 스스로 항복하러 자신을 찾아온 것에 크게 기뻐하였다. 이후 원나라 황제(세조)로 즉위한 쿠빌라이는 원종에게 고려의 의관(衣冠)을 비롯한 풍속을 몽골식으로 고칠 필요없이 원래대로 할 것을 허락하였다(세조 구제). 이는 고려의 독자성을 유지하는 데 큰 역할을 하였다.

대표 **기출문제**

다음 사건을 시기순으로 바르게 나열한 것은?

2021. 지방직 9급

(가) 정중부와 이의방이 정변을 일으켰다.
(나) 최충헌이 이의민을 제거하고 권력을 잡았다.
(다) 충주성에서 천민들이 몽골군에 맞서 싸웠다.
(라) 이자겸이 척준경과 더불어 난을 일으켰다.

① (가) ⇨ (나) ⇨ (라) ⇨ (다)　　② (가) ⇨ (다) ⇨ (나) ⇨ (라)
③ (라) ⇨ (가) ⇨ (나) ⇨ (다)　　④ (라) ⇨ (가) ⇨ (다) ⇨ (나)

해설

(라) 인종 때인 1126년에 일어난 이자겸의 난에 대한 설명이다. (가) 1170년 무신 정변 발생에 대한 설명이다. (나) 최충헌이 이의민을 제거하고 권력을 잡은 것은 명종 때인 1196년의 일이다. (다) 몽골의 5차 침입 때인 1253년 김윤후는 천민들과 함께 몽골의 침입에 맞서 충주성을 지켜냈다.

정답 ③

05강 고려 후기의 정치 변동

解/法 기출분석

구분		2008~2018	2019	2020	2021	2022	2023	2024	2025
9급	국가직	• 원 간섭기 정치 • 충선왕 • 공민왕(2)				원 간섭기 정치	전민변정도감		공민왕
	지방직	• 도평의사사 • 충선왕		공민왕	지역사(서경)	우왕		화통도감	
	법원직	• 전민변정도감 • 공민왕(3) • 여말선초				원 간섭기 정치			

解法 요람

원 간섭기 개혁 정치

충렬왕
① 도평의사사(도당) 설치: 기능 확대
② 여 · 원 연합군 일본 원정
③ 성리학 전래(안향), 성균관, 문묘 건립
④ 고조선 계승 의식: 『삼국유사』, 『제왕운기』 편찬

충선왕
① 사림원 설치
② 소금 전매제(각염법)
③ 수시력 채용
④ 만권당(연경) 설립: 학문 연구소, 이제현

공민왕

반원 정책
① 친원파 숙청(기철 등)
② 정동행성 이문소 폐지, 관제 복구, 몽골풍 폐지
③ 쌍성총관부 회복: 유인우 공격 ⇨ 철령 이북 땅 수복

왕권 강화책
① 정방 폐지
② 성균관 개편(순수 유학 교육 기관)
③ 전민변정도감 설치(신돈 등용)

우왕
① 왜구 격퇴(홍산 · 진포 · 황산), 위화도 회군
② 『직지심체요절』: 청주 흥덕사

01 원의 내정 간섭

1. 관제의 개편

(1) **부마국**: 고려의 국왕은 원나라 **공주**와 **결혼**하여 원 황제의 부마가 되는 것이 관행이 되었고, 고려 왕실의 예법과 호칭은 제후국 수준으로 격하되었다.

(2) **관제 격하(1275)**: **충렬왕** 때 관청의 명칭이 격하되었다. 중서문하성과 상서성은 첨의부로 합쳐지고, 중추원은 밀직사로 바뀌었다. 6부는 4사로 개편되었는데, 이 과정에서 공부는 폐지되었다.

이전	중서문하성 상서성	중추원	이부 예부	병부	호부	형부	어사대	한림원
이후	첨의부	밀직사	전리사	군부사	판도사	전법사	감찰사	문한서

(3) **도평의사사**[1]
① 설치: 도병마사의 기능이 확대되어 충렬왕 때 **도평의사사(도당)**로 개편되었다.
② 기능 강화: 국정 전반의 중요 사항을 결정하는 **최고 정무 기구**가 되었다. 구성원도 증가하였다.

2. 영토의 상실(원의 직할지로 편입된 지역)

(1) **쌍성총관부(1258~1356)**: 고려 고종 때 몽골은 화주(영흥)에 쌍성총관부를 설치하여 **철령 이북**을 직속령으로 편입시켰다. 이후 **공민왕** 때 무력으로 탈환하였다.

(2) **동녕부(1270~1290)**: 원종 때 최탄의 투항으로 원은 자비령 이북의 땅을 차지하고 **서경**에 동녕부를 설치하였다. 이후 충렬왕 때 고려에 반환되었다.

(3) **탐라총관부(1273~1301)**[2]: 삼별초의 항쟁을 진압한 후 원은 제주도에 탐라총관부를 설치하고 목마장을 경영하였다. 이후 충렬왕 때 반환되었다.

고려의 영토 상실과 원나라의 일본 원정

3. 원의 일본 원정

(1) **전개**: 고려는 몽골(원)과 강화 이후에 두 **차례**에 걸친 **일본 원정**에 동원되었다. 몽골(원)은 일본 원정을 위한 물자와 군인 등을 고려에 요구하였다. 그러나 일본 원정은 태풍으로 실패하였다.

(2) **정동행성 설치**: 일본 원정을 위해 **개경**에 **정동행성**을 두었다. 이후 정동행성은 **고려의 내정을 간섭**하였다.

4. 원의 내정 간섭[3]

(1) **독로화(인질) 제도**: 고려는 왕족 등을 원나라에 **인질**로 보내야 했다. 특히 고려의 세자는 원나라 수도 연경(북경)에 가서 원나라 공주와 결혼하고 살다가 돌아와 왕위에 올랐다.

(2) **입성책동**[4]: 친원 세력들은 고려를 원나라의 **지방 행정 구역(직속령)**으로 편입하려는 시도를 하였다.

호칭 격하

이전	이후
짐	고
폐하	전하
태자	세자
조, 종	충○왕
선지	왕지
상서	판서
시랑	총랑
사	유
주	정

❶ 도평의사사
도병마사는 관제 격하의 대상은 아니었으나(중국에는 없음). 정부의 필요에 의해 개편되었다.

❷ 탐라총관부의 폐지
1294년 충렬왕은 탐라를 고려에 돌려줄 것을 청하여 원나라 세조로부터 허락을 받았다. 그러나 이후에도 원은 탐라에 관리를 파견하여 목장 경영을 계속하였다. 결국 1301년 충렬왕 때 탐라총관부가 폐지되었다.

❸ 심양왕 제도
당시 남만주 심양에는 고려인 포로나 유민들이 많이 살면서 특수한 지역을 형성하였다. 원은 이 곳의 통치를 원활히 하기 위해 심양왕을 책봉하였다. 그리고 이를 통해 고려왕을 견제하기도 하였다.

❹ 입성책동(立省策動)
충선왕 복위 이후 약 30년간 4차례에 걸쳐 일어났는데, 모두 왕위 계승과 관련있다는 공통점이 있다. 입성책동 시도는 실패하였으나 고려에 대한 원의 영향력을 더욱 강화시켰다.

(3) **정동행성**: 원래 일본 원정을 준비하기 위해 개경에 설치한 기구였는데, 원정 이후에도 계속 유지되어 내정을 간섭하였다. **장관은 고려 왕이 겸직**했으며, 실권은 사법 기구인 **이문소**에 집중되어 있었다.

(4) **순마소**: 반원 인사의 색출과 치안을 담당한 감찰 기구이다. 조선 초 의금부로 개편되었다.

(5) **만호부(萬戶府)**: 몽골의 10진법에 따른 고려의 군사 조직으로, 5만호부가 성립되었다.

(6) **다루가치 설치**: 몽골어로 총독을 의미한다. 고려에 파견되어 내정을 간섭하고 공물을 징발하였다.

5. 원의 경제적 수탈

(1) **인적 수탈**: 원은 고려의 처녀를 **공녀**[1]로 뽑아 갔다. 이로 인해 고려에서는 일찍 결혼하는 조혼의 풍습이 유행하였다.

(2) **물적 수탈**: 원은 조공이라는 명목으로 금, 은, 베를 비롯하여 인삼, 약재 등 특산물을 수탈하였다. 또한, 매를 징발하기 위해서 **응방**이라는 특수 기관을 설치하였다.

공녀 문제

이런 일이 1년에 한두 번이나 2년에 한 번씩 있는데, 그 처녀의 수가 많은 때는 40~50명에 이른다. 이미 그 선발에 뽑히게 되면 그 부모나 일가친척들이 서로 모여 통곡하며 밤낮으로 우는 소리가 끊이지 않았다. 국경에서 헤어지는 데에 이르러서는 옷자락을 붙잡고 발을 구르며 넘어져서 길을 막고 울부짖다가 …… 기절하는 사람도 있고, 피눈물을 쏟아 눈이 먼 사람도 있다.

– 「고려사절요」

02 공민왕의 개혁 정치

1. 원 간섭기 개혁 정치

(1) **충렬왕**[2] **(1274~1308)**

① **원의 내정 간섭**: 고려의 관제, 왕실과 관련된 호칭 등이 제후국 수준으로 격하되었다. 또한 원의 강요로 두 차례에 걸쳐 **일본 원정에 동원**되었다.

② **도평의사사 설치(1279)**: 도병마사를 도평의사사로 개편하였다.

③ **영토 수복**: **동녕부**를 원에 요청해 반환받고 서경 유수관을 설치하였다. 또한 **탐라총관부를 반환**받은 후 제주라 이름을 고치고 목사를 파견하였다.

④ **성리학 전래**: 안향은 원에 들어가 『주자전서』를 직접 필사하여 가져왔다.

⑤ **성균관 개칭**: 국학을 성균관으로 개칭하고 문묘를 설립하였다. 또한 섬학전[3]이라는 장학 재단을 설치하였다.

⑥ **고조선 계승 의식 강화**: 고조선 계승 의식을 내세운 역사서들이 편찬되었다. 대표적으로 **일연**의 『삼국유사』와 이승휴의 『제왕운기』가 있었다.

---

❶ 결혼도감(結婚都監)

원에서 요구하는 공녀를 뽑기 위하여 원종 때 설치한 관청이다.

✎ 원 간섭기 관제의 변화

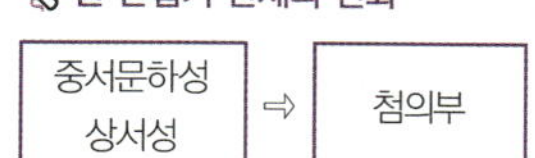

중서문하성 상서성	⇨	첨의부

이부·예부 병부 호부 형부	⇨	전리사 군부사 판도사 전법사

※ 공부는 폐지

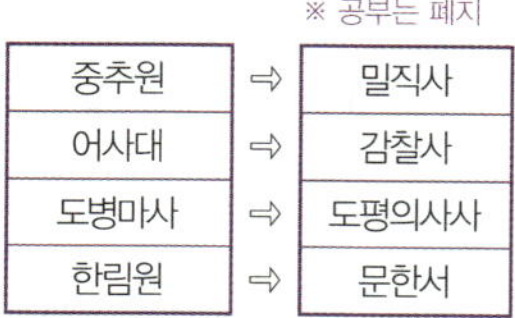

중추원	⇨	밀직사
어사대	⇨	감찰사
도병마사	⇨	도평의사사
한림원	⇨	문한서

❷ 충렬왕

충렬왕은 개경에 묘련사를 창건하여 고려 왕실의 복을 빌었다.

❸ 섬학전

고려 후기에 양현고의 재원이 고갈되자, 안향의 건의로 섬학전을 설치하였다. 국학(성균관) 학생들의 학비를 마련하였다.

(2) 충선왕❹(1298, 1308~1313)

충선왕은 아버지인 충렬왕과의 심한 갈등으로 즉위와 폐위를 반복하였다.

① 사림원 설치: 개혁 기구로 사림원을 설치하고, 국왕의 고문 역할과 왕명 출납·인사 업무를 담당하게 하였다.

② 소금 전매제: 재정 수입을 늘리기 위해 각염법❺을 제정하고, 소금의 전매를 단행하였다.

③ 수시력 채용: 원의 역법인 수시력이 전래되어, 일부를 채용하였다.

④ 만권당 설립: 아들인 충숙왕을 즉위시킨 뒤 원나라로 돌아가 연경에 만권당을 설립하였다. 중국 학자들인 조맹부, 요수 등을 초대하고 이제현 등 고려 학자들을 불러 교류하게 하였다.

(3) 충숙왕(1313~1330, 1332~1339)

찰리변위도감❻을 설치하였고, 폐단이 많았던 사심관을 폐지하였다.

(4) 충혜왕❼(1330~1332, 1339~1344)

편민조례추변도감을 설치하고 소은병을 제작하였다.

(5) 충목왕(1344~1348)

개혁 기구로서 정치도감(정리도감)❽을 설치하여 당시 여러 폐단들을 시정하려 하였다.

2017. 경찰 2차, 2013. 서울시 7급

충선왕

휘(諱)는 장(璋)이고, 몽고의 휘는 익지례보화(益智禮普化-이지르부카)이다. 선왕의 맏아들이며 어머니는 제국대장공주(齊國大長公主)이다. 을해년 9월 정유일에 출생하였다. 성품이 총명하고 굳세며 결단력이 있었다. **이로운 것을 일으키고 폐단을 제거하여 시정에 그런대로 볼만한 것이 있었으나 부자(父子) 사이는 실로 부끄러운 일이 많았다.** 오랫동안 상국(上國)에 있었는데, 스스로 귀양가는 욕을 당하였다. 재위 기간은 5년이며, 51살까지 살았다.

– 「고려사절요」

2. 공민왕(1351~1374) ★★

공민왕은 충숙왕의 둘째 아들(강릉 대군)이자 충혜왕의 동생이다. 볼모로 원에 머물며 원나라 노국대장공주와 혼인을 하였다. 원나라의 어려운 내부 사정❾(원·명 교체기)을 알고 있는 상황에서 조카 충정왕이 폐위되자 귀국하여 왕위에 올랐다.

(1) 개혁 과정

① 전반기 개혁

㉠ 몽골풍 폐지: 원의 연호와 호복·변발 등의 원나라 풍습을 폐지하였다.

㉡ 친원파 숙청: 기철 등의 친원 세력을 숙청하였다.

㉢ 정동행성 이문소 폐지: 고려의 내정을 간섭하던 정동행성 이문소를 폐지하였다.

㉣ 관제 복구: 몽골식 관제를 폐지하고 원 간섭 이전으로 복구하였다.

㉤ 쌍성총관부 회복: 유인우 등이 쌍성총관부를 공격하여 철령 이북의 땅을 수복하였다.

㉥ 정방 폐지: 신진 사대부의 등용을 억제하고 있던 정방을 폐지하였다.

② 왜구와 홍건적의 침입: 두 차례에 걸친 홍건적의 침입과 왜구의 잦은 침탈에 따라 개혁은 중단되었다.

---

❹ 충선왕

1298년 충렬왕의 선위를 받아 충선왕이 즉위하였다. 그러나 바로 그해 원나라에 압송되면서 충렬왕이 복위하였다. 이후 원나라 무종이 즉위하는데 공을 세운 충선왕은 1308년 다시 왕이 되었다.

❺ 각염법

민간의 소금 제조와 판매를 금지하는 법으로, 국가에서 소금의 생산·판매를 독점하고 수익을 차지하였다.

❻ 찰리변위도감

중단되었던 전민변정 사업을 다시 추진하기 위해 만든 임시 기구이다.

❼ 충혜왕

충혜왕의 개혁 정치는 기철 등 친원파의 반발을 샀다.

❽ 정치도감(整治都監)

각 도에 정치관을 파견하여 양전을 시행하였으며, 불법 토지 문제를 해결하고자 하였다.

❾ 개혁의 배경

공민왕 때 원 황실은 북쪽으로 밀려나고 명나라가 건국(1368)되었다. 공민왕은 이러한 상황을 이용하여 친원 세력을 축출하고 반원 자주 정책을 추진하였다.

공민왕의 영토 수복

③ 후반기 개혁(흥왕사의 변❶ 이후)

　㉠ 전민변정도감❷ 설치: 승려 신돈을 등용하여 권문세족들이 부당하게 빼앗은 토지와 노비를 본래의 소유주에게 돌려주거나 양민으로 해방시켰다. 이를 통하여 권문세족들의 경제 기반을 약화시키고 국가 재정 수입의 기반을 확대하였다.

　㉡ 교육, 과거 제도 정비: 성균관을 순수 유학 교육 기관으로 개편하여 유학 교육을 강화하고 과거 제도를 정비하여 새로운 인재를 등용하였다.

　㉢ 요동 공략: 인당과 최영으로 하여금 요동 지방을 공략하게 하였다.

(2) 결과

① 개혁의 실패: 권문세족의 반발을 완전히 제압하지 못하였고 원의 간섭도 완전히 배제하지 못하였다. 결국 신돈이 제거되고 공민왕이 시해❸되면서 개혁은 중단되었다.

② 신진 사대부와 신흥 무인 세력의 성장: 공민왕 대에 신진 사대부가 개혁을 주도하면서 크게 성장하였고, 왜구와 홍건적을 물리치는 과정에서 신흥 무인 세력이 성장하였다. 이후 이들은 권문세족과 대립했으며 결국 조선 왕조 개창의 중심 세력이 되었다.

고등사료 百出

공민왕의 반원 정책

공민왕이 원의 제도를 따라 변발(辮髮)을 하고 호복(胡服)을 입고 전상에 앉아 있었다. 이연종이 간하려고 문 밖에서 기다리고 있었더니 왕이 사람을 시켜 물었다. (이연종이) 말하기를 "임금 앞에 나아가 직접 대면해서 말씀드리기를 바라나이다."라고 하였다. 이미 들어와서는 좌우를 물리치고 말하기를, "변발과 호복은 선왕(先王)의 제도가 아니오니 원컨대 전하께서는 본받지 마소서."라고 하니, **왕이 기뻐하면서 즉시 변발을 풀어 버리고** 그에게 옷과 요를 하사하였다.

ㅡ 「고려사」

공민왕의 반원 자주 정책(쌍성총관부 탈환)

동북면 병마사 유인우가 **쌍성을 함락하였다.** 총관 조소생과 천호 탁도경은 도주하고 화, 등, 장, 정, 예, 고, 문, 의 등 각 주와 선덕, 원흥, 영인, 요덕, 정변 등 여러 진을 수복하였다. 고종 무오년에 원나라에 빼앗겼던 함주 이북의 지방을 수복한 것이다. ㅡ 「고려사」

홍건적의 침입

공민왕 10년(1361)에 홍건적이 개경을 함락하자 왕이 **복주(福州)로 피난**갔는데, 정세운이 추밀 겸 응양군 상장군으로 호종하였다. …… 왕이 마침내 정세운을 총병관(摠兵官)으로 삼고 교서를 내리기를, "천하가 안정되면 재상(宰相)에게 뜻을 두고 천하가 위태로우면 장수에게 뜻을 둔다고 하였다. ……"

ㅡ 「고려사」

신돈과 전민변정 사업

신돈이 전민변정도감(田民辨正都監)을 두기를 청하고 "종묘, 학교, 창고, 사원 등의 토지와 세업전민(世業田民)을 호강가(豪强家)가 거의 다 빼앗아 차지하고는 혹 이미 돌려주도록 판결 난 것도 그대로 가지고 있으며, 혹 양민을 노예로 삼고 있다. 이제 전민변정도감을 두어 고치도록 하니, 잘못을 알고 스스로 고치는 자는 죄를 묻지 않을 것이나, 기한이 지나 일이 발각되는 자는 엄히 다스릴 것이다."

ㅡ 「고려사」

공민왕의 성리학 중흥

공민왕 16년에 **성균관을 다시 짓고 이색을 판개성부사 겸 성균대사성을 삼았다.** 학생을 증치하고 경술(經術)의 선비인 김구용, 정몽주, 박상충, 박의중, 이숭인을 택하여 교관을 겸임시켰다. 이에 앞서는 성균관 학생이 수십 명에 불과하더니, 이색이 다시 학칙을 정하고 매일 명륜당에 앉아 경서를 수업하고, 강의를 마치면 서로 더불어 토론하여 권태를 잊으니, 이에 학자가 많이 모여 함께 눈으로 보고 마음으로 느끼는 가운데 **정주성리(程朱性理)의 학**이 왕성해졌다.

ㅡ 「고려사」

3. 우왕(1374~1388)

(1) **요동 정벌**: 명나라가 철령 이북의 땅을 차지하려 하자, 최영은 이성계를 시켜 요동 정벌을 단행하였다. 요동 정벌을 반대했던 이성계는 위화도에서 **회군**(1388)하였다. 이 결과 최영은 제거되고, 우왕이 폐위된 뒤 창왕이 즉위하였다.

(2) **편찬 사업**: 1377년 청주 흥덕사에서 **직지심체요절**이 금속 활자로 간행되었다. 현존하는 가장 오래된 금속 활자본으로 인정받고 있다.

심화사료 百出

2022. 지방직 9급

우왕

왕의 어릴 때 이름은 모니노이며, 신돈의 여종 반야의 소생이었다. 어떤 사람은 "반야가 낳은 아이가 죽어서 다른 아이를 훔쳐서 길렀는데, 공민왕이 자신의 아들이라고 칭하였다."라고 하였다. 왕은 공민왕이 죽은 뒤 이인임의 추대로 왕위에 올랐다. 이후 이인임, 염흥방, 임견미 등이 권력을 잡아 극심하게 횡포를 부렸다.

– 「고려사」

대표 **기출문제**

(가) 시기의 사실로 옳지 않은 것은?

2022. 국가직 9급

무신 정권 몰락
⇩
(가)
⇩
공민왕 즉위

① 만권당이 만들어졌다.

② 정동행성이 설치되었다.

③ 쌍성총관부가 수복되었다.

④ 「제왕운기」가 저술되었다.

해설

무신 정권이 몰락한 것은 1270년의 일이고, 공민왕 즉위는 1351년의 일이다. ③ 공민왕 때 유인우 등이 쌍성총관부를 공격하여 철령 이북의 땅을 수복하였다(1356).
① 충선왕은 1313년 아들인 충숙왕을 즉위시킨 뒤 원나라로 돌아가 연경에 만권당을 설립하였다. ② 정동행성은 충렬왕 때 일본 원정을 준비하기 위해 개경에 설치하였다. ④ 「제왕운기」는 충렬왕 때 이승휴가 편찬한 역사서이다.

정답 ③

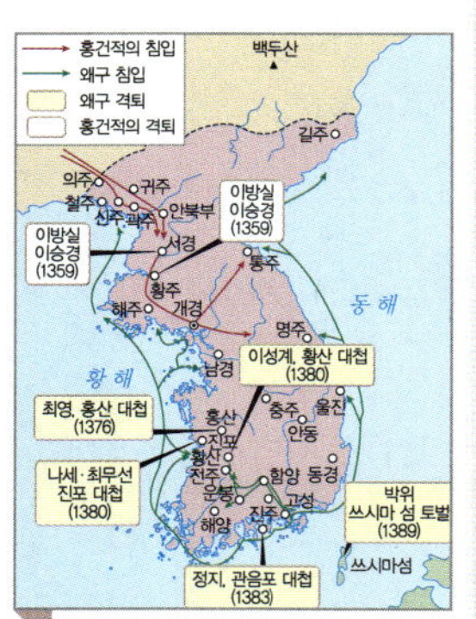

홍건적과 왜구의 격퇴

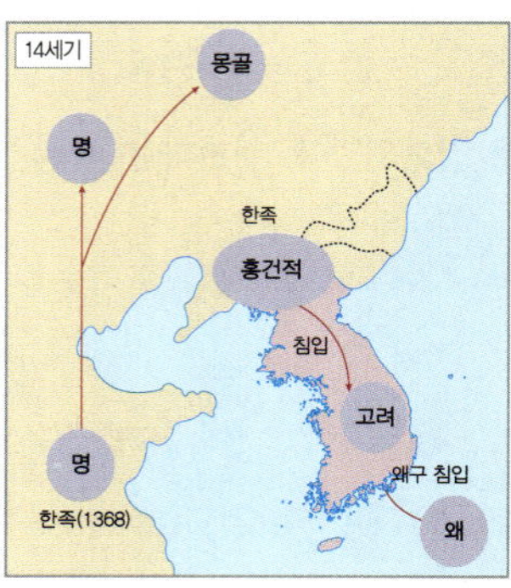

홍건적 1차 침입(1359)	공민왕	• 홍건적의 서경 침입 • 이승경 · 이방실 등이 격퇴
홍건적 2차 침입(1361)		• 홍건적에 의한 개경 함락 • 공민왕의 안동 피난, 이성계 등이 격퇴
왜구의 침략과 격퇴		• 홍산 대첩(우왕): 최영 • 진포 대첩(우왕): 최무선 • 황산 대첩(우왕): 이성계 • 쓰시마 토벌(창왕): 박위

❶ 홍건적

원나라 말기 한족 반란군으로, 머리에 붉은 두건을 둘렀다고 해서 홍건적이란 이름이 붙었다.

❷ 정세운

이방실, 김득배 등과 함께 홍건적에게 함락당한 개경을 수복하는데 공을 세웠으나, 이후 김용에 의해 살해당하였다.

❸ 왜구의 침입

고려 말 왜구들은 일본 정부의 통제를 받지 않고 독자적으로 활동하였다. 왜구들의 침입과 약탈로 수도를 철원이나 충주 등 내륙 지방으로 옮기자는 주장도 제기되었다.

❹ 최영

1388년 우왕 때 명의 철령위 설치에 대응하여 요동 정벌을 추진하였다. 그러나 이성계의 위화도 회군으로 좌절되었다.

1. 홍건적❶의 침입

(1) 침입

원나라에 쫓겨 요동으로 물러선 홍건적이 압록강을 건너 두 차례에 걸쳐 고려를 침공하였다.

(2) 전개

① 1차 침입(1359): 4만여 명의 홍건적이 침입했다가 대부분의 병력을 잃고 되돌아 갔다.

② 2차 침입(1361): 개경이 함락되고 공민왕이 복주(안동)로 피난하였다. 그러나 정세운❷, 최영, 이성계 등이 격퇴하였다.

2. 왜구의 침입❸

(1) 침입

고려 말 공민왕과 우왕 대에 왜구의 침략이 급증했는데, 특히 해안 지역의 피해가 컸다. 왜구들은 해안 지역 뿐만 아니라 때로는 내륙 깊숙한 곳까지 침입하여 약탈, 방화, 살인을 일삼았다.

(2) 격퇴

① 외교 교섭: 왜구를 막기 위해 일본의 막부와 외교 교섭을 벌였으나 성과를 거두지 못하였다.

② 화포 개발: 왜구 격퇴를 위해 우왕 때 최무선이 **화통도감**을 설치하여 화포를 개발하였다.

③ 왜구 토벌: **최영**❹이 홍산(부여)에서 왜구를 격퇴하고, **최무선**은 **진포**에서 왜선 500척을 화통과 **화포**로 대파하였다. **이성계**는 운봉을 넘어온 왜구를 추격하며 **황산**(남원)에서 적장 아기발도를 사살하는 등 주력 부대를 전멸시키고, 정지는 관음포 앞바다에서 왜선을 격침시켰다. 이후 **창왕** 때 박위는 왜구의 근거지인 **쓰시마를 토벌**하였다.

3. 홍건적과 왜구 격퇴의 결과

홍건적과 왜구의 침입을 격퇴하면서 이성계 등 신흥 무인 세력이 급성장하였다.

심화사료 百出

2024. 지방직 9급

화통도감 설치(우왕, 최무선)

비로소 **화통도감**을 설치했다. 판사 **최무선**의 말을 따른 것이다. 이때에 원나라의 염초 장인 이원이 최무선과 같은 동네 사람이었다. 최무선이 몰래 그 기술을 물어서 집의 하인들에게 은밀하게 배워서 시험하게 하고 조정에 건의했다.　　　－「고려사절요」

심화사료 百出

공민왕 때 홍건적의 침입

안성현(安城縣)은 안성군(安城郡)으로 삼았으며, 수원부(水原府)를 강등하여 수원군(水原郡)으로 삼았다. **왕이 복주(=안동)에 머무를 때**에 복주 사람들이 마음을 다하여 먹을 것과 물품 등을 준비하여 바쳤으므로, 마침내 **여러 도(道)의 군사를 징집하여 개경을 수복할 수 있었다.** 홍건적이 양광도(현재 충청도·경기 남부 일부·강원도 일부)를 항복시켰을 때 수원에서 가장 먼저 항복하니 주군(州郡)에서 감히 그 예봉을 꺾지 못하였는데, 안성만이 홀로 작은 읍으로서 계책을 세워서 적을 섬멸하여 적이 감히 남쪽으로 내려오지 못하였으므로, 수원의 네 부곡(部曲)을 떼어내어서 안성에 예속시켰다.　－「고려사절요」, 공민왕 11년(1362)

이성계의 황산 대첩

한 적장이 나이 겨우 15, 16세 되었는데, 골격과 용모가 단정하고 고우면서도 매우 사납고 용맹스러웠다. 흰 말을 타고 창을 마음대로 휘두르면서 달려 부딪치는데 그가 가는 곳마다 쓰러져 감히 대적하는 사람이 없었다. 군사들은 **아기발도(阿其拔都)**라 부르면서 서로 그를 피하였다. 이성계는 그가 용감하고 날랜 것을 아껴서 두란(豆蘭)에게 명해 사로잡고자 하였다. 두란이 말하기를, "만약 산 채로 잡으려 하면 반드시 사람을 상하게 할 것입니다." 하였다. 아기발도는 갑옷과 투구로 목과 얼굴을 감쌌는데 쏠 만한 틈이 없었다. 이성계가 말하기를, "내가 투구의 정자(頂子)를 쏘아 투구를 벗길 것이니 그대가 즉시 쏘아라." 하고는, 드디어 말을 채찍질해 뛰게 하여 투구를 쏘아 정자를 바로 맞혔다. 투구 끈이 끊어져 기울어지자 급히 투구를 조정하여 쓰므로 이성계가 즉시 투구를 쏘아 또 정자를 맞히니, 투구가 마침내 떨어졌다. 두란이 곧 쏴서 죽이니, 이에 적군의 기세가 꺾였다.

－「태조실록」

✎ 최영의 호기가　　18. 경찰 1차

좋은 말 살지게 먹여
시냇물에 씻겨 타고
서릿발 같은 칼 잘 갈아
어깨에 둘러메고
대장부의 위국충절을
세워 볼까 하노라

❈ 고려의 대외 관계

거란 **(10~11세기)**	1차 침입 (성종, 993)		고구려의 옛 땅을 내놓을 것, 송과 교류를 끊고 자신들과 교류할 것 ⇒ 서희의 외교(강동 6주 획득), 거란과 교류 약속
	2차 침입 (현종, 1010)		고려의 친송 관계 유지 ⇒ 강조의 정변을 빌미로 침입 ⇒ 개경 함락, 양규의 선전 ⇒ 강화 체결
	3차 침입 (현종, 1018)		강감찬이 귀주에서 거란군 섬멸(귀주 대첩)
	결과		• 고려, 송, 거란 세력 균형 ⇒ 평화 유지 • 국방 강화: 나성, 천리장성(압록강 하류~동해안 도련포) 축조
여진 **(12세기)**			• 숙종 때 윤관의 건의로 별무반 설치 • 예종 때 여진 정벌과 동북 9성 설치: 1년 만에 반환 • 금의 사대 요구 수용(이자겸: 정권 유지 목적)
몽골 **(13세기)**			• 첫 접촉: 거란족의 일부가 몽골에 쫓겨 고려 침입 ⇒ 고려는 몽골 및 동진국의 군대와 연합하여 거란족 섬멸(강동의 역, 1219) ⇒ 몽골은 자신들을 은인이라고 내세우며 공물 요구 • 1차(1231): 몽골 사신 피살 ⇒ 몽골의 침입, 개경 포위 ⇒ 몽골의 요구 수용 • 2차(1232): 몽골의 무리한 조공 요구 ⇒ 강화 천도(무신 정권의 대몽 항쟁) ⇒ 처인성에서 장수 살리타가 김윤후에게 사살되자 퇴각 • 몽골의 계속된 침략: 일반 민중들의 저항(장기 항전의 배경), 팔만대장경 조판, 문화재 소실 • 개경 환도(원종, 1270) ⇒ 삼별초의 항쟁(강화도－진도－제주도)
홍건적, 왜구 **(14세기)**	홍건적	1차(1359)	홍건적이 침입했으나 이승경 등이 격퇴
		2차(1361)	홍건적의 침입으로 개경 함락, 공민왕은 안동으로 피난 ⇒ 정세운, 이성계 등이 격퇴
	왜구	홍산 대첩(1376)	최영이 홍산(부여)에서 왜구 격퇴
		진포 대첩(1380)	최무선이 화통도감을 설치하고, 화포를 만들어 진포에서 격퇴
		황산 대첩(1380)	이성계가 황산에서 남해안 일대의 왜구를 섬멸
		쓰시마 토벌(1389)	박위가 전함 100척을 이끌고 쓰시마 토벌

CHAPTER 2 중세의 경제·사회·문화

解·法·기·출·진·맥

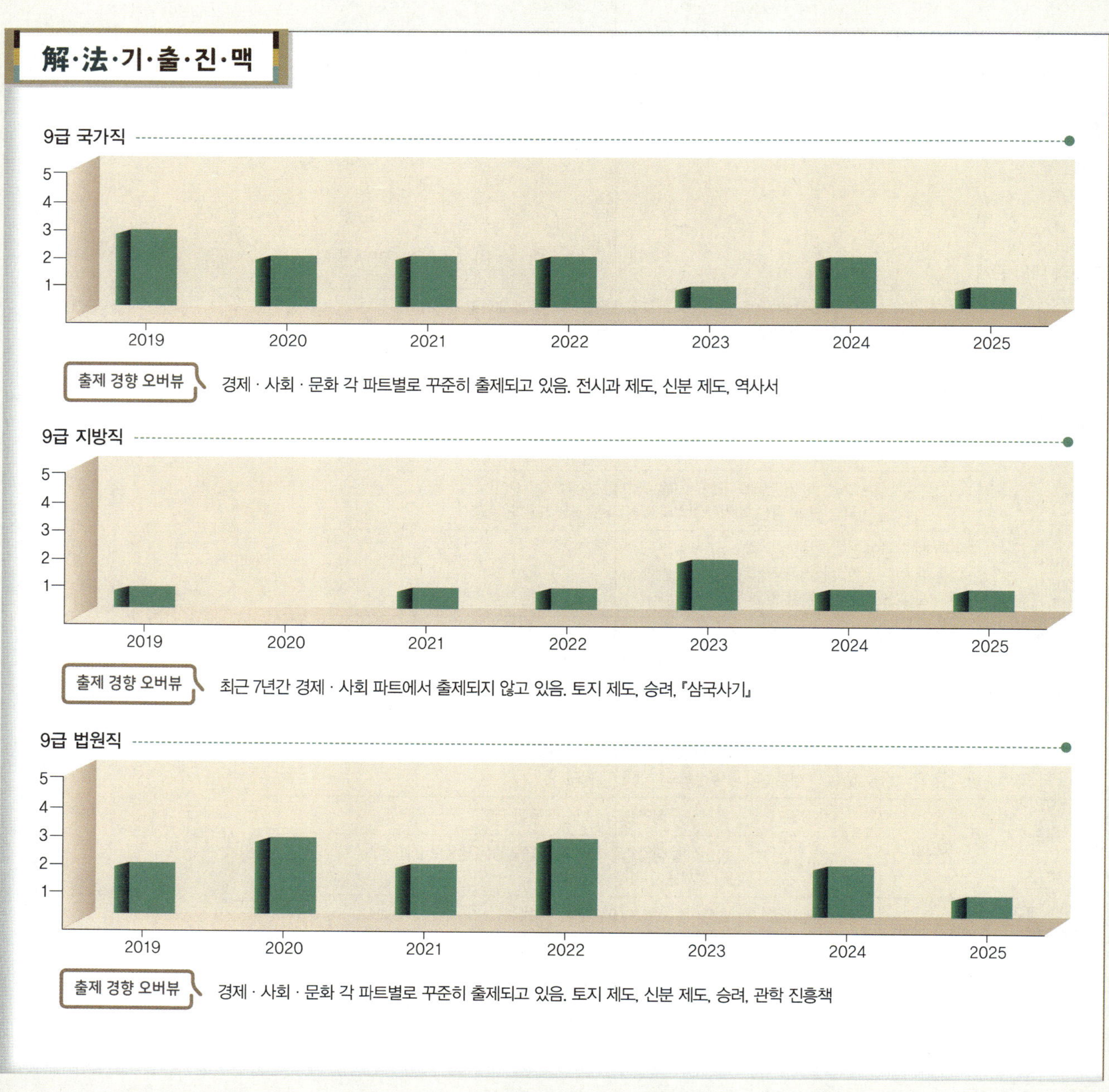

01 강 중세의 경제 정책과 경제 활동

解/法 기출분석

구분		2008~2018	2019	2020	2021	2022	2023	2024	2025
9급	국가직	• 토지 제도(2) • 경제 정책(2) • 상업	시정 전시과			경제 정책		고려 경제	
	지방직	• 토지 제도(3) • 수공업 • 대외 무역							
	법원직	토지 제도(3)	토지 제도	토지 제도	고려 경제	토지 제도			

解法 요람

고려의 토지 제도

| 태조(940) | 역분전 | 개국 공신에게 논공행상격으로 지급 |

| 경종(976) | 시정 전시과 | 전·현직 관리, 관품(4복색) + 인품 반영(역분전 성격) |

| 목종(998) | 개정 전시과 | 전·현직 관리, 관품만 고려, 문관 우대, 한외과, 군인전 규정 |

| 문종(1076) | 경정 전시과 | 현직 관리에게만 지급, 공음전, 별사전 신설, 한외과 폐지 |

❶ 양안

경작지의 소유자와 면적, 형태를 적은 장부이다.

❷ 호적

부부를 중심으로 구성된 가족을 등재하였다.

❸ 조세

토지에서 거둔 세금으로, 녹봉과 국가 재원으로 사용하였다. 조세의 징수는 지방관의 중요한 임무 가운데 하나였으며, 실질적인 징수는 각 군현의 향리가 담당하였다.

❹ 조운 제도

고려 시대에 처음 등장한 제도로, 지방에서 거둔 조세를 배를 이용하여 수도까지 옮겼다.

❺ 공물

호 단위로 부과되었으며 조세보다 부담이 더 컸다.

❻ 창(倉)

쌀이나 베를 보관·지급하는 업무 담당
- 좌창: 관리의 녹봉
- 우창: 국가 행사, 궁궐 건축 등
- 상평창(물가), 의창(구휼)

❼ 녹봉

관리들은 1년에 두 번 녹패라는 문서를 창고에 제시하고 녹봉을 받았다.

1. 수취 제도

(1) **양안과 호적**: 고려는 토지와 인구를 파악하여 **토지 대장인 양안**❶과 호구 장부인 **호적**❷을 작성하였다. 이를 토대로 각 **군현에 조세를 할당**하고, **공물과 역을 징발**하였다.

(2) **조세**❸: 비옥한 정도에 따라 3등급(전품제)으로 나누어 **생산량의 1/10**을 부과하였다. 조세는 각 군현의 농민을 동원하여 **조창**까지 옮긴 다음, 조운을 통해 개경으로 운반❹하였다.

(3) **공물**❺: 집집마다 토산물을 거두는 제도로, 매년 내는 **상공**과 필요에 따라 수시로 거두는 **별공**이 있었다. 중앙에서 필요한 공물을 주현에 부과하면, 각 고을의 향리들이 집집마다 공물을 거두어 들였다.

(4) **역**: 국가에서 16세~59·60세 정도 남자(정남)의 노동력을 무상으로 동원한 제도이다. 군 복무를 하는 **군역**과 국가 공사 등에 동원되는 **요역**이 있었다.

(5) **기타**: 어민에게 어염세·선세를, 상인에게 상세를 거두었다. 또한 수공업자에게는 일정 기간 동안 역을 부과하여 관에서 필요한 물품을 만들도록 하였다.

고급사료 [百出]

전품제(田品制)

무릇 토지의 등급은 묵히지 않는 토지를 상(上)으로 하고, 한 해 묵히는 토지를 중(中)으로 하며, 두 해 묵히는 토지를 하(下)로 한다.

– 「고려사」

요역

편성된 호는 인구의 장정이 많고 적음에 따라 9등급으로 나누어 부역을 시킨다.

– 「고려사」

2. 재정의 운영

(1) **재정 지출**❻: 관리의 녹봉❼, 일반 비용, 국방비, 왕실 경비 등에 지출하였다.

(2) **관청 설치**: 재정을 운영하는 관청으로 **호부와 삼사**를 두었다.

　① **호부**: 호적과 양안을 제작하고, 조세를 거두고 지출하는 재정 운영을 계획·총괄하였다.

　② **삼사**: 곡식의 출납·회계 관련 사무 등을 관장하였다.

(3) **관청 운영 경비**: 각 관청은 관청 운영 경비로 사용할 수 있도록 **공해전**을 지급받았다.

02 전시과 체제의 성립과 변화 

1. 전시과(田柴科) 제도

(1) 역분전(태조, 940) – 전시과의 선구

① 성격: 고려 건국 과정에서 공로가 컸던 공신에게 논공행상격으로 지급된 토지이다.

② 분급 기준: 관품이나 관직이 아니라 **충성도와 인품**에 따라 지급되었다.

(2) 전시과 제도의 특징

① 수조권 지급[8]: 문무 관리로부터 군인, 한인에 이르기까지 **18등급**으로 나누어 곡물을 수취할 수 있는 전지와 땔감을 얻을 수 있는 시지를 주었다. 이때 **수조권만 지급**되었다.

② 수조권 반납: 전시과는 관직 복무와 직역에 대한 대가로 지급되었다. 따라서 **토지를 받은 자가 죽거나 관직에서 물러날 때에는 토지를 국가에 반납**하도록 하였다.

(3) 전시과 제도의 변천

① 시정 전시과(경종, 976)

　㉠ 지급 기준[9]: 관품(官品)과 인품(人品)을 함께 반영하였다. 사색 공복 등을 기준으로 삼아 문반, 무반, 잡업으로 나누어 지급 결수를 정했다(다원적 기준).

　㉡ 특징: 공신들을 우대하는 등 역분전적인 성격이 아직 남아 있었다.

② 개정 전시과(목종, 998)

　㉠ 지급 기준: 인품이라는 막연한 요소를 배제하고 **오직 관품만 고려하여 18과(科)로 구분**한 후 토지를 지급하였다(일원적 기준). 그리고 18과에 들지 못한 자들은 한외과로 분류하여 전지 17결을 주었다.

　㉡ 특징: 무관보다 **문관을 우대**하였고, 산관(품계 ○, 담당 업무 ×)도 현직 관리보다 몇 과 아래의 토지를 받았다. 전반적으로 토지 지급량이 이전보다 감소하였다. 또한, 군인전이 규정되었다.

③ 경정 전시과(문종, 1076)

　㉠ 지급 기준: 현직 관리만을 대상으로 관품의 높낮이에 따라 18과로 나누어 지급하였다. 산관이 지급 대상에서 제외되었고, 한외과도 폐지되었다.

　㉡ 신설: 5품 이상의 관리를 대상으로 한 **공음전시**, 무산계를 소유한 인물들을 대상으로 한 무산계전시, 승려·풍수지리업자를 대상으로 한 별사전시가 신설되었다.

　㉢ 특징: 토지 지급량이 감소되었고 **무관에 대한 차별이 시정**되었다.

❽ 전시과 지급 대상

서리, 향리, 군인, 악공은 수조지를 지급받았다. 서리는 15~18과에 속해 17~25결의 수조지를 지급받았으며, 향리는 외역전, 군인은 군인전, 악공은 별정전을 지급받았다.

❾ 시정 전시과의 분급 기준

사색 공복을 기준으로 삼은 뒤 다시 문반과 무반, 잡업으로 나누었다. 자삼 이상은 18품으로 나누었으며, 문반의 단삼 이상은 10품으로 나누었다. 비삼은 8품으로 나누었으며, 녹삼 이상은 10품으로 나누었다.

- 194 고구려 진대법 실시
- 509 신라 동시전 설치
- 687 관료전 지급
- 722 정전 지급
- 828 청해진 설치

전시과의 운영

1. 관리가 전시과로 지급받은 토지가 다른 사람의 토지일 경우, 실제 소유자로부터 조세를 거둠(수확량의 1/10).
2. 관리가 전시과로 지급받은 토지가 본인 소유 토지일 경우, 국가로부터 조세를 면제받음.
3. 전시과로 지정되지 않은 토지의 소유자는 조세로 국가에 수확량의 1/10을 납부함.

❖ 전시과의 토지 지급 액수

시기		등급	1	2	3	4	5	6	7	8	9	10	11	12	13	14	15	16	17	18
경종 (976)	시정 전시과	전지	110	105	100	95	90	85	80	75	70	65	60	55	50	45	42	39	36	33
		시지	110	105	100	95	90	85	80	75	70	65	60	55	50	45	40	35	30	25
목종 (998)	개정 전시과	전지	100	95	90	85	80	75	70	65	60	55	50	45	40	35	30	27	23	20
		시지	70	65	60	55	50	45	40	35	33	30	25	22	20	15	10			
문종 (1076)	경정 전시과	전지	100	90	85	80	75	70	65	60	55	50	45	40	35	30	25	22	20	17
		시지	50	45	40	35	30	27	24	21	18	15	12	10	8	5				

※ 시정 전시과의 경우 자삼에 대해서만 18등급으로 나누어 지급하였다.

심화사료 百出

2019. 국가직 9급, 2019. 서울시 7급, 2019. 법원직 9급, 2018. 국가직 7급, 2010. 법원직 9급

태조 때의 녹읍

여름 5월 을사 왕이 예산진(禮山鎭)에 행차하여 조서(詔書)를 내려 이르기를, "…… 마땅히 너희들 공경(公卿)이나 장상(將相)과 같이 나라의 봉록을 받는 이들은 내가 백성을 자식처럼 사랑하는 마음을 헤아려 너희들의 녹읍(祿邑)에 편제되어 있는 백성을 불쌍히 여겨야 한다. 만약 가신(家臣) 가운데 아는 것 없는 무리를 녹읍에 보낸다면, 오직 거두어들이는 데만 힘써 마음대로 약탈할 것이니 너희 또한 어찌 알 수 있겠는가? ……" 라고 하였다. — 「고려사」

역분전

처음으로 역분전을 정하였다. 조신(朝臣), 군사들에게 **관계(官階)는 논하지 아니하고 그들의 성행(性行)의 선악과 공로의 대소를 보아 지급**하였는데 차등이 있었다. — 「고려사」

시정 전시과

경종 원년(976) 11월에 처음으로 직관(職官)과 산관(散官) 각 품의 전시과(田柴科)를 제정하였는데, 관품(官品)의 높고 낮음은 따지지 않고 단지 인품(人品)으로만 이를 정하였다. — 「고려사」

개정 전시과

목종 원년 3월에 군현들에 있는 안일호장에게는 원래 직전의 절반을 주기로 하였다. 12월에 문무 양반 및 군인, 한인에게 토지를 나누어 주는 전시과를 제정하였다. …… **이에 들지 못한 자에게는 모두 전 17결을 주기로 하였고,** 이것을 항구적으로 지켜야 할 법식으로 제정하였다. — 「고려사」

경정 전시과

문종 30년(1076)에 전시과를 다시 개정하였다. 제1과는 전 100결, 시 50결, …… 제17과는 전 20결, 제18과는 전 17결로 한다. — 「고려사」

과전법

문종 때 설정한 구역을 기준으로 경기에 소속될 군현들을 정하고 좌·우도로 나누어 배치한다. 여기에 과전을 설치하고, 1품으로부터 9품과 산직에 이르기까지의 관리를 18과로 나누어 이를 지급한다. …… **경성(京城)에 살면서 왕실을 시위하는 자는 과에 따라 토지를 받는다. 제1과**는 제내대군으로부터 문하시중에 이르기까지로 **150결**이고, …… **제18과**는 권무(임시직), 산직으로 **10결**이다. — 「고려사」

2. 민전(民田)

(1) 사유지: 매매, 상속, 기증, 임대 등이 가능한 개인의 사유지로, 소유권이 보장된 토지였다.

(2) 조세 부과: 민전의 소유자는 국가에 일정한 세금을 내야 했다.

3. 토지의 종류

종류		특징
공전	공해전(公廨田)	중앙과 지방의 각 관청 경비를 충당하기 위해 지급한 토지이다.
	내장전(內莊田)	왕실 재정을 위해 왕실이 직접 소유권을 가지고 경영하였던 토지이다.
	학전(學田)	각 교육 기관의 경비를 충당하기 위해 지급된 토지이다.
	둔전(屯田)	변경이나 군사 요지에 설치해 군량에 충당한 토지이다.
사전	과전(科田)	관리들에게 지급한 토지로 양반전이라 불렸다. **수조권만 지급**하였으며 **세습되지 않았다.**
	공음전(功蔭田)	5품 이상 고위 관리에게 지급한 토지로 자손에게 **상속 가능**한 영업전이었다.
	한인전[1](閑人田)	6품 이하 **하급 관료의 자제로서 관직에 오르지 못한 사람**에게 지급한 토지이다(관인 신분 세습).
	군인전(軍人田)	군역의 대가로 주는 토지로, 군역이 **세습**됨에 따라 자손에게 세습되었다.
	외역전(外役田)	향리의 직역 부담에 대한 대가로 지급한 토지로, 향리직이 세습됨에 따라 세습되었다.
	구분전(口分田)	**하급 관료와 군인 사망시 유가족에게 주는 토지**이다. 또한, 직역을 세습할 자손이 없으면 국가에서는 토지를 회수하고 대신 구분전을 지급하였다.
	사원전(寺院田)	사원의 운용 재원으로 지급된 토지로 영업전에 해당한다.
	별사전(別賜田)	승려(승인)와 풍수지리업자에게 지급되던 토지이다.
	식읍[2]	토지만이 아니라 인정에 대한 지배가 허용된 식읍이 호(戶) 단위로 왕실이나 공신들에게 수여되었다.

4. 녹과전(1217)

개경 환도 후 원종은 관리들의 녹봉을 보충하기 위해 녹과전제를 실시하였다. 현직 관료만을 대상으로 경기 8현의 토지에 대한 수조권을 분급하였다.

5. 전시과 체제의 붕괴

(1) 전시과의 붕괴: 귀족들이 지급받은 과전을 세습[3]하는 경향이 커지면서 전시과 제도는 점차 원칙대로 운영되지 못하였다. 이러한 현상은 무신 정변 이후 가속화되어 전시과 체제가 붕괴되었다.

(2) 농장의 확대: 농장은 원 간섭기 이후 확대되었으며, **권문세족의 경제적 기반**이 되었다.

　① 토지 탈취: 지배층은 농민의 토지를 빼앗거나 토지를 개간한다는 명목(사패[4] 사칭)을 내세워 대토지(농장)를 차지하였다.

　② 운영: 농장은 **면세의 특권**을 누려 귀족들은 조세를 납부하지 않았다. 또한 국가에 세금을 내야 할 농민들이 농장의 전호가 되었다. 따라서 **농장의 확대는 국가 재정의 궁핍을 초래**하였다.

📎 **고려의 토지 분류**

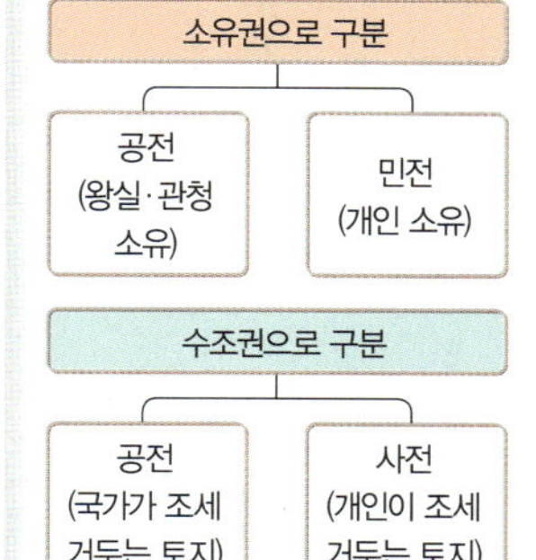

❶ 한인(閑人)에 대한 이설

대기발령직에 있는 사람들이라는 설. 6품 이하 관리의 자제인데 대기발령인들이라는 설. 아예 한인이라는 직책이 있었다는 설 등 한인전에서 명시하고 있는 한인에 대해서는 이설이 많이 제기되고 있다.

❷ 식읍(食邑)

실제로는 명목에 그치는 경우가 많았으며, 조선 초에 이르러 완전히 폐지되었다.

❸ 과전의 세습

귀족들은 본인이 죽거나 관직에서 물러난 후에도 권력을 이용하여 국가에 과전을 반납하지 않고 세습하였다. 이 때문에 관리들에게 나누어 줄 토지가 부족해졌고, 조세를 거둘 수 있는 토지도 줄어들었다.

❹ 사패전(賜牌田)

사패는 개간을 허락하는 증명서로, 사패전은 국가로부터 소유권을 인정받았고 세금이 면제되었다. 고려 후기에 일부 지배층은 개간을 구실로 대규모 사패전을 지급받았는데, 이는 농장이 확대되는 원인이었다.

6. 과전법의 시행(1391, 공양왕 3)

(1) **수조권 몰수**: 권문세족의 토지를 몰수하여 수조권은 모두 국가로 귀속하여 재분배하였다. 대상 지역은 경기 지역에 한하였다.

(2) **소유권 일부 인정**

　① 불법적 소유권: 권문세족이 불법적으로 획득한 소유권은 원 주인에게, 혹은 국가로 환수되었다. 또한 경작권을 보장하여 자영농을 육성하였고, 이로 인해 농민의 지위가 향상되었다.

　② 합법적 소유권: 합법적인 소유권은 인정하였다. 그러나 병작반수❶를 금지하였다.

　③ 결과: 권문세족의 경제적 기반이 무너지고, 신진 사대부의 경제적 기반이 마련되었다.

심화사료 百出

녹과전

도병마사가 말하기를, "근래에 전쟁으로 말미암아 창고가 텅 비어서 백관(百官)의 녹봉(祿俸)을 주지 못하고 사인(士人)을 권장할 방법이 없으므로, **경기(京畿) 8개 현(縣)에서 품(品)에 따라 녹과전을 지급**하소서."라고 하므로 이를 따랐다.　　　－「고려사」

고려 말 사전의 폐해

대사헌 조준 등이 글을 올려 말하기를, "…… 태조께서 즉위한 뒤 신하들에게 '최근 민에 대한 수탈이 가혹하여 사람들이 너무 살기가 어렵다. 지금부터는 수확량의 1/10을 걷도록 하라. ……'고 하셨습니다. …… 근년에 이르러 겸병이 더욱 심하여져서 간악하고 흉악한 무리들은 **주(州)를 타넘고 군(郡)을 포괄하며 산과 내를 표지로 삼아 모두 가리켜 조업전(祖業田)이라고 하면서** 서로 물리치며 서로 빼앗으니, **한 이랑의 주인이 5∼6명을 넘고 1년에 조(租)를 거두는 것이 8∼9차례에 이릅니다.** …… 호소할 곳 없는 불쌍한 백성들이 사방으로 흩어져 떠돌아다닙니다.　　　－「고려사」

---

03 고려의 농업

1. 권농 정책

(1) **목적**: 고려는 재정 확보와 민생 안정을 위해 농업을 중시하였다. 개간과 간척 사업을 장려하여 경작지를 확대하였다. 또한 농번기에는 잡역 동원을 금지하고 재해를 입은 농민은 세금을 감면해 주었다.

(2) **광종**: 개간한 땅은 세금을 일정 기간 면제해 주는 공사전조법을 만들어 황무지 개간을 장려하였다.

(3) **성종❷**: 고리대의 이자를 제한하여 이자는 원금을 넘지 않도록 하였다(자모상모법❸).

(4) **황무지 개간**: 개간한 토지는 주인이 없으면 소유권을 인정해 주었고, 주인이 있으면 소작료를 적게 받거나 면제해 주었다.

(5) **저습지, 간척지 개간**: 12세기 이후, 연해안의 저습지와 간척지가 개간되었다. 특히 강화도 천도 이후에는 **강화도**를 중심으로 간척 사업이 활발히 추진되었다.

2. 농업 기술 발달

(1) 수리 시설 정비: 김제의 벽골제와 밀양의 수산제 등 여러 수리 시설을 재정비하였다.

(2) 농기구와 종자의 개량: 호미와 보습 등 농기구와 종자가 개량되었다.

(3) 깊이갈이: 소를 이용한 깊이갈이(심경)가 일반화되었다.

(4) 시비법[4]: 녹비법·퇴비법 등 **시비법**이 발달하면서 **휴경지가 감소**하였다.

(5) 2년 3작 윤작법: 2년 3작 윤작법이 점차 보급되어 2년 동안 보리, 콩, 조 등을 돌려지었다.

(6) 이앙법 전래: 고려 말에 이앙법(모내기법)이 남부 지방에 전래되었다.

(7) 농서 보급: 고려 후기에는 이암이 중국의 농서인 『**농상집요**』[5]를 소개하였다.

(8) 목화 전래: 공민왕 때 문익점이 원에서 목화씨를 가져와 **목화 재배**가 이루어졌다.

04 고려의 수공업

1. 전기: 고려 전기에는 관청 수공업과 소 수공업을 중심으로 발전하였다.

(1) 관청 수공업

　① 특징: 기술자를 **공장안**에 올려 중앙이나 지방의 관청에 소속되어 물품을 생산하게 하였다.

　② 생산품: 왕실이나 관청의 물품, 무기 등을 만들었다.

(2) 소 수공업

　① 특징: 소[6]는 정부가 **공물의 확보**를 위해 설정한 특수 행정 구역이다.

　② 생산품: 금, 은, 철, 구리, 실, 각종 옷감, 종이[7], 먹, 차, 생강 등을 생산하여 관청에 납부하였다.

2. 후기: 고려 후기에는 민간 수공업과 사원 수공업이 발달하였다.

(1) 민간 수공업: 농촌의 가내 수공업이 중심이었다. 농민은 삼베, 모시, 명주 등을 생산하여 공물로
바쳤다.

(2) 사원 수공업[8]: 사원에서는 기술이 좋은 승려와 노비가 있어 베, 모시, 기와, 술, 소금 등 품질 좋은
제품을 생산하였다.

고급사료 百出

사원 수공업의 발달

승려들이 심부름꾼을 시켜 절의 돈과 곡식을 각 주군에 장리를 놓아 백성을 괴롭히고 있다. 지금 부역을 피하려는 무리들이
부처의 이름을 걸고 돈놀이를 하거나 농사, 축산을 업으로 삼고 장사를 하는 것이 보통이 되었다. …… 어깨를 걸치는 가사는
술 항아리 덮개가 되고, 범패를 부르는 장소는 파, 마늘의 밭이 되었다. 장사꾼과 통하여 팔고 사기도 하며, 손님과 어울려 술
먹고 노래를 불러 절간이 떠들썩하다.

— 『고려사』

❹ 시비법

고려 시대에는 밭을 묵혀서 그 밭에
서 자란 풀을 태우거나 갈아엎어 비
료를 주던 녹비법이 등장하였다. 여
기서 더 나아가 풀이나 갈대를 베어
태우거나 갈아엎은 녹비(풋거름)에
가축의 똥오줌을 섞어서 만든 퇴비
법이 점차 확대되었다.

❺ 『농상집요』

충정왕 때 처음 도입되어 공민왕 때
간행되었다.

❻ 소(所)

생산되는 물품에 따라 금소(金所)·
은소(銀所)·철소(鐵所)·와소(瓦所)·
지소(紙所)·탄소(炭所)·묵소(墨所)·
자기소(瓷器所) 등이 있었다.

❼ 고려의 종이

서긍의 『고려도경』에 따르면 당시 고
려의 종이에는 등피지가 있었다고 전
한다. 이는 고려 종이가 가죽처럼 질
기고 얇고 반질거리는 특징이 있었
음을 보여 준다.

❽ 고려의 사원 경제

고려의 사원은 국가로부터 사원전과
노비를 지급받고, 귀족의 지원을 받
아 다양한 수공업 제품을 만들 수 있
었다.

양산 통도사 국장생 석표
일반인의 토지와 통도사의 토지를 구
별하기 위해 만들었다.

1. 고려 전기

(1) **도시**: 고려의 상업은 도시를 중심으로 발달하였다.

    ① **시전 설치**: 개경에 **시전**을 만들어 상설 점포를 열었고, **경시서**를 두어 상행위를 감독하였다.

    ② **관영 상점**: 개경·서경·동경(경주) 등 대도시에는 **서적, 약, 술, 차** 등을 파는 관영 상점(서적점·약점·주점·다점)이 있었다.

    ③ **비정기적인 시장**: 도시민이 일용품을 매매할 수 있었으며, 주로 한낮에 열렸다.

(2) **지방**: 지방은 주로 관청 근처에 시장이 열려 농민, 수공업자, 관리 등이 쌀, 베 등의 물품을 서로 바꾸었다. 또한 행상들은 각 지역을 돌아다니면서 일용품을 판매하였다.

2. 고려 후기: 고려 후기에는 전기보다 도시와 지방의 상업 활동이 활발해졌다.

(1) **도시**: 관청 수공업의 쇠퇴와 소(所)의 해체에 따라 관청은 시전을 통해 물품을 구입하였다.

(2) **지방**: 지방에서는 행상이 활동하였다. 또한 부정기적으로 주현시가 열렸지만 번창하지는 못했다.

(3) **원의 발달**: 육상 교역의 확대에 따라 **여관인 원**이 발달했으며, 이곳이 상업 활동의 중심지가 되었다.

(4) **사원**: 상업 활동으로 축적한 부를 고리대 자본으로 사용하기도 하였다.

3. 화폐 발행

(1) **배경❶** : 고려 정부는 국가의 재정 증가, 상품의 원활한 유통 등을 목적으로 화폐를 만들었다.

(2) **화폐 주조**

    ① **성종**: 최초로 철전인 건원중보를 만들었으나 유통에 실패하였다.

    ② **숙종**: 의천의 건의로 주전도감을 설치하여 **삼한통보, 해동통보**, 해동중보 등 동전과 **활구(은병)❷** 라는 은전을 만들었다. 그러나 널리 유통되지는 못했다.

    ③ **고려 후기**: 소은병❸(충혜왕) 등이 제작되었고, 공양왕 때는 최초의 지폐인 저화가 발행되었다.

(3) **결과**

화폐는 도시에서도 주로 다점이나 주점 등에서만 사용되는 등 **널리 유통되지 못하였다**. 물건을 거래할 때는 여전히 곡식이나 삼베가 사용되었다.

심화사료 百出   2018. 서울시 7급

고려의 화폐 정책

숙종 7년 왕이 명하기를 "백성들을 부유하게 하고 나라의 이익이 되는 데 돈보다 중요한 것은 없다. **이제 금속을 녹여 돈을 만드는 법령을 제정한다.** 돈 15,000꾸러미를 주조하여 문무 양반과 군인들에게 주어 돈 통용의 시초로 삼도록 하라."고 하였다.

– 「고려사」

4. 보❹의 발달

(1) **목적**: 일정한 기금을 조성하여 그 이자를 공적 사업에 사용하고자 하였다.

(2) **폐단**: 보의 운영이 문란해지면서 일부 보들은 고리대업을 하는 폐단이 발생하였다.

고려의 대외 무역

1. 배경

고려 전기에는 선진 문물을 수입하기 위해 송과의 무역에 주력하였다. 고려 후기에는 원나라를 통해 세계 시장과 연결되면서 대외 무역이 더욱 활발해졌다.

2. 대외 무역: 개경과 가까운 예성강 어귀의 **벽란도**[5]가 국제 무역항으로 번성하였다.

(1) 송과의 무역[6]: 고려의 대외 무역에서 **가장 큰 비중**을 차지하였다.

① 교역품: 왕실과 귀족의 수요품인 **약재, 비단, 서적** 등을 수입했다. 그리고 종이, 인삼, 나전 칠기, 화문석 등 수공업품과 토산물을 수출하였다. 특히 고려의 **종이와 먹은** 품질이 뛰어나 비싸게 수출되었다.

② 교통로: 북방에 거란·여진이 있었기 때문에 주로 바닷길이 이용되었다. 처음에는 예성강(벽란도)–대동강–산둥반도의 길이 이용되었으나, 이후에는 예성강–흑산도–밍저우(양쯔강 이남)가 주교역로가 되었다.

(2) 거란·여진과의 무역(각장: 공식 무역 장소)

거란[7]과 여진은 모피, 말, 은 등을 가지고 와서 농기구, 식량 등과 바꾸어 갔다.

(3) 일본과의 무역[8]

일본은 수은, 황, 감귤, 향료, 말 등을 가지고 와서 식량, 인삼, 서적 등과 바꾸어 갔다.

(4) 서역과의 무역

① 교역: 대식국(아라비아)의 상인이 **송나라**를 통해 진출하였다. 이들은 고려에 수은, 향료, 산호 등을 팔았다. 원 간섭기에는 색목인이라 불린 서역인들이 고려에 들어왔다.

② 영향: 아라비아 상인들을 통하여 고려의 이름(Corea)이 서방 세계에 널리 알려지게 되었다.

(5) 원과의 무역[9]

공무역은 고려에서 예물을 보내고 원이 답례하는 형식으로 이루어졌다. 사무역은 공무역보다 규모가 컸으며 왕이나 사신의 수행원이나 상인이 주도하였다.

고려의 대외 무역

제3막 중세 사회의 발전

❺ **벽란도**

원래 예성항으로 불렸으나 그곳에 있던 벽란정의 이름을 따서 벽란도라 하였다. 서해안의 항구 중 비교적 물이 깊어 배가 자유롭게 드나들 수 있었으며, 수도인 개경과 가깝다는 지리적 이점이 있었다.

❻ **송과의 무역**

송나라(960년 건국)와는 광종 때부터 교류가 시작되었다. 그러나 고려가 거란과 사대 관계를 맺은 후부터 11세기 중반까지는 공식적인 대송 외교가 중단되었다.

❼ **거란과의 무역**

거란과는 조공을 통한 사행 무역 외에 국경 지대의 시장인 각장에서 교역이 이루어졌다.

❽ **일본과의 무역**

일본과는 정식 국교가 없었으며, 11세기 후반부터 상인이 왕래하였다. 고려 국왕에게 토산물을 바치면 왕이 답례품을 하사하는 형태로 이루어졌다.

❾ **원 간섭기 왕실 주도 무역**

충렬왕의 왕비 제국 대장 공주는 공물로 받은 인삼 등을 중국에 수출하였으며, 충혜왕은 상인에게 벼슬을 하사하기도 하였다.

❶ 녹봉

관료를 47등급으로 나누어 1등급은 400석을 받고, 최하 47등급은 10석을 받았다.

❷ 신공

노비가 주인에게 제공하는 노동력이나 물품을 말한다.

1. 귀족: 대대로 상속받은 토지와 노비, 관료가 되어 받은 과전과 녹봉❶ 등을 경제 기반으로 하였다.

(1) **과전**: 직역의 대가로 국가로부터 수조권을 지급받았으며, 조세로 생산량의 1/10을 거두었다.

(2) **녹봉**: 현직 관리들은 1년에 2번씩 쌀, 보리 등의 곡식을 받았으며 베나 비단을 받기도 하였다.

(3) **소유지**: 자신의 소유지를 노비에게 경작시키거나 소작을 시켜 생산량의 반을 거두었다. 또 외거 노비에게 신공❷으로 매년 베나 곡식을 받았다.

(4) **농장**: 귀족은 **권력**이나 **고리대**를 이용하여 농민의 토지를 빼앗기도 하고, 개간을 하여 토지를 늘렸다. 특히, **농장(부재지주)**은 대리인을 보내 소작인을 관리하고 소작료를 거두어 갔다.

2. 귀족의 생활 모습

큰 누각을 짓고 사치스러운 생활을 하였을 뿐만 아니라, 지방에 별장을 가지고 있었다. 귀족들은 외출할 때 남녀 모두가 시종을 거느리고 말을 타고 다녔다. 중국에서 수입한 차(茶)를 **다점**에서 즐겼으며, 주점을 다니기도 하였다.

심화사료 百出

2018. 서울시 7급

귀족의 화려한 생활

김돈중(김부식의 아들로, 정중부가 보현원에서 난을 일으켰을 때 살해당함.) 등이 절의 북쪽 산은 민둥하여 초목이 없으므로 그 **인근의 백성을 모아 소나무, 잣나무, 삼나무, 전나무와 기이한 꽃과 이채로운 풀 등을 심고 …… 휘장, 장막과 그릇 등이 몹시 사치스럽고 음식이 진기**하여 왕이 재상, 근신들과 더불어 매우 흡족하게 즐겼다.　　　　　　　－「고려사」

3. 농민

(1) **토지 경작**: 농민은 자기 소유의 **민전**을 경작하거나, 국유지나 다른 사람의 소유지를 빌려서 농사를 지었다.

(2) **가내 수공업**: 삼베, 모시, 비단 등을 짜는 가내 수공업을 통해 생계를 유지하였다.

대표 **기출문제**

고려 시대 (가)~(라)의 토지 제도가 시행된 순서대로 바르게 정리한 것은?

2020. 법원직 9급

(가) 관등과 인품을 기준으로 지급하였다.
(나) 현직 관리만을 대상으로 지급하였다.
(다) 공신의 공로에 따라 차등 지급하였다.
(라) 관등에 따라 18등급으로 구분하여 지급하였다.

① (가) ⇒ (나) ⇒ (다) ⇒ (라)　　② (나) ⇒ (가) ⇒ (라) ⇒ (다)
③ (다) ⇒ (가) ⇒ (라) ⇒ (나)　　④ (라) ⇒ (다) ⇒ (나) ⇒ (가)

해설

(다) 태조 때 실시한 역분전에 대한 설명이다. (가) 경종 때 제정한 시정 전시과에 대한 설명이다. (라) 목종 때 제정한 개정 전시과에 대한 설명이다. 개정 전시과에서는 인품이라는 막연한 요소를 배제하고 오직 관품만 고려하여 18과(科)로 구분하고 토지를 나누어 주었다. (나) 문종 때 실시한 경정 전시과에 대한 설명이다.

정답 ③

고려의 신분 제도와 사회 모습

解/法 기출분석

구분		2008~2018	2019	2020	2021	2022	2023	2024	2025
9급	국가직	• 신분 제도(4) • 형률 제도 • 향·소·부곡		구제도감	향리				
	지방직	• 신분 제도(2) • 향·소·부곡							
	법원직	• 신분 제도 • 가족 제도(2)		원 간섭기 사회 모습	신분 제도	향리			향·소·부곡

解法 요람

고려의 사회 구조

귀족
- 왕족, 5품 이상의 고위 관료
- 음서, 공음전의 혜택을 받는 특권층
- 문벌 귀족 ⇨ 권문세족 ⇨ 신진 사대부

중류층
- 지배층의 하부 구조(말단 행정직)
- **잡류**(중앙 관청 말단 서리), **남반**(궁중 실무), **향리**(지방 행정), **군반**(군인), **역리**(역 관리) 등
- 직역과 지급된 토지 세습

양민
- 일반 농민(백정), 상공업 종사자, 향·소·부곡민 등
- **백정**: 주로 농업에 종사, 조세·공납·역의 의무를 짐.
- **특수 행정 구역민**: 향·소·부곡·역·진·장·처, 세금·노동력 징발 多, 거주 이전 금지

천민
- 대부분 노비, 재산으로 간주, 일천즉천, 천자수모법 적용
- **공노비**(입역 노비, 외거 노비), **사노비**(솔거 노비, 외거 노비)

01 귀족

1. 특징

(1) 구성

왕족을 비롯하여 **5품 이상의 고위 관료**들이 고려 지배층의 핵심인 귀족 계층을 형성하였다.

(2) 특권

음서와 공음전의 혜택을 누렸으며, 정부의 요직을 독점하며 국정을 장악하였다.

2. 문벌 귀족

(1) 성립

고려 개국에 공을 세운 **호족과 6두품** 출신들이 대대로 고위 관직을 차지하여 문벌 귀족을 형성하였다.

(2) 특징

① 거주: 주로 개경에 거주[1]하였고, 죄를 지으면 형벌로써 귀향시켰다(귀향형).[2]

② 정치: 고위 관직을 독점하였고, 서로 중첩된 혼인 관계를 맺어 권력을 유지하였다.[3]

③ 경제: 관직에 따라 과전과 공음전의 혜택을 받았고, 대규모의 토지를 차지하였다.

(3) 변화: 무신 정변을 계기로 문벌 귀족 세력은 점차 약화되었고, 무신이 권력을 잡았다.

심화사료 百出

2022. 소방직

문벌 귀족

• 나라에 벼슬하는 자는 바로 **귀한 가문 출신의 관리**들이며, …… 나라의 재상은 대부분 훈척(勳戚)을 임명한다. 선종부터 이씨의 후손을 비로 맞이하였는데, 예종도 세자 때 이씨의 딸을 맞아 비로 삼았다.　　　　　－「선화봉사고려도경」

• 최사추는 문헌공 최충의 손자이다. …… 최사추의 아들은 최원과 최진이다. 최원은 여러 차례 승진하여 상서우복야가 되었고, 최진은 문하시랑평장사가 되었다. 이자겸, 문공미, 유인저가 모두 최사추의 사위이니 문벌의 성대함이 당시에 비길 바가 없었다.　　　　　－「고려사」

3. 권문세족[4]

(1) 배경: 원 간섭기에는 권문세족이 **고려 후기의 새로운 지배층**으로 등장하였다.

(2) 유형: 문벌 귀족 가문이 그대로 유지된 경우(경주 김씨, 인주 이씨)와 무신 정권 때 새로이 득세한 경우(언양 김씨, 평강 채씨), 원과 결탁을 통해 성장한 친원 세력(평양 조씨, 철원 유씨) 등이 있다. 충선왕 때 왕실과 혼인할 수 있는 **재상지종**으로 정해졌다.

(3) 특권

① 정치: **도평의사사** 등 주요 관직을 독점하고, **음서**로 신분을 세습해 갔다.

② 경제: 강과 하천을 경계로 삼을 만큼 **대규모의 농장을 소유**하고도 국가에 세금을 내지 않았으며, 몰락한 농민을 농장에 끌어들여 노비처럼 부렸다.

---

❶ 부재지주

지방의 소유지(농장)에 거주하지 않아 대리인을 따로 보내 토지를 관리하였다.

❷ 귀향형(歸鄕形)

범죄를 저질렀을 때 본관(本貫)으로 돌려보내는 형벌로, 녹을 받는 관리가 공물을 훔쳤거나 뇌물을 받은 경우, 승려가 소속 사원의 미곡(米穀)을 훔친 경우 등에 적용되었다.

❸ 신분 변동

지방 향리의 자제도 과거를 통해 신진 관료가 되어 귀족의 대열에 들 수 있었다. 반대로 중앙 귀족에서 낙향하여 향리로 전락하는 경우도 있었다.

❹ 권문세족과 문벌 귀족

문벌 귀족이 가문 자체의 권위로 귀족적 특권을 누렸음에 비하여 권문세족은 현실적인 관직을 통하여 정치 권력을 행사하였다는 점에서, 권문세족은 문벌 귀족과 비교했을 때 관료적 성격이 짙다고 볼 수 있다.

고등사료 百出　　　　　　　　　　　　　　　　　　　　2012. 지방직 9급

권문세족(재상지종, 宰相之宗) - 충선왕의 복위 교서

이제부터 만약 종친으로서 같은 성에 장가드는 자는 황제의 명령을 위배한 자로서 처리할 것이니, 마땅히 여러 대를 내려오면서 재상을 지낸 집안의 딸을 취하여 부인을 삼을 것이며, 재상의 아들은 왕족의 딸과 혼인함을 허락할 것이다. 만약 집안의 세력이 약하면 반드시 그렇게 할 필요는 없다. …… **철원 최씨, 해주 최씨, 공암 허씨, 평강 채씨, 청주 이씨, 당성 홍씨, 황려 민씨, 횡천 조씨, 파평 윤씨, 평양 조씨는 다 여러 대의 공신 재상의 종족이니, 가히 대대로 혼인할 것이다.** 남자는 종친의 딸에게 장가가고 딸은 종비(宗妃)가 됨직하다.

　　　　　　　　　　　　　　　　　　　　　　　　　　　　　　　　　　　－「고려사」

4. 신진 사대부

(1) **성립**: 대부분 향리 출신의 중소 지주로서 과거 시험에 합격한 후 중앙 정계에 진출한 세력이다. 공민왕 때의 개혁 정치에 힘입어 신진 사대부로 성장하였다.

(2) **특징**: 권문세족과 대립하면서 고려 후기의 사회 모순을 비판하고 전반적인 사회 개혁을 주장하였다. 또한 **성리학**을 받아들여 사상적 기반으로 삼았다.

✎ **지배 세력의 변천**

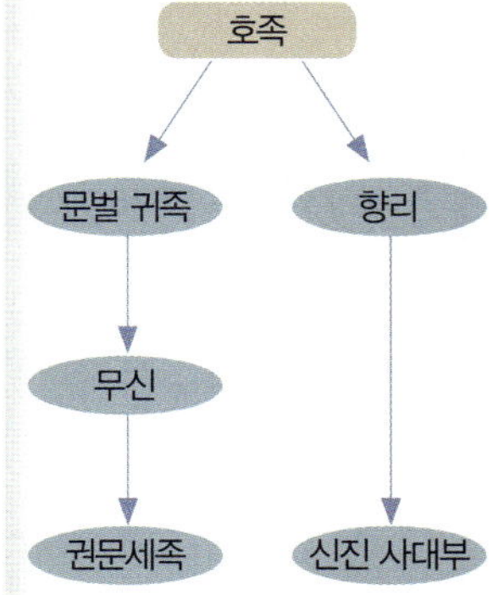

✎ **고려 시대 지배층의 특징**

문벌 귀족	권문세족	신진 사대부
호족, 6두품	친원 세력	지방 향리
과거, 음서	음서, 정방	과거
과전, 공음전	대농장	중소 지주
불교, 유교	불교	성리학

02　중류층

1. 특징

(1) **성립**

새롭게 등장한 신분 계층으로, 통치 체제의 말단 행정 업무를 담당하였다.

(2) **유형**

중앙 관청의 말단 관리인 서리(잡류), 궁중 관리인 남반, 지방 행정의 실무를 담당한 향리, 하급 장교인 군반, 지방의 역(驛)을 관리하는 역리 등이 있었다.

(3) **운영**

중류층의 직역은 세습되었으며, 직역의 대가로 **외역전(향리)**과 같은 토지를 받았다. 상층 향리의 경우 과거 응시에 제한을 두지 않아 **고위 관리**가 될 수 있었다.

2. 향리 ❺

(1) **업무**❻ : 지방의 실질적인 지배층으로 조세 징수와 역역 동원의 일을 맡았다.

(2) **향리의 신분 상승**: 상층 향리❼의 자식들은 **과거**를 통해 **중앙의 관리**가 되기도 하였다. 무신 집권기 이후 이들이 대거 중앙에 진출했는데, **능문능리(能文能吏)**라고 불리기도 하였다.

❺ **향리의 종류**

향리층은 세 부류로 구분되었다. 가장 상층인 호장층(호장, 부호장), 행정 실무를 전담하는 기관층(병정, 창정, 호정, 부호정 등), 잡무를 전담하는 색리층으로 분류되었다.

❻ **향리의 업무**

향리는 간단한 소송을 진행하기도 했으며, 군대(일품군)를 통솔하여 관청, 성, 사찰 등을 건축하였다.

❼ **상층 향리**

향리는 자기들끼리 통혼하였으며, 과거 응시 자격에서도 특혜를 받았다. 이들은 과거 합격자를 다수 배출하여 일부는 문벌 귀족으로 성장하기도 하였다.

향리의 변천

1. **성종**: 호장·부호장 등 향리직제를 정비하였다.
2. **현종**: 군현 크기에 따라 향리의 수를 정하였고, 향리의 공복도 규격화하였다. 더불어 향리 자제의 과거(문과) 응시를 허용하였다(주현공거법).
3. **문종**: 호장❶을 최상위로 하는 향리 승진 9단계를 제정하였다.

❶ 호장(戶長)
향리직의 우두머리로, 부호장과 함께 해당 고을의 향리가 수행하던 모든 실무 행정을 총괄하였다.

3. **남반**: 궁중의 당직이나 국왕의 호종, 간단한 왕명 전달 등을 맡아보았다.

4. **서리(잡류)**: 중앙 관청의 말단 관리로, 행정 실무에 종사하였다. 문서를 기록하고 관리하는 업무를 보았다.

5. **군반**: 직업 군인이었으며 2군 6위 등 중앙군을 형성하였다.

6. **역리**: 지방의 역(驛)을 관리하였으며, 군사 정보 및 왕명 전달 등의 업무를 수행하였다.

03 양민

1. **특징**: 일반 주, 부, 군, 현에 거주하며 농업이나 상공업에 종사하는 사람들을 의미한다.

2. **백정**

양민의 대다수는 농민으로써 이들을 **백정(白丁)**이라고 불렀다. 백정은 **조세, 공납, 역의 의무를 가진** 계층으로 **법제적으로는 과거 응시에 제약이 없었고**, 군인으로 선발이 가능하였다. 자기 소유의 민전을 경작하거나 다른 사람의 토지를 빌려 경작하였다.

🖋 정호와 백정
- 정호 ┌ 직역 ○
       └ 서리·향리·하급 장교 등
- 백정 ┌ 직역 ×
       └ 일반 농민

3. **특수 행정 구역(잡척)❷**: 향과 부곡은 고려 시대 이전부터 존재하였고, 소는 고려 시대에 등장하였다.

(1) **역할**
 ① **향·부곡**: 주로 **농업에 종사**하며 국유지를 경작하는 역을 부담하였다.
 ② **소**: 도자기, 종이, 먹 등을 생산하는 **수공업에 종사**하거나 금, 은, 동, 철 등을 캐는 **광업에 종사**하였는데 소금, 생강, 차와 같은 특산물 납부 지역도 있었다.
 ③ **역·진**: 육상 교통이나 수상 교통의 요지에 설치되었다. 이곳의 주민은 육상·수상 교통에 종사하였다.
 ④ **장·처**: 왕실 재정을 주로 담당하였다.

(2) **향리의 지배**: 지방관을 따로 파견하지 않아서 이 지역의 주민들은 주로 향리의 통제를 받았다.

(3) **특징**: 양민임에도 불구하고 일반 군현민보다 더 많은 세금 부담을 지고 있었다. 또한 **국학에 들어가거나 과거에 응시할 수 없었고**, **승려가 될 수도 없었다**. 거주하는 곳도 제한되어 **다른 지역으로 이주하는 것이 원칙적으로 금지**되었다.

(4) **변동❸**: 일반 군현민이 반란을 일으키면 군현을 향·소·부곡으로 강등했으며, 특수 행정 구역민이 공을 세우면 일반 군현으로 승격하였다.

❷ 잡척
왕실 또는 국가의 직영 농장에서 농사를 짓거나 수공업품을 제조하거나, 관청 숙박소 등에서 일했다. 이밖에 광산에서 일하는 광부를 철간, 어부를 생선간, 소금 굽는 염부를 염간, 목축하는 사람을 목자간, 봉홧불을 밝히는 사람을 봉화간, 뱃사공을 진척이라 불렀다.

❸ 특수 행정 구역의 소멸
공주 명학소에서 일어난 망이·망소이의 난(1176)을 계기로 점차 폐지되었으며, 조선 시대에 가서 완전히 소멸되었다.

❀ **고려 시대 특수 행정 구역민**

유형	향, 부곡	농업 종사
	소	수공업(옷감, 종이, 먹), 광업(금, 은, 철), 특산물(차, 생강)
	역, 진	역(육상 교통), 진(수상 교통)
	장, 처	왕실 재정 담당
세금 부담		양민보다 더 과중한 세금 부담과 노동력 징발
거주 이전 제한		다른 지역으로 이주 금지

심화사료 百出

2012. 국가직 9급

특수 행정 구역

향·부곡·악공·잡류(관아의 말단 이속) 자손은 과거에 응시하는 것을 허락하지 않는다. — 『고려사』

특수 행정 구역에서 일반 군현으로 승격

익안폐현은 충주의 다인철소인데, **주민들이 몽골의 침입을 막는 데 공이 있어 현으로 삼아** 충주의 속현이 되었다. — 『고려사』

4. 양수척

(1) **기원**: 양수척은 고려 초부터 있었는데, 여진족이나 거란족의 후손이었다.

(2) **분화**: 양수척은 사냥과 유기 제조 및 기생의 일로써 생업을 삼았다. 고려 말기가 되어서는 기생의 일을 전업으로 하는 재인이 떨어져 나가 독자적인 계층을 이루었으며, 나머지 양수척은 화척으로 불리며 사냥·유기 제조와 도살을 생업으로 삼았다.

(3) **특징**[4]: 정해진 거처가 없었고, 그에 따라 호적(본적지)도 없었으며 부역마저 부과되지 않았다. 이러한 사실들을 통해 국가가 양수척을 국민 외의 존재로 파악했음을 알 수 있다.

❹ 양수척의 특징
남에게 소유되어 팔리는 존재는 아니었기에 노비와는 구별되었다.

04 천민

❀ **고려 시대 노비**

노비(奴婢) = 종(從), 창적(蒼赤): 재산으로 간주, 매매 · 대여 · 증여 모두 가능, 성(姓) 소유 X, 조세 의무 X, 입사 X, 승려 X

공노비	입역 노비	관청에서 잡역 종사
	외거 노비	• 농업 종사 • 수입 중 규정 액수를 관청에 납부, 재산 소유 가능
사노비	솔거 노비	주인집에 살면서 잡일
	외거 노비	• 주인과 따로 살며 농업 종사, 일정량의 신공 납부 • 가옥, 토지, 노비 등 재산 소유 가능
신분 결정[5]		일천즉천(⇒ 노비종모법)
소유 권한[6]		천자수모법

❺ 노비의 신분 결정
일천즉천(一賤卽賤)에 따라 부모 가운데 한쪽이 노비면 무조건 자녀도 노비가 되었다. 이로 인해 노비의 수가 크게 증가하였다.

❻ 노비의 소유 권한
부와 모가 모두 노비면 모의 주인이 자녀를 소유하였다(천자수모, 賤者隨母). 만약 부모 중 한쪽만 노비면 노비의 주인이 자녀를 소유하였다.

1. 특징

천민의 대다수는 노비로 소유주에 따라 공노비와 사노비로 나뉘었다. 이들은 **재산으로 취급되어** 매매, 증여, 상속이 가능하였고, 교육과 과거 응시, 관직 진출이 금지되었으며 승려도 될 수 없었다.

2. 유형

(1) 공노비: 국가 기관에 소속된 노비로, 전쟁 포로나 중대 범죄자에서 비롯되었다.

    ① 입역 노비: 주로 궁궐이나 관청에서 일했으며, 일정한 급료가 지급되었다. 10여 세부터 노동력을 제공하고 60세가 되면 입역에서 벗어날 수 있었다.

    ② 외거 노비: 주로 국유지를 경작하고, 매년 일정 액수의 곡식이나 베를 관청에 납부하였다.

(2) 사노비: 개인 또는 사원이 소유한 노비로, 국가에 대한 조세와 부역의 의무는 없었다.

    ① 솔거 노비: 주인 집에 살면서 잡일을 돌보며 생활하였다. 재산을 소유하는 것은 실제로 불가능하였다.

    ② 외거 노비[1]: 주인과 따로 살면서 농업에 종사하고 일정량의 신공[2]을 납부하였다. 가옥, 토지, 노비 등 재산을 소유할 수 있었다.

❶ 외거 노비

주인의 토지를 경작할 경우, 생산량의 1/2을 지대로 납부하고 나머지는 자신의 몫으로 소유할 수 있었다. 또한 타인의 토지를 경작하거나 자신의 토지를 소유할 수도 있었다.

❷ 신공(身貢)

외거 노비가 매년 주인에게 바치는 일종의 몸값이다.

고등사료 百出

2013. 국가직 9급

고려 시대의 외거 노비

평량은 평장사 김영관의 집안 노비로, 경기도 양주에 살면서 농사에 힘써 부유하게 되었다. 그는 권세가 있는 자들에게 **뇌물을 바쳐** 천인에서 벗어나 산원동정의 벼슬을 얻었다. 그의 처는 소감 왕원지의 집안 노비인데, 왕원지는 집안이 가난하여 가족을 데리고 가서 의탁하고 있었다. 평량이 후하게 위로하여 서울로 돌아가기를 권하고는 길에서 몰래 처남과 함께 원지 부처와 아들을 죽이고, 스스로 그 주인이 없어졌으므로 계속해서 양민으로 행세할 수 있음을 다행으로 여겼다.

－「고려사」

---

05 법률과 사회 제도

1. 법률

(1) 특징: 고려는 중국의 당률을 참고한 71개조 법률을 시행하였으나, 대부분의 경우 관습법을 따랐다. 또한 행정과 사법이 명확하게 분리·독립되어 있지 않았다.

(2) 종류: 태·장·도·유·사[3]의 다섯 종류가 있었다.

(3) 기타

    ① 삼심제(삼복제): 사형은 판결의 공정성을 위해 삼심제로 결정하였다.

    ② 수속법[4]: 형벌의 경중에 따라 재화를 납부하여 실형을 면제받는 것을 말한다.

❸ 고려의 형벌

- 태: 회초리로 때림.
- 장: 곤장형
- 도: 목에 칼을 채워 감방에 수감
- 유: 멀리 유배 보내는 형
- 사: 교수형과 참수형

❹ 수속법

고려는 수속법과 같은 배상제보다는 실형주의를 우위에 두고 있었다.

2. 사회 제도

(1) 빈민 구제 기관

① 흑창: 태조 때 빈민 구제를 위해 설치한 진휼 기관이다.

② 의창[5]: 흑창을 계승한 것으로 성종 때 마련하였다. 봄에 곡식을 빌려주고 가을에 갚게 하였다.

③ 제위보: 광종 때 설치되었다. 기금을 조성하여 그 이자로 빈민을 구제하였다.

(2) 물가 조절 기관(상평창)

개경, 서경, 12목에 설치하였다. 곡식의 값이 내렸을 때 사들였다가 값이 오르면 싸게 팔아 물가 안정을 꾀하였다.

(3) 의료 기관

① 동·서 대비원[6]: 환자 진료와 빈민 구휼을 위해 개경에 세웠던 의료 기관이다.

② 혜민국: 백성들의 의료를 맡아 의약품을 제공했던 곳으로 예종 때 설치하였다.

③ 구제도감, 구급도감: 재해나 전염병 발생 시 백성 구제를 위해 임시 관서로 설치하였다.

3. 향도

(1) 조직: 향도는 불교 신앙에 바탕을 둔 농민 공동체 조직으로, 고려 시대에 확산되었다.

(2) 매향 활동: 미륵을 만나 구원받고자 하는 염원에서 향나무를 땅에 묻는 활동이다.

(3) 변화

① 고려 전기: 사원 건립, 매향 등 대규모의 노동력이 필요한 **불교 신앙 활동**을 주로 하였다.

② 고려 후기: 마을 노역, 혼례와 상장례 등 **공동체 생활을 주도하는 농민 조직**으로 변화하였다.

심화사료 百出

2014. 법원직 9급

매향(埋香)

빈도(貧道)와 수천 명의 사람들이 함께 커다란 바램을 일으켜 **침향목(沈香木)을 묻고** …… 이 향을 지니고 있다가 미륵여래(彌勒如來)에게 바쳐 공양(供養)하니 …… **나라가 태평하고 백성이 편안하기를 기원하였다.**

— 사천매향비

---

06 고려인의 생활 모습

1. 대가족 사회: 귀족에서 양인까지 모두 대가족 단위로 편제되었고 그에 따라 **효(孝)**를 중시하였다.

고려~조선 전기	VS	조선 후기(17세기 이후)
여성의 지위가 남성과 대등	가정 내에서	가부장제 강화(남성 중심)
처가살이(솔서혼, 남귀여가혼)	생활	친영 제도
자녀 구별 ×, 출생 순서	호적 기재	아들 중심
자녀 구별 ×, 윤회봉사	제사	장자 봉양의 원칙
자녀 구별 ×, 자녀 균분 상속	재산 상속	적장자 중심

[5] 의창

의창은 빈민을 도와줌으로써, 유교 정치 이념의 명분을 살리고, 동시에 농업 활동을 원만하게 하려는 사회 정책의 일환으로 설치되었다.

[6] 대비원

분사 제도에 따라 서경에도 대비원이 한 개 설치되었다.

▼ 사천매향비

우왕 때 경남 사천에 사천매향비를 세워 국가의 평안, 미륵보살의 구원 등을 기원하였다.

개심사지 5층 석탑(경북 예천)

탑을 건립하는 데 예천군과 다인현의 미륵향도, 추향도 등 1만여 명이 참여하였다는 기록이 새겨져 있다.

2. 혼인

(1) **특징**: 고려 시대에 여자는 18세 전후, 남자는 20세 전후에 혼인을 했으며, 혼인 형태는 일부일처제가 일반적이었다. 고려 왕실에서는 동성 근친혼인 족내혼❶의 관행이 있었는데, 이는 중기 이후 여러 번의 금령에도 불구하고 사라지지는 않았다.

(2) **솔서혼의 풍습(= 남귀여가혼, 서류부가혼)**
결혼 후 남자가 처가에서 오랜 기간 생활하며, 처의 부모를 봉양하는 경우가 많았다.

(3) **고려 후기의 혼인 풍속**
일찍 결혼하는 조혼의 풍속이 유행했는데, 이는 원에 보내지는 공녀가 되는 것을 피하기 위함이었다.

3. 여성의 지위

고려 시대 여성❷의 지위는 높은 편이어서 출사❸에서만 제약이 있었을 뿐 많은 부분에서 남성과 동등하였고 호주(戶主)가 될 수 있었다.

(1) **제사❹와 재산 상속**: 부모의 유산은 자녀에게 골고루 분배되었으며 아들이 없을 때에는 양자를 들이지 않고 딸이 제사를 지냈다. 상복 제도에서도 친가와 외가의 차이가 크지 않았다.

(2) **호적 기재**: 태어난 차례대로 호적에 기재하여 남녀 차별을 하지 않았고, 사위가 처가의 호적에 입적하여 처가에서 생활하는 경우가 적지 않았다. 사위와 외손자에게까지 음서의 혜택이 돌아갔으며, 공을 세운 사람의 부모는 물론 장인과 장모도 함께 상을 받았다.

(3) **재가**: 여성의 재가는 비교적 자유롭게 이루어졌고❺, 그 자식의 사회적 진출에도 차별을 두지 않았다.

고등사료 百出　　2020. 경찰 1차, 2017. 국가직 9급(하), 2016. 법원직 9급, 2014. 서울시 9급, 2013. 지방직 9급

고려 시대 여성의 지위

박유❻는 **충렬왕** 때 대부경에 임명되었다. 왕에게 글을 올려 …… "청컨대, 여러 신하, 관료로 하여금 **여러 처를 두게 하되**, …… 여러 처에서 낳은 아들도 역시 본처가 낳은 아들처럼 벼슬을 할 수 있게 하기를 원합니다. ……"라고 하였다. …… 어떤 노파가 그를 손가락질하면서 "첩을 두고자 요청한 자가 저놈의 늙은이다."라고 하니, 듣는 사람들이 서로 전하여 서로 가리키니 거리마다 여자들이 무더기로 손가락질하였다. 당시 재상 중에 부인을 무서워하는 자들이 있었기 때문에 **그 건의를 정지하고, 결국 실행되지 못하였다.**

– 「고려사」

남귀여가혼의 전통

지금은 남자가 장가들면 **여자 집에 거주**하여, 남자가 필요로 하는 것은 모두 처가에서 해결하고 있습니다. 그리하여 **장인과 장모의 은혜가 부모의 은혜와 똑같습니다.** 아아, 장인께서 저를 두루 보살펴 주셨는데 돌아가셨으니, 저는 장차 누구를 의지해야 합니까.

– 「동국이상국집」

4. 장례

대부분 토속 신앙과 결합한 불교·도교 의식에 따라 시행되었다. 정부는 유교식 장례와 제사 의식을 보급하려 했으나 실정에 맞지 않았다.

(1) **지배층**: 불교의 영향을 받은 **화장**이 유행하였다. 매장도 널리 이용되었는데, 묘지의 위치를 정할 때 풍수지리설이 많은 영향을 미쳤다.

(2) **피지배층**: 농민들은 구덩이에 시신을 바로 매장하였다. 시신을 산과 들에 방치(풍장)하기도 하였다.

5. 명절

정월 초하루, 삼짇날, 단오, 유두, 추석 등이 있었으며, 단오 때는 격구와 그네뛰기 및 씨름을 즐겼다.

6. 원 간섭기의 사회 변화

(1) **몽골풍**[7]: 원과의 문물 교류가 활발하였다. 이에 따라 고려 사회에는 몽골풍이 유행하여 **변발, 몽골식 복장**, 몽골어가 왕실과 지배층을 중심으로 널리 퍼졌다.

(2) **고려양**: 고려 사람들 중 여러 가지 이유로 몽골에 가거나, 끌려간 사람들이 많았다. 이들에 의하여 고려의 의복, 그릇, 음식 등 풍습이 몽골에 전해졌는데, 이를 고려양이라 한다.

(3) **공녀 문제**: 원의 공녀 요구는 고려에 심각한 사회 문제를 가져왔다. **결혼도감**[8]을 통하여 원으로 끌려간 여인 중에는 기황후와 같은 특별한 경우도 있었지만, 대부분은 고통스럽게 살았다.

解法 도움닫기　고려에 퍼진 몽골 풍속

복식	변발, 철릭, 족두리 등
음식	만두, 소주, 설렁탕 등
언어	수라, 마누라(마마), – (아)치, 보라 등

족두리

철릭

소줏고리

포괄적인 혈연 의식
고려 시대는 권리나 의무가 부계와 모계에 동등하게 적용되어 아들과 딸, 친손자와 외손자를 동등하게 여겼다.

근친혼과 동성혼
근친혼은 가까운 친인척 간에 결혼을 하는 것이고, 동성혼은 같은 성씨끼리 혼인하는 것이다. 이는 가문의 경제적 기반과 사회적 특권을 유지하기 위함이었다. 고려 후기까지 근친혼과 동성혼이 상당히 존재하였다.

[7] 몽골풍
• 증류 방식의 술인 소주가 등장
• 임금의 음식을 가리키는 '수라'라는 말이 사용
• 남자들 사이에서 머리의 뒷부분만 남겨놓고 주변의 머리털을 깎아 나머지 모발을 땋아서 등 뒤로 늘어뜨리는 머리 스타일(변발) 사용

[8] 결혼도감
원나라에서 요구하는 여자를 선발하기 위해 설치한 관청이다.

해설
제시된 자료의 ㉠은 고려의 특수 행정 구역인 '소'를 일컫는다. ① 향·소·부곡의 주민들은 양민임에도 불구하고 일반 군현민보다 더 많은 세금을 부담하고, 국학에 들어가거나 과거에 응시할 수 없는 등 많은 차별을 받았다. ② 고려의 귀족들은 죄를 지을 경우 형벌로서 귀향시켰다. ③ 고려 향리에 대한 설명이다. ④ 노비에 대한 설명이다.

정답 ①

03강 불교 사상과 학문의 발달

解/法 기출분석

구 분		2008~2018	2019	2020	2021	2022	2023	2024	2025
9급	국가직	• 불교(2) • 도교 • 팔관회 • 풍수지리 사상(2) • 유학 • 역사서(3)	•『삼국유사』 • 단군 인식	『제왕운기』	안향				의천
	지방직	• 불교(8) • 대장경 • 고려의 국가 제사 • 풍수지리 사상 • 9재 학당 • 관학 진흥책 • 역사서(6)	불교		『삼국사기』		• 의천 • 이규보		지눌
	법원직	• 불교(4) • 도교·풍수리지설 • 관학 진흥책		관학 진흥책		『삼국유사』		• 의천 • 고려 시대 주요 사건	

解法 요람

의천 vs 지눌

교선 일치의 시작(형식, 교단)

의 천

VS

선교 통합의 완성(내용, 교리)

지 눌 

┌ 교장도감: 교장 편찬(교종계 사상 정리)
1. 흥왕사: 화엄종 중심으로 교종 통합(성상겸학)
2. 국청사: 천태종 중심으로 선종까지 통합

(교관겸수, 내외겸전)

┌ 요세 만덕사: 백련 결사(보현도량), 법화 신앙, 정토 신앙
1. 송광사: 수선사 결사(신앙 결사): 독경, 선 수행, 노동

⇩ ← 무신 정권 후원

2. 조계종 확립(돈오점수, 정혜쌍수)

↳ 혜심 유불일치설: 성리학 수용에 기여

고려의 역사서

삼국사기 (인종)	김부식	• 삼국 역사를 기전체로 서술(본기, 열전, 지, 표) • 보수적, 유교적 합리주의 사관, 신라 계승 의식 • 고조선에 대한 서술 없음. 신이한 기록 삭제
동명왕편 (무신 집권기)	이규보	• 고구려 시조인 동명왕에 대한 서사시 • 고구려 계승 의식, 자주적, 민족적
삼국유사 (충렬왕)	일 연	• 삼국 역사를 서술(왕력·기이·흥법·탑상·효선 편 등) • 자주적, 민족적, 고조선 계승 의식(단군 신화 수록) • 향가 14수, 불교 관련 자료, 민간 설화, 신화 등 수록
제왕운기 (충렬왕)	이승휴	• 상권에서 중국 역사, 하권에서 고조선~고려 충렬왕 때까지 다룸. 발해사 최초 기록 • 자주적, 민족적, 고조선 계승 의식(단군 신화 수록) • 우리의 역사를 중국과 대등하게 인식

01 불교의 발전

1. 고려의 불교 정책

(1) 태조: 훈요 10조에서 **연등회**[1]와 **팔관회**[2] 등 불교 행사의 시행을 장려하였다.

(2) 광종: 승과를 실시하여 합격한 자에게는 승계[3]를 주고 승려의 지위를 보장하였다.

(3) 현종: 초조대장경을 조판하고 성종이 폐지한 **연등회와 팔관회를 부활**시켰다. 또한 현종은 현화사를 창건하여 부모의 명복을 빌었다.

(4) 문종: 흥왕사를 건립하고 불교를 중흥시켰다.

(5) 국사·왕사 제도: 명망 높은 승려를 국사와 왕사로 삼아 국왕의 고문 역할을 맡겼다.

(6) 불교 지원: 사찰은 많은 토지와 노비를 지급받았으며, 승려는 면역의 혜택을 받았다.

고등사료 頻出　　　　　　　　　　　　　2018. 국가 9급

현종 때의 팔관회 부활

팔관회를 부활시키고 왕이 위봉루에 임어하여 연악을 관람하였다. 과거에 성종은 잡다한 기예가 불경하고 번잡하다는 이유로 모두 폐지하고, 다만 당일에 법왕사로 행차하여 행향하고는 돌아와 구정에 이르러서 문무 관리들의 조하(朝賀)만을 받았을 따름이다. 폐지한 지 거의 30년 되는 이때에 이르러서야 정당문학(政堂文學) 최항이 요청하므로 부활시켰다.

－「고려사절요」

2. 불교 통합 운동

(1) 광종의 불교 개혁

① 배경: 고려 초기 불교계는 크게 교종과 선종의 두 흐름으로 나뉘어 대립하였다.

② 내용

　㉠ 교종 통합: 개경에 **귀법사**를 세워 화엄종의 중심 사찰로 삼고, **균여**[4]를 중심으로 교종을 통합하고자 하였다. 이는 **화엄종** 중심으로 법상종을 흡수하고자 한 것이다.

　㉡ 균여: 화엄 북악파의 법손으로, 화엄종 중심으로 교종 통합을 시도하였다. 또한 불교의 대중화를 위해 보살의 실천행을 강조하였다.

　㉢ 의통과 제관: 광종 때 중국으로 건너갔다. 의통은 중국 천태종의 13대(혹은 16대) 교조가 되었고, 제관은 천태종의 기본 교리를 정리한 『천태사교의』를 저술하였다.

(2) 의천(대각국사)의 교단 통합 운동 ⭐

① 화쟁 사상 계승: 원효의 화쟁 사상을 토대로 하여 불교 사상을 통합하려 하였다.

② 균여 비판: 균여의 화엄학에 실천적인 면이 다소 결여되어 있음을 비판하였다.

③ 사상적 특징

　㉠ 교관겸수: 교리 이론인 교와 실천 수행법인 관을 함께 닦아야 한다고 주장하였다. 이는 이론의 연마와 실천을 아울러 강조한 것이다.

　㉡ 내외겸전: 내적 수행(선종)과 외적 이론 공부(교종)를 골고루 갖추어야 한다는 주장이다.

---

❶ 연등회

국초에는 정월 15일, 현종 이후에는 2월 15일에 열렸다. 왕은 연등회 행사가 끝나면 봉은사의 태조 사당에 참배하였다.

❷ 팔관회

매년 11월 15일에 열렸으며, 옥황상제와 용신 등 토속신에게 제사지냈다. 국제적 규모의 행사로, 송의 상인이나 여진과 탐라의 사절이 와서 무역을 하는 국제 교류의 장소였다.

❸ 승계(僧階)

승과에 합격한 승려에게 국가에서 부여한 계급이다.

❹ 균여

성상융회를 주장하여 교종의 통합을 주도하였다. 이는 화엄종을 중심으로 법상종을 흡수하여 교종 내의 대립을 해소하고자 한 것이다. 또한, 성속무애의 논리를 제시하였다.

▲ 영통사 대각국사비(개성)
김부식이 비문을 지어 대각국사 의천의 행적을 기록하였다.

④ **의천의 교·선 통합 운동**
　　㉠ **교종 통합**: 흥왕사를 근거지로 삼아 **화엄종**을 중심으로 교종을 통합하였다. 또한 흥왕사에 교장도감을 설치하고 **교장**을 편찬하여 불교의 교리와 사상을 정리하였다.
　　㉡ **선종 통합**: 의천은 국청사를 중심으로 **천태종**을 창시(숙종, 1097)하여 **교종의 입장**에서 선종을 포섭하였다.
　　㉢ **결과**: 의천이 죽은 후에 교종과 선종은 다시 분열되었고, 귀족 중심의 불교가 지속되었다.

심화사료 百出
2024. 법원직 9급, 2018. 법원직 9급, 2017. 지방직 9급

의천(문종의 넷째 아들)
후(煦)는 **문종의 넷째 아들**로서 송나라 황제와 이름이 같으므로 그것을 피하여 자(字)로 행세하였다. 문종이 여러 아들에게, "누가 승려가 되어 복전(福田)의 이익을 짓겠느냐?"라고 물으니 후(煦)가, "상(上, 왕)의 명령대로 하겠다." 하고, 출가하여 영통사(靈通寺)에 거처하였다. 그는 송나라에 들어가 법을 구하려 했으나 문종이 허락하지 않았다. 하지만 후(煦)는 송나라로 들어가 황제를 만나 여러 절을 다니며 법을 묻겠다고 하였다.
　　　　　　　　　　　　　　　　　　　　　　　　　　　　　　　　　　　　　　　– 「고려사절요」

교관겸수(敎觀兼修)
• 법사는 일찍이 제자들을 훈시하여 "관(觀, 선종)을 배우지 않고 경(經, 교종)만 배우면 비록 오주(五周)의 인과(因果)를 들었더라도 삼중(三重)의 성덕에는 통하지 못하며, 경을 배우지 않고 관만 배우면 비록 삼중의 성덕을 깨쳤으나 오주의 인과를 분별하지 못한다. 그런즉, **관도 배우지 않을 수 없고 경도 배우지 않을 수 없다.**"라고 하였다.
• **교종(敎宗)을 공부하는 사람은 내적인 것을 버리고 외적인 것만을 구하려는 경향이 강하고, 반면에 선종(禪宗)을 공부하는 사람은 외부의 대상을 잊고 내적으로만 깨달으려는 경향이 강하다.** 이는 모두 양극단에 치우친 것이므로 양자를 골고루 갖추어 안팎으로 모두 조화를 이루어야 한다.
　　　　　　　　　　　　　　　　　　　　　　　　　　　　　　　　　　　　　　　– 「대각국사 문집」

(3) **교종 세력의 약화**
　　무신 정변 이후 기존의 문벌 귀족과 밀접한 관련이 있던 **귀법사** 등 교종은 무신 정권에 반발하였다. 이러한 교종과의 갈등 과정에서 무신 정권은 선종에 관심을 갖게 되었다.
(4) **지눌(보조국사)의 결사 운동** ⭐
　　① **수선사**❶ **결사 운동**: 지눌은 당시 불교계의 타락상을 비판하고, 승려 본연의 자세로 돌아가 독경과 선 수행, 노동에 고루 힘쓰자는 개혁 운동인 수선사 결사를 제창하였다. 송광사에 중심을 둔 수선사 결사는 **최씨 무신 정권**의 후원을 얻어 활발하게 전개되었다.
　　② **조계종**❷**의 확립**: 지눌의 결사 운동은 무신 정권의 후원을 받아 조계종의 확립으로 이어졌다.
　　③ **사상적 특징**
　　　　㉠ **정혜쌍수**: 선과 교학을 분리하지 않고 함께 수행해야 한다는 논리다. 지눌은 이를 바탕으로 철저한 수행을 강조하였다.
　　　　㉡ **돈오점수**: '내가 곧 부처'라는 깨달음을 얻은 뒤에도 **꾸준히 수행**할 것을 강조하였다.
　　④ **지눌의 교·선 통합**: 지눌은 교종과 선종의 사상적 대립·갈등을 극복하고자 하였다. 이를 위해 선종을 중심으로 교종을 포용하여 선교 일치 사상❸ 체계를 정립하고, 교·선 통합을 완성하였다.

▲ 송광사

고등사료 百出　　20. 지방 7급, 18. 법원 9급, 17. 지방 9급, 16. 지방 9급, 13. 지방 9급, 12. 지방 7급, 10. 서울 9급, 09. 국가 9급, 09. 법원 9급, 07. 국가 7급

지눌의 정혜결사문

한마음(一心)을 깨닫지 못하고 한없는 번뇌를 일으키는 것이 중생인데 부처는 이 한마음을 깨달았다. 깨닫고 아니 깨달음은 오직 한마음에 달려 있으니 이 마음을 떠나 따로 부처를 찾을 것이 없다. …… 지금의 불교계를 보면, 아침저녁으로 행하는 일들이 비록 부처의 법에 의지하였다고 하나, 자신을 내세우고 이익을 구하는 데 열중하며, 세속의 일에 골몰한다. 도덕을 닦지 않고 옷과 밥만 허비하니, 비록 출가하였다고 하나 무슨 덕이 있겠는가? …… 하루는 같이 공부하는 사람 10여 인과 약속하였다. **명예와 이익을 버리고 산림에 은둔하여 결사를 결성하자. 항상 선을 익히고 지혜를 골고루 하는 데 힘쓰자.**

– 권수정혜결사문(勸修定慧結社文)

돈오점수(頓悟漸修)

먼저 깨치고 나서 후에 수행한다는 뜻은 못의 얼음이 전부 물인 줄은 알지만 그것이 태양의 열을 받아 녹게 되는 것처럼 범부가 곧 부처임을 깨달았으나 불법의 힘으로 부처의 길을 닦게 되는 것과 같다.　　– 권수정혜결사문(勸修定慧結社文)

정혜쌍수(定慧雙修)

정(定)은 본체이고 혜(慧)는 작용이다. 작용은 본체를 바탕으로 존재하므로 혜가 정을 떠나지 않고, 본체가 작용을 가져오게 하므로 정은 혜를 떠나지 않는다. 정은 곧 혜인 까닭에 허공처럼 텅 비어 고요하면서도 항상 거울처럼 맑아 영묘하게 알고, 혜는 곧 정이므로 영묘하게 알면서도 허공처럼 고요하다.　　– 보조국사 법어

(5) 요세의 백련 결사

① 백련 결사: 강진 만덕사(백련사)에서 보현도량을 개설하고 **백련 결사**[4]를 제창하였다. 백련 결사는 백성들의 신앙적 욕구를 고려했기 때문에 지방민의 적극적인 호응을 얻었다.

② 사상적 특징: 천태종 승려로, 복잡한 이론보다는 종교적 실천을 강조하였다. **자신의 행동을 진정으로 참회하는 법화 신앙과 염불을 통해 극락 왕생하는 정토 신앙**을 적극 수용하였다.

(6) 혜심(진각국사)의 유불 일치설

혜심은 유불 일치설을 주장하며, 심성의 도야를 강조하였다. 이를 통해 **성리학 수용의 사상적 발판**을 마련하였다.

❹ **요세의 백련 결사**

최우 집권기(고종) 때, 요세는 백련 결사를 조직하였다. 또한 백련결사문을 발표하여 수행 방법 등을 정리하였다.

백련사

심화사료 百出　　2020. 지방직 7급, 2017. 서울시 9급, 2012. 경찰간부

요세의 결사 운동

대사는 『묘종』을 설법하기 좋아하여 언변과 지혜가 막힘이 없었고 대중에게 참회 수행을 권하였다. …… 왕공대인과 지방 수령, 높고 낮은 사부 대중 가운데 결사에 들어온 자들이 300여 명이나 되었고, 가르침을 전도하여 좋은 인연을 맺은 자들이 수없이 많았다.

– 『동문선』, 만덕산백련사원묘국사비명 병서

혜심의 유불 일치설

나는 옛날 공(公)의 문하에 있었고 공은 지금 우리 수선사에 들어왔으니, 공은 불교의 유생이요 나는 유교의 불자입니다. 서로 손과 주인이 되고 스승과 제자가 됨은 옛날부터 그러하였고 지금에야 비롯된 것은 아닙니다. **그 이름만을 생각한다면 불교와 유교가 아주 다르지만, 그 실지를 알면 유교와 불교가 다르지 않습니다.** 부처님이 말씀하시기를, "나는 두 성인을 중국에 보내어 교화를 펴라고 하셨는데, 한 사람은 노자로 그는 가섭보살이요, 또 한 사람은 공자로 그는 유동보살이다." 하였습니다. 이 말에 의하면 유(儒)와 도(道)는 좋은 부처님의 법에서 흘러나온 것이니, 방편은 다르나 진실은 같은 것입니다.　– 『조계진각국사어록』

(7) 고려 후기의 불교❶

① **불교계의 부패**: 불교계의 개혁 노력은 약화되고, 불교 종파와 사원은 원과 고려 왕실의 후원을 받으며 특권을 누렸다. 이 결과 **신진 사대부**의 비판을 받았다.

② **결사 운동의 변질**: 수선사는 원의 탄압으로 위축되고 친원적인 성격으로 변하였다.

③ **보우**❷: 공민왕 때 왕사였던 보우는 원나라에서 임제종❸을 도입하고, 9산 선문의 통합을 주장했으나 성공하지 못하였다.

3. 대장경

(1) 간행

불교에 대한 이해 수준이 높아지면서 **불교 관련 서적들을 모아 체계적으로 정리한 대장경**이 만들어졌다. 대장경은 경·율·논의 삼장❹으로 구성됐으며, 인쇄술 발달과 호국 불교의 전통을 보여 준다.

(2) 초조대장경

현종 때 **거란의 침입**을 받았던 고려는 부처의 힘을 빌려 이를 물리치려고 70여 년의 기간 동안 대장경을 목판에 간행하였다. 이 초조대장경은 개경의 흥왕사에 보관하였다가 대구 팔공산 **부인사**로 옮겼다. **몽골 침입 때 불타 버렸으나**, 인쇄본 일부가 남아 있어 고려 인쇄술의 정수를 보여 주고 있다.

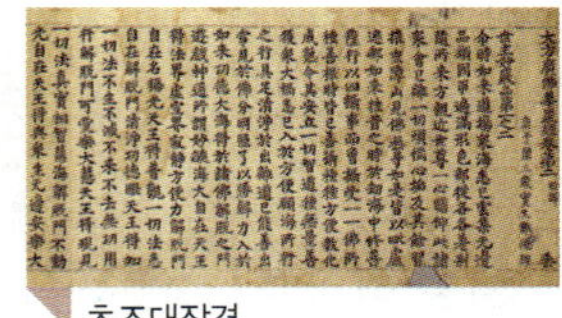

초조대장경

(3) 재조대장경(팔만대장경)❺

① **간행**: 몽골의 침략으로 소실된 초조대장경을 대신하여 고종 때 대장경을 다시 만들었다. 최우 무신 정권은 강화도에 대장도감을 설치하고 대장경을 조판하였다. '팔만대장경'이라고 부르며, 현재 합천 해인사❻에 보관되어 있다.

팔만대장경

② **의의**: 팔만대장경은 방대한 내용을 담았으면서도 **잘못된 글자나 빠진 글자가 거의 없다**. 제작의 **정밀성과 글씨의 아름다움** 등을 가진 세계에서 가장 우수한 대장경으로, 유네스코 세계 기록 문화유산에 지정되었다.

(4) 교장(속장경)

의천은 고려는 물론이고 송과 요의 대장경에 대한 주석서인 **논·소·초**를 모아 교장을 편찬하여 불교 사상과 교리를 정리하려 하였다. 이를 위하여 목록인 『신편제종교장총록』❼을 만들고, 교장도감을 설치하여 10여 년에 걸쳐 신라인의 저술을 포함한 4,700여 권의 전적을 간행하였다.

심화사료 百出

의천의 교장 편찬

내가 일찍이 가만히 생각해보니, **경론이 갖추어졌다 하더라도 장소(章疏)가 없으면 법을 널리 펼 길이 없게 된다**고 말할 수 있다. 그러므로 지승법사의 호법하는 뜻을 본받아 **교장을 널리 찾아내** 나의 책임을 삼아 쉬지 않고 노력하기를 20년 동안 하여 지금에 이르렀다. 새것이든 옛것이든 제찬된 여러 종파의 의소를 얻게 되면, 사사로이 비장하지 않고 간행했으며, 책을 낸 뒤 새로 발견된 것이 있으면 그 뒤에 계속 수록하고자 하였다.

– 『신편제종교장총록』 서문

02 도교와 풍수지리설의 발달

1. 도교의 성행

(1) 특징 [8]

도교는 불교와 더불어 나라의 안정과 왕실의 번영을 기원하는 역할을 하였다. 또한, 불교적인 요소와 도참 사상까지 수용했으며, 재앙을 물리치고 복을 기원하는 신앙으로서 백성들에게 널리 유행하였다.

(2) 도교 행사

하늘에 제사를 지내는 초제가 성행하였다. 또한, **예종** 때 도교 사원인 **복원궁**이 건립되었다.

(3) 한계

도교는 일관된 체계와 교단을 갖추지 못한 채 민간 신앙 형태로 유지되었다.

2. 풍수지리설의 유행

(1) 특징

풍수지리설은 미래의 길흉화복을 예언하는 **도참 사상과 결합**하였다.

(2) 영향

① **비보사탑설**: 전국 곳곳에 사원이나 탑·부도를 세우고 보살에게 빌면 보호를 받을 수 있다고 여겼다.

② **지기쇠왕설**: 지기(地氣, 땅의 기운)의 쇠왕(쇠함과 왕성함)은 그곳에 자리잡은 왕조나 사람에게도 영향을 준다는 이론이다.

　㉠ **서경 길지설**: 고려 초기에 **서경 천도와 북진 정책** 추진의 이론적 근거가 되었다. 또한 묘청의 서경 천도 운동에도 영향을 미쳤다.

　㉡ **한양 명당설** [9]: 북진 정책의 퇴조와 함께 새로이 한양 명당설이 대두하여 문종 때 이곳을 남경으로 승격시켰고, 숙종 때 풍수가 김위제의 건의로 남경개창도감을 두어 궁궐을 건설하였다. 이후 고려 말 이성계의 한양 천도에 이용되어 한양이 조선의 수도가 되었다.

2017. 국가직 9급, 2017. 국가직 9급(하)

예종의 도교 장려

대관(大觀) 경인년에 천자께서 저 먼 변방에서 신묘한 도(道)를 듣고자 함을 돌보시어 신사(信使)를 보내시고 우류(羽流) 2인을 딸려 보내어 교법에 통달한 자를 골라 훈도하게 하였다. 왕은 신앙이 돈독하여 정화(政和) 연간에 비로소 **복원관(福源觀)**을 세워 도가 높은 참된 도사 10여 인을 받들었다.

− 「고려도경」

남경(한양) 명당설

김위제는 숙종 1년(1096)에 위위승동정에 올랐다. …… 김위제가 도선의 술법을 공부한 후, **남경 천도를 청하며** 다음과 같은 글을 올렸다. "도선의 비기에는 '고려 땅에 세 곳의 수도가 있으니, 송악(松嶽)이 중경(中京), 목멱양이 남경(南京), 평양이 서경이다.'라고 했습니다. …… 후대의 어진 사람이 이곳에 도읍하면, 한강의 어룡(魚龍)이 사해로 통할 것이다.'라고 하였습니다.

− 「고려사」, 권 122, 「열전」, 35, [방기] 김위제

▼ 청자 인물형 주전자

도교의 제례를 주관하는 도사의 모습으로 추정된다.

1. 초기의 유학: 자주적이고 주체적인 특성을 지녔다.

(1) **태조**: 태조 때 최언위, 최응 등 유학자들은 유교에 입각한 국가 경영을 건의하였다.

(2) **광종**: 과거 제도를 실시하여 관료를 선발하였다.

(3) **성종**: 유교 정치 사상의 정립
  ① **유학 교육 강화**: 성종은 교육 조서를 발표하고 **국자감·향교** 등의 유교 교육 기관을 정비하였다. 또 개경에 비서성과 서경에 수서원이라는 도서관을 설치하였다.
  ② **최승로**: 시무 28조를 올려 유교 정치 이념에 입각한 개혁안을 건의하였다.

2. 중기의 유학

(1) **성격**
  ① **불교와의 공존**: 훈고학❶을 중시한 고려 유학자들은 유교는 현실 생활을, 불교는 정신 생활을 주관하는 것으로 여겨 **불교를 배척하지 않았다.**
  ② **보수화 경향**: 문벌 귀족 사회의 발달과 함께 유학은 보수적 성향이 강화되었다.

(2) **대표적 학자**
  ① **최충**: 문종 때 활약한 최충은 **해동공자**라는 칭송을 들었다. 그는 관직에서 물러난 후에 9재 학당을 세워 유학 교육에 힘썼으며, 훈고학적 유학에 철학적 경향을 불어넣었다.
  ② **김부식**: 인종 때 활약한 김부식은 고려 중기의 보수적이면서 현실적인 성격의 유학을 대표하였다. 저서로는 『삼국사기』 등이 있다.

(3) **무신 정권기**: 무신 정변으로 **고려의 유학은 한동안 위축**되었다. 그러나 최씨 정권이 문신을 본격적으로 발탁하면서 이규보❷, 진화 등이 활약하였다.

3. 후기의 유학(성리학의 수용)

(1) **성리학의 특징**
  ① **철학적 유학**: 성리학은 경전 해석을 중시하는 훈고학과 달리, 우주의 원리와 인간의 심성을 철학적으로 탐구하는 신유학이었다.
  ② **사서 중시**: 성리학을 집대성한 주희❸는 『대학』, 『논어』, 『맹자』, 『중용』을 사서로 새롭게 간행하였다.

(2) **성리학의 수용❹**
  ① **안향**: 안향은 **충렬왕 때** 원에서 『주자전서』를 베껴와 고려에 성리학을 처음 소개한 인물이다.
  ② **이제현**: 이제현은 원에 설립된 **만권당**에서 원의 학자들과 교류하면서 성리학에 대한 이해를 심화하였다. 그는 귀국한 후에 이색 등에게 영향을 주어 성리학 전파에 이바지하였다.
  ③ **이색**: 이색은 **공민왕 때** 성균관 대사성이 되어 **정몽주·정도전·권근** 등을 가르치면서 성리학을 더욱 확산시켰다.

---

❶ 훈고학(訓詁學)

글자 하나하나의 뜻을 밝혀 문장을 바르게 해석하여, 옛날 서적들을 제대로 이해하려는 학문이다.

❷ 이규보

당·송의 고문(古文)을 숭상했으며, 유·불·도교를 넓게 포용하였다. 저서로는 『동명왕편』, 『동국이상국집』, 『국선생전』 등이 있다.

❸ 주희

주희는 바른 이치(理)와 그것이 인간의 본성으로 내면화된 성(性)을 중심으로 재해석함으로써, 성리학(性理學)의 체계를 세웠다. 이는 선종 불교의 철학적 사유 체계를 유학에 접목시킨 것이었다.

❹ 고려 후기 원에서 활약한 학자들

충렬왕 때 안향은 김문정을 원나라에 보내 공자의 초상화와 각종 서적 등을 구해오도록 하였다. 백이정은 충선왕 때 직접 원에 가서 요수, 염복 등 학자들과 교유하며 성리학을 배워 왔다.

(3) 성리학의 영향

① 신진 사대부의 수용: 신진 사대부는 성리학을 바탕으로 불교의 폐단과 권문세족의 횡포를 적극

비판하면서 사회 모순을 개혁하고자 하였다.

② 실천적 기능 강조: 성리학의 철학적인 측면보다는 실천적 기능을 강조하였다. 따라서 『소학』과

『주자가례』를 보급하여 유교적 생활을 정착시키고자 하였다.

안향의 성리학의 수용

안향(安珦)이 학교가 날로 쇠하자 …… "…… 지금 양현고가 텅텅 비어 선비들을 기를 것이 없습니다. 청컨대 6품(品) 이상은 각각 은(銀) 1근(斤)을 내게 하고 …… 이를 양현고에 돌려 본전(本錢)은 두고 이자만 취하여 **섬학전으로 삼아야 합니다.**" 하니 양부가 이를 좇아 아뢰었다. …… 안향이 박사 김문정 등에게 부탁하여 **중원(중국)에 가서 선성(공자) 및 칠십자(七十子)의 상(像)을 그려 오도록 하였다.** …… 만년에는 항상 회암선생(주자)의 초상을 걸고 경모(景慕)하면서 드디어 **호를 회헌(晦軒)**이라 하였다.

– 『고려사』

안향

04 교육 기관

1. 초기

(1) 태조: 개경과 서경에 학교를 설립하였으며, 운영 자금을 마련하기 위하여 학보를 설치하였다.

(2) 성종: 교육 조서를 반포하고 **국자감을 정비했으며**, 지방에 **경학박사와 의학박사를 파견하였다.**

태조의 교육 기관 설치

태조 13년(930) 12월 서경에 행차하여 학교를 세웠다. 이에 앞서 서경에 학교가 없었는데 수재인 정악을 서학박사로 삼아 머물도록 하였다. 정악은 학원을 따로 창설하고 6부의 생도를 모아 가르쳤다. 후에 태조는 흥학의 소식을 듣고 비단을 하사하여 이를 권장하고 의·복 2업을 겸해 두었다. 또 **곡식 100석을 내려 학보로 하였다.**

– 『고려사절요』

2. 중기

(1) 사학(私學)의 발달

최충의 문헌공도를 비롯한 **사학 12도**가 융성했는데, 9경(經) 3사(史)[5]를 교과 내용으로 하였다. 사학의 학생들이 과거에서 좋은 성적을 거두자 귀족 자제들이 사학 12도로 몰렸다.

(2) 관학 진흥책

① 현종: 신라의 설총과 최치원을 문묘에서 배향하고 제사를 지냈다.

② 숙종: 국자감 안에 **서적포**를 두어 서적을 간행하였고, 평양에 기자 사당을 세웠다.

③ 예종: 국자감을 국학으로 고치고(이설: 충렬왕) 7개의 전문 강좌인 **국학 7재**를 개설하였다. 또한 국자감의 재정을 담당하는 **양현고**를 설치하였으며, 도서관 겸 학문 연구소인 청연각과 보문각을 두었다.

④ 인종[6]: 국자감에 경사 6학의 제도를 정비하고 지방의 각 주에 향교를 설립하였다.

---

[5] 9경과 3사

9경(經)은 『시』, 『서』, 『역』, 『예기』, 『주례』, 『의례』, 『춘추좌전』, 『춘추공양전』, 『춘추곡량전』을 말하며, 3사(史)는 『사기』, 『한서』, 『후한서』를 말한다. 그러나 다르게 보는 견해도 있다.

[6] 서적소(書籍所) 설치

인종은 서적소를 설치하여 여러 신하들과 함께 서적을 강독하고 학문을 탐구하였다.

도명	설립자	고시관 경력
문헌공도	최충	지공거 (현종, 정종)
홍문공도	정배걸	지공거(문종)
광헌공도	노단	지공거 (문종, 선종)
남산도	김상빈	국자감시 시관(문종)
서원도	김무체	
문충공도	은정	
양신공도	김의진	지공거(문종)
정경공도	황영	지공거(숙종)
충평공도	유감	
정헌공도	문정	지공거(문종)
서시랑도	서석	
구산도		

성균관(개성)

(3) 국자감❶

① 유학부: 귀족 자제를 대상으로 한 국자학에는 문무관 3품 이상의 자손, 태학에는 5품 이상, 사문학에는 7품 이상의 자손이 입학하여 유학 교육을 받았다.

② 기술학부: 8품 이하의 관리 자제와 서민이 입학하였다.

❖ 국자감(신분별 입학, 기술 교육 실시): 경사 6학

경학부 (유학부)	국자학	유교 경전 교육, 문·무관 3품 이상 관리 자손 입학 가능	공음전, 음서 혜택
	태학	정치, 역사 교육, 문·무관 5품 이상 관리 자손 입학 가능	
	사문학	문학 교육, 문·무관 7품 이상 관리 자손 입학 가능	
잡학부 (기술부)	율학	법률 교육	문·무관 8품 이하 관리 자손 및 평민 자제 입학 가능
	서학	서예, 그림 교육	
	산학	수학 교육	

심화사료 百出

2020. 법원직 9급, 2007. 법원직 9급

사학의 융성

이후로부터 무릇 **과거에 나아가려는 자는 모두 9재에 적을 두니, 이를 문헌공도라 불렀다.** 또 유신(儒臣: 문신)으로 도(徒)를 세운 자가 11명이 있으니, **문헌공 최충의 도와 아울러 세칭 12도라 하였지만, 최충의 도가 가장 성하였다.** ─ 『고려사』

최충의 9재 학당

현종이 중흥한 뒤로 전쟁이 겨우 멈추어 문교(文敎)에 겨를이 없었는데, 충이 후진들을 불러 모아서 가르치기를 부지런히 하니, 여러 학생들이 많이 모여들었다. 드디어 (송악산 아래의 자하동에) 학당을 마련하여 낙성(樂聖), 대중(大中), 성명(誠明), 경업(敬業), 조도(造道), 솔성(率性), 진덕(進德), 대화(大和), 대빙(待聘) 등의 **9재(齋)로 나누고 각각 전문 강좌를 개설**토록 하였다. 그리하여 당시 과거 보려는 자제들은 반드시 먼저 그의 학도로 입학하여 공부하는 것이 상례로 되었다. ─ 『고려사』

3. 후기

(1) 충렬왕: 국학을 성균관으로 개칭하고, 공자 사당인 문묘를 새로 건립하였다. 또한 경사교수도감을 설치하여 7품 이하의 관리들에게 경전과 역사를 가르쳤다.

(2) 공민왕: 2차 홍건적의 침입 이후 **성균관을 순수한 유학 교육 기관으로 개편**하였다.

❖ 역사 서술 방식

구분	특징	편찬 방식	대표 역사서
기전체(紀傳體)	인물 중심	본기(황제), 열전(인물), 세가(제후), 지(제도, 문물), 연표	『삼국사기』, 『고려사』, 이종휘의 『동사』, 『해동역사』
편년체(編年體)	시간 중심	• 역사를 연·월·일 순으로 정리하는 편찬 방식 • 동양에서 가장 오래됨.	『고려사절요』, 『동국통감』, 『조선왕조실록』
강목체(綱目體)		• 연·월·일 순에 따라 강(綱), 목(目)으로 기록 • 정통과 명분은 강(대주제, 큰 글씨), 이에 대한 구체적인 서술 내용을 목(소주제, 작은 글씨)으로 편찬	『동사강목』
기사본말체 (紀事本末體)	사건 중심	• 역사를 사건별로 나누어 관련 내용을 모아 서술(사건의 명칭을 제목으로 내걸음) • 사건의 원인과 결과를 중심으로 정리(사건을 체계적으로 기술하는 데 편리)	『연려실기술』

1. 건국 초기: 고구려 계승 의식을 표방하였다.

(1) **왕조 실록[2]**: 건국 초기부터 왕조 실록을 편찬하였으나, 거란의 침입으로 불타버렸다.

(2) **『7대 실록』**: 태조부터 목종에 이르는 『7대 실록』을 **현종 때** 편찬하기 시작하여 덕종 때 완성하였으나 현존하지 않는다.

(3) **『구삼국사』**: 현존하지 않으나 관찬 사서로 추정된다. 고구려 계승 의식과 북진 정책, 발해 유민 포섭 등의 시대 분위기가 반영된 것으로 보인다.

2. 중기

(1) **특징**: 신라 계승 의식이 강화되었고 보수적 경향이 강해졌다.

(2) **『삼국사기』(1145)[3]** : 『삼국사기』는 인종 때 김부식을 중심으로 편찬된 현존하는 우리나라 **최고(最古)**의 역사서이다. 고려 초에 쓰인 『구삼국사』를 참고했으며, 유교적 합리주의 사관에 따라 신이 사관을 배격하였다. **기전체[4]**(본기, 지, 표, 열전)로 서술되었으며, 신라 계승 의식이 더 많이 반영된 것으로 여겨지고 있다.

심화사료 頻出

2022. 국가직 9급, 2021. 지방직 9급, 2012. 국가직 9급

『삼국사기』를 올리는 글[5]

신 부식은 아뢰옵니다. 옛날에는 여러 나라들도 각각 사관을 두어 일을 기록하였습니다. …… 성상 폐하께서는 …… 옛날의 사서(史書)를 두루 읽으시고 "오늘날의 학사 대부가 5경·제자의 책이나 진(秦)·한(漢) 역대의 역사에 대해서는 혹 널리 통하여 자세히 설명하는 자가 있으나, **우리나라 사실에 대해서는 도리어 그 처음과 끝을 까마득히 알지 못하니 매우 한탄스러운 일이다.** 하물며 신라·고구려·백제가 나라를 세우고 정립하여 능히 예의로써 중국과 통교한 까닭으로 범엽의 한서나 송기의 당서에는 모두 열전이 있으나 **국내(중국)는 상세하고 국외(우리나라)는 소략하게 써서 자세히 실리지 않은 것이 적지 않고 옛 기록에는 문자가 거칠고 잘못되고 사적이 빠져 없어진 것이 많으므로** …… 마땅히 삼장을 갖춘 인재를 구하여 능히 일관된 역사를 완성하여 만대에 물려주어, 해와 별처럼 밝게 해야 하겠다."라고 하셨습니다. …… **해동의 삼국도 지나온 세월이 장구하니, 마땅히 그 사실이 책으로 기록되어야 하므로 마침내 늙은 신에게 명하여 편집하게 하셨사오나, 아는 바가 부족하여 어찌할 바를 모르겠습니다.**

– 『삼국사기』 서문

❷ 실록

고려 초부터 역대 왕의 치적을 기록한 실록을 편찬하였다. 조선 초기에 『고려사』를 편찬할 때 참고 자료로 사용되었으나, 지금은 남아있지 않다.

❸ 『삼국사기』의 자주적 측면

삼국의 왕을 '본기'로 서술하였고(『고려사』에서는 왕을 '세가'로 기술), 신라 고유의 왕호(거서간, 차차웅, 이사금, 마립간)를 그대로 사용하였다.

❹ 기전체

우리나라와 중국의 역대 왕조에서 정사(正史)를 편찬할 때 사용한 역사 서술 방식이다. 본기(제왕), 세가(제후), 열전(인물), 지(주제), 표(연표) 등으로 구성되었다.

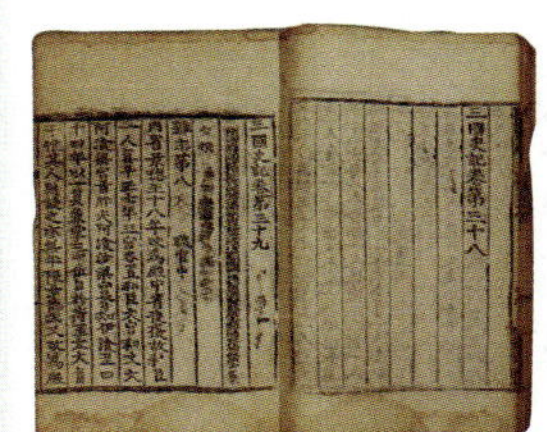

▲ 『삼국사기』

❺ 『삼국사기』를 올리는 글

일흔이 넘어 『삼국사기』 편찬을 마친 김부식이 인종에게 바친 글이다. 경주 출신의 문벌 귀족인 김부식은 묘청의 서경 천도 운동을 진압한 후, 유교 이념으로 지배 질서를 재정립하고 금과 온건한 대외 관계를 유지하고자 하였다. 한편, 김부식은 이 글에서 우리 역사를 잘 알기 위해 『삼국사기』를 편찬했다는 뜻을 밝히고 있다.

『삼국사기』의 특징

- 현존하는 가장 오래된 역사서
- 기전체: 본기 28권(고구려 10권, 백제 6권, 신라·통일 신라 12권), 지(志) 9권, 표 3권, 열전 10권(김유신 열전이 3권으로 가장 많음)
- 내용: 유교적 합리주의 사관과 신라 계승 의식에 따라 삼국 시대의 역사 다룸, '괴력난신(초자연적이고 신비한 것)은 다루지 않는다.'라는 원칙에 따라 서술
- 긍정적 평가
  - 객관적 서술: 공동 작업, 유교적 가치관에 맞지 않는 사실이라 해도 있는 그대로 기록, 저자의 평을 구분하여 서술(논찬을 따로 둠).
  - 자주 의식: 삼국을 모두 '우리나라'라고 표현, 삼국 모두 본기(황제의 행적 기록)를 둠.
  - 삼국의 기록 존중: 삼국 고유의 기록 존중(고구려 주몽, 신라 박혁거세의 건국 신화 다룸.)
- 부정적 평가
  - 신라 중심 서술: 열전과 지의 분량에서 차이가 큼. 신라를 정통으로 파악, 신라의 성립 기년이 고구려보다 앞섬, 발해사는 거의 기술하지 않음.
  - 유교적 합리주의와 사대적 세계관: 전통 사상과 고대 관념, 상고사를 평가 절하(고조선의 존재를 알면서도 삭제), 신이한 기록과 불교적 세계관에 입각한 생활상은 다루지 않음.

(3) 『편년통록』(의종): 김관의가 쓴 사서로 현재 전해지지 않으나 『고려사』에 일부 내용이 전한다.

3. 후기

(1) 특징

고려 후기에는 민족적 자주 의식을 바탕으로 전통 문화를 올바르게 이해하려는 경향이 대두하였다.

(2) 『동명왕편』(1193)[1]: 무신 집권기 때 이규보가 편찬하였다. 동명왕의 건국 신화를 5언시로 재구성한 일종의 영웅 서사시로서, 고구려 계승 의식을 반영[2]하고 고구려의 전통을 노래하였다.

❶ 『동명왕편』

이규보는 김부식의 『삼국사기』에 동명왕의 신이한 사적이 생략되어 있다고 평하였다.

❷ 고구려 계승 의식

고려가 천손의 후예인 고구려의 전통을 계승했다는 자부심을 표현하였다. 이를 통해 고려의 기원을 신성시하고자 하였다.

심화사료 百出

2023. 지방직 9급, 2018. 서울시 7급, 2014. 경찰 1차, 2010. 국가직 7급

『동명왕편』 서문

세상에서 동명왕의 신이(神異)한 일을 많이 말한다. …… **김부식은 삼국사기를 편찬할 때** 국사란 세상을 바로잡는 책이니 신이(神異)한 일로 후세에 보여줌은 옳지 않다고 생각하여 **동명왕의 사적을 매우 간략하게 다루었다.** …… 지난 계축년 4월에 구삼국사를 얻어 동명왕 본기를 보니 그 신기한 사적이 세상에서 얘기하는 것보다 더하였다. 그러나 처음에는 믿지 못하고 귀신이나 환상이라고만 생각하였는데, 두세 번 반복하여 읽어서 점점 그 근원에 들어가니 환상이 아닌 성스러움이며, 귀신이 아닌 신성한 이야기였다. …… 그러나 **동명왕의 사적은 변화 신이하여 여러 사람들의 눈을 현혹시킬 일이 아니요, 실로 창국하신 신이한 자취인 것이다.** 이리하니 이 일을 기술하지 않으면 앞으로 후세에 무엇을 볼 수 있으리오. 이런 까닭에 노래를 지어 이를 기록하고 무릇 천하로 하여금 우리나라가 본래 성인의 나라임을 알게 하려 할 따름이다.

- 『동명왕편』

(3) 『해동고승전』(1215): 고종 때 승려 각훈이 왕명에 따라 편찬하였다. 삼국 시대의 승려 300여 명의 전기가 수록되어 있으며, 현재는 일부만 남아 있다.

(4) 『삼국유사』[3]: 충렬왕 때 일연이 쓴 것으로, 불교사를 중심으로 고대의 민간 설화나 전래 기록을 수록하였다. 고조선 계승 의식에 입각해 단군 신화를 수록하고 단군을 민족의 시조로 인식하였으며, 향가 14수를 실었다. 왕력·기이(신이)·흥법·탑상·의해 등 9편목으로 구성되어 있다.

❸ 『삼국유사』

처음 간행된 시기는 논란이 있으나, 일반적으로 1281년경으로 보고 있다. 또한 각 자료마다 인용한 근거를 밝히고 있다.

심화사료 百出

『삼국유사』

대체로 성인은 예악으로써 나라를 일으키고, 인의로써 가르침을 베푸는데, 괴이하고 신비한 것은 말하지 않는 것이다. 그러나 제왕이 장차 일어날 때에는 천명과 비기록을 받게 되므로, 반드시 남보다 다른 일이 있었다. 그래야만 능히 큰 변화를 타서 대기를 잡고 큰일을 이룰 수 있는 것이다. …… 그렇다면 **삼국의 시조가 모두 신비스러운 데서 탄생하였다는 것이 무엇이 괴이하랴. 이것이 신이(神異)로써 이 책의 앞머리를 삼은 까닭이다.**

– 「삼국유사」 서문

(5) 『제왕운기』(1287): 충렬왕 때 이승휴가 중국사와 한국사를 병행[4]하여 서술하였다. 한국사를 단군부터 서술하여 단군을 민족 시조로 인식하고, 고조선 계승 의식[5]을 확립하였다. 또한 발해사를 최초로 우리 역사로 기록하였고, 우리 역사를 중국과 대등하게 파악하였다.

심화사료 百出

『제왕운기』

요하 동쪽에 별천지가 있으니, **중국과 확연히 구분되도다.** 큰 파도 삼면을 둘러싸고 북쪽으로 대륙과 길이 이어졌네. 가운데 사방 천리 땅, 여기가 조선이니, 강산의 형승은 천하에 이름있도다. 밭 갈고 우물 파며 평화로이 사는 예의의 집, **중국인들이 우리더러 소중화라 하네.**

– 「제왕운기」

(6) 성리학적 유교 사서

고려 후기에는 신진 사대부의 성장 및 성리학의 수용과 더불어 **정통 의식과 대의명분을 강조하는** 성리학적 유교 사관이 대두하였다. 대표 사서로는 『본조편년강목』[6], 이제현의 『사략』[7] 등이 있다.

---

❹ 『제왕운기』 상·하권

상권은 중국의 역사를 7언시로, 하권은 우리나라의 역사를 5언시로 서술하였다.

❺ 『제왕운기』의 단군 민족주의

『삼국유사』는 단군의 후손이 부여, 고구려, 백제로 이어졌다고 보고 삼한과 신라는 중국 계통으로 보고 있으나, 『제왕운기』는 예맥, 부여, 옥저, 삼한, 삼국 등 고대 국가들이 모두 단군의 후손이라고 서술했다.

❻ 『본조편년강목』(1317)

충숙왕 때 민지가 왕명으로 편찬한 역사서로, 고려 역사를 편년체와 강목체를 결합하여 서술하였다(우리나라 최초의 강목체 역사서).

❼ 『사략』(1357)

이제현이 공민왕 때 성리학적 유교 사관에 입각하여 편년체로 저술한 책이다. 태조~숙종까지 역대 임금의 치적을 정리한 것으로, 그 속에 실린 '사찬(업적 평가)'만 현재 전한다.

대표 기출문제

다음 내용의 역사서에 대한 설명으로 옳은 것은?

나는 삼한(三韓) 산천의 음덕을 입어 대업을 이루었다. 왕께서는 "우리나라 사람들은 유교 경전과 중국 역사에 대해서는 자세히 말하는 사람이 있으나 우리나라의 사실에 이르러서는 잘 알지 못하니 매우 유감이다. 중국 역사서에 우리 삼국의 열전이 있지만 상세하게 실리지 않았다. 또한, 삼국의 고기(古記)는 문체가 거칠고 졸렬하며 빠진 부분이 많으므로, 이런 까닭에 임금의 선과 악, 신하의 충과 사악, 국가의 안위 등에 관한 것을 다 드러내어 그로써 후세에 권계(勸戒)를 보이지 못했다. 마땅히 일관된 역사를 완성하고 만대에 물려주어 해와 별처럼 빛나도록 해야 하겠다."라고 하셨습니다.

① 불교를 중심으로 신화와 설화를 정리하였다.
② 유교적인 합리주의 사관에 따라 기전체로 서술되었다.
③ 단군 조선을 우리 역사의 시작으로 본 통사이다.
④ 진흥왕의 명을 받아 거칠부가 편찬하였다.

해설

제시된 자료는 고려 인종 때 편찬된 『삼국사기』와 관련된 내용이다. ② 『삼국사기』는 김부식을 중심으로 편찬된 현존하는 우리나라 최고(最古)의 역사서이다. 유교적 합리주의 사관에 기초하여 서술되었다.
① 『삼국유사』에 대한 설명이다. ③ 단군 조선을 우리 역사의 시작으로 본 통사로는 조선 전기에 편찬된 『동국통감』 등이 있다. ④ 신라의 거칠부가 저술한 『국사』에 대한 설명이다.

정답 ②

04강 과학 기술과 귀족 문화의 발달

解/法 기출분석

구분		2008~2018	2019	2020	2021	2022	2023	2024	2025
9급	국가직	• 화통도감 • 진화				안동 봉정사 극락전	고려 문화재	고려 문화재	
	지방직	• 건축 • 고대~중세 문화				고려 초기의 불상		• 직지심체요절 • 건축	
	법원직	• 금속 활자 • 건축 • 불상과 탑 • 상감청자 • 원 간섭기 문화 • 고려 문화 • 석탑							

解法요람

고려 과학 기술과 귀족 문화의 발달

천문학	사천대(서운관): 천문·역법을 맡은 관청(첨성대에서 관측)
역 법	원의 수시력(충선)
의 학	『향약구급방』(고종): 현존 최고(最古) 의서

인쇄술	목판 인쇄술	초조대장경, 팔만대장경 간행
	금속 활자 인쇄술	• 『상정고금예문』 인쇄(1234): 현존 × • 『직지심체요절』 간행(1377): 청주 흥덕사, 현존 세계 최고(最古)

화 약	최무선(화약 제조법 터득) ⇨ 화통도감 설치(1377) ⇨ 진포 싸움에서 왜구 격퇴

건 축	후기(13세기)	주심포식 건물: 봉정사 극락전, 부석사 무량수전, 수덕사 대웅전

석탑 (다각다층)	전 기	월정사 8각 9층 석탑(송의 영향)
	후 기	경천사 10층 석탑(원의 영향) ⇨ 원각사지 10층 석탑(조선)

불 상	고려 초, 대형 불상	논산 관촉사 석조 미륵보살 입상, 안동 이천동 석불, 광주 춘궁리 철불: 조형미 부족
	신라 양식 계승	부석사 소조 아미타여래 좌상

부 도	고달사지 승탑(팔각 원당형)
자 기	독자적인 청자 개발, 12세기 상감청자 유행

01 천문학과 의학

1. 천문학: 천문 관측과 역법 계산을 중심으로 발달하였다.

(1) 천문 관측

　① **천문 관련 기구**: 천문과 역법을 맡은 관청으로서 **사천대(서운관)**가 설치되었고, 이곳의 관리는
　　첨성대(개경)에서 천체와 기상을 관찰하고 기록하였다.

　② 관측 기록: 『고려사』에 일식, 혜성, 태양 흑점 등에 관한 관측 기록이 매우 풍부하게 남아 있다.

(2) 역법

　고려 초기에는 신라 때 쓰던 당의 선명력을 그대로 사용하였다. 이후 충선왕 때 원의 **수시력**을 채용
　하고 그 이론과 계산법을 충분히 소화하였다. 공민왕 때부터 명의 대통력[1]을 받아들였다.

2. 의학

(1) 의학 교육 및 의과 실시

　의료 업무를 맡은 **태의감**에서 의학 교육을 실시하고, 의원을 뽑는 **의과**를 시행하였다.

(2) 독자적 의학 발달

　① 배경: 우리나라의 실정에 맞는 고려의 독자적 처방(향약방)이 이루어지게 되었다.

　② 『향약구급방』[2](1236, 고종 23): 대장도감에서 처음으로 간행된 『향약구급방』은 현존하는 우리나
　　라 최고(最古)의 의학 서적으로, 각종 질병에 대한 처방과 국산 약재 180여 종이 소개되어 있다.

심화사료 百出

『향약구급방』
(여기에) **수록한 약은 모두 우리나라 백성들이 쉽게 알고 얻을 수 있는 것이다.** 약을 먹는 방법도 이미 잘 알려져 있다. ……
궁핍한 시골에서는 매우 급한 병이 나더라도 의사를 부르기 힘들다. 이때 이 책이 있다면 …… 이 의서에 실린 약은 모두 우리
나라 사람들이 쉽게 알 수 있고, 쉽게 구할 수 있으며, 복용하는 법도 일찍이 경험한 것들이다. …… **대장도감에서 이 의서를**
간행한 뒤 세월이 오래되어 판이 낡았고 옛 판본은 구하기가 어렵다.

02 인쇄술의 발달

1. 목판 인쇄술

　신라 때부터 발달한 목판 인쇄술은 고려 시대에 이르러 더욱 발달하였다.

(1) 고려 대장경 판목

　초조대장경·팔만대장경의 편찬은 고려의 목판 인쇄술이 최고의 수준에 이르렀음을 보여 준다.

✎ **고려 시대의 과학 기술**
국자감에서 율학, 서학, 산학 등의 잡
학을 교육하였다. 과거에서도 기술관
을 등용하기 위한 잡과가 시행되었다.

고려의 첨성대

❶ **대통력**
대통력은 명나라 건국 초에 만들어
졌는데 수시력과 유사하였다.

❷ **『향약구급방』**
『향약구급방』의 간행 시기에 대해서
는 대장도감의 운영 시기인 1236년
~1251년 사이로 보는 이설도 있다.

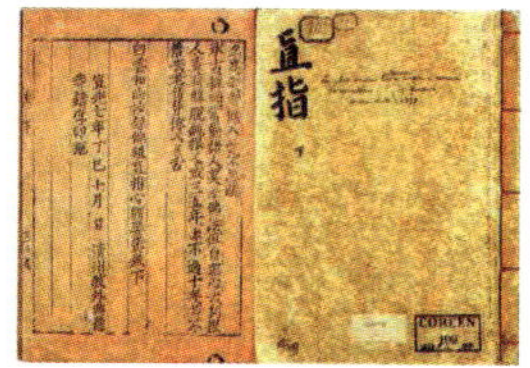

누전선

(2) 목판 인쇄술의 한계

목판 인쇄술은 한 가지의 **책을 다량으로 인쇄**하는 데는 적합하지만, 여러 종류의 책을 소량으로 인쇄하는 데에는 활판 인쇄술보다 못하였다. 따라서 고려에서는 일찍부터 활판 인쇄술 개발에 힘을 기울였으며, 후기에 금속 활자 인쇄술❶을 발명하였다.

2. 활판 인쇄술

(1) 배경

고려 시대에 세계에서 최초로 금속 활자 인쇄술이 발명된 것은 **목판 인쇄술의 발달**, 청동 주조 기술의 발달, 인쇄에 적합한 먹과 종이의 제조 등이 어우러진 결과였다.

(2) 『상정고금예문』(1234)❷

이규보의 『동국이상국집』의 기록에 의하면 **최우**가 강화도에서 『상정고금예문』을 금속 활자로 28부를 인쇄하였다고 한다. 이는 **서양에서 금속 활자 인쇄가 시작된 것보다 200여 년이나 앞서 이루어진 것**이다. 그러나 이 책은 오늘날 전하지 않는다.

(3) 『직지심체요절』(1377)❸

현존하는 가장 오래된 금속 활자 인쇄물로 청주 **흥덕사**에서 금속 활자인 주자로 찍어 낸 것이 전한다. 개항 이후 서울에 온 주한 프랑스 공사 플랑시에 의해 프랑스로 건너갔고, **현재는 프랑스 국립 도서관에 보관 중**이다.

3. 제지술

전국적으로 닥나무의 재배를 장려하고, 전담 관서를 설치하여 우수한 종이를 만들었다.

03 화약 무기 제조와 조선 기술

1. 화약 제조

고려 말에 **최무선**❹의 노력으로 화약 제조법을 터득하였다. 이에 고려는 **화통도감**❺(1377, 우왕)을 설치하고 화약과 화포를 제작하였다. 이후 최무선은 이 화포를 이용하여 **진포**(금강 하구)에서 왜구를 크게 무찔렀다.

2. 조선 기술

해상 무역과 조세미 운반을 위해 대형 선박이 제조되었다. 고려 말에는 왜구 격퇴를 위해 누전선이라는 전함이 만들어졌으며, **배에 화포를 설치**하여 왜구 격퇴에 활용하였다.

04 건축과 조각

1. 건축

(1) **특징**: 궁궐과 사원이 중심이었다. 남아 있는 것이 거의 없어 개성 만월대 터를 통해 당시 궁궐 건축을 짐작할 수 있다. 경사진 면에 축대를 높이 쌓고 건물을 계단식으로 배치하였기 때문에 건물이 층층으로 나타나 웅장하게 보였다.

(2) **주심포식 건물**: 고려 전기에는 주로 **주심포** 양식이 유행하였다. 현재는 13세기 이후에 지은 일부 건물만 남아 있다.

① **안동 봉정사 극락전**: 주심포 양식, 배흘림기둥[6], 맞배지붕으로 건축되었다. 보수 공사 중에 공민왕 때 중창했다는 상량문이 발견되어 **우리나라에서 가장 오래된 목조 건축물**로 보고 있다.

② **영주 부석사 무량수전**: 배흘림기둥과 팔작지붕, 주심포 양식을 지닌 영주 부석사 무량수전은 장중한 외관과 함께 간결한 조화미를 지녀 고려 후기 목조 건축의 대표적인 작품으로 꼽는다.

③ **예산 수덕사 대웅전**: 충렬왕(1308) 때 건립된 건축물로 백제 계통의 목조 건축 양식을 이었다. 맞배지붕과 배흘림기둥, 주심포 양식으로 건축되었다.

봉정사 극락전

부석사 무량수전

수덕사 대웅전

(3) **다포식**[7] **건물**: 고려 후기에는 원의 영향을 받은 다포식 건물이 등장하여 **조선 시대 건축에 큰 영향을 끼쳤다**. 황해도 사리원의 **성불사 응진전**[8]과 함북 안남면 석왕사 응진전 등은 고려 시대 다포식 건물로 유명하다.

성불사 응진전

❻ 배흘림기둥

기둥의 가운데 부분을 불록하게 만드는 기법으로, 보는 사람에게 안정감을 주었다.

❼ 다포식 건축 양식

13세기에 중국 화북 지방에서 유행하던 건축 양식으로, 원과의 교류를 통해 고려에 도입되었다.

❽ 성불사 응진전

지붕면이 양면으로 경사진 맞배지붕의 건축물이다.

解法 도움닫기 주심포 양식과 다포 양식

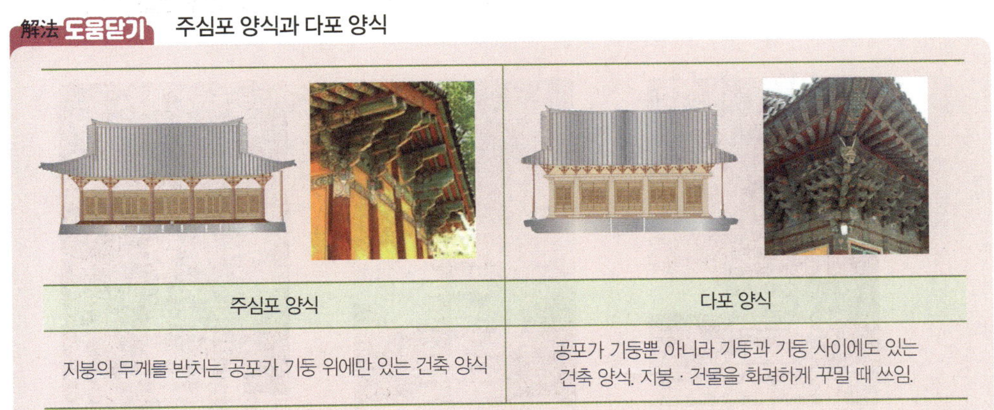

주심포 양식	다포 양식
지붕의 무게를 받치는 공포가 기둥 위에만 있는 건축 양식	공포가 기둥뿐 아니라 기둥과 기둥 사이에도 있는 건축 양식. 지붕·건물을 화려하게 꾸밀 때 쓰임.

전통 건축물의 지붕

맞배지붕	우진각지붕	팔작지붕

건물 양 옆에 지붕이 없이 앞뒤로만 마주보고 있는 형태	앞뒤와 양옆이 모두 지붕면 (앞뒤: 사다리꼴, 양 옆: 세모꼴)	건물 정면에서 볼 때 팔(八)자로 보이는 지붕

2. 조각

(1) 석탑

① 특징: 다각 다층탑이 많이 만들어졌으며, 석탑의 몸체를 받치는 받침이 보편화되었다. 신라 석탑보다 비례감·안정감은 다소 부족하나 자연스러운 모습을 지녔다.

② 고려 전기: 고구려 양식의 영향을 받은 개성 불일사 5층 석탑, 백제 양식을 계승한 부여 무량사 5층 석탑, 신라 양식의 영향을 받았으나 고려만의 독특한 개성도 보여 주는 개성 현화사 7층 석탑과 송의 영향을 받은 강원도 평창의 **월정사 8각 9층 석탑** 등이 있다.

③ 고려 후기: 충목왕 때 대리석으로 제작된 **경천사 10층 석탑**❶은 원의 영향을 받은 것으로, 조선 세조 때 세워진 **원각사지 10층 석탑**에 영향을 주었다.

❶ 경천사 10층 석탑(현재)

경천사 10층 석탑은 본래 경기도 개풍군 부소산 경천사지에 세워져 있었으나 일제 강점기 도쿄로 불법 반출되었다가 반환되어 경복궁에 방치되었다. 현재는 서울 용산 국립 중앙 박물관에 옮겨져 있다.

개성 불일사 5층 석탑

부여 무량사 5층 석탑

개성 현화사 7층 석탑

월정사 8각 9층 석탑

경천사 10층 석탑

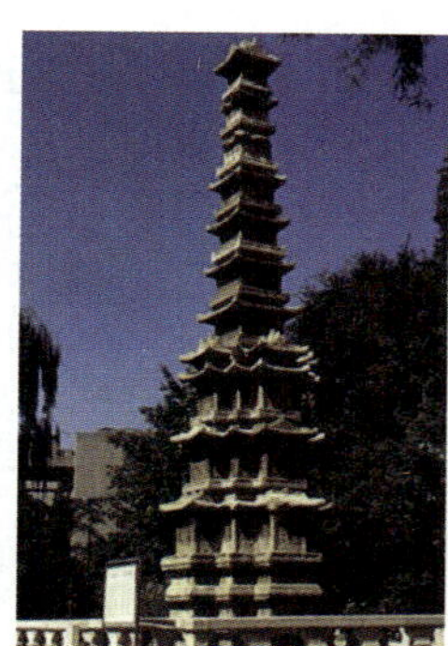

원각사지 10층 석탑(조선)

(2) 승탑❷

고달사지 승탑처럼 신라 후기 승탑의 전형적인 형태인 **팔각 원당형을 계승**하는 것이 많고, 특이한 형태를 띠면서 조형미가 뛰어난 법천사 지광국사 현묘탑 등도 있다.

고달사지 승탑(원종대사 혜진탑)
신라 하대 팔각 원당형 승탑 계승❸

지광국사 현묘탑
특수형 승탑(평면방형)

보제존자(나옹화상) 석종형 승탑
석종 형태의 승탑

❸ 신라 하대의 팔각 원당형 승탑

쌍봉사 철감선사 승탑

(3) 불상

① 특징: 고려 전기의 불상은 시기와 지역에 따라 다양하게 제작되었다.

② 종류

㉠ 철불: 고려 초기에는 대형 철불이 많이 제작되었다. 광주 춘궁리 철불(하남 하사창동 철조 석가여래 좌상)이 대표적이다.

㉡ 거대한 불상: 거대한 석불이 유행하였는데, 사람들이 많이 다니는 길목에 만들어졌다. 큰 규모에 비해 조형미는 다소 떨어지지만, 소박한 지방 문화의 모습을 잘 보여 준다. 논산 관촉사 석조 미륵보살 입상(은진 미륵)과 안동 이천동 석불 등이 대표적이다.

㉢ 신라 양식 계승: 부석사 소조 아미타여래 좌상같이 신라 시대 양식을 계승한 걸작도 있다.

안동 이천동 석불

광주 춘궁리 철불
(하남 하사창동 철조
석가여래 좌상)

관촉사 석조 미륵보살
입상

개태사지 석불 입상

부석사 소조 아미타여래
좌상

파주 용미리 마애이불 입상

1. 자기

(1) 발달 배경

고려 자기는 신라와 발해의 기술을 토대로 송의 자기 기술을 받아들여 11세기에 독자적인 경지를 개척하였다.

시기	자기	특징
11C	순수 비색 청자	• 비취색이 나는 순수 비색 청자, 중국인들에게 극찬 받음. 『고려도경』 • 청자의 그윽한 색, 다양한 형태, 고상한 무늬, 우리 민족의 정취
12C 중~ 13C 중	상감 청자	• 12세기 중엽 독창적 기법인 상감법이 개발되어 자기에 활용 • 상감법: 그릇 표면을 파낸 자리에 백 · 흑토를 메워 무늬를 내는 방법 • 전라도 강진과 부안이 유명(흙과 연료 풍부, 바닷길로 운송 가능)
14C	청자 쇠퇴[1]	원으로부터 북방 가마 기술 도입되면서 점차 퇴조
15C	분청사기	• 청자에 백토의 분을 칠한 것으로 분과 안료로 무늬를 만들어 장식 • 안정된 그릇 모양, 소박한 무늬, 구김살 없는 우리의 멋
16C	백자	청자보다 깨끗하고 담백해 선비들의 취향과 어울려 널리 이용
17C~	청화 백자	• 백자가 민간에까지 널리 사용되면서 본격적으로 자기 공예가 발전 • 회청으로 백자에 그림을 그린 것으로 민간까지 널리 보급되어 유행

(2) 발달 과정

① 순수 청자(11세기): 자기 중에서 가장 이름난 것은 비취색이 나는 청자인데, 중국인도 천하의 명품으로 손꼽았다.

송나라 사신 서긍[2]이 본 고려 청자

도자기의 빛깔이 푸른 것을 고려 사람들은 비색(翡色)이라 부른다. 근래에 와서 만드는 솜씨가 교묘하고 빛깔도 더욱 예뻐졌다. 술그릇의 모양은 오이 같은데, 위에 작은 뚜껑이 있어서 연꽃에 엎드린 오리 모양을 하고 있다. 또 주발, 접시, 술잔, 사발, 꽃병, 옥으로 만든 술잔 등도 만들 수 있지만, 일반적으로 도자기를 만드는 법을 따라 한 것들이므로 생략하고 그리지 않는다. 여러 그릇 중에서 이 물건이 가장 정밀하고 뛰어나다.

– 『고려도경』

② 상감 청자(12세기 중엽)

㉠ 발달 과정: 12세기 중엽에 고려의 독창적 기법인 **상감법[3]**이 개발되어 자기에 활용되었다. 무늬를 훨씬 다양하고 화려하게 넣을 수 있었던 상감 청자는 강화도 천도 시기까지 주류를 이루었으나, 원 간섭기 이후 퇴조해 갔다.

㉡ **청자[4]** 생산지: 전라도 **강진과 부안**이 유명하였다. 특히 강진에서는 최고급의 청자를 만들어 중앙에 공급하기도 하였다.

---

❶ 청자 쇠퇴의 원인

몽골과의 전쟁 중 청자를 만들던 고급 기술자들과 가마가 큰 피해를 입었다. 이에 더하여 고려 말 왜구의 잦은 침입으로 해안 지방(강진, 부안 등)의 많은 자기소 등이 해체됨에 따라 청자는 점차 쇠퇴하였다.

❷ 서긍

서긍은 『고려도경』에서 고려 청자의 우수함을 서술하였다.

❸ 상감법

나전 칠기나 은입사 공예에서 응용된 것으로 그릇 표면을 파낸 자리에 백토·흑토를 메워 무늬를 내는 방법이다.

❹ 청자 만드는 법

청자는 물에는 묽어지고 불에는 굳어지는 자토로 모양을 만들고 무늬를 새긴 후 청색을 내는 유약을 발라 1,250도에서 1,300도 사이의 온도로 구워서 만든다.

청자 상감 운학문 매병

청자 진사연화문 표주박
모양 주자

청동제 은입사 표류수금문
정병

2. 공예

고려의 금속 공예 역시 불교 도구를 중심으로 크게 발전하였다.

(1) 금속 공예

청동기 표면을 파내고 실처럼 만든 은을 채워 넣어 무늬를 장식하는 **은입사 기술**이 발달하였다.

(2) 나전 칠기 공예

옻칠한 바탕에 자개를 붙여 무늬를 나타내는 나전 칠기 공예도 크게
발달하였다. 특히 불경을 넣는 경함, 화장품갑, 문방구 등이 남아 있다.
나전 칠기 공예는 현재까지 전하고 있다.

나전 칠기

06 글씨, 그림과 음악

1. 글씨

(1) 고려 전기

구양순체가 주류를 이루었는데, 유신·탄연·최우가 유명하였다.

(2) 고려 후기

원나라 서예가인 조맹부의 글씨체인 **송설체**가 유행했는데, 이암이 뛰어났다.

2. 그림

(1) 고려 전기

뛰어난 화가로는 '예성강도'를 그린 이령 등이 있으나 그림은 전해지고 있지 않다.

(2) 고려 후기

① **천산대렵도**: 공민왕이 그렸다는 '천산대렵도'가 전해진다. 힘차게 말을 달리는 인물을 잘 묘사
했으며, 당시 그림이 원나라 화풍에 영향을 받았음을 보여 준다.

② **불화**: 고려 후기에는 왕실과 권문세족의 구복적 요구에 따라 불화가 많이 그려졌다. 일본에 전
해 오고 있는 혜허가 그린 '관음보살도(양류관음도)'가 대표적인 작품이다.

천산대렵도
천산에서의 수렵 장면을 묘사하였다.
원 간섭기 이후에는 자주 시행된 사
냥때문에 이 같은 수렵도가 많이 그
려졌다.

양류관음도(혜허)

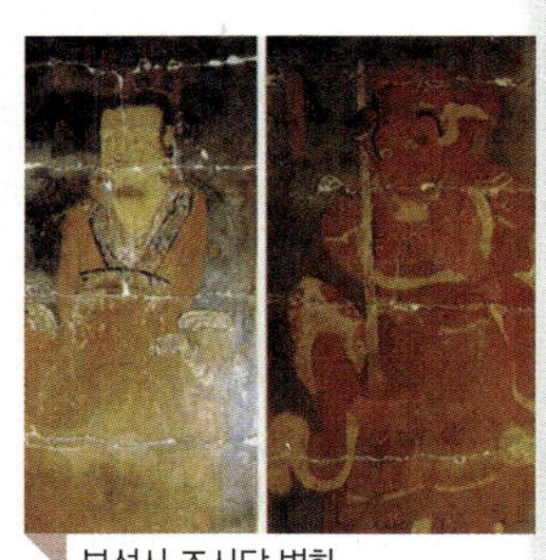
부석사 조사당 벽화

③ 사경화: 경전의 내용을 알기 쉽게 그림으로 설명한 사경화도 유행하였다.

④ 기타: 사찰의 벽화가 일부 남아 있는데, 부석사 조사당 벽화의 사천왕상 등이 대표적이다.

3. 음악

(1) 아악

아악은 송에서 수입된 대성악이 궁중 음악으로 발전된 것으로, 현재까지 이어지고 있다.

(2) 향악

향악(속악)은 우리의 고유 음악이 당악의 영향을 받아 발달한 것인데, 당시 유행한 민중의 속요와 어울려 수많은 곡이 만들어졌다. 동동, 한림별곡, 대동강 등이 대표적이다.

07 문학의 발달

1. 초기

고려 초기의 문학은 향가와 한문학이 주류를 이루고 있었다.

(1) 향가의 계승

광종 때 **균여**는 불교 경전을 향가로 쉽게 풀이해서 쓴 **「보현십원가」** 11수를 지었다.

(2) 한문학의 발달

과거제가 정착된 후 중국의 경서, 시문 창작 등이 중시되었다. **박인량과 정지상** 등이 대표적이다.

2. 중기

고려 중기, 문벌 귀족 사회가 발달하면서 당·송의 한문학을 숭상하는 경향이 나타났다.

3. 후기

무신 집권기에 문신들은 **현실도피적** 경향의 책들을 많이 저술하였다. **패관 문학과 가전체 문학**이 유행했으며, 서민의 감정을 표현하는 작품도 등장하였다.

(1) 패관 문학: 민간에 구전되던 이야기들을 일부 고쳐서 한문으로 기록하였다.

① **「백운소설」**(이규보): 31개 항목으로 된 시와 문론에 대한 이규보의 비평이 담겨있다.

② **「역옹패설」**(이제현): 당대의 역사적 사실을 서술했으며, 시에 대한 자신의 평론도 기록하였다.

(2) 가전체 문학: 물건 등을 의인화한 문학

① **「국순전」**(임춘): 술을 의인화한 가전체 문학 작품으로, '국순'이라는 인물이 술에 탐닉하다가 패가망신하는 내용이다.

② **「국선생전」**(이규보): '국성(국선생)'이라는 인물을 통해 바람직한 인간의 모습과 신하로서 올바른 처신을 제시하고 있다.

③ **「죽부인전」**(이곡): 대나무를 의인화하여 절개있는 부인에 비유하여 쓴 작품이다.

(3) 경기체가

신진 사대부들은 향가 형식을 계승하여 새로운 시가인 경기체가를 만들었다. 대표적인 작품으로는
「한림별곡」, 「관동별곡」, 「죽계별곡」 등이 있다.

(4) 장가(속요)

민중 사이에서 유행한 것으로 서민의 감정을 자유분방하게 표현하였다. 「청산별곡」, 「쌍화점」, 「가시
리」 등이 있다.

(5) 한시

① **이규보**: 『동명왕편』은 고구려를 건국한 사실에 대한 5언시(일종의 영웅 서사시)이다.

② **진화**: 이규보와 동시대에 쌍벽을 이룬 문인이다. 금나라에 사신으로 가면서 남긴 시가 유명한데,
송이 몰락하고 금이 아직 미개한 반면, 고려가 문명의 중심에 있다는 자부심을 드러내고 있다.

🔖 **청산별곡**
살으리 살으리라.
청산에 살으리라.
머루와 다래를 먹으며 청산에 살
으리라.

🔖 **진화의 시**
서쪽 송나라는 이미 기울고 북쪽 오
랑캐(금)는 아직도 잠자고 있네
앉아서 문명의 아침을 기다리자 하
늘의 동쪽(고려)에서 해가 떠오르고
있네

🐏 **대표 기출문제**

다음 설명에 해당하는 문화유산은? 2022. 국가직 9급

이 건물은 주심포 양식에 맞배지붕 건물로 기둥은 배흘림 양식이다. 1972년 보수 공사 중에 공민왕 때 중창하였다는
상량문이 나와 우리나라에서 가장 오래된 목조 건물로 보고 있다.

① 서울 흥인지문
② 안동 봉정사 극락전
③ 영주 부석사 무량수전
④ 합천 해인사 장경판전

해설
② 제시된 자료는 안동 봉정사 극락
전에 대해 설명하고 있다. 봉정사 극
락전은 주심포 양식의 건물로, 맞배
지붕과 배흘림기둥을 갖추었다. 보수
공사 중 공민왕 때 지붕을 수리한 적
이 있었다는 기록이 발견되었다.

정답 ②

4

근세 사회의 발달

CHAPTER 1 근세 정치 변화와 통치 체제의 정비

01강 근세 사회의 성립과 정치 체제의 확립

- 1 고려의 멸망과 조선의 건국
- 2 국왕 중심의 통치 체제 정비
- 3 중앙의 정치 조직
- 4 지방의 행정 조직
- 5 군역 제도와 군사 조직
- 6 교육 제도와 과거 제도

02강 사림의 대두와 붕당의 형성

- 1 훈구와 사림
- 2 사림의 정치적 성장과 사화
- 3 붕당의 출현과 붕당 정치의 전개

03강 조선의 대외 관계와 양난의 극복

- 1 조선 전기의 대외 관계
- 2 임진왜란
- 3 정묘호란과 병자호란
- 4 북벌론과 나선 정벌
- 5 동남아시아와의 대외 관계

解·法·기·출·진·맥

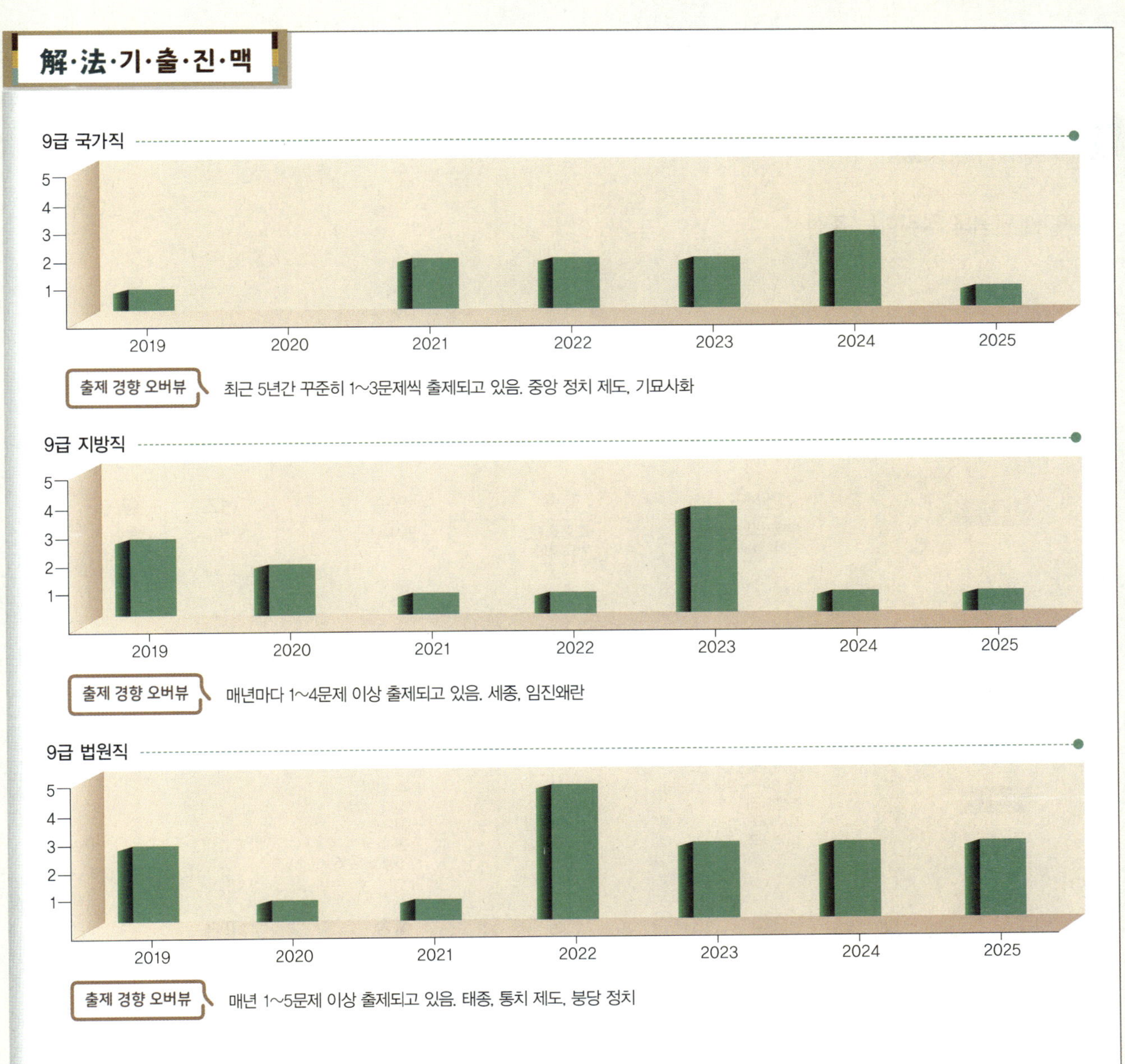

근세 사회의 성립과 정치 체제의 확립

解/法 기출분석

9급	구 분	2008~2018	2019	2020	2021	2022	2023	2024	2025
	국가직	• 의정부 서사제 • 중앙 제도(2) • 정도전	중앙 제도		세조	중앙 제도		• 건국 과정 • 세조	세종
	지방직	• 정도전 • 중앙·지방 제도(3) • 세종(3) • 『경국대전』	• 정도전 • 세종	세종	사헌부	세종	과거 제도		세종
	법원직	• 중앙 제도(4) • 경연 • 지방 제도(2) • 관리 선발 제도 • 교육 제도 • 태종 • 통치 제도	• 건국 과정 • 조선 전기의 정치	중앙 제도		• 태종 • 세조	수령 7사	조선 전기의 정치	교육 제도

100년 단위로 정리하는 조선사

15세기 — 훈구

태조	▶	태종	▶	세종	▶	세조	▶	성종
정도전		왕권 강화 6조 직계제		모범적 유교 정치 의정부 서사제		왕권 강화 6조 직계제		『경국대전』 완성 언론 활동↑(사림 등용)

사화 — 16세기

연산군	▶	중종	▶	명종	▶	선조
무오사화(조의제문) 갑자사화(폐비 윤씨)		조광조 기묘사화		을사사화		임진왜란

선조 — 동인(북인, 남인) / 서인

17세기 — 붕당(사림)

광해군	▶	인조	▶	효종	▶	현종
중립 외교(북인)		친명배금(서인) 정묘·병자호란		북벌론(서인)		기해예송(서인) 갑인예송(남인)

탕평 — 18세기

숙종	▶	영조	▶	정조
편당적 → 환국 경신환국(서인) — 노론 기사환국(남인) — 소론 갑술환국(서인)		완론 탕평 탕평교서(즉위) 이인좌의 난 탕평파 육성 균역법 실시		준론 탕평 규장각 설치 신해통공 수원 화성 축조 만천명월주인옹

19세기 — 세도 정치

순조	▶	헌종	▶	철종	▶	고종
안동 김씨 홍경래의 난		풍양 조씨		안동 김씨 임술민란		흥선 대원군

 01 고려의 멸망과 조선의 건국

1. 고려 왕조의 몰락

(1) 요동 정벌

① 배경: 우왕이 즉위하자 이인임 일파는 명과 북원에 사신을 파견[1]하였다. 그러나 **명이 철령 이북의 땅을 직속령[2]으로 삼으려 하자**, 고려와 명의 갈등 관계가 깊어졌다.

② 전개: 고려 정부는 최영의 주도로 요동 정벌을 추진하였다. 그러나 **이성계는 요동 정벌이 현실적으로 불가능하다고 판단하여 요동 출병을 반대하였다(4불가론).**

이성계의 사불가론[3]

"내(우왕)가 요동을 공격하고자 하니, 경은 마땅히 힘을 다하라." 태조는 대답하기를, "지금 정벌하는 것에 네 가지 불가한 점이 있습니다. **소(小)로서 대(大)를 거역하는 것**이 첫째 불가한 것이고, **농사철에 군사를 일으킴**이 둘째 불가한 것이며, **요동을 공격하게 되면 왜구에게 침입할 틈을 주게 되는데** 이 점이 셋째 불가한 것입니다. 게다가 **지금은 여름철이라서 비가 자주 내리므로 아교가 녹아 활이 눅고, 군사들은 질병을 앓을 것입니다.** 이 점이 넷째 불가한 것입니다."라고 하니, 우왕은 그 말을 옳다고 여겼다. …… 밤에 최영은 들어가 우왕을 뵙고 아뢰었다. "원하옵건대 딴 말은 듣지 마옵소서." – 「태조실록」

(2) 위화도 회군(1388): 요동 정벌에 나섰던 이성계 일파는 위화도에서 군대를 되돌렸다. 이후 최영 등 반대파를 제거하고 우왕 대신 그의 아들인 **창왕을 옹립**하였다.

(3) 신진 사대부의 분화: 위화도 회군 이후 신진 사대부 세력은 개혁의 방향을 둘러싸고 급진 개혁파와 온건 개혁파로 갈라졌다.

❖ 사대부 분화

온건파 신진 사대부	급진파 신진 사대부
정몽주, 이색, 길재	조준, 정도전, 윤소종
정치적 지위와 경제력 우세	경제력 열세, 군사력 우세
고려 왕조의 틀 안에서 점진적인 개혁 추진	고려 왕조를 부정하는 역성 혁명[4] 주장
전면적인 토지 개혁 반대	전면적인 토지 개혁 주장(국유화)

(4) 공양왕 옹립(1389)

이성계 일파는 **폐가입진[5]**을 명분으로 창왕을 폐하고, 공양왕을 옹립하였다.

(5) 과전법의 시행(1391)

① 시행: 전국적인 양전 사업을 실시하고 급전도감[6]을 설치하여 **과전법을 제정·공포**하였다.

② 결과: 토지가 재분배되어 신진 사대부의 경제적 기반이 마련되고 국가 재정도 확충되었다.

(6) 정몽주 제거(1392): 새 왕조 개창을 반대하던 정몽주는 선죽교에서 암살되었다(1392. 4.).

---

❶ 양면 외교

우왕이 즉위하자 이인임 일파는 명나라에 사신을 보내 왕위 계승의 승인을 요청하는 한편, 북원에 사신을 파견해 국교를 회복하고자 하였다.

❷ 명의 철령위 설치 요구

명나라는 원이 과거에 지배했던 철령 이북의 땅을 직속령으로 삼겠다고 고려에 통보하였다(쌍성총관부 ⇒ 철령위).

❸ 사불가론(四不可論)

작은 나라가 큰 나라를 거역하는 것, 농번기인 여름에 출병하는 것, 출병하면 왜구가 노릴 염려가 있는 것, 장마철에는 활이 제 기능을 발휘하지 못하고 전염병 발생의 우려가 있는 것.

위화도 회군

❹ 역성 혁명

유교 정치 사상에서 나온 말로서, 왕이 민심을 잃으면 다른 사람이 천명을 받아 새로운 왕조를 세워도 좋다는 내용이다.

❺ 폐가입진(廢假立眞)

'가짜 왕을 내몰고 진정한 왕을 추대해야 한다.'는 의미이다. 이성계 일파는 우왕과 창왕은 공민왕의 자손이 아니라 신돈의 핏줄이라고 주장하며, 이들을 제거하였다.

❻ 급전도감

전지(논·밭)의 분급을 담당하던 임시 관청이다.

2. 조선의 건국(1392)

이성계는 공양왕에게 양위를 받아 왕위에 올랐다. 태조 이성계는 **고조선을 계승한다**는 의미로 국호를 조선이라 선포하고(1393), 한양❶을 새 도읍으로 정하였다(1394).

심화사료 百出

2014. 사회복지직 9급

공양왕 옹립(폐가입진)

우와 창은 본래 왕씨가 아니기 때문에 종사를 받들 수 없으며, 또한 천자의 명이 있으니 **마땅히 가짜를 폐하고 진짜를 세울 것**이다. 정창군 왕요는 신종의 7대손으로 그 족속이 가장 가까우니 마땅히 세울 것이다.

— 『고려사』

국호(國號)의 제정

우리나라는 국호가 일정하지 않았다. 조선이라 한 것이 셋이었으니 바로 단군·기자·위만이다. …… 이제 명나라 천자께서 "**오직 조선이란 이름이 아름다울 뿐만 아니라 그 유래가 오래다. 이 이름을 그대로 쓰고 하늘을 본받아 백성을 잘살게 하면 후손이 길이 창성할 것이다.**"고 명하였다. …… 이제 조선이라는 아름다운 국호를 그대로 쓰니 기자의 선정도 마땅히 강구해야 할 것이다.

— 『삼봉집』 7, 『조선경국전』

---

❶ 한양 천도

한양은 한강을 끼고 있어 교통이 편리하고, 산으로 둘러싸여 방어에도 유리하였다. 한양 천도를 통해 개경의 구세력 약화를 도모하였다.

---

02 국왕 중심의 통치 체제 정비

1. 태조(1392~1398)

(1) 체제 정비

① **한양 천도**: 한양을 도읍으로 정한 후에 도성을 쌓고❷ 궁궐을 지었다. 종묘, 사직, 관아, 4대문 등 기반 시설을 갖추고 한성(부)이라 칭하였다.

② **도첩제❸ 실시**: 국가에서 승려를 관리하고 승려의 수를 제한하였다.

③ **도평의사사 약화**: 삼군도총제부를 의흥삼군부로 개편하여 군사 업무를 총괄하게 하였다. 이에 따라 도평의사사는 군사 기능을 상실하고 정치 업무만 담당하였다.

④ **지방 제도 개편**: 관찰사 제도를 정비하고, 속현·향·소·부곡을 혁파하였다.

---

❷ 성저십리(城底十里)

한성부에 도성을 쌓아 도성 안과 밖을 구분하였다. 도성을 기준으로 사방 10리에 해당하는 지역(성저십리)에는 개인의 무덤을 쓰거나 벌채를 못하도록 규제하였다(일종의 그린벨트 지역).

❸ 도첩제(度牒制)

조선 정부는 승려 자격증인 도첩을 발급하였다.

解法 도움닫기 한양 – 유교 사상이 반영된 계획 도시

조선 왕조는 『주례』를 참고하여 한양을 유교가 지향하는 이상적인 도시로 만들고자 하였다. 전조후시(전조후침)에 따라 궁궐 앞에 관청을 배치하고, 뒤에는 왕실의 생활 공간을 두었다. 좌묘우사에 따라 궁궐 왼편(동쪽)에는 종묘를, 오른편(서쪽)에는 사직단을 두었다. 또한 동대문은 흥인지문(興仁之門), 서대문은 돈의문(敦義門), 남대문은 숭례문(崇禮門), 북대문은 숙정문(肅靖門)이라고 하였다. 이는 유교의 덕목인 '인의예지신(仁義禮智信)'을 반영한 것이었다. 이와 같이 경복궁을 비롯한 주요 건물들은 유교 이념에 따라 배치되었고, 그 명칭도 유교 경전에서 따와 이름붙였다.

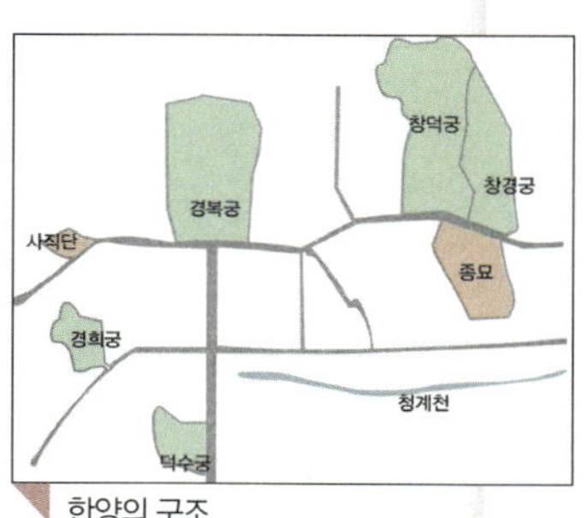

한양의 구조

(2) 소수 공신 중심의 정치 운영

① 정도전[4] : 국왕 중심의 정치 체제를 지향한 **이방원과 갈등**을 빚었다.

㉠ 통치 이념 확립: 재상 중심의 정치[5]를 주장하고, 민본적 통치 규범을 제시했다. 『조선경국전』에서 이러한 정치 구상을 밝혔다. 또한 『불씨잡변』을 저술하여 불교 교리를 비판하였다.

㉡ 요동 정벌: 요동 정벌을 계획했으며, 이를 위해 작전도인 『진도』를 제작하고 군사 훈련을 하였다.

㉢ 저서: 정도전의 저서는 『삼봉집』이라는 문집으로 총정리되었다.

『조선경국전』(1394)	『주례』를 참고하여 유교적 통치 규범을 마련한 법전으로, 『경국대전』에 영향을 주었다.
『경제문감』(1395)	재상 중심의 정치 체제를 주장하였다.
『불씨잡변』	불교 비판서로, 불교의 교리 자체를 비판하였다.
『고려국사』	편년체 사서로 고려의 역사를 서술하였다. 『고려사절요』 편찬에 영향을 주었다.
『진법』	『진도』와 함께 병사를 훈련시키는 데 적용시켰다.

② 조준: 조선 최초의 관찬 법전인 『경제육전』을 편찬하였다. 이·호·예·병·형·공전의 육전으로 구성되었으며, 『경국대전』 편찬 전까지 기본 법전의 역할을 하였다.

심화사료 百出　　　　　　　　　　　　　　　　2014. 서울시 7급, 2013. 국가직 9급

정도전의 총재(재상) 정치

임금의 직책은 한 사람의 재상을 정하는 데 있다 하였으니, 바로 총재(冢宰)를 두고 한 말이다. 총재는 위로는 임금을 받들고 밑으로는 백관을 통솔하여 만민을 다스리는 것이니 직책이 매우 크다.　　　　　　　　－『조선경국전』

정도전의 불교 비판

과연 불씨의 설과 같다면 사람의 화복과 질병이 음양오행과는 관계없이 모두 인과응보에서 나오는 것이 되는데, 어찌하여 우리 유가의 음양오행을 버리고 불씨의 인과응보설을 가지고서 사람의 화복을 정하고 사람의 질병을 진료하는 사람이 한 사람도 없느냐. **불씨의 설이 황당하고 오류에 가득 차 족히 믿을 수 없다.**　　　　　　　　－『불씨잡변』

---

2. 정종(1398~1400)

(1) 왕자의 난 발생

① 1차 왕자의 난(1398) : 태조가 강씨 소생의 방석을 세자로 책봉하자 방원은 이에 불만을 품고 이복 형제인 방번·방석과 정도전, 남은 등을 제거하였다.

② 정종 즉위: 1차 왕자의 난 직후 태조는 스스로 왕위에서 물러나고, 둘째 방과가 왕으로 즉위하였다. 정종은 다시 개경으로 천도하였다.

③ 2차 왕자의 난(1400, 박포[6]의 난): 이방원과 동복 형제인 방간 사이에 권력 다툼이 일어났다. 방원은 방간을 제압하고 왕세자[왕세제(王世弟)]로 책봉되었다.

심화사료 百出　　　　　　　　　　　　　　　　　　　　2022. 법원직 9급

이방원(정안공, 정안대군)의 세자 책봉

참찬문하부사 하륜 등이 청하였다. "**정몽주의 난**에 만일 정안공이 없었다면, 큰 일이 거의 이루어지지 못하였을 것이고, **정도전의 난**에 만일 정안공이 없었다면, 또한 어찌 오늘이 있었겠습니까? …… 정안공을 세워 세자를 삼으소서." 임금이 말하기를, "경(卿) 등의 말이 심히 옳다." 하고, 드디어 도승지에게 명하여 도당에 전지하였다. "…… **나의 동복 아우인 정안공은 개국하는 초에 큰 공로가 있었고,** 또 우리 형제 4, 5인이 성명을 보전한 것이 모두 정안공의 공이었다. 이제 명하여 세자를 삼고, 또 내외의 여러 군사를 도독하게 한다."　　　　　　　　－『정종실록』

＜column右＞

④ 삼봉(三峯) 정도전(1342~1398)

공민왕 때 성균관 박사가 되어 성리학을 강의했으며, 우왕 때 이인임의 친원 외교에 반대했다가 전라도 나주로 유배되었다. 이후 조선 건국에 적극 참여했으며, 궁궐 안의 건물들과 도성 성문의 이름을 짓는 등 조선 초창기에 문물 제도를 갖추는 데 크게 공헌하였다.

⑤ 정도전의 재상 정치

국왕은 훌륭한 재상을 선택하여, 재상에게 위로는 임금을 올바르게 인도하고, 아래로는 백관을 통괄하고 만민을 다스리는 중책을 부여해야 한다고 주장하였다.

⚲ 태조의 가계도

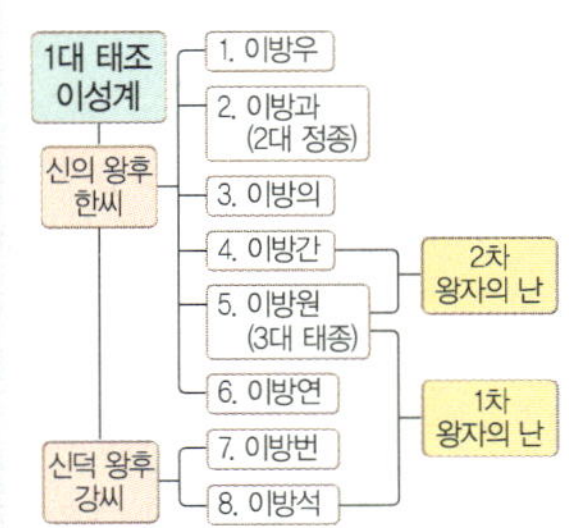

⑥ 박포(?~1400)

1차 왕자의 난 때 전공을 세웠으나 상이 작다고 불평하여 방원의 미움을 사 유배되었다. 이후 앙심을 품고 방간과 함께 2차 왕자의 난을 일으켰다.

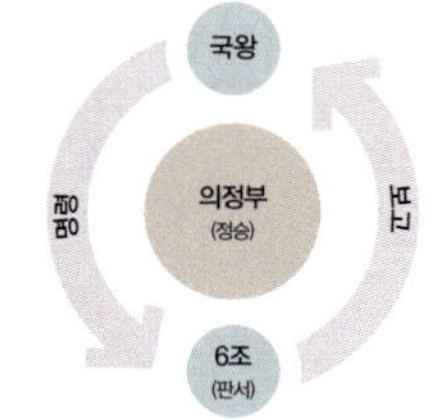

▼ 6조 직계제

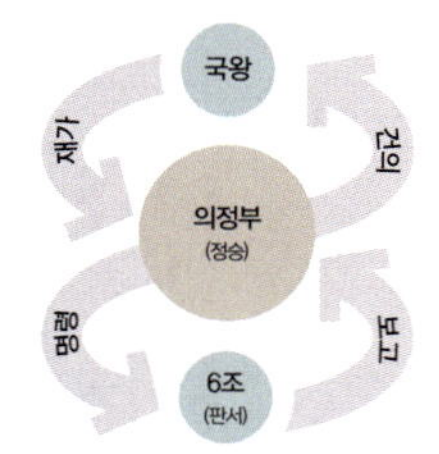

▼ 의정부 서사제

✎ 관제의 변화

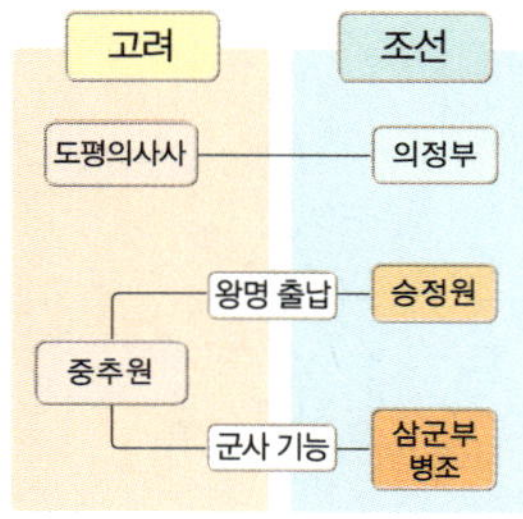

(2) 관제 개편: 이방원의 주도로 추진되었다.

　① 정치 개혁: 도평의사사를 의정부로, 의흥삼군부를 삼군부❶로 개편하였다.

　② 사병 혁파: 사병을 없애고, 병권을 왕에게 집중시켰다.

3. 태종(1400~1418) ⭐

(1) 왕권 강화와 통치 체제 정비

　① 왕권 강화

　　㉠ 공신·외척 제거: 왕자의 난을 통해 공신 세력을 제거했으며, 외척인 민무구·민무질 형제 등을 죽였다. 또한 태종은 종친과 외척의 정치 참여를 제한하여 왕권을 안정시켰다.

　　㉡ 한양 재천도(1405): 한양으로 재천도하여 창덕궁❷을 새로 건설하였다.

　② 6조 직계제❸ 실시: 6조에서 의정부를 거치지 않고 국왕에게 직접 보고하도록 한 제도이다. 왕권 강화를 위해 의정부의 권한을 약화시킨 것이다.

고등사료 百出

6조 직계제(태종)

의정부의 모든 일을 나누어서 육조(六曹)에 돌렸다. …… "내가 일찍이 송도에 있을 때 정부(政府, 의정부)를 없애자는 의논이 있었으나, 지금까지 겨를이 없었다. …… 지난번에 좌정승이 말하기를 "중조(中朝, 중국의 왕조)에도 또한 승상부가 없으니, 마땅히 정부를 혁파해야 한다."고 하였다. 내가 곰곰이 생각해 보니, 모든 일이 내 한 몸에 모이면 진실로 재결(裁決)하기가 어렵겠으나, 그러나 이미 나라의 임금이 되어서 어찌 노고스러움을 피하겠느냐?" …… 처음에 임금이 정부(政府, 의정부)의 권한이 무거운 것을 염려하여 이를 개혁할 생각이 있었으나 신중히 여겨 서둘지 않았는데, 이 때에 이르러 단행하여 **정부(政府)의 관장**하는 것은 오직 사대 문서(事大文書)와 무거운 죄수[重囚]를 다시 안핵(按覈)하는 것뿐이었다.

　－「태종실록」

---

　③ 관제 개혁

　　㉠ 사간원: 낭사를 사간원으로 독립시켜 신권을 견제하였다.

　　㉡ 승정원: 승정원을 따로 두어 왕명 출납을 전담하게 하였다.

　④ 유향소 폐지: 지방 세력을 통제하고 중앙 집권을 강화하기 위해 유향소를 폐지하였다(1406).

(2) 경제 정책

　① 양전 사업: 20년마다 토지를 측량하는 양전 사업을 실시하고 양안을 작성하였다.

　② 호패법 실시: 3년마다 호적을 작성하고 16세 이상의 모든 남성에게 호패 착용을 의무화하였다.

　③ 시전 설치: 종로에 대규모 상가인 시전을 조성하여 상인들에게 대여하였다.

　④ 저화 발행: 사섬서를 두어 지폐인 저화를 발행하였다.

고등사료 百出

호패법(號牌法)

남자 장정으로서 16세 이상이면 호패(號牌)를 착용한다. 2품 이상인 자는 뿔로 된 것으로 차게 하고 그 밖에 생원, 진사, 선비, 서리, 향리, 천민은 신분에 따라 다르게 나무로 된 것을 찬다. 서울에서는 한성부, 지방에서는 해당 관청에서 발급한다.　－「경국대전」

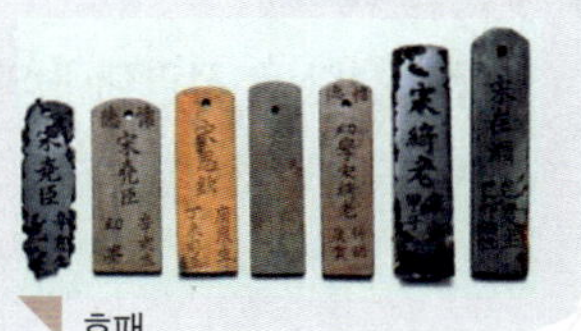

▼ 호패

(3) 사회·문화 정책

① 신문고 설치: 대궐 밖에 신문고를 설치하여, 백성들이 억울함을 호소할 수 있게 하였다. 의금부
에서 관리하였다.

② 양인 증가: 양인의 수를 늘리기 위해 노비변정 사업과 종부법[4]을 실시하였다.

③ 서얼 차별: 서얼의 문과 응시를 제한하는 서얼차대법[5]과 삼가금지법[6]을 제정하였다.

④ 불교 사원 정리: 억불과 재정 확보를 위해 사원을 정리하고 사원전을 몰수하였다.

4. 세종(1418~1450) ★★

태종이 다진 안정된 왕권을 바탕으로 **모범적인 유교** 정치를 실현하고자 하였다.

(1) 정치 체제 정비

① 집현전의 육성: 학문과 정책을 연구했으며, 경연과 서연도 담당하였다.

② 사가독서제 실시: 학자들의 학문 재충전을 위해 유급 휴가 제도인 **사가독서제[7]**를 실시하였다.

③ 유교 의례 장려: 국가 행사를 오례에 따라 거행하고 사대부에게 『주자가례』의 시행을 장려하였다.

(2) 왕권과 신권의 조화

① 의정부 서사제 실시(1436): 6조 직계제를 폐지하고 **의정부에서 정책을 심의**하게 하여 의정부의
역할을 중시하였다. 단, 인사와 군사에 관한 일은 6조에서 **국왕에게 직접** 보고하도록 하였다.

② 인재의 발굴[8]

㉠ 청백리 재상 등용: 황희, 맹사성, 유관과 같은 청백리 재상을 등용하였다.

㉡ 유외잡직: 노비·장인·상인에게 하급 전문직으로 진출할 수 있는 기회를 제공하였다.

고등사료 百出　　　　　　　　　　　　　　　　　　　　　2020. 경찰 2차, 2015. 교육행정직 9급

의정부 서사제[9](議政府署事制)

6조 직계제를 시행한 이후 일의 크고 작음이나 가볍고 무거움이 없이 모두 6조에 붙여져 의정부와 관련을 맺지 않고, 의정부
의 관여 사항은 오직 사형수를 논결하는 일 뿐이므로 옛날부터 재상을 임명한 뜻에 어긋난다. …… **6조는 모든 직무를 먼저 의
정부에 여쭈어 의논하고, 의정부는 가부를 헤아린 뒤에 왕에게 아뢰어 왕의 전지를 받아 6조에 내려보내어 시행한다.** 다만,
이조·병조의 제수, 병조의 군사 업무, 형조의 사형수를 제외한 판결 등은 종래와 같이 각 조에서 직접 아뢰어 시행하고 곧바
로 의정부에 보고한다. 만약 타당하지 않으면, 의정부가 맡아 심의, 논박하고 다시 아뢰어 시행토록 한다. 　　　　－『세종실록』

9급 위 한국사

집현전

1. **변천**: 고려 인종 때 시강 기관으로 설치되었으나 충렬왕 이후 유명무실해졌다. 이후 조선 정종 때 재설치되어 세
종 때 학문 기관으로 설치 및 확대되었다. 세조 때 폐지되었으나, 홍문관·규장각 등이 그 기능을 계승하였다.

2. **구성**: 전원이 문과 급제자 출신으로 특히 장원 급제자와 같은 최고의 인재들이 등용되었다. 대표적인 학자들로는
정인지, 신숙주, 양성지, 서거정 등이 있다.

3. **주요 임무**: 집현전의 학사들은 학문을 연구하고, 경연에 참여하여 국왕의 통치를 자문하였다.

4. **특장**: 집현전은 경복궁 수정전에 위치하였는데, 세종이 수시로 방문하여 학자들을 격려하였다. 이들의 연구
성과는 15세기 문물 제도 정비에 크게 기여하였다.

④ 종부법(從父法)

양인 남자와 천인 여자 사이의 자녀
는 아버지의 신분을 따라 양인이 되
었다(일천즉천 ×).

⑤ 서얼차대법

서얼은 높고 중요한 벼슬에 임용될 수
없도록 한 것이다(1415). 이후 서얼과
그 자손이 생원·진사시와 문과에 응
시하지 못하도록 『경국대전』에 명시하
였다.

⑥ 삼가금지법

성종 때 반포된 『경국대전』에 '두번 혹
은 세번 혼인한 부녀자들의 아들과
손자, 서얼의 자손들은 문과를 볼 수
없다.'라고 기록하였다. 양반 여성들의
재혼을 제한한 것이다.

⑦ 사가독서제(賜暇讀書制)

집현전 학사들을 비롯한 젊은 문신들
에게 휴가를 주어 학문에 전념하게 한
제도이다. 성종 때 독서당 제도로 개편
되었다.

⑧ 인재 등용

세종은 천인이나 귀화인이라도 능력
이 있으면 과감히 등용하였다. 천인
과학자 장영실을 우대했으며, 위구르
족 출신의 설순을 집현전 학사로 등
용하였다.

⑨ 의정부 서사제

의정부가 6조로부터 국정에 관한 여
러 일을 미리 보고받아 논의한 후 왕
에게 아뢰는 것이었다. 세종 때 실시
된 이 제도는 이후 조선 정치의 기본
운영 원리가 되었다.

(3) 대외 정책

① 여진: 최윤덕을 파견하여 **압록강 유역(4군)**을 확보하고, 김종서를 파견하여 **두만강 유역(6진)**을 개척하여 현재의 국경선을 이루었다. 또한, 회유책의 일환으로 무역소를 통해 여진족과 교류하였다.

② 일본: 이종무를 파견하여 **쓰시마 섬(대마도)**을 정벌❶하였다. 이후 3포(부산포·염포·제포)를 개항하고 계해약조를 체결하였다.

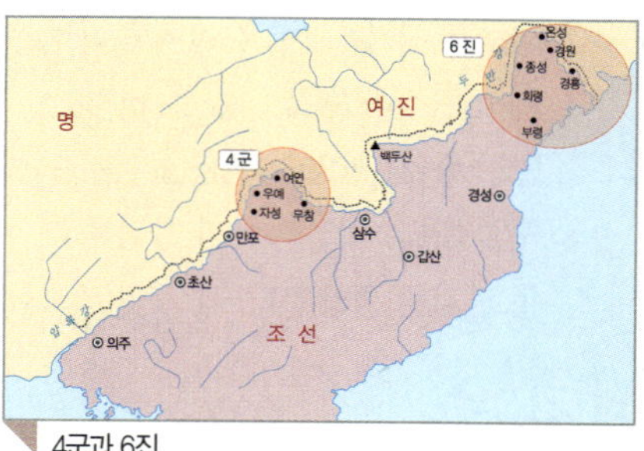

▲ 4군과 6진

❶ 쓰시마 정벌의 역사

박위	1389(고려 창왕)
이종무	1419(조선 세종)

(4) 공법 시행(1444)

① 배경: 세금 수취 과정에서 부정과 불공정 시비가 끊이지 않았다.

② 과정: 조정 신하와 지방의 촌민에 이르기까지 18만 명의 찬반을 묻고 10년간 시범 기간을 거친 뒤에 시행하였다.

③ 내용

전분 6등법	토지 비옥도에 따라 6등급으로 구분
연분 9등법	풍흉에 따라 전세 납부액을 9등급으로 구분(최고 20두~최하 4두)

(5) 형벌 제도 개선: 사형의 판결을 받은 자들에게 **3심제**를 적용하여, 억울하게 죽는 일이 없도록 하였다.

(6) 사회 정책: 의창제를 실시하여 빈민을 구제하고, 관비의 출산 휴가를 늘려주었다.

심화사료 百出

2019. 지방직 9급

관비의 출산 휴가

옛적에 관가의 노비는 아이를 낳은 지 7일 후에 입역(立役)하였는데, 아이를 두고 입역하면 어린 아이에게 해로울 것이라 걱정하여 100일간의 휴가를 더 주게 하였다. 그러나 출산에 임박하여 일하다가 몸이 지치면 미처 집에 도착하기 전에 아이를 낳는 경우가 있다. **만일 산기에 임하여 1개월 간의 일을 면제하여 주면 어떻겠는가.** 가령 저들이 속인다 할지라도 1개월까지야 넘길 수 있겠는가. 상정소(詳定所)로 하여금 이에 대한 법을 제정하게 하라.

— 「세종실록」

(7) 민족 문화의 성장

① 훈민정음: 우리말을 쉽게 표현할 수 있는 새로운 문자의 필요성을 느낀 세종은 오랜 기간 연구한 끝에 훈민정음을 만들어 반포하였다(1446).

② 칠정산: 중국과 아라비아의 역법을 참고로 하여 칠정산이라는 새로운 역법을 만들었다. 우리나라 역사상 **최초로 한양을 기준으로 천체 운동**을 계산했다.

③ 인쇄술: 밀랍으로 활자를 고정시키는 방법 대신 **식자판을 조립하는 방법**을 창안하였다. 또한 금속 활자인 **갑인자** 등을 주조하였다.

④ 과학 기술: 천인 장영실을 중용해 측우기, 자격루, 앙부일구, 간의❷ 등을 제작하였다.

⑤ 음악: 박연이 세종의 명을 받아 궁중 음악인 아악을 정리하였다. 세종도 소리의 장단과 높낮이를 표현할 수 있는 정간보를 창안하였다.

⑥ 사고 정비: 실록을 보관하는 **사고(史庫)**를 정비하였다.

⑦ 편찬 사업: 「삼강행실도」, 「향약채취월령」, 「향약집성방」, 「의방유취」, 「농사직설」, 「총통등록」, 「신찬팔도지리지」 등을 편찬하였다.

❷ 간의

천체를 관측하는 기구이다.

문종(1450~1452)
1. **정치적 상황**: 세종의 건강이 악화되면서 세종은 학문 연구에만 전념하고 대신 세자(문종)가 정무를 보았다.
2. **편찬 사업**: 『고려사』, 『고려사절요』, 『동국병감』(역대 전쟁사) 등을 편찬하였다.

단종(1452~1455)
1. **정치적 상황**: 문종이 재위 2년만에 죽고 어린 단종이 즉위하였다.
2. **계유정난❸(1453)**: 수양 대군이 정변을 일으켜 김종서 등을 제거한 후 정권을 장악했다.
3. **세조 즉위(1455)**: 단종이 수양 대군에게 양위하고 단종은 상왕이 되었다.
4. **세조 즉위에 대한 반발**: 사육신❹의 단종 복위 운동 등이 일어났다. 단종 복위는 실패로 돌아가 사육신은 처형당하고 단종은 노산군으로 격하된 후 영월로 유배되었다.

5. 세조(1455~1468)

(1) 국왕 중심의 체제 강화

　① 공신 책봉: 계유정난과 세조 즉위에 공을 세운 인물들을 공신으로 삼았다.

　② 6조 직계제 부활: 왕권 강화를 위해 의정부 서사제를 폐지하고, 6조 직계제를 부활시켰다.

　③ 집현전과 경연 폐지: 세조를 비판하는 언론 활동을 제한하기 위해 **집현전과 경연을 폐지**하였다.

　④ 유향소의 폐지: 이시애의 난❺ 이후 **유향소가 폐지되었다.**❻

　⑤ 군사 제도의 개편

　　㉠ 보법: 군역을 정군과 보인으로 고정시키는 보법을 시행하였다.

　　㉡ 중앙군: 5위제를 확립했으며, 5위 도총부에서 지휘권을 행사하였다.

　　㉢ 지방군❼: 지방군의 방어 체제를 지역 단위의 방위 체제인 **진관 체제**로 변경하였다.

　⑥ 여진족 정벌: 신숙주, 남이 등을 보내 북쪽의 여진족을 토벌하여 북방을 안정시켰다.

고등사료 百出

2022. 법원직 9급, 2019. 법원직 9급, 2015. 경찰 1차

6조 직계제 부활

상왕(단종)이 나이가 어려 무릇 조치하는 바를 모두 의정부 대신에게 논의하게 하였다. **지금 내(세조)가 왕통을 계승하여 국가의 모든 일을 처리**하며, **우리나라의 옛 제도를 복구**하고자 한다. 지금부터 형조의 사형수를 제외한 **모든 서무는 6조가 각각 그 직무를 담당하여 직계**한다.

－ 『세조실록』

집현전과 경연의 폐지

세조가 명하기를, "**집현전을 없애고, 경연을 정지**하며, 거기에 소장하였던 서책은 모두 예문관에서 관장하게 하라."라고 하였다.

－ 『세조실록』

(2) 경제·사회 정책

　① 직전법 시행: 현직 관료에게만 과전을 지급하고 수신전과 휼양전을 폐지하였다.

　② 화폐 주조: 화살 모양의 화폐인 팔방통보를 만들어 비상시에 화살촉으로 사용하려고 하였다.

　③ 인지의와 규형: 토지 측량 기구인 인지의와 규형을 제작하였다.

(3) 문화 정책

　① 『경국대전』 편찬 시작: 세법서인 『호전』과 형법서인 『형전』을 간행하였다.

　② 불교 진흥: 간경도감을 설치하여 불교 경전을 간행하고, 원각사와 원각사지 10층 석탑을 세웠다.

6. 성종(1469~1494)

(1) 유교적 집권 체제의 완성❶

　① 『경국대전』❷ 반포(1485): 조선의 통치 방향과 이념을 제시한 조선 최고의 종합 성문 법전이다.

　② 홍문관[옥당] 설치: 집현전을 계승하여 학문을 연구하고 정책을 토론·심의하였다.

　③ 언론 활동 강화: 김종직 등 **사림 세력**을 등용하여 주로 전랑과 3사의 언관직에 배치하였다. 경연❸을 다시 열고 언론 활동을 강화하였다. 이는 유교 정치의 실현과 훈구 세력 견제를 위함이었다.

　④ 독서당❹ 설치: 사가독서제를 계승한 독서당을 설치하고 인재를 양성하였다.

　⑤ 성균관 정비: 성균관에 도서관인 존경각을 짓고 서적을 소장하게 하였다.

　⑥ 유향소 부활: 성리학적 향촌 질서를 확립하기 위해 **유향소를 부활**하였다.

　⑦ 도첩제 폐지: 도첩제를 폐지하여 승려로의 출가를 금지시켰다.

(2) 경제 정책: 국가가 수조권을 대행하는 관수 관급제를 실시하였다.

(3) 문화 정책

　① 편찬 사업: 『국조오례의』, 『동국통감』, 『동문선』, 『동국여지승람』, 『삼국사절요』, 『악학궤범』 등을 편찬하였다.

　② 창경궁❺ 건립: 성종은 창경궁을 새로 건설했는데, 임진왜란 때 불타 광해군이 중건하였다. 창덕궁과 함께 동궐로 불렸으며, 조선 후기에는 중심 궁궐로 사용되었다.

심화사료 百出　　　　2019. 국가직 9급, 2014. 사회복지직 9급, 2012. 지방직 9급

『경국대전』

세조께서 일찍이 말씀하시기를 "우리 조종의 심후하신 인덕과 크고 아름다운 규범이 훌륭한 전장에 펴졌으니 『경제육전』의 원전(元典)·속전(續典)과 등록이며, 또 여러 번 내린 교지가 있어, 법이 아름답지 않은 것이 아니지만, 관리들이 재주가 없고 어리석어 제대로 받들어 행하지 못한다. …… " …… 책이 완성되자 나누어 6권으로 만들어 바치니 『경국대전』이라고 이름을 내리셨다. 『형전』과 『호전』은 이미 반포하여 시행했으나 나머지 4전은 미처 교정을 못했는데, 갑자기 승하하시니 성상(성종)께서 선왕의 뜻을 이어 받들어 마침내 하던 일을 끝마치게 하고 널리 반포하였다.

－『경국대전』 서문

대표 기출문제

밑줄 친 '왕'의 업적으로 옳은 것은?　　　　2022. 지방직 9급

풍토에 따라 곡식을 심고 가꾸는 법이 다르니, 고을의 경험 많은 농부를 각 도의 감사가 방문하여 농사짓는 방법을 알아본 후 아뢰라고 왕께서 명령하셨다. 이어 왕께서 정초와 변효문 등을 시켜 감사가 아뢴 바 중에서 꼭 필요하고 중요한 것만을 뽑아 『농사직설』을 편찬하게 하셨다.

① 공법을 제정하였다.

② 한양으로 도읍을 옮겼다.

③ 『경국대전』을 완성하였다.

④ 조광조를 등용하여 개혁 정치를 실시하였다.

03 중앙의 정치 조직

1. 관리의 구분

(1) 직무: 문반(동반), 무반(서반)으로 구성되었다.

(2) 품계: 관리들은 품계에 따라 30등급(18품 30계)으로 구분되었다.

    ① 당상관: 정3품 이상의 고급 관료로, 주요 정책을 결정하는데 참여했다. 의정부·6조 등 주요 부서의 책임자로 임명되었고, 순자법과 상피제에도 얽매이지 않았다.

    ② 당하관: 정3품 하계 이하의 중하급 관료로, 실무를 담당하였다.

        ㉠ 참상관: 종6품 이상을 참상관이라 하였다. 특히 수령은 참상관 이상만 임명될 수 있었다.

        ㉡ 참하관: 정7품 이하 당하관은 참하관이라 하였다.

(3) 중앙과 지방: 중앙 관직인 경관직과 지방 관직인 외관직으로 나뉘었다. 경관직은 의정부와 6조를 중심으로 편성되었고, 외관직에는 관찰사와 수령 등이 있었다.

2. 합리적인 인사 제도

(1) 상피제[6]: 지방관이 출신지에 임명될 수 없게 하였고 친인척이 같은 지역·관청에 근무하는 것을 막았다. 친족이 과거에 응시할 때는 고시관이 될 수 없도록 하였다.

(2) 순자법: 근무 일수를 기준으로 인사 이동과 승진을 정하는 인사법이다.

(3) 고과제와 포폄제[7]: 관리의 근무 성적을 평가해 승진 또는 좌천의 자료로 삼았다.

(4) 음서제[문음]: 고려의 음서와는 달리 공신과 2품 이상의 관원의 아들과 손자에게만 자격이 부여되었다. 그리고 임명되는 관직도 낮은 서리직에 불과했다.

3. 국왕권의 강화

(1) 국왕의 권한[8]: 정치적 실권은 의정부가 행사했으나, 최종적인 결정권은 국왕에게 있었다.

(2) 정책 회의: 국왕은 여러 정책 회의에서 주요 신하들을 만나 국정을 논의·결정하였다. 대표적으로 매일 의정부·6조·3사 등 고위 관리들이 참여하는 상참(조회) 등이 있었다.

(3) 의금부: 국왕 직속의 특별 사법 기관이다. 왕명에 의해서만 반역 죄인을 심문할 수 있었다.

(4) 승정원: 국왕의 비서 기관으로 왕명의 출납을 담당하였다. 도승지를 비롯한 6승지(정3품)가 있었는데, 이들은 각각 6조 중 한 관서를 담당하였다. 또한 주서(정7품)가 승정원의 일을 매일 기록하여 『승정원일기』[9]를 작성하였다.

(5) 6조: 왕의 명령과 정책을 집행하는 기관이다.

    ① 역할: 장관인 판서(정2품)는 의정부 정승들과 함께 국정을 논의하였다. 주요 실무는 정랑(5품)과 좌랑(6품)이 담당하였다. 이조와 병조의 정랑과 좌랑(합쳐서 전랑)[10]은 각각 문관과 무관의 인사권을 가지고 있었다.

    ② 속사와 속아문: 6조에는 담당 업무에 따라 속사와 속아문[11]이 소속되어 있었다.

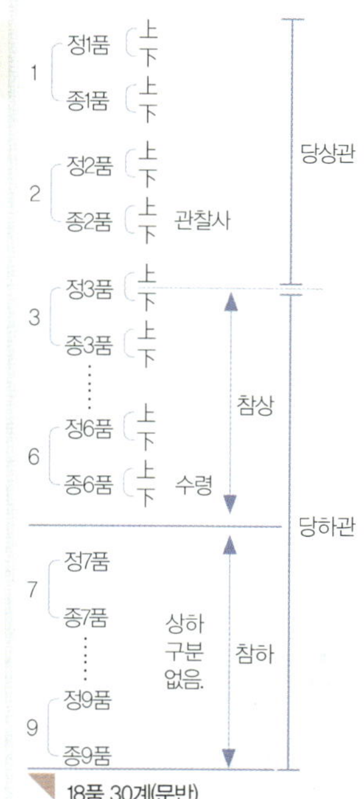

▲ 18품 30계(문반)

❻ 상피제(相避制)

당상관은 상피제에 적용을 받지 않는 것이 원칙이었다. 그러나 상피제가 적용되는 경우도 있었다(관찰사).

❼ 고과제(考課制)·포폄제(褒貶制)

고과는 근무 실태를 조사하는 것이고, 포폄은 관리들의 성적을 평가하는 것이다.

❽ 국왕의 무한 권력

『경국대전』에는 국왕의 권한에 대해 구체적으로 규정하지 않았는데, 이는 국왕의 권한에 제한이 없음을 의미한다.

❾ 『승정원일기』

승정원의 하급 관원인 주서(注書)가 왕과 신하 간에 오고 간 문서와 국왕의 일과를 매일 기록하여 매달마다 책으로 엮은 것이다. 2001년에 유네스코 세계 기록 유산으로 등재되었다.

❿ 이조전랑

자신의 후임을 천거할 수 있었다.

⓫ 속아문

중앙의 각 관청들은 6조에 배속(속아문)되어, 각 조의 지휘·감독을 받았다.

이조전랑

무릇 내외의 관원을 선발하는 것은 3공에게 있지 않고 오로지 이조에 속하였다. 또한 이조의 권한이 무거워질 것을 염려하여 3사 관원의 선발은 판서에게 돌리지 않고 낭관에게 오로지 맡겼다. 따라서 이조의 정랑과 좌랑이 또한 3사의 언론권을 주관하게 되었다. …… 이 때문에 전랑의 권한이 3공과 견줄만 하였다.

— 「택리지」

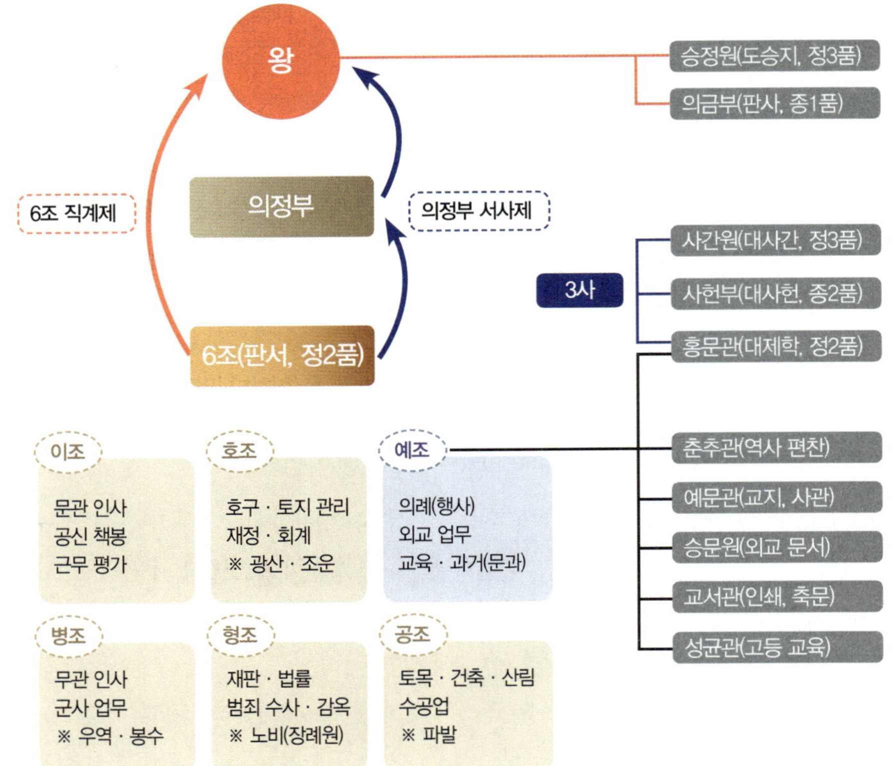

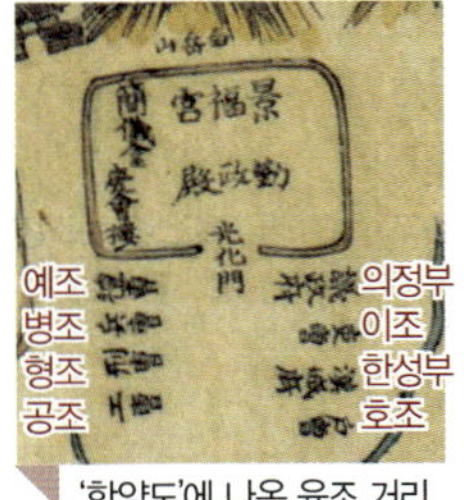
'한양도'에 나온 육조 거리

❶ 기록을 통한 왕권 견제

국왕의 언행은 사관에 의해 낱낱이 기록되었다.

❷ 의정부(議政府)

「경국대전」에 '백관을 통솔하고 서정을 바르게 한다.'라고 명시하였다.

❸ 삼사(三司)

조선 시대에는 3사가 언론의 기능을 수행한다고 하여 언론 3사라 하고, 3사의 관리를 언관이라 하였다. 벼슬은 높지 않았으나 학문과 덕망이 높은 사람이 주로 임명되어, 나중에 판서나 정승 등 고위 관직에 오르는 경우가 많았다. 이들은 청렴함과 강직함이 요구되었기 때문에 청요직이라고 불렸다.

❹ 서경권

사헌부와 사간원은 5품 이하의 관리를 임명할 때 신분, 경력 등을 조사하여 이를 승인하였다.

❺ 사헌부

발해의 중정대, 고려의 어사대와 같은 감찰 기구의 역할을 하였다.

4. 신권을 통한 국왕권의 견제❶

(1) 의정부❷

① 특징: 중국에는 없었던 조선의 독자적인 관청이다.

② 역할: 국왕과 재상의 합의로 운영되는 최고 정무 기관이다. 영의정, 좌의정, 우의정의 3정승이 국정을 논의하고 결정하였다.

③ 정승: 주요 관청의 최고 책임자를 겸임했으며, 경연과 세자를 교육하는 서연의 책임을 맡았다.

(2) 삼사❸

① 권한: 삼사의 언론 활동은 여론을 형성하여 국가의 정책 결정에 영향을 미쳤다. 고위 관리나 국왕도 삼사의 언론 활동을 함부로 막을 수 없었다. 또한 **정치를 비판**하고 **관리들을 감찰**했으며 **서경❹ · 간쟁 · 봉박** 등의 권한을 행사하였다.

② **사헌부❺**: 모든 관리의 부정과 비행을 감찰하며 탄핵하고 규찰하였다.

③ **사간원**: 국왕에게 간언하고, 정사의 잘못을 논박하는 간쟁 기관이다.

④ **홍문관[옥당]**: 각종 문서와 서적을 관리하고 왕의 자문에 대비했으며, 경연을 주관하였다.

삼사

- 사헌부 – 시정을 논하여 바르게 이끌고, 모든 관원을 살피며, 풍속을 바로잡고, 원통하고 억울한 일을 밝히며, 건방지고 거짓된 행위를 금하는 등의 일을 맡는다.
- 사간원 – 임금에게 간언하고, 정사의 잘못을 논박하는 직무를 관장한다.
- 홍문관 – 궁궐 안에 있는 경적(經籍)을 관리하고, 문서를 처리하며, 왕의 자문에 대비한다. 모두 경연(經筵)을 겸임한다.

－「경국대전」

대간(대관과 간관)❻

대관은 마땅히 위엄과 명망이 우선되어야 하고, 탄핵은 뒤에 해야 한다. …… 천하의 득실과 백성들을 이해하고 사직의 모든 일을 간섭하고 일정한 직책에 매이지 않는 것은 홀로 재상만이 행할 수 있으며, 간관만이 말할 수 있을 뿐이니, 간관의 지위는 비록 낮지만 직무는 재상과 대등하다.

－「삼봉집」

서경(署經)의 권한

무릇 관직을 받은 자의 고신(임명장)은 **5품 이하**일 때는 **사헌부와 사간원의 서경**을 고려하여 발급한다.

－「경국대전」

❻ 대관과 간관(대간)

대관은 사헌부 관리고, 간관은 정책에 대한 간쟁을 하는 관리(이후 사간원)다.

5. 기타 관부

(1) 예문관: 예문관의 고급 관료는 임금의 **교지**를 작성하고, 하급 관원❼은 국무 회의에 사관으로 참석하여 **회의록을 작성**하였다. 이 기록을 사초라 하였는데 이를 토대로 훗날 실록이 편찬되었다.

(2) 승문원: 외교 문서 작성을 맡았다.

(3) 춘추관❽: **역사 자료를 편찬하는 기관**이다. 각 관청에서 작성한 업무 일지인 『등록』을 모아 해마다 『시정기』를 편찬하였다. 실록이 편찬되면 이를 보관하는 업무도 맡았다.

(4) 교서관❾: 도서의 인쇄·반포 및 각종 제사 때 축문을 작성하였다.

(5) 한성부❿: 서울의 **행정**과 **치안**을 맡았고 사법 기관의 역할도 하였다. 장관은 정2품 판윤이었다.

❼ 한림(翰林)

정7품 이하 8명의 하급 관원들은 춘추관의 사관을 겸직하였다.

❽ 춘추관(春秋館)

전담 관원이 배치되지 않았다. 실무 담당자까지도 모두 타 관서의 관원이 겸임하는 특수한 부서였다.

❾ 교서관

140여 명의 수공업자들이 배치되었는데, 15세기에 전세계적으로 이만한 규모를 가진 출판소는 없었다.

❿ 한성부

조선 왕조 수도의 행정 구역 또는 수도를 관할하는 관청의 명칭이라는 두 가지 의미를 가지고 있었다.

04 지방의 행정 조직

1. 지방 제도의 특징

(1) 지방 제도의 일원화: 양계와 특수 행정 구역인 향, 부곡, 소가 폐지되어 8도와 일반 군현으로 통합되었다. 이에 따라 지방 행정이 일원화되었다.

(2) 완전한 중앙 집권: 전국을 8도로 나누고, 그 아래에는 **군현**을 두었다. 정부는 모든 군현에 수령을 파견하여 지방에 대한 통치력을 강화하였다. 또한, 고을의 규모에 따라 지방관의 등급을 조정하였다.

2. 지방관

(1) 관찰사[1] [종2품, 감사 또는 방백]

각 도에 파견되어, **행정권·감찰권·사법권**을 장악하고 수령을 **지휘·감독**[2]하였다. 이들의 임기는 **1년**이었으며 (함길도와 평안도는 2년) **감영**[3]에 머물렀다. 상피제가 적용되었고 문과 출신자가 우대되었다. 또한 **병마절도사**와 **수군절도사**를 겸임하여 군사권도 있었다.

(2) 수령[4] [목민관]

① 역할: 도 아래에 부·목·군·현을 설치하고, 부윤·목사·군수·현령 등의 수령을 파견하였다. 이들의 임기는 **1,800일(5년)**이었다.

② 권한: 왕의 대리인으로서 **지방의 행정과 사법, 군사권**을 가지고 있었다. 농업 장려, 교육 진흥, 세금 징수, 치안 유지 등의 업무를 수행하였다(수령 7사).

③ 수령 견제: 수령을 감독하기 위해 관찰사에게 **감찰권**을 주었으며, 수시로 암행어사를 파견하였다.

2023. 법원직 9급, 2017. 지방직 7급

수령 7사[5] **(수령의 주요 임무 규정)**

임금이 말하기를, "이른바 칠사(七事)라는 것은 무엇인가?" 하니, 변징원이 대답하기를, "농상(農桑)을 성(盛)하게 하고, 학교(學校)를 일으키며, 사송(詞訟)을 간략하게 하고, 간활(奸猾)을 없애며(향리의 부정 방지), 군정(軍政)을 닦고, 호구(戶口)를 늘게 하며, 부역(賦役)을 고르게 하는 것이 바로 칠사입니다." 하였다.

– 『성종실록』

3. 유수부[6]

개성부를 시초로, 후기에는 강화·광주·수원에도 유수를 두었다. 관찰사의 통제와 지휘를 받지 않았다. 그리고 조선 후기의 유수관들은 비변사 회의에 참여하였다.

4. 면(面)·리(里)·통(統)

촌락 지배 방식으로 **면리제**[7]가 확립되었다. 이에 따라 군현 밑에 면·리·통을 두고, 다섯 집을 1통으로 편제[8]하였다. 또한 지방민 중에서 통주·이정·면장[9]을 선임하였다.

5. 향리(鄕吏)

(1) 역할

지방 관아에 소속되어 **행정 실무를 처리**하였다. 지방 관아는 중앙의 6조와 유사한 6방을 조직했으며, 향리는 6방의 업무를 담당하였다. 군역의 의무는 없지만, 유사시에는 **잡색군에 편입**되었다.

---

❶ 관찰사

고려 시대의 안찰사로부터 비롯되었다. 안찰사는 5도에 파견된 지방관으로, 임기는 6개월이었다. 이후 고려 말~조선 초기에 안렴사, 도관찰출척사 등으로 불렸다가 세조 때 관찰사라는 명칭으로 정착되었다.

❷ 관찰사의 업무

수령의 비행을 견제했으며, 수령의 성적을 평가하여 중앙에 보고하였다.

❸ 감영

관찰사가 거처하면서 업무를 처리하던 관청이다.

❹ 수령

종6품 이상은 참상관이라 하며, 목민관(牧民官)인 수령에 임용될 수 있었다.

❺ 수령 7사

조선 시대 수령을 평가하는 일곱 가지 기준(농사를 흥하게 함·인구 증가·학교 일으킴·군정을 바르게 함·부역을 균등하게 함·소송을 공정하게 함·교활하고 간사한 버릇을 그치게 함)이다.

❻ 4유수부

정조 때 수원 유수의 설치로 4유수부가 완성되었다.

❼ 면리제

조선 전기에는 몇 개의 리(里)를 면으로 묶은 면리제를 통해 촌락 주민에 대한 지배를 원활히 하고자 하였다.

❽ 오가작통제

조선 전기에도 실시된 적이 있었다. 정부는 임진왜란 이후에 오가작통제를 강력하게 시행하였다. 이 결과 수령 중심의 향촌 지배가 강화되었다.

❾ 면장(面長)

풍헌(風憲) 또는 권농(勸農)이라고도 불렸다.

(2) 제약

① **지위 하락**: 고려 시대보다 지위가 낮아져, 수령을 보좌하는 아전으로 격하되었다.

② **무보수**[10]: 국가로부터 향역의 대가로 토지나 녹봉을 지급받지 못했다.

③ **견제 정책**[11]: 과거 시험에 응시하려면 반드시 소속 군현의 허락이 필요했다.

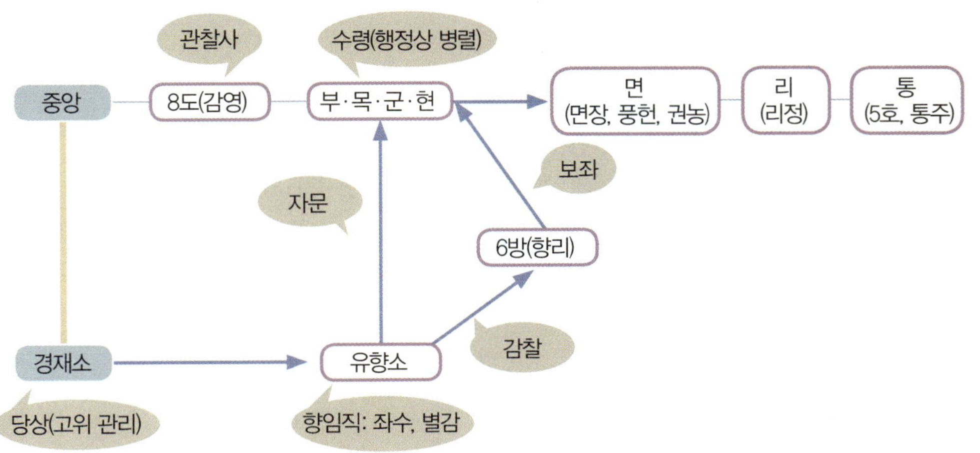

6. 유향소와 경재소

(1) 유향소

① **구성**: 유향품관[12]들을 중심으로 한 **향촌 자치 기구**이다. 연로하고 덕망이 높은 자를 좌수로 삼고, 그 다음을 별감이라 하였다.

② **기능**: **수령을 보좌**하여 수령에게 자문을 해주거나 향리의 비리를 고발하였다. 자치 규약을 만들어 향촌의 풍속을 바로잡았으며, 향회를 소집하여 여론을 수렴하였다.

심화사료 頻出

유향소

국가가 향소를 설치하고 향임을 둔 것은 수령을 중히 생각해서였다. 수령이란 임금의 나랏일에 대한 걱정을 나누어 어떤 지역의 사람을 다스리는 자이다. 그러나 수령은 임기가 정해져 있어 늘 바뀌고 있다. 늘 새사람이라는 것은 일을 함에 잘못을 저지르기 쉽다. 비록 백성의 일에 뜻을 둔다하여도 먼 곳까지 상세히 살필 겨를이 없다. 따라서 **각 고을에 명령을 내려, 충성스럽고 부지런하며 일을 잘 처리할 수 있는 사람을 골라 한 고을의 기강을 바르게 하고 일정한 임무를 주어 일을 하도록 한다.** 그런 뒤에야 왕은 수령을 눈과 귀로 삼고 백성들의 기둥으로 삼아 의지하게 만든다.

— 장현광, 『여헌선생문집』, '향사당기'

(2) 경재소

① **조직**: 세종 때 서울에 경재소를 설치하고 **그 지방 출신의 중앙 고관**[13]을 책임자로 두었다. 현직 관리에게 연고지의 **유향소**를 통제하게 한 것이다.

② **역할**: **유향소와 정부 사이의 연락 기능**을 맡았으며 향리 감독, 풍속 교화 등을 담당하였다.

③ **폐지**: 임진왜란 이후인 선조 36년(1603)에 폐지되었다.

---

⑩ 향리의 보수

지방 관청의 경비 중 일부를 삭료로 지급하는 편법을 사용하였다. 이와 같은 열악한 처우는 이후 향리들이 백성들을 수탈하는 원인이 되었다.

⑪ 부민고소금지법(部民告訴禁止法)

하급 관리와 향리는 상급 관원을 고소할 수 없었다. 또한, 백성들도 지방관을 고소하는 것을 금지하였다.

⑫ 유향품관

향촌에 거주하는 여말선초의 첨설직(명예직 관리) 또는 전직 관리들이다. 향촌 사회의 주도권을 장악하기 위해 유향소를 설치하였다.

유향소(留鄕所)의 변천

시기	내용
태종	유향소 혁파
세종	유향소 복설
세조	유향소 폐지
성종	유향소 부활
선조	경재소 혁파, 유향소의 명칭을 향소·향청으로 변경
조선 후기	수령의 부세 행정 자문 기관으로 성격 변화

⑬ 경재소의 폐단

중앙 고관들은 경재소를 통해 지방 유향소를 장악하고, 향촌 사회를 수탈하였다.

1. 군역 제도

(1) **원칙**: 태종 이후 16~60세 이하의 모든 양인 남성은 군역을 부담하였다[양인개병제(良人皆兵制)].

(2) **편성**: 양인 남성은 **현역 군인**으로 일정 기간 교대로 복무하는 **정군**이 되거나, **정군을 경제적으로 지원**(식량·의복 등 경비 부담)하는 **보인**(혹은 봉족)으로 편성되었다.

(3) **보법❶의 시행**: 세조 때 정군과 보인을 고정시키는 보법을 제정하였다.

(4) **면제 대상**: 현직 관료와 향리 등은 군역을 면제받았고, **성균관·향교의 학생들**도 군역에서 제외되었다. 종친과 외척, 공신이나 고급 관료의 자제들은 고급 특수군에 편입되어 군역을 부담하였다. 노비는 원칙적으로는 군역의 의무가 없으나 특수군(잡색군)으로 편제되기도 하였다.

2. 군사 조직

(1) **중앙군(5위)**

① **구성**: 세조 때 5위제로 확정되었다. 지휘 기관은 **오위도총부**였다.

② **업무**: 중앙에서는 궁궐과 도성을 수비하였다. 또한, 각기 분담된 지방의 병력을 다스렸다.

③ **병종**

㉠ **특수병**: 왕족·공신·고관의 자제들이 주로 소속되었으며, 품계와 녹봉을 받았다.

㉡ **갑사**: 5위의 중심 병력으로, 간단한 무예 시험을 거쳐 선발된 직업 군인이었다. 근무 기간에 따라 품계와 녹봉을 받았다.

㉢ **정군**: 서울과 국경 요충지에서 일정 기간 교대로 복무하였다. 복무 기간에 따라 품계를 받기도 하였다.

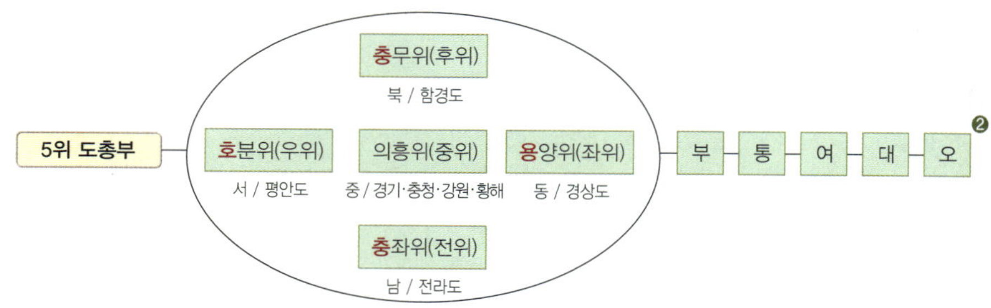

(2) **지방군**

① **구성**: 각 도에 육군 부대인 **병영**과 수군 부대인 **수영**을 두었다. 병영은 병마절도사가, 수영은 수군절도사가 지휘하였다(관찰사 겸직❸).

② **조선 초기**: 국방상의 요지인 영이나 진에 소속되어 복무하였다(영진군).

③ **세조 이후**: 지역 단위 방어 체제인 **진관 체제**를 실시하였다.

(3) **잡색군**: 세종 때 지역 수비를 보완하기 위해 만든 **일종의 예비군**이다. 서리, 신량역천인, 공·사노비, 잡학인 등이 소속되어 유사시에 대비하였다(농민 제외).

---

❶ 보법

직접 군사 활동을 하는 정군(正軍)을 경제적으로 지원하기 위한 군역 제도이다. 정군 1명당 1보를 지급했는데, 양인 장정 2명을 1보[보인(保人), 봉족(俸足)]로 삼아 경제적으로 보조하도록 하였다.

✎ 병조의 속아문(소속 관청)

• 세자 익위사: 왕세자 호위
• 훈련원: 군인들의 훈련, 무과 시험

✎ 내삼청

• 내금위: 국왕 호위, 궁궐 수비
• 우림위: 국왕의 시위 담당
• 겸사복: 정예 기병 중심의 친위 부대

❷ 부·통·여·대·오

오늘날 연대·대대·중대 등과 같은 부대 편성의 단위이다.

❸ 병마·수군 절도사

일반적으로 관찰사가 겸임하였다. 병마·수군 절도사를 따로 파견하는 지역도 있었다.

3. 교통과 통신: 지방의 정보를 파악하고, 중앙의 지시를 효과적으로 전달할 목적으로 실시되었다.

(1) 봉수제[4]

국가의 위급 사태를 연기와 불을 통해 중앙까지 빠르게 전달하는 제도이다. 전국에 6백여 개의 봉수대가 설치·운영되었다.

(2) 파발제

선조 때 봉수제를 보완하기 위해 시행하였다. 말을 이용하거나 사람이 달려서 소식을 전달하였다.

(3) 역원제

지방에 내려가는 관리들에게 **말과 숙소를 제공한** 제도이다. 역[5]은 주요 도로에 약 30리마다 설치하였으며, 병조에서 관리하였다. 원(院)은 교통 요지에 둔 공공 여관으로, 공적 업무 수행자들에게 숙식을 제공하였다.

06 교육 제도와 과거 제도

1. 교육 기관

(1) 유학 교육

① 초등 교육: 서당[6]은 초등 교육을 담당하는 **사립 교육 기관**으로, 4학이나 향교에 입학하지 못한 선비와 평민의 자제가 교육을 받았다. 교육받는 자의 연령은 대개 8~9세부터 15~16세였다.

② 중등 교육: 중앙에 4학(4부 학당)을, **지방에 향교를** 두었다.

　㉠ 4학(4부 학당): 서울에 설치된 4부 학당(중학, 동학, 남학, 서학)[7]에서는 소학과 사서 등 유학의 경전을 공부하였다.

　㉡ 향교[8]: 부·목·군·현에 각각 하나씩 설립되었으며, 학비는 없었다. 성현에 대한 제사와 유생의 교육, 지방민의 교화를 담당하였다.

입학 자격	• 원칙적으로 모든 양인 남자에게 입학 허용. 8세 이상의 남자가 입학(교생) • 교생[9]의 정원은 군현의 인구 비율로 정해짐.
교육 과정	• 여름: 방학을 맞아 집에서 농사를 돌봄. • 겨울: 가을에 추수가 끝나면 기숙사인 재(齋)에 들어와 유학 경전 공부
평가	매년 두 번씩 시험을 치러 우등자는 생원·진사 시험의 초시를 면제해 주고 성적 미달의 낙강생은 군역을 지도록 함.

③ 고등 교육: 성균관은 유학 교육만을 전담하는 중앙의 최고 교육 기관이다. 입학 자격은 생원, 진사를 원칙으로 하였다(특별 시험으로 입학하는 경우도 있었음).

(2) **교육 과정**: 초등 교육 기관인 **서당**에서 한자와 초보적인 교육을 받은 후 **향교나 4학**에 진학하였다. 이들은 유학(幼學)이라고 불렸으며, **과거 시험에 응시할 자격**이 주어졌다. 그 중에서 생원과 진사가 된 사람은 문과(대과)에 응시하거나 최고 학부인 **성균관에 입학**하였다.

(3) **기술 교육**: 기술 교육은 **잡학**[10]이라 불렸는데 해당 기술 관청에서 직접 교육을 담당하였다.

평시에는 1개, 적이 나타나면 2개, 적이 국경에 접근하면 3개, 국경을 넘어오면 4개, 접전을 하면 5개의 횃불을 올렸다.

❺ 역(驛)

역이란 당시 교통 수단인 말을 탈 수 있는 곳인데, 역에 소속된 역마가 공문 전달과 공물 수송에 이용되었다.

❻ 서당의 교수 방법

서당의 교수 방법은 강(講)이 주된 것이었다. '강'이란 이미 배운 글을 소리 높여 읽고 그 뜻을 질의 응답하는 전통적인 교수 방법이다.

❼ 4부 학당

북부 학당은 1445년(세종 27)에 폐지되어 4부 학당만 존속하였다.

❽ 향교(鄕校)

국가에서는 향교를 장려하기 위해 토지와 노비를 지급하였고, 교관으로 교수나 훈도를 파견하였다. 이후 향교에 부유한 양인들이 입학함에 따라 양반은 향교를 기피하기도 하였다.

❾ 교생(校生)

이들은 성균관 유생과 함께 청금록(유안)에 이름을 등록하였다.

❿ 기술 교육 기관

외국어는 사역원에서, 의학은 전의감과 혜민서에서, 천문·지리는 관상감에서, 산학은 호조에서, 법률은 형조에서, 그림 교육은 도화서에서 각각 관장하였다.

성균관(成均館)[1]

1. **입학 자격**: 생원·진사 시험을 통해 입학하는 것(상재생)을 원칙으로 하였으나, 특별 시험인 승보시 등을 거쳐 입학하는 사람들(기재생)도 있었다.
2. **특혜**: 성균관 학생들은 알성시에 응시할 수 있었으며, 성적이 우수한 학생은 문과의 초시를 면제해 주었다.
3. **문묘**: 공자 외에도 중국과 우리나라의 역대 유학자들을 배향하였다(문묘 18현).[2]

왕실의 유교 교육 - 경연(經筵)과 서연(書筵)

경연은 왕이 학문이 높은 신하들과 매일 유교 경전이나 역사책을 읽으면서 정책을 토론하는 제도이다. 고려 예종 때부터 도입되었으나 활발하지는 못하였고, 조선 시대에 들어와 비약적으로 발전하였다. 경전을 읽고 해설하는 일은 홍문관 하급 관원들이 맡았다. 왕세자는 성균관에 들어가 입학식을 치르고 나서 궁 안의 시강원(侍講院)에서 교육을 받았는데 이를 서연이라고 한다.

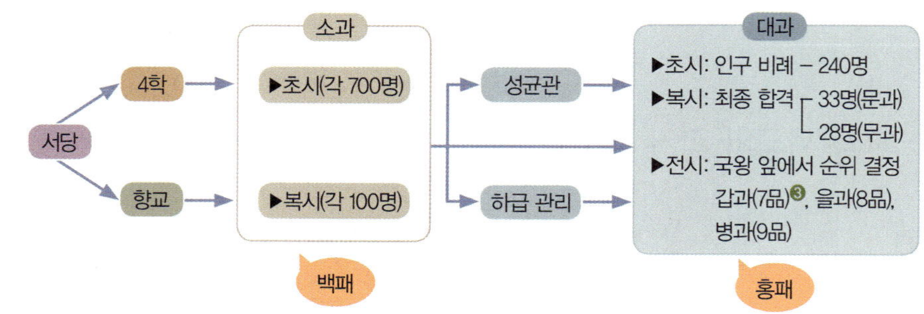

2. 과거 제도

(1) **응시 자격**: 천인을 제외한 양인 이상이면 응시가 가능[4]했다. 그러나 문과의 경우 탐관오리의 자제, 재가녀의 아들과 손자 그리고 서얼에게는 응시가 제한되었다. 그러나 무과와 잡과의 경우 제한이 없었다.

(2) **종류**: 과거[5]에는 문관을 뽑는 문과와 무관을 뽑는 무과, 기술관을 뽑는 **잡과**가 있었다.

(3) **문과**[6]: 예조에서 주관하였다. 3년마다 실시하는 정기 시험인 **식년시**가 있었고, 부정기 시험인 **별시**[7]로는 증광시, 알성시 등이 있었다.

  ① 소과(생진과, 사마시)

    ㉠ **종류**: 4서 5경 등 경전을 시험보는 **생원과**와 문학적 재능을 평가하는 **진사과**가 있었다.

    ㉡ **절차**

초시	각 도의 인구 비율로 배분하여 각각 700명 선발
복시	도별 안배를 없애고 성적순으로 진사와 생원을 각각 100명씩 선발

    ㉢ **합격자**: 합격자에게는 흰 종이에 쓴 합격증인 백패를 주었다. 소과 합격자는 성균관에 입학하거나 문과에 응시할 수 있었으며 하급 관리가 되기도 하였다.

  ② 대과

    ㉠ **응시 자격**: 원칙적으로는 소과에 합격한 생원·진사가 시험을 볼 수 있었다. 그러나 점차 크게 제약을 두지 않았다.

---

❶ 성균관의 건물 구성

명륜당	유학 강의
문묘	공자를 모심(대성전)
동무·서무	선현 제사
동·서 양재	기숙사
비천당	과거 시험 장소
존경각	도서관

❷ 문묘(文廟) 종사 18현

설총, 최치원, 안향, 정몽주, 김굉필, 정여창, 조광조, 이언적, 이황, 김인후, 이이, 성혼, 김장생, 조헌, 김집, 송시열, 송준길, 박세채

❸ 갑과

갑과 1등인 장원은 종6품에 제수되었다.

❹ 과거 응시의 실상

경제적인 여건과 과거에 응시할 때 출신 성분을 따지는 절차로 인해 사실상 일반 상민들의 과거 합격은 매우 어려웠다.

❺ 관광(觀光)

과거에 응시하러 가는 것을 말한다. 빛은 임금을 의미하므로 합격하여 임금을 보겠다는 뜻이다.

❻ 문과

『경국대전』에 따르면 문과 시험 업무는 예조에서 주관하였다.

❼ 부정기 시험(별시)

- 증광시: 국가의 특별 경사
- 알성시: 왕의 성균관 문묘 배알
- 백일장: 시골 유생의 학업 권장

ⓒ 절차: 식년시에서는 초시·복시·전시 3단계 시험을 거쳤다. 초시에서 각 도의 인구 비례^❽로 뽑고, 복시에서 33명을 선발한 다음, 왕 앞에서 실시하는 전시에서 순위를 결정하였다.

초시	• 향시(8도) · 한성시(한성부) · 관시(성균관) • 각 도의 인구 비율에 따라 240인 선발
복시	지역과 상관없이 성적순으로 33인 선발
전시	갑과 3인 · 을과 7인 · 병과 23인 선발(갑과 3인 중 1등이 장원)

ⓒ 합격자: 문과 합격자에게 주는 합격증은 붉은 종이에 써서 홍패라 불렀다.

(4) 무과^❾: 3년마다 실시하는 정기 시험인 식년시와 부정기 시험인 별시가 있었다.

　① 응시 자격: 주로 서얼, 중인, 평민 등이 응시하였다.

　② 절차: 식년시의 경우 초시·복시·전시 3단계 시험이 있었다. 생원·진사시 같은 소과는 없었다.

초시	서울(훈련원)과 각 도에서 실시, 활쏘기 시험. 각 도의 인구 비율에 따라 190인 선발
복시	병조에서 실시, 4서 5경 · 무예 관련 서적 · 역사서 · 『경국대전』 중 일부를 시험 봄, 28인 선발
전시	왕 앞에서 기보격구^❿를 시험, 갑과 3인 · 을과 5인 · 병과 20인 선발(장원 없음.)

　③ 합격자: 무과 전시의 합격자는 홍패를 받았다.

(5) 잡과

　① 선발^⓫: 사역원·형조·전의감·관상감 등 여러 관서에서 일하는 기술관을 선발하였다.

　② 절차: 3년마다 치러졌으며, 초시와 복시의 2단계 시험만을 거쳤다. 초시는 해당 아문의 주관 아래 시행되었고, 복시는 각 아문과 예조가 주관하였다.

　③ 합격자^⓬: 잡과의 합격자는 백패를 받았다.

3. 기타 관리 임용법

(1) 취재: 간단한 특별 채용 시험으로, 주로 하급 실무직에 임용되었다.

(2) 천거: 고위 관리가 학식과 덕망 높은 인물을 관직에 추천하였다. 대개 기존 관리를 대상으로 하였다.

(3) 음서[문음]^⓭: 음서의 혜택을 받는 대상도 고려 시대에 비하여 크게 줄어들었고, 고관으로 승진하기도 어려웠다.

❽ **과거 시험의 지역 할당제**

『경국대전』에는 지역별 인구 비례에 따라 과거 합격자를 선발하는 지역 할당제가 명시되어 있었다. 이는 각 지역의 상황을 고려한 비교적 합리적인 조치였다.

❾ **무과**

조선 후기에는 재정 보충(무과 출신들은 일정 세금을 납부)을 이유로 무과 합격자가 양산되었다. 이에 따라 만과(萬科)로 불리기도 하였다.

❿ **기보격구(騎步擊毬)**

기마무예, 격구 등 각종 무예를 총칭한다.

⓫ **잡과 선발 인원**

3년마다 역과(譯科) 19명, 의과(醫科) 9명, 음양과(陰陽科) 9명, 율과(律科) 9명 등 모두 46명을 선발하였다.

⓬ **잡과 합격자**

잡과에 합격한 기술관은 한품서용에 따라 해당 관청에서 최고 정3품 당하관까지 승진할 수 있었다.

⓭ **음서의 자격**

• 고려: 5품 이상(승진 제한 없음.)
• 조선: 2품 이상(승진 제한 있음.)

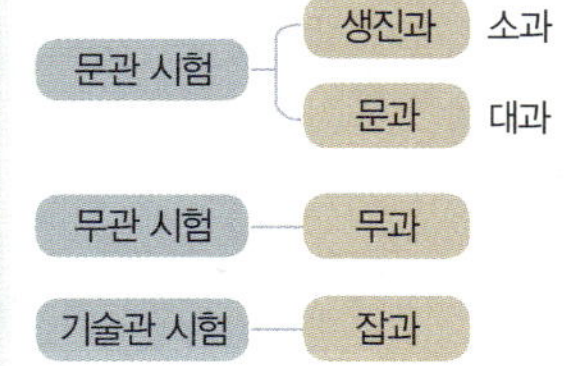

조선 시대의 관청에 대한 설명으로 옳은 것은?　　　　2022. 국가직 9급

① 사간원 – 교지를 작성하였다.
② 한성부 – 시정기를 편찬하였다.
③ 춘추관 – 외교 문서를 작성하였다.
④ 승정원 – 국왕의 명령을 출납하였다.

해설

④ 승정원은 국왕의 비서 기관으로 왕명의 출납(국왕의 명령을 신하들에게 전달)을 담당하였다.
① 예문관, ② 춘추관, ③ 승문원에 대한 설명이다.

정답 ④

02강 사림의 대두와 붕당의 형성

解/法 기출분석

구분		2008~2018	2019	2020	2021	2022	2023	2024	2025
9급	국가직	• 사림(3) • 붕당 정치			조광조	기묘사화	• 붕당 정치 • 예송 논쟁		광해군
	지방직	• 예송 논쟁(3) • 동 · 서 분당 • 효종		명종			• 붕당 정치 • 광해군	광해군	
	법원직	• 사림(2) • 훈구와 사림 • 붕당 정치(5) • 광해군 • 예송 논쟁	붕당 정치		붕당 정치	• 붕당 정치 • 조광조	• 갑자사화 • 붕당 정치	붕당 정치	

훈구와 사림

사 vs 대부

온건 개혁파	역성 혁명파
사림파(사학파)	훈구파(관학파)
도덕 · 의리	부국강병
향촌 자치	중앙 집권
성리학 + ×	성리학 + α
존화주의적	자주적
기자 중시	단군 중시

01 훈구와 사림

1. 훈구

(1) 형성

조선 건국, 계유정난 등에서 공을 세운 공신들이 훈구 세력[1]을 형성하였다. 이들은 조선 전기에 고위 관직을 독점하며 정치적 실권을 장악하였다.

(2) 특징

관학파를 계승했으며, 사장(글짓기)을 중시하였다. 성리학 이외에 불교·도교 등의 사상에도 포용적이었고, 과학과 실용 학문에도 관심을 두었다. 조선 전기의 각종 문물 제도 정비에 기여하였다.

2. 사림

(1) 형성

고려 말 정몽주, 길재 등 온건파 사대부를 계승하였다. 이들은 조선 개창에 참여하지 않고 지방으로 내려갔다. 이후 **영남과 기호 지방**을 중심으로 학문을 연구하고 제자들을 양성하였다.

(2) 특징

경학[2]을 중시하며 성리학 이념에 철저하였다. 또한 도덕과 의리를 바탕으로 하는 왕도 정치를 강조하였다. 대체로 중소 지주 출신[3]으로 중앙 집권 체제보다는 **향촌 자치**를 내세웠다.

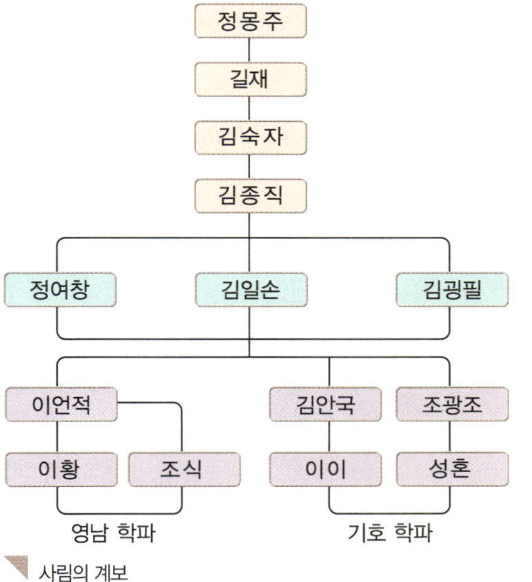

▼ 사림의 계보

❶ 훈구 세력

훈구 세력은 서해안의 간척 사업과 토지 매입을 통해 대토지를 소유했으며, 대외 무역과 공물의 방납에도 관여하여 경제적 이득을 취했다.

❷ 경학(經學)

사서오경 등 유교 경전을 연구하는 학문이다.

❸ 사림

훈구파가 전국에 대토지와 노비를 소유한 부재지주였던 것과 달리 사림파는 거주지를 중심으로 토지·노비를 소유하고 있었다. 따라서 사림파는 향촌의 안정이 본인 생활에 직결되는 것이었다.

---

02 사림의 정치적 성장과 사화

1. 사림의 정치적 성장

(1) 성장 및 활동

성종 때 훈구를 견제하기 위해 김종직과 그 문인들을 등용하였다. 이들은 과거를 통해서 중앙에 진출하여 주로 3사의 언관직과 전랑직에 임명되었다.

(2) 성종 이후 사림의 정치적 변화

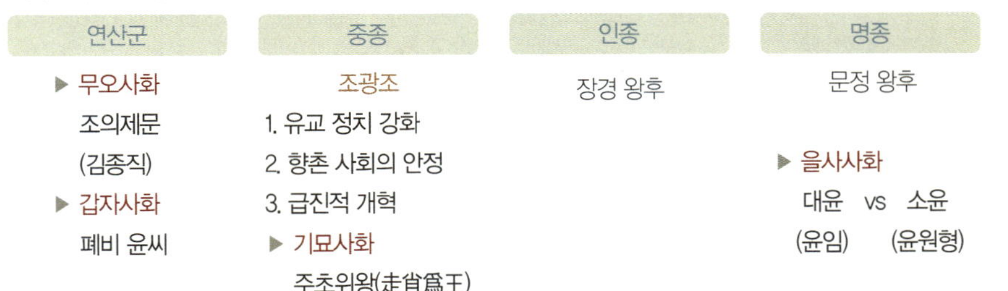

✎ **중종반정의 배경**

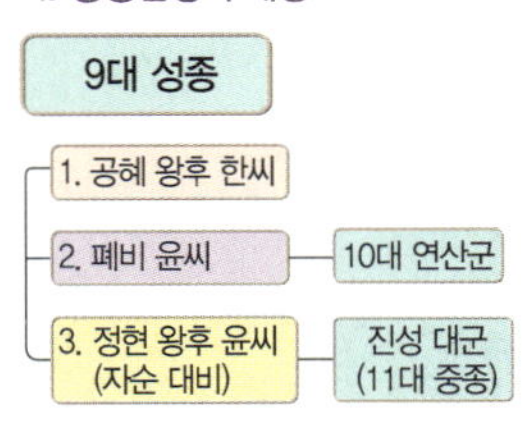

✎ **을사사화의 배경**

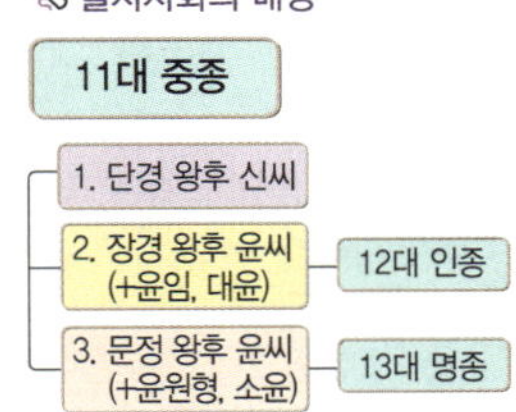

2. 4대 사화의 발생(훈구 세력과 사림 세력 간의 대립) ⭐

(1) 무오사화(연산군 4년, 1498)

① 원인: 연산군은 왕권 강화를 목적으로 사림들의 언론 활동을 억제하고자 하였다. 이 무렵 **김종직**의 「조의제문」●을 그의 제자 김일손이 사초에 넣었는데, 유자광 등 훈구 세력들은 세조를 비난하는 내용이라고 사림을 공격하였다.

② 결과: 이미 죽은 김종직은 부관참시형을, 김일손은 능지처참형을 당했으며 다수의 사림 세력이 숙청되었다.

심화사료 百出

「조의제문(弔義帝文)」

그날 밤 꿈에 키가 크며 화려하게 무늬를 놓은 옷을 입어 품위가 있어 보이는 선인이 나타나서 말했다. **"나는 초회왕의 손자 심이다. 서초패왕(항우)에게 죽음을 당하여 빈강에 빠져 잠기어 있다."** 말을 마치자 갑자기 사라졌다. 깜짝 놀라 잠을 깨어 생각해 보았다. '회왕은 남방 초나라 사람이고 나는 동이인이다. 땅이 서로 만리나 떨어져 있고 시대가 또한 천여 년이나 떨어져 있는데 내 꿈에 나타나는 것은 무슨 징조일까. 역사를 살펴보아도 회왕을 몰래 강물에 던졌다는 말은 없다. 아마 항우가 사람을 시켜 몰래 쳐죽여 시체를 물에 던졌던 것인지 알 수 없는 일이다.' **이제야 글을 지어 의제를 조문한다.**

무오사화(戊午士禍)

임금이 교지를 내렸다. **"김종직**❷**은 초야의 미천한 선비로 세조 조에 과거에 합격하였고, 성종 조에 이르러 경연관에 발탁**하여 오래도록 시종(侍從)의 자리에 있었고, 끝에는 형조 판서까지 이르러 은총이 온 조정을 기울였다. …… 지금 **그 제자 김일손이 찬수한 사초 내에 부도한 말로 선왕조의 일을 터무니없이 기록**하고, 또 그 스승 김종직의 '조의제문'을 실었다. …… 그런데 뜻밖에 종직이 그 문도(門徒)들과 성덕을 속이고 논평하여 김일손으로 하여금 역사에 거짓을 쓰는 지경에까지 이르렀으니, 이 어찌 하루 아침저녁의 연고이겠느냐."

– 「연산군일기」

(2) 갑자사화(연산군 10년, 1504)

① 원인: 훈구 세력 내부에서 왕을 지지하는 세력과 나머지 세력이 서로 갈등을 빚었다. 임사홍 등은 연산군에게 생모인 폐비 윤씨가 사약을 받고 죽은 것을 알렸다.

② 결과: 폐비 사사 사건에 관여한 훈구 세력과 사림들이 제거되었다. 연산군은 이를 비판하는 여론을 막기 위해 관리들에게 신언패(愼言牌)를 차게 하였다. 결국 1506년 **중종반정**이 일어났고 연산군은 폐위되었다.

(3) 기묘사화(중종 14년, 1519)

① 원인: 반정 공신(훈구)들을 견제하기 위해 중종은 **조광조**를 비롯한 사림들을 중용하였다.

② 조광조의 개혁 정치

유교 정치 강화	• 성리학 중시: 불교, 도교와 관련된 행사를 폐지하고(**승과와 소격서 폐지**), 소학 교육을 장려하기도 하였다. • 언론의 강화: 언론 활동을 활성화하고 **경연을 강화**하였다.
향촌 사회 안정	• 제도 개혁: 토지 겸병의 금지를 주장하는 한편 방납의 폐단을 시정하기 위해 **수미법**을 건의하였다. 또한 내수사❸ 장리(고리대)의 폐지를 주장하였다. • 향약의 실시: 향촌 자치를 위해 향약의 시행을 주장하였다.
급진적 개혁	• 현량과 실시: 현량과를 통해 사림을 대거 등용하였다. • 위훈(僞勳) 삭제 사건: 중종반정 때 허위로 공신이 된 훈구 세력의 공신 칭호를 삭제하고 공신이 되어 받은 토지 · 노비를 몰수할 것을 주장하였다.

③ 결과: 급진적인 개혁 조치에 위기를 느낀 훈구 공신들은 **위훈 삭제 사건**을 계기로 **조광조**를 비롯한 사림 세력을 제거하는 기묘사화를 일으켰다(주초위왕 사건[4]).

2021. 국가직 9급, 2014. 법원직 9급

소격서 혁파

소격서는 본래 이단이며 예(禮)에도 어긋나는 것이니 비록 수명을 빌고자 해도 복을 얻을 수 없습니다. 소비가 많고 민폐도 커서 나라의 근본을 손상시키니 어찌 애석하지 않겠습니까.

― 『중종실록』

현량과[5] 실시

지방에서는 감사와 수령이, 서울에서는 홍문관과 육경(六卿), 대간이 **등용할 만한 사람을 천거**하여, 대궐에 모아놓고 친히 대책으로 시험한다면 인물을 많이 얻을 수 있을 것입니다. 이는 이전에 우리나라에서 하지 않았던 일이요, 한(漢)나라 **현량과**의 뜻을 이은 것입니다.

― 『중종실록』

조광조의 시

임금 사랑하기를 / 어버이 사랑하듯이 하고 / 나라를 내 집안 근심하듯이 했노라.
밝은 해가 이 땅을 비추고 있으니 / 내 붉은 충정을 밝혀 비추리라.

(4) 을사사화(명종 즉위년, 1545, 대윤과 소윤의 대결)

① 원인: 인종이 죽고 명종이 즉위하자 문정 왕후가 수렴청정하였다. 이에 따라 인종의 외척인 윤임(대윤)과 명종의 외척인 윤원형(소윤)이 대립하였다.

② 전개 및 결과: 윤원형의 소윤이 대윤(윤임) 세력을 몰아내는 과정에서 윤임을 지지하던 사림의 일부가 피해를 입었다. 이후 문정 왕후[6]와 외척들이 정국을 주도하였다.

(5) 사화 이후

중앙 정계에서 밀려난 사림 세력은 **서원과 향약**을 기반으로 향촌 사회에서 꾸준히 세력을 확대하였다. 이후 선조 때부터 다시 중앙 정계로 대거 진출하여 정치 주도권을 장악하였다.

---

❹ 주초위왕 사건

남곤 등 훈구파는 조(趙)씨가 왕이 될 것이라는 의미의 '주초위왕(走肖爲王)'이라는 문구대로 벌레가 잎을 파먹게 하여, 조광조와 그 일파들을 모함하였다.

❺ 현량과

천거된 인물의 성품, 재능, 학식, 행실과 행적 등을 기록하여 의정부에 보고하면 왕이 참석한 가운데 간단한 시험을 실시하고, 관리로 선발하였다.

정암 조광조

❻ 문정 왕후

명종의 어머니로, 중종의 계비(후처)이다. 불교를 적극 지원하였다.

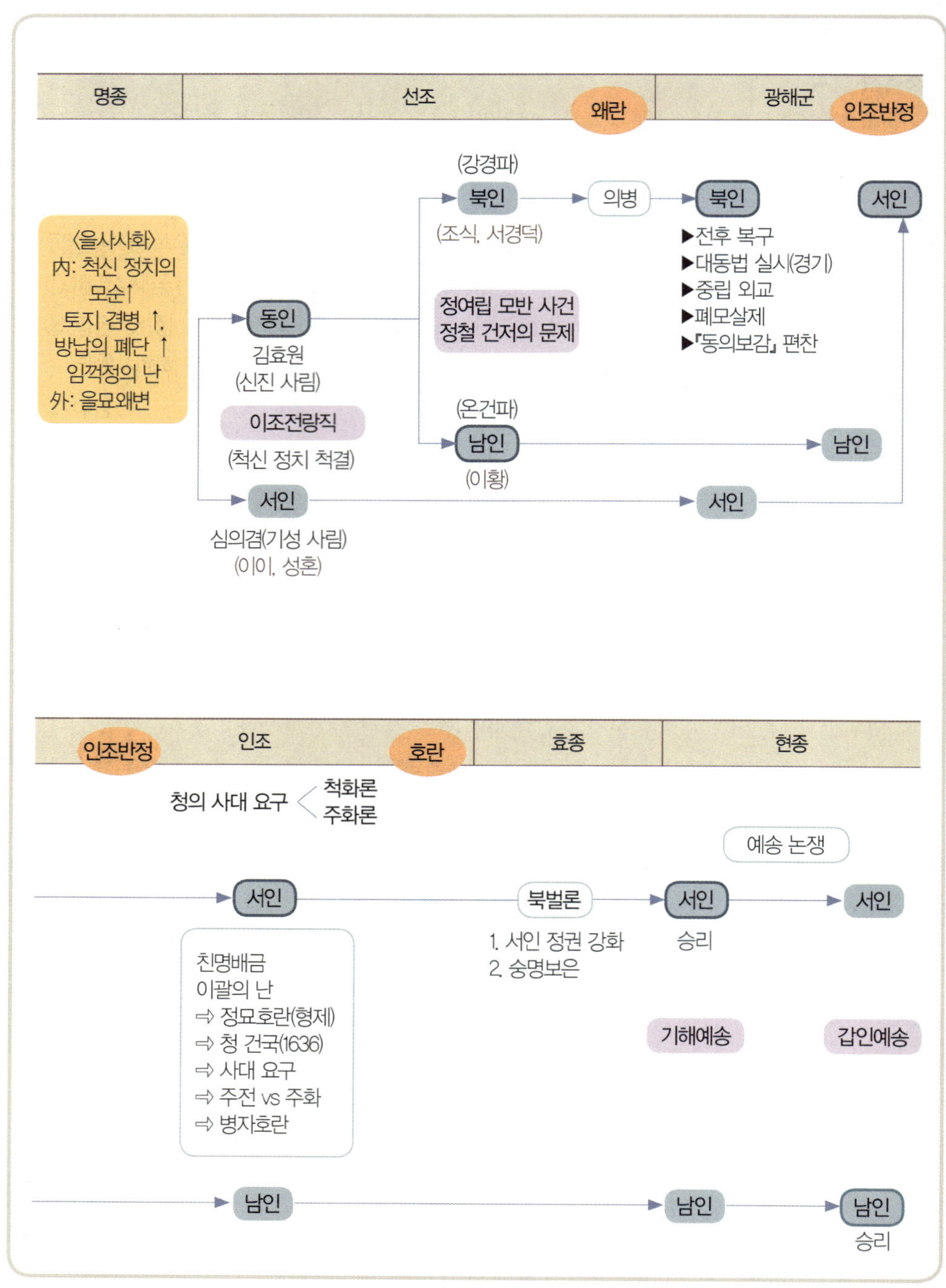
명종
선조
왜란
광해군
인조반정
(강경파)
북인
의병
북인
서인
〈을사사화〉
內: 척신 정치의
모순↑
토지 겸병 ↑,
방납의 폐단 ↑
임꺽정의 난
外: 을묘왜변
(조식, 서경덕)
▶전후 복구
▶대동법 실시(경기)
▶중립 외교
▶폐모살제
▶『동의보감』 편찬
동인
김효원
(신진 사림)
정여립 모반 사건
정철 건저의 문제
이조전랑직
(척신 정치 척결)
(온건파)
남인
남인
(이황)
서인
심의겸(기성 사림)
(이이, 성혼)
서인
인조반정
인조
호란
효종
현종
청의 사대 요구
척화론
주화론
예송 논쟁
서인
북벌론
서인
서인
1. 서인 정권 강화
2. 숭명보은
승리
친명배금
이괄의 난
⇒ 정묘호란(형제)
⇒ 청 건국(1636)
⇒ 사대 요구
⇒ 주전 vs 주화
⇒ 병자호란
기해예송
갑인예송
남인
남인
남인
승리

1. 선조(1567~1608) ⭐

(1) 동·서인의 분당(을해당론, 1575)

　① 척신 정치[1]의 청산: 중앙 정계로 진출한 신진 사림은 명종 때부터 정권에 참여해 온 기성 사림과 외척 정치의 잔재 청산을 둘러싸고 갈등을 빚었다. **심의겸**[2] 등 기성 사림은 척신 정치 개혁에 소극적인 반면, 김효원 등 신진 사림은 원칙에 철저하여 개혁에 적극적이었다.

　② 이조전랑직을 둘러싼 갈등[3]: 이조전랑의 임명 문제를 둘러싸고 심의겸과 김효원 간의 갈등이 격화되었다. 이에 따라 심의겸을 중심으로 한 기성 관료를 서인[4], 김효원 등 신진 관료를 동인[5]이라 칭하며 붕당이 발생하였다.

(2) 동인의 분열

　① 계기

　　㉠ 정여립 모반 사건(기축옥사, 1589): 동인에 속한 정여립은 대동계라는 비밀 결사를 조직하고 역모를 도모했으나 실패하였다. 정철의 주도로 사건을 조사하면서 다수의 동인들이 처형되었다.

　　㉡ 정철[6]의 건저의 사건: 서인인 정철이 세자 책봉을 선조에게 건의하였다. 이것이 문제가 되어 정철은 관직에서 물러났다.

　② 결과: 동인은 서인(정철)에 대한 처벌을 놓고 강경파인 북인과 온건파인 남인으로 나뉘었다.

고등사료 百出

2012. 법원직 9급

동인과 서인의 분당

김효원이 알성 과거에 장원으로 합격하여 **(이조)전랑**의 물망에 올랐으나, **그가 윤원형의 문객이었다** 하여 **심의겸**이 **반대**하였다. 그 후에 **(심의겸의 동생) 심충겸**이 장원 급제하여 **전랑으로 천거**되었으나, **외척이라 하여 효원이 반대**하였다. 이때, 양편 친지들이 각기 다른 주장을 내세우면서 서로 배척하여 **동인, 서인의 말이 여기서 비롯**하였다. 효원의 집이 동쪽 건천동에 있고 **의겸의 집이 서쪽 정동에 있기 때문**이었다. 동인의 생각은 결코 외척을 등용할 수 없다는 것이었고, 서인의 생각은 의겸이 공로가 많을뿐더러 선비인데 어찌 앞길을 막느냐는 것이었다.

― 「연려실기술」

정여립 모반 사건

적신(賊臣) 정여립은 널리 배우고 많이 기억하여 경전(經傳)을 통달하였으며 의논이 과격하며 드높아 바람처럼 발하였다. **이이(李珥)가 그 재간을 기특하게 여겨 맞이하고 소개**하여 드디어 청현직에 올려서 이름이 높아졌더니, **이이가 죽은 뒤에 정여립은 도리어 그를 비방**하니 임금이 미워하였다. 정여립은 **벼슬을 버리고 전주에 돌아가** 나라에서 여러 번 불러도 나가지 않고, **향곡(鄕曲)에서 세력을 키워 가만히 역적을 도모하다가 일이 발각되자 자살하였다.**

― 「연려실기술」

(3) 임진왜란 이후 정치 상황: 임진왜란 때 정인홍·곽재우 등 북인들은 광해군과 더불어 분조[7]를 이끌고 항전하였다. 왜란 이후 광해군이 즉위하자 북인[8]이 권력을 장악하였다.

---

❶ 척신 정치
외척 세력이 정권을 주도하는 것이다.

❷ 심의겸
명종의 왕비인 인순 왕후의 동생이다.

❸ 이조전랑(吏曹銓郎)
이조의 정랑과 좌랑 등 실무자를 일컫는 말로, 삼사 등 청요직의 인사 임명권과 후임자 천거권을 가지고 있었다.

❹ 서인
이이와 성혼의 문인들이 가담하였다.

❺ 동인
이황과 조식, 서경덕의 학문을 계승한 사림들을 중심으로 서인보다 먼저 형성되었다.

❻ 정철
명종 때 과거에 급제한 이후 이조전랑, 대사헌 등을 역임하였다. 선조의 총애를 받았으나, 서인의 영수로 정쟁에 깊이 관여하였다. 이 때문에 출사와 낙향을 반복하였다.

✎ 16세기 말 사회 혼란
율곡 이이는 16세기 말의 사회 혼란을 '중쇠기'로 인식하고 담과 지붕이 무너진 가옥에 비유하였다. 이에 따라 위로부터의 개혁, 경장을 주장했으나 뜻을 이루지 못하였다.

❼ 분조(分朝)
원 조정의 대칭 개념으로, 임시 조정을 뜻하는 말이다. 임진왜란이 일어나자 세자로 책봉된 광해군은 분조의 책임자가 되었다.

❽ 북인의 분열
광해군을 추종하는 대북(大北)과 영창 대군을 따르는 소북(小北)으로 나누어졌다.

2. 광해군(1608~1623)❶ ⭐

(1) 전후 복구 사업

　① 경제 재건: 양안과 호적을 정비했으며, 방납의 문제를 해결하기 위해 **대동법**을 실시하였다.

　② 궁궐 재건: 전란 중에 훼손된 창덕궁, 창경궁 등의 궁궐을 수리했으며, **경운궁·경덕궁❷** 등의 궁궐을 추가로 건설하였다. 또한 소실된 사고를 5대 사고로 재정비하였다.

(2) 실리적 중립 외교

　① 배경: 누르하치가 여진족을 통합하고 후금을 건국하였다(1616). 후금이 명에게 전쟁을 선포하자, 명은 조선에 원군을 요청❸하였다.

　② 내용: 광해군은 **강홍립**을 도원수로 삼아 1만 3,000명의 군대를 이끌고 명을 지원하되 적극적으로 나서지 말고 **상황에 따라 대처하도록** 명령하였다.

　③ 결과: 조·명 연합군이 후금에게 패하자, 강홍립은 항복하였다. 이후에도 명의 원군 요청은 계속되었지만, 광해군은 이를 적절히 거절하면서 후금과 친선을 꾀하였다(중립 외교).

(3) 기유약조(1609): 일본과 기유약조를 맺어 제한된 범위 내에서 무역을 허용하였다.

(4) 『동의보감』 편찬: 허준이 왕명에 따라 『동의보감』을 완성하였다.

(5) 광해군의 몰락

　① 북인의 정권 장악: 북인(대북)은 서인과 남인을 정치권에서 배제하였다.

　② 폐모살제(1613): 광해군과 북인 정권은 이복동생인 영창 대군을 죽이고 계모인 인목 대비를 서궁(경운궁)에 유폐시켰으며 반대 세력들을 제거하였다(계축옥사).

　③ 인조반정(1623): 서인은 광해군이 명을 배신하고 폐모살제했다는 명분으로 인조반정을 일으켰다.

3. 인조(1623~1649)

(1) 서인과 남인의 공존: 인조반정을 주도한 서인은 권력을 장악하였다. 이후 서인은 남인과 연합하여 정국을 운영함에 따라 **상호 비판적인 공존 체제**를 이루었다.

(2) 군사 정비: 총융청, 수어청, 호위청❹, 정초군 등의 새로운 부대를 설치하였다. 서인은 이들 군영을 장악하여 권력 유지를 위한 군사적 기반으로 삼았다.

(3) 산림❺의 여론 주재: 산림은 조선 후기, 향촌에서 학문적 권위와 덕망을 갖추고 존경을 받던 인물들로, 인조 대부터 국가 운영 및 국왕과 세자 교육에 관여하였다. 송시열 등이 대표적이다.

(4) 소현 세자의 죽음: 청나라에 볼모로 잡혀갔던 소현 세자는 서양 문물을 견문하고, 장차 청나라와 교류하고자 하였다. 그러나 귀국한 지 두 달여 만에 갑자기 세상을 떠났다. 인조는 반청 의식이 강한 둘째 봉림 대군(효종)을 세자로 정하였다.

4. 효종(1649~1659)

(1) 북벌 운동의 전개: 청에게 당한 수모를 설욕하기 위해 송시열, 이완 등을 중심으로 적극적인 북벌 운동을 계획하고 어영청을 2만여 명으로 확대하였다. 또한 하멜❻이 가져온 조총의 기술을 활용하여 서양식 무기를 제조하였다.

(2) 나선 정벌: 청과 러시아 사이에 국경 분쟁이 일어나자 청은 조선에 지원군을 요청하였다. 이에 조선은 조총 부대를 영고탑으로 파견하였다.

(3) 경제 정책❼: 김육의 건의로 대동법을 충청·전라도까지 확대 시행하였다. 또한, 설점수세제를 처음으로 실시하여 민간의 광산 개발을 허용하였다.

5. 현종(1659~1674) ⭐

(1) **정치 상황**: 재위 초반에는 서인이, 2차 예송 이후에는 남인[8]이 정권을 주도하였다.

(2) **예송 논쟁**[9]

　① **원인**: 인조의 장남인 소현 세자의 사후에 소현 세자의 맏아들이 아니라 인조의 차남인 봉림 대군(효종)이 왕으로 즉위하였다. 이를 배경으로 **효종의 왕위 계승에 대한 정통성**과 관련하여 현종 때 두 차례의 예송 논쟁이 발생하였고 서인과 남인의 대립이 격화되었다.

구분	서인	남인
주장	왕사동례(王士同禮)	왕사부동례(王士不同禮)
성격	신권 강화	왕권 강화
예서	『주자가례』, 『가례집람』	고례(『예기』, 『주례』, 『의례』)

　② **1차 예송(기해예송, 1659)**: 효종에 대한 인조의 계비인 자의 대비(조대비)의 복상 기간이 문제가 되었다. 윤휴[10]와 허목 등 남인은 3년설을, 송시열[11] 등 서인은 1년설을 주장하였다. **서인의 주장이 채택**되어 서인의 우세가 지속되었다.

　③ **2차 예송(갑인예송, 1674)**: 효종비인 인선 왕후가 죽자 자의 대비의 상복 기간을 놓고 다시 논란이 벌어졌다. 이때 남인은 1년설(기년설)을, 서인은 9개월설(대공설)을 주장하였다. 현종이 예조에 명하여 자의 대비의 복제를 기년복으로 바꿀 것을 지시하면서 **남인이 정권을 주도**하게 되었다.

심화사료 百出

2023. 국가직 9급, 2016. 지방직 9급, 2016. 법원직 9급, 2015. 경찰 2차, 2011. 지방직 9급 2010. 법원직 9급

예송 논쟁

- 효종은 임금이셨으니 새 어머니인 인조 임금의 계비는 돌아가신 효종에 대해 3년 상복을 입어야 합니다. **임금의 예는 보통 사람과 다릅니다.**
- 효종은 형제 서열상 차남이셨으니 새 어머니인 인조 임금의 계비는 돌아가신 효종에 대해 1년복만 입어야 합니다. **천하의 예는 모두 같은 원칙에 따라야 합니다.**
- 상소하여 아뢰기를, "신이 좌참찬 송준길이 올린 차자를 보았는데, 상복(喪服) 절차에 대하여 논한 것이 신과는 큰 차이가 있었습니다. 장자를 위하여 3년을 입는 까닭은 위로 '정체(正體)'가 되기 때문이고 또 전중(傳重: 조상의 제사나 가문의 법통을 전함)하기 때문입니다. …… 무엇보다 중요한 것은 할아버지와 아버지의 뒤를 이은 '정체'이지, 꼭 첫째이기 때문에 참최 3년복을 입는 것은 아닙니다."라고 하였다.　— 기해예송 당시 허목의 상소
- 기해년의 일은 생각할수록 망극합니다. 그때 저들이 효종 대왕을 서자처럼 여겨 대왕대비의 상복을 기년복(1년 상복)으로 낮추어 입도록 하자고 청했으니, 지금이라도 잘못된 일은 바로잡아야 하지 않겠습니까?　—『현종실록』

대표 기출문제

조선 시대 붕당의 상황에 대한 설명으로 옳지 않은 것은?　2023. 지방직 9급

① 선조 대 – 사림이 동인과 서인으로 분열하였다.
② 광해군 대 – 북인이 집권하였다.
③ 인조 대 – 남인이 정권을 독점하였다.
④ 숙종 대 – 서인이 노론과 소론으로 갈라졌다.

---

[8] 남인의 병권 장악

현종 재위 중반 이후 남인은 훈련별대라는 새로운 부대를 창설하여 병권을 장악하고자 하였다.

[9] 예송 논쟁의 주요 쟁점

서인은 효종이 적장자가 아니라는 근거를 들어 왕과 사대부에게 같은 예가 적용되어야 한다고 주장하였다. 반면, 남인은 왕에게는 일반 사대부와 다른 예가 적용되어야 한다는 입장이었다.

[10] 윤휴

남인인 윤휴는 효종이 왕통을 이었으면 적장자로 보아야 하므로 3년복을 입어야 한다고 주장하였다.

[11] 송시열

서인인 송시열은 체이부정(효종은 왕위를 이은 적자지만 정통성을 잇는 장자가 아님)을 내세워 기년복을 입어야 한다고 주장하였다.

해설

③ 인조 때 인조반정을 주도한 서인이 권력을 장악했는데, 이들은 남인과 연합하여 정국을 운영했다. ① 선조 때의 일이다. ② 광해군 때의 일이다. ④ 숙종 때의 일이다.

정답 ③

03강 조선의 대외 관계와 양난의 극복

解/法 기출분석

구분		2008~2018	2019	2020	2021	2022	2023	2024	2025
9급	국가직	• 임진왜란 • 병자호란						병자호란	
	지방직	• 대외 관계(3) • 양난 사이의 시기 구분 • 임진왜란(2)	임진왜란				곽재우(의병)		
	법원직	• 정유재란 • 양난 사이의 시기 구분 • 북벌론				임진왜란		대외 관계	• 임진왜란 • 대외 관계

解法 요람

조선의 대외 관계

사대 외교 ── 명

여 진
  - 강경책 – 4군 6진 설치
  - 회유책 – 무역소 설치

- 자주적 실리 외교
- 경제 · 문화 외교

사대교린

선진 문물 전파 ── 류큐, 시암, 자와

일 본
  - 강경책 – 쓰시마섬 정벌
  - 회유책 – 3포 개항, 계해약조

양난의 전개

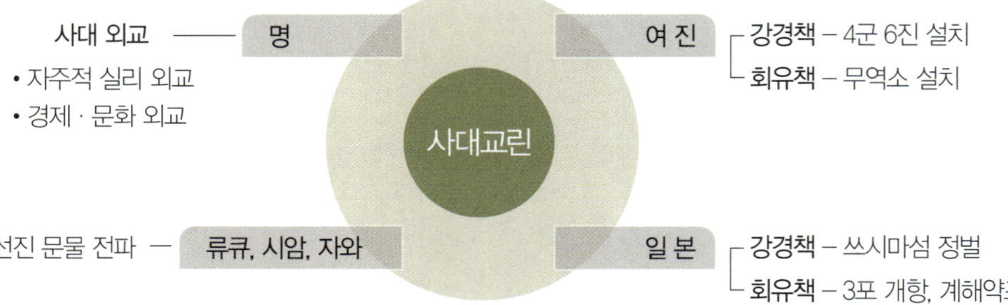

1. 배경
   - 조선의 국방력 약화
   - 도요토미 히데요시의 일본 통일(정명가도)
2. 왜란의 시작
   - 왜군의 침략: 부산진(정발), 동래성(송상현)
   - 충주 탄금대 전투(신립) ⇨ 선조 파천
3. 전세의 변화
   - 옥포 해전(최초 승리), 사천 전투(거북선 최초)
   - 한산도 대첩(이순신)
   - 진주 대첩(김시민)
   - 평양성 탈환(조 · 명 연합군)
   - 행주 대첩(권율)
4. 휴전 – 훈련도감과 속오군 설치, 조총 제작
5. 정유재란 – 칠천량 해전, 명량 대첩, 노량 해전

1. 원인: 친명배금, 이괄의 난
2. 정묘호란
   - 후금의 침략(광해군 보복)
   - 용골산성(정봉수), 의주(이립)
   - 화의(형제 관계)
3. 후금 ⇨ 청
4. 병자호란
   - 청의 군신 관계 요구
   - 주전파(김상헌) vs 주화파(최명길)
   - 청 태종의 침입 ⇨ 인조의 남한산성 피난
   - 삼전도의 굴욕, 화의(군신 관계)
5. 북벌론(효종): 서인 주도, 송시열, 어영청

1. 조선의 외교 원칙

화이관이라는 세계관에 바탕을 두고 **사대교린**(큰 나라는 섬기고 이웃나라와 평화롭게 교류함)을 기본 정책으로 삼았다.

2. 명나라와의 대외 관계

(1) 태조: 양국 간 긴장 고조

　① **요동 정벌 계획**[1]: 태조는 즉위 후 북방 지역에 관심을 보였다. 이에 정도전, 남은 등이 중심이 되어 군비를 비축하고 진도를 제작하는 등 요동 정벌을 비밀리에 준비하였다.

　② **고명(誥命) 문제**: 명은 태조의 즉위를 인정하는 고명(임명장)과 인신(도장)을 주지 않았다.

(2) 태종: 태종이 즉위하면서 양국은 **우호 관계를 회복**하였다. 명나라의 사신을 맞이하기 위해 서대문 밖에 모화루를 세웠다(세종 때 모화관으로 개칭).

(3) 사절의 파견

　① **목적**: 국제적 지위 확보를 위한 **자주적 실리 외교**이다.

　② **내용**: 조선은 사신을 통해 조공을 바치고 명은 이에 답하여 회사품을 보냈다. 사신들을 따라간 일행들이 물건을 사고 파는 사무역도 진행되었다.

　③ **사절단 파견**: 조선은 태조 때부터 명나라에 1년에 3차례에 걸쳐 사절단을 파견하였다. 그 횟수가 많다고 판단한 명나라는 3년에 1차례만 파견할 것을 요구하였다. 그러나 조선은 명나라에 1년에 수차례 정기 사절단인 조천사를 파견하였고, 이외에도 수시로 파견하였다.

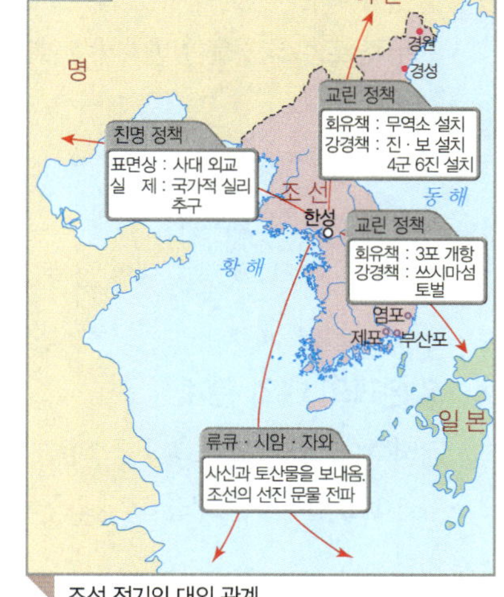

조선 전기의 대외 관계

9급 위! 한국사

사대 외교(조공·책봉 체제)

중국 중심의 세계 질서에 조선 등 주변 국가들을 참여시키는 한편, 내치와 외교는 자주적으로 수행할 수 있게 한 것이다. 중국과 주변국은 형식상 황제인 천자와 제후 관계를 맺고, 새 왕이 즉위하면 중국 황제의 승인을 받는 절차를 거쳐 인신(印信, 도장)과 고명(誥命, 임명장)을 받았다. 이는 전통적인 외교 형식이며, 내정 간섭이나 종속 관계를 의미하는 것은 아니었다.

4군은 유지가 어려워 단종~세조 때 폐지되었다. 조선 후기에 4군 복설 운동이 일어나 19세기에 다시 설치되었다.

세종 때 실시한 관리 임명 제도이다. 4군 6진 개척으로 두만강 일대의 영토를 차지한 후, 이 지역은 상피제를 적용하지 않고 토착민을 지방관으로 임명하여 자치를 허용하였다.

일본은 지방 분권적인 사회였기 때문에 조선 정부는 막부(중앙 정부)를 비롯하여 각 지방의 영주들을 통해 일본과 교류하였다. 일본이 진헌물을 바치고 조선 정부가 회사물을 내리는 조공의 형식으로 이루어졌다.

3. 여진과의 대외 관계

(1) 교린 정책: 국경의 안정을 위해 강경책과 회유책을 병행하였다.

(2) 강경책

① 4군❶ 6진: 세종 때 압록강 방면에 **최윤덕**을 파견해 여진족을 토벌하였고 이후 4군을 두었다. 또한 **김종서**를 함경도 관찰사로 임명하여 두만강 유역에 6진을 개척하였다. 이에 따라 **압록강과 두만강을 경계**로 하는 오늘날의 국경선을 확정지었다.

② 사민 정책: 4군과 6진 설치 이후 조선은 새로 개척한 압록강·두만강 지역에 삼남 지방의 주민들을 이주·정착시키는 사민 정책을 실시하였다.

③ 무력 토벌: 국경을 침범하거나 약탈을 자행하는 경우에는 군대를 동원하여 토벌하였다.

4군과 6진

(3) 회유책

① 귀순 장려: 여진족을 우리 백성으로 만들기 위해 관직을 주거나 정착을 위한 토지를 제공하였다.

② 토관 제도❷: 토착민을 토관으로 임명하여 민심을 수습하고자 하였다.

③ 무역소 설치: 국경 지대인 경성·경원에 무역소를 두고 식량과 의류 등을 교역하게 하였다.

4. 일본과의 대외 관계

(1) 강경책: 조선은 왜구 격퇴를 위해 성능이 우수한 전함을 만들고 화약 무기를 개발하였다. 세종 원년인 1419년에 이종무를 보내 **왜구의 근거지인 쓰시마(대마도) 정벌**을 단행하였다.

(2) 회유책

① 배경: 조선의 토벌과 교역 중단에 위기를 느낀 대마도주가 토산품을 바치면서 교역을 요청❸하였다.

② 삼포 개항(1426): **부산포(동래), 염포(울산), 제포(진해)의 3포**를 개항하여 교역을 허락하였다.

③ 계해약조(1443): 세종은 대마도주와 계해약조를 체결하여 **교역량을 제한**하였다(세견선은 1년에 50척으로, 세사미두는 200석으로 규정).

✤ 조선과 일본 관계사 총정리

국왕	특징	연도	내용
세종	쓰시마 섬 정벌	1419	이종무를 파견하여 대대적인 공격을 감행. 대마도주의 항복을 받아냄.
	3포 개항	1426	대마도주의 요청으로 3포에 한해 무역 허용: 부산포(동래), 염포(울산), 제포(진해)
	계해약조	1443	무역량 제한, 세견선 50척, 세사미두 200석
중종	삼포왜란	1510	임시 기구로 비변사 설치하여 군국 기무를 전담
	임신약조	1512	제포만 개항, 세견선 25척, 세사미두 100석
	사량진 왜변	1544	임신약조를 파기(일본과 무역 단절), 왜인의 내왕을 금함.
명종	정미약조	1547	• 사량진 왜변 이후 쓰시마 도주의 사과와 간청으로 인해 단절된 국교를 재개 • 조약 위반시 벌칙 조항 강화(세견선 25척)
	을묘왜변	1555	• 왜인들이 세견선이 줄어든 것에 불만을 품고 전라도를 침탈함. • 국교 일시 단절, 비변사 상설 기구화(청사 설치)
선조	임진왜란	1592	비변사의 권한 강화(최고 기구화)
광해군	기유약조	1609	국교 재개, 부산포만 개항, 세견선 20척, 세사미두 100석

02 임진왜란

1. 배경

(1) 조선

　① **국방력 약화**: 장기간 평화와 **군역의 문란**으로 국방력이 약화되었다.

　② **북로남왜**: 16세기 들어 북쪽에서는 여진족이 자주 국경을 침범했고, 남쪽에서는 3포왜란·을묘 왜변 등의 변란이 일어나 일본과의 외교 관계가 단절되었다.

(2) **일본**: 16세기 말 **도요토미 히데요시**는 전국 시대의 혼란을 수습하고 **일본을 통일**하였다. 이후 그는 대륙 침략을 결정하고 정명가도❹를 내세우며 조선을 침략하였다.

2. 왜란의 발발

(1) **왜군의 침략**: 1592년 4월 왜군이 **부산진 동래성**을 침략하면서 전쟁이 시작되었다. 이때 부산첨사 정발과 동래부사 **송상현**이 부산과 동래에서 상륙하는 왜군을 맞아 사투를 벌였으나 패배하였다.

(2) **왜군의 북상**❺: 상주에서 이일을 격파한 왜군이 한양을 향해 북상하자 당황한 조정은 도순변사 **신립**을 파견하였지만 **충주 탄금대에서 패배**하였다(4월 말). 이후 선조는 북쪽으로 **파천을 단행**하였다.

3. 해전의 승리

(1) **일본의 수륙 병진**: 왜군은 육군이 북상하면 수군이 서남해로 물자를 조달하는 전략을 구사하였다.

(2) **이순신의 활약**

　① **군사력의 정비**: 전라도 좌수영의 수군절도사인 **이순신**은 수군을 훈련시키고 거북선을 개량하는 등 왜군의 침략에 대비하였다.

　② 과정

　　㉠ **옥포 해전**: 왜선 30여 척을 격파하여 최초로 승리를 거두었다.

　　㉡ **사천 해전**: 거북선이 최초로 사용된 전투였다.

　　㉢ **한산도 대첩**: 학익진법을 이용하여 적선 100여 척을 격파하였다.

　③ **의의**: 곡창 지대인 **전라도를 방어**하고 왜군의 보급로를 차단하여 전세를 역전하는 데 큰 역할을 하였다.

❹ 정명가도(征明假道)

"명나라를 칠 것이니 조선은 길을 비켜달라."는 내용이다. 일본은 이를 명분으로 조선을 침략하였다.

❺ 왜군의 북상

4월 말 왜군이 서울 근교에 육박하자 선조는 의주를 향해 피난길을 떠났다. 5월 서울에 들어온 왜군은 평안도와 함경도로 나누어 진군하여 6월에 평양과 함경도까지 점령하고 왕자 임해군과 순화군을 포로로 삼았다.

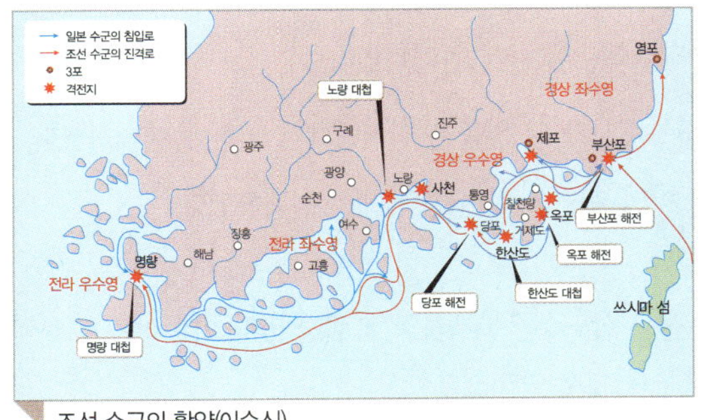

조선 수군의 활약(이순신)

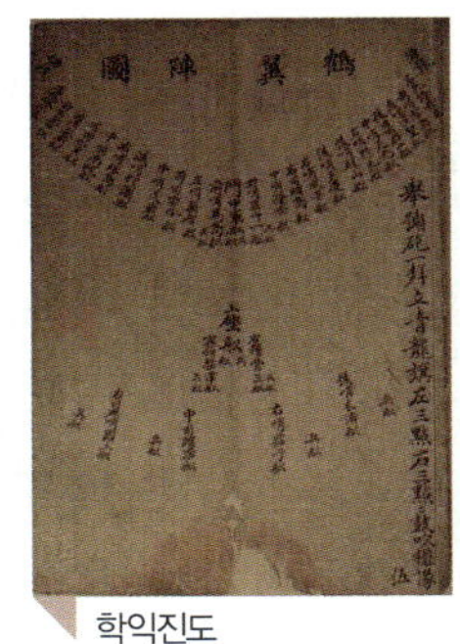
학익진도

거북선

4. 의병의 항쟁

(1) 주요 의병장

① **고경명**: 전라도 담양과 금산 등지에서 의병을 일으켜 싸우다가 금산에서 전사하였다.

② **곽재우**[1]: 경상도 의령에서 의병을 일으켰으며 진주 대첩에 참전하였다.

③ **정인홍**: 경상도 합천에서 의병을 일으켜 성주에 침입한 왜군을 물리쳤다.

④ **조헌**: 충청도 옥천에서 의병을 일으켜 청주를 수복하였으나 금산에서 전사하였다.

⑤ **휴정(서산 대사)**: 묘향산에서 의병을 일으켰다.

⑥ **유정(사명 대사)**: 금강산에서 의병을 일으켰으며, 평양 전투에서 공을 세웠다. 1604년 왕명으로 일본에 가서 강화를 맺고 조선인 포로 3,000여 명을 데리고 귀국하였다.

⑦ **정문부**: 가토 기요마사가 거느린 왜군들을 크게 무찔렀다. 이를 기념하여 1707년 숙종 때 북관 대첩비[2]를 건립하였다.

(2) 의병의 활동

① **조직**: 전직 관리와 사림, 승려, 농민 등이 향토 방위를 위해 자발적으로 일어나 싸웠다. 이후 일부 의병 부대는 관군에 편입되기도 하였다.

② **전술**: 익숙한 지리를 활용한 기습 작전을 구사하여 적은 병력으로 일본군에 타격을 주었다.

5. 전란의 극복

(1) **전세의 전환**: 수군·의병의 활약과 명나라 지원군의 합류로 전세가 반전되기 시작하였다.

① **진주 대첩**[3]: 1592년 10월 김시민이 진주성에서 일본군을 물리쳤다.

② **평양성 탈환(1593)**: 조·명 연합군은 평양성을 탈환하였으나 왜군을 추격하는 과정에서 벽제관 전투에서 패배하였다. 이에 평양으로 후퇴한 명은 왜군과 화의를 맺고자 하였다.

③ **행주 대첩(1593)**: 행주산성에서 고립되었던 **권율**은 왜군과의 격전에서 크게 승리하였다.

④ **한성 회복**: 1593년 4월 한성에 주둔하던 왜군이 철수하자, 조·명 연합군이 한성에 들어왔다. 10월에는 의주로 피난했던 **국왕 일행이 한성으로 돌아왔다.**[4]

(2) **휴전 회담**: 조·명 연합군의 반격에 기세가 꺾인 왜군은 경상도 일대로 물러나 휴전을 제의하였다.

① **전열의 재정비**

㉠ **군제 개편**: 훈련도감을 설치하여 군대의 편제를 바꾸었고, 지방에는 **속오군**을 편성하였다.

㉡ **군비 확충**: 화포를 개량하고 **조총**도 제작하여 무기의 약점을 보완하였다.

② **휴전 회담의 결렬**: 휴전 회담은 명과 왜 사이의 의견 차이로 결렬[5]되었다.

6. 정유재란(1597): 3년간에 걸친 회담이 결렬되자 왜군이 다시 침략하였다.

(1) **칠천량 해전(1597. 7.)**: 이순신 대신 삼도수군통제사가 된 원균은 칠천량에서 일본에 대패하였다.

(2) **직산 전투(1597. 9.)**: 조·명 연합군은 북상 중이던 왜군을 직산(천안)에서 격퇴하였다.

(3) **해전의 승리**

① **명량 대첩(1597. 9.)**: 칠천량 해전 직후 이순신이 삼도수군통제사로 복귀하였다. 이순신은 12척의 함선을 이끌고, 300여 척의 적선을 명량(울돌목)에서 물리쳤다.

② **노량 해전(1598)**: 이순신이 전사한 전투로, 노량 앞바다에서 철수하는 왜군에 일격을 가하였다.

심화사료 百出

부산진 전투

적선이 바다를 덮어오니 **부산 첨사 정발**은 마침 절영도에서 사냥을 하다가, 조공하러 오는 왜라 여기고 대비하지 않았는데 미처 진(鎭)에 돌아오기도 전에 적이 이미 성에 올랐다. 이튿날 **동래부**가 함락되고 **부사 송상현**이 죽었다. ─「선조실록」

탄금대 전투

왜적이 복병을 설치하여 우리 군사의 후방을 포위하였으므로 우리 군사가 크게 패하였다. 삼도순변사 **신립**은 포위를 뚫고 달천의 월탄가에 이르러, "전하를 뵈올 면목이 없다." 하고 빠져 죽었다. ─「선조실록」

명량 해전

벽파정 뒤에 **명량**(전라도 진도와 해남 사이에 위치한 해협)이 있는데 숫자가 적은 수군으로서는 명량을 등지고 진을 칠 수 없었다. 이에 여러 장수들을 불러 모아 말하기를, "반드시 죽고자 하면 살고 살려고 하면 죽는다."고 하였다. ─「난중일기」

▼ 비격진천뢰

7. 왜란의 영향

(1) 국내적 영향

① 정치: 왜란 중에 척계광의 『기효신서』를 참고하여 **훈련도감과 속오군이 편성**되었고, **비변사가 최고 기구의 역할**을 하였다.

② 경제: **경복궁** 등 궁궐과 관청들이 불탔으며 수많은 인명 피해가 발생하였다. 국가 재정도 크게 악화되었다. 한편 일본에서 담배, 고추, 호박 등이 전래되었다.

③ 사회: **납속책과 공명첩이 다량으로 발급**되면서 **신분제의 동요**를 가져왔다. 또한 왕실 서얼 출신인 이몽학이 난을 일으키는 등 각지에서 민란이 일어났다.

(2) 국제적 영향: 조선과 일본, 그리고 명이 전쟁을 치르는 동안 **여진족**[6]이 급속히 성장하여 동아시아의 정세가 크게 변하였다. 이후 여진족은 **후금**을 건국하여 명과 조선을 위협하였다.

❻ 명나라의 여진족 견제

임진왜란 당시, 건주의 여진족이 왜적을 무찌르는데 2만 명의 병력을 지원하겠다고 하였다. 그러나 명나라는 만약 이를 허락한다면 명과 조선의 병력, 조선의 산천 형세를 여진족이 파악할 것을 우려하여 거절하였다.

❀ 주요 전투 일지

시기	내용
1592년	• 4월: 부산진(정발) · 동래성(송상현) 전투, 충주 탄금대 전투(신립) • 5월: 옥포 해전(첫 승리), 사천 해전(거북선 최초 사용) • 6월: 왜군의 평양 점령 • 7월: 한산도 대첩(이순신), 승병(휴정) • 10월: 진주 대첩(김시민)
1593년	• 1월: 평양성 탈환(유성룡), 벽제관 전투에서 명나라 군대 패배 • 2월: 행주 대첩(권율) • 6월: 진주성 함락(논개), 휴전 제의 • 10월: 선조 일행의 한성 복귀
1594년	• 2월: 훈련도감 설치 • 11월: 속오군 편성
1597년	• 1월: 정유재란 발발 • 7월: 칠천량 해전(원균 전사) • 9월: 직산 전투, 명량 대첩
1598년	• 8월: 도요토미 사망, 일본군 철수 • 11월: 노량 해전(이순신 전사)

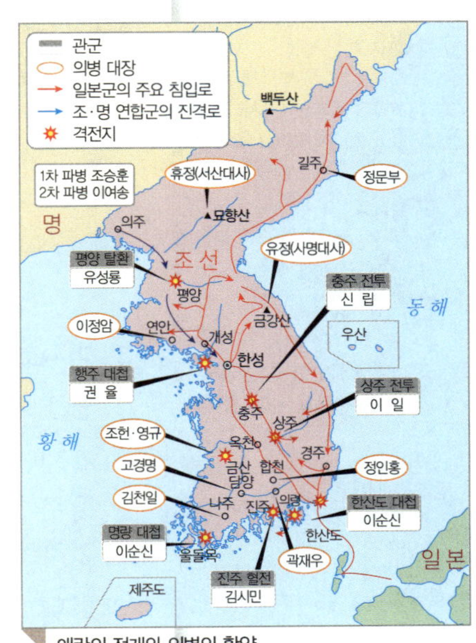

▼ 왜란의 전개와 의병의 활약

1. 인조반정(1623)

광해군의 **중립 외교** 정책과 **계축옥사**는 반정의 빌미가 되었다. 결국 서인이 주도한 반정으로 인조(능양군)가 옹립되고 광해군은 폐위되었다.

심화사료 百出

2015. 법원직 9급, 2014. 서울시 7급

인조반정

(인조 원년 3월) 우리나라가 중국 조정을 섬겨 온 것이 2백여 년이다. 의리로는 군신이며 은혜로는 부자와 같다. **임진년에 입은 은혜는 만세토록 잊을 수 없는 것이다.** …… 광해군은 배은망덕하여 천명을 두려워하지 않고 속으로 다른 뜻을 품고 오랑캐에게 성의를 베풀었다. 기미년 오랑캐를 정벌할 때는 은밀히 장수를 시켜 동태를 보아 행동하게 하였다. 끝내 전군이 오랑캐에게 투항함으로써 추한 소문이 사해에 펼쳐지게 하였다. — 『인조실록』

2. 정묘호란(1627, 후금)

(1) 원인

　① **친명배금**: 인조의 친명배금 정책은 후금을 자극하였다.

　② **가도 사건**: 명나라 모문룡의 부대가 평안도 가도에 주둔하여 긴장 관계가 조성되었다.

　③ **이괄의 난**: 이괄이 평안북도에서 반란을 일으켜 서울까지 점령하였다. 이에 인조는 **공주**로 피난갔으나 진압되었다. 이후 그 잔당들이 **후금**에 투항하였다.

(2) **경과**: 광해군의 복수를 하겠다는 명분으로 후금이 침입하였고, 이에 **철산 용골산성의 정봉수**와 **의주의 이립** 등이 적을 맞아 싸웠다.

(3) **결과**: 강화도로 피난간 조선 정부는 후금과 화의❷를 체결하여 **형제 관계**를 맺었다.

고등사료 百出

2017. 국가직 9급(하), 2015. 법원직 9급

정묘호란의 발발

정주 목사 김진이 아뢰기를, "금나라 군대가 이미 선천·정주의 중간에 육박하였으니 장차 얼마 후에 안주에 도착할 것입니다."고 하였다. 임금께서 묻기를, "**이들이 명나라 장수 모문룡을 잡아가려고 온 것인가.** 아니면 전적으로 우리나라를 침략하기 위하여 온 것인가?" 하니, 장만이 아뢰기를, "듣건대 **홍태시란 자가 매번 우리나라를 침략하고자 했다고 합니다.**" 하였다. — 『인조실록』

3. 병자호란(1636, 청)

(1) **원인**: 후금은 국호를 **청**으로 바꾸고 황제를 칭하며 조선에 **군신 관계**를 요구하였다.

(2) 주전파와 주화파의 대립

　① **주전파**: 김상헌을 중심으로 **삼학사**❸ 등은 **끝까지 항전**할 것을 주장하였다.

　② **주화파**: 최명길 등은 화의를 통해 **외교적으로 해결**하자는 주화론을 제기하였다.

(3) **병자호란의 발발**: 조선의 국론이 주전으로 기울자 청 태종은 대군을 이끌고 조선을 침입하였다.

---

❶ 이괄의 난

인조반정 이후 공신 책봉 과정에서 불만을 품은 이괄이 반란을 일으켰다.

❷ 정묘약조의 주요 내용

1. 후금과 형제의 맹약을 맺는다.
2. 조약 체결 이후 후금 군대는 즉시 철수한다.

호란의 전개

❸ 삼학사

윤집·홍익한·오달제 등 주전파 학자들로, 청나라 심양에 끌려가 죽임을 당하였다.

(4) 경과: 청 군대의 빠른 남진으로 강화도로 들어가지 못한 왕과 대신들은 **남한산성으로 피난**하여 항전하였다. 결국 인조는 45일간의 농성을 풀고 1637년 1월 청 태종에게 삼배구고두(三拜九叩頭)의 예를 취하며 항복하였다(**삼전도의 굴욕**). 이후 이 자리에 삼전도비[4]가 건립되었다.

(5) 결과: 청과 군신 관계를 맺고 명과의 관계를 단절하였다. 또한 소현 세자[5]와 봉림 대군, 김상헌, 삼학사 등이 인질로 끌려갔다.

4. 영향

(1) 국토의 황폐화: 청군의 침입은 기간이 짧았고, 왜란에 비해 상대적으로 침략 지역이 한정적이었다. 그러나 서북 지역은 약탈과 살육으로 황폐화되었다.

(2) 반청 사상(북벌론)의 대두: 청과 군신 관계를 맺자 큰 충격을 받은 조선인들은 청에 대한 적개심이 커졌다. 이후 북벌론으로 이어졌고 **복수설치**(오랑캐에 당한 수치를 씻음)를 목표로 삼았다.

2024. 국가직 9급, 2024. 법원직 9급, 2017. 국가직 9급(하), 2015. 법원직 9급, 2010. 지방직 7급

고등사료 百出

윤집의 주전론

화의가 나라를 망친 것은 어제 오늘의 일이 아니고 옛날부터 그러하였으나 오늘날처럼 심한 적은 없었습니다. 명나라는 우리나라에 있어서 부모의 나라이고 노적은 우리나라에 있어서 부모의 원수입니다. 신하된 자로서 부모의 원수와 형제의 의를 맺고 부모의 은혜를 저버릴 수 있겠습니까. 더구나 임진년의 일은 조그마한 것까지도 모두 황제의 힘이니 우리나라가 살아서 숨 쉬는 한 은혜를 잊기 어렵습니다. …… **차라리 나라가 망할지언정 의리는 저버릴 수 없습니다.**[6] …… 지난날 성명께서 크게 분발하시어 의리에 의거하여 화의를 물리치고 중외에 포고하고 명나라에 알리시니, 온 동토(東土) 수천 리가 모두 크게 기뻐하여 서로 고하기를 '우리가 오랑캐가 됨을 면하였다.'고 하였습니다.

― 『인조실록』

최명길의 주화론

화친을 맺어 국가를 보존하는 것보다 차라리 의를 지켜 망하는 것이 옳다고 하였으나 이것은 신하가 절개를 지키는 데 쓰이는 말입니다. …… 자기의 힘을 헤아리지 아니하고 경망하게 큰소리를 쳐서 오랑캐들의 노여움을 도발, 마침내는 백성이 도탄에 빠지고 종묘와 사직에 제사 지내지 못하게 된다면 그 허물이 이보다 클 수 있겠습니까. …… 늘 생각해 보아도 **우리의 국력은 현재 바닥나 있고 오랑캐의 병력은 강성합니다.** 정묘년(1627)의 맹약을 아직 지켜서 **몇 년이라도 화를 늦추시고, 그동안을 이용하여 인정을 베풀어서 민심을 수습하고 성을 쌓으며, 군량을 저축하여 방어를 더욱 튼튼하게 하되** 군사를 집합시켜 일사불란하게 하여 적의 허점을 노리는 것이 우리로서는 최상의 계책일 것입니다.

― 『지천집』

항복을 권유하는 청 태종

홍서봉·김신국·이경직 등을 오랑캐 진영에 파견하였다. 홍서봉 등이 한의 글을 받아 되돌아왔는데, 그 글에, "대청국(大淸國)의 황제는 조선의 관리와 백성들에게 알린다. 짐이 이번에 정벌하러 온 것은 원래 죽이기를 좋아하고 얻기를 탐해서가 아니다. 본래는 늘 서로 화친하려고 했는데, 그대 나라의 군신(君臣)이 먼저 불화의 단서를 야기시켰기 때문이다. …… 그 뒤 10년 동안 그대 나라 군신은 우리를 배반하고 도망한 이들을 받아들여 명나라에 바치고, 명나라 장수가 투항해 오면 군사를 일으켜 길을 막고 끊었으며, …… 이는 특별히 명나라를 도와 우리를 해치려고 도모한 것이다. ……." 하였다. 상이 즉시 대신 이하를 인견하고 이르기를, "앞으로의 계책을 어떻게 세워야 하겠는가?"

― 『인조실록』, 34권, 인조 15년 1월 2일 기사

병자호란 당시 항복하기 직전의 상황(1637년 1월)

최명길이 마침내 국서(國書)를 가지고 비국(비변사)에 물러가 앉아 다시 수정을 가하였는데, 예조 판서 김상헌이 밖에서 들어와 그 글을 보고는 통곡하면서 찢어 버리고, 왕에게 아뢰기를, "명분이 일단 정해진 뒤에는 적이 반드시 우리에게 군신(君臣)의 의리를 요구할 것이니, 성을 나가는 일을 면하지 못할 것입니다. 그리고 한번 성문을 나서게 되면 또한 북쪽으로 행차하게 되는 치욕을 면하기 어려울 것이니, …… 이성(二聖, 인조와 소현 세자)이 마침내 겹겹이 포위된 곳에서 빠져나오게만 된다면, …… 다시 더 깊이 생각하소서." 하였다.

― 『인조실록』

1. 북벌론의 대두

(1) 북벌론❶ 추진(효종)

서인 송시열·송준길·이완 등을 등용하여 **어영청 확대·남한산성 복구** 등 북벌을 추진하였다. 숙종 때에도 남인의 주도 아래 2차 북벌이 추진되었다.

(2) 한계 및 변화

① 한계: 서인 정권은 북벌을 정권 유지 수단으로 이용했으며, 남인을 견제하는 장치로도 활용하였다.

② 변화: 효종 사후 북벌은 쇠퇴하고 대신에 18세기에 이르러서는 **북학 운동**이 등장하였다.

고등사료 百出

2022. 서울시 9급

송시열의 북벌론

우리나라는 실로 신종 황제의 은혜를 입어 다시 존재하게 되었고 백성은 거의 죽었다가 다시 소생하였으니, 우리나라의 나무 한 그루와 풀 한 포기와 백성의 터럭 하나하나에도 황제의 은혜가 미치지 않은 곳이 없습니다. 그런즉 오늘날 크게 원통해 하는 것이 온 천하에 그 누가 우리와 같겠습니까?

– 기축봉사(효종 즉위년에 송시열이 올린 상소문)

2. 나선 정벌

(1) 원인: 조선에서 북벌 운동이 한창일 때, 시베리아 지방까지 러시아 세력이 진출하였다.

(2) 경과: 청과 러시아 사이에 국경 충돌이 일어나자 **청의 요청**으로 효종 때 변급, 신유를 필두로 하여 두 차례(1654, 1658)에 걸쳐 수백 명의 **조총 부대**를 영고탑(지금의 지린성) 일대에 파병하였다.

조선의 나선 정벌

소현 세자와 심양관

병자호란 후 청은 조선의 세자와 왕자 1인을 인질로 삼아 심양에 두었다. 청은 심양에 있는 세자와 조선 조정을 압박해 조선과의 외교 교섭에서 유리한 결과를 얻어내려 하였다. 그러나 심양관의 세자 일행은 수동적인 볼모의 역할만 한 것이 아니라 조선 조정의 입장을 청에 전달하고 조선의 피해를 줄이기 위해 계속 노력하였다. 소현 세자는 특히 포로의 속환·쇄환 문제에 적극 개입했으며 그 외에 징병 문제, 사신 왕래와 공물 문제 등을 처리하였다.

05 동남아시아와의 대외 관계

조선은 류큐(오키나와)[2], 태국, 자바 등의 나라들과 문물을 교류하였다. 조선 정부는 조공 혹은 진상의 형식으로 토산품을 받고, 의복 재료·문방구·서적·불종·불상 등을 회사품으로 주었다.

❷ 류큐(유구)와의 교역

고려 말에 왕국을 건설한 류큐는 고려 및 조선 정부에 적극적으로 사신을 파견했으며, 불경 등 불교 문화재를 회사품으로 받아가서 불교 문화 발전에 이바지하였다. 류큐는 17세기 초 일본의 사쓰마번에게 정복되기 전까지 조선과 교류하였다.

대표 기출문제

다음 사건 이후에 있었던 사실로 옳은 것은?

2024. 국가직 9급

홍서봉 등이 한(汗)의 글을 받아 되돌아왔는데, 그 글에, "대청국의 황제는 조선의 관리와 백성들에게 알린다. 짐이 이번에 정벌하러 온 것은 원래 죽이기를 좋아하고 얻기를 탐해서가 아니다. 본래는 늘 서로 화친하려고 했는데, 그대 나라의 군신이 먼저 불화의 단서를 야기시켰다."라고 하였다.

① 삼전도비가 세워졌다.
② 이괄이 난을 일으켰다.
③ 인조가 강화도로 피난하였다.
④ 정봉수가 용골산성에서 항전하였다.

해설

제시된 자료는 병자호란 당시 청나라 태종이 인조에게 항복을 권유하는 내용이다. ① 병자호란 때인 1637년 1월 인조는 청나라 태종에게 삼배구고두(三拜九叩頭)의 예를 취하며 항복하였고, 이후 이 자리에 삼전도비가 건립되었다.
② 이괄의 난(1624)은 인조 즉위 다음 해에 일어났다. ③ 정묘호란 때인 1627년의 일이다. ④ 정묘호란 때의 일이다.

정답 ①

CHAPTER 2 근세의 경제·사회·문화

解·法·기·출·진·맥

9급 국가직

출제 경향 오버뷰 매년 1~3문제씩 출제되었으나, 3년간 출제되지 않다가 2024년부터 다시 출제됨. 조선 전기의 서적 편찬

9급 지방직

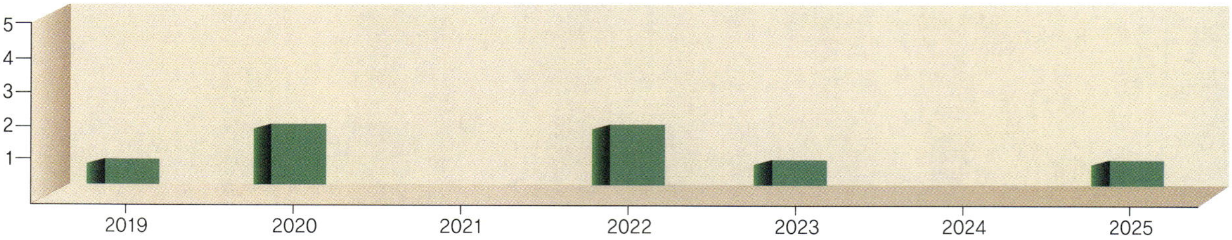

출제 경향 오버뷰 2년에 1번꼴로 1~2문제 이상씩 출제됨. 성리학, 문화재

9급 법원직

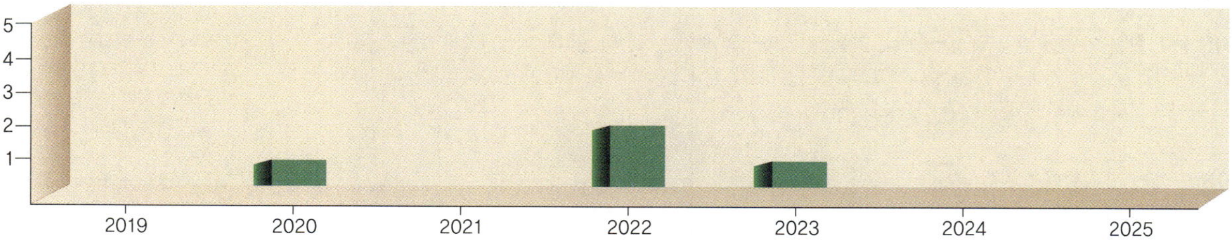

출제 경향 오버뷰 거의 2년에 1번꼴로 출제되고 있음. 토지 제도, 신분 제도, 이황

근세의 경제

01 강

解/法 기출분석

구 분		2008~2018	2019	2020	2021	2022	2023	2024	2025
9급	국가직	토지 제도(2)							경제 상황
	지방직	• 토지 제도(3) • 수취 제도						수취 제도	
	법원직	• 토지 제도(2) • 수취 제도(2) • 상업					경제 상황		

수취 제도

	내 용
전세(租)	생산량의 1/10 ⇨ 연분 9등법(풍흉) (1결: 약 미곡 30두)　　　전분 6등법(비옥도)
역(庸)	• 군역: 양인 개병(정군/보인) ⇨ 보법(세조) ⇨ 대립 / 방군수포제(군역 문란) 　⇨ 군적수포제(세금화) ⇨ 경제 부담 가중(농민의 수 감소, 각종 비리 만연) • 요역: 토지 8결당 1명(6일 이내), but 임의 징발 많음.
공납(調)	상공 · 별공 · 진상: 전세보다 큰 부담 방납의 폐단 ⇨ 수미법 주장(조광조, 이이, 유성룡)

토지 제도

	시 기	내 용
과전법	고려 공양왕	• 전 · 현직 관리에게 경기 지방에 한해 지급(최고 150결~최하 10결) • 죽거나 반역을 하면 반환. 수신전 · 휼양전 · 공신전은 세습 허용
직전법	세 조	• 현직 관리에게만 수조권 지급(지급 토지의 부족), 수신전, 휼양전 몰수 • 수조권자(전주)의 과다 수취로 인한 폐해 발생
관수 관급제	성 종	• 직전법하에서 지방 관청에서 그해 생산량을 조사하여 거두고, 관리에게 지급 • 수조권의 대행을 통해 국가의 토지 지배권 강화
현물 녹봉제	16세기 중엽 이후	• 직전법 폐지, 수조권 지급 제도가 소멸되고 관리들은 녹봉만 받게 됨. • 양반 관료의 토지 소유욕 자극, 농장 확산(지주 전호제 강화)

01 수취 체제의 확립과 문란

1. 국가 재정[1]

(1) 운영: 토지 대장인 양안[2]과 인구 대장인 호적을 작성하였고 이를 근거로 전세, 역 등을 부과하였다.

(2) 종류: 토지에 부과되는 조세, 집집마다 부과되는 현물세인 공납, 정남의 노동력을 징발하는 역(군역, 요역)[3]이 있다. 이외에도 상인, 수공업자 등이 내는 세금 등이 있었다.

2. 조세(租稅, 전세): 토지 소유자인 지주는 국가에 조세를 납부할 의무가 있었다.

(1) 조선 초기: 1/10세, 약 30두[4](1결[5]당 생산량 300두, 한전은 수전의 1/2)를 납부하였다.

(2) 답험 손실법[6]

① 내용: 농사의 작황을 조사하여 수확량의 1/10인 약 30두에서 손실에 비례하여 전세를 감면하였다. 과전법 실시부터 세종 때 공법 제정 이전까지 시행되었다.

② 폐단: 토지의 비옥도는 고려되지 않았고 풍흉을 조사하는 과정에서 과잉 부과 등이 자행되었다.

(3) 공법(1444, 세종 26): 토지 비옥도와 풍흉의 정도에 따라 조세 액수를 조정하였다.

① 전분 6등법[7]

㉠ 내용: 토지의 비옥도에 따라 여섯 등급으로 나누었다. 토지의 등급에 따라 길이가 다른 자를 사용하여 기본 수세 단위인 결(結)의 실제 면적을 토지 등급마다 다르게 하였다(수등이척법).

㉡ 변화: 효종 이후 모든 전지의 양전척을 통일하는 양척동일법이 시행되었다.

② 연분 9등법

㉠ 내용: 지역 단위로 풍흉에 따라 9등급으로 나누어 최고 20두에서 최저 4두를 수취하였다.

㉡ 변화: 16세기 이후 4~6두로 고정적으로 징수하는 것이 관례화되었다.

고등사료 百出

2022. 법원직 9급, 2017. 지방직 9급, 2011. 국가직 9급, 2011. 지방직 7급

공법(貢法)

• 국왕이 말했다. "나는 일찍부터 공법을 시행해 여러 해의 평균을 파악하고 답험(踏驗)의 폐단을 영원히 없애려고 해왔다. 신하들부터 백성까지 두루 물어보니 반대하는 사람은 적고 찬성하는 사람이 많았으므로 백성의 뜻도 알 수 있다." – 『세종실록』

• 지금부터는 전척(田尺)으로 측량한 매 1결에 대하여 상상(上上)의 수전에는 몇 석을 파종하고 한전에서는 무슨 곡종 몇 두를 파종하여, 상상년에는 수전은 몇 석, 한전은 몇 석을 수확하며, 하하년에는 수전은 몇 석, 한전은 몇 석을 수확하는지, …… 위와 같이 조사하여 보고토록 합니다. – 『세종실록』

• 모든 토지는 6등급으로 나누며, 20년마다 한 번씩 토지를 다시 측량하여 양안을 만들어 호조, 각 도, 각 고을에 각각 보관한다. …… 항상 계속하여 경작되고 있는 토지는 정전(正田)이라 칭하고, 때로는 경작하고 때로는 휴경하는 토지는 속전(續田)이라 부른다. – 『경국대전』

---

❶ 예산 제도 도입

세조 때부터 지출을 먼저 정하고 그에 따라 수입을 정하는 회계 제도를 도입하였다.

❷ 양안

토지 소유자와 논밭의 위치 등 상세한 정보를 기록하여 전세 부과의 기준이 되었다.

❸ 역(군역, 요역)

교대로 번상해야 하는 군역과 1년에 일정한 기간 노동에 종사해야 하는 요역이 있었다.

❹ 두(斗)

1두는 1.5L 페트병 4개 정도(6리터)이다.

❺ 결(結)

1결은 곡식 300두를 생산할 수 있는 면적을 의미한다.

❻ 답험 손실법(踏驗損實法)

공전의 답험은 지방관이 했지만, 사전의 경우 수조권을 받은 개인이 농사의 작황을 직접 조사함에 따라 자의적으로 판단할 가능성이 높았다.

❼ 전분 6등법(田分六等法)

1444년 전제 상정소에서 완성된 법으로, 서로 다른 면적이라도 수확량이 같으면 동일한 전세를 수취하였다.

✎ 연분 9등법(年分九等法)

등급		수조액
상	상년	20두
	중년	18두
	하년	16두
중	상년	14두
	중년	12두
	하년	10두
하	상년	8두
	중년	6두
	하년	4두

9급 위등 한국사

수등이척과 양척동일

1. **수등이척법(隨等異尺法)**: 등급에 따라 각기 다른 자를 사용하여 1결당 면적을 달리함.

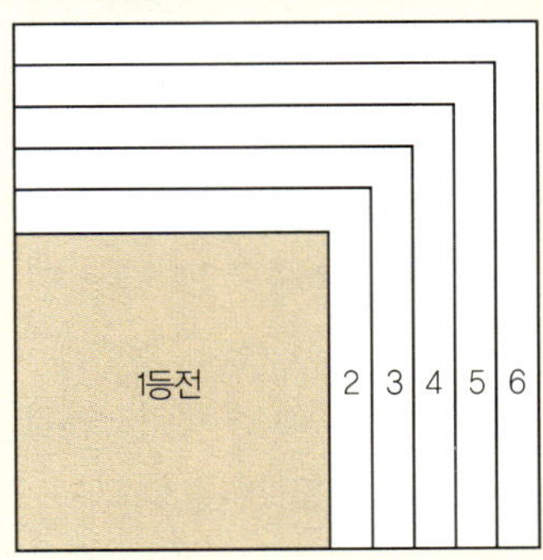

등급	실제 면적	
1등전	38무	2,753.1평
2등전	44.7무	3,246.7평
3등전	54.2무	3,931.9평
4등전	69.1무	4,723.5평
5등전	95무	6,897.3평
6등전	152무	11,035.5평

▼ 전분 6등법에서의 1결당 실제 면적

2. **양척동일법(조선 후기)**: 양전하는 자의 길이를 통일하고, 그 등급에 따라 세액을 달리하는 차등 수조 방식
　① 종래의 1등급 자인 주척 4자 7치 7푼을 1자[尺]로 정하여 사방 100척을 1등전의 1결로 정함.
　② 토지 등급마다 비율을 달리하여 결의 면적을 환산: 1등전의 1결을 100, 2등전은 85, 3등전은 70, 4등전은 55, 5등전은 40, 6등전은 25의 비율

3. 공납(貢納)

중앙 관청에서 각 군현에 물품과 액수를 할당하면, 군현은 이를 집집마다 거두었다.

(1) 유형
　① 상공: 매년 정기적으로 중앙에서 징수하였다.
　② 별공: 수요가 발생할 때마다 수시로 거두었다.
　③ 진상: 궁궐에서 필요로 하는 물품을 상납하였다.

(2) 폐단
　① 부담: 공물은 납부[8]하는 과정이 번거롭고 부담도 컸다. 또한 공물의 생산량이 일정하지 않아 납부 기준에 맞는 품질과 수량을 맞추기 어려우면 다른 곳에서 구입하여 납부하였다.
　② 폐단
　　㉠ 불산과세(不産課稅): 그 지역에서 생산되지 않는 물품을 공물로 내게 하였다.
　　㉡ 방납[9]: 공납을 방해하여 이익을 취하는 행위이다. 관청의 서리가 공물을 대신 내고 그 대가를 챙겼다.
　　㉢ 인징과 족징: 도망간 농민의 공물을 이웃이나 친척에게 대신 내게 하였다.

❖ 방납의 개혁안

인물	내용
조광조	국가 경비의 감축과 방납의 폐단을 근절시키고자 **수미법**을 주장하였다.
조식	서리망국론을 통하여 방납에서 나타나는 서리들의 폐단을 지적하고 시정할 것을 주장하였다.
이이 · 유성룡	이이는 「동호문답」에서 방납의 폐단을 지적하고 공납의 수취 방식을 현물에서 쌀로 바꿀 것을 주장(수미법)하였다. 유성룡도 임진왜란 중에 수미법을 건의하였다.

❽ 공물의 납부

공물은 현물로 징수했기 때문에 운반과 저장에도 어려움이 많았다.

❾ 방납(防納)

지방에서 상납한 공물에 대해 관청의 서리 등은 여러 가지 트집을 잡아 되돌려 보냈다. 이후, 서리 등은 공물을 대신 내고 그 대가를 많이 챙겼다.

방납의 폐해

김개가 아뢰기를 "신이 지난번 전라도에 있을 때 들은 바로는 '사다새의 살을 약으로 사용하므로 전라도 바닷가 7읍에서 번갈아 진상한다.' 하였습니다. …… 지금은 생산되지 않은 지 오래되었습니다. 진상할 차례가 돌아오면 백성들에게 그 값을 징수하여 평안도 산지에 가서 사옵니다. 또는 서울 상인이 가지고 있으면 먼저 바치고 그 고을에서 값을 받기도 합니다." 하였다. 　－『명종실록』

조식의 서리망국론(胥吏亡國論, 1568)

조식이 상소를 올렸다. "지금처럼 서리가 나라를 마음대로 하는 것은 들어보지 못하였습니다. **지방 토산물의 공납을 일체 막아서 공납을 바칠 때 본래 값의 일백 배가 되지 않으면 받지도 않습니다.** 백성들이 이기지 못하여 세금을 못 내고 도망하는 자가 줄을 이었으니 어찌 주현 백성들의 공납을 간사한 아전들이 나누어 갖게 되리라고 생각이나 하였으며 전하께서 이들이 방납한 물자에 의지하게 되리라 생각이나 하였겠습니까?" 　－『선조실록』

이이의 수미법 건의

해주의 공물법을 보면, **토지 1결마다 쌀 한 말을 징수하고 관청은 스스로 물품을 마련**하여 서울에 바치기 때문에 백성들은 쌀을 낼 줄만 알지 다른 폐단은 거의 듣지 못하게 되었다. 이것은 오늘날 백성을 구하는 참으로 좋은 법이 될 수 있다. 만약 **이 법을 사방으로 넓혀 행한다면 방납의 폐단은 머지않아 저절로 개혁**될 것이다. 　－『율곡 전서』

4. 군역(軍役)[1]

16세 이상 60세 이하의 양인 남자에게 모두 군역을 부과하는 **양인 개병제**를 실시하였다.

(1) 군역의 변질(방군수포제·대립제)

16세기 이후 다른 사람을 사서 군역을 대신하게 하는 대립이 나타났으며, 군역에 복무해야 할 사람에게 **포를 받고 군역을 면제해 주는 방군수포**가 성행하였다.

(2) 군적수포제[2]의 시행(1541, 중종 36)

① 내용: 군역의 변질에 대응하여 정부는 군역 대상자에게 **1년에 2필의 군포**를 징수하는 것을 법제화하였다.

② 결과: 군역이 농민의 직접 입역(立役)에서 물납(物納)으로 전환되는 계기가 되었다.

5. 요역(徭役)

국가에서 백성의 노동력을 무상으로 강제 동원하는 제도이다.

(1) 국초: 가호를 기준으로 정남의 수를 고려하여 뽑았다. 이후 토지 면적도 고려하였다.

(2) 성종: 토지 8결에 한 사람씩 부역하게 하고 1년의 요역 일수를 6일 이내로 한정하였으나(8결작부제), 임의 징발은 여전히 많았다.

[1] **군역**
양반·서리·향리 등은 관청에서 일하기 때문에 군역을 부과하지는 않았다.

[2] **군적수포제(軍籍收布制)**
정부는 납부받은 군포로 군인을 고용하였다. 그러나 징수 체계가 일원적이지 않아 5군영뿐 아니라 중앙의 관청이나 지방의 감영, 병영이 각각 군포를 배당받아 거둠으로써 양인 장정은 이중, 삼중의 군역을 부담하였다. 또한 실무를 담당한 수령과 아전들의 농간과 횡포가 극심하였다.

6. 16세기 수취 제도의 문란

(1) **전세**: 지주가 내야할 전세를 소작인에게 대신 내도록 강요하는 경우가 많아졌다.

(2) **공납**: 하급 관리나 상인 등이 공물을 대신 내고 그 대가를 챙기는 **방납**이 나타났다.

(3) **군역❸**: 군포 부담의 과중과 군역 기피 현상으로 도망하는 자가 늘어나면서 군적도 부실해졌다. 각 군현에서는 남아 있는 사람에게 그 부족한 군포를 부담시키자, 남은 농민도 생활이 더욱 어려워졌다.

(4) **환곡❹**: 빈민 구제를 위한 **환곡**이 고리대로 변질되어 **국가 재정을 보충하는 수단**이 되었다.

(5) **결과**: 농민 생활이 악화되어 각 지방에서 유민이 증가했으며, 유민 중 일부는 도적이 되었다. 명종 때 황해도와 경기도 일대에서 활동한 백정 출신인 **임꺽정**이 대표적인 인물이었다.

2020. 지방직 9급

임꺽정의 난(명종)

임꺽정은 양주 백정으로, 성품이 교활하고 날래고 용맹스러웠다. 그 무리 수십 명이 함께 다 날래고 빨랐는데, 도적이 되어 민가를 불사르고 소와 말을 빼앗고, 만약 항거하면 몹시 잔혹하게 사람을 죽였다. 경기도와 황해도의 아전과 백성들이 임꺽정 무리와 은밀히 결탁하여, 관에서 잡으려 하면 번번이 먼저 알려주었다.

— 이긍익, 「연려실기술」

7. 조운(漕運) 제도

지방에서 거둔 조세는 강, 바다를 이용해 수도로 운반하였다.

(1) **운영**

① **과정**: 충남·전라·황해도 지방의 세곡은 해로를 통해서, 충북·강원(한강)·경상 지방 일부(낙동강·남한강)의 세곡은 수로를 통해 보내졌다.

② **보관**

㉠ **조창**: 지방의 조세를 임시 보관하는 창고로, 각 군현의 강가나 바닷가에 설치하였다.

㉡ **경창❺**: 조창의 조세는 수도의 경창(현재의 용산·서강)으로 운반되었다.

(2) **특징**

① **수상 교통 발달**: 산지가 많은 자연환경으로 인해 육상 교통이 발전하지 못하여 일찍부터 수상 교통에 의존하였다.

② **잉류 지역의 존재**: 평안도와 함경도는 조세를 서울로 운송하지 않고 보관했다가 군사비나 사신 접대비로 사용하였다(제주는 자체 경비).

조선의 조운 제도

조운선 모형

---

❸ 역의 종류

역역은 부과 대상에 따라 신역(身役)과 호역(戶役)으로 나누어진다. 신역은 국가가 개별적으로 사람을 강제 징발하는 것으로 군역이 이에 해당된다. 호역은 가호를 기준으로 부과하는 것으로, 요역이 여기에 해당된다.

❹ 환곡

환곡은 곡물을 구하기 어려운 봄이나 흉년에 곡물을 빌려주고 가을에 돌려받는 제도이다. 곡물 보관시 자연 감소분 보충, 운영 비용 마련 등의 명분을 내세워 이자를 받았다. 이 이자가 환곡 문란의 근본적인 이유가 되었다.

❺ 경창(京倉)

• 광흥창(좌창): 관리들의 녹봉 지급
• 풍저창(우창): 중앙 경비 충당
• 군자창: 군량미 충당

1. 과전법의 시행(1391, 공양왕 3)

(1) 배경

고려 말 전시과의 붕괴·농장의 확대 등 모순을 시정하고, 신진 사대부의 경제적 기반을 마련하기 위해 실시되었다.

(2) 내용

① 규정: 경기 지방의 토지[1]에 한하여 **최고 150결에서 최하 10결까지 전지만**을 지급하였다. 과전은 소유권이 아닌 **수조권**[2]을 지급한 것으로 원칙적으로는 **죽거나 반역을 하면 국가에 반환**하도록 규정하였다. 또한 민생 안정을 위해 병작제를 엄격히 제한하였다.

② 특징

  ㉠ 세습 가능 토지: 수신전, 휼양전[3], 공신전 등의 이름으로 세습이 가능하였다.

  ㉡ 지급 대상의 확대: 관료뿐만 아니라 향리[4], 역리 등을 포함하여 서리와 장인·군인·학생들에게까지 수조권의 지급을 확대·적용하였다.

---

① 과전법의 변화

관리에게 지급할 토지가 부족하자, 태종 때 과전의 1/3을 충청·전라·경상도로 이급하였다. 그러나 세종 때 다시 경기로 돌려놓았다.

② 수조권자가 받는 조세

공전·사전을 막론하고 수조권자에게 바치는 조는 매 1결당 10분의 1조인 약 30두(斗)로 하였다.

③ 수신전과 휼양전

수신전은 관리가 죽으면, 그 부인에게 남편의 과전을 상속하게 한 토지이다. 휼양전은 관리와 부인 둘 다 죽고 그 자녀가 어릴 경우, 자녀가 아버지의 과전을 상속하게 한 토지이다.

④ 향리에 대한 토지 지급

과전법에서는 향리 이하 잡색의 직역인에 이르기까지의 직역전을 설정한다는 원칙을 세웠으나, 세종 27년(1445)부터 향리들은 외역전을 더 이상 지급받지 못하였다.

고급사료 頻出

2013. 지방직 9급

과전법(科田法)의 시행

- (전하께서) 국내의 토지를 몰수하여 국가에 귀속시키고 식구를 헤아려 토지를 나누어 주어서 **옛날의 올바른 전제(田制)를 회복**하려 한 것인데, 당시 구가(舊家) 세족(世族)들이 자기들에게 불리하기 때문에 입을 모아 비방하고 원망하면서 온갖 방해를 하여 백성들로 하여금 지극한 정치의 혜택을 입지 못하게 하였으니 어찌 한스러운 일이 아니겠는가. 그러나 뜻을 같이 하는 2~3명의 대신과 함께 전 시대의 법을 강구하고 현실에 알맞은 것을 참작하여 **국내의 토지를 측량하여 파악한 다음 토지를 결수로 계산하여 …… 이르기까지 모두 토지를 분배**해 주었다. – 「조선경국전」
- **경기는 사방의 근본이니 마땅히 과전을 설치**하여 사대부를 우대한다. 무릇 경성에 거주하여 왕실을 시위(侍衛)하는 자는 직위의 고하에 따라 과전을 받는다. 토지를 받은 자가 죽은 후, 그의 아내가 자식이 있고 **수신**하는 자는 남편의 과전을 모두 물려받고, 자식이 없이 수신하는 자의 경우는 반을 물려받는다. 부모가 모두 사망하고 그 자손이 유약한 자는 **휼양전**으로 아버지의 과전을 전부 물려받고, 20세가 되면 본인의 과에 따라 받는다. – 「고려사」

解法 도움닫기 고려의 전시과와 조선의 과전법 비교

구분	전시과	과전법
공통점	• 관리에게 직역에 대한 대가로 지급되었으며 과등에 따라 수조권만 차등 지급되었다. • 사망 시 반납하는 것이 원칙이었다.	
차이점	시정 전시과 110결~33결 경정 전시과 100결~17결	최고 150결에서 최하 10결 (직전법 110결~10결)
	전지와 시지 모두 지급	전지만 지급
	전 국토가 지급 대상	경기 지방에 한정

토지의 종류

토지명		특징
과전(科田)		과전법하에서 1과(150결)~18과(10결)에 따라 관료들에게 준 토지로, 소유권이 아닌 수조권을 지급하였다.
공신전(功臣田)	세습 가능	공신에게 지급된 토지로, 조선 후기까지 존재하였다.
수신전		과전을 받은 관리가 죽었을 때, 재혼하지 않는 부인에게 남편의 과전을 상속했다.
휼양전		과전을 받은 관리 부부가 다 죽고 자녀가 어릴 경우, 그 자녀에게 아버지의 과전을 상속하도록 하였다.
궁방전(宮房田)	면세전	왕실이나 궁가에 급여한 토지로 면세의 특권을 가지고 있었다.
역둔토(驛屯土)		역의 경비와 군대의 둔전을 합친 형태로 군대 비용을 충당하기 위한 토지이다.
관둔전(둔전)		지방의 행정 기관의 운영 경비를 보조하기 위해 설정한 토지이다.
공해전(公廨田)		중앙 관청의 경비 조달을 위하여 지급된 토지이다.

2. 직전법(1466, 세조 12)

(1) 배경: 세습되는 토지가 늘어나면서 새로 관리가 된 사람들에게 지급할 토지가 부족해졌다.

(2) 내용: 수신전과 휼양전을 몰수하고, **현직 관료에게만** 수조권을 지급하였다.

(3) 결과: 수조권은 재직 기간 동안만 지급되었다. 그래서 관리들이 조세를 거둘 때 과다 수취하는 경우가 많았다.

고등사료 百出

직전법(職田法)의 시행

이 제도를 실시하면 조정의 신하는 토지를 받지만, **벼슬에서 물러난 신하와 공경대부의 자손들은 1결의 토지도 가질 수 없게 됩니다.** …… 관리와 농민이 다른데, 만약 녹봉을 받지 못한다면 서민과 다를 바 없을 것입니다. — 「세조실록」

3. 관수 관급제(1470, 성종 원년)

(1) 배경: 수조권을 가진 관료가 세금을 과도하게 거두는 일이 많아졌다.

(2) 내용: 지방 관청에서 그해의 생산량을 조사하여 거두고, 관리에게 나누어 주었다.

(3) 결과: 관청에서 관리 대신 수조권을 행사하면서 **국가의 토지 지배권이** 강화되었다. 관리들의 수조권 행사가 금지되면서 관리들이 수조권을 빌미로 토지와 농민을 지배하는 일도 사라졌다.

관수 관급제

대왕대비가 전지하기를, "사람들이 직전(職田)이 폐단이 있다고 많이 말하기에 대신에게 의논하니, 모두 말하기를, '우리나라 사대부의 봉록(俸祿)이 박하여 직전을 갑자기 혁파할 수 없다' 하므로, 나도 또한 그렇게 여겼는데, 지금 들으니 조정 관원이 그 세(稅)를 지나치게 거두어 백성들이 심히 괴롭게 여긴다 한다. ……" 하였다. 한명회 등이 아뢰기를, "**직전의 세(稅)는 관에서 거두어 관에서 주면(官收官給)** 이런 폐단이 없을 것입니다. ……" 하였다. 전지하기를, "**직전의 세는 소재지의 관리로 하여금 감독하여 거두어 주게 하고,** ……" 하였다.

— 「성종실록」

4. 직전법의 폐지[1]

(1) 폐지: 16세기 중엽에는 직전법이 사실상 폐지되어 관리는 오직 **녹봉**만 받게 되었다. 직전법의 폐지에 따라 토지 지배 관계에서는 소유권만 남게 되었다.

(2) 결과: 토지의 사적 소유와 병작반수에 입각한 **지주제**는 더욱 확산되었다.

❶ 직전법 폐지의 결과

양반 관료와 지방 세력들은 매매, 겸병 등을 통해 대규모의 토지를 사유화(농장)하였다.

03 농업

1. 농본주의 경제 정책

(1) 배경

조선은 재정 확보와 민생 안정을 위해 농업을 국가 경제의 기본으로 삼았다.

(2) 농업 정책

① 농경지 확대: 토지 개간을 장려하여 개간한 토지에는 일정 기간 면세의 혜택을 주었다. 토지 개간과 양전 사업[2]의 실시에 따라 경지 면적이 증가하였다.

② 농업 기술 발달: 저수지, 보 등 수리 시설을 보수·확충하였으며, 새로운 농업 기술을 개발하였다. 또한, 「농사직설」·「금양잡록」 등의 농서를 편찬하였다.

❷ 양전 사업

조선은 국초부터 군현 단위로 20년마다 양전을 실시하여 1/10의 조세를 거두었다. 이는 「경국대전」에서 법제화되었다.

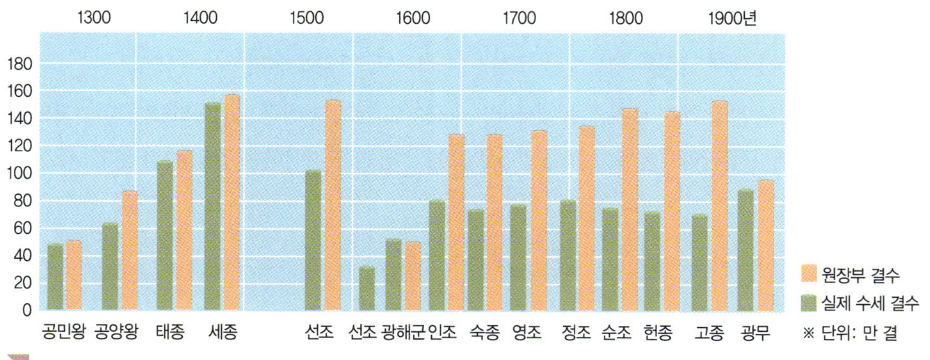

토지 결수 증감표: 고려 말 50만 결이던 토지가 세종 때 160만 결로 증가했으며, 임진왜란 직전까지 150만 결 정도를 유지하였다.

성리학적 경제관
- 검소한 것은 덕(德)이 함께하는 것이며, 사치는 악(惡)이 큰 것이니, 사치스럽게 사는 것보다는 차라리 검소해야 할 것이다.
- 우리나라에서는 이전에 공상(工商)에 관한 제도가 없어, **백성들 중 게으르고 놀기 좋아하는 자들이 수공업과 상업에 종사**하였기 때문에 농사를 짓는 백성들이 줄어들었으며, **말작(末作, 상업)이 발달하고 본실(本實, 농업)이 피폐해졌다.** 이것을 염려하지 않을 수 없다.

― 「조선경국전」

2. 농업의 발달

(1) 시비법[3]의 발달

시비법이 발달하여 밑거름과 뒷거름을 주었다. 이에 따라 휴경지가 점차 소멸하고, **매년 농사를 지**을 수 있게 되었다.

(2) 밭농사 발달(2년 3작의 윤작법)

밭농사에서 조·보리·콩을 돌려 짓는 2년 3작의 윤작법이 널리 행해졌다.

(3) 벼농사 발달

① **직파법[4]**: 직접 논·밭에 파종하여 수확할 때까지 한 장소에서 자라게 하는 농법이다. 조선 전기에는 주로 직파법이 이용되었다.

② **이앙법(모내기법)**: 못자리에서 모를 키워 물이 채워진 논에 옮겨 심는 방법이다.

　㉠ **실시**: 조선 전기 **남부 지방**을 중심으로 이앙법이 점차 보급되어 벼와 보리의 2모작이 가능해졌다. 그러나 정부는 봄 가뭄에 따른 피해를 우려하여 이앙법을 금지시켰다.

　㉡ **장점**: 잡초가 감소하여 노동력이 절약되고, 단위 면적당 수확량이 증가하였다.

(4) 농기구 개량과 수리 시설 정비

쟁기, 낫 등 농기구가 개량되었으며, 수차(물레방아)를 이용하여 저수지 물을 논에 대는 기술도 개선되었다.

(5) 가을 갈이 농사법의 보급

가을 추수 이후에 지력을 회복하고 병충해를 방지하기 위해 빈 농지를 갈아엎는 농사법이다.

(6) 목화 재배

① **전래**: 고려 공민왕 때 문익점이 원나라에서 목화씨를 가져와 목화 재배가 시작되었다.

② **확대**: 조선 전기 목화의 재배는 함경도를 제외한 **전국으로 확대**되어 의생활이 개선되었다. 또한 목화로 만든 옷감인 **무명[5]**은 **화폐 기능**도 겸하였다.

---

❸ 시비법

논·밭에 비료를 주는 것으로, 지속적인 토지 사용에 따른 지력 회복을 위한 것이다.

❹ 직파법(直播法)
- 수경법(물사리): 물을 댄 논에 직접 종자를 뿌리는 방식으로 이앙법과 함께 시행되다가 점차 사라지기 시작하였다.
- 건경법(건사리): 물이 없는 논에 종자를 뿌리고 일정 정도 자란 다음 물을 대주었다. 주로 수경법이 불가능한 조건에서 시행되었다.

❺ 무명

배의 돛으로 사용되기도 하였다.

1. 양반의 경제 기반

양반의 경제 기반은 과전, 녹봉[1], 그리고 자신이 소유한 토지와 노비 등이 있었다.

2. 양반 지주[2]의 토지 경작 방식

(1) 노비를 통한 직접 경작

양반은 자기 소유의 토지를 노비에게 경작시켰다. 이때 **작개지**(논 중심)의 수확은 양반에게 돌아가고 **사경지**(밭 중심)의 수확은 노비가 차지하였다.

(2) 소작농을 통한 간접 경작

농민들에게 소작을 주어 생산량을 절반씩 나누었다(병작반수).

3. 양반의 노비 소유[3]

(1) 재산으로서의 소유

구매, 노비의 자녀 출산, 노비와 양인과의 혼인 등의 방법을 통해 자신이 소유한 노비의 수를 늘렸다.

(2) 노비의 업무

양반은 노비에게 가사 일을 돌보게 하거나 옷감을 짜게 하였다. 또한 외거 노비는 주인과 따로 살면서 주인 소유의 토지를 경작했는데, 매년 신공(몸값)으로 포와 돈을 바쳐야 했다.

4. 농민의 생활

(1) 지주제의 확대와 농민의 몰락

지주제의 확대로 소작농이 된 농민들은 지주에게 소작료로 수확의 반 이상을 내야 했기 때문에 경제적으로 더욱 열악해져 도적·유망민 등이 되기도 하였다.

(2) 정부의 대책

① **구황 방법 제시**: 정부는 구황 대책으로 『**구황촬요**』(명종) 등을 간행·보급하고, 도토리·나무 껍질 등을 가공하여 먹을 수 있는 방법을 제시하였다.

② **통제 강화**: 호패법, 오가작통법 등을 통해 농민의 유망을 막고 통제를 강화하였다.

1. 관영 수공업

(1) 운영

공장안[4]에 등록된 기술자들은 중앙 관청(경공장)과 지방 관청(외공장)에 배속되었다. 이들은 정부에서 필요한 물품인 의류·활자·화약·무기·문방구 등을 제작하였다.

---

❶ 녹봉

현직 관리가 국가로부터 받은 현물 급여이다. 연 4회 혹은 매월마다 지급되었다.

❷ 양반 지주

양반 소유의 토지는 비옥한 토지가 많았던 경상·전라·충청도 지역에 집중되어 있었고 규모가 커서 농장의 형태를 이루고 있었다.

❸ 양반의 노비 소유

조선 전기 양반들은 10여 명에서 많게는 300여 명이 넘는 노비를 보유하고 있었다.

❹ 공장안

관청에 등록된 장인들의 명단이다. 경공장과 외공장으로 나누어 등록되었다.

(2) 처우

근무하는 동안에는 식비 정도만 지급되었다. 대신 관청에 동원되는 기간 이외에 만든 제품이나 자신의 책임량을 초과한 생산품에 대해서는 세금을 내고 개인적으로 판매할 수 있었다.

(3) 관영 수공업 쇠퇴

관영 수공업은 16세기에 들어와 **부역제의 해이**와 상업의 발달로 **점차 쇠퇴**하였다.

2. 민영 수공업

(1) 민영 수공업: 주로 농기구나 양반의 사치품을 생산하여 판매하였다.

(2) 가내 수공업: 무명, 명주❺, 모시, 삼베 등의 직물을 생산하였다. 목화 재배가 확대되면서 무명 생산이 점차 증가하였다.

06 상업

1. 상업 정책

(1) 상업 규제(농본억상 정책)

정부는 검소한 생활을 강조하는 유교적 경제관에 따라 상업을 말업으로 간주하여 통제하였다.

(2) 화폐 발행

정부는 저화(태종)❻, **조선통보(세종)** 등을 만들어 유통시키려 하였으나 실패하였다. 물건을 사고팔 때는 여전히 **쌀과 무명을 화폐처럼 사용**하였다.

2. 시전과 경시서

(1) 시전

① 설치: 태종 때 종로와 남대문 일대에 2,600여 칸에 달하는 **시전**을 만들어 상인들에게 대여하였다.

② 시전 상인: 개경에 있던 시전 상인을 한양으로 이주시켜 장사하게 하고 점포세와 상세를 거두었다. 시전 상인은 관청에 물품을 공급하는 대신에 **특정 상품에 대한 독점 판매권**을 부여받았다.

③ 육의전: 명주·종이·어물·모시·삼베·무명을 파는 여섯 점포가 가장 번성했는데, 이를 육의전이라 불렀다.

(2) 경시서❼

불법적인 상행위를 통제하기 위하여 고려 시대와 마찬가지로 **경시서**(세조 때 평시서로 개칭)를 두었다.

> **고등사료** 頻出
>
> ### 시전의 설치
>
> **태종** 14년 7월 **시전에 좌우 행랑 8백여 칸을 처음 만들었다.** 혜정교(지금의 종로 1가)에서 창덕궁 입구에 이르기까지 외방의 놀고 먹는 자, 승려 무리들을 모아 양식을 주어 일을 시켰다.
>
> — 「태종실록」

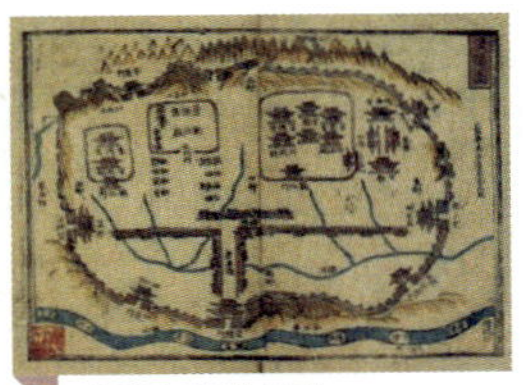

서울의 시전(市廛)

3. 난전(亂廛)

전안(시전 상인의 명단)에 등록되지 않은 상인, 또는 그러한 상행위를 통칭한다. 조선 전기에는 시전의 독점 판매권으로 인해 난전이 크게 발달하지 못하였다.

4. 장시(場市)

(1) 장시의 발달

① 발생: 장시(장문)는 15세기 말 전라도에서 발생하였다.

② 확대: 장시는 16세기 중엽에 이르러 전국적으로 확대되었다. 일부 시장은 정기 시장으로 정착되어 갔다.

(2) 보부상

보부상은 정부에 세금을 내고 허가를 받아 활동하였다. 이들은 시장(장시)을 중심으로 봇짐이나 등짐을 지고 다니며, 일용 잡화·농수산물·수공업 제품 등을 판매하였다.

 **심화사료** 百出

2013. 국가직 9급

장시의 등장

• 경인년(1470) 흉년 때 전라도 **백성이 서로 모여들어 점포를 열어 장문(場門 : 시장)이라 칭하고**, 사람들이 이에 의지하여 목숨을 유지하였다.

— 『성종실록』

• 시강관 박수문이 아뢰기를, "장시는 근년부터 생기기 시작하여 시장이 열리는 날에는 남녀 간에 고기와 술을 마련하여 시장에서 팔아 이익을 취하고 있으니, **근본(根本)을 버리는 폐가 이보다 더한 것은 없습니다.**" 하니, 왕이 이르기를, "장시의 어떤 일을 어떤 사람은 편리하다고 한다. 그러나 과연 이것은 **말(末)을 추구하는 것**이다."

— 『중종실록』

5. 대외 무역

조선은 기본적으로 **주변 국가와의 무역을 통제**하였다. 국경 부근의 사무역도 엄격하게 단속하였다.

(1) **명나라**: 명과는 사신이 왕래하는 과정에서 공무역과 사무역이 이루어졌다.

① **수출품**: 금, 은, 인삼, 말, 화문석, 종이, 도자기 등이었다.

② **수입품**: 비단, 서적, 약재, 문방구 등이었다.

(2) **여진**: 여진과는 국경 지역에 설치한 **무역소**를 통하여 교역하였다.

(3) **일본**: 동래에 설치한 왜관을 중심으로 무역하였다. 주로 식량, 농기구, 옷감 등이 수출되었다.

보부상(褓負商)

짚신에 감발차고 패랭이 쓰고
꽁무니에 짚신차고 이고 지고
이 장 저 장 뛰어가서
장돌뱅이들 동무들 만나 반기며
……
다음 날 저 장에서 다시 보세.

제시된 자료는 조선 전기 세종의 업적에 대해 서술한 내용이다. ③ 조선 전기 세종 때 조정 신하와 지방의 촌민에 이르기까지 18만 명의 찬반을 묻고 10년간 시범 기간을 거친 뒤에 공법(전분 6등법과 연분 9등법)을 시행하였다.
① 조선 후기의 일이다. ② 조선 후기인 정조 때 통공 정책을 실시하여 육의전을 제외한 시전상인들의 금난전권을 폐지하였다. ④ 조선 후기의 사회 모습에 대한 설명이다.

정답 ③

대표 기출문제

다음 업적이 있는 왕의 재위 기간에 볼 수 있는 모습은?

2025. 국가직 9급

• 우리 풍토에 맞는 농서인 『농사직설』을 편찬하였다.
• 최윤덕과 김종서를 파견하여 4군 6진을 개척하였다.

① 송파장에 담배를 사려고 나온 농민
② 금난전권 폐지에 항의하는 시전 상인
③ 전분 6등법을 처음 시행하기 위해 찬반 의견을 묻는 관료
④ 천주교 신자가 되어 어머니 제사를 거부하는 유생

02강 근세의 사회

解/法 기출분석

구 분		2008~2018	2019	2020	2021	2022	2023	2024	2025
9급	국가직	향약							
	지방직	신분 제도(3)				서얼			
	법원직	신분 제도				유향소			

解法 요람

양천제와 반상제

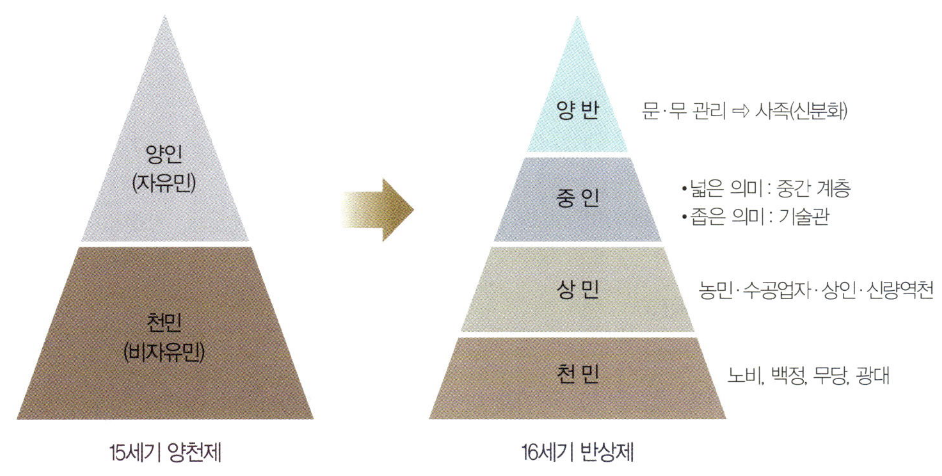

향촌 사회 운영

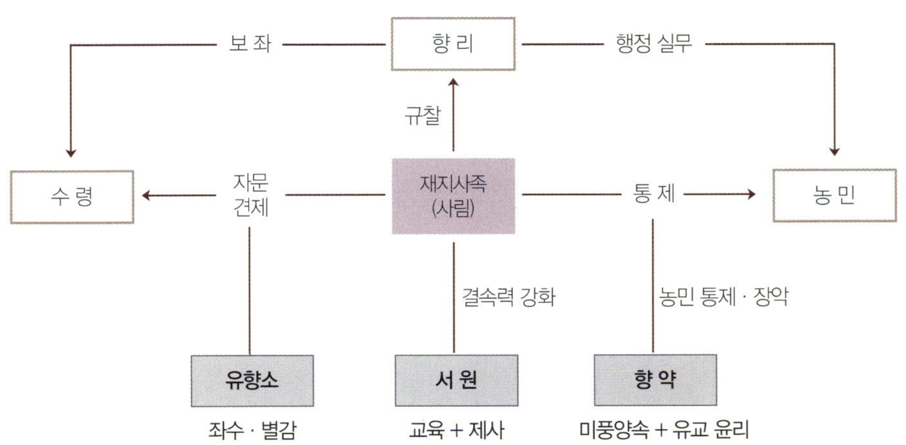

1. 양천 제도(15세기)

조선은 양인과 천민으로 구분하는 **양천 제도**를 법제화하였다.

(1) 양인[1]

자유민으로 조세·공납·역을 부담하였다. 과거 응시 자격이 있어 관직 진출에 제한이 없었다.

(2) 천민

비자유민이다. 국역의 의무는 없지만, 개인이나 국가에 소속되어 각종 천역을 담당하였다.

2. 반상 제도(16세기 이후)

(1) 양반의 신분화

양반은 본래 문반과 무반 등 현직 관료들을 부르는 명칭이었다. 점차 사회 계층과 신분에 대한 명칭으로 변화하였고, 현직 관료뿐 아니라 관직을 가질 수 있는 인물과 가문을 포괄하는 용어로 자리 잡았다.

(2) 신분의 분화와 반상 제도의 정착

16세기 이후 지배층인 양반과 피지배층인 상민을 구별하는 반상 제도가 일반화되었다. 양인은 경제력과 가문의 차이에 따라 양반·중인·평민 등의 계층으로 나뉘어 **양반·중인·상민·천민의 4신분제**가 정착되었다. 그러나 반상제는 사회 통념상의 제도로, 양천제처럼 법제화되지는 않았다.

3. 양반(兩班)

(1) 의미의 변화

양반은 본래 문반과 무반을 아우르는 관료의 명칭이었다. 그러나 16세기 이후 문·무반 관료뿐만 아니라, 사족이라 하여 그 가족이나 가문까지 포함하는 개념으로 확대되었다.

(2) 특권 유지

① **기득권 유지**: 기득권 유지를 위해 문반·무반 이외에 향리·서리 등 하급 지배층은 중인으로 격하시켰다. 또한, 정실 소생의 자녀만 인정하고 첩에서 난 자녀들은 **서얼로 격하·차별**[2]하였다.

② **특권의 제도화**: 조선은 각종 법률과 제도로 양반의 신분적 특권을 제도화하였는데, 특히 **양반은 각종 국역을 면제받았다.**

③ **정치·경제적 여유**: 과거를 통해 주요 관직을 차지했으며, 많은 토지와 노비를 소유한 **지주층**으로 풍요로운 생활을 하였다. 이들은 생산에는 종사하지 않는 대신 현직·예비 관료로 활동하거나 유학자로서의 소양과 자질을 닦는 데 힘썼다.

---

❶ 양인층의 증가

조선은 조세와 국역을 담당하는 양인층을 늘려 국가 기반의 안정을 추구하였다. 이 과정에서 고려 말~조선 초에는 많은 노비들이 해방되고, 양인의 지위도 향상되었다.

❷ 서얼(庶孼) 차별

성리학적 질서가 보급되어 처·첩의 구분이 엄격해짐에 따라 재산 상속과 관직 진출에서 심한 차별을 받았다.

4. 중인 ⭐ : 넓은 의미로는 양반과 상민의 중간 신분 계층을 뜻하고, 좁은 의미로는 기술관만을 의미한다.

(1) 구분

　① 중인: 직역을 세습하고, 같은 신분끼리 혼인하였다. 또한 관청 가까운 곳에 거주하며 하급 관직을 역임하였다. 이들은 '위항인'[3]이나 '여항인'[4]이라고 불렀다.

　　㉠ 기술관: 좁은 의미의 중인으로, 잡과에 합격한 역관, 의관 등을 지칭한다. 특히 역관[5]은 사신을 수행하면서 무역에 관여하여 많은 재산을 모으기도 하였다.

　　㉡ 서리·향리: 서리는 중앙 관청의 하급 관리였으며, 향리는 지방 관청에 소속되어 행정 실무를 담당하고 수령을 보좌하였다.

　② 서얼: 서얼은 중인과 같은 신분적 대우를 받아 중서라고도 불렸다. 문과에 응시하는 것이 금지되었고, 주로 무과·잡과에 응시하여 무관이나 기술관이 되었다. 또한 승진하는데 제한[6]이 있었다.

(2) 지위: 양반에게 차별을 받았지만, 전문 행정 실무를 담당하였기 때문에 상민보다 지위가 높았다.

5. 상민(常民)

(1) 의미: 평민·양민으로 불렸으며, 농민과 상인·수공업자 등이 이 신분에 속하였다.

(2) 의무: 생산에 종사하는 계층으로, 국가는 이들로부터 세금을 거두어 재정을 확보하였다.

(3) 신분 상승: 상민이 과거에 응시하는 것은 **법적으로 가능**했다. 그러나 시간과 비용이 많이 드는 과거에 응시하기는 쉽지 않았다.

(4) 구분

　① 농민: 상민의 대부분을 차지하며, 조세·공납·역을 부담하였다.

　② 수공업자(공장): 대부분 관청에 소속되어 물품을 생산하였다.

　③ 상인: 농본억상 정책으로 인해 상인은 농민보다 낮은 대우를 받았다.

　④ 신량역천[7]: 양인이면서 수군, 역졸, 봉수군 등과 같은 **천역을 담당**하였다.

6. 천민(賤民): 법제적으로 노비만 천민, 천민의 대부분을 차지하는 것도 노비

(1) 노비[8]

　① 노비의 지위: 노비는 재산으로 취급되어 매매, 상속, 증여의 대상이 되었다. 그러나 주인이 함부로 죽이거나 처벌하는 것은 법적으로 금지되었다. 부모 중 한쪽이 노비일 때, 그 소생 자녀도 자연히 노비가 되는 제도가 일반적으로 시행되었다(일천즉천, 一賤則賤).

　② 노비의 구분: 국가에 속한 공노비와 개인에게 속한 사노비가 있었다.

　　㉠ 공노비[9]: 주로 관청에 소속되어 관청의 잡무 처리와 물품 제작에 참여했다. 또한, 유외잡직으로 불리는 하급 기술관직에 진출할 수 있었다.

입역 노비(선상 노비)	소속된 관청에 일정 기간 동안 무상으로 노동력 제공
납공 노비	지방에 거주하면서 농사를 짓고 매년 50%의 병작료와 신공(몸값) 납부

　　㉡ 사노비

솔거 노비	주인과 같이 살거나 근처에 거주하면서 직접적인 노동력 제공
외거 노비	• 주인과 따로 살면서 노동력 대신에 신공 납부, 재산 소유 가능 • 주인으로부터 사경지를 받아 그 수확을 본인이 차지하여 재산 축적 가능

❸ 위항인(委巷人)

위항은 좁고 지저분한 거리를 뜻하는 말로, 위항인이란 바로 그런 좁은 골목에 사는 중인층들을 부르는 말이다.

❹ 여항인(閭巷人)

벼슬을 하지 않는 일반 백성들을 이르는 말이다. 위항인과 함께 중인층을 일컬어 부르는 용어였다.

❺ 역관

사역원에서 외국어를 교육받았으며 주로 외교 업무에 종사하였다.

❻ 한품서용(限品敍用)

기술관·서얼은 정3품까지, 향리는 정5품까지 승진할 수 있었다. 양반만이 승진의 제한없이 정품까지 오를 수 있었다.

❼ 신량역천(身良役賤)

수군, 조례(관청의 잡역 담당), 나장(형사 업무 담당), 일수(지방 고을 잡역), 봉수군(봉수 업무), 역졸(역에 근무), 조졸(조운 업무) 등 힘든 일에 종사한 일곱 가지 부류(칠반천역)를 말한다.

❽ 노비

조선 시대에 주인과 노비 사이에는 유교적 군신 관계가 적용되었다. 이는 고려 시대에 비해 노비의 인격이 높아졌음을 의미한다.

❾ 공노비

공노비들 중에서는 궁중에서 음악을 연주하고, 정원을 가꾸고, 요리를 하고, 의복을 제조하는 등의 기술을 가진 자들이 많았다.

(2) 기타

① **종류**: 백정, 무당, 창기, 광대 등도 천민으로 천대를 받았다. 이들은 법적으로 양인으로 분류되었으나, 노비와 같은 천민 취급을 받았다.

② **백정(白丁)**: 백정은 본래 고려 시대의 농민층을 일컫는 말이다. 조선 초기 이후 일반 농민층은 평민·양민 등으로 불렸다. 그리고 백정이라는 용어는 주로 **도살업·유기 제조업·육류 판매업** 등에 종사하던 천민을 지칭하는 데 사용되었다.

심화사료 百出

2022. 지방직 9급

서얼의 정치적 진출 제한 비판

서얼의 과거 응시와 벼슬을 제한한 것은 우리나라의 옛 법이 아니다. 그런데 『경국대전』을 편찬한 뒤부터 이들을 금고(禁錮)하였으니, 아직 백 년이 채 되지 않았다. 또한 다른 나라에 이러한 법이 있다는 말은 듣지 못했다. 경대부(卿大夫)의 자식인데 오직 **어머니가 첩이라는 이유**만으로 대대로 이들의 벼슬길을 막아, 비록 훌륭한 재주와 쓸만한 자질이 있어도 이를 발휘할 수 없게 하였으니, 참으로 안타깝다.

– 어숙권, 『패관잡기』

중인에 대한 차별

성종 13년 4월 신해 사헌부 대사헌 채수가 아뢰었다. "어제 전지를 보니 통역관, 의관을 권장하고 장려하고자 능통하고 재주가 있는 자는 동서 양반에 발탁하여 쓰라고 특별히 명령하셨다니 듣고 놀랐습니다. 무릇 벼슬에는 높고 낮은 것이 있고 직책에는 가볍고 무거운 것이 있습니다. **무당, 의관, 약사, 통역관은 사대부의 반열에 낄 수 없습니다. …… 의관, 역관 무리는 모두 미천한 계급 출신으로서 사족이 아닙니다**."

– 『성종실록』

---

02 사회 정책과 사회 제도

1. 사회 제도 운영

(1) **환곡 제도**: 의창, 상평창에서 환곡 제도를 실시하여 농민들을 구제하였다.

① **의창**: 고려의 의창을 계승한 것이다. 그러나 기금 고갈로 중종 때 폐지되었다.

② **상평창**: 원래 물가 조절 기구로 설치되었다. 의창이 폐지되자 의창의 업무를 담당했으며, 원곡의 10%[모곡(耗穀)]를 이자로 받았다. 이후 이 이자는 **고리대로 변질**되어 갔다.❶

(2) **사창제(社倉制)**: 향촌 사회를 안정시키기 위해 지방의 양반 지주들이 자치적으로 운영한 것이다. 문종 때 제도화되었으나 폐단이 많아지자 성종 때 폐지되었다.

2. 의료 시설

(1) **혜민국**: 서민 환자의 구제와 약재 판매를 담당하였고 의녀❷를 교육하였다. 이후 세조 때 혜민서로 개칭되었다.

(2) **동·서 대비원**: 수도권에 거주하는 서민 환자의 진료와 약재 판매를 담당하였다.

(3) **동·서 활인서**: 동·서 대비원을 계승하였다. 서민 환자를 치료하고 유랑자를 도왔다.

(4) **제생원**: 지방민의 구호 및 진료를 담당하였다.

---

❶ 환곡(還穀)의 세금화

조선 후기에 들어와 환곡은 지방의 재정을 메우는 방법으로 이용되어 사실상 세금과 다를 바 없었다. 19세기 삼정의 문란 중 환곡의 폐해가 가장 심각하였다.

❷ 의녀

조선 시대에 부인들의 질병을 진료하기 위해 두었던 여자 의원이다. 태종 때 의녀 제도를 처음 만들었으며, 세종 때 의녀의 수를 확대하였다.

03 법률 제도

1. 형법과 민법

조선 시대에는 『경국대전』, 『대명률』❸ 등의 법전에 의해 형벌과 민사에 관한 사항을 규율하였다.

(1) **형법(刑法)**: 형벌에 관한 사항은 대부분 『대명률』의 적용을 받았다.

　① **형벌의 종류**: 형벌은 태·장·도·유·사❹의 5종이 기본으로 시행되었다.

　② **중대 범죄 처벌**: 범죄 중에서 가장 무겁게 취급된 것은 유교 윤리를 어긴 반역죄와 강상죄❺였다. 범인의 가족까지 함께 처벌하는 **연좌제가 적용**되었다. 심한 경우에는 범죄가 발생한 고을의 호칭이 강등되고, 고을의 수령은 낮은 근무 성적을 받거나 파면되기도 하였다.

(2) **민법(民法)**

　① **처리 주체**: 재판권을 가지고 있는 관찰사와 수령 등 지방관이 처리하였다.

　② **소송 내용**: 토지와 노비 등 소유권 분쟁이 주를 이루었다. 초기에는 노비 관련 소송이 많았으나, 이후 남의 묘지에다 자기 조상의 묘를 쓰는 데서 발생하는 **산송(山訟)**이 주류를 이루었다.

2. 사법 기관

(1) **특징**: 사법 기관은 행정 기관과 명확히 구분되지 않았다.

(2) **운영**

　① **중앙**: 의금부(국왕 직속, 역모죄 관장), 사헌부, 형조(재판 기관, 사법 행정 감독), 한성부(전국의 토지·가옥·노비의 소송 처리), 장례원(노비 소송 담당) 등의 관청이 있었다.

　② **지방**: 관찰사와 수령은 발령받은 지역에서 사법권을 행사하였다. 또한, 포도청이 있어 죄인 심문, 도둑 체포, 순찰(치안 유지·화재 예방 목적) 등을 하였다.

(3) **합리적 재판 제도의 운영**

재판에 불만이 있을 때는 상부 관청에 소송을 제기할 수도 있었다. 또한 **신문고**❻나 징을 쳐서 임금에게 직접 호소하는 방법도 있었으나, 일반적으로 시행되지는 않았다.

고등사료 百出

신문고 제도

의정부에서 상소하기를 "서울과 외방의 고할 데 없는 **백성이 억울한 일을 소재지의 관청에 고발하여도 소재지의 관청에서 이를 다스려 주지 않는 자는 나와서 등문고를 치도록 허락하소서.** …… 그 중에 사사로이 (남에게) 원망을 품어서 감히 무고를 행하는 자는 반좌율(反坐律)을 적용하여 참소하고 간사하게 말하는 것을 막으소서" 하여 그대로 따르고, **등문고를 고쳐 신문고(申聞鼓)라 하였다.**

　　　　　　　　　　　　　　　　　　　　　　　　　　　　　　　　 － 『태종실록』

---

❸ 『대명률(大明律)』

명나라 때 지어진 형벌에 관한 기본 법전이다.

❹ 태(笞)·장(杖)·도(徒)·유(流)·사(死)

태형	볼기를 치는 매질(10~50대)
장형	곤장형(60~100대)
도형	징역을 살며 강제 노동
유형	• 섬이나 변방으로 유배 • 유배지가 멀수록 중죄인
사형	교수형과 참수형

❺ 강상죄(綱常罪)

삼강오륜과 같은 유교 윤리를 어긴 죄

❻ 신문고(申聞鼓)

1401년(태종 1) 백성들의 억울한 일을 해결할 목적으로 대궐 밖에 설치한 북이다. 그러나 북을 함부로 치면 매우 큰 벌을 받았고, 북을 칠 수 있는 사건의 종류가 매우 제한되어 있어서 실제로는 크게 이용되지 않았다. 연산군 때 폐지되었으나 1771년(영조 47) 영조가 다시 부활시켰다. 태종 때는 의금부가 관할하였고 영조 때는 병조에서 주관하였다.

1. 사족의 향촌[1] 지배

(1) 향안: 사족(지방 양반)의 명단으로, 향안에 이름을 올려야 그 지역의 양반으로 인정받았다.

(2) 향회: 향안에 이름이 기록된 사족들로 구성된 자치 기구이다. 이를 통해 사족들의 결속을 다지고 지방민을 통제하였다. 또한 향회의 운영 규칙을 향규라고 하였다.

2. 유향소[2]

(1) 설립: 지방의 유향품관들이 조직한 향촌 자치 기구이다. 수령을 보좌하고 향리를 규찰하며 향촌 사회의 풍속을 바로잡고자 하였다.

(2) 변화: 태종 때 중앙 집권 정책의 일환으로 유향소를 혁파하였다. 세종 때 부활했으나 세조 때 폐지되었다가 성종 때 다시 설치되었다. 왜란 이후, 수령의 업무를 보조하는 기구로 변질되어 향청 또는 향소라고 불렸다.

(3) 경재소: 현직 관료가 연고지의 유향소를 통제하는 제도로서, 중앙과 지방의 연락 업무를 맡았다. 임진왜란 이후 1603년(선조 36)에 폐지되었다.

3. 향약

(1) 성격: 전통적 공동 조직에 삼강오륜을 중심으로 한 유교 윤리를 결합시킨 자치 조직이다. 여기에 어려운 일을 당하면 서로 돕는 미풍양속을 계승하였다. 이러한 특징들은 '덕업상권', '과실상규', '예속상교', '환난상휼'의 4대 덕목[3]에 반영되었다.

(2) 실시 및 확산: 중종 때 조광조가 향약의 실시를 주장한 이래로 전국적으로 보급[4]되었다. 이황은 영남 지방에서 도덕 중심의 향약(예안향약)을, 이이는 기호 지방에서 경제적 상부상조에 역점을 둔 향약(해주향약, 서원향약)을 만들어 보급하였다.

(3) 조직과 운영
  ① 조직: 향촌민 전원을 강제적으로 편성하였다. 임원은 사족 중에서 임명되었는데, 회장인 도약정과 부약정·약정·직월 등이 있었다. 농민들은 향약의 하부 구성원이 되었다.
  ② 운영: 향약의 윤리 규범은 사족과 농민 사이에 차별적으로 적용되었다. 또한 향약을 어기면 제재를 가하거나 마을에서 추방할 수 있었다.

(4) 역할: 질서 유지와 치안을 담당하는 등 향촌의 자치 기능을 맡았다. 또한 백성에게 성리학적 윤리를 확산시키는 데 크게 기여하였다.

(5) 부작용: 사족들은 향약을 통해 농민을 통제·장악했기 때문에 농민들이 지방관보다 더 두려워했으며, 지방 유력자가 주민을 수탈하는 배경을 제공하기도 하였다.

---

❶ 향촌(鄕村)

향촌은 중앙과 대비되는 개념이다. 향(鄕)은 행정 구역상 군현의 단위를 말하며, 촌(村)은 중앙에서 지방관이 파견되지 않은 촌락이나 마을을 의미한다.

❷ 유향소(留鄕所)

좌수와 별감을 선출하여 자율적으로 규약을 만들고, 수시로 향회를 소집하여 여론을 수렴하였다.

❸ 향약의 4대 덕목
- 덕업상권(德業相勸): 좋은 일은 서로 권장한다.
- 과실상규(過失相規): 잘못한 일은 서로 규제한다.
- 예속상교(禮俗相交): 올바른 예속을 서로 나눈다.
- 환난상휼(患難相恤): 재난과 어려움을 서로 돕는다.

❹ 향약(鄕約)의 보급

사림 세력들은 여씨향약을 한글로 번역하여 전국에 보급하고(김안국, 여씨향약 언해본 간행), 점차 우리나라의 실정에 맞는 향약을 만들어 군·현이나 마을 단위로 시행하였다.

고등사료 百出

향약의 성립

이제부터 우리 고을 선비들이 하늘이 부여한 본성을 근본으로 하고 국가의 법을 준수하며 집에서나 고을에서 각기 질서를 바로잡으면 나라에 좋은 선비가 될 것이요, …… 진실로 이를 알지 못하고 올바른 것을 어기고 예의를 해침으로써 우리 고을 풍속을 무너뜨리는 자는 바로 하늘의 뜻을 거역하는 백성이다. **벌을 주지 않으려 해도 주지 않을 수 있겠는가. 이것이 바로 오늘날 부득이 향약을 세우는 까닭이다.**

– 「퇴계집」

해주향약 입약 범례문

무릇, 뒤에 향약에 가입하기를 원하는 자에게는 반드시 먼저 **규약문**을 보여 몇 달 동안 실행할 수 있는가를 스스로 헤아려 본 뒤에 가입하기를 청하게 한다. 가입을 청하는 자는 반드시 단자에 참가하기를 원하는 뜻을 자세히 적어서 모임이 있을 때에 진술하고, 사람을 시켜 **약정(約正)**에게 바치면 약정은 여러 사람에게 물어서 좋다고 한 다음에야 글로 답하고, 다음 모임에 참여하게 한다.

– 「율곡전서」

해주향약(이이)

4. 서원

(1) 설립: 중종 때 풍기 군수 **주세붕**[5]이 **백운동 서원(최초의 서원)**을 설립하였다. 명종 때 이황의 건의로 **소수 서원(최초의 사액 서원)**으로 사액을 받았다. 이후 여러 지역에 서원이 건립되어 명망있는 유학자들을 제사지냈다.

(2) 사액 서원: 국가로부터 서적과 토지, 노비 등을 지원받고 세금과 부역도 면제받았다. 사액을 받는다는 것은 국가에 의한 공인을 의미하기 때문에 서원에 대한 사회적 지위를 한층 높여주었다.

(3) 기능

　① 제사 기능: 이름난 선비나 공신을 제사지내고, 그들의 덕행을 추모하였다.

　② 교육 기관: 사립 교육 기관으로, 유생들이 학문을 닦고 연구하였다.

　③ 향촌 교화: 유교 윤리를 보급하고 봄과 가을에 **향음주례**[6]를 시행하기도 하였다.

　④ 여론 형성: 사림들이 모여 여론을 형성했으며, 붕당의 형성에도 많은 영향을 끼쳤다.

(4) 부작용: 서원의 권한이 강화되면서 지방민에 대한 수탈 등의 부작용이 나타났다.

심화사료 百出

서원(書院)

우리나라 교육 방법은 중국 제도를 따라 **중앙에는 성균관과 사학(四學)이 있고, 지방에는 향교가 있습니다.** 진실로 좋은 일이지만 서원이 설치되었다는 말은 들은 바가 없습니다. 이것은 우리 동방의 큰 결점입니다. **주세붕이 처음 서원을 세울 때** 세상에서는 의심하였습니다. 주세붕은 뜻을 더욱 가다듬어 많은 비웃음을 무릅쓰고 비방을 물리쳐 지금까지 누구도 하지 못했던 장한 일을 이루었습니다. …… **최충, 우탁, 정몽주, 길재, 김종직, 김굉필 같은 이가 살던 곳에 서원을 건립하게 될 것입니다.**

– 「퇴계집」

❺ 주세붕

주세붕은 안향(성리학의 최초 전래)의 고향인 경상도 백운동에 회헌사를 세우고, 이후 교육 시설을 더해서 백운동 서원을 건립하였다.

❻ 향음주례(鄕飮酒禮)

향촌의 선비나 유생이 학덕과 연륜이 높은 이를 주된 손님으로 모시고 술을 마시며 잔치를 하는 의례(儀禮) 중 하나이다. 이러한 의식을 통해 연장자를 존중하는 질서와 겸손의 예법을 익혔다.

백운동 서원(소수 서원)

고등사료 百出

족보의 의미

내가 생각건대, 옛날에는 종법이 있어 대수(代數)의 차례가 잡히고 적자와 서자의 자손이 구별지어져 영원히 알 수 있었다. 종법이 없어지고서는 족보가 생겨났는데, **무릇 족보를 만듦에 있어 반드시 그 근본을 거슬러 어디서부터 나왔는가를 따지고 그 이유를 자세히 적어 그 계통을 밝히고, 친함과 친하지 아니함을 구별하게 된다.** 이로써 종족 간의 의리를 두터이 하고 윤리를 바르게 할 수 있었다.

– 「안동 권씨 성화보」❶ 서문

5. 촌락의 구성과 운영

(1) 촌락: 향촌을 구성하는 기본 단위로써 자연촌으로 존재하면서 동(洞), 리(里)로 편제되었다.

(2) 운영: 자연촌 단위의 몇 개의 리(里)를 면으로 묶은 **면리제**를 실시하였다.

(3) 촌락의 농민 조직

　① 두레: 여러 사람이 힘을 모아 공동 작업을 하는 **공동 노동체**이다. 삼한 때부터 존재했다.

　② 향도: 임진왜란 이후 향도는 단순히 상여를 메는 사람인 **상두꾼**으로 잔존하게 되었다.

대표 **기출문제**

밑줄 친 '이들'에 해당하는 것은?

이들의 과거 응시와 벼슬을 제한한 것은 우리나라의 옛 법이 아니다. 그런데 「경국대전」을 편찬한 뒤부터 이들을 금고(禁錮)하였으니, 아직 백 년이 채 되지 않았다. 또한 다른 나라에 이러한 법이 있다는 말은 듣지 못했다. 경대부(卿大夫)의 자식인데 오직 어머니가 첩이라는 이유만으로 대대로 이들의 벼슬길을 막아, 비록 훌륭한 재주와 쓸만한 자질이 있어도 이를 발휘할 수 없게 하였으니, 참으로 안타깝다.

① 향리　　　　　　　② 노비
③ 서얼　　　　　　　④ 백정

해설

③ 제시된 자료의 밑줄 친 '이들'은 서얼을 일컫는다. 양반의 첩에게서 태어난 서얼은 양반 정실의 자녀보다 차별을 받았다. 이들은 문과에 응시하는 것이 금지되었고, 관직 진출에도 제한이 있어 정3품까지만 승진할 수 있었다.

정답 ③

03 강 민족 문화의 융성

解/法 기출분석

구 분		2008~2018	2019	2020	2021	2022	2023	2024	2025
9급	국가직	• 조선 전기의 문화(2) • 세종 대의 문화 • 중종 대의 문화 • 해외 견문록 • 혼일강리역대국도지도 • 회화 • 유네스코 문화유산	서적 편찬 (성종)	조선 전기 문화				성종 대의 문화	
	지방직	• 세종 대의 문화 • 의궤(2) • 훈민정음 • 자기(2) • 예술(2) • 해외 유출 문화재 • 한양의 구조	서적 편찬	• 덕수궁 • 유네스코 세계 유산			세종 대의 문화		유네스코 문화유산
	법원직	• 세종 대의 문화(2) • 과학 기술 • 역사서(고려사)				농서 편찬			

解法 요람

근세 문화 총정리

	15세기	16세기
지배층	훈구: 부국강병, 중앙 집권	사림: 의리와 도덕, 향촌 자치
성리학	성리학 + α	**성리학** + X (Only 성리학)
역 사	**자주적(『고려사』, 『동국통감』)**	**존화주의적(『기자실기』, 『동몽선습』)**
과 학	**과학 기술↑**: 훈민정음, 측우기, 자격루, 『칠정산』, 『농사직설』 등	과학 기술 천시로 인한 쇠퇴, 심성론(수기) 중시
윤리서	**『삼강행실도』, 『국조오례의』**	**『이륜행실도』, 『동몽수지』**
건 축	**궁궐, 관아, 성문,** 학교 건축 중심	**서원** 건축 중심(옥산 서원, 도산 서원)
공 예	분청사기(실용과 검소)	백자(사대부의 취향)
미 술	**독자적 화풍**: 무로마치 미술에 영향 몽유도원도(안견), 고사관수도(강희안)	**다양한 화풍**: 산수화, 사군자 유행 초충도(신사임당), 송하보월도(이상좌), 모견도(이암), 묵죽도(이정), 월매도(어몽룡)

01 한글 창제

1. 한글 창제 배경

(1) 한자 사용의 불편함

고유 문자가 없어서 우리말을 자유롭게 표현할 수 없었기 때문에, 누구나 배우기 쉽고 쓰기 좋은 우리의 문자가 필요하였다.

(2) 통치의 안정성 확보

백성들을 교화하고, 국가의 통치 이념을 널리 알려 통치의 안정성을 높이고자 하였다.

2. 훈민정음 반포와 보급

(1) 창제: 세종은 한글 창제를 위해 궐내에 정음청이라는 임시 기구를 설치하였다. 이후 한글 28자를 만들고 1446년 훈민정음❶을 반포하였다.

(2) 편리성: 글자들은 발음 기관의 모양을 기본으로 삼아 만들어졌다. 또 누구나 쉽게 배우고 쓸 수 있으며, 웬만한 소리는 거의 다 표현할 수 있는 매우 뛰어난 문자이다.

(3) 한글로 편찬된 서적들: 불경·농서·윤리서·병서 등이 한글로 번역되거나 편찬되었다.

① 『용비어천가』: 세종 때 왕조의 정통성을 널리 알리기 위해 만든 서사시로, 조선의 창업 과정을 찬양하였다. 한글로 엮어진 최초의 작품이다.

② 『월인천강지곡』: 세종이 부처님의 덕을 기리며 지은 찬가이다.

③ 『석보상절』: 세종 때 수양 대군(훗날 세조)이 왕명으로 석가의 일대기를 찬술한 불경 언해서이다.

④ 『월인석보』: 세조 때 『월인천강지곡』과 『석보상절』을 합본한 서적이다.

⑤ 『훈몽자회』: 16세기 중종 때 최세진이 편찬한 한자 학습 서적이다. 한자를 각 항목으로 나누어 한글로 음과 뜻을 달아서 '한글의 작명서'라는 별칭이 붙었다.

(4) 행정 실무: 훈민정음을 행정 실무에 이용하게 했으나 잘 시행되지 못하였다.

❶ 『훈민정음해례』(1446)

『훈민정음해례』는 훈민정음 창제의 동기와 목적을 밝히고 창제의 과정과 원리 및 실제적인 사용법에 대해 설명하였다. 1997년 유네스코 세계 기록 유산으로 등재되었다.

훈민정음 언해본

심화사료 百出

2025. 지방직 9급, 2013. 경찰 2차

훈민정음

계해년(1443, 세종 25) 겨울에 **우리 전하께서 정음(正音) 28자를 처음으로 만들어 예의(例義)를 간략하게 들어 보이고 명칭을 '훈민정음'이라 하였다.** 물건의 형상을 본떠서 글자는 고전(古篆)을 모방하고, 소리에 인하여 음(音)은 칠조(七調)에 합하여 삼극의 뜻과 이기의 정묘함이 구비되어 포괄되지 않은 것이 없어서, 28자로써 전환하여 다함이 없이 간략하면서도 요령이 있고 자세하면서도 통달하게 되었다. 그런 까닭으로 지혜로운 사람은 아침나절이 되기 전에 이를 이해하고, 어리석은 사람도 열흘 만에 배울 수 있게 된다. 이로써 글을 해석하면 그 뜻을 알 수가 있으며, …… 바람 소리와 학의 울음이든지, 닭 울음소리나 개 짖는 소리까지도 모두 표현해 쓸 수 있게 되었다.

– 『세종실록』

02 역사서와 통치 기록

1. 15세기의 역사서

조선은 왕조의 정통성에 대한 명분을 내세우기 위해 국가적 차원에서 역사서의 편찬에 힘썼다.

(1) 『고려국사』[2] : 태조 때 정도전은 『고려국사』를 편찬하여 조선 건국의 정당성을 밝혔다.

(2) 『동국사략』 : 태종 때 권근이 서술한 것으로, 단군 조선부터 삼국 시대까지 고대사를 정리하였다.

(3) 『고려사』[3] : 고려 시대의 역사를 정리한 **기전체** 사서이다. 고려 국왕들을 본기가 아닌 세가로 분류했으며, 우왕·창왕을 열전으로 격하시켜 폐가입진의 명분을 강조하였다.

(4) 『고려사절요』 : 문종 때 김종서 등이 편찬한 **편년체** 사서로, 군주에게 교훈을 줄 목적으로 편찬되었다.

(5) 『삼국사절요』[4] : 성종 때 편찬한 **편년체** 사서로, 단군 조선으로부터 삼국의 멸망까지를 다루었다.

(6) 『동국통감』[5] : 성종 때 서거정 등이 고조선~고려 말까지의 역사를 정리한 **편년체** 통사로, 단군을 민족의 시조로 인식하였다.

심화사료 百出

2014. 경찰 1차, 2012. 지방직 9급, 2008. 법원직 9급

『고려사(高麗史)』의 편찬

임금이 말하기를, "…… 고려 실록에 기록되어 있는 천변과 지괴를 정사(正史)에 기록하지 않은 것은, 전례에 의하여 다시 첨가하여 기록하지 말고, 또 그 군왕의 시호는 아울러 실록에 의하여 태조 신성왕, 혜종 의공왕이라 하고, 묘호와 시호도 그 사실을 인멸하지 말 것이며, 그 태후, 태자와 관제(官制)도 또한 모름지기 고치지 말고, ……"라고 하였다.   – 『세종실록』

『고려사(高麗史)』 서문

대개 지난 시기 흥망이 앞날의 교훈이 되기에 이 역사책을 편집하여 올리는 바입니다. …… 이 책을 편찬하면서 범례는 사마천의 『사기』에 따랐고, 기본 방향은 직접 왕에게 물어서 결정하였습니다. **'본기'라고 하지 않고 '세가'라고 한 것은 대의명분의 중요함을 보인 것입니다. 신우, 신창을 세가에 넣지 않고 열전으로 내려놓은 것은 왕위를 도적질한 사실을 엄히 밝히려 한 것입니다.** – 『고려사』

『고려사절요(高麗史節要)』 서문

김종서 등은 삼가 새로 『고려사절요』를 정서해 올립니다. …… 사마천의 『사기』를 조술(祖述)하여 어기지 않은 것은 그 규모(規模)가 크고 넓어서 저술할 내용이 잘 갖추어져 있기 때문입니다. 그러나, 글이 번잡하고 읽기 어려운 결점을 면할 수 없으니, 이것이 서로 장점·단점이 있어서 사가(史家)가 한쪽만을 버릴 수 없는 것입니다. 고려는 …… 마침내 어둡고 나약해서 스스로 멸망에 이르고 말았으니, ……   – 『고려사절요』

『동국통감(東國通鑑)』 서문

일찍이 세조께서, "우리 동방에는 비록 여러 역사책이 있으나 장편으로 되어 귀감으로 삼을 만한 것이 없다."라고 말씀하시고, 관리들에게 명하여 편찬하게 하셨지만 제대로 이루어지지 못하였습니다. 주상께서 그 뜻을 이어받아 **서거정** 등에게 편찬을 명하셨습니다. …… 이 책을 지음에 명분과 인륜을 중시하고 절의를 숭상하며, 난신을 성토하고 간사한 자를 비난하는 것을 더욱 엄격히 하였습니다.   – 『동국통감』

제4막 근세 사회의 발전

❷ 『고려국사(高麗國史)』
『고려국사』는 이후에 편찬된 『고려사절요』의 모태가 되었다.

❸ 『고려사』
1449년(세종 31)에 편찬을 시작해 1451년(문종 1)에 완성되었다. 우왕과 창왕을 신돈의 자식으로 간주(신우, 신창)하여 조선 건국의 정당성을 강조하였다.

❹ 『삼국사절요(三國史節要)』
『삼국사기』에 빠진 고조선사를 보완했으며, 『삼국유사』의 내용을 많이 인용하였다. 그러나 단군 신화는 기록하지 않았다.

❺ 『동국통감』의 구성
삼국기, 신라기, 고려기, 외기(상고사를 외기로 처리하여 평가 절하)로 구성되었다.

2. 16세기의 역사서

존화주의적 역사 의식을 반영한 역사서들이 편찬되면서 기자 조선이 중요하게 다루어졌다.

(1) 『기자실기』: 선조 때인 1580년 **이이**가 편찬한 존화주의적 성격의 사서로, 기자의 행적을 정리하고 기자[1]를 공자와 같은 성인으로 추앙하였다. 단군보다 **기자를 중시**한 역사 의식이 반영된 것이다.

(2) 『동몽선습』[2] : 중종 때 박세무가 저술하였다. 『천자문』을 익힌 뒤에 배우는 초등 역사 교재이다.

2010. 지방직 7급

> ### 사림의 역사관
>
> 물론 단군께서 제일 먼저 나시기는 하였으나 문헌으로 상고할 수 없다. 삼가 생각하건대 **기자께서 우리 조선에 들어와서 그 백성을 후하게 양육하고 힘써 가르쳐 주어** 머리를 틀어 얹는 오랑캐의 풍속을 변화시켜, 문화가 융성하였던 제나라와 노나라 같은 나라로 만들어 주셨다.
>
> – 『기자실기』

解法 도움닫기 조선 시대의 단군 인식 변화

조선을 세운 사대부들은 단군을 민족의 시조로 여기며, 중국에서 첫 나라를 세웠던 요임금과 대등한 군주로 인식하였다. 또한, 강화도 참성단에서 거행되던 초제도 계속 시행되었다. 그러나 16세기 사림이 중앙 정계에 진출하면서 단군에 대한 인식은 일시적으로 약화되었다. 당시 사림은 유교 경전인 『논어』에 현인으로 등장하는 기자가 우리 민족에게 선진 문물을 가르쳤다는 내용을 받아들여, 단군보다는 기자를 민족의 시조로 이해하고자 하였다. 하지만 17세기 이후 이러한 분위기에 비판적인 움직임이 나타나고 문헌의 고증 등을 통해 단군 조선이 다시 정통으로 인정받게 되었다.

3. 통치 기록

(1) 『등록』: 각 관청에서 날짜에 따라 기록한 **업무 일지**이다. 중앙은 물론 지방 관아에서도 작성하였다.

(2) 『시정기』: 춘추관은 관청별 업무 일지인 등록을 모아 시정기를 정기적으로 편찬하였다.

(3) 『승정원일기』: 승정원의 주서가 왕과 신하 간에 오고간 문서와 국왕의 일과를 매일 기록하여 보름 또는 한 달 간격으로 1권씩 편찬하였다. 임진왜란·이괄의 난 등으로 **인조 이전의 기록은 소실**되었다.

(4) 사초(史草): 예문관의 **사관(史官)**들이 작성한 회의록으로, **실록 편찬의 기본 자료**였다.

(5) 『국조보감』: 역대 국왕의 업적 가운데 모범이 될 만한 내용을 실록에서 뽑아 만들었다. 편년체로 기록했으며, 세조 때 처음 편찬하였다.

(6) 조보: 조정의 소식과 관리의 인사 발령을 알려준 신문이다.

4. 『조선왕조실록』

(1) 실록의 내용

실록의 편찬은 고려 시대에도 있었으며, 조선 시대에는 『태조실록』부터 『철종실록』까지 역대 왕의 실록이 **편년체**로 편찬되었다. 광해군과 연산군은 일기(日記)로 표시되었고, 편찬된 실록을 수정·개수하는 경우도 있었다. 1997년 유네스코 세계 기록 유산에 등재되었다.

(2) 편찬 과정[3]

국왕이 죽은 후 춘추관을 중심으로 **실록청**을 설치하였다. 사초와 각 관청의 문서를 모아 편찬 작업을 하였다. 국왕도 사초의 내용을 볼 수 없었다. 이는 권력자의 개입을 방지하기 위한 조처였다.

---

(3) 편찬 자료

사관이 왕의 말과 행동을 기록한 사초를 바탕으로, 춘추관 『시정기』·『승정원일기』 등 행정 기관의
기록과 개인 문집 등을 모아 실록이 편찬되었다. 이후 『비변사등록』, 『일성록』 등이 추가되었다.

(4) 보관

4대 사고(춘추관, 충주, 전주, 성주)에 보관하였으나, 임진왜란 때 전주 사고본을 제외하고 소실되었
다. 왜란 후 전주 사고본은 강화도 정족산 사고로 이관하고, 이를 바탕으로 4부를 더 만들어 춘추
관·오대산 등에 보관하였다.

5. 의궤[4]

'의식의 궤범'이란 뜻으로, 국가나 왕실에서 거행한 주요 행사를 기록과 그림으로 남긴 책이다. 2007년
국내본 의궤에 한하여 유네스코 세계 기록 유산에 등재되었다.

(1) 편찬 과정: 왕실의 주요 행사가 있을 때 행사를 주관하는 도감을 설치한다. 행사가 끝난 후 의궤청을
만들고, 도감에서 작성한 등록과 반차도[5] 등의 그림 자료를 종합·정리하여 의궤[6]를 편찬하였다.

(2) 보관: 청색·녹색 비단으로 표지를 꾸민 어람용을 1부 별도 제작하고, 나머지는 관련 관청에 나누어
보관하였다. 현존하는 의궤는 모두 조선 후기에 제작된 것으로, 왜란 이전의 의궤는 남아있지 않다.

조선의 사고(史庫)

조선 전기의 4대 사고	
춘추관(본)	임진왜란으로 소실
성주 사고(본)	임진왜란으로 소실
전주 사고(본)	임진왜란 후 전주 사고본을 바탕으로 실록 5질 편찬
충주 사고(본)	임진왜란으로 소실

조선 후기의 5대 사고	
춘추관(본)	호란을 거치면서 소실
오대산 사고(본)	일제 강점기에 일본에서 가져갔다가 관동 대지진으로 소실
적상산 사고(본)	6·25 전쟁 중 북한에서 가져감.
정족산 사고(본)	서울대 규장각에서 보관 중
태백산 사고(본)	정부기록보존소에서 보관 중

03 지도·지리서의 편찬

1. 지도

(1) 혼일강리역대국도지도[7](1402)

① 제작[8]: 태종 때 이회가 만들었으며, 지도의 발문은 권근이 썼다.

② 특징: 아라비아의 영향을 받은 원나라 세계 지도(혼일강리도, 성교광피도)에 우리나라와 일본의
지도를 덧붙여 제작하였다. 유럽·아프리카·중국 등이 그려져 있으며, 아메리카 대륙은 빠져 있다.

③ 의의: 필사본이 일본에 있는데, 현존하는 세계 지도 중 동양에서는 가장 오래된 것이다.

(2) 동국지도: 세조 때 양성지·정척 등이 실측 지도인 동국지도를 제작하였다.

(3) 조선방역지도: 16세기 명종 때 제작된 지도이다. 만주와 대마도까지 그려져 있다.

오대산 사고

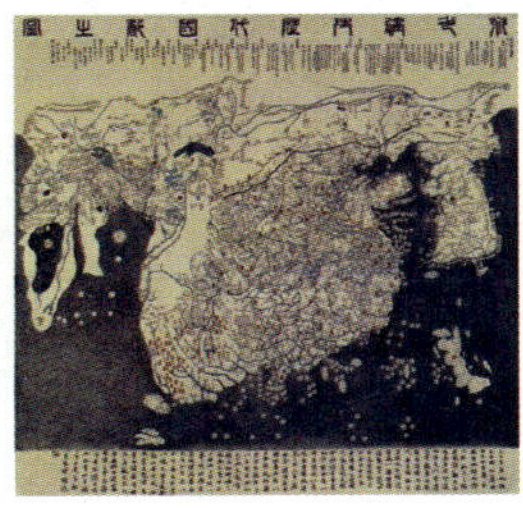

2. 지리서

(1) 『신찬팔도지리지』: 세종 때 제작되었다(1432). 각 도별로 지리지를 편찬했으나 현존하지는 않는다.

(2) 『세종실록지리지』: 『신찬팔도지리지』를 축소하여 단종 때 편찬한 것이다. 군현 단위로 연혁·인물·고적·토지·호구·물산 등 60여 항목을 기록하였다.

(3) 『팔도지리지』: 성종 때 양성지에 의해 제작되었는데, 군사적 사항이 더 상세하게 조사·기록되었다.

(4) 『동국여지승람』: 성종 때 노사신 등이 편찬하였다. 군현의 연혁·지세·인물·풍속 등이 자세히 수록되어 있다.

(5) 『신증동국여지승람』: 『동국여지승람』을 보충한 것으로, 중종 때 편찬되었다.

(6) 『해동제국기』: 세종 때 일본에 다녀왔던 신숙주가 성종의 명령에 따라 완성한 견문록이다(1471, 성종).

04 윤리·의례서와 법전의 편찬

1. 윤리·의례서의 편찬

(1) 15세기
① 『삼강행실도』: 세종이 설순에게 명하여 편찬하였다. 모범이 될 만한 충신, 효자, 열녀 등의 행적을 그림으로 그리고 설명을 붙인 책이다.
② 『효행록』: 고려 후기에 편찬된 효행에 관한 기록을 세종 때 설순 등이 개정한 책이다.
③ 『오륜록』: 세조 때 편찬된 유교 윤리 의례서이다.
④ 『국조오례의』[1]: 국가의 여러 행사에 필요한 의례(오례)를 정비하여 **성종** 때 편찬하였다.

고급사료 百出

2019. 서울시 7급, 2017. 지방직 9급(하), 2017. 경찰 2차, 2012. 국가직 7급

『삼강행실도』 서문

천하의 떳떳한 다섯 가지가 있는데 삼강이 그 수위에 있으니, 실로 삼강은 경륜의 큰 법이요 일만 가지 교화의 근본이며 원천입니다. …… '간혹 훌륭한 행실과 높은 절개가 있어도, 풍속 습관에 옮겨져서 보고 듣는 자의 마음을 흥기시키지 못하는 일도 또한 많다. 내가 그 중 특별히 남달리 뛰어난 것을 뽑아서 **그림과 찬을 만들어** 중앙과 지방에 나누어 주고, ……' 고 하시고 …… 중국으로부터 우리 동방에 이르기까지 고금의 서적에 있는 것을 찾아보지 않은 것이 없이 하여 **효자·충신·열녀로 뚜렷**이 기술할 만한 사람 각각 110명을 뽑아서 전면에는 그림을 그리고 후면에는 그 사실을 기록했으며, 아울러 시(詩)까지 써 놓았다. …… 충신과 열녀의 시도 문신들로 하여금 나누어 짓게 하여, 편찬이 끝나자 **『삼강행실도』**란 이름을 내리고 주자소(鑄字所)로 하여금 발간해서 영구히 전하게 하였다.

– 『삼강행실도』

『국조오례의』 서문

우리 세종(世宗) 장헌대왕(莊憲大王)에 이르러서는 문치(文治)가 태평에 도달하여, 마침 천재일우(千載一遇)의 기회를 맞이하였다. 이에 예조 판서 신 허조(許稠, 1369~1439)에게 명하여 **여러 제사의 차례 및 길례 의식을 상세히 정하도록** 하고, 또 집현전 유신들에게 명하여 오례 의식을 상세히 정하도록 하셨다.

– 『국조오례의』

(2) 16세기: 사림은 『소학』[2]과 『주자가례』의 보급과 실천에 힘썼다.
① 『이륜행실도』: 중종 때 사림들이 중심이 되어 제작된 서적으로, 연장자와 연소자, 친구 사이에서 지켜야 할 윤리를 강조하였다.
② 『동몽수지』: 송나라의 주자가 지은 아동용 윤리서이다. 우리나라에서는 **중종** 때 간행되었다.

✎ **5례와 4례**

5례(국가)	4례(민간)
• 길례(제사) • 가례(관례·혼례) • 빈례(사신 접대) • 군례(군사 의식) • 흉례(상례)	• 관례 • 혼례 • 상례 • 제례

❶ **『국조오례의(國朝五禮儀)』**

제사 의식인 길례, 관례와 혼례 등의 가례, 사신 접대 의례인 빈례, 군사 의식에 해당하는 군례, 상례 의식인 흉례의 오례를 정리한 책이다.

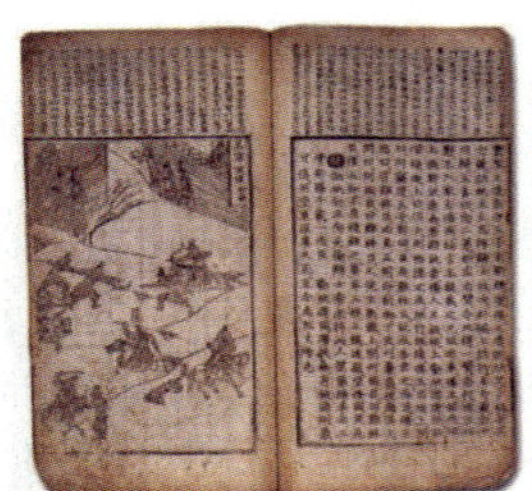

『삼강행실도(三綱行實圖)』

❷ **『소학』**

유교 입문자를 위한 중국의 수양서이다. 일상 생활의 예의범절과 충신과 효자의 공적 등을 정리하였다.

중종 때 김안국이 올린 상소

지금 성상께서 풍속을 변화시킴에 뜻을 두시므로, 신이 그 지극하신 의도를 본받아 완악한 풍속을 변혁하고자 하는데, ……
「이륜행실」은 신이 전에 승지(承旨)로 있을 때 개간을 청하였습니다. 삼강(三綱)이 중요함은 비록 어리석은 사람들도 모두 알거니와, **붕우 형제(朋友兄弟)의 윤리**에 대해서는 보통 사람은 알지 못하는 이가 있기 때문에 신이 **「삼강행실도」**에 의하여 유별로 뽑아 엮어서 개간하였습니다.

– 「중종실록」

2. 법전

(1) 『조선경국전』(태조, 1394): 정도전이 개인적으로 편찬한 법전으로 치국의 기준을 서술하였다.

(2) 『경제육전』: 태조 때 조준이 기존의 법전들을 통합하여 편찬하였다. **최초의 통일된 관찬 성문 법전이다.**

(3) 『경국대전(經國大典)』

① 편찬: 세조 때 편찬을 시작❸하여 성종 때 완성되었다. 국가를 운영하는 핵심 법전이었다.

② 구성: 『이전』, 『호전』, 『예전』, 『병전』, 『형전』, 『공전』의 6전❹으로 구성되었다.

❖ 조선의 법전

시기	왕	법전	편찬자	내용
15세기	태조	『조선경국전』	정도전	여말선초의 조례를 정리한 최초의 법전
		『경제육전』	조준	여말선초의 조례를 정리한 최초의 통일된 성문 법전
	성종	『경국대전』	최항 노사신	• 국초의 여러 법전을 토대로 명의 『대명회전』을 참고하여 편찬된 조선의 기본 법전, 최초의 종합 성문 법전 • 이전, 호전, 예전, 병전, 형전, 공전의 6전 체제
18세기	영조	『속대전』	김재로	『경국대전』 보완, 추가 법령
	정조	『대전통편』	김치인	『경국대전』과 『속대전』을 통합, 법령 추가
19세기	고종	『대전회통』	조두순	『대전통편』과 그 후의 법령을 보완 ⇒ 최대 규모의 법전
		『육전조례』	조두순	『대전회통』에 미비된 시행 규례를 보완

❸ 『경국대전』

세조 때 양성지의 건의로 육전상정소가 설치되면서 편찬이 시작되어, 성종 때 반포되었다.

❹ 6전

이전	관청과 관리 업무
호전	세금, 토지 제도 등
예전	교육, 과거, 외교
병전	군사 관련 업무
형전	형벌, 재판, 상속
공전	도로, 교통, 건축

『대전통편』과 『대전회통』의 구성

원(原)	『경국대전』 법령
속(續)	『속대전』 추가 법령
증(增)	『대전통편』 추가 법령
보(補)	『대전회통』 추가 법령

05 천문·역법·의학·농서

1. 조선 전기의 과학 기술

조선 전기의 집권층은 부국강병과 민생 안정을 위하여 과학 기술이 중요하다고 인식하였다. 과학 기술은 국가적 지원을 받아 크게 발전할 수 있었다.

2. 천문학과 각종 과학 기구의 발명

(1) 천문학

① 중요성: 천문학은 농업과 관련이 깊었으며, 유교적 관점에서 하늘의 변화는 왕의 통치를 평가하는 것으로 여겨져 중요시되었다.

② 천문도 제작: 태조 때 고구려의 천문도를 바탕으로 **천상열차분야지도**(하늘을 여러 구역으로 나누고 별자리를 표시)를 돌에 새겼다.

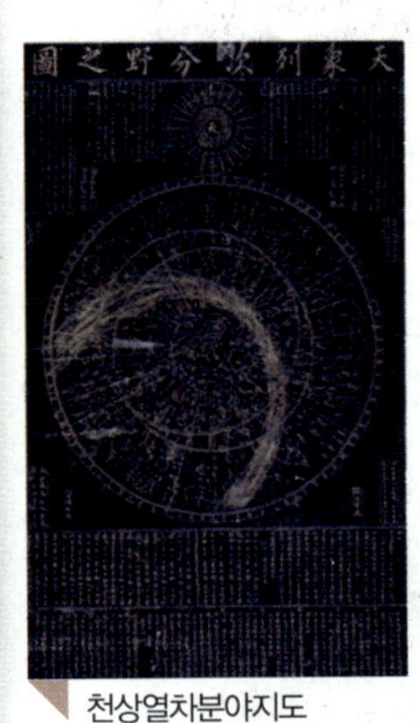

천상열차분야지도
(天象列次分野之圖)

혼의(渾儀)

③ **혼의(혼천의)**: 천체의 운행과 그 위치를 측정하던 천문 관측 기구이다.

④ **간의**: 세종 때 경복궁 경회루 북쪽에 **간의대**라는 천문대를 만들고 간의 등 천문 기구를 설치하여 천체를 관측하였다.

(2) 역법[칠정산]

① **배경**: 세종은 정인지·정초 등에게 우리 고유의 역법서를 만들라고 명하였다.

② **특징**: 이순지 등이 만든 『칠정산』은 원의 수시력과 아라비아의 회회력을 참고로 한 역법서이다. 우리나라 역사상 **최초로 서울을 기준으로** 천체 운동을 정확하게 계산하였다.

③ 구성

㉠ **내편**: 원의 수시력을 바탕으로 **서울을 기준**으로 삼아 작성한 달력이다. 천체 운동과 서울의 밤·낮 길이 등이 비교적 정확하게 기록되어 있다.

㉡ **외편**: 아라비아의 회회력을 번역·해설한 것이다.

『칠정산』

왕께서 **정흠지, 정초, 정인지** 등에게 명하여 중국 역법을 연구하여 묘리를 터득하게 하였다. 자세히 규명되지 않는 것은 왕께서 몸소 판단을 내리시어 모두가 분명히 밝혀지게 되었다. 또 태음통궤(달의 운행 도수를 추산하는 법을 기록한 책)와 태양통궤(태양의 도수를 추산하는 법을 기록한 책)를 중국에서 얻었는데 그 법이 이것과 약간 달랐다. **이를 바로잡아서 내편을 만들었다.**

— 『칠정산』 내편 서문

(3) 시간 측정 기구

물시계인 **자격루**와 해시계인 **앙부일구** 등이 만들어졌다. 자격루는 천인 출신 과학 기술자 **장영실**이 제작한 것으로, 정밀 기계 장치와 자동 시보 장치를 갖춘 뛰어난 물시계였다.

❶ 자격루(自擊漏)

세종은 경복궁 경회루의 남쪽 부근에 보루각을 설치하여 물시계인 자격루를 두었다.

2013. 법원직 9급

앙부일구

앙부일구를 **혜정교와 종묘 앞에 처음으로 설치하여 해 그림자를 관측**하였다. 집현전 직제학 김돈이 명을 짓기를, '…… 구리를 부어서 그릇을 만들었는데, 모양이 가마솥과 같다. 지름에는 둥근 송곳을 설치하여 북에서 남으로 마주 대하게 했고, 움푹 파인 곳에서 (선이) 휘어서 돌게 했으며, 점을 깨알같이 찍었는데, 그 속에 도(度)를 새겨서 반주천(半周天)을 그렸다.

앙부일구(仰釜日晷)

(4) 강우량 측정 기구

① **수표**: 청계천의 범람을 계기로 세종 때 서운관에서 수표를 만들어 하천의 수위를 측정하였다.

② **측우기**: 세종 때인 1441년 세계 최초로 측우기를 만들어 전국 각지의 **강우량**을 측정하였다.

 세종 때 과학 기술의 발전

- **이천**: 천문 기구를 만들고, 금속 활자인 갑인자 제작을 주도하였다.
- **장영실**: 천인 출신으로, 측우기·자격루·앙부일구·혼천의·갑인자 등의 제작에 참여하였다.
- **이순지**: 천문 역법 사업의 책임자로, 중국과 서역의 천문학을 연구하여 독자적인 역법서인 칠정산을 편찬하였다.

(5) 토지 측량 기구

세조 때 원근(遠近)을 측량하는 인지의와 토지의 고저(高低)를 측정하는 규형을 제작하여 토지 측량과 지도 제작에 활용하였다.

측우기(測雨器)

3. 의학

(1) 『향약채취월령』[세종 13년(1431)]

왕명으로 유효통·노중례 등이 간행한 의약서로, 수백 종의 국산 약재를 소개하였다.

(2) 『향약집성방』[세종 15년(1433)]

『향약채취월령』을 더욱 발전시켜, 향약 의학의 전통을 확립하였다. 700여 종의 국산 약재와 1천 종에 가까운 질병 치료법을 소개하였다.

(3) 『의방유취』[세종 27년(1445)]

왕명으로 의관 전순의 등에 의해 편찬된 **동양 최대의 의학 백과사전**이다.

4. 농업 관련 서적의 편찬

(1) 배경

농업 기술이 크게 발전함에 따라, 우리의 실정에 맞는 농법을 정리한 농서[2]가 필요해졌다.

(2) 『농사직설』[세종 11년(1429)][3]

① 편찬: 정초 등이 왕명을 받아 편찬하였다. 중국의 농서와 농법을 참고[4]하고, 조선의 노농(老農)들의 실제 경험담을 토대로 우리 실정에 맞는 독자적인 농법을 정리하였다.

② 의의: 우리의 전통적인 농업과 기술을 본격적으로 정리한 최초의 농서이다.

심화사료 百出

2022. 지방직 9급, 2017. 국가직 9급(하), 2016. 국가직 7급, 2010. 전문연구원

『농사직설』

지금 우리 왕께서도 …… 여러 지방의 풍토가 같지 않아 심고 가꾸는 방법이 지방에 따라서 차이가 있기 때문에 옛 글의 내용과 모두 같을 수가 없었다. 이에 각 도의 감사들에게 명령하시어, **주·현의 노농(老農)을 방문하여 그 땅에서 몸소 시험한 결과를 자세히 듣게 하시었다.** 또 신 **정초(鄭招)**에게 명하시어 말의 순서를 보충케 하시고, 신 종부소윤 변효문(卞孝文) 등이 검토해 살피고 참고하게 하여, …… 한 편의 책을 만들었다.

– 『세종실록』

(3) 『금양잡록』[5]

성종 때 강희맹[6]이 저술한 농서이다. 금양(시흥)을 중심으로 경기 지방의 농사법을 정리하였다.

06 인쇄술의 발달과 병서 편찬

1. 활자 인쇄술의 발달

(1) 태종

주자소를 설치하고 구리로 **계미자**를 주조하였다(1403).

(2) 세종

① 금속 활자 주조: 세종 때 만들어진 갑인자는 글자 모습이 아름답고 인쇄에 편리하였다.

② 식자판 창안: 종전에는 밀랍으로 활자를 고정시키는 방법을 사용해왔다. 세종 때 밀랍 대신 식자판을 조립하는 방법을 창안하여 인쇄 능률을 두 배로 올렸다.

[2] 『농서집요』

태종 때 편찬된 농서로, 『농상집요』의 주요 내용를 뽑아 번역한 책이다. 현재 전해지는 『농서집요』는 16세기에 다시 편찬된 책이다.

[3] 『농사직설(農事直說)』

실제 농민들의 경험을 바탕으로 씨앗 저장법, 시비법, 토질 개량법, 모내기법 등의 농법을 소개하였다.

[4] 중국의 농서·농법 참고

『농사직설』은 중국의 농서인 『농상집요』 등을 참고하여 중국의 선진적인 농법을 받아들였다.

[5] 『금양잡록(衿陽雜錄)』

조선 후기 효종 때 신속은 『금양잡록』을 기본으로 삼고, 여기에 『농사직설』·『사찬요초』 등을 합하여 『농가집성』을 저술하였다.

[6] 강희맹

강희안의 동생으로, 세종부터 성종 때까지 6대에 걸쳐 관직 생활을 하였다. 또한 『동문선』·『동국여지승람』·『국조오례의』·『경국대전』 등의 편찬에도 참여하였다.

❶ 조지소
세종 때 조지소를 조지서로 개칭하였다(세조라는 이설도 있다).

❷ 김종서
김종서는 『동국병감(東國兵鑑)』 뿐만 아니라 『고려사』, 『고려사절요』의 편찬에도 참여하였다.

❸ 화차

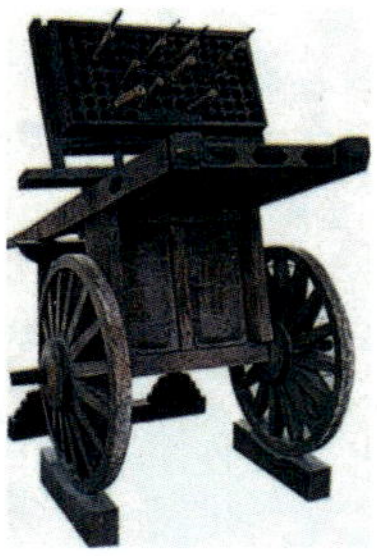

『조선왕조실록』에는 화차를 이용하여 화약이 달린 화살을 연속 발사할 수 있어 적이 숨어 있을 만한 곳에 신기전을 쏘면 겁에 질려 스스로 항복하였다고 기록되어 있다.

❹ 양궐 체제의 변천

구분	법궁	이궁
전기	경복궁	창덕궁 창경궁
후기	창덕궁 창경궁	경희궁

❺ 종묘(宗廟)
조선 시대 역대 왕과 왕비 및 추존(追尊)된 왕과 왕비의 신주(神主)를 모신 왕가의 사당이다. 1995년 유네스코에 의해 세계 문화유산으로 지정되었다.

❻ 사직(社稷)
사(社)는 토지신(土地神), 직(稷)은 곡신(穀神)을 상징하는 것으로, 사직은 국토와 곡식의 번창을 기원하는 제사 및 그 장소를 말한다.

❼ 외전(外殿)
외전의 앞마당을 조정(朝廷)이라 불렀는데, 정조 때부터 품계석이 놓였다.

❽ 후원(後園)
궁궐 북쪽에 있어서 북원(北園) 혹은 아무나 못 들어간다고 해서 금원(禁園)으로 불렸다.

❾ 3대비(大妃)
세조 비 자성대왕대비(정희왕후), 예종 비 인혜대비(안순왕후), 성종의 모후이자 덕종 비 인수대비(소혜왕후)

2. 제지술의 발달

제지술의 발달로 종이의 생산량이 크게 늘어났다. **태종** 때 종이를 전문적으로 생산하는 관청인 조지소❶를 설치하고 다양한 종이를 대량으로 생산하였다.

3. 병서의 편찬

(1) **『진도』**: 태조 때 **정도전**이 제작한 작전도로, 독특한 전술을 소개하였다.

(2) **『총통등록』**: 세종 때 화약 무기의 제작과 그 사용법을 정리한 서적이다.

(3) **『역대병요』**: 세종 때 수양 대군, 이석형 등이 편찬에 참여하여 동양 전쟁사를 정리하였다.

(4) **『동국병감』**: **문종** 때 **김종서**❷가 주도하여 고조선에서 고려 말까지의 전쟁사를 정리하였다.

(5) **『병장도설』**: 군사 훈련의 지침서로 사용되었다.

4. 무기 제조 기술의 발달

(1) 화약 무기의 발달

① **무기 제조**: 최무선의 아들인 최해산은 태종 때 관리로 특채되어 화약 무기를 제조하였다.

② **대포**: 대포의 사정 거리가 최대 1,000보에 이르러, 종전보다 4~5배 가량 늘어났다.

③ **화차**❸: 수레 위에 신기전이라는 화살 100개를 설치하였다. 심지로 불을 붙여 쏘는 일종의 로켓포로, 사정 거리가 약 1km에 달하였다.

(2) 병선 제조 기술

태종 때에는 **거북선**을 만들었고, 작고 날쌘 비거도선이라는 전투선을 제조하였다.

(3) 16세기 이후

기술을 천시하는 사림이 정치를 주도하면서 무기 제조 기술은 쇠퇴하기 시작했다.

07 건축

1. 15세기(국초): 사원 위주의 고려 건축과는 달리 **궁궐, 관아, 성문, 학교 등이 건축의 중심**이 되었다.

(1) 궁궐 건축

① **양궐 체제**❹: 국왕이 머무는 중심 궁궐인 법궁(法宮)과 유사시 옮겨가서 업무를 할 수 있는 이궁(離宮)을 동시에 유지하였다.

② **구성**: 『주례』의 양식에 따라 경복궁의 좌측(동쪽)에 **종묘**❺, 우측(서쪽)에 **사직**❻을 두었고(**좌묘우사**), 왕이 정무를 보는 외전❼의 북쪽에 왕과 왕비의 생활공간인 내전을 두었다(전조후침). 또한 궁궐의 북쪽에는 후원❽을 두었으며, 세자가 기거하는 동궁과 궐내 관청도 두었다.

③ **경복궁(태조)**: 한양에 도성을 건설하면서 처음 만든 궁궐로, 임진왜란 때 화재로 소실되었다가 19세기 흥선 대원군에 의해 중건되었다.

④ **창덕궁(태종)**: 경복궁의 이궁으로 지어진 궁궐로, 조선 후기에는 경복궁이 중건될 때까지 법궁 역할을 담당하였다. 1997년 유네스코 세계 문화유산으로 지정되었다.

⑤ **창경궁(성종)**: 3대비❾의 노후를 위해 태종의 처소였던 수강궁을 확장하여 만들었다.

성종의 형인 월산 대군의 집이 있던 곳이다. 임진왜란 이후 선조가 임시 거처로 사용하다가 광해군 때부터 경운궁이라 하였다. 순종 즉위 이후, 덕수궁(고종이 거주)으로 이름을 바꿨다.

(2) 성문

① **숭례문**: 도성의 정문인 숭례문은 고려의 건축 기법보다 발전된 **조선 건축을 대표**하고 있다.

② **개성의 남대문·평양의 보통문**: 고려 시대 건축의 단정하고 우아한 모습을 지니면서 조선 시대 건축으로 발전해 나가는 **과도기적 형태**를 보이고 있다.

숭례문

개성 남대문

평양 보통문

(3) 불교 건축

① **무위사 극락전**: 무위사 극락전은 검박하고 단정한 특징을 지니고 있다.

② **해인사 장경판전**: 해인사에 장경판전을 지어 팔만대장경을 보관하였다. 전·후면 창의 위치와 크기가 서로 다른데 이는 통풍의 원활, 방습의 효과 등을 위해서이다.

③ **원각사지 10층 석탑**: 세조 때 대리석으로 만든 대표적인 조선의 석탑이다.

무위사 극락전

해인사 장경판전

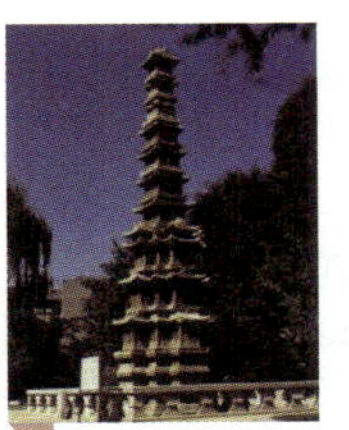
원각사지 10층 석탑

2. 16세기

(1) **서원 건축**: 16세기에는 서원❿이 많이 세워졌다. 사찰의 가람 배치 양식과 주택 양식이 실용적으로 결합되었다. 자연과의 조화 추구, 선비의 기품과 검소, 소박함이 잘 드러난다.

(2) **대표 서원⓫**: 경북 영주의 소수 서원, 경주의 옥산 서원, 안동의 도산 서원·병산 서원 등이 있다.

옥산 서원

도산 서원

창덕궁 돈화문

❿ **서원**

교육 공간인 강당을 중앙에 두고, 좌우에 기숙사인 재(齋)를 배치했으며, 선현의 위패를 모신 사당을 두었다.

⓫ **주요 인물을 배향한 서원**

주요 인물	서원(지역)
안향	소수 서원(영주)
정몽주	숭양 서원(개성)
김종직	예림 서원(밀양)
이언적	옥산 서원(경주)
조식	덕천 서원(합천)
이황	도산 서원(안동)
이이	자운 서원(파주)
류성룡	병산 서원(안동)

1. 도자기 공예

궁중에서 금·은 그릇 대신 도자기를 쓰게 되면서 분청사기와 백자가 유행하였다.

(1) 분청사기(15세기)

　① 특징: 고려 말에 등장한 분청사기는 조선 전기에 유행하였는데, 청자에서 백자로 넘어가는 과정을 보여 준다. 청자에 흰 흙을 칠한 것으로, 안정된 그릇 모양과 소박하고 천진스러운 무늬가 어우러져 정형화되지 않은 멋을 보여 주고 있다. 궁중이나 관청에서 널리 사용되었다.

　② 생산 감소: 16세기부터 백자가 본격적으로 생산되면서 분청사기의 생산이 점차 줄어들었다.

(2) 백자(16세기)

　16세기부터는 백자가 널리 유행하였다. 백자는 흰 흙으로 그릇의 형태를 만들고 투명한 백색 유약을 입혀 구운 도자기다. 청자보다 깨끗하고 담백하며 순백의 고상함을 풍겨 선비의 취향❶과 어울렸다.

　▾ 분청사기 조화 어문편병　　▾ 분청사기 철화 어문병　　▾ 순백자

2. 기타 공예: 목공예, 화각 공예 등이 발달하였다.

---

1. 15세기 그림

(1) 특징: 15세기 그림은 도화서에 소속된 화원의 그림과 관료이자 문인인 선비의 그림으로 나눌 수 있다. 이들은 중국 역대 화풍을 수용하여 우리의 **독자적인 화풍**을 개발하였다. 15세기 조선의 그림은 일본 무로마치 시대의 미술에 많은 영향을 주었다.

(2) 대표적인 작가와 작품

　① 안견: 화원 출신인 안견의 '**몽유도원도**'❷는 안평 대군이 꿈속에서 본 무릉도원을 그린 것으로, 자연스러운 현실 세계와 환상적인 이상 세계를 대각선적인 운동감을 활용하여 구현하였다.

　▾ 몽유도원도(안견)

② 강희안: 문인 화가인 강희안의 '고사관수도'는 수면을 바라보며 무념무상에 빠진 인물의 내면 세계를 간결하고 과감한 필치로 표현하였다.

2. 16세기 그림

(1) 특징: 16세기에는 다양한 화풍이 발달하였다. 특히, 선비의 정신 세계를 사군자로 표현한 문인화가 유행하였다.

(2) 대표적인 작가와 작품

　① 이상좌: 노비 출신 이상좌의 '송하보월도'는 소나무의 강인한 생명력을 표현하였다.

　② 이암: 이암은 꽃과 새, 강아지, 고양이 등 동물의 모습을 주로 그렸다. 대표적으로 '화조묘구도'와 '모견도' 등이 있다.

　③ 신사임당: 신사임당은 섬세하고 정교한 화법으로 유명하였다. 대표작으로 '초충도' 등이 있다.

　④ 조선 중기 3절: 황집중은 포도, 이정은 대나무, 어몽룡은 매화를 잘 그린 것으로 유명하였다.

화조묘구도(이암)

모견도(이암)

초충도(신사임당)

묵포도도(황집중)

풍죽도(이정)

월매도(어몽룡)

3. 글씨

　서예는 양반이라면 누구나 터득해야 할 필수 교양이었기 때문에 뛰어난 서예가들이 많이 나타났다.

(1) 안평 대군: 송설체를 따랐으나 자신의 개성을 살려 활달한 기풍의 서체로 유명하였다.

(2) 한호(한석봉): 왕희지체를 본받고 고유의 예술성을 가미하였다. 그의 석봉체로부터 국가의 문서를 다루는 사자관체가 창출될 만큼 영향이 컸다. 또한 한호가 쓴 천자문은 일반인들에게도 유행하였다.

고사관수도(강희안)

송하보월도(이상좌)

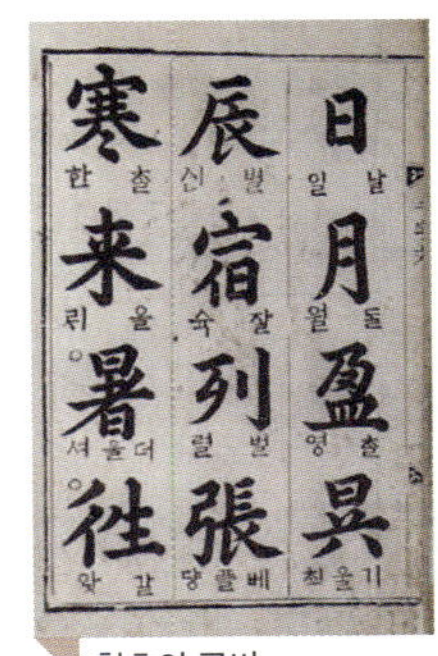

한호의 글씨

1. 조선의 음악

음악을 백성을 교화하는 수단으로 여겼고, 각종 의례와 관련되었기 때문에 중요시하였다.

(1) **세종**: 박연에게 악기를 개량하거나 만들게 하였고, 스스로 **여민락** 등 악곡을 짓고 소리의 장단과 높낮이를 표현할 수 있는 **정간보**를 창안하였다. 아울러 아악을 체계화함으로써 아악이 궁중 음악으로 발전하게 하였다.

(2) **성종**: 성종 때에 **성현**❶은 『악학궤범』❷을 편찬하여 음악의 원리와 역사, 악기, 무용, 의상 및 소도구까지 망라하여 정리하였다. 이는 전통 음악의 유지와 발전에 큰 도움이 되었다.

(3) **16세기 이후**: 16세기 중엽 이후에는 민간에서도 당악과 향악을 속악으로 발전시켜 가사, 시조, 가곡 등 우리말로 된 노래를 연주하는 데 활용하였다.

2. 조선의 무용

(1) **궁중 무용**❸: 궁중과 관청의 의례에서는 음악과 함께 춤이 따랐다. 행사에 따라 매우 다양하였다.

(2) **민간**: 농악무, 승무 등 전통춤을 계승했으며, 산대놀이(탈춤)와 꼭두각시 놀음(인형극)도 유행하였다.

1. 15세기의 문학

건국 주체 세력은 주로 질서와 격식을 중시하는 악장과 한문학을 통하여 왕조의 개창을 찬양하고, 우리 민족의 자주 의식을 드러냈다.

(1) 『**동문선**』❹: 성종 때 서거정, 노사신 등이 왕명으로 편찬하였다. 삼국 시대부터 조선 초기까지의 역대 시(詩)·부(賦)·사(辭)·문(文)을 133권으로 정리했으며, **자주적 의식**을 보여 준다.

심화사료 百出

『동문선』 서문

우리 동방의 문(文)은 송(宋)과 원(元)의 문도 아니고 한(漢)과 당(唐)의 문도 아니며 바로 우리나라의 문입니다. 마땅히 중국 역대의 문과 나란히 천지의 사이에 행하게 하여야 합니다. …… 전하께서는 …… 신 서거정 등에게 명해 제가(諸家)의 작품을 뽑아 한 질을 만들게 하셨습니다. 저희들은 전하의 위촉을 받아 **삼국 시대로부터 지금에 이르기까지 시(詩), 부(賦), 사(辭), 문(文) 등 여러 문체를 수집하여** 이 중 문장과 이치가 순정하여 교화에 도움이 되는 것을 취하고 분류하여 130권을 편찬해 올립니다. …… 우리 동방의 문은 삼국 시대에서 비롯하여 고려에서 번성하였고 아조(我朝)에 와서 극(極)에 이르렀습니다. 천지 기운의 성쇠와 관계된 것을 또한 알 수 있습니다.

– 『동문선』

---

❶ **성현**

성현은 『악학궤범』뿐 아니라 연주법과 악곡을 합친 합자보(合字譜)도 만들었다.

❷ 『**악학궤범**』

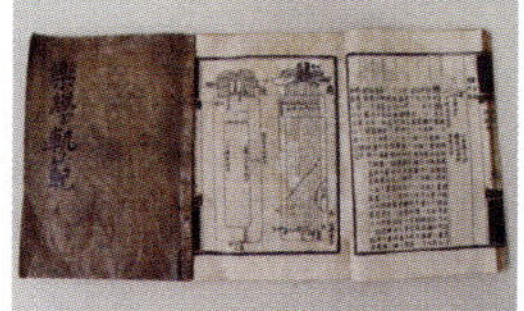

이 책에는 정읍사, 동동, 처용가, 정과정 등이 한글로 수록되어 있다.

❸ **나례(儺禮)**

잡귀를 몰아내는 가면극인 나례를 연말 행사 또는 외국 사신을 위해 선보였다.

❹ 『**동문선(東文選)**』(1478)

『동문선』 편찬 이후 중종 때 내용을 보완하여 『속동문선』이 편찬되었다.

(2) 악장과 시조

악장은 궁중의 공식 행사 때 음악에 맞춰 부르던 가사로, 「용비어천가」·「월인천강지곡」 등이 유명하다. 시조도 많이 창작되었는데 김종서·남이·길재·성삼문 등의 시조가 유명하다.

(3) 설화 문학(패관 문학)

일정한 격식이 없이 보고 들은 이야기를 기록한 것으로, 대표적인 작품으로는 서거정의 『필원잡기』[5]와 성현의 『용재총화』[6] 등이 있다.

(4) 소설

설화 작품에 허구적인 요소를 가미하여 소설이 창작되었다. 최초의 소설로는 세조 때 김시습에 의해 저술된 『금오신화』[7]가 있다.

2. 16세기의 문학

사림 세력이 사회를 주도하면서부터는 흥취와 정신을 중시하는 경향이 강해졌다.

(1) 한시와 시조

16세기의 한시들은 높은 격조를 보여 주면서, 순수한 인간 본연의 감정을 표현하였다.

(2) 가사 문학

① 정철: 「사미인곡」, 「속미인곡」, 「관동별곡」[8] 등의 뛰어난 한글 가사를 지었다.

② 송순: 「면앙정가」 등의 작품을 통해 자연을 예찬했으며, 시조에도 뛰어났다.

(3) 설화 문학(패관 문학)

어숙권의 『패관잡기』[9], 작자 미상의 「전우치전」[10] 등이 있다.

(4) 문학의 저변 확대

여성이나 서얼 출신의 문인들이 등장하였다. 여류 문인으로는 신사임당, 황진이, 허난설헌 등이 있었다. 신사임당은 시·글씨·그림에 두루 능하고, 허난설헌은 한시, 황진이는 시조로 유명하였다.

---

[5] 『필원잡기』

서거정이 역사에 누락된 사실과 시중에 떠돌던 이야기들을 소재로 서술한 수필집이다.

[6] 『용재총화』

성현이 당시 음악·문화·시·회화·인물평·사화(史話) 등의 글을 모은 수필집이다.

[7] 『금오신화』

김시습이 지은 한문 단편 소설집으로, 유서 깊은 도시들을 배경으로 남녀 간의 애정, 민중 속에 전승되어 온 고유의 생활 감정 등을 묘사하였다.

[8] 『관동별곡』

강원도 관찰사를 지내면서 금강산을 비롯한 관동 8경의 뛰어난 경치와 그에 대한 감상을 표현하였다.

[9] 『패관잡기』

서얼 출신인 어숙권은 『패관잡기』를 통해 문벌 제도와 적서 차별의 폐단을 폭로하였다.

[10] 『전우치전』

도술을 소재로 하고 있으며 민생고를 고발하고 있다.

대표 기출문제

밑줄 친 '왕'의 재위 기간에 편찬된 서적으로 옳은 것은?

2024. 국가직 9급

- 왕은 집현전을 계승한 홍문관을 설치하고 중단되었던 경연을 다시 열었다.
- 왕은 훈구 세력을 견제하기 위해 사림 세력을 등용하였다.

① 대전통편

② 동사강목

③ 동국여지승람

④ 훈민정음운해

[해설]

제시된 자료는 조선 성종 때 추진된 정책들을 나열한 것이다. ③ 조선 성종 때 편찬된 서적으로는 「국조오례의」, 「동국여지승람」, 「동국통감」, 「동문선」 등이 있다.
① 『대전통편』은 정조 때 편찬된 법전이다. ② 『동사강목』은 정조 때인 1788년에 안정복이 저술한 역사서이다. ④ 『훈민정음운해』는 영조 때 신경준이 편찬한 책이다.

[정답] ③

04강 성리학의 발달과 불교

解/法 기출분석

구 분		2008~2018	2019	2020	2021	2022	2023	2024	2025
9급	국가직	• 이황 • 이이 • 성리학							
	지방직	• 학파와 학설 • 이황 • 이황 · 이이				이이			이황
	법원직	• 이황 • 성학군주론		이황					

解法 요람

이황과 이이

이 황	VS	이 이

이 ≒ 기 4단 ≒ 7정		이 = 기 4단 = 7정
이기호발설(理氣互發說) 기뿐만 아니라 이도 발동한다.		기발이승일도설(氣發理乘一途說) 발하는 것은 기뿐이다.
사단칠정론: 사단과 칠정은 별개		사단칠정론: 칠정이 사단을 포함
근본주의적이고 이상주의적		현실적이고 개혁적
『성학십도』, 『주자서절요』, 『전습록변』		『성학집요』, 『동호문답』, 『격몽요결』
예안향약(안동)		해주향약(해주), 서원향약(청주)

1. 억불 정책[1]

(1) 태조: 도첩제를 실시하여 승려가 되고자 하는 자의 출가를 제한하였다.

(2) 태종: 사원을 대폭 정리하여 전국에 242개의 절만 남겼다. 또한 사원의 토지와 노비를 몰수하였다.

(3) 세종: 교단을 정리하면서 선종과 교종 두 종파에 각각 18개씩의 절만 인정하였다.

(4) 성종: 도첩제를 폐지하여 출가를 금지하였다.

(5) 중종: 조광조의 건의로 승과를 폐지하였다.

2. 신앙으로서의 명맥 유지[2]

(1) 세종[3]: 경복궁 안에 사찰인 내불당을 설치하였다. 또한, 『월인천강지곡』과 『석보상절』을 편찬하였다.

(2) 세조: 간경도감을 설치하여 불교 경전을 한글로 번역하였다. 원각사와 원각사 10층 석탑을 건립하였다.

(3) 명종: 모후인 문정 왕후의 지원 아래 보우가 중용되고 승과가 부활하기도 하였다.

(4) 16세기 후반: 임진왜란 때 휴정(서산 대사) 등 승병이 크게 활약하였다.

1. 조선의 도교[4]

(1) 명맥 유지: 제천 행사가 국가의 권위를 높이는 기능이 있어 명맥을 이어갈 수 있었다.
　① 소격서 설치: 일월성신에 대한 제사인 초제를 주관하였다.
　② 초제[5]: 단군이 제천했다는 강화도 마니산 등지에서 시행되어 민족 의식을 높여주었다.
　③ 원구단(圓丘壇): 세조 때 왕권 강화의 수단으로 원구단에서 제천 행사를 자주 거행하였다.

(2) 16세기 이후: 중종 때 조광조의 건의로 소격서가 폐지되고 제천 행사도 중단되었다.

2. 풍수지리설과 도참사상

(1) 조선 초기: 풍수지리설과 도참사상이 조선 초기 이래로 중시되어 한양 천도에 반영되었다.

(2) 조선 중기 이후: 양반 사대부의 묘지 선정 문제인 산송(山訟) 문제에도 영향을 미쳤다.

❶ 조선의 불교 탄압

조선은 숭유억불 정책에 따라 불교를 억압하였다. 사원이 소유한 토지와 노비를 회수하여 국가 재정을 확충하였다. 그 결과 불교의 사회적 위상이 약화되었고, 불교는 깊은 산속으로 들어가 세력을 유지하였다.

❷ 신앙으로 명맥 유지

조선 시대, 사원에 대한 통제는 강하였으나 사람들의 신앙에 대한 욕구는 완전히 억제하지 못하였기에 불교는 명맥을 유지할 수 있었다.

❸ 세종

무학의 제자인 기화(己和)를 총애하여 유불 일치를 강조하는 「현정론(顯正論)」을 쓰게 하였다.

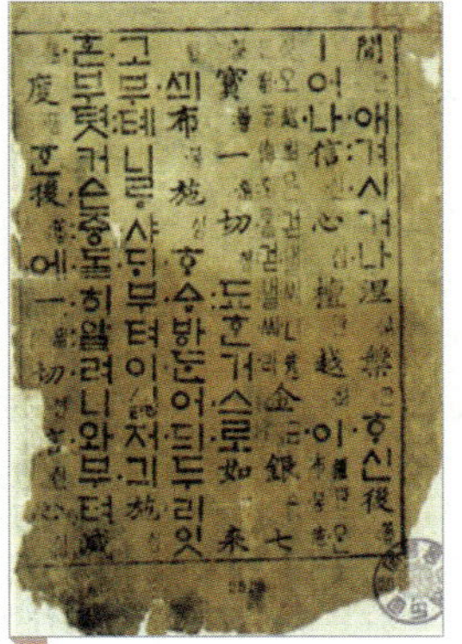

『석보상절』

❹ 도교 억압

도교 사원인 도관이 대폭 정리되고 도교 행사도 줄어들었다.

❺ 마니산 초제

단군이 하늘에 제사를 지냈다는 믿음과 도교 신앙이 결합되어 민족 의식을 높이는 역할을 하였다.

구월산 삼성사(三聖祠)의 삼성전

1. 성리학

성리학은 인간의 심성과 우주의 원리 문제를 철학적으로 탐구하는 신유학이다. 사대부들은 성리학의 핵심 원리인 수기(修己)와 치인(治人)❶을 정치와 생활에 적용하였다.

2. 성리학의 정착

(1) 관학파(훈구파)

정도전, 권근❷ 등은 성리학에만 국한하지 않고, 한·당 유학, 불교, 도교 등을 포용하였다. 특히 『주례』❸를 국가의 통치 이념으로 중요하게 여겼다.

(2) 사학파(사림파)

① 학문적 전통: 조선의 건국 이후 재야로 물러난 길재(온건파 사대부)의 학통을 계승하였다.

② 특징: 형벌보다는 교화에 의한 통치를 강조하였으며, 당시의 사회 모순을 성리학적 이념과 제도의 실천으로 극복해 보려고 하였다. 또한 성리학 이외의 사상에는 배타적인 입장을 취하였다.

3. 조선 성리학의 발달

16세기 사림들은 주자 성리학을 독자적으로 발전시켰다(이기론❹ 중심).

4. 조선 성리학의 선구자

(1) 서경덕: 이와 기를 일원적으로 보는 기일원론의 선구자로, 일평생 처사로 지냈다. 그는 독자적인 유기 철학을 수립하여 이보다는 기를 중심으로 세계를 이해❺하였다. 불교와 노장 사상에 대해 개방적인 태도를 보였다.

(2) 조식: 처사로 지냈으며, 경(敬)과 의(義)를 근본으로 하는 실천적 성리학풍을 강조하였다. 또한 절의를 중시했으며, 노장 사상에 포용적이었다.

(3) 이언적: 기보다는 이를 중심으로 자신의 이론을 전개하여 후대에 큰 영향을 끼쳤다.

5. 성학군주론(聖學君主論)

(1) 등장 배경: 연산군 대의 경험을 통해 사림은 사대부의 수기치인을 군주에게 적용하였다.

(2) 내용

① 이언적: 중종에게 올린 '일강십목소'에서 성학군주론을 당면한 실천 과제로 제안하였다.

② 이황❻: 선조에게 바친 『성학십도』에서 군주의 주관적 노력에 따라 성학을 성취할 수 있으므로 군주 스스로 성학을 따를 것을 권유하였다(소극적).

③ 이이: 이이는 『성학집요』를 통해 각각의 사안에 맞닥뜨렸을 때 수행해야 할 객관적 기준을 제시하였다. 현명한 신하가 성학을 군주에게 가르쳐 기질을 변화시켜야 한다고 주장하였다.

---

❶ 수기치인(修己治人)

자기의 몸과 마음을 닦은 후에 백성들을 다스린다는 내용으로, 사대부가 갖추어야 할 덕목이다.

❷ 성리학 입문서

정도전은 성리학 입문서인 『학자지남도』를 저술하였으며, 권근도 이 책을 근간으로 『입학도설』을 저술하였다.

❸ 『주례(周禮)』

주나라의 제도를 기록한 유교 경전

✎ 훈구파와 사림파

관학파⇒훈구파	사학파⇒사림파
15세기	16세기
사장 중시	경학 중시
단군 중시 자주적 역사관	기자 중시 존화주의적 사관
패도 인정	왕도 정치

❹ 이기론

세상에 존재하는 모든 현상은 이와 기로 구성되어 있다고 보았다. '이'는 인간의 심성을 포함한 모든 사물의 생성 변화를 가능하게 하는 원리이고, '기'는 '이'의 원리가 현실로 구체화되는 데 필요한 현상적 요소로 이해된다. 어느 것을 중시하느냐에 따라 주리론과 주기론으로 구분된다.

❺ 서경덕의 이기론

서경덕은 현상 세계를 떠난 진리는 존재할 수 없다는 입장에서 '이'보다 실재적인 '기'를 중심으로 세계를 설명하였다.

❻ 이황의 성학군주론

왕 스스로가 인격과 학식을 수양하기 위해 부단히 노력해야 한다는 점을 강조하였다.

심화사료 頻出

일강십목소(一綱十目疏)

대저 정치하는 요령은 그 강이 하나 있고 그 목이 10개가 있습니다. **강이란 것은 체이니 정치를 하는 본령이오, 목이란 것은 용이니 정치를 마련하는 법입니다. …… 일강이란 무엇을 이름인가. 군주의 마음가짐입니다.** 서정의 번잡함과 만민의 수효가 많음도 치란휴척의 기틀은 군주의 마음에 근본하지 않는 것이 없습니다. 그런 까닭으로 군주의 마음이 바르면 만사가 다스려지고 인심이 순하여 화기가 돌며, 군주의 마음이 바르지 못하면 만사가 배루되고 인심이 순하지 못하여 악기가 올 것이니 필연적인 이치입니다.

– 『회재집』

이황의 『성학십도⁷(聖學十圖)』

판중추부사 신 이황은 삼가 두 번 절하고 아뢰옵니다. 신이 가만히 생각하옵건대, 도(道)는 형상이 없고 하늘은 말이 없습니다. …… 후세의 임금은 천명(天命)을 받고 왕위에 올랐으니, 책임이 지극히 중하고 큼이 어떻겠습니까. 그러나 스스로 다스리는 수단은 한 가지도 이러한 엄격함이 없었습니다. …… 바라옵건대 밝으신 임금께서는 이러한 이치를 깊이 살피시어, 먼저 뜻을 세워 "노력하면 나도 순임금처럼 될 수 있다."라고 생각하십시오. …… 이제 이 도(圖)와 해설을 만들어 겨우 열 폭밖에 되지 않는 종이에 풀어 놓았습니다만, 이것을 생각하고 익혀서 평소에 조용히 혼자 계실 때에 공부하소서. 도(道)가 이룩되고 성인이 되는 요체와 근본을 바로잡아 나라를 다스리는 근원이 모두 여기에 갖추어져 있사오니, 오직 전하께서는 이에 유의하시어 여러 번 반복하여 공부하소서.

– 『성학십도』

이이의 『성학집요(聖學輯要)』

올해 초가을에 비로소 저는 책을 완성하여 그 이름을 『성학집요』라고 하였습니다. 이 책에는 **임금이 공부해야 할 내용과 방법, 정치하는 방법, 덕을 쌓아 실천하는 방법**과 백성을 새롭게 하는 방법이 실려 있습니다. 또한 작은 것을 미루어 큰 것을 알게 하고 이것을 미루어 저것을 밝혔으니, 천하의 이치가 여기에서 벗어나지 않을 것입니다. 따라서 이것은 저의 글이 아니라 성현의 글이옵니다.

– 『율곡전서』

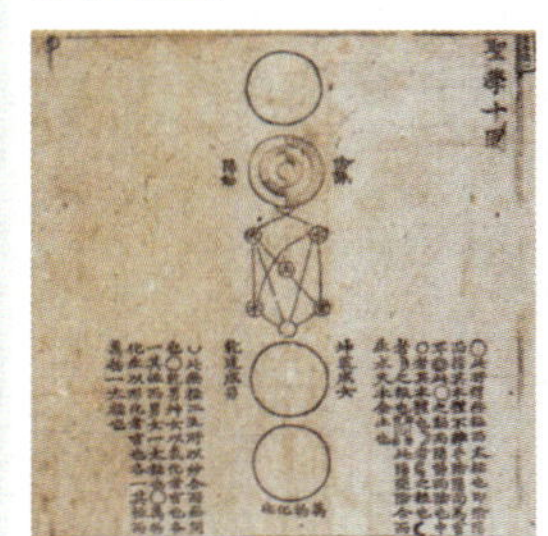

⁷ 『성학십도』

퇴계 이황이 선조에게 성리학의 기본 이념을 10개의 그림으로 정리하여 올린 책이다. 1~5번째 그림은 우주의 원리와 만물의 근원을, 6~10번째 그림은 수양과 실천에 관한 내용을 설명하고 있다.

6. 이황과 이이 ⭐

(1) 이황

① **학풍⁸**: 도덕적 행위의 근거로서 인간의 심성을 중시하고, **근본적이며 이상주의적인** 성격이 강하였다.

② **철학적 특징**

　㉠ **주리론 집대성**: 이언적의 주리론을 발전시켜 우주 만물의 보편적 원리가 이이며, 모든 사물의 현상이 기라고 보았다. 따라서 기는 이의 발현이며 이를 떠나서는 아무것도 없다고 보았다.

　㉡ **이기이원론(理氣二元論)**: 만물의 존재는 이와 기 두 요소로 이루어졌으며, 이와 기는 서로 의존적이지만 섞일 수 없는 다른 것이라고 하였다.

　㉢ **이존기비(理尊氣卑)**: 이는 **존귀**한 것으로 절대적 선을 뜻하며, 기는 **비천**한 것으로 인식하였다.

　㉣ **이기호발설⁹**: 사단과 칠정을 각각 이의 발현과 기의 발현으로 구분하였다. 기에 대한 이의 우위를 분명히하고, 인간의 순수 심성의 발현인 사단을 중시하였다.

③ **저서**

　㉠ **『성학십도』**: 선조에게 지어 바쳐 경연의 교재로 사용되었다. 성리학의 요체를 도표와 곁들여 설명했으며 왕이 지켜야 할 왕도 정치의 규범을 체계화하였다.

　㉡ **『주자서절요』**: 이황이 주자의 『주자대전』 중에서 중요한 부분을 뽑아서 편찬한 책이다.

　㉢ **『전습록변』**: 왕수인의 『전습록』을 비판하고 양명학을 이단으로 간주하였다.

④ **일본에 영향**: 이황의 사상은 조선뿐만 아니라 **일본 성리학 발전에 큰 영향**을 미쳐, 일본에서는 그를 '동방의 주자'라고 부르기도 하였다.

이황

⑧ 학풍

이황의 학설은 유성룡, 김성일, 정구, 장현광 등 영남학자들에게 계승되었다.

⑨ 이기호발설(理氣互發說)

이는 착하고 보편적이지만, 기는 착한 것과 악한 것이 섞여 있어 비천한 것으로 보았다. 또한 4단(四端)은 이에서 발생하고, 7정(七情)은 기에서 발생하기 때문에 4단은 좋은 것이지만 7정은 다소 부정적으로 보았다.

이이

❶ 이통기국론(理通氣局論)

이(理)에 해당하는 영원한 가치는 변할 수 없지만 그것을 구현하는 구체적인 방법은 시대적인 상황에 따라 변할 수 있다고 주장하였다.

❷ 이이의 변법경장(變法更張)

16세기 중반 이후 사회가 혼란하자, 이이는 나라의 정신과 문화를 다시 바로잡아서 국가를 재정비하자는 경장론을 주장했는데, 이를 위해서는 현실 세계를 구성하는 기가 중요하다고 보았다.

❸ 『동호문답(東湖問答)』

선조 때 이이가 동호 독서당에서 공부하면서 쓴 정치 개혁안이다.

(2) 이이

① 학풍: 기의 역할을 강조하여 **현실적이며 개혁적인 성격**을 가졌다. 통치 체제의 정비와 수취 제도의 개혁 등 다양한 개혁 방안을 제시하였다.

② 철학적 특징

⊙ 일원론적 이기이원론(理氣二元論): 우주의 본체는 이와 기로 구성되었다는 것을 인정하면서 이와 기는 서로 분리할 수 있는 것이 아니라 하나로 연결되어 있다고 보았다.

ⓛ 기발이승일도설: 이(理)는 홀로 발현할 수 없고 오직 기(氣)가 발현할 때 그 위에 올라타고 나올 수 있다는 주장으로, 발하는 것은 기(氣)뿐이라고 보았다.

ⓒ 이통기국론❶: 만물의 보편성과 특수성을 모두 강조한 것으로, 이(理)는 **사물이 두루 통하는 보편성**이고 기(氣)는 사물의 **성질을 제한하는 특수성**이라고 주장하였다.

ⓔ 이기지묘론: 이와 기는 **현실적으로는 분리할 수 없다는 것**으로 물질 세계(기, 氣)를 개혁해야 관념 세계(이, 理)도 바로잡을 수 있다고 보았다. 이를 바탕으로 이이는 변법경장을 주장❷하고, 경제가 안정되어야 도덕이 피어날 수 있다고 주장하였다.

③ 저서

⊙ 『성학집요』: 이이가 제왕의 학문을 위해 선조에게 지어 바친 책으로, **현명한 신하의 적극적인 역할**을 중시하였다.

ⓛ 『동호문답』❸과 『만언봉사』: 수취 제도의 개혁 등 다양한 개혁 방안을 제시하였다.

ⓒ 『격몽요결』: 『소학』에 대한 저서로, 학문을 시작하는 이들을 위한 기본 교재로 저술되었다.

ⓔ 『기자실기』: 기자의 행적을 주목하고, 왕도 정치가 기자에서 시작되었다고 평가하였다.

ⓜ 시무 6조계: 10만 양병설을 주장했지만 받아들여지지 않았다.

『성학집요』

『성학집요』는 대학의 본뜻에 의거하여 성현의 말씀을 인용하고 설명한 것으로, 왕과 사대부가 지켜야 할 왕도 정치의 규범을 체계화하였다. 이 책은 통설(通說), 수기(修己), 정가(正家), 위정(爲政), 성현도통(聖賢道統)으로 구성되어 있는데, 성리학의 정치 이론서인 대학연의』를 보완함으로써 조선의 사상계에 널리 영향을 미쳤다.

사단칠정 논쟁

사단(四端)은 인간의 본성에서 우러나오는 도덕적 능력으로, 인·의·예·지를 일컫고, 칠정(七情)은 인간의 자연적인 감정[기쁨(희 喜), 노여움(노 怒), 슬픔(애 哀), 두려움(구 懼), 사랑(애 愛), 미움(오 惡), 욕망(욕 慾)]을 일컫는다. 사단칠정 논쟁은 16세기 이황과 기대승이 편지 왕래를 통해 벌인 논쟁으로 시작되었다. 사단과 칠정이 발현될 때 이와 기의 관계에 대해 토론한 것으로, 조선 성리학의 중심적인 연구 과제가 되었다.

이황의 이기호발

4단과 7정이 다 같이 하나의 정감이지만 4단은 인의예지라는 본성에서 발동해서 나오고, 7정은 기질에서 발동해 나온다. …… **4단은 이치가 발동하여 기운이 따라오는 것**이고(理發而氣隨之), **7정은 기운이 발하여 이치가 타고 올라오는 것이다**(氣發而理乘之).

— 「퇴계집」

이이의 이통기국, 기발이승

이(理)는 형체가 없고 기(氣)는 형체가 있으며, 이는 작용이 없고 기는 작용이 있다. …… **이는 두루 통하고 기는 국한되며(理通氣局)**, 이는 작용이 없고 기는 작용이 있기 때문에 기가 발하며 이가 타는 것이다(氣發理乘).

— 「율곡집」

이이의 이기지묘론(理氣之妙論)

이(理)와 기(氣)는 논리적으로 구분할 수 있지만 현실적으로 분리시킬 수 있는 것은 아니며, 모든 사물에 있어 이는 기의 주재 역할을 하고 기는 이의 재료가 된다는 점에서 양자는 불리(不離)의 관계에 있다. …… 일물(一物)이 아닌 까닭에 일이면서 이요, 이물(二物)이 아닌 까닭에 이이면서 일이다.

— 「율곡집」

이이의 사회 개혁 주장

예로부터 나라의 역사가 중기에 이르면 인심이 반드시 편안만 탐해 나라가 점점 쇠퇴한다. 그때 현명한 임금이 떨치고 일어나 천명을 연속시켜야만 국운이 영원할 수 있다. **우리나라도 200여 년을 지내 지금 중쇠(中衰)에 이미 이르렀으니**, 바로 천명을 연속시킬 때이다.

— 「율곡전서」

대표 기출문제

밑줄 친 '저'에 대한 설명으로 옳은 것은?

올해 초가을에 비로소 저는 책을 완성하여 그 이름을 「성학집요」라고 하였습니다. 이 책에는 임금이 공부해야 할 내용과 방법, 정치하는 방법, 덕을 쌓아 실천하는 방법과 백성을 새롭게 하는 방법이 실려 있습니다. 또한 작은 것을 미루어 큰 것을 알게 하고 이것을 미루어 저것을 밝혔으니, 천하의 이치가 여기에서 벗어나지 않을 것입니다. 따라서 이것은 저의 글이 아니라 성현의 글이옵니다.

① 예안향약을 만들었다.
② 「동호문답」을 저술하였다.
③ 백운동 서원을 건립하였다.
④ 왕자의 난 때 죽임을 당했다.

🔖 이황의 사상 배경

이황의 사상은 사림이 구체제를 비판하며 훈구 세력과 싸우던 시기를 바탕으로 하고 있다. 따라서 이황은 유교적 이상 정치의 실현, 도덕 수양의 근거가 되는 심성론 정립에 힘썼다.

🔖 이이의 사상 배경

이이의 사상은 사림이 중앙 정계로 대거 진출하여 개혁을 실시하던 시기를 바탕으로 하고 있다. 따라서 이황보다 이이는 상대적으로 기를 강조하며 여러 가지 개혁안을 제시하였다.

해설
제시된 자료는 이이가 저술한 「성학집요」와 관련된 내용이다. ② 이이는 「동호문답」을 저술하여 당대의 현실 문제를 문답식으로 논하였다.
① 이황에 대한 설명이다. 이황은 예안향약을 만들었고, 이이는 해주향약과 서원향약을 만들어 보급하였다. ③ 주세붕에 대한 설명이다. ④ 정도전, 남은 등에 대한 설명이다.

정답 ②

5

근대 태동기의 변화

CHAPTER 1 근대 태동기의 정치

01강 통치 체제의 개편
- **1** 정치 구조의 변화
- **2** 군사 제도의 변화

02강 붕당 정치의 변질과 탕평 정치
- **1** 붕당 정치의 변질
- **2** 탕평 정치의 전개

03강 세도 정치와 조선 후기 대외 관계
- **1** 세도 정치의 전개
- **2** 세도 정치기의 권력 구조와 폐단
- **3** 청과의 관계
- **4** 일본과의 관계

解·法·기·출·진·맥

9급 국가직

출제 경향 오버뷰 ▸ 최근 5년간 출제되고 있지 않다가 2025년 출제됨. 영조, 정조

9급 지방직

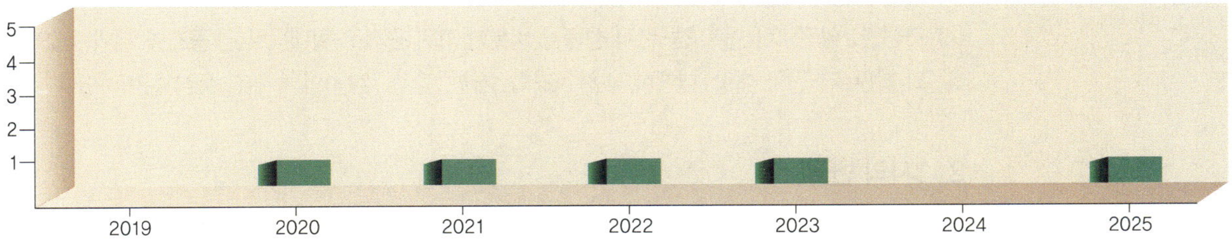

출제 경향 오버뷰 ▸ 2년에 1번 이상 출제됨. 숙종, 영조, 정조

9급 법원직

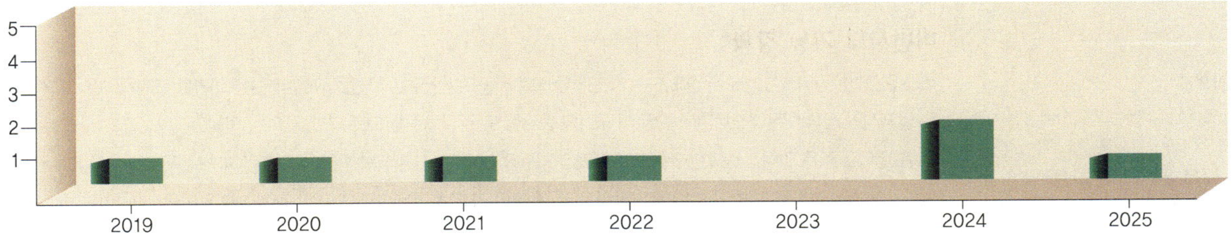

출제 경향 오버뷰 ▸ 거의 매년마다 1문제 이상씩 출제되고 있음. 숙종, 영조, 정조

01강 통치 체제의 개편

解/法 기출분석

구 분		2008~2018	2019	2020	2021	2022	2023	2024	2025
9급	국가직	정치 구조의 변화							비변사
	지방직	군사 제도							
	법원직	• 비변사 • 훈련도감							비변사

01 정치 구조의 변화

1. 비변사의 기능 확대

(1) **임시 기구로 설치**: 비변사는 16세기 중종 초에 삼포왜란을 계기로 여진족과 왜구의 침략에 대비하기 위해 임시 회의 기구로 설치되었다.

(2) **상설 기구화**: 명종 때 을묘왜변을 계기로 상설 기구로 운영되기 시작하였다. 이에 따라 창덕궁 앞에 청사를 두었다.

(3) **최고 기구화**: 선조 때 임진왜란을 거치면서 외교·재정·사회·인사 문제 등 거의 모든 행정을 총괄하는 최고 기구가 되었다. 이에 따라 의정부와 6조 중심의 행정 체계는 유명무실[1]해졌다.

(4) **구성원**: 임진왜란 이후 전·현직 정승을 비롯한 고위 관리로 확대되었다. 공조를 제외한 5조의 판서와 참판, 각 군영 대장, 대제학, 4유수(강화, 개성, 광주, 수원)의 유수관 등이 참여하였다.

2. 3사의 변질

3사의 언론 기능도 변질되어 공론[2]을 반영하기보다는 각 붕당의 이해 관계를 대변하였다. 이조와 병조의 전랑들도 자천권 등의 권한을 이용하여 자기 붕당의 세력을 확대하는데 앞장섰다.

❶ 의정부·6조 체제의 변질

의정부와 6조는 비변사에서 결정된 내용을 집행하는 기구로 위상이 하락하였다.

❷ 공론

붕당 내부에서 형성된 여론을 일컫는다.

❸ 지변사재상

비변사는 설치 초기에는 지변사재상을 중심으로 군사 문제를 처리하는 임시 기구였다. 3정승과 관찰사를 역임했던 종2품 이상의 관원들이 지변사재상이 되었다.

심화사료 頻出

2022. 서울시 9급, 2018. 서울시 9급(상), 2014. 경찰 1차

비변사의 기능 강화

효종 5년 11월 김익희가 상소하였다. …… 재신(宰臣)으로서 이 일을 맡은 사람을 지변사재상[3]이라고 불렀습니다. 그러나 이것은 일시적인 전쟁 때문에 설치한 것으로서 국가의 중요한 모든 일들을 참으로 다 맡긴 것은 아니었습니다. 그런데 오늘에 와서는 큰 일이건 작은 일이건 중요한 것으로 취급되지 않는 것이 없는데, 정부는 한갓 헛 이름만 지니고 육조는 모두 그 직임을 상실하였습니다. 명칭은 '변방의 방비를 담당하는 것(備邊)'이라고 하면서 과거에 대한 판하(判下)나 비빈(妃嬪)을 간택하는 등의 일까지도 모두 여기를 경유하여 나옵니다.

— 「효종실록」

1. 군사 제도 개편의 배경

5위제는 16세기 이후 군역의 대립제가 일반화되면서 제대로 운영되지 못하였다. 이후 **임진왜란**을 겪으면서 조정은 새로운 군사 제도의 개편을 모색하였다.

2. 중앙군 – 5군영

(1) 훈련도감(선조, 왜란 중): 훈련도감❹은 포수, 사수, 살수의 삼수병으로 편제되었다. 이들은 장기간 근무를 하고 일정한 급료를 받는 **상비군**으로서, 의무병이 아닌 **직업 군인**이었다.

(2) 어영청(인조~효종): 이괄의 난을 계기로 인조 때 어영군이 편성되었고, 이후 효종의 북벌 계획에 따라 어영청으로 정비·강화되었다. 이완을 어영대장으로 삼아 **북벌 계획의 본영**(本營) 구실을 하였다.

(3) 총융청(인조): 수도 외곽의 경비를 위해 서울 북쪽에 북한산성을 중심으로 설치하였다.

(4) 수어청(인조)❺: 남한산성을 중심으로 수도를 방위하기 위해 설치된 군영이다.

(5) 금위영(숙종)❻: 금위영은 국왕을 호위하고 수도를 방위하는 군영으로 설치되었다. 이로써 5군영 체제가 갖추어졌다.

심화사료 百出

2018. 법원직 9급, 2012. 국가직 7급

훈련도감(訓鍊都監)의 설치

선조 26년(1593) 10월 국왕의 행차가 서울로 돌아왔으나 성 안은 타다 남은 건물 잔해와 시체로 가득하였다. 굶주림에 시달린 사람들은 인육(人肉)을 먹기도 하고, 외방에는 곳곳에서 도적들이 일어났다. 이때에 **상(上)께서 도감(都監)을 설치**하여 군사를 훈련시키라고 명하시고 나를 도제조(都提調)로 삼으시므로, 나는 청하기를 "**당속미(唐粟米) 1천 석을 군량으로 하되 한 사람당 하루에 2승(升)을 준다 하여 군인을 모집하면 응하는 자가 사방에서 모여들 것입니다.**"라고 하였다. …… 얼마 안 되어 수천 명을 얻어 **조총(鳥銃) 쏘는 법과 창, 칼 쓰는 기술**을 가르치고 초관(哨官)과 파총(把摠)을 세워 그들을 거느리게 하였다. 또 당번을 정하여 궁중을 숙직하게 하고 국왕의 행차가 있을 때 이들로써 호위하게 하니 민심이 점차 안정되었다. — 유성룡, 「서애집」

3. 지방군

(1) 방어 체제의 변화

① 배경: 지역 단위 방위 체제였던 진관 체제는 대규모의 적이 침입할 때는 효과가 없었다.

② 제승방략 체제: 16세기 후반, 을묘왜변 이후 제승방략 체제가 수립되었다. 각 지역의 병력을 한 곳에 집결시키고, 중앙에서 파견된 장수가 지휘하는 방어 체제였다.

③ 조선 후기의 지방군: 임진왜란 때 제승방략 체제가 효과를 거두지 못하자, 다시 진관을 복구하였다. 또한 속오법에 따라 군대를 편성하였다(속오군).

✎ **5군영**

훈련도감
어영청 ─ 서울의 수비·방어
금위영

총융청
수어청 ─ 수도 외곽의 수비·방어

❹ **훈련도감**

종래 5위가 맡았던 기능을 대신하여 수도 방위와 국왕 호위의 중요한 임무를 담당하였다.

❺ **수어청(守禦廳)의 변화**

정조 때 장용영의 설치와 함께 수어청을 남한산성으로 옮기면서 사실상 폐지되었고, 광주유수의 직권 아래 들어가게 되었다.

❻ **금위영(禁衛營)**

병조 판서 김석주의 건의에 따라 병조 산하의 정초군(기병)과 훈련도감의 별대를 통합하여 설치하였다.

✎ **조선 후기 군사 훈련**

조선 후기에는 조총이 군대의 주요 무기로 사용되었다. 이에 따라 부대의 집단적인 훈련이 중시되었고, 조총으로 무장한 보병이 군대의 주축을 이루었다.

심화사료 百出

제승방략(制勝方略) 체제의 문제점

을묘왜변 이후 김수문이 전라도에서 처음으로 도내의 여러 읍을 순변사·방어사·조방장·도원수와 본도 병사·수사에게 소속시키니 여러 도에서 이를 본받았다. …… 이리하여 **한번 위급한 일이 있으면 반드시 멀고 가까운 곳의 군사를 모두 동원하여 빈 들판에 모아놓고 1,000리 밖에서 오는 장수를 기다리게 하였다.** 그러므로 장수는 아직 때맞추어 이르지 않았는데, 적은 이미 가까이 오게 되니 군심이 동요하여 반드시 궤멸하는 도리밖에 없다. — 유성룡의 상계

(2) 속오군

① 설치: 선조 27년(1594) 유성룡의 건의를 계기로 속오군을 일부 지역에 처음 설치하였고, 이후 전국으로 편성되었다.

② 특징: 위로는 양반에서부터 아래로는 노비에 이르기까지 편제되어, 평상시에는 생업에 종사하면서 향촌 사회를 지키다가 적이 침입해 오면 전투에 동원되었다.

③ 한계: 양반이 노비와 함께 편제되는 것을 기피함에 따라 점차 상민과 노비들만 남게 되었다.

심화사료 百出

속오군의 변질(속대전에 천예군이라 기록)

지금 **속오군**이라는 것은 **사노(私奴) 등 천인들로 구차하게 숫자만을 채웠으며,** 어린아이와 늙은이들을 섞어 대오를 편성하였다. 전립(戰笠)은 깨지고 전복(戰服)은 다 찢어졌으며, 100년 묵은 칼은 녹슬어 자루만 있고 날은 없으며, 3대를 내려오도록 정비하지 않은 총은 화약을 넣어도 소리가 나지 않는다. — 『목민심서』

❖ **조선의 지역 방위 체제 변천**

방어 체제	내용	문제점
진관 체제 (15세기 세조)	지역 단위의 방위 체제, 각 도의 병영 아래 몇 개의 거진을 설치(거진의 수령이 그 지역 군대 통솔)	적의 침입 규모가 클 때는 효과 없음.
제승방략 체제 (을묘왜변 이후)	유사시에 지정된 방어 지역에 각 지역의 병력을 동원(중앙에서 파견되는 장수가 지휘)	일차 방어선이 무너지면 그 뒤를 막을 방법이 없음.
진관 복구·속오군 체제 (임진왜란 이후)	진관을 다시 복구하고, 속오법에 따라 지방군을 편제(부족한 병력을 공·사천민 장정으로 보충)	양반들의 회피

대표 기출문제

다음 관청에 대한 설명으로 옳지 않은 것은?

중앙과 지방의 군국 기무를 모두 관장한다. …… 도제조(都提調)는 현임과 전임 의정이 겸임한다. 제조는 정수가 없으며, 왕에게 아뢰어 차출하되 이조·호조·예조·병조·형조의 판서, 훈련도감과 어영청의 대장, 개성·강화의 유수(留守), 대제학이 예겸(例兼)한다. 4명은 유사당상(有司堂上)이라 부르고 부제조가 있으면 예겸하게 한다. 8명은 팔도구관당상(八道句管堂上)을 겸임한다. — 『속대전』

① 삼포왜란 중에 상설화되었다.

② 흥선 대원군 집권 시기에 사실상 폐지되었다.

③ 본래 외적의 침입에 대비한 임시 기구였다.

④ 임진왜란을 계기로 군사 및 정무 전반을 관할하였다.

해설

제시된 자료는 비변사의 구성원에 관련된 내용이다. ① 비변사는 삼포왜란 때 설치되었으며, 명종 때 을묘왜변을 계기로 상설 기구로 운영되기 시작하였다. ②③④ 비변사에 대한 설명들이다.

정답 ①

02 강 붕당 정치의 변질과 탕평 정치

解/法 기출분석

구분		2008~2018	2019	2020	2021	2022	2023	2024	2025
9급	국가직	• 이인좌의 난 • 영조(3) • 정조(3)	영조						
	지방직	• 숙종 • 영조 • 영 · 정조(4) • 정조(2)		숙종	정조	영조	붕당 정치 (숙종)		영조
	법원직	• 숙종(3) • 영조(3) • 정조(2)	정조	영조	환국·탕평 정치	영·정조		정조	

붕당 정치의 변질

숙종	경종	영조	정조
편당적 ⇨ 환국		완론 탕평	준론 탕평

편당적 ⇨ 환국

남 인
↓

경신환국   신임사화
유악 사건   노론 대거 숙청됨
남인 역모 사건

서 인
↓

기사환국
세자 책봉 문제

남 인
↓

갑술환국
폐비 민씨 복위

서 인

완론 탕평

탕평교서
이인좌의 난
완론 탕평 ⇨ 탕평파 육성
— 산림 부정
— 서원 철폐
— 이조전랑 약화

균역법 시행

준론 탕평

규장각, 장용영, 초계문신제, 수원 화성

〈정조의 탕평 정치 진행〉
(1776) 규장각 설치(『고금도서집성』 수입)
↓
척신 세력 제거
↓
(1791) 신해통공(금난전권 혁파)
신해박해(진산 사건)
↓
(1794~96) 수원 화성 축조
↓
초월적 군주 표방
(1798) 만천명월주인옹

(강경파)
노 론   이이, 송시열
(강경 노론)
벽 파
사도 세자 문제

서 인 — 분화 경신환국   갈등↑ 왕위 계승

소 론   성혼, 윤증
(온건파)

시 파
(온건 노론
+ 소론 + 남인)

일당 전제화

❶ 붕당 정치 변질의 사회·경제 배경
향촌 사회에서 신분제가 동요되면서 양반 중심의 향촌 지배가 어려워졌고, 상품 화폐 경제가 발달하면서 정치 집단 사이에 상업적 이익에 대한 관심이 높아져 이를 독점하려는 경향이 커졌다.

❷ 남인의 군권 장악
현종 대에 남인이 주도하여 훈련별대를 창설하였다. 이후 숙종 재위 초반에 한꺼번에 18,000여 명의 무과 합격자를 뽑아 군사 훈련을 강화했다.

❸ 회니시비(송시열vs윤증)
윤선거(윤증의 아버지)의 묘비 내용을 송시열이 무성의하고 비판적으로 쓴 사건이 계기가 되어 윤증과 송시열 사이에 갈등이 커졌다.

▲ 우암 송시열

▲ 명재 윤증

01 붕당 정치의 변질❶

1. 숙종(1674~1720) ⭐

(1) 붕당 정치의 변질
숙종 때 집권 붕당의 급격한 교체로 정국이 전환되는 **환국**이 발생하였다. 이로써 특정 붕당이 정권을 독점하는 일당 전제화의 추세가 대두되었고 붕당 정치가 변질되기 시작하였다.

(2) 숙종 재위 초반의 정치 상황
허적·윤휴 등 남인 정권이 수립되었다. 이들은 2차 북벌을 추진하며 군권을 장악❷하고자 하였다. 이에 따라 도체찰사를 부활하고, 대흥산성 축조 등의 정책이 추진되었다.

(3) 경신환국(庚申換局, 1680) – 서인 집권
① 전개
 ㉠ 유악 사건: 남인의 영수 허적이 집안 잔치에 왕실 물품인 유악(기름 장막)을 멋대로 쓴 사실이 드러나 물의를 빚었다.
 ㉡ 남인 역모 사건(삼복의 변): 허적의 서자 허견이 복창군·복선군·복평군(삼복)과 결탁하여 역모를 꾸몄다는 사건이다.
② 결과: 서인이 남인을 역모로 몰아 대거 축출하고 정권을 장악하였다(경신환국). 이때 **허적·윤휴** 등 남인의 핵심적인 인물들이 제거되고, **서인** 정권이 수립되었다.

(4) 서인의 분열❸
경신환국 이후 남인에 대한 처벌을 놓고 서인이 강경파인 노론과 온건파인 소론으로 분리되었다.
① 노론: 송시열, 남인 탄압에 **강경한 입장**, 이이의 학통 계승, 대의명분을 내세우면서 민생 안정을 강조하였다.
② 소론: 윤증, 남인 탄압에 온건한 입장, 성혼의 사상 계승, 실리를 중시하면서 적극적인 북방 개척을 주장하였다.

(5) 기사환국(己巳換局, 1689) – 남인 집권
희빈 장씨가 낳은 왕자(경종)를 세자로 책봉하는 것에 반대하던 **서인(노론)**이 몰락하고, **남인**이 재집권하였다. 이때 송시열과 김수항 등 노론의 핵심 인물들이 처형되었다. 또한 이후 인현 왕후 민씨(서인 집안)가 폐위되고, 희빈 장씨(남인계와 연결)가 왕비로 책봉되었다.

(6) 갑술환국(甲戌換局, 1694) – 서인 집권
① 전개: 노론이 폐비 민씨 복위 운동을 전개하자, 남인이 이를 탄압하였다. 그러나 폐비 사건을 후회하고 있던 숙종은 오히려 남인을 숙청하였다.
② 결과: 폐비 민씨(인현 왕후)가 복위되었고, 중전 장씨는 희빈으로 강등되었다. 남인은 몰락했으며, 다시 서인(노론과 소론)이 집권하였다.

(7) 무고의 옥(1701): 장희빈이 인현 왕후를 저주했다는 사실이 드러나 사약을 받았다. 이후 **노론**은 세자의 폐위를 주장했으나, 소론은 세자(경종)를 지지하였다.

(8) 경제 정책

① 배경: 17세기~18세기 초반, 전 세계적으로 소빙기로 불리는 냉해가 계속되었다. 조선도 흉년과 질병 등으로 인구가 감소하는 등 어려운 상황을 맞이했다.

② 정책: 대동법을 경상도·황해도 지방까지 확대했으며(1708), 삼남 지방에 대한 양전 사업을 완료하였다. 또한 **상평통보**를 법화로 제정하고 **전국적으로 유통**시켰다.

(9) 장길산의 난[4](1697): 황해도 구월산을 무대로 활약해 오던 광대 출신 장길산이 승려 세력과 함께 봉기하였다.

(10) 대내 정책[5]: 창덕궁 안에 대보단을 설치하여 명나라 신종의 제사를 지냈다. 이순신 사당에 현충이라는 호를 내리고, 의주에 강감찬 사당을 건립하였다. 노산군의 지위가 회복되어 단종이라는 묘호를 받았다.

(11) 대외 정책: 안용복 사건[6]을 계기로 일본 막부와 울릉도 귀속 문제를 확정했으며, 백두산정계비를 세워 청과의 국경을 정하였다(1712).

숙종 말년, 노·소론의 갈등(왕위 계승을 둘러싼 대립)
• 병신처분(1716): 노론과 소론이 대립하고 있던 회니시비에 숙종이 직접 관여하여 송시열이 옳다고 판정하였다.
• 정유독대(1717): 숙종이 노론 영수 이이명과 독대를 하여 소론이 반발하였다.

2. 경종(1720~1724)

(1) 노·소론의 대립: 경종이 즉위하자 그를 지지하던 **소론**이 집권하였다. 이후 노론은 연잉군[7](영조)의 세제(世弟) 책봉을 주장하였고 이에 따라 경종은 연잉군을 세제로 책봉하였다.

(2) 신임사화[8](1721~1722): 2년에 걸쳐 소론이 노론을 역모로 몰아 제거한 사건이다.

① 신축옥사(1721): 소론은 연잉군의 대리청정을 요구한 노론 4대신(이건명, 김창집, 이이명, 조태채)을 탄핵하여 유배를 보냈다.

② 임인사화(1722): 목호룡의 고변 사건(경종 시해 음모)[9]을 빌미로 **노론**이 대거 숙청되었다.

3. 결과

(1) 붕당 정치의 말폐 현상: 국왕이 환국을 통해 직접 정치 세력을 교체하는가 하면, 상대당에 대한 보복으로 사사가 빈번해졌다. 또한 정쟁의 초점도 왕위 계승 문제에 맞춰지게 되었다.

(2) 서원과 사우의 남설: 중앙 정계에서 밀려난 양반들은 **문중 중심의 서원과 사우**를 세웠다.

(3) 탕평론[10]의 대두: 숙종 때 박세채에 의해 탕평론이 처음으로 대두되었다. 그러나 숙종의 탕평은 구호에만 그쳤으며, 오히려 편당적인 인사 관리로 일관하여 환국을 초래했다.

고등사료 百出

2011. 경북교행

붕당 정치의 폐해
신축·임인년(1721,1722) 이래로 조정에서 노론, 소론, 남인의 삼색(三色)이 날이 갈수록 더욱 사이가 나빠져 서로 역적이라는 이름으로 모함하니, …… **서로 혼인을 하지 않을 뿐만 아니라, 다른 당색(黨色)끼리는 서로 용납하지 않는 지경**에까지 이르렀다. ― 이중환, 『택리지』

---

❹ 장길산의 난

서울의 일부 서얼 및 중인들은 장길산 부대와 연결되어 새 왕조를 세우려다 발각되었다.

❺ 숙종 때의 인재 등용

서북인을 무인으로 대거 등용하고, 중인과 서얼을 수령에 등용하도록 조처하였다.

❻ 안용복 사건

숙종 때 안용복이 울릉도와 독도에 출몰하는 왜인을 쫓아내고 일본 당국과 담판하여 우리의 영토임을 승인받았다.

❼ 연잉군

숙종의 둘째 아들이며, 어머니는 무수리 출신인 숙빈 최씨이다.

❽ 신임사화(辛壬士禍)

신축옥사와 임인사화를 일컫는 것으로, 노론 측 입장이 반영된 용어이다.

❾ 목호룡의 고변 사건

소론 강경파 목호룡 등은 노론이 경종을 제거할 음모를 꾸며왔다고 고변하였다.

❿ 탕평론

탕평(蕩平)이란 『상서(尚書)』의 「황극설(皇極說)」 "無偏無黨 王道蕩蕩 無黨無偏 王道平平(무편무당 왕도탕탕 무당무편 왕도평평)"에서 나온 말로서, 군주의 정치가 치우침이 없고 지극히 공정하며 올바른 지경에 이른 것을 의미한다.

1. 영조(1724~1776) ⭐⭐

(1) 집권 초기 상황

　① 탕평 교서의 발표: 영조는 즉위 초 **탕평 교서를 발표**하여 정국의 혼란을 수습하고자 하였다.

　② 이인좌의 난(1728)

　　㉠ 배경: 소론과 남인의 일부 강경파는 경종의 사망에 의혹을 제기하며, 영조의 정통성을 부정하였다.

　　㉡ 전개: 이인좌는 소론·남인 세력 등을 규합하여 청주에서 대규모 반란을 일으켰다.

(2) 탕평 정치

　① 완론 탕평: 당파의 시비를 가리지 않고 어느 당파든 온건하고 타협적인 인물을 등용하였다. 이들을 탕평파(붕당을 없앨 것에 동의)로 육성하여 정국을 운영하였다.

　② 붕당의 기반 약화❶

　　㉠ 서원 철폐: 산림의 존재를 인정하지 않았고, 서원을 붕당의 근거지로 여겨 대폭 정리하였다.

　　㉡ 이조전랑❷의 권한 약화: 이조전랑의 **자천권**❸과 **통청권**❹을 없앴다. 그러나 자천권은 정조 대에 가서야 완전히 폐지되었다.

　③ 완론 탕평의 한계❺: 붕당 정치의 폐단을 근본적으로 해결한 것이 아니라, **강력한 왕권으로 붕당 사이의 다툼을 일시적으로 억누른 것에 불과**했다. 또한, **탕평책을 추진하면서 오히려 노론 세력이 강화**되었다.

영조

❶ 한림의 회천권 혁파

한림(현직 사관)이 자신의 후임을 뽑는 제도를 폐지하고, 후임자를 충원할 때 최종적으로 왕이 낙점하였다.

❷ 이조전랑

이조의 실무 관료인 정랑(5품)과 좌랑(6품)을 통칭하는 말이다.

❸ 자천권(自薦權)

이조전랑이 자신의 후임자를 추천할 수 있도록 한 권리이다.

❹ 통청권(通淸權)

삼사의 당하관 이하 관직에 대한 인사 추천권이다.

❺ 완론 탕평의 한계

영조는 탕평파를 자신의 외척으로 끌어들여 정국 안정을 도모하였는데, 이로 인해 외척 세력의 힘이 강해지는 문제점이 드러나기도 하였다. 정조는 영조의 탕평책이 척신 세력을 키우는 폐해를 낳았다고 생각하였다.

탕평비

심화사료 百出 　　　　　2025. 지방직 9급, 2018. 경찰 3차, 2013. 서울시 9급

영조의 탕평 교서

붕당의 폐해가 요즈음보다 심각한 적이 없었다. 처음에는 예절 문제로 분쟁이 일어나더니, 이제는 한쪽이 다른 쪽을 역적으로 몰아붙이고 있다. …… 우리나라는 땅이 좁고 인재도 그리 많은 것이 아닌데, 근래에 들어 **인재를 등용할 때 같은 붕당의 인사들만 등용**하고자 하며, 조정의 대신들이 서로 상대 당을 공격하면서 반역인가 아닌가로 문제를 집중하니 모두가 동의할 수 있는 정책이 나오지 못하고, 정책의 옳고 그름을 판단하기 어렵다. …… 이제 유배된 사람들의 잘잘못을 다시 살피도록 하고, **관리의 임용을 담당하는 관리들은 탕평의 정신을 잘 받들어 직무를 수행**하도록 하라. 　　　　－「영조실록」

탕평비문

원만하여 편벽되지 않음은 곧 군자의 공정한 마음이고, 편벽되어 원만하지 않음은 바로 소인의 사사로운 마음이다.

이인좌의 난(1728, 영조 4)

적(賊)이 청주성을 함락시키니, 절도사 이봉상과 토포사 남연년이 죽었다. 처음에 적 권서봉 등이 양성에서 군사를 모아 청주의 적고(賊魁) 이인좌와 더불어 군사 합치기를 약속하고는 청주 경내로 몰래 들어와 거짓으로 행상(行喪)하여 장례를 지낸다고 하면서 상여에다 병기(兵器)를 실어다 고을 성 앞 숲 속에다 몰래 숨겨 놓았다. 　　　　－「영조실록」

(3) 임오화변(1762): 영조가 사도 세자를 뒤주에 가두어 죽였다. 이후 정계는 시파와 벽파로 나누어졌다.

   ① 시파: 사도 세자를 동정하는 세력으로 세손(정조)을 지지하였다. 남인과 소론이 다수였다.

   ② 벽파: 사도 세자의 죽음을 찬성한 세력으로, 영조를 지지한 노론 강경파들이 다수였다.

(4) 영조의 업적[6]

   ① 균역법(1750) 시행: 군역 부담을 완화하기 위해 군포를 1필로 줄였다.

   ② 군영 정비: 훈련도감·금위영·어영청이 도성을 나누어 수도를 방위하는 체제를 갖추고, 이를 『수성윤음』으로 반포하였다.

   ③ 사회·문화 정책

      ㉠ 형벌 제도 개선: 가혹한 형벌을 폐지[7]하고 사형수에 대한 삼심제를 엄격하게 시행하였다.

      ㉡ 『속대전』 편찬: 『속대전』을 편찬하여 법전 체계를 정비하였다.

      ㉢ 언론 확대[8]: 신문고를 부활시키고, 호포제 시행을 위해 창경궁 홍화문에 나아가 백성들에게 의견을 묻기도 하는 등 궁 밖을 자주 나가서 직접 민의를 살폈다.

      ㉣ 청계천 준설: 서울 시민의 자발적인 협조를 얻어 청계천을 준설[9]하여 도시를 재정비하였다.

      ㉤ 노비종모법: 양인의 수를 늘리기 위해 노비는 어머니의 신분을 따르도록 하였다.

      ㉥ 노비공감법: 노비에게 부과된 신공을 반으로 줄였다.

      ㉦ 기로과: 60세 이상의 노인에게만 응시 자격을 준 과거 시험으로, 영조 때 처음 실시되었다.

   ④ 편찬 사업

속대전	『경국대전』 이후의 법전을 모아 재정리한 것으로, 『경국대전』 시행 이후의 변화된 사회상을 반영
속오례의	성종 때 편찬한 『국조오례의』를 보완, 조선 후기 왕실의 각종 의례를 정리
속병장도설	『병장도설』을 보완한 무예·병법 관련 서적
동국여지도	신경준이 왕명으로 편찬한 지도(조선 전도), 모눈으로 선을 구획한 채색 지도
동국문헌비고	최초의 관찬 한국학 백과사전으로 홍봉한[10]에 의해 편찬, 조선의 문물 제도를 분류·정리(13분야 100권)

심화사료 百出

2022. 지방직 9급, 2016. 경찰 1차, 2012. 법원직 9급

영조 대왕 시책문

적전(籍田)을 가는 쟁기를 잡으시니 근본을 중시하는 거동이 아름답고, **혹독한 형벌을 없애라는 명을 내리시니** 살리기를 좋아하는 덕이 성대하였다. …… **정포(丁布)를 고루 줄이신 은혜**로 말하면 천명을 받아 백성을 보전할 기회에 크게 부합되었거니와 위를 덜어 아래를 더하며 어염세(魚鹽稅)도 아울러 감면되고, 여자·남자가 기뻐하여 양잠·농경이 각각 제자리를 얻었습니다.

– 『영조실록』

영조의 주요 업적

팔순 동안 내가 한 일을 만약 나 자신에게 묻는다면

첫째는 탕평책인데, 스스로 '탕평'이란 두 글자가 부끄럽다. / 둘째는 균역법인데, 그 효과가 승려에게까지 미쳤다.

셋째는 청계천 준설인데, 만세에 이어질 업적이다. / 넷째는 옛 정치의 뜻을 회복하여 여종의 공역을 없앴다.

다섯째 서얼들을 청요직에 등용하니 유자광 이후 처음이다. / 여섯째 예전 법전을 개정해 『속대전』을 편찬했다.

– 『어제문업(御製問業)』

[6] 영조의 재정 개혁

왕실과 중앙 관청들의 재정 용도를 규정하였다(탁지정례).

[7] 형벌 제도 개선

죄를 추궁하여 심문할 때 부모·형제·부인을 함께 잡아 가두는 것을 금지하였다.

[8] 언론의 확대

백성들이 행차 도중 왕을 직접 만나 억울한 일을 호소하는 것을 상언 또는 격쟁이라 하였다.

[9] 청계천 준설 사업

영조는 청계천의 범람을 막고 홍수에 대비하기 위해서 준설 작업을 추진했다. 약 60일 동안 약 21만 명의 인원이 동원되어 일자리를 만들어 주었다. 이와 같이 서울을 재정비했으며, 서울의 번영을 과시하기 위해 많은 지도를 제작하였다.

[10] 홍봉한

영조의 탕평 정책을 지지해 왕의 총애를 받았다. 딸(혜경궁 홍씨)이 세자빈으로 간택되어 사도 세자와 혼인하였다. 이복동생인 홍인한은 노론 벽파에 가담하여 세손(정조)을 공격했으나, 그는 세손을 보호하였다.

정조

① 규장각(奎章閣)

규장각은 창덕궁과 강화도 두 곳에 설치되어 전자를 내각, 후자를 외각이라 불렀다. 본래 왕실 도서관으로 설치되었으나, 정조는 문한(文翰), 비서실, 과거 시험 주관 등 여러 기능을 부여하였다.

② 검서관

규장각에서 실무를 담당하는 관리였다. 특별히 서얼 출신들을 채용하였다.

③ 장용영(壯勇營)

서울과 수원에 내영과 외영을 설치하였다.

④ 만천명월주인옹(萬川明月主人翁)

백성을 만천(강물)에, 군주인 자신을 명월(달)에 비유하여 모든 백성에게 임금의 은혜가 닿게 하는 지고지순한 정치를 펼치고자 하였다.

시흥환어행렬도(始興還御行列圖)

혜경궁 홍씨의 회갑연을 화성에서 치루고 서울로 올라오는 장면을 그린 그림이다.

2. 정조(1776~1800) ⭐⭐

(1) 탕평 정치

① 준론 탕평: 국왕이 직접 각 붕당의 주장이 옳은지 그른지를 명백히 가리는 정책을 펼쳤다.

② 인재 등용: 영조 때 세력을 키웠던 척신과 환관 등을 제거하고, 그동안 권력에서 배제되었던 소론과 남인 계열을 중용하였다. 또한, 능력 있는 인재를 등용하여 왕권을 뒷받침하였다.

(2) 왕권 강화 정책

① 규장각**①** 설치(1776): 창덕궁 안에 규장각을 세우고 수만 권의 조선 서적과 중국 서적(청나라에서 『고금도서집성』 수입)을 보관하였다. 젊은 학자들을 학사로 임용했으며, 박제가·유득공·이덕무 등 서얼들을 검서관**②**으로 발탁하였다.

② 장용영**③** 설치: 친위 부대인 장용영을 설치하여 국왕이 주요 병권을 장악하고자 하였다.

③ 초계문신제의 시행: 37세 이하의 당하관 관리 중에서 유능한 인사를 선발하여 일정 기간 규장각에서 재교육하는 초계문신 제도를 실시하였다. 이는 정조가 초월적 군주로 군림하면서 스승의 입장에서 신하를 양성하겠다는 의지를 보인 것이다.

2019. 경찰 2차, 2018. 국가직 9급, 2014. 국가직 9급

초계문신제(抄啓文臣制)

내각에서 초계문신의 강제절목을 올렸다. 절목의 내용은 이러하다. 이제 이 문사들을 선발하여 강제를 시험하는 것은 대개 인재를 양성하려는 성의에서 나온 것이 아니겠는가? …… 강제 인원은 반드시 문신으로서 과원에 분관된 사람들 가운데 참상이나 참외를 막론하고 정부에서 상의하여 37세 이하로 한하여 초계한다.　　　　　　－「정조실록」

만천명월주인옹자서

만천명월주인옹(萬川明月主人翁)은 말한다. …… 달은 하나뿐이고 물의 종류는 1만 개나 되지만, 물이 달빛을 받을 경우 앞 시내에도 달이요, 뒤 시내에도 달이어서 달과 시내의 수가 같게 되므로 시냇물이 1만 개면 달 역시 1만 개가 된다. 그러나 하늘에 있는 달은 물론 하나뿐인 것이다. …… 그러나 그 물의 원뿌리는 달의 정기(精氣)다. 거기에서 나는, **물이 세상 사람들이라면 달이 비춰 그 상태를 나타내는 것은 사람들 각자의 얼굴이고, 달은 태극인데 그 태극은 바로 나라는 것을 알고 있다.**　　　　　　－「홍재전서」

④ 군주도통론: 군주로서 성리학의 적통을 이어받았다는 주장이다. 또한 초월적 군주를 표방하면서 기존에 사용하였던 '홍재'라는 호를 대신하여 만천명월주인옹**④**이라는 호를 사용하였다.

⑤ 화성 건설(수원): 수원으로 사도 세자의 무덤을 옮기고 '현륭원'이라 하였으며, 팔달산 밑에 새로운 성곽 도시로 '화성'을 세웠다. 정조는 화성을 종합 도시로 계획하고, 정치적·경제적·군사적 기능을 부여하였다.

㉠ 화성 축조와 운영: 정조는 자신의 정치적 이상을 담아 화성을 건설하였다. 정약용은 거중기를 만들어 화성을 쌓는 데 이용하였다. 또한 대유둔전(국영 농장)을 두어 화성 성곽 유지 보수에 사용하였다.

㉡ 화성 행차: 정조는 현륭원 참배를 명목으로 자주 화성에 행차하였다. 행차의 편의를 위해 신작로와 배다리(정약용 제작)를 만들었다.

⑥ 수령의 권한 강화: 수령이 군현 단위의 향약을 직접 주관하게 하여 지방 사족의 향촌 지배를 억제하였다.

배다리(주교)

(3) 경제·사회·문화 정책[5]

① 신해통공(1791): 통공 정책을 실시하여 육의전을 제외한 시전 상인의 금난전권을 폐지하였다. 이는 재정 확보와 상공업 진흥을 위해 자유로운 상행위를 허락한 것이다.

② 공장안 폐지: 수공업자들은 장인세만 부담하면 자유롭게 제품을 생산할 수 있게 되었다.

③ 신해박해(1791): 전라도에 사는 천주교 신자 윤지충이 조상의 신주를 불태운 사건으로, 윤지충을 비롯한 관련자들이 처벌받았다(진산 사건). 윤지충은 남인에 속했기 때문에 노론은 남인을 중용한 정조를 공격하였다.

④ 문체반정[6](문체순정): 패관잡문, 소설의 문체 등 신문체를 배척하고 순정고문으로 환원시키려는 문풍 개혁 정책이다. 노론을 견제하기 위한 정치적 의도였다.

⑤ 중국과 서양 기술 수용: 정조는 계지술사[7]를 내걸고 전통 문화를 계승하면서 중국과 서양의 과학 기술을 수용하고자 하였다.

⑥ 편찬 사업[8]

『대전통편』	『속대전』 이후 통치 체제 정비	『존주휘편』	대명의리론 정리
『탁지지』	호조(재정 담당 관청)의 사례 정리	『무예도보통지』	무예 훈련 교범서
『춘관통고』	예서를 집대성	『규장전운』	음운서(소리·문자 연구)
『추관지』	형률에 관한 법령집	『일성록』	국왕의 동정과 국정 기록
『동문휘고』	조선 외교 문서 정리	『홍재전서』	정조 개인 문집
『홍문관지』	홍문관 역사 정리	『규장각지』	규장각 직제 설명
『증보(정)문헌비고』	『동국문헌비고』 증보	『오륜행실도』	『삼강행실도』와 『이륜행실도』를 통합

[5] 『자휼전칙』

흉년을 당해 걸식하거나 버려진 아이들의 구호 방법을 규정한 법령집으로, 정조 때 전국에 반포하였다.

[6] 문체반정(文體反正, 문체순정)

문체반정은 자유롭게 발전하는 문학의 양상을 권력으로 억압하여 발전을 퇴보시켰다는 비판도 있다.

[7] 계지술사(繼志述事)

조상의 뜻을 계승하면서 부분적으로 새로운 것을 가미한다는 뜻이다.

[8] 편찬 사업

정조 때 왕명으로 『해동농서』(서호수)와 종합 무예서인 『무예도보통지』가 편찬되었다.

심화사료 百出

2012. 지방직 9급

『무예도보통지』

『무예도보통지』가 완성되었다. …… 곤봉 등 6가지 기예는 척계광의 『기효신서』에 나왔는데 …… 장헌 세자가 정사를 대리하던 중 기묘년에 명하여 죽장창 등 12가지 기예를 더 넣어 도해(圖解)로 엮어 새로 신보를 만들었고, 상(上, 정조)이 즉위하자 명하여 기창 등 4가지 기예를 더 넣고 또 격구, 마상재를 덧붙여 모두 24가지 기예가 되었는데, **검서관 이덕무·박제가**에게 명하여 …… 주해를 붙이게 했다.

– 『홍재전서』

『무예도보통지』

대표 기출문제

밑줄 친 '왕'의 재위 기간에 있었던 사실로 옳은 것은?

2021. 지방직 9급

왕은 노론과 소론, 남인을 두루 등용하였으며 젊은 관료들을 재교육하기 위해 초계문신제를 시행하였다. 또 서얼 출신의 유능한 인사를 규장각 검서관으로 등용하였다.

① 동학이 창시되었다.
② 『대전회통』이 편찬되었다.
③ 신해통공이 시행되었다.
④ 홍경래의 난이 발생하였다.

해설

제시된 자료는 조선 후기 정조의 업적들을 설명하고 있다. ③ 정조 때 육의전을 제외한 시전 상인의 금난전권을 폐지하는 통공 정책(1791)을 실시하였다(신해통공).

① 철종 때의 일이다. ② 『대전회통』은 흥선 대원군 때 편찬되었다. ④ 홍경래의 난은 순조 때 발생하였다.

정답 ③

03강 세도 정치와 조선 후기 대외 관계

解/法 기출분석

구 분		2008~2018	2019	2020	2021	2022	2023	2024	2025
9급	국가직	• 세도 정치(3) • 통신사							
	지방직	• 세도 정치 • 대외 관계							
	법원직	대외 관계						세도 정치	

세도 정치의 전개

순조

정순 왕후 김씨   1801   공노비 해방, 신유박해(시파 탄압), 장용영 혁파(1802)

안동 김씨 김조순   1811   홍경래의 난 : 서북인 차별

헌종

풍양 조씨 조만영   1839   기해박해

   1846   병오박해

철종

안동 김씨 김문근   1860   동학 창시(최제우)

   1862   임술민란 ⇨ 삼정이정청의 설치

세도 정치의 권력 구조와 모순

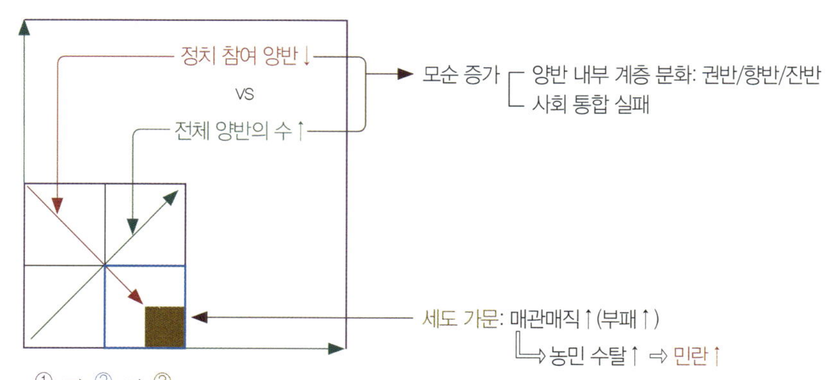

01　세도 정치의 전개

1. 순조(1800~1834) - 안동 김씨

(1) 정순 왕후 수렴청정: 순조가 11세의 나이로 즉위하자 노론 집안의 정순 왕후 김씨(영조의 계비)가 수렴청정을 하였다. 정조 때 중용되었던 소론·남인은 쫓겨나고 노론이 정권을 잡았다.

(2) 신유박해(1801): 수많은 천주교도들을 처형했으며, 천주교를 믿는다는 이유로 남인과 시파 세력들도 정계에서 축출되었다.

(3) 장용영 혁파(1802): 장용영을 혁파[1]하여 군영의 중심이 다시 훈련도감으로 이동하였다.

(4) 기타 정책: 중앙 관청에 소속되어 있던 6만여 명의 공노비를 해방시켰다.

(5) 왕권 회복 노력: 정순 왕후 사망 이후 순조의 장인인 김조순을 중심으로 안동 김씨 세력이 정권을 장악하였다. 순조는 왕권 강화를 위해 효명 세자[2]에게 대리청정을 맡겼으나, 22세의 나이로 요절하면서 실패하였다.

2. 헌종(1834~1849) - 풍양 조씨

효명 세자의 아들로 8세에 즉위하였다. 이에 조만영을 중심으로 풍양 조씨가 득세하였다.

3. 철종[3](1849~1863) - 안동 김씨

헌종이 후사 없이 죽자 몰락 왕족인 철종(강화도령)이 왕이 되었다. 김문근을 중심으로 한 안동 김씨가 득세하였는데 흥선 대원군이 집권하기 전까지 지속되었다.

02　세도 정치기의 권력 구조와 폐단

1. 정치

(1) 세도 정치[4]: 왕실과 혼인을 맺은 일부 외척 가문이 권력을 독점한 것을 세도 정치라고 한다.

(2) 권력의 집중: 세도 가문들은 비변사를 비롯한 주요 관직을 독점하고, 훈련도감 등 군영의 지휘권을 장악하였다. 그 결과 의정부와 6조·3사 등이 본래 기능을 상실하고 왕권은 점차 약화되었다.

(3) 정치 기강의 문란: 세도 가문을 견제할 집단이 없었기 때문에 부정부패가 심화되었다. 세도 가문과 결탁하지 않으면 과거에 급제할 수 없었고, 매관매직도 공공연히 이루어졌다.

(4) 수탈 강화: 정치 기강의 문란은 백성에 대한 수탈로 이어졌다. 돈을 주고 관직을 산 관리들은 수취 제도를 악용하여 백성들을 착취하였다.

---

❶ 장용영 혁파

장용영의 재산은 선혜청과 훈련도감 등으로 귀속되었다.

❷ 효명 세자의 대리청정

박규수 등과 교우하였다. 예악 정치를 표방하여 음악을 직접 정비하였고, 동궐도를 제작하였다.

❸ 철종

사도 세자와 후궁 사이에서 태어난 은언군의 손자이다. 은언군은 정조 때 아들과 함께 모반죄로 강화도로 유배되었다. 철종은 강화도에서 농사를 짓고 살다가 갑자기 왕이 되어 '강화도령'이라고 불렸다.

철종 어진(복원)

❹ 세도 정치

'세도(世道)'란 본래 '유교 정치 이념에 입각하여 세상을 다스리는 도리'이며, '세도'를 근심하는 주체는 사대부이다. 그러나 19세기부터 '세도'라는 말은 부정적으로 사용하기 시작했다.

백두산정계비

2. 사회·경제

삼정이 문란❶해지고 총액제❷의 실시로 관리들의 수탈은 더욱더 심해졌다. 여기에 잇따른 자연재해까지 겹쳐 농촌 사회의 불만이 극에 달해, 농민들의 저항도 급격하게 늘어났다. 대표적으로 **홍경래의 난(1811)**과 임술 농민 봉기(1862) 등이 있다.

심화사료 百出

세도 정치기 민란(홍경래의 난)

보잘 것 없는 나, 소자(순조)가 어린 나이로 어렵고 큰 유업을 계승하여 지금 12년이나 되었다. 그러나 나는 덕이 부족하여 위로는 천명(天命)을 두려워하지 못하고 아래로는 민심에 답하지 못하였으므로, 밤낮으로 잊지 못하고 근심하며 두렵게 여기면서 혹시라도 선대왕께서 물려주신 소중한 유업이 잘못되지 않을까 걱정하였다. 그런데 지난번 **가산(嘉山)의 토적(土賊)이 변란을 일으켜 청천강 이북의 수많은 생명이 도탄에 빠지고** 어육(魚肉)이 되었으니 나의 죄이다.

— 「비변사등록」

03   청과의 관계

1. 북벌 정책의 추진

병자호란 이후 조선은 **표면상 청나라와 사대 관계를 맺고 사신 왕래**❸ 등 교류를 활발하게 하였다. 한편으로 청에 대한 적개심이 여전히 남아 있어 **효종과 숙종 때 북벌 정책을 추진**하기도 하였다.

2. 북학론의 대두

청나라는 국력이 크게 신장되고 문화 국가로서의 면모를 갖추어 나갔다. 이후 학자들 중에도 청을 무조건 배척하지만 말고 우리에게 이로운 것은 배우자는 북학론을 제기하는 사람들이 나왔다.

3. 청과의 국경 문제

조선인 일부가 두만강을 건너 인삼을 캐거나 사냥을 하는 경우가 있었기 때문에 청과 국경 분쟁이 일어났다. 이에 **조선과 청의 두 나라 대표가 백두산 일대를 답사하고 국경을 확정하여 정계비를 세**웠다(1712).

1. 일본과의 관계 개선: 임진왜란 이후 조선은 일본과의 외교 관계를 단절하였다.

(1) 국교 재개 배경

　① 일본: 에도 막부는 경제적인 어려움을 해결하고 선진 문물을 받아들이기 위하여 쓰시마의 도주
　를 통하여 조선에 국교 재개를 요청해 왔다.

　② 조선: 선조는 유정(사명 대사)을 일본에 보내 조선인 포로 수천여 명을 데려왔다.

(2) 기유약조(1609): 광해군 때 일본과 기유약조를 맺어 제한된 범위 내에서 교섭을 허용하였다(세사미두
　100석, 세견선 20척). 또한 부산진 근처에 다시 왜관❹을 설치하였다(1607).

2. 통신사의 파견

(1) 배경: 일본은 막부의 권위를 국제적으로 인정받기 위하여 조선에 사절의 파견을 요청해 왔다.

(2) 전개와 특징: 조선과 일본의 국교 관계는 조선이 한 단계 높은 위치에서 진행됐기 때문에 일본 사
　신은 서울이 아니라 동래의 왜관에서 실무를 보고 돌아갔다. 조선은 1607년부터 1811년에 이르기
　까지 12회에 걸쳐 일본에 통신사❺를 파견하였다.

(3) 역할: 공식적인 외교 사절인 통신사는 조선의 선진 문화를 일본에 전파하는 역할을 하였다.

(4) 국교의 단절: 18세기 후반에 일본에서 반한적인 국학 운동❻이 일어났다. 이 영향을 받아 1811년의
　통신사(쓰시마 섬에서 업무를 보고 귀국) 파견을 마지막으로 일본과의 교류는 막을 내렸다.

심화사료 百出

2008. 국가직 9급

조선 통신사의 파견

일본 사람이 우리나라의 시문을 구하여 얻은 자는 귀천현우(貴賤賢愚)를 막론하고 우러러보기를 신선처럼 하고 보배를 여기
기를 주옥처럼 하지 않음이 없어. 비록 가마를 메고 말을 모는 천한 사람이라도 조선 사람의 해서(楷書)나 초서(草書)를 두어
글자만 얻으면 모두 손으로 이마를 받치고 감사의 성의를 표시한다.

－「해유록」

3. 울릉도와 독도: 삼국 시대 이래 우리의 영토였으나, 일본 어민이 자주 이곳을 침범하여 충돌이 빚어졌다.

(1) 안용복의 활약: 숙종 때 안용복은 울릉도에 출몰하는 일본 어민들을 쫓아내고, 일본에 건너가 울
　릉도와 독도가 조선의 영토임을 확인받고 돌아왔다.

(2) 울릉도의 경영: 일본 어민의 침범이 계속되자, 19세기 말에 조선 정부에서는 적극적으로 울릉도 경
　영에 나섰다. 울릉도에 군을 설치하고 독도까지 관할하였다.

---

❹ **왜관의 위치 변경**

부산포 왜관을 대신하여 선조 말년,
부산진 근처인 두모포에 왜관을 설치
하였다. 그러나 두모포 포구는 배를
정박하기에는 협소했기 때문에 숙종
때 초량으로 왜관을 옮겼다. 1876년
강화도 조약 이후 일본 공사관이 초
량 왜관에 설치된다.

❺ **통신사**

12회 비정기 사절단으로 파견되었는
데, 이전에 세종 때부터 파견된 8회까
지 포함하면 총 20회 파견되었다. 그러
나 일반적으로 1607~1811년동안 12회
파견된 사절단을 통신사라 부른다.
2017년 조선 통신사의 외교·문화 교
류에 관한 기록이 유네스코 세계 기
록 유산으로 지정되었다.

❻ **국학 운동**

18세기 후반 일본에서는 일본 고유
의 정신으로 돌아가는 국학 운동
이 확산되었다. 이에 따라 통신사에
대한 반대 여론도 커져갔다.

CHAPTER 2 근대 태동기의 경제·사회·문화

解·法·기·출·진·맥

9급 국가직

출제 경향 오버뷰 거의 매년 1~3문제씩 출제됨. 경제 상황, 실학

9급 지방직

출제 경향 오버뷰 거의 2년에 1번 정도 출제되고 있음. 수취 제도, 실학

9급 법원직

출제 경향 오버뷰 거의 매년 1~4문제 이상 출제되고 있음. 대동법, 경제 상황, 실학

01 강 근대 태동기의 경제

解/法 기출분석

구 분		2008~2018	2019	2020	2021	2022	2023	2024	2025
9급	국가직	• 대동법(2) • 경제 정책 • 도결			대외 무역		대동법		
	지방직	• 대동법(3) • 균역법 • 경제 정책(2) • 삼정의 문란 • 무역 • 화폐						균역법과 영정법	
	법원직	• 수취 제도(3) • 영정법 • 대동법(4) • 균역법 • 경제 상황 전반(6) • 이앙법	• 대동법 • 19세기 경제		경제 상황			균역법	균역법

解法요람

조선 후기 수취 제도

전세(租) — 영정법 4두 / 1결(풍흉에 관계없이), 농민 부담 증가

역(庸) — 균역법 1년 2필 ⇨ 1년 1필(절중안, 감포론)
　　　　　　　＋ 결작, 선무군관포, 선박세 · 어장세 · 염세

공납(調) — 대동법 납부 방식: 토산물 ⇨ 쌀, 삼베, 목면, 동전
　　　　　　　부과 기준: 가호 ⇨ 토지(12두 / 1결)

선혜청	공인	상공업
설치	등장	발달

조선 후기 농법의 변화

농업 기술의 변화	경영 방식의 변화	농민의 계층 분화

이앙법
(모내기법)

광작

장 점
생산력 × 4배 이상 증가
노동력 × $\frac{1}{4}$ 이하로 감소

단 점
가뭄 취약
⇨ 정부 금지 vs 농민 저수지 축조

임노동자(빈농): 머슴, 광산 · 포구의 품팔이, 난전
⇨ 타 산업 종사자

경영형 부농, 서민 지주

01 전세의 정액화(영정법)

1. 조선 후기, 수취 제도[1]의 개편

두 차례 전란을 겪으면서 토지가 황폐해지고, 양안(토지 대장)이 소실되어 재정 수입이 크게 줄었다. 이에 정부는 재정 확보와 민생 안정을 위해 수취 제도의 개혁을 추진하였다. 또한, 전세의 수입원을 확보하기 위해 토지 개간을 장려하고 양전 사업[2](양안에서 빠진 토지 조사)을 실시하였다.

2. 영정법의 시행(인조, 1635)

(1) 배경

15세기 말부터 연분 9등법이 유명무실화되어 최저 세율인 4~6두를 징수하는 것이 관례화되었다.

(2) 시행

정부는 연분 9등법 대신 영정법을 실시하여 풍년이건 흉년이건 관계없이 **전세를 토지 1결당 미곡 4두로 고정**[3]시켰다. 이에 따라 전세의 비율이 이전보다 다소 낮아졌다.

(3) 폐단

농민의 대다수인 소작농에게는 큰 도움이 되지 못했다. 전세를 납부할 때 여러 명목의 수수료, 운송비, 자연 소모에 대한 보충 비용 등이 농민에게 부과되어 오히려 경제적 부담[4]이 증가하였다.

3. 양척동일법[5](효종, 1653)

효종 때부터 **토지를 측량하는 자를 통일**하고, 1등전 1결을 기준으로 삼아서 수확량을 계산하였다. 이는 토지 측량의 편의를 도모하기 위함이었다.

---

❶ 조선 후기 전세(토지 1결 기준)

대동세 12두, 결작 2두, 전세(영정세) 4두, 삼수미세 2.2두

❷ 양전 사업

『경국대전』에는 20년마다 시행하는 것으로 되어 있다. 그러나 양반 관료·지주 등의 반대로 정기적이고 전국적인 양전 사업은 제대로 실시되지 않았다. 그나마 삼남을 중심으로 한 양전 사업이 선조, 광해군, 인조, 숙종 때 실시되었다.

❸ 영정법(永定法)의 수취액

한국사 교과서에서는 지역 간 차이를 고려하여 '1결당 4~6두 징수하였다.'고 표현하고 있다.

❹ 영정법 실시 후 농민 부담

영정법 실시 후 농민에게 전가된 각종 수수료와 운송비, 보충 비용 등은 전세액보다 훨씬 많아 때로는 전세액의 몇 배가 되기도 하였다.

❺ 양척동일법(量尺同一法)

양전 실시 과정에서 토지 등급에 따라 길이가 다른 자를 사용할 때 발생하는 복잡함과 불편함을 없애기 위해 측량하는 자를 통일하였다.

심화사료 百出

2008. 법원직 9급

영정법 실시의 배경

백성의 근심은 재해를 살피는 것이 밝지 않고 **등분을 정하는 것이 공평하지 않은 데 있습니다.** 감사가 수령을 뽑아 보내어 답험하게 하면 수령은 길만 따라가서 위관에게 맡기고 위관은 서리에게 맡깁니다. …… 수령은 많이 거두어들이는 데에 힘쓰므로 **흉년이 들어도 흉년이 아니라고 하고 곡식이 조금만 잘되어도 아주 잘되었다고 하여 그 등급을 높입니다.** 애달픈 백성들은 어디에 호소하겠습니까?

– 『중종실록』

영정법의 실시

인조 갑술(1634, 인조 12)에 양전을 한 뒤에 마침내 **시년상하의 법(연분 9등법)을 혁파**하였다. 삼남 지방은 처음에 각 등급으로 결수를 정하고 조안에 기록하였다. 영남은 상지하(上之下)까지만 있게 하고, 호남과 호서 지방은 중지중(中之中)까지만 있게 하며, 나머지 5도는 **모두 하지하(下之下)로 정하여** 전례에 의하여 징수한다. **경기·삼남·해서·관동은 모두 1결에 전세 4두를 징수한다.**

– 『만기요람』

02 공납의 전세화(대동법) ★★

1. 배경

공납은 가호 단위로 부과되어 농민에게 큰 부담이 되었으며, 여기에 **방납의 폐단**까지 더해져 사회 문제가 되었다. 이를 개선하기 위해 이이, 유성룡 등이 공물을 쌀로 거두자는 수미법을 주장하였다.

2. 대동법의 실시[6]

(1) 내용

초기에는 토지 1결당 8두씩 1년에 두 번 납부하였으나 나중에는 **토지 1결당 12두**로 고정되었다. 이에 따라 공물 납부 방식이 집집마다 부과하는 것에서 **토지의 결수에 따라 쌀, 삼베나 무명(목면), 동전** 등으로 납부하는 것으로 바뀌었다.

(2) 시행 과정: 토지를 기준으로 대동세를 걷었기 때문에 양반 지주들이 반발하였다. 이로 인해 전국적으로 확대되기까지 약 100년이 걸렸다.

① 광해군(1608): 이원익, 한백겸 등의 주장에 따라 선혜의 법이라 하여 **경기도에서 시범적으로 시행**되었다.

② 인조(1624): 조익의 주장에 따라 강원도까지 확대·실시되었다.

③ 효종(1651): 김육의 건의로 대동법을 **충청·전라도**까지 확대·시행하였다.

④ 숙종(1708): 허적의 주장에 따라 1678년 경상도에서 실시하였다. 이후 1708년에 황해도에서 실시되면서 **함경도와 평안도를 제외한 전국에서 실시**되었다.

(3) 운영

① **선혜청[7] 설치**: 선혜청은 징수한 쌀·베 등을 **공인**들에게 미리 대가로 지급하고 왕실과 관청에 필요한 물품을 공급하게 하였다.

② **유치미와 상납미**: 대동미는 중앙의 선혜청에 올려보내는 상납미와 지방에 남겨놓은 유치미로 나누어 사용되었다. 그러나 점차 상납미의 비중이 커지면서 지방 재정에 문제가 발생했다.

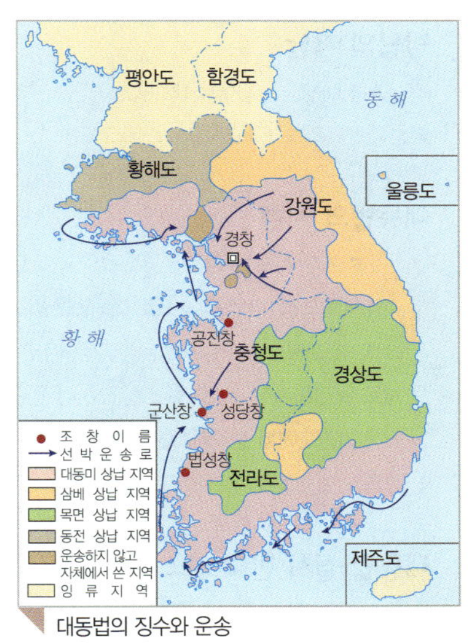

대동법의 징수와 운송

❻ 대동법(大同法)의 실시 목적

임진왜란을 겪으면서 정부의 재정 상태가 더욱 악화되자, 국가 재정을 보완하고 농민의 부담을 경감시키기 위해 대동법을 실시하였다.

❼ 선혜청

종전에 궁방과 관청별로 무계획적으로 행해지던 공물 조달이 선혜청으로 일원화되었다.

3. 대동법의 결과 및 영향

(1) **공납의 전세화**: 기존에 집집마다 거두던 공물을 토지 결수에 따라 토지 소유자에게 부과❶하여 가호 단위의 공납이 전세화되는 결과를 가져왔다.

(2) **조세의 금납화 경향 등장**: 동전(화폐)으로도 대동세를 납부하게 함으로써 조세의 금납화에 기여하고, 나아가 화폐의 유통을 촉진시켰다.

(3) **공인의 등장**: 대동법이 실시되면서 **공인이 등장**하여 관청에서 공가를 미리 받아 물품을 사서 납부하였는데, 이로 인해 **상품 화폐 경제**❷가 한층 발전하였다.

(4) **교환 경제의 활성화**: 농민은 대동세를 내기 위하여 토산물을 장시에 내다 팔아 쌀, 베, 동전을 마련하였다. 따라서 장시의 확대와 유통 경제의 활성화에 기여하였다.

(5) **진상과 별공의 잔존**: 대동법의 시행으로 상공은 없어졌다. 그러나 왕에게 바치는 진상이나 별공은 여전히 남아 현물 징수가 완전히 폐지되지는 않았다.

심화사료 百出　　25. 국가직 9급, 23. 국가직 9급, 19. 서울시 9급, 18. 법원직 9급, 17. 경찰 2차, 13. 지방직 9급, 11. 법원직 9급, 09. 법원직 9급

방납의 폐단

지방에서 토산물을 공물로 바칠 때, (중앙 관청의 서리가) **공납을 일체 막고 본래 값의 백배가 되지 않으면 받지도 않습니다.** 백성이 견디지 못하여 세금을 못 내고 도망하는 자가 줄을 이었습니다.　　－「선조실록」

대동법의 시행

• 임진왜란 이후에 우의정 유성룡도 역시 미곡을 거두는 것이 편리하다고 주장하였으나, 일이 성취되지 못하였다. 1608년에 이르러 **좌의정 이원익의 건의로 대동법을 비로소 시행**하여, 민결(民結)에서 미곡을 거두어 서울로 옮기게 하였다.　　－「만기요람」

• "토지 1결마다 2번에 걸쳐 8두씩 거두어 본청에 수납하고, 본청은 그 때의 물가 시세를 보아 **쌀로써 공인에게 지급**하여 수시로 물건을 납부하게 하소서."라고 하니, 임금(광해군)이 이에 따랐다.　　－「광해군일기」

• **처음 경기도에서 실시되자 토호와 방납인들은 그동안 얻었던 이익을 모두 잃게 되었다.** 그래서 온갖 수단을 다 동원하여 왕에게 폐지할 것을 건의했으나, 백성들이 이 제도가 편리하다고 하였기 때문에 계속 실시하기로 하였다.　　－「열조통기」

대동법 실시 반대 상소

지방에서 온 사람이 "백성이 모두 한꺼번에 납부하는 것을 고통스럽게 여긴다."라고 하였습니다. 대체로 먼 지방은 경기와 달라 부자들이 가진 땅이 많습니다. 10결을 소유한 자는 10석을 내고 20결을 소유한 자는 20석을 내야 합니다. 이렇게 하면 **땅이 많으면 많을수록 더욱 고통스럽게 여길 것은 당연합니다.** …… 대가(大家)와 거족(巨族)이 불편하게 여기며 원망을 한다면, 어려운 시기에 심히 걱정스러운 일이라 할 것입니다.　　－「인조실록」

대동법 확대 실시 상소

김육이 아뢰었다. "…… 대동법(大同法)은 역(役)을 고르게 하여 백성을 편안케 하니 실로 시대를 구할 수 있는 좋은 계책입니다. …… 다만 탐욕스럽고 교활한 아전이 그 명목이 간단함을 싫어하고 모리배(牟利輩)들이 방납(防納)하기 어려움을 원망하여 반드시 헛소문을 퍼뜨려 교란시킬 것입니다. …… **호서에는 미처 시행하지 못하였습니다. 지금 마땅히 이 도에서 시험해야 하는데,** …… **이 법의 시행을 부호들이 좋아하지 않습니다.** 국가에서 영(令)을 시행하는 데 있어서 마땅히 소민(小民)들의 바람을 따라야 합니다.　　－「효종실록」

03 균역법의 시행 ⭐

1. 배경

(1) 5군영의 성립

5군영의 성립으로 모병제가 제도화되자, 양인 장정들은 1년에 2필의 군포를 부담하게 되었다.

(2) 군역의 폐단

① **중복 징수**: 5군영과 중앙 정부 기관은 물론 지방의 감영·병영까지도 독자적으로 군포를 징수하였다. 이에 따라 장정 한명이 이중 삼중으로 군포를 부담하는 경우가 많았다.

② **군포액의 증가**: 정부는 재정을 확보하기 위해 군포액을 점차 증가시켰다. 게다가 부유한 사람들은 납속[3]이나 공명첩[4]으로 양반 신분이 되어 양역의 부담에서 벗어났고, 양역의 부담은 가난한 농민들에게로 집중되었다.

③ **지방관의 수탈**: 군포 징수 과정에서 실무를 담당한 수령·아전의 부정이 심해져 백골징포, 황구첨정, 인징, 족징 등 폐단[5]이 늘어났다.

2. 균역법의 실시(영조, 1750)

영조는 창경궁 홍화문에 나아가 백성들에게 양역에 대하여 물었다. 이후 **균역청**[6]을 설치하고, 군포를 2필에서 1필로 줄이는 **균역법**을 제정·시행하였다.

(1) 재정 부족 보완

① **결작**[7]: 지주에게 결작이라고 하여 **토지 1결당 미곡 2두를 추가로 부담시켰다**(결전은 1결당 5전).

② **선무군관포**: 부유한 양민에게 선무군관이라는 칭호를 주고 1년에 **군포 1필**을 납부하게 하였다.

③ **은결 색출**: 토지 대장에 올리지 않은 숨긴 땅을 찾아내 새로운 세원으로 삼았다.

④ **기타 잡세**: 왕실에서 거두던 어장세, 선박세, 염세 등의 잡세를 균역청에서 거두어 보충하게 하였다.

(2) 결과: 농민의 부담이 일시적으로 경감되었다. 그러나 지주가 결작의 부담을 농민에게 전가시키고, 군역의 폐단도 계속되어 농민의 생활은 다시 어려워졌다.

심화사료 百出

2018. 서울시 7급, 2017. 지방직 9급, 2013. 기상직 9급, 2012. 지방직 9급

양역의 폐단

나라의 100여 년에 걸친 고질 병폐로서 가장 심한 것은 양역이다. 호포니 구전이니 유포니 결포니 하는 주장들이 분분하게 나왔으나 적당히 따를 만한 것이 없다. 백성은 날로 곤란해지고 폐해는 갈수록 더욱 심해지니, …… **이웃의 이웃이 견책을 당하고 친척의 친척이 징수를 당하고, 황구는 젖 밑에서 군정으로 편성되고 백골은 지하에서 징수를 당하며** …… - 「영조실록」

감포론

양역을 절반으로 줄이라고 명하셨다. 왕이 말하였다. "구전은 한 집안에서 거둘 때 주인과 노비의 명분이 문란해지고, 결포는 이미 정해진 세율이 있어 더 부과하기 어렵다. …… 호포나 결포는 모두 문제점이 있다. 이제는 **1필로 줄이는 것**으로 온전히 돌아갈 것이니 경들은 대책을 강구하라." - 「영조실록」

---

❸ 납속(納粟)

부족한 재정 보충 및 빈민 구제를 목적으로, 돈이나 곡물을 납부한 사람에게 특혜를 준 정책이다. 면천, 면역은 물론 관직을 주는 경우도 있었다.

❹ 공명첩(空名帖)

나라의 재정을 보충하기 위해 돈이나 곡식을 받고 팔았던 명예직 임명장이다.

❺ 군역의 폐단

인징	이웃에 대신 부과
족징	친척에 대신 부과
백골징포	이미 죽은 사람에게 군포 부과
황구첨정	어린아이에게 군포 부과
강년채	노인에게 군포 부과
마감채	면제 예정자에게 면제 이전에 미리 몰아서 징수

❻ 균역청

1750년(영조26) 균역법의 실시를 총괄할 기관으로 균역청이 설립되었다. 이후 상진청(상평청·진휼청)과 합쳐져 선혜청으로 편입되었다.

❼ 결작

결작과 대동법의 시행을 통해 조세 부과 기준이 토지로 변화하고 있음을 알 수 있다.

양역변통론❶(군역의 폐단을 해결하기 위한 대책)

1. 대변통론: 양역 부담자의 수를 확대하는 방식
   - 호포론(戶布論): 집집마다 군포를 부과하여 양반층에게도 군포를 부담시키자고 주장하였다. 대다수 양반들의 반대로 시행되지 못하다가 흥선 대원군 때 실시되었다.
   - 구전론(口錢論): 신분의 구별없이 모든 남녀에게 포나 돈을 징수하자는 주장이다.
2. 소변통론: 군사 수의 감소, 군영 축소, 군포액 감소 등 군역 부담을 낮추는 방식
   - 감포론: 군포액을 줄여서 세 부담을 낮추자는 것이다.
   - 군영 축소론: 군사비 지출을 줄이기 위해 군사의 수를 축소하자는 것이다.

04 수취 체제의 문란

양난 이후 재정비된 수취 체제는 다시 문란해지기 시작했다. 정부는 재정 확보를 위해 세금 총액을 미리 정하고 지역별로 할당하는 **총액제❷** 실시를 강화했다. 그 결과 **삼정의 문란**이 극에 달했다.

1. 전정❸의 문란

(1) 배경

숙종 대 이후로는 양전 사업이 제대로 실시되지 못했으며, 18세기 말 이후 면세지와 탈세지가 현저하게 증가하면서 **과세지가 감소**하였다.

(2) 비총제의 실시

올해 농사의 풍흉을 이전의 것과 비교하여 올해 전세의 총액을 미리 결정하였다.

(3) 도결❹

19세기에 군역, 환곡, 잡역 등 각종 세금들을 토지에 부과하여 거두는 방식인데, 주로 화폐로 징수하였다. 이 과정에서 수령과 아전이 횡령한 공금까지 부과하는 등 **비리가 만연**하였다.

(4) 전정 문란의 내용

관리들은 황무지에 세금을 거두고 각종 잡세를 토지에 부과하였다. 이에 농민들이 실제 부담하는 세금은 본래의 규정된 양보다 몇 배가 되기도 하였다.

2. 군정❺의 문란

(1) 배경

군포의 양은 날로 증가하였는데, 신분제의 동요로 **양인이 감소**하여 공정한 배분이 이루어질 수 없었다.

(2) 군총제의 실시

중앙 정부가 군포의 총액을 미리 결정한 후 고을 단위로 일정한 액수를 배정하였다.

(3) 군정 문란의 내용

군총제에 따라 **군포액은 미리 결정**되었기 때문에 지방관들은 과도한 징수를 하여 개인적인 축재를 하였다. 이에 따라 **백골징포·황구첨정·족징·인징** 등 폐단이 극에 달했다.

3. 환곡[6]의 문란

(1) 환곡의 부세화

환곡은 봄에 농민들에게 관청의 곡식을 빌려 주었다가 가을에 약간의 이자를 붙여 받는 것이다. 16세기에는 이자의 10%를, 17세기에는 이자의 30%[7]를 국가의 재정으로 삼았다. 이로써 **조선 후기에는 환곡의 이자가 주요 재정 수입이 되어, 세금과 같이 되었다.**

(2) 환곡의 문란[8]과 환총제의 실시

정부는 환곡을 강제로 대여하는 등의 편법을 자행했으며, 환곡의 분배·수납 과정에서 **지방관·향리에 의한 농간**도 점차 심해졌다. 또한, 총액제가 환곡에도 적용되어 농민들의 부담은 가중되었다.

---

05 농업

1. 농업의 발달

(1) 이앙법의 확대와 광작의 등장

① **이앙법의 확대[9]**: 모내기법을 통한 벼와 보리의 이모작으로 단위 면적당 생산량이 증가하였다. 이모작이 널리 행해지면서 보리 재배가 확대되었다. 논에서의 보리 농사는 대체로 소작료의 수취 대상이 아니었기에 소작농들은 보리 농사를 선호하였다.

② **광작의 대두**: 모내기법으로 잡초를 제거하는 일손을 덜게 되자 농민들은 경작지의 규모를 확대하였다.

(2) 밭농사의 변화

① **견종법**: 밭고랑에 보리, 콩 등을 심는 견종법이 널리 보급되었다. 한해(旱害)와 냉해(冷害)에도 농작물을 보호할 수 있어 수확량이 늘어났고, 김매기도 쉬워져 노동력도 절감할 수 있었다.

② **그루갈이**: 보리와 콩 또는 밀과 조 등을 1년에 2번씩 재배하는 그루갈이가 성행하였다.

(3) 상품 작물의 재배
상품 유통이 활발해지면서 쌀, 인삼, 담배[10], 채소 등을 재배하는 상업적 농업이 발달하기 시작하였다. 특히 **쌀**의 **상품화가 활발**하여 장시에서 가장 많이 거래되자 밭을 논으로 바꾸는(번답, 反畓) 농민이 늘어났다.

(4) 구황 작물의 재배
전란을 겪으면서 기근에 대비한 **구황 작물의 필요성**이 높아졌다. 이에 따라 **고구마(감저)[11], 감자(마령서)[12]**, 호박 등의 작물이 널리 재배되었다.

2019. 국가직 9급, 2011. 지방직 7급, 2008. 법원직 9급

상품 작물의 재배

농민이 밭에 심는 것은 곡물만이 아니다. **모시, 오이, 배추, 도라지 등의 농사도 잘 지으면 그 이익이 헤아릴 수 없이 크다.** 도회지 주변에는 파밭, 마늘밭, 배추밭, 오이밭 등이 많다. 특히 서도 지방의 담배밭, 북도 지방의 삼밭, 한산의 모시밭, 전주의 생강밭, 강진의 고구마밭, 황주의 지황밭에서의 수확은 모두 상상등전(上上等田)의 논에서 나는 수확보다 그 이익이 10배에 이른다.

— 「경세유표」

---

[6] 환곡(還穀)

환곡은 흉년·춘궁기에 국가에서 곡물을 빈민들에게 빌려주는 제도이다. 이 과정에서 발생하는 원곡의 손실분을 보충하기 위해 일정액을 이자로 받았다.

[7] 일분모회록·삼분모회록

관청의 운영비로 사용하는 이자의 양이 증가하여 명종 때는 일분모회록이, 인조 때는 삼분모회록이 나타났다.

[8] 환곡의 문란

- 늑대(勒貸): 강제로 환곡 대여
- 허류(虛留): 장부에 허위 기재
- 분석(分石): 겨나 쭉정을 섞어 대출
- 반백(半白): 대여할 때 아전들이 절반을 떼어먹음.

[9] 이앙법의 확대

가뭄 극복을 위한 물 관리 기술. 모를 튼튼하게 키우는 법. 이앙법에 적합한 품종 개발 등을 통해 이앙법이 확대될 수 있었다.

[10] 인삼과 담배

일반 농산물보다도 수익성이 높았고, 특히 수출 상품으로 인기가 높았던 인삼은 개성을 중심으로 각지에서 널리 재배되었다. 담배도 17세기 초에 일본에서 전래된 뒤로 전라도 지방을 중심으로 전국에서 재배되었다.

[11] 고구마(감저)

고구마는 1763년(영조 39)에 통신사로 일본에 갔던 조엄이 가지고 왔다.

[12] 감자(마령서)

감자는 1820년대에 무산 군수 이형재에 의해 청으로부터 도입되었다.

이앙법

심화사료 百出

이앙법

이앙(移秧)을 하는 것은 세 가지 이유다. **김매기 노력을 더는 것이 첫째**요, 두 땅의 힘으로 모 하나를 서로 기르는 것이 둘째며, 좋지 않은 것은 솎아내고 싱싱하고 튼튼한 것을 고를 수 있는 것이 셋째다.　　　　　　　　　－「임원경제지」

경영형 부농

부유한 백성은 토지를 겸병(兼并)하여 농사를 많이 짓고자 하여 적게는 3, 4석씩, 많게는 6, 7석씩 **한꺼번에 모를 부어 노동력을 줄이고, 한꺼번에 모내기를 하여 수고를 줄입니다.** 비록 가뭄을 당하더라도 좋은 논이 많으므로 수확이 많습니다.　　　　－「정조실록」

견종법

조의 재배는 후직(后稷)의 견전법(畎田法)을 쓰는 것이 최고다. …… 다음 해 청명(淸明)과 곡우(穀雨) 사이에 작은 보습(鑱)으로 이 이랑에다 고랑을 내는데, 너비 1척, 깊이 1척이다. 이렇게 한 이랑, 즉 1묘(畝)마다 고랑(畎) 3개와 두둑(伐) 3개를 만들면, 두둑의 높이와 너비는 고랑의 깊이와 너비와 같아진다. 그 뒤 고랑에 거름재를 두껍게 펴고, 구멍 뚫린 박에 조를 담고서 파종한다.　　　　　　　　　　　　　　　－「임원경제지」

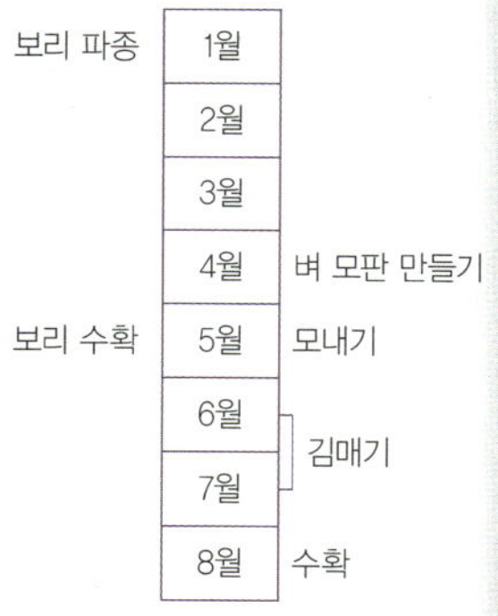

✎ 이모작

보리 파종	1월	
	2월	
	3월	
	4월	벼 모판 만들기
보리 수확	5월	모내기
	6월	
	7월	김매기
	8월	수확

2. 수리 관개 시설의 발달

정부의 지원 아래 제언, 보, 저수지 등 수리 관개 시설이 새로 축조되거나 보수되었다.

3. 지주 전호제의 변화

(1) **지주 전호제의 확대**: 지주 전호제는 지주가 토지를 소작농에게 빌려주고 지대(소작료)를 받는 토지 경영 방식이다. 18세기 말에 이르러 일반화되었다.

(2) **지대의 종류**

① **타조법**: 수확의 일정 비율을 소작료로 내는 방식이다. 지주와 소작인이 수확량을 절반씩 나누는 것이 관행이었다.

② **도조법**❶: 수확의 일정액을 소작료로 내는 방식으로, 18세기부터 일부 지방에서 시행되었다.

(3) **소작농(전호)의 성장**

소작농은 점차 지주의 간섭에서 벗어나 자유로운 영농을 추구하였다. 이에 따라 지주와 소작농과의 관계도 지배와 종속의 관계에서 벗어나 계약적 관계로 전환되어 갔다.

❶ **도지권(賭地權)**

토지를 개간하거나 제방을 축조했을 때 또는 지주의 필요에 의해 성립된 권리이다. 소작농이 소작지를 영구히 경작하거나, 매매 및 양도가 가능하고 영농 방법과 작물 선택의 자유가 있었다. 그러나 모든 지주제에서 도지권이 적용되는 것은 아니었다.

❋ **지대의 변화**

타조법(打租法)	도조법(賭租法)
정률 지대	정액 지대
1/2(병작반수)	약 1/3
전세는 지주가 부담	전세는 전호가 부담
지주의 간섭 多 (수확량에 따라 소작료 달라짐.)	자유로운 영농 가능 (경제 외적 강제 사라짐.)

4. 농민의 분화

일부 농민들은 **농업 경영의 규모 확대와 상업적 농업**을 통해 부를 축적하였다(부농). 이들은 토지를 개간·매입하여 지주로 성장할 수 있었다. 한편, 지주들이 토지를 직접 경영함에 따라 많은 농민들은 소작지 얻기가 어려워졌다. 토지에서 이탈한 이들은 **품팔이**나 **임노동자**로 전락하였다.

고등사료 百出

농민층의 분화

지금 호남 지방 인민의 형편을 보면 평균 100호 중에서 남에게 토지를 주어 소작료를 받아먹는 자는 불과 5호이고 자기 땅을 경작하는 자는 25호 가량이며 지주 땅을 경작하여 소작료를 바치는 농민은 70호나 된다.　　　　－「여유당전서」

농업 노동의 새로운 변화

부농층은 경작하는 토지가 넓어서 빈민을 고용하여 일을 시키거나, 만약 노비가 있으면 밭을 갈지 않고 벼를 베지 않는다. 이에 아무 일도 하지 않고 부호의 즐거움을 누릴 수 있다. **가난한 사람은 송곳 꽂을 땅도 없다.** 다만 **부유한 사람의 토지에 고용**되어 부지런히 밭을 갈고 김을 맨다. 그러나 **겨우 그 수확량의 반을 얻을 수 있다.**　　　　－「농포문답」

❋ **18세기 황씨 가문의 토지 집적과 추수기(충남 부여)**

위치	논/밭	원소유주	면적(두락)	면적(평)	수취 방식	계약량	수취량	작인
도장동	논	송득매	8	1600	도지	4석	4석	주서방
도장동	논	자근노음	7	1400	도지	4석	4석	검금
불근보	논	이풍덕	5	1000	도지	2석 5두	1석 3두 5승	막산
소삼	논	이풍덕	12	2400	도지	7석 10두	6석	둥이
율포	논	송치선	7	1400	도지	4석	1석 10두	주적
부야	논	홍서방	6	1200	도지	3석 5두	2석 10두	주적
잠방평	논	쾌득	7	1400	도지	4석	2석 1두	명이
석을고지	논	수양	10	2000	도지	7석	4석 10두	수양
합계			62	12,400		36석 5두 26석 4두 5승		

06 수공업

1. 발달 배경

조선 후기에는 도시의 인구가 급증하고, 대동법이 실시되면서 제품 수요가 크게 늘어났다. 이에 따라 시장 판매를 위한 수공업 제품의 생산이 활발해졌다.

2. 관영 수공업의 쇠퇴

(1) **납포장의 증대**: 조선 후기, 수공업자들은 국가에 **장인세**만 바치면 자유롭게 수공업 제품을 만들어 시장에 내다 팔 수 있었다. 이에 따라 관영 수공업은 쇠퇴하고 민영 수공업이 발달하였다.

(2) **공장안 폐지**: 18세기 말 정조 때 장인 등록제(공장안)가 폐지되어 민영 수공업은 더욱 발전하였다.

(3) **장인 고용❷**: 국가는 대규모 건축 사업이 있을 때 장인을 일당 노동자로 고용하였다.

심화사료 百出

화성 축조 당시 장인과 노동자 고용

임금 규정

목수 1인당 매일 돈 4전 2푼, 조각장 1인당 매일 돈 4전 2푼, 기와장 1인당 매일 쌀 3승과 돈 2전 ……

석수(石手)

서울 한시웅 782일, 개성 고복인 752일, 광주 송복남 577일 반, 경기 정수대 694일, 충청 김순노미 168일　　　　－「화성성역의궤」

❷ **장인 고용**

대표적인 예로 수원 화성을 건설하면서 수천 명의 장인을 고용하여 일당을 지불하였다.

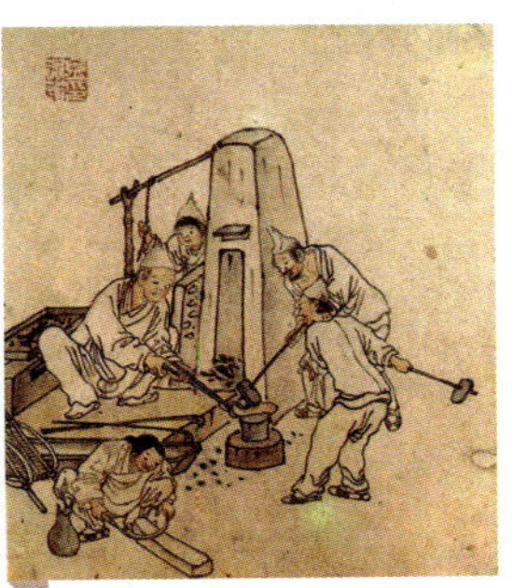

대장간(김홍도)

3. 민영 수공업의 발달

(1) 점(店)의 발달: 민간 수공업자의 작업장은 흔히 철점, 사기점 등 점(店)으로 불렸다.

(2) 선대제 발달: 민간 수공업자들은 작업장과 자본 규모가 작았기 때문에 상업 자본의 지배를 받았다. 따라서 공인이나 상인에게 자금과 원료를 미리 받아, 제품을 생산하였다(선대제).

(3) 독립 수공업[1]: 18세기 후반 독자적으로 제품을 생산하고, 직접 판매하는 독립 수공업자가 늘어났다.

(4) 농촌의 수공업: 점차 전문적인 상품을 생산하는 단계로 발전하였다.

심화사료 百出

2008. 지방직 7급

관영 수공업의 쇠퇴

여러 관청 중에서 내자시, 사도시, 예빈시, 제용감 등은 소속 장인이 없어졌다. 그 밖의 여러 관청들은 장인의 종류도 서로 달라졌고, 정해진 인원도 상당히 들쭉날쭉하였다. 그리고 **장인들을 공조에 등록하던 규정들은 점차 폐지되어 시행되지 않고 있다.**

– 「대전통편」

선대제 생산 양식

3월에 삼씨 뿌려 7월에 삼을 쪄서 닷새 동안 실 잇고 이어 열흘 동안 씻고 씻어 가는 손에 북을 들고 가는 베 짜냈더니 잠자리 날개 같아 한 줌 안에 담뿍 들 듯 **아깝게도 저 모시, 남쪽 장사치에 다 주고** 베 값이라 미리 받은 돈은 관청 빚에 다 털렸는데 베 짜는 저 아가씬 언제 보나 석새삼베 그나마 너무 짧아 정강이도 채 못 가리누나.

– 「이계집」

07 광업

❖ **광업의 발전**

15세기	국가가 직접 경영(역의 부과)
16세기	부역제 해이(농민의 부역 동원 거부)
17세기	설점수세제(1651, 효종): 반관반민
18세기 후반	잠채의 성행

* 조선 후기 광산 경영(덕대제): 덕대(경영 전문가)가 물주(상인)에게 자본을 조달받아 혈주(채굴업자), 제련업자를 고용 – 자본주의 경영, 분업에 기초한 협업

1. 조선 전기의 광업

(1) 15세기: 정부가 광산을 독점[2]하여 필요한 광물을 채굴하였다. 해당 고을 수령들이 **농민들을 강제로 부역에 동원**하여 채취하였다.

(2) 16세기: 농민의 부역 동원 거부로 채굴에 어려움을 겪게 되었다.

2. 조선 후기의 광업

(1) 배경

대내적으로 민영 수공업이 발달하자 그 원료인 **광산물의 수요가 급증**하였다. 대외적으로는 **청과의 무역이 성행**하여 그 결제 수단인 은의 수요가 늘어났다.

(2) 광산 경영 방식의 변화

① **설점수세제(1651)**: 17세기 효종 때 광산에 제련장과 부대 시설을 포함한 점(店)을 설치하고 그 경영은 민간에 맡기고 세금을 거두었다. 이에 따라 **민간인에 의한 광산 개발**이 가능하게 되었다[반관반민(半官半民), 사채 허용]. 이후 숙종 때 별장을 파견하여 세금을 거두었다.

② **덕대제**: 18세기 후반부터 광산 경영은 대개 **경영 전문가인 덕대**가 상인 물주에게 자본을 조달받아 분업 형태로 진행되었다(덕대제). 덕대는 채굴업자와 채굴 노동자, 제련 노동자 등을 고용하여 광물을 채굴하고 제련하였다.

(3) **잠채의 성행**: 금광·은광을 몰래 **채굴**하는 불법적인 잠채가 성행하였다.

2008. 지방직 7급

조선 후기의 광산

황해도 관찰사의 보고에 의하면, 수안에는 본래 금광이 다섯 곳이 있었다. 두 곳은 금맥이 다하였고, 세 곳만 금맥이 풍성하였다. 그런데 지난해 장마가 심해 작업이 중지되어 광꾼들 대부분이 흩어졌다. 금년(1799) 여름에 새로이 39개소의 금혈을 팠는데, 550여 명의 광꾼이 모여들었다. 이들은 일부가 도내의 무뢰배들이지만, 대부분은 사방에서 이득을 쫓아 몰려온 무리이다. 그리하여 금점 앞에는 700여 채의 초막이 세워졌고, 광꾼과 그 가족, 좌고, 행상, 객주 등 인구도 1,500여 명에 이른다. 갑자기 많은 사람이 모여들어 그곳에서는 생필품의 값이 폭등하는 사태가 종종 일어나고 있다고 한다. — 『비변사등록』

설점수세제(設店收稅制)의 시행

호조 판서 서영보가 아뢰길, "전국 각 도에 금을 몰래 채취하는 무리가 없는 곳이 없으니, 지금 비록 엄히 막고 있으나 영원히 막을 수는 없습니다. 여러 도의 금이 생산되는 곳에는 금점(金店) 설치를 허락하고 은점(銀店)의 예에 따라 호조에서 관리하여 세금을 거두면 편리할 것입니다."라고 하니, 왕이 대신의 의견을 들은 후 허락하였다. — 『효종실록』

08 화폐 유통

1. 배경

양 난 이후 재정 확보 정책으로 화폐 발행의 필요성이 커졌으며, 18세기 후반부터 동광이 개발되면서 재료의 공급이 한층 쉬워졌다.

2. 과정

(1) **인조**: 팔분체 조선통보를 주조하였으나 곧 중단되었다. 이후 상평통보를 최초로 주조하여 개성을 중심으로 사용했으나, 전국적인 유통에는 실패하였다.

(2) **숙종**: 1678년에 **상평통보가 법화로 채택**되어 전국적으로 유통되었다.

(3) **신용 화폐의 보급**: 상품 화폐 경제가 발전하면서 상거래의 규모가 커졌다. 이에 따라 환, 어음 등의 신용 화폐가 점차 보급되어 갔다.

상평통보

2012. 국가직 7급

상평통보의 유통

숙종 4년 1월 을미, 대신과 비변사의 여러 신하들을 접견하고 비로소 **돈을 사용하는 일을 정하였다.** 돈은 천하에 통행하는 재화인데, 오직 우리나라에서는 예부터 누차 행하려 하였으나 행할 수 없었다. …… **시중에 유통하게 되었다.** — 『숙종실록』

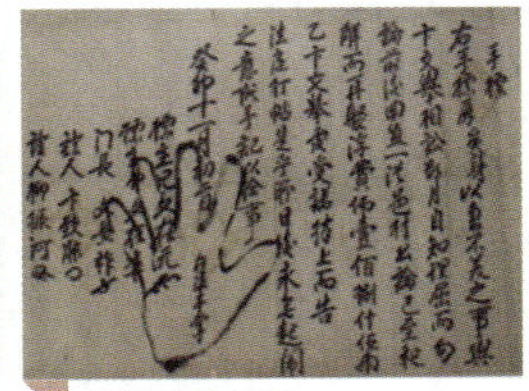

조선 후기 어음

3. 화폐 유통의 폐해(전황의 발생)

(1) 내용

조선 후기에 동전의 발행량이 상당히 늘어났는데도 시중에서 유통되지 않는 **동전 부족 현상(전황)** 이 나타났다. 이는 지주나 대상인들이 화폐를 재산 축적에 이용하였기 때문이었다.

(2) 결과

전황으로 화폐 가치가 상승하고 물가가 하락하여 농촌 경제에 어려움이 가중되었다. 이에 대한 대안으로 중농학파인 이익은 폐전론을, 중상학파인 박지원은 용전론을 주장하였다.

09 상업

1. 조선 후기의 상업 발달

조선 후기에 들어와 상품 화폐 경제 발달(조세의 금납화), 농업·수공업·광업 분야의 생산력 증대, 인구의 증가 등은 상업의 발달을 더욱 촉진시켰다. 이에 따라 **공인, 사상 등이 상업 활동을 주도하였다.**

2. 공인(貢人)

(1) 등장: 대동법 실시 이후에 등장하였다. 공인은 선혜청에서 대가를 받고, 정부에서 필요로 하는 물품을 사서 납품하였다. 이렇게 공인[1]은 특허 상인으로서 상권을 독점하여 날로 번창하였다.

(2) 활동: 특정 물품에 대한 독점권을 확보하고, 특정 물품을 대량으로 거래하여 자본을 축적할 수 있었다. 이들은 점차 도고로 성장하였다.

(3) 도고: 공인이나 사상들이 도고로 성장하였다. 도고는 독점적 도매 상인으로, 대규모의 자본을 가지고 상품을 매점매석하면서 부를 축적하였다.

도고(都賈)의 활동

그(허생)는 안성의 한 주막에 자리잡고서 **밤, 대추, 감, 배, 귤 등의 과일을 모두 사들였다.** 허생이 과일을 도거리로 사 두자, 온 나라가 잔치나 제사를 치르지 못할 지경에 이르렀다. 따라서 **과일 값은 크게 폭등**하였다. **허생은 이에 10배의 값으로 과일을 되팔았다.** 이어서 허생은 그 돈으로 곧 칼, 호미, 삼베, 명주 등을 사 가지고 제주도로 들어가 말총을 모두 사들였다. 말총은 망건의 재료였다. 얼마 되지 않아 망건값이 10배나 올랐다. 이렇게 하여 허생은 50만 냥에 이르는 큰 돈을 벌었다.　　　　－ 박지원, 「허생전」

3. 사상(私商)의 대두

(1) 사상의 성장

① 성장: 사상[2]이 등장한 시기는 16세기경으로 추정한다. 임진왜란 이후 사상은 시전 상인의 상권을 위협할 만큼 크게 성장하였다.

② 활동: 종루나 이현(동대문), 칠패(남대문) 등에서 상행위를 하였다.[3] 각 지방의 장시를 연결하면서 물품을 교역하고, 각지에 지점을 두어 상권을 확장하였다.

---

❶ 공인

선혜청이나 상평청·진휼청·호조 등에서 미리 대가를 받고 필요한 물품을 사서 관청에 납품하였다. 그리고 공인세를 부담하였다.

❷ 사상(난전)

사상은 난전(亂廛)이라고도 불렸다. 난전은 전안(廛案)에 등록되지 않은 상공업자의 상행위나 가게를 말한다.

❸ 훈련도감 군인들의 상업 활동

국가 재정상 충분한 급료를 지급할 수 없었던 조선 후기 정부는 훈련도감 군인들의 상업 활동을 허용하지 않을 수 없었다. 그리하여 훈련도감 군인과 가족들은 시전 상인과 달리 전안에 오르지도 않고 상업 활동에 종사하였다. 이는 도성 내의 다른 사상의 확산을 촉진하는 결과를 가져왔다.

(2) 대표적 사상

① 만상: 17세기 말 이후, 의주를 중심으로 대청 무역 활동을 하였다.

② 유상: 평양을 기반으로 하는 상인이었다.

③ 송상: 개성의 송상은 전국에 **송방(松房)**이라는 지점을 설치하고 활동했으며, 주로 **인삼을 직접** **재배·판매**하였다. 또한 의주와 동래의 상인을 매개로 하여 청·일 간 중계 무역에 종사하였다.

④ 경강 상인[4]: 한강을 이용해 미곡, 소금, 어물 등을 경기도와 충청도 일대에 판매하며 거상으로 성장하였다. 이들은 운송업에 종사하면서 선박의 건조 등 생산 분야에까지 진출하였다.

⑤ 내상: 동래(부산)를 기반으로 한 상인으로서 대일 무역에 관여하였다.

4. 금난전권의 철폐[1791, 정조, 신해통공(辛亥通共)]

(1) 금난전권[5]: 사상들이 난전을 중심으로 활동하며 시전 상인과 대립하자 시전 상인들의 불만이 커졌다. 이에 따라 정부는 시전 상인들에게 사상을 단속할 수 있는 금난전권을 주었다.

(2) 사상의 성장: 사상들은 금난전권에 대항하여 종루, 이현, 칠패 등에서 상행위를 계속해 갔다. 18세기 후반에 이르러 정부도 더 이상 사상의 성장을 막을 수 없게 되었다. 한편, 사상들도 자유로운 상행위 보장과 시전 상인의 특권 폐지를 요구하였다.

(3) 신해통공: 정조 때 육의전을 제외한 일반 시전이 행사하던 금난전권을 폐지하였다.

조선 후기 상업과 무역 활동

解法 도움닫기　시대별 시전 상인

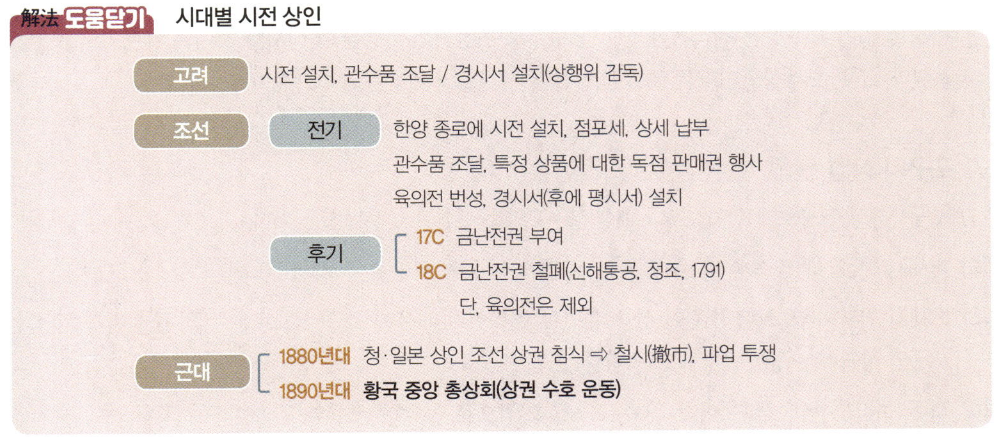

고려		시전 설치, 관수품 조달 / 경시서 설치(상행위 감독)
조선	전기	한양 종로에 시전 설치, 점포세, 상세 납부 관수품 조달, 특정 상품에 대한 독점 판매권 행사 육의전 번성, 경시서(후에 평시서) 설치
	후기	17C 금난전권 부여 18C 금난전권 철폐(신해통공, 정조, 1791) 단, 육의전은 제외
근대		1880년대 청·일본 상인 조선 상권 침식 ⇒ 철시(撤市), 파업 투쟁 1890년대 황국 중앙 총상회(상권 수호 운동)

심화사료 百出　2014. 사회복지직 9급, 2013. 국가직 7급, 2009. 지방직 7급

난전의 성행

이현(梨峴)과 칠패(七牌)는 모두 난전(亂廛)이다. **도고 행위**는 물론 집방(執房)하여 매매하는 것이 어물전의 10배에 이르렀다. 또 이들은 누원점의 도고 최경윤, 이성노, 엄차기 등과 체결하여 동서 어물이 서울로 들어오는 것을 모두 사들여 쌓아두었다가 이현과 칠패에 보내서 난매(亂賣)하였다.

— 「각전기사」

신해통공

- 채제공[6]이 말하길, "조정의 금난전법은 육의전으로 하여금 국역에 응하게 하고 전리(專利)를 누리게 하기 위해 제정한 것입니다. 근래 빈둥거리며 노는 무뢰배들이 삼삼오오 떼를 지어 스스로 가게 이름을 붙여 놓고 사람들의 일용품에 관계되는 것들을 제각기 멋대로 전부 주관을 합니다. …… 이 때문에 그 값이 나날이 올라 …… 형조와 한성부에 분부하여 **육의전 외에는 금난전권을 행사하지 못하게 할 뿐만 아니라** 반좌율을 적용하게 하시면, 장사하는 사람들은 매매하는 이익이 있을 것이고 백성들도 곤궁할 걱정이 없을 것입니다."라고 하였다.

— 「비변사등록」

- 면포 상인의 왕래가 끊이지 않은 것을 보았는데, 길 가는 사람들이 **통공 발매의 효과**라 했습니다. 작년 겨울 한양의 면포 가격이 이 때문에 등귀하지 않아 서울 사람들이 생업을 즐길 수 있게 되었습니다.

— 「승정원일기」

---

❹ 경강 상인(京江商人)

이들의 활동으로 뚝섬에서 양화진에 이르기까지 많은 나루터가 생겼다.

❺ 금난전권

난전(사상) 행위를 금지할 수 있는 권리이다. 난전 상인의 상품을 압수할 수 있었고, 난전 상인을 붙잡을 수도 있었다.

❻ 채제공

정조의 탕평책을 추진한 인물로, 신해통공을 주도하였다. 그는 시전 상인의 독점 행위와 이에 따른 물가 상승을 지적하면서 도성 안팎 사람들의 행상·좌판을 금지해서는 안된다고 하였다.

쌀 폭동

19세기 전반기 권세가들과 결탁한 경강 상인들은 유통 체계를 장악하여 막대한 이익을 얻고 있었다. 대표적인 사건이 순조 33년(1833)에 일어난 서울의 '쌀 폭동'이었다. 김재순을 비롯한 경강 상인들이 시전 상인과 결탁하여 미곡을 매점매석하여 쌀값을 폭등시킨 사건이었다. 쌀값이 폭등하자 서울의 빈민층은 대규모 폭동을 일으켰고, 정부는 가까스로 이를 진압하였다.

5. 장시의 발달

(1) 장시의 확대

장시는 지방민의 교역 장소로 보통 5일마다 열렸다. 15세기 말에 전라도 지방에서 처음 발생했으며, 16세기 중엽에 전국적으로 확대되었다. 18세기 중엽에는 1,000여 개소를 넘어섰다.

(2) 지역 상권 형성

일부 장시는 상설 시장으로 발전했으며, 인근의 장시와 연계하여 지역 상권을 형성하였다. 18세기 말 송파장, 강경장, 원산장 등은 몇 개의 군현을 연결하는 상업 중심지로 성장하였다.

6. 보부상[1]의 활동

관허 상인인 보부상은 전국적인 장시를 무대로 활동하면서 **농촌의 장시를 하나의 유통망으로 연계**시켰다. 또한 보부상단이라는 조합을 만들어 자신들의 이익을 지키고자 하였다.

7. 포구의 상업 활동

(1) 포구: 해상 교통로에 위치하거나 배를 댈 수 있는 시설이 갖추어진 곳이다.

(2) 18세기 이전: 군사 요충지, 세곡 운송, 소금 생산 등의 역할을 주로 했다.

(3) 18세기 이후: 육로보다 뱃길이 상품 운반에 편리했기 때문에 포구가 새로운 상업 중심지가 되었다. 포구의 상거래는 장시보다 규모가 훨씬 컸다.

(4) 객주·여각: 선상, 객주, 여각 등은 포구를 거점으로 활발한 상행위를 하였다. 객주나 여각은 각지의 선상들이 물건을 싣고 포구에 들어오면 **상품의 매매를 중개**하고, **운송·보관·숙박·금융** 등의 영업도 하였다.

❶ 보부상

보부상이란 봇짐장수와 등짐장수를 말한다.

2008. 지방직 9급

포구 상업

우리나라는 동·서·남의 3면이 모두 바다이므로, 배가 통하지 않는 곳이 거의 없다. 배에 물건을 싣고 오가면서 장사하는 장사꾼은 반드시 강과 바다가 이어지는 곳에서 이득을 얻는다. 전라도 나주의 영산포, 영광의 법성포, 흥덕의 사진포, 전주의 사탄은 비록 작은 강이나, 모두 바닷물이 통하므로 장삿배가 모인다. 충청도 은진의 강경포는 육지와 바다 사이에 위치하여 바닷가 사람과 내륙 사람이 모두 여기에서 서로의 물건을 교역한다. 매년 봄, 여름에 생선을 잡고 해초를 뜯을 때에는 비린내가 마을에 넘치고, 큰 배와 작은 배가 밤낮으로 포구에 줄을 서고 있다.

－「택리지」

1. 청과의 무역[2]

(1) 개시와 후시

17세기 중엽부터 청과의 무역이 활발해졌다. 이에 따라 의주, 회령, 경원 등 국경 지대를 중심으로 공적으로 허용된 무역인 개시와 사적인 무역인 후시가 이루어졌다.

(2) 교역품

수입하는 물품은 비단, 약재, 문방구 등이었고, 수출하는 물품은 은, 종이, 무명, 인삼 등이었다.

2. 일본과의 무역

(1) 왜관 개시

17세기 이후로 일본과의 관계가 점차 정상화되면서 왜관 개시를 통한 무역이 활발히 이루어졌다.

(2) 교역품

조선은 인삼, 쌀, 무명 등을 팔고, 청에서 수입한 물품들을 넘겨주는 중계 무역을 하기도 하였다. 반면에 일본에서는 은·구리·황·후추 등을 수입하였다.

❋ 지역별 주요 상인과 활동

관허 상인	서울	시전 상인	특정 품목을 독점 판매하고 대신 국가가 필요로 하는 물품을 납부
		공인	대동법 시행으로 등장, 국가 수요품 조달
	지방	보부상	보상과 부상을 합친 말, 대개 장시를 거점으로 활동
자유 상인	서울	난전	시전 장부에 등록이 안 된 무허가 상인
	지방	경강 상인	선상(船商), 서남부 지방의 쌀·어물 등을 배로 한양까지 수송·판매
		송상	개성 상인, 인삼 재배·유통으로 성장, 청·일본 간 중계 무역 참여
		만상	의주 상인, 대청 무역에 참여
		내상	동래 상인, 대일본 무역에 참여
		객주·여각	상품을 위탁·매매하는 중간 상인, 금융·창고·숙박업에도 종사
		거간	소비자와 상인을 연결해 주고 품삯을 받는 중계 상인

대표 기출문제

(가) 세금 제도에 관한 설명으로 옳은 것은?   2018, 법원직 9급

우의정 김육이 아뢰다. "(중략) ___(가)___ 는/은 역을 고르게 하여 백성을 편안케 하니 실로 시대를 구할 수 있는 좋은 계책입니다. (중략) 다만 교활한 아전은 명목이 간단함을 싫어하고 모리배들은 방납하기 어려움을 원망하여 반드시 헛소문을 퍼뜨려 어지럽게 할 것입니다. 삼남에는 부호가 많은데 이 법의 시행을 부호들이 좋아하지 않으나 국가에서 법령을 시행할 때에는 마땅히 소민들이 원하는 대로 해야 합니다."

① 풍흉에 관계없이 1결당 쌀 4~6두씩을 내게 하였다.
② (가)의 실시로 공인이라는 특허 상인이 등장하게 되었다.
③ (가) 시행 이후에는 현물 납부가 완전히 사라지게 되었다.
④ (가)의 시행으로 줄어든 재정을 보충하고자 선무군관포가 신설되었다.

해설

(가)는 대동법이다. ② 대동법의 실시로 나라로부터 공가를 지급받아 물건을 사서 납부하는 특허 상인인 공인이 등장하였다.
① 영정법에 대한 설명이다. ③ 대동법의 실시 이후에도 진상이나 별공은 그대로 남아 있어서 현물 납부가 완전히 사라지지는 않았다. ④ 균역법에 대한 설명이다.

정답 

02강 근대 태동기의 사회

解/法 기출분석

구 분		2008~2018	2019	2020	2021	2022	2023	2024	2025
9급	국가직	• 향촌 사회 변화(2) • 신분 제도 • 중인 • 가족 제도(2)		• 신분 제도 • 향촌 사회 변화					
	지방직	• 신분 제도와 가족 제도 • 신분 제도(2) • 향촌 사회 변화(3)	천주교					민란	
	법원직	• 신분 제도(2) • 조선 후기 사회 변화(5) • 민란(3) • 천주교·동학 • 천주교		조선 후기의 사회(2)				천주교	

解法 요람

신분제의 동요로 인한 향촌의 변화

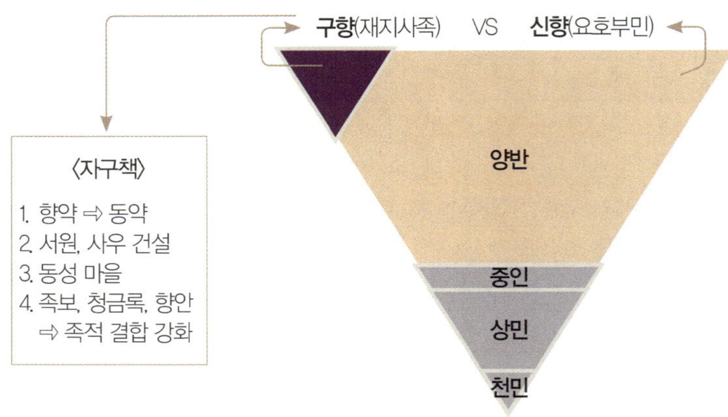

홍경래의 난과 임술 농민 봉기

홍경래의 난(1811, 순조)		임술 농민 봉기(1862, 철종)
1. **서북인에 대한 차별**(지역적 특수성) + 세도 정치의 모순(시대적 보편성) 2. **가산**에서 난을 일으켜 **청천강 이북** 거의 장악 (평안도 전체 X, 평양 점령 X)	VS	1. **삼정의 문란**, 탐관오리(백낙신)의 탐학 2. **진주 민란**(백건당의 난): 진주성 점령(유계춘) ⇨ **전국적** 확대(임술민란) 3. **삼정이정청** 설치: 안핵사 박규수 건의

1. 조선 후기, 신분 제도의 변화

조선 후기에는 정치적·경제적 변동으로 양반 중심의 신분 질서가 흔들렸으며, 부를 축척한 새로운 계층이 등장하였다. 이들 부농, 상인 등은 양반 신분을 획득하는 경우가 많았기 때문에 점차 **양반의 수는 늘어나고, 상민과 노비의 수는 줄어들었다.**

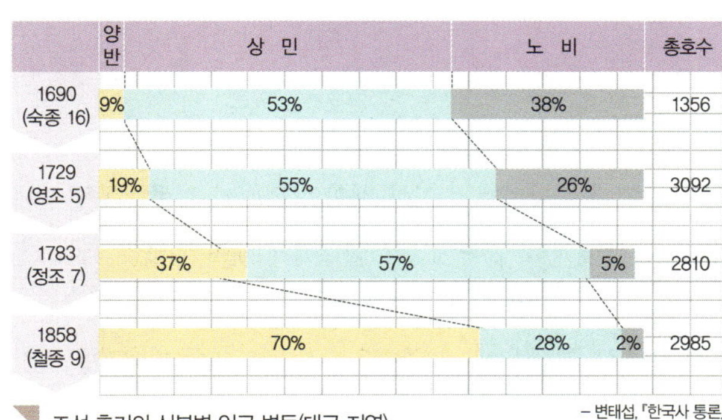

▼ 조선 후기의 신분별 인구 변동(대구 지역)　　　　－ 변태섭, 「한국사 통론」

✎ **조선 후기 울산 지역의 호적**(단위: %)

시기	양반 호	상민 호	노비 호
1729	26.29	59.78	13.93
1765	40.98	57.01	2.01
1804	53.47	45.61	0.92
1867	65.48	33.96	0.56

2. 양반층의 분화

조선 후기에는 특정 붕당이 권력을 독점하는 일당 전제화가 전개되었다. 이 과정에서 권력을 잡은 일부 양반(권반)을 제외한 다수의 양반들은 벼슬할 기회를 얻지 못한 채 향촌에 내려가 향반이 되거나, 일반 농민과 다를바 없는 **잔반**으로 몰락하였다.

2016. 국가직 9급, 2012. 경찰 1차, 2008. 국가직 9급

조선 후기 신분제의 동요

- 옷차림은 **신분의 귀천을 나타내는 것**이다. 그런데 어찌된 까닭인지 **근래 이것이 문란**해져 상민과 천민이 갓을 쓰고 도포를 입는 것이 마치 조정의 관리나 선비같이 한다. 진실로 한심스럽기 짝이 없다. 심지어, 시전 상인이나 군역을 지는 상민까지도 서로 양반이라 부른다. 　－「일성록」
- 근래 아전의 풍속이 나날이 변하여 하찮은 아전이 길에서 양반을 만나도 절을 하지 않으려 한다. 아전의 아들, 손자로서 아전의 역을 맡지 않은 자가 고을 안의 양반을 대할 때, 맞먹듯이 너나하며 자(字)를 부르고 **예의를 차리지 않는다.** 　－「목민심서」

3. 서얼[1]의 신분 상승

(1) 납속·공명첩: 정부가 납속책을 실시하고 공명첩을 발급하자, 서얼은 이를 이용하여 관직에 나아갔다.

(2) 검서관 등용: 정조 때 유득공, 박제가, 이덕무 등 서얼 출신이 규장각 검서관으로 등용되어 활약하였다.

(3) 통청 운동: 서얼은 여러 차례의 집단 상소 운동을 벌여 **관직 진출 제한의 철폐**(청요직 진출)를 요구하였다. 마침내 철종 때인 1851년 **신해허통**에 따라 서얼들의 완전한 청요직 허통이 이루어졌다.

❶ **서얼**(庶孼)

서얼금고법에 의해 문과 응시는 법제적으로 금지되었다. 주로 무관직이나 기술직으로 등용되었다.

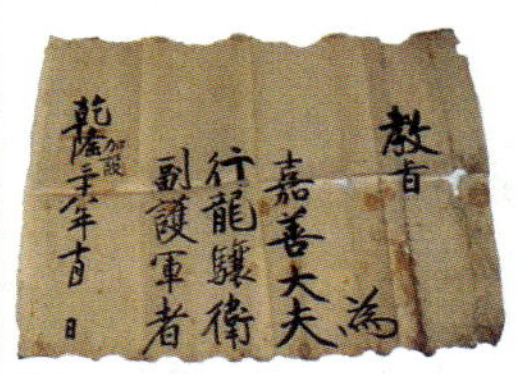

▼ 공명첩(空名帖)

심화사료 百出

서얼

이들의 자손들을 과거에 응시하고 벼슬에 진출하지 못하게 하는 것은 우리나라의 옛 법이 아니다. …… 그런데 『경국대전』을 편찬한 뒤로부터 금고(禁錮)를 가하기 시작했으니 아직 백년도 되지 않았다. (다른 많은 나라에서) 금고하는 법이 있다는 말은 듣지 못했다. …… 그런데 **경대부(京大夫)의 자식으로서 다만 외가가 없다는 이유만으로 대대로 금고하여** 비록 훌륭한 재주와 사용할 만한 기국(器局)이 있어도 끝내 머리를 숙이고 시골에서 그대로 죽으니 …… 참으로 가련하다.
— 어숙권, 『패관잡기』

❶ 중인(기술직)

중인이라는 계층은 조선 초기에는 따로 구분되지 않았으나, 17세기 중엽 이후로 중인의 직역 세습화가 보편화되면서 하나의 독립된 신분 계층으로서 자리매김하였다. 그러나 처음 형성된 시기는 중인 계층의 성격을 어떻게 보느냐에 따라서 15세기설, 16세기설, 17세기설 등 다양한 이설이 존재한다.

4. 중인(기술직)❶의 신분 상승

중인들은 주로 기술직에 종사하며 축적한 재산과 탄탄한 실무 경력을 바탕으로 신분 상승을 추구하였다. 역관들은 청과의 외교 업무에 종사하면서 서학을 비롯한 외래 문화 수용에 있어서 선구적 역할을 수행하였다. 역관을 비롯한 중인층은 개화사상 성립에 큰 영향을 주었다.

(1) **통청 운동**: 서얼 허통에 자극을 받아 중인들도 1850년대에 대대적인 연합 상소 운동(소청 운동)을 벌였으나, 그 세력이 미미하여 **청요직 허통이 실패로 돌아갔다.**

(2) **시사 조직**: 중인들은 **시사**를 조직하고 활발한 저술 활동을 통해 자신들의 위상을 높여갔다.

심화사료 百出

중인

- **이들(중인)은 본시 모두 사대부였는데 또는 의료직에 들어가고 또는 통역에 들어가 그 역할을 7~8대나 10여 대로 전하니** 사람들이 서울 중촌(中村)의 오래된 집안이라고 불렀다. 문장과 대대로 쌓아 내려오는 미덕은 비록 사대부에 비길 수 없으나 유명한 재상, 지체 높고 번창한 집안 외에 이들보다 나은 자는 없다. 비록 **나라의 법전에 금지한 바 없으나 자연히 명예롭고 좋은 관직으로의 진출은 막히거나 걸려** 수백 년 원한이 쌓여 펴지 못한 한이 있고 이를 호소할 기약조차 없으니 이는 무슨 죄악이며 무슨 업보인가?
— 『상원과방』
- 열일곱에 **사역원(司譯院) 한학과(漢學科)**에 합격하여, 틈이 나면 성현(聖賢)의 책을 부지런히 연구하여 쉬는 날이 없었다. 경전과 백가에 두루 통달하여 드디어 세상에 이름이 났다. …… 공은 평생 고문을 좋아하였다.
— 『완암집』

5. 농민의 신분 상승

상품 화폐 경제에 잘 적응한 일부 농민들은 **광작과 상품 작물 재배** 등을 통해 부를 축적할 수 있었다. 이들은 지주로 성장했으며, 임노동자나 머슴을 고용하여 토지 경작 규모를 더욱 확대해 갔다. 이러한 경제력을 바탕으로 **공명첩을 사거나 양반 족보를 구매·위조**하여 양반 신분을 획득하였다.

6. 노비의 신분 상승

❷ 도망 노비

도망한 노비의 신공은 남아 있는 노비에게 부과되었기 때문에 남아 있는 노비의 부담은 더욱 무거워질 수밖에 없었다.

(1) **배경**: 조선 후기에 일부 노비들은 군공과 납속 등을 통해 신분을 상승시켰으며, 노비 신분에서 벗어나려는 도망 노비❷들도 증가하였다. 정부는 신공을 줄이거나 도망 노비를 잡아오기도 했으나 큰 성과는 없었다.

(2) **정부의 대책**: 공노비 유지에 비용이 많이 들어 그 효율성이 떨어지자, 공노비를 종래의 입역 노비에서 신공을 바치는 납공 노비로 전환시켰다.

(3) **노비종모법**[3]**(영조)**: 영조 때 아버지가 천인이라도 어머니가 양인이면 자식은 양인이 될 수 있도록 하는 노비종모법을 정착시켰다.

(4) **노비공감법(영조)**: 매년 노비가 바치는 신공(몸값)을 반으로 줄인 제도이다. 이에 따라 노가 내던 포 2필은 1필로, 비가 내던 1.5필은 반 필로 줄었다.

(5) **공노비의 해방**[4]**(순조, 1801)**: 순조 때 일부의 공노비를 제외한 중앙 관서의 노비 6만 6,000여 명을 해방하였다.

(6) **노비제 폐지**: 갑오개혁(1894) 때 신분제 폐지에 따라 노비제는 법적으로 혁파되었다.

심화사료 百出

2018. 서울시 7급(상)

노비의 매매

무릇 노비의 매매는 관청에 신고해야 하며 사사로이 몰래 사고 팔았을 때는 관청에서 노비와 그 대가로 받은 물건을 모두 몰수한다. 나이 16세 이상 50세 이하는 값이 저화 4천 장이고, 15세 이하 50세 이상은 3천 장이다. — 『경국대전』

공노비 해방(1801)

하교하기를, "선조(先朝)께서 **내노비(각 궁궐과 내수사 소속 노비)**와 **시노비(중앙 관청 소속 노비)**를 일찍이 혁파하고자 하셨으니, 내가 마땅히 이 뜻을 이어받아 지금부터 **일체 혁파**하려 한다. 그리고 그 급대(給代)는 장용영으로 하여금 거행하게 하겠다." 하고, 인하여 문임으로 하여금 윤음(綸音)을 대신 지어 효유케 하였다. 그리고 승지에게 명하여 내사(內司)와 각 궁방(宮房) 및 각 관사(官司)의 노비안을 돈화문(敦化門) 밖에서 불태우고 아뢰도록 하였다. — 『순조실록』

---

02 가족 제도의 변화

1. 조선 초기~중기

(1) **남귀여가혼**: 조선 중기까지도 혼인 후에 남자가 여자 집에서 생활하는 경우가 있었다.

(2) **자녀 균등 상속**: 집안의 대를 잇는 자식에게 5분의 1의 상속분을 더 준다는 것(『경국대전』) 외에는 모든 아들과 딸에게 재산을 똑같이 나누어 주는 것이 관행이었다.

(3) **윤회 봉사**: 자식의 의무인 제사도 형제남매가 돌아가면서 지내거나 책임을 분담하기도 하였다.

---

❸ 노비종모법(奴婢從母法)

1731년 영조 때 제정되었고, 1746년 『속대전』에 규정되었다. 이후 정조 재위 기간에는 공권력으로 도망 노비를 찾아주는 노비추쇄법이 폐지되었다.

❹ 공노비의 해방

내수사(왕실의 재정 관리), 각 궁궐, 중앙 관청에 소속된 노비의 장적(호적)을 소각하여 공노비들을 해방시켰다.

✎ 노비 제도의 변천

조선 후기	영조, 노비종모법 확정
	순조, 공노비 해방
근대	1886년, 노비 세습제 폐지
	1차 갑오개혁, 노비제 폐지

✎ 율곡 선생 남매 분재기(分財記)

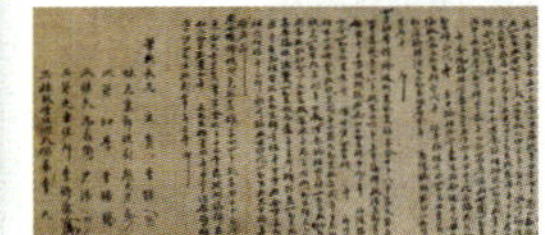

율곡 이이의 7남매와 서모인 권씨가 가옥, 토지, 노비 등의 유산을 나누어 상속한 내용을 작성한 문서이다. 『경국대전』의 재산 분배 원칙을 따라 제사를 승계하는 자식에게 재산의 5분의 1을 더 배정하고 나머지는 균분하였다.

2. 조선 후기(17세기 이후): 부계 중심의 가족 제도가 더욱 강화되었다.

(1) 친영 제도 정착: 혼인 후에 곧바로 남자 집에서 생활하는 경우가 많아졌다.

(2) 장자 중심 상속제: 제사는 반드시 큰아들이 지내야 한다는 의식이 확산되었고, 재산 상속❶에서도 큰아들이 우대를 받았다.

(3) 양자의 입양❷: 아들이 없는 집안에서는 **양자**를 들이는 것이 일반화되었으며, **부계 위주의 족보**를 편찬하였다.

(4) 동성 마을 형성: 같은 성을 가진 사람끼리 모여 사는 동성 마을을 이루어 나갔다. 따라서 개인이 개인으로 인정받기보다는 종중(宗中)이라고 하는 친족 집단의 일원으로 인식되었다.

3. 가족 윤리와 혼인 풍습

조선은 효와 정절을 강조했으며, 이를 장려하기 위해 과부의 재가를 금지하고 효자와 열녀를 표창하였다. 혼인 형태는 일부일처가 기본이었지만, 남자들은 첩을 들일 수 있었다. 정실 부인과 첩은 엄격히 구별했기 때문에, 첩의 자식(서얼)은 문과에 응시할 수 없었고 재산 상속 등에서 차별받았다.

고름사료 百出

여성의 재가 금지

경전에 이르기를 "믿음은 부인의 덕이다. **한번 남편과 혼인하면 종신토록 고치지 않는다.**"라고 하였다. 이 때문에 삼종(三從)의 의(義)가 있고, 한 번이라도 어기는 예가 없는 것이다. 세상의 도덕이 날로 나빠진 뒤로부터 여자의 덕이 정숙하지 못하여 사족(士族)의 딸이 예의를 생각지 아니해서 혹은 부모 때문에 절개를 잃고, 혹은 자진해서 재가하니, 한갓 자기의 가풍을 파괴할 뿐만 아니라, 실로 성현의 가르침에 누를 끼친다. 만일, 엄하게 금령을 세우지 않는다면, 음란한 행동을 막기 어렵다. **이제부터 재가한 여자의 자손은 관료가 되지 못하게 하여 풍속을 바르게 하라.**

– 「성종실록」

---

03 조선 후기 향촌 사회의 변화 ⭐

1. 향촌에서 양반의 영향력 유지 노력

(1) 족적 결합 강화: 재지사족들은 족적 결합을 강화함으로써 자신들의 지위를 지켜나가고자 하였다. 이에 따라 전국적으로 동성 마을이 많이 만들어지고 문중을 중심으로 서원·사우가 많이 건립되었다.

(2) 동약 실시: 군현 단위로 농민을 지배하기 어렵게 되자, 촌락 단위의 동약을 실시하였다.

(3) 족보와 청금록(유안), 향안의 작성: 족보를 만들어 내부 결속을 강화하고 청금록 혹은 향안 등의 양반 명단을 만들어 부농층과의 구별을 강화하였다.

사우(충북 청원)

解法 도움닫기 동약

향약은 군현 전체를 대상으로 실시되었으나, 점차 범위가 축소되어 향약의 하부 구조인 동약, 동계의 형태로 시행되기도 하였다. 동약의 동(洞)은 오늘날 면 정도의 규모로, 사족들은 자신들이 거주하는 마을을 중심으로 동약을 조직하였다.

2. 부농층[3]의 성장

(1) 배경: 조선 후기, 농민들 중에서 여러 가지 방법을 통해 부를 축적하여 지주가 되는 경우가 많았다.

(2) 부농층의 신분 상승(양반화)

① 원인: 양반이 되면 군역과 양반 지배층의 수탈에서 벗어날 수 있었고, 향촌 사회에서 영향력을 강화할 수도 있었다.

② 신분 상승: 납속·공명첩[4]을 통하거나 향직을 매매하여 합법적으로 신분을 상승시켰다. 또한 족보를 위조하거나 양반을 사칭하는 등 불법적 행위를 통해 양반이 되기도 하였다.

(3) 향촌 사회에서 영향력 확대

① 관권과의 결탁: 경제력을 갖춘 부농층(신향)은 수령을 중심으로 한 관권과 결탁하였다. 그리고 향안에 이름을 올리고, 향회를 장악하고자 하였다.

② 향촌 사회의 운영: 부농층은 향임직에 진출하여 향촌 운영에 참여하였다.

3. 향전의 발생

(1) 배경: 양반 중심의 향촌 지배 질서가 무너지고 수령의 지배력이 점차 강화되었다. 이를 기회로 부농층은 우세한 경제력을 바탕으로 기존 양반이 장악하고 있던 향촌 사회의 지배권에 도전하였다.

(2) 향전: 부농층(신향)은 기존 양반(구향)과 향촌의 **지배권을 둘러싸고 경쟁**하였다.

(3) 결과: 기존 양반의 힘은 약화되었지만 부농층 역시 향촌 사회를 완전히 장악하지 못하였다. 견제 세력이 약해진 틈을 타 수령과 향리의 권한이 강화되었다.

4. 조선 후기, 관권의 강화

(1) 향회의 기능 변화: 재지사족인 양반의 이익을 대변하여 왔던 향회는 수령이 세금을 부과할 때 의견을 물어보는 자문 기구로 변질되었다.

(2) 결과: 관권의 강화는 세도 정치 시기에 **수령과 향리의 농민 수탈이 극심**해지는 결과를 초래하였다.

고등사료 頻出

2018. 경찰 3차, 2007. 국가직 9급, 2007. 법원직 9급

향전

- 보성군에는 교파와 약파가 있다. 교파는 향교에 다니는 자들이고, 약파는 향약을 주관하는 자들이다. 서로 투쟁이 끊이지 않고 모함하는 일이 갈수록 더하여 갔다. 드디어 풍속이 도에서 가장 나빠졌다.　－ 정약용, 「목민심서」
- 지방 고을의 **향전(鄉戰)**은 마땅히 금지해야 할 것이다. 그런데 **수령이 일에 따라 한쪽을 올리고 내리는 경우가 없지 않으니, 어찌 한심한 일이 아니겠는가.** …… 반드시 가볍고 무거움에 따라 양쪽의 주동자를 먼저 다스려 진정시키고 향전을 없애는 것을 위주로 하는 것이 옳다. 일부 아전들도 한쪽으로 쏠리는 일이 있으니 또한 반드시 아전의 우두머리에게 엄하게 타일러야 한다. 향임을 임명할 때 한쪽 사람을 치우치게 쓰지 않는 것이 좋다.　－「거관대요」

---

❸ 부농층

조선 후기에 등장한 부농층을 당시에 요호부민(饒戶富民)으로 불렀다.

❹ 납속과 공명첩

납속은 나라의 재정난 타개와 구호 사업 등을 위해 곡물을 나라에 바치게 하고 그 대가로 벼슬을 주거나 면역 또는 면천하게 해준 정책이다. 공명첩은 받는 사람의 이름란이 비어 있는 관직 임명장으로, 국가 재정을 보충하기 위해 곡식을 바친 사람에게 실제 관직이 아닌 명예직을 주었다.

1. 천주교의 전래

천주교는 17세기에 중국 베이징의 천주당을 방문한 조선 사신들에 의하여 **서학**으로 소개되었다.

(1) 학문으로서의 전래

　① 광해군: 명에 갔던 **이수광**은 『**지봉유설**』에서 이탈리아 신부 마테오 리치가 지은 『**천주실의**』를 소개하였다. 같은 시기 유몽인도 『어우야담』에서 천주교의 교리를 자세히 설명하였다.

　② 인조: 정두원은 명나라에서, 소현 세자는 청나라에서 천주교 서적을 가지고 돌아왔다.

(2) 신앙으로 수용: 18세기 후반, 남인 계열의 일부 실학자들이 천주교를 신앙으로 받아들였다.

2. 천주교의 박해

정부는 초기에 천주교를 심하게 금지하지 않았다. 그러나 천주교의 교세가 점차 확산되고, 조상에 대한 유교적 제사 의식을 거부하였다. 이에 정부는 국왕의 권위에 도전하고, 성리학적 사회 질서를 무너뜨린다는 이유에서 **천주교를 사교로 규정하고 탄압하기 시작하였다.**

(1) 천주교 비판: 안정복은 성리학의 입장에서 천주교를 비판하는 『천학고』, 『천학문답』을 저술하였다.

(2) 추조 적발 사건(정조, 1785)

이승훈은 베이징에서 서양 신부에게 영세를 받고 1784년에 돌아왔다. 그는 김범우의 집에서 정기적으로 집회를 가져오다가 적발되었다. 이후 정조는 천주교를 혹세무민하는 사교(邪敎)로 규정하여 금지령을 내리고 천주교 서적의 수입을 금지하였다.

(3) 신해박해(정조, 1791)

　① 원인과 경과: 천주교인이던 진산의 **윤지충**은 모친상을 당하였을 때 신주를 불태우고, 천주교 의식에 따라 장례를 치렀다. 이것이 문제가 되어 윤지충과 권상연을 사형에 처한 사건을 신해박해라 한다(진산 사건).

　② 결과: 정조는 **척사학교**❶를 발표하였으나 정조 때에는 대대적인 탄압은 없었다.

(4) 신유박해(순조 원년, 1801)

　① 원인: 남인 및 시파 계열을 탄압하고자 **정순 왕후 김씨**가 천주교 신자를 박해하였다.

　② 결과: 이승훈, 정약종 등 남인 학자와 청나라 신부 주문모가 사형을 당하였고, **정약전, 정약용** 등이 유배형을 당하였다. 한편 천주교도인 황사영은 베이징의 프랑스 선교사에게 도움을 요청하려다 발각되었다(황사영 백서 사건).❷

(5) 기해박해와 병오박해(헌종)

　① 배경: 천주교 교세는 더욱 확대되어 1831년(순조 31) 조선 교구가 독립되었다.

　② 기해박해(1839): 조선에 들어와 포교하던 프랑스 신부 3명과 수십 인의 신도를 처형하고, 사교 배격을 내용으로 하는 「척사윤음」을 발표하였다.

　③ 병오박해(1846): 프랑스 군함이 나타나 기해박해의 책임을 묻자, 민심의 동요를 막기 위해 이미 체포되어 있던 김대건 신부❸를 처형하였다.

(6) 병인박해(고종, 1866): 흥선 대원군 집권기의 대대적인 천주교 탄압으로, **병인양요의 원인이** 되었다.

---

❶ **척사학교(斥邪學敎)**

사악한 학문(서학)을 배척하라는 국왕의 명령이다.

❷ **황사영 백서 사건**

신유박해가 일어나자 천주교도인 황사영이 흰 비단에 글을 적어 중국 베이징의 구베아 주교에게 보내려다 발각되었다. 프랑스 군대를 동원하여 조선에서의 신앙과 포교의 자유를 보장받을 수 있도록 요청하였다.

❸ **김대건 신부**

우리나라 최초의 신부인 김대건은 고향인 충청도 당진(솔뫼) 지역을 중심으로 포교에 힘쓰다가 병오박해 때 체포되어 처형당하였다.

정조의 척사학교(斥邪學敎)

오늘날 사설(邪設)의 폐단을 바로잡는 길은 더욱 정학(正學)을 밝히는 길밖에 없다. …… 연전에 서학(西學) 서적을 구입해 온 이승훈은 어떤 속셈이든지 간에 죄를 묻지 않을 수 없다. 이에 전현감 이승훈을 예산현으로 귀양을 보내고, 이외 시골 백성에게도 상 줄만한 백성은 상 주어야 할 관서가 있어야 하니 묘당(廟堂)에서는 소관 관서를 철저히 감독하라.   — 『홍재전서』

신유박해

대왕대비가 하교하기를, "선왕(先王, 정조)께서는 매번 정학(正學)이 밝아지면 사학(邪學)은 저절로 종식될 것이라고 하셨다. 지금 듣건대, 이른바 사학이 옛날과 다름이 없어 서울에서부터 경기·충청에 이르기까지 날로 더욱 불길같이 성하게 번져가고 있다고 한다. …… 윤리를 업신여기며 강상을 어지럽혔으니, …… 법망에서 빠져나간 천주교 신자들이 사람들을 불러 모아 강습하여 점차 서로 오염시켜 포도청에 붙잡히는 자들이 많이 있었으므로 이러한 하교가 있었던 것이다.   — 『순조실록』

황사영 백서

전선 수백 척과 정예 병사 5, 6만을 얻어서 대포 등 예리한 무기를 많이 싣고 우리나라 해변에 와서 국왕에게 글을 보내기를 '우리는 전교를 목적으로 온 것이지 재물을 탐하여 온 것이 아니므로 선교사를 용납하여 받아들여 달라.'라고 해 주소서.

『상재상서』[4]의 천주교 옹호론

죽은 사람 앞에 술과 음식을 차려 놓는 것은 천주교에서 금하는 일입니다. 살아 있는 동안에도 영혼은 술과 밥을 받아먹을 수 없는데, 하물며 죽은 뒤에 영혼이 어찌하겠습니까? …… 자식된 도리로 어찌 허위와 가식의 예(禮)로써 이미 죽은 부모를 섬기겠습니까?   — 정하상, 『상재상서』

❹ 『상재상서』

정하상은 기해박해가 일어나자 체포될 것을 예상하고 미리 이 글을 작성해두었다. 천주교 기본 교리에 대한 설명, 천주교 옹호론, 신앙의 자유 호소 등의 내용을 담고 있다.

05 동학의 발생

1. 배경

19세기 세도 정치로 인해 지배 체제의 모순이 심화되고 이양선의 잦은 출몰·천주교의 확산 등 위기의식이 고조되었다. 이런 상황에서 **철종** 때 경주의 몰락 양반 **최제우가 동학을 개창**하였다(1860).

2. 사상적 특징

(1) 기반: 유·불·선 3교의 장점을 취하고, 샤머니즘의 부적과 주술을 채용하였다. 천주교의 교리도 일부 수용하였다.

(2) 종교적 성격
　① 신앙의 대상: 동학은 천주(한울님)를 모시는 일을 중시하였다.
　② 부적 중시: '궁궁을을(弓弓乙乙)'이라고 쓴 부적을 태워 마시면 병을 고칠 수 있으며 영생할 수 있다고 하였다.

(3) 사회 개혁[5]·반외세적 성격
　① 현세 중시: 동학은 '후천개벽'[6] 사상을 바탕으로 내세가 아니라 현세에 실현되는 세계를 중시하였다.
　② 인간의 존엄성 강조: '사람이 곧 하늘이다.'라는 **인내천(人乃天)**을 주장하고, 사람을 섬기기를 하늘처럼 해야 한다[사인여천(事人如天)]고 주장하였다.

❺ 동학의 사회 개혁

동학은 양반과 상민을 차별하지 않고, 여성과 어린이의 인격을 존중하는 사회를 추구하였다. 또한 노비 제도를 없애고자 하였다.

❻ 후천개벽(後天開闢)

하늘의 운이 다해 지금 세상은 끝이 나고, 백성이 바라는 새로운 세상이 온다는 의미이다.

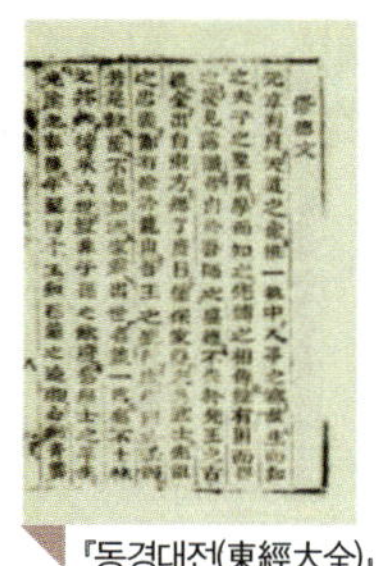

『동경대전(東經大全)』

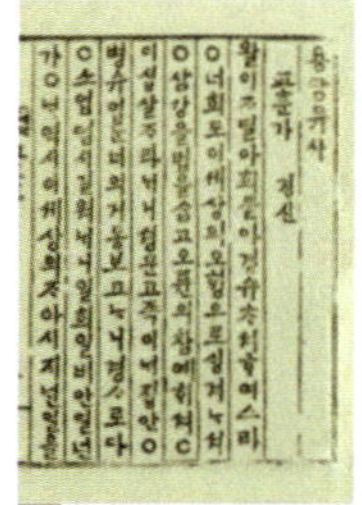

『용담유사(龍潭遺詞)』

3. 교세 확장과 탄압

(1) 교조의 처형: 흥선 대원군은 세상을 어지럽히고 백성을 현혹한다는 죄(혹세무민)로 최제우를 처형하였다(1864).

(2) 교리 정리: 2대 교주 **최시형**은 『동경대전』과 『용담유사』를 펴내어 교리를 정리하였다.
　① 『동경대전』: 한문체로 쓰인 동학의 경전으로 「포덕문」, 「논학문」, 「수덕문」 등으로 구성되었다.
　② 『용담유사』: 대중들에게 쉽게 이해되도록 한글로 쓰인 포교 가사집이다.

(3) 교단 정비: 포(包)-접(接) 등의 교단 조직을 정비하였다. 포접제를 바탕으로 교세를 확장하였다.

고등사료 百出　　　　　　　2019. 경찰 2차, 2019. 법원직 9급, 2009. 법원직 9급

동학(東學)

사람이 곧 하늘이라. 그러므로 **사람은 평등하며 차별이 없나니** 사람이 마음대로 귀천을 나눔은 하늘을 거스르는 것이다. 우리 동학은 차별을 없애고 선사(최제우)의 뜻을 받들어 생활하기를 바라노라. ― 2대 교주 최시형의 최초 설법 중

『동경대전』

한울님이 대답하길 '그렇지 않다. 나에게 신령한 부적이 있으니 …… 나에게 이 부적을 받아 질병으로부터 사람을 구하고, 나에게 이 주문을 받아 나를 위해 세상 사람들을 가르치면 너 또한 …… 덕을 천하에 펼 수 있으리라.'라고 하셨다.

06　농민의 항거

1. 사회 불안의 심화

삼정의 문란[1], 탐관오리의 수탈, 신분제 동요, 자연재해 등으로 인해 국가 기강이 흔들리고 농촌 사회는 피폐해졌다. 또한, 이 무렵 서양의 이양선이 연해에 출몰하자 민심은 더욱 흉흉해져 갔다.

2. 예언 사상의 대두

조선 후기에는 비기·도참 등을 이용한 예언 사상이 크게 유행하였다. 말세의 도래, 왕조의 교체, 변란의 예고 등이 널리 퍼져 민심을 혼란시켰다. 이때 널리 유행한 비기로는 『정감록』이 있다.

3. 농민의 대응

농민은 지배층의 억압에 대하여 종래의 소극적인 자세에서 벗어나 보다 적극적으로 대항하였다. 처음에는 벽서, 괘서[2] 등의 형태로 나타나던 농민의 저항은 점차 농민 봉기로 변화되어 갔다.

❶ 삼정의 문란

조선 후기의 수취 제도인 전정(전세 수취 제도), 군정(군포 징수 제도), 환곡(구휼 제도)의 문란을 말한다.

❷ 벽서, 괘서

남을 비방하거나 민심을 선동하기 위해 여러 사람이 볼 수 있는 곳에 몰래 붙이는 게시물이다.

4. 홍경래의 난(순조, 1811)

(1) 원인

    ① 정치적: 서북(관서) 지방에 대한 차별 대우와 세도 정권의 수탈에 평안도 지방의 사람들은 불만을 품고 있었다.

    ② 경제적: 세도 정권은 서울 특권 상인의 이권을 보호하기 위해 **평안도민의 상공업 활동을 억압**하였다.

(2) 참여: 몰락 양반인 홍경래의 주도 아래 영세 농민, 중소 상인, 광산 노동자 등이 합세하였다.

(3) 과정: 가산에서 난을 일으켜 선천, 정주 등을 별다른 저항없이 점거하였다. 한때는 **청천강 이북 지역**을 거의 장악하였으나 5개월 만에 평정되었다.

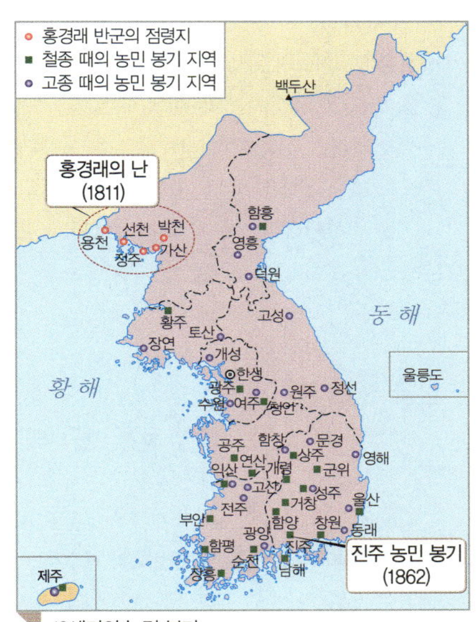

19세기의 농민 봉기

조선 후기 평안도[3]

평안도는 18세기 이후 전국에서 가장 빨리 경제와 문화가 성장한 지역이었다. 이 시기에 평안도에서는 의주 상인, 평양 상인, 정주의 놋그릇 상인 등이 국내 및 중국과의 국제 무역을 통해 부를 축적하였다. 인구 성장률[4]도 전국에서 가장 빨라 영·정조 대에 8도 가운데 인구 순위가 경상도 다음인 2번째였다. 이러한 경제 성장을 바탕으로 부를 축적한 서민들은 문과 시험에도 적극적으로 도전하여, 8도 가운데 평안도의 과거 급제 비율은 영조 이래로 1~2위를 차지할 정도였다. 그러나 높은 급제율에 비해 청요직 벼슬은 거의 받기 어려웠다.

5. 임술 농민 봉기(진주 민란, 철종, 1862)

(1) 원인: 19세기 중엽 철종 대에 이르러 부세 제도의 모순이 극에 달하였다.

(2) 과정: 경상우병사 백낙신의 탐학에 못이긴 진주 민중은 향임 유계춘의 지도 아래 머리에 흰 두건을 쓰고 봉기한 다음에 스스로 해산하였다. 이를 두고 '백건당의 난'이라 부른다.

(3) 확대: 이후 농민의 항거는 북쪽의 함흥으로부터 남쪽의 제주에 이르기까지 **전국적으로 퍼졌다.**

(4) 정부의 대책

    ① 삼정이정청의 설치: 민란의 수습을 위해 안핵사 **박규수**가 상소를 올렸다. 이에 따라 **삼정이정청**을 설치하고 삼정 문란에 대한 대책을 강구하였다.[5]

    ② 결과: 삼정이정청은 설치된 그 해에 철폐되었고, 개혁은 미뤄지다가 민란이 소강 상태에 들어가자 철회되었다.

---

❸ 평안도 차별

평안도 사람들은 서북인(서토인, 관서인)이라 불리면서 차별 대우를 받았다. 그러나 영·정조 때 서북 출신을 의도적으로 보호하였다.

❹ 평안도 인구 성장

양난 이후 전국적으로 인구 감소가 있었지만, 예외적으로 평안도 지역은 인구가 꾸준히 증가하였다. 이는 지리적 특성상 임진왜란의 피해를 별로 입지 않았으며, 호란 직후에는 요동 지역의 인구가 유입되었기 때문이었다.

❺ 삼정이정절목(三政釐整節目)

삼정의 문란에 대한 시정 내용이 담겨 있다. 전정에서는 종래의 폐단으로 지적되어 온 각종 사항을 금지하나 양전은 실시하지 않는 것으로 결정되었다. 군정에서는 종전의 여러 폐단의 금지만을 강조하는데 그쳤다. 환정은 환곡을 폐지하고 이를 토지에 부과시키는 방법이 논의되었다.

홍경래의 난

- **홍경래**는 괴수요, 우군칙은 참모였으며, 이희저는 소굴의 주인이요, 김창시는 선봉이었다. 김사용과 홍총각은 손발의 역할을 하였다. 그 졸개로는 의주부터 개성에 이르는 지역의 거의 대부분 부호·대상들이 망라되었다. — 「진중일기」

- **평서대원수**는 급히 격문을 띄우노니 우리 관서의 부로자제(父老子弟)와 공사천민(公私賤民)은 모두 이 격문을 들으시라. 무릇 관서는 기자(箕子)의 옛 터요, 단군 시조의 옛 근거지로 훌륭한 인물이 넘치고 문물이 번창한 곳이다. …… 그러나 **조정에서는 서토를 버림이 썩은 흙이나 다름없다.** …… 과거에는 반드시 서로(西路)의 힘에 의지하고 서토의 문을 빌었으니 400년 동안 서로의 사람이 조정을 버린 일이 있는가. 지금 **나이 어린 임금**이 위에 있어서 권세 있는 간신배가 날로 치성하여 …… — 「패림」

임술 농민 봉기

- 동치원년 임술년(1862, 철종 13) **진주민 수만 명이 머리에 흰 수건을 두르고** 손에 몽둥이를 들고 무리를 지어 …… 병마절도사가 해산시키고자 시장에 가니 흰 수건을 두른 백성들이 길 위에 빙 둘러 함부로 거둔 명목과 아전들이 억지로 세금을 포탈하고 강제로 징수한 일들을 면전에서 여러 번 질책하는데 능멸함과 위협함이 조금도 거리낌이 없었다. — 「임술록」

- **최근 남쪽에서 일어나는 난은 양민이 일으키는 것이 아니라 궁민(窮民)이 일으킨다.** 이들은 생활할 만한 자산이 없으므로 밤낮 원망하고 난을 생각한 지 오래되었다. 비록 의리를 말하면서 그들을 타일러도 따르지 않는다. 요사이 남쪽 농민들의 소란은 대개 이들이 주동한 것이며 양민은 단지 협조자일 뿐이다. — 「고환당수초」

- 경상도 안핵사 **박규수**가 상소를 올렸다. "금번 **진주**의 난민들이 소동을 일으킨 것은 오로지 **전 우병사 백낙신**이 탐욕을 부려 수탈하였기 때문입니다. …… 이에 민심이 들끓고 여러 사람의 노여움이 일제히 폭발하여 전에 듣지 못하던 변란으로 나타난 것입니다. ……" — 「철종실록」

반란이나 전시의 군무를 맡아보는 한편, 민심을 수습하는 일을 담당한 임시 관직이다. 조선 후기의 정부는 홍경래의 난 등과 같은 민란이 일어났을 때 순무사를 파견하였다.

[해설]

제시된 자료는 조선 후기의 향전과 관련된 내용이다. ③ 경재소가 운영된 것은 조선 전기의 일이다. ① 조선 후기, 향전의 발생으로 수령과 향리의 권한이 강해지는 결과를 가져왔다. ② 조선 후기, 경제력을 갖춘 부농층(신향층)은 수령과 그를 보좌하는 향리 세력과 결탁하여 향안(鄕案)에 이름을 올렸다. ④ 조선 후기, 재지사족은 군현 단위로 농민을 지배하기 어렵게 되자, 촌락 단위의 동약과 동계를 실시하였다.

[정답] ③

대표 기출문제

다음 사실이 있었던 시기의 향촌 사회에 대한 설명으로 옳지 않은 것은?　　2020. 국가직 9급

황해도 봉산 사람 이극천이 향전(鄕戰) 때문에 투서하여 그와 알력이 있는 사람들을 무고하였는데, 내용이 감히 말할 수 없는 문제에 저촉되었다.

① 향전의 전개 속에서 수령의 권한이 강화되었다.
② 신향층은 수령과 그를 보좌하는 향리층과 결탁하였다.
③ 수령은 경재소와 유향소를 연결하여 지방 통치를 강화하였다.
④ 재지사족은 동계와 동약을 통해 향촌 사회에 대한 영향력을 유지하려 하였다.

03 강 성리학의 변화

解/法 기출분석

구분		2008~2018	2019	2020	2021	2022	2023	2024	2025
9급	국가직	• 학문과 사상 • 호락논쟁(3)							
	지방직	• 학문과 사상 • 사상 동향							
	법원직	호락논쟁(2)							

01 학파의 형성[1]

1. 영남 학파

(1) **동인 주도**: 선조 17년(1584)에 이이가 죽자 유성룡, 이발 등 동인이 정권을 장악했다.

(2) **동인의 분열**: 동인은 정여립 모반 사건과 정철의 건저의 사건 등이 계기가 되어 분열하였다.

　① **북인**: 서경덕과 조식의 학통을 이었으며 절의를 중시하였다.

　② **남인**: 이황의 학통을 계승하였다.

2. 기호 학파

(1) **서인 주도**: 인조반정으로 정권을 잡은 서인은 주자 중심의 성리학, 대명의리론 등을 강조하였다.

(2) **서인의 분열**: 숙종 때 경신환국을 계기로 분열되었다.

　① **노론**: 이이의 학통을 계승하였고, 주자 중심의 성리학을 절대시하였다.

　② **소론**[2]: 성혼의 사상을 계승했으며, 윤증 등이 중심이 되었다. 성리학에 대한 탄력적 이해를 추구했으며, 양명학과 노장 사상 등에도 개방적이었다.

02 성리학의 절대화 경향

1. 성리학의 절대화

(1) 내용

　송시열을 중심으로 한 **서인(노론)**은 양난 이후에 흔들리던 지배 체제를 강화하기 위해 **성리학적 질서를 절대적 가치로 내세우며** 성리학 이외의 다른 사상이나 학문을 배척하였다.

(2) **숭명반청 운동**: 숙종 때 충북 괴산에 만동묘를 세우고, 창덕궁에 대보단을 두어 명나라 황제를 제사지냈다. 이는 중화주의를 기반으로 청에 대한 문화적 우월성을 확인하고자 한 것이다.

❶ 학파의 형성

16세기 중반 선조 때부터 학설과 지역적 차이에 따라 서원을 중심으로 학파가 형성되었다. 서경덕·이황·조식 학파가 동인을, 이이·성혼 학파가 서인을 형성하였다.

❷ 소론의 학문적 성향

이황·윤휴의 학설에 대해서도 비교적 관대한 입장을 보였으며 때로는 이이의 사상을 비판하기도 하였다.

만동묘(萬東廟)

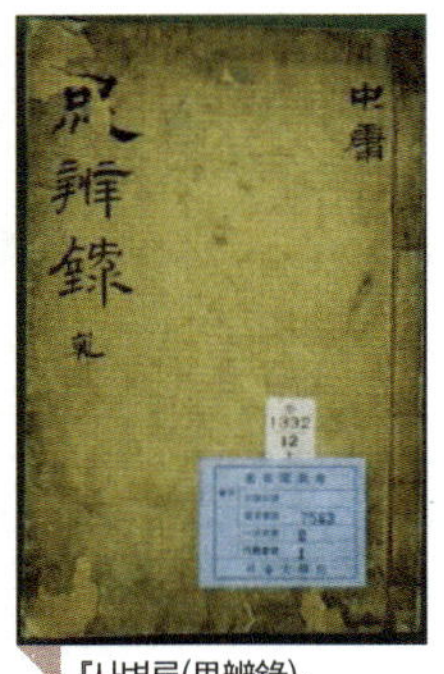

『사변록(思辨錄)』

❶ 사문난적(斯文亂賊)

유교에서 교리를 어지럽히고 사상에 어긋나는 행동을 하는 사람을 일컫는 말이다. 주자성리학의 절대적인 권위를 내세우는 서인들이 상대 당을 공격하는 명분으로 자주 사용하였다.

박세당

노자의 도덕경을 해석한 『신주도덕경』을 편찬하였다.

✎ 문묘

공자, 맹자 등을 배향한 사당이다. 조선은 설총, 최치원, 안향, 정몽주, 김굉필, 정여창, 조광조, 이언적, 이황, 김인후, 이이, 성혼, 김장생, 조헌, 김집, 송시열, 송준길, 박세채를 종사해 유학생들의 모범으로 삼았다 (문묘 18현).

2. 성리학에 대한 비판

(1) 성리학의 상대화 경향

17세기 후반부터 주자 중심의 성리학에서 벗어나 유교 경전을 재해석하고, 6경과 제자백가 등에서 사회 모순의 해결책을 찾으려는 경향이 나타났다.

(2) 대표적 학자

① 윤휴: 유교 경전을 독자적으로 해석하여 기존 성리학과 다른 견해를 내놓았다.

② 박세당: 『사변록』을 통하여 주자와는 다르게 『대학』과 『중용』을 해석하였다.

③ 정약용: 실증적 태도로 유교 경전에 접근하여 주자가 아닌 공자의 본뜻을 찾으려고 노력하였다.

(3) 결과

송시열을 중심으로 하는 서인(노론)의 공격을 받아 윤휴와 박세당 등은 사문난적❶으로 몰렸다.

심화사료  百出

윤휴의 독자적 해석

• 나의 저술 의도는 **주자의 해석과 다른 이설(異說)을 제기하려는 것보다 의문점 몇 가지를 기록**했을 뿐이다. …… 그런데 근래에 **송시열이 이단이라고 배척**하였다. 송시열의 학문은 전혀 의심을 내지 않고 주자의 가르침이라면 덮어놓고 의논(議論)을 용납하지 않으니 ……   – 윤휴, 『백호기』

• **천하의 많은 이치를 어찌하여 주자만 알고 나는 모른단 말인가.** 주자는 다시 태어난다 하여도 내 학설을 인정하지 않겠지만, 공자나 맹자가 다시 태어난다면 내 학설이 승리하게 될 것이다.   – 윤휴, 『도학원류속』

박세당의 성리학 비판

그러나 경전에 실린 말은 그 근본은 비록 하나이나 그 실마리는 천 갈래 만 갈래이다. …… 이에 나는 문득 참람한 짓임을 잊고 좁은 소견으로 터득한 것을 대강 기록한 다음 이것을 모아 책을 만들고 **『사변록(思辨錄)』**이라 명명하였는데 ……   – 『사변록』

송시열의 박세당 비판

박세당은 윤증의 당이다. 자기보다 나은 사람을 시기하고 괴벽한 행동을 하는 자로 항상 남의 뒤에 있는 것을 부끄러워하더니, 청환에서 탈락된 뒤에는 분한 마음을 품고 물러나서 감히 한 권의 책을 지어 **사변록**이라 하였다. **주자의 사서집주를 공격하고, 심지어 중용에서는 멋대로 장구를 고쳤으니, 한결같이 윤휴의 투식을 그대로 이어받고 있다.** …… 많은 선비를 거느리고 상소하여 그 글을 거두어다가 불속에 넣고 성현과 선정을 모독한 죄를 다스리자고 청하였다. 숙종이 "박세당이 성현을 모독하고 선정을 헐뜯음이 이런 지경에까지 이르렀으니, 사문에 관계되므로 결코 내버려 두기 어려운 일이다."라고 답하였다.   – 『송자대전』

9급 위를 한국사

회퇴변척(광해군)

광해군 초에 김굉필, 정여창, 조광조, 이언적, 이황이 문묘에 종사되자 조식의 제자인 정인홍은 '회퇴변척' 상소를 올려 이황, 이언적의 문묘종사를 반대하고 조식의 문묘종사를 건의했다. 그러나 서인과 남인의 격렬한 반발로 무산되었다.

3. 성리학의 이론 논쟁

(1) 이기론

16세기 후반에는 이황 학파와 이이 학파 사이에 이기론[2]에 대한 논쟁이 일어났다.

(2) 심성론(心性論)

16세기에는 심성론에 대하여 관심을 가지면서 **이황**과 **기대승** 간에 **사단칠정 논쟁**이 시작되었다.

(3) 호락논쟁

영조 대 '인간과 사물의 본성을 어떻게 볼 것인가' 하는 문제를 둘러싸고 노론 내부에서 호론과 낙론으로 나누어졌다(인물성동이 논쟁).

① 호론(충청도 노론)

　㉠ 중심 세력: 한원진[3], 권상하 등이 중심이 되었다.

　㉡ 주장: 인성과 물성이 다르다고 보는 **인물성이론**을 내세웠고, **기(氣)**의 **차별성**을 강조하였다.

　㉢ 발전: 사람과 짐승을 구별하고, 이를 화이론과 연결시켜 청을 오랑캐로 보았다. 이후 개항을 전후하여 **위정척사 사상**으로 계승되었다.

② 낙론(서울 노론)

　㉠ 중심 세력: 이간, 김창협, 김원행 등이 중심이 되었다.

　㉡ 주장: 인성과 물성을 동일하다고 보는 **인물성동론**을 주장하였다. **이(理)**의 **보편성**을 강조하며, 사람과 우주 만물의 보편적 이치를 추구하려 하였다.

　㉢ 발전: 청의 문물을 수용하자는 **북학 운동(북학론)**으로 발전하였고, 이후 **개화 사상**으로 계승되었다.

[2] 이기론(理氣論)
이(理)와 기(氣)의 원리를 통해 자연·인간·사회의 존재와 운동을 설명하는 성리학의 이론 체계이다.

[3] 한원진
이이에서 송시열로 이어지는 학통을 계승하였다.

심화사료 百出

2017. 국가직 7급, 2013. 국가직 7급

한원진의 인물성이론(人物性異論)

만물이 생기고 나면 바르고 통(通)한 기운을 받은 것이 사람이 되고, 편벽되고 막힌 기운을 받은 것이 물건이 된다. 물건은 편벽되고 막힌 기운을 받았기 때문에, 이(理)의 전체를 받지 못한 것은 아니지만 기질을 따라 본성 역시 편벽되고 막히게 된다. …… 사람만은 바르고 통한 기운을 받았기 때문에 마음이 가장 영묘하여 건순과 오상의 덕을 모두 갖추었으니, 그 지극한 것을 확충하면 천지에 참여하여 만물을 화육하는 것을 돕는 것도 모두 우리 인간이 할 수 있는 일이다. **이는 사람과 물건의 다른 점이다.**

– 『남당집』

1. 전래와 사상

(1) 전래 : 16세기 중반 중종 때 조선에 소개되었다. 그러나 이황은 양명학을 이단으로 간주하여 『전습록변』[1]을 저술했으며, 이후 양명학은 학계에서 이단으로 취급되었다.

(2) 심즉리·치양지 : 양명학의 중요 이론들이다. '마음이 곧 이치다'라고 본 심즉리를 바탕으로 모든 인간은 본래 타고난 천리(양지)를 실현하여 사물을 바로 잡을 수 있다고 보았다(치양지).

(3) 지행합일설(知行合一說) : 앎과 행함이 분리되거나 선후가 있는 것이 아니라 앎은 행함을 통해서 성립한다는 이론으로, 실천을 강조[2]하였다.

● 『전습록변』

양명학의 창시자인 명나라의 왕수인이 쓴 『전습록』을 비판한 이황의 저서이다.

❷ 주자 성리학과의 차이

주자 성리학에서는 지식이 선행하고, 실천이 뒤따른다고 보았다.

심화사료 百出

2017. 국가직 7급

양명학

앎(知)은 마음의 본체이다. 심(心)은 자연히 지(知)를 모으게 한다. 아버지를 보면 자연히 효를 안다. 형을 보면 자연히 제(悌)를 안다. 어린아이가 우물에 들어가려는 것을 보면 자연히 측은을 안다. …… 시비의 마음은 기다려서 아는 것이 아니고 배움을 기다려서 할 수 있는 것이 아니다. 그러므로 **양지(良知)**라 한다.

– 『전습록』

정제두

나의 학문은 안에서만 구할 뿐이고 밖에서는 구하지 않는다. …… 그런데 오늘날 주자를 말하는 자들로 말하면, 주자를 배우는 것이 아니라 다만 주자를 빌리는 것이요, 주자를 빌릴 뿐만 아니라 곧 주자를 부회해서 자기들의 뜻을 성취하려 하고 주자를 끼고 위엄을 지어 자기들의 사욕을 달성하려 할 뿐이다.

– 『존언』

---

2. 학파의 형성(18세기)

(1) 강화학파의 성립 : 양명학은 몇몇 소론 학자에 의해 명맥을 이어가고 있었다. 18세기 초 **정제두**가 이를 체계적으로 연구하여 **강화학파**를 성립하였다.

(2) 정제두

    ① 주장 : 양지와 양능[3]을 근거로 **지행합일**을 주장하였다. 또한 그는 일반민을 도덕 실천의 주체로 상정하여, 양반 신분제의 폐지를 주장하였다.

    ② 저서 : 『존언』, 『만물일체설』 등을 저술하여 이론 체계를 세웠다.

    ③ 계승 : 정권에서 소외된 소론 계열과 왕실 종친·서얼 출신이 그의 학문을 계승하였다.

(3) 영향 : 강화학파의 학자들은 우리의 고유 문화에도 폭넓은 관심을 보였으며, 정약용 등 실학자들과도 영향을 주고받았다.

❸ 양지와 양능

양지(타고난 천리)와 양능(양지를 실현하는 능력)은 하나고, 서로 분리되거나 선후가 있지 않다고 주장하였다.

3. 근대의 양명학

근대 이후에는 이건창, 김택영, 박은식, 정인보 등이 양명학을 계승하여 국학 운동을 전개하였다.

04강 실학의 발달

解/法 기출분석

구분		2008~2018	2019	2020	2021	2022	2023	2024	2025
9급	국가직	• 홍대용(2) • 역사서				발해고			박지원
	지방직	• 서유구 • 홍대용(2) • 박제가 • 동사강목(2) • 발해고		박지원	박제가와 한치윤	발해고와 동사강목		박제가	
	법원직	• 실학(전반)(2) • 유형원 • 이익 • 홍대용 • 역사서	이익	• 정약용 • 박제가			이익		

실학과 국학의 발달

18C 전반

(경세치용)
중농학파
(지주제 부정)

유형원 『반계수록』 [균전론] 사·농·공·상에 따른 토지 차등 재분배

이익 『성호사설』 6종론
『곽우록』 [한전론] 영업전 이외에 토지 자유롭게 매매

정약용 『여유당전서』 [여전론] 마을 단위 공동 소유, 공동 경작, 노동량에 따른 분배
[정전론] 점진적 토지 국유화
『목민심서』 『경세유표』 『흠흠신서』 『탕론』 『원목』

18C 후반

(북학파·이용후생)
중상학파
(지주제 인정)

유수원 『우서』 사·농·공·상 직업적 평등화와 전문화

홍대용 『담헌서』 ⇨ 『의산문답』 허자와 실옹의 대화, 지전설, 중국 중심 세계관 비판

박지원 『열하일기』 양반 사회의 비생산성 비판

박제가 『북학의』 절약보다 소비 권장(우물물 비유)

(실사구시)
국학
(역사서)

안정복 『동사강목』 독자적 정통론을 체계화 ⇨ 고증 사학 토대

한치윤 『해동역사』 500여 종의 외국 자료 참고, 열전 없는 기전체 형식

이긍익 『연려실기술』 기사본말체, 조선의 정치·문화 정리, 경제·사회사 X

유득공 『발해고』 발해사 연구: 고대사 연구의 시야를 만주 지방까지 확대
⇨ 한반도 중심의 협소한 사관 극복

실학의 대두(17세기 전반)

1. 배경

17·18세기 사회·경제적 변동에 따른 사회 모순을 해결하기 위해 실학❶이 등장하였다.

2. 주요 학자들

(1) 이수광❷: 『지봉유설』❸을 저술하여 중국과 우리나라의 문화 전통을 폭넓게 정리함으로써, 우리의 문화 수준이 중국과 대등하다고 강조하였다. 또한 천주교 교리서인 『천주실의』를 최초로 소개하였다.

(2) 한백겸❹: 광해군 때 대동법 실시를 건의했다. 그리고, 문헌 고증에 입각하여 역사와 지리를 연구하여 『동국지리지』를 저술하였다.

(3) 김육: 대동법 확대 실시와 시헌력의 채용을 건의하였으며, 수차(물레방아)의 사용을 강조하였다. 또한 상평통보의 주조를 건의하고, 은광 개발을 허용할 것을 주장하였다.

농업 중심의 개혁론

1. 등장

18세기 전반 서울 부근의 농촌에서 생활하던 남인들이 중심이 되었으며 **경세치용(중농주의) 학파**라고 불렸다. 이들은 **농촌 사회의 안정**을 위해 토지 제도의 개혁을 강조하였다.

2. 대표적인 중농주의 실학자

(1) 유형원(1622~1673) – 중농 실학의 선구자

일생 동안 농촌(부안 우반동)에 살면서 학문에 몰두하여 『반계수록』, 『동국여지지』 등을 저술하였다.
① 균전론❺: 유형원은 『반계수록』에서 **사농공상의 신분에 따라 차등 있게 토지를 분배**하여 자영농을 육성할 것을 주장하였다. 이를 바탕으로 조세와 군역을 다시 조정하자고 밝혔다.
② 조세 제도 개편: 기존의 결부법 대신에 경무법을 실시할 것❻ 등을 주장하였다.
③ 군사·교육 제도 개편: 자영농 중심으로 군사·교육 제도를 재정비하여 **병농일치**의 국방 제도를 수립하고, **사농일치**(士農一致)의 교육 제도를 마련해야 한다고 하였다.

심화사료 百出

유형원의 균전론

옛날의 정전법은 아주 이상적인 제도이다. …… 농부 한 사람당 1경(頃)의 토지를 받고 법에 따라 조세를 내며, 매 4경마다 군인 1명을 내게 한다. 사(士)로서 처음 학교에 입학한 자는 2경의 토지를 받고, 내사(內司)에 들어간 자는 4경을 받되 병역을 면제한다. 현직 관료는 9품부터 7품까지 6경, 그리고 정2품은 12경으로 조금씩 더 준다.

— 『반계수록』

(2) 이익**❼**(1681~1763) – 실학의 학파 형성 ⭐

안정복·이가환·이중환 등의 제자를 길러 성호 학파를 형성하였다. 『성호사설』**❽**, 『곽우록』 등을 저술하였다.

① 한전론: 매 호마다 영업전을 갖게 하고, **토지의 매매를 제한**(영업전을 제외한 그 나머지 토지만 매매를 허락)하였다. 이를 통해 한 가정이 생활을 유지하는 데 필요한 **최소한의 땅**을 보전하게 하였다. 점진적으로 토지 균등과 자영농의 육성 등을 이루고자 한 것이다.

② 6좀론: 나라를 좀먹는 **여섯 가지 악폐로 노비 제도**❾·과거 제도·양반 문벌·기교(사치와 미신)·승려·게으름을 들었다.

③ 붕당론: 제한된 관직을 둘러싼 갈등에서 당쟁이 비롯되었다고 여겼다. 이에 따라 과거 시험을 3년에서 5년으로 늘려 합격자를 줄이고, 대신 천거 제도를 확대할 것을 주장하였다.

④ 경제 제도: 화폐 사용에 비판적인 입장을 취했으며(폐전론), 환곡 대신 사창제 실시를 주장하였다.

⑤ 역사관: 실증적이고, 비판적인 역사 서술을 제시하였다.

　㉠ 도덕 중심 사관 비판: 역사를 움직이는 힘을 '시세(시대의 추세)–행·불행(운수 또는 우연성)–시비(도덕)'의 순서로 봄으로써 도덕 중심 사관을 비판하였다.

　㉡ 중국 중심의 세계관 탈피: '중국도 대지 중 한 조각 땅'이라고 주장하였다.

 2023. 법원직 9급, 2019. 서울시 9급, 2019. 법원직 9급, 2019. 경찰 2차, 2018. 서울시 9급(상), 2010. 국가직 7급, 2010. 법원직 9급

이익의 한전론

국가는 마땅히 일가(一家)의 생활에 맞추어 재산을 계산해서 **한전(限田) 몇 부(負)를 한 가구의 영업전으로 하여** 당나라의 제도처럼 한다. 그러나 **땅이 많다고 해서 빼앗아 줄이지 않으며, 못 미친다고 해서 더 주지 않는다.** 돈이 있어 사고자 하는 자는 비록 천백결(結)이라도 허락해 주고 땅이 많아서 팔고자 하는 자는 영업전 몇 부 외에는 허락하여 준다. 　　　　－『곽우록』

이익의 6좀론

농사를 힘쓰지 않는 자 중에 그 좀이 여섯 종류가 있는데, 장사꾼은 그중에 들어가지 않는다. **첫째가 노비요, 둘째가 과거요, 셋째가 벌열이요, 넷째가 기교요, 다섯째가 승니요, 여섯째가 게으름뱅이들**이다. 저 장사꾼은 본래 사민(四民)의 하나로서 그래도 통화의 이익을 가져온다. 소금, 철물, 포맥 같은 종류는 장사가 아니면 운반할 수 없지만, 여섯 종류의 해로움은 도둑보다도 더한다. 　　　　－『성호사설』

(3) 정약용**❿**(1762~1836) – 실학의 집대성 ⭐⭐

이익 등 남인의 학풍을 계승하여 토지 제도를 비롯한 전반적인 개혁을 강조하였다. 한편, 과학 기술과 상공업 발달에도 많은 관심을 보였다.

① 토지 제도 개혁

　㉠ 여전론: 토지를 여(閭, 마을) 단위로 **공동 소유·공동 경작**하고 노동량에 따른 분배를 하자는 것으로, 일종의 공동 농장 제도이다. 또한 이것을 군사 조직으로도 활용할 수 있다고 하였다.

　㉡ 정전제: 국가가 장기적으로 토지를 사들여서 가난한 농민에게 나누어 줌으로써 **자영 농민을 육**성하자는 주장이다.

❼ 이익

북인에서 전향한 남인 가문 출신으로, 주로 숙종~영조 때 활동하였다. 그는 형이 당쟁으로 희생되자 벼슬을 단념하고 광주 첨성촌에서 일평생 학문에 전념하였다.

❽ 『성호사설』

천지·만물·인사·경사·시문 등 5개 부분으로 나누어 우리나라와 중국의 문화를 폭넓게 정리하였다.

❾ 노비 제도 비판

이익은 노비 제도를 비판하면서, 당장 폐지할 수 없다면 노비 매매만이라도 금지해야 한다고 강조하였다.

다산 정약용

❿ 정약용의 정치 개혁론

정약용은 『경세유표』에서 제도 전반에 걸친 개혁의 기본 방향을 제시하였다. 먼저 군주 중심의 정치 체제를 수립하고, 언관의 역할 제한·6조의 업무 재조정 등을 제안하였다. 지방을 효율적으로 통치하기 위해 8도를 12개의 성으로 고쳐야 한다고 하였다.

정약용의 여전론(閭田論)

무릇 1여의 토지는 1여의 사람들로 하여금 공동으로 **경작**하게 하고, 내 땅 네 땅의 구분 없이 오직 여장의 명령만을 따른다. 가을이 되면 무릇 오곡의 수확물을 모두 여장의 집으로 보내어 **그 식량을 분배**한다. 먼저 국가에 바치는 공세를 제하고, 다음으로 여장의 녹봉을 제하며, 그 나머지를 날마다 일한 것을 기록한 장부에 의거하여 **여민들에게 분배**한다. ㅡ 「전론(田論)」

정약용의 정전론(井田論)❶

농가 1호당 100무의 토지를 준다. 그리고 농가의 노동력에 따라 25무까지 차등 있게 준다. **토지는 점진적으로 국가에서 사들여 국유화한다.** ㅡ 「경세유표」

❶ **정약용의 정전론**

먼저 전국의 토지를 국유화하여 정전을 편성하고, 그중 9분의 1은 공전으로 만들어 조세를 충당하고 나머지는 농민에게 분배하자고 하였다.

❷ **정약용의 저술**

1801년 신유박해 때 유배형에 처해졌다. 이후 전라도 강진에서 저술 활동에 전념하여 『경세유표』, 『목민심서』, 『흠흠신서』 등을 남겼다. 그의 저술은 500여 권에 달하는데 『여유당전서』에 수록되어 전해지고 있다.

❸ **「목민심서」**

수령들이 백성을 수탈하는 도적으로 변한 현실을 바로잡기 위해 저술한 책이다.

❹ **「탕론」**

신하로서 임금(하나라 걸왕)을 몰아내고 은나라를 세운 탕왕의 행위에 대해 논하였다.

❺ **이용감의 설치 주장**

정약용은 이용감이라는 관청을 두고 매년 기술자를 중국에 파견해서 그곳의 앞선 기술을 배워오자고 주장했다.

② 저술❷

㉠ 『**목민심서**』❸ : 지방 제도의 개혁에 대하여 쓴 책으로, 목민관인 수령이 지켜야 할 기본 자세를 다루었다.

㉡ 『**경세유표**』 : 주례에 나타난 주나라 제도를 모범으로 하여 국가 체제 전반에 걸친 개혁을 주장했으며, 정전제 등을 기술하였다.

㉢ 『**흠흠신서**』 : 형법서로, 지방의 수령들이 살인 사건과 같은 범죄가 일어났을 때 참고하였다.

㉣ 『**탕론**』❹ : 역성 혁명의 정당성을 옹호하였다.

㉤ 『**원목**』 : 통치자는 백성을 위해 존재한다는 이론서로 통치자의 이상적인 모습을 제시하였다.

㉥ 『**기예론**』 : 인간이 금수와 다른 점은 기술을 창안하고 이를 생활에 이용할 줄 아는 데 있다고 보고, 과학 기술에 많은 관심을 가졌다. 또 이용감의 설치를 주장❺하였다.

「탕론(湯論)」

무릇 천자란 어떻게 있는 것인가? 하늘이 천자를 내려서 그를 세운 것인가? 아니면 땅에서 솟아나 천자로 된 것인가? **민이 필요했기 때문에 천자를 뽑아서 된 것이다.** …… 천자는 민이 추대해서 이루어지니 또한 민이 밀어주지 않으면 그 자리를 유지할 수 없다. 천자를 붙잡아 끌어내리는 것도 민이요, 올려서 윗자리에 앉히는 것도 민이다. ㅡ 「탕론」

「원목(原牧)」

백성을 위해서 목(牧)[통치자]이 존재하는가, 백성이 목을 위해서 태어나는가. 백성들은 곡식과 피륙을 내어 목을 섬기고, 백성들은 수레와 말을 내어 추종하면서 목을 보내고 맞이하며, 백성들은 고혈과 진수를 모두 짜내어 목을 살찌게 하니, 백성들이 목을 위해서 태어난 것인가. 아니다. **목이 백성을 위해서 존재하는 것이다.** 옛적에는 백성만이 있었을 뿐이니, 어찌 목이 존재하였을 것인가. ㅡ 「여유당전서」

「기예론(技藝論)」

하늘이 날짐승과 길짐승에게 발톱을 주고 뿔을 주고 단단한 발굽과 예리한 이빨을 주고 여러 가지 독도 주어서 각각 저 하고 싶어하는 것을 얻게 하고 사람으로 인한 염려되는 것을 막을 수 있게 하였는데, 사람에게는 벌거숭이로 유약하여 제 생명도 구하지 못할 듯이 하였으니, 어찌하여 하늘은 천한 금수한테는 후하게 하고 귀하게 해야 할 인간에게는 박하게 하였는가. 그것은 **인간에게는 지혜로운 생각과 교묘한 궁리가 있으므로, 기예를 익혀서 제 힘으로 살아가도록 한 것**이다. 그런데 지혜로운 생각으로 미루어서 아는 것도 한정이 있고, 교묘한 궁리로 깊이 파는 것도 차례가 있다. ㅡ 「여유당전서」

다산 정약용 연보

1762	경기도에서 진주 목사 정재원의 4남으로 태어남.
1789	문과에 급제한 뒤 초계문신에 임명되어 정조의 개혁 정치에 참여함.
1792	왕명을 받아 수원 화성을 설계하고 거중기와 녹로(도르래)를 고안하여 수원 화성 축조에 이용함.
1794	경기 암행어사가 되어 백성들의 고통을 목격함.
1800	정조가 승하하자 관직에서 물러남. 호를 여유당이라고 함.
1801	신유박해로 체포되어 하옥되었고, 이후 강진으로 유배됨.
1818	『목민심서』를 완성했으며, 유배에서 풀려남.
1836	75세의 나이로 세상을 떠남.

다산초당(전남 강진)

03 상공업 중심의 개혁론

1. 등장

18세기 후반 서울의 **노론[6]**들을 중심으로 형성됐으며, **이용후생(중상주의) 학파** 또는 **북학파**라고 한다. 이들은 주로 **인물성동론**을 따랐으며, 상공업 진흥과 기술 혁신을 통한 **부국강병**을 주장하였다. 청나라의 발달된 기술과 문물을 적극 수용하자고 하였다.

[6] 노론 출신 실학자
노론에 속한 북학파로는 홍대용과 박지원 등이 있다.

2. 대표적인 중상주의 실학자

(1) 유수원(1694~1755) – 중상주의 실학의 선구자

① **사농공상의 직업 평등**: 『우서』에서 무위도식하는 양반들을 농·공·상으로 전업시키고 사·농·공·상을 평등한 직업으로 만들어 전문화시켜야 한다고 역설하였다.

② **농업론**: 상업적 경영과 기술의 혁신을 통하여 생산성을 높여야 한다고 주장하였다.

③ **상업 진흥책**: 상인 간의 합자를 통한 경영 규모의 확대와 상인이 생산자를 고용하여 생산과 판매를 주관할 것을 주장하였다.

2010. 지방직 7급

유수원의 개혁안

상공업은 말업(末業)이라 하지만 본래 부정하거나 비루한 일은 아니다. 그것은 스스로 재간 없고 덕망 없음을 안 사람이 관직에 나가지 않고 스스로의 노력으로 물품의 교역에 종사하며, 남에게서 얻지 않고 자기의 힘으로 먹고사는데 그것이 어찌 천하거나 더러운 일이겠는가?

– 『우서』

(2) 홍대용(1731~1783) – 성리학적 세계관 부정 ⭐

① **저서**: 청을 왕래하면서 얻은 경험을 토대로 『임하경륜』, 『의산문답』, 『연기』[7] 등의 저술을 남겼는데, 이는 『담헌서』에 수록되어 있다.

㉠ 『임하경륜』: 놀고먹는 선비들은 생산 활동에 종사하라고 하였다. 또한, 성인 남자들에게 2결의 토지를 나누어 줄 것과 병농일치의 군대 조직을 제안하였다.

㉡ 『의산문답』: 실옹과 허자의 문답 형식을 빌려 고정 관념을 상대주의 논법으로 비판하였다.

[7] 『연기(燕記)』
홍대용이 청나라에서 견문한 바를 기록한 책이다.

② 부국강병: 기술 혁신과 문벌의 철폐, 성리학의 극복이 부국강병의 근본이라고 강조하였다.

③ 세계관❶: 지전설을 받아들이고 **무한우주론**을 주장했으며, 중국 중심의 세계관을 비판하였다. 또한 천체의 운행을 측정하는 혼천의를 제작하기도 하였다.

심화사료 百出　　　　　　　　　　　　　　　　　　　　　　　2014. 국가직 9급, 2010. 국가직 7급

홍대용의 세계관

중국은 서양과 180도 정도 차이가 난다. **중국인은 중국을 중심으로 삼고 서양을 변두리로 삼으며, 서양인은 서양을 중심으로 삼고 중국을 변두리로 삼는다.** 그러나 실제는 하늘을 이고 땅을 밟는 사람은 땅에 따라서 모두 그러한 것이니 **중심도 변두리도 없이 모두가 중심이다.**

　　　　　　　　　　　　　　　　　　　　　　　　　　　　　　　　　　　－「의산문답」

(3) 박지원(1737~1805) ⭐

① 양반의 모순 비판: 「양반전」❷, 「호질」❸ 등을 통해서 양반 사회의 허위 의식과 비생산성을 비판하였다.

② 『열하일기』(정조, 1780): 청에 다녀온 후 『열하일기』를 저술하였다. 그는 이 책에서 청나라의 문물을 소개하고, 청과의 통상 강화, 수레와 선박의 이용, 화폐 유통의 필요성 등을 강조하였다.

③ 『과농소초』❹: 영농 방법의 혁신, 상업적 농업의 장려, 농기구의 개량 등을 통해 농업 생산력을 높이고자 하였다. 또한 토지 소유의 상한선을 설정하는 한전론을 주장하였다.

심화사료 百出　　　　　　　　　　　　　2022. 국가직 9급, 2019. 경찰 2차, 2016. 지방직 7급, 2013. 국가직 7급

토지 개혁론(한전론)

토지를 겸병하는 자라고 해서 어찌 진정으로 빈민을 못살게 굴고 나라의 정치를 해치려고 했겠습니까? 근본을 다스리고자 하는 자라면 역시 부호를 심하게 책망할 것이 아니라 관련 법제가 세워지지 않은 것을 걱정해야 할 것입니다. …… **진실로 토지의 소유를 제한하는 법령을 세워,** "어느 해 어느 달 이후로는 **제한된 면적을 초과해 소유한 자는 더는 토지를 점하지 못한다.** 이 법령이 시행되기 **이전부터 소유한 것에 대해서는 아무리 광대한 면적이라 해도 불문에 부친다.** …… 법령을 공포한 이후에 제한을 넘어 더 점한 자는 백성이 적발하면 백성에게 주고, 관(官)에서 적발하면 몰수한다."라고 하면, 수십 년이 못 가서 전국의 토지 소유는 균등하게 될 것입니다.

　　　　　　　　　　　　　　　　　　　　　　　　　　　　　　　　　　　－「한민명전의」

「양반전」

정선(旌善) 고을에 어떤 양반이 살고 있었는데, 어질고 책 읽기를 좋아하였다. 고을 군수가 부임할 적마다 방문하여 인사하였는데, 살림이 무척 가난하였다. 그래서 관가에서 내주는 환자(還子)를 타서 먹었는데 결국 큰 빚을 졌다. 그러자 **마을 부자가 양반의 위세를 부러워해서 양반을 사겠노라 권유하니 그 양반은 기뻐하며 승낙하였다.**

나의 아버지 박지원(『과정록』 서문 – 방경각외전)

아버지는 권력의 부침에 따라 아첨하는 자들을 보면 참지 못하였으니 이 때문에 평생 남의 노여움을 사고 비방을 받는 일이 아주 많았다. …… 여기에 붙었다 저기에 붙었다 하는 세태가 꼴불견이었는데 아버지는 젊을 때부터 이런 세태를 미워하셨다. 그래서 **아홉 편의 전(傳)을 지어 세태를 풍자하셨는데** 그 속에는 왕왕 우스갯소리가 들어있었다.

(4) 박제가[5](1750~1805) ⭐⭐

① 활동: 서얼 출신으로 정조 대에 규장각 검서관으로 활약하였고, 채제공의 수행원으로 청나라에 다녀왔다.

② 『북학의』 저술: 청나라에 다녀온 뒤 『북학의』를 저술하였다. 상공업의 육성, 청과의 통상 무역, 신분 차별의 타파, 벽돌 이용 등을 강조하였다.

③ 상공업 진흥책[6]

㉠ 진흥안: 청과의 통상 강화, 수레와 선박의 이용 등을 역설하였다.

㉡ 소비론: 소비를 우물물에 비유하여 생산을 자극하기 위해서 절약보다는 소비를 권장해야 한다고 주장하였다.

고등사료 百出   2024. 지방직 9급, 2021. 경찰 1차, 2020. 법원직 9급, 2019. 서울시 7급, 2018. 경찰 2차, 2017. 국가직 7급(하), 2013. 지방직 9급

박제가의 소비론

비유하건데 재물은 대체로 샘과 같은 것이다. 퍼내면 차고, 버려두면 말라 버린다. 그러므로 비단옷을 입지 않고서 나라에 비단 짜는 사람이 없게 되면 여공(女工, 여자들의 길쌈일)이 쇠퇴하고, 쭈그러진 그릇을 싫어하지 않고 기교를 숭상하지 않아서 나라에 공장(수공업자)을 도야(기술을 익힘)하는 일이 없게 되면 기예가 망하게 되며, 농사가 황폐해져서 그 법을 잃게 되므로 사농공상의 사민이 모두 곤궁하여 서로 구제할 수 없게 된다.

         – 『북학의』

3. 중상주의 실학의 의의와 영향

북학파(중상주의) 실학 사상은 19세기 후반에 개화 사상으로 이어졌다.

04   국학 연구의 확대

1. 국학 연구의 발달

실학의 발달로 민족의 전통과 현실에 관한 관심이 깊어지면서 우리의 역사·지리·국어 등 국학을 연구하였다.

2. 17세기 역사서

(1) 홍여하의 『동국통감제강』(1672, 현종 13)[7]

편년체 역사서로, 기자—마한—신라를 정통으로 하는 삼한 정통론을 내세웠다.

(2) 오운의 『동사찬요』(선조, 1606)

왜란 때 의병에 참여했던 경험을 바탕으로 애국 명장의 활약을 강조하였다.

(3) 허목[8]의 『동사(東事)』(현종, 1667)

북벌 운동과 붕당 정치를 비판하는 입장이 반영된 역사서로, 단군~고대사까지의 내용을 담고 있다.

❺ 박제가

정조의 명을 받아 『무예도보통지』를 편찬하였다.

❻ 박제가의 상공업 진흥책

박제가는 청나라에 무역선을 파견하고, 청나라에서 행하는 국제 무역에 참여해야 한다고 강조하였다. 또한 서양 선교사를 초빙하여 서양의 과학·기술을 배우자고 제안하였다.

박제가

❼ 『동국통감제강(東國通鑑提綱)』

주로 편년체로 서술했으나, 고대사 부분은 강목체로 썼다. 철저한 반도 중심·신라 중심·성리학 중심의 사관을 바탕으로 서술하였다.

❽ 허목

허목은 생전에 자신의 저술을 정리하여 문집으로 편찬하였는데, 이것이 『기언』이다.

3. 18~19세기 역사서

(1) 홍만종의 『동국역대총목』(숙종, 1705)

단군에서부터 조선까지의 역사를 간단히 서술했는데 여기서 제기된 **단군 정통론**(단군을 시작으로 하여 단군–기자–마한–신라로 이어진다고 여김)은 이익[1]과 안정복에게 영향을 주었다.

(2) 임상덕의 『동사회강』(숙종, 1711)

고대의 위치·지명에 대해 고증하였다. 또한 삼국을 무통, 통일 신라와 고려만 정통으로 인정하였다.

(3) 이익: 역사를 움직이는 힘은 '시세(시대의 추세)–행·불행(운수 또는 우연성)–시비(도덕)'의 순서라고 주장하며 도덕 중심 사관을 비판하였다.

(4) 안정복[2]의 『동사강목』(정조, 1778) ⭐: 이익의 역사 의식을 계승하였다.

① 서술: 고조선에서 고려 공양왕까지의 통사를 다루었다. 편년체로 기술하며 그 안에 **강목체**의 서술 방식을 따랐다. 문헌 고증 작업을 통해 **고증 사학의 토대**를 만들었다고 평가된다.

② 삼한 정통론: 단군–기자–마한–삼국(삼국 무통)–통일 신라로 이어지는 우리나라의 독자적 정통론을 세워 이를 체계화하였다.

③ 평가: 성리학적 명분론에 입각한 역사 의식과 실증적 역사 연구를 집대성하였다. 그러나 발해를 '외기'로 처리하여 말갈의 역사로 간주했다.

고등사료 百出

2015. 지방직 9급

안정복의 삼국 인식

삼국사에서 신라를 으뜸으로 한 것은 신라가 가장 먼저 건국되었고, 뒤에 고구려와 백제를 통합하였으며, 고려는 신라를 계승하였으므로 편찬한 것이 모두 신라의 남은 문적(文籍)을 근거로 하였기 때문이다. 그러므로 편찬한 내용이 신라에 대하여는 약간 자세히 갖추어져 있고, 백제에 대하여는 겨우 세대만을 기록했을 뿐 없는 것이 많다. …… 고구려의 강대하고 현저함은 백제에 비할 바가 아니며, 신라가 자처한 땅의 일부는 남쪽에 불과할 뿐이다. 그러므로 김씨(김부식)는 신라사에 쓰인 고구려 땅을 근거로 했을 뿐이다.　　　　－ 『동사강목』

(5) 이종휘의 『동사』[3]

최초로 기전체 형식을 완전히 갖춘 역사서로, 단군부터 고려까지 서술하였다. 또한 열전, 지에서 고구려의 전통을 강조하였고 발해를 고구려의 후예로 인정하였다.

(6) 유득공의 『발해고』(1784)[4] ⭐

민족사 측면에서 신라와 발해를 병립시켜 **남북국 시대**를 처음으로 제안하였다. 또한, 발해의 역사를 본격적으로 다루어 만주 지역까지 우리 역사의 범위를 확장하였다. 이종휘의 『동사』와 유득공의 『발해고』는 고대사 연구의 시야를 만주 지방으로 확대시킴으로써 반도 중심의 협소한 사관을 극복하는데 기여하였다.

심화사료 百出

2024. 법원직 9급, 2022. 국가직 9급, 2018. 서울시 7급, 2012. 법원직 9급, 2009. 국가직 9급

유득공의 발해사 연구

부여씨가 망하고 고씨(고구려)가 망한 다음, **김씨(신라)가 남방을 차지하고 대씨(발해)가 북방을 차지하고는 발해라 하였으니, 이것을 남북국이라 한다.** 당연히 남북국을 다룬 역사책이 있어야 하는데, 고려가 편찬하지 않은 것은 잘못이다. 저 대씨가 어떤 사람인가? 바로 고구려 사람이다. 그들이 차지하고 있던 땅은 어떤 땅인가? 바로 고구려 땅이다.　　　　－ 『발해고』

『동국통감제강』	삼한 정통론 최초 제시 (기자–마한–신라)
『동국역대총목』	단군 정통론 강조 (단군–기자–마한–통일 신라)
『동사회강』	삼국: 무통
『동사강목』	단군 정통론+삼국 무통 (단군–기자–마한–삼국 무통–통일 신라)

(7) 한치윤의 『해동역사』❺

500여 종의 다양한 **외국 자료(중국, 일본 등)**를 인용하여 문헌적 고증을 거친 **기전체 형식**의 사서이다. 열전은 없고 세기, 지, 고(考)로 구성되었으며 민족사 인식의 폭을 넓히는 데 이바지하였다.

(8) 이긍익의 『연려실기술』(18세기 후반)

조선 왕조의 정치사를 객관적인 입장에서 서술한 **기사본말체** 사서이다. 400여 종의 야사(野史)를 참고하여 조선의 정치와 문화를 정리한 것으로 사료적 가치가 크다(경제·사회사 제외).

(9) 김정희의 『금석과안록』(19세기, 순조)

김정희는 『금석과안록』을 지어 북한산비가 진흥왕 순수비임을 밝혔다.

4. 국토에 대한 연구

(1) 지리서

① 역사지리서

㉠ 한백겸의 『동국지리지』(광해군, 1615): 고대 지명을 새롭게 고증하고, 특히 고구려의 발상지가 평안도 성천이라는 통설을 뒤집고 만주 지방이라는 것을 처음으로 고증하였다.

㉡ 정약용의 『아방강역고』(1811): 고대사의 강역을 새롭게 고증한 서적으로, 백제의 첫 도읍지가 지금의 서울이라고 기술하였다.

② 인문지리서

㉠ 이중환의 『택리지』❻: 지리적인 환경과 각 지역의 경제 생활과 인물·풍속을 자세히 조사하여 『택리지』를 썼다. 특히 자연과 인간의 관계를 인과적으로 이해하려고 한 점에서 주목된다.

㉡ 정약용의 『대동수경』: 한반도 북쪽의 6대강(압록강, 두만강, 청천강, 대동강, 예성강, 임진강)에 대해 자세히 수록하였다.

(2) 지도 제작: 지도 제작에 모눈종이를 활용하기도 하였다.

① 서양식 지도의 전래: 1603년에 명나라 사신으로 갔던 이광정 등이 마테오 리치가 제작한 '곤여만국전도'를 가져왔다. 이후 정밀하고 과학적인 지도가 많이 제작되었다.

② 정상기의 동국지도: 최초로 100리척❼을 사용하여 정확하고 과학적인 지도 제작에 공헌하였다.

③ 김정호

㉠ 청구도: 여러 관찬 지도를 보고 제작하였다. 경선과 위선을 표시하였다.

㉡ 동여도: 전국 지도로, 청구도를 더욱 발전시킨 것이다.

㉢ 대동여지도❽: 거리를 알 수 있도록 10리마다 눈금을 표시하고, 산맥·하천·포구·도로망 등을 정밀하게 그려 넣었다. 목판으로 인쇄한 지도로, 22개의 첩으로 구성되어 휴대가 편하였다.

지도 제작 이후 정부에서 국가 기밀을 누설했다는 이유로 판목을 소각시켰다는 설 등이 제기되었으나, 이는 전부 거짓으로 밝혀졌다.

5. 언어에 대한 연구

(1) 어휘 연구: 훈민정음의 기원, 글자 모습 및 음운에 관해 다양한 해석들이 내려졌다.
  ① 훈민정음 연구: 대표적으로 신경준의 『훈민정음운해』[1], 유희의 『언문지』 등이 있다.
  ② 음운서: 이서구와 이덕무의 『규장전운』은 사성에 따라 글자를 나누어 설명한 것이다.

(2) 어휘 수집

  정약용의 『아언각비』[2], 이의봉의 『고금석림』[3], 권문해의 『대동운부군옥』 등이 있다. 특히 이의봉의 『고금석림』은 우리 방언과 해외 언어를 정리하였다.

6. 백과사전의 편찬

  실학이 발달하고 문화 인식의 폭이 넓어짐에 따라 백과사전류의 저서가 많이 편찬되었다.

(1) 『대동운부군옥』(권문해, 16세기 말)

  어휘 백과사전으로, 지리·역사·인물·문학·동물 등의 옛말들을 총정리하였다.

(2) 『지봉유설』(이수광, 17세기)

  천문·지리·관직·인물 등 25개 분야로 나누어 서술하였다. 『천주실의』를 소개했으며, 우리의 문화 수준이 중국과 대등함을 강조하였다.

(3) 『성호사설』(이익, 18세기)

  천지·만물·경사·인사·시문의 5개 부문으로 나누어 서술하였다. 중국 중심의 세계관을 탈피하고, 도덕 중심의 역사관을 비판하였다.

(4) 『동국문헌비고』(18세기)

  영조 때 국가적 사업으로 편찬한 최초의 관찬 한국학 백과사전이다. 우리나라의 역대 문물을 13분야로 나누어 정리하였다.

(5) 『청장관전서』(이덕무, 18세기)

  서얼 출신의 규장각 검서관인 이덕무가 저술하였다. 경·사·문예로부터 경제·풍속·초목까지 광범위하게 정리하였다.

(6) 『임원경제지』(서유구, 19세기)

  농촌 생활 백과사전으로, 사대부가 전원 생활을 하면서 알아야 할 지식과 정보를 주로 다루었다.

(7) 『오주연문장전산고』(이규경, 19세기)

  이덕무의 손자인 이규경이 저술하였다. 사상, 역사, 농업, 지리 등에서 1,417항목으로 분류하여 정리하였다.

解法 도움닫기

『일성록』(존현각일기, 1752~융희 1910, 총 2,327권, 국보 제153호)

국왕의 동정과 국정을 기록한 일기로, **정조가 세손 시절부터 기록한 것**이다. 국가의 의례에 이용된 문장, 과거의 답안, 신하들의 상소문 등을 종류별로 모아 책으로 엮게 하였고, 그 뒤로도 계속 증보하도록 명령하였다. 매일 기록의 끝에는 편찬자의 관직과 이름을 기재하여 책임 소재를 분명히 하였다. 취사선택과 첨삭이 이루어졌던 실록보다 1차 사료로서 가치가 있다. **『일성록』**은 2011년 유네스코 세계 기록 유산에 등재되었다.

『화성성역의궤』(1801년 순조 때 발간)

정조의 명으로 편찬된 『화성성역의궤』에는 기본 계획부터 동원된 기술자의 종류와 이름 및 종사 일수까지 **화성 축조와 관련된 모든 사실이 기록**되어 있다. 『화성성역의궤』를 비롯한 **『조선왕조의궤』는** 2007년 유네스코 세계 기록 유산에 **등재**되었다.

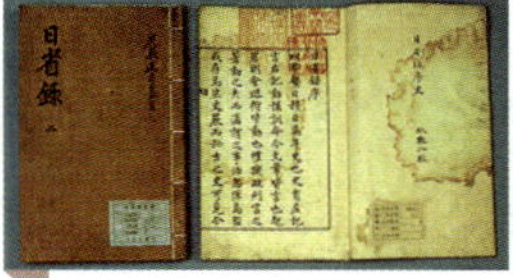

『일성록(日省錄)』

제5막 근대 태동기의 변화

대표 기출문제

(가), (나)에 들어갈 이름을 바르게 연결한 것은?

2021. 지방직 9급

　(가)　는/은 『북학의』를 저술하여 청의 선진 기술을 적극적으로 수용할 것과 상공업 육성 등을 역설하였다. 한편, 　(나)　는/은 중국 및 일본의 방대한 자료를 참고하여 『해동역사』를 편찬함으로써, 한·중·일 간의 문화 교류를 잘 보여주었다.

	(가)	(나)
①	박지원	한치윤
②	박지원	안정복
③	박제가	한치윤
④	박제가	안정복

해설

박제가는 청에 다녀온 후 『북학의』를 저술하여 청의 문물을 적극적으로 수용할 것을 주장하였다. 또한 그는 상공업의 발달, 청과의 통상 강화, 수레와 선박의 이용 등을 역설하였다. 한치윤은 500여 종의 다양한 외국 자료(중국, 일본 등)를 인용하여 『해동역사』를 편찬하였다.

정답 ③

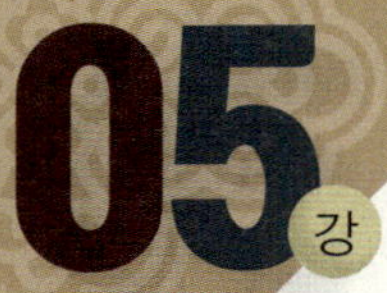

05강 과학 기술의 발달과 문화의 새 경향

解/法 기출분석

구분		2008~2018	2019	2020	2021	2022	2023	2024	2025
9급	국가직	• 의서 • 과학 기술 • 서민 문화							
	지방직	• 지도(대동여지도) • 문학과 예술						건축	
	법원직	과학 기술 발달	조선 후기 문화				조선 후기 문화		

解法 요람

과학 기술의 발달

천문학	김석문 『역학도해』(최초로 지전설 주장), 홍대용(지전설, 무한우주론)
역 법	시헌력(서양 선교사 아담 샬): 김육의 노력으로 채용
자기 공예	17세기 이후 청화백자 유행: 회청으로 백자에 그림을 그린 것

의 학	17세기 『동의보감』(허준, 광해군): 우리 전통 한의학을 체계적으로 정리 18세기 『마과회통』(정약용, 정조): 제너의 종두법 소개, 천연두 치료법 연구 19세기 『동의수세보원』(이제마, 고종): 체질의학(사상 의학) 이론 확립, 현대 의학에 영향

농 서	『농가집성』(신속, 효종)	벼농사 중심의 수전 농법 소개, 이앙법 보급에 공헌
	『과농소초』(박지원, 정조)	영농 방법 혁신, 상업적 농업 장려
	『임원경제지』(서유구)	조선 후기 농업 기술, 경영 이론 정리, 농촌 생활 백과사전

조선 후기 회화

18세기	진경산수화	정 선	인왕제색도, 금강전도: 바위산은 선으로, 흙산은 묵으로 묘사
	풍속화	김홍도	무동, 서당도, 씨름도: 소탈하고 역동적인 필체로 묘사
		신윤복	단오풍정, 선유도: 도시인의 풍류 등을 감각적, 해학적으로 묘사
	서양 화풍	강세황	영통골 입구도: 서양화 기법인 원근법 반영
19세기	문인화	김정희	세한도: 복고적 문인화 부활
	민 화	작자 미상	호작도, 문자도: 소원을 기원하고 생활 공간을 장식

01 서양 문물의 수용

1. 서양 문물의 수용

(1) 전래 과정: 서양 문물[1]은 17세기경부터 중국을 왕래하던 사신을 통해서 들어왔다. 선조 때 이광정은 세계 지도를 전하고, 인조 때 정두원은 화포·천리경·자명종 등을 전하였다.

(2) 실학자들의 관심: 북학파 실학자들을 중심으로 서양 문물의 수용에 관심을 보였다. 한편, 이익의 제자 중 일부는 천주교를 신앙으로 수용하였다.

2. 서양인의 표류

(1) 벨테브레(박연)[2]: 인조 때 표류해 온 네덜란드인 벨테브레는 훈련도감에 소속되어 **서양식 대포의 제조법과 조종법을** 가르쳐 주었다.

(2) 하멜: 효종 때 제주도에 표착한 하멜 일행은 장기간 체류하면서 박연과 함께 서양식 대포를 만드는 기술을 전해 주었다. 또한 네덜란드로 돌아가 『하멜 표류기』를 지어 조선의 사정을 서양에 알렸다.

3. 세계 지도의 전래

조선 후기에 서양 선교사가 만든 **곤여만국전도** 같은 세계 지도가 중국을 통하여 전해졌다. 이로써 보다 과학적이고 정밀한 지리학 정보를 가지게 되었고, **조선인의 세계관이 확대될 수 있었다.**

곤여만국전도

---

02 천문학·역법·수학의 발달

1. 천문학

천문학은 서양 과학의 영향을 받아 크게 발전하였다. 천리경(망원경) 등의 천문 기구가 들어오고 서양 역법이 전래되면서 우리나라 천문학 발달에 큰 자극을 주었다.

(1) 17세기 초: 이수광은 『지봉유설』에서 일식·월식·벼락·조수의 간만 등을 소개했다.

(2) 17세기 말: 숙종 대 김석문은 **처음으로 지구가 1년에 366회씩 자전한다고 주장**하였다. 그는 저서 『역학도해』를 통해 천동설을 부정하는 **지전설을 주장하여 우주관을 크게 전환시켰다.**

(3) 18세기 말

① 이익: 지구가 둥글다면 중국뿐만이 아니라 어느 나라든지 세계의 중앙이 될 수 있다고 하였다.

② 홍대용: **지구 자전설**과 지구가 우주의 중심이 아니라는 **'무한우주론'**을 주장하였다.

③ 최한기[3]: 자전 공전설이 코페르니쿠스의 것임을 밝힌 『지구전요』를 저술하였다.

홍이포(紅夷砲)
네덜란드·포르투갈산 장거리 화포로, 정부는 벨테브레와 하멜 등에게 홍이포의 제작을 명하였다.

혼천의(홍대용)

❸ 최한기

북학 사상을 받아들여 상공업 국가의 건설을 목표로 여러 개혁안을 제시하였다. 또한 뉴턴의 만유인력설을 비롯한 각종 서양 과학 기술에도 조예가 깊었으며 이를 바탕으로 새로운 주기적 경험 철학을 발전시켰다. 훗날 1971년에 그가 쓴 저서들을 모아 『명남루총서』가 편찬되었다.

고등사료 百出

홍대용의 지전설

천체가 운행하는 것이나 지구가 자전하는 것은 그 세가 동일하니 분리해서 설명할 필요가 없다. 다만 9만 리의 둘레를 한 바퀴 도는 데 이처럼 빠르며, 저 별들과 지구와의 거리는 겨우 반경(半徑)밖에 되지 않는데도 몇천만억의 별들이 있는지 알 수 없다. 하물며 천체들이 서로 의존하고 상호 작용하면서 이루고 있는 우주 공간의 세계 밖에도 또 다른 별들이 있다. …… 칠정(七政 : 태양, 달, 화성, 수성, 목성, 금성, 토성)이 수레바퀴처럼 자전함과 동시에, 맷돌을 돌리는 나귀처럼 둘러싸고 있다. 지구에서 가까이 보이는 것을 사람들은 해와 달이라 하고, 지구에서 멀어 작게 보이는 것을 사람들은 오성(五星 : 수성, 금성, 화성, 목성, 토성)이라 하지만, 사실은 모두가 동일하다.

– 「담헌집」

2. 역법

(1) **시헌력[1]** : 김육의 건의로 효종 때 청의 시헌력을 채용하였다. 시헌력은 태음력에 태양력의 원리를 부합시켜 24절기의 시각과 하루의 시각을 정밀히 계산하여 만든 역법이었다.

(2) **천세력(정조)[2]** : 1777년부터 1886년(고종 23)에 이르는 110년간의 역(曆)을 기록한 책이다.

3. 수학

(1) **「기하원본」** : 유클리드의 「기하학서」를 마테오 리치와 서광계가 번역·정리한 것이다.

(2) **「주해수용」** : 홍대용이 우리나라, 중국, 서양 수학을 연구하여 정리한 것이다.

03 의학·농학의 발달과 기술 개발

1. 의학의 발달

(1) **특징** : 실증적이고, 과학적인 태도를 가지고, 의학 이론과 실제 치료가 서로 일치하도록 노력하였다.

(2) **대표적 의서**

① **17세기 의학**

㉠ **「동의보감」[3]** : 17세기 광해군 때 허준은 「동의보감」을 저술하여 의학 발전에 큰 공헌을 하였다. 이 책은 도교의 영향을 받아 예방 의학에 중점을 두고 있다. 또한 우리의 **전통 한의학을 체계적으로 정리한 책**으로, 우리나라뿐만 아니라 중국과 일본에서도 간행되었다.

㉡ **「침구경험방」[4]** : 인조 때 허임이 저술한 의서이다. 이 책은 침술과 뜸에 대해 서술하였다.

㉢ **「벽온신방」[5]** : 효종 때 황해도에 열성 전염병이 유행하자, 왕명으로 편찬되었다.

② **18세기 의학** : 정약용은 마진(홍역)에 대해 연구하고, 「마과회통」을 편찬하였다. 박제가와 함께 종두법을 연구·실험하였다.

심화사료 百出

「동의보감」

그대는 여러 가지 의학책을 모아서 좋은 의학책을 하나 편찬하는 것이 좋겠다. 그런데 사람의 병은 다 몸을 잘 조섭하지 못하는 데서 생기므로 수양하는 방법을 먼저 쓰고 약과 침, 뜸은 그다음에 쓸 것이며, 또 여러 가지 처방이 번잡(煩雜)하므로 되도록 그 요긴한 것만을 추려야 할 것이다. 산간벽지에는 의사와 약이 없어서 일찍 죽는 일이 많다. 우리나라에는 곳곳에 약초가 많이 나기는 하나 사람들이 잘 알지 못하니 이를 분류하고 지방에서 불리는 이름도 같이 써서 **백성들이 알기 쉽게 하라.**

– 「동의보감」 서문

의학 서적으로서는 세계 최초로 유네스코 세계 기록 유산에 등재되었다(2009).

❹ 「침구경험방」

일본으로 전파되어 일본판 침구경험방이 간행되기도 하였다.

❺ 「벽온신방(辟瘟新方)」

병원·약치 등을 간단하게 기술하고 각 항목마다 한글로 번역을 붙였다.

구암 허준

③ 19세기 의학

　　㉠ 『동의수세보원』: 이제마는 『동의수세보원』을 저술하여 **사상 의학**을 확립하였다. 이는 사람의 체질을 태양인·태음인·소양인·소음인으로 구분하여 치료하는 체질 의학 이론으로, 오늘날까지도 한의학계에서 통용되고 있다.

　　㉡ 『방약합편』: 고종 때 황필수가 아버지 황도연의 저술에 10여 편을 더하여 편찬한 의서이다. 종래에 사용되었던 많은 처방들과 약물의 지식을 일목요연하게 정리하였다.

2. 농서의 편찬: 17세기에 이르러 많은 농서가 편찬되고, 농업 기술도 크게 발달하였다.

(1) 신속의 『농가집성』: 효종 때인 1655년에 신속은 『농가집성』을 펴내 벼농사 중심의 수전 농법을 소개하고, 이앙법의 보급에 공헌하였다.

(2) 박세당·홍만선: 상업적 농업이 발달함에 따라 채소, 과수, 원예, 양잠, 축산 등의 농업 기술을 소개하는 농서가 필요하게 되었다. 이에 따라 박세당의 『색경』, 홍만선의 『산림경제』 등이 저술되었다.

(3) 서호수의 『해동농서』: 정조 때 왕명에 따라 저술된 농서이다. 우리 고유의 농학을 중심에 두고 중국 농업 기술을 선별적으로 수용하였다.

(4) 서유구[6]의 『임원경제지』: 19세기에 서유구는 농업과 농촌 생활에 필요한 것을 종합하여 『임원경제지』라는 농촌 생활 백과사전을 편찬하였다.

3. 어업의 발달

(1) 어업 방식의 변화: 17세기에는 전라도 지방에서 김 양식 기술이 개발되었고, 18세기 후반에는 냉장선이 등장하였다.

(2) 『자산어보』: 정약용의 형 정약전은 어류학의 신기원을 이룩한 『자산어보』를 저술하였다. 이 책은 저자가 흑산도에서 귀양살이하는 동안 직접 채집하고 조사한 155종 해산물에 대해 기록한 것이다.

4. 정약용과 과학 기술

(1) 기술 강조: 정약용은 인간이 다른 동물보다 뛰어난 것은 기술 때문이라고 보고, 기술의 발달이 인간 생활을 풍요롭게 한다고 믿었다.

(2) 이용감 설치: 정약용은 『경세유표』에서 서양의 과학 기술을 배워오기 위해 **이용감**[7]이라는 관청을 두자고 제안했으나, 정책에 반영되지는 않았다.

(3) 정약용의 기계 제작

　① 거중기: 서양 선교사 요하네스 테렌츠가 중국에서 펴낸 『기기도설』을 참고하여 거중기를 만들었는데, 수원 화성을 쌓을 때 **사용**되어 공사 기간을 단축하고 공사비를 크게 줄였다.

　② 배다리 설계: 정조가 수원에 행차할 때 한강을 안전하게 건너도록 배다리를 설계하였다.

❻ 서유구

서유구는 19세기 초반에 활약한 조선 지식인 중 정약용. 이규경과 함께 3대 박학(博學)으로 꼽히는 학자로, 종래 조선 농학과 박물학을 집대성하였다.

❼ 이용감(利用監)

이용감을 신설하고, 해마다 과학 기술자와 중국어 통역을 중국에 파견해서 그곳의 앞선 기술을 배워오자고 주장했다.

거중기

1. 배경

상공업의 발달과 농업 생산력의 증대, 서당 교육의 보급, 서민의 경제적·신분적 지위 향상, 서민들의 지식 습득 용이 등에 따라 서민 문화가 대두하였다.

2. 문화 주도층의 변화[1]

양반을 중심으로 이루어지던 문예 활동에 중인층과 서민층이 참여하여 큰 변화가 나타났다.

05 조선 후기의 문학

1. 배경

조선 후기의 사회 변동을 구체적으로 반영한 것은 문학이었다. 그중에서도 한글 소설과 사설시조가 대표적이었는데, 이는 문학의 저변이 서민층에까지 확대되면서 나타난 현상이었다.

2. 한글 소설의 발달

(1) 「홍길동전」[2]

허균이 쓴 한글 소설로 서얼에 대한 차별의 철폐, 탐관오리의 응징을 통한 이상 사회의 건설을 묘사하였다.

(2) 「춘향전」

애정 문제와 사회 문제를 함께 다루고 있을 뿐 아니라, 양반·상민이 모두 공감할 수 있는 보편적 가치를 담고 있었기에 대중의 사랑을 가장 많이 받았다.

(3) 그 외 한글 소설

심청 이야기를 그린 「심청전」, 남의 목숨을 빼앗아 자기 목숨을 구하려는 용왕을 놀려 주는 「별주부전」, 불합리한 가족 관계를 그린 「장화홍련전」 등이 널리 읽혔다.

(4) 소설의 보급

조선 후기에는 소설을 읽어주고 일정한 보수를 받던 직업적 낭독가인 전기수와 돈을 받고 소설을 대여해 주는 세책점[3]이 등장하였다. 이는 소설의 보급과 독자층의 확대에 크게 기여하였다.

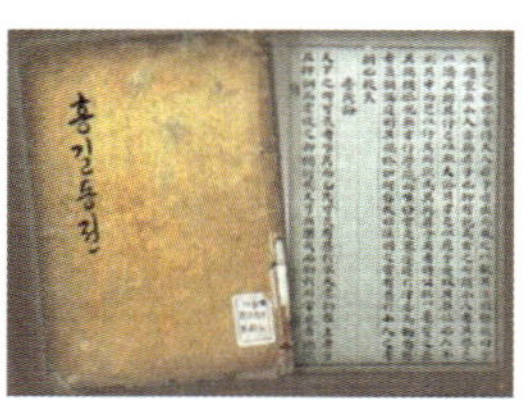

심화사료 百出

전기수의 등장

전기수는 동문 밖에 살고 있다. 그는 숙향전, 소대성전, 심청전, 설인귀전 등의 소설을 소리 내어 읽는다. …… 읽는 솜씨가 훌륭하기 때문에 주위에 사람들이 많이 모여든다. 가장 긴요해서 꼭 들어야 할 대목에 이르면 문득 소리를 멈춘다. 사람들이 그 다음 대목을 듣고 싶어서 돈을 던져 주며 말하기를, '이것이 바로 그가 돈을 버는 방법이구나'라고 한다. — 조수삼, 「추재집」

3. 사설시조

기존 시조의 엄격한 형식에서 벗어나 글자 수에 구애받지 않고 길게 늘여 쓴 시조이다. 서민들의 감정을 사실적으로 묘사했으며, 사회적 불만을 숨김없이 표현하였다.

4. 한문학의 변화: 사회의 부조리한 현실을 예리하게 비판하는 경향이 나타났다.

(1) 정약용: 삼정의 문란을 폭로하는 한시인 「애절양」을 남겼다.

(2) 박지원

① 한문 소설[4]: 「양반전」, 「허생전」, 「호질」, 「민옹전」 등의 한문 소설을 써서 양반 사회의 허구성을 지적하며 실용적 태도를 강조하였다.

② 문체 혁신: 박지원과 홍대용 등은 현실을 올바르게 표현할 수 있는 문체로 혁신할 것을 주장하였다. 이 신문체의 대표적인 작품으로 『열하일기』와 『의산문답』 등이 있다.

③ 문체반정[5]: 정조는 신문체를 배척하고 순정고문으로 환원시키려는 문풍 개혁 정책을 실시하였다.

심화사료 百出

정약용의 「애절양(哀絕陽)」

군인 남편 못 돌아옴은 있을 법도 한 일이나.

예로부터 생식기를 자름은 들어보지 못했노라.

시아버지 죽어서 이미 상복 입었고 갓난 아인 배냇물도 안 말랐는데

삼대의 이름이 군적에 실리다니 달려가서 억울함을 호소하려도

범 같은 문지기 버티어 있고 이정이 호통하여 단벌 소만 끌려갔네.

남편 문득 칼을 갈아 방 안으로 뛰어들자 붉은 피 자리에 낭자하구나.

스스로 한탄하네. **"아이 낳은 죄로구나."**

5. 시사[6]의 조직(위항 문학)

(1) 등장: 18세기 후반 서얼과 중인들은 높은 경제력과 전문 지식을 바탕으로 문학 창작 활동이 활발해졌다. 이를 위항 문학이라고도 하였다.

(2) 조직: 위항인들은 인왕산, 청계천 등에서 많은 시사를 결성하여 문학 활동을 전개하면서 자신들의 위상을 높여갔다. 특히, 천수경이 인왕산 기슭에서 만든 옥계 시사가 유명했다.

9급 위 한국사 | 중인들의 저술

작품	작가(편찬 시기)	특징
『규사』	작자 미상(1858)	서얼의 역사와 차별 대우 철폐 주장
『연조귀감』	이진흥(1777, 1848)	향리의 뿌리는 양반과 같음을 주장, 향리의 역사 정리
『호산외기』	조희룡(1844)	중인·화가·승려 등 42인의 행적을 정리
『풍요삼선』	유재건 등(1857)	철종 대 간행한 위항 시집
『이향견문록』	유재건(1862)	중인층 인물의 행적 기록
『소대풍요』	고시언	위항인들의 시를 모은 시집

❹ 박지원의 한문 소설

• 『열하일기』: 「호질」, 「허생전」 등의 작품이 수록되어 있다.
• 『방경각외전』: 「양반전」을 포함한 총 9편으로 구성된 단편 소설집으로, 이름없는 하층민을 주요 소재로 삼았다.

❺ 문체반정(文體反正)

정조가 패관잡문(稗官雜文)이나 소설의 문체를 배척하고 순정고문으로 환원시키려는 문풍 개혁 정책으로 문체 순정이라고도 한다. 정조는 당시 유행하던 명말청초의 문집과 패관 소설류, 잡서, 서학서(西學書)와 박지원의 소설 등을 비판하고 복고적이며 보수적인 정학이나 경학을 옹호하였다.

❻ 시사(詩社)

위항인들은 서울 주변 지역에서 시사를 조직하여 자신들의 사회적 지위를 높였고, 시집을 간행하였다. 대표적인 시집으로 『청구영언』, 『해동가요』 등이 있다.

6. 시조와 가사집의 편찬

중인 출신 시인 김천택과 김수장 등은 우리나라 역대의 시조와 가사를 모아 『청구영언』과 『해동가요』를 각각 편찬하였다.

7. 풍자 시인의 활동

김삿갓, 정수동 같은 풍자 시인은 아예 민중 속으로 파고들어 민중과 어우러져 활동하기도 하였다.

8. 야담 잡기류

유몽인의 『어우야담』, 야사와 야담류 57종을 모은 야사 전집인 『대동야승』 등이 출간되었다.

06 판소리와 탈놀이

판소리와 탈놀이(가면극)는 양반층의 위선 등 당시의 사회적 모순을 예리하게 비판하고, 서민의 감정을 그대로 표현하였다.

1. 판소리[1]

(1) 특징

서민 문화의 중심이 된 판소리는 구체적인 이야기를 창과 사설로 엮어 가기 때문에 감정 표현이 직접적이고 솔직했다. 또한 관중이 함께 어울릴 수 있었기 때문에 넓은 계층에서 호응을 받을 수 있었다.

(2) 구성과 주요 작품

판소리 작품으로는 열두 마당이 있었으나, 지금은 「춘향가」·「심청가」·「흥부가」·「적벽가」·「수궁가」 등 다섯 마당만 전하고 있다.

(3) 발전[2]

19세기 후반 신재효는 판소리 6마당을 정리하였다. 또한 판소리는 지방마다 창법이 달라 동편제, 서편제[3]의 구별이 있었다.

2. 탈놀이(가면극)

(1) 탈놀이

탈놀이는 향촌에서 마을굿의 일부로서 공연되어 인기를 얻었다. 황해도의 봉산탈춤, 강령탈춤, 안동의 하회탈춤 등이 있다.

(2) 산대놀이

산대놀이는 산대라는 무대에서 공연되던 가면극이 민중 오락으로 정착되어 도시의 상인이나 중간층의 지원으로 성행하였다. 양주의 별산대놀이가 대표적이다.

---

[1] 판소리

광대가 한 편의 이야기를 노래에 해당하는 창과 이야기에 해당하는 아니리와 몸놀림인 발림으로 연출한 것이다.

[2] 판소리의 발전

19세기 전후에 성립된 판소리 열두 마당 중에서 오직 춘향가·퇴별가(수궁가)·심청가·박흥보가·적벽가·변강쇠가 등 여섯 마당만이 신재효에 의해서 기록으로 남겨졌다. 이 여섯 마당 중에서 변강쇠가는 20세기에 들어오면서 사라졌다.

[3] 동편제와 서편제

동편제는 장단에 충실하고 박자의 변화를 엄격하게 제한하는 특성이 있는 반면, 서편제는 박자의 변화와 잔가락이 많은 특징이 있다.

산대놀이

1. 18세기

(1) 진경산수화(18세기 전반)

① 특징: 진경산수화는 중국 남종과 북종 화법[5]을 고루 수용하여 우리의 고유한 자연을 사실적으로 그리는 새로운 화법으로 창안한 것이었다.

② 겸재 정선(영조 때 진경산수화 화법 터득): 정선은 '인왕제색도'와 '금강전도'에서 바위산은 선으로 묘사하고, 흙산은 묵으로 묘사하는 기법을 사용하여 산수화의 새로운 경지를 이룩하였다.

인왕제색도(정선)

금강전도(정선)

심화사료 百出

2012. 경북 교행

진경산수화(眞景山水畵)

그림에서 산수보다 더 어려운 것은 없나니, 그 경치가 크기 때문이다. 또 진경을 그리는 것보다 더 어려운 것이 없나니, 비슷하게 그리기가 어렵기 때문이다. 또 우리나라 진경을 그리는 것보다 더 어려운 것은 없나니 그 본디 경치를 잃은 것을 엄폐하기가 어렵기 때문이다. 또 눈으로 보지 못한 경치를 그리는 것보다 더 어려운 것은 없나니 억측을 하여 비슷하게 그려 내기가 어렵기 때문이다.

– 「표암유고」

(2) 풍속화(18세기 후반): 당시 사람들의 일상적인 생활 모습을 생동감 있게 그려냈다.

① 김홍도: 도화서 화원 출신으로 화성 행차와 관련된 병풍, 행렬도, 의궤 등 궁중 풍속을 많이 그렸으며, 정감 어린 풍속화를 그린 것으로도 유명하다. 그는 밭갈이, 추수, 씨름, 서당 등에서 자신의 일에 몰두하는 사람들의 특징을 소탈하고 익살스러우며 역동적인 필치로 묘사하였다.

씨름도(김홍도)

서당도(김홍도)

무동(김홍도)

② 신윤복: 도화서 화원 출신으로 주로 도시인의 풍류 생활, 양반·부녀자의 생활과 유흥, 남녀 사이의 애정 등을 감각적이고 해학적인 필치로 묘사하였다.

미인도(신윤복)

단오풍정(신윤복)

선유도(신윤복)

(3) 서양 화풍의 발전

강세황은 서양화 기법인 원근법을 반영하여 사물을 실감나게 표현하였다. 대표작으로 '영통골 입구도'가 있다.

(4) 기타

18세기 심사정[1]은 정교하고 세련된 필치로 산수화·풍속화·인물 등을 잘 그렸다. 또한 윤두서는 자화상으로 유명하였다.

윤두서 자화상

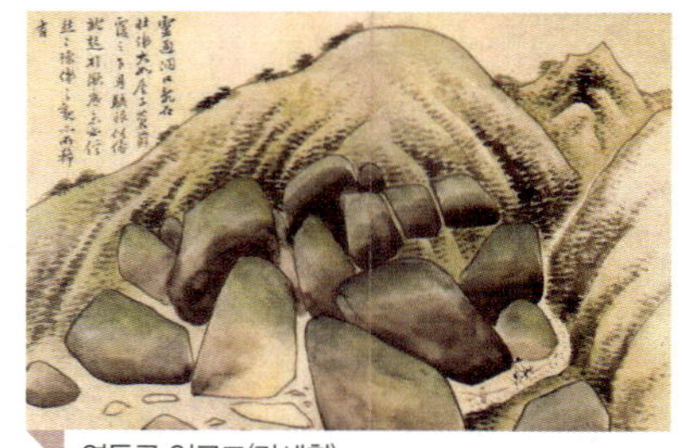

영통골 입구도(강세황)

❶ 심사정

정선의 문하에서 그림을 배웠으며, 강세황·이광사·이덕무 등과 교류하였다.

❷ 동궐도

효명 세자(헌종의 부)가 대리청정할 때 그린 작품이다. 기록화로서의 정확성과 정밀성이 뛰어날 뿐 아니라 배경 산수의 묘사가 극히 예술적이어서 현재 국보로 지정되어 있다.

2. 19세기

(1) 궁궐도

① 동궐도[2]: 창덕궁과 창경궁의 전체적인 모습을 그렸다. 서양화의 기법이 도입되어 위에서 비스듬히 내려다보는 듯한 부감법과 평행 사선 구도의 기법을 사용한 것이 특징이다.

② 서궐도: 경희궁의 모습을 대형 화폭으로 담아낸 것으로 부감법과 평행 사선 구도를 활용하였다.

동궐도

서궐도

(2) 문인화의 유행

19세기에 이르러 진경산수화와 풍속화가 쇠퇴하고 김정희의 '세한도'[3] 등 복고적 화풍이 유행하였다.

세한도(김정희)

(3) 화원 출신

장승업은 19세기 후반에 활동한 화가로, 강렬한 필법과 채색법이 뛰어났는데, 대표작으로 '군마도'·'호취도'·'삼인문년도' 등이 있다.

3. 민화

작가 미상의 민화도 유행하였다. 해, 달, 나무, 꽃, 동물, 물고기 등을 소재로 삼아 소원을 기원하고 생활 공간을 장식하였다. 이런 민화에는 **소박한 우리 정서가** 짙게 배어 있다.

호작도　　　문자도

4. 서예

(1) 이광사

우리의 정서와 개성을 추구하는 단아한 글씨의 **동국진체**를 완성하였다.

(2) 김정희

고금의 필법을 두루 연구하여 **굳센 기운과 다양한 조형성을** 가진 **추사체**를 창안하여 서예의 새로운 경지를 열었다.

---

08 건축의 변화

1. 배경

조선 후기 양반과 새롭게 부상하고 있던 부농·상공업 계층의 지원 아래 많은 사원이 세워졌고, 정치적 필요에 의하여 대규모 건축물이 세워지기도 했다.

[3] 세한도

조선 후기 헌종 때 제작된 김정희의 대표적인 작품이다. 지조·선비 정신 등을 표현하였다.

호취도(장승업)

삼인문년도(장승업)

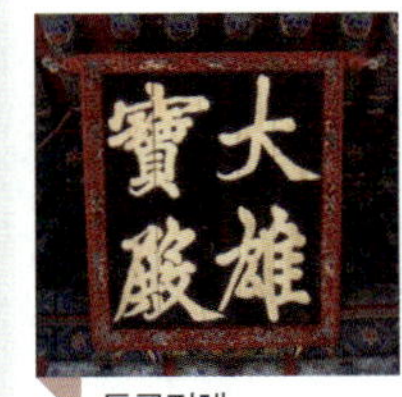

동국진체

추사체

2. 17세기

17세기의 건축으로는 **화엄사 각황전**, **법주사 팔상전**❶, 금산사 미륵전 등을 대표로 꼽을 수 있다. 이 것들은 모두 **규모가 큰 다층의 사원 건물**로 내부는 하나로 통하는 구조로 되어 있는데, 불교의 사회적 지위 향상과 양반 지주층의 경제적 성장을 반영하고 있다.

화엄사 각황전

법주사 팔상전

금산사 미륵전

3. 18세기

(1) 사원 건축

부농과 상인의 지원을 받아 장식성이 강한 사원이 많이 세워졌다. **논산 쌍계사**, **부안 개암사**, **안성 석남사** 같은 사원이 대표적이다.

논산 쌍계사

부안 개암사

안성 석남사

(2) 수원 화성❷

정조 때 만든 화성은 이전의 성곽과는 달리 **방어와 공격을 겸한 성곽 시설**이었다. 주위의 경치와 조화를 이루며 경제적 터전까지 아우르는 종합적인 도시 계획 아래 건설되었다.

4. 19세기

흥선 대원군이 국왕의 권위를 높일 목적으로 재건한 **경복궁의 근정전과 경회루**가 화려하고 장중한 건물로 유명하다.

경복궁 근정전

경복궁 경회루

1. 공예

(1) 자기 공예

백자가 유행하여 민간에까지 널리 사용되었다. 흰 바탕에 푸른 색깔로 그림을 그린 청화 백자도 많이 만들어졌는데 형태가 다양해지고, 안료도 청화·철화·진사 등으로 다채로웠다.

(2) 옹기

서민들은 옹기를 많이 사용하였다.

(3) 목공예

생활 수준이 높아짐에 따라 크게 발전하였다. 장롱·책상·문갑·소반·의자·필통 등 나무의 재질을 살리면서 기능을 갖춘 작품이 만들어졌다.

2. 음악

양반층은 종래의 가곡[3]과 시조를 애창하였으며, 서민은 민요를 즐겨 불렀다. 한편 상업의 성황으로 직업적인 광대나 기생이 판소리, 산조[4]와 잡가[5] 등을 창작하여 발전시켰다. 이 시기의 음악은 전반적으로 감정을 솔직하게 표현하는 경향이 더욱 강하였다.

달항아리

청화 백자 죽문 각병

[3] 가곡(歌曲)

관현악의 반주가 따르는 전통 성악곡. 선율로 연결되는 27곡의 노래 모음으로, 노랫말은 짧은 시를 쓴다.

[4] 산조(散調)

느린 장단으로부터 빠른 장단으로 연주하는 기악 독주의 민속 음악으로, 장구 반주가 따르며, 무속 음악과 시나위에 기교가 확대되어 19세기경에 탄생하였다.

[5] 잡가(雜歌)

조선 후기에 평민이 지어 부르던 노래의 총칭이다.

대표 기출문제

밑줄 친 '이 시기'에 관한 다음 설명 중 가장 옳지 않은 것은?　　　　2019. 법원직 9급

이 시기에는 형태가 단순하고 꾸밈이 거의 없는 것이 특색인 백자가 유행하였고, 흰 바탕에 푸른 색깔로 그림을 그린 청화 백자도 많이 만들어졌다. 특히, 청화 백자는 문방구, 생활용품 등의 용도로 많이 제작되었다.

① 판소리, 잡가, 가면극이 유행하였다.
② 위선적인 양반의 생활을 풍자하는 「양반전」, 「허생전」 등의 한문 소설이 유행하였다.
③ 서얼이나 노비 출신의 문인들이 등장하였고, 황진이와 같은 여류 작가들도 활동하였다.
④ 김제 금산사 미륵전, 보은 법주사 팔상전, 논산 쌍계사 등이 이 시기를 대표하는 불교 건축물이다.

해설

제시된 자료의 밑줄 친 '이 시기'는 조선 후기이다. ③ 16세기에 들어와 문학의 저변이 확대되어 서얼이나 노비 출신의 문인들이 등장하였으며, 황진이·허난설헌 등의 여류 문인들도 활동하였다.
①② 조선 후기의 문화 양상들이다.
④ 김제 금산사 미륵전·보은 법주사 팔상전은 17세기, 논산 쌍계사는 18세기를 대표하는 사원 건축물이다.

정답 ③

6

근대 사회의 전개

CHAPTER 1 개항과 근대적 개혁 추진

01강 흥선 대원군의 개혁 정책
- **1** 흥선 대원군의 대내 정책
- **2** 통상 수교 거부 정책

02강 개항과 불평등 조약 체결
- **1** 강화도 조약의 체결
- **2** 서구 열강과의 조약 체결

03강 위정척사와 개화
- **1** 위정척사 운동
- **2** 개화파의 형성과 개화 정책

04강 임오군란과 갑신정변
- **1** 임오군란
- **2** 갑신정변
- **3** 갑신정변 이후의 정세

解·法·기·출·진·맥

9급 국가직

출제 경향 오버뷰 매년마다 1~2문제씩 출제되고 있음. 흥선 대원군, 근대 조약, 갑신정변

9급 지방직

출제 경향 오버뷰 거의 매년 1~2문제씩 출제되고 있음. 흥선 대원군, 통상 수교 거부 정책

9급 법원직

출제 경향 오버뷰 2년에 1번 이상은 1~2문제씩 출제되고 있음. 동학, 갑오개혁, 독립 협회, 국권 피탈, 의병, 신민회

01강 흥선 대원군의 개혁 정책

解/法 기출분석

구분		2008~2018	2019	2020	2021	2022	2023	2024	2025
9급	국가직			고종	흥선 대원군	흥선 대원군	흥선 대원군		
	지방직	• 의궤(병인양요) • 신미양요	고종 (흥선 대원군)		• 흥선 대원군 • 통상 수교 거부 정책			병인양요	통상 수교 거부 정책
	법원직	• 흥선 대원군 • 의궤 • 통상 수교 거부 정책			흥선 대원군	통상 수교 거부 정책		통상 수교 거부 정책	

解法 요람

1860년대 정치 상황

세도 정치기	대원군 집권기	민씨 정권

1800

1863
고종 즉위

1873
대원군 하야
고종 친정

	문제점	내 용
대 내	1. 왕권 약화	1. 전제 왕권 강화 ① 세도 가문 척결 ② 비변사 축소·폐지 ③ 『대전회통』 편찬 ④ 경복궁 중건(당백전 남발)
	2. 민생 파탄 (삼정의 문란)	2. 민생 안정(국가 재정 확보) ① 삼정의 문란 시정 ┌ 전정: 양전 실시, 토지 겸병 금지 ├ 군정: 호포법(양반에게도 군포 징수) └ 환곡: 민간 주도의 사창제로 개혁 ② 서원 철폐 – 양반의 반발 가장 큼.
대 외	열강의 침략적 접근	3. 통상 수교 거부 정책

흥선 대원군의 통상 수교 거부 정책

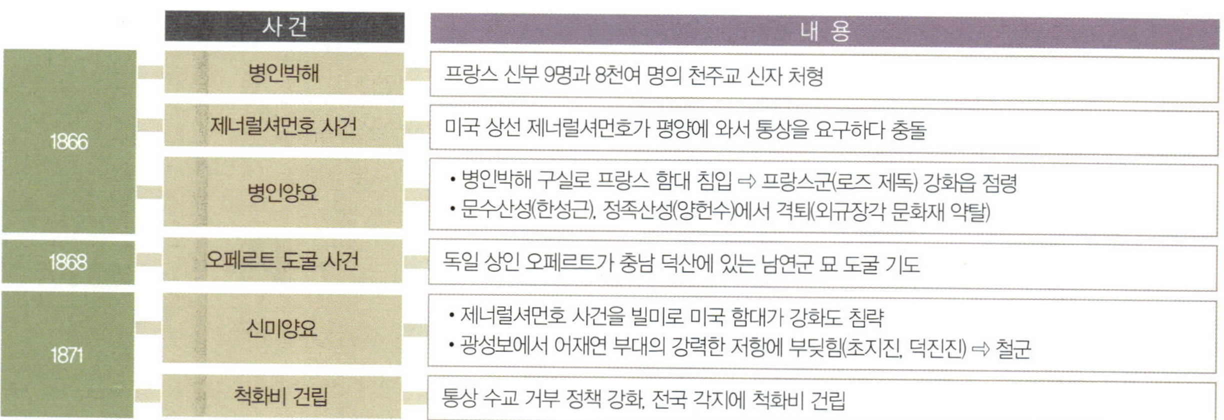

	사 건	내 용
1866	병인박해	프랑스 신부 9명과 8천여 명의 천주교 신자 처형
	제너럴셔먼호 사건	미국 상선 제너럴셔먼호가 평양에 와서 통상을 요구하다 충돌
	병인양요	• 병인박해 구실로 프랑스 함대 침입 ⇨ 프랑스군(로즈 제독) 강화읍 점령 • 문수산성(한성근), 정족산성(양헌수)에서 격퇴(외규장각 문화재 약탈)
1868	오페르트 도굴 사건	독일 상인 오페르트가 충남 덕산에 있는 남연군 묘 도굴 기도
1871	신미양요	• 제너럴셔먼호 사건을 빌미로 미국 함대가 강화도 침략 • 광성보에서 어재연 부대의 강력한 저항에 부딪힘(초지진, 덕진진) ⇨ 철군
	척화비 건립	통상 수교 거부 정책 강화, 전국 각지에 척화비 건립

01　흥선 대원군의 대내 정책 ⭐

1. 19세기 중엽 국내의 정세

(1) 국내의 상황

19세기 **세도 정치**로 정치 기강이 무너지고, **삼정의 문란**으로 농민에 대한 수탈이 더욱 심해졌다. 이에 **농민 봉기**가 전국에서 일어났으며, 농민들 사이에서는 **천주교·동학**이 널리 퍼졌다.

(2) 이양선❶의 출몰

한반도 연안에 서양 선박인 이양선이 나타나 조선에 통상을 요구하였다.

2. 흥선 대원군의 등장

철종이 후사 없이 세상을 떠나자 흥선군 이하응의 둘째 아들이 왕(고종)으로 즉위하였다. 그리고 고종의 친부인 이하응은 '**대원군❷**'의 칭호를 얻으며 권력의 실세가 되었다.

3. 흥선 대원군의 대내 개혁

(1) 통치 체제의 정비

① **인재 등용** : 세도 정치를 펼치던 안동 김씨 세력을 정계에서 몰아내고, 당파와 신분에 관계없이 **사색당파**(노론, 소론, 남인)의 인재를 고루 등용하였다.

② **정치·군사 제도의 개편**

　㉠ **비변사의 기능 축소** : 세도 정치의 핵심 기구인 **비변사**를 축소·격하시켜 사실상 **폐지**시켰다.

　㉡ **의정부와 삼군부❸** : 의정부의 기능을 회복하고, 삼군부를 부활시켜 각각 정치와 군사의 최고 기관으로 삼았다.

　㉢ **법전의 정비** : 『대전회통』, 『육전조례』❹ 등의 법전을 편찬하였다.

심화사료 百出

2018. 경찰 1차, 2016. 지방직 7급

흥선 대원군의 세도 정치 타파

대원군이 집권한 후 어느 공회석상에서 음성을 높여 여러 대신들을 향해 말하기를 "**나는 천리를 끌어다 지척을 삼겠으며, 태산을 깎아 내려 평지를 만들고, 또한 남대문을 3층으로 높이려 하는데, 공들은 어떠시오.**"라고 물었다. 대저 천리지척이라는 말은 종친을 높인다는 뜻이요, 남대문 3층이란 말은 남인을 천거하겠다는 뜻이요, 태산을 평지로 만들겠다는 말은 노론을 억압하겠다는 의사이다.

― 황현, 『매천야록』

(2) 경복궁 중건

① **내용** : 왕실의 위엄을 높이고 왕권 강화를 위해 **임진왜란 때 불타버린 경복궁을 중건**하고, 광화문 앞의 육조 거리를 복원하였다.

② **폐단** : 공사비를 충당❺하기 위하여 기부금인 **원납전❻**을 강제로 징수하였으며, **당백전❼**을 남발하여 물가 폭등을 야기하였다. 게다가 부족한 목재를 확보하기 위하여 양반들의 묘지림까지 벌목하였고 많은 백성들을 공사장에 강제로 동원했다.

---

❶ **이양선(異樣船)**

우리 선박과 모양이 다르게 생긴 서양 선박으로, 대포 등으로 무장하였다. 1832년 순조 때 영국의 로드 암허스트호가 충청도 해안에 나타났다. 이것이 조선에 정식으로 교역을 요구한 최초의 이양선이다. 이양선은 18세기 후반부터 출몰하기 시작하여 순조 이후 급증하였다.

❷ **대원군**

조선 시대에 왕위를 계승할 자손이나 형제가 없어 종친이 왕위를 이어받을 때 새 왕의 아버지를 칭하는 말이다.

❸ **삼군부**

군사 업무를 총괄하였다.

❹ **『육전조례』**

여러 관청의 행정과 사무에 대해 규정한 조례를 모은 책이다.

흥선 대원군

❺ **공사비 마련**

토지에 대한 특별 세금인 결두전을 거두고, 도성문을 지나는 사람들에게 통행세를 부과하였다.

❻ **원납전**

'스스로 원하여 바치는 돈'이란 뜻으로, 관리나 부호들을 대상으로 거둔 기부금이었다.

❼ **당백전**

명목 가치는 상평통보의 100배인 고액 화폐였지만, 실제 가치는 1/20에도 미치지 못하는 악화였다. 물가 폭등과 유통 질서의 혼란을 초래하자 곧 사용이 중단되었다.

고등사료 百出　　　　　　　　2012. 지방직 7급, 2012. 경찰 2차

「경복궁 타령」(경복궁 중건에 대한 민중의 정서 반영)

남문을 열고 파루를 치니 계명산천이 밝아온다. / 을축 4월 갑자일에 경복궁을 이룩하세. (…)

조선 팔도 유명한 돌은 경복궁 짓는 데 주춧돌감이로다. / 우리나라 좋은 나무는 경복궁 중건에 다 들어간다. (…)

경복궁 역사가 언제나 끝나 그리던 가족을 만나나 볼까.

(3) 수취 체제의 개편(삼정의 개혁)

① 전정(田政): 양전을 실시하여 은결을 색출하고, 지방관과 토호가 불법적으로 토지를 늘리는 것을 금지하였다.

② 군정(軍政): 호포제를 실시하여 양반에게도 군포를 징수❶하였다. 군포를 개인이 아닌 호(집) 단위로 부과한 것으로, 신분의 고하를 막론하고 매호마다 2냥씩 징수하였다.

③ 환곡(還穀): 고리대로 변질된 환곡을 개선하여 **사창제**❷를 실시하였다. 사창은 지역민이 자치적으로 운영하도록 하였다(중농 실학의 영향).

(4) 서원 철폐

① 폐단: 서원들은 면세·면역의 특권을 누렸으며, 제사를 명목으로 농민들을 수탈하였다.

② 전개: 47개의 사액 서원만 남기고, 노론의 정신적 지주인 만동묘를 비롯한 폐단이 큰 서원들을 철폐하였다. 철폐된 서원 소속의 토지와 노비를 몰수하여 국가 재정을 확충하고, 백성에 대한 양반 유생들의 횡포를 막았다.

---

❶ 호포(戶布)의 징수

양반의 경우 노비의 이름으로 납세하는 것을 허용하였다.

❷ 사창제(社倉制)

곡식을 저장했다가 백성에게 대여해 준 제도이다. 관에서 운영한 환곡과 달리, 민간에서 자율적으로 운영하였다. 마을 안에서 덕망이 있으면서 경제적 여유가 있는 사람에게 운영의 책임을 맡겼다.

❸ 동포제

흥선 대원군은 마을마다 할당량을 정해 양반도 군포를 납부하는 동포제를 실시하였다. 그러나 양반들이 여러 방법으로 빠져나가자 이를 집집마다 군포를 거두는 호포제로 변경하였다.

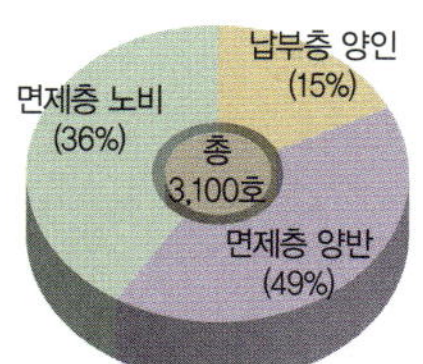

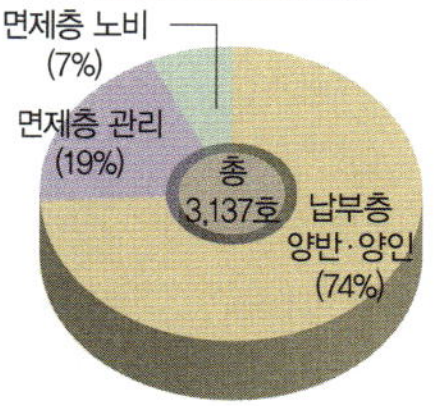

▼ 호포제 실시 전후(경북 영천)

고등사료 百出　　2023. 국가직 9급, 2021. 국가직 9급, 2021. 법원직 9급, 2019. 법원직 9급, 2017. 국가직 7급(하), 2013. 경찰 1차, 2010. 서울시 9급

호포제(戶布制) 실시

나라 제도로서 인정(人丁)에 대한 세를 신포라 하였는데, **충신과 공신의 자손에게는 모두 신포가 면제되어 있었다.** 이 법이 시행된 지도 이미 오래됨에 턱없이 면제된 자가 많았다. 그 모자라는 액수는 반드시 평민에게만 덧붙여 징수하였다. 대원군은 이를 수정하고자 동포라는 법❸을 제정하였다. 가령 한 동리에 2백여 호가 있으면 매 호에 더부살이 호가 약간씩 있는 것을 자세히 밝혀서 계산하고, **신포를 부과하여 고르게 징수**하였다.

– 박제형, 『근세조선정감』

호포제 반대 상소문

근래에 호포가 한번 나오면서 등급이 문란해졌습니다. **벼슬아치나 선비, 하인, 천인들이 똑같이 취급되고 상하의 구별이 없어졌으니 한탄스럽습니다.** …… 명분이 한번 무너지면 이 나라는 앞으로 어떻게 다스리겠습니까? 호포를 혁파하여 명분을 바로잡고 군액을 바르게 하여 뜻하지 않는 사변에 대비하십시오.

– 홍시형의 상소문(1873), 『고종실록』

흥선 대원군의 서원 정리

• 대원군이 영을 내려서 나라 안 서원을 죄다 허물고 서원의 유생들을 쫓아 버리도록 하였다. 감히 항거하는 자는 반드시 죽이라 하니, 사족이 크게 놀라서 온 나라 안이 물 끓듯 하고 대궐 문간에 울부짖는 자도 수만이나 되었다. …… 대원군이 크게 노하여 말하기를 **"진실로 백성에게 해되는 것이 있으면 비록 공자가 다시 살아난다 하더라도 나는 용서하지 않겠다. 하물며 서원은 우리나라 선유를 제사하는 곳인데 지금에는 도둑의 소굴로 됨에 있어서랴."** 하였다. – 박제형, 『근세조선정감』

• 선비들 수만 명이 대궐 앞에 모여 만동묘와 서원을 다시 설립할 것을 청하니, 흥선 대원군이 크게 노하여 한성부의 조례(皂隸)와 병졸로 하여금 한강 밖으로 몰아내게 하고 드디어 천여 곳의 서원을 철폐하고 그 토지를 몰수하여 관에 속하게 하였다.

–『대한계년사』

▶▶ 후일 1884~1910
- 1894 동학 농민 운동, 갑오개혁
- 1895 을미사변, 을미개혁
- 1905 을사조약
- 1910 국권 피탈

 02 통상 수교 거부 정책

1. 흥선 대원군의 통상 수교 거부 정책

흥선 대원군은 서구 열강의 침략적 접근을 막기 위하여 국방력을 강화❹하였다.

2. 외세의 침략적 접근

(1) 병인박해와 병인양요(1866)

① 병인박해(1866. 1.): 러시아의 남하❺에 위협을 느낀 흥선 대원군은 프랑스 선교사를 통해 프랑스의 힘을 빌리고자 했으나 실패하였다. 이런 상황에서 천주교를 금지하라는 여론이 높아지자 흥선 대원군은 프랑스 선교사 9명과 신자 8천여 명을 처형하였다.

② 병인양요(1866. 9.)

㉠ 발발: 프랑스는 병인박해를 구실로 조선의 문호를 개방할 것을 요구하며 극동 함대를 보내 조선을 침략하였다. 대원군은 순무영❻ 설치, 한강 연안 수비 강화 등으로 대응하였다.

㉡ 전투: 로즈 제독이 이끄는 프랑스군은 한강을 봉쇄하고 강화부를 점령하였다. 그러나 서울로 진격하던 프랑스군을 한성근 부대가 문수산성에서 방어하였고, 양헌수 부대가 정족산성에서 이들에게 큰 타격을 주었다. 그 결과 프랑스 함대는 모두 퇴각하였다.

㉢ 결과: 프랑스 군대는 물러가면서 외규장각❼에 있던 문화재(의궤, 서적)를 약탈하였다.

(2) 제너럴셔먼호 사건(1866. 7.)

미국 상선 제너럴셔먼호가 대동강을 거슬러 올라와서 통상을 요구하였다. 선원들의 횡포에 분노한 평양의 관군과 주민들은 평안 감사 박규수의 지휘 아래 제너럴셔먼호를 불태워 침몰시켰다.

심화사료 百出

제너럴셔먼호 사건

2년 전 한 이양선이 대동강에 도착하였다. 그 지방 관리들이 배에 올라 외국인에게 정중하게 말을 건네었다. …… 그 가운데 한 사람은 자기들끼리는 '프랑스인 토니'라고 부르는 사람이었다. 그는 조선 관리들을 매우 거칠고 무례하게 대하였다. …… 그들은 강을 거슬러 평양까지 올라갔다. '고위 부관'이 탄 배를 납치하고 부관을 사슬로 묶어 놓았다. 다른 배도 훔쳐 승무원들을 잡아가려 하였다. 이에 격분한 평양 주민들은 화승총과 대포로 이양선을 공격하였다.

– 그리피스, 「은자의 나라 한국」

(3) 오페르트 도굴 사건(1868)

미국의 사주를 받은 독일 상인 오페르트 등은 흥선 대원군의 아버지인 남연군의 묘를 도굴하려 하였으나 충청도 덕산 주민들의 저항으로 실패하였다. 이를 계기로 흥선 대원군은 통상 수교 거부 정책을 더욱 강화하였다.

---

❹ **흥선 대원군의 국방 강화**

훈련도감과 수군의 군사력을 보강했으며, 서양의 화포 기술을 도입하였다.

❺ **러시아의 남하**

19세기 중엽 러시아가 연해주를 차지하고 조선과 국경을 마주하였다. 이 무렵 러시아는 두만강을 자주 건너와 조선에 통상을 요구하였다.

❻ **순무영**

전쟁이나 지방에서 반란이 일어났을 때 임시로 설치한 기구로, 군사 업무나 민심 수습 등을 담당하였다. 병인양요 때는 이경하가 순무사로 파견되었다.

박병선 박사(1928~2011)

❼ **외규장각 도서 반환**

1975년 서지학자 박병선 박사는 프랑스 파리 국립 도서관 창고에 외규장각 도서가 보관되어 있다는 것을 국내에 알렸다. 마침내 프랑스와 합의를 통해 2011년부터 '5년마다 갱신이 가능한 대여 방식'으로 도서 297권이 국내에 반환되었다.

✎ **강화도**

강화도는 전통적으로 외적의 침략을 피할 수 있는 안전한 곳으로 생각되었다(고려: 대몽 항쟁, 조선: 정묘·병자호란 때 피난처). 그러나 19세기 이후 한양으로 들어오는 길목에 위치한 강화도는 바다를 통해 침략하는 열강에 맞선 최전선으로 변모하였다.

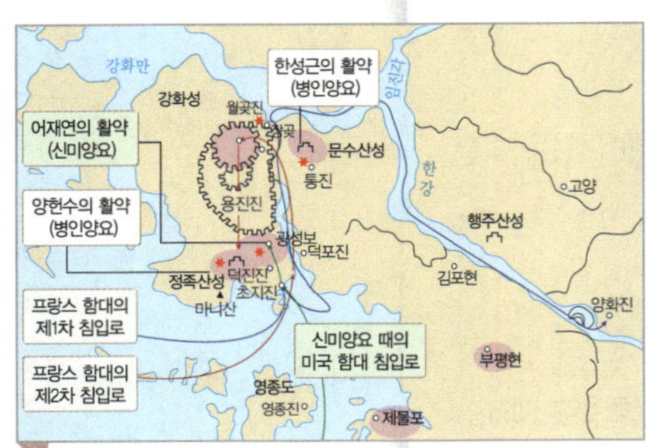
병인양요와 신미양요 전개도

❶ 어재연 장군의 수자기(帥字旗)

지휘관의 명령을 전달하는 깃발이다. 2007년에 장기 임대 형식으로 미국에게 돌려받았다.

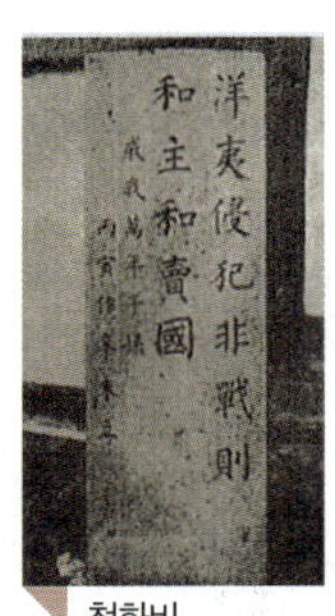
척화비

2024. 법원직 9급

오페르트의 서신

남의 무덤을 파헤치는 것은 예의 없는 행동이지만 무력을 사용하여 백성을 괴롭히는 것보다 나을 것 같아 그렇게 하였다. 본래 관을 파오려고 했으나 너무 지나친 짓이라 생각되어 그만두었다. 우리에게 석회를 팔 도구가 없었겠는가? 당신네 나라의 안전과 존엄은 전적으로 당신에게 달려있다. 높은 관리 한 사람을 보내 좋은 대책을 협의하는 것이 어떻겠는가?

– 「고종실록」, 1868년 4월 23일

(4) 신미양요(1871)

① 발발: 미국은 **제너럴셔먼호 사건**을 구실로 통상을 요구해 왔다. 태평양 함대의 로저스 제독은 5척의 군함으로 강화도를 공격하였다.

② 전투: 미군은 **초지진과 덕진진**을 점령하고 광성보를 공격하였다. 광성보에서 **어재연**이 이끄는 부대가 항전하였으나 전력의 열세로 함락되고 어재연은 전사하였다. 이때 미군은 어재연 장군의 수자기❶를 탈취해갔다.

③ 결과: 조선 정부가 계속 저항하자, 미국은 통상이 어렵다고 판단하고 철수하였다.

(5) 척화비의 건립

흥선 대원군은 전국 각지에 **척화비를 건립**하여 통상 수교 거부 의지를 밝혔다.

2019. 서울시 7급

척화비(斥和碑) 건립

서양 오랑캐가 침범함에 싸우지 않음은 곧 화의하는 것이요, 화의를 주장함은 나라를 파는 것이다. 우리의 만년 자손은 경계할 지어다. 병인년에 짓고, 신미년에 세운다(洋夷侵犯 非戰卽和 主和賣國 戒我萬年子孫 丙寅作 辛未立).

대표 기출문제

밑줄 친 '그'에 대한 설명으로 옳은 것은?

2022. 국가직 9급

고종이 즉위한 직후에 실권을 장악한 그는 러시아를 견제하기 위해 천주교 선교사를 통해 프랑스와 교섭하려 했다. 하지만 천주교를 금지해야 한다는 유생의 주장이 높아지자 다수의 천주교도와 선교사를 잡아들여 처형한 병인박해를 일으켰다. 이후 고종의 친정이 시작됨에 따라 물러난 그는 임오군란이 일어났을 때 잠시 권력을 장악했지만, 청군의 개입으로 곧 물러났다.

① 미국에 보빙사라는 사절단을 파견하였다.
② 전국 여러 곳에 척화비를 세우도록 했다.
③ 국경을 획정하고자 백두산정계비를 세웠다.
④ 통리기무아문을 설치하고 그 아래에 12사를 두었다.

제시된 자료는 흥선 대원군에 대해 설명하고 있다. ② 신미양요 이후, 흥선 대원군은 전국 각지에 척화비를 건립하여 통상 수교 거부 의지를 밝혔다.
① 1883년의 일로, 흥선 대원군이 하야한 이후의 일이다. ③ 조선 후기 숙종 때의 일이다. ④ 흥선 대원군이 하야한 이후인 1880년의 일이다.

 02 강 개항과 불평등 조약 체결

解/法 기출분석

구분		2008~2018	2019	2020	2021	2022	2023	2024	2025
9급	국가직	근대의 조약(2)	근대의 조약		근대의 조약	근대의 정치	근대의 조약	조선책략	
	지방직	강화도 조약(4)	근대의 조약						근대의 조약
	법원직	• 강화도 조약 • 근대의 조약			근대의 조약				근대의 정치

 解法 요람

1870년대 정치 상황

흥선 대원군 집권기	민씨 정권

1863	1873	1875	1876
고종 즉위	대원군 하야 고종 친정	운요호 사건	개항 조·일 수호 조규

강화도 조약과 부속 조약 체결

강화도 조약 (조·일 수호 조규)

배 경	운요호 사건(1875)
성 격	최초의 근대적 조약, 불평등 조약

제1관	청의 간섭 배제
제4관	3개 항구 개항
제7관	해안 측량권
제10관	영사 재판권

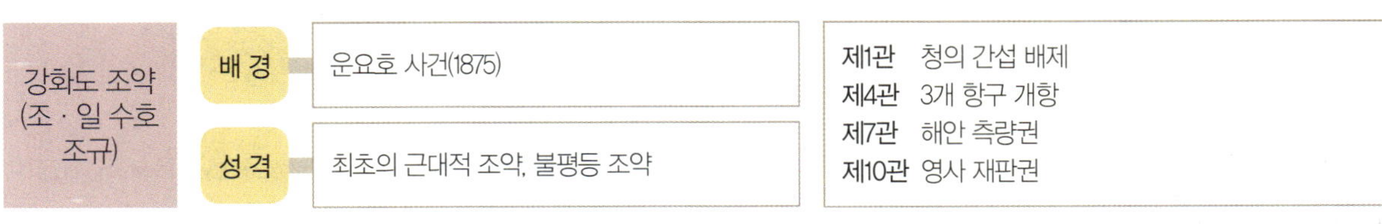

구분	주요 내용	1880년대 이후 변화
조·일 수호 조규 부록 (1876. 8.)	• 개항장에서의 일본 화폐의 유통 허용 • 거류지 무역: 동서남북 10리로 제한	1882년 임오군란 이후 • 일: 수호 조규 속약(1882, 거류지 50리 확대) • 청: 상민 수륙 무역 장정(1882, 내지 통상 허용) ⇒ 청·일 상인 치열한 경쟁 • 주요 열강: 최혜국 대우 내세워 내지 통상
조·일 무역 규칙 (1876. 8.)	• 무관세 규정(관세 자주권 박탈) • 양곡의 무제한 유출 규정(방곡령 선포권 박탈)	1883년 통상 장정 개정 • 관세 자주권 일부 회복 • 방곡령 선포권 회복(1개월 전 미리 통보) • 일본에 최혜국 대우 규정(불평등 조약)

01 강화도 조약의 체결 ⭐

1. 체결 배경

(1) 일본과의 외교 분쟁

① 서계[1] 사건: 메이지 유신 이후인 1868년 일본은 서계를 보내 국교 수립을 요구하였다. 흥선 대원군은 서계에 황실·봉칙 등 황제국에서 쓰이는 문구가 보이는 등 외교적 결례를 했다는 이유로 이를 거부하였다.

② 정한론: 일본에서는 이를 빌미로 조선을 무력으로 침공하자는 정한론이 일어났으나 유보되었다.

심화사료 百出

서계 문제

의정부에서 아뢰었다. "…… 대마도주가 보낸 서계 중에 자신을 좌근위 소장이라고 써 온 것은 비록 받아들일 수 있다 하더라도, '조신(朝臣)'이라는 두 글자는 기왕의 격례에 크게 어긋납니다. 역관으로 하여금 이를 엄중하게 알리도록 하고, 대마도주에게 서계를 고쳐 올리게 하십시오. 직명이 전과 다른 것은 항식과 항례가 아니거니와, 300년이나 된 약조의 본의가 어찌 이와 같겠습니까. 그들에게 서계를 고쳐 올리도록 분부하심이 옳을 것입니다." 하자 임금이 윤허하였다. － 「승정원일기」, 고종 6년 12월 13일

---

(2) 고종의 친정 체제 수립

1873년 최익현의 상소[2]로 흥선 대원군이 하야하고, 고종의 친정이 시작되었다. 그러나 실제로는 민씨 척족 세력이 정권을 장악하였다.

① 대내 정책: 서원을 일부 복구하면서 유생들을 포섭하고, 조세를 감면하여 민심을 얻고자 하였다.

② 대외 정책: 청과의 외교 관계를 유지하고 일본과도 유화적인 정책을 취하였다. 이 무렵 문호를 개방해야 한다는 **통상 개화론**[3]이 힘을 얻게 되어 기존 외교 정책에 변화가 나타나기 시작하였다.

(3) 운요호 사건(1875)

① 운요호의 침략: 일본은 군함 '운요호'를 강화도 초지진에 파견하였다. 조선 측의 발포를 유도하고, 영종도에 상륙하여 살인과 약탈을 저지르고 돌아갔다.

② 결과: 일본은 조선이 운요호에 사격을 했다는 것을 빌미로 강화도에 다시 군함을 보내 **무력으로** 조선에 개항을 요구해 왔다. 결국 민씨 정권은 일본과 강화도 조약을 맺어 문호를 개방하였다.

2. 강화도 조약과 개항(조·일 수호 조규, 병자 수호 조약, 1876. 2.)

(1) 강화도 조약[4]

우리나라 **최초의 근대적 조약**[5]이자, 주권을 침해한 불평등 조약이었다. 3개 항구를 개항하기로 했으며, 치외 법권과 연해 측량권 등을 인정하였다.

(2) 부속 조약 체결(1876. 8.)

조·일 수호 조규 부록은 개항장에서의 일본 화폐의 유통 허용·일본인 거류지 설정을 규정했으며, 조·일 무역 규칙은 무관세·무항세, 양곡의 무제한 유출을 규정하였다.

조·일 양국 대표 회담 광경

조·일 수호 조규(강화도 조약, 1876. 2.)

제1조　조선국은 **자주국**으로 일본국과 평등한 권리를 갖는다.

제4관　조선국 부산 초량항에는 일본 공관(公館)이 세워져 오랫동안 두 나라 인민이 통상하는 구역이 되었다. 지금 마땅히
종전의 관례와 세견선 등의 일을 혁파하여 없애고 새로 세운 조관에 의거해 무역 사무를 처리한다. 또 조선국 정부
는 모름지기 별도로 제5관에 기재한 두 곳의 항구를 개방해 일본국 인민이 오가면서 통상하게 하며, 해당 지역에 나
아가 땅을 빌리거나 집을 짓고 혹은 사람들이 살고 있는 집에 임시로 살고자 한다면 각각 그 편의를 따라 들어주도록
한다.

제5관　**경기, 충청, 전라, 경상, 함경 5도 가운데 연해에서 통상이 편리한 항구 두 곳을 선택**하여 지명을 지정한다. 항구를
여는 기한은 일본력 메이지 9년 2월, 조선력 병자년 2월부터 계산하여 모두 20개월로 한다.

제7관　조선국 연해의 섬과 암초는 종전에 자세히 조사한 적이 없어 지극히 위험하므로 **일본국 항해자가 수시로 해안을 측량
하는 것을 허락**하여 위치와 깊이를 재고 지도를 제작하여 양국 배와 사람들이 위험을 피하고 편안할 수 있도록 한다.

제10관　일본국 인민이 조선국의 각 항구에서 머무르는 동안 죄를 범한 것이 조선국 인민과 관계되는 사건일 때에는 모두 일
본국 관원이 심판한다.

조·일 수호 조규 부록(1876. 8.)

제4관　부산 항구에서 **일본인이 통행할 수 있는 지역**은 부두에서부터 계산하여 **동서남북 10리**로 제한한다.

제7관　일본인은 **본국의 현행 여러 화폐로 조선인이 소유한 물품과 교환**할 수 있으며, 조선인은 그 교환한 일본국의 여러 화
폐로 일본국에서 생산한 여러 가지 상품을 살 수 있다.

조·일 무역 규칙(조·일 통상 장정, 1876. 8.)

제6조　조선국 항구에 머무르는 일본 인민은 **쌀과 잡곡을 마음대로 수출**할 수 있다.

제7조　일본국 선박은 항구세를 납부하지 않으며 수출입 상품에도 **관세를 부과하지 않는다.**

조·일 수호 조규 속약(1882. 7.)

제1조　부산, 원산, 인천 각 항의 **간행이정을 확장해 각 50리**로 하고 2년 후를 기해 다시 각 100리로 한다. 1년 뒤에 양화진을
개시장으로 한다.

제2조　일본국 공사, 영사 및 그 수행원과 가족의 조선 각지 여행을 허가한다. 여행 지방을 지정함은 예조에서 하되, 증서를
발급하고, 지방관은 증서를 검사하고 여행자를 호송한다.

개정 조·일 통상 장정(1883)

제12관　해관 세무사에서 입출항 화물의 화주가 말한 가격이 부당할 때에는 해관의 간화인(看貨人)이 인정하는 가격에 따라
서 **관세를 징수**할 수 있다.

제37관　조선국에서 가뭄과 홍수, 전쟁 등의 일로 인해 국내에 양식이 결핍할 것을 우려하여 일시 쌀 수출을 금지하려고 할
때에는 **1개월 전에 지방관이 일본 영사관에게 통지**하여 미리 그 기간을 항구에 있는 일본 상인들에게 전달하여 일
률적으로 준수하는 데 편리하게 한다.

제42관　현재나 앞으로 조선 정부에서 **어떠한 권리와 특전 및 혜택과 우대를 다른 나라 관리와 백성에게 베풀 때는 일본국
관리와 백성도 마찬가지로 일체 그 혜택을 받는다.**

황쭌셴의 『조선책략』 ➡ 위정척사 ➡ 영남 만인소

개화사상 ➡ 조·미 수호 통상 조약

- 2차 수신사 김홍집
- 러시아 견제
- 친중국, 결일본, 연미국

최초 ① 서양과의 조약
② 최혜국 대우
③ 관세 규정(협정 관세)
+ 거중 조정

1. 미국과의 통상 조약 체결

(1) 배경

① 『조선책략』: 1880년 제2차 수신사로 일본에 파견된 **김홍집**은 『조선책략』을 가져와 국왕에게 바쳤다.

㉠ 내용: 청의 외교관인 황쭌셴(황준헌)의 책으로, 조선이 러시아의 침략을 막으려면 중국과 친하고 일본·미국과 연합해야 한다고 주장하였다.

㉡ 결과: 유생들은 거세게 반발(영남 만인소)했지만, 연미론이 확산되면서 정부는 조·미 수호 통상 조약을 체결하였다.

② **청나라의 알선**: 청은 러시아와 일본을 견제하고 조선에 대한 종주권을 확인받기 위해 조선과 미국의 수교를 적극 주선하였다.

고등사료 百出

2024. 국가직 9급, 2020. 법원직 9급, 2017. 지방직 9급, 2017. 교육행정직 9급

『조선책략』

조선 땅덩어리는 실로 아시아의 요충을 차지하고 있어, 형세가 반드시 다투게 마련이며, 조선이 위태로우면 중동의 형세도 날로 위급해질 것이다. 따라서 러시아가 강토를 공략하려 할진대 반드시 조선으로부터 시작할 것이다. 그렇다면 오늘날 조선의 책략은 **러시아를 막는 일**보다 더 급한 것이 없을 것이다. 러시아를 막는 책략은 어떠한가? **중국과 친하고(親中國), 일본과 맺고(結日本), 미국과 이어짐(聯美邦)**으로써 자강을 도모할 따름이다. …… 미국을 끌어들여 우방으로 하면 도움을 얻고 화를 풀 수 있을 것이다.

(2) 조·미 수호 통상 조약(1882. 4.)

1882년 청나라 이홍장[1]의 알선으로 조·미 수호 통상 조약을 체결하였다. 서양과 맺은 **최초의 조약**이면서 불평등 조약이었다. 또한 **최초로 관세와 최혜국 대우를 규정**하였다.

① **관세 부과**[2]: 미국 수출입 상품에 대해 비율은 낮지만 **최초로 관세를 부과**하였다.

② **최혜국 대우**: 조선은 미국에 **최초로 최혜국 대우**를 인정하였다.

③ **치외 법권 인정**: 영사 재판에 의한 치외 법권을 인정하였다.

④ **거중 조정**[3]: 양국 중 한 나라가 제3국의 압박을 받을 경우에 서로 도와주겠다고 규정하였다.

---

❶ 이홍장

중국 청나라 정치가로, 양무 운동의 중심 인물로 활약했다. 청·일 전쟁의 패배로 실각하였다.

❷ 관세 부과

낮은 비율이지만 관세를 받을 수 있었으며, 곡식의 무제한 유출을 방지하는 내용이 있었다. 이 조약을 근거로 일본과 통상 장정을 개정하여 관세를 받았다.

❸ 거중 조정

거중 조정에 대해서 미국은 형식적인 표현으로 생각하였으나 조선은 미국과의 동맹으로 확대 해석하였다.

(3) 보빙사[4]의 파견(1883)

미국 공사 푸트(Foote)가 조선에 부임하자 조선은 **민영익** 등을 보빙사로 미국에 파견하였다.

2008. 법원직 9급

조·미 수호 통상 조약(1882. 4.)

제1조　만약 타국이 어떤 불공평하고 경멸하는 일을 일으켰을 때에는 일단 확인하고 **서로 도와주며, 중간에서 잘 조정**하여 두터운 우의를 보여 준다.

제4조　조선 백성이 미합중국 국민에게 범행을 하면 조선 당국이 조선 법률에 따라 처벌한다. 미합중국 국민이 조선 인민을 때리거나 재산을 훼손하면 미합중국 영사나 그 권한을 가진 관리만이 **미합중국 법률에 따라 체포하고 처벌**한다.

제5조　무역을 목적으로 조선국에 오는 미국 상인 및 상선은 **모든 수출입 상품에 대하여 관세를 지불**해야 한다.

제14조　조약을 체결한 뒤에 통상 무역 상호 교류 등에서 **본 조약에 부여되지 않은 어떠한 권리나 특혜를 다른 나라에 허가**할 때에는 자동적으로 미국 관민에게도 똑같이 주어진다.

2. 각 열강들과의 통상 조약 체결

구분	시기	내용	특징
조·청 상민 수륙 무역 장정	1882	• 치외 법권 • 청의 내지 통상 특권 인정	• 임오군란 진압 직후 체결 • 청이 조선의 종주국임을 명시
조·영 수호 통상 조약	1883	• 최혜국 대우, 저율의 관세 • 내지 통상권	영국 군함, 조선에 정박 가능
조·러 수호 통상 조약	1884	• 치외 법권, 저율의 관세 • 조선 영해 측량 가능	• 청·일의 반대로 지연 ⇨ 직접 수교 • 러시아 군함, 조선에 정박 가능
조·불 수호 통상 조약	1886	• 치외 법권 • 천주교 신앙 허용	천주교 선교 허용 문제로 지연

(ㄱ), (ㄴ) 조약이 체결된 시기로 옳은 것은?

2021. 법원직 9급

(ㄱ) 제7관　일본국 인민은 본국의 현행 여러 화폐를 사용해 조선국 인민이 소유한 물품과 교환할 수 있다. 조선국 인민은 그 교환한 일본국의 여러 화폐로 일본국에서 생산한 여러 가지 화물을 구매할 수 있다.

(ㄴ) 제6칙　이후 조선국 항구에 거주하는 일본 인민은 양미와 잡곡을 수출입할 수 있다.

	(가)	(나)	(다)	(라)	
1866 병인양요		1871 신미양요	1875 운요호 사건	1880 원산 개항	1883 인천 개항

① (가)　　　② (나)　　　③ (다)　　　④ (라)

전권 대사인 민영익을 비롯하여 홍영식, 서광범, 유길준 등이 동행하였다. 보빙사 중 일부는 유럽을 거쳐 귀국하였다. 유길준은 보빙사의 일원으로 미국에 갔다가 남아 유학하였고, 귀국 후 「서유견문」을 저술하였다.

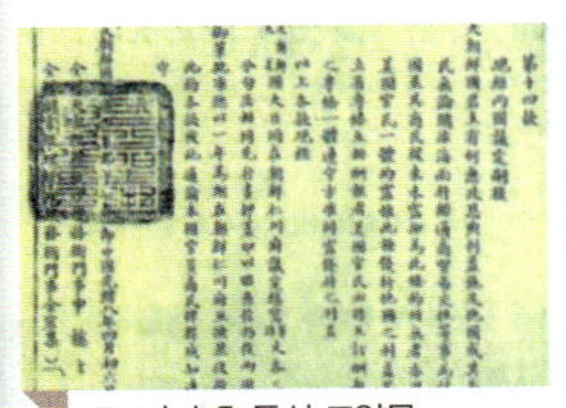

▼ 조·미 수호 통상 조약문

▼ 미국 공사관(서울 정동)

해설

제시된 자료 중 (ㄱ)은 1876년 8월에 체결된 조·일 수호 조규 부록에 규정된 내용이고, (ㄴ)은 1876년 8월에 체결된 조·일 무역 규칙(조·일 통상 장정)에 규정된 내용이다. 둘 다 (다) 시기에 체결되었다.

정답  ③

03강 위정척사와 개화

解/法 기출분석

구분		2008~2018	2019	2020	2021	2022	2023	2024	2025
9급	국가직	• 3차 수신사 • 위정척사			동도서기론				통리기무아문
	지방직	• 영선사 • 위정척사와 개화			1870~1880 년대 정치		최익현		
	법원직	• 위정척사(2) • 동도서기론 • 급진 개화파				근대 정치		해외 시찰단	

解法 요람

위정척사 운동

개화파의 형성과 분화

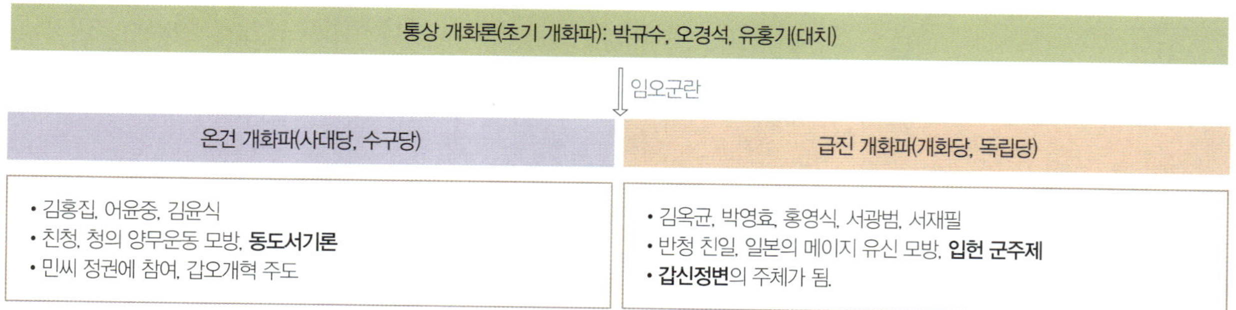

1880년대 정치 상황

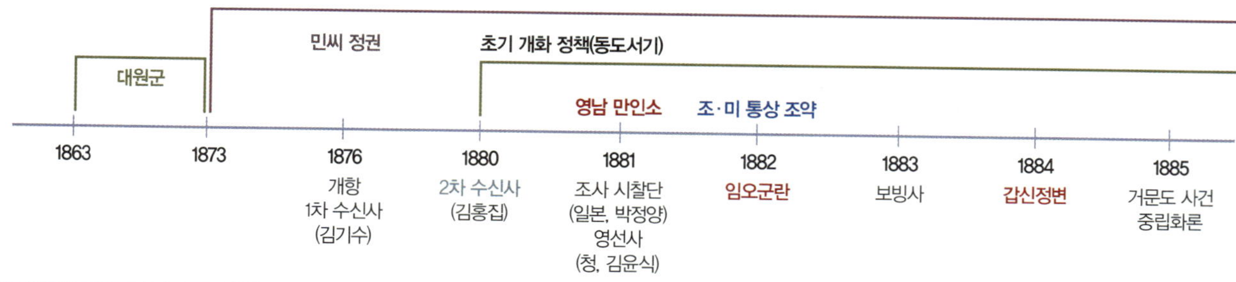

1. 위정척사[1]의 개념

성리학적 질서를 지키고, 힘의 논리를 앞세우는 서양과 일본 문화를 배척해야 한다는 것이다.

2. 위정척사 운동의 전개 과정

(1) 1860년대 통상 반대 운동

① 배경: 서구 열강의 통상 요구가 거세지는 가운데 **병인양요**가 일어났다.

② 내용: 1866년 병인양요 당시 **이항로·기정진**은 척화주전론을 내세우며 서구 열강과의 통상을 강력히 반대하였다. 이들은 당시 흥선 대원군의 통상 수교 거부 정책을 지지하였다.

(2) 1870년대 개항 반대 운동

① 배경: 1875년 운요호 사건을 계기로 강화도에서 일본과 통상을 위한 협상이 진행되었다.

② 내용: **최익현**[2]은 왜양일체론을 내세운 5불가소를 올려 일본과의 수교·통상을 반대하였다.

(3) 1880년대 개화 반대 운동

① 배경: 제2차 수신사로서 일본에 다녀온 **김홍집**이 『조선책략』을 들여와 유포하였다. 그리고 이후 정부는 본격적으로 개화 정책을 추진하였다.

② 내용: 이만손 등은 '**영남 만인소**'를 올려 『조선책략』의 내용과 정부의 개화 정책을 비판하였다. 이를 계기로 전국의 유생들이 잇달아 상소하였고, 강원도 유생인 홍재학은 '만언척사소'[3]를 올려 정부의 정책과 고종을 비판하다가 능지처참형에 처해졌다.

(4) 1890년대 항일 의병 운동

① 배경: 명성 황후가 시해된 을미사변과 단발령(을미개혁 때 실시)을 계기로 일어났다.

② 내용: 유인석·이소응 등 유생들이 주도하고 농민들이 가담하였다.

3. 위정척사 운동의 평가

서양과 일본의 경제적·군사적 침략에 반대하는 반외세·반침략 민족 운동이다. 그러나 조선 왕조의 전통적 정치 체제와 양반 중심의 성리학적 질서를 옹호하는 한계를 가지고 있었다.

고등사료 百出　　2023. 지방직 9급, 2020. 국가직 7급, 2019. 국가직 7급, 2014. 기상직 9급, 2013. 지방직 7급, 2009. 국가직 7급, 2007. 법원직 9급

위정척사 운동

[1860년대]

서양 오랑캐의 화(禍)가 오늘날에 이르러서는 홍수나 맹수의 해(害)보다 더 심합니다. 전하께서는 부지런히 힘쓰시고 경계하시어 안으로는 관리들로 하여금 사학(邪學)의 무리를 잡아 베게 하시고, 박으로는 장병으로 하여금 바다를 건너오는 적을 정벌케 하소서.

－ 이항로, 『화서집』

[1870년대]

저들의 물화는 모두가 사치하고 기이한 노리개이고 손으로 만든 것이어서 그 양이 무궁한 데 반하여, 우리의 물화는 모두가 백성들의 생명이 달린 것이고 땅에서 나는 것으로 한정이 있는 것입니다. …… 저들이 왜인이라고 하나 실은 양적(洋賊)입니다. 강화가 한번 이루어지면 사학의 서적과 천주의 초상화가 교역하는 곳에서 들어올 것입니다. 그렇게 되면 얼마 안 가서 선교사와 신자 간의 전수를 거쳐 사학이 온 나라 안에 퍼지게 될 것입니다.

－ 최익현, 5불가소

❶ 위정척사(衛正斥邪)

위정이란 바른 학문인 성리학과 성리학적 질서를 수호하는 것이고, 척사란 성리학 이외의 모든 종교와 사상을 배격하는 것이다.

❷ 최익현의 오불가소(五不可疏)

1876년 강화도에서 개화 협상이 진행될 때 최익현은 도끼를 들고 경복궁 앞에 엎드려 상소를 올렸다. 그는 일본과 서양은 다름없다는 왜양일체론을 내세웠으며, 개항 이후 진행될 일본의 경제적 침탈을 예견하였다.

❸ 홍재학의 만언척사소

개화를 주장하는 관리의 엄벌, 서양 물건과 서양 서적을 불태울 것, 통리기무아문의 혁파 등을 요구하였다.

최익현

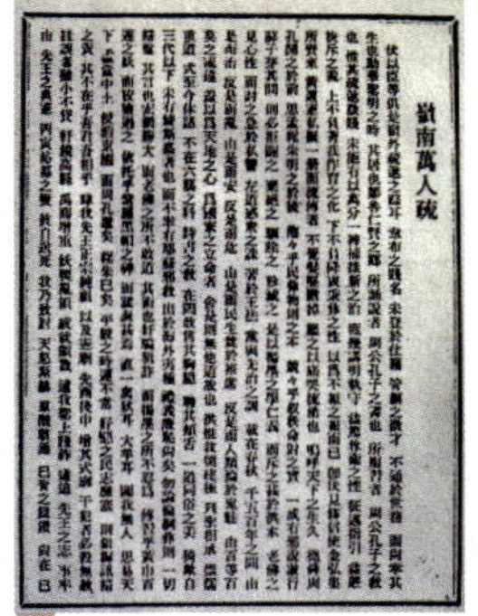
영남 만인소

> [1880년대]
> 중국은 우리가 신하로서 섬기는 바이며 해마다 옥과 비단을 내는 수레가 요동과 계주를 이었습니다. 신의와 절도를 지키고 속방의 직분을 충분히 지킨 지 벌써 2백년이나 되었습니다. …… **일본은 우리에게 매어 있던 나라입니다.** …… 그들은 이미 우리 땅을 잘 알고 있으니, …… 그들이 우리의 허술함을 알고 쳐들어오면 장차 이를 어떻게 막겠습니까? **미국은 우리가 본래 모르던 나라입니다.** 잘 알지 못하는데 공연히 타인의 권유로 불러들였다가 그들이 재물을 요구하고 우리의 약점을 알아차려 어려운 청을 하거나 과도한 경우를 떠맡긴다면 장차 이에 어떻게 응할 것입니까? **러시아는 본래 우리와 혐의가 없는 나라입니다.** 공연히 남의 말만 듣고 틈이 생기게 된다면 우리의 위신이 손상될 뿐만 아니라 만약 이를 구실로 침략해 온다면 장차 이를 어떻게 막을 것입니까?
> – 이만손 등, 영남 만인소

> [1890년대]
> 원통함을 어찌하리. 우리 국모의 원수를 생각하며 이미 이를 갈았는데, 참혹한 일이 더욱 심하여 임금께서 또 머리를 깎으시는 지경에 이르렀으니 의관을 찢긴 나머지 또 이런 망극한 화를 만났으매, 우리 부모에게 받은 머리털을 풀 베듯이 베어버리니 이 무슨 변고입니까. …… 이에 감히 먼저 의병을 일으키고서 마침내 이 뜻을 세상에 포고하노니 ……
> – 유인석의 창의문

02 개화파의 형성과 개화 정책

1. 개화 사상의 선구

초기의 대표적인 개화 사상가로는 박규수, 오경석, 유홍기 등이 있다. 이들은 **김옥균, 박영효, 홍영식** 등 젊은 양반 자제들에게 북학 사상과 서구 문물을 가르쳐 이후 **개화파 형성에 영향을 주었다.**

오경석

❶「해국도지(海國圖志)」
1844년 청나라 사람 위원이 간행한 책으로, 세계의 역사·지리·정치·전술 등을 소개하고 있다. 이 책은 최한기·박규수·오경석 등에게 많은 영향을 미쳤다.

❷ 동도서기론(東道西器論)
우리의 전통적인 제도와 사상을 지키면서 근대적인 서양의 기술과 과학을 받아들이자는 주장이다.

9급 위를 한국사

대표적 통상 개화론자
1. **박규수(좌의정):** 북학파 박지원의 손자다. 청에 사신으로 다녀온 후, 서양의 문물을 수용해야 한다고 주장했다. 임술민란(1862) 때 경상도 안핵사로 진주에 파견되었고 **평안 감사 시절에는 제너럴셔먼호 격퇴를 지휘하**였다(1866). 또한, **강화도 조약 체결을 주도**했으며 김옥균·박영효·유길준 등에게 영향을 미쳤다.
2. **오경석(역관):** 청에 왕래하며 「해국도지」❶, 「영환지략」 등 여러 서적을 들여와 외국 문물을 소개하였다.
3. **유홍기(유대치, 한의사):** 통상과 개화를 주장했으며, 박영효와 김옥균 등에게 영향을 주었다.

2. 개화파의 분화

(1) 배경

임오군란 이후 청의 내정 간섭, 개화 정책의 추진 등을 놓고 온건 개화파와 급진 개화파로 분화되었다.

(2) 분화

① **온건 개화파:** 김홍집, 김윤식 등이 중심이 되어, **청의 양무운동을 본받아 점진적인 개혁을 추진하**였다. 사상적 기반은 동도서기론❷이었으며, 사대당이라고 불렸다. 이들은 민씨 정권에 적극 참여하여 개화 정책을 주도하였다.

② **급진 개화파:** 김옥균, 박영효 등이 중심이 되었다. 일본의 메이지 유신을 본받아 입헌 군주제를 추구하였으며, 서양의 기술뿐만 아니라 사상·제도까지 받아들이자고 하였다. 정부가 청나라에 의존한다고 비판하여 개화당 또는 독립당이라고 불렸다.

김홍집

심화사료 百出

2016. 국가직 7급, 2014. 기상직 9급, 2012. 지방직 7급, 2008. 법원직 9급

동도서기론(東道西器論)

• 서양에서 유행하고 있는 천주교가 우리나라에 유포되는 것을 금지해야 합니다. 우리가 부족한 것은 기술뿐이기 때문에 그 기술만을 받아들이면 됩니다. 과학 기술 문명은 인간의 도리에 해롭지 않고 백성들이 살아가는데 도움이 되기 때문에 이를 배워야 합니다. — 김윤식의 상소문

• 외국의 교(教)는 즉 사(邪)로써 마땅히 멀리해야 하지만 그 기(器)는 즉, 이(利)로서 가히 이용후생의 바탕이 될 것인즉, 농·상·의학·군대·주차(舟車) 등은 어찌 이를 꺼려 멀리하겠는가? — 곽기락의 상소

3. 개화 정책의 추진

(1) 조직의 개편

① 통리기무아문: 개항 이후 정세 변화에 대응하여 정부는 1880년 통리기무아문을 설치하고, 외교·군사 등 개화와 관련된 정책을 총괄하였다. 또한 그 아래 12사❸를 두어 실무를 담당하게 하였다.

② 군제 개편: 5군영을 무위영과 장어영으로 통합하고 신식 군대인 별기군❹(교련병대)을 창설하였다. 일본인 교관을 초빙해 근대식 군사 훈련을 실시하였다.

심화사료 百出

고종이 내린 개화에 관한 교서

저들의 종교는 사악하다. 마땅히 음탕한 소리나 치장한 여자를 멀리하듯이 해야 한다. **하지만 저들의 기술은 이롭다.** 잘 이용하여 백성들을 잘 살게 할 수 있다면 농업, 양잠, 의약, 병기, 배, 수레에 대한 기술을 꺼릴 이유가 없다. 종교는 배척하되 기술을 본받는 것은 함께 할 수 있다. 결코 충돌하는 것이 아니다. 지금 강약의 형세가 이미 큰 격차로 벌어졌다. 만약 저들의 기술을 본받지 않는다면 어떻게 저들에게 모욕을 받지 않고 저들이 엿보는 것을 막을 수 있겠는가. — 「고종실록」, 1882년 8월 15일

(2) 해외 시찰단의 파견

① 일본

㉠ 수신사❺의 파견

1차(1876)	김기수는 일본을 시찰하고 돌아와 고종에게 올린 『일동기유』를 통해 근대 문물을 소개하였다.
2차(1880)	약 5개월간 머물면서 일본의 발전상을 파악하였다. 또한 **김홍집**은 황쭌셴을 만나 『조선책략』을 가지고 귀국하였다.
3차(1882)	**임오군란**으로 인한 제물포 조약 체결 직후 일본에 **박영효, 김옥균**이 3차 수신사로 파견되었다.

㉡ 조사 시찰단(1881. 4.)❻: 정부는 일본에 조사 시찰단(신사 유람단)을 비밀리에 파견하였다. 4개월여 동안 일본의 발전상을 견문하고 보고서를 제출하여 정부의 개화 정책 추진을 뒷받침했다.

❸ 12사(司)의 주요 기구
• 사대사(事大司): 대청 외교 업무
• 교린사(交隣司): 대일 외교 업무

❹ 별기군

1881년 정부는 기존의 5군영에서 80명을 선발하여 별기군을 창설하였다. 또한 서울의 일본 공사관에 근무하는 공병 소위 호리모토를 교관으로 초빙하였다. 이후 별기군은 임오군란 때 폐지되었다.

❺ 수신사(修信使)

종래 조선에서 일본에 파견하던 사절을 통신사라고 하였으나, 강화도 조약 이후 수신사로 이름을 바꾸었다.

❻ 조사 시찰단(朝士視察團)

정부는 박정양, 어윤중, 홍영식 등 시찰단으로 파견할 사람들을 동래 암행어사로 임명하여 부산에 모이게 한 후 비밀리에 파견하였다. 이들은 귀국 후 여행기와 보고서를 작성해 고종에게 제출하였다. 이들 중 유길준, 윤치호는 최초의 일본 유학생이 되었다.

② 청 – 영선사(1881. 9.)

김윤식을 영선사로 삼아 학생과 기술자 등을 **청국 톈진**에 파견하여 근대식 무기 제조법, 군사 훈련법 등을 배우게 하였다. 이들은 근대 기술에 대한 지식 부족, 재정 결핍과 임오군란 등의 이유로 1년 만에 돌아왔다. 하지만 이를 계기로 1883년 서울에 **기기창(무기 제조)**이 설립되었다.

③ 미국 – 보빙사(1883)

조·미 수호 통상 조약 체결 이후 **민영익**을 전권 대사로 하여 홍영식과 유길준 등을 파견하였다. 최초로 서양 국가에 파견된 사절단으로 병원, 신문사, 학교 등을 시찰하고 돌아왔다.[1]

❶ 보빙사(報聘使)

보빙사로 파견된 이들이 견학한 신문물은 신식 우편 제도, 육영 공원 설치에 영향을 미쳤다. 또한, 농무 목축 시험장 운영, 경작 기계의 제작과 수입 등 농업 기술 연구에도 기여하였다.

고등사료 百出　　　　　　　　2017. 경찰 2차

1차 수신사 파견

의정부에서 아뢰기를, "지난번 일본 사절선이 온 것은 오로지 수호(修好) 때문이니, 우리가 선린(善隣)하는 뜻에서도 이번에는 사신을 전위(專委)하여 수신(修信)해야 하겠습니다. **사신의 호칭은 수신사라 하고 응교(應敎) 김기수(金綺秀)를 특별히 차출**하되 …… 따라가는 인원은 일을 아는 자로 적당히 가려서 보내되, 이는 수호한 뒤에 처음 있는 일이니, 이번에는 특별히 당상관(堂上官)으로 하여금 서계(書契)를 가지고 들어가도록 하고, …… 하니, 윤허한다고 전교하였다.　　　－『승정원일기』(고종 13년, 2월)

조사 시찰단의 보고서

• 인재를 등용할 때, 예전에는 화족(왕족), 사족, 평민의 구분이 있었으나 지금은 그 명칭이 있어도 전적으로 재주로써 사람을 쓰기 때문에 평민으로 높은 자리에 오른 자도 매우 많으며, 화족이나 사족의 후손이 수레나 말을 끄는 천한 직업에 종사하기도 한다.　　　－박정양

• 조선의 과제는 하루속히 부강의 도를 얻어 행하여 자강을 실현하는 것입니다. 부강의 도가 근대적 개혁이며, 만일 이 방법에 의하여 부강을 이루지 못하면 이웃 국가의 수모를 받을 위험이 매우 큽니다.　　　－어윤중

대표 기출문제

다음과 같은 주장을 한 인물은?　　　　　　2023. 지방직 9급

일단 강화를 맺고 나면 저 적들의 욕심은 물화를 교역하는 데 있습니다. … (중략) … 저들이 비록 왜인이라고 하나 실은 양적(洋賊)입니다. 강화의 일이 한번 이루어지면 사학(邪學)의 서적과 천주의 상(像)이 교역하는 가운데 섞여 들어갈 것입니다.

① 박규수　　　　　　② 최익현
③ 김홍집　　　　　　④ 김윤식

04 강 임오군란과 갑신정변

解/法 기출분석

구 분		2008~2018	2019	2020	2021	2022	2023	2024	2025
9급	국가직	• 갑신정변(2) • 갑신정변 이후의 정세						임오군란	유길준
	지방직	• 임오군란 • 구한말 대외 관계						1880년대 정치	
	법원직	• 임오군란(3) • 갑신정변(3) • 갑신정변 이후의 정세(2)							

임오군란

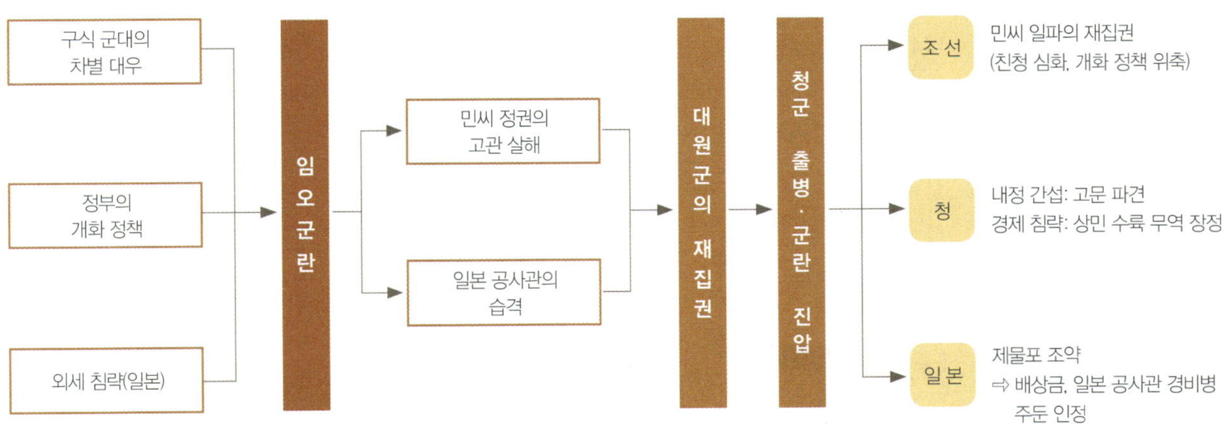

갑신정변

배 경	민씨 정권의 개화 세력 탄압, 청 · 프 전쟁으로 청군의 일부 철수
전 개	우정국 개국 축하연 계기로 정변 단행 ⇨ 개화당 정부 수립(14개조 정강) ⇨ 청 개입으로 실패
결 과	청의 내정 간섭 강화, 개화 운동의 흐름 약화, 한성 조약과 톈진 조약 체결
의 의	최초로 입헌 군주제와 봉건적 신분제 타파 추구 ⇨ 근대화 운동의 선구
한 계	위로부터의 개혁, 민중의 지지 ×, 외세 의존적(일본)

1. 배경

(1) **정치적**: 개화 정책의 추진을 놓고 민씨 정권과 위정척사파 사이의 갈등이 심화되었다.

(2) **경제적**: 개화 정책 추진에 따른 재정 지출 증가로 세금이 늘어났고, 일본으로의 곡물 유출로 쌀값도 올라 서민들의 생활이 어려워졌다.

2. 임오군란의 발발과 전개 과정

(1) **원인**: 정부는 기존의 군대 조직을 축소·개편하였는데, 그 과정에서 많은 구식 군인들이 직업을 잃었다. 또한, 신식 군대인 별기군에 비해 구식 군인에 대한 대우는 매우 열악하였다.

(2) **도봉소 사건❶**: 구식 군인들은 13개월 동안 월급이 밀린 상황에서 쌀로 지급된 1달치 급료에 겨와 모래가 섞여있자 격분하였다. 이들은 급료 지급을 담당하던 선혜청 책임자 **민겸호**의 집으로 쳐들어 가는 등 폭동을 일으켰다.

(3) **확산**: 구식 군인들은 무기를 탈취하여 민겸호 등 일부 정부 고관과 별기군의 일본인 교관을 죽이고 **일본 공사관**을 습격하였다. 여기에 서울의 하층민까지 가담하면서 군란의 규모가 커졌다.

(4) **대원군의 재집권**: 중전 민씨는 장호원(경기도 이천)으로 피신❷하였고, 고종은 사태 수습을 위해 대원군에게 정권을 넘겨주었다. 대원군은 재집권하여 통리기무아문과 별기군을 폐지하고 5군영과 삼군부를 복구하였다.

(5) **진압**: 김윤식의 요청을 받은 청은 신속히 군대를 보내 군란을 진압하였다. 한편, 청나라는 대원군을 군란의 책임자라 하여 톈진으로 압송❸해 갔다. 일본도 조선에 있는 일본인 보호를 구실로 서울에 군대를 보냈다.❹

❶ 도봉소 사건

임오군란의 도화선이 된 사건이다. 선혜청의 창고인 도봉소에서 지급한 급료의 상태에 분노한 군인들이 선혜청 관리를 구타하였다.

❷ 홍계훈(?~1895)

임오군란 당시 중전 민씨를 피신시킨 공으로 출세하였다. 그는 동학 농민 운동이 일어났을 때 양호초토사로 출전하기도 하였다. 이후 을미사변 때 일본군의 침입을 막다가 죽었다. 고종은 1900년 장충단을 세워 홍계훈 등을 제사지냈다.

❸ 흥선 대원군의 압송

청으로 끌려간 흥선 대원군은 4년간 억류되었다가 1885년에 귀국하였다.

❹ 일본의 파병 의도

일본은 이 기회에 배상금을 받아내고 조선과의 통상 조건을 좀 더 유리하게 고치려고 하였다.

심화사료 頻出

임오군란

임오년 서울의 영군(營軍)들이 큰 소란을 피웠다. 갑술년 이후 대내의 경비가 불법으로 지출되고 **호조와 선혜청의 창고도 고갈**되어 서울의 관리들은 봉급을 못 받았으며, 5영의 병사들도 가끔 결식을 하여 급기야 5영을 2영으로 줄이고 노병과 약졸들을 쫓아냈는데, 내쫓긴 사람들은 발붙일 곳이 없으므로 그들은 난을 일으키려 했다. …… **대원군에게 군국 사무를 처리하라는 명이 내려지자** 대원군은 궐내에서 거처하며 **기무아문과 무위·장어 2영을 폐지하고 5영의 군제를 복구**하라는 명령을 내려 군량을 지급하도록 하였다. 그리고 난병(亂兵)은 물러가라는 명을 내렸다. …… 이때 별안간 마건충 등은 호통을 치면서 대원군을 포박하여 교자(轎子) 안으로 밀어 넣어 그 교자를 들고 후문으로 나가 마산포로 가서 배를 타고 훌쩍 떠나버렸다.

– 황현, 「매천야록」

3. 결과

(1) **민씨의 재집권**: 재집권한 민씨 일파에 의해 친청 정책이 더욱 심화되었다.

(2) **청의 내정 간섭 강화**: 청은 조선에 대한 형식적 종속 관계를 실질적 '속방' 관계로 강화하려고 하였다.

   ① **군대 주둔**: 청은 임오군란을 진압한 뒤에도 군대를 서울에 주둔시켰다.

   ② **고문 파견**: 마젠창과 묄렌도르프 등 30여 명의 외국인을 고문으로 파견하여 조선의 내정과 외교 문제에 깊이 관여하였다.

   ③ **조·청 상민 수륙 무역 장정(1882. 8.)**: 조선이 청의 속방국임을 명시했으며, 치외 법권을 인정하였다. 또한, 내지 통상권 등을 규정하여 청나라 상인들이 본격적으로 조선 내륙에 진출할 수 있었다.

(3) **일본과의 조약 체결**

   ① **제물포 조약**[5]**(1882. 7.)**: 일본은 일본 공사관이 습격받은 일을 구실로 제물포 조약을 강요하였다. 조선은 일본에 공사관 신축비 등 배상금을 지불하였고, 공사관 경비를 위한 일본군의 한성 주둔을 인정하였다. 이는 **최초의 일본 군대 주둔**[6]이었다.

   ② **조·일 수호 조규 속약(1882. 7.)**: 개항장을 기준으로 통상 지역을 확대[7]하였다. 이에 따라 일본 상인이 내륙으로 진출할 수 있었다.

묄렌도르프
1882년 11월 고문으로 파견되었다.

[5] 제물포 조약

제물포 조약에 따라 1882년 일본에 3차 수신사(박영효·김옥균)를 파견하였다.

[6] 일본 군대의 주둔

제물포 조약에는 약간의 병력을 주둔시킨다고 했지만, 실제로는 1개 대대의 병력을 주둔시켰다. 임오군란의 결과, 청과 일본의 군대가 조선에 머무르게 되어 양국 간 무력 충돌의 위험이 커졌다.

[7] 조·일 수호 조규 속약

간행이정을 50리(2년 후 100리)로 확대하였다.

2024. 지방직 9급, 2023. 국가직 9급, 2021. 경찰 1차, 2018. 서울시 9급(상), 2018. 경찰 3차, 2014. 지방직 9급, 2013. 지방직 7급
2012. 법원직 9급, 2008. 법원직 9급

제물포 조약(1882)

제1조 금일부터 20일 안에 조선국은 흉도를 체포하고 그 과수를 엄중히 취조하여 중죄에 처한다. 일본국은 관리를 보내 입회 처단케 한다. 만일 그 기일 안에 체포하지 못할 때는 응당 일본국이 처리한다.

제3조 조선국은 **5만 원**을 내어 해를 당한 일본 관리들의 유족 및 부상자들에게 주도록 한다.

제4조 흉도의 폭거로 일본국이 받은 피해 및 공사를 호위한 육해군 경비 중에서 **50만 원**을 조선국이 채워준다.

제5조 **일본 공사관에 군인 약간을 두어 경비한다.** 그 비용은 조선국이 부담한다.

제6조 조선국은 사신을 특파하여 국서를 가지고 일본국에 사과한다.

조·청 상민 수륙 무역 장정(1882)

전 문 오직 금번 체결하는 수륙 무역 장정은 중국이 **속방(屬邦)**을 우대하는 후의에서 나온 만큼 다른 각국과 일체 균점하는 예와 같지 않다.

제1조 청의 상무위원을 서울에 파견하고 조선 대관을 톈진에 파견한다. 청의 북양대신과 조선 국왕은 대등한 지위를 가진다.

제2조 청 상인이 조선 항구에서 개별적으로 소송을 제기하였을 경우에는 청 상무위원에게 넘겨 심의·처리한다.

제4조 **중국 상인이 조선의 양화진 및 한성에 영업소(상점·창고·여관 등)를 개설할 경우**를 제외하고, 각종 화물을 내륙으로 운반하여 상점을 차리고 파는 것을 허가하지 않는다. 단, 내륙 행상이 필요한 경우 지방관의 허가서를 받아야 한다.

제8조 장정의 수정은 북양대신과 조선 국왕의 자문으로 결정한다.

1. 배경

(1) 민씨 정권의 개화 세력 탄압

급진 개화파는 청나라의 내정 간섭과 민씨 정권을 비판하다가 정치적 입지가 점차 좁아졌다.❶

(2) 조선 주둔 청군의 철수

청이 베트남 문제로 청·프 전쟁에 들어가면서 조선에 주둔하던 청군 병력의 일부가 철수하였다.

(3) 일본의 군사 지원 약속

급진 개화파는 일본 공사 다케조에 신이치로를 통해 군사적 지원을 약속받았다.

2. 전개

(1) 우정국 사건

급진 개화파는 **우정국 개국 축하연**(1884)을 이용하여 민씨 정권의 고관들을 살해하고 창덕궁에 있던 국왕을 경우궁으로 옮겼다. 이어 **김옥균, 박영효, 서광범, 서재필** 등을 중심으로 하는 개화당 정부❷를 수립하고, '14개조의 개혁 정강'을 발표하였다.

(2) 개혁 요강의 내용

청에 대한 사대 관계를 폐지하고 입헌 군주제적 정치 구조를 지향하면서, 인민 평등권의 확립과 능력에 따른 인재 등용을 주장하였다. 또 재정의 일원화(호조), 지조법❸ 개혁, 혜상공국❹ 폐지 등을 제시하였다.

(3) 정변의 실패(3일 천하)

민씨 정권의 요청❺으로 청군이 개입하여 정변을 진압하였다. 이에 홍영식·박영교 등은 청군에게 사살되었고, 김옥균·박영효·서광범·서재필 등은 일본으로 망명하였다. 이후 개화의 흐름이 한동안 단절되었고, 청의 내정 간섭은 더욱 강화되었다.

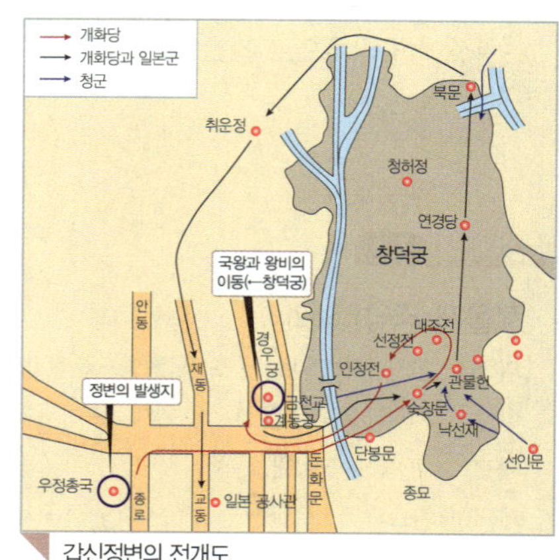

갑신정변의 전개도

우정국

❷ **개화당 정부의 주요 인사**
- 홍영식(좌의정, 29세)
- 박영효(전후영사 겸 좌포도대장 23세)
- 서광범(좌우영사 겸 우포도대장 25세)
- 김옥균(호조참판, 33세)
- 서재필(병조참판, 20세)

---

❶ **차관 교섭의 실패**

조선 정부는 묄렌도르프의 건의로 당오전을 발행하려 했다. 그러나 김옥균은 일본으로부터의 차관 도입을 건의하였다. 결국 고종은 두 가지 정책을 병행하기로 하고 300만 원의 차관을 들여오기 위해 김옥균을 일본에 보냈으나, 일본은 이를 거절하였다.

❸ **지조법(地租法)**

토지에서 발생하는 수익에 부과하는 세금으로, 관리들의 부정이 많았다.

❹ **혜상공국**

보부상을 보호하기 위하여 1883년에 설치한 기관이다. 상리국(1885), 상무사(1899) 등으로 이름을 바꾸었다가 1904년에 혁파되었다.

❺ **청나라 군대의 개입 요청**

갑신정변이 일어나자 김윤식, 김홍집 등은 위안스카이에게 청국 군대의 개입을 요청하였다.

고등사료 百出　　　　　　2015. 서울시 9급

갑신정변의 진압

청나라 제독군문 원세개(위안스카이)가 대궐에 들어와 호위했다. 일본 군대는 퇴각했으며 임금은 북관묘에 행차하셨다. **홍영식과 박영교는 죽임을 당했다. 박영효, 김옥균, 서광범, 서재필 등은 일본군을 끼고 도망쳤다.**

– 『매천야록』

갑신정변에 대한 박은식의 평가

개화당의 실패는 우리에게 매우 애석한 일이다. …… 그는 **일류 수재들이 일본인에게 이용당해 그처럼 크나큰 착오를 저질렀으니 참으로 애석한 일**이라고 하였다. **어찌 일본인이 진심으로 김옥균을 성공하게 하고 성의 있게 조선의 운명을 위하여 노력하겠는가?** …… 일본도 이를 이용하여 청으로부터의 독립을 권하고 원조까지 약속했지만 사실은 조선과 청의 악감정을 도발하여 그 속에서 이익을 얻으려는 속셈이었다.

– 박은식, 『한국통사』

고등사료 百出

갑신정변 14개조 정강

1. 청에 잡혀간 흥선 대원군을 조속히 귀국시키고, 청에 대한 조공의 허례를 폐지한다.
   ⇨ 청에 대한 사대 관계 폐지

2. 문벌을 폐지하고 인민 평등의 권리를 제정하여 능력에 따라 관리를 임명한다.
   ⇨ 양반 신분 제도 폐지(갑오개혁에 반영)

3. **지조법(地租法)을 개혁하고** 관리의 부정을 근절하며, 빈민을 구제하고 국가 재정을 넉넉하게 한다.
   ⇨ 삼정 문란 개선, 조세 제도 개혁(토지 개혁 아님.)

4. 내시부를 폐지하고, 그중 우수한 자만을 등용한다.
   ⇨ 내시부는 조선 시대 내시(환관)를 관할하던 관청이다. 이 관청을 폐지하여 왕권 약화를 꾀함.

5. 부정한 관리와 탐관오리 가운데 그 죄가 심한 자는 처벌한다.
   ⇨ 국가 기강 확립과 민생 안정

6. 각 도의 환상미(還上米)는 영구히 면제한다.
   ⇨ 환곡제 폐지

7. 규장각을 폐지한다.
   ⇨ 본래 왕과 왕실을 위한 기구였기 때문에 폐지를 주장

8. 급히 순사를 두어 도적을 방지한다.
   ⇨ 근대적 경찰 제도 도입

9. **혜상공국(惠商公局)을 혁파한다.**
   ⇨ 특권 독점 상업의 폐지와 근대적 자유 상업의 장려

10. 유배 또는 금고 된 죄인을 다시 조사하여 석방시킨다.

11. 4영을 합하여 1영으로 하고 영 가운데서 장정을 뽑아 근위대를 급히 설치할 것, 육군 대장은 왕세자로 한다.
    ⇨ 군사 제도 개혁

12. **일체의 국가 재정은 호조에서 관할하고, 그 밖의 재정 관청은 금지한다.**
    ⇨ 국가 재정의 일원화

13. **대신과 참찬은 날을 정하여 의정부에서 회의하고 정령을 의정·집행한다.**
    ⇨ 내각 중심의 정치 시행(입헌 군주제)

14. 정부 6조 외에 불필요한 관청을 폐지하고 대신과 참찬으로 하여금 이것을 심의 처리하도록 한다.
    ⇨ 정부 조직의 개편

김옥균

갑신정변을 주도한 급진 개화파들

3. 결과

(1) 한성 조약(1884) – 조선·일

고종은 일본의 정변 개입에 항의하였다. 그러나 일본은 도리어 공사관이 불타고 공사관 직원 등 일본인이 희생된 것에 대해 사죄와 배상을 요구하였다. 이에 **배상금 지불과 공사관 신축비 부담을** 내용으로 하는 한성 조약을 체결하였다.

(2) 톈진 조약(1885) – 청·일

일본은 불리해진 정세를 만회하기 위해 이토 히로부미[6]를 청에 파견하여 톈진 조약[7]을 체결하였다. 이에 따라 **청군과 일본군이 조선에서 동시 철수**하고, 일본은 청국과 동등하게 조선에 대한 파병권을 획득하였다.

4. 의의

갑신정변은 **입헌 군주제**를 통해 근대 국가를 수립하고자 한 **최초의 정치 개혁 운동**이었다. 이들이 추구한 개혁 방향은 갑오개혁과 독립 협회의 활동 등에 영향을 주었다.

5. 한계

(1) **위로부터의 개혁**: 민중과 동떨어진 위로부터의 정치 개혁으로, 민중에게 지지를 받지 못하였다.

(2) **일본 의존적 성향**: 일본의 침략 의도에 대해서는 간과하고 외세를 끌어들였다는 한계를 가지고 있다.

(3) **개화 운동의 위축**: 폭력적 수단을 동원하여 반대 세력을 살해했기 때문에 개화에 우호적이었던 사람들마저도 개화 사상을 불신하는 결과를 초래하였다.

[6] 이토 히로부미[伊藤博文]

메이지 유신 이후 정계에 투신하여 1885년 초대 내각 총리대신이 되었다. 1906년 조선에 초대 통감으로 부임하였다.

[7] 톈진 조약

청·일은 조선에서 변란이 발생하여 양국 중 어느 한쪽이 파병할 경우에는 그 사실을 상대방에게 미리 알릴 것에 대해 합의하였다.

심화사료 百出

한성 조약(1884, 조선 – 일본)

제1조 조선국은 국서를 일본국에 보내 사의를 표명한다.

제2조 해를 입은 일본인 유족과 부상자에게 **보상금을 지불**하고, 또 상인의 재물이 훼손, 약탈된 것을 변상하기 위해 **조선국은 11만 원을 지불**할 것

제4조 일본 공관을 새로운 곳으로 옮겨 신축하는 것은 마땅히 조선국에서 기지와 방옥을 교부해 공관 및 영사관으로 사용할 수 있도록 한다. 수축 중건에는 조선국이 다시 **2만 원을 지불해 공사비를 충당**한다.

톈진 조약(1885, 청 – 일본)

제1조 청국은 조선에 주둔한 군대를 철수한다. 일본군은 공사관 호위를 위해 조선에 주재한 병력을 철수한다.

제2조 청·일 양국은 조선 국왕이 군대를 교련하여 자위할 수 있게 하고, 외국 무관 1인 내지 여러 명을 채용하여 훈련을 위임하게 하되, 이후 청·일 양국은 관원을 파견하여 조선에서 훈련하는 일이 없도록 상호 승인한다.

제3조 **앞으로 만약 조선에 변란이나 중대 사건이 일어나 청·일 두 나라 또는 한 나라가 파병을 하려고 할 때에는 마땅히 그에 앞서 쌍방이 문서로써 알려야 한다.** 그 사건이 진정된 뒤에는 즉시 병력을 전부 철수시키며 잔류시키지 못한다.

03 갑신정변 이후의 정세

1. 열강의 대립 격화

(1) 러시아의 세력 확대

① 정부의 친러 경향: 청의 지나친 내정 간섭을 견제하기 위해 조선 정부는 러시아에게 접근하였다.

② 조·러 통상 조약[1](1884): 청의 중재 없이 러시아 외교관 베베르[2]가 묄렌도르프[3]의 도움을 받아 체결하였다.

③ 조·러 육로 통상 조약(1888): 조선과 러시아는 연해주와 함경도 지역을 통한 양국 간 육로 무역을 허용하였다.

(2) 영국의 거문도 점령(1885. 4.~1887. 2.): 조선에 대한 러시아의 영향력이 확대되자, 영국은 러시아의 남하를 견제하기 위해 거문도[4]를 점령하였다.

❶ 조·러 통상 조약
갑신정변 이전에 체결되었다.

❷ 베베르(웨베르)
조·러 통상 조약을 직접 체결하였다. 이후 서울 주재 러시아 공사(1885~1897)로 활동했으며, 아관 파천을 주도하였다.

❸ 묄렌도르프
조·러 통상 조약 체결에 묄렌도르프가 도움을 준 사실을 알게 된 청나라는 그를 외교 고문에서 해임하였다.

❹ 영국의 거문도 점령
영국은 거문도를 해밀턴 항이라 부르며 일방적으로 점령하였다.

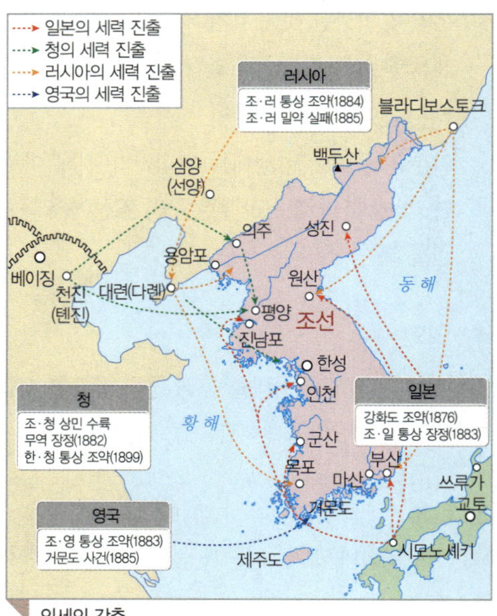

외세의 각축

2. 한반도 중립화론의 대두(1885)

(1) 한반도 중립화론

조선을 둘러싸고 열강의 대립이 격화되자, 조선 주재 독일 영사 부들러는 **조선이 독자적으로 영세 중립국을 선언할 것**을 제안하였다(스위스식). 미국에서 돌아온 **유길준**은 강대국 모두가 보장하는 중립화를 이루는 것이 필요하다고 주장하였다(벨기에식).

(2) 결과: 중립화론은 조선 정부와 열강의 무관심으로 수용되지 못하였다. 정부는 텐진 조약 이후 청·일의 간섭이 약화되고 있는 상황에서 이들을 자극할 필요는 없다고 판단하였다.

2025. 국가직 9급, 2020. 경찰 1차

유길준의 중립화론

지금 우리나라의 지리는 아시아의 인후(목구멍)에 처해 있어서 그 위치는 유럽의 벨기에와 같고, …… 유럽 여러 대국들이 러시아를 막으려는 계책에서 나온 것이었고 …… 이를 가지고 논한다면, **우리나라가 아시아의 중립국이 된다면 실로 러시아를 방어하는 큰 기틀이고 또한 아시아의 여러 대국이 서로 보전하는 정략이 될 수 있다.** …… 오직 중립 한 가지만이 진실로 우리나라를 지키는 방책이다. 그러나 이를 우리가 먼저 제창할 수 없으니 그것은 중국에 요청하여 처리하도록 해야 한다. **중국이 맹주가 되어 영국, 프랑스, 일본, 러시아 같은 아시아에 관계있는 여러 나라들과 화합하고 우리나라를 참석시켜 같이 중립 조약을 체결토록 해야 될 것이다.**

– 유길준 전서

3. 한반도를 둘러싼 열강의 대립 심화

거문도 사건과 중립화론의 대두 등 일련의 사건들은 당시 조선을 둘러싸고 청과 일본, 영국과 러시아가 대립하고 있음을 보여 준다. 이러한 상황은 **청·일 전쟁**과 **삼국 간섭**의 배경이 되었다.

유길준(1856~1914)

1881년 어윤중의 수행원이 되어 신사유람단에 참가. 최초의 일본 유학생이 되었다. 또한 보빙사의 수행원으로 미국으로 건너갔다가 최초의 미국 유학생이 되기도 하였다. 이후 1차 갑오개혁 당시 군국기무처의 의원으로 참여하였다. 저서로는 『서유견문』과 『조선문전』이 있다.

(가)에 들어갈 말로 옳은 것은?

2024. 국가직 9급

정부의 개화 정책이 추진되면서 구식 군인과 도시 하층민이 반발하였다. 제대로 봉급을 받지 못한 구식 군인들이 난을 일으키고 도시 하층민이 여기에 합세하였으나 청군에 의해 진압되었다. 이후 청은 조선에 군대를 주둔시키고 조선의 내정에 개입하였다. 또 (가) 을 체결하여 조선이 청의 속방임을 명문화하고 청 상인의 내륙 진출을 인정받았다.

① 한성 조약
② 텐진 조약
③ 제물포 조약
④ 조·청 상민 수륙 무역 장정

해설

제시된 자료는 1882년 임오군란에 대한 내용이다. ④ 임오군란의 결과, 조선은 청나라와 조·청 상민 수륙 무역 장정을 체결하였다.
① 한성 조약은 갑신정변의 결과 일본과 체결한 조약이다. ② 텐진 조약은 갑신정변 이후인 1885년 청나라와 일본이 체결한 조약이다. ③ 제물포 조약은 임오군란 이후 일본과 체결한 조약이다.

정답 ④

CHAPTER 2 구국 민족 운동의 전개

解·法·기·출·진·맥

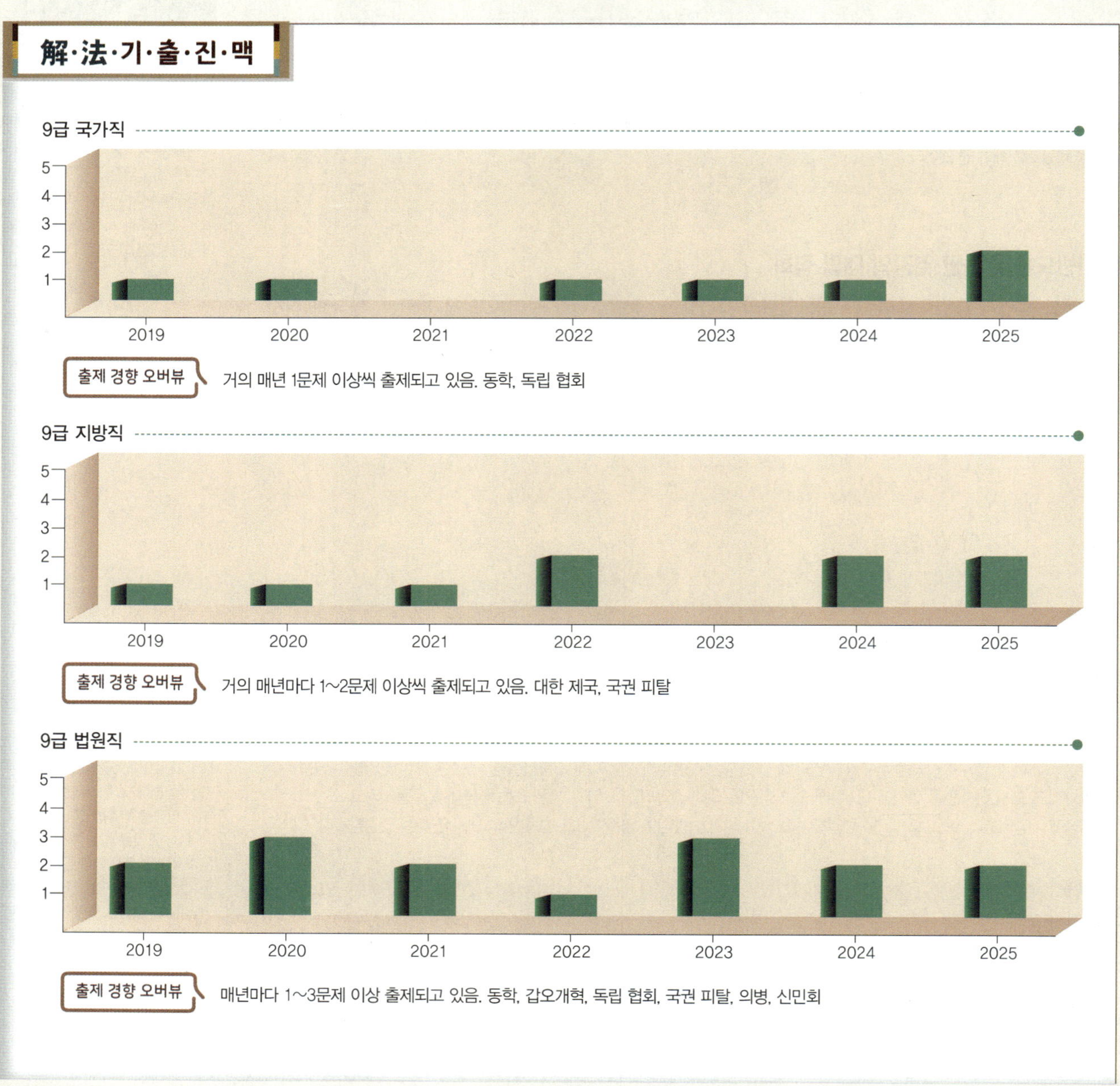

동학 농민 운동의 전개

解/法 기출분석

구분		2008~2018	2019	2020	2021	2022	2023	2024	2025
9급	국가직	동학(3)	동학						
	지방직	동학						동학	
	법원직	동학(4)				동학		동학	

解法 요람

동학 농민 운동의 전개

❶ 입도선매(立稻先賣)

주로 현금이 급한 농민들이 논에서 자라고 있는 벼를 파는 것을 말한다.

최시형(동학의 2대 교주)

❷ 포접제(包接制)

동학의 모임 장소인 접소에 책임자인 접주를 두고, 전국을 포와 접으로 나누어 관리한 동학의 교단 조직이다.

❸ 최제우의 억울한 죽음

1864년 정부는 세상을 어지럽힌다는 이유로 동학을 사교로 규정하고 교조 최제우를 처형하였다.

❹ 척왜양창의(斥倭洋倡義)

일본과 서양을 물리치고 대의를 세운다.

❺ 조병갑의 농민 착취

고부 군수 조병갑은 농민을 동원하여 만석보를 만들고 강제로 수세(水稅)를 거두었다.

❻ 사발통문(沙鉢通文)

주모자가 누구인지 알 수 없게 사발을 엎어 그린 원을 중심으로 참여자들의 이름을 적고, 봉기의 취지를 알린 글이다.

❼ 안핵사(按覈使)

민란 등이 발생했을 때 파견한 조선의 임시 관직이다.

01 1894년 이전 농민층의 동향

1. 농민층의 동요

(1) 지배층의 수탈: 집권 세력의 부정부패로 농민들에 대한 수탈이 극심했다.

(2) 외세의 경제 침탈: 일본으로 곡물이 많이 수출됨에 따라 곡물 가격과 물가는 폭등했다. 게다가 일본 상인들은 입도선매❶나 고리대의 방법으로 폭리를 취하였다.

2. 동학의 교세 확산

(1) 창시: 1860년 최제우가 인내천(人乃天) 사상을 중심으로 동학을 창시하였다.

(2) 교세 확장: 2대 교주 최시형이 포접제❷를 정비하고 포교 활동을 펼치면서 교세가 크게 확장되었다.

3. 교조 신원 운동의 전개

동학교도들은 교조 신원 운동을 전개하여 교조 최제우의 억울함❸을 풀고, 포교의 자유를 얻고자 하였다.

(1) 삼례 집회(1892. 11.) – 1차 신원 운동

충청·전라의 관찰사에게 동학의 탄압 중지와 최제우의 누명을 벗겨줄 것을 요청하였다.

(2) 서울 복합 상소(1893. 2.) – 2차 신원 운동

동학 대표 40여 명이 경복궁 앞에 엎드려 국왕에게 직접 상소하였다(복합 상소).

(3) 보은 집회(1893. 3.) – 정치·사회 운동으로 발전

① 정치적 집회의 시작: 일반 농민까지 참가한 대규모 집회가 되었다. 종교적인 요구(교조 신원) 외에 외세 배척('척왜양창의'❹)과 탐관오리 숙청 등 정치적 구호를 내세웠다.

② 정부의 대응: 충청·전라도의 관찰사를 교체하는 등 회유책과 동시에 관군을 보내 압박하였다.

02 동학 농민 운동의 전개 ⭐

1. 고부 민란(1894. 1.)

(1) 원인: 고부 군수로 부임한 조병갑의 농민 착취❺가 극심하였다.

(2) 민란의 발발

전봉준은 사발통문❻을 작성한 뒤 1천여 명의 농민군을 이끌고 관아를 습격하여 군수를 내쫓았다.

(3) 결과

정부는 고부 군수를 박원명으로 교체하고 농민 봉기 사건을 조사하기 위해 안핵사❼를 파견하였다.

심화사료 百出   2024. 지방직 9급

고부 민란 당시 사발통문의 내용

1. 고부성을 격파하고 군수 조병갑의 목을 베어 매달 것

1. 군수에게 아첨하여 백성을 침탈한 탐욕스러운 아전을 쳐서 징벌할 것

1. 전주 감영을 함락하고 서울로 곧바로 향할 것

2. 제1차 봉기(1894. 3.)

(1) 무장·백산 봉기

① 원인: 진상 조사를 위해 파견된 **안핵사 이용태**는 모든 책임을 동학 농민군의 탓으로 돌리면서 주모자를 색출하고 마을을 약탈하였다.

② 전개

㉠ 무장 봉기: 이용태의 행위에 분개한 전봉준은 손화중과 함께 전라도 무장에서 봉기하였다. 이들은 각 고을에 제폭구민[8], 보국안민[9]의 대의를 위하여 봉기할 것을 호소하였다.

㉡ 백산 봉기: 농민군은 호남 창의소를 조직하고 지휘부[10]를 구성하였다. 또한 이들은 농민 봉기를 알리는 격문과 4대 행동 강령을 선포하였다.

(2) 전주성 입성(1894. 4.)

농민군[11]은 고부 **황토현** 전투에서 전라도 감영 군대를 물리쳤다. 이어서 4월 하순 **장성 황룡촌** 전투에서 초토사 홍계훈이 이끄는 경군(관군)을 크게 격파하였고 북상하여 **전주성**을 점령하였다(4. 27.).

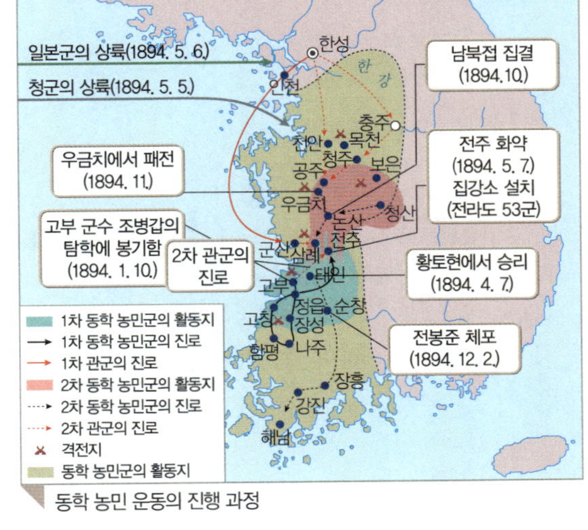

동학 농민 운동의 진행 과정

❽ 제폭구민(除暴救民)

탐관오리에게 고통을 받는 백성들을 구원한다는 뜻이다.

❾ 보국안민(輔國安民)

나라를 지키고 백성을 편안하게 한다는 뜻이다.

❿ 동학 농민군의 지휘부

농민군은 전봉준을 총대장으로, 김개남·손화중을 총관령으로 삼았다.

⓫ 균전사와 전운사 철폐 주장

4월 초 농민군은 농민들에 대한 수탈로 원성이 높았던 균전사와 전운사를 없애라고 강력히 요구하였다. 균전사는 토지를 관리하기 위해 파견한 관리이고, 전운사는 지방에서 거둔 조세를 운반하는 업무를 담당하였다.

보국안민 창의문(1894. 3. 25.)

우리가 의(義)를 들어 여기에 이르렀음은 그 본의가 결코 다른 데 있지 아니하고, 창생을 도탄에서 건지고 국가를 반석 위에 두자 함이라. **안으로는 탐학한 관리의 머리를 베고, 밖으로는 횡포한 강적의 무리를 쫓아 내몰고자 함이라.** 양반과 부호 앞에서 고통을 받고 있는 민중들과 방백과 수령의 밑에서 굴욕을 받고 있는 소리(小吏)들은 우리와 같이 원한이 깊은 자이라.

– 호남 창의 대장소 백산에서, 전봉준

농민군 4대 강령

1. 사람을 죽이지 말고 가축을 잡아먹지 마라.
2. 충효를 다하여 세상을 구하고 백성을 평안케 하라.
3. 일본 오랑캐를 몰아내고 나라의 정치를 깨끗이 한다.
4. 군대를 몰고 서울로 들어가 권세가와 귀족들을 모두 없앤다.

✎ 동학 농민 운동의 전개 과정

1차 동학 농민 운동은 고부 민란에서 시작되어 전라도 일대를 누빈 후 전주성을 점령하는 것으로 마무리되었다. 2차 동학 농민 운동은 삼례에서 봉기하여 논산을 거쳐 공주 쪽으로 북상하다가 공주 근처의 우금치 전투에서 패배하는 것으로 사실상 막을 내렸다.

3. 전주 화약과 청·일 전쟁

(1) 1894년 5월

① 청·일 양군 파병: 전주성 함락에 놀란 정부는 청에 지원을 요청하였다. 청은 5월 5일 아산만에 군대를 보냈고, **텐진 조약**[12]에 따라 일본도 5월 6일 인천에 군대를 상륙시켰다.

② 전주 화약(1894. 5. 7.): 정부는 농민군과 타협하여 **전주 화약**을 체결하였고 동학 농민군은 자진 해산하였다. 정부는 농민군이 요구한 **폐정 개혁안**과 **집강소 설치**를 받아들였다.

⓬ 텐진 조약

조선에 중대한 사건이 발생하였을 때 청과 일본은 사전에 상호 문서를 보낸 후 파병하기로 하였다.

폐정 개혁안(弊政改革案)

1. 동학도는 정부와의 원한을 씻고 서정에 협력한다.
   ⇒ 왕조 자체는 인정
2. 탐관오리는 그 죄상을 조사하여 엄징한다.
3. 횡포한 부호(富豪)를 엄징한다.
4. 불량한 유림(儒林)과 양반의 무리를 징벌한다.
   ⇒ 2, 3, 4: 제폭구민
5. **노비 문서를 소각한다.**
6. 7종의 천인 차별을 개선하고, 백정이 쓰는 평량갓(平亮)은 없앤다.
   ⇒ 5, 6: 봉건적 신분제 폐지
7. **청상과부의 개가를 허용한다.**
   ⇒ 봉건적 악습 폐지

8. 무명의 잡세는 일체 폐지한다.
   ⇒ 조세 제도 개혁
9. **관리 채용에는 지벌(地閥)을 타파하고 인재를 등용한다.**
   ⇒ 능력에 따른 인재 등용(신분제 폐지)
10. 왜와 통하는 자는 엄징한다.
    ⇒ 반외세적 성격(척왜)
11. 공사채를 막론하고 기왕의 것을 무효로 한다.
    ⇒ 부채 탕감으로 농민 생활 안정
12. **토지는 평균하여 분작(分作)한다.**
    ⇒ 토지 개혁 요구

전주 화약 체결 이후의 상황

관찰사가 관민(官民)이 서로 화해할 계책을 상의하고 **각 군(郡)에 집강(執綱)을 두는 것을 허락하였다.** 이에 따라 **동도가 각 읍을 할거하고 공청(公廳)에 집강소를 설치하고 서기(書記)·성찰(省察)·집사(執事)·동몽(童蒙)과 같은 임원을 두어** 완연히 하나의 관청을 이루었다. …… 전봉준은 수천의 무리를 거느리고 금구 원평에 웅거하면서 전라우도(全羅右道)를 호령하였으며, 김개남은 수만의 무리를 거느리고 남원성(南原城)에 웅거하면서 전라좌도(全羅左道)를 통할하였다.

– 갑오약력

---

③ 집강소❶ 설치: 전주 화약에 따라 전라도 53군에 집강소라는 민정 자치 기관을 설치하였다. 집강소는 행정과 치안을 담당하면서, 탐관오리 처벌·조세 개혁 등 폐정 개혁안의 내용을 실천하고자 하였다.

(2) 1894년 6월
 ① 교정청 설치: 6월 11일 정부는 교정청을 세워 개혁에 착수하면서 청·일 양군의 철병을 요구하였다.
 ② 청·일 전쟁(1894. 6. 23.)
  ㉠ 전개: 일본은 경복궁을 점령❷(1894. 6. 21.)하고, 청군을 기습 공격하여 청·일 전쟁❸을 일으켰다. 이후 흥선 대원군을 섭정으로 하는 김홍집 내각이 성립되었다.
  ㉡ 결과: 일본이 승리하면서 1895년 4월 시모노세키 조약을 체결하였다. 일본은 청으로부터 조선에 대한 종주권 포기, 요동반도와 타이완 할양, 배상금 2억 냥 지급 등을 약속받았다.

시모노세키 조약(청 – 일, 1895. 4. 17.)

제1조   조선은 자주국임을 확인한다.
제2조   **청은 일본에 대만, 요동, 팽호도를 할양한다.**
제4조   청은 군비 배상금으로 은 2억 냥을 일본에게 지불한다.
제6조   청은 일본 정부와 그 국민에게 최혜국 대우를 부여한다.

📎 평량갓(패랭이)

댓개비(대를 쪼개 가늘게 깎은 것)로 엮어 만든 갓으로, 천민들이 주로 썼다.

❶ 집강소 조직

전주에 집강소의 총본부인 대도소를 두고, 전라도 일대에 집강소를 설치하였다. 각 집강소에는 1인의 집강과 그 밑에 임원들을 두었다.

❷ 일본의 경복궁 점령 배경

일본은 청에게 공동으로 조선의 내정을 간섭할 것을 제안하였다. 청과의 교섭이 잘 이루어지지 않자, 일본은 경복궁을 점령하고 조선에서의 독점적 지위를 확보하려 하였다.

❸ 청·일 전쟁 발발

청이 일본의 경복궁 점령을 강력하게 항의하자 일본은 아산만에서 청의 함대를 기습 공격하였다. 이후 일본은 연이은 전투에서 청군을 격파하였다.

4. 제2차 봉기(1894. 9.)[4]

(1) 배경: 일본이 경복궁 점령, 청·일 전쟁을 연달아 일으키자 동학 농민군은 일본 세력을 몰아내기 위해 재봉기하였다.

(2) 전개

　① 남접과 북접의 연합: 10만여 명의 전라도 농민군(남접)이 삼례에 집결하였다. 손병희는 10만여 명의 충청도 농민군(북접)을 이끌고 논산에서 합류하였다(1894. 10.).

　② 공주 우금치 전투(1894. 11.): 공주를 점령하려 한 농민군은 우금치에서 관군 및 일본군과 1주일간의 공방전을 벌였으나 대패하였다.

　③ 우금치 전투 이후: 각지에서 항전하였으나 연이어 패하고, 전봉준[5]을 비롯한 지도자들까지 체포되면서 진압되었다.

(3) 동학 잔여 세력의 활동: 영학당·활빈당 등의 무장 조직을 결성했으며, 의병에 가담하기도 하였다.

2022. 법원직 9급

2차 봉기 격문

일본 오랑캐(일구, 日寇)가 분란을 야기하고 군대를 출동하여 우리 임금님을 핍박하고 우리 백성들을 뒤흔들어 놓았으니 어찌 차마 말할 수 있겠습니까. …… 지금 조정의 대신들은 망령되이 자신의 몸만 보전하고자 위로는 임금님을 협박하고 아래로는 백성들을 속이며 일본 오랑캐와 내통하여 삼남 백성들의 원망을 샀습니다. …… 갑오 10월 16일 논산에서 삼가 올림.　- 선유방문병동도상서소지등

2019. 서울시 7급(상), 2017. 서울시 9급

1895년 전봉준 공초(발췌)

문: 작년 3월 고부 등지에서 민중을 크게 모았다고 하니 무슨 사연으로 그리하였는가?

공: 고부 군수가 정액 외에 가렴(가혹하게 징수함)이 수만 냥 인고로 민심이 억울하고 원통하여 이 의거가 있었다. ……

문: 고부에서 기포할 때에 동학이 많았느냐, 원민이 많았느냐?

공: 동학은 적고 원민이 많았다.

문: 다시 난을 일으킨 것은 무슨 이유인가.

공: 일본이 개화라 칭하고 처음부터 민간에게 일언반구의 말도 공포함 없이 군대를 거느리고 우리 서울에 들어와 밤중에 왕궁을 공격하여 임금을 놀라게 하였다. 하기로 초야의 사민들이 충군애국의 마음으로 분개함을 이기지 못하여 의병을 규합하여 일본인과 접전하여 이 사실을 1차 묻고자 함이었다.

문: 그러면 일본 병사나 각국인으로서 서울에 머물고 있는 자를 모두 몰아내려 하였느냐?

공: 그러함이 아니라 각국인은 다만 통상만 하는데 일본인은 군대를 이끌고 서울에 진을 치고 체류하는 고로 우리나라 영토를 침략하려 한다는 의심을 품게 되었기 때문이다.

(가)의 체결 이후에 일어난 사실로 옳은 것은?

2019. 국가직 9급

청군과 일본군의 개입으로 사태가 악화되자 농민군은 폐정 개혁을 제시하며 정부와 　(가)　을/를 맺었다. 이에 따라 농민군은 해산하였다.

① 농민군이 황토현에서 감영군을 격파하였다.
② 고부 군수 조병갑이 만석보를 쌓아 수세를 강제로 거두었다.
③ 안핵사 이용태가 농민을 동학도로 몰아 처벌하였다.
④ 남접군과 북접군이 논산에서 합류하여 연합군을 형성하였다.

▲ 압송되는 전봉준

동학 농민 운동과 관련된 민요

2015. 경찰 1차

새야 새야 녹두새야
녹두밭에 앉지마라
녹두꽃이 떨어지면
청포장수 울고 간다
새야 새야 팔왕(八王)새야
네 무엇하러 나왔느냐
솔잎 댓잎이 푸릇푸릇 하절인가 하였더니
백설이 펄펄 흩날리니
저 강 건너 청송 녹죽이 날 속인다.

해설

(가)는 1894년 5월에 동학 농민군과 관군이 체결한 전주 화약이다. ④ 동학 농민군은 1894년 9월에 다시 봉기하여 10월에 논산에서 연합군을 형성하였다.
① 1894년 4월의 일이다. ② 조병갑의 만석보 수탈 등으로 인하여 1894년 1월 고부 농민 봉기가 발발하였다. ③ 1894년 3월의 일이다.

정답 ④

02강 갑오·을미개혁

解/法 기출분석

구분		2008~2018	2019	2020	2021	2022	2023	2024	2025
9급	국가직	• 갑오개혁 • 동학과 갑오개혁의 공통점 • 역대 지방 행정 제도					갑오개혁		2차 갑오개혁
	지방직	• 갑오개혁(2) • 근대 개혁안(2)						1890's 정치	
	법원직	• 갑오개혁(2) • 을미개혁 • 근대 개혁안(3) • 근대 정치	2차 갑오개혁	근대 개혁안					

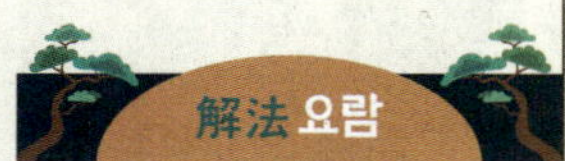

解法요람

갑오·을미개혁의 전개

교정청 설치 → 1차 갑오개혁 → 2차 갑오개혁 → 3차 갑오(을미)개혁

1차 갑오개혁
김홍집 내각
자주적
군국기무처 중심

2차 갑오개혁
김홍집·박영효 연립 내각
온건 + 급진 개화파
홍범 14조

3차 갑오(을미)개혁
김홍집 내각
급진적 개혁
단발령
아관 파천으로 중단

갑오·을미개혁의 비교

구분	제1차 갑오개혁(1894. 6.)	제2차 갑오개혁(1894. 11.)	을미개혁 (제3차 갑오개혁, 1895. 8.)
정치	• 정부와 왕실 사무 분리 • 개국 연호 사용 • 과거제 폐지 • 6조 ⇨ 80아문	• 내각제 시행 • 80아문 ⇨ 7부제 • 8도 ⇨ 23부(337군) • 사법권과 행정권 분리 　(지방 재판소 설치, 지방관 권한 축소)	• 연호 '건양' • 친위대, 진위대
경제	• 재정 일원화(탁지아문) • 도량형 통일 • 조세 금납화(지세와 호세로 통합) • 은 본위 화폐 제도	관세사 · 징세사(지방 징세 업무 개편)	
사회	• 공 · 사 노비법 폐지 • 고문과 연좌제 폐지 • 조혼 금지, 과부 개가 허용	교육 입국 조서 ⇨ 한성 사범 학교, 한성 중학교, 외국어 학교	• 태양력 사용 • 단발령 • 우편 사무 재개 • 소학교 설치

1. 자주적 개혁의 시도

일본은 조선에 군대를 주둔할 구실을 찾기 위해 조선 정부에 내정 개혁을 요구하였다. 정부는 일본군의 철수를 요구하는 한편, 자주적인 개혁을 추진하기 위해 **교정청**❶을 설치(1894. 6. 11.)하였다.

심화사료 百出

2011. 지방직 9급

교정청(校正廳) 설치

고종 31년(1894) 우리 정부는 왕명을 받들어 **교정청**을 설치하였다. 당상관 15명을 두고 **먼저 폐정 몇 가지를 개혁하니, 모두 동학당이 주장한 것이다.** 우리 힘으로 개혁을 추진하여 일본인들이 끼어듦을 막고자 하였다. ……

- 공금을 많이 횡령한 자는 일절 너그러이 용서하지 말고 법대로 처벌할 것
- 공사채(公私債)를 가리지 말고 절대로 족징(族徵)을 하지 말 것

– 김윤식, 「속음청사」

2. 개혁의 추진

(1) 내각의 구성

일본은 군대를 동원하여 경복궁을 점령(1894. 6. 21.)하고 민씨 정권을 붕괴시켰다. 이어 **흥선 대원군**❷을 섭정으로 하는 제1차 김홍집 내각이 성립되었다.

(2) 군국기무처(1894. 6. 25.) 설치

초정부적 회의 기구로서, 각종 정책을 추진하였다. **영의정 김홍집**을 총재관으로 하여 박정양·김윤식·유길준 등 17명이 위원으로 참여하였다.

3. 개혁 내용

중점적으로 다룬 것은 정치와 경제 부분이었고 개혁안에는 동학 농민군의 요구도 상당수 포함되었다.

(1) 정치

① 연호 사용: 청의 연호를 버리고 개국 기원(개국 연호)❸을 사용하였다.

② 왕실과 정부 사무 분리: 궁내부❹를 신설하여 왕실과 정부 사무를 분리함으로써, 국왕의 권한을 제한하고 의정부에 권력을 집중하였다. 의정부 산하의 6조는 80아문으로 확대·개편하였다.

③ 경무청 설치: 내무아문 산하에 설치된 경찰 기관이다.

④ 과거제 폐지: 과거제를 폐지하여 신분의 구별 없이 인재를 등용하고 근대적 관리 임용제❺를 실시하였다.

⑤ 언론 기관 폐지: 사간원을 비롯한 삼사의 대간 제도를 폐지하였다.

---

❶ **교정청**

갑오개혁이 실시되면서 폐지되었다.

🔖 **1894년 주요 사건 일지**

1월	고부 농민 봉기	1차 농민 봉기
2월		
3월	무장·백산 봉기	
4월	황토현·황룡촌 전투 전주성 점령	
5월	청·일군 상륙 전주 화약 체결	
6월	교정청 설치 일본군의 경복궁 점령 청·일 전쟁 발발 군국기무처 설치	
7월		1차 갑오개혁
8월		
9월	농민군 재봉기	2차 농민 봉기
10월	이노우에 공사 부임	
11월	우금치 전투	
12월	홍범 14조 반포	2차

❷ **흥선 대원군**

일본은 민씨 세력의 견제, 백성들의 반발 등을 이유로 흥선 대원군을 섭정으로 내세웠으나, 실권을 주지는 않았다.

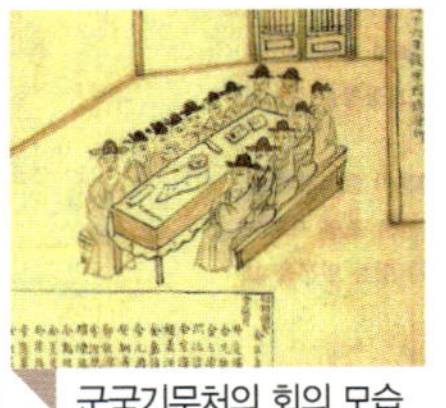

군국기무처의 회의 모습

❸ **개국 기원**

조선 건국 연도인 1392년을 원년으로 삼아 1894년은 '개국 503년'이라고 표현하였다.

❹ **궁내부**

의정부에서 담당하던 왕실 업무를 궁내부(수장: 궁내부 대신)가 맡아서 하였다.

❺ **칙임관·주임관·판임관**

일본식의 칙임관·주임관·판임관 등으로 구분하였다. 칙임관은 왕이 직접 임명하고, 중급 관리인 주임관은 대신이 추천하여 왕이 임명하였다. 그리고 하급 관리인 판임관은 각 기관장이 직접 임명하였다.

❶ 신식 화폐 발행 장정

일본 화폐의 국내 유통을 허용하였다.

❷ 연좌제

범죄자의 친족까지 함께 처벌하였다.

✎ 1차 갑오개혁 때 중앙 행정 조직

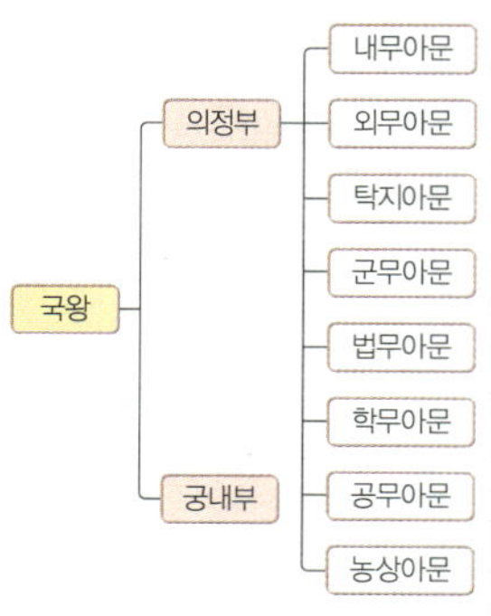

❸ 서광범

1882년 김옥균과 박영효가 일본에 수신사로 갈 때 수행하였고, 1883년에는 보빙사의 수행원으로서 미국과 유럽을 순방하였다. 갑신정변에 참여했으나 정변 진압 이후 일본·미국 등으로 망명하였다. 1894년에 귀국하여 2차 김홍집 내각에 참여하였다. 이후 법부대신이 되어 여러 개혁을 추진하였다.

(2) 경제

　① 재정의 일원화: 탁지아문에서 재정에 관한 모든 사무를 담당하였다.

　② 기타 개혁: 수많은 조세 항목을 지세와 호세로 통합했으며, 조세를 화폐로 납부하게 하였다. 신식 화폐 발행 장정❶을 통해 은 본위제를 채택하고, 도량형을 통일하였다.

(3) 사회

　① 신분제의 철폐: 양반과 평민의 계급을 타파하였고, 공·사노비 제도를 폐지하였다.

　② 봉건적 악습 혁파: 가혹한 고문과 연좌제❷를 폐지하였다. 그리고 조혼(早婚)을 금지했으며, 과부의 재가를 허용하였다.

심화사료 頻出　　　　　2020. 법원직 9급, 2016. 지방직 9급

제1차 갑오개혁의 개혁 법령(일부)

1. 이후 국내외의 공사(公私) 문서에 개국 기원을 사용한다.

4. 연좌율을 폐지하여 죄인 자신 외에는 처벌하지 않는다.

6. 남자 20세, 여자 16세 이하의 조혼을 금지한다.

7. 과부의 재혼은 귀천을 막론하고 자유에 맡긴다.

8. 공사 노비법을 혁파하고 인신매매를 금지한다.

9. 평민도 국가에 이익이 되고 백성을 편하게 할 수 있는 의견이 있다면 군국기무처에 올려 토의에 부치게 할 것

17. 역인, 창우(광대), 피공(가죽 제조업자) 등의 천민 대우를 폐지할 것

20. 각 도의 각종 세금은 화폐로 내게 한다.

－ 경장장정존안

---

4. 일본의 간섭 강화

청·일 전쟁에서 승기를 잡고 동학 농민군을 진압한 일본은 조선에 대해 적극적으로 간섭하기 시작하였다. 흥선 대원군을 정계에서 물러나게 하고, 일본에 망명 중이던 박영효와 서광범❸을 귀국시켰다.

---

02 제2차 갑오개혁(1894. 11.) ⭐

1. 친일 내각의 구성

(1) 제2차 김홍집·박영효 연립 내각(친일 내각)

군국기무처는 폐지되고 김홍집과 박영효의 연립 내각이 성립되었다.

(2) 홍범 14조의 반포(1894. 12.)

고종은 종묘에 나가 독립서고문을 바치고, 홍범 14조를 반포하였다. 이를 통해 청에 대한 사대 관계를 청산하고 자주독립을 국내외에 선포하였다.

심화사료 頻出　　　　2023. 국가직 9급, 2018. 법원직 9급, 2012. 법원직 9급, 2010. 법원직 9급

김홍집·박영효 연립 내각의 성립

제3호　　내가 동짓날에 백관들을 거느리고 태묘(太廟)에 나아가 우리나라가 독립하고 모든 제도를 이정(釐正)한 사유를 고하고, 다음 날에는 태사(太社)에 나아가겠다.

제4호　　**박영효를 내무대신으로, 서광범을 법부대신으로** …… 삼도록 하라고 명하였다.

－ 이상은 **총리대신 김홍집**, 외무대신 김윤식, 탁지대신 어윤중, 학무대신 박정양이 칙령을 받았다.　　－「고종실록」 1894년 11월 21일

독립서고문(獨立誓告文, 나라의 자주독립을 선포)

종묘(宗廟), 영녕전(永寧殿)에 나아가 전알(展謁)하였다. 이어 서고(誓告)를 행하였다. "…… 우리 선조가 우리 왕조를 세우고 우리 후손들에게 물려준 지도 **503년**이 되는데 **짐의 대에 와서 시운(時運)이 크게 변하고 문화가 개화하였으며 우방(友邦)이** 진심으로 도와주고 조정의 의견이 일치되어 오직 **자주독립(自主獨立)**을 해야 우리나라를 튼튼히 할 수 있는 것입니다. …… 세상 형편을 살펴 내정(內政)을 개혁하여 오래 쌓인 폐단을 바로잡을 것입니다. **짐은 이에 14개 조목의 큰 규범(홍범 14조)을** 하늘에 있는 우리 조종의 신령 앞에 고하면서 ……" 하였다. — 「고종실록」, 1894년 12월 12일

2018. 법원직 9급, 2010. 법원직 9급

제2차 갑오개혁의 개혁 법령(홍범 14조)

1. 청에 의존하는 생각을 버리고 자주독립의 기초를 세운다. ⇨ 청의 종주권 부인
2. 왕실 전범(典範)을 제정하여 왕위 계승의 법칙과 종친·외척의 구별을 명확히 한다. ⇨ 국왕 친정 체제 확립
3. 임금은 각 대신과 의논하여 정사를 행하고, 종실(宗室), 외척의 내정 간섭을 용납하지 않는다.
4. **왕실 사무와 국정 사무를 나누어 서로 혼동하지 않는다.**
5. 의정부(議政府) 및 각 아문(衙門)의 직무, 권한을 명백히 규정한다.
   ⇨ 3, 4, 5: 왕실 사무와 국정 사무 분리, 국왕의 전제권 제한, 내각의 권한 강화
6. **납세는 법으로 정하고 함부로 세금을 징수하지 않는다.** ⇨ 조세 법률주의
7. 조세의 징수와 경비 지출은 모두 탁지아문(度支衙門)의 관할에 속한다. ⇨ 재정의 일원화
8. 왕실의 경비는 솔선하여 절약하고 이로써 각 아문과 지방관의 모범이 되게 한다.
9. 왕실과 관부(官府)의 1년 회계를 예정하여 재정의 기초를 확립한다. ⇨ 8, 9: 왕실과 정부의 예산 정비, 예산 제도의 수립
10. 지방 제도를 개정하여 지방 관리의 직권을 제한한다. ⇨ 지방 제도의 개편
11. 총명한 젊은이들을 파견하여 외국의 학술과 기예를 견습시킨다. ⇨ 인재 양성, 선진 문물의 도입
12. 장교를 교육하고 징병을 실시하여 군제의 근본을 확립한다. ⇨ 국민 개병제 확립
13. 민법, 형법을 제정하여 인민의 생명과 재산을 보전한다. ⇨ 민권 보장
14. 문벌을 가리지 않고 인재 등용의 길을 넓힌다. ⇨ 문벌 폐지와 능력에 따른 인재 등용

23부 지방 행정 구역(2차 갑오개혁)

2. 개혁[4]의 실행

(1) 정치

　① 중앙 제도 개편: 의정부를 내각으로 고치고, 8아문을 7부[5]로 개편하였다. 그리고 군국기무처를 폐지하고 규장각을 격하시켜 규장원이라 하였다.

　② 지방 제도 개혁: 8도를 23부로 개편하고, 부·목·군·현 등을 337군으로 통일하였다.

　③ 사법권 분리: 지방 재판소를 설치하여 **사법권을 행정권에서 분리**[6]하였다. 이에 따라 **지방관**은 권한이 축소되어 행정권만 행사하였다.

(2) 경제

　① 징세 기관의 일원화: 탁지부 산하에 관세사와 징세사를 지방에 두어 징세 업무를 강화하였다.

　② 상공업 활성화: 육의전을 폐지하고, 독점 상업권을 행사하던 상리국[7]도 폐지하였다.

(3) 사회·문화: 1895년 교육 입국 조서가 반포되었고, 이에 따라 교원 양성을 위해 한성 사범 학교 관제를 발표하였다.

3. 개혁의 중단

　삼국 간섭 이후 고종은 일본을 견제하고자 러시아를 끌어들였다. 또한 박영효가 역모 혐의를 받아 추방되자, 고종은 친미·친러적 내각을 새로 구성하였다. 이에 따라 2차 갑오개혁은 중단되었다.

❹ 제2차 갑오개혁
내무대신 박영효가 주도하였다.

❺ 7부 개편
공무아문과 농상아문을 농상공부로 통합하였다.

❻ 재판소 설치
1심 재판소로 지방 재판소와 개항장 재판소, 2심 재판소로 순회 재판소와 고등 재판소 등을 설치하였다(단, 군수의 1심 재판 관할은 유지됨).

❼ 상리국
보부상을 통합하여 관할하던 기관이다. 1883년에 설치된 혜상공국이 1885년 내무부에 속하게 되면서 상리국으로 명칭이 바뀌었다.

1. 삼국 간섭과 을미사변

(1) 삼국 간섭(러시아·프랑스·독일, 1895)

① 청·일 전쟁의 결과: 승리한 일본은 **시모노세키 조약**[1](1895. 4.)을 체결하여 청으로부터 요동반도를 빼앗았다. 이에 따라 일본은 만주·중국으로 진출할 수 있는 발판을 마련하였다.

② 삼국 간섭: 러시아는 프랑스·독일을 끌어들여 요동반도를 청에 돌려줄 것을 일본에 요구하였다. 일본은 이에 굴복하여 요동반도를 포기하였다.

③ 결과: 삼국 간섭으로 러시아의 우위가 드러나자, 조선 정부는 친러 정책을 추진하였다.

(2) 제3차 김홍집 친러 내각 수립(1895. 8.)

박영효가 실각하자 고종과 중전 민씨는 김홍집, 이범진, 이완용 등을 등용하여 **온건 개화파와 친러파의 연립 내각**을 구성하였다.

(3) 을미사변(명성 황후 시해 사건[2], 1895. 8.)

① 배경: 친일 세력의 실각에 불안을 느낀 일본은 **친러 외교를 주도하던 중전 민씨**를 제거하고자 하였다.

② 내용: 일본 공사 미우라의 주도 아래 일본군 수비대와 '낭인'이 경복궁 건청궁에 난입하였다. 홍계훈을 비롯한 군인들이 끝까지 저항했으나, 결국 **명성 황후(민씨)**가 시해되었다.

심화사료 百出

을미사변(乙未事變)

러시아 세력의 양진(昻進)을 겨우 외교상의 수단만으로 저지할 수 있다고 생각할 수는 더더욱 없는 처지였다. 그렇다면 일본이 마땅히 취해야 할 방도는 무엇이겠는가? **오직 비상한 수단으로 조선과 러시아의 관계를 단절시키는 수밖에 다른 방법이 없었다.** …… 바꾸어 말하면 **왕실의 중심 인물인 민비를 제거함으로써 러시아와 조선의 결탁을 근본적으로 파괴**하는 수밖에 다른 방법이 없었다.

– 고바야카와 히데오, 「민비 조작 사건」

2. 을미개혁

을미사변으로 친러 내각이 붕괴되고 4차 김홍집 내각이 구성되어, **급진적인 개혁**을 추진하였다.

(1) 정치

① 건양[3] 연호의 사용: '개국' 연호를 폐지하고 '**건양**' 연호를 제정하였다.

② 친위대와 진위대 설치: 서울에 중앙군으로 **친위대**를, 지방에는 **진위대**를 설치하였다.

(2) 사회·문화

① 태양력[4] 사용: 음력 11월 17일을 기하여 양력 1896년 1월 1일로 정하였다.

② 소학교 설치: 소학교령을 공포하고 전국에 소학교를 설치하기 시작하였다.

③ 종두법 실시: 지석영이 배워 온 종두법을 토대로 종두 규칙을 제정하였다.

④ 단발령 시행: 상투를 자르라는 법령으로, 강압적으로 단발령이 시행되었다.

⑤ 우체사 설치: 근대적 우편 제도가 실시되어 한성, 부산 등 10곳에 우체사를 개설하였다.

---

❶ 시모노세키 조약

조선에 대한 청의 종주권을 부인하여 일본의 조선에 대한 우세를 확실히 하였다. 또한 일본은 배상금과 함께 대만과 요동반도를 할양받았다.

❷ 명성 황후 시해 사건

황후는 무참히 살해된 뒤 시체가 불살라졌다. 일본은 미우라 일당을 송환하여 히로시마 형무소에 가두고 재판하는 척하다가 증거 불충분을 이유로 무죄 판결을 내렸다. 1897년 3월 명성이라는 시호가 내려지고, 11월에 국장(장례식)이 치뤄졌다.

❸ 건양(建陽)

'건양'은 '양력으로 세운다.'라는 의미이다. 음력 1895년 11월 17일을 양력으로 환산하여 1896년 1월 1일부터 '건양'이라는 연호를 쓰기 시작하였다.

❹ 태양력 사용

조선은 1896년부터 태양력을 사용하였다. 이로써 시간과 관련된 일상생활과 공휴일 등이 바뀌었으며, 중국을 기준으로 하였던 표준 시간이 서양을 기준으로 바뀌었다. 이는 당시 지배 세력이 일방적으로 실시한 정책이었기 때문에 민간에서는 여전히 음력을 사용하였다.

심화사료 百出

단발령

- 1895년 11월 15일에 **고종은 비로소 머리를 깎고 내외 신민에게 명하여 모두 머리를 깎도록 하였다. …… 머리를 깎으라는 명령이 이미 내려지니** 곡성이 하늘을 진동하고 사람들은 분하고 노해서 목숨을 끊으려 하였으며, 형세가 바야흐로 격변하여 일본인들은 군대를 엄히 하여 대기시켰다. 경무사 허진은 순검들을 인솔하고 칼을 들고 길을 막으며 만나는 사람마다 머리를 깎았다. …… 서울에 손님으로 왔다가 상투를 잘리니 모두 상투를 집어서 주머니 속에 감추고 통곡을 하며 성을 나갔다.
  － 황현, 「매천야록」

- 모든 남자는 상투를 자르고 서양식으로 머리를 깎으라는 시행령을 선포하였다. 성문마다 파수꾼과 군졸들이 배치되었다. …… 남자들의 갓은 예외 없이 벗겨지고 가위가 나와 상투를 잘랐다.
  － 올리버 에비슨, 구한말 비록

강제로 상투를 자르는 모습

심화사료 百出

을미개혁의 군제 개혁

제1조 국내의 육군을 **친위와 진위** 2종으로 나눈다.

제2조 **친위는 경성에 주둔**하여 왕성 수비를 전적으로 맡는다.

제3조 **진위는** 부(府) 혹은 군(郡)의 **중요한 지방에 주둔**하여 지방 진무와 변경 수비를 전적으로 맡는다.

3. 결과

(1) 항일 의병 운동(을미의병)의 발생

을미사변과 단발령에 반발하여 전국 각지에서 의병[5]이 일어났다.

(2) 개혁의 중단(아관 파천)

고종이 러시아 공사관으로 거처를 옮기는 **아관 파천**을 단행하였다. 이에 따라 김홍집 내각은 무너지고 '왜대신'으로 지목받은 김홍집은 군중에 의해 살해되었다. 그 결과 갑오·을미개혁도 중단되었다.

[5] 을미의병

유생들은 "내 목을 자를지언정 내 머리카락은 자를 수 없다."는 강경한 자세로 저항하였다.

대표 기출문제

밑줄 친 '14개 조목'에 해당하는 것만을 모두 고르면?

이제부터는 다른 나라를 의지하지 않으며 융성하도록 나라의 발걸음을 넓히고 백성의 복리를 증진하여 자주독립의 터전을 공고하게 할 것입니다. …(중략)… 이에 저 소자는 <u>14개 조목</u>의 홍범(洪範)을 하늘에 계신 우리 조종의 신령 앞에 맹세하노니, 우러러 조종이 남긴 업적을 잘 이어서 감히 어기지 않을 것입니다.

> 보기
> ㉠ 탁지아문에서 조세 부과
> ㉡ 왕실과 국정 사무의 분리
> ㉢ 지계 발급을 위한 지계아문 설치
> ㉣ 대한 천일 은행 등 금융 기관 설립

① ㉠, ㉡
② ㉠, ㉣
③ ㉡, ㉢
④ ㉢, ㉣

해설

제시된 자료는 1894년 12월 고종이 문무백관을 거느리고 종묘에 나가 바친 독립서고문의 내용으로, 밑줄 친 '14개 조목'은 독립서고문과 함께 반포한 홍범 14조를 일컫는다. ㉠ 홍범 14조에 따르면 '조세의 징수와 경비 지출은 모두 탁지아문에서 관할한다.'라고 하였다. ㉡ 홍범 14조에서는 왕실 사무와 국정 사무의 분리를 규정하였다.
㉢ 지계아문이 설치된 것은 대한 제국 시기인 1901년의 일이다. ㉣ 대한 천일 은행이 설립된 것은 대한 제국 시기인 1899년의 일이다.

정답 ①

03강 독립 협회와 대한 제국

解/法 기출분석

구분		2008~2018	2019	2020	2021	2022	2023	2024	2025
9급	국가직	• 대한 제국(2) • 대한국 국제 • 독립 협회와 대한 제국				• 독립 협회 • 근대 주요 사건			
	지방직	대한 제국	대한 제국	독립 협회				대한국 국제	대한 제국
	법원직	• 독립 협회(6) • 광무개혁(2)	헌의 6조				독립 협회		독립 협회

解法요람

1890년대 정치 상황

독립 협회(반러)
- 자주 국권: 이권 수호
- 자유 민권: 기본권 ⇨ 참정권
- 자강 개혁: 의회 설립 운동

사교 단체 ⇨ 계몽 단체(민중↑) ⇨ 정치 단체

1894	1895	1896	1897	1898	1899
동학 농민 운동 청·일 전쟁 1차, 2차 갑오개혁	삼국 간섭 ⇨ 친러 내각 을미사변 을미개혁 을미의병	아관 파천(러) 4월 『독립신문』 7월 독립 협회	고종 환궁 대한 제국 광무개혁 (구본신참)	만민 공동회 관민 공동회 (헌의 6조)	대한국 국제 경인선 원수부 한·청 통상 조약

광무개혁

구 본 | 정치 | 전제 왕권 강화

① 대한국 국제 – 전제 왕권 강화
② 원수부 설치 – 군권 장악
③ 한·청 통상 조약
④ 간도 관리사 파견 ⇨ 간도 이주민 보호

신 참 | 경제 | 근대 산업 육성

① 양전 사업(양지아문) – 지계 발급(지계아문)
② 궁내부 내장원 중심의 재정 운영
③ 식산흥업 정책, 실업 학교 설립
④ 근대 시설 도입 – 철도, 전차, 전기, 전화, 우편 제도

01 아관 파천(1896. 2.)

1. 배경

고종은 일본을 견제하기 위해 정동으로 피신하려 했으며, 춘생문 사건[1]이 일어났다.

2. 아관 파천

고종은 러시아 공사 베베르와 이완용, 이범진 등의 친러파 대신들의 협조를 얻어 1896년 2월 세자와 함께 경복궁을 빠져나가 **러시아 공사관으로 피신**하였다.

3. 결과

(1) 러시아의 내정 간섭[2]

아관 파천으로 고종은 약 1년간 러시아 공사관에서 보호를 받는 처지가 되었다. 이때 러시아를 비롯한 열강들에게 각종 이권이 넘어갔다(근거 : **최혜국 대우**).

(2) 혼란한 정국 수습(을미개혁 중단)[3]

고종은 친일적인 김홍집 내각을 해산하고, 박정양·이완용·이범진 등 친미·친러 성향의 인물들을 중심으로 내각을 구성하였다. 새 내각은 **단발령을 철회**하고 **의병 해산을 권고**하였다.

4. 고종의 환궁

고종의 환궁을 요구하는 여론이 높아지면서 고종은 1897년 경운궁으로 환궁을 단행하였다.

02 독립 협회

1. 독립 협회의 조직

(1) 독립 협회[4]의 창립

① 배경 : 아관 파천 이후 러시아를 비롯한 열강의 이권 침탈이 더욱 심해지고 있었다.

② 『독립신문』 창간(1896. 4.) : 갑신정변 때 미국으로 망명했던 **서재필**이 귀국하여 정부의 지원을 받아 『독립신문』을 창간하였다.

③ 독립 협회 창립(1896. 7.) : 서재필·이상재 등은 독립문을 건설한다는 명목으로 독립 협회를 조직하였다. 손상된 나라의 권위를 되찾고 대내외적으로 자주국임을 내세우고자 한 것이다.

---

❶ 춘생문 사건(1895. 10.)

고종이 미국 공사관으로 피신하려다가 실패한 사건이다. 이범진 등 정동 구락부의 관료들이 주도하였다.

러시아 공사관(서울 정동)

❷ 러시아의 내정 간섭

아관 파천 직후 러시아는 압록강 유역의 산림 채벌권 등 각종 이권을 획득했으며, 조선 정부는 일본인 대신 러시아인을 군사·재정 고문으로 삼았다(알렉세예프 등).

❸ 을미개혁의 중단

- 단발령 폐지(단발의 자유화)
- 내각 폐지와 의정부 복설
- 지방을 23부에서 13도로 개편
- 호구 조사 규칙 반포

❹ 독립 협회의 모순

『독립신문』은 서구의 자유·민주·평등사상과 일본의 신문물을 찬양하고 유교 문화와 중국을 야만시하는 내용으로 채워져 있다. 즉, 독립 협회가 표방하는 '독립'은 청나라로부터의 독립을 의미한 것이었다.

서재필

(2) 독립 협회의 구성·운영

  ① 성격: 초기에는 사교 단체로 결성되어 현직 관료도 광범위하게 참여하였다.

  ② 참여: 서재필과 윤치호, 이완용 등 친미·친러 성향의 개혁파 관료 그룹인 정동 구락부와 신흥 사회 세력❶들이 참여하였다. 또한 독립문 건립을 위한 기금을 내고 가입 의사만 표시하면 누구나 회원이 될 수 있어 점차 각계각층이 참여하는 단체로 성장하였다.

  ③ 운영: 공주 지회를 시작으로 전국 13도에 지회가 설치되었다.

2. 독립 협회의 활동 ⭐

(1) 독립 협회 창립기(민중 계몽)

  ① 독립의식 고취: 독립문과 독립관 건립 등에 주력하여 대중의 호응을 얻었다.

    ㉠ 독립문 건립: 국민들의 성금을 모아 **청에 대한 사대의 상징인 영은문**❷을 허물고 그 자리에 독립문을 세웠는데 1897년에 완공되었다.

    ㉡ 독립관 개축: 중국 사신을 대접했던 모화관❸을 개조하여 독립관이라고 하였다.

  ② 민중 계몽 운동: 기관지인 「대조선 독립협회 회보」를 간행하고 독립관에서 각종 강연회·토론회를 열었다. 이 과정에서 독립 협회는 점차 민중을 대변하는 단체로 성장하였다.

(2) 민중 참여기(자주 국권·자강 개혁)

  ① 만민 공동회(자주 국권 운동)

    독립 협회는 고종에게 구국 선언 상소문을 올렸다. 이를 계기로 **1898년 종로에서 우리나라 최초의 군중 대회인 만민 공동회를 개최**하여 외국의 간섭과 일부 관리의 부정부패를 비판하였다.

  ② 이권 수호 운동❹

    독립 협회는 각종 이권 수호 운동을 전개하였다. 특히 러시아의 군사 교관과 재정 고문을 철수시켰다. 또한 러시아의 절영도 조차❺ 요구를 철회하게 했으며, 한·러 은행을 폐쇄시켰다.

  ③ 내정 개혁: 국민의 신체 자유와 언론·출판·집회·결사의 자유 확대를 주장하였다. 또한 의회 설립 운동을 전개하였다.

고름사료 百出

2013. 경찰 2차, 2011. 법원직 9급, 2012. 법원직 9급

구국 선언 상소문

신(臣) 등은 생각하건대 나라의 나라 됨이 둘이 있으니, 가로되 자립하여 타국에 의뢰하지 않는 것이요, 가로되 자수(自修)하여 한 나라에 정치를 행하는 것입니다. 이 두 가지는 하느님께서 우리 폐하에게 주신 바의 하나의 대권입니다. 이 대권이 없은즉 그 나라가 없습니다. 때문에 신 등은 독립문을 세우고 독립 협회를 설립하여 위로는 황상(皇上)의 지위를 높이고, 아래로는 인민의 뜻을 굳게 하여 억만년 무강의 기초를 확립하려 합니다.

–「독립신문」, 1898년 3월 21일

만민 공동회(萬民共同會)

회원 김정현이 급히 배재 학당으로 가서 교사 **이승만**❻ 및 학도 40~50인과 함께 경무청 앞에 갔고 다른 회원들은 백목전 도가(都家)*에 모여 윤시병을 **만민 공동회** 회장으로 삼아 경무청 앞으로 갔다. 이때 인민들이 다투어 모인 자가 수천인이었다.

* 도가: 상인들이 모여 의논하는 집

–「대한계년사」

㉠ 보수파와의 갈등 : 김홍륙 독차 사건[7] 이후 보수파와 독립 협회와의 갈등이 심화되었다.

㉡ 진보 내각의 출범 : 독립 협회는 수차례 만민 공동회를 개최하여 의회 설립과 보수 관료 퇴진을 주장하였다. 이에 보수 내각이 퇴진하고, 박정양을 중심으로 진보 내각이 수립되었다.

㉢ 관민 공동회[8] : 새로 수립된 내각의 대신들까지 참여한 관민 공동회가 개최되었다. 여기서 헌의 6조[9]를 결의하고 **중추원**[10]을 개편하여 의회를 만들고자 하였다(중추원 신관제). 그러나 의회 설립은 고종과의 갈등으로 실현되지는 못하였다.

고급사료 **빈出**
21. 경찰 1차, 20. 법원직 9급, 19. 법원직 9급, 17. 국가직 9급, 14. 지방직 9급, 13. 경찰 2차, 11. 법원직 9급, 10. 지방직 9급, 10. 지방직 7급

관민 공동회와 백정 박성춘의 연설

관민 공동회에 참석한 회원 일동은 만세를 부른 뒤에 관리와 백성들에게 먼저 의견을 개진할 것을 요청하였다. **백정 박성춘**이 말하였다. "이 사람은 바로 대한에서 가장 천한 사람이고 매우 무식합니다. 그러나 임금께 충성하고 나라를 사랑하는 뜻은 대강 알고 있습니다. 이제 나라를 이롭게 하고 백성을 편리하게 하는 방도는 관리와 백성이 마음을 합한 뒤에야 가능하다고 생각합니다. 저 차일(즉 천막이다)에 비유하면, 한 개의 장대로 받치자면 힘이 부족하지만 만일 많은 장대로 힘을 합친다면 그 힘은 매우 튼튼합니다. 삼가 원하건대, 관리와 백성이 마음을 합하여 우리 대황제의 훌륭한 덕에 보답하고 국운이 영원토록 무궁하게 합시다." 회중이 박수를 보냈다.

– 정교, 「대한계년사」

헌의 6조

1. **외국인에게 의지하지 말고** 관민이 힘을 합하여 **전제 황권을 견고하게 할 것**
   ⇨ 자주 국권의 확립
2. 외국과의 이권에 관한 계약과 조약은 각 대신과 중추원 의장이 합동 날인하여 시행할 것
   ⇨ 열강의 이권 침탈 방지와 입헌 군주제적 요소
3. **국가 재정은 탁지부에서 전관하고, 예산과 결산을 국민에게 공포할 것**
   ⇨ 재정의 일원화
4. 중대 범죄는 공개 재판하되, 피고가 죄를 자백한 후에 시행할 것
   ⇨ 재판 공개와 피고인의 자백 중시(근대적 민권 의식)
5. 칙임관을 임명할 때에는 정부에 그 뜻을 물어서 중의에 따를 것
   ⇨ 입헌 군주제적 요소
6. 정해진 규칙을 실천할 것
   ⇨ 법치 행정 중시

중추원 신관제[11](1898년 11월 발표)

제3조　의장은 대황폐하께서 성간으로 칙수하시고, 부의장은 중추원 공천에 의하여 칙수하시고, 의관 반수는 정부에서 국가에 노고가 있는 자로 회의 추천하고, 반수는 인민 협회에서 27세 이상인이 정치와 법률, 학식에 통달한 자로 투표로 선거할 것

3. 독립 협회의 해산

(1) 보수 세력의 모함(익명서 사건)[12]

　　독립 협회가 황제를 폐위하고 공화정을 건설하려 한다는 보고가 고종에게 전달되었다.

(2) 과정

　　고종은 독립 협회의 해산을 명령하고, 이상재를 비롯한 독립 협회 간부들을 체포하였다. 이에 독립 협회는 만민 공동회를 열어 대항하였다.

(3) 해산

고종이 보부상 단체인 '황국 협회' 회원들을 동원하여 만민 공동회를 습격하자, 독립 협회 회원들과 무력 충돌이 벌어졌다. 정부는 군대를 동원하여 만민 공동회를 강제로 해산하였고 결국 독립 협회도 해산되었다.

(4) 독립 협회 활동의 의의

독립 협회는 민중에 바탕을 둔 개화 운동을 전개하여, 광범위한 사회 계층의 참여를 유도하였다.

❋ 갑신정변, 동학 농민 운동, 갑오개혁, 독립 협회 개혁안 비교

구분	갑신정변 (14개조 정강)	동학 농민 운동 (폐정 개혁안 12조)	갑오개혁 (홍범 14조)	독립 협회 (헌의 6조)
청 종주권 부정	청에 잡혀간 흥선 대원군을 곧 돌아오게 하며, 종래 청에 대하여 행하던 조공의 허례를 폐지한다.		청국에 의존하는 생각을 끊어버리고 자주독립하는 기초를 세운다.	
신분제 폐지 (관리 등용 개선)	문벌을 폐지하여 인민 평등의 권리를 세워 능력에 따라 관리를 등용한다.	관리 채용에는 지벌을 타파하고 인재를 등용한다. 노비 문서를 소각한다.	문벌을 가리지 않고 인재 등용의 길을 넓힌다.	
세제 개혁	지조법을 개혁하여 국가의 재정을 넉넉하게 한다.	무명의 잡세는 일체 폐지한다.	납세는 법으로 정하고 함부로 세금을 징수하지 않는다.	예산과 결산을 국민에게 공포한다.
재정의 일원화	모든 재정은 호조에서 통할한다.		조세의 징수와 경비 지출은 모두 탁지아문의 관할에 속한다.	국가 재정은 탁지부에서 전관한다.
관리 부정 방지	부정한 관리 중 그 죄가 심한 자는 치죄한다.	탐관오리는 그 죄상을 조사하여 엄징한다.		
행정 기구 개편	의정부, 6조 외의 불필요한 기관을 폐지한다.		왕실 사무와 국정 사무를 나누어 서로 혼동하지 않는다.	
토지 제도 개혁		토지는 평균하여 분작한다.		

1. 대한 제국의 성립

(1) 대외적 상황

아관 파천으로 친일 내각이 붕괴되어 수세에 몰린 일본은 러시아와 세력 균형을 위한 협상을 전개하였다. 이에 따라 한반도에 일시적인 세력 균형 상태가 형성되어 1904년 러·일 전쟁까지 지속되었다.

(2) 대내적 상황

국가의 위상을 높여야 한다는 여론에 힘입은 고종은 1897년 2월 경운궁으로 환궁하였다.

(3) 대한 제국의 선포(1897. 10.)

고종은 연호를 광무로 고치고, 환구단에서 황제 즉위식을 거행하였다. 국호를 대한 제국으로 선포하고 자주독립 국가임을 널리 알렸다. 1899년 대한국 국제를 반포하여 만국공법(국제법)상 근대 국가의 모습을 갖추었다.

심화사료 百出

2025. 지방직 9급, 2024. 지방직 9급, 2020. 지방직 7급, 2017. 경찰 1차, 2016. 법원직 9급, 2014. 지방직 9급
2014. 서울시 9급, 2010. 국가직 7급, 2009. 국가직 7급, 2007. 국가직 9급

'대한' 국호의 제정

나라는 옛 나라이나 천명을 새로 받았으니 이제 이름을 새로 정하는 것이 합당하다. …… '대한(大韓)'이라는 이름을 살펴보면 황제의 정통을 이은 나라에서 이런 이름을 쓴 적이 없다. '한'이라는 이름은 우리의 고유한 나라 이름이며, 우리나라는 마한·진한·변한 등 원래의 삼한을 아우른 것이니 '큰 한'이라는 이름이 적합하다.　　　　－「고종실록」, 1897년 10월

대한국 국제(1899)

제1조　대한국은 세계 만국이 공인한 **자주독립 제국**이다.

제2조　대한국의 정치는 **만세불변의 전제 정치**이다.

제3조　대한국 대황제는 **무한한 군권**을 누린다.

제5조　대한국 대황제는 **육군과 해군을 통솔**한다.

제6조　대한국 대황제는 **법률을 제정**하여 그 반포와 집행을 명하고, 대사, 특사, 감형, 복권 등을 명한다.

제7조　대한국 대황제는 행정 각부의 관제를 정하고 행정상 필요한 칙령을 발한다.

제8조　황제는 **문무관의 임명**을 행하며 작위, 훈장 및 기타 영전을 수여 혹은 박탈할 권한을 갖는다.

제9조　대한국 대황제는 **각 조약 체결 국가에 사신을 파견**하고 **선전, 강화 및 제반 조약을 체결**한다.

양전 사업의 전개

제1조　지계아문은 한성부와 13도 각 부·군의 산림, 토지, 전답, 가옥의 계권(契券)을 바로잡기 위해 임시로 설치할 것

제2조　전답, 산림, 천택, 가옥을 매매와 양도하는 경우 **관계(官契)**를 반납한다.

제3조　소유주가 관계를 받지 않거나, 저당잡힐 때 관허가 없으면 모두 몰수한다.

제4조　**대한 제국 인민 외 소유주가 될 권리가 없고**, 외국인에게 명의를 빌려주거나 사사로이 매매, 저당, 양도할 경우 법에 따라 처벌한다.

제10조　산림, 토지, 전답, 가옥은 대한제국인(人) 이외에는 소유주가 될 수 없을 것임. 단, 각 개항장 내에서는 이러한 제한이 없을 것임.　　　　－ 지계감리응행사목

✎ **로젠–니시 협정(1898. 4.)**

러·일 양국은 앞으로 대한 제국 내정에 간섭하지 않으며, 고문 등을 초빙하는 경우에는 사전에 합의하도록 하였다.

✎ **근대 연호의 변천**

갑오개혁	개국원년(開國元年)
을미개혁	건양(建陽)
대한 제국	광무(光武) – 고종
	융희(隆熙) – 순종

환구단(원구단)

황제가 하늘에 제사를 지내기 위해 둥글게 쌓은 제단이다.

2. 대한 제국의 개혁(광무개혁) ⭐

(1) **원칙**: 구본신참[1]을 개혁의 방향으로 삼고 교정소를 설치하여 개혁을 추진하였다.

(2) **정치적 개혁**: 황제 중심의 전제 군주 국가임을 확실히 하고자 하였다.

구분		개혁 내용
정치	대한국 국제 반포 (1899)	지금의 헌법에 해당된다. 만세 불변의 전제 정치와 **황제권의 무한함을 강조**하고 군대 통수권, 입법권, 행정권, 사법권, 외교권 등을 황제의 권한으로 규정하였다.
	정궁(경운궁)	경운궁을 정궁으로 정하고, 평양을 서경으로 높였다.
군사	원수부 설치	원수부를 설치하여 **황제가 군대의 지휘권을 직접 장악**하였다.
	군사 제도 개편[2]	**서울의 시위대**(1895년 설치)를 개편하고, **지방의 진위대**를 증강하였다.
	경위원 · 무관 학교 설치	황실 경찰 기구인 경위원을 설치하였다. 또한, 무관 학교를 설립하여 근대적인 군사 교육을 실시하였다.
외교	한 · 청 통상 조약[3]	1899년 청과 양국 황제 명의로 조약을 체결하여 국제적으로 대등한 관계가 되었다.
	외교 활동	벨기에(1901) · 덴마크(1902)와 국교를 수립하였으며, 만국 우편 연합(1900) · 국제 적십자사(1903) 등의 국제 기구에 가입하였다.
	해외 이주민 관리	교민 보호를 위해 블라디보스토크에 해삼위통상사무관을 파견하였고, 간도[4]에 북변도 관리를 파견하였다. 또한 이민 업무를 담당하는 수민원을 설치하였다.

(3) **경제적 개혁**: 양전 지계 사업과 상공업 진흥책을 추진하여 근대 산업을 육성하고자 하였다.

구분		개혁 내용
양전지계 사업	토지 조사	양지아문(1898)을 설치하고 미국인 측량사를 초빙하여 양전 사업을 실시하였다.
	지계 발급	**토지 소유권을 법적으로 인정해주는 지계[5] 발급**을 위해 지계아문[6](1901)을 설치하였다. 그러나 **러 · 일 전쟁 중 일본의 압력으로 중단**되어 전국으로 확대되지 못하였다.
	특징	지주뿐만 아니라 전호의 권리도 인정하였다. 또한, 개항장 이외에서는 외국인의 토지 소유를 금지하여 열강의 토지 침탈을 막으려고 하였다.
재정 관리		탁지부 등에서 관리하던 광산, 홍삼, 철도 등의 수입을 **황제 직속 궁내부[7] 산하의 내장원으로 이관**하였다. 이용익이 내장원의 재정을 관리하였다.
식산흥업 정책	근대적 기술 학교	**상공 학교(1899), 광무 학교(1900)**, 기예 학교 · 의학교 · 외국어 학교 등을 설립하였다. 또한 우편 사무원 양성을 목적으로 우편학당 · 전무학당 등을 마련하였다.
	회사 설립 지원	황실 스스로 방직, 제지 공장 등을 설립하거나 민간 회사의 설립을 지원하였다.
	상무사 조직	보부상을 지원하기 위해 상무사를 조직하여 상업 특권을 부여하였다.
	서북 철도국	내장원 산하 기관으로 서북 철도국을 두어 경의 철도 부설 작업을 추진하였다.
금융 제도 개혁		금 본위 개정 화폐 조례(1900) · 중앙은행 조례(1903)를 발표하여 금 본위제 실시와 중앙은행 창립을 시도하였다. 그러나 재정 부족으로 성공하지 못하였다. 또한 **백동화를 남발**하여 물가가 급등하는 결과를 낳았다.
칙령 개항[8]		황제의 칙령을 통해 목포, 마산, 군산 등을 개항하였다.

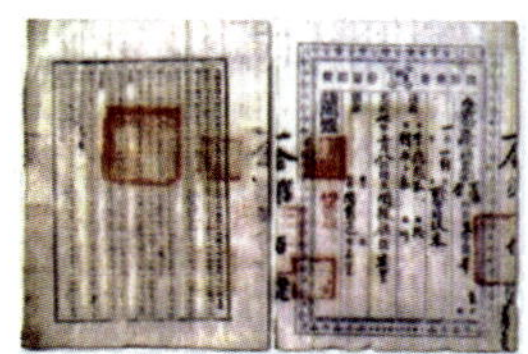

국권 침탈과 더불어 한양도 급속히 파괴되었다. 조선 왕조의 궁궐이었던 경복궁에는 220여 채의 전각이 있었으나 대부분이 헐리고 1916년부터 1926년까지 근정전 앞에 거대한 조선 총독부 청사를 지어 경복궁의 기를 꺾어 버렸다. 성종 때 지은 창경궁은 1909년 순종의 오락장을 만든다는 이유로 대부분의 전각을 헐고 그 자리에 박물관·동물원·식물원을 짓고 이름을 창경원(昌慶苑)으로 격하시켰다. 경희궁(광해군 때 창건)도 완전히 헐리고 그 자리에 경성중학교(해방 후 서울중·고등학교)를 세웠으며, 창경궁 건너편의 경모궁(景慕宮, 사도 세자 사당)이 헐리면서 그 자리에 경성 제국 대학 의학부(지금의 서울대학교 의대)가 설립되었다.

대표 기출문제

밑줄 친 '이 단체'의 활동으로 옳은 것을 〈보기〉에서 모두 고른 것은?　　　　　2023. 법원직 9급

보기

㉠ '구국 운동 상소문'을 지었다.
㉡ 고종 강제 퇴위 반대 운동에 앞장섰다.
㉢ 일제의 황무지 개간권 요구에 반대하였다.
㉣ 러시아의 내정 간섭과 이권 요구에 반대하였다.

① ㉠, ㉡　　　② ㉠, ㉣　　　③ ㉡, ㉢　　　④ ㉢, ㉣

해설

밑줄 친 '이 단체'는 독립 협회를 일컫는다. ㉠ 독립 협회는 고종에게 자주독립을 굳건히 하고 내정 개혁을 단행하라는 내용이 담긴 구국 선언 상소문을 올렸다. ㉣ 독립 협회는 러시아의 각종 이권 요구에 반대하였다.
㉡ 대한 자강회 등에 대한 설명이다.
㉢ 보안회에 대한 설명이다.

정답 ②

04강 일제의 침략과 국권의 피탈

解/法 기출분석

구 분		2008~2018	2019	2020	2021	2022	2023	2024	2025
9급	국가직	• 구한말 정치 상황 • 국권 피탈							
	지방직	• 한·일 신협약 • 국권 피탈(3)			을사조약				국권 피탈
	법원직	국권 피탈(2)		국권 피탈	러·일 전쟁		을사조약	국권 피탈	

解法요람

국권 피탈의 과정

(1904. 2.) 러·일 전쟁 — 대한 제국 대외 중립 선언(1904. 1.), 일본 뤼순항 공격

(1904. 2.) 한·일 의정서 — 군사 요지(전략상 필요한 지점) 점령권, 대한 제국에 대한 충고권, 황실과 영토 보전 약속

(1904. 8.) 제1차 한·일 협약 — 고문 정치 ⇨ 재정(메가타), 외교(스티븐스) 등

열강의 묵인 — 7月 가쓰라 – 태프트 밀약(미), 8月 제2차 영·일 동맹(영), 9月 포츠머스 강화 조약(러)

(1905. 11.) 을사조약 — 통감 정치, 대한 제국의 외교권 박탈 ⇨ 통감부 설치(1906)

(1907. 7.) 한·일 신협약 — 차관 정치(일본인 차관), 통감의 권한 강화 부속 협약 – 군대 해산

(1909) 기유각서 — 사법권·감옥 사무 박탈

(1910) 한·일 병합 조약 — 국권 피탈 ⇨ 총독부 설치

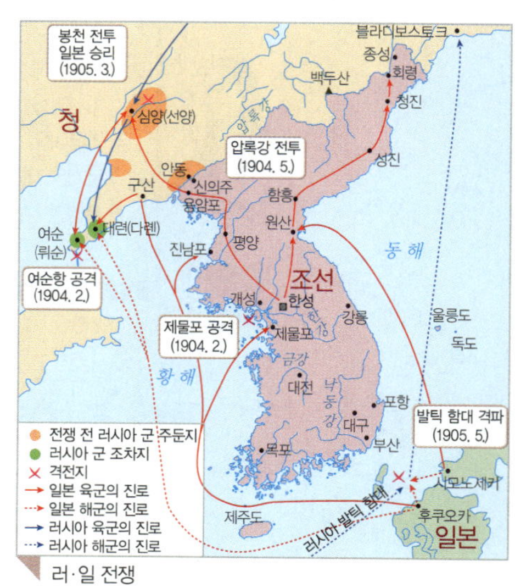

러·일 전쟁

1. 한·일 의정서(1904. 2.)

(1) 체결 배경

① 러·일 간 갈등 고조: 영국은 러시아 견제를 위해 1902년 제1차 영·일 동맹[1]을 맺어 일본을 지원하였다. 이에 러시아는 압록강 지역의 용암포를 점령(1903)하였다.

② 국외 중립 선언: 러·일 전쟁 직전[2], 대한 제국 정부는 국외 중립을 선언(1904. 1.)하였다.

③ 러·일 전쟁: 1904년 2월 일본은 뤼순항을 기습적으로 공격하고, 러시아에 선전포고함으로써 러·일 전쟁[3]을 일으켰다.

(2) 조약의 체결

① 한·일 의정서[4] 체결: 일본은 대한 제국의 중립 선언을 무시하고 한·일 의정서를 강요하였다.

② 내용: 시정 개선을 위해서 일본의 충고를 받아들일 것, 일본 정부가 대한 제국의 황실과 영토를 보전해 줄 것, 그리고 이를 위해서 **군사 전략상 필요한 지점의 사용 가능** 등의 내용을 담고 있다.

심화사료 百出

2020. 경찰 1차, 2017. 경찰 2차, 2011. 법원직 9급

한·일 의정서(韓日議定書)

제1조 동양의 평화를 확립하기 위하여 대한 제국 정부는 일본 제국 정부를 확신하고 시정 개선에 관하여 그 충고를 들을 것

제2조 대일본 제국 정부는 대한 제국의 황실을 확실한 친의(親誼)로써 안전·강녕(康寧)하게 할 것

제3조 대일본 제국 정부는 대한 제국의 독립과 영토 보전을 확실히 보증할 것

제4조 제3국의 침해나 혹은 내란으로 인하여 대한 제국의 황실 안녕과 영토 보전에 위험이 있을 경우에는 대일본 제국 정부는 속히 임기응변의 필요한 조치를 행할 것이며, 그리고 **대한 제국 정부는 대일본 제국 정부의 행동이 용이하도록 충분히 편의를 제공할 것. 대일본 제국 정부는 전항(前項)의 목적을 성취하기 위하여 군략상 필요한 지점을 임기수용할 수 있을 것**

2. 제1차 한·일 협약(1904. 8., 한·일 협정서)

(1) 체결 과정

전쟁에서 우세해지자 일본은 제1차 한·일 협약 체결을 강요하였다(고문 정치[5]).

(2) 체결 결과

재정 고문은 일본인 메가타[6], 외교 고문은 일본 정부에 고용되었던 미국인 **스티븐스**가 부임하였다.

심화사료 百出

2024. 법원직 9급, 2021. 경찰 1차, 2011. 법원직 9급

제1차 한·일 협약(한·일 외국인 고문 용빙에 관한 협정서, 한·일 협정서)

제1조 한국 정부는 일본 정부가 추천하는 **일본인 1명을 재정 고문**으로 하여 한국 정부에 용빙하고, 재무에 관한 사항은 일체 그 의견을 물어 시행할 것

제2조 한국 정부는 일본 정부가 추천하는 **외국인 1명을 외교 고문**으로 하여 외부에 용빙하고, 외교에 관한 용무를 일체 그 의견을 물어 시행할 것

제3조 한국 정부는 외국과의 조약 체결, 기타의 중요한 외교 안건, 즉 외국인에 대한 특권 양여와 계약 등의 사무 처리에 관하여는 미리 일본 정부와 협의할 것

---

❶ 제1차 영·일 동맹

영국과 일본은 각각 청과 조선에서 가지고 있는 이권을 침해받을 경우 공동 대응하기로 하였다.

❷ 러시아와 일본의 외교 교섭

영·일 동맹 체결 이후 러시아는 한반도를 분할하여 차지하자고 제안했으나, 일본은 이를 거절하였다.

❸ 러·일 전쟁의 발발

1904년 2월 일본이 요동반도의 뤼순항과 인천 월미도에 정박해 있던 러시아 군함 2척을 기습 공격하였다.

❹ 한·일 의정서

일본은 전쟁 수행에 필요한 지역을 임의로 사용하는 권리를 확보하였다. 또한 시정 개선이라는 명목으로 전국에 걸쳐 군용지를 수용하고, 황무지 개간권을 요구하였다.

❺ 고문 정치

일제는 1차 한·일 협약을 빌미로 규정에도 없는 군부, 내부, 궁내부, 학부 등 각부에도 일본인 고문을 두어 한국의 내정을 마음대로 간섭하였다.

❻ 메가타

재정 고문으로 부임한 메가타는 1905년 화폐 정리 사업을 추진하였다.

제6편
근대 사회의 전개

02 을사조약과 국권 피탈

1. 열강의 묵인

(1) 가쓰라–태프트 밀약(1905. 7.)

필리핀에 대한 미국의 권익과 조선에 대한 일본의 권익을 서로 인정해 주었다.

(2) 제2차 영·일 동맹(1905. 8.)

일본은 한국에서의 독점적 지배권을 묵인받은 대신 **영국**의 인도에 대한 특수 권익을 인정하였다.

(3) 포츠머스 강화 조약[1](1905. 9.)

러·일 전쟁이 일본의 승리[2]로 끝난 후 미국의 중재로 러시아와 일본 간에 체결된 조약이다. 이에 따라 러시아는 한국에 대한 일본의 독점적 지배권을 인정하였다.

심화사료 百出

2024. 법원직 9급, 2015. 서울시 9급

국권 강탈 과정에 있어서 열강들의 묵인

가쓰라–테프트 밀약(1905. 7.)

첫째 필리핀은 **미국**과 같은 친일적인 나라가 통치하는 것이 일본에 유리하며, 일본은 필리핀에 대해 어떤 침략적 의도도 갖지 않는다.

셋째 미국은 일본이 대한 제국의 보호권을 확립하는 것이 러·일 전쟁의 논리적 귀결이며 극동 평화에 직접 이바지할 것으로 인정한다.

포츠머스 강화 조약(1905. 9.)

제2조 **러시아** 제국 정부는 일본 제국이 한국에서 정치·군사상 및 경제상의 탁월한 이익을 갖는다는 것을 인정하고 일본 제국 정부가 한국에서 필요하다고 인정하는 지도 보호 및 감리의 조처를 하는 데 이를 저지하거나 간섭하지 않을 것을 약정한다.

2. 을사조약(乙巳條約, 1905. 11., 제2차 한·일 협약, 을사늑약)[3] ⭐⭐

(1) 체결 과정

일본은 열강에게 한국 지배를 독점적으로 인정받고, 곧바로 한국의 보호국화 작업을 추진하였다. 고종은 서명에 반대했으나, 이완용 등 을사5적을 앞세워 조약을 강압적으로 체결하였다.

(2) 체결 결과

대한 제국의 외교권이 박탈[4]되어 일본의 중재 없이 국제적 조약을 체결할 수 없게 되었다. 또한 일제는 1906년 2월에 통감부를 설치했으며, 초대 통감으로 이토 히로부미가 부임하였다. 이후 통감부는 외교 문제뿐만 아니라 정치 전반을 간섭하였다.

---

❶ 포츠머스 강화 조약

일본은 이 조약에 따라 러시아군의 만주 철수, 한국을 지도·보호할 권리 승인, 랴오둥반도 조차권 및 남만주 철도와 부속지 지배권 양도, 사할린 남부 할양 등을 얻었다.

❷ 일본의 승리

1905년 5월 일본은 대한 해협(동해)에서 러시아의 발틱 함대를 격파하여 전쟁의 승기를 잡았다. 또한 러시아도 국내에서 혁명이 일어나 전쟁을 더 이상 계속할 수 없는 상황이 되었다.

❸ 을사조약

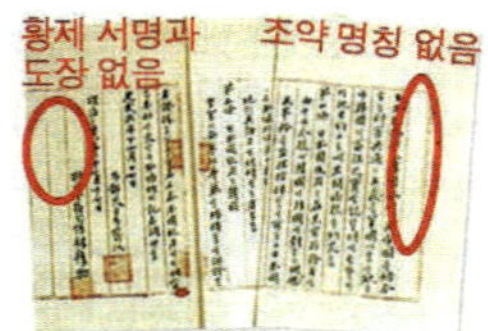

을사조약은 서명자인 외부대신의 전권 위임장, 황제의 비준서가 없었기 때문에 국제법상으로도 무효이다. 또한 일제는 외부대신의 날인을 받는 데 급급한 나머지 조약의 공식 명칭마저 써 놓지 못했다.

❹ 외교권 박탈

대한 제국의 외부가 없어졌다. 국내에 있던 외국 사절들과 미국·러시아 등 해외에 두었던 대한 제국의 공사관들도 철수하였다.

심화사료 百出　　　　2024. 법원직 9급, 2021. 지방직 9급, 2017. 국가직 9급(하), 2011. 국가직 7급

을사조약(1905. 11. 17.)

제1조　일본국 정부는 도쿄에 있는 외무성을 통하여 금후 **한국의 외국과의 관계 및 사무를 감리(관리 감독)·지휘**하고, 일본국의 외교 대표자와 영사는 외국에 있는 한국의 신민 및 그 이익을 보호한다.

제2조　일본국 정부는 한국과 타국 사이에 현존하는 조약의 실행을 완수하는 책임을 지며 **한국 정부는 금후 일본국 정부의 중개를 거치지 않고서는 국제적 성질을 가진 어떠한 조약이나 약속을 하지 않을 것**을 약속한다.

제3조　일본국 정부는 그 대표자로서 한국 황제폐하의 아래에 1명의 통감(統監)을 두되, **통감은 오로지 외교에 관한 사항을 관리**하기 위하여 서울에 주재하고, 직접 한국 황제 폐하를 궁중에서 비밀리에 알현할 권리를 가진다.

헤이그 특사
(왼쪽부터 이준, 이상설, 이위종)

❺ 헤이그 특사 파견

고종은 을사조약의 불법성을 국제 사회에 호소하기 위해 만국 평화 회의에 특사를 파견하였다. 회의에 참석 못한 특사 일행은 회의장 밖에서 각국 대표에게 보내는 탄원서를 발표하고, 신문을 통해 일본의 국제법 위반 행위를 폭로하였다.

(3) 을사조약 반대 운동

조약 체결에 반대하여 **의병 운동**이 전개되었으며, 민영환 등은 자결로써 항의하였다. 고종은 조약의 무효를 선언하고 1907년 헤이그에 특사를 파견❺하여 일제의 만행을 세계에 알리고자 하였다.

3. 한·일 신협약(1907. 7., 정미 7조약) ⭐⭐

(1) **고종의 강제 퇴위**: 일제는 헤이그 특사 파견을 계기로 고종 황제를 강제로 퇴위시켰다. 그리고 순종이 즉위한 직후 한·일 신협약을 강제 체결하였다.

(2) **내용**: 통감의 권한이 더욱 강화되어 법령 제정과 고위 관리 임면 등을 통감이 승인하였다.

(3) **부속 각서**: 부속 각서를 체결하여 대한 제국의 **군대를 해산**하고, 각 부 **차관에 일본인을 임명**하였다.

(4) **군대의 해산**: 재정난 등의 이유를 들어 대한 제국의 군대를 해산❻시켰다. 나아가 반대하는 시위대·진위대의 봉기를 무자비하게 진압하였다. 이후 해산된 군인들은 의병에 합류하였다.

❻ 군대 해산

서울의 시위대를 시작으로 군대 해산이 진행되었다. 그 과정에서 시위대의 대대장 박승환이 자결(1907. 8.)하였고 시위대 병사들이 봉기하였다. 이들은 서울 곳곳에서 일본군과 시가전을 벌였고, 이러한 움직임은 지방 진위대에도 이어졌다.

심화사료 百出　　　　2021. 경찰 1차, 2019. 서울시 9급, 2019. 서울시 7급, 2017. 서울시 9급

한·일 신협약(1907)

제1조　한국 정부는 시정 개선에 관하여 **통감의 지도**를 받을 것

제2조　한국 정부의 법령 제정 및 중요한 행정상의 처분은 미리 **통감의 승인을 거칠 것**

제4조　한국 고등 관리의 임면은 **통감의 동의**로써 이를 행할 것

제5조　한국 정부는 **통감이 추천한 일본인을 한국 관리로 임명할 것**

제6조　한국 정부는 **통감의 동의 없이** 외국인을 용빙(傭聘) 아니할 것

부속 각서(군대 해산)

제3조　다음 방법에 의하여 군비를 정리함.

　　　　1. 육군 1대대를 두어 황궁 수비를 맡기고 기타 부대를 해산할 것

제5조　중앙 정부 및 지방청에 일본인을 임명함.

　　　　1. 각 부 차관

　　　　1. 각 도 사무관

순종의 즉위식

고종과 순종은 일제의 결정에 반발하여 양위식과 즉위식에 참석하지 않고 내시를 시켜 의식을 대행하게 하였다.

4. 기유각서(1909. 7.)

사법 제도를 개선하겠다는 명분을 내세워 **기유각서**를 체결하였다. 이에 따라 통감부에 사법청이 설치되어 **사법 자주권**을 빼앗겼으며, 감옥 사무권도 통감부로 강제 이관되었다.

기유각서(己酉覺書)

첫째, 한국의 사법 및 감옥 사무가 완비되었다고 인정할 때까지 **한국 정부는 사법 및 감옥 사무를 일본 정부에게 위탁**할 것

5. 경찰권 박탈(1910. 6.)

1910년 현역 육군 대장인 데라우치를 통감으로 임명하고, '한국 경찰 사무 위탁에 관한 각서'에 의해 경찰권(치안권)까지 빼앗았다.

6. 한·일 병합 조약(경술국치, 1910. 8. 29.)

(1) 배경: 일제는 일진회❶를 비롯한 친일 단체에게 합방 청원 운동을 전개하도록 하였다.

(2) 체결: 1910년 8월에 **총리대신 이완용과 통감 데라우치**가 한국 병합에 관한 조약을 체결·공포함으로써 대한 제국의 국가 주권은 공식적으로 소멸되었다.

(3) 결과: 일본은 대한 제국을 조선❷이라 고치고 **총독부와 총독**에 의한 식민 통치를 실시하였다.

2019. 서울시 7급

한국 병합에 관한 조약(1910)

제1조 한국 황제 폐하는 한국 전부에 관한 모든 통치권을 완전 또는 영구히 일본 황제 폐하에게 양여한다.

제2조 일본국 황제 폐하는 전조에 기재한 양여를 수락하고 **완전히 한국을 일본 제국에 병합함**을 승낙한다.

제3조 일본국 황제 폐하는 한국 황제 폐하, 태황제 폐하, 황태자 전하와 그 후비(后妃) 및 후예로 하여금 각각 그 지위에 따라 상당한 존칭, 위엄 및 명예를 향유하게 하고 또 이를 유지하는 데 충분한 세비(歲費)를 공급할 것을 약속한다.

제8조 본 조약은 일본국 황제 폐하 및 한국 황제 폐하의 재가를 받은 것으로서 공포일로부터 시행한다.

– 「조선 총독부 관보」 1호, 1910년 8월 29일

(가)~(다)에 대한 설명으로 가장 옳지 않은 것은?

2024. 법원직 9급

(가) 대한 정부는 일본 정부가 추천한 일본인 1명을 재정 고문으로 삼아 대한 정부에 용빙하여 재무에 관한 사항은 일제 그의 의견을 물어서 시행해야 한다.

(나) 한국 정부는 금후 일본국 정부의 중개를 거치지 않고서는 국제적 성질을 가진 어떠한 조약이나 약속을 하지 않을 것을 약속한다.

(다) 러시아는 일본이 한국에서 정치상 군사상 및 경제상의 특수한 이익을 갖는다는 것을 승인하고 일본 정부가 한국에서 필요하다고 인정하는 지도, 보호 및 감리의 조치에 대해 방해하거나 간섭하지 않을 것을 약속한다.

① (가) 조약 체결로 메가타는 화폐 정리 사업을 실시하였다.
② (나) 조약 체결로 청과 일본 간의 간도 협약이 체결되었다.
③ (다) 조약 이후 일본은 독도를 불법 점령하였다.
④ (가)–(다)–(나) 순서로 조약이 체결되었다.

---

❶ 일진회(一進會)

송병준, 이용구 등이 중심이 되어 1904년 결성된 친일 단체이다. 일제의 조선 침략에 적극 협력했으며, 1909년에는 합방 청원서를 일본 정부에 제출하였다. 1910년 8월 29일 일제가 한국을 강점하자 데라우치 통감에 의해 그해 9월 해체되었다.

❷ 조선

일본은 한국을 일본의 새로운 영토의 일부로 병합하고, 국가명인 대한 제국이 아니라 지역명 '조선'으로 호칭했다.

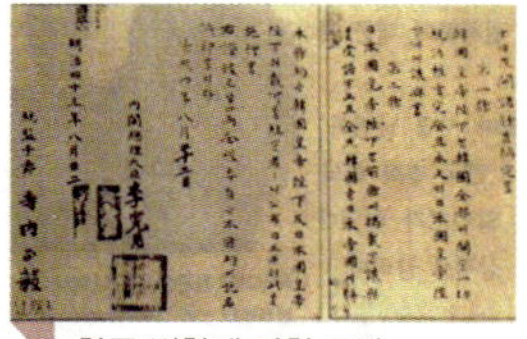

한국 병합에 관한 조약

해설

(가)는 1904년 1차 한·일 협약의 내용이고, (나)는 1905년 11월 을사늑약의 내용이다. (다)는 러·일 전쟁이 끝난 뒤, 1905년 9월에 체결된 포츠머스 강화 조약의 내용이다. ③ 일본이 독도를 불법 점령한 것은 러·일 전쟁 중인 1904년의 일이다.
① 1차 한·일 협약에 따라 화폐 정리 사업을 실시하였다. ② 을사늑약의 체결로 대한 제국의 외교권이 박탈되었다. 이는 1909년 일본이 간도 협약을 체결하는 근거가 되었다. ④ 제시된 조약들은 (가)–(다)–(나) 순서대로 체결되었다.

정답 ③

05강 항일 의병과 애국 계몽 운동

解/法 기출분석

구분		2008~2018	2019	2020	2021	2022	2023	2024	2025
9급	국가직	• 을사의병 • 정미의병(2) • 의병 운동 • 간도 • 울릉도·독도		독도				장지연	신민회
	지방직	• 정미의병 • 애국 계몽 운동(2) • 대한 자강회				안중근			
	법원직	• 의병(3) • 헐버트 • 근대 정치 • 대한 자강회와 신민회 • 신민회 • 간도		신민회	정미의병		근대 정치		을미의병

解法 요람

항일 의병 전쟁

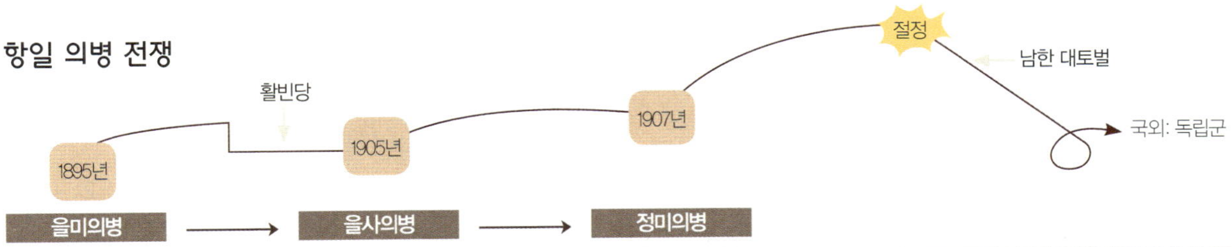

절정
남한 대토벌
국외: 독립군

활빈당

1895년 → 1905년 → 1907년

을미의병 → 을사의병 → 정미의병

	배 경	주도 인물	특 징
을미의병 (1895)	을미사변 단발령	유인석 이소응	• 유생층 주도 동학 농민군 가담 • 단발령 철회, 고종의 명령으로 해산
을사의병 (1905)	을사조약	최익현 신돌석	• 의병 활동 본격화 • 평민 의병장의 등장
정미의병 (1907)	고종 강제 퇴위 군대 해산	이인영 허위 홍범도	• 해산 군인 가담으로 의병 전쟁으로 발전 • 13도 창의군, 서울 진공 작전 • 각국 영사관에 연락하여 국제법상 교전 단체로 승인해 줄 것을 요청

애국 계몽 운동 단체

1905 헌정 연구회	→	1906 대한 자강회	→	1907 신민회
입헌 정치 연구 일진회 규탄		교육, 산업 진흥 고종 퇴위 반대		

신민회 (1907)
1. 목표: 공화정체 국민 국가 수립(최초)
2. 활동
   (1) 국내: 실력 양성 운동
      • 교육: 대성 학교, 오산 학교
      • 산업: 자기 회사, 태극 서관
   (2) 국외: 독립운동 기지 건설
      • 삼원보(남만주): 신흥 무관 학교
3. 해체: 105인 사건(1911)

유인석

❶ 민용호

'오늘 병사를 일으키려는 것은 국모의 원수를 갚으려는 것이다.'라는 격문을 발표하고 거병하여 관동 지역을 중심으로 활동하였다.

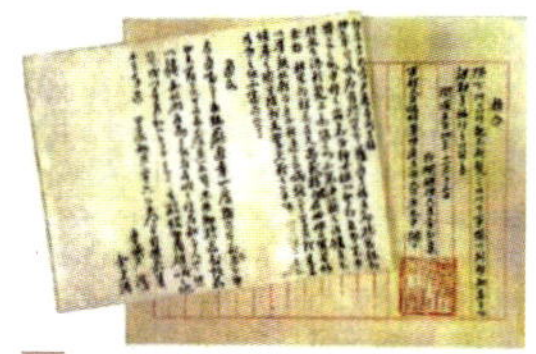

단발령과 이에 반대하는 통문

❷ 활빈당 이름의 유래

가난한 사람을 살려내는 무리라는 뜻으로, 『홍길동전』에서 이름을 따왔다. 이는 『홍길동전』의 활빈당처럼 의로운 도적이 되겠다는 의미이다.

1. 을미의병(1895)

(1) 배경: 을미사변에 이어 정부가 단발령을 공포하자 전국 각지로 확산되었다.

(2) 활동: 유인석과 이소응, 민용호❶ 등 유생들이 주도하고, 농민들과 동학 농민군의 잔여 세력이 가담하였다. 지방 관청이나 일본군을 공격하고 친일 관리와 일본인을 처단하였다.

(3) 자진 해산: 친일 내각이 붕괴되고 단발령 등 일부 정책들이 철회되었다. 여기에 **국왕의 해산 권고 조칙(효유조칙)**이 내려지면서 을미의병은 종식되었다.

심화사료 百出

2015. 사회복지직 9급

을미의병의 봉기

머리를 깎이고 의복 제도를 바꾸니 나라의 풍속은 오랑캐로 변하였구나. **국모를 시해하고** 임금을 협박하니 갑오, 을미의 원수를 아직 갚지 못하였다. …… 저들이 이 강산을 빼앗아 영원히 살겠다는 생각은 일찍이 볼 수 없었던 일이다. 저들의 죄를 세자면 하늘도 미워할 것이니 우리 국민 된 자 모두가 일어나서 저들을 죽일 의무가 있는 것이다. …… 무릇 의병을 일으킴에 응모한 우리 충의의 지사들은 모두 마음을 다져 먹고 나라에 보답할 뜻을 가졌다.

– 이강년

2. 농민들의 항쟁

(1) 활빈당(1900~1905)❷

① 조직: 의병에 참여했던 농민들은 을미의병이 해산된 뒤 무장 조직인 활빈당을 결성하였다.

② 활동: 활빈당은 대한 사민 논설 13조목을 통해 토지의 균등 분배, 방곡령의 실시 등을 요구하였다. 또한 탐관오리, 친일 부호에게 뺏은 재물을 빈민에게 나누어 주었다.

③ 의병 활동: 을사조약 이후 대부분은 항일 의병 투쟁에 적극적으로 참여하였다.

(2) 의의: 을미의병과 을사의병을 잇는 다리 역할을 하였다.

심화사료 百出

2017. 지방직 7급, 2007. 국가직 7급

대한 사민 논설 13조목

5. **시급히 방곡령을 실시하고** 구민법을 채용할 것 ┐

6. 시장에 **외국 상인의 출입을 엄금할 것** ├ 이권 수호(반외세)

8. **금광의 채굴을 금지**하고 인민의 방책을 꾀할 것 ┘

9. **사전을 혁파하고 균전으로 하는 구민법을 채택할 것** ── 토지 제도 개혁

10. 곡가의 앙등을 막기 위해 곡가를 저렴하게 안정시킬 법을 세울 것 (지주제 폐지, 반봉건)

11. **만민의 바람을 받아들여 악형의 여러 법을 혁파할 것**

13. **다른 나라에 철도 부설권을 허용하지 말 것**

– 『한성신보』, 1900년 10월 8일

1. 을사조약의 체결(1905)

을사조약의 체결로써 대한 제국은 **외교권을 강탈당하고** 일본의 보호국으로 전락하였다.

2. 을사조약에 대한 저항

(1) 고종의 대처

헐버트[3]를 워싱턴에 특사로, 이준·이위종·이상설을 헤이그에 특사로 파견하여 을사조약 체결의 부당함을 밝히려 하였으나 실패하였다. 또한 을사조약의 무효를 선언하는 친서를 『대한매일신보』에 게재하였다.

(2) 관료층의 저항

조병세, 민영환, 이상설 등은 조약의 폐기와 **을사오적**[4]의 처단을 주장하는 상소 운동을 전개하였다. 또한 민영환은 고종과 국민에게 보내는 유서를 남기고 자결하였다.

(3) 장지연의 「시일야방성대곡」

『황성신문』의 주필 장지연은 「시일야방성대곡」을 발표하여 을사조약의 부당성을 규탄하였다.

(4) 나철·오기호

나철(나인영), 오기호 등은 자신회라는 오적 암살단을 조직하였다. 이들은 친일 단체인 일진회를 습격하고 을사오적의 집을 공격하였다.

(5) 장인환, 전명운(1908)

대한 제국의 **외교 고문**으로 일제의 침략 정책을 선전하던 미국인 **스티븐스**를 샌프란시스코에서 사살하였다. 이 사건은 대한인 국민회 결성의 계기가 되었다.

❸ 헐버트(1863~1949)

미국 출신으로 1886년에 내한하여 육영 공원에서 외국어를 가르쳤다. 1905년에 을사조약이 체결되자 고종의 밀서를 미국 대통령에게 전달하려 했으나 실패하였다.

❹ 을사오적

을사조약에 동의한 대신들이다. 학부대신 이완용, 군부대신 이근택, 내부대신 이지용, 외부대신 박제순, 농상공부대신 권중현이다.

심화사료 百出

2024. 국가직 9급, 2018. 서울시 7급(상), 2015. 경찰 2차, 2012. 법원직 9급

민영환[5]의 유서

슬프다. 우리나라 우리 민족의 치욕이 이 지경에 이르렀구나. 생존경쟁이 심한 이 세상에 우리 민족의 운명이 장차 어찌 될 것인가. …… 영환은 다만 한번 죽음으로써 우러러 황은에 보답하고 우리 2천만 동포에게 사죄하노라. **영환은 죽었다 하더라도 죽은 것이 아니다.** …… 힘을 합하여 우리의 자유와 독립을 회복하면 죽은 자가 마땅히 땅속에서 기뻐 웃을 것이다. 슬프다. 그러나 조금도 실망하지 말라.

– 『대한매일신보』, 1905년 12월 1일

장지연의 '시일야방성대곡(是日也放聲大哭)'

이 날을 목 놓아 우노라[是日也放聲大哭]. …… 지난번에 이토[伊藤] 후작이 한국에 왔을 때 …… "…… 이번에 한국에 온 것은 필경 우리나라의 독립을 굳게 부식(扶植)케 할 방략을 권고할 것이다."고 하여 항구부터 서울에 이르기까지 관민(官民)의 위아래가 환영해 마지않았다. …… 천하만사가 예측하기 어려운 것도 많지만, **천만 뜻밖에 5개조가 어떻게 제출되었는가.** 이 조건은 비단 우리 한국뿐 아니라 동양 삼국이 분열할 조짐을 점차 만들어 낼 것이니 이토 후작의 본의는 어디에 있는가 …… 우리 대황제 폐하는 강경한 성의(聖意)로 거절하기를 그치지 않으셨으니, …… 아, **저 개돼지만도 못한 소위 우리 정부의 대신이란 자들**은 자기 일신의 영달과 이득이나 바라고 거짓 위협에 겁먹어 머뭇대거나 벌벌 떨며 **나라를 팔아먹는 역적이 되는 것**을 달갑게 여겨서 4,000년의 강토와 500년의 종묘사직을 남에게 들어 바치고, 2,000만 백성을 남의 노예가 되도록 하였도다.

– 『황성신문』, 1905년 11월 20일

민영환

❺ 민영환의 혈죽

민영환이 자결한 뒤 피 묻은 옷과 칼을 보관했던 마루 아래에서 푸른 대나무가 자랐다. 이 사실이 언론에 대서특필되었고, 민영환의 집은 대나무를 확인하려는 인파로 들끓었다. 민영환의 피가 대나무가 되었다고 '혈죽'이라 불렸으며, 충절의 상징이 되었다.

안중근의 생전 모습

안중근은 이토 히로부미 처단 후, 사형 언도를 받고 감옥 안에서 『동양평화론』을 집필하던 중 1910년 3월 사형당하였다(미완성). 그는 이 저술에서 이토 히로부미를 저격한 이유를 밝히고, 한·중·일 삼국이 독립 국가로 대등하게 협력할 때 동양의 평화가 이루어진다고 주장하였다.

(6) 안중근 의거(1909)

연해주에서 이범윤과 함께 의병 투쟁을 전개하던 안중근은 **하얼빈 역**에서 한국 침략의 선봉장이었던 **이토 히로부미를 저격**하였다. 안중근은 뤼순 감옥에서 옥고를 치르다가 1910년 3월 32세의 나이로 순국하였다.

(7) 이재명(1909)

매국노를 처단하기 위해 **이완용**을 칼로 찔러 중상을 입혔다.

심화사료 **頻出**

2022. 지방직 9급

안중근이 재판을 받을 때 남긴 법정 진술

오늘날 사람은 모두 법에 의하여 생활하고 있는데 실제로 사람을 죽인 자가 벌을 받지 않고 생존할 도리는 없는 것이다. …… 나는 한국의 의병이며 지금 적군의 포로가 되어 와 있으므로 마땅히 만국공법에 의해 처단되어야 할 것으로 생각한다.

안중근의 동양평화론

한국과 청나라 양국의 국민은 …… 일본을 도와주었다. …… 일본과 러시아가 전쟁을 시작할 때, 일본 천황은 이 전쟁이 동양 평화를 유지하고 대한의 독립을 튼튼히 하기 위한 것이라고 했다. …… 또 다른 이유는 일본과 러시아의 싸움이 황인종과 백인종의 다툼이라 할 수 있으므로 …… 같은 인종을 사랑하는 마음이 일어났던 것이다. …… 슬프다. 천만뜻밖에도 일본이 승리한 뒤에 가장 가깝고 가장 친하며 어질고 약한 같은 인종인 한국을 힘으로 억눌러 강제로 조약을 맺고 …… ― 『안중근 전기 전집』

3. 을사의병

(1) 배경: 을사조약의 폐기와 친일 정권의 타도를 주장하며 전국에서 의병이 일어났다.

(2) 활동

① **참여 세력**: 유생과 전직 관료, 평민 등 다양한 계층들이 의병에 합세하였다. 또한, **평민 출신 의병장**이 등장하였다.

② **을사의병장**

㉠ **민종식**: 전 참판 민종식이 충남에서 거병하여 홍주성을 점령하였다.

㉡ **최익현**: 전라도에서 제자들과 봉기하였다. 그러나 정부군과 마주치자 "왜적 아닌 동족과 싸울 수 없다." 하여 자진 항복하였다. 최익현은 그 후 일본군에 의해 **대마도**에 유폐되었는데 그곳에서 단식하다가 마침내 순국하였다(1906. 12.).

㉢ **신돌석**: **평민 의병장**으로 울진과 평해를 중심으로 활동하였다. 신돌석 부대는 유격전을 벌여 많은 전과를 올렸으며, '태백산 호랑이'라 불렸다.

(3) 의의: 평민 의병장이 등장했으며, 농민들도 의병 투쟁에 적극 가담하여 참여 계층이 확대되었다.

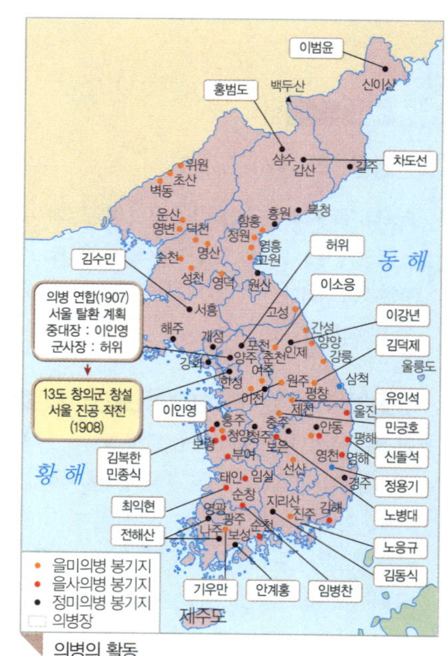

의병의 활동

고등사료 頻出

최익현[1]의 포고팔도사민

오호라. 작년 10월에 저들이 한 행위는 만고에 일찍이 없던 일로서, **한 조각의 종이에 강제로 조인하게 하여 5백 년 전해오던 종묘사직이 마침내 하룻밤 사이에 망했으니** …… 우리에게 **이웃 나라가 있어도 스스로 결교(結交)하지 못하고 타인을 시켜 결교하니 이것은 나라가 없는 것**이요, 우리에게 토지와 인민이 있어도 스스로 주장하지 못하고 타인을 시켜 대신 감독하게 하니, 이것은 임금이 없는 것이다. 나라가 없고 임금이 없으니 우리 삼천리 인민은 모두 노예이며 신첩일 뿐이다. 남의 노예가 되고 남의 신첩이 된다면 살았다 하여도 죽는 것만 못하다. …… 우리 의병 군사의 올바름을 믿고, 적의 강대함을 두려워하지 말자. 이에 격문을 돌리니 다 함께 일어나라.

– 포고팔도사민

---

03. 정미의병과 의병 전쟁

1. 배경

일본은 고종 황제를 강제 퇴위시키고, 순종을 즉위시켰다. 곧이어 한·일 신협약(정미 7조약)을 강제로 체결하고, 대한 제국의 군대를 해산시켰다. 이후 해산된 군인들이 의병에 합류함에 따라 의병의 전력이 강화되었다(의병 전쟁).

심화사료 頻出

대한 제국의 군대 해산

짐이 생각건대 쓸데없는 비용을 절약하여 이용후생에 응용함이 급무라. 현재 군대는 용병으로서 상하의 일치와 국가 안전을 지키는 방위에 부족한지라. 훗날 징병법을 발표하여 공고한 병력을 구비할 때까지 황실 시위에 필요한 자를 빼고 모두 일시에 해산하노라.

– 「관보」 호외

2. 활동

(1) 의병 구성의 다양화

유생과 농민, 해산 군인뿐 아니라 여러 계층이 의병에 참여하였다. 의병장도 양반 유생뿐만 아니라 함경도의 홍범도[2] 등 평민 의병장들도 활약하였다.

(2) 외교 활동

각국 영사관에 '국제법상의 합법적 교전 단체로 승인해 줄 것'을 요청하는 서한을 발송하였다.

(3) 서울 진공 작전(1908. 1.)

① 13도 창의군 결성(1907. 12.): 경기도 양주에 집결한 1만여 명의 의병들은 총대장에 이인영[3], 군사장에 허위를 추대하고 13도 창의군을 결성하였다.

② 전개: 허위는 300명의 선발 부대를 이끌고 서울 동대문 밖 30리 지점까지 진격하였다. 그러나 후속 부대의 도착 지연과 일본군의 우세한 화력에 밀려 실패하고 말았다.

③ 한계: 13도 창의군에 평민 의병장인 신돌석[4], 홍범도 등은 제외되었다.

---

❶ 최익현

최익현은 제자 임병찬과 함께 전북 태인에서 봉기하여 정읍·순창 등 전라도 일대를 장악해 나갔다. 그러나 관군이 출동하자 항전을 중지하고 체포되어 대마도로 압송되었다. 이곳에서 최익현은 적이 주는 음식을 먹을 수 없다며 단식하다가 순국하였다.

해산 전의 대한 제국 군대

❷ 홍범도

평안도 출신으로 머슴, 광산 노동자, 산포수로 전전하였다. 1907년 홍범도는 산포수들을 모아 의병을 구성하고 함경도 산수, 갑산 등지에서 일본군과 전투를 벌였다. 3·1 운동 이후 대한 독립군을 창설하였다.

❸ 이인영

총대장 이인영이 부친상을 당하자, '불효는 곧 불충이다.' 하고는 고향으로 내려갔다.

❹ 신돌석

1907년 13도 창의군이 결성될 때 경상도 의병을 대표하여 참여하고자 하였으나, 평민 출신이라는 이유로 무산되었다. 이후 다시 영해로 돌아와 영양, 안동, 울진, 삼척 등에서 활약하였다. 그러나 1908년 영덕에서 암살당하고 말았다.

의병의 모습
1907년 11월경 양평에서 영국 기자 매켄지가 촬영하였다. 『한국의 독립 운동』에 수록되어 있다.

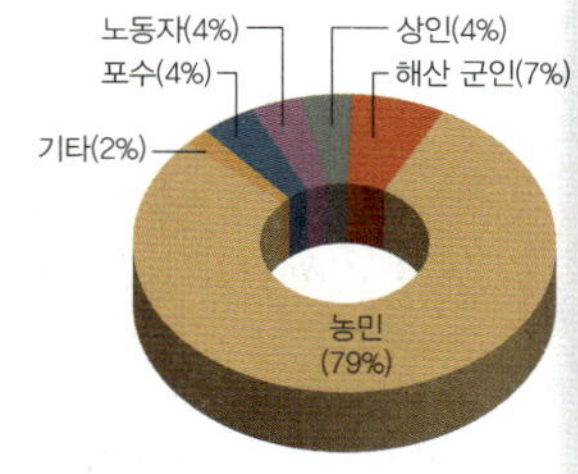

의병의 직업 분포

❶ 채응언
국내에 남아 평안도와 함경도 등지에서 유격전을 전개하다가 1915년에 체포되었다.

❷ 일진회(一進會)
송병준이 1904년에 조직하였다. 을사 조약 지지 선언, 고종의 퇴위 강요, 한일 합방 주장 등 여러 친일 행각을 주도했다. 국권 피탈 이후인 1910년 9월 26일 일제에 의해 해산되었다.

2021. 법원직 9급, 2007. 지방직(세무직) 9급

서울 진공 작전

군사장은 미리 군비를 신속하게 정돈하여 철통과 같이 함에 한 방울의 물도 샐 틈이 없는지라. 이에 전군에 명령을 전하여 일제히 진군을 재촉하여 동대문 밖으로 진격하여 …… **3백 명을 인솔하고 선두에 서서 동대문 밖 삼십 리의 지점에 나아가** 전군이 와서 모이기를 기다려 일거에 서울을 공격하여 들어오기로 꾀하더니 …… 이때 사기를 고무하여 **서울 진공의 명령**을 내리니 그 목적은 서울에 들어와서 **통감부를 쳐부수고** 항복을 받아 저들의 소위 **신협약 등을 파기**하여 대대적 활동을 기도함이다.

— 『대한매일신보』, 1907년

3. 일본군의 탄압

(1) 각지에서의 의병 활동 전개

서울 진공 작전의 실패 이후에도 호남 지역을 중심으로 의병들이 항쟁을 계속하였다. 이 시기 대표적인 의병장으로는 함경도 일대의 홍범도 등이 있다.

(2) 남한 대토벌 작전(1909)

일본군은 호남 지역을 중심으로 **남한 대토벌 작전**을 감행하여 촌락과 가옥을 초토화시키고 양민을 학살하였다.

(3) 독립군으로의 전환

일본의 탄압으로 국내 의병 활동은 위축되었다. **홍범도·이범윤** 등은 만주와 연해주로 **이동**하여 국내 진공 작전을 시도했으며, 채응언❶ 등은 국내에 남아 활동하였다.

04 애국 계몽 운동의 전개

1. 배경

교육과 산업을 일으켜 민족의 실력을 양성하려고 하였다. 이에 많은 애국 계몽 단체가 조직되었다.

2. 애국 계몽 단체

(1) 보안회(보민회, 1904)

① 결성: 러·일 전쟁 발발 이후에 원세성, 송수만 등의 유생 및 관료 출신들이 조직하였다.

② 활동: 보국안민을 내세웠으며 일본의 황무지 개간권 요구를 저지하기 위해 대규모 민중 집회를 열어 일본의 황무지 개간 요구를 철회시켰다.

(2) 헌정 연구회(1905)

① 결성: 이준, 윤효정 등은 헌정 연구회를 조직하였다. 독립 협회를 계승한 단체로, **입헌 정치 체제의 수립**을 목표로 활동하였다.

② 해체: 친일 단체인 **일진회**❷의 매국적 행위를 규탄하다가 **통감부**에 의해 **해산당하였다**(1906).

(3) 대한 자강회 [3](1906)

① 결성: 윤치호, 장지연 등이 주도하여 조직되었다. 헌정 연구회를 계승한 단체로, 국권 회복을 위해 교육과 산업의 진흥을 강조하였다.

② 활동: 전국 각지에 지회를 설치하고, 『대한 자강회 월보』를 간행하였다. 또한, 국채 보상 운동에 적극 참여할 것을 결의하였다.

③ 해체: 고종 황제의 강제 퇴위와 정미 7조약 체결에 반대하는 운동을 주도하다가 1907년 보안법에 의해 강제 해산되었다.

2018. 경찰 1차, 2015. 지방직 9급

대한 자강회 설립 취지문

무릇 우리나라의 독립은 오직 **자강**의 여하에 달려 있는 것이다. 우리 대한이 종전에 **자강**의 방도를 구하지 아니하여 인민이 스스로 우매함에 갇히고 국력이 스스로 쇠퇴하게 되었고, 나아가서 금일의 험난한 지경에 이르렀고, 외국인의 보호까지 받게 되었다. 이것은 모두 **자강**의 방도에 뜻을 두지 않았기 때문이었다. …… **자강**의 방법으로는 교육을 진작하고 산업을 일으켜 흥하게 하면 되는 것이다. **무릇 교육이 일지 못하면 백성의 지혜(민지, 民智)가 열리지 못하고 산업이 늘지 못하면 국가가 부강할 수 없다.**

– 「황성신문」, 광무 10년 4월 2일

(4) 신민회(1907) [4] ⭐

① 결성: 안창호는 양기탁, 이동녕, 이승훈 등의 서북 지방 인물을 중심으로 사회 각층의 인사들을 망라해 비밀 결사로 신민회를 조직하였다. 이들은 국권의 회복과 **공화 정체의 국민 국가 건설**을 궁극적인 목표로 삼았다.

② 활동: 국내에서는 문화·경제적 실력 양성 운동을 전개했으며, 국외에서는 **독립군 기지 건설**을 통한 무장 투쟁을 준비하였다.

　㉠ 민족 교육: 평양에 대성 학교, 정주에 오산 학교를 세웠다.

　㉡ 민족 산업의 육성: 대구와 평양에 태극 서관을, 평양에 자기 회사를 설립하였다.

　㉢ 독립운동 기지의 건설: 이회영 등은 만주 등지로 망명하여 무장 투쟁을 위한 독립운동 기지를 마련하였다.

③ 해체: 1911년 일제는 안명근 사건을 데라우치 총독 암살 미수 사건으로 날조하였다. 이를 빌미로 수백 명의 민족 지도자들을 검거·투옥(105인 사건 [5])했으며, **신민회는 해체**되었다.

④ 의의: 신민회는 **공화 정체의 근대 국민 국가 수립을 최초로 추구**하였다. 그리고 간도와 연해주에 독립군 기지를 건설하여 장기적인 독립 전쟁을 준비하였다.

---

❸ 대한 자강회

러·일 전쟁에서 승리한 일본에 맞서 무력을 행사하는 것은 어렵다고 보고, 국권을 회복하려면 우선 실력을 양성해야 한다고 주장하였다. 또한, 일제의 탄압으로 공개적인 정치 활동이 어려워지자 교육과 산업 진흥을 내세웠다.

❹ 신민회

신민회는 비밀을 철저하게 유지하면서 조직을 운영했기 때문에 통감부의 눈을 피해 많은 활동을 할 수 있었다. 또한, 일본의 감시가 미치지 않는 국외에 독립운동 기지를 건설하여 일본과의 전쟁에 대비하였다.

❺ 105인 사건

독립운동 자금을 모으고 있던 안명근(안중근 사촌)이 체포되었다(안악 사건). 일제는 이를 빌미로 총독 암살 미수 사건을 날조하여 윤치호·양기탁·이승훈·이동휘 등 수백 명의 애국지사를 체포하여 그 중 105인을 구속·기소하였다.

안창호

신민회 설립 취지서

신민회는 무엇을 위하여 일어났는가? 국민들의 병든 관습에 **신사상(新思想)**이 시급하며, 국민 관습의 우매함에 **신교육**이 시급하며, …… 도덕의 타락에 **신윤리**가 시급하며, 실업(實業)의 침체에 **신규범**이 시급하며, 정치의 부패에 **신개혁**이 시급하다. 천만 가지 일에 신(新)을 기다리지 않는 바 없도다. …… 무릇 우리 대한인은 내외를 막론하고 통일 연합으로써 그 진로를 정하고 독립 자유로써 그 목적을 세움이니 이것이 신민회가 생각하는 바이니 간단히 말하면 오직 **신정신**을 불러 깨우쳐서 **신단체**를 조직한 후에 **신국(新國)**을 건설할 뿐이다. 　　　　　　　　　　　－「주한 일본 공사관 기록」, 헌병 대장 기밀 보고, 1909년

신민회(新民會) 4대 강령

1. 국민에게 민족 의식과 독립사상 고취
2. 동지를 발견하고 단합하여 국민 운동 역량 축적
3. 상공업 기관 건설로 국민의 부력(富力) 증진
4. 교육 기관 설립으로 청소년 교육 진흥

신민회의 독립운동 기지 건설

남만주로 집단 이주하려고 기도하고, 조선에서 상당한 재력이 있는 사람들을 그곳에 이주시켜 토지를 사들이고 촌락을 세워, …… **학교를 세워 민족 교육을 실시**하고, 무관 학교를 설립하여 문무를 겸하는 교육을 실시하면서, 기회를 엿보아 독립 전쟁을 일으켜 구한국의 국권을 회복하려고 하였다. 　　　　　　　　　　　－「105인 사건 판결문」

---

❶ 김구의 교육 사업

신민회 회원으로 활동했으며, 해서교육총회에 가담하여 교육 사업에 힘을 기울였다. 그러나 김구 등 해서교육총회의 지도자들은 안악 사건에 연루되어 체포되고 활동은 중단되었다.

❷ 서북 학회

이동휘·안창호·박은식 등이 중심이 되었으며, 서북 협성학교·농림 강습소 등을 세워 인재 양성에 힘썼다. 또한 독립운동 기지 건설을 위해 노력하였다.

❸ 기호 흥학회

경기도와 충청도에 학교를 세우는 것을 목적으로 조직되었으며, 서울에 교사 양성을 겸한 기호학교를 설립하였다.

❹ 사회 진화론

다윈의 생물학적 진화론을 인간 사회와 국제 관계에 적용한 이론이다. 약육강식과 적자생존의 국제 사회에서 제국주의 열강의 약소국 지배를 정당화하는 논리로 이용되었다.

3. 교육을 통한 실력 양성❶(학회 설립)

애국 계몽 운동가들은 학회를 세워 민중의 계몽에 노력하였다. 서북 학회❷, 기호 흥학회❸, 호남 학회 등이 전국적으로 조직되었다.

4. 애국 계몽 운동의 의의와 한계

(1) 의의: 교육과 산업 발전을 통해 민족의 실력을 양성하고자 하였다.

(2) 한계

　① 사회 진화론❹의 부정적 영향: 애국 계몽 운동가들은 사회 진화론을 받아들였는데, 오히려 일제의 침략을 합리화시키는 구실을 제공하는 등 부정적 영향을 끼치기도 하였다.

　② 의병 투쟁 비판: 경제·문화적 실력 양성에만 주력하고 의병 투쟁을 비판하는 경향이 있었다.

1. 청과의 국경 문제

(1) 배경

청은 그들의 본거지였던 만주 지방을 성역화하였는데, 우리나라 사람들의 일부가 두만강을 건너 인삼을 캐거나 사냥을 하는 경우가 있었기 때문에 청과 **국경 분쟁**이 일어났다.

(2) 백두산정계비의 건립(숙종, 1712)

조선과 청의 두 나라 대표가 백두산 일대를 답사하고 국경을 확정하여 정계비를 세웠다. 이 정계비에서 양국 간의 국경은 서쪽으로는 압록강, 동쪽으로는 토문강을 경계로 한다고 하였다.

백두산정계비(1712)

2017. 서울시 사회복지직 9급, 2011. 지방직 9급

백두산정계비

청나라 오라 총관 목극등이 성지(聖旨)를 받들고 변경을 답사하여 이곳에 와서 살펴보니, (국경이) **서쪽은 압록(鴨綠)이 되고, 동쪽은 토문(土門)이 되므로 분수령 위의 돌에 새겨 기록한다.** (西爲鴨綠 東爲土門 故於分水嶺上 勒石爲記)　　　 － 홍세태, '백두산기', 『유하집』 14

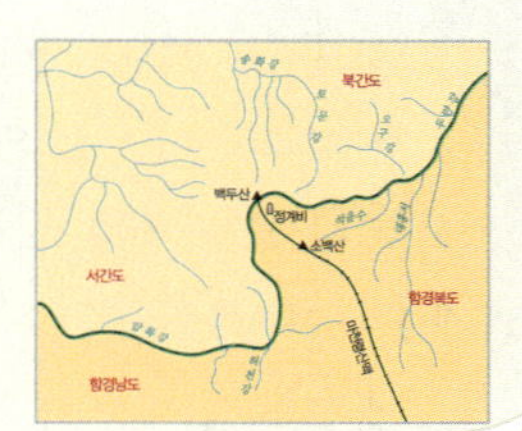

대한 제국 시기의 지도

표시된 부분은 간도의 일부 지역으로 우리나라의 영토로 명기되어 있다.

2. 간도 귀속 문제

(1) 발생 배경

19세기 간도로 이주하는 사람들이 크게 늘어나면서 간도 귀속을 둘러싼 분쟁이 일어났다. 숙종 때 건립된 백두산정계비에 기록된 **토문강 위치**를 둘러싸고 간도가 누구의 영토인지 팽팽히 대립하였다.

(2) 양국의 대책

① **조선의 대응**: 1880년대 정부는 어윤중·이중하를 보내 청과 국경 문제를 협의[5]하였다. 대한 제국은 1902년 **이범윤**을 간도 시찰원으로 파견하였으며, 1903년 그를 간도 관리사로 임명하였다.

② **청의 대응**: 간도 지역에 연길청을 설치하고 행정 사무를 실시했으며 군대를 주둔시켰다.

(3) 통감부의 출장소(파출소) 설치(1907)

일본은 통감부 설치 이후인 **1907년**에 간도 파출소(출장소)를 설치하였다. 이것은 일본이 간도 지역의 독립운동을 탄압하기 위해 나온 조처였으나, 어쨌든 간도를 조선의 영토로 인정한 것이다.

(4) 간도 협약(1909)

청으로부터 남만주의 안동과 봉천을 연결하는 철도 부설권과 푸순 광산 채굴권을 받아내는 대가로 **일본은 간도를 청의 영토로 인정**하였다.

(5) 조·중 변계 조약(1962)

북한과 중국이 밀약을 체결하여 압록강과 백두산, 두만강을 경계로 하는 국경선을 확정하였다. 이를 통해 백두산 천지를 북한이 55%, 중국이 45% 비율로 점유하였다.

[5] 정부의 간도 관리

1883년 정부는 서북경략사 어윤중을 보내 청과 국경 문제를 협의하였다. 이후 이중하를 토문감계사로 파견(1885, 1887)하여 청국 관리와 토문에 대해 규명을 시도했으나 결렬되었다.

고등사료 百出

간도 협약

제1조 일본과 청. 두 나라 정부는 토문강[1]을 청국과 한국의 국경으로 하고 강 원천지에 있는 정계비를 기점으로 하여 석을수(石乙水)를 두 나라의 경계로 한다.

제2조 청 정부는 이전과 같이 토문강 이북의 개간지에 한국 국민이 거주하는 것을 승인한다. 그 지역의 경계는 별도로 표시한다.

제6조 청 정부는 앞으로 길장 철도를 연길 이남으로 연장하여 한국의 회령에서 한국의 철도와 연결할 수 있다.

3. 울릉도와 독도 문제

(1) 울릉도와 독도에 대한 기록

① 『삼국사기』: '6세기 지증왕 때 신라 장군 이사부가 울릉도와 독도 지역의 우산국을 복속시켰다.'라는 기록이 있다.

② 『세종실록지리지』: 울릉도와 독도를 강원도 울진현 소속으로 기록하고 있다.

③ 팔도총도: 16세기 『신증동국여지승람』에 덧붙여진 팔도총도는 울릉도와 독도를 별개의 섬으로 하여 그려놓은 최초의 지도이다.

④ 『동국문헌비고』와 『만기요람』: 울릉도와 독도를 우리나라 영토로 파악하고 있다.

(2) 안용복의 활약(숙종)

① 배경: 조선 태종 때, 왜구의 약탈을 막기 위해 섬에 사는 주민들을 육지로 이동시켰다[공도(空島) 정책(쇄환 정책)]. 이후 일본 어민들은 여전히 이곳을 침입하였다.

② 전개: 숙종 때 **안용복**은 울릉도에 출몰하는 일본 어민들을 쫓아내고 두 차례 일본에 건너가 울릉도와 독도가 조선의 영토임을 확인받고 돌아왔다.

③ 결과: 도쿠가와 막부는 일본 어민의 울릉도 도해 금지령을 내렸고(1696), 울릉도와 부속 도서(독도)를 조선 영토로 인정한다는 내용의 문서를 조선에게 주었다(1699).

(3) 대한 제국의 울릉도와 독도 경영

19세기 말에 조선 정부는 적극적인 **울릉도 경영**에 나서 주민 이주를 장려하였다. 이후 1900년 **대한 제국은 칙령 제41호[2]**를 통해 울도 군수가 울릉전도와 죽도·석도(독도)를 관할한다고 규정하였다.

(4) 일본의 독도 강탈[3]

일본은 러·일 전쟁 중 독도를 무주지(無主地)라는 명목으로 일본 영토에 편입시키는 불법 행위를 저질렀다.

심화사료 百出

칙령 제41호(1900)

제1조 **울릉도를 울도라고 개칭하여 강원도에 부속**하고 도감을 군수로 개정하여 관제 중에 편입하고 군의 등급은 5등으로 할 것

제2조 군청의 위치는 태하동으로 정하고 구역은 **울릉전도와 죽도·석도(독도)를 관할**할 것 ……

– 『관보』 제1716호, 1900년(광무 4년) 10월 27일

『은주시청합기』

은주(隱州)는 북해 가운데 있으므로 은기도(隱岐島, 오키섬)라고 한다. …… 북서쪽으로 배로 두 낮 하루 밤 거리를 가면 송도(松島, 독도)가 있고, 송도로부터 하루 낮거리에 죽도(竹島, 울릉도)가 있으며, …… 이 두 섬은 사람이 살지 않는 땅으로, **이 두 섬에서 조선을 보는 것이 마치 운주(雲州)에서 은주를 보는 것과 같다. 그러한즉 일본의 서북 경계지는 이 주[4]로 한계를 삼는다.**

---

❶ 토문강

토문강을 송화강 지류라고 파악한 우리 측의 입장은 철저히 무시된 채, 청과 일본은 토문강을 두만강이라고 파악하고 간도 협약을 체결하였다.

독도

❷ 칙령 제41호

울릉도를 울도로 개칭하고 울도 군수의 관할 구역을 울릉전도와 죽도, 석도(독도)로 명시하였다.

❸ 일본의 독도 영유권 주장

1905년 시마네 현 고시 제40호의 '독도가 주인 없는 땅이므로 일본 시마네 현 소속의 도서로 편입시킨다.'는 내용을 독도 영유권 주장의 문헌 근거로 제시하고 있다.

❹ '이 주(此州)'의 해석

일본 정부는 독도 영토 귀속 논쟁을 일으킬 때마다 이 문구를 울릉도와 독도로 해석하였다. 이러한 일본 측 해석은 『은주시청합기』의 전체 내용과 맥락을 무시한 왜곡된 해석이다.

독도의 여러 가지 명칭

- 한국: 독도(돌섬⇒독섬⇒독도), 우산도(于山島, 전통적으로 불러오던 이름), 삼봉도(三峰島, 세 개의 봉우리), 가지도[可支島, 가지(강치)가 많이 서식함], 자산도(子山島, 울릉도의 子島), 석도(石島, 대한 제국 칙령 제41호에 표기)
- 일본: 마쓰시마(松島) 또는 다케시마(竹島)
- 서양: 리앙쿠르 섬(Rochers de liancourt': 프랑스, 1849)

독도가 조선의 영토임을 기록한 일본 측 기록물

- 삼국접양지도(1785): 일본의 하야시 시헤이가 그린 지도로, 울릉도와 독도를 조선의 영토 색인 노란색으로 색칠하였고, '조선의 것'으로 명시하였다.
- 태정관 지령문(1877): 1876년 일본이 전국의 지적도를 편찬하고 있을 때 '울릉도 외 한 섬'을 시마네 현 지적도에 올릴 것인지 문의하였다. 일본 내무성은 조사 결과 '울릉도 외 한 섬'은 일본과 관계없다고 결론내리고, 최고 정무 기관인 태정관에 재차 문의하였다. 이에 태정관은 '울릉도 외 한 섬'은 자국의 영토가 아님을 명시하라는 지시를 내렸다.

샌프란시스코 강화 조약을 둘러싼 일본의 독도 영유권 주장

일본은 1951년 체결된 샌프란시스코 강화 조약("일본은 한국의 독립을 승인하고 제주도·거문도·울릉도를 포함하는 한국에 대한 모든 권리·권원 및 청구권을 포기한다.")에서 독도가 빠져 있으니 연합국이 독도를 일본 영토로 인정하였다고 주장한다.

「인접 해양에 대한 주권에 관한 선언」(일명 평화선) 공포

1952년 이승만 정부는 UN군 사령부와 협의하여 「인접 해양의 주권에 관한 선언」을 발표하여 독도가 한국의 영토임을 분명히 하였다. 이에 일본 정부는 독도에 대한 한국 영유권을 부정하는 외교 문서를 보냈다.

삼국접양지도(1785)

대표 기출문제

다음 자료를 통해 알 수 있는 단체에 대한 설명으로 옳은 것은?

2025. 국가직 9급

> 남만주로 집단 이주하려고 기도하고, 조선에서 상당한 재력이 있는 사람들을 그곳에 이주시켜 토지를 사들이고 촌락을 세워. … 학교를 세워 민족 교육을 실시하고, 무관 학교를 설립하여 문무를 겸하는 교육을 실시하면서, 기회를 엿보아 독립 전쟁을 일으켜 구한국의 국권을 회복하려고 하였다.
>
> – 「105인 사건 판결문」

① 만민 공동회를 개최하였다.
② 민립 대학 설립 운동을 추진하였다.
③ 비밀 결사의 형태로 활동을 전개하였다.
④ 광주 학생 항일 운동이 일어나자 진상 조사단을 파견하였다.

CHAPTER 3 개항 이후의 경제·사회·문화

01강 근대의 경제 · 사회
- **1** 열강의 경제 침략
- **2** 근대적 산업 자본의 육성
- **3** 경제적 이권 수호를 위한 노력
- **4** 국채 보상 운동
- **5** 근대 의식의 성장
- **6** 의식주 생활의 변화

02강 근대의 문화
- **1** 근대의 언론
- **2** 근대 문물의 수용
- **3** 근대 교육과 학교의 설립
- **4** 국학 연구
- **5** 근대 문학·예술
- **6** 종교계의 변화

解·法·기·출·진·맥

9급 국가직

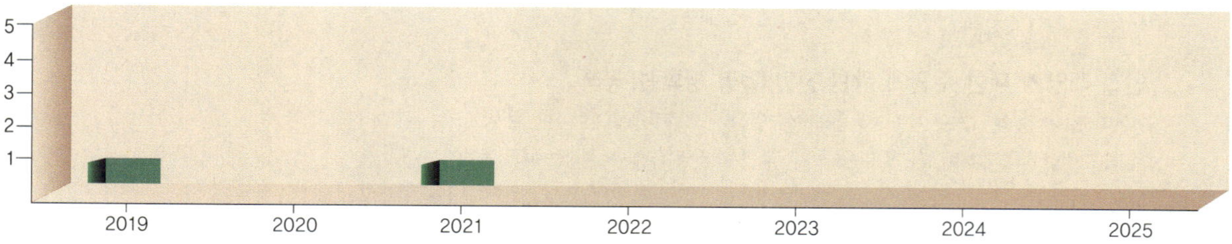

출제 경향 오버뷰 최근 4년간 출제되고 있지 않음. 일제의 경제 침탈

9급 지방직

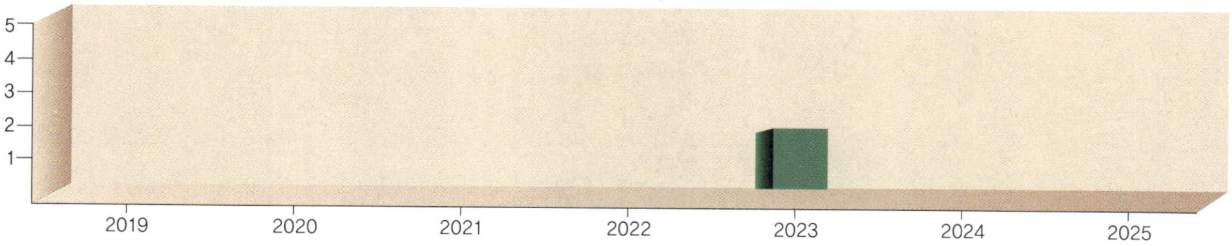

출제 경향 오버뷰 거의 출제되고 있지 않다가 2023년에 2문제 출제됨.

9급 법원직

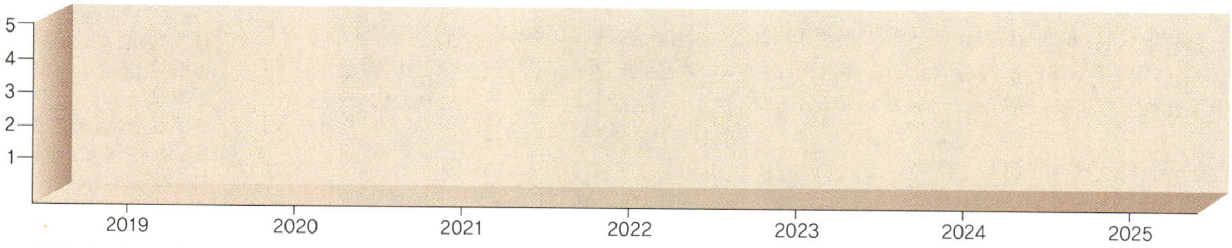

출제 경향 오버뷰 최근 7년간 출제되고 있지 않음.

01 강 근대의 경제·사회

解/法 기출분석

구 분		2008~2018	2019	2020	2021	2022	2023	2024	2025
9급	국가직	화폐 정리 사업	일제의 경제 침탈		개항기 무역				
	지방직	대일 무역					국채 보상 운동		
	법원직	• 경제적 구국 운동(2) • 근대의 사회 모습							

열강의 경제 침탈과 경제적 구국 운동의 전개

열강의 경제적 침탈	경제적 구국 운동 전개

1. 금융 지배
제일 은행 설립
화폐 정리 사업(1905, 메가타)

↔

1. 민족 은행
조선 은행, 대한 천일 은행

2. 차관 제공
시설 개선 명분

↔

2. 국채 보상 운동
서상돈, 양기탁 대구에서 시작(1907)
국채 보상 기성회 금주 · 단연 운동

3. 토지 약탈
러 · 일 전쟁 ┬ 황무지 개간권 요구
　　　　　　 └ 군용지와 철도 부지 확보

↔

3. 보안회
황무지 개간권 요구 반대
농광 회사

4. 내륙 통상
토착 상인의 몰락
(보부상, 객주)

↔

4. 1880년대 상회사 설립
1890년대 상권 수호 운동
대동상회, 장통회사, 종삼회사
황국 중앙 총상회(1898)

5. 각종 이권 침탈
러: 삼림 채벌권(압록강, 울릉도, 두만강)
미: 금광 채굴권(운산), 전차 · 전기 부설권
일: 철도 부설권

↔

5. 이권 수호 운동
독립 협회, 활빈당

6. 일본 상인의 곡식 반출
입도선매, 고리대
일본인 대농장 경영(전라도)

↔

6. 방곡령
함경도(1889), 황해도(1890) 선포

7. 철도 부설권
경인선: 미국 ⇒ 일본
경부선: 일본
경의선: 프랑스 ⇒ 일본

01 열강의 경제 침략

1. 불평등 조약 체결 이후의 경제 변화

(1) 무관세·무항세: 조·일 통상 장정에는 관세 부과에 관한 규정이 없었으며, 일본 정부에 소속된 선박들은 항세를 내지 않았다.

(2) 외국 화폐 사용[1]: 조·일 수호 조규 부록의 체결로 개항장 내 일본 화폐의 유통이 허용되었다.

(3) 무역 구조: 국내의 곡물이 대량으로 유출되고, 외국의 공산품이 들어오는 무역 구조가 형성되었다.

2. 개항 직후(1870년대)

(1) 일본 상인의 주도: 강화도 조약과 그 부속 조약들에 규정된 **영사 재판권, 일본 화폐 사용권**[2], 무관세 등의 불평등한 조항들을 통해 일본 상인들은 약탈적인 무역 활동을 전개하였다.

(2) 거류지 무역[3]: 개항 직후 일본 상인의 활동 범위는 개항장에서 10리(약 4km) 이내로 제한되었다. 이에 따라 조선의 객주·여각·보부상 등을 매개로 내륙 시장에 침투하였다.

❶ 조·일 수호 조규 부록(1876) 제7조
일본국 국민은 본국에서 사용되는 화폐로 조선국 국민이 보유하고 있는 물자와 마음대로 교환할 수 있다.

❷ 일본 화폐의 사용
1876년 8월에 체결된 조·일 수호 조규 부록에 따라 개항장에서는 일본 화폐가 유통되었다.

❸ 거류지 무역

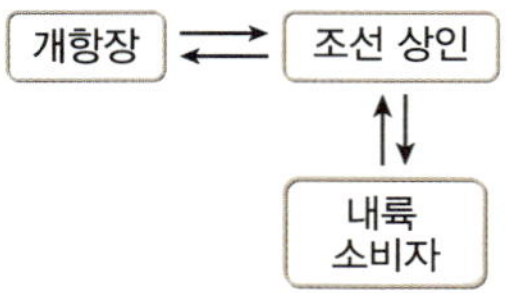

❹ 거류지
개항장에서 외국인의 거주와 무역을 인정한 지역이다.

解法 도움닫기 — 일본을 비롯한 열강의 경제 침탈 과정

시기	특징	내용
개항 이후	거류지 무역	일본 상인들은 개항장의 거류지❹에서 치외 법권, 일본 화폐 사용, 무관세 등의 특권을 누리며 무역을 독점. 개항 초기에는 거류지 내에서만 무역을 할 수 있었음.
임오군란 이후	청·일 상인의 내륙 진출	조·청 상민 수륙 무역 장정으로 청 상인의 내륙 통상이 허용됨. 일본도 최혜국 대우 조항을 근거로 내륙에 진출
청·일 전쟁 이후	일본 상인의 국내 상권 독점	청·일 전쟁에서 승리한 일본이 조선의 무역 독점 ⇒ 조선은 일본에 곡물류를 수출, 면포와 면사 등 일본산 물품을 수입
아관 파천 이후	열강의 이권 침탈	러시아, 일본, 미국 등 열강이 경쟁적으로 광산 채굴권, 철도 부설권, 삼림 벌채권 등 수많은 이권을 탈취

면제품의 수입 경로(미·면 교환 체제)

일본 상인들은 상하이나 홍콩의 영국 상인들로부터 면제품을 사서 조선에 비싼 값으로 파는 중계 무역으로 막대한 이익을 남겼다.

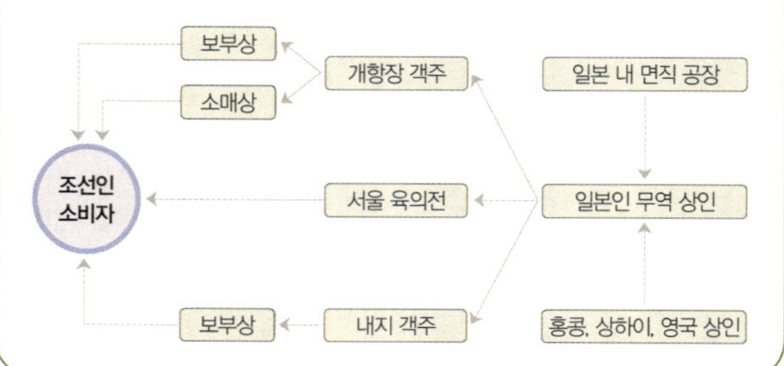

곡물의 수출 경로(미·면 교환 체제)

일본 상인들은 조선의 곡물을 싼값에 매입하여 일본에 팔아 많은 이익을 남겼고, 조선은 식량 부족으로 물가가 폭등하였다.

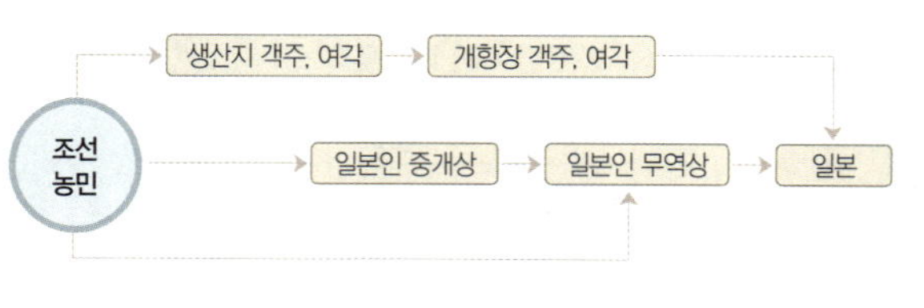

3. 임오군란 이후 무역 형태(1880년대)

(1) 외국 상인의 내륙 진출

조·청 상민 수륙 무역 장정으로 청 상인은 허가만 받으면 개항장 밖에서도 활동할 수 있게 되었다. 이후 최혜국 대우 규정에 따라 다른 나라 상인들도 동일한 권리를 보장받았다.

(2) 청·일본 간 상권 경쟁

개항 초기에는 일본 상인이 무역을 주도하였다. 임오군란 이후 청 상인이 활발하게 진출하여 조선의 상권을 둘러싸고 일본과 청 상인이 치열하게 경쟁하였다. 청과의 무역량이 꾸준히 증가하여 청·일 전쟁이 일어나기 직전에는 청과 일본에서 수입한 총액이 거의 비슷해졌다.

① 청나라 상인의 조선 진출: 조·청 상민 수륙 무역 장정(1882)에서는 서울 지역 내에서의 상점 개설과 내지 통상 등의 특권을 청 상인들에게 보장하였다.

② 일본 상인의 상권 확대

㉠ 내지 통상권[5] 획득: 일본은 조·일 수호 조규 속약(1882)에서 간행이정 50리 확대를 획득하였고, 1883년 개정 조·일 통상 장정의 최혜국 대우를 통해 내륙 진출이 가능해졌다.

㉡ 교역 형태: 일본은 주로 영국산 면제품을 조선에 팔고, 조선의 곡물 등을 싼값에 매입하여 많은 이익을 남기는 중계 무역을 하였다(미·면 교환 체제).

❺ 내지 통상권

내륙으로 진출해 상업 활동을 전개할 수 있는 권한을 말한다.

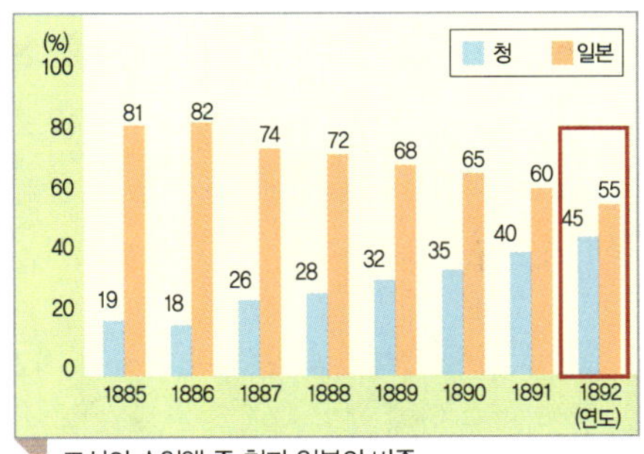

조선의 수입액 중 청과 일본의 비중

청 상인과 일본 상인의 상권 경쟁

1880년대 이후 한성에 청·일 상인의 거주지가 형성되어 시전 상인의 상권을 위협하였다.

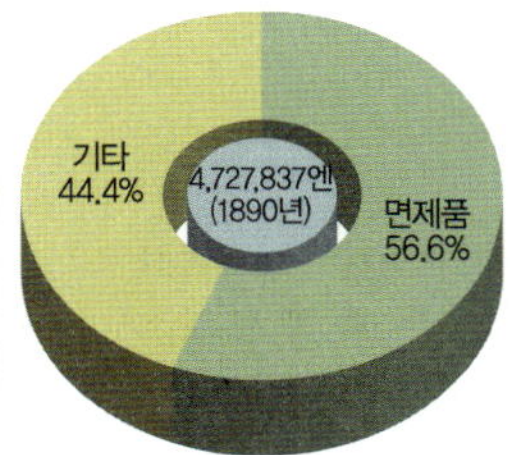

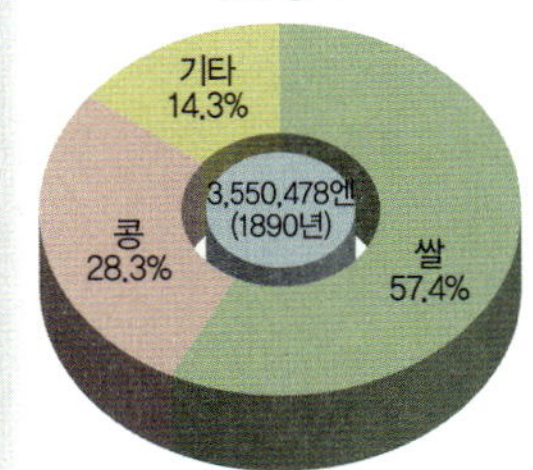

대일 수출, 수입 품목 비교

4. 청·일 전쟁 이후의 무역 형태

(1) 일본의 상권 장악: 일본은 청·일 전쟁에서 승리한 후 조선 시장을 독점하고 일본산 면직물을 가져와 팔았다. 이후 조선의 면방직 수공업은 점차 몰락하였다.

(2) 국내 상인의 몰락: 객주와 여각 등 개항장에서 활동하던 중개 상인들뿐만 아니라 내륙의 조선 상인들까지 타격을 입었다.

(3) 쌀의 유출 증가: 일본으로 쌀 유출이 크게 늘어나 쌀값이 폭등하자, 빈농과 도시 빈민은 더욱 생활이 어려워졌다. 그러나 일부 지주와 상인들은 오히려 쌀을 팔아 많은 이익을 얻었다.

5. 아관 파천 이후 열강의 이권 침탈

(1) 배경: 아관 파천 이후 러시아·일본 등 열강들은 최혜국 대우 규정을 이용하여 각종 이권을 침탈하였다.

(2) 이권 침탈

① 러시아: 아관 파천 이후 조선에 정치적 영향력을 강화하면서 삼림 채벌권(압록강·두만강·울릉도), 광산 채굴권 등의 이권을 획득하였다.

② 미국: 황실의 신임을 받고 있던 선교사와 외교관을 이용하여 전기, 전차, 광산, 철도 등의 개발권을 획득하였다.

③ 일본: 철도 부설권 획득에 주력하여 1897년 미국으로부터 경인선 부설권을 사들이고, 1898년 경부선 부설권을 획득하였다. 러·일 전쟁 중 군용 철도 명목으로 경의선 부설권과 경원선 부설권을 대한 제국으로부터 인수하였다.

④ 영국·독일·프랑스: 최혜국 대우를 내세우며 각종 이권을 획득했다.

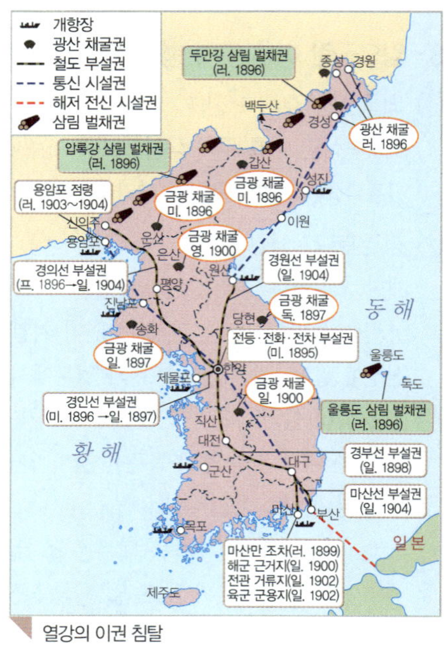

▲ 열강의 이권 침탈

6. 일본의 금융 장악과 토지 약탈

(1) 금융 지배

① 대한 제국의 재정 장악: 일본은 내정 간섭과 이권 획득을 목적으로 대규모 차관을 강요했으며, 징세와 재정 관련 업무도 일본인이 장악하게 하였다.

② 화폐 정리 사업(1905)

㉠ 배경: 제1차 한·일 협약으로 부임한 일본인 재정 고문 메가타는 대한 제국 정부의 백동화 남발로 인한 물가 상승을 재정 문란의 이유로 지적하면서 화폐 정리 사업을 단행하였다.

㉡ 과정: 일제는 일본 제일은행권을 본위 화폐(교환용 화폐)로 삼고(금 본위제), 새로운 보조 화폐를 발행하여 대한 제국의 화폐 발행권을 빼앗았다. 일제는 백동화의 액면가를 무시하고 화폐의 질에 따라 갑·을·병종으로 나누어 일본의 새 화폐로 교환해 주었다(비등가 교환).

㉢ 결과: 대부분 가치가 절하된 을종이나 병종 판결을 받았기 때문에(병종은 교환에서 제외) 국내의 중소 상공업자들은 큰 타격을 입었다.[1]

▼ 엽전(좌)과 백동화(우)

심화사료 百出

2022. 소방. 2019. 국가직 7급. 2013. 국가직 9급

화폐 정리 사업

제1조 구 백동화 교환에 관한 사무는 금고로 처리하게 하여 탁지부 대신이 이를 감독한다.

제2조 교환을 위해 제출한 구 백동화는 모두 화폐 감정인이 감정하도록 한다. 화폐 감정인은 **탁지부** 대신이 임명한다.

제3조 구 백동화의 품질, 무게, 무늬, 형체가 정식 화폐 기준을 충족할 경우, 1개당 금 2전 5리로 새로운 화폐와 교환한다. …… 단, 형태나 품질이 조악한 백동화는 매수하지 않는다.

– 『관보』 제3178호, 1905년(광무 9년) 6월 29일

(2) **토지 약탈**: 개항 이후 조선에서 일본인의 토지 소유가 점차 확대되었다.

① **임오군란 이후(1880년대)**: 활동 범위가 개항장 밖으로 확대된 일본인들은 고리대를 통해 사정이 어려운 농민들의 토지를 헐값에 사들였다.

② **청·일 전쟁 이후**: 일본인들은 호남 지방에서 대규모의 농장을 경영하였다.

③ **러·일 전쟁 이후**: 러·일 전쟁을 계기로 일본의 토지 약탈이 본격화되었다.

ㄱ) **철도 부설에 따른 약탈**: 일본은 철도 부설 공사를 구실로 실제 필요한 면적의 수십 배를 약탈하였다.

ㄴ) **군용지 확보**: 군용지를 확보할 목적으로 군대 주둔지 근처의 토지를 강탈하였다.

ㄷ) **황무지 개간권 요구**: 러·일 전쟁 당시 일본은 전 국토의 30%에 달하는 국가 소유 황무지의 개간권을 요구했다. 이에 **보안회**가 반대 운동을 전개함에 따라 황무지 개간권 요구는 실패로 끝났다.

④ **통감부 설치 이후**

ㄱ) **토지 가옥 증명 규칙(1906)**: 개항장으로 제한되었던 외국인의 부동산 소유를 확대하였다.

ㄴ) **동양 척식 주식회사(동척)**: 1908년에 설립된 국책 회사이다. 궁장토·역둔토 등 토지 약탈을 본격화했으며, 일본인의 이민을 적극 후원하였다.

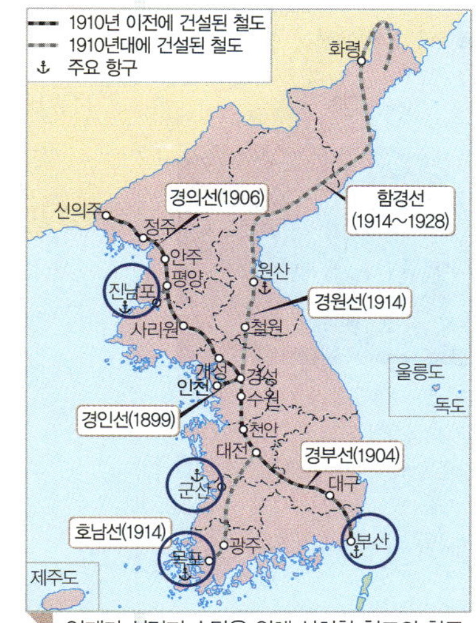

일제가 식민지 수탈을 위해 설치한 철도와 항구

동양 척식 주식회사

02 근대적 산업 자본의 육성

1. 정부의 식산흥업 정책

(1) **배경**: 정부는 외세의 경제 침탈을 막고 근대 경제를 수립하고자 하였다.

(2) **정책**

① **금융 개혁**: 1883년에 **전환국**을 설치하여 화폐를 발행하였다. 또한, 화폐 제도 개혁과 중앙은행 설립을 추진하였다.

② **근대적 기업 설립**: 정부는 민간 자본과 함께 근대적 기업 설립에 나섰다.

2. 산업 자본의 성장

(1) **상회사의 설립**: 1880년대부터 대동상회(평양)[2], 장통 회사(서울) 등의 상회사가 설립되기 시작했다.

(2) **면직물 공업**: 정부는 민간인과 합자하여 대한 직조 공장을 설립했으며, 상인들은 직조 회사[3]를 세웠다.

(3) **유기 공업**: 이승훈은 정주에 유기 제조 공장을 세웠으며, 서울에 조선 유기 상회가 설립되었다.

(4) **한계**: 자금 부족과 기술 및 경영의 미숙으로 도산하거나, 일본인에게 인수되는 경우가 많았다.

❷ 대동상회

평양 상인들의 합자 회사로, 자본금이 수십만 냥에 달할 정도로 규모가 컸다. 또한 인천에 지점을 설치하여 운영하였다.

❸ 직조 회사

서울에는 종로 직조사, 한성 제직 회사, 김덕창 직조 공장 등이 설립되어 근대적 직기로 제품을 생산하였다. 특히 1900년에 설립된 종로 직조사는 종로의 백목전 상인(면포 판매)이 주도가 된 직조 회사이다.

고종의 지원 아래 1899년에 설립되었다. 백동화의 유통, 상인들에게 자금 대출 등의 역할을 담당하였다.

3. 금융 자본의 성장

(1) 배경

일본 금융의 침투와 일본인에 의한 고리대 피해 등으로 은행 설립에 대한 필요성이 점차 커졌다.

(2) 민간 은행

① 조선 은행: 전현직 관료들이 중심이 되어 1896년 최초로 설립한 근대적인 민간 은행이다.

② 기타 은행의 설립: 한성 은행(1897), 대한 천일 은행(1899)❶ 등의 민간 은행이 설립되었다.

③ 한계: 이들 은행은 **화폐 정리 사업**을 계기로 몰락하였다.

03 경제적 이권 수호를 위한 노력

❷ 방곡령(防穀令)

흉년 등으로 쌀이 부족해질 경우, 지방관이 쌀의 수출을 금지하던 명령이다. 1883년 개정 조·일 통상 장정 이후부터 1894년까지 지방관들은 방곡령을 여러 차례 발동하였다.

❸ 함경도의 방곡령(1889)

함경도 관찰사 조병식은 개정 조·일 통상 장정에 따라 1개월 전에 외교 담당 관청에 통고하고 방곡령을 선포하였다(1889). 그러나 이에 불복한 일본 상인들이 손해 배상을 요구하였다. 1889~1890년 함경도·황해도 지역의 방곡령은 규모가 매우 컸기 때문에 조선과 일본 간의 외교적 분쟁으로 확대되었다.

❹ 청·일 상인의 상권 잠식

청 상인들은 주로 남대문로와 수표교 일대를 중심으로, 일본 상인들은 진고개와 남산 일대를 중심으로 상권을 형성해 갔다.

❺ 황국 중앙 총상회

1898년 10월 독립 협회와 함께 상권 수호 운동을 전개하였다. 그러나 12월 독립 협회와 같이 정부에 의해 해산당하였다.

1. 방곡령❷

(1) 배경: 개항 이후 일본으로의 곡물 유출이 급증하자, 조선의 **곡물 가격이 폭등**하였다.

(2) 방곡령 선포: 조선은 1883년 일본과 조·일 통상 장정을 개정하여 **방곡령 조항**을 추가하였다. 이에 따라 함경도(1889)❸, 황해도(1890) 등의 지방관들은 방곡령을 70여 차례 발동하였다.

(3) 결과: 일본은 방곡령 실시 1개월 전에 일본 측에 미리 통고해야 한다는 **통상 장정(1883)의 규정**을 악용하여, 통보를 늦게 했다는 구실로 방곡령 철회를 요구하며 거액의 배상금까지 받아냈다.

2. 상인들의 상권 수호 노력

1880년대 들어와 외국 상인들은 전국의 주요 상권에 적극적으로 진출하였다. 특히, 서울 지역에서 청나라와 일본 상인들의 침탈이 극심❹하였다.

(1) 시전 상인

① 1880년대: 외국 상점들의 철거를 요구했으며, 서로 동맹하여 상가의 문을 닫기도 하였다.

② 1890년대: 시전 상인들을 중심으로 **황국 중앙 총상회(1898)❺**를 조직하였다. 이들은 외국 상인들의 불법적인 상업 활동을 단속할 것을 요구하며 상권 수호 운동을 전개하였다.

(2) 객주·보부상

외국 상인들의 내륙 진출이 가능해지면서 중계 무역을 하던 객주와 보부상은 큰 타격을 입었다.

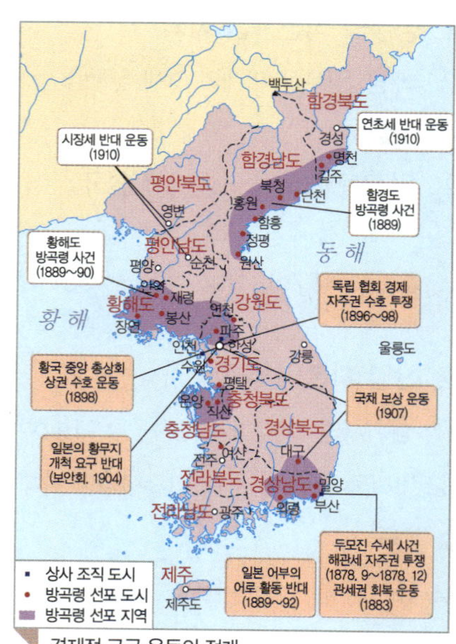

경제적 구국 운동의 전개

황국 중앙 총상회의 상권 수호 운동

요새 외국 상인은 발전하고 우리나라 상인의 생업은 쇠락하여 심지어 점포 자리를 외국 사람에게 팔아 버리는 지경에 이르렀다.
…… 본회 이름은 황국 중앙 총상회로 하고 …… 외국인의 상업 행위를 허락하지 말고, ……   － 「독립신문」 1898년 9월 30일

3. 독립 협회의 이권 수호 운동

(1) 러시아의 경제 침략 저지

① 절영도 조차 요구: 러시아는 저탄소[6] 설치를 위해 부산 절영도의 조차를 요구하였다. 이에 독립 협회는 만민 공동회를 개최하여 러시아의 요구를 물리쳤다.

② 한·러 은행 폐쇄: 대한 제국의 화폐 발행권 등을 획득할 목적으로 설립한 한·러 은행을 폐쇄시켰다.

③ 목포와 증남포 도서 매입 저지: 러시아는 목포, 증남포(진남포) 부근의 섬들을 팔 것을 요구하였다. 이에 독립 협회가 반대하여 러시아의 요구를 철회시켰다.

(2) 기타 열강의 경제 침략 저지

독립 협회는 프랑스의 광산 채굴권 요구와 독일의 금광 채굴권 요구를 저지하였다.

❻ 저탄소(貯炭所)

석탄 저장소를 말한다.

2011. 법원직 9급

독립 협회의 이권 수호 운동

- 현재 러시아가 우리 대한을 향하여 절영도를 요구하고 있습니다. …… 그 신하(臣下)된 자가 만약 조그마한 땅이라도 타국인에게 주면 이는 황제 폐하의 역신(逆臣)이며 역대 임금의 죄인이며 우리 대한 2천만 동포 형제의 원수입니다.
- 국내에 금·은·석탄광이 있으면 마땅히 스스로 취하여 그 이익을 얻을 것이지 하필 외국에 넘겨 본국은 날로 가난케 하고 타인으로 하여금 부강케 하리오.   － 정교, 「대한계년사」

4. 황무지 개간권 반대 운동(1904)

(1) 전개

일본의 황무지 개간권 요구가 알려지자 전 국민은 거족적인 반대 운동[7]을 전개하였다.

① 농광 회사[8] 설립: 일부 민간 실업가와 관리들은 황무지를 개간하고자 농광 회사를 설립하였다.

② 보안회[9]의 활동: 일제의 황무지 개간 요구 철회를 주장하며 일제를 규탄하였다.

(2) 결과

일본의 황무지 개간 요구는 철회되었으나, 보안회는 일본 측의 압력으로 해산되었다.

❼ 황무지 개간권 반대 운동

관리와 유생들의 반대 상소가 잇달았고, 「황성신문」 등 언론도 논설과 기사로 일본의 요구를 규탄하였다.

❽ 농광 회사(農鑛會社)

일본의 황무지 개간권 요구에 대응하여, 정부의 허락을 받아 설립된 특허 회사였다.

❾ 보안회

1904년 원세성, 송수만이 조직한 단체이다.

2018. 국가직 9급

농광 회사 규칙

궁내부와 농상공부에 청원하여 승인을 받은 후 국내 농광 사업의 회사를 설립할 것

一. 본사(本社)는 농광 회사(農鑛會社)라 칭할 것

一. 주가는 액면 50원씩, 총 1천만 원을 발행하고, 주당 불입금은 5년간 총 10회 5원씩 나눠서 낼 것

一. 본사(本社)는 국내의 황무지 개간·관개 사무와 산림·천택·식양·벌채 등의 사무 외에 금·은·동·철·석탄·운모·석유 등 각종 광물 채굴 등의 사무에 담당 종사할 것

04 국채 보상 운동(1907) ⭐

1. 배경

러·일 전쟁 이후 일본은 대한 제국에게 거액의 차관[1]을 강요했는데, 대한 제국의 1년 예산과 맞먹는 1,300만 원에 이르렀다. 이러한 일제의 경제 예속화 정책에 저항하여 국민의 힘으로 차관을 갚아 국권을 회복하자는 국채 보상 운동이 일어났다.

2. 전개

1907년 서상돈, 김광제 등의 발의로 대구에서 시작되었다. 서울에서는 국채 보상 기성회 등이 조직되어 모금 운동을 전개하였다.

3. 확산

대한 자강회 등 애국 계몽 단체와 『황성신문』, 『대한매일신보』, 『제국신문』 등이 호응하여 전국적으로 확산되었다. 모금을 위해 금연 운동을 전개했으며, 부녀자들은 비녀나 가락지 등을 내놓기도 하였다.

4. 일제의 방해

국채 보상 운동의 성공적인 진행에 놀란 **통감부**는 이 운동을 주도한 『대한매일신보』[2]를 탄압하였다. 발행인이었던 영국인 베델의 추방 공작을 전개하고, **양기탁**을 국채 보상금을 횡령하였다는 구실로 구속하였다.

5. 의의

일제의 탄압으로 인해 국채를 상환하는 데는 실패하였으나, 국민들의 애국심을 크게 고취시켰다.

---

❶ 차관의 용도

화폐 정리 사업의 추진과 식민지 시설을 갖추는 데 사용되었다. 국내에 거주하는 일본인을 위한 하수도·도로·학교·병원 등을 마련하는 데 사용되기도 하였다.

국채 보상 모금표(도별 모금액)

국채 보상 의연금 영수증

❷ 『대한매일신보』

『대한매일신보』는 성금을 낸 사람들을 신문에 게재하였다.

고등사료 百出

2023. 지방직 9급, 2016. 사회복지직 9급, 2013. 경찰 2차, 2012. 지방직 7급

국채 보상 운동의 취지문

지금은 우리들이 정신을 새로이 하고 충의(忠義)를 떨칠 때이니 **국채(國債) 1,300만 원**은 바로 우리 대한 제국의 존망에 직결된 것이라. **이것을 갚으면 나라가 존재하고 갚지 못하면 나라가 망할 것은 필연적인 사실이나, 지금 국고는 도저히 상환할 능력이 없고** 만일 나라에서 갚는다면 그때는 이미 삼천리 강토는 내 나라 내 민족의 소유가 못 될 것이다. 국토는 이미 한번 잃어버리면 다시는 찾을 길이 없는 것이다. …… 그러므로 국채를 갚는 방법으로 2,000만 인민들이 3개월 동안 흡연을 금하고 그 대금으로 한 사람이 매달 20전씩 거둔다면 1,300만 원을 모을 수 있으며, 만일 그 액수가 미달할 때에는 1환, 10환, 100환의 특별 모금을 해도 될 것이다.

― 『대한매일신보』, 1907년 2월 21일자

1. 근대 사회로의 진전

서학과 동학의 교세 확장, 개신교의 전래 등으로 민중 사이에 **평등 의식**이 확산되었다. 개항 무렵에 일부 양반과 중인 출신의 인사들이 **개화 세력**을 형성하여 **위로부터의 사회 개혁**을 추진하였다.

2. 갑신정변과 동학 농민 운동

갑신정변 때 급진 개화파는 문벌의 폐지·인민 평등권의 확립 등을 주장하였다. 이후 동학 농민군은 노비 문서의 소각, 천인 차별 개선, 지벌을 타파한 인재 등용, 청상과부의 개가 허용 등을 주장하였다.

3. 갑오개혁과 법제적 신분 평등

갑신정변, 동학 농민 운동에서 제기된 개혁 요구들은 갑오개혁 때 일부 수용되었다.

(1) 제도의 개편

① 신분제 폐지: 신분제가 폐지되어 법제상으로 신분 차별이 없어졌다. 1896년 호적을 개편하여 신분란을 없애고 대신 직업란을 기재하였다(호구 조사 규칙).

② 과거제 폐지: 과거 제도를 폐지하고, 근대적 관리 임용 제도를 마련하였다.

(2) 봉건적인 악습❸의 폐지: 조혼, 과부의 재가 금지, 고문과 연좌제 등 전통 사회의 악습을 없앴다.

4. 독립 협회의 사회 개혁 운동

(1) 배경

갑오개혁으로 신분 제도가 폐지되었으나, 봉건적 신분 의식은 여전히 존재하였다. 이에 독립 협회는 민권 운동을 전개하여 대중의 의식 변화를 꾀하였다.

(2) 활동

① 민중 계몽: 신문과 잡지를 간행하고, 만민 공동회와 강연회를 개최하여 민중을 계몽하였다.

② 자유 민권 운동: 신체의 자유, 재산권 보호, 언론·출판·집회·결사의 자유를 요구하는 자유 민권 운동을 전개하였다. 또한, 국민 참정권 운동과 의회 설립 운동❹을 전개하였다.

③ 민권 의식의 성장: 만민 공동회의 회장에 시전 상인이 선출되고, 관민 공동회에 백정 출신인 박성춘이 연사로 나섰다.

심화사료 百出

2014. 법원직 9급

독립 협회의 국민 참정권 운동

바라건대 정부에 계신 이들은 관찰사나 군수들을 자기들이 천거하지 말고 각 지방 인민으로 하여금 그 지방에서 뽑게 하면, 국민 간에 유익한 일이 있는 것을 불과 1~2년 동안이면 가히 알리라.

– 『독립신문』 1896년 4월 14일

5. 애국 계몽 운동의 전개

애국 계몽 운동가들은 근대적인 국민 국가 건설 등을 주장하였으며, 전국 각지에 사립 학교를 설립하여 근대적 사회 의식의 확산에 기여하였다.

✎ 평등 사회의 추구

갑신정변 때의 14개조 정강 일부

2. **문벌을 폐지**하여 **인민 평등의 권리**를 세워 능력에 따라 관리를 임명한다.

동학 농민군의 폐정 개혁안 12조 일부

5. **노비 문서를 소각**한다.

6. **7종의 천인 차별**을 개선하고 백정이 쓰는 평량갓을 없앤다.

9. 관리 채용에는 **지벌(地閥)을 타파**하고 인재를 등용한다.

갑오개혁 때의 개혁 법령 일부

2. **문벌과 양반, 상민 등의 계급을 타파**하여 귀천에 구애됨이 없이 인재를 뽑아 쓸 것

8. **공사노비법을 혁파**하고 인신의 판매를 금할 것

✎ 노비 제도의 변천

고려~조선 전기	일천즉천(一賤則賤)
영조	노비종모법
순조(1801)	공노비 해방
고종(1886)	노비 세습제 폐지
갑오개혁(1894)	노비 신분제 폐지 (공·사노비법 폐지)

❸ 태형의 폐지

태형은 사람 몸에 직접 매질을 하는 신체 형벌로 갑오개혁 때 폐지되었다.

❹ 의회 설립 운동

중추원을 개편하여 의회로 만들고, 의원의 반수는 독립 협회 회원들이 선발하여 구성하고자 하였다.

6. 여성의 사회 운동

(1) 여성 교육[1]의 강조: 찬양회[2] 등 여성 단체들이 조직되어 의무 교육, 여성 교육의 실시를 주장하였다. 이에 따라 1898년 조선인이 세운 최초의 사립 여학교인 순성 여학교가, 1908년에 최초의 관립 여학교인 한성 고등 여학교가 문을 열었다.

(2) 애국 계몽 운동: 1905년 이후 여러 애국 계몽 운동 단체들과 함께 여자 교육회, 진명 부인회 등 여성 단체들도 결성되었다. 이들 단체는 양규 의숙, 진명 여학교 등 여학교를 설립하였다.

(3) 국채 보상 탈환회[3](반지 빼기): 국채 보상 운동의 일환으로 조직된 여성 단체로, 기금 마련에 기여하였다. 이와 같이 국채 보상 운동은 남녀평등 및 여성의 사회 참여를 독려하는 계기가 되었다.

심화사료 百出

2022. 서울시 9급, 2017. 경찰 2차

여권통문(1898)

북촌의 어떤 여자 중에서 군자(君子) 수 삼 인이 개명(開明)에 뜻이 있어 **여학교를 설립하라는 통문(通文)**이 있기에 놀랍고 신기하여 우리 논설을 삭제하고 다음에 기재한다.

…… 이목구비와 사지 오관 육체가 남녀가 다름이 있는가. …… 어려서부터 각각 학교에 다니며 각종 학문을 다 배워 이목을 넓혀 장성한 후에 사나이와 부부 관계를 맺어 평생을 살더라도 그 사나이에게 조금도 압제 받지 않고 후대를 받음은 다름 아니라 그 **학문과 지식이 사나이에 못지않은 고로 권리도 동일하니 어찌 아름답지 않으리오.**

– 「황성신문」

❶ 여성 교육의 활성화

남녀 교육의 기회 균등이 법제화(소학교령 발표)되자, 여성 교육과 관련된 활동이 활발히 전개되었다.

❷ 찬양회

1898년 여권통문의 발표를 계기로 서울 북촌에 사는 양반층 부인들이 중심이 되어 조직한 우리나라 최초의 여성 운동 단체이다. 정기적인 연설회와 토론회를 개최하였으며 독립 협회의 만민 공동회에도 참여하였다. 1898년에는 순성 여학교를 설립하고 후원하였다.

❸ 국채 보상 탈환회의 설립 취지서

"반지를 빼서 국채를 여성의 힘으로 갚아 국권을 회복할 뿐 아니라 여성의 힘을 과시해 남녀 동등권을 찾자."는 내용으로, 「대한매일신보」에 기고하였다.

---

06 ## 의식주 생활의 변화

1. 의생활의 변화

의복의 변화는 평등 의식의 확산에 기여하였다.

(1) 법령

갑오개혁으로 관복이 대폭 간소화되고, 을미개혁 때는 민관 구별 없이 예복으로 검정 두루마기만을 입도록 하였다. 1900년에는 문관 복장 규칙이 반포되어 문관의 예복도 양복으로 바뀌었다.

(2) 남성복의 변화

일부 상류층과 개화 인사들이 양복을 입는 경우가 있었으나, 서민들은 대개 한복을 개량하여 저고리 위에 마고자와 조끼를 입었다. 이 무렵 두루마기도 널리 유행하였다.

(3) 여성복의 변화

서양 여선교사들이 입은 양장의 영향을 받아 일부 여학생과 신여성 사이에 개량 한복이 자리 잡았다. 또한 여성 단체들과 언론 기관들은 여성의 얼굴을 가리던 장옷(쓰개치마)의 폐지를 주장하였다.

▲ 양복 차림의 서광범[4]

❹ 서광범

1883년 미국에 파견되었던 서광범은 처음으로 양복을 입고 돌아왔다.

▲ 장옷을 입은 여인들

2. 식생활의 변화

서양과의 통상 조약 체결로 외국인과의 교류가 활발해지면서 외국의 음식 문화가 유입되었다.

(1) **상차림의 변화**: 서양인들의 영향을 받아 여럿이 한 상에서 먹는 **두레상**이 보급되었고, 이러한 식생활의 변화는 평등 의식의 확산에 기여하였다.

(2) **외국 음식의 전파**

① **서양 음식의 전파**: 서양식 연회를 통해 커피, 홍차, 케이크, 빵 등의 서양 음식이 전해졌다.

② **중국 음식의 전파**: 임오군란 이후 청나라 군인들과 함께 중국 상인들이 들어오면서 '청요릿집'이라는 이름의 중국 음식점이 들어서기 시작하였다.

③ **일본 음식의 전파**: 우동·어묵·유부 등 일본 음식이 소개되었다.

3. 주거 생활의 변화: 신분제 폐지로 가옥의 규모에 따른 규제가 사라졌다.

(1) **서양식 건물**

공공 건물, 상업(손탁 호텔[5]), 종교, 주거 시설 등이 **서양식으로 축조**되었다. **명동 성당**·정동 교회 등 종교 건물들은 주로 고딕 양식으로, **덕수궁 석조전**·러시아 공사관 등은 르네상스 양식으로, 프랑스 공사관은 바로크 양식으로 건립되었다. 한편 **독립문**은 프랑스의 개선문을 본뜬 건물이다.

명동 성당

1898년에 완공된 우리나라 최초의 순수 고딕 양식 건축물이다. '뾰족집'이라는 이름으로 장안의 명물이 되어 매일 많은 구경꾼이 몰려왔다고 한다.

덕수궁 정관헌

로마네스크 양식으로 지어졌으며 발코니가 화려하고, 회색과 붉은색 벽돌로 벽면이 장식되어 있다.

덕수궁 석조전

1910년에 완공하였다. 유럽 궁전의 건축 양식(르네상스 양식)을 따른 것으로 당시 건축된 서양식 건물 가운데 규모가 가장 큰 건물이다.

(2) **민간 주택**: 민간의 상류 주택에서는 한옥과 양옥을 절충한 양식이 나타나기도 하였다.

서양식 오찬을 즐기고 있는 장면

❺ **손탁 호텔**

독일인 여성인 손탁은 러시아 외교관 베베르의 추천으로 궁중에서 양식 조리와 귀빈 접대를 담당하였다. 손탁은 고종의 재정적 후원으로 1902년에 손탁 호텔을 지었는데, 이곳은 각국 외교관과 외국인들의 사교 장소로 이용되었다.

대표 기출문제

다음과 같은 취지로 전개된 운동에 대한 설명으로 옳은 것은? 2023. 지방직 9급

> 지금 우리들은 정신을 새로이 하고 충의를 떨칠 때이니, 국채 1,300만 원은 우리 대한 제국의 존망에 직결된 것입니다. 이것을 갚으면 나라가 보존되고 이것을 갚지 못하면 나라가 망할 것은 필연적인 사실이나, 지금 국고에서는 도저히 갚을 능력이 없으며, 만일 나라에서 갚지 못한다면 그때는 이미 삼천리 강토는 내 나라 내 민족의 소유가 못 될 것입니다.
>
> — 「대한매일신보」

① 조선 형평사를 조직하였다.

② 조선 물산 장려회를 조직하였다.

③ 신사 참배 거부 운동을 전개하였다.

④ 1907년 대구에서 시작되어 전국으로 확산되었다.

해설

제시된 자료는 국채 보상 운동의 취지문이다. ④ 국채 보상 운동은 1907년 대구에서 시작되어 전국으로 확산되었다.

① 조선 형평사는 1923년에 조직된 단체로, 형평 운동을 전개하였다. ② 조선 물산 장려회는 1920년대 물산 장려 운동과 관련된 단체이다. ③ 신사 참배 강요는 1930년대 이후 민족 말살 통치 시기의 일이다.

정답 ④

02강 근대의 문화

解/法 기출분석

구 분		2008~2018	2019	2020	2021	2022	2023	2024	2025
9급	국가직	• 대한매일신보 • 근대 문화 • 종교계 민족 운동							
	지방직	• 근대 건축물 • 근대 교육 기관(2) • 박은식					독립신문		
	법원직	• 명동 성당, 원각사 • 원산 학사 • 육영 공원							

解法요람

근대 시기 언론 활동

	발 행	기 간	활동과 성격
한성순보	박문국	1883~1884	최초의 신문(관보 성격), 순 한문
독립신문	독립 협회	1896~1899	• 최초의 민간 신문, 정부의 지원 • 대중 계몽 위한 한글판과 국내 사정을 외국에 알리는 영문판 발행
황성신문	남궁억	1898~1910	• 장지연, 시일야방성대곡 • 양반 유생 대상 국한문 혼용체 • 황무지 개간권 반대 운동 전개, 보안회 후원
제국신문	이종일	1898~1910	순 한글, 부녀자와 서민층 대상
대한매일신보	베델 양기탁	1904~1910	• 고종의 을사조약 부당성 폭로 친서 발표 • 국문/영문 ⇨ 국문/국한문/영문, 박은식, 신채호 활약 • 항일 논조 강함, 의병에 대해서도 호의적 • 황무지 개간권 반대 운동, 국채 보상 운동 주도

* 신문지법(1907) · 출판법 제정(1909): 언론 활동 탄압 강화

1. 한성순보(1883~1884) ⭐

(1) **창간**: 수신사로 일본에 갔던 **박영효**가 귀국하여 고종에게 신문 발행을 건의한 것을 계기로 **박문국**이 설치되었다. 1883년 박문국에서 한성순보가 창간되었다.

(2) **특징**: **최초의 신문**으로 **순 한문**으로 발간되었다. 10일에 한 번, 즉 한 달에 세 번씩 간행하였다. 일종의 관보로, 정부의 개화 정책을 홍보하고 국내외 정세❶를 소개하는 역할을 하였다.

(3) **폐간**: 갑신정변으로 박문국 건물이 파괴되면서 폐간되었다.

심화사료 百出
2020. 지방직 7급, 2017. 서울시 사회복지직 9급

박영효의 신문(한성순보) 발행 건의

우리 조정에서도 박문국을 설치하고 관리를 두어 외국의 기사를 폭넓게 번역하고 아울러 국내의 일까지 기재하여 국중에 알리는 동시에 열국에까지 널리 알리기로 하고, 이름을 순보(旬報)라 하며 ……

한성순보 발간

오늘날 풍기는 점차 열리고 인간의 지혜는 날로 발전하여 화륜선이 대양을 달리고 전선이 사방에 연결되고 있다. …… 그리고 이상한 모습을 한 외국인과 만나게 되었다. 사물의 변화와 문물제도의 발전에 대해 사무에 관심을 가진 자들은 반드시 알아야 할 것이다. 이 때문에 우리 조정에서는 **박문국**을 설치하고 직원을 두었다. …… **외국 소식을 번역하고 국내 소식을 실어 국내외에 반포하는 것이다.**

– 한성순보 창간호, 1883년 9월

2. 독립신문(1896~1899)

(1) **창간**: 정부의 지원으로 서재필은 1896년 4월에 독립신문을 창간하였다.

(2) **특징**: **최초의 순 한글 신문**이다. 한글판에서는 서양 문물과 제도를 소개하였고 한 면은 **영문판으로 발행**❷하여 국내의 사정을 외국인에게도 알렸다. 정부의 정책을 국민들에게 전달하고 **자주독립**을 강조하였다.

(3) **폐간**: 독립 협회가 해산된 이후 독립신문도 결국 폐간되었다.

심화사료 百出
2013. 경찰 1차

독립신문의 성격

우리는 첫째, 편벽되지 아니한 고로 무슨 당에도 상관이 없고 상하 귀천을 달리 대접 아니하고 …… 정부에서 하시는 일을 백성에게 전할 터이요, 백성의 정세를 정부에 전할 터이니 만일 백성이 정부 일을 자세히 알고 정부에서 백성의 일을 자세히 아시면 피차에 유익한 일이 많이 있을 터이오. …… 우리가 또 **외국 사정도 조선 인민을 위하여 간간이 기록할터이니** 그걸 인연하여 외국은 가지 못하더라도 조선 인민이 외국 사정도 알 터임. …… 우리 신문이 **한문은 아니 쓰고 다만 국문으로만 쓰는 것**은 상하귀천이 다 보게 함이라. 또 **국문을 이렇게 구절을 띄어쓴즉** 아무라도 이 신문 보기가 쉽고 신문 속에 있는 말을 자세히 알아보게 함이라. ……

– 독립신문 창간 논설

---

❶ **국제 정세 홍보**

강대국과 약소국 사이의 갈등, 서양 열강의 국방 정책에 대한 기사를 많이 실었다.

✎ **한성주보**

1886년에 국한문 혼용체로 발간되었다. 최초로 상업 광고를 실었으나, 1888년 폐간되었다.

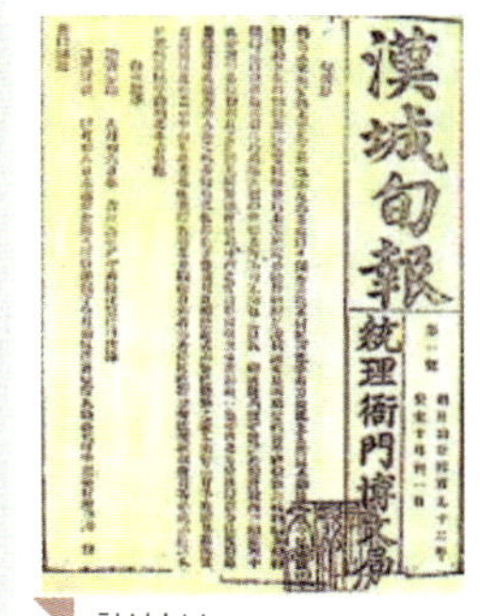
한성순보

❷ **독립신문 발간**

독립신문은 이후 한글판과 영문판으로 각각 발행되었다.

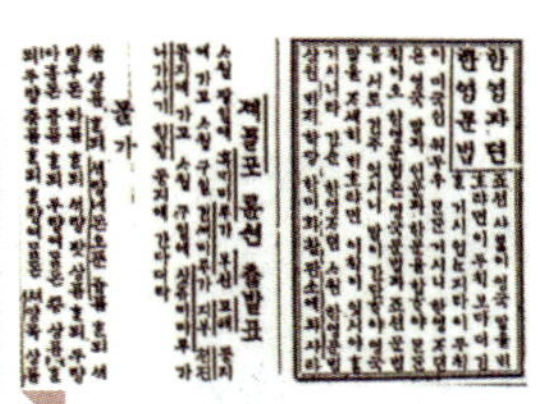
독립신문에 실린 상업 광고
회사 설립이나 상품과 서적 등에 대한 상업 광고를 게재하였다.

3. 제국신문(1898~1910)

(1) **창간**: 개신 유학자 이종일이 **부녀자, 서민층**을 주 대상으로 삼아 발행하였다.

(2) **특징**: 순 한글만을 사용하였다. 지식 습득과 한글 사용의 중요성을 널리 알렸다.

4. 황성신문(1898~1910)

(1) **특징**: 남궁억 등이 **국한문 혼용체**로 발행하였다. 주로 양반 지식인들이 보았다.

(2) **활동**: 광무개혁을 널리 알렸으며, 애국적인 논설을 게재하였다. 또한, 1904년 일제가 황무지 개간 권을 요구하자 반대 운동을 이끌었다.

(3) **「시일야방성대곡」❶**: 주필이었던 **장지연**은 「시일야방성대곡」을 실어 **을사조약**의 부당성을 비판하였다.

5. 대한매일신보(1904~1910) ⭐

(1) **창간**: 영국인 **베델**이 **양기탁**과 함께 창간하였으며, **국한문·영문·순 한글** 세 종류로 발행되었다.

(2) **특징**: 영국인을 발행인으로 내세워 일본도 함부로 검열할 수 없었다. 따라서 을사조약이 무효임을 천명한 고종의 친서를 싣는 등 일제의 침략상을 폭로할 수 있었다. 신채호·박은식 등이 쓴 애국적인 논설을 통해 항일 의식을 고취했으며, 다른 언론과는 달리 **의병**에 대해서도 **긍정적**이었다.

(3) **국채 보상 운동 적극 지원**: 1907년 국채 보상 운동이 일어나자 운동의 취지를 소개하고 온 국민이 적극적으로 동참할 것을 호소하여 많은 호응을 이끌어 내기도 하였다.

(4) **일제의 탄압**: 1910년 국권 강탈 이후 대한매일신보는 총독부의 기관지인 매일신보로 전락하였다.

황성신문

❶ **시일야방성대곡**
시일야방성대곡 게재 사건으로 황성 신문이 정간되자, 대한매일신보는 시 일야방성대곡과 을사조약 체결 과정 에 대한 기사들을 연이어 게재하여 여론을 이끌었다.

대한매일신보

심화사료 百出   2011. 국가직 9급

대한매일신보

신문으로는 대한매일신보, 황성신문, 기타 여러 가지 신문이 있었으나, 제일 환영을 받는 영국인 베델이 경영하는 대한매일 신보였다. 당시 정부의 잘못과 시국 변동을 여지없이 폭로하였다. 관 쓴 노인도 사랑방에 앉아서 이 신문을 보면서 혀를 툭툭 차고 각 학교 학생들은 주먹을 치고 통론하였다.

– 유광열, 「별건곤」

解法 도움닫기 베델(Ernest Thomas Bethell, 1872~1909)

러·일 전쟁이 일어나자 1904년에 베델은 영국의 런던 데일리 뉴스의 특파원으로 우리나라에 왔다. 그는 같은 해 7월에 양기탁과 함께 대한매일신보와 영문판 코리아 데일리 뉴스를 창간하여 사장이 되었다. 당시 일제는 한국인이 발행하는 모든 신문을 철저하게 검열하였다. 그러나 베델이 사장으로 있던 대한매일신보는 영국인으 로서의 치외 법권을 이용하여 일본의 침략 정책을 과감하게 비판하고 배일 사상을 고취하였다. 이에 일제는 베 델을 국외로 추방하는 외교 공작을 벌였다. 이후 베델은 1909년 37세의 젊은 나이로 병사했는데, "나는 죽더라 도 신문만은 오래 살려 한국 동포를 구원해야 된다."라는 유언을 남겼다.

베델

6. 기타 신문

천도교의 기관지인 만세보(1906), 천주교 기관지인 경향신문(1906), 최초의 지방 신문인 경남일보 (1909) 등이 창간되었다. 이들 신문은 민중 계몽에 힘썼으며, 민족 의식을 고취시키는 데 기여하였다. 이밖에 친일 신문❷으로는 국민신보, 대한신문 등이 있다.

7. 일제의 언론 탄압

(1) **신문지법(1907)과 출판법(1909) 제정**: 일제는 신문지법과 출판법을 제정해 기사 내용을 사전에 검열하는 등 언론 활동을 탄압하였다.

(2) **신 신문지법(신문지법 개정, 1908)**: 신문지법 제정에도 불구하고 외국인이 발행인이었던 대한매일신보에 대한 검열이 어렵자 신 신문지법(1908)❸을 제정하였다.

❷ **친일 신문**
- 국민신보(1906): 일진회에서 발간한 친일 신문으로, 1910년에 폐간되었다.
- 대한신문(1907): 이인직이 만세보를 인수한 뒤 재간한 신문이다.

❸ **신(新) 신문지법(1908)**
외국의 한국인 교포들이 발행하는 신문뿐만 아니라 국내에서 외국인이 발행하는 신문도 단속 대상에 포함시켰다. 이는 베델의 대한매일신보를 탄압할 목적으로 제정된 것이다.

---

02 근대 문물의 수용

1. 개항 이후, 근대 문물의 도입

(1) **과학 기술의 수용**: 정부는 양잠, 방직, 제지 등에 관한 기계를 도입하고 외국 기술자를 초빙하였다.

(2) **유학생 파견**: 1880년대에 정부는 해외에 시찰단과 유학생을 파견하였다. 이들은 박문국·기기창·전환국의 설치와 각종 기술 학교의 설립에 영향을 미쳤다.

서울에 설치된 새로운 시설들(1876~1910)

2. 통신·교통 시설

(1) **통신 수단의 발달**
① **전신의 가설**❹: 1885년 서울과 인천 간의 전신을 가설하고 한성 전보 총국을 개설하여 전신 사업을 시작하였다.
② **전화**: 1898년 전화가 경운궁에 최초로 설치되었고, 1902년 한성 전화소에서 서울 시내 전화 교환 업무를 시작하였다. 이후 서울과 인천 사이의 시외선도 개통되었다.
③ **우편**: 1884년 우정국이 설치되었으나 갑신정변으로 폐쇄되었다. 을미개혁 때 우체사가 설치되어 우편 사무가 시작되었다. 1900년에는 만국 우편 연합에 가입하여 여러 나라와 우편물을 교환하였다.

(2) **교통 수단의 발달(철도)**
① **경인선**❺: 제물포와 노량진 구간에 경인선이 **1899년 최초로 완공**되었다.
② **부설권의 이동**: 경부선 부설권은 일본에, 경의선 부설권은 프랑스에 주어졌으나 결국 경부선과 경의선은 러·일 전쟁 중에 일본이 군사적 목적에 따라 부설하였다.

❹ **최초의 전신 가설**
1884년 일본의 나가사키와 부산 사이에 해저 전선을 개통하였다. 이후 서울과 인천을 연결하는 전신이 개통되어 조선과 청, 일본을 연결하는 국제 통신망이 형성되었다.

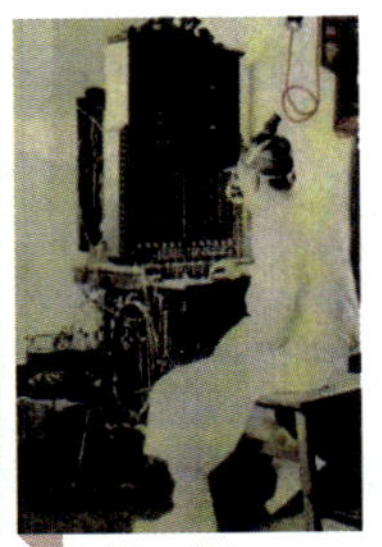
전화 교환수

❺ **경인선**
미국인 모스가 경인선 부설권을 획득하였으나 이후 일본에게 넘어갔다.

서울의 전차

일본의 침략에 항거하여 철도를
파괴한 죄로 처형되는 3명의 한국인
(르 크로와 일뤼스트레, 1905. 5. 21.)

❶ 세브란스 병원

1894년 갑오개혁 당시, 조선 정부는
제중원을 미국 북장로교 선교부로
넘겼다. 미국 선교부의 애버슨은 미
국인 실업가 세브란스의 재정 지원
을 받아 1904년 서울역 앞에 제중원
을 새로 짓고 병원의 이름을 세브란
스 병원이라 불렀다.

지석영

❷ 백동화

1892년부터 1904년까지 전환국에서
발행한 동전이다. 일본은 널리 유통
되던 백동화 대신 일본 제일은행에서
만든 화폐를 강압적으로 사용하게 하
였다.

(3) 전기 시설의 등장

① 전등의 설치: 1887년 경복궁 건청궁 내에 처음으로 전등이 설치되었다.

② 전기 회사의 설립: 황실과 미국인 콜브란의 합자로 한성 전기 회사가 1890년대 설립되었으며, 서대문과 청량리 사이를 운행하는 전차가 1899년 처음 운행되었다.

3. 의료 시설의 발달

(1) 근대적 의료 시설

① 광혜원(1885): 정부는 미국 선교사 알렌의 요청으로 근대적 의료 시설인 광혜원을 세웠다.

　㉠ 제중원: 설립 이후 광혜원은 '제중원'으로 개칭되었다.

　㉡ 세브란스 병원❶(1904): 재정 문제로 인해 제중원은 1904년 세브란스 병원으로 새롭게 개원하였다.

② 광제원(1900): 일반 백성의 진료를 위하여 국립 병원인 광제원을 설립하였다.

(2) 의료 정책

① 위생국 신설: 갑오개혁 시기에 위생국을 설치하여 의료 및 위생 사업을 실시하였다.

② 종두법의 시행(1895): 1880년 2차 수신사의 일원으로 일본에 간 **지석영**이 우두법을 직접 배워왔다. 이후 을미개혁(1895) 때 종두법을 시행·보급하여 천연두 예방과 치료에 공헌하였다.

알렌

미국인 알렌은 1884년 8월, 의료 선교사로 한국에 왔다. 초기에 미국·영국 등 외국 공사관의 담당 의사로 활동하였다. 갑신정변 때 중상을 입은 민영익을 치료한 것을 계기로 왕실의 신임을 얻어 고종의 진료를 담당하였다.

❖ **근대 문물과 시설**

출판	박문국(1883)	『한성순보』 발행(1883~84)
	광인사(1884)	최초의 민간 출판사
화폐	전환국(1883)	당오전·백동화❷ 주조
무기	기기창(1883)	최초의 근대식 무기 제조 공장
전기	전등(1887)	경복궁의 건청궁에서 최초 가설 및 점등
통신	전신(1885)	서울~의주 간, 서울~인천 간 가설
	우편(1895)	3차 갑오개혁(을미개혁)으로 실시, 만국 우편 연합에 가입(1900)
	전화(1898)	경운궁에서 최초 설치, 민간에 한성 전화소(교환소, 1902) 설치
교통	경인선(1899)	서울~인천 최초 부설(미국 ⇒ 일본)
	경부선(1904)·경의선(1906)	러·일 전쟁 중 일본의 군사적 목적으로 부설
	전차(1899)	서대문~청량리, 최초의 전차 운행(한성 전기 회사―미국 콜브란과 합자)
의료	광혜원(1885)	최초의 근대식 병원(알렌), 이후 제중원으로 이름 변경 ⇒ 1904년 세브란스
	광제원(1900)	1899년 대한 제국이 설립한 국립 병원이 1900년 광제원으로 개칭
건축	독립문(1897)	프랑스의 개선문을 모방, 영은문을 허물고 건립하여 독립의식 고취
	덕수궁 석조전(1910)	르네상스식(그리스 열주식 + 로마 돔식) 건축 양식, 미·소 공동위 회담 장소
	명동 성당(1898)	중세 유럽 고딕 양식

근대 교육의 발전

1880년대

1. **근대 교육 시작**: 원산 학사(1883) – 최초, 신학문 + 무술
   육영 공원(1886) – 최초의 관립
   * 외국인 선교사: 배재 학당(1885), 이화 학당

1890년대

2. **근대 교육 제도 마련**: 관립 학교 설립 ↑
   (교육 입국 조서) 한성 사범 학교, 한성 중학교, 소학교
   * 광무개혁: 실업 학교(상공 학교, 광무 학교)

1900년대

3. **애국 계몽 운동** ↑ : 사립 학교 설립 ↑
   (국권 피탈 위기감 고조) 대성 학교, 오산 학교, 보성 학교
   * 사립 학교령(1908): 사립 학교의 설립과 운영 통제

1. 근대 교육의 시작

(1) 원산 학사(1883) ⭐

① 설립: 덕원 부사 정현석을 중심으로 함경도 원산 덕원의 주민들이 기금을 조성하여 **최초의 근대적 사립 학교**인 원산 학사를 설립하였다.

② 특징: 문예반과 무예반을 두었다. 문예반은 외국어·국제법 등을, 무예반은 병서를 가르쳤다.

(2) 동문학(1883)

묄렌도르프가 통상아문의 부속 기관으로 설립하였다. **영어 강습 중심의 통역관 양성소**이다.

(3) 육영 공원[3](1886)

최초의 관립 학교로 헐버트[4], 길모어 등 미국인 교사를 초빙하여 젊은 관리나 상류층 자제들을 대상으로 영어·정치학 등의 근대 학문을 가르쳤다.

심화사료 百出

2017. 법원직 9급, 2009. 법원직 9급

원산 학사

의정부에서 아뢰기를, "방금 **덕원** 부사 정현석(鄭顯奭)의 장계를 보니, '덕원부는 해안의 요충지에 위치하고 아울러 개항지입니다. 이를 빈틈없이 잘 운영해 나가는 방도는 인재를 선발하여 쓰는 데 달려 있으며, 선발하여 쓰는 요령은 그들을 가르치고 기르는 데 달려 있습니다. 그래서 원산사(元山社)에 글방을 설치하여, **문사(文士)**는 먼저 경의(經義)를 가르치고, **무사(武士)**는 먼저 병서(兵書)를 가르친 다음, ……

– 「고종실록」

육영 공원

문·무관, 유생 중에 어리고 총명한 자 40명을 뽑아 입학시키고 벙커와 길모어 등을 교사로 초빙하여 서양 문자를 가르쳤다. 문관으로는 김승규와 신대균 등 여러 명이 있고, 유사로는 이만재와 서상훈 등 여러 명이 있었다. 사색 당파를 골고루 배정하여 당대 명문 집안에서 선발하였다.

– 「매천야록」

❸ 육영 공원

좌원과 우원의 두 반으로 나누어 입학생을 받았다. 좌원은 현직 관료 중에서 선발했으며, 우원은 과거에 오르지 못한 양반 자제들 중에서 선발하였다.

❹ 헐버트의 「사민필지」

육영 공원의 교사로 있던 헐버트가 각국의 역사와 지리를 순국문과 한문으로 번역하여 소개한 역사 지리서이다.

▼ 육영 공원에서 사용한 영어 교재

2. 근대적 교육 제도와 관립 학교의 설립

(1) 학무아문의 설치(1894)

갑오개혁 때 교육 행정 기구로 설립되어 근대식 교육 제도를 마련하고 각종 관립 학교를 설립하였다.

(2) 교육 입국 조서의 반포(1895)

"국가의 부강은 국민의 교육에 있다."는 내용의 교육 입국 조서가 반포되었다.

(3) 근대적 관립 학교의 설립[1]

① 갑오개혁기: 1895년 한성 사범 학교[2]가 개교되어 교원을 양성하였으며 외국어 학교와 소학교가 설립되었다. 1900년에 최초의 중등 교육 기관으로 한성 중학교가 설립되었다.

② 광무개혁기: 식산흥업 정책의 일환으로 상공 학교, 광무 학교 등 각종 실업 학교를 설립하였다.

③ 근대적 교과서 편찬: 『국민소학독본』, 『조선 역사』 등의 각종 교과서를 편찬하였다.

(4) 국비 유학생의 파견

1881년 최초의 국비 유학생으로 유길준이 선발되었다. 이후 1895년 200여 명의 유학생을 일본에 파견하였다.

고등사료 _{빈출}

교육 입국 조서

세계의 형세를 두루 살피건대, 부하고 강하며 독립하여 응시하는 모든 나라는 다 국민의 지식이 개명하였다. 이 지식의 개명은 교육의 선미로 되었으니, **교육은 실로 국가를 보존하는 근본이다.** …… **짐은 정부에 명하여 학교를 널리 세우고 인재를 양성하며,** 그대들 신민의 학식으로써 국가 중흥의 큰 공을 찬성하게 하겠다. 그러니 그대들 신민은 충군하고 애국하는 심성으로 그대의 덕과 몸과 지를 기를지어다. …… 왕실의 안전은 그대들 신민들의 교육에 있고, 국가의 부강도 그대들 신민의 교육에 있다.

3. 민족 지도자들의 학교 설립

1905년 을사조약 전후로 민족 지도자들은 다수의 사립 학교[3]를 세웠다.

(1) 대표적 학교

안창호는 점진 학교와 대성 학교[4]를 설립하였고, 이승훈은 정주에 오산 학교를 설립하였다. 뿐만 아니라 순성 여학교 등 여성을 위한 학교들도 세워졌다.

(2) 학회[5] 설립

서북 학회, 기호 흥학회 등이 조직되어 교육을 통해 민족의 실력을 양성하고자 하였다.

심화사료 _{빈출}

애국 계몽 운동과 교육 활동

지금 나라가 기울어져 가는데 우리가 그저 앉아 있을 수는 없다. 아름다운 강산 선인들이 지켜 온 강토를 원수인 일본인들에게 내어 맡긴다는 것이 차마 있어서는 안 된다. **총을 드는 사람, 칼을 드는 사람도 있어야 할 것이다. 그러나 그보다 더 중요한 일은 백성들이 깨어나는 일이다.** 세상이 어떻게 돌아가는 것인지를 모르고 있으니 그들을 깨우치는 것이 제일 급무이다. …… 내가 오늘 이 학교를 세우는 것도 후손을 가르쳐 만분의 일이라도 나라에 도움이 되기를 원하기 때문이다. — 오산 학교 개교식 식사, 이승훈

---

❶ 관립 학교의 설립

교육 입국 조서의 반포를 계기로 한성 사범 학교 관제 등이 공포되었고, 각종 관립 학교들이 세워졌다.

❷ 한성 사범 학교

15세 이상 20세 이하의 남자를 선발하여, 언문·논설·역사·지리·산수 등 학문을 강습하였다. 이들은 학교를 졸업한 뒤에 각지에 설치된 소학교에 부임하여 학생들에게 신교육을 실시하였다.

❸ 흥화 학교

1898년 민영환은 서양 여러 나라들을 방문하고 돌아온 뒤 흥화 학교를 세웠다.

❹ 대성 학교의 설립

1907년에 안창호가 독립 의식 고취와 민중 계몽을 위하여 평양에 대성 학교를 설립하였다.

❺ 학회의 활동

학교를 세우고, 민족 의식을 고취하는 교과서를 보급하였다.

✎ 근대 사립 학교의 설립

학교명	시기	설립자(단체)
원산 학사	1883	관청+민간
흥화 학교	1898	민영환
순성 여학교	1898	찬양회
점진 학교	1899	안창호
보성 학교	1905	이용익
양정의숙	1905	엄주익
서전서숙	1906	이상설
오산 학교	1907	이승훈
대성 학교	1907	안창호

4. 개신교 선교사들의 학교 설립

(1) 배재 학당(1885)

아펜젤러가 서울에 세운 남자 학교로, 외국 선교사가 설립한 최초의 사립 학교이다. 1886년에 고종
으로부터 '배재 학당'이라는 교명과 현판을 받았다.

(2) 이화 학당(1886)

스크랜턴은 여성들을 교육시키기 위해 이화 학당을 세웠다. 이는 외국 선교사가 설립한 최초의 여
자 사립 학교[6]이다.

(3) 다수 학교 설립

언더우드는 1886년에 경신 학교를 세웠다. 이 외에 정신 여학교(엘러스), 숭실 학교[7](베어드) 등 많
은 학교들이 선교사에 의해 설립되었다.

5. 일제의 민족 교육 억압[8]

일제는 **사립 학교령(1908)**을 제정하여 사립 학교의 설립과 운영을 통제하였다.

배재 학당

❻ 순성 여학교

조선인이 세운 최초의 사립 여학교
는 순성 여학교(1898)이다.

❼ 평양의 숭실 학교

1910년대 재학생과 졸업생이 주축이
되어 비밀 결사인 조선 국민회를 조
직했으며, 일제 말에는 신사 참배 거
부로 자진 폐교하였다.

❽ 교과용 도서 검정 규정

학부에서 편찬했거나 검정한 도서를
사용하도록 법제화한 것이다. 일제는
이를 통해 교과서 내용을 장악하였다.

---

04 국학 연구

1. 국학 연구의 배경

을사조약 이후에 애국 계몽 운동의 일환으로 우리 **역사와 언어** 등을 연구하는 **국학 운동**이 전개되었다.

2. 국어 연구

(1) 문체의 변혁

① **국·한문 혼용**: 국한문 혼용의 교과서가 간행되면서 **국·한문체와 국문체**의 문장이 보급되어 갔
다. 또한 유길준은 1895년 『**서유견문**』[9]을 출간하여 국·한문체의 보급에 기여하였다.

② **순국문의 사용**: 독립신문이 한글로 발행되었으며 뒤를 이어 **제국신문과 대한매일신보**도 순 한
글을 사용하였다. 특히 독립신문은 띄어쓰기를 사용하는 등 획기적인 문체 변혁을 이룩하였다.

(2) 국문 연구

① **국문 연구소(1907)**: 정부는 국문 연구소를 세워 우리말 체계[10]를 바로잡고자 하였다. 주시경·지석
영 등이 여기서 국문의 발음, 글자체, 철자법 등을 연구·정리하였다.

② **주시경**: 국어 표기법에 대해 연구했으며, 『국어문법』·『말의 소리』 등을 저술하였다.

③ **유길준**: 『대한문전』을 저술하여 한글 표기법을 통일시키려고 하였다.

❾ 『서유견문』

유길준이 유럽을 순방하고 느낀 것
들을 기록한 책이다. 이 책의 출간
이후 신문과 잡지는 국·한문 혼용
체를 많이 사용하게 되었다.

❿ 우리말 표기법 통일

한글 사용이 늘어남에 따라 언문일
치 원칙에 따른 우리말 표기법의 통
일 필요성이 높아졌다.

심화사료 百出

유길준의 『서유견문』

무릇 개화란 인간의 온갖 만물이 가장 아름다운 경지에 이르는 것을 일컫는데 개화에는 인륜 개화, 학술 개화, 정치 개화, 법률 개화, 기계 개화, 물품 개화가 있다. …… 그런고로 **옛날에는 맞았지만 지금은 맞지 않으며, 저쪽에는 좋지만 이쪽에는 좋지 않은 것도 있어, 곧 고금의 형세를 살피고 피차 사정을 비교하여 장점을 취하고 단점을 버리는 것이 개화의 대도(大道)다.**

주시경[1]의 한글 수호 정신

나라를 빼앗게 하는 자는 그 나라의 글과 말을 먼저 없이하고 자기 나라의 글과 말을 전파하며, 자기 나라를 흥성하게 하고자 하거나 나라를 보존하고자 하는 자는 자국의 글과 말을 먼저 닦고 백성의 지혜로움을 발달하게 하고 단합을 공고하게 한다.

– 주시경 선생 유고

❶ 주시경

독립신문 발간에 관여했으며 독립신문사 안에 '국문 동식회(1896)'를 조직하였다. 국문 동식회는 최초의 국문 연구회로, 국문 철자법의 통일을 목적으로 하였다. 1897년에는 '국문론'을 발표했다. 또한, 그는 당시의 문장들이 한문에 토를 다는 형식에 그치고 있다면서 실제로 말하는 대로 글을 쓰는 '언문일치'가 필요하다고 주장하였다.

신채호

❷ 「최도통전」

고려 말 무신 최영을 다룬 역사 전기 소설로, 『대한매일신보』에 연재되었다.

❸ 현채

중등용 교과서로 『동국사략』 등을 저술하였고, 『월남 망국사』 등을 번역하였다.

3. 국사 연구

(1) 역사에 대한 관심 고조

국권 상실의 위기에 처하자 민족 지도자들은 **역사를 통해 민족 의식을 고취시키려고 하였다.** 신채호·박은식 등은 구국 위인의 전기를 저술했으며, 외국 흥망의 역사(『이태리 건국 삼걸전』·『미국독립사』·『월남망국사』 등)를 번역하여 소개하였다.

(2) 역사학자들의 활동

① 신채호 ⭐

㉠ 각종 애국서의 편찬: 「을지문덕전」, 「강감찬전」, 「최도통전」[2], 「이순신전」 등 애국 명장에 대한 전기를 저술하고, 『이태리 건국 삼걸전』 등을 번역해서 애국심을 고취시켰다.

㉡ 독사신론(1908): 『대한매일신보』에 연재한 것으로, 고대사 연구에 집중하면서 사대주의를 비판하였다. 그는 역사 서술상의 주체를 민족으로 설정하여 **민족주의 사학의 연구 방향을 제시**하였다.

② 박은식 ⭐

㉠ 각종 애국서의 편찬: 『동명성왕실기』, 『발해태조건국지』, 『몽배금태조』, 『명림답부전』, 『천개소문전』 등 애국적인 인물들에 대한 전기를 저술하였다.

㉡ 국혼 강조: 국권이 상실되는 상황 속에서 국혼을 강조하여 민족의 정신을 일깨우고자 하였다.

③ 현채[3]: 대표적인 역사 교과서로 1907년 『유년필독』을 저술하였다.

④ 황현: 우국 시인으로, 『매천야록』을 저술하여 근대 역사를 기록하였다. 1910년 한·일 병합 조약이 체결되자 절명시를 남기고 자결하였다.

(3) 조선 광문회(1910)

최남선, 박은식 등은 조선 광문회를 설립하였다. 『동국통감』, 『해동역사』 등 고전을 간행·보급하였다.

심화사료 (百出)

신채호의 「독사신론(讀史新論)」

국가의 역사는 민족의 소장성쇠(消長盛衰)의 상태를 서술할지라. 민족을 빼면 역사가 없으며 역사를 빼어 버리면 민족의 그 국가에 대한 관념이 크지 않을지니, 오호라 역사가의 책임이 그 역시 무거울진저 …… **내가 지금 각 학교 교과용의 역사를 보건대, 가치가 있는 역사는 거의 없다.** 제1장을 펴보면 우리 민족이 중국 민족의 일부분인 듯하며, 제2장을 펴보면 우리 민족이 선비족의 일부인 듯하며, 끝까지 전편을 다 읽어보면 때로는 말갈족의 일부분인 듯하고, 때로는 몽고족의 일부분인 듯하고, 때로는 여진족의 일부분인 듯하고, 때로는 일본족의 일부분인 듯하다. 오호라, 과연 이 같을진대 우리 수만 리의 토지가 이들 남만북적의 수라장이며, 우리 4천여 년의 산업이 이들 조량모초의 경매물이라 할지니, 어찌 그렇다고 할 것인가. 즉, 고대의 불완전한 역사라도 이를 상세히 살피면, 동국 주족 단군 후예의 발달한 실제 자취가 뚜렷하거늘 무슨 까닭으로 우리 선조들을 헐뜯음이 이에 이르렀는가. …… 만일 그렇지 않으면 이는 무정신의 역사이다. **무정신의 역사는 무정신의 민족을 낳으며, 무정신의 국가를 만들 것**이니 어찌 두렵지 아니하리오.

---

05 근대 문학·예술

1. 새로운 문학의 등장

(1) 신소설[4] : 언문일치의 문장을 사용하고, 봉건적 가치관을 비판하며 미신 타파, 남녀평등과 자유연애, 신교육의 필요성 등을 주로 다루고 있다. 대표적인 신소설로는 이인직의 「혈의 누」, 이해조의 「자유종」, 안국선의 「금수회의록」 등이 있다.

심화사료 (百出)

신소설

지금 세상 사람들은 외국의 세력을 빌어 의뢰하여 몸을 보전하고 벼슬을 얻으려 하며, 타국 사람을 부동하여 제 나라를 망하게 하고 제 동포를 압박하니, 그것이 우리 여우보다 나은 일이오? 결단코 우리 여우만 못한 물건들이라. 또, 나라로 말할지라도 대포와 총의 힘을 빌려서 남의 나라를 위협하여 속국도 만들고 보호국도 만드니, 불한당이 칼이나 육혈포를 가지고 남의 집에 들어가서 재물을 탈취하고 부녀를 겁탈하는 것이나 다를 것이 무엇이오.

– 안국선, 「금수회의록」

---

(2) 신체시: 최남선은 1908년 『소년』 창간호에 「해에게서 소년에게」라는 신체시를 발표하였다.

(3) 애국 가사: 4·4조의 애국 가사들이 독립신문이나 대한매일신보 등을 통해 발표되었다.

(4) 외국 문학의 번역: 기독교 계통의 서적이나 외국 문학 작품들이 번역되어 국내에 소개되었다. 이는 외래 문화에 대한 막연한 동경심을 유발하는 부작용을 낳았다.

🔖 황현의 「절명시」

1. 난리가 물밀듯 거듭 몰아닥쳐 머리는 새고 나이는 늙어버렸네. / 몇 번이나 죽으려 했건만 아직도 그뜻을 이루지 못하였는데 / 어떻게도 돌이킬 수 없는 오늘 / 가물거리는 촛불만이 푸른 하늘을 비추네.

2. 요기가 하늘을 가려 임금의 별을 옮기니 / 대궐은 침침한데 시각이 더디구나. / 조칙은 이제부터 다시 내리지 않으리니 / 구슬 같은 눈물이 주룩주룩 조칙에 얽히는구나.

3. 새 짐승도 슬피 울고 산악 해수다 찡기는 듯 / 무궁화 삼천리가 이미 영락되다니 / 가을밤 등불 아래 책을 덮고서 옛일 곰곰이 생각해 보니 / 이승에서 지식인 노릇하기 정히 어렵구나.

4. 일찍이 나라를 지탱할 조그마한 공도 없었으니 / 단지 인(仁)을 이룰 뿐이요, 충(忠)은 아닌 것이로다. / 겨우 능히 윤곡(尹穀)을 따르는 데 그칠 뿐이요 / 당시의 진동(陳東)을 밟지 못하는 것이 부끄럽구나.

---

[4] 신소설

고전 소설과 구별되는 새로운 소설이라는 의미이다. 1906년 『만세보』에 연재된 이인직의 「혈의 누」에서 처음 사용되었다.

「혈의 누」(좌), 「자유종」(우)

「금수회의록」

❶ 권학가

학도야 학도야 청년 학도야.
벽상의 괘종을 들어 보시오.
한 소래 두 소래 가고 못 오니
인생 백 년이 주마 같도다.

❷ 원각사

이인직이 1908년 설립한 국내 최초의 서양식 극장으로, 1909년 폐쇄되었다.

2. 음악

(1) **서양 음악의 보급**: 기독교 선교사들의 활동으로 찬송가가 널리 보급되면서 서양 음악이 소개되었다.

(2) **창가**: 전통적인 4음보의 가사조 노랫말을 서양 악곡에 맞추어 부르는 창가가 유행하였다. 특히 '애국가', '독립가', '권학가'❶ 등의 창가는 민족 의식 고취에 이바지하였다.

(3) **전통 음악**: 1890년대 전후 김창조가 가야금 산조를 확립하였다.

3. 연극

(1) **판소리와 창극**: 신재효가 판소리를 여섯 마당으로 정리하였다. 또한 한 사람이 부르는 판소리를 1인 1역의 공연 형태로 변화시킨 창극이 유행하였다.

(2) **산조**: 장구의 반주로 가야금, 거문고, 대금 등을 연주하는 기악 독주곡인 산조가 나타났다.

(3) **극장의 건립**: 19세기 말부터 협률사 등의 극장이 생기기 시작하였다. 20세기 초에는 최초의 서양식 극장인 원각사(1908)❷에서 '은세계', '치악산' 등의 작품이 공연되었다.

4. 미술

서양의 화풍이 소개되어 서양식 유화를 그리기 시작하였다.

06 종교계의 변화

1. 천주교

(1) **포교의 자유 허용**: 1886년에 프랑스와의 수교로 포교와 신앙의 자유가 허용되었다.

(2) **각종 사회 활동**

① **자선 활동**: 고아원과 양로원을 설립·운영하여 소외된 계층을 돌보는 일에도 적극 참여하였다.

② **언론**: 경향신문을 발행하여 언론을 통한 주권 회복 운동을 전개하였다.

③ **사회 활동**: 국채 보상 운동에도 적극 참여하였다.

심화사료 百出

조·불 수호 통상 조약(1886)

제9조 2항 조선에서 언어와 문자를 배우거나 가르치며[敎誨]❸, 법률과 기술을 연구하는 프랑스 인들은 우호의 표시로 언제든지 보호와 원조를 받아야 한다.

❸ 교회(敎誨)의 이중적 의미

제9조 2항에서 가르친다는 의미의 교회(敎誨)라는 단어에 천주교를 전파한다는 뜻도 포함시켜 해석하여 천주교 포교의 자유를 인정받았다.

2. 개신교

(1) **수용 및 활동**: 선교사들은 선교 사업과 함께 **교육**, **의료** 및 봉사 활동을 전개하였다.

(2) **대부흥 운동**: 1900년대 초 일종의 영적 각성 운동으로, 기독교계의 대부흥 운동❹이 일어났다.

❹ 대부흥 운동

기독교가 토착화되는 중요한 계기가 되었다.

3. 동학(천도교)

(1) 변화: 동학의 3대 교주인 손병희는 이용구 등 친일 세력을 내쫓고 1905년에 천도교를 창설하였다.

(2) 활동: 보성사라는 출판사를 세우고, 『만세보』를 창간하였다. 또한 보성 학교를 운영하였다.

4. 대종교(단군교)

(1) 창시: 1909년에 나철, 오기호 등이 창시한 단군교는 일제의 탄압으로 1910년에 대종교로 개칭하였다.

(2) 활동: 애국 지사들은 대종교[5]에 가담하여 간도와 연해주 등지에서 독립운동을 전개하였다.

5. 유교

(1) 대동교: 박은식과 장지연은 양명학과 사회 진화론의 원리를 조화시킨 대동 사상을 주창하고 대동교를 창건하여 유교계를 친일화하려는 일제에 대항하였다.

(2) 박은식의 유교구신론(1909): 박은식은 양명학의 보급을 강조하였다. 이에 실천적인 유교 정신을 강조한 유교구신론[6]을 주장하였다.

심화사료 百出

2019. 국가직 9급, 2016. 경찰 2차, 2014. 지방직 9급, 2013. 서울시 9급

박은식의 유교구신론(儒敎求新論)

무릇 동양의 수천 년 교화계(敎化界)에서 바르고 순수하며 광대 정미하며 많은 성인이 뒤를 이어 전하고 많은 현인이 강명(講明)하는 **유교**가 …… 근세에 이르러 **침체 부진이 극도에 달하여** 거의 회복할 가망이 없는 것은 무슨 까닭인. …… 여기에 감히 외람됨을 무릅쓰고 **3대 문제**를 들어서 개량 구신의 의견을 바치노라.

첫째는, 유교파의 정신이 전적으로 **제왕(帝王) 측에 존재하고 인민 사회에 보급할 정신이 부족함**이오. 둘째는, 여러 나라를 돌아다니면서 세계의 주의(主義)를 바꾸려는 생각을 강론하지 아니하고, 또한 내가 동몽(童蒙)을 찾는 것이 아니라 **동몽이 나를 찾는 주의를 지킴**이오. 셋째는, 우리 대한 유가(儒家)에서 간이직절(簡易直切)한 법문**(양명학)을 구하지 아니하고** 질질 끌고 되어 가는 대로 내버려 두는 공부**(주자학)를 전적으로 숭상함**이라.

– 박은식, 『서북 학회 월보』, 제1권, 1909년

6. 불교

통감부의 탄압과 일본 불교의 침투가 본격화되면서 위기를 맞았다. 이에 **한용운** 등은 '조선 불교 유신론'을 내세워 조선 불교의 전통을 확립하고자 하였다.

대표 기출문제

다음에서 설명하는 신문은?

2023. 지방직 9급

- 서재필이 정부 지원을 받아 창간하였다.
- 한글판을 발행하여 서양의 문물과 제도를 소개하였다.
- 영문판을 발행하여 국내 사정을 외국인에게도 전달하였다.

① 제국신문
② 독립신문
③ 한성순보
④ 황성신문

▼ 『만세보』

❺ 대종교

일본은 대종교를 일본의 신도(神道)와 일치시켜 친일에 이용하기도 하였다.

❻ 유교의 3대 문제(유교구신론 中)

1. 지배층만 생각하여 일반 백성을 생각하는 것이 부족함.
2. 공자처럼 세상을 돌아다니며 바꾸려는 노력을 하지 않음.
3. 오직 주자 성리학에만 빠져 있음.

해설

제시된 자료는 서재필이 창간한 독립신문에 대해 서술한 것이다. 언론의 중요성을 인식한 정부의 지원으로 서재필은 1896년 4월에 독립신문을 창간하였다. 독립신문은 한글판과 영문판으로 각각 발행되었다. 한글판은 서양의 문물·제도를 국내에 소개했으며, 영문판을 통해 국내 사정을 외국인들에게 알렸다.

정답 ②

7

일제의 침략과 민족의 독립운동

1 일제 식민 통치와 민족의 수난

CHAPTER

01강 식민 통치 체제의 구축과 경제 수탈

- **1** 1910년대 무단 통치
- **2** 1910년대 일제의 경제 수탈
- **3** 1920년대 문화 통치
- **4** 1920년대 일제의 경제 수탈
- **5** 1930년대 이후 민족 말살 정책
- **6** 1930년대 이후 일제의 경제 수탈
- **7** 일제의 교육 정책
- **8** 일제의 언론 탄압
- **9** 일제의 종교 탄압과 종교계의 대응

02강 3·1 운동과 대한민국 임시 정부

- **1** 3·1 운동의 배경
- **2** 3·1 운동의 전개 과정
- **3** 3·1 운동의 영향
- **4** 임시 정부의 통합
- **5** 임시 정부의 활동
- **6** 임시 정부의 시련과 재정비

解·法·기·출·진·맥

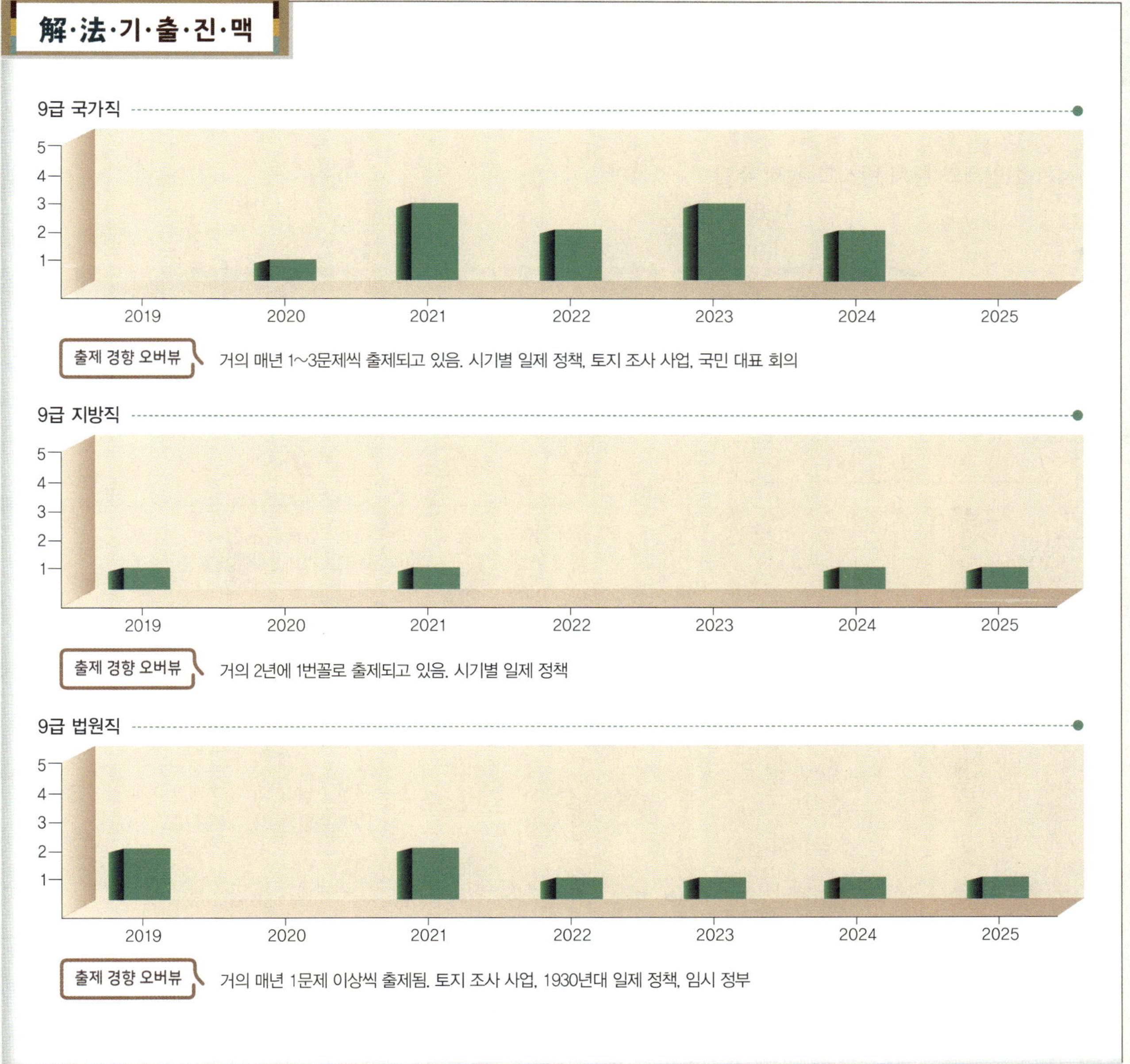

01강 식민 통치 체제의 구축과 경제 수탈

 解/法 기출분석

구분		2008~2018	2019	2020	2021	2022	2023	2024	2025
9급	국가직	• 식민 통치(5) • 경제 수탈 • 토지 조사 사업		치안 유지법	• 토지 조사 사업 • 식민 통치	식민 통치	식민 통치(2)	식민 통치	
	지방직	• 식민 통치(3) • 경제 수탈 • 산미 증식 계획 • 국가 총동원령	식민 통치						
	법원직	• 무단 통치 • 토지 조사 사업(2) • 산미 증식 계획 • 1930년대 일제 정책(3) • 2차 교육령	토지 조사 사업		1930년대 이후 일제 정책		토지 조사 사업		

 解法 요람

시기별 일제의 통치 방식과 경제 수탈

통치 방식		경제 수탈

1기

무단 통치(헌병 경찰)

토지 조사 사업 + 재정 확보: 전매 제도(소금, 인삼 등)
안정적 지세 확보 + 토지 약탈
삼림령(1911), 어업령(1911)
광업령(1915), 임야조사령(1918)

3·1 운동

2기

문화 통치(기만적)
⇒ 이간 분열

산미 증식 계획 + 일본의 산업화: 회사령 철폐(⇒ 신고제)
식량 사정 악화
만주에서 잡곡 수입
일본 상품의 관세 철폐(1923)

만주 사변

3기

민족 말살 통치
(황국 신민화)
⇒ 전쟁 동원

만주 사변(1931) — 병참 기지화 정책 ┌ 남면북양 정책
└ 중화학 공업 강화(북부 지방)

중·일 전쟁(1937) — 국가 총동원법 ┌ 물적 수탈: 산미 증식 계획 재개, 각종 공출제
└ 인적 수탈: 징용, 지원병제

태평양 전쟁(1941) — 전쟁 동원: 학도 지원병제, 징병제, 여자 정신대 근로령

1. 식민 통치 제도[1]

(1) **조선 총독부 설치**: 일제는 식민 통치의 중추 기관으로 조선 총독부를 설치하였다.

① **총독의 권한**: 조선 총독은 육·해군 대장 출신들로만 임명됐으며, 일본 국왕에게 직속되어 조선의 **입법권·사법권·행정권 및 군대 통솔권**까지 장악하였다. 일본 내각의 통제도 받지 않는 식민지 조선의 최고 통치자였다.

② **조직**: 총독 아래에는 행정을 담당하는 정무총감과 치안을 담당하는 경무총감[2]을 두었다.

(2) **중추원**: 총독부는 자문 기관인 중추원을 설치하였으나, 한국인들을 회유하기 위한 이름뿐인 기관이었고 아무런 실권이 없었다.

중추원의 변천

- **고려**: 왕명 출납·군국 기무 등을 담당한 핵심 기구였다.
- **조선**: 기능이 약화되었다. 세조 때 중추부라 명칭을 바꾸었는데 관장하는 업무는 특별히 없었다.
- **근대**: 독립 협회는 중추원을 개편하여 의회를 만들고자 하였다.
- **일제 강점기**: 1910년 총독부는 한국인을 정치에 참여시킨다는 명분을 내세워 중추원을 설치하였다. 1915년 이후 중추원은 우리나라의 옛 관습과 제도에 관한 조사 및 연구, 각종 역사 자료 발행 등을 담당하였다.

2. 민족 억압 정책

(1) **헌병 경찰제의 실시**: 현역 군인인 헌병에게 경찰 업무를 부여하였다. 이에 헌병 경찰은 치안, 사법뿐만 아니라 세금 징수, 검열, 언론 지도 등 **일반 행정 업무**까지 담당하였다.

① **범죄 즉결례(1910)**: 헌병 경찰은 정식 법 절차나 재판을 거치지 않고 벌금, 구류, 태형 등을 재량으로 즉결 처분할 수 있었다.

② **경찰범 처벌 규칙(1912)**: 항일 투쟁뿐만 아니라 **일상 생활까지 통제**하였다. 이를 어기는 자는 구류 또는 벌금으로 처벌하였다.

③ **조선 태형령(1912)**: 갑오개혁 때 폐지된 태형을 조선인에 한하여 부활시켰다.

④ **무관 복제**: 공포 분위기 조성을 위해 **일반 관리나 교원에게도 제복과 칼을 착용**하게 하였다.

(2) **교육 통제**: 일제는 1911년 제1차 조선 교육령을 제정하여 식민 통치에 순응하는 인간 육성을 목표로 하는 한편, 낮은 수준의 실업 교육을 실시하였다.

(3) **언론·출판·집회·결사의 자유 박탈**[3]: 일제는 1910년 보안법·신문지법·출판법을 확대 적용하여 언론·출판·집회·결사의 자유를 극도로 제한하였다.

(4) **민족 운동의 탄압**: 민족 지도자들을 무차별 체포하여 고문하는 등 민족 운동을 탄압하였다. **105인 사건(1911)**이 대표적인 사건으로, 이로 인해 **신민회**가 해체되었다.

---

❶ 일제의 통치 방식

일본은 자국의 헌법과 법률을 그대로 조선에 적용하지 않았다. 대표적으로 총독의 명령으로 특별 발표되는 '제령(制令)'이라는 것이 있었다.

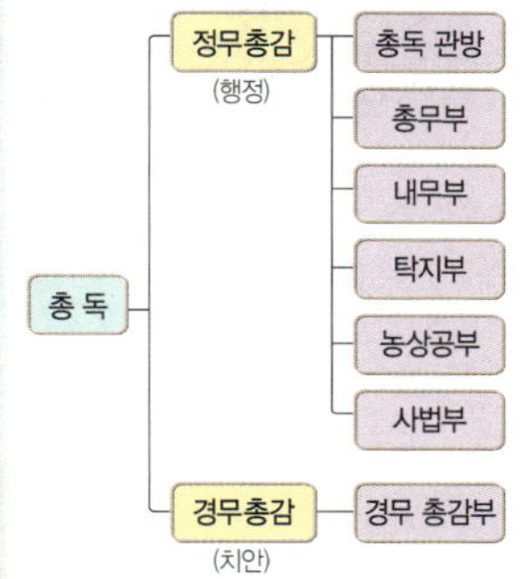

▲ 초기 조선 총독부의 기구표

❷ 경무총감

경찰 최고 책임자로, 헌병 사령관이 임명되었다.

▲ 헌병 경찰의 모습

❸ 언론·출판·집회·결사 자유 억압

「황성신문」, 「대한매일신보」 등 민족 신문들이 폐간되었다. 또한 대한 협회 등 각종 단체들도 해산당하였다.

조선 총독부

남산 통감부 건물을 사용하다가 경복궁 내의 정문과 일부 건물을 허물고 조선 총독부 건물을 지었다. 1916년 착공하여 1926년 완공하였다.

조선 태형령(1912) ❶

제1조   **3월 이하의 징역 또는 구류에 처하여야 할 자는 그 정상에 따라 태형에 처할 수 있다.**

제6조   태형은 태로서 볼기를 치는 방법으로 집행한다.

제11조   태형은 감옥 또는 즉결 관서에서 비밀리에 집행한다.

제13조   **본령은 조선인에 한하여 적용한다.**

시행 세칙 1조   태형은 형을 받는 자의 양손을 좌우로 벌려 형틀 위에 거적을 펴고 엎드리게 하고, 양손 관절 및 양다리에 수갑을 채우고 옷을 벗겨 엉덩이를 드러나게 하여 집행하는 것이다.   - 『조선 총독부 관보』

경찰범 처벌 규칙(1912)

제1조   다음의 각 호에 해당하는 자는 구류 또는 과료에 처한다.

   2. **일정한 주거 또는 생업 없이 이곳저곳 배회하는 자**

   8. **단체 가입을 강요**하는 자

   14. **신청하지 않은 신문, 잡지, 기타의 출판물을 배부**하고 그 대금을 요구하거나 억지로 그 구독 신청을 요구하는 자

   19. **함부로 대중을 모아** 관공서에 청원 또는 진정을 남용하는 자

   20. **불온한 연설**을 하거나 또는 **불온 문서, 도서, 시가(詩歌)를 게시**, 반포, 낭독하거나 큰 소리로 읊는 자

   21. **남을 유혹하는 유언비어 또는 허위 보도를** 하는 자   - 『조선 총독부 관보』

---

02   1910년대 일제의 경제 수탈

1. 토지 조사 사업(1910~1918) ⭐⭐

(1) 준비 과정

일제는 1910년에 토지 조사국을 설치하고, 1912년에 토지 조사령을 공포하여 토지 조사 사업을 추진하였다.

토지 조사령(1912)

제4조   토지 소유주는 **조선 총독이 정하는 기간 내에 주소, 씨명, 명칭 및 소유지의 소재, 지목, 자번호, 사표, 등급, 지적, 결수를 임시 토지 조사국장에게 신고해야** 한다. 단, 국유지는 보관 관청이 임시 토지 조사국장에게 통지해야 한다.

제17조   임시 토지 조사국은 토지 대장 및 지도를 작성하고, 토지의 조사 및 측량한 것을 사정하여 확정한 사항 또는 재결을 거친 사항을 이에 등록한다.

(2) 목적

일제는 토지 조사 사업이 근대적인 토지 소유권을 확립하기 위한 것이라고 선전하였다. 그러나 이는 식민지 통치에 필요한 재정을 확보❷하고 일본인 및 일본 자본의 토지 소유를 확대하려는 것이었다.

(3) 시행

① 신고주의: 정해진 기간 내에 절차에 따라 신고한 토지만 신고자의 소유로 인정하였다. 그러나 토지 신고가 널리 알려지지 않았고, 기간은 짧은 반면 절차는 복잡했기 때문에 신고가 제대로 이루어지지 않아 토지를 빼앗기는 경우가 많았다.

② 토지의 약탈: 궁방전(황실 소유지), 역둔토(관유지), 마을이나 문중의 공유지 등 특정 소유자가 없는 토지는 국유지의 명목으로 **총독부의 소유**가 되었다. 총독부는 이러한 토지들을 동양 척식 주식회사나 일본인 지주 등에게 헐값에 넘겨주었다.

③ 식민지 지주제 성립

ㄱ 농민의 권리 부정: 농민의 도지권[3], 입회권[4] 등은 인정되지 않았고 지주의 소유권만 인정되어 지주제가 강화되었다. 또 토지에 대한 권리가 **소유권 중심**으로 단순화되었다.

ㄴ 농민 몰락: 많은 조선의 농민들은 토지를 잃고, 관습상 인정받던 권리마저 상실하였다. 이에 **기한부 계약에 의한 소작농**으로 전락하였고, 화전민이 되거나 **국외로 이주**하였다.

2. 산업 침탈

(1) 회사령(1910)

① 내용: 회사의 설립은 조선 총독의 허가제로 하였다.

② 결과: 소규모의 제조업과 매매업만 허용하여 **한국인의 기업 활동을 억압**하였다.

2024. 법원직 9급, 2023. 국가직 9급, 2019. 국가직 7급, 2017. 국가직 9급(하), 2011. 지방직 9급

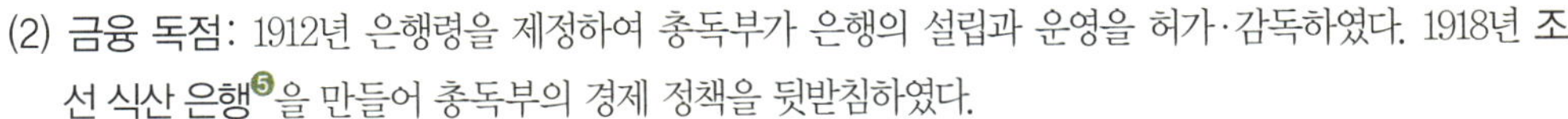

회사령(會社令, 1910. 12. 19. 제정)

제1조 **회사의 설립은 조선 총독의 허가**를 받아야 한다.

제5조 회사가 이 법령 또는 이 법령에 의한 명령과 허가의 조건을 위반하거나 공공질서 및 선량한 풍속에 반하는 행위를 한 때에는 **조선 총독은 사업의 정지·금지, 지점의 폐쇄 또는 회사의 해산을 명할 수 있다.**

(2) 금융 독점: 1912년 은행령을 제정하여 총독부가 은행의 설립과 운영을 허가·감독하였다. 1918년 조선 식산 은행[5]을 만들어 총독부의 경제 정책을 뒷받침하였다.

(3) 전매 제도: 소금, 인삼, 담배 등을 전매하여 총독부의 수입을 증대시켰다. 담배의 경우 1921년에 연초 전매령을 공포하여 연초 전매제를 실시하였다.

(4) 기간 시설 정비: 1910년대 일제는 한반도에서 거둔 세금으로 철도(호남선·경원선[6]), 도로, 항만 등의 기간 시설을 건설하고 정비하였다. 이를 통해 자원의 일본 유출과 일본 상품의 판매가 더욱 쉬워졌다.

(5) 어업의 침탈: 1911년 어업령의 실시에 따라 어업 활동을 하려면 조선 총독의 허가를 받아야 했다.

(6) 광업의 침탈: 일제는 1915년 조선 광업령을 제정하고 광업권에 대한 허가제를 실시하였다.

(7) 임업의 수탈: 일제는 한반도의 삼림 자원을 독점하기 위해 삼림법(1908)과 삼림령(1911)[7]을 제정하였다. 이어서 임야 조사령(1918)[8]을 만들고 임야 조사 사업(1918~1935)을 실시하였다. 이에 따라 많은 임야가 국유림으로 귀속되었고, 농민들의 관습적인 산림 이용도 제한되었다.

토지 신고

[3] 도지권(영구 소작권)

경작지에 대해 소작인이 행사할 수 있는 권리로, 소작지에서의 부분 소유권을 인정해 주는 것이다. 영구적으로 경작을 할 수 있는 권리로, 타인에게 매매, 양도, 저당, 상속할 수 있었다.

[4] 입회권

마을 공동 이용지에서 땔감이나 풀을 채취하고 가축을 방목할 수 있는 권리를 말한다.

[5] 조선 식산 은행

1906년부터 설립된 6개 농공은행을 합병한 은행으로 총독부 산하의 금융 기관이었다. 조선 총독부가 은행의 인사권과 경영권을 장악하였다.

[6] 호남선과 경원선(1914)

호남선은 전라도의 쌀과 면화를, 경원선은 함경도의 광산물을 일본으로 가져갈 목적에서 건설되었다.

[7] 삼림법과 삼림령

일제는 삼림법을 만들어 삼림 소유자는 농상공부 대신에게 신고하도록 하였다. 또한, 삼림령을 제정하여 삼림의 소유 및 운영을 철저하게 조선 총독부가 통제하였다.

[8] 임야 조사령

신고주의를 적용하여, 소유 관계가 불분명했던 공유림과 미신고 임야는 국유림으로 편입되었다.

1. 배경

일제는 3·1 운동을 계기로 무단 통치의 한계를 깨달았다. 또한, 악화된 국제 여론으로 인해 일제는 통치 방식을 바꿀 필요성을 절감하였다.

2. 문화 통치

(1) 문화 통치 표방

3·1 운동 이후 새로 부임한 사이토 마코토 총독은 문화 통치를 표방하였다. 문관 총독 임명❶, 보통 경찰제 실시, 관리와 교원의 제복 착용 폐지 등을 내세웠다. 문관 총독을 임명할 수 있게 했지만, 실제로 문관이 총독으로 임명된 경우는 없었다.

(2) 문화 통치의 본질

친일파를 적극 육성하여 우리 민족을 이간·분열시키려는 기만적인 통치 방식이었다.

> **심화사료** 頻出
>
> 2016. 경찰 2차
>
> **사이토 마코토 총독의 조선 민족 운동에 대한 대책(친일파 육성안 6개 항목)**
>
> 1. 핵심적 친일 인물을 골라 그 인물로 하여금 **귀족, 양반, 유생, 부호, 교육가, 종교가**에 **침투**하여 계급과 사정을 참작하여 **각종 친일 단체를 조직**하게 한다.
> 3. 조선 문제 해결의 성공 여부는 **친일 인물을 많이 얻는 데에 있으므로**, 친일 민간인에게 편의와 원조를 주어 **수재 교육의 이름 아래 많은 친일 지식인**을 긴 안목으로 키운다.

(3) 보통 경찰제 실시

① 보통 경찰제: 헌병 경찰제를 보통 경찰제로 바꾸어 경찰 업무와 군대 업무를 분리하였다. 그러나 헌병 출신이 보통 경찰로 전환되는 경우가 많았다.

② 경찰 병력 증가: 경찰 관서와 인원, 비용 등을 3배 이상 늘렸다.

③ 고등 경찰 제도: 특별 고등계 형사라는 경찰이 파견되어 독립운동에 대한 탄압을 강화하였다.

(4) 치안 유지법 제정❷(1925): 사회주의 사상과 독립운동을 탄압하는 데 이용하였다.

> **심화사료** 頻出
>
> 2018. 서울시 9급(상)
>
> **치안 유지법(1925)**
>
> 제1조 국체를 변혁하거나 사유 재산 제도를 부인하는 것을 목적으로 결사를 조직하거나 또는 사정을 알고 이에 가입한 자는 10년 이하의 징역 또는 금고에 처한다.
>
> 제6조 전 5조의 죄를 범한 자가 자수한 때에는 그 형을 감경 또는 면제한다.
>
> 제7조 이 법은 누구를 막론하고 이 법의 시행 구역 외에서 죄를 범한 자에게도 적용한다.

---

❶ 문관 총독 임명

일제는 조선 총독에는 무관만 임명될 수 있다는 조항을 삭제하였다. 그러나 일제가 패망할 때까지 조선 총독에 임명된 사람들은 모두 육·해군 대장 출신이었다.

❷ 치안 유지법(1925)

일본의 국가 체제(천황 제도)를 부정하는 행위와 사회주의 사상을 탄압하기 위해 만든 법률이다. 민족의 독립운동을 탄압하는 데 악용되었는데, 이에 따라 처벌된 사건으로는 조선 공산당 사건, 수양 동우회 사건, 조선어 학회 사건 등이 있다.

(5) 언론·출판·집회·결사의 자유 일부 허용

1920년 『동아일보』, 『조선일보』 등 한글 신문이 발행되었다. 그러나 심한 검열[3]을 받아 삭제, 압수, 정간되는 경우가 많았다. 집회와 단체 활동도 식민 지배를 인정하는 범위에서만 허용되었다.

(6) 지방 자치제[4] 실시

조선인이 정치에 참여할 수 있는 것처럼 선전하기 위해 지방 제도를 개편하였다. 도 평의회와 부·면 협의회 등을 두고 일부 지역에 선거제를 도입하였다. 이 기구들은 **형식적인 자문 기구**였으며, 선거권도 일부 부유층에게만 주어졌다.

(7) 교육 제도

1922년 **제2차 조선 교육령**을 발표하여 일본인과 조선인을 동등하게 교육하겠다고 하였다. 학교 수가 늘어나기는 했으나, 조선인 아동의 보통학교 취학률[5]은 여전히 낮았다.

04 1920년대 일제의 경제 수탈

1. 산미 증식 계획(1920~1934)

(1) 배경: 일본은 급격한 인구 증가와 산업화에 따른 도시화로 인해 식량이 부족해졌다. 이러한 **자국의 식량 문제**를 해결하기 위해 일제는 1920년부터 산미 증식 계획을 실시하였다.

(2) 내용: 일제는 쌀 생산을 대폭 늘리기 위해 농지 확장, 수리 시설의 확대, 종자 개량 등을 추진하였다.

(3) 결과

① 식량 부족: 쌀 증산은 계획대로 이루어지지 않았으나 수탈은 계획대로 진행되어 **증산량보다 수탈량이 훨씬 많았다.** 따라서 한국의 식량 사정은 극도로 악화되었고, 일제는 한국의 부족한 식량을 보충하기 위하여 만주에서 조, 콩 등 잡곡을 수입하였다.

② 농민 몰락: 농민들은 **높은 소작료**, 세금뿐만 아니라 비료 대금·수리 조합비 등 **쌀 증산 비용**까지 부담하였다. 그 결과 자작농들은 **소작농·화전민·도시 빈민**으로 전락했으며 국외로 이주하는 농민들도 늘어났다. 반면 지주들의 토지 겸병은 더욱 확대되었다.

③ 농업 구조: 일제가 미곡 생산을 강요함에 따라 농업 구조는 쌀 농사 중심으로 단순하게 개편되었다.

(4) 중단: 1929년 경제 대공황 이후 일본 농민들을 보호하기 위해 1934년 산미 증식 계획을 중단하였다. 그러나 중·일 전쟁 이후 군량미 확보가 시급해지자 산미 증식 계획을 재개하였다.

심화사료 百出

조선 산미 증식 계획

일본에서의 쌀 소비는 연간 약 6,500만 석인데, 일본 내 생산고는 약 5,800만 석을 넘지 못해 해마다 그 부족분을 다른 제국 판도 및 외국의 공급에 의지하는 형편이다. …… 따라서 **장래 쌀 공급은 계속 부족해질 것이고 그러므로 지금 미곡의 증수 계획을 수립하여 일본 제국의 식량 문제를 해결하는 데 도움을 주는 것은 진실로 국책상 급무라고 믿는다.**

– 조선 총독부 농림국, 조선 산미 증식 계획 요강, 1926년

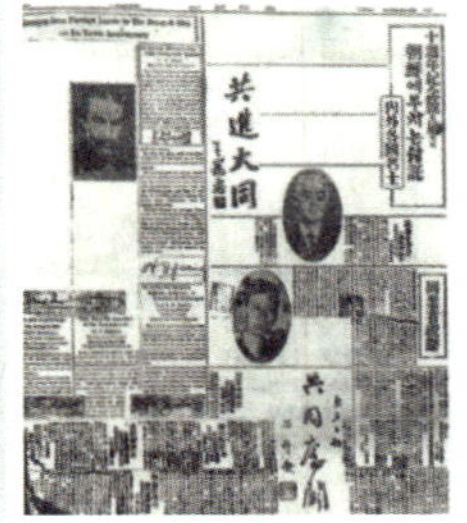

일제는 검열 제도를 만들어 일제 통치에 비판적이거나 민족 의식을 고취시키는 기사를 삭제하거나 심한 경우 신문을 정간·폐간하였다.

❹ 지방 자치제

일제는 한국인에게 참정권을 주고, 지방 자치제를 실시하겠다고 선전하였다. 이는 자치 운동을 유도하여 민족을 분열시키려는 의도였다.

❺ 낮은 취학률

조선인의 취학률은 일본인의 1/6 정도였으며, 상급 학교로 올라갈수록 그 비율은 더욱 낮아졌다.

일본으로 반출될 쌀이 쌓여 있는 군산항

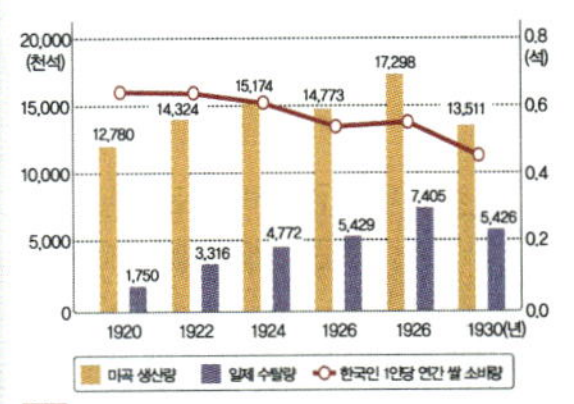

1920년대 미곡 생산량과 일제의 수탈량

2. 일본 자본의 조선 침투

(1) 회사령 폐지(1920)

회사령을 폐지하여 **회사 설립**을 허가제에서 **신고제**로 완화하였다. 회사 설립이 한층 쉬워져[1] 미쓰비시·미쓰이 등 일본 기업들이 조선에 본격적으로 진출하였다.

(2) 한·일 간 관세[2] 철폐(1923)

일제는 1923년부터 조선에 들어오는 **일본 상품들**에 대한 관세를 **철폐**하였다. 이 결과, 일본 상품들이 이전보다 싼값에 팔렸기 때문에 한국인 기업들은 타격을 입었다.

(3) 신은행령(1928)

일제는 신은행령을 발표하여 한국인 소유의 은행을 합병하였다.

(4) 산업의 변화

1920년대 중반 이후 일본의 자본 투자는 경공업에서 중공업 분야로 이동하였다.

05 1930년대 이후 민족 말살 정책

1. 배경

1929년 경제 공황의 영향으로 일본도 경제가 침체되었다. 일본 군부는 이를 구실로 정권을 장악하고 만주와 중국 대륙을 침략하였다. 이에 따라 한국인을 전쟁에 동원하기 위한 정책들이 실시되었다.

2. 내용

(1) **민족 정신 말살**: 한국인의 민족 정신을 말살하고, 일본 천황에게 충성하는 백성으로 만들어 침략 전쟁에 동원하고자 하였다. 이를 위해 한국인과 일본인이 하나라는 **내선일체**[3]와 일선동조론[4]을 내세웠다.

(2) **황국 신민화 정책**[5]: 일본 궁성을 향하여 절을 하는 궁성 요배를 강요하고, 전국에 신사[6]를 세워 일본 국가 종교인 신도를 억지로 권하였다. 1937년에는 **황국 신민의 서사**를 만들어 일본어로 외우도록 하였다.

(3) **창씨개명**[7]: 일제는 창씨개명을 실시하여 우리의 **성과 이름을 일본식**으로 바꾸도록 강요하였다.

(4) **조선어 금지**: 일제는 학교와 관공서에서 **조선어 사용을 금지**하고 대신 일본어를 사용하게 하였다.

(5) **언론 폐간**: 1940년에는 이미 친일 언론으로 변질된 『동아일보』, 『조선일보』마저 강제 폐간하는 등 한글을 사용하는 모든 신문과 잡지를 없애버렸다.

(6) **독립운동 탄압**[8]: 1941년 조선 사상범 예방 구금령을 만들어 사회주의자와 독립운동가들을 재판없이 체포·구금했으며, 전국에 대화숙을 설치하여 독립운동가 등 사상범들을 관리·감시하였다.

내선일체 포스터

황국 신민 서사(아동용)

1. 우리는 대일본 제국의 신민(臣民)입니다.

2. 우리는 마음을 합하여 천황 폐하에게 충의(忠義)를 다합니다.

3. 우리는 괴로움을 참고 몸과 마음을 굳세게 하여[忍苦鍛鍊] 훌륭하고 강한 국민이 되겠습니다.

창씨개명

1. 창씨를 안 한 자들의 자녀에 대해서는 각급 학교의 입학과 진학을 거부한다.

2. 창씨를 안 한 어린이들은 일본인 교사들이 구타·질책함으로써 어린이로 하여금 애소로써 부모들에게 창씨를 하게 한다.

3. 창씨를 안 한 자는 공사 간 그들을 일체 채용 안한다. 또 현직자도 점차 해임 조치한다.

4. 창씨를 안 한 자는 행정 기관에서 다루는 모든 사무를 취급해 주지 않는다.

5. 창씨하지 않은 사람은 비국민 또는 불령선인(후테이센징)으로 단정해 경찰 수첩에 기입하고, 사찰·미행 등을 철저히 함과 동시에 필요에 따라서는 우선적으로 노무 징용의 대상으로 하고, 식량 및 기타 물자의 보급 대상에서 제외한다.

황국 신민 서사를 외우도록 강요 받은 학생들

---

06 1930년대 이후 일제의 경제 수탈(병참 기지화 정책) ★

1. 배경

일제는 1931년 만주 사변, 1937년 중·일 전쟁, 1941년 태평양 전쟁을 일으켰다. 이에 한반도를 침략 전쟁에 필요한 인적·물적 자원을 공급하는 병참 기지로 만들고자 하였다.

2. 전개 과정

(1) 만주 사변(1931) 이후[9]

① 중화학 공업 강화: 석탄과 철 등 자원이 풍부한 북부 지방에 발전소와 공장을 집중적으로 세우고 중화학 공업을 육성하였다.

② 남면북양 정책: 일제는 1930년대부터 공업 원료의 수탈을 위해 남면북양 정책을 추진하였다. 한반도 남부에는 면화 재배를, 북부에는 양(羊) 사육을 강요한 것이다.

병참 기지화 정책

첫째는 제국의 대륙 병참 기지로서 조선의 사명을 명확히 파악해야 하겠습니다. 이번 사변(중·일 전쟁)에 있어 우리 조선은 대 중국 작전군에게 식량, 잡화 등 상당량의 군수 물자를 공출하여 …… 조선 산업 분야를 다각화해야 합니다. 특히 군수 공업 육성에 역점을 두어 모든 준비를 해야 할 필요가 있는 것입니다.

– 미나미 총독 훈시, 1939년 9월

③ 농촌 진흥 운동[10](1932~1940): 일제는 춘궁 퇴치·차금 퇴치·차금 예방을 목표로 조선 농촌의 자력갱생을 도모하는 농촌 진흥 운동을 추진하였다. 그러나 본질은 조선 농촌을 통제하고 소작 쟁의를 약화[11]시키는데 있었다.

❾ 대외 침략에 따른 경제 개편

일본은 만주–한반도–일본을 연결하는 경제 블록을 형성하여 수탈을 강화하였다. 또한 경제 체제도 군수 산업 위주로 개편되었다.

면화 재배

❿ 농촌 진흥 운동

가난의 원인을 게으름이나 낭비 탓으로 돌려 일본인을 본받고 한국인의 민족성을 개조해야 한다는 정신 운동으로 추진되었다.

⓫ 소작 조정령·조선 농지령

일제가 소작농 보호를 명분으로 발표한 법령들로 소작 쟁의 약화를 꾀하였다. 조선 총독부는 1932년 소작인이 지주와 분쟁이 있을 때 당국에 조정을 요청하도록 하는 소작 조정령을 시행하였다. 이후, 1934년에는 고율의 소작료를 제한하는 조선 농지령을 제정하였다.

(2) 중·일 전쟁(1937) 이후

① **국가 총동원법(1938)**: 한반도의 인적·물적 자원 수탈에 주력하고, 전시 통제 체제를 강화하였다.

② **식량 공출❶**: 일제는 1939년에 군량미 조달을 위해 산미 증식 계획을 재개하고 식량 배급 제도를 실시하였다. 1940년부터 미곡 공출제를 실시하여 미곡의 시장 유통을 금지하였다.

③ **금속 공출**: 일제는 1941년 금속류 회수령을 제정하여 무기를 만들 수 있는 금속 제품이라면 놋그릇, 농기구, 제사 도구, 사찰과 교회의 종까지 **빼앗았다.**

④ **인적 자원의 수탈**

　㉠ **국민 정신 총동원 조선 연맹❷(1938)**: 일제는 중·일 전쟁 직후 국민 정신 총동원 조선 연맹을 조직하였다. 이 단체는 10호 단위로 편성되는 애국반을 두고 반상회를 열어 일상 생활을 통제하였다.

　㉡ **육군 특별 지원병제(1938. 2.)**: 조선인은 일본 군대에 입대할 수 없으나, 일제의 침략 전쟁 확대에 따른 병력 부족을 해소하기 위해 실시되었다.

　㉢ **국민 징용령(1939)**: 일제는 징용령을 실시하여 조선인 청장년들을 **전쟁을 위한 노동자**로 끌고 갔다.

　㉣ **기타 인력 동원❸**: 1938년 근로 보국대를 조직하여 어린 학생, 여성, 농촌 노동력까지 각종 작업장에 투입하였다.

(3) 태평양 전쟁(1941) 이후

① **학도 지원병 제도(1943)**: 일제는 학도 지원병 제도를 강행하여 **학생들까지 전쟁터로 내몰았다.**

② **징병제(1944)**: 절박해진 병력 부족을 해소하기 위해 징병제가 도입되었다.

③ **여자 정신 근로령(1944)**: 일제는 정신대라는 이름으로 **여성들을 전쟁에 동원**하였다. 일본과 조선의 군수 공장에 보내 강제 노역을 시켰으며, 전쟁터로 보내 **일본군 '위안부'**로도 이용하였다.

(4) **일본군 위안부 문제**

한국 정신대 문제 대책 협의회는 일본 정부의 범죄 인정, 진상 규명 등 7개 요구 사항을 제기하였다. '위안부'의 존재 자체를 인정하지 않던 일본 정부는 국제 여론이 악화되자, 위안부 모집의 강제성과 일본군의 개입을 인정하였다. 그러나 지금은 다시 부정하고 있다.

일본군 '위안부'

일제는 전선이 확대되고 전쟁이 장기화되면서 늘어나는 주민 강간과 성병을 막고, 군의 사기를 진작한다는 명목 하에 '군 위안부' 제도를 만들었다. 일본군이 군 위안소를 만든 시기는 상하이 사변 직후인 1932년 무렵으로 추정되며, 본격적으로 설치한 것은 중·일 전쟁이 일어난 1937년 말이다. 일본군은 위안소의 설치 목적, 관리 감독, 위안부 동원에 명확한 원칙을 가지고 체계적으로 실행했다. 국제적으로는 영어 표현인 'Military Sexual Slavery by Japan(일본군 성노예)'으로 불린다. 약 20여만 명으로 추정되는 조선 여성들은 일제에 의해 중국, 동남아시아, 태평양 제도 등의 전선에 '일본군 위안부'로 보내져 갖은 수난과 희생을 겪었다.

놋그릇 공출

징용된 청년들

국가 총동원법(1938년 5월 5일부터 시행)

제1조　국가 총동원이란 **전시에 국방 목적을 달성**하기 위하여 국가의 전력을 가장 유효하게 발휘하도록 **인적 및 물적 자원을 운영**하는 것이다.

제4조　정부는 **전시에 국가 총동원상 필요한 때**에는 칙령이 정하는 바에 따라 **제국 신민을 징용하여 총동원 업무에 종사할** 수 있게 할 수 있다.

제8조　정부는 전시에 국가 총동원상 필요한 때는 칙령이 정하는 바에 따라 **물자의 생산·수리·배급·양도 및 기타의 처분· 사용·소비·소지 및 이동**에 관해 필요한 명령을 내릴 수 있다.

신고산 타령

신고산이 우루루 화물차 가는 소리에 **지원병** 보낸 어머니 가슴만 쥐어뜯고요. – 육군 특별 지원병제 등 군인 동원

어랑어랑 어허야

양곡 배급 적어서 콩깻묵만 먹고 사누나. – 미곡 공출제와 식량 배급제에 따른 식량 부족

신고산이 우루루 화물차 가는 소리에 **정신대** 보낸 어머니 딸이 가엾어 울고요. – 여자 정신 근로령 등 여성의 전쟁 동원

어랑어랑 어허야

풀만 씹는 어미소 배가 고파서 우누나.

신고산이 우루루 화물차 가는 소리에 **금붙이 쇠붙이 밥그릇마저 모조리 긁어 갔고요** – 금속류 공출제를 통한 물적 자원 수탈

어랑어랑 어허야

이름 석 자 잃고서 족보만 들고 우누나.
└ 창씨 개명

07　일제의 교육 정책

일제의 시기별 교육 정책

연도	교육령	내용
1911	1차 교육령	보통학교 4년, 소학교 6년(6·4제) 조선어↓, 한국 역사·지리 배제 사립 학교 탄압, 일본어·수신 확대
1922	2차 교육령	외형상 동일 학제(보통학교·소학교 6년) 조선어 필수(독립 과목), 대학 설립 허용 3면 1교주의(학교 수↑), 경성 제국 대학 설립(1924)
1938	3차 교육령	국체명징, 내선일체 등 3대 교육 강령 조선어 수의 과목, 심상소학교(령)
		1941년 국민학교령
1943	4차 교육령	조선어 사용 금지, 강제 징집 본격화

1. 목표

식민 통치에 순응하도록 만들고, 식민지 공업화에 필요한 노동력을 양성하는 데 그 목적이 있었다. 이를 위해 '천황에 충성하는 선량한 국민을 육성'하는 데 교육의 주안점을 두었다.

2. 1910년대 교육 정책

(1) 제1차 조선 교육령(1911)

① **우민화 교육**[1]: 시대의 추세와 국민 수준에 맞는 교육을 실시한다는 명분을 내세웠다. 고등 교육을 제한하고, **보통 교육과 실업 교육**에 **치중**하였다. 또한 일본어 교육과 수신 교육(천황에 대한 충성심 배양)을 중시하였다.

② **교육 연한 단축**: 보통학교[2](국어를 상용하지 않는 자)의 수업 연한을 4년으로 하고 실정에 따라 1년을 단축할 수 있게 하였다.

(2) 민족 교육 억압: 일제는 사립 학교와 서당에 대한 탄압을 강화하였다.

① **사립 학교 통제**: 사립학교령(1908)·사립 학교 규칙(1911)을 만들어 학교의 설립과 교육 내용을 통제하였다. 1915년 개정 사립 학교 규칙을 통해 학교의 설립을 총독의 허가제로 하였다.

② **서당 통제**: 사립 학교가 탄압을 피하기 위해 개량 서당으로 전환하자, 1918년 서당 규칙을 만들었다. 서당을 열 때 도지사의 허가를 받게 하고, 일본어를 가르치게 한 것이다.

심화사료 百出

제1차 조선 교육령(1911)

제1조	조선에 있는 조선인의 교육은 본령에 따른다.
제2조	교육은 **충량한 국민을 육성**하는 것을 본위로 한다.
제3조	교육은 **시세와 민도에 적합하게 함**을 기한다.
제9조	보통학교 수업 연한은 **4년**으로 한다.

3. 1920년대 교육 정책

(1) 제2차 조선 교육령(1922): 일본인과 동등한 교육, 조선인의 교육 기회 확대 등을 표방하였다.

① **수업 연한 연장**: 일제는 보통 교육의 수업 연한을 늘려 일본과 외형상 동일 학제로 편제하였다. **보통학교의 수업 연한을 4년에서 6년으로 연장**하고, 학교 수를 증가[3]하였다(3면 1교주의).

② **교육 기회 확대**: 초등 교육과 실업 교육 기관을 확대하고, 보통학교를 증설하였다.

③ **교육 내용**: 조선어[4]를 필수 과목으로 지정하고 한문을 선택 과목으로 정하였다.

④ **고등 교육**: 2차 조선 교육령에 따라 사범 교육과 고등 교육이 가능해졌다. 그러나 한국인의 대학 설립은 여전히 제한하였다.

(2) 대학 교육 실시: 이상재 등은 조선 교육회를 조직(1920)하여 **민립 대학 설립 운동**을 전개하였다. 이를 억압하기 위해 일제는 **최초의 대학인 경성 제국 대학(1924)**을 설립하고, 학생의 3분의 1 정도를 한국인에게 할당하였다.

---

❶ 우민화(愚民化) 교육

조선인의 취학률은 일본인의 6분의 1 정도였으며, 상급 교육 기관으로 올라갈수록 취학률은 더욱 낮아졌다. 또한 조선어는 한문과 함께 교육하고, 국어 시간에는 일본어를 가르치는 등 민족 교육이 부재하였다.

❷ 보통학교와 소학교

보통학교에서는 조선인 학생들이 주로 교육을 받았고, 소학교에서는 일본인 학생들이 주로 교육을 받았다. 1차 교육령 당시 이러한 상황을 바탕으로 보통학교는 4년으로 수업 연한을 단축시켰고 소학교는 기존 방침 그대로 6년으로 유지시켰다. 2차 교육령으로 인해 보통학교가 다시 6년으로 수업 연한이 연장되었으나 여전히 차별은 존재하였다.

✎ 1920년대 민족 교육 운동

조선 교육회·조선 여자 교육회 등의 단체들이 조직되었고, 야학 활동이 활발히 전개되었다.

❸ 학교 수의 증대

일제의 문화 통치 표방에 따라 1923년에는 3면 1교제가, 1929년에는 1면 1교제가 등장하였다. 그러나 제대로 시행되지 못하였다.

❹ 조선어 교육 실태

일본어 학습을 주요 목적으로 규정하고, 조선어를 한문과 분리(1차 교육령에서는 조선어와 한문을 1과목으로 합침)하였다. 그러나 조선어 수업은 조선어를 일본어로 해석하는 방식으로 운영하였다.

- 1933 한글 맞춤법 통일안 제정
- 1934 진단 학회 조직
- 1938 한글 교육 금지
- 1942 조선어 학회 사건

▶▶ 후일 1945~
- 1957 『우리말 큰 사전』 완간
- 1968 국민 교육 헌장 선포
- 1973 국립 극장 개원
- 1988 서울 올림픽 개최

심화사료 百出 2021. 경찰 1차, 2012. 법원직 9급

제2차 조선 교육령(1922)

제2조 **국어를 상용하는 자의 보통 교육은 소학교령**, 중학교령 및 고등 여학교령에 의함.

제3조 **국어를 상용치 아니하는 자의 보통 교육을 하는 학교는 보통학교**, 고등 보통학교 및 여자 고등 보통학교로 함.

제5조 **보통학교의 수업 연한은 6년**으로 함. 보통학교에 입학하는 자는 연령 6년 이상의 자로 함.

제7조 고등 보통학교의 수업 연한은 5년으로 함. 고등 보통학교에 입학하는 자는 수업 연한 6년의 보통학교를 졸업한 자 또는 조선 총독이 정하는 바에 의하여 이와 동등 이상의 학력이 있다고 인정된 자로 함.

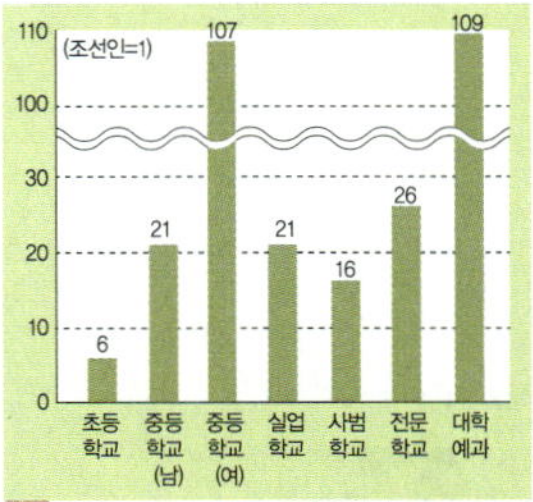

조선인 대비 일본인 취학자 비율 (1925)

4. 1930년대 교육 정책[5]

(1) 황국 신민화 교육 실시: 황국 신민 서사를 암송하게 하였고 신사 참배를 강요하였다.

(2) 제3차 조선 교육령(1938)

① 3대 교육 강령[6]: 국체명징, 내선일체, 인고단련을 내세웠다.

② 학제상 차별 철폐: 학교 명칭과 교육 과정을 **일본과 동일하게 고쳤다.** 이에 따라 보통학교와 소학교는 **심상소학교**로, 고등 보통학교는 중학교 등으로 학교 명칭을 고쳤다. 또한 조선어 외 모든 교과목의 수업은 일본어로 할 것을 명시하였다.

③ 조선어 교육 축소: **조선어를 수의 과목(선택 과목)으로 지정**하였는데, 실제 선택하는 경우는 거의 없었기 때문에 **사실상 폐지**나 다름이 없었다.

심화사료 百出 2018. 경찰 2차, 2008. 법원직 9급

제3차 조선 교육령(1938)

제1조 소학교는 국민 도덕의 함양과 국민 생활의 필수적인 보통의 지능을 갖게 함으로써 **충량한 황국 신민을 육성**하게 하는 데 있다.

제13조 **심상소학교의 교과목**은 국어(일어), 산술, 국사, 지리, 이과, 직업, 도화, 수공, 창가, 체조이다. **조선어는 수의(隨意, 선택) 과목으로 한다.**

5. 1940년대 교육 정책

(1) 전시 동원 체제: 군사 교육 강화·학생의 전쟁 동원 등을 위한 법적인 장치들을 마련하였다.

(2) 국민학교령(1941): **심상소학교의 명칭**을 '황국 신민 학교'의 줄임말인 **'국민학교'로 개칭**하였다.

(3) 제4차 조선 교육령(1943): 일제는 조선어 교육뿐만 아니라 **조선어 사용을 금지**하였다.

5 1930년대 교육 정책

일제는 한국인을 침략 전쟁의 협조자로 만들고 한국과 일본과의 정신적 유대를 일치시키고자 동화주의 교육을 더욱 강화하였다.

6 3대 교육 강령

- 국체명징(國體明徵): 국체를 명확히 한다는 의미이다. 국체(나라의 본질)는 일본 조상신이 나라를 세우고 천황이 지켜나간 정신을 말한다. ⇨ 교육의 목표
- 내선일체(內鮮一體): 내지(일본)와 조선은 하나라는 뜻이다. ⇨ 교육의 운용
- 인고단련(忍苦鍛鍊): 어려움을 참고 몸과 마음을 단련한다는 의미이다. ⇨ 교육의 방법

1. 1910년대

언론의 암흑기로 민족 언론이 자취를 감춘 시기였다. 총독부 기관지인 『매일신보』만 존속하였다.

2. 1920년대

1920년에는 **문화 통치의 일환으로** 『조선일보』, 『동아일보』 등 한글 신문의 발행이 허가되었다. 그러나 사전 검열·정간·기사 삭제 등으로 언론으로서의 역할을 충실히 하기가 어려웠다.

3. 1930년대

일제의 언론 탄압 강도는 점차 높아져 많은 언론인이 체포·투옥되었다. 대표적인 사건이 손기정의 마라톤 우승 사진에서 일장기를 지우고 보도한 『동아일보』에 대한 탄압(**일장기 삭제 사건**[1], 1936)이었다.

4. 1940년대

신문에 보도할 기사를 계속 통제해 오다가 『조선일보』와 『동아일보』마저 폐간(1940)하였다.

❶ 일장기 삭제 사건

1936년 8월에 열린 베를린 올림픽 대회에서 마라톤 선수로 출전한 손기정이 1위, 남승룡이 3위를 차지하였다. 이때 『동아일보』가 손기정 시상식 사진을 게재하면서 가슴에 붙은 일장기(일본 국기)를 삭제하였다.

1. 기독교

(1) 일제의 탄압

① 1910년대: 소위 **안악 사건**[2], 데라우치 총독 암살 음모 사건을 날조하여 신민회와 기독교를 망라한 민족 인사들을 검거하였다.

② 1920년대: 3·1 운동에서 기독교도들의 활동이 두드러지자 일제는 수많은 교회와 학교를 파괴하였다.

③ 1930~1940년대: 중·일 전쟁 이후 일제는 **신사 참배**를 강요하였는데, 이를 거부하다가 수많은 종교 지도자들이 투옥·살해되고 기독교 계통 학교들이 많이 폐교되었다.

(2) 기독교(개신교)의 대응

천도교와 함께 3·1 운동을 주도하였다. 조선 기독교 청년회(YMCA)와 조선 기독교 여자 청년회 연합회(YWCA)는 신문화 운동을 전개하면서 민족 운동을 도모하였다.

2. 불교

(1) 일제의 탄압

1911년 **사찰령**[3]을 공포하여 한국 불교를 통제하는 한편, 불교계의 친일화를 추진하였다. 1915년 포교 규칙을 제정·공포하여 포교의 자유를 억압하였다.

(2) 불교계의 대응

한용운은 1921년에 조선 불교 유신회를 만들어 총독부의 간섭에 맞섰으며, 친일 주지 성토 운동을 전개하였다. 1930년에 한용운이 결성한 항일 비밀 결사 조직인 만당(卍黨)이 독립을 위한 활동을 전개하였으나, 1938년에 해체되었다.

❷ 안악 사건(안명근 사건)

안중근 의사의 사촌 동생인 안명근이 황해도 안악 지방을 중심으로 독립운동 자금을 모금하였는데, 일제는 이와 관련된 황해도 지방의 기독교 세력을 탄압하였다.

❸ 사찰령

조선 총독이 사찰 주지 임명권과 사찰의 재산권을 통하여 불교계를 장악하려는 법령이었다.

3. 천도교

(1) 일제의 탄압

3·1 운동 이후 일제의 탄압과 감시를 받아 많은 지도자들이 체포되었으며, 다수의 지방 교구들이 폐쇄되었다.

(2) 천도교의 대응

① 1920년대: 3·1 운동의 준비와 실행에 크게 기여하였다. 1922년 3·1 운동 3주년을 맞이하여 제2의 3·1 운동을 계획하였으나 일제에 발각되어 실패하였다.

② 1930년대: 『개벽』, 『신여성』, 『어린이』, 『학생』 등의 잡지를 간행하여 민중의 계몽과 근대 문물의 보급에 기여하였다.

4. 대종교

(1) **성격**: 단군을 섬기는 대종교는 민족주의 성격이 강하여 일제의 탄압이 심하였다.

(2) **활동**: 국권 피탈 이후 본거지를 만주로 옮겼다. 비밀 결사인 **중광단**을 결성하였다.

5. 원불교

1916년 박중빈이 창시한 원불교는 불교의 생활화❹, 대중화를 주장하였다. 허례의식 폐지와 남녀평등 등 새 생활 운동을 전개하였다. 또한 개간 사업과 저축 운동을 통하여 자립 의식을 고취시켰다.

6. 천주교

고아원과 양로원을 세우는 등 사회 사업에 주력하였다. 일부 천주교도들은 만주에서 항일 운동 단체인 의민단을 조직하여 무장 항일 투쟁에 나서기도 하였다.

❹ 생활 불교

원불교는 시주·불공 대신에 각자가 정당한 직업에 종사하면서 교화 사업을 전개하여야 한다는 생활 불교를 내세웠다.

대표 기출문제

(가) 시기에 있었던 사실로 옳은 것은?

2022. 국가직 9급

한국을 식민지로 삼은 일제는 헌병에게 경찰 업무를 부여한 헌병 경찰제를 시행했다. 헌병 경찰은 정식 재판 없이 한국인에게 벌금 등의 처벌을 가하거나 태형에 처할 수도 있었다. 한국인은 이처럼 강압적인 지배에 저항해 3·1 운동을 일으켰으며, 일제는 이를 계기로 지배 정책을 전환했다. 일제가 한국을 병합한 직후부터 3·1 운동이 벌어진 때까지를 [(가)] 시기라고 부른다.

① 토지 조사령이 공포되었다.
② 창씨개명 조치가 시행되었다.
③ 초등 교육 기관의 명칭이 국민학교로 변경되었다.
④ 전쟁 물자 동원을 내용으로 한 국가 총동원법이 적용되었다.

해설

제시된 자료는 1910년대 무단 통치 시기에 대해 설명하고 있다. ① 일제는 무단 통치 시기인 1912년에 토지 조사령을 공포하여 토지 조사 사업을 추진하였다. ② 1930년대 중·일 전쟁 이후인 민족 말살 통치 시기에 추진된 정책이다. ③ 일제는 1941년 국민학교령을 제정하여 심상소학교의 명칭을 '국민학교'로 개칭하였다. ④ 일제는 1938년에 국가 총동원법을 만들어 한반도의 인적·물적 자원 수탈에 주력하였다.

정답 ①

02 강 3·1 운동과 대한민국 임시 정부

解/法 기출분석

구 분		2008~2018	2019	2020	2021	2022	2023	2024	2025
9급	국가직	•3·1 운동(2) •국민 대표 회의			국민 대표 회의	임시 정부	임시 정부	임시 정부	
	지방직	임시 정부			임시 정부			3·1 운동	3·1 운동
	법원직	•3·1 운동 •임시 정부	임시 정부		임시 정부	3·1 운동			3·1 운동

解法요람

대한민국 임시 정부

▶ 대한 국민 의회(연해주): 대통령(손병희)
⇩
▶ 한성 정부(국내): 국민 대회(13도 대표)
⇧
▶ 대한민국 임시 정부(상하이)

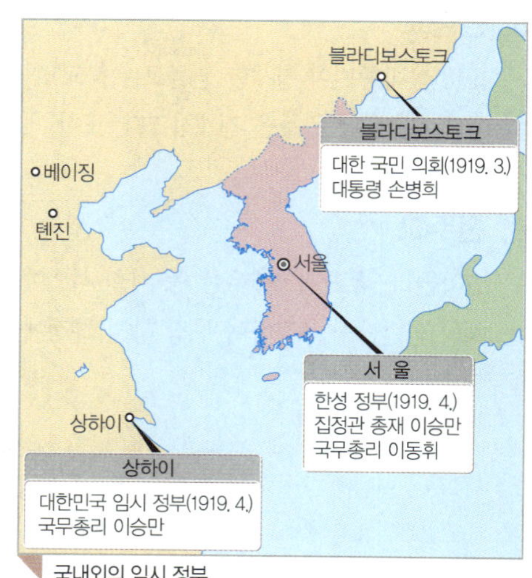

▲ 국내외의 임시 정부

만주 중심론	상하이 중심론
국경선에 근접 조선인 많음. 무장 투쟁에 유리	국제적 도시(각국의 조계지) 안전함. 외교 활동에 유리

1919. 9. **상하이 임시 정부** 정통성: 한성 정부
위치: 상하이

형 태 3권 분립, 민주 공화제, 대통령 – 이승만 / 국무총리 – 이동휘

활 동
군자금 모금: 연통제, 교통국, 이륭양행, 백산상회, 독립(애국) 공채, 국민 의연금
군사: 광복군 사령부(총영), 육군 주만 참의부
문화: 『독립신문』, 사료 편찬소(『한·일 관계 사료집』)
외교: 파리 강화 회의에 김규식 파견, 구미 위원부 설치 ⇨ 성과 없음.

임정 침체 ▶  ◀ 노선 갈등

1923 **국민 대표 회의**

창조파 VS 개조파 ⇨ 성과 없음.
⇨ 많은 독립운동가들 이탈 ⇨ 침체
⇩
임정 옹호파(김구): 한인 애국단 활약(이봉창, 윤봉길)
⇩
임시 정부 이동(1932~1940)
⇩
충칭 정부

주석제(김구), 한국 광복군 창설
건국 강령(삼균주의) 발표, 대일 선전 포고
김원봉 계열 합류 ⇨ 주석·부주석제(5차 개헌)

1. 윌슨의 민족 자결주의[1]

제1차 세계 대전 이후 미국의 대통령 윌슨은 **자기 민족의 운명은 스스로 결정한다는 민족 자결주의**를 주장하였다. **패전국의 식민지에만 적용된다는 사실**을 제대로 알지 못한 국내에서는 국제 사회에 조선의 독립을 청원하자는 여론이 거세게 일어났다.

2. 레닌의 민족 자결 선언: 러시아 혁명에 성공한 레닌은 식민지의 민족 해방 운동 지원을 선언하였다.

3. 국외 민족 독립의 움직임

(1) 대동단결 선언(1917)[2]: 상하이에서 **신채호, 조소앙** 등이 발표하였다. '한국 병합 조약'이 무효임을 밝히고, 순종의 주권 포기로 주권은 국민에게 넘어갔다고 하였다(공화주의). 이 같은 주권 행사를 위해 임시 정부를 만들어야 한다고 하였다(임시 정부 수립의 정당성).

(2) 무오 독립 선언서: 만주 길림에서 39명의 독립운동가들이 무장 투쟁의 의지를 담은 무오 독립 선언서(대한 독립 선언서)를 발표하였다. 대종교 계열의 중광단이 주도했으며, 조소앙이 작성하였다.

(3) 파리 강화 회의 파견: 중국 상하이에서 **여운형**을 중심으로 신한 청년당(단)이 조직되었다. 1919년 1월 **김규식**을 파리 강화 회의에 대표로 파견하여 민족의 독립 의지를 알렸다.

(4) 2·8 독립 선언서(1919. 2. 8.): 일본 유학생들이 최팔용을 중심으로 **조선 청년 독립단**을 조직한 뒤, '독립 선언서'를 작성하여 도쿄에서 발표하였다.

4. 국내의 상황

고종이 급작스럽게 승하하면서 일본에 의한 **독살설**이 제기되었다. 이 소식을 접한 민중들은 일본에 대해 크게 분노하였다.

심화사료 百出

대동단결 선언(1917)

융희 황제가 삼보(토지, 인민, 정치)를 포기한 8월 29일은 바로 우리 동지가 삼보를 계승한 8월 29일이니, 그간에 한순간도 숨을 멈춘 적이 없음이라. 우리 동지는 완전한 상속자이니 **저 황제의 소멸한 때가 곧 민권이 발생한 때요. 구한국 최후의 날은 곧 신한국 최초의 날**이니 무슨 까닭이오. …… **비한국인에게 주권을 양여하는 것은 근본적으로 무효요.** 한국인의 국민성이 절대 불허하는 바이라. 따라서 **경술년 융희 황제의 주권 포기는 곧 우리 국민 동지에 대한 묵시적 선위니 우리 동지는 당연히 삼보를 계승하여 통치할 특권이 있고 대통을 상속할 의무가 있도다.**

무오 독립 선언서(대한 독립 선언서)

우리 강토의 한 뼘이라도 이민족이 점령할 권한이 없으며, …… 우리 민족의 땅은 완전한 한국인의 한국 땅이다. …… 살신 성인하면 2천만 동포는 같이 부활할 것이다. **육탄혈전으로 독립을 완성하자.**

2·8 독립 선언서

본단은 한·일 병합이 우리의 자유 의사로 된 것이 아닐 뿐 아니라 우리의 생존과 발전을 위협하여 동양의 평화를 위협하는 원인이 되는 이유로 인하여 독립을 주장한다. …… 위의 요구가 거절될 때에는 우리는 일본에 대하여 **영원히 혈전을 선포**할 것이며 이로 인하여 생겨나는 참화는 우리 민족에게 책임이 없도다.　　　　　　　　– 재일본 동경 조선 청년 독립단 대표, 1919년 2월 8일

---

[1] 민족 자결주의

독일 등 1차 세계 대전의 패전국이 지배하던 식민지에만 적용된 원칙으로, 미국과 일본 등 승전국의 식민지는 그 대상에서 제외되었다.

[2] 대동단결 선언

공화주의와 복벽주의 논쟁이 종지부를 찍게 되었으며, 상하이 임시 정부 수립에 영향을 끼쳤다.

✎ 3·1 운동 직전의 국내 상황

고종의 서거를 계기로 독자적으로 독립운동을 준비하던 천도교계, 기독교계와 학생들이 손을 잡았고, 불교도 가세하였다. 그리하여 민족 대표들과 학생들은 사람들이 많이 모이는 고종의 국장일 즈음하여 대규모 비폭력 평화 시위를 벌여 민족의 독립 의지를 전 세계에 알릴 것을 계획하였다.

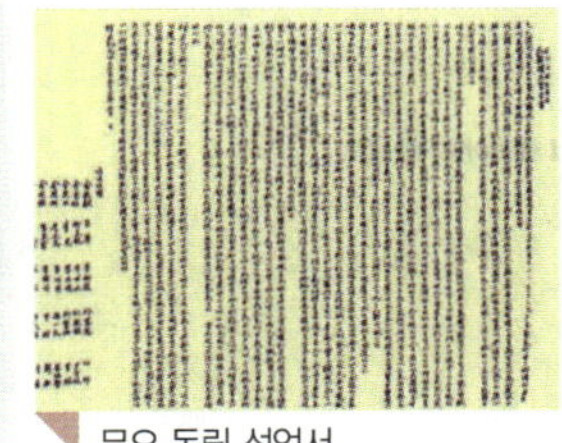

▼ 무오 독립 선언서

▼ 2·8 독립 선언의 도쿄 유학생

02 3·1 운동의 전개 과정

	만세 시위 운동의 특징	주도 계층
1단계	서울에서의 독립 선언(비폭력주의 표방)	태화관 단계: 종교계 대표 탑골 공원 단계: 학생, 시민
2단계	주요 도시로 확산 (상인들의 철시 운동, 노동자들의 시위)	교사, 학생, 상인, 노동자 등
3단계	농촌으로 확산(전국적 확산) (무력 저항주의 – 폭력 투쟁 전개)	농민층

1. 3·1 운동의 준비 과정 ❶

고종의 서거와 2·8 독립 선언에 영향을 받아 종교계 인사들과 학생들은 대규모 만세 시위를 계획하였다. 이에 천도교의 손병희, 기독교의 이승훈, 불교의 한용운 등 총 33명의 민족 대표가 구성되었다. 이들은 대외적으로 우리의 독립을 청원하고, 대중적인 비폭력 운동을 전개한다는 방침을 세웠다.

2. 만세 시위의 전개 과정

(1) 1단계 – 독립 선언서 발표, 시위의 시작

① 독립 선언서 작성: 최남선이 초고를 완성하였고, 한용운이 공약 3장을 추가하였다. **일원화, 대중화, 비폭력화의 원칙**을 정하고 우리 민족의 강렬한 독립 의지를 전 세계에 알렸다.

② 독립 선언서 발표: 1919년 3월 1일 ❷ 손병희, 이승훈, 한용운 등 민족 대표들은 탑골 공원에서 독립 선언서를 발표하려고 했다. 그러나 시위가 과격해질 것을 우려하여 **태화관**(요릿집)에서 독립 선언서를 낭독한 후 **자진 체포**되었다.

③ 시위의 시작: 탑골 공원에 모인 학생과 시민들은 따로 독립 선언식을 하였다. 이후 서울 시가지에서 비폭력 평화 만세 시위를 전개하였다.

심화사료 百出

2025. 지방직 9급, 2024. 지방직 9급, 2011. 지방직 9급

3·1 독립 선언서(기미 독립 선언서)

오등(吾等)은 이에 **아(我) 조선의 독립국임과 조선인의 자주민임을 선언**하노라. 이로써 세계만방에 고하여 인류 평등의 대의를 극명하며 …… 민족자존의 정권을 영유하게 하노라. 반만년 역사의 권위를 장하여 이를 선언함이며, 2천만 민중의 충성을 합하여 이를 표명함이며, …… 금일 우리의 이 거사는 정의, 인도, 생존, 존영을 위하는 민족적 요구이니 오직 자유적 정신을 발휘하는 것이요, 결코 배타적 감정으로 치닫지 말라. 최후의 일인까지 최후의 시간까지 민족의 정당한 의사를 시원하게 발표하라.

[공약 3장]

1. 금일 오인의 이 거사는 정의, 인도, 생존, 존영을 위하는 민족적 요구이니, 오직 자유적 정신을 발휘할 것이요, 결코 배타적 감정으로 일주하지 말라.

1. 최후의 한 사람까지, 최후의 한 순간까지 민족의 정당한 의사를 쾌히 발표하라.

1. 일체의 행동은 가장 질서를 존중하여 오인의 주장과 태도로 하여금 어디까지든지 광명정대하게 하라.

---

❶ **국내 민족 운동의 움직임**

• 천도교: 민족 운동의 행동 강령으로 대중화·일원화·비폭력의 3대 원칙을 내세웠다.

• 학생: 독자적으로 시위 운동을 계획하면서 각 학교별 대표를 선임하고 세부 계획을 수립하고 있었다.

• 유생: 한국 독립의 정당성과 당위성을 주장하는 장문의 편지를 파리 강화 회의에 간 김규식에게 전달하려다 발각되었다(파리 장서 사건).

❷ **독립운동 거사일(3월 1일) 결정**

민족 대표들은 거사일을 당초에는 3월 3일로 정하였다. 그러나 이날이 고종 황제의 인산일이고 3월 2일은 일요일이라 3월 1일로 결정하였다.

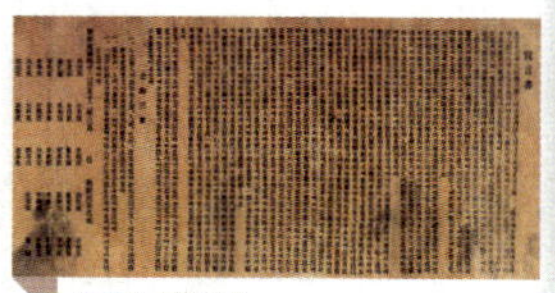

독립 선언서

만세를 부르는 군중들

(2) 2단계 – 도시에서의 만세 시위

지방의 주요 도시에서 독립 선언과 함께 만세 시위가 전개되었다.

(3) 3단계 – 농촌 지역으로 시위 확산

만세 시위는 농촌과 산간벽촌으로 확산되었다. 토지 조사 사업으로 피해를 본 농민들은 시위에 적극 참여하였다. 이에 따라 비폭력 평화 시위는 점차 민중이 주도하는 **무력 투쟁 운동**으로 전환되어 갔다.

3. 국외에서의 만세 시위

간도[3], 연해주, 일본 그리고 미주(필라델피아) 지역 등에서 대규모 시위가 전개되었다.

4. 일제의 탄압

시위가 전국으로 확산되자 총독부는 일본에서 2개 사단의 병력을 불러들여 시위를 진압하였다. 헌병 경찰은 주동자를 체포하고 무차별 사격을 가하는 등 무자비하게 탄압하였다.

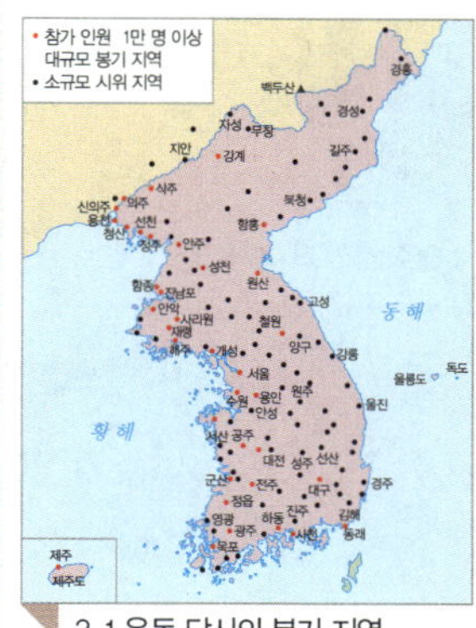

3·1 운동 당시의 봉기 지역

❸ **간도 지역에서의 만세 시위**

서간도에서는 부민단이 중심이 되어 만세 시위를 전개하였다. 북간도 용정에서는 1만여 명의 한인들이 모여 독립 선언을 하고 만세 시위를 벌였다.

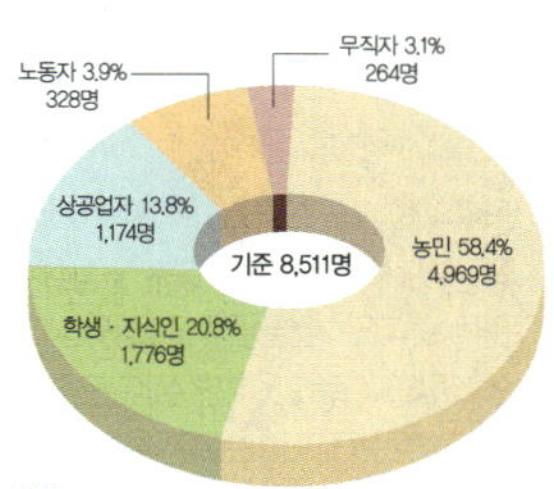

▲ 투옥자의 직업별 분포

03 3·1 운동의 영향

1. 일제의 통치 방식 변화

3·1 운동은 비록 일제의 무자비한 탄압으로 좌절되었지만 일제가 통치 방식을 무단 통치에서 문화 통치로 바꾸는 계기가 되었다.

2. 대한민국 임시 정부의 수립

3·1 운동을 계기로 간도와 연해주 지역에 많은 독립군 단체들이 결성되었다. 또한 독립운동을 이끌어 갈 통일된 지도부에 대한 필요성이 대두되는 과정에서 **대한민국 임시 정부**가 수립되었다.

3. 독립운동 주체의 확대

3·1 운동은 신분, 직업, 종교의 구별 없이 모든 계층이 참여한 우리 **역사상 최대 규모의 민족 운동**이었다. 민족 운동의 주체가 학생·농민·노동자 등으로 확대되었다.

4. 세계 약소 민족 해방 운동에 영향

3·1 운동은 1차 세계 대전 승전국의 식민지에서 일어난 최초의 반제 민족 운동이다. 또한, 중국의 5·4 운동, 인도 간디의 비폭력 저항 운동 등에 영향을 미쳤다.

유관순

1916년 미국인 선교사의 추천으로 이화 학당에 입학하였다. 1919년 3·1 운동 당시, 천안 아우내 장터 만세 운동을 주도하다가 체포되어 모진 고문 끝에 서대문 형무소에서 순국하였다.

① 제암리 학살 사건

1919년 4월 15일 일본 군경은 경기도 화성 제암리에 도착하여 마을 사람 30여 명을 제암리 교회에 감금 후 학살을 저지르고 증거 인멸을 위하여 교회당에 불을 질렀다. 부근의 교회 건물과 민가 등에도 불을 질러 사상자가 다수 발생하였다.

2022. 법원직 9급, 2014. 국가직 9급, 2013. 법원직 9급

3·1 운동의 발발

동대문 밖에서 다시 한 번 일대 시위 운동이 일어났다. 이날은 태황제(고종)의 인산날이었으므로 망곡하러 모인 군중이 수십만이었다. 인산례(因山禮)가 끝나고 융희제(순종)와 두 분의 친왕 이하 여러 관료와 궁속들이 돌아오다가 청량리에 이르렀다. 이때 곡소리와 만세 소리가 일시에 폭발하여 천지가 진동하였다.

일제의 3·1 운동 탄압

만세 시위가 확산되자, 일제는 헌병 경찰은 물론이고 군인까지 긴급 출동시켜 시위 군중을 **무차별 살상**하였다. 정주, 사천, 맹산, 수안, 남원, 합천 등지에서는 일본 군경의 총격으로 수십 명의 사상자를 냈으며, **화성 제암리**[1]**에서는 전 주민을 교회에 집합, 감금하고 불을 질러 학살**하였다. 시위에 참가하였다는 이유로 무수한 사람들이 투옥당하였고 일본 경찰에게 비인도적인 악형을 당하여 수많은 사람들이 목숨을 잃었다. 당시 만세 시위에 참가한 인원은 총 200여만 명이며, 일본 군경에 피살당한 사람은 7,509명, 부상당한 사람은 15,850명, 체포된 사람은 45,306명이었다.

– 박은식, 「한국독립운동지혈사」

04 임시 정부의 통합

1. 국내외의 임시 정부 수립

3·1 운동을 계기로 좀 더 조직적으로 독립운동을 추진하기 위해 각지에서 정부를 수립하였다.

(1) **대한 국민 의회**: 연해주에서 조직된 전러 한족 중앙 총회가 **대한 국민 의회**로 개편되었다. 손병희를 대통령, 이승만을 국무총리로 선임하였다.

(2) **대한민국 임시 정부**: 중국 상하이에서는 4월 9일 신한 청년당(단)을 중심으로 임시 의정원을 구성하고, 4월 11일 이승만을 국무총리로 하는 대한민국 임시 정부를 수립하였다.

(3) **한성 정부**: 4월 23일 서울에서 13도 대표가 모여 이승만을 집정관 총재로, 이동휘를 국무총리로 하는 한성 정부가 수립되었다.

2023. 국가직 9급, 2011. 법원직 9급

대한민국 임시 헌장(1919. 4. 11.)

제1조　대한민국은 **민주 공화제**로 함.

제2조　대한민국은 임시 정부가 임시 의정원의 결의에 따라 이를 통치함.

제3조　대한민국의 인민은 남녀의 귀천 및 빈부의 계급이 없고, 일체 평등함.

···(중략)···

민국 원년 3월 1일 우리 대한 민족이 독립을 선언한 뒤 …… 이제 본 정부가 전 국민의 위임을 받아 조직되었으니 전 국민과 더불어 전심(專心)으로 힘을 모아 국토 광복의 대사명을 이룰 것을 선서한다.

▲ 상하이 대한민국 임시 정부의 청사

② 통합 정부의 성립

한성 정부의 정통성을 계승하고, 헌법과 조직은 대한 국민 의회와 상하이 임시 정부의 것을 참고하였다. 외교론자·무장투쟁론자·실력양성론자 등 다양한 주장을 가진 인물들이 존재하였다.

③ 상하이

서양 열강의 조계 지역이 많아 외교 활동에 유리하기 때문이었다.

2. **통합 정부**[2]**의 성립**: 각지의 여러 임시 정부를 통합하여 단일 정부를 수립하자는 움직임이 일어났다.

(1) **임시 정부의 위치 문제**: 대한 국민 의회는 무장 투쟁에 유리한 간도나 연해주에 정부를 두어야 한다고 제안했다. 그러나 상하이 정부는 외교 활동에 유리한 상하이에 정부를 두자고 주장하였다.

(2) **통합 정부(1919. 9.)**: 통합 정부는 정부의 명칭을 대한민국 임시 정부라 하고, 정부의 위치는 중국 상하이[3]로 정하였다.

1. 임시 정부의 체제

(1) **공화주의**: 대한민국 임시 정부는 우리나라 역사상 최초의 공화정 정부이다. 민주주의에 입각한 근대적 헌법을 갖추고, **대통령제를 채택**하면서도 내각 책임제를 절충하였다.

(2) **3권 분립**: 외교 노선을 추구해 온 이승만이 대통령에, 무장 투쟁을 주장한 이동휘가 국무총리에 선임❹되었다. 행정 기관인 **국무원(행정)**과 이를 견제하는 역할을 맡은 **임시 의정원(입법)**을 두었으며, 사법 기관인 **법원(사법)**을 두어 민주 정치의 핵심인 3권 분립을 이룩하였다.

심화사료 百出

대한민국 임시 헌법(1919. 9.)

제1조　대한민국은 대한 인민으로 조직한다.

제2조　**대한민국의 주권은 대한 인민 전체에 있다.**

제4조　대한민국의 인민은 **일체 평등**하다.

제5조　대한민국의 **입법권은 의정원이, 행정권은 국무원이, 사법권은 법원이 행사**한다.

               – 대한민국 임시 정부 의정원 문서

2. 임시 정부의 주요 활동

(1) **국내와의 연결**: 비밀 행정 조직인 연통제를 만들었으며, 정보 수집 기관인 교통국을 두었다.

 ① **연통제**: 국내 각 도·군·면에 독판·군감·면감 등 정부의 연락 책임자를 두어 정부 문서 전달과 군자금 조달, 정보 보고 등의 업무를 담당하게 하였다.

 ② **교통국**: 정보 수집 기관으로, 정보의 수집·분석과 독립운동 자금 모집 등을 담당하였다.

(2) **군자금 조달**: 독립운동 자금은 독립 공채(애국 공채)나 의연금 등으로 충당되었다. 국내외에서 모아진 자금은 연통제나 교통국 또는 이륭양행❺과 부산의 백산상회❻를 통하여 정부에 전달되었다.

(3) **군사 활동**: 중국 내에서의 군사 활동에는 제약이 많았다.

 ① **무장 독립 투쟁**: 군무부를 두어 만주의 서로 군정서·북로 군정서 등과 연결하였다. 1920년에는 광복군 사령부가 결성되었고 전투를 담당할 광복군 총영도 설치하였다. 1923년에는 남만주의 독립군을 통합하여 **육군 주만 참의부**를 편성하였다.

 ② **육군 무관 학교**: 초급 지휘관 양성을 위해 상하이에 설립한 학교이다.

(4) **외교 활동**❼: 독립을 위하여 외교 분야에 주력했으나, 성과는 미미하였다.

 ① **프랑스**: 임시 정부는 김규식을 외무총장 겸 **파리 위원부의 대표**로 임명하여 **파리 강화 회의**에 **독립 청원서**를 제출하게 하였다.

 ② **미국**: 워싱턴에 이승만을 중심으로 **구미 위원부**를 설치하고, 외교 활동을 전개하였다.

 ③ **소련**: 국무총리 이동휘 등이 모스크바에 가서 소련으로부터 독립운동 지원을 약속받았다.

(5) **문화 사업**

 임시 정부의 기관지로 **독립신문**을 발행하였다. 이광수 등이 주필이 되어 국제 정세, 임시 정부 활동 등을 국내외 동포에게 알렸다. 또한 **임시 사료 편찬 위원회**를 두어 『한·일 관계 사료집』을 간행하였다.

1. 국민 대표 회의(1923)

(1) 임시 정부의 위기

① 자금난과 인력난: 일제의 탄압에 따라 1921년을 고비로 **연통제와 교통국의 조직이 철저하게 파괴되**면서, 자금과 인력 조달에 어려움을 겪었다.

② 내부 갈등: 외교 활동의 성과가 없자 무장 독립 투쟁론, 외교 독립론, 실력 양성론 등 임시 정부의 활동 방향을 두고 노선 갈등이 일어났다. 또한 **외교 활동에 대한 무장 투쟁론자의 비판**이 거세졌다.

③ 이승만의 위임 통치 청원: 이승만은 1919년 대한인 국민회의 이름으로 미국 대통령에게 국제 연맹의 위임 통치를 청원하는 문서를 일방적으로 제출하였다. 이 사실이 박용만 등에 의해 알려지면서 임시 정부의 인사들이 분노하였다.❶

(2) 국민 대표 회의의 전개

① 개최: **신채호, 박용만** 등은 베이징에서 군사 통일 주비회를 열어 국민 대표 회의 소집, 이승만의 사임, 신정부 수립 등을 요구하였다. 안창호와 박은식 등이 여기에 호응하자, 1923년 1월 상하이에서 **국민 대표 회의**가 개최되었다.

심화사료 百出

2021. 국가직 9급

국민 대표 회의

본 회의는 2천만 민중의 공정한 뜻에 바탕을 둔 국민적 대화합으로 최고의 권위를 가지고 국민의 완전한 통일을 공고하게 하며, 광복 대업의 근본 방침을 수립하여 우리 민족의 자유를 만회하며 독립을 완성하기를 기도하고 이에 선언하노라. …… 본 대표 등은 국민이 위탁한 사명을 받들어 국민적 대단결에 힘쓰며 독립운동이 나아갈 방향을 확립하여 통일적 기관 아래에서 대업을 완성하고자 하노라.

– 국민 대표 회의 준비 위원회 선언서

② 창조파와 개조파의 대립: 현 임시 정부를 해산하고 새로운 정부를 세우자는 창조파와, 현재의 임시 정부의 조직을 개편하여 존속시키자는 개조파로 양분되어 대립하였다. 결국 국민 대표 회의는 소기의 성과를 거두지 못하고 결렬되었다.

❀ 정치 세력 분화

정치 세력	특징
창조파	• 신채호와 연해주 공산주의자들(문창범 등) • 현재의 임시 정부 부정, 연해주로 이동하여 새로운 정부 수립 주장, 무장 투쟁 강조
개조파	• 안창호, 박은식 등 민족주의자와 일부 사회주의자(이동휘) • 현 임시 정부 개편하여 독립운동의 중심 역할 담당, 실력 양성 강조
현상 유지파	김구 등 임시 정부 유지, 국민 대표 회의 불참❷

❶ **이승만에 대한 반발**

1921년 4월 신채호, 박용만 등은 이승만이 미국 대통령에게 우리나라를 국제 연맹에서 위임 통치하도록 요청한 사실을 들면서 임시 정부와 의정원의 해산을 요구하였다.

❷ **내무부령 제1호(국민 대표 회의 해산령)**

1923년 당시 내무총장이었던 김구는 국민 대표 회의의 해산을 명하는 내무부령을 공포하였다.

(3) 국민 대표 회의 결렬 이후의 상황

　① 임시 정부의 위축: 다수의 독립운동가들이 떠나면서 임시 정부 세력은 크게 약화되었다.

　② 독립운동가들의 이탈: 이승만과 안창호는 미국으로 건너갔으며, 무장 투쟁 계열의 인사들도 만주와 연해주로 이동했다.

2. 임시 정부의 재정비

(1) 이승만의 탄핵: 임시 정부는 대통령의 직무를 다하지 않고 미주 지역의 독립 자금을 독점한다는 이유 등으로 이승만을 탄핵하여 파면하였다(1925).

(2) 지도 체제의 변천: 1925년 2대 대통령으로 박은식이 취임하였다. 헌법을 고쳐 대통령 중심제에서 국무령 중심의 내각 책임제로 개편하고 이동녕·김구 등을 중심으로 체제를 재정비하였다. 이후 1927년 국무 위원 중심의 집단 지도 체제로 전환하여 보다 많은 독립운동가의 참여를 유도하였다.

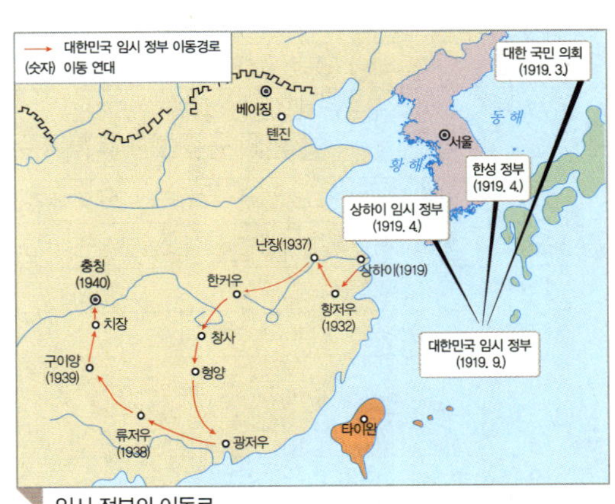

임시 정부의 이동로

(3) 한인 애국단: 김구는 침체에 빠진 임시 정부를 재정비하기 위해 한인 애국단을 설립(1931)하여 의열 투쟁을 전개하였다.

(4) 임시 정부의 이동: 임시 정부는 1932년부터 중국 내의 여러 지역으로 옮겨 다니다가 중·일 전쟁 중인 1940년 충칭에 정착하였다.

❖ 임시 정부의 개헌 과정

제1차 개헌(1919)	대통령 지도 체제(대통령이 국정 총괄), 3권 분립 체제(국무원·임시 의정원·법원)
제2차 개헌(1925)	국무령 중심의 내각 책임 지도 체제
제3차 개헌(1927)	국무 위원 중심의 집단 지도 체제
제4차 개헌(1940)	주석 단일 지도 체제(주석: 김구)
제5차 개헌(1944)	주석·부주석 체제

심화사료 頻出

2025. 지방직 9급, 2018. 서울시 9급(상), 2014. 경찰 1차

『백범일지』에 나타난 임시 정부의 고난

이렇게 하여 정부는 자리가 잡혔으나 경제 곤란으로 정부의 이름을 유지할 길도 막연하였다. …… 정부의 집세가 30원, 심부름꾼 월급이 20원 미만이었으나 이것도 지불할 여력이 없어서 집주인에게 여러 번 송사를 겪었다.

김구의 문화 산업 강조

내가 원하는 우리 민족의 사업은 결코 세계를 무력으로 정복하거나 경제력으로 지배하려는 것이 아니다. 오직 사랑의 문화, 평화의 문화로 우리 스스로 잘 살고 인류 전체가 의좋게 즐겁게 살도록 하는 일을 하자는 것이다. 어느 민족도 일찍이 그러한 일을 한 이가 없었으니 그것은 공상이라고 하지 말라.

　－ 김구, 『백범일지』 중 '나의 소원'

이승만

안창호

이동휘

❶ 수양 동우회

안창호의 흥사단 계열 단체이다. 인격 수양과 민족 실력 배양을 표방하며 1920년대 초부터 계몽 운동을 전개하였다. 1937년 일제는 치안 유지법의 위반을 구실로 수양 동우회 회원들을 검거하여 재판에 회부하였다(수양 동우회 사건, 1937~38).

이승만(1875~1965)

1896년	독립 협회의 간부로 활동
1898년	정부 전복 획책 혐의로 한성감옥 투옥(이후 사형 선고)
1904년	미국 선교사들의 구명 활동으로 감형 후 석방, 미국으로 가서 수학하여 학위 취득
1915년	대한인 국민회에서 박용만과 대립, 교포 사회 분열 초래
1919년	상하이 임시 정부 1대 대통령 취임, 워싱턴에 구미 위원부 설치
1925년	탄핵을 받아 대통령직에서 면직됨.
1945년	해방 이후 독립 촉성 중앙 협의회 총재 역임
1946년	남한만의 단독 정부 수립 주장(정읍 발언)
1948년	제헌 국회 의원으로 당선, 초대 국회의장, 국회 간선으로 대한민국 초대 대통령에 당선
1952년	발췌 개헌을 통해 대통령에 재당선(2대 대통령)
1956년	제3대 대통령에 당선
1960년	4 · 19 혁명으로 하야하고 하와이로 망명

안창호(1878~1938)

1897년	독립 협회 가입, 만민 공동회 연설
1899년	점진 학교 설립
1907년	신민회 조직, 대성 학교 설립
1909년	청년 학우회 조직
1912년	대한인 국민회 중앙 총회 조직
1913년	흥사단 조직(샌프란시스코)
1919년	대한민국 임시 정부 참여(노동국)
1923년	국민 대표 회의에서 개조파로 활동
1926년	한국 독립 유일당 북경 촉성회 발표
1932년	윤봉길 의거로 상하이에서 체포(35년 가출옥)
1937년	수양 동우회❶ 사건으로 다시 체포됨.

이동휘(1873~1935)

1899년	강화 진위대에서 근무
1902년	이준 등과 개혁당 조직(비밀 결사)
1905년	강화도에 보창 학교(육영 학교) 설립
1907년	정미의병 도모, 신민회 조직
1911년	105인 사건으로 투옥, 러시아 망명
1914년	대한 광복군 정부 수립(부통령)
1918년	한인 사회당 조직(하바롭스크)
1919년	대한민국 임시 정부에 참여(임시 정부 국무총리)

🍱 **대표** **기출문제**

다음과 같은 선포문을 발표하면서 성립한 정부의 정책으로 옳지 않은 것은? 2023. 국가직 9급

> 제1조 대한민국은 민주 공화제로 함.
>
> …(중략)…
>
> 민국 원년 3월 1일 우리 대한민족이 독립을 선언한 뒤 …(중략)… 이제 본 정부가 전 국민의 위임을 받아 조직되었으니 전 국민과 더불어 전심(專心)으로 힘을 모아 국토 광복의 대사명을 이룰 것을 선서한다.

① 독립 공채를 발행하였다.
② 기관지로 『독립신문』을 발간하였다.
③ 비밀 행정 조직인 연통부를 설치하였다.
④ 재정 확보를 위하여 전환국을 설립하였다.

제시된 자료는 1919년에 발표된 대한민국 임시 헌장의 내용이다. ④ 화폐 주조 기관인 전환국이 설치된 것은 근대 시기인 1883년의 일이다. ① 임시 정부는 독립 공채를 발행하여 독립운동 자금을 충당하였다. ② 임시 정부는 임시 정부의 기관지로 독립신문을 간행하였다. ③ 임시 정부는 비밀 행정 조직인 연통제를 만들어 국내와 연락하였다.

정답 ④

CHAPTER 2 국내외 항일 운동

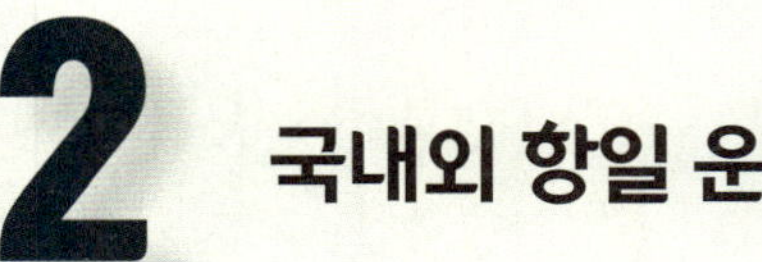

01강 국내의 항일 운동

- **1** 1910년대 국내의 민족 운동
- **2** 1920년대 국내의 민족 운동
- **3** 민족 유일당 운동
- **4** 의열단
- **5** 한인 애국단
- **6** 기타 의거 활동

02강 무장 독립 전쟁의 전개

- **1** 1910년대 국외 독립운동 기지 건설
- **2** 1920년대 무장 독립 전쟁
- **3** 1930년대 무장 독립 전쟁
- **4** 1940년대 무장 독립 전쟁
- **5** 동포들의 국외 이주

解·法·기·출·진·맥

9급 국가직

出제 경향 오버뷰 — 2021년부터 3년간 출제되지 않다가 2024년과 2025년 연이어 출제됨. 시기별 무장 독립 전쟁

9급 지방직

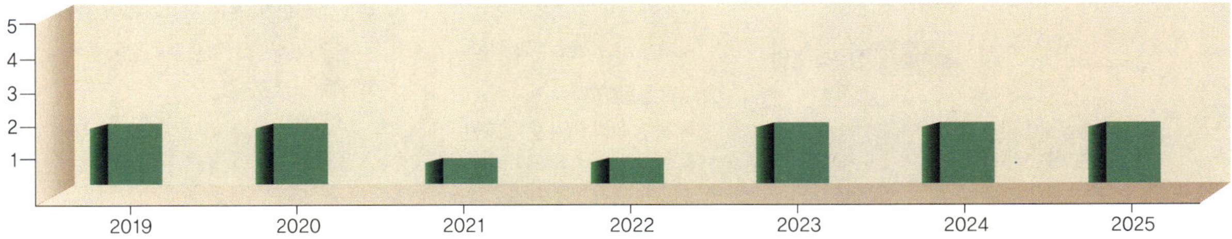

出제 경향 오버뷰 — 매년 1~2문제씩 출제되고 있음. 신간회, 의열단

9급 법원직

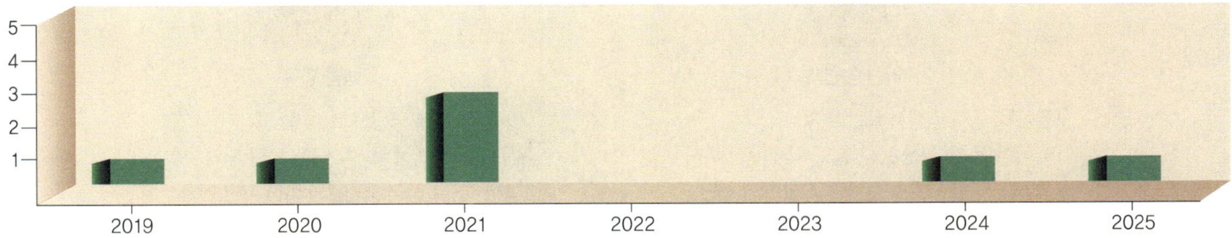

出제 경향 오버뷰 — 2022년부터 2년간 출제되지 않다가 2024년부터 출제됨. 신간회, 광주 학생 항일 운동, 무장 독립 전쟁

01강 국내의 항일 운동

解/法 기출분석

구 분		2008~2018	2019	2020	2021	2022	2023	2024	2025
9급	국가직	• 독립 의군부와 대한 광복회 • 신간회 • 의열단 • 한인 애국단 • 이동휘 • 독립운동(1920')	독립운동 (1920')					신간회	대한 광복회
	지방직	• 신간회 • 의열단(3) • 한인 애국단 • 이상설	의열단	근우회	신간회	의열단	• 독립운동 (1910') • 신간회	• 근우회 • 한인 애국단	
	법원직	• 독립 의군부 • 국내 민족 운동(3) • 자치 운동 • 광주 학생 항일 운동 • 신간회(2)			광주 학생 항일 운동				

解法요람

국내의 항일 만세 운동

6·10 만세 운동(1926)

- 순종(융희) 인산일
- 조선 공산당 + 천도교 + 학생 노·농 단체
- 조선 학생 과학 연구회 주도
- 민족주의와 사회주의 연대 계기

⇒ **신간회** 1927 ⇒

광주 학생 항일 운동(1929)

- 민족 차별 교육 + 학생 운동 역량↑ + 신간회 활동
- 학생 투쟁 + 일반 국민 ⇒ 전국 규모 확대
- 3·1 운동 이후 최대 민족 운동

7월	조선 민흥회
11월	정우회 선언

① 창립(1927): 이상재, 홍명희
- 중앙 본부: 민족주의 주도
- 지방 지회: 사회주의 중심

② 주요 활동(1929)
▶ 광주 학생 항일 운동 지원
▶ 원산 노동자 총파업 지원
⇒ 일제 탄압 ⇒ 지도부 검거

③ 해체(1931)
- 새 지도부 우경화(타협적 민족주의자↑)
  ⇒ 중앙 본부 VS 지방 지회 갈등 증폭
- 코민테른 노선 변경

의열단과 애국단

1920년대 의열단 VS **1930년대 애국단**

약산 김원봉 / 백범 김구

의열단 (약산 김원봉)	애국단 (백범 김구)
• 김상옥: 종로 경찰서 폭탄 투척	• 이봉창: 일본 국왕(도쿄) 투탄 의거
• 나석주: 동척, 식산 은행, 철도 회사 폭탄 투척	• 윤봉길: 상하이 훙커우 공원 투탄 의거
• 의열단 선언문(1923): 신채호 '조선 혁명 선언'	⇒ 중국 국민당의 임정 지원 계기
1926년 황포 군관 학교 입학	1932년 1월 이봉창 의거
1935년 민족 혁명당	1932년 1월 상하이 사변
1938년 조선 의용대	1932년 4월 29일 윤봉길 의거
1942년 충칭 정부에 합류	⇒ 임시 정부 이동 시작

1. 의병 항쟁

국권 피탈을 전후하여 많은 의병들이 만주, 연해주 등 국외로 이주하였으나 국내에 남아 있던 의병[1] 들도 소규모·산발적으로 항전하였다.

2. 국내 비밀 결사의 활동

일제의 무단 통치로 인한 탄압으로 국내에서는 **비밀 결사의 형태**로 투쟁 방법을 바꾸었다.

(1) 독립 의군부(1912)

① **조직**: 의병장으로 활동하였던 **임병찬**이 고종의 비밀 지령을 받아 의병들을 규합하여 결성하였 다. 나라를 되찾아 임금을 다시 세우겠다는 **복벽주의**를 내세워, 고종의 복위를 목표로 하였다.

② **활동**: 일본 정부의 총리대신과 조선 총독에게 국권 반환을 요구하는 서신(국권 반환 요구서)을 보내려고 계획하였다. 그러나 사전에 발각되어 지도부가 체포당하였다.

(2) 대한 광복회[2](1915)

① **조직**: 박상진의 조선 국권 회복단이 채기중의 대한(풍기) 광복단과 조직한 비밀 결사 단체이다. 군대식 조직을 갖추었으며 **총사령관으로 박상진, 부사령관으로 김좌진**을 두었다.

② **활동**: **공화주의를 표방**하였다. 무력 투쟁을 통한 독립을 목표로 했으며, 군자금 모집·독립군 양성·친일 부호 처단 등의 활동을 하였다. 또한, 만주에 독립군 사관 학교를 설립하려 하였다.

심화사료 百出

2025. 국가직 9급, 2018. 경찰 2차

대한 광복회 회원의 서약문

우리는 대한의 독립 광복을 위하여 우리의 생명을 희생에 바침은 물론 우리들이 일생의 목적을 달성하지 못할 때에는 자자 손손이 계승하여 원수 일본을 완전히 구축하고 국권을 광복하기까지 절대로 변하지 않고 한마음으로 힘을 다할 것을 천지신 명에게 맹서함.

대한 광복회 강령

1. 부호의 의연금 및 일본인이 불법 징수하는 세금을 압수하여 무장을 준비한다.

2. 만주에 사관 학교를 설치하여 독립 전사를 양성한다.

6. 일본인 고관 및 한국인 반역자를 수시 수처에서 처단하는 행형부를 둔다.

7. 무력이 완비되는 대로 일본인 섬멸전을 단행하여 최후 목적의 달성을 기한다.

---

(3) 기타 비밀 결사 조직

조선 국권 회복단 (1915)	• 시 모임을 가장하여 조직, 이시영, 서상일, 윤상태 등 경북 유생 중심 • 3·1 운동 주도 및 파리 강화 회의에 제출할 독립 청원서 작성, 대한 광복회의 기반이 된 단체
조선 국민회[3] (1915)	• 장일환이 숭실 학교 재학생과 기독교 청년들을 중심으로 조직 • 하와이의 대조선 국민군단의 국내 지부, 군자금 모금과 무기 구입
송죽회(1913)	평양 숭의 여학교 교사 중심. 여성 계몽 활동 및 해외 독립운동 자금 지원

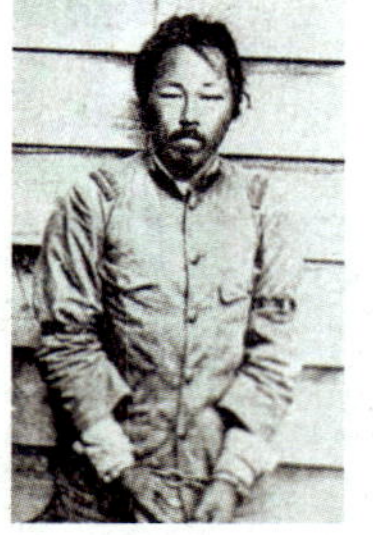

❶ 채응언

서북 지방의 대표적인 의병장으로 1915년 일제에 체포될 때까지 국내에 서 의병 항쟁을 전개하였다. 평안도 성천에서 군자금 모금 활동 중 일본 경찰에게 체포된 후 사형당하였다.

박상진

❷ 대한 광복회의 해체

대한 광복회는 군자금을 마련하던 중 일제 경찰에게 조직이 드러나 해 체되었다.

❸ 조선 국민회

창립 시기를 1917년으로 보는 견해도 있다.

02 1920년대 국내의 민족 운동

1. 6·10 만세 운동(1926)

(1) 배경

일제의 식민 지배에 대한 반발과 1926년 4월 순종의 사망을 계기로 민족 감정이 고조되었다.

(2) 전개 과정

① 시위 준비: 조선 공산당, 천도교 청년회, 그리고 학생 대표들은 6월 10일인 **순종의 인산일(장례일)**에 만세 시위를 하기로 합의하였다. 조선 공산당과 천도교 민족주의자들이 시위를 준비하던 중 일본 경찰에게 발각되었다. 특히 조선 공산당은 지도부가 체포되어 큰 타격을 입었다.

② 학생 주도의 시위 전개: 1926년 6월 10일 조선 학생 과학 연구회[1]를 비롯한 학생 단체들은 시위를 계획대로 진행하였다. 서울 시내 곳곳에 격문을 뿌리며 만세 시위를 전개하였다.

(3) 의의

6·10 만세 운동을 계기로 학생들은 항일 민족 운동의 주체로서 자신들의 역할을 자각하였다. 또한 사회주의 계열과 민족주의 계열과의 협력 경험은 **민족 유일당 운동의 기폭제**로 작용하였다.

심화사료 百出

권오설[2]의 6·10 만세 운동 격문

우리들의 국권과 자유를 회복하려 함에 있다. 우리는 결코 일본 전 민족에 대한 적대가 아니요, 다만 일본 제국주의의 야만적 통치로부터 탈퇴하고자 함에 있다. …… 식민지에 있어서는 **민족 해방**이 곧 **계급 해방**이고 **정치적 해방**이 곧 **경제적 해방**이라는 것을 알지 않으면 안 된다. 즉, **식민지 민족이 모두가 무산 계급**이며 **제국주의가 곧 자본주의**이기 때문이다. …… 형제여! 자매여! 눈물을 그치고 절규하자! ……

6·10 만세 운동의 격문[3]

우리는 벌써 민족과 국제 평화를 위하여 1919년 3월 1일에 우리의 독립을 선언하였다. 우리의 독립 요구는 실로 정의의 결정으로 평화의 실현인 것이다.

조선은 조선인의 조선이다.	8시간 노동제를 실시하라.
학교의 용어는 조선어로	동일 노동 동일 임금
학교장은 조선 사람이어야 한다.	소작제를 4·6제로 하고 공과금은 지주가 납부한다.
동양 척식 회사를 철폐하자.	소작권을 이동하지 못한다.
일본인 물품을 배격하자.	**일본인 지주에게 소작료를 바치지 말자.**

조선 민중아! 우리의 철천지 원수는 자본 제국주의 일본이다. 2천만 동포야! 죽음을 각오하고 싸우자!

---

2. 광주 학생 항일 운동(1929)

(1) 배경

① 민족 차별 교육에 대한 저항: 한·일 학생 간의 차별 철폐, 한국인 본위의 교육 제도 확립 등을 주장하며 동맹 휴학 등의 형태로 저항하였다.

② 학생 조직: 전국 각지의 중·고등학교에는 학생들의 비밀 결사인 독서회 등이 다수 조직되어 있었다.

순종의 장례 행렬

❶ 조선 학생 과학 연구회

1925년 9월 사회 과학의 보급 등을 목적으로 만들어진 학생 운동 조직으로, 6·10 만세 운동을 주도하였다.

❷ 권오설

조선 노농 총동맹의 집행 위원으로 활동했으며, 1925년 조선 공산당의 간부가 되었다. 1926년 6·10 만세 운동을 계획하여 시위를 위해 태극기와 수만 장의 격문을 준비하다가 체포되었다.

❸ 6·10 만세 운동의 격문

일제 타도를 위한 구체적 실천 방법을 제시했다는 점에서 의미가 있다.

(2) 전개 과정

① **한·일 학생의 충돌**: 1929년 10월 광주발 열차가 나주에 도착했을 때 일본인 학생이 한국인 여학생을 희롱하는 사건이 발생하였다. 이 사건은 한국인과 일본인 학생들 사이의 편싸움으로 확대되었다.

② **시위의 전개**: 경찰이 일본 학생만 두둔하자, 민족 차별에 분노한 광주 지역의 학생들이 대규모 가두 시위를 전개하였다(11. 3.).

③ **신간회의 후원**: 광주 학생 운동 당시 신간회는 현지에 진상 조사단을 파견하고 **진상 보고를 위한 민중 대회를 개최**하려고 하였다.

④ **시위의 확산**: 성진회·독서회 중앙 본부와 같은 광주 지역 비밀 결사의 조직적인 지원에 힘입어 시위는 전국적으로 확대되어 이듬해 봄까지 계속되었다. 장기간 시위가 전개되면서 일반 시민들까지 합세했으며, 일본과 만주 지역 등 국외로 확산되었다.

(3) 의의: 학생들이 앞장서고 시민·노동자들이 참여한 3·1 운동 이후 최대 규모의 민족 운동이었다.

광주 학생 항일 운동의 도화선이 된 박기옥(오른쪽)

 **심화사료** 百出

2021. 법원직 9급, 2017. 법원직 9급

광주 학생 항일 운동의 격문 [4]

학생, 대중이여 궐기하라!
경찰의 교내 진입을 절대 반대한다.
식민지 교육 제도를 철폐하라.
전국 학생 대표자 회의를 개최하라.

검거된 학생은 우리 손으로 탈환하자.
언론, 결사, 집회, 출판의 자유를 획득하라.
조선인 본위의 교육 제도를 확립하라.

❹ 광주 학생 항일 운동의 격문

운동 초기에는 주로 검거된 학생의 석방이나 조선인 본위의 교육 실시를 주장하는 내용의 격문이 많았다. 이후 시위가 확대되면서 일본 제국주의 타도를 내세우는 방향으로 발전하였다. "우리의 투쟁 대상은 광주 중학교의 일본 학생이 아니라 일본 제국주의이니 투쟁 방향을 일제로 돌리자." 라고 결의한 것이다.

---

03 민족 유일당 운동

1. 국내적 배경

(1) 국외의 민족 유일당 운동 전개

중국에서 국민당과 공산당이 협력하여 1차 국·공 합작 [5] 을 이루었다. 이에 영향을 받은 국외의 독립운동 단체들도 이념과 노선을 초월한 **민족 유일당 건설**을 추진하였다. 베이징에서 안창호의 요청으로 한국 독립 유일당 북경 촉성회(1926)가 개최되었고, 만주에서는 **3부 통합 운동**이 전개되었다.

❺ 1차 국·공 합작

1924년 중국에서 국민당과 공산당이 군벌과 제국주의 세력에 맞서기 위해 힘을 합쳤다.

(2) 국내의 자치 운동 전개

① **등장**: 물산 장려 운동·민립 대학 설립 운동 등 민족 실력 양성 운동이 큰 성과 없이 실패로 돌아가자 민족주의계는 실망하여 방향을 잃고 분열하였다.

② **전개**: 타협적 민족주의자들은 자치 운동을 전개하여 **일제가 허락하는 범위에서 정치적 권리(참정권·자치권)를 획득**하고자 하였다. **이광수**는 '민족개조론(1922)'과 '민족적 경륜(1924)'을 저술하였다.

2018. 법원직 9급, 2012. 국가직 9급, 2008. 법원직 9급

이광수의 민족적 경륜

그러면 지금의 조선 민족에게는 왜 정치적 생활이 없는가? …… 일본이 조선을 병합한 이래로 조선인에게는 모든 정치 활동을 금지한 것이 첫째 원인이다. 또 병합 이래로 조선인은 일본의 통치권을 승인해야만 할 수 있는 모든 정치적 활동, 즉 참정권, 자활권 운동 같은 것은 물론이요, 일본 정부를 상대로 하는 독립운동조차 원치 아니하는 강렬한 절개 의식이 있었던 것이 둘째 원인이다. …… 지금까지 해 온 정치적 운동은 모두 일본을 적대시하는 운동뿐이었다. 이런 종류의 정치 운동은 해외에서나 할 수 있는 일이고, **조선 내에서는 허용되는 범위 내에서 일대 정치적 결사를 조직해야 한다는 것이 우리의 주장이다.**

– 「동아일보」, 1924년

2. 민족주의 세력과 사회주의 세력의 연대 형성

(1) **국내의 사회주의 세력[1]**: 사회주의가 유입되어 조선 청년 총동맹, 조선 공산당 등 많은 단체가 조직되었다. 그러나 치안 유지법의 시행으로 활동에 어려움을 겪으면서 민족주의 세력과 연합할 필요성이 대두되었다.

(2) **국내의 민족주의 세력**: 안재홍·백남운 등 비타협적 민족주의자들은 자치 운동을 비판하면서 사회주의 세력과 연대하여 민족 운동을 강화하고자 하였다.

(3) **민족 협동 전선의 형성**: 1926년 6·10 만세 운동을 계기로 사회주의 세력과 민족주의 세력이 협력할 수 있는 공감대가 형성되었다.

(4) **정우회 선언(1926. 11.)**: 사회주의 계열의 단체인 정우회는 정우회 선언[2]을 발표하여 비타협적인 민족주의 세력과의 협력을 강조하였다. 이는 신간회 창립의 기폭제 역할을 하였다.

2017. 국가직 9급(하), 2012. 국가직 7급, 2008. 지방직 7급

정우회 선언

우리가 승리를 향해 나아가기 위해서는 현실적으로 가능한 모든 조건을 충분히 이용하지 않으면 안 될 것이며, …… 아니 그것보다도 먼저 우리 운동 자체가 벌써 종래에 국한되어 있던 경제적 투쟁의 형태에서 보다 더 계급적, 대중적, 의식적 정치 형태로 비약하지 아니하면 아니 될 전환기에 달할 것이다. 따라서 **민족주의적 세력**에 대하여는 그 부르주아 민주주의적 성질을 명백하게 인식하는 동시에 또 **과정적, 동맹자적 성질도 충분히 승인**하여, **그것이 타락하는 형태로 출현되지 아니하는 것에 한하여는 적극적으로 제휴**하여, 대중의 개량적 이익을 위하여서도 종래의 소극적 태도를 버리고 분연히 싸워야 할 것이다.

– 「조선일보」, 1926년 11월 17일

3. 신간회(1927~1931)[3] ⭐⭐

(1) **결성**: 자치 운동을 비판하던 이상재, 안재홍 등 비타협적 민족주의 세력은 사회주의 세력과 연대하여 서울에서 신간회를 결성하였다. 창립 대회에서 회장은 이상재, 부회장은 홍명희가 선출되었다.

(2) **조직[4]**: 전국 각지에 조직을 확산시켜 140여 개의 지회를 두었고, 만주와 일본에도 지회를 조직하였다. 4만의 회원을 확보하여 **일제 치하 최대 규모의 합법적 민족 운동 단체**로 성장하였다.

(3) **강령**: 민족의 단결과 정치적 각성을 촉구하고 기회주의자를 배격하는 것을 내세웠다.

(4) **활동**: 신간회는 전국 각지를 돌며 **민중을 계몽**하고, **민족 의식을 고취**시켰다. 또한, 한국인 본위의 교육 시행, 착취 기관 철폐 등을 주장하면서 일제의 식민 통치 정책을 비판하였다.

---

❶ 사회주의 세력

국내 사회주의자들은 일제로부터 독립과, 자본주의 체제를 부정하고 노동자와 농민이 중심이 되는 사회를 만들려고 하였다.

❷ 정우회 선언

정우회는 합법적 운동 공간을 확보하기 위해 비타협적 민족주의 세력과 적극 제휴하겠다는 정우회 선언을 발표하였다. 이는 국내외의 민족 유일당 운동에 영향을 받은 것으로, 이후 신간회 창립의 계기가 되었다.

❸ 신간회(新幹會)

신간회의 명칭은 '신간출고목(新幹出苦木: 고목에서 새 가지가 솟는다)'이라는 말에서 그 명칭을 정하였다.

❹ 신간회의 조직

신간회는 단체 가입을 허용하지 않는 개인 본위의 조직이었다.

심화사료 百出

신간회 강령

- 우리는 **정치적, 경제적 각성**을 촉구한다.
- 우리는 **단결을 공고히** 한다.
- 우리는 **기회주의를 일체 부인**한다.

① 광주 학생 항일 운동 후원: 1929년에 광주 학생 항일 운동이 발생하자 신간회는 **조사단을 파견**하고 민중 대회를 계획하였다. 그러나 민중 대회는 **사전에 발각**되었고 이 사건으로 지도부가 교체(허헌[5] ⇒ 김병로)되었다.

② 원산 노동자 총파업 지원: 원산 노동자 총파업(1929)이 장기화되자 신간회는 격문을 발송하여 이 운동을 지지하였다.

③ 갑산 화전민 추방에 대한 항의 운동(1929): 함경남도 갑산 지역의 화전민들이 일제의 추방 정책에 저항하자, 신간회는 진상 보고 대회를 개최하여 총독부에 항의하였다.

(5) 해체(1931): 일제의 탄압과 내부 갈등, 코민테른의 노선 변경 등에 영향을 받았다.

① 내부 갈등: 김병로 등 새로운 지도부는 **합법적인 범위 내에서 활동**할 것을 추구하면서 자치 운동 세력과도 손을 잡았다. 지방 지회의 사회주의 세력이 온건 노선에 반발하면서, **중앙 본부와 지방 지회 사이에 갈등**이 커졌다.

② 코민테른의 노선 변경: 1928년 코민테른은 노동 계급의 투쟁 강화와 민족주의자와의 분리 투쟁을 권고하였다. 이러한 노선 변화는 **사회주의자들이 신간회의 해소를 주장**하는 근거가 되었다.

③ 해소[6] 과정: 1930년 사회주의자들이 해소론을 제기하자, **비타협적 민족주의 세력은 해소 반대**를 주장하며 격렬한 논쟁이 전개되었으나, 결국 1931년 전체 대회에서 신간회 해소안이 가결되었다.

④ 신간회 해소 이후: 사회주의자들은 혁명적 노동·농민 조합 운동에 주력하였고, 비타협적 민족주의 세력은 조선학 운동 등을 통해 새로운 활로를 모색하고자 하였다.

심화사료 百出

신간회 해체에 대한 찬·반 대립

사회주의 계열: 신간회 해소 주장

소시민의 개량주의적 정치 집단으로 변질한 현재의 **신간회는 무산 계급의 투쟁력 성장에 장애**가 되고 있다. 노동자 투쟁과 농민 투쟁을 강력하게 펼치기 위해서는 **신간회를 해소**하고 노동자는 노동조합으로, 농민은 농민 조합으로 돌아가야 한다.

— 「삼천리」, 1931년 4월호

민족주의 계열: 신간회 해소론 반대

조선인의 대중적 운동의 목표는 정면의 일정한 세력을 향해 집중되어야 할 것이니, **민족 운동과 계급 운동은 동지적 협동으로 나아가야 할 것이요.** …… **역량을 분산**시키거나 제 살 깎아 먹는 식의 과오를 범하지 않도록 하는데 주력해야 한다.

— 「비판」, 1931년 7월호

4. 근우회(1927~1931)

(1) 설립: 신간회의 창립은 여성 운동에도 영향을 미쳐 **여성 운동의 통합과 단일화**를 촉진하였다. 그리하여 국내의 여성 단체들이 모여 근우회를 조직하였다.

(2) 활동: 근우회는 여성들의 공고한 단결과 지위 향상을 창립 이념으로 삼았다.

(3) 해체: 1931년에 신간회가 해체되면서 자매 단체인 근우회도 해체되었다.

근우(근우회 기관지)

04 의열단 ★★

1. 조직

(1) **결성**: 1919년 11월 만주 길림성에서 김원봉, 윤세주 등 신흥 무관 학교 출신의 청년들이 의열단을
조직하였다.

(2) **목적**: 일제를 타도하기 위해 일제 요인 암살과 식민 통치 기관 파괴에 주력하였다. 이를 위해 '공약 10조[1]
를 정하고, 파괴 대상으로 오파괴[2] ·암살 대상으로 칠가살[3]을 채택하여 활동 지침으로 삼았다.

(3) **조선 혁명 선언(1923)[4]**: 신채호는 김원봉의 요청으로 '조선 혁명 선언'을 작성하여 의열단의 투쟁 노
선과 행동 강령을 제시하였다. 외교론·자치론·준비론·문화 운동론의 한계를 비판하면서 민중의 직
접 혁명을 통한 독립의 쟁취를 주장하였다.

---

❶ 공약 10조

1조 정의로운 일을 실행함.
9조 10이 9를 위해, 9가 1을 위해 헌신함.
10조 단의에 배반하는 자는 처살함.

❷ 오파괴(五破壞)

조선 총독부, 동양 척식 회사, 매일
신보사, 각 경찰서, 기타 일제의 주요
기관을 일컫는다.

❸ 칠가살(七可殺)

조선 총독과 고관, 일본 군부 수뇌, 대
만 총독, 매국노, 친일파 거두, 밀정,
반민족적 악덕 지방 유지를 말한다.

❹ 조선 혁명 선언의 작성 배경

황포탄 의거 당시, 권총 오발로 미국
인 여성 여행객이 사망하면서 상하
이에서 의열단에 대한 여론이 나빠
졌다. 이에 지도부는 신채호에게 의
뢰하여 조선 혁명 선언을 작성하게
하여 투쟁 노선의 정당성을 밝혔다.

✎ 조선 혁명 선언(1923)의 요지

첫째, 일본을 강도로 규정하고 이를
타도하기 위한 혁명이 정당한 수단임
을 천명하였다.
둘째, 자치론, 내정 독립론, 참정권론
및 문화 운동을 일제와 타협하려는
'적'으로 규정하였다.
셋째, 임시 정부의 외교론, 독립 전쟁
준비론 등을 비판하였다.
넷째, 민중의 직접 혁명을 강조하였다.
다섯째, 다섯 가지 파괴와 다섯 가지
건설 목표를 제시하였다.

2. **주요 활동**: 1920년대 국내와 상하이를 중심으로 활발한 의거 활동을 전개하였다.

박재혁(1920)	부산 경찰서에 폭탄 투척
최수봉(1920)	밀양 경찰서에 폭탄 투척
김익상(1921)	• 조선 총독부에 폭탄 투척(1921) • 상하이에서 일본 육군 대장 다나카 저격(1922)❺
김상옥(1923)	종로 경찰서에 폭탄 투척
김지섭(1924)	일본 도쿄 궁성 앞 이중교(다리)에 폭탄 투척
나석주❻(1926)	동양 척식 주식회사와 철도 회사 및 식산 은행에 폭탄 투척

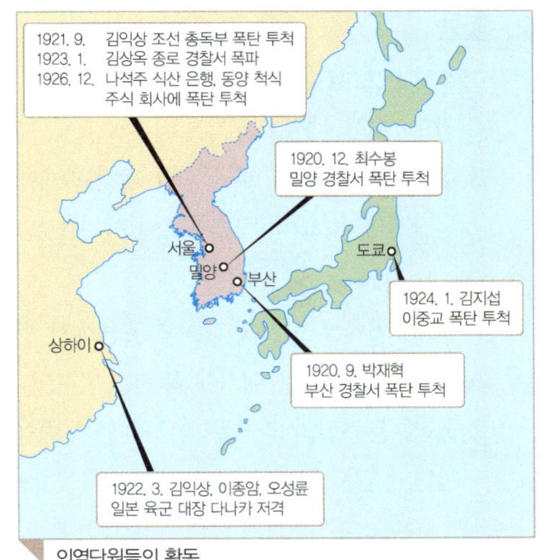

▲ 의열단원들의 활동

3. 활동의 변화

의열단은 1920년대 중·후반에 들어와 조직적인 무장 투쟁 노선으로 전환을 모색하였다.

(1) **지도자 양성**: 김원봉 등 일부 단원들은 **황포 군관 학교에 입학**(1926)하여 군사 훈련을 받았다. 이후 의열단은 난징에 조선 혁명 간부 학교를 세웠다(1932).

(2) **민족 혁명당 결성(1935)**: 의열단을 중심으로 민족 연합 전선 형성에 나서 민족 혁명당을 결성하였다. 민족 독립운동의 단일 정당을 목표로, 중국 관내의 민족주의계와 사회주의계가 참여❼하였다.

(3) **조선 의용대 조직(1938)**: 중국 관내(한커우)에서 조직된 **최초의 한인 무장 부대**이다. 주로 일본군에 대한 심리전이나 후방 공작 활동을 전개하였다.

解法 도움닫기 김원봉(1898~1958): 제국주의 일본에게 공포의 대명사(일제 강점기 현상 금액 최고)

1919년	• 신흥 무관 학교에 입학 • 만주 길림에서 의열단 조직	1937년	조선 민족 전선 연맹 결성
		1938년	조선 의용대 조직
1923년	신채호에게 의열단 선언서 의뢰 ⇨ '조선 혁명 선언' 발표	1942년	한국 광복군 부사령관 임명
		1944년	임시 정부 국무 의원 및 군무부장 역임
1932년	조선 혁명 간부 학교 설립	1948년	남북 협상 때 월북
1935년	민족 혁명당 조직	1958년	연안파 제거 작업 때 숙청됨.

▲ 김원봉

05 한인 애국단 ⭐

1. 배경

1920년대 중반 이후 임시 정부의 활동은 크게 위축되었다. 여기에 만보산 사건❽과 만주 사변이 일어나면서 중국에서 독립운동 활동이 더욱 힘들어졌다. 이에 김구는 **상하이에서 1931년 한인 애국단을 결성**하여 의열 활동을 통해 임시 정부의 침체를 극복하고자 하였다.

---

❺ 황포탄 의거

1922년 3월 오성륜, 김익상, 이종암이 상해 황포탄에서 일본 육군 대장 다나카 기이치를 저격했으나 실패하였다.

❻ 나석주 의거

임시 정부의 김구 등은 국내에 의열 활동을 할 계획을 세우고 나석주 등을 추천하였다. 나석주는 거사 목표로 동양 척식 주식회사와 조선 식산 은행을 제안하였다. 계획을 의논하던 중 나석주는 의열단에 가입하였고 이후 거사를 실행하였다. 따라서 나석주 의거는 임시 정부와 의열단의 연합 작전이라 할 수 있다.

▲ 나석주 의거를 다룬 「동아일보」 기사

❼ 민족 혁명당에 참여한 단체

의열단, 지청천의 조선 혁명당, 조소앙의 한국 독립당, 신한 독립당, 대한 독립당 등이 참여하였다.

❽ 만보산 사건

길림성 만보산 지역에서 일어난 한·중 농민 간에 수로(水路)를 둘러싸고 일어난 유혈 충돌 사건이다. 이 사건을 계기로 한·중 사이의 민족 감정이 더욱 악화되었다.

이봉창

윤봉길

2. 활동

(1) 이봉창 의거(1932)

① 전개: 1932년 1월 **이봉창**은 일본 도쿄에서 **일왕이 탄 마차 행렬**에 폭탄을 던졌으나 의거는 **실패**하였다.

② 결과: 만주 사변으로 일제와 적대 관계에 있던 중국은 한국인에 대하여 호의적인 태도를 보이기 시작하였다. 그러나 일제는 이 사건을 빌미로 **상하이 사변**❶을 일으켰다.

(2) 윤봉길 의거(1932)

① 전개: 일제는 **상하이 훙커우 공원**에서 일왕의 생일과 상하이 사변의 승리를 축하하는 기념식을 열었다. 윤봉길은 여기에 폭탄을 던져 **일본군 장성과 고위 관리들을 처단**하였다.

② 결과: 윤봉길의 의거는 국내외에 큰 반응을 불러일으켰다. 장제스❷가 이끄는 국민당 정부가 대한민국 임시 정부에 대한 지원을 강화하는 계기가 되었다.

심화사료 百出

2014. 경찰간부, 2012. 법원직 9급, 2006. 국가직 7급

한인 애국단 선서문

나는 적성(赤誠)으로서 조국의 독립과 자유를 회복하기 위하여 **한인 애국단**의 일원이 되어 중국을 침략하는 적의 장교를 도륙(屠戮)하기로 맹세하나이다.

이봉창의 의거

아침 일찍 프랑스 공무국에서 비밀리에 통지가 왔다. 과거 10년간 프랑스 관헌이 나(김구)를 보호하였으나, 이번에 **나의 부하가 일왕에게 폭탄을 던진 것**에 대해서는 일본의 체포 및 인도 요구를 거절할 수 없다는 것이다. 중국 국민당 기관지 「**국민일보**」는 "**한국인이 일왕을 저격했으나 불행히도 맞지 않았다.**"고 썼다.

– 「백범일지」

---

06 기타 의거 활동

1919년 러시아에서 조직된 **대한 노인단**의 65세 **강우규**는 남대문 정거장에서 조선 총독으로 새로 부임하는 사이토에게 폭탄을 투척하였다. 이외에도 상하이에서 일본 공사를 사살하려 했던 흑색 공포단의 **백정기**❸, 일본 왕족의 암살을 시도한 박열, 타이완에서 일본 왕족을 칼로 찌른 조명하 등이 있다.

대표 기출문제

다음 글은 (가)의 부탁을 받고 (나)가 지은 것이다. (가)와 (나)에 대한 설명으로 옳은 것은? 2022. 지방직 9급

우리는 '외교', '준비' 등의 미련한 꿈을 버리고 민중 직접 혁명의 수단을 취함을 선언하노라. 조선 민족의 생존을 유지하자면 강도 일본을 쫓아내야 하고, 강도 일본을 쫓아내려면 오직 혁명으로써만 가능하니, 혁명이 아니고는 강도 일본을 쫓아낼 방법이 없는 바이다.

① (가)는 조선 의용대를 결성하였고, (나)는 '국혼'을 강조하였다.

② (가)는 신흥 무관 학교를 세웠고, (나)는 형평사를 창립하였다.

③ (가)는 조선 건국 동맹을 조직하였고, (나)는 식민 사학의 한국사 정체성론을 반박하였다.

④ (가)는 황포 군관 학교에서 훈련받았고, (나)는 민족주의 역사 서술의 기본 틀을 제시하였다.

02 강 무장 독립 전쟁의 전개

解/法 기출분석

구분		2008~2018	2019	2020	2021	2022	2023	2024	2025
9급	국가직	• 무장 독립 전쟁(2) • 한국 광복군 • 해외 이주	한국 독립군	무장 독립 전쟁			무장 독립 전쟁(1910')	무장 독립 전쟁(1930')	무장 독립 전쟁(연해주)
	지방직	• 무장 독립 전쟁(3) • 한국 독립군 • 한국 광복군 • 화북 조선 독립 동맹 • 김구 • 조소앙	임시 정부 (1940')	이회영					• 한국 광복군 • 김구
	법원직	• 무장 독립 전쟁(8) • 김원봉 • 의열단 • 한인 애국단 • 조선 혁명군 • 조선 의용대 • 한국 광복군 • 이상설	무장 독립 전쟁	무장 독립 전쟁	무장 독립 전쟁(2)			임시 정부 (1940')	한국 독립군

解法 요람

1910년대 국외 독립운동 기지 건설

지역	기지	단체
남만주	삼원보	경학사 ⇨ 부민단 ⇨ 한족회 ⇨ 서로 군정서, 신흥 무관 학교(신흥 강습소)
북간도	용 정 연 길 왕 청	• 서전서숙(이상설) • 간민회 ⇨ 대한 국민회 ⇨ 국민회군 • 중광단(대종교) ⇨ 북로 군정서(대한 군정서)
연해주	신한촌 (블라디보스톡)	• 해조신문(1908), 13도 의군(1910, 유인석) • 권업회(1911, 이상설), 권업신문 • 대한 광복군 정부(1914): 최초의 국외 정부, (정) 이상설, (부) 이동휘 • 대한 국민 의회(1919): 임시 정부, (정) 손병희
북만주	밀산부	한흥동(이상설), 집단 한인촌
중국	상하이	• 동제사(1912): 신규식 · 박은식, 한인 규합 • 신한 청년당(1919): 여운형, 파리 강화 회의에 김규식 파견
미국 (미주)		• 대한인 국민회(1910): 미주 일대 한인 통합 단체 • 대조선 국민군단(1914): 박용만이 하와이에서 조직하여 군사 훈련 • 흥사단(1913): 안창호가 샌프란시스코에서 조직

무장 독립 전쟁 전개 과정

1920년대

1. 독립군의 편성   (⇐ 3·1 운동)

2. 독립군의 활약

봉오동 전투(1920. 6.): 대한 독립군(홍범도) 外

청산리 전투(1920. 10.): 북로 군정서(김좌진) 外 6일간의 혈전, 독립군 항전 사상 최대 승리

3. 독립군의 시련

간도 참변(1920. 10.∼1921. 4.) ⇨ 밀산부 한흥동 ⇨ 대한 독립군단(서일) ⇨ 소련

자유시 참변(1921): 소련 적색군의 배신

4. 독립군의 재편성

3부의 성립: 민정 + 군정 – ㉠의부(임정 직할 부대), ㉡의부, ㉢민부

5. 미쓰야 협정   (1925) 만주 독립군 큰 시련

6. 독립군의 통합   3부 통합 운동 ⇨ 한국 독립 유일당 북경 촉성회(1926, 민족 유일당)

북만주 – 혁신 의회(1928) ⇨ 한국 독립당(한국 독립군, 지청천)

남만주 – 국민부(1929) ⇨ 조선 혁명당(조선 혁명군, 양세봉)

1930년대

한·중 연합 작전

7. 만주 – 한·중 연합

한국 독립군(지청천) + 중국 호로군 ⇨ 쌍성보, 대전자령, 사도하자 전투 外

조선 혁명군(양세봉) + 중국 의용군 ⇨ 영릉가, 흥경성 전투

8. 중국 – 한·중 연합

민족 혁명당   조선 의용대(김원봉)

조선 의용대(김원봉) VS 조선 의용대(화북 지방) ⇨ 조선 의용군(김두봉)

충칭 정부   한국 광복군(지청천)

대일 선전 포고(1941), 인도·미얀마 전선 파견(+ 영국), 국내 진입 작전 준비(+ 미국)

01 1910년대 국외 독립운동 기지 건설 ⭐

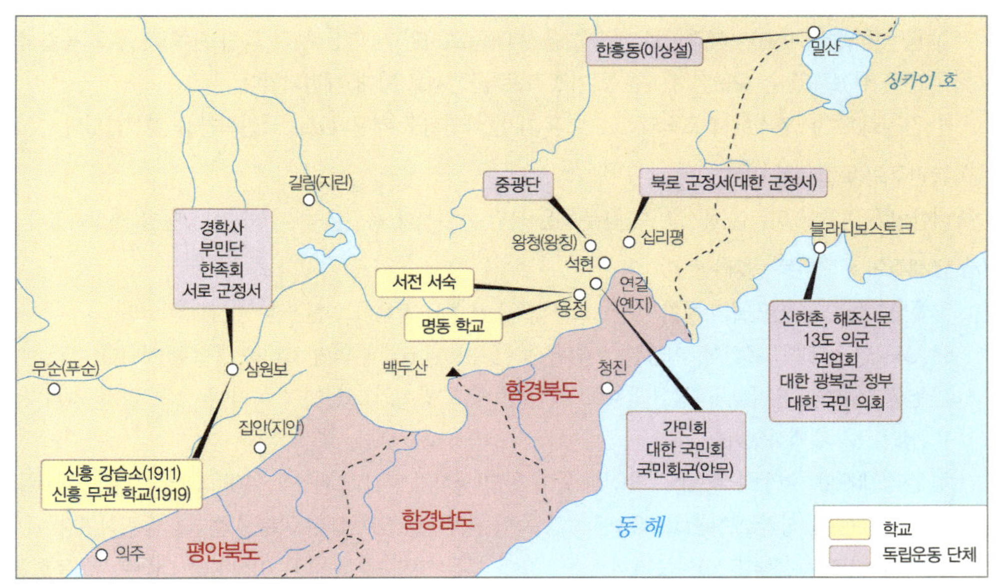

1. 독립운동 기지 건설

민족 지도자들은 우리 동포가 많이 살고 있는 만주와 연해주로 이주하고 장기적인 독립운동의 기반을 마련하기 위해 독립운동 기지 건설을 추진하였다.

2. 지역별 독립운동

(1) 남만주(서간도)–삼원보❶ 지역의 독립운동 단체

① 경학사(1911): 이회영 등 **신민회**를 중심으로 남만주에 설립한 최초의 자치 단체이다. 이후 **신흥 강습소**를 세워 독립군 양성에 주력하였다.

② 부민단(1912): **경학사를 계승**한 단체로, 백서 농장을 세워 훈련과 농사를 병행하였다.

③ 한족회(1919): 3·1 운동 직후 부민단은 한족회로 확대·개편되었다. 한족회는 군사 기관인 **서로 군정서**(1919)를 설립하고, 지청천을 사령관에 임명하였다.

④ 신흥 강습소(신흥 무관 학교): 1911년 신흥 강습소❷가 설립되어 군사 교육을 실시하였다. 1919년 신흥 무관 학교로 개편되었고, 지청천·이범석 등이 교관이 되어 많은 독립군을 양성하였다.

解法 도움닫기 　 이회영과 형제들의 삶(한국의 노블레스 오블리주)

이회영 집안은 백사 이항복의 후손으로 9대가 정승, 판서를 지낸 명문가였다. 국권이 피탈되자 우당 이회영을 비롯해 형 건영, 석영, 철영과 아우 시영, 호영 등 6형제는 전 재산(오늘날 수백억)을 처분하고 함께 만주로 망명하였다. 이들은 만주에 경학사와 신흥 강습소(신흥 무관 학교) 등을 세웠다. 특히 이회영은 신민회의 중심 인물로 활동했으며, 상하이 임시 정부에도 참여하였다. 그의 거처에는 독립운동을 위해 중국으로 망명한 젊은이들로 붐볐으며, "우당 집에서 밥을 얻어먹지 않는 사람은 독립운동가가 아니다."라고 할 정도였다.

❶ 삼원보

이회영, 이동녕, 이상룡 등의 신민회 인사들이 남만주에 만든 독립운동 기지이다. 한인의 이주와 정착, 항일 의식 고취 등을 위해 노력하였다.

❷ 신흥 강습소

신흥 강습소에서 신흥 중학교로 개편되었다. 3·1 운동 이후 신흥 무관 학교로 이름을 바꾸고 1920년 8월에 폐교될 때까지 약 3천 명의 독립군을 양성하였다.

이상설

(2) 북간도❶ 지역의 독립운동 단체

① 서전서숙(1906)❷ : 이상설·이동녕이 용정에 설립한 **최초의 국외 학교**로, 민족 교육을 실시하였다.

② 명동 학교(1908): 김약연이 명동촌에 설립한 학교이다. 윤동주, 나운규 등이 여기서 공부했다.

③ 중광단(1911): 1911년 북간도로 거점을 옮긴 대종교(서일)가 만든 무장 독립 단체로, 무오 독립 선언을 발표하였다. 1919년 3·1 운동 이후 **북로 군정서**로 확대·개편되었다.

④ 간민회(1913): 연길에서 조직되었다. 이후 대한 국민회로 개편되었고 국민회군을 편성하였다.

(3) 북만주의 독립운동 단체

대한인 국민회와 **이상설** 등 신민회 간부들은 북만주 밀산에 독립운동 기지인 한흥동을 건설하였다.

(4) 연해주의 독립운동 단체

① 한민회(1905): 한인들의 자치 기관으로, 『해조신문』❸을 발행하고 신한촌❹을 건설하였다.

② 13도 의군(1910): 유인석, 이상설, 이범윤 등이 1910년 6월에 의병 조직을 통합한 것이다.

③ 성명회(1910): 유인석, 이상설 등이 조직한 단체로 "광복의 그날까지 피의 투쟁을 결행하겠다."는 선언문을 채택하였다.

④ 권업회(1911): 이상설, 홍범도, 유인석 등이 한인 사회의 단결과 권익을 위해 조직한 자치 단체이다. 『권업신문』을 창간(1912)했고, 1914년 무장 독립 단체들을 모아 **대한 광복군 정부**를 수립하였다.

⑤ 대한 광복군 정부(1914): 블라디보스토크에 세운 망명 정부이다. **이상설**을 대통령, **이동휘**를 부통령으로 선출하였다. 그러나 모체인 권업회가 해산당하자 크게 타격을 받고 해체되었다.❺

⑥ 한인 사회당(1918): **이동휘**를 중심으로 조직된 최초의 국외 사회주의 정당이다.

⑦ 대한 국민 의회(1919): 전러 한족 중앙 총회(1917)❻가 정부 형태로 개편된 것으로 **손병희를 대통**령으로 하였다. 1919년 8월 **상하이 임시 정부에 합병**을 결정하고 해산하였다.

解法 **도움닫기** 이상설(1870~1917)

1905년	을사늑약 체결 무효 상소	1910년	13도 의군 편성, 성명회 조직, 러시아에 망명 정부 수립 시도
1906년	서전서숙 설립		
1907년	헤이그 만국 평화 회의 참석	1911년	권업회 조직, 『권업신문』 발행(1912)
1909년	독립운동 기지인 한흥동을 밀산부에 건설	1914년	대한 광복군 정부 수립(정통령 선임)
		1915년	북경에서 신한 혁명당 조직

(5) 중국(본토)의 독립운동 단체

① 동제사(1912): 상하이에 모인 민족 운동가들(신규식, 박은식, 조소앙 등)이 조직하였다.

② 신한 청년당(단)(1918): 상하이에서 **여운형**을 중심으로 조직되었다. 파리 강화 회의에 **김규식**을 대표로 파견했으며, 임시 정부 수립을 주도하였다.

(6) 미주의 독립운동 단체❼

① 국권 피탈 이전: 1900년대 초반, 하와이 이주를 계기로 한인 동포 사회가 형성되었다.

② 대한인 국민회(1910): 1908년 **장인환·전명운 의거**를 계기로 미주의 한인 단체들이 통합되어 1910년 **박용만·이승만**을 중심으로 대한인 국민회를 조직하였다.

③ 흥사단(1913)[8]: 샌프란시스코에서 안창호가 조직하였다. 교육, 문화 활동에 주력하였다.

④ 대조선 국민군단(1914): 박용만[9]이 하와이에서 조직한 단체이다. 독립군 양성을 위해 군사 훈련을 실시하였다.

⑤ 구미 위원부(1919): 이승만이 워싱턴에 설치한 임시 정부의 외교 사무소이다.

(7) 일본에서의 독립운동

조선 청년 독립단은 최팔용 등 일본 유학생들이 조직한 단체로, 2·8 독립 선언을 발표하였다.

교포들의 계몽에 힘을 쓴 민족 운동 단체로, 광복 후 서울로 본부를 옮겼다.

독립을 위해 군대를 길러 일본 본토를 공격하자고 주장하였다.

02 1920년대 무장 독립 전쟁 ★

1. 독립군의 형성과 활동

(1) 국내 무장 항일 투쟁

3·1 운동 이후 국내에서 천마산대(1919)[10], 구월산대(1920) 등 독립군 부대가 결성되었다. 이들은 만주의 독립군 부대들과 긴밀히 연락하면서 일제의 통치 기관 파괴·군자금 모금 등의 활동을 하였다.

(2) 남만주(서간도) 일대

① 서로 군정서(1919): 한족회 산하의 군정부가 서로 군정서로 개편되었다.

② 임시 정부: 임시 정부는 남만주에 광복군 사령부, 광복군 총영 등을 두고 무장 투쟁을 지원하였다.

(3) 북간도 일대

① 국민회군(1920): 안무를 중심으로 하여 대한 국민회(간도 국민회)의 직할 부대로 창설되었다.

② 대한 독립군(1919): 홍범도가 창설한 항일 독립군 부대로, 활발한 국내 진공 작전을 펼쳤다.

③ 북로 군정서(대한 군정서, 1919): 김좌진을 군사령관으로 삼았으며, 독립군 양성에 힘을 쏟았다.

⑩ 천마산대

천마산대는 유격전을 전개하여 일본군을 상대로 상당한 전과를 거두었다. 이후, 천마산대는 만주로 이동하여 대한 통의부에 편입되었다.

2. 봉오동 전투(1920. 6.)

(1) 배경

1920년 수많은 독립군 부대가 활동하였다. 일부는 압록강·두만강을 건너와 일본군을 공격하였다.

(2) 전개 및 결과

국내 진입 작전[11]에 시달리던 일본군은 두만강을 건너 독립군을 공격하였다. 홍범도의 대한 독립군, 안무의 국민회군 등 연합 부대는 일본군을 봉오동으로 유인·기습하여 크게 승리하였다.

홍범도

⑪ 국내 진입 작전

홍범도와 최진동의 독립군 부대들은 국경 일대를 넘나들며 일본군을 공격하고 식민 통치 기관을 파괴하였다.

2019. 경찰 2차

봉오동 전투

6월 7일 상오 7시 북간도에 주둔한 아군 7백은 **북로 사령부 소재지인 왕청현 봉오동**을 향하여 행군하다가 뜻하지 않게 같은 곳을 향하는 적군 3백을 발견하였다. 아군을 지휘하던 **홍범도, 최진동** 두 장군은 즉시 적을 공격하였다. 급사격으로 적 1백 20명의 사상자를 내게 하고 도주하는 적을 즉시 추격하여 현재 전투 중에 있다.

－「독립신문」 1920년 6월 12일

봉오동 일대

김좌진

✎ 청산리 대첩 일정

전투명	전투일
백운평 전투	10월 21일
완루구 전투	10월 21~22일
천수평 전투	10월 22일
어랑촌 전투	10월 22일
고동하 전투	10월 26일

3. 청산리 대첩(1920. 10.)

(1) 배경

일본은 봉오동 전투 패배 이후 **만주에 대규모 병력을 투입**하기 위해 훈춘 사건을 조작하였다. 이는 일제가 만주의 마적들을 매수하여 길림 훈춘에 있는 일본 영사관과 일본 경찰을 공격한 사건이다. 일제는 이를 독립군의 소행이라 주장하면서 약 2만 명의 병력을 동원하여 독립군을 공격하였다.

(2) 전개 과정

청산리 일대에서 일본군과 독립군 간의 전투가 벌어졌다. 10월 21일 김좌진의 북로 군정서군이 주도한 백운평 전투를 시작으로, **천수평과 어랑촌 전투**에서 독립군이 승리하였다. 홍범도의 대한 독립군, 군무 도독부군, 국민회군 등 독립군 연합 부대도 완루구에서 대승을 거두었다.

(3) 결과

백운평 전투를 시작으로 **고동하 전투**까지 6일간 10여 회의 전투를 벌였다. 1,200~1,500명의 일본군을 사살하여 **독립군 항전 사상 최대의 전과**를 거두었다.

4. 독립군의 시련

(1) 간도 참변(경신 참변, 1920)

봉오동·청산리에서 대패한 일본군은 **독립군의 근거지를 없앤다는 명분**으로 간도의 한인 마을을 습격하였다. 남녀노소를 가리지 않고 우리 동포들을 무차별 살해했으며, 학교·교회·집 등을 불태웠다.

고등사료 百出 · 2007. 법원직 9급

간도 참변의 실상

용정촌에서 40리가량 떨어져 있는 한 마을은 왜군이 야간에 습격하여 청년을 모조리 죽였으니 밤마다 죽는 사람이 2, 3명씩 되었다. 이는 **1920년 10월의 일이다.** 당시의 참사를 현지에 있던 미국인 선교사 마틴은 다음과 같이 기록하고 있다.

"10월 31일, 연기가 자욱하게 낀 찬랍파워(瓚拉巴威) 마을에 가 보았다. 사흘 전 새벽에 무장한 일개 대대가 이 기독교 마을을 포위하고 남자라면 늙은이, 어린이를 막론하고 끌어내어 때려죽이고 때려죽이지 않으면 불타고 있는 집과 짚더미에 던져 타 죽게 하였다. ……"

— 조지훈, 「한국 민족 운동사」

(2) 독립군의 이동❶

일본의 공세를 피해 **밀산부에 집결**한 독립군 부대들은 병력을 통합하여 **서일을 총재**로 하는 **대한 독립군단**을 조직하였다. 그리고 러시아 영토인 **자유시(알렉세예프스크)**로 이동하였다.

(3) 자유시 참변❷

독립군의 통합 과정에서 **지휘권을 둘러싼 분쟁**이 발생했으며, 소련 공산당(적색군)의 배신으로 무장 해제를 당하였다. 수백 명의 독립군이 희생되었고, 일부는 다시 만주로 돌아왔다.

5. 3부의 성립

(1) 독립군 재정비

간도 참변과 자유시 참변으로 흩어졌던 독립군은 지속적인 항일 투쟁을 위해 부대를 재정비하였다. 남만주에서는 서로 군정서·대한 독립단 등이 통합하여 1922년 대한 통의부❸가 조직되었다.

(2) 3부(참의부·정의부·신민부)의 성립

독립군의 재정비에 따라 만주에서는 참의부·정의부·신민부가 성립되었다. 이들 3부❹는 통치 기구와 군사 조직을 갖춘 자치 정부였다.

① 육군 주만 참의부(1923): 임시 정부의 직할 부대로, 압록강 건너 집안을 중심으로 활동하였다.

② 정의부(1924): 지청천을 중심으로 남만주에서 조직되었다.

③ 신민부(1925): 자유시 참변 이후 돌아온 김좌진 등을 주축으로 북만주를 근거지로 활동하였다.

(3) 미쓰야 협정❺

1925년 만주의 군벌 장쭤린(장작림)과 총독부의 경무국장 미쓰야 사이에서 미쓰야 협정이 체결되었다. 이로 인해 만주의 독립군은 큰 타격을 받게 되었다.

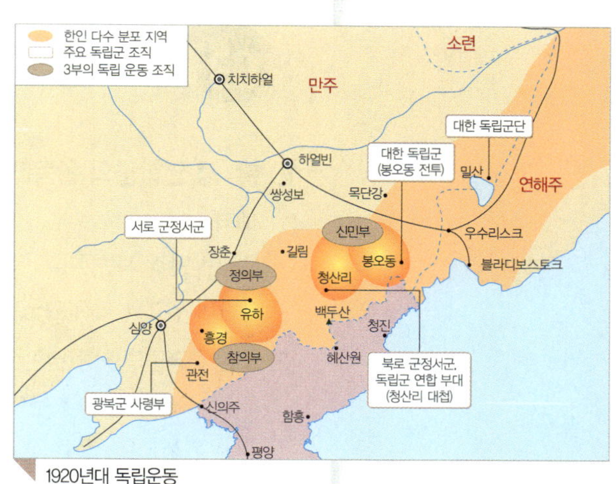

2012. 경북 교행

미쓰야 협정(재만 한인 단속 방법에 관한 협약, 1925)

제2조　중국 관헌은 각 현에 통고하여 **재류 조선인이 무기를 휴대하고 조선에 침입하는 것을 엄금한다.** 이를 어긴 자는 체포하여 일본 관헌에게 인도한다.

제3조　불령선인 단체는 해산하고 소지한 무기는 몰수하고 무장을 해제한다.

제4조　**일본 관헌에서 지명한 불령단 수령은 중국 관헌에서 신속히 체포하여 인도한다.**

6. 3부 통합 운동

안창호의 요청으로 1926년 북경에서 한국 독립 유일당 북경 촉성회가 개최되어 민족 유일당 운동이 더욱 촉진되었다. 이에 만주의 3부 단체들은 통합 운동을 전개하였다. 그런데, 통합 방법을 둘러싸고 대립(개인 VS 단체)함에 따라 북만주의 혁신 의회와 남만주의 국민부로 재편되었다.

(1) 혁신 의회(1928)

주로 북만주 일대에서 활동하였는데 1930년 한국 독립당으로 개편되었고, 산하에 한국 독립군을 두었다.

(2) 국민부(1929)

주로 남만주 지역에서 활동하였다. 국민부는 조선 혁명당을 조직하였고, 산하 군대로 조선 혁명군을 편성하였다.

❸ **대한 통의부의 분열**

1923년 공화주의와 복벽주의 간의 갈등으로 대한 통의부 세력은 분열되었다.

❹ **3부의 운영**

민정 조직과 독립군의 훈련을 담당하는 군정 조직을 갖추었다. 행정·입법·사법부를 구성하고, 동포들에게 세금을 거두어 정부를 운영하였다.

❺ **미쓰야 협정(三矢協定, 1925)**

중국 관리가 만주에서 활동하는 한국인 독립운동가를 체포할 경우, 반드시 일본에 넘기기로 하였다. 일본은 이에 대한 보상금도 지급할 것을 약속하였다.

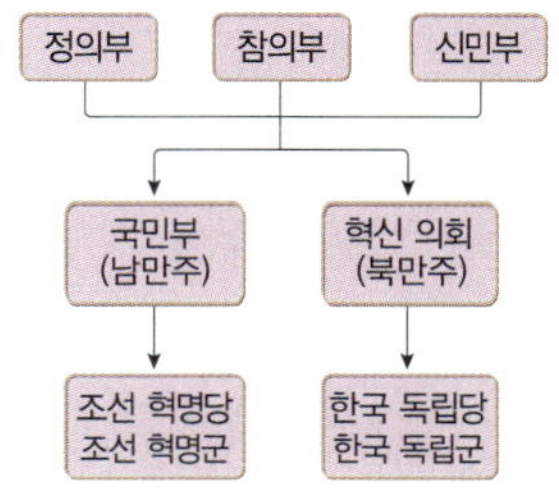
만주의 독립군 통합

1. 한·중 연합군의 활동(만주)

(1) 배경

1931년 만주 사변 이후 독립군은 중국인 부대와 연합하여 일제와 맞서 싸웠다.

(2) 조선 혁명군의 활동(남만주) ⭐

조선 혁명당의 산하 부대로 양세봉이 지휘하였다. 중국 의용군과 연합하여 **영릉가 전투, 흥경성 전투**에서 일본군을 크게 격파하였다.

(3) 한국 독립군의 활동(북만주) ⭐

한국 독립당의 산하 부대로 지청천이 이끌었다. 중국의 호로군과 연합하여 **쌍성보, 대전자령, 사도하자, 동경성 전투**에서 일본군을 크게 격파하였다.

(4) 조선 혁명군·한국 독립군의 약화

① 조선 혁명군: 1934년 양세봉이 살해되고 간부들이 체포당하면서 세력이 크게 약화되었다.

② 한국 독립군: 한국 독립군은 일본군의 공세 속에서 임시 정부의 요청으로 **중국 관내로 이동**하였다.

(5) 항일 유격대의 활동(사회주의 계열)

만주의 사회주의자들은 중국 공산당과 함께 동북 항일 연군을 조직하였다. 동북 항일 연군 안의 한인 유격대[1]는 조국 광복회(1936)를 조직하여 활동하였다. 그러나 1930년대 말 세력이 약화되며 소련으로 이동하였다.

❶ 보천보 전투(1937)

동북 항일 연군 소속의 조선인 유격대 대원들이 압록강을 건너 함경남도 보천보를 습격하였다. 이들은 경찰 주재소와 면사무소 등을 불태우고 철수하였다.

1930년대 무장 독립 전쟁

심화사료 百出

2019. 국가직 9급, 2018. 법원직 9급

한·중 연합군의 결성

[한국 독립군과 중국 호로군의 합의 내용]

• **한·중 양군은 최악의 상황이 오는 경우에도 장기간 항전할 것을 맹세한다.**

• 전시의 후방 전투 훈련은 한국 장교가 맡고 한국군에 필요한 군수품 등은 중국군이 맡는다.

[조선 혁명군과 중국 의용군의 합의 내용]

중국과 한국 양국의 군민은 한뜻으로 일제에 대항하여 싸우고, 인력과 물자는 서로 나누어 쓰며, 합작의 원칙하에 국적에 관계없이 그 능력에 따라 항일 공작을 나누어 맡는다.

사도하자 전투

1933년 3월까지 독립군은 사도하자(四道河子)에 주둔하여 병력을 증강시키면서 훈련에 여념이 없었다. …… 일본군은 독립군을 일거에 섬멸하려고 만주군과 연합하여 공격을 취하였다. …… 적은 약 1개 사단의 병력으로 황가둔(黃家屯)에서 이도하 방면을 거쳐 **사도하자에 진격**하여 왔다. 이것은 적이 아군의 작전에 빠져들어 온 것이었다. 때를 기다리던 아군이 일제히 포문을 열어 급습하니 적군은 미처 응전하지도 못한 채 쓰러져 갔다.

― 독립운동사 편찬위원회, 독립운동사

2. 민족 연합 전선 형성(중국 본토)

(1) 민족 혁명당(1935)

① 조직: 의열단을 중심으로 민족주의계와 사회주의계가 참여한 **중국 관내 최대 규모**[2]의 통일 전선 정당이었다. 그러나 김구 등 임시 정부 세력은 참가하지 않았다.

② 변화: 의열단 계통의 인사들이 민족 혁명당을 주도하자 지청천, 조소앙 등 민족주의 계열의 일부 세력이 탈퇴하였다.

③ 개편: 민족 혁명당은 조선 민족 혁명당으로 개편되었다. 이후 연합 전선을 강화하기 위해 다른 좌익 계열 단체들과 함께 **조선 민족 전선 연맹(1937)**을 결성하였다.

④ 조선 의용대(1938)

㉠ 결성: 조선 민족 전선 연맹은 중국 국민당 정부의 지원을 받아 군사 조직인 조선 의용대를 조직하였다. 이는 **중국 관내(우한)에서 결성된 최초의 한인 군사 조직**이었다.

㉡ 활동: 대일 심리전과 후방 공작 활동을 전개하는 한편, 일본군 포로를 심문하고 일본군 문서를 번역하기도 하였다. 또한 일본군 점령 지역에 파견되어 첩보 활동 등의 활동을 하였다.

㉢ 분열: 조선 의용대의 일부는 화북 지방(연안)으로 이동하여 **조선 의용대 화북 지대**가 되었고 1942년 조선 독립 동맹의 산하 부대인 **조선 의용군**으로 개편되었다. 한편 남아 있던 조선 의용대는 1942년 한국 광복군에 합류하였다.

(2) 한국 국민당[3](1935)

임시 정부를 고수하려는 **김구**는 민족 혁명당에 참가하지 않고, 1935년에 한국 국민당을 창당하였다.

(3) 민족 연합 전선을 위한 노력

민족 혁명당을 이탈한 조소앙의 한국 독립당·지청천의 조선 혁명당은 김구의 한국 국민당과 함께 한국 광복 운동 단체 연합회(1937)를 조직하였다. 한국 광복 운동 단체 연합회와 조선 민족 전선 연맹이 제휴하여 전국 연합 진선 협회(1939)가 조직되었으나 성과 없이 해체되었다.

04 1940년대 무장 독립 전쟁

1. 중·일 전쟁 이후 임시 정부의 활동

(1) 한국 독립당(1940)

김구의 한국 국민당·조소앙의 한국 독립당·지청천의 조선 혁명당 등의 민족주의 정당들은 통합을 결정하고, 1940년 임시 정부의 여당으로서 한국 독립당을 창당하였다.

(2) 헌법 개정

임시 정부는 충칭에 정착하면서 1940년 제4차 개헌을 통해 국무 위원제를 **주석제(주석 김구)**로 바꾸었다. 주석이 행정·군사를 총괄했으며, 행정부의 기능이 강화되었다.

(3) 대한민국 건국 강령 발표(1941): 조소앙의 삼균주의에 바탕을 둔 건국 강령을 발표하였다.

(4) 민족 통일 전선 구축(1942)

1942년 김원봉이 이끄는 조선 민족 혁명당이 임시 정부에 합류하고 조선 의용대 일부가 한국 광복군에 편입되었다. 그 결과 임시 정부는 민족주의 계열과 사회주의 계열을 통합할 수 있었다.

[2] **민족 혁명당에 참여한 여러 단체**
의열단, 지청천의 조선 혁명당, 조소앙의 한국 독립당, 신한 독립당, 대한 독립당 등의 단체들이 참여하였다. 창설 당시 김구 세력은 임시 정부 해체를 전제로 하는 민족 혁명당에 참여하지 않았다.

[3] **한국 국민당**
한국 국민당은 1930년대 중국 관내에서 민족 혁명당과 함께 민족 운동을 이끌어 간 주요 세력이 되었다.

김구

지청천(이청천, 지대형)

한국 광복군 총사령부 성립식

인도·미얀마 전선에 파견된 한국 광복군

대한민국 건국 강령(1941)

우리나라의 건국 정신은 삼균 제도의 역사적 근거를 두었으니 …… 이는 사회 각 계급·계층이 지력과 권력과 부력의 향유를 균평하게 하여 …… 홍익인간과 이화세계(이치로 세상을 다스림)하자는 우리 민족의 지켜야 할 최고의 공리임. …… **삼균 제도를 골자로 한 헌법을 실시**하여 **정치와 경제와 교육의 민주적 시설로 실제상 균형을 도모**하며 전국의 토지와 대생산 기관의 국유가 완성되고 전국 학령 아동의 전체가 고급 교육의 무료 수학이 완성되고 보통 선거 제도가 구속 없이 완전히 실시되어 …… 각층의 극빈 계급의 물질과 정신상 생활 정도와 문화 수준이 제고 보장되는 과정을 건국의 제2기라 함.

解法 **도움닫기**   조소앙❶(1887~1958)의 약력

1917년	대동단결 선언 발표에 참여
1919년	대한민국 임시 정부 국무위원 역임
1930년	상하이에서 이동녕 등과 한국 독립당 결성
1945년	대한민국 임시 정부 외무부장 역임
1950년	제2대 국회 의원 선거 때 최다 득표로 당선

2. 한국 광복군(1940) ⭐⭐

(1) **창설**: 임시 정부는 중국 국민당 정부의 지원을 받아 1940년 충칭에서 지청천(이청천)을 총사령관, 이범석을 참모장으로 하여 한국 광복군을 창설하였다.

(2) **강화**❷: 1942년 김원봉의 조선 의용대를 흡수·통합하여 군사력을 강화하였다.

(3) **연합 작전 수행**

  ① 대일 선전 포고: 1941년 임시 정부는 대일 선전 포고를 발표하고 한국 광복군을 연합군의 일원으로 참전시켰다.

  ② 인도·미얀마 전선 파견: 1943년 인도·미얀마 전선에 파견되어 영국군과 함께 대일 투쟁을 전개하였다.

(4) **국내 진공 작전**

  ① 준비: 임시 정부와 한국 광복군은 **국내 진공 작전**을 계획하였다. 지청천·이범석 등을 중심으로 중국에 주둔하고 있던 **미국 전략 정보국(OSS)과 연합**하여 국내에 침투하여 활동할 정진군을 훈련시켰다.

  ② 결과: 1945년 8월 15일에 일본이 무조건 항복함으로써 한국 광복군은 그해 9월에 추진하려고 준비 중이었던 국내 진공 작전을 실행하지 못하였다.

한국 광복군 선언문(1940)

대한민국 임시 정부는 대한민국 원년(1919)에 정부가 공포한 군사 조직법에 의거하여 중화민국 총통 장제스 원수의 특별 허락으로 중화민국 영토 내에서 광복군을 조직하고 대한민국 22년 9월 17일, 한국 광복군 총사령부를 창설함을 이에 선언한다. …… 공동의 적인 **일본 제국주의자들을 타도하기 위하여 연합군의 일원으로 항전을 계속한다.**

한국 광복군의 행동 준승 9개항

1. 한국 광복군은 아국(중국)의 항일 작전 기간에는 본회에 직예(直隸)하고, 참모 총장이 장악 운용한다.
2. 한국 광복군은 본회에서 통할 지휘하되 아국이 항전을 계속하는 기간 및 한국 독립당·임시 정부가 한국 국경 내로 추진하기 전에는 아국 최고통수부의 군령만을 접수할 뿐이고, 기타의 군령이나 혹은 기타 정치적 견제를 접수하지 못한다.

고등사료 百出

대한민국 임시 정부의 대일본 선전 포고(1941. 12.)

우리는 3천만 한국 인민과 정부를 대표하여 삼가 **중·영·미·소·캐나다** 기타 제국의 대일 선전이 일본을 **격패(擊敗)**하게 하고 동아를 재건하는 가장 중요한 수단이 됨을 축하하여 이에 특히 다음과 같이 성명한다.

2. 1910년의 합방 조약과 일체의 불평등 조약의 무효를 거듭 **선포**하여, 아울러 반침략 국가인 한국에 있어서의 합리적 기득권은 존중한다.

3. 한국·중국 및 서태평양으로부터 왜구를 완전히 구축하기 위하여 최후 승리를 거둘 때까지 혈전한다.

한국 광복군의 활동

이번 **연합군과의 작전**에 모든 운명을 거는 듯하였다. **주석(主席)과 우리 부대(한국 광복군)**의 총사령관이 계속 의논하는 것을 옆에서 들었기 때문에 더욱 일의 중대성을 절감하였다. 독립 투쟁 수십 년에 조국을 탈환하는 결정적 시기가 온 것이다. – 장준하, 「장정」

3. 화북 조선 독립 동맹(1942)

(1) 성립: 화북 조선 청년 연합회❸가 화북 조선 독립 동맹으로 조직을 확대·개편하고 김두봉을 위원장으로 선출하였다.

(2) 조선 의용군(1942)

① 창설: 화북 조선 독립 동맹의 산하 부대로, **조선 의용대 화북 지대**❹를 개편한 것이다.

② 활동: 옌안에 본부를 둔 조선 의용군은 **중국 공산당 팔로군**과 함께 항일전에 참여하였다. 일제가 망한 뒤 조선 의용군은 중국의 국공 내전에 참전하였다가 북한 인민군으로 편입되었다.

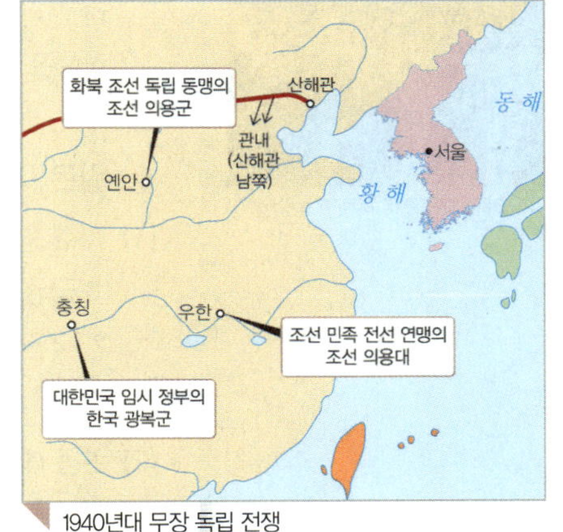

1940년대 무장 독립 전쟁

❸ **화북 조선 청년 연합회(1941)**
중국 공산당의 조선인 간부인 무정이 조선 의용대 화북 지대와 함께 만든 단체이다.

❹ **조선 의용대 화북 지대**
일본은 화북 지역에 대규모 병력을 동원하여 팔로군과 조선 의용대 화북 지대를 공격하였다. 조선 의용대 화북 지대는 일본군의 공격에 맞서 1941년 12월 호가장 전투, 1942년 5월 반소탕전, 태항산 전투(1941~43년까지 중국 태항산 산맥 일대에서 일본군과 싸운 일련의 전투) 등을 벌였다.

---

05 동포들의 국외 이주

1. 만주(간도) 이주

(1) 활동: 만주는 몰락한 농민들이 이주한 지역으로, 국권 피탈 이후 이민이 더욱 증가하였다. 독립운동가들은 이곳에서 학교를 세우거나 **독립군을 양성**하여 독립운동의 기반을 마련하였다.

(2) 시련

① 간도 참변(1920): 일제는 **봉오동 전투와 청산리 대첩에 대한 보복**으로 간도 일대의 조선인 마을을 불태우고 조선인을 학살하는 만행을 저질렀다.

② 만보산 사건(1931): 길림성 만보산 부근의 조선인들이 황무지를 개간하기 위해 수로 공사를 한 것이 문제가 되어 중국 농민들과 충돌이 발생하였다. 일제는 이 사건을 이용하여 한·중 간 민족 감정을 자극하고 일본에 대한 연대 의식을 약화시켜 만주 침략에 이용하려 하였다.

2. 연해주❺ 이주

(1) 이주: 러시아는 연해주를 개척할 목적으로 한인의 이주를 허가하였다. 이에 따라 우리 동포는 두만강을 건너가 러시아 정부가 준 토지를 경작하거나 황무지 등을 개간하였다.

(2) 활동: 연해주의 한인은 집단으로 거주하면서 100여 개에 이르는 **신한촌**을 세웠다.

❺ **연해주**
을사조약 이후에 연해주 지역은 국권 회복을 위한 무장 투쟁의 중심지가 되었다.

미주 지역으로 이주한 농민들

(3) 시련

① 자유시 참변(1921): 볼셰비키 정권은 간도 참변을 피해 이동한 **독립군 부대의 무장 해제**를 강요하였다. 이 과정에서 많은 독립군들이 희생되었다.

② 중앙아시아 강제 이주(1937): 제2차 세계 대전의 전운이 감도는 상황에서 아시아 쪽에서 일본과의 갈등을 우려한 소련 정부는 중·일 전쟁이 발발하자 **연해주의 한인들을 중앙아시아로 강제 이주**시켰다(카레이스키❶).

3. 미주 이주

(1) 이주: 미국 하와이 농장주들이 노동자를 구하기가 어렵게 되자 대한 제국 정부에 한국 농민의 이민을 요청해 왔다. 그리하여 우리 농민은 정부의 해외 취업 알선을 받아 하와이로 이주하기 시작했다.❷

(2) 활동: 하와이로 이민 간 동포는 사탕수수 농장일 등 고된 노동을 하면서 인종 차별까지 당하는 어려운 환경에서도 학교와 교회 등을 세웠다. 또한 대한인 **국민회** 등의 독립운동 단체를 만들어 국권 회복을 위해 노력하였으며 독립운동 자금을 거두어 국내로 송금하였다.

4. 일본 이주

(1) 이주 형태

① **국권 피탈 이전**: 일본으로 건너간 조선인 중 다수는 유학생들이었고 정치적 망명도 있었다.

② **국권 피탈 이후**: 생활 터전을 상실한 많은 농민이 일본으로 건너가 산업 노동자로 취업하였다. 1930년대 전시 체제 아래에서 일제가 추진한 동원 정책으로 많은 조선인이 일본에 강제로 끌려갔다.

(2) 관동 대학살(1923)

1923년 일본 관동 지방에서 대규모 지진(관동 대지진)이 일어나 인명·재산 피해가 극심했으며 민심도 크게 동요하였다. 이때 일본 정부와 언론은 "**조선인이 방화했으며, 우물에 독약을 넣어 일본인을 살해한다.**" 등의 유언비어를 퍼뜨려 사회 불안의 원인을 한국인 탓으로 돌렸다. 이에 6,000여 명의 한국인들이 일본인에게 학살당하였다.

고급사료 頻出

관동 대지진 때의 유언비어

지진과 동시에 시내 각지의 가스관이 파열하여 가스가 분출하고 있다. 이에 조선인들은 단체를 만들어 불을 지르고 다닌다. 그 때문에 시내 120여 지역에서 불이 났으며, 조선인들이 폭탄을 던져 더욱 혼란을 조장하고 있다. 또 각지의 우물에 독약을 넣고, 이재민들의 자녀에게 독약이 든 빵을 준다고 하니 기가 막힐 노릇이다.

— 가와키타 신문, 1923. 9. 7.

대표 기출문제

1930년대에 있었던 사실로 옳은 것은? 2024. 국가직 9급

① 비밀 결사인 조선 건국 동맹이 결성되었다.
② 중국 관내에서 조선 의용대가 창설되었다.
③ 연해주 지역에 대한 광복군 정부가 설립되었다.
④ 서일을 총재로 하는 대한 독립군단이 조직되었다.

3 일제 강점기의 경제·사회·문화

제7막 일제의 침략과 민족의 독립운동 〈역·사·횡·단〉

01강 일제 강점기의 경제 · 사회

- **1** 민족 기업의 활동
- **2** 물산 장려 운동
- **3** 민립 대학 설립 운동
- **4** 문맹 퇴치 운동
- **5** 과학 대중화 운동
- **6** 사회주의 사상의 유입
- **7** 청년 운동
- **8** 여성 운동
- **9** 소년 운동
- **10** 형평 운동
- **11** 농민 운동
- **12** 노동 운동
- **13** 의식주 생활의 변화(+ 서울의 변화)

02강 일제 강점기의 문화

- **1** 식민 사관의 형성
- **2** 한국사의 연구
- **3** 한글의 연구와 보급
- **4** 문학 활동
- **5** 문화·예술 활동

解·法·기·출·진·맥

9급 국가직

출제 경향 오버뷰 · 3년간 출제되지 않다가 2024년 출제됨. 역사학자

9급 지방직

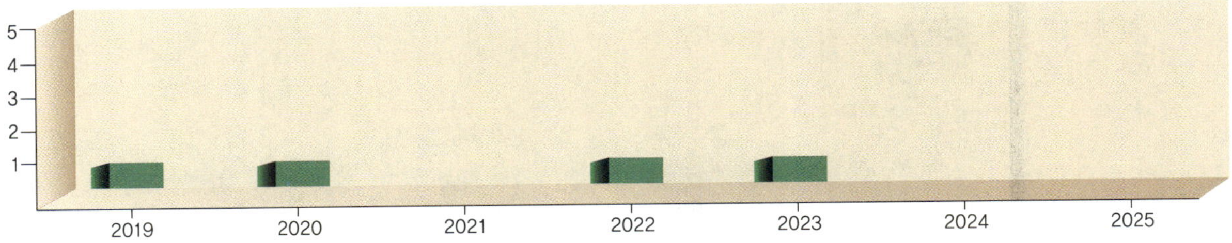

출제 경향 오버뷰 · 거의 2년에 1번씩 출제되고 있음. 물산 장려 운동, 역사학자

9급 법원직

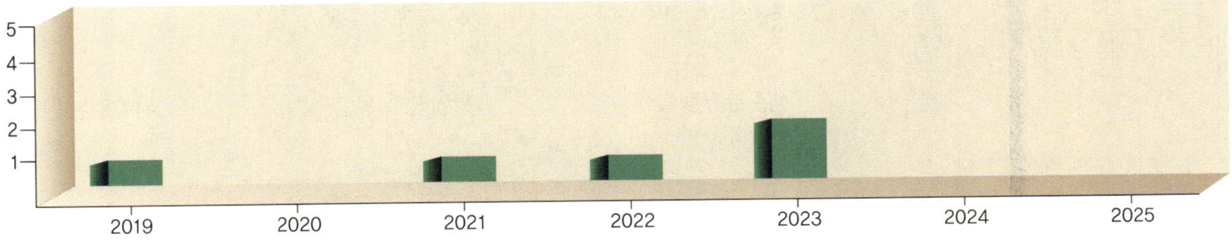

출제 경향 오버뷰 · 거의 2년에 1번씩 출제되고 있음. 물산 장려 운동, 신채호, 백남운

01강 일제 강점기의 경제·사회

解/法 기출분석

구분		2008~2018	2019	2020	2021	2022	2023	2024	2025
9급	국가직	자치 운동		문맹 퇴치 운동					
	지방직	• 물산 장려 운동 • 물산 장려 운동과 민립 대학 설립 운동 • 민족 운동의 전개				물산 장려 운동			
	법원직	• 물산 장려 운동(3) • 물산 장려 운동과 민립 대학 설립 운동				형평 운동			

解法 요람

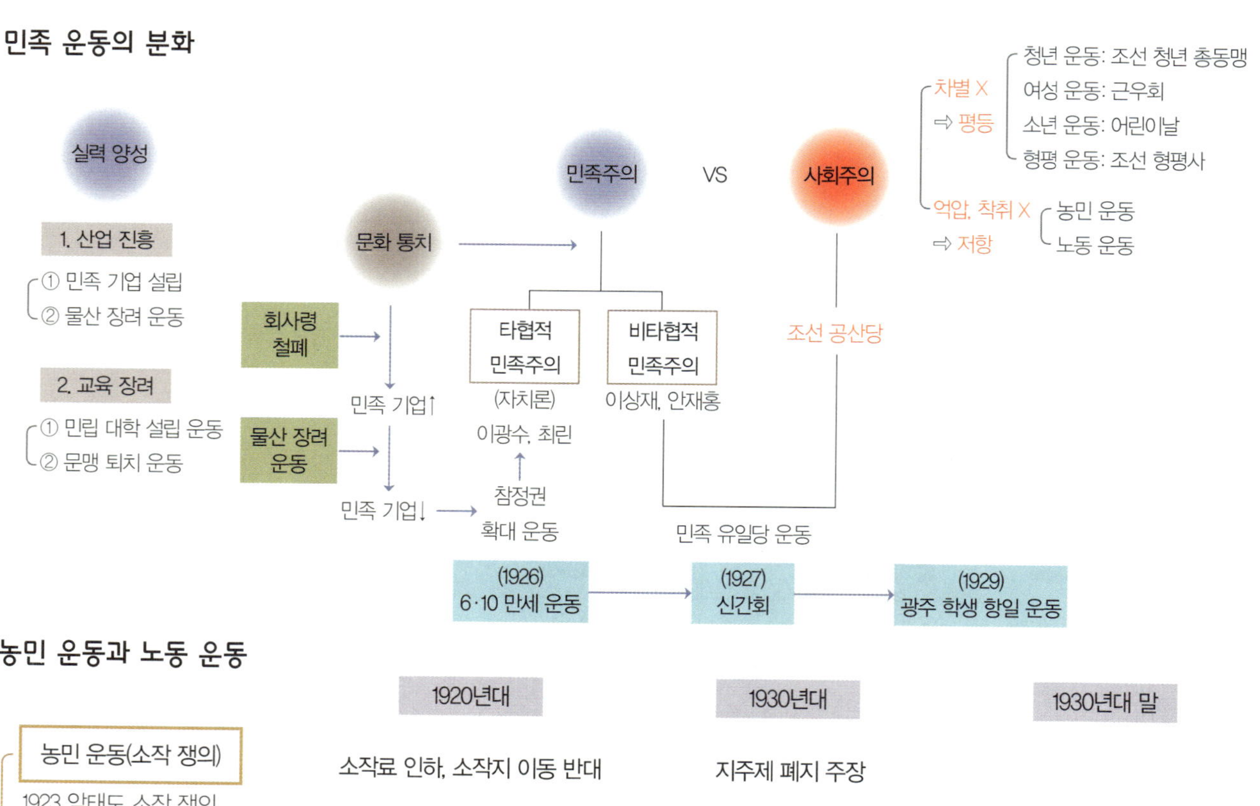

01 민족 기업의 활동

1. 실력 양성 운동의 전개❶

1920년대 일제가 허용하는 범위에서 **먼저 실력을 키워 독립을 준비**하자는 운동이 전개되었다. 문화면에서는 문맹 퇴치·대학 설립 등을, 경제면에서는 민족 기업 설립·물산 장려 운동 등을 추진하였다.

2. 민족 기업의 활동

(1) 배경: 3·1 운동 이후 **회사령 폐지**를 계기로 한국인이 세우는 기업들이 늘어났다.

(2) 활동: 지주 출신 김성수가 세운 경성 방직 주식회사❷와 같은 경우와 서민 출신이 세운 평양 고무신 공장❸과 평양 메리야스 공장❹ 등이 있다.

(3) 한계: 한국인이 만든 기업들은 그 수나 자본금이 일본의 기업에 비해 훨씬 적었고, 일제와 타협하지 않고는 지속적으로 성장하기 어려웠다. 결국 1930년대 이후에 대부분의 민족 기업들은 일제의 탄압으로 해체되거나 일본 기업에 흡수되었다.

02 물산 장려 운동

1. 배경: 일제가 일본 상품의 관세를 철폐하려 하자 민족 자본가들은 대책을 강구하였다.

2. 전개 과정

1920년에 평양에서 조만식을 중심으로 물산 장려 운동이 시작되었다. 이후 1923년 서울에서 조선 물산 장려회가 조직되면서, 물산 장려 운동은 전국으로 확산되었다.

3. 활동

'내 살림 내 것으로', '조선 사람 조선 것', '우리 것으로만 살자' 등의 구호 아래 일본 상품 불매·토산품 애용·근검저축·금주와 단연 등을 주장하였다. 그리고 학생들이 중심이 된 자작회, 여성들이 참여한 토산 애용 부인회 등의 단체들이 조직되어 **토산품 애용 운동**❺을 전개하였다.

4. 결과

물산 장려 운동의 결과 국산품 소비가 늘어났으나, 일부 상인들은 물건 값을 올려 폭리를 취하였다. 또한 늘어난 수요를 뒷받침할 만한 생산력 증대가 이루어지지 않은 것도 문제였다. 그리고 **사회주의자**들은 자본가 계급의 이익만 추구하는 운동이라고 비판하였다. 게다가 일제와 타협하는 모습을 보이자, 민중들이 외면하여 이 운동은 흐지부지되었다.

---

❶ **배경**
3·1 운동 이후 일제의 통치 방식이 문화 통치로 변경되고 회사령의 폐지로 회사 설립이 신고제로 바뀌는 등 사회·경제적 분위기가 완화되었다.

❷ **경성 방직 주식회사**
호남의 대지주인 김성수가 1919년에 세운 회사이다. 상표도 '태극성', '산삼' 등 우리의 것을 사용하였다. 1920년대에 물산 장려 운동에 참가하여 '조선인은 조선인의 광목으로'라는 표어를 걸고 국산품 애용을 호소하였다.

경성 방직 주식회사의 광목 홍보 포스터

❸ **평양 고무신 공장**
한국 최초의 고무신 공장이다. 남자 고무신은 짚신을 본떠서, 여자 고무신은 버선코 모양을 본떠서 만들어 큰 인기를 끌었다.

❹ **평양 메리야스 공장**
전통적인 직물 제조 기술을 토대로 기계를 수입하여 1920년대에는 공장 공업 단계로 발전하였다.

❺ **토산품 애용 운동**
국산품 애용이 민족 산업 육성의 지름길이기 때문에, 불편한 점이 있더라도 모든 일용품을 국산으로 사용할 것을 호소하였다.

▲ 물산 장려 운동 포스터

조선 물산 장려회 궐기문

내 살림 내 것으로!

보아라! 우리가 먹고 입고 쓰는 것이 다 우리의 손으로 만든 것이 아니었다.

이것이 세상에 제일 무섭고 위태한 일인 줄 오늘에야 우리는 깨달았다.

피가 있고 눈물이 있는 형제자매들아, 우리가 서로 붙잡고 서로 의지하여 살고서 볼 일이다.

입어라! 조선 사람이 짠 것을

먹어라! 조선 사람이 만든 것을

써라! 조선 사람이 지은 것을

조선 사람, 조선 것.

▲ 경성 방직 주식회사의 국산품 애용 선전 광고

물산 장려 운동

비록 우리 재화가 남의 재화보다 품질상 또는 가격상 개인 경제상 다소 불이익이 있다 할지라도 **민족 경제의 이익에 유의하여 이를 애호하며 장려하여** 수요하며 구매하지 아니치 못할지라.

– 「동아일보」, 조선 물산 장려회, 1920년

조선 물산 장려회 취지문

이와 같이 우리가 우리의 쓰는 모든 물건을 집과 땅과 몸뚱이까지 팔아서 남에게 공급을 받으면서도 우리가 여전히 우리 강산에 몸을 붙이고 집을 지키어 살아갈 수가 있을까. …… 우리는 이와 같은 견지에 서서 **우리 조선 사람의 물산을 장려하기 위하여 조선 사람은 조선 사람이 지은 것을 사 쓰고, 둘째 조선 사람은 단결하여 그 쓰는 물건을 스스로 제작하여 공급하기를 목적하노라.** 이와 같은 각오와 노력이 없이 어찌 조선 사람이 그 생활을 유지하고 그 사회를 발전할 수가 있으리오.

– 조선 물산 장려회, 1923년

사회주의 계열의 물산 장려 운동 비판

물산 장려 운동의 사상적 도화수가 된 것은 누구인가? …… 솔선하여 물산 장려 운동의 실행적 선봉이 된 것도 중산 계급이 아닌가. 실상을 말하면 **노동자**에게는 이제 새삼스럽게 물산 장려를 말할 필요가 없는 것이다. 그네는 **벌써 오랜 옛날부터 훌륭한 물산 장려 계급**이다. 그네는 자본가 중산 계급이 양복이나 비단옷을 입는 대신 무명과 베옷을 입었고, 저들 자본가가 위스키나 브랜디나 정종을 마시는 대신 소주나 막걸리를 먹지 않았는가?

– 「동아일보」, 이성태 기고

✎ 학교 설립 운동

3·1 운동 이후 민족주의자들은 교육 진흥을 위한 계몽 운동을 전개하였고, 이에 따라 교육열이 급격히 고조되었다. 하지만 조선인을 위한 학교의 수가 크게 부족하였다. 보통학교는 3면 1교 정책에 따라 증설이 이루어졌으나 여전히 부족하였고, 고등 보통학교는 증설이 거의 이루어지지 않았다. 이에 따라 전국 각지에서 사립 학교 설립 운동이 일어났지만, 총독부가 허가를 잘 내주지 않아 대부분 실패로 돌아갔다.

03 민립 대학 설립 운동

1. 배경

제2차 조선 교육령(1922)에 따라 대학 설립이 가능해지자 우리 민족의 힘으로 고등 교육 기관인 대학을 설립하려는 민립 대학 설립 운동이 일어났다.

2. 전개 과정

(1) 조선 교육회: 이상재, 이승훈 등은 조선 교육회를 만들어 민립 대학 설립 운동을 전개하였다.

(2) 조직: 서울에서 조선 민립 대학 기성 준비회가 조직되었고(1922), 1923년 **조선 민립 대학 기성회**가 결성되었다.

(3) 활동: '한민족 1,000만이 한 사람이 1원씩'이라는 구호를 내걸고 모금 운동을 전개하였다.

3. 결과

(1) 일제의 방해: 일제는 대학 설립을 방해하고 1924년 경성 제국 대학을 설립하여 조선인의 불만을 무마하려 하였다.

(2) 모금 활동의 어려움: 1923년 이후 남부 지방의 가뭄과 전국적인 수해로 모금 활동에 어려움을 겪으면서 민립 대학 설립 운동은 좌절되었다.

심화사료 百出

2022. 소방직, 2013. 지방직 9급, 2011. 법원직 9급

민립 대학 기성회 취지서(1923)

우리의 운명을 어떻게 개척할까. 정치냐 외교냐 산업이냐. 물론 모두 다 필요하도다. 그러나 그 기초가 되고 요건이 되며 가장 급무가 되고 가장 선결의 필요가 있으며 **가장 힘 있고 가장 필요한 수단은 교육이 아니고는 불가능하도다.** …… 민중의 보편적인 지식은 보통 교육으로 가능하지만, 심오한 지식과 학문적 이치는 고등 교육이 아니면 불가하며 …… **사회 최고의 비판을 구하며 유능유위의 인물을 양성하려면 최고 학부의 존재가 가장 필요**하다. …… 오늘날 우리 조선인이 세계 문화 민족의 일원으로 남과 어깨를 나란히 하고 우리의 생존을 유지하며 문화의 창조와 향상을 기도하려면, **대학의 설립이 아니고는 다른 방도가 없도다.** …… 그러나 유감되는 것은 우리에게 아직도 대학이 없는 일이라. …… 감히 만천하 동포에게 향하여 민립 대학의 설립을 제창하노니 ……

---

04 문맹 퇴치 운동

1. 문자 보급 운동(1929)

조선일보는 '아는 것이 힘, 배워야 산다'라는 구호를 내세우며 문자 보급 운동을 전개하였다. 한글 교재를 발행하여 농촌 지방에 보급하면서, 전국 순회 강연을 개최하였다.

2. 브나로드(Vnarod) 운동(1931)[1]

동아일보는 문맹 퇴치와 미신 타파를 목표로 브나로드 운동을 전개하였다. 문맹자에게 한글을 가르치면서[2] 미신 타파, 위생 문제, 근검절약 등 생활 개선을 꾀하였다.

3. 중단

조선 총독부의 명령에 의해 두 운동 모두 1935년에 중단되었다.

❶ 브나로드(Vnarod) 운동

브나로드는 러시아어로 '민중 속으로'라는 뜻이다.

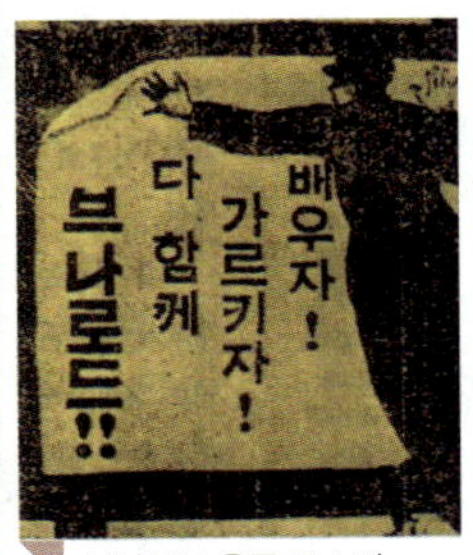

브나로드 운동 포스터

❷ 브나로드 운동의 한글 교육

학생들이 방학을 이용하여 농촌에서 한글을 가르치거나, 조선어 학회와 손잡고 한글 강습회를 개최하는 형태로 전개되었다.

문자 보급 운동 포스터

안창남의 고국 방문 비행 기사

❶ **우리나라 최초의 비행사 안창남**

비행기에 관심이 많았던 안창남은 1918년에 일본으로 건너가 비행기 조종술을 배우고 1921년 일본에서 최초로 실시된 비행사 시험에 1등으로 합격하였다. 그는 1922년 고국 방문 비행을 하였다. 이후 독립운동에 헌신하기 위하여 상하이로 망명하였으나 비행기 사고로 사망하였다.

❷ **사회주의 사상의 수용**

러시아 혁명으로 사회주의 국가를 수립한 레닌은 약소 민족의 독립운동 지원을 약속하였다. 이에 일부 국내외의 지식인들은 민족 운동의 일환으로 사회주의를 수용하였다.

❸ **상하이파 고려 공산당**

민족 해방을 우선 과제로 삼았다.

❹ **이르쿠츠크파 고려 공산당**

사회주의 혁명을 목표로 하였다.

05 과학 대중화 운동

1. 배경

1920년대 안창남❶의 고국 방문 비행 이후 '우리도 하면 된다.'라는 자신감과 긍지가 생겼다.

2. 발명 학회(1924)

김용관이 과학 대중화를 목적으로 만들었다. 우리나라 최초의 종합 과학 잡지인 『과학조선』(1933)을 간행했으며, 1934년 과학 지식 보급회를 설립하고 '과학의 날' 행사를 진행하였다.

3. 탄압

과학 대중화 운동은 과학 기술의 필요성을 널리 알렸으나, 일제의 탄압으로 중단되었다.

06 사회주의 사상의 유입

1. 사회주의 사상의 전파❷

1920년대 일부 청년 지식인들은 각급 학교의 독서회와 토론회, 강연회 등을 통해 사회주의 사상을 연구하고 선전하였다. 이후 노동자와 농민에게까지 확산되었다.

2. 국내외 사회주의 세력의 활동

(1) 국외

1918년 연해주에서 **이동휘**가 조직한 한인 사회당을 시작으로 사회주의 단체들이 조직되었다. 1920년대 이동휘 등이 상하이에서 한인 공산당을 조직하였고, 러시아의 이르쿠츠크에서도 또 다른 한인 공산당이 결성되었다. 이후 상하이파❸와 이르쿠츠크파❹는 주도권을 둘러싸고 경쟁을 벌였다.

(2) 국내

1925년에 조선 공산당이 비밀리에 결성되어 사회주의 운동의 중심 세력이 되었다. 그러나 조선 공산당은 일제의 탄압과 내부의 파벌 대립으로 와해와 재건을 반복하였다(1~4차, 1925~28년).

(3) 코민테른의 노선 변화[5]

코민테른의 결정에 따라 국내 공산주의자들은 '계급 대 계급' 전술로 전환하여 민족주의 계열과의 협동 전선을 청산하고자 하였다. 이는 **신간회의 해체**, 혁명적 노동·농민 조합 운동에 영향을 미쳤다.

(4) 영향

사회주의 세력은 이념과 노선을 둘러싸고 민족주의 세력과 대립하기도 하였다. 한편, 이들의 활동은 노동 운동, 농민 운동, 여성 운동, 청년 운동, 소년 운동 등 사회 운동에 영향을 미쳤다.

07 청년 운동

1. 배경

3·1 운동 이후 제한적이나마 집회와 결사의 자유가 허용됨에 따라 각종 사회 운동 단체들이 조직되었다.

2. 활동

청년들은 강연회·토론회·야학 등을 개최하여 민중을 계몽하고, 민족의 실력을 양성하고자 하였다. 1920년대 사회주의 사상이 점차 유입됨에 따라 청년 운동은 민족주의 계열(실력 양성)과 사회주의 계열(계급 해방)로 분열되었다.

3. 조선 청년 총동맹(1924)

1924년에 조선 청년 연합회[6], 서울 청년회[7] 등 여러 청년 단체들이 통합되어 조선 청년 총동맹이 결성되었다. 이 단체는 노동 운동과 농민 운동을 적극 지원하는 등의 활동을 하였다.

08 여성 운동

1. 일제 강점기 여성의 지위

일제 강점기에는 **여성의 지위가 오히려 퇴보**하였다. 일제는 호주제를 법제화하면서 종래 가부장제의 전통적인 관습을 가족법에 반영[8]하였다. 이러한 여성의 낮은 지위는 노동 현장에도 반영되어 여성 노동자들은 열악한 환경에서 장시간 노동과 저임금에 시달렸다.

2. 활동

1920년대 조선 여자 교육회, 대한 애국 부인회[9] 등 많은 단체들이 조직되었다. 이 단체들은 여성들이 인간답게 살기 위해서는 교육이 우선이라고 여겨 강연회 개최, 야학 운영 등의 활동을 하였다.

3. 근우회

1927년에 신간회의 자매 단체로서 근우회가 조직되었다. 근우회는 여성의 계몽을 위해 강연회와 토론회 개최, 야학 설치 등의 활동을 했으며 여성 노동자의 권익 옹호에도 앞장섰다.

각종 여성 잡지(왼쪽부터 『신가정』, 『신여성』, 『여자시론』)

일제 강점기 여성 노동자들

부산 방직 공장 여성 노동자들의 비참한 실태

어두컴컴한 공장에서 감독의 무서운 감시를 받고, 100도에 가까운 뜨거운 공기를 마시며 온몸이 쑤시고 뼈가 으스러지도록 노동을 하는 여성 노동자는 대개 15, 16세 또는 20세 전후로, 대부분은 각지의 농촌에서 모집되어 온 것이다. …… 노동 시간은 길고 식사는 형편없어 그들의 영양 상태와 건강은 극도로 나빠지고 있다.   — 「조선중앙일보」, 1936년 7월 27일

解法 도움닫기 일제 강점기 여성의 삶

1. **강주룡**: 한국 최초의 여성 운동가이다. 서간도에서 독립운동을 하다가 평양의 평원 고무 공장에 취직하였다. 1931년 회사의 일방적인 임금 인하에 저항하여 12m 높이의 을밀대 지붕 위로 올라가 농성을 하였다.
2. **나혜석**: 일본에서 서양화를 공부하였다. 유부녀였으나 프랑스 유학 중 만난 최린과 연애를 하면서 이혼하였다. 이때 「이혼고백서」를 발표하여 남성 중심의 사회를 비판하였다.
3. **윤심덕**: 최초의 소프라노 가수였으나, 대중 가수로 전향하여 '사의 찬미'로 인기를 끌었다. 극작가 김우진과 사랑에 빠졌는데, 그는 유부남이었다. 이루어질 수 없는 사랑에 비관하여 김우진과 함께 현해탄에서 자살하였다.
4. **남자현**: 3·1 운동에 참가한 후 만주로 망명하였다. 이후 서로 군정서, 청산리 전투 등에서 활약하였다. 독립군의 어머니라고 불리며 중국·만주 등지에서 활동하였다.

방정환

❶ 어린이날 선전문

- 어린이는 어른보다 더 새로운 사람입니다.
- 어린이를 결코 억박지르지 마십시오.
- 어린이는 항상 칭찬해가며 기르십시오.

어린이날 표어와 잡지 「어린이」

09 소년 운동

1. 배경

일제 강점기, 아이들의 처지는 매우 열악했으며 온전한 인격체로 대접받지 못했다. 따라서 1920년대에는 어린이를 하나의 인격체로 바라보고 소중히 여기는 운동이 전개되기 시작했다.

2. 전개

(1) **방정환**: 천도교 계열의 방정환은 인간을 하늘로 여기는 천도교의 가르침을 어린이에게 적용한 '어린이 운동'을 주도하였다. 또한 일본에서 어린이 연구 단체인 색동회를 창립하였다.

(2) **천도교 소년회**: 1921년 방정환의 주도로 천도교 소년회가 조직되었다. 이 단체는 1922년 5월 1일을 우리나라 최초의 어린이날❶로 제정하고 기념 행사를 가졌으며, 잡지 「어린이」를 발간하였다.

(3) **조선 소년 연합회(1927)**: 소년 운동이 확산되면서 1927년 전국적 조직인 조선 소년 연합회가 결성되었다.

(4) **일제의 탄압**: 1930년대가 되면서 일제는 소년 운동을 민족 운동으로 간주하여 탄압하였고, 중·일 전쟁 이후에는 완전히 금지하였다.

2018. 경찰 3차

소년 운동의 기초 조건

첫째, 어린이를 재래의 윤리적 압박으로부터 해방하여 그들에 대한 **완전한 인격적 대우**를 허하게 하라.
둘째, 어린이를 재래의 경제적 압박으로부터 해방하여 **만 14세 이하의 그들에 대한 무상, 유상의 노동을 폐하게 하라.**
셋째, 어린이 그들이 고요히 배우고 즐거이 놀기에 족한 다양한 가정 또는 사회적 시설을 행하게 하라. — 어린이 해방 선언(1923. 5. 1)

10 형평 운동

1. 배경

(1) **사회적 차별**: 오랫동안 **사회적으로 천대를 받아오던 백정**[2]들은 갑오개혁 이후 법제적인 신분 평등을 획득하였다. 그러나 일제의 식민 통치하에서는 오히려 **제도적 차별**이 강화되었다.

(2) **차별 내용**: 호적에 **백정으로 기입(직업)**될 뿐만 아니라, 호적에 올릴 때 이름 앞에 붉은 점 등으로 표시하거나 '도한(屠漢)'으로 기재되었다. 또한 **보통학교 입학 원서에도 신분(직업)을 기입**하게 하였다. 이에 따라 백정이라는 신분 때문에 입학이 거부되거나, 설사 입학이 되더라도 주위로부터 배척을 받아 중도에 자퇴하는 경우가 많았다.

2. 활동

1923년 4월에 **경상남도 진주**에서 이학찬을 비롯한 백정들은 **조선 형평사**를 창립하였다. '저울처럼 평등한 세상을 만들자'는 구호를 내걸고, 백정에 대한 사회적 차별 철폐를 요구하는 형평 운동을 전개하였다. 백정의 지위 향상 운동으로 시작했으나, 점차 민족 해방 운동으로 발전하였다.

3. 결과

백정 표시가 공식적으로 없어지고 백정 자녀의 학교 입학도 허용되었다. 그러나 일제의 탄압 속에서 1930년대 이후 '대동사'로 이름을 바꾸고 경제적 이익 단체로 변질되었다.

심화사료 百出

2022. 법원직 9급

조선 형평사 창립 취지문(1923)
공평은 사회의 근본이고 애정은 인류의 본령이다. 그러므로 우리들은 계급을 타파하고 모욕적 칭호를 폐지하고 교육을 장려하며, 우리들도 참다운 인간이 되는 것을 기대하는 것은 본사의 주된 뜻이다. 지금까지 조선의 백정은 어떠한 지위와 어떠한 압박을 받아왔던가. 과거를 회상하면 종일토록 통곡하여도 피눈물을 금할 길 없다. …… 직업의 구별이 있다고 하면, 짐승의 생명을 빼앗는 자 우리만이 아닌 것이다.
– 「조선일보」, 1923년

[2] 백정

조선 시대의 백정은 소나 돼지를 도살하거나, 가죽신을 만들거나 버드나무로 상자 따위를 만드는 사람들로 천인 중에서도 가장 천시되었다. 백정은 아무리 부자라도 명주나 비단 옷을 입지 못하였으며, 갓이나 망건은 커녕 털모자도 쓰지 못했다. 사는 곳을 제한받아서 동구 밖이나 강 건너에 모여 살았으며, 죽어서도 상여를 탈 수 없었다.

형평사의 제6회 전 조선 정기 대회 포스터

11 농민 운동

1. 배경

일제가 토지 조사 사업과 산미 증식 계획 등을 실시하면서 농민들이 몰락하는 경우가 많아졌다. 농민들은 열악한 상황을 개선하고자 소작 쟁의를 전개하거나 소작인 조합·농민 조합을 만들었다.

2. 1920년대 농민 운동

(1) **초기 소작 쟁의의 성격**: 소작 쟁의는 1920년대에 빈번하게 일어났는데, 초기의 소작 쟁의는 **소작권 이전 반대나 고율 소작료의 인하** 등을 요구하는 **생존권 투쟁**이 많았다.

(2) **대표적 농민 운동**: 1923년 악질 지주를 상대로 전개된 전라남도 신안의 **암태도 소작 쟁의**[3]와 1924년 황해도 재령에서 일어난 동양 척식 주식회사 소작 쟁의가 대표적이다.

[3] 암태도 소작 쟁의

1923년부터 1924년까지 전개되었다. 암태도 소작 농민들은 수확량의 70% 이상을 소작료로 징수하던 문재철에게 소작료를 40%로 내려 줄 것을 요구하였다. 1년 이상 투쟁하여 소작료를 낮추고, 소작권을 인정받는 성과를 거두었다.

(3) 전국적인 조직의 결성: 전국의 단체들이 모여 조선 노농 총동맹❶(1924)이 조직되었다. 이후 농민 운동이 더욱 활성화되자 조선 농민 총동맹(1927)이 결성되어 보다 조직적으로 농민 운동을 이끌었다.

3. 1930년대 농민 운동

(1) 농민 운동의 격화: 1930년대 농민 운동은 사회주의 세력과 연결된 비합법적인 혁명적 농민 조합을 중심으로 전개되었다. 농민 운동은 식민지 수탈 정책에 저항하는 항일 민족 운동의 성격까지 띠게 되었다.

(2) 일제의 탄압: 소작 쟁의 약화를 위해 농촌 진흥 운동, 소작 조정령❷, 조선 농지령❸ 등이 실시되었다. 중·일 전쟁 이후 일제의 탄압으로 농민 운동이 침체되었다.

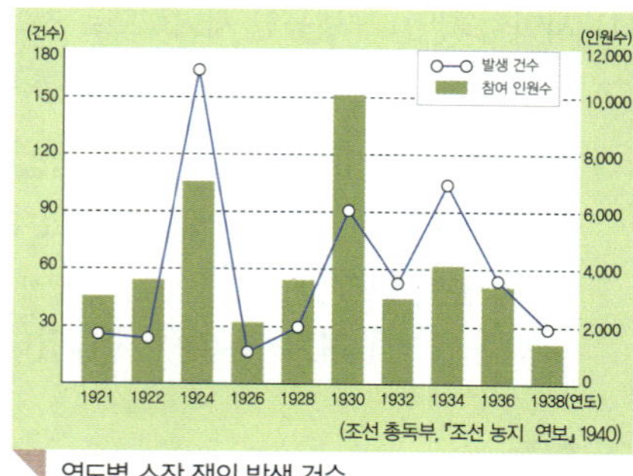

연도별 소작 쟁의 발생 건수

12 노동 운동

1. 배경

1920년대 회사령이 폐지되고, 식민지 공업화가 진행됨에 따라 노동자의 숫자가 증가하였다. 이들은 고강도 노동·저임금·민족 차별이라는 열악한 환경에 놓여 있었다.

2. 1920년대 노동 운동

(1) 초기 노동 운동❹의 성격: 노동자들은 임금 인상과 노동 시간 단축 등 경제적 요구를 내걸고 생존권 투쟁을 전개하였다.

(2) 노동 운동의 활성화: 3·1 운동과 사회주의 사상 등의 영향으로 노동자들의 민족 의식과 계급 의식이 높아졌다. 이에 따라 각종 노동 운동 단체들이 조직되었고, 파업 투쟁이 크게 증가하였다.

(3) 전국적인 조직의 결성: 전국적 규모의 조선 노농 총동맹(1924)이 결성되었다. 이 단체는 농민·노동 운동의 성장에 따라 1927년 조선 농민 총동맹과 조선 노동 총동맹으로 분리되었다.

(4) 원산 노동자 총파업(1929)

① 전개: 영국계 석유 회사 라이징 썬에서 일본인 감독관이 한국인 노동자를 구타한 사건이 일어났다. 이에 분노한 노동자들은 열악한 노동 조건 개선과 감독 파면을 요구하면서 파업을 벌였다.

② 발전: 원산 지역 노동자 전체가 참여하는 대규모 총파업으로 발전했으며, 신간회를 비롯한 사회 단체들이 지지하였다. 한편, 외국의 노동 단체들까지 지지를 보내와 노동자들의 국제적 연대를 과시했다.

③ 의의: 파업은 결국 실패로 끝났지만, 노동자들이 일제에 맞서 투쟁한 일제 강점기 최대 규모의 노동 쟁의이자 반제국주의 항일 투쟁이었다.

3. 1930년대 노동 운동

(1) 배경: 1930년대 이후 전시 동원 체제 아래서 한국인 노동자의 근로 조건은 더욱 나빠졌으며, 이에 저항하는 노동 운동에 대한 탄압도 더욱 강화되었다.

(2) 노동 운동의 격화: 합법적 노동 운동이 불가능해지자, 사회주의 계열과 연결된 비합법적인 혁명적 노동 조합을 중심으로 운동을 전개하였다. 단순한 생존권 투쟁이 아니라 **항일 민족 운동의 성격**을 지녔다. 그러나 일제의 가혹한 탄압으로 노동 운동은 점차 위축되었다.

13 의식주 생활의 변화(+ 서울의 변화)

1. 의생활

(1) 변화: 서양 문물을 접한 사람들이 양복과 양장을 입으면서 점차 보급되었다. 하지만 대다수 사람들은 주로 한복을 입거나 한복에 모자나 구두를 함께 착용하는 경우도 있었다.

(2) 1940년대 이후: 전시 체제로 접어들면서 조선 총독부는 남자에게 간소한 '**국민복**'을 입게 하였다. 여자에게는 일본 농촌 여성의 작업복인 **몸뻬**⑤라는 바지를 입게 하였다.

2. 식생활

과자, 빵, 케이크, 아이스크림 등 서양 음식이 본격적으로 소개되었다. 그러나 **서양 식품의 소비**는 도시 상류층에 한정되었으며, 일반 서민의 식량 사정은 일제의 수탈 정책으로 인해 더욱 열악해졌다.

3. 주거 생활

1920년대 이후에 상류층의 문화 주택, 중류층의 개량 한옥, 중·하류층의 영단 주택이 등장하였다. 한편 서울 변두리에는 빈민이 토막집을 짓고 살았다.

(1) 1920년대: 당시 지어진 **개량 한옥**은 대청마루에 유리문을 달고 문간방이 있는 도시형 주택이었다.

(2) 1930년대: **문화 주택**은 2층 양옥으로, 내부에는 욕실·응접실·화장실·개인의 독립된 공간(침실, 아이들 방)이 갖추어져 있었다. 문화 주택은 1920년대 후반부터 등장하여 1930년대에 유행하였다.

(3) 1940년대: 도시민의 주택난을 해결하려고 지은 일종의 연립 주택인 **영단 주택**이 등장하였다.

(4) 서울 변두리: 도시 빈민들은 **토막집**을 짓고 살았는데, 토막집은 맨땅 위에 자리를 깔고 짚이나 거적때기로 지붕과 출입구를 만든 원시적인 움막집을 말한다.

(5) 농촌: 여전히 3칸의 초가집이나 구식 기와집이 주거 양식의 대다수를 차지하였다.

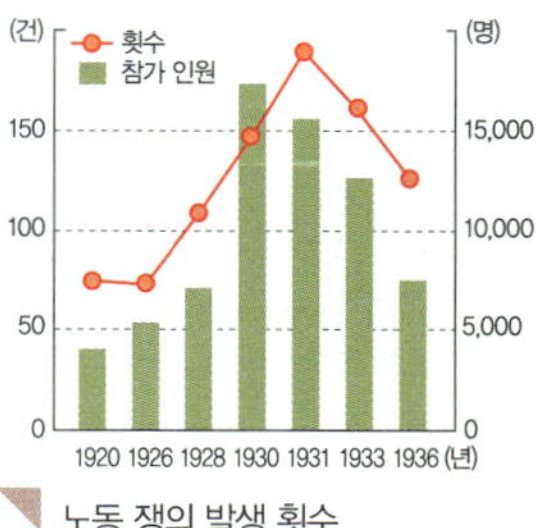
한·일 노동자의 임금 비교

노동 쟁의 발생 횟수

국민복을 입은 학생

⑤ 몸뻬

몸뻬는 긴 윗옷을 집어넣을 수 있도록 허리와 허벅지까지 통이 넓고 바지 아랫단은 좁은 바지이다.

1920년대 개량 한옥

1930년대 문화 주택

거적을 둘러친 토막집

4. 서울(경성)의 변화

(1) **인구 집중**: 사회, 경제적 변동과 교통, 통신의 발달로 인구가 도시, 특히 경성(서울)으로 집중되었다.

(2) **총독부의 도시 개수 계획**: 경복궁 등 전통 건물을 허물고, 관공서와 공공시설 등을 건립하였다.

(3) **도시의 이중적인 모습(남촌과 북촌)**: 청계천을 경계로 남쪽의 일본인 거리는 남촌, 북쪽의 한국인 거리는 북촌으로 불렸다. 이런 모습은 일본인들이 많이 살던 부산, 인천, 목포 등에서도 나타났다.

　① 남촌: 본정(충무로), 명치정(명동), 황금정(을지로) 등 남산 기슭의 일본인 상가를 중심으로 일본인 거리를 형성하였다.

　② 북촌: 조선인 상가가 많았던 종로를 중심으로 하였다.

총독부 부근(1930년경)

본정(현 충무로) 입구(1930년대)

解法 도움닫기　일제의 일상생활 통제

일제 강점기에 경찰은 서민의 일상생활을 폭넓게 규제하였다. 1920년대부터 우리 민족에게 일본과 같은 좌측통행을 강요했으며, 묘지를 만들 때 경찰 서장의 허가를 받도록 하였다. 담배 전매제를 시행하고 민간의 술 제조를 금지하였으며, 개천에 오줌을 누거나 거리에 수레를 놓아두는 것에 대해서 벌금이나 태형을 가하기도 하였다.

대표 기출문제

다음과 관련된 운동에 대한 설명으로 옳은 것은?

2022. 지방직 9급

① 가뭄과 홍수로 인해 중단되었다.

② 조선 총독부의 「회사령」에 맞서기 위해 전개되었다.

③ 일부 사회주의자는 자본가 계급을 위한 운동이라고 비판하였다.

④ 조선에 사는 일본인이 일본 자본에 대항하기 위해 일으켰다.

02강 일제 강점기의 문화

解/法 기출분석

구 분		2008~2018	2019	2020	2021	2022	2023	2024	2025
9급	국가직	• 역사학(전반) • 손진태 • 백남운	박은식					조선어 연구회	
	지방직	• 신채호(2) • 박은식 • 박은식과 신채호		박은식			백남운		
	법원직	• 신채호(2) • 백남운	신채호		사회 경제 사학		• 사회 경제 사학 • 조선어 학회		

1920년대 민족주의 사학

박은식 '국혼(신명)'

- 현대사에 관심
- **『한국통사』**: (일제의 침략 과정), '나라는 형이요, 역사는 혼이다.'
- **『한국독립운동지혈사』**: 독립운동의 과정 서술
- 임시 정부 2대 대통령

정인보 '얼'

『조선사 연구』, 「5천 년간 조선의 얼」

신채호 '낭가사상'

- 고대사 연구에 주력
- **『조선 상고사』**: 단군~백제 멸망, "역사란 아와 비아의 투쟁 기록이다."
- **『조선사 연구초』**: 묘청의 서경 천도 운동을 '조선 역사상 일천년래 제대 사건'으로 평가, 낭가사상 강조
- **『조선 혁명 선언』**: 의열단 선언문, 자치론과 외교론 비판, 민중 혁명론
- 임시 정부 국민 대표 회의에서 창조파로 활동

1930년대 사회 경제 사학

백남운 사적 유물론	• 『조선 사회 경제사』, 『조선 봉건 사회 경제사』 • 사적 유물론에 입각해 세계사적 보편성을 한 국사에 적용, 일제의 정체성론 반박

1930년대 실증주의 사학

실증주의 랑케 학파	• 철저한 객관적 문헌 고증, 있는 그대로의 역사 • 진단 학회(1934): 이병도, 손진태

국어 연구와 한글 보급

구한말	1920년대	1930년대
국문 연구소(1907)	조선어 연구회(1921)	조선어 학회(1931)
주시경, 지석영 • 주시경, 『국어문법』 • 국문 정리와 국어 연구	이윤재, 최현배 등 • 잡지 『한글』 간행 • 한글 기념일인 '가갸날' 지정	조선어 연구회 계승 • 한글 맞춤법 통일안과 표준어 제정 • 『우리말 큰 사전』 편찬 착수 그러나 일제 방해로 실패

1. 목적

일본은 역사를 왜곡하여 한국인의 열등감을 조장하고, 일본의 식민 통치를 합리화하려 하였다.

2. 일제의 한국사 왜곡(식민 사관)

(1) **일선동조론**: 한국과 일본은 시조가 같다고 하여 우리 민족의 뿌리를 없애고자 하였다. 이를 위해 한국사의 근원이 되는 고대사 부문을 심하게 왜곡하여 단군 조선을 부정하였다.

(2) **타율성론**: 우리 역사는 우리 민족이 스스로 주도하지 못하고 다른 나라의 지배와 간섭에 의해 타율적으로 이루어졌다는 이론이다. 한국 역사의 주체성을 부정하였다.

(3) **반도성론**: 한국은 반도 국가로서 대륙이나 해양 세력의 간섭과 지배를 받을 수밖에 없는 운명을 지녔다는 이론이다.

(4) **정체성론**[1]: 한국사에서 왕조 교체는 반복됐지만 내적 발전은 없다고 주장하였다. 따라서 조선은 개항 이전까지 **봉건 사회 단계에 이르지 못하고, 고대 사회에 머물렀다**고 하였다.[2]

(5) **당파성론**: 조선의 역사를 지배자들이 이해 관계로 대립한 '당쟁의 역사'로 파악하였다. 조선 왕조의 멸망 원인도 이러한 당파 싸움에 있다고 보았으며, 이러한 당파성을 한국인의 민족성으로 일반화하여 우리 민족은 **파벌 의식·분열주의**로 인해 단결이 불가능하다고 하였다.

(6) **만선사관**[3]: 우리 역사를 만주 역사의 일부로 파악하여 왜곡한 사관이다.

3. 친일 학술 단체

(1) **조선사 편수회(1925)**[4]: 조선사 편찬 위원회(1922)를 개편한 것으로, **식민 사관을 체계적으로 유포**하기 위해 조직한 단체이다. 박은식의 『한국통사』 확산에 대응하기 위해 **한국의 역사를 왜곡**하여 『조선사』(1938, 35권) 등을 간행하였다.

(2) **청구 학회(1930)**: 조선사 편수회를 계승한 것으로 경성 제국 대학 교수가 중심이 되어 결성하였다.

---

❶ 정체성(停滯性)론

일본을 포함한 다른 지역은 세계사적 발전 과정에 따라 단계적으로 발전했으나, 한반도는 발전없이 정체되었다는 논리이다. 이에 따라 일본의 침략을 근대화의 과정으로 미화시켰다(식민지 근대화론).

❷ 백남운의 식민 사관 극복 노력

백남운은 유물론에 입각하여 한국의 경제적 사회 구성의 발전 과정을 '원시 공산제 사회–노예제 사회(삼한~삼국)–아시아적 봉건제 사회(삼국 말기~조선)–이식 자본주의 사회(일제 강점기)'로 구분하였다. 이를 통해 우리 역사에 봉건제 사회가 존재했음을 입증하였다.

❸ 만선사관(滿鮮史觀)

일제 강점기 일본 역사학계에서는 조선사를 국사학(일본사)과 동양사학 중 어디에 배속해야 하는지 논쟁이 있었다. 만선사관은 조선사를 동양사의 관점에서 다루는 연구 경향이며, 경성 제국 대학 사학과를 중심으로 활발히 이루어졌다.

❹ 조선사 편수회의 조직

일제는 조선 총독부 아래 조선사 편수회를 두고 조선사 편수회 회장에 정무총감을 임명하였다. 또한 고문에는 친일 인사를 대거 참여시켰는데, 이는 조선사의 왜곡에 일제가 심혈을 기울였음을 보여 주고 있다.

심화사료 百出

2008. 지방직 7급

타율성(他律性)론

아시아 대륙의 중심부에 가까이 부착된 이 반도는 정치적으로도 문화적으로도 필히 대륙에서 일어난 변동의 여파를 입음과 동시에 또 주변적 위치 때문에 항상 그 본류로부터 벗어나 있었다. 여기에 한국사의 두드러진 특징인 부수성(部數性)이 말미암는 바가 이해될 것이다. …… **고대에는 백제나 임나를 보호하여 그들에게 국가를 수립시켰는데 그것은 진실로 평화적이고 애호적인 지배라고 말할 수 있다.** 몽골과 같이 의지적이고 정복적인 것도 아니고, 지나(支那)와 같이 주지적이고 형식적인 것도 아니었다. …… 이제 그 역사를 돌아볼 때, 조선은 지나의 지(智)에 배우고 북방의 의(意)에 굴복하고 최후에 **일본의 정(情)에 안겨져 비로소 반도사적인 것을 지양할 때를 얻었던 것이다.**

– 미시나, 『조선사개론』, 1940년

정체성론

한국사는 역사적 발전 단계를 거치지 못하여 근대로의 이행에 필수적인 **봉건 사회를 거치지 못하고 전 근대 단계에 머물러 있어 사회 경제적으로 낙후한 상태다.**

1. 민족주의 사학[5]

역사 연구가 곧 독립운동이라는 인식 아래, 민족 정신을 강조하며 일제의 한국사 왜곡에 맞서 한민족의 기원과 한민족의 주체성·자주성·우수성을 알리는 연구 활동을 전개하였다.

(1) 박은식

① 특징
  - ㉠ 현대사 중시: 국권 피탈의 상황을 극복하기 위해 **현대사에 주목**하였다.
  - ㉡ 민족 정신: 민족 정신을 **혼(魂)**으로 파악하고, 혼이 담겨있는 민족사의 중요성을 강조하였다.
  - ㉢ 교육 활동: 한성 사범 학교의 교사로 활동했으며, 만주 동창 학교에서 역사와 한문을 학생들에게 가르쳤다.

② 저서: 일제의 불법적인 한국 침략과 한국 독립 운동사를 정리하였다.
  - ㉠ 『한국통사』(1915)[6]: 국권 상실을 직접 목격하고 독립운동에 참여한 필자가 뚜렷한 목적 의식을 가지고 일본의 한국 침략 과정을 서술하였다. 그는 이 책에서 '나라는 형이요, 역사는 혼이다.'라고 규정하여 역사를 지킨다면 빼앗긴 나라도 되찾을 수 있다고 보았다.
  - ㉡ 『한국독립운동지혈사』(1920): 대한민국 임시 정부의 사료 편찬부에서 간행되었다. 갑신정변부터 3·1 운동까지 일제의 침략에 대항한 민족의 독립운동을 정리하였다.

2022. 서울시 9급, 2012. 지방직 9급, 2012. 지방직 7급

박은식의 역사 인식

옛사람이 이르기를 나라는 없어질 수 있으나 역사는 없어질 수 없다고 하였으니, 그것은 **나라는 형체이고 역사는 정신이기 때문이다.** 이제 한국의 형체는 허물어졌으나, 정신만이라도 오로지 남을 수 없는 것인가, 이것이 한국통사를 저술하는 까닭이다. 정신이 존속해 멸망하지 않으면 형체는 부활할 때가 있을 것이다.

– 박은식, 『한국통사』 서문

(2) 신채호

① 특징
  - ㉠ 민족 중심의 역사관: 사대주의와 왕조 중심의 사관을 비판하고, 민족 중심의 자주적 역사관의 필요성을 강조하였다. 또한, 낭가 사상[7]을 민족 고유의 사상으로 여겨 중시하였다.
  - ㉡ 고대사[8] 중시: 고대사 연구에 치중하여 민족 고유의 문화적 전통과 정신을 강조하였다.

② 저서
  - ㉠ 『조선사 연구초』(1925): 한국 고대사에 관한 논문을 동아일보에 연재한 것으로, 묘청의 서경 천도 운동을 '조선 역사상 일천년래 제1대 사건'으로 평가하였다.
  - ㉡ 『조선 상고사』(1931): 단군부터 삼국 시대까지를 다룬 역사책으로, 역사를 '아(我)와 비아(非我)의 투쟁의 기록'으로 표현하였다.
  - ㉢ 『조선 상고 문화사』(1931)[9]: 국수보전론[10]을 바탕으로 고대 문화가 중국을 능가하는 우수한 문화임을 강조하였다. 또한 대종교와 연결되는 전통적인 민간 신앙에도 관심을 보였다.

박은식(별호: 태백광노)

⑥ 『한국통사』

역사를 국혼(정신문화)과 국백(물질문화)의 기록으로 규정하고, '혼'이 멸하지 않는 한 '백'도 망하지 않는다고 보고 국혼을 중시하였다.

신채호

❼ 낭가 사상

신채호는 화랑도의 사상을 낭가 사상이라고 하였고, 이를 한국의 고유 사상으로 보았다. 낭가 사상이 바로 민족 정신의 구현이고, 독립 사상의 원천이라고 지적하였다.

❽ 신채호의 고대사 중시

신채호는 『조선사 연구초』에서 '우리 민족사는 상고 시대에는 중국 민족에 필적하는 강건한 힘과 영토·문화·종교·사상을 가졌는데, 후대에 오면서 약화되었다.'라고 서술하였다.

❾ 『조선 상고 문화사』

1910년대 후반 저술한 것으로 추정되나, 1931년 『조선일보』에 연재되었다.

❿ 국수(國粹)

국가 정신을 이루는 민족의 개체성과 주체성을 일컫는다.

❺ 민족주의 사학의 특징

한국 민족사의 주체적 발전을 강조하면서 민족 정신을 고취시켜 독립을 이룩하고자 하였다.

2017. 지방직 9급, 2012. 경찰 2차, 2011. 국가직 7급, 2008. 지방직 9급

신채호의 역사 인식

무엇을 '아(我)'라 하며 무엇을 '비아(非我)'라 하는가? 깊게 팔 것 없이 간단히 말하면 무릇 주체적 위치에 선 자를 '아(我)'라 하고, 그 밖에는 '비아(非我)'라 하는데 …… 그러므로 **역사는 아(我)와 비아(非我)의 투쟁의 기록인 것이다.** – 신채호, 『조선 상고사』

解法 **도움닫기** 민족주의 사학의 양대 거두

박은식 (1859~1925)	
1904년	『대한매일신보』 주필로 활동
1906년	대한 자강회 가입, 서우 학회 조직
1907년	신민회 가입
1908년	서북 학회의 회장이 됨.
1909년	『유교구신론』 발표, 대동교 창건
1910년	최남선과 조선 광문회 조직
1912년	상하이에서 신규식 등과 동제사 조직
1915년	• 『안중근전』, 『한국통사』 저술(상하이) • 북경에서 신한 혁명당 조직 • 신규식 등과 대동 보국단 조직
1920년	『한국독립운동지혈사』 간행
1924년	임시 정부 독립신문사 사장 취임
1925년	임시 정부 제2대 대통령으로 취임

신채호 (1880~1936)	
1906년	『대한매일신보』, 『황성신문』 활동
1907년	신민회와 국채 보상 운동에 참여
1908년	『독사신론』 저술
1913년	상하이에서 동제사에 참여
1919년	• 북경에서 대한 독립 청년단 조직 • 임시 정부에서 임시 의정원이 됨.
1921년	군사 통일 주비회 결성
1923년	• '조선 혁명 선언' 집필 • 국민 대표 회의에서 창조파로 활동
1924년	『동아일보』에 『조선사 연구초』 연재(~1925)
1925년	무정부주의 동방 연맹에 가입
1931년	『조선일보』에 『조선 상고사』 연재
1936년	뤼순 감옥에서 순국

(3) 정인보

① 특징: 신채호의 민족주의 사관을 계승하여 민족 정신을 얼에서 찾으려 하였다. 대표적으로 단군, 세종 대왕, 이순신의 정신 등을 들었다. 광개토 대왕릉 비문을 연구하였다.

② 저서: 『동아일보』에 「5천 년간 조선의 얼」을 연재하였는데, 이후 『조선사연구』❶로 편찬되었다.

❶ 『조선사연구』

한사군의 영역, 백제의 요서 경략설, 임나일본부설의 허구성, 광개토 대왕릉 비문 연구 등을 다루었다.

정인보

정인보의 '얼'

누구나 어릿어릿하는 사람을 보면 '얼'빠졌다고 하고, '멍'하니 앉은 사람을 보면 '얼' 하나 없다고 한다. '얼'이란 이같이 쉬운 것이다. 그런데 **얼** 하나의 있고 없음으로써 그 광대(廣大)하고 웅맹함이 혹 저럴기도 하고 그 잔루(孱陋)·구차함이 이렇기도 하니, '얼'에 대하여 명찰통조(明察通眺)함은 실로 거론하기 어렵다 할 수도 있다. – 「5천 년간 조선의 얼」

(4) 문일평

① 특징: 민족 정신을 '조선심'으로 보았으며, 역사 대중화를 위해 노력하였다.

② 저서: 근대 대외 관계사를 중심으로 민족 문제를 인식하여 『대미 관계 50년사』를 저술하였다.

(5) 조선학 운동(1934)[2]

정인보, 안재홍, 문일평 등은 정약용 서거 99주년을 기념하며 『여유당전서』를 간행하였다. 이를 계기로 1930년대 중반에 조선학 운동을 전개하여 실학에서 자주적인 근대 사상과 우리 학문의 주체성을 찾으려고 하였다.

2. 신민족주의 사학

(1) 특징: 신민족주의 사학은 민족주의 사학을 계승하여 자주적 민족 국가를 수립하고자 하였다. 이를 위해서는 사회 계층 간의 대립을 지양하고 **민족 중심으로 단결**해야 함을 강조하였다.

(2) 안재홍: 신채호의 고대사 연구를 계승·발전시켜 해방 후 『조선상고사감』을 저술하였다. 이 책은 고대사와 관련된 여러 논문들을 모은 역사서이다. 또한, **극단적인 우익과 좌익을 배제하고 계급 화해**를 바탕으로 한 민족 국가의 건설을 지향하였다.

(3) 손진태: 이병도와 함께 진단 학회를 조직했으며, 민속학 분야를 연구하였다. 신민족주의를 정립했으며, 저서로는 『조선 민족사 개론』(1948) 등이 있다.

2017. 국가직 9급

손진태의 신민족주의 사학

나는 **신민족주의 입장**에서 이 글을 썼다. 왕 1인만이 국가의 주권을 전유하였던 귀족 정치기에 있어서도 민족 사상이 없었던 것은 아니요, 자본주의 사회에서도 또한 민족주의란 것이 있다. 그러나 그러한 민족 사상은 모두 진정한 의미의 민족주의는 아니었다. …… 계급 투쟁은 민족의 내부 분열을 초래할 것이며, 민족의 내쟁은 필연적으로 민족의 약화에 따르는 다른 민족으로부터의 수모를 초래할 것이다. **계급 투쟁의 길은 우리가 반드시 취해야 할 필요는 없고, 민족 균등이 실현되는 날 그것은 자연 해소되는 문제다.**

– 『조선 민족사 개론』

3. 사회·경제 사학[3]

(1) 특징: 사회·경제 사학은 **사적 유물론**[4]에 입각하여 우리 민족의 역사 과정이 세계사적인 발전 과정과 궤를 같이하고 있음을 입증하였다. 더불어 민족 내부에 있어서 계급 평등을 강조하였다.

(2) 백남운

① 특징

㉠ 사회 경제사 중시: 일제의 봉건 사회 결여론을 반박하기 위해 **사회 경제사 연구**에 집중하였다.

㉡ 식민 사학과 민족주의 사학 비판: 한국사를 세계사적 보편성 위에서 체계화하는 과정에서 식민 사학의 정체성론을 반박하였고, 민족주의 사학자들의 정신 사관도 비판하였다.

② 저서

㉠ 『조선사회경제사』(1933): 한국의 고대 경제사를 **최초로 체계적으로 정리**하였다. 백남운은 이 책에서 통일 신라와 고려를 봉건 사회로 규정하며 **봉건 사회 결여론을 반박**하였다.

㉡ 『조선봉건사회경제사』(1937): 고려 시대와 조선 시대에도 봉건 사회가 존재했음을 밝혔다.

㉢ 『조선 민족의 진로』(1946): 계급 대립이 없는 단일 국가 건설을 위한 연합성 신민주주의[5]를 제창하였다.

❷ 조선학 운동

일제의 민족 문화 말살 정책에 맞서 '문화가 살면 민족은 죽지 않는다'라는 신념 아래 운동이 전개되었다. 우리 민족의 전통 사상과 문화 속에서 민족의 고유한 특색을 찾아, 문화적으로 민족의 주체성을 유지하고자 하였다. 백남운 등 일부 사회주의 지식인들도 이 운동에 부분적으로 참여하였다.

❸ 사회·경제 사학의 특징

사회구성체 발전 단계론의 역사 인식을 바탕으로 하면서 역사 발전의 원동력을 민중에게 구했으며, 우리 역사를 유물 사관의 방법론에 맞추려고 하였다. 백남운, 이청원 등이 대표적인 인물이다.

❹ 유물 사관

사회주의 사상에 기초한 역사관으로, 역사 발전의 원동력을 정신이 아닌 물질적인 생산력과 생산 관계의 변화로 보았다.

❺ 연합성 신민주주의

농민·노동자가 중심이 되고 일부 자본가 계급을 포함한 연합 정권을 구성하여, 계급 대립이 없는 연합성 신민주주의 단일 민족국가를 건설하자는 주장이다.

2023. 지방직 9급, 2021. 법원직 9급

백남운의 역사 인식

우리 조선의 역사적 발전의 전 과정은 가령 지리적 조건, 인종학적 골상, 문화 형태의 외형적 특징 등 다소의 차이는 인정되더라도 외관적인 소위 특수성은 다른 문화 민족의 역사적 발전 법칙과 구별되어야 하는 독자적인 것이 아니며, **세계사적인 일원론적 역사 법칙에 의하여 다른 민족과 거의 같은 궤도로 발전 과정을 거쳐 온 것이다.** 그 발전 과정의 완만한 템포, 문화재상의 특수적인 농담은 결코 본질적인 특수성이 아니다.

— 『조선사회경제사』 서문

2017. 국가직 9급(하)

백남운의 『조선사회경제사』 목차

나의 조선경제사의 기도(企圖)는 사회의 경제적 구성을 기축으로 대체로 다음과 같은 제 문제를 취급하려 하였다.

제1. 원시 씨족 공산체의 태양(態樣, 잉태)

제2. 삼국의 정립 시대의 노예 경제

제3. 삼국 시대 말기 경부터 최근세에 이르기까지의 아시아적 봉건 사회의 특질

제4. 아시아적 봉건 국가의 붕괴 과정과 자본주의 맹아 형태

제5. 외래 자본주의 발전의 일정과 국제적 관계

제6. 이데올로기 발전의 총 과정

❶ 실증 사학

역사가의 주관적인 판단을 최대한 배제하고 사실을 있는 그대로 기술해야 한다는 입장에서 한국사를 연구하였다. 이들은 순수 학문을 표방하면서 식민 사학에 학문적으로 대항하려 하였다. 그러나 문헌 고증에 치우침으로써 식민 사관의 허구성 폭로 및 독립 쟁취 등을 위한 역사 인식이 부재했다는 비판적 평가도 존재한다.

4. 실증 사학❶

(1) **특징**: 철저한 문헌 고증으로 한국사를 객관적으로 서술하려 하였다. 이들은 일제 식민 사학에 맞서 한국사의 실증적 연구에 힘썼다.

(2) **진단 학회**: 이병도 등은 1934년에 **진단 학회**를 조직하고 **진단 학보**를 발간하였다.

2018. 서울시 9급(상), 2014. 경찰 1차

실증 사학

그러므로 개개가 전체에 관련하는 것은 그 개개를 조금도 변개함이 없이 전체에 관련할 수가 있다. 일개의 사건이 그 시간과 장소의 제약을 받으면서 넓게 그 시대 전체에 관련하고, 또 국민 민족의 전반에 관련하여 이해되고 다시 인간 전체의 관련에 있어서 고찰할 수 있는 것은 이 때문이다. 또 실증주의적인 사건 개개의 정밀 탐구라는 것도 시간, 장소, 인물에 대한 개별적인 탐색으로써 역사의 사실이 명백하게 되는 것은 그대로 전체 관련에서 보는데 조금도 지장될 바가 아니다. 오히려 인간 생활 전체의 이해에 있어서는 개개의 인간의 행위가 정밀하고 정확하게 알려질 것이 필요하다.

— 이상백, 『조선 문화사 연구 논고』

❷ 간송 전형필

전형필은 부친에게 물려받은 막대한 재산을 쏟아부어 국보급·보물급의 문화재들을 수집하였다. 훈민정음 해례본, 김정희·정선·신윤복·김홍도의 작품들이 국외로 반출되는 것을 지킬 수 있었다.

5. 민속학 연구의 발달

역사 연구와 병행하여 민족의 전통을 살리기 위한 민속학 연구도 활기를 띠었다. 그리하여 손진태 등에 의하여 민속학이 독자적인 학문으로 성장하였다. 한편 **전형필**❷은 우리 문화재를 보존하고, 국외 유출을 막는 데 힘썼다. 이를 위해 전 재산을 털어 문화재를 수집하였다.

구한말	1920년대		1930년대
근대 계몽 사학	민족주의 사학		사회 경제 사학
• 영웅 전기 보급 • 외국 역사서 번역 • 일제 침략 비판 – 황현 『매천야록』 – 정교 『대한계년사』 • 신채호 『독사신론』(1908) – 민족주의 사학 발판 • 현채 『동국사략』 • 조선 광문회 – 민족 고전 정리, 간행	박은식 『한국통사』, 『한국독립운동지혈사』 – "나라는 형이요, 역사는 혼이다." (국백) (국혼) – 혼이 담겨 있는 민족사의 중요성을 강조		백남운 『조선사회경제사』 – 사적 유물론에 입각 – 세계사적 보편 법칙 위에 체계화 ⇒ 정체성 이론 반박
	신채호 『조선사 연구초』, 『조선 상고사』 – 묘청의 서경 천도 운동 높이 평가 ("조선 일천년래 제1대 사건") – "역사는 아(我)와 비아(非我)의 투쟁의 기록이다." – 고대사 연구 치중, 민족주의 역사학의 기본 확립		실증주의 사학
			진단 학회(1934) – 사실을 객관적으로 밝히려 함. – 이병도, 손진태 – 문헌 고증에 치우침. ⇒ 역사 인식 부재
	정인보 – 얼 『조선사연구』 신채호의 민족 사관 계승		조선학 운동(1934)
			• 정인보, 안재홍, 문일평 • 정약용 서거 99주기 ⇒ 『여유당전서』 간행 계기 • 우리 학문의 주체성 모색
	문일평 – 조선심 『대미 관계 50년사』		

＊ 신민족주의 사학 – 안재홍의 『조선상고사감』, 손진태의 『조선 민족사 개론』

03 한글의 연구와 보급

1. 조선어 연구회(1921)

(1) 조직

이윤재, 최현배 등이 조직했으며, 한글 연구와 보급을 목적으로 하였다.

(2) 활동

한글을 연구하고, 강습회를 열어 한글의 보급과 대중화에 힘썼다. 1926년 '가갸날'을 제정하여 우리 말쓰기를 권장했으며, 『한글』이라는 잡지(기관지)를 간행하였다.

2. 조선어 학회(1931)

(1) 개편

1931년에 조선어 연구회가 조선어 학회로 확대·개편되었다.

(2) 활동❸

한글 교재를 편찬하여 국어 교육에 활용하였다. 조선어 사전 편찬을 위해 한글 맞춤법 통일안과 조선어 표준어 제정, 외래어 표기법 통일안을 만들었다. 또한 『우리말 큰 사전』의 편찬을 시도하였으나, 일제의 방해로 성공하지는 못하였다(해방 이후 한글 학회에서 『우리말 큰 사전』 완간).

(3) 조선어 학회 사건(1942)❹

일제는 조선어 학회와 이에 관계된 인사들이 항일 독립운동을 전개하였다는 구실로 치안 유지법을 적용하여 총 29명을 구속하였다. 이 사건으로 조선어 학회는 일제에 의해 강제 해산되었다.

❸ 조선어 학회의 활동

『동아일보』의 브나로드 운동을 지원 했으며, 한글 강습 교재를 만들어 문 맹 퇴치 운동에 적극 참여하였다.

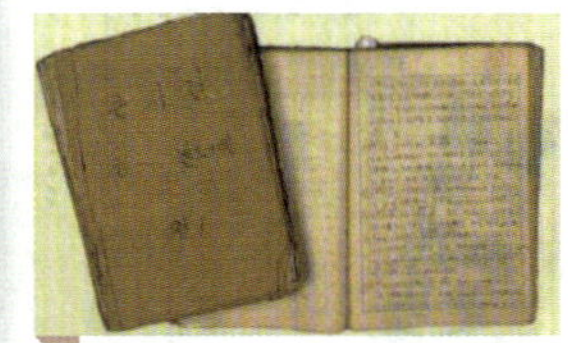

『우리말 큰 사전』 원고

조선어 학회 회원들

❹ 조선어 학회 사건

기차 안에서 박영옥이라는 여학생과 그 친구가 태극기와 한글을 사용한 것을 경찰이 목격하면서 벌어진 함 흥 여학생 사건에서 시작되었다. 고 문 도중 조선어 학회가 연루되면서 일제는 1942년 10월 조선어 학회를 독립운동 단체로 간주하여 이윤재, 이극로, 최현배 등 회원들을 체포· 투옥하였다.

04 문학 활동

1. 1910년대의 문학 [1]

(1) 최남선

신체시를 발표하여 근대시 발전에 공헌하였다. 특히 그는 『소년』이라는 잡지를 발간하여 **언문일치의 우리말 문장을 구사**하는 데 선구적 역할을 하였다.

(2) 이광수

1917년에 최초의 장편 소설인 「무정」을 매일신보에 연재하였다.

2. 1920년대의 문학

(1) 동인지의 간행

① 배경: 3·1 운동 이후 동아일보와 조선일보 등 우리말 신문과 일부 잡지들의 발간이 허용되었다.

② 성격: 『창조』, 『폐허』, 『백조』 등 동인지가 발간되었다. 이들은 예술성을 추구하여 자연주의, 낭만주의 문학을 지향하였다. 한편, 식민지 현실 문제에 대해서는 소극적이며 도피적인 경향을 띠었다.

(2) 근대 문학의 발전

① **사실주의 문학**: 1920년대 사회 현실을 사실적으로 묘사하는 문예 활동을 활발하게 전개하였다.

② **대표적 작가**: 소설가로는 김동인, 현진건(「운수좋은 날」) 등이 있고 시인으로는 김소월(「진달래꽃」), 한용운(「님의 침묵」) 등이 있다.

(3) 신경향파 문학(프로 문학) [2] 의 등장

① **특징**: 사회주의의 영향을 받아 문학의 사회적 실천을 강조했으며, 계급 의식을 고취하였다.

② **활동**: 임화·김기진·홍명희 [3] 등은 카프(KAPF)라는 문학 단체를 결성하여 활동하였다.

(4) 국민 문학 운동

신경향파 문학에 대항하여 민족주의 계열에서는 국민 문학 운동을 전개하였다.

---

❶ 1910년대 문학의 성격

근대 의식을 심어주려는 계몽주의적 성향을 띠고 있었다.

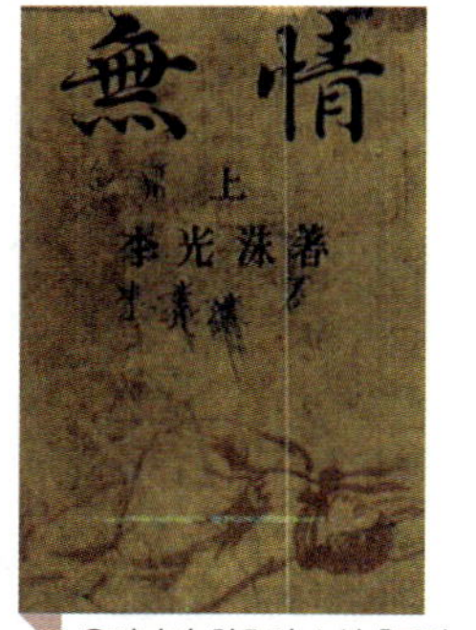

우리나라 최초의 소설, 「무정」

각종 동인지들(『개벽』, 『신천지』, 『문장』, 『문예시대』)

❷ 신경향파 문학

1920년대 중반 민중 생활에 관심을 기울인 신경향파 문학이 대두하여 식민 통치에 대한 저항 문학으로 발전하였다. 순수 예술을 표방하는 문인들의 각성을 촉구하면서 문학이 현실과 생활을 반영할 것을 강조하였다.

❸ 벽초 홍명희

1920년대 초반에는 동아일보 편집장을 지냈다. 시대일보 사장으로 신간회 창립에 관여하여 부회장에 선임되었다. 역사 소설 임꺽정을 1928년부터 조선일보에 연재했으나, 수차례 중단되고 결국 광복 이후 미완성인 채로 간행되었다.

3. 1930년대의 문학

일제는 저항적인 문학 활동을 철저히 탄압하고 친일 문학 활동을 적극 조장하였다.

(1) 순수 문학

1930년대 사실주의 문학이나 신경향파 문학에 대한 일제의 탄압으로, 순수 문학 작품이 많이 나타났다. '시문학'의 동인인 정지용과 김영랑이 대표적이다.

(2) 친일 문인들의 활동

최남선, 이광수 등의 친일 문인들은 **일본의 침략 전쟁과 한국인 전쟁 동원을 찬양**하였다.

(3) 항일 문인들의 활동

이육사, 윤동주 등은 민족의 양심을 지키며 저항 의식을 담은 작품 활동을 하였다. 이들은 일본 경찰에 체포되어 옥사하였다.

4. 1940년대의 문학

1940년대에 들어와 일제가 민족 말살 정책을 더욱 강화하면서 한국 문단은 암흑기에 빠졌으며, 친일 문인들은 대동아 공영권 건설을 찬양하는 등 친일 매국 활동을 전개하였다.

이육사

윤동주

친일 문학

마쓰이 히데오!
그대는 우리의 오장. 우리의 자랑.
……

우리의 땅과 목숨을 뺏으러 온
원수 영미의 항공모함을
그대. 몸뚱이로 내려쳐서 깨었는가?
……

장하도다.
우리의 육군 항공 오장 마쓰이 히데오여

– 서정주, 「오장 마쓰이 송가」

항일 문학

지금 눈 내리고
매화 향기 홀로 아득하니
내 여기 가난한 노래의 씨를 뿌려라

다시 천고의 뒤에
백마 타고 오는 초인이 있어
이 광야에서 목놓아 부르게 하리라.

– 이육사, 「광야」

05 문화·예술 활동

1. 음악

(1) 1910년대

국권 강탈 이후 학도가, 망국가, 한양가 등 한말에 등장하였던 창가가 한동안 유행하였다. 이 노래들은 망국인의 상심을 달래는 저항적 성격을 띠어 널리 애창되었다.

(2) 1920년대

우리의 창작 음악이 가곡과 동요의 형태로 나타났다. 홍난파는 '봉선화'를 작곡하여 식민지 시기 한국의 비운을 한 송이 봉선화에 비유하여 한국인의 심정을 대변하였다. 동요로는 윤극영의 '반달'이 등장하여 우리 민족의 심금을 울렸다.

윤극영

김관호의 '해질녘'

이중섭의 '소'

나운규

(3) 1930년대❶

미국과 독일에서 음악 활동을 하던 안익태가 '코리아 환상곡'❷을 작곡했는데(1935), 이 코리아 환상곡 말미에 **애국가 합창**을 넣었다.

2. 미술: 전통적인 한국화와 근대 개항기에 유입된 서양화도 함께 발전하였다.

(1) **대표적 작가**: 대표적인 화가로는 안중식·고희동·이중섭 등이 있다.

　① **한국화**: 안중식 등이 한국의 전통 회화를 계승 발전시켰다.

　② **서양화**: 고희동·나혜석 등은 일본 유학생 출신으로, 서양화에서 독특한 경지를 이루었다.

　③ **이중섭**: 1940년대 이후 이중섭은 소를 소재로 한 그림을 많이 그렸다.

(2) **1920년대**

사회주의의 영향을 받아 프로 예술 동맹이 창립되었으나 1935년에 해산되었다.

(3) **미술계의 친일화**

일제의 강요에 의하여 일본 제국주의와 침략 전쟁을 찬양하는 화가들이 많이 생겨났다.

3. 연극

(1) **1910년대**

일본풍의 **신파극**이 유행하였다. 이수일과 심순애의 사랑을 주제로 한 '장한몽'이 대표적이다.

(2) **1920년대**

1923년에 도쿄 유학생들이 토월회❸를 조직하여 본격적인 신극 운동을 전개하였다.

(3) **1930~1940년대**

　① **극예술 연구회**: 극예술 연구회가 조직되어 민족적 비극을 그린 유치진의 '토막' 등을 상연하였다.

　② **동양 극장(1935)**: 동양 극장은 최초의 연극 전용 극장으로 유랑 극단화된 신파극을 정착시켰다.

　③ **연극계의 친일화**: 1940년대 일본 군국주의를 찬양하는 연극 이외에는 공연할 수 없었다.

4. 영화

(1) **1920년대**

1926년 나운규가 민족의 정서를 바탕으로 식민지 현실의 아픔을 표현한 **영화 '아리랑'**❹을 제작·발표하였다.

(2) **1930~1940년대**

변사가 대사를 읽던 무성 영화를 대신하여 유성 영화가 제작되었다. 중·일 전쟁 이후 일제는 영화를 전시 체제의 옹호와 선전 수단으로 사용했으며, 1940년 조선 영화령을 제정하여 조선 영화의 제작·배급·상영 등을 통제하였다.

5. 스포츠·체육

야구, 축구 등 스포츠가 점차 보급되었다. 1920년에 조선 체육회가 설립되면서 제1회 전 조선 야구 대회가 개최되었고, 1929년부터는 경성 축구단과 평양 축구단이 경·평 축구 대회를 개최하였다.

6. 문화·예술 활동의 탄압

중·일 전쟁 이후 일제는 각종 문화·예술 활동을 통제하고, 침략 전쟁과 일제의 식민 통치를 찬양하도록 강요하였다.

제2회 경평 축구 대회

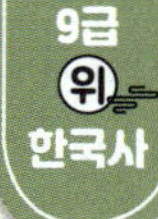

모던 걸과 모던 보이

혈색 좋은 흰 피부가 드러날 만큼 반짝거리는 엷은 양말에, 금방 발목이나 삐지 않을까 보기에도 조마조마한 구두 뒤로 몸을 고이고, 스커트 자락이 비칠 듯 말 듯한 정강이를 지나는 외투에 단발 혹은 미미가쿠시(당시 유행하던 머리모양)에다가 모자를 푹 눌러 쓴 모양 …… 분길 같은 손에 경복궁 기둥 같은 단장을 휘두르면서 두툼한 각테 안경, 펑퍼짐한 모자, 코 높은 구두를 신고 …… — 「별건곤」 1927년 12월호

모던 걸과 모던 보이는 1920년대에서 1930년대의 경성의 신식 여성과 남성을 가리킨다. 이들은 영화 속 주인공의 머리모양이나 옷차림을 따라 하는가 하면 주로 단발과 양장, 양복 차림으로 거리를 활보하였다. 모던 걸과 모던 보이는 「신여성」, 「삼천리」 등의 잡지에서 유행하던 일제 강점기 도시의 소비문화를 이끌어가는 새로운 상징이었으며, 서양 문화의 유입으로 형성된 1920~1930년대의 자본주의적 소비문화를 대표하였다.

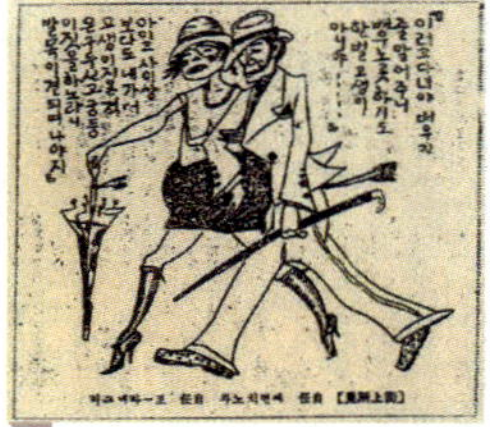
모던 걸·모던 보이 풍자 만평

대표 기출문제

㉠을 비판한 사례로 가장 옳은 것은?

2023. 법원직 9급

근세 조선사에서 유형원·이익·이수광·정약용·서유구·박지원 등 이른바 '현실학파(現實學派)'라고 불러야 할 우수한 학자가 배출되어, 우리의 경제학적 영역에 대한 선물로 남겨준 업적이 결코 적지 않다. …… ㉠ <u>후쿠다 도쿠조(福田德三)는 조선에서 봉건 제도의 존재를 전면적으로 부정했다</u>는 점에서 그에 승복할 수 없는 것이다.

① 백남운이 『조선사회경제사』를 저술하였다.
② 이병도, 손진태 등이 진단 학보를 발간하였다.
③ 조선사 편수회 인사들이 청구 학회를 결성하였다.
④ 신채호가 대한매일신보에 「독사신론」을 연재하였다.

해설

제시된 자료는 백남운이 저술한 『조선사회경제사』의 서문이다. ① 일제는 우리나라가 개항 이전까지 고대 사회의 수준에 정체되어 있으며 봉건 사회로 나아가지 못했다고 보았다(정체성론). 백남운은 『조선사회경제사』를 통해 통일 신라와 고려를 봉건 사회로 규정하며 이러한 봉건 사회 결여론을 반박하였다. ②③④ 밑줄 친 정체성론(봉건 사회 결여론)과는 관련없는 내용들이다.

정답 ①

8

현대 사회의 발전

CHAPTER 1 광복과 대한민국의 수립

01강 8 · 15 광복과 대한민국의 수립

- **1** 해방 전후의 상황
- **2** 좌우 대립과 좌우 합작 운동
- **3** 단독 정부 수립 결정과 반대
- **4** 대한민국 정부의 수립
- **5** 북한 정권의 수립

02강 6 · 25 전쟁

- **1** 6·25 전쟁의 발발
- **2** 휴전과 전후 복구

解·法·기·출·진·맥

9급 국가직

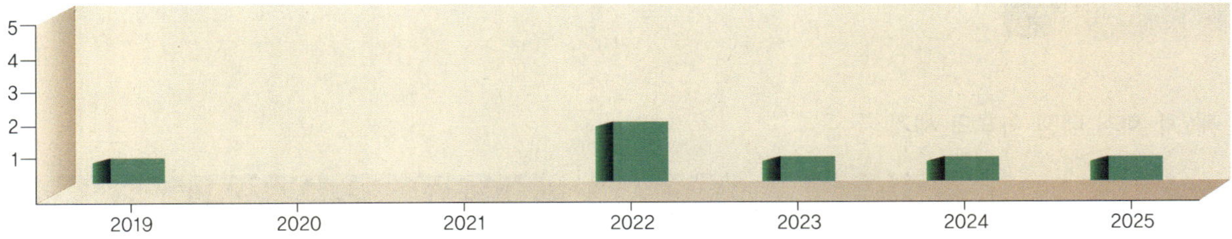

출제 경향 오버뷰 ▸ 최근 4년간 1문제 이상씩 출제되고 있음. 정부 수립 과정, 김구

9급 지방직

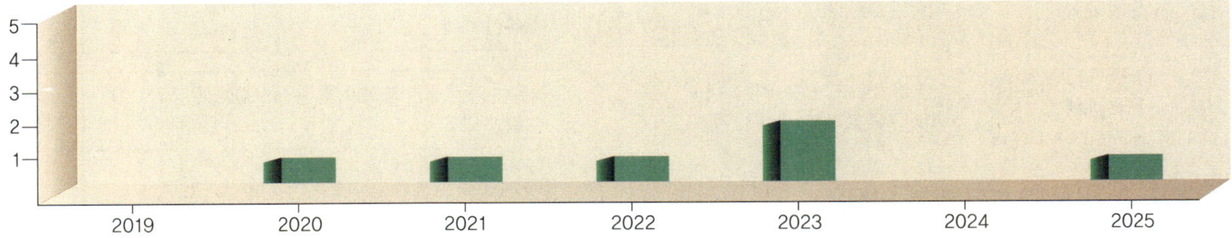

출제 경향 오버뷰 ▸ 거의 매년 1문제 이상씩 출제되었으나 2024년에는 출제되지 않음. 정부 수립 과정, 반민족 행위 처벌법

9급 법원직

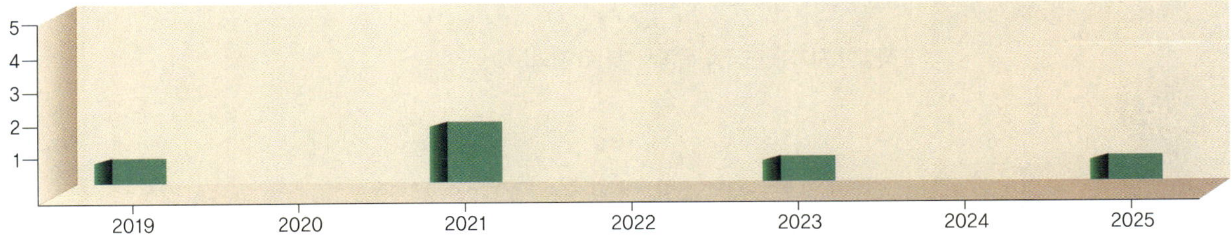

출제 경향 오버뷰 ▸ 거의 2년에 1번 이상씩 출제되고 있음. 정부 수립 과정, 김구

01강 8·15 광복과 대한민국의 수립

解/法 기출분석

구 분		2008~2018	2019	2020	2021	2022	2023	2024	2025
9급	국가직	•모스크바 3상 회의(3) •정부 수립 과정(3) •반민법 •이승만과 김구 •북한사	정부 수립 과정			•김구 •제헌 국회	정부 수립 과정	정부 수립 과정	제헌 헌법
	지방직	•카이로 선언 •건국 준비 위원회 •정부 수립 과정(6) •반민법(2) •김구		정부 수립 과정	정부 수립 과정	반민법	정부 수립 과정		
	법원직	•정부 수립 과정(6) •이승만과 김구 •김구	좌우 합작 위원회		•정부 수립 과정 •조선 건국 준비 위원회				5·10 총선거

解法요람

제2차 세계 대전 이후의 세계

	배 경	내 용
냉전 성립	**트루먼 독트린**(1947), 마샬 계획	자유주의 진영과 공산주의 진영의 대립 ⇒ **분단, 6·25 전쟁**(1950), 베트남 전쟁(1965~1973)
냉전 완화	**닉슨 독트린**(1969)	닉슨의 중국 방문(1972), 미군의 베트남 철수(1973) ⇒ **유신 체제**
냉전 해체	고르바초프의 개혁, 개방 정책 (정치 민주화, 시장 경제 도입)	동유럽 공산 정권 붕괴, 독일 통일(1990), 소련 해체(1991) ⇒ **북방 외교**

한반도 관련 국제 회의(광복 이전)

1943년

11月 카이로 회담(미·영·중) — **최초** 한국 독립을 약속한 회담

"**적절한 시기**에 한국을 독립시키기로 결의"

1945년

2月 얄타 회담(미·영·소) — 소련의 대일 참전 결의, 신탁 통치안 처음 제안

7月 포츠담 선언(미·영·소·중) — 카이로 회담 내용을 재확인

대한민국의 수립 과정

1945년

8月 해방
대한민국 임시 정부, 조선 독립 동맹, 조선 건국 동맹(1944)

건국 준비 **위**원회(여운형, 안재홍, 중도 우파와 중도 좌파 결집: 좌우 합작)

9月 군정

북 : 소련 – 간접 통치: 인민 위원회 활동 인정, 김일성 세력의 권력 장악을 지원

남 : 미국 – 직접 통치: 건국 준비 위원회와 조선 인민 공화국 부정, 충칭 임시 정부 부정

12月 모스크바 3상 회의
⇨ 임시 정부 구성, 미 · 소 공동 위원회 설치, 신탁 통치 결정
⇨ 신탁 통치 반대 운동
⇨ 반탁 vs 회의 결정안 지지 ⇨ 좌우익 대립 격화

1946년

3月 1차 미·소 공동 위원회
결렬(임시 정부에 참여할 단체의 자격과 범위를 놓고 이견)

6月 이승만의 정읍 발언
"남쪽만이라도 임시 정부 혹은 위원회를 조직하자."(단정론 주장)

7月 좌우 합작 위원회
김규식, 여운형 좌우 합작 운동 전개, 이승만 · 김구 · 박헌영 계열 불참
미군정 지지 이후 지지 철회
10월 좌우 합작 7원칙 발표
12월 남조선 과도 입법 의원(김규식) ⇨ 남조선 과도 정부 설치(안재홍, 1947. 5.)

1947년

5月 2차 미·소 공동 위원회
미 · 소 냉전으로 결렬
⇨ 9月 유엔에 한반도 문제 상정: 미국

11月 유엔 총회
인구 비례에 의한 남북한 자유 총선거 결의(유엔 감시단 입국하)

1948년

1月 유엔 감시단 입국
소련 측이 유엔 한국 임시 위원단 입북 거부, 남측만 입국

2月 유엔 소총회
유엔 한국 임시 위원단 활동이 가능한 지역(분단 의미)에서만이라도 선거 실시 결의

4月 단독 선거 반대

남북 협상파 : 김구, 김규식 등 남북 연석회의(평양) 개최: 구체적 방안 X

제주 4 · 3 사건 : 무고한 양민 희생, 10 · 19 여수 · 순천 반란 사건

5月 5·10 총선거
⇨ 남한만의 총선거 실시(남북 협상파, 공산주의자 불참), 제헌 국회(1대 국회)

7月 헌법 제정
⇨ 대통령 중심제, 대통령 국회 간선

8月 대한민국 정부 수립
⇨ 국회에서 이승만을 대통령으로 선출

9月 반민족 행위 처벌법 제정
⇨ 10月 반민족 행위 특별 조사 위원회

01 해방 전후의 상황

1. 국제 정세의 변화

(1) 카이로 회담(1943. 11.)
  ① 참가국: 미국(루즈벨트), 영국(처칠), 중국(장제스)이 카이로에서 전후 처리 문제를 논의하였다.
  ② 내용: "한국 민중의 노예 상태에 유의하여 **적절한 시기에**(혹은 적당한 절차를 밟아, in due course) 한국을 자유 독립시키기로" 결의하였다. 이는 **최초로 한국의 독립을 약속한 회담**이다.

(2) 얄타 회담[1](1945. 2.): 미국(루즈벨트), 영국(처칠), 소련(스탈린)이 얄타에서 회담을 열었다. 여기서 소련군의 대일전 참전이 결정되었다. 또한, 스탈린과의 회담에서 루즈벨트는 한반도 신탁 통치안을 처음으로 제안하였다.

(3) 포츠담 선언[2](1945. 7.): 독일이 항복한 후 미국(트루먼), 영국(애틀리), 소련(스탈린), 중국(장제스)의 정상들이 독일 포츠담에서 카이로 회담의 내용(한국의 독립)을 재확인하였다.

카이로 회담에 참석한 미·영·중 대표들

❶ 얄타 회담
얄타 회담이 전개되던 2월 8일에 미국의 루즈벨트 대통령은 스탈린에게 20~30년간의 한반도 신탁 통치안을 처음으로 제안하였다. 루즈벨트는 50년간 필리핀을 통치했던 경험을 설명하면서, 한국은 20~30년 정도의 기간이 필요할지도 모른다고 하였다. 이에 스탈린은 그 기간이 짧을수록 좋을 것이라고 답하였다.

❷ 포츠담 선언
연합국은 일본에 무조건 항복을 요구하고, 카이로 선언의 모든 조항이 이행되어야 한다고 발표하였다. 그러나 일본은 연합국의 항복 요구를 무시하였다. 그러자 미국은 일본에 원자 폭탄을 투하하였다.

고등사료 百出
2018. 서울시 9급(상), 2017. 지방직 9급(하), 2017. 서울시 9급, 2016. 국가직 7급

카이로 선언(1943. 11.)
우리 동맹국은 일본이 제1차 세계 대전 이후에 탈취하거나 점령한 태평양의 도서 일체를 박탈할 것과 만주, 팽호도와 같이 일본이 청국에게서 빼앗은 지역을 모두 중화민국에 반환할 것을 목표로 한다. …… 그리고 우리 세 나라는 **현재 한국 국민이 노예 상태하에 있음을 유의하여 적당한 시기에 한국을 자주·독립 국가로 할 결의를 가지고 있다.**

포츠담 선언(1945. 7.)
1. 미국, 중국, 영국은 일본에 대하여 전쟁의 종결을 위한 기회를 주기로 했다.
8. **카이로 선언의 여러 조항은 이행되어야 하며**, 또한 일본국의 주권은 혼슈, 홋카이도, 규슈, 시코쿠와 연합국이 결정하는 여러 작은 섬들에 국한될 것이다.

2. 우리 민족의 건국 준비 활동
독립운동 세력들은 일제의 패배를 예상하고 광복 이후 새로운 국가 건설(보통 선거에 의한 민주 공화국 수립)을 위한 준비 작업을 하였다.

(1) 대한민국 임시 정부
임시 정부는 **삼균주의에 바탕을 둔 건국 강령**❸을 만들었다(1941). 또한 1942년 조선 민족 혁명당까지 받아들여 좌·우익을 아우르는 **민족 연합 전선**을 형성하였다.

(2) 화북 조선 독립 동맹❹
1942년 중국의 화북 지방에서 결성됐으며, **김두봉**을 주석으로 하였다. 군사 조직으로 **조선 의용군**을 두어 중국 공산당의 팔로군과 함께 대일 항전을 전개하였다.

❸ 대한민국 건국 강령
주요 내용으로는 헌법의 실시, 경자유전의 토지 제도, 보통 선거 제도와 의무 교육의 실시, 정치·경제·교육의 균등 실현 등이 있다.

❹ 화북 조선 독립 동맹의 건국 강령
기업의 국유화·토지 분배·국민 의무 교육·8시간 노동제·남녀평등 등을 주장하였다.

(3) 조선 건국 동맹

여운형은 1944년 국내에서 조선 건국 동맹을 비밀[5]리에 조직하였다. 전국 10여 지역에 조직을 두었으며, 국외 독립운동 단체와 연결을 시도하였다.

3. 해방

(1) 배경: 1945년 8월 15일 일제가 연합국에게 무조건 항복하면서 2차 세계 대전은 연합국의 승리로 끝났다. 이에 우리 민족은 광복을 맞이했는데, **국내외에서 전개한 독립 투쟁의 결실**이기도 하였다.

(2) 일제와의 협상[6]: 정무총감 엔도는 **여운형과 협상**을 가졌다. 엔도는 치안 유지와 일본인들의 귀국 때까지 그들의 안전(보호)을 요청하였고, 이에 여운형은 5개의 조건을 제시하여 타협을 보았다.

고등사료 百出

2020. 국가직 7급

여운형이 조선 총독부에 제시한 조건

1. 전 조선의 정치범, 경제범을 즉시 석방하라.
2. 집단 생활지인 경성의 식량을 8, 9, 10월 3개월분을 확보하라.
3. 치안 유지와 건설 사업에 아무 구속과 간섭을 말라.
4. 조선에서 추진되는 학생의 훈련과 청년의 조직에 간섭하지 말라.
5. 전 조선에 있는 각 사업장의 노동자들을 우리 건설 사업에 협력시키며 아무런 괴로움을 주지 말라.

4. 해방 이후 남한의 정세

(1) 건국 준비 위원회(1945. 8. 15.)

① **조직**: 광복 직후 여운형, 안재홍 등은 조선 건국 동맹을 모체로 좌우 연합의 조선 건국 준비 위원회를 조직하였다. 친일 세력을 제외한 각계각층을 망라했으나, 송진우를 비롯한 보수 우파 민족주의자들은 참여하지 않았다.

② **활동**: 국내의 치안을 담당하기 위해 각지에 **치안대**를 설치하였다. 또한, 북한 지역을 포함한 전국에 145개의 지부를 조직하여 행정 업무를 담당하였다.

③ **조선 인민 공화국의 선포(1945. 9. 6.)**: 건국 준비 위원회는 미군의 진주(9월 8일)에 대비해 협상에서 유리한 입장을 차지하기 위해 건국 준비 위원회를 해체하고, 전국 인민 대표 회의에서 **조선 인민 공화국을 선포**하였다. 이승만을 주석·여운형을 부주석으로 임명했으며, 전국 각 지방에 인민 위원회를 설치하였다.

④ **세력 약화**: 박헌영을 중심으로 한 좌익 계열이 주도권을 장악하자, 이에 실망한 안재홍 등 우익 세력이 이탈하였다. 또한 미군정도 조선 인민 공화국을 부정[7]하였다.

광복의 기쁨

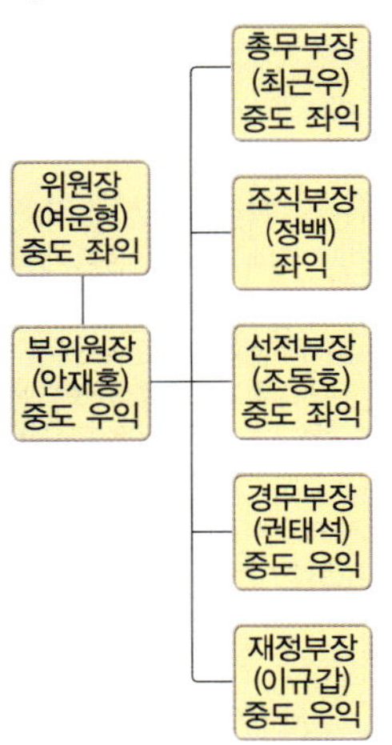

✎ 조선 건국 준비 위원회 조직도

고등사료 百出

조선 건국 준비 위원회

〈선언〉

우리의 당면 임무는 **완전한 독립과 진정한 민주주의 확립**을 위하여 노력하는 데 있다. …… **본 준비 위원회**는 우리 민족을 진정한 민주주의적 정권에로 재조직하기로 한 **새 국가 건설의 준비 기구**인 동시에 **모든 진보적 민주주의적 세력을 집결**하기 위하여 각층 각계에 완전히 개방된 통일 기관이요.

〈강령〉

1. 우리는 **완전한 독립 국가의 건설**을 기함.
2. 우리는 전민족의 정치적·사회적 기본 요구를 실현할 수 있는 민주주의 정권의 수립을 기함.
3. 우리는 일시적 과도기에 있어서 **국내 질서를 자주적으로 유지**하여 대중 생활의 확보를 기함.

(2) **한국 민주당**: 조선 건국 준비 위원회에 가담하지 않은 **송진우, 김성수** 등의 민족주의 세력은 대한민국 임시 정부를 지지한다고 선언하고 한국 민주당을 창당(1945. 9.)하였다. 그러나 미군 진주 이후 한국 민주당은 **미군정청과 긴밀한 관계를 유지**하였다.

(3) **독립 촉성 중앙 협의회**: 1945년 10월 한국 민주당·국민당 등 수많은 단체들이 참여하여 구성된 것으로, 이승만을 총재로 추대하였다.

(4) **한국 독립당**: 미군정이 임시 정부를 승인하지 않았기 때문에 **김구**와 임시 정부 요인들은 **개인 자격**으로 귀국하였다(1945. 11.). 이후 이들은 한국 독립당을 중심으로 활동하였다.

(5) **국민당(조선 국민당)**: **안재홍** 등 중도 우파 세력이 조직하였다. 좌·우 협력과 각 계급의 단결을 강조했으며, 신민주주의·신민족주의❶를 내세우고 임시 정부를 지지하였다.

(6) **조선 인민당(이후 근로 인민당)**: 중도 좌파 세력인 **여운형**이 결성한 정당이다(1945. 11.). 민주주의 국가의 건설과 민족 역량의 총집결을 주장하였다.

(7) **민족 자주 연맹**: 좌우 합작 운동 실패 후 **김규식을 중심으로 조직**되어 중도파 세력들을 결집하였다. 또한 남북 연석회의를 주도했으며, 단독 정부 수립을 반대하였다.

(8) **남조선 신민당**❷: 백남운이 중도 좌파 세력들과 조직한 정당이다.

❶ **신민주주의와 신민족주의**

안재홍이 주장한 이론이다. 극좌와 극우를 배격하고 통합된 민족 국가를 건설하려 하였다.

❷ **조선 신민당**

조선 신민당은 1946년 평양에서 창당된 정당으로, 이원적으로 운영되었다(김두봉의 북조선 신민당, 백남운의 남조선 신민당). 이후 북조선 신민당은 북조선 노동당으로, 남조선 신민당은 남조선 노동당으로 개편되었다.

❸ **8월 테제**

해방 직후 박헌영은 8월 테제를 발표하여 민족적 완전 독립, 토지 혁명 등을 주장하였다. 이후 좌익 계열의 지침서가 되었다.

❈ **해방 직후의 주요 정치 지도자**

구분	박헌영❸	여운형	안재홍	김규식	김구	이승만	김성수
정당	조선 공산당	조선 인민당	국민당	민족 자주 연맹	한국 독립당	독립 촉성 중앙 협의회	한국 민주당
경력	공산주의 활동	임시 정부	신간회	임시 정부	임시 정부	임시 정부	동아일보 사장
		건국 준비 위원회					
		좌우 합작 운동					
성향	좌파	중도 좌파	중도 우파		우파		
토지 개혁	무상 몰수 무상 분배	무상 몰수		국유화	유상 몰수 유상 분배		
친일파 처리	즉시 처단				처단 반대		

1. 미·소 군정의 남북한 분할 통치

(1) 배경: 소련군은 1945년 8월 한반도에 진입하여 북부 지역을 빠르게 점령해 나갔다. 미국은 소련의 한반도 단독 점령을 막기 위해 소련에 38도선[4]을 기준으로 한 분할 점령을 제안하였다.

(2) 군정의 실시: 미·소 양군이 각각 38도선 남북에 진주[5]하면서 군정이 실시되었다.

  ① 미군정[6]: 미군은 군정을 선포하고 직접 통치 방식을 취하였다. 총독부 체제를 그대로 활용했으며, 또한 인민 공화국·임시 정부 등 한국인이 만든 모든 조직을 인정하지 않았다.

  ② 소련 군정[7]: 소련군은 각지에 설치된 인민 위원회의 자치를 인정하는 간접 통치 방식을 취하였다. 이후 김일성 등 사회주의 세력이 정권을 장악할 수 있도록 지원하였다.

고등사료 百出　　　　　　　　　　　　　　　　　　　　　　　　　　2012. 법원직 9급

미군정 선포(태평양 방면 미 육군 총사령관 맥아더 포고령 1호)

제1조　북위 38도선 이남의 조선 영토와 조선 인민에 대한 통치의 모든 권한은 당분간 본관의 권한하에 시행한다.

제2조　정부 등 모든 공공사업 기관에 종사하는 유급, 무급 직원과 고용인, 그리고 기타 중요한 제반 사업에 종사하는 자는 **별도의 명령이 있을 때까지 종래의 정상 기능과 업무를 수행할 것**이며, 모든 기록 및 재산을 보존·보호하여야 한다.

제3조　주민은 본관 및 본관의 권한하에서 발포한 명령에 즉각 복종하여야 한다. **점령군**에 대한 모든 반항 행위 또는 공공 안녕을 교란하는 행위를 감행하는 자에 대해서는 용서없이 엄벌에 처할 것이다.

---

2. 모스크바 3국 외상 회의(1945. 12.)

(1) 배경: 1945년 12월에 미국, 영국, 소련의 외상은 모스크바에서 한반도 문제를 협의하였다.

(2) 과정

  ① 미국: 최고 10년 동안 신탁 통치를 제안하였다.

  ② 소련: 임시 정부 수립과 미·소 공동 위원회 개최, 한국의 정당 및 사회단체의 참여를 제안하였다.

(3) 결정: 미·소는 서로의 주장을 절충하여 '한국 문제에 관한 4개항의 결의서'를 결정하였다. 미·소 공동 위원회와 한국의 민주적 정당·사회 단체들이 협의하여 **임시 민주 정부를 수립**한 뒤에 최고 5년 동안 미·영·중·소의 4개국에 의한 신탁 통치 실시를 결정하였다.

고등사료 百出　2017. 서울시 9급, 2016. 국가직 9급, 2014. 서울시 7급, 2013. 경찰 1차, 2011. 국가직 9급, 2010. 서울시 7급, 2007. 국가직 9급

모스크바 3국 외상 회의 결정서(한국 문제에 관한 4개항의 결의서)

1. 조선을 독립 국가로 재건설하며 조선을 민주주의적 원칙하에 발전시키는 조건을 조성하고 일본의 장구한 조선 통치의 참담한 결과를 가급히 속히 청산하기 위하여 …… **임시 조선 민주주의 정부를 수립**할 것이다.

2. 조선 임시 정부 구성을 원조할 목적으로 먼저 그 적절한 방책을 연구·조성하기 위하여 남조선 미국 점령군과 북조선 소련 점령군의 대표자들로 **공동 위원회**가 설치될 것이다.

3. 공동 위원회는 조선 임시 정부와 협의하여 **미·영·소·중 4국 정부가 최고 5년 간의 신탁 통치** 협약을 작성하는 데 공동으로 참작할 수 있도록 제출하여야 한다.

❹ 38도선

처음에 38도선은 미국과 소련에 의해 그려진 군사적 경계선이었다. 그러나 미·소 군정의 실시와 한국 전쟁으로 인해 민족의 분단선이 되고 말았다.

❺ 미·소 양군의 진주

미 육군 태평양 총사령관 맥아더가 내린 포고령 1호를 통해 미소 양군의 한반도 진주를 공식 확정하였다.

❻ 미군정

미군정은 1945년 9월 9일부터 1948년 8월 15일까지 3년간 통치하였다.

❼ 소련 군정

소련 당국은 인민 위원회에 행정권을 위임하는 등 간접 지배를 표방하였다. 그러나 소련군 사령부가 이들 기구를 배후에서 조종하면서 사실상의 군정을 실시하였다.

우익 세력은 강대국에 의한 신탁 통치를 또 다른 식민 지배로 보고 강력히 반대하였다.

✎ 동아일보의 오보

모스크바 3국 외상 회의의 결과가 공식적으로 발표되기 전에 동아일보에서 "미국은 한국의 즉시 독립을 제안한 반면, 소련은 신탁 통치를 주장하였다."라고 잘못 보도하였다.

신탁 통치 반대 운동(우익)

모스크바 3국 외상 회의 결정 지지 운동(좌익)

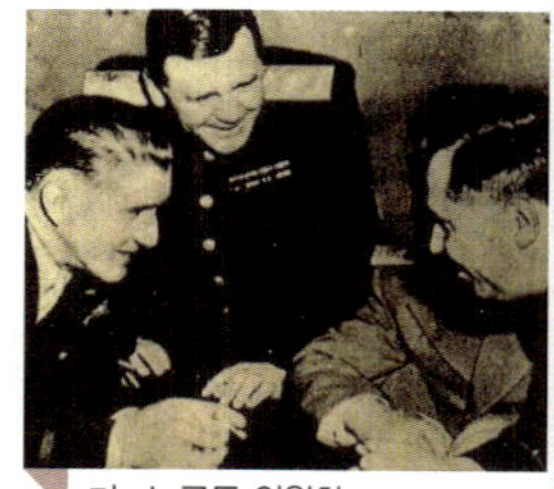
미·소 공동 위원회

(4) 신탁 통치에 대한 입장

① 우익 세력: 신탁 통치는 한국의 독립을 부정하는 결정이라고 비판하며 반탁 운동❶을 펼쳤다. 김구 등 임시 정부의 인사들은 신탁 통치(탁치) 반대 국민 총동원 위원회를 결성했으며, 이승만과 한국 민주당 등 우익 세력들도 참가하였다.

② 좌익 세력: 좌익 세력은 처음에 신탁 통치에 반대하는 입장을 취하였다. 그러나 통치안의 본질이 민주적인 임시 정부의 수립에 있다고 보고, 모스크바 3국 외상 회의 결정 지지로 입장을 바꾸었다.

③ 중도 세력: 김규식과 여운형 등 중도 세력은 모스크바 3국 외상 회의의 결정을 지지하되, 신탁 통치 문제는 임시 정부 수립 후 결정해야 한다는 입장이었다.

④ 결과: 좌·우 대립이 더욱 격화되었다. 반탁 운동은 즉시 독립을 원하는 다수 국민들의 지지를 얻을 수 있었다. 이에 우익은 세력 기반을 확대하였고, 좌익은 국민의 지지를 상실하였다.

고등사료 百出

2012. 지방직 9급

신탁 통치 반대 국민 총동원 위원회의 반탁 시위 선언문

카이로·포츠담 선언과 국제 헌장으로 세계에 공약한 한국의 독립 부여는 금번 모스크바에서 개최한 3국 외상 회의의 신탁 관리 결의로 수포로 돌아갔으니 다시 우리 3천만은 영예로운 피로써 자주독립을 획득하지 아니하면 아니 될 단계에 들어섰다. 동포여! 8·15 이전과 이후, 피차의 과오와 마찰을 청산하고서 우리 정부 밑에 뭉치자. 그리하여 그 지도하에 3천만의 총 역량을 발휘하여서 **신탁 관리제를 배격하는 국민 운동을 전개**하여 자주독립을 완전히 획득하기까지 3천만 전 민족의 최후의 피 한 방울까지라도 흘려서 싸우는 항쟁 개시를 선언한다.

조선 공산당 중앙 위원회의 모스크바 3국 외상 회의 지지 담화문

모스크바 3국 외상 회의의 결정을 신중히 검토한 결과 이번 회담은 세계 민주주의 발전에 있어서 또 한 걸음 진보이다. …… 세계 평화와 민주주의적 국제 협조의 정신하에서만 조선 문제가 해결되어야 한다. 카이로 회담이 조선 독립을 적당한 시기에 준다는 것인데, **이 적당한 시기라는 것이 이번 회담에서 5년 이내로 규정된 것이다. 이것은 우리가 5년 이내에 통일되고 우리의 발전이 상당한 때에는 단축될 수 있는 것이니 이것은 오직 우리의 역량 발전 여하에 달린 것이다.** 그러므로 이번 모스크바 결정은 카이로 결정을 더욱 발전 구체화시킨 것이다. 그러므로 **우리의 할 일은 무엇보다도 먼저 통일의 실현에 있다.**

3. 제1차 미·소 공동 위원회(1946. 3.)

(1) 개최: 모스크바 3상 회의 결정안에 따라 미·소 공동 위원회가 서울의 덕수궁에서 개최되었다.

(2) 과정: 미국과 소련은 임시 정부 수립에 참여할 단체의 범위를 놓고 첨예하게 대립하였다. 소련은 모스크바 결정안에 반대하는 정당·단체와의 협의를 거부했고, 미국은 **표현의 자유**를 내세워 모든 정치 단체들을 포함시켜야 한다고 주장했다.

(3) 결과: 양측의 의견 대립으로 5월에 무기한 휴회 상태에 들어가며 결렬되었다.

4. 단독 정부 수립의 움직임

(1) 북한: 1946년 2월 북한에서는 북조선 임시 인민 위원회가 수립되어 사실상의 정부 역할을 하였다.

(2) 남한: 이승만 등 우익 세력은 단독 정부 수립을 추진하였다. 1946년 6월 이승만은 전라북도 정읍에서 남한만의 단독 정부 수립을 공식적으로 주장하였다(정읍 발언).

고등사료 百出

이승만의 정읍 발언

이제 우리는 무기 휴회된 미·소 공동 위원회가 다시 열릴 기색도 보이지 않으며 통일 정부를 고대하나 여의치 않게 되었다. **우리는 남한만이라도 임시 정부 또는 위원회 같은 것을 조직하여** 38도선 이북에서 소련이 철퇴하도록 세계 공론에 호소해야 될 것이니, 여러분도 결심해야 할 것이다.   – 1946년 6월 3일

5. 미군정과 좌익의 대립 격화

1946년 2월 남한의 좌익 단체들은 민주주의 민족 전선[2]을 결성하여 세력을 총집결하였다. 그러나 조선 정판사 위조지폐 사건[3](1946. 5.) 등을 계기로 좌익 세력과 미군정 사이는 크게 악화되었다.

6. 좌우 합작 운동

(1) 배경: 미·소 공동 위원회를 조속히 재개하여 임시 정부를 수립하고자 하는 국내 정치 세력과 모스크바 3상 회의 결정안을 실현시키고자 하는 미군정의 요구[4]가 맞아 떨어져 전개되었다.

(2) 좌우 합작 위원회(1946. 7.)
　① 주도 세력: 김규식(중도 우익)과 여운형(중도 좌익)을 중심으로 하는 중도파 인사들은 남북한 통일 정부의 수립을 위해 좌우 합작 위원회를 구성하였다. 미군정은 이들을 지원하였다.
　② 좌우 합작 7원칙(1946. 10.): 토지 개혁, 친일파 처리 등을 주요 내용으로 하는 좌우 합작 7원칙을 발표하였다. 이는 당시 논란이 많았던 토지 개혁, 친일파 처리 등을 중도적 입장에서 조정한 것이다.

[2] 민주주의 민족 전선(약칭: 민전)
모스크바 3국 외상 회의 결정의 지지 등을 주장하였다.

[3] 조선 정판사 위조지폐 사건
조선 공산당(민주주의 민족 전선)이 주도한 사건으로, 활동 자금을 마련할 목적으로 1,300만 원의 위조지폐를 만들었다.

[4] 미군정의 좌우 합작 운동 지원
모스크바 3상 회의의 결정(한반도 통일 정부 수립)을 실현시킬 의무가 있는 미군정은 소련과의 합의가 원만하게 진행되지 않자 김규식·여운형의 좌우 합작 운동을 지원하였다.

고등사료 百出 　

좌우 합작 7원칙

1. 조선의 민주 독립을 보장한 모스크바 3국 외상 회의 결정에 의하여 남북을 통한 좌우 합작으로 민주주의 임시 정부를 수립할 것 ── 신탁 통치 반대하는 김구, 이승만 반대
2. 미·소 공동 위원회 속개를 요청하는 공동 성명을 발표할 것
3. 토지 개혁에 있어 몰수, 유조건 몰수, 체감 매상 등으로 토지를 농민에게 무상으로 나누어 줄 것 – 한민당 반대
4. 친일파 및 민족 반역자를 처리할 조례를 본 합작 위원회의 입법 기구에 제안하여 입법 기구로 하여금 심리 결정하여 실시케 할 것 – 좌익(조선 공산당)은 친일파 처단 의지가 명확하게 드러나지 않았다며 비판
5. 남북을 통하여 현 정권하에서 검거된 정치 운동자의 석방에 노력하고, 아울러 남북 좌우의 테러적 행동을 일체 즉시로 제지토록 노력할 것
6. 입법 기구에 있어서는 일체 그 권능과 구성 방법, 운영 등에 관한 대안을 본 합작 위원회에서 작성하여 적극적으로 실행을 기도할 것
7. 전국적으로 언론, 집회, 출판, 교통, 투표 등의 자유가 보장되도록 노력할 것

❶ 남조선 과도 입법 의원

입법 의원은 민선과 관선 두 종류의 의원이 있었다. 민선 의원 45명을 간접 선거로 선출하고, 관선 의원 45명은 주한 미군 사령관인 하지가 임명하기로 하였다. 입법 의원은 입법의원 의원 선거법을 제정하고, 민족 반역자·부일 협력자·모리간상배에 관한 특별 조례의 초안을 만들었다.

❷ 민정 장관

미군정 체제에서 미국인 군정 장관을 보좌하는 한국인 행정 책임자이다.

❸ 트루먼 독트린(1947. 3.)

미국의 트루먼 대통령은 소련의 팽창주의 정책에 대항하여 모든 자유민을 지원해야 한다고 주장하였다. 이에 따라 소련의 위협에 직면해 있던 그리스와 터키를 원조하면서 미국과 소련의 냉전이 본격화되었다.

❹ 한국 문제의 유엔 상정

유엔은 총회에 한국 문제를 의제로 채택할 것을 권고하였다. 이에 유엔 총회는 이 권고를 찬성 41, 반대 6, 기권 6으로 가결하였다.

(3) 남조선 과도 정부의 수립

① 남조선 과도 입법 의원: 남조선 과도 입법 의원❶ 선거가 실시되어, 좌우 합작 위원회와 한국 민주당을 주축으로 구성된 남조선 과도 입법 의원이 개원하였다(1946. 12.). 미군정은 김규식을 초대 의장으로 선임하였다.

② 남조선 과도 정부: 미군정은 안재홍을 민정 장관❷에 임명하고 남조선 과도 정부를 설치(1947. 5.)하였다.

(4) 좌우 합작 운동의 실패

① 주요 세력 불참: 좌우 합작 운동은 조선 공산당, 이승만, 김구 등 좌·우를 대표하는 세력들이 참여하지 않아 현실적으로 성공하기 어려웠다.

② 미국의 입장 변화: 제2차 미·소 공동 위원회 결렬 이후 미국은 좌우 합작 운동에 대한 지원을 철회하고 단독 정부 수립을 지지하였다.

③ 여운형 암살: 여운형이 극우 세력에 의하여 암살(1947. 7.)되면서 결국 좌우 합작 위원회는 해산되었다(1947. 12.).

03 단독 정부 수립 결정과 반대

1. 제2차 미·소 공동 위원회(1947. 5.)

미·소 냉전이 격화되는 상황❸에서 제2차 미·소 공동 위원회가 열렸으나, 결국 소득없이 결렬되었다.

2. 한국 문제의 유엔 상정

(1) 한국 문제의 유엔 상정❹(1947. 9.): 미국은 한반도 문제를 유엔에 넘겼다. 소련은 이를 반대했지만, 유엔 총회에서 미국의 제안을 압도적 다수로 가결함에 따라 한국 문제는 유엔에 공식적으로 이관되었다.

(2) 유엔 총회 결의(1947. 11.)

① 내용: 인구 비례에 의한 남북 총선거를 실시하여 한국 정부를 수립하자는 미국안이 통과되었다. 유엔 총회는 유엔 한국 임시 위원단을 구성하고 그 감시 아래 남북한 총선거를 시행한다는 결의안을 확정하였다.

② 임시 위원단: 유엔 한국 임시 위원단이 파견되어 1948년 1월에 남한에 입국하였다. 그러나 소련 측은 절차상의 문제를 제기하며 임시 위원단의 북한 입국을 거부하였다.

심화사료 百出   2016. 국가직 7급

1947년 11월, 유엔 총회의 결의

당면한 한반도 문제를 심의하는 데 선거로 뽑힌 한반도 국민의 대표가 참여할 것을 결의한다. …… 참여할 한반도 대표가 한반도의 군정 당국에 의하여 지명된 자가 아니라 한반도 주민에 의하여 정당히 선거된 자임을 감시하기 위하여 조속히 유엔 한국 감시 위원단을 설치하여 한반도에 보내고자 한다.

(3) 유엔 소총회의 결의(1948. 2.)[5] : 유엔은 남북한 총선거의 실현이 불가능하다고 판단하였다. 이에 1948년 2월 유엔 소총회를 열어 선거가 가능한 지역(= 남한)에서만이라도 선거를 실시해야 한다는 미국의 결의안을 채택하였다.

심화사료 百出 2023. 국가직 9급

1948년 2월, 유엔 소총회의 결의문

소총회는 …… 한국 인민의 대표가 국회를 구성하여 중앙 정부를 수립할 수 있도록 선거를 시행함이 긴요하다고 여기며, 총회의 의결에 따라 **국제연합 한국 임시 위원단이 접근할 수 있는 지역**에서 결의문 제2호에 기술된 계획을 시행함이 동 위원단에 부과된 임무임을 결의한다.

3. 단독 정부 수립 반대

(1) 남북 협상(1948. 4. 19.~4. 30.)

① 배경: 유엔 소총회의 결의로 남북 분단이 기정사실화되자 김구와 김규식 등은 분단을 막기 위해 북한의 김일성과 김두봉에게 남북 협상을 제안하였다.

② 남북 연석회의(1948. 4., 남북 지도자 회의): 평양에서 열린 이 회의에서는 남한 단독 정부의 수립을 반대하고 미·소 양군의 철수를 요구하는 결의문을 채택하였다. 이와 함께 김구·김규식·김일성·김두봉의 4자 회담이 열렸으나 별다른 성과 없이 끝났다.

고등사료 百出 21. 법원직 9급, 18. 국가직 9급, 18. 법원직 9급, 15. 경찰 3차, 14. 지방직 9급, 14. 경찰 1차, 12. 지방직 7급, 11. 국가직 7급, 08. 법원직 9급

김구의 '삼천만 동포에게 읍고함'(1948. 2. 10.)

친애하는 3천만 자매 형제여! …… 유엔비어를 통해 단선 군정의 노선으로 민중을 선동하여 유엔 위원단을 미혹케 하기에 전심전력을 경주하고 있다. …… 우리는 첫째로 자주독립의 통일 정부를 수립할 것이며, 이것을 완성하기 위하여 먼저 남북한 정치범을 동시 석방하며 미·소 양군을 철퇴시키고 남북 지도자 회의를 소집할 것이니 …… 한국이 있고야 한국 사람이 있고 한국 사람이 있고야 민주주의도 공산주의도 또 무슨 단체도 있을 수 있는 것이다. …… **마음속의 38도선이 무너지고야 땅 위의 38도선도 철폐될 수 있다.** …… 나는 통일된 조국을 건설하려다 38도선을 베고 쓰러질지언정 일신에 구차한 안일을 취하여 단독 정부를 세우는 데에는 협력하지 아니하겠다.

심화사료 百出

전조선 제정당 사회단체 지도자 협의회 공동 성명(= 남북 협상 회의 공동 성명, 1948. 4.)

1. **외국 군대의 즉시 철수**만이 현재 문제를 해결할 수 있는 유일한 방법이다.

3. 전조선 정치 회의를 소집하여 임시 정부를 수립하고 이후 총선을 통하여 **통일적 민주 정부**를 수립한다.

(2) 제주도 4·3 사건(1948): 제주도의 공산주의자와 일부 주민들은 단독 정부 수립 반대와 미군의 즉시 철수 등을 주장하며 무장 봉기하였다. 군경과 서북 청년단[6]의 진압 과정에서 무고한 양민이 많이 희생됐으며, 제주도의 3개 선거구 중 2곳에서 선거가 무산되었다.

(3) 여수·순천 10·19 사건(1948): 정부는 제주 4·3 사건을 진압하기 위해 여수와 순천 지역의 군대를 보내기로 하였다. 그러나 군대 안의 좌익 세력들이 제주도 출동을 거부하고 반란을 일으켰다.

방북하는 김구 일행

제주도 4·3 사건으로 체포된 사람들

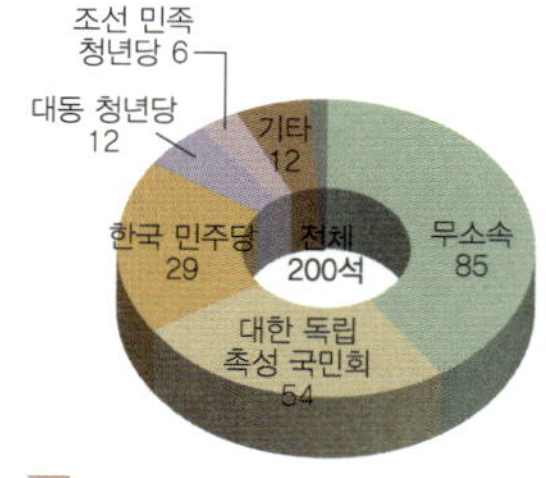

제헌 국회의 구성

대한민국 정부 수립 선포

解法 **도움닫기** 김구와 김규식

김구(1876~1949)	
1894년	동학 접주❶로서, 동학 농민 운동에 참여
1896년	일본 육군 중위(쓰치다) 살해 사형 집행 직전 중지(고종의 명령)
1908년	신민회에 참여
1911년	안악 사건으로 투옥
1919년	대한민국 임시 정부에 참여(초대 경무국장)
1930년	한국 독립당 조직
1931년	한인 애국단 조직
1935년	한국 국민당 조직
1940년	대한민국 임시 정부 주석에 선출
1948년	'3천만 동포에게 읍고함' 발표 김규식과 남북 협상 참여
1949년	경교장에서 안두희에게 암살됨.

김규식(1881~1950)	
1918년	상하이에서 신한 청년당 조직
1919년	파리 강화 회의에 파견 독립 청원서 제출 임시 정부의 외무총장으로 임명
1935년	난징에서 민족 혁명당 결성에 참여
1942년	대한민국 임시 정부 국무 위원이 됨.
1944년	대한민국 임시 정부 부주석이 됨.
1946년	좌우 합작 위원회에 참여 남조선 과도 입법 의원 의장이 됨.
1947년	민족 자주 연맹을 창설하고 의장이 됨.
1948년	김구와 남북 협상 참여
1950년	6·25 전쟁 발발 후 납북

04 대한민국 정부의 수립

1. 제헌 국회의 성립과 활동

(1) 5·10 총선거의 실시: 1948년 5월 10일에 우리나라 역사상 최초의 민주 보통 선거(21세 이상)에 의한 총선거가 남한에서 실시되었다. 좌익 세력들은 격렬한 선거 반대 투쟁을 벌였으며, 김구·김규식·조소앙❷ 등이 이끄는 남북 협상파 세력은 선거에 불참하였다.

(2) 선거 결과: 5월 말에 제헌 국회가 개최되었고, 임기는 2년이었다(2년 후 다시 총선을 실시).

(3) 제헌 국회의 구성: 제헌 국회 의원은 198석 가운데 무소속이 85석, 이승만 계열의 대한 독립 촉성 국민회가 54석, 한국 민주당이 29석을 차지하였다.

(4) 헌법 제정(1948. 7. 17.): 국호를 대한민국으로 결정하고, 임시 정부의 법통을 계승한 **민주 공화국** 체제의 헌법을 제정하였다. 정부 조직은 **대통령 중심제**로 하되, 대통령과 부통령을 국회에서 무기명으로 선출하도록 하는 **내각 책임제** 요소를 담고 있었다.

(5) 제헌 국회의 활동: 친일 민족 반역자를 처벌하기 위한 반민족 행위자 처벌법(1948)과 농지 개혁법(1949)을 제정하였다.

2. 대한민국 정부의 수립

(1) 정부 수립: 7월 20일 제헌 국회의 간접 선거를 통해 대통령에 이승만, 부통령에 이시영이 당선되었다. 이승만 대통령은 내각❸을 구성하고 1948년 8월 15일에 대한민국의 수립을 국내외에 선포하였다.

(2) 유엔 총회 승인: 1948년 12월에 파리에서 개최된 유엔 총회는 48대 6이라는 압도적 지지로 대한민국이 한반도에서 유일한 합법 정부임을 공인하였다.

대한민국 헌법(제헌 헌법) 전문(前文)

유구한 역사와 전통에 빛나는 우리들 대한 국민은 **기미 3·1 운동으로 대한민국을 건립하여 세계에 선포한 위대한 독립 정신을 계승**하여 이제 민주 독립 국가를 재건함에 있어서 정의·인도와 동포애로써 민족의 단결을 공고히 하여 모든 사회적 폐습을 타파하고 민주주의 제제도(諸制度)를 수립하여 …… 우리들의 정당하게 또 자유로이 선거된 대표로서 구성된 국회에서 단기 4281년 7월 12일 이 헌법을 제정한다.

　　　　　　　　　　　　　　　　　　　　　　　　　　　　　　　　　　　　– 대한민국 국회 의장 이승만

제3차 유엔 총회 결의문(1948. 12.)

유엔 한국 임시 위원단이 총선거 감시와 협의를 할 수 있었던 남한 지역에서 효과적인 통제력 및 사법권을 보유한 합법 정부가 수립되었으며 …… **이 정부는 선거가 가능하였던 한반도 내에서 유일한 합법 정부임을 승인한다.**

解法 **도움닫기**　　제헌 헌법의 주요 내용

제헌 헌법은 전문에서 **대한민국이 3·1 운동을 계기로 수립된 대한민국 임시 정부의 법통을 계승**하였다고 명시했다. 또한 정치 체제는 국민 주권 원칙에 따른 **민주 공화국**이고, **모든 권력이 국민으로부터 나온다**는 점을 분명히 하고 있다. 농지는 농민에게 분배하며 그 분배의 방법·소유의 한도·소유권의 내용과 한계는 **법률로써 정한다**고 명시하고 있으며, 1945년 8월 15일 이전의 악질적인 반민족 행위를 처벌하는 특별법을 제정할 수 있다고 규정하여 친일파를 처단하고자 하였다.

3. 친일파 청산

(1) **배경**: 광복 직후 친일파를 처벌하자는 여론이 거세게 일어났으나, 미군정은 친일 관료와 경찰들을 그대로 고용하면서 이를 외면하였다. 친일파 청산 문제는 대한민국 정부 수립 이후로 넘어가게 되었다.

(2) **친일파 청산**

① **반민족 행위 처벌법 제정(1948. 9.)**: 제헌 국회는 '반민족 행위 처벌법 기초 특별 위원회'를 구성하고 특별법 제정에 착수하여 '반민족 행위 처벌법(반민법)'을 제정하였다.

② **반민특위 구성**: 반민법 제정 이후 국회 의원 10명으로 구성된 '반민족 행위 특별 조사 위원회(반민특위)'를 설치하였다. 또한 특별 재판부(단심)와 특별 검찰부도 설치되었다.

③ **활동**: 친일 경찰이자 독립운동가 고문으로 악명이 높던 **노덕술**, 친일 기업인(화신 백화점) 박흥식, 한때 민족 지도자로 존경을 받았으나 친일 행위를 하였던 **이광수·최남선·최린** 등을 체포하였다.

반민특위에게 검거되어 법정으로 끌려가는 친일파들(김연수, 최린)

반민족 행위 처벌법

제1조　**일본 정부와 통모하여 한·일 합병에 적극 협력한 자**, 한국의 주권을 침해하는 조약 또는 문서에 조인한 자와 모의한 **자**는 사형 또는 무기 징역에 처하고, 그 재산과 유산의 전부 혹은 2분의 1 이상을 몰수한다.

제2조　**일본 정부로부터 작위를 받은 자** 또는 일본 제국 의회의 의원이 되었던 자는 무기 또는 5년 이상의 징역에 처하고 그 재산과 유산의 전부 혹은 2분의 1 이상을 몰수한다.

제3조　**일본 치하 독립운동자나 그 가족을 악의로 살상·박해한 자 또는 이를 지휘한 자**는 사형, 무기 또는 5년 이상의 징역에 처하고 그 재산의 전부 혹은 일부를 몰수한다.

제5조　일본 치하에 고등관 3등급 이상 훈(勳) 5등 이상을 받은 **관공리 또는 헌병, 헌병보, 고등 경찰의 직위에 있던 자**는 본법의 공소시효 경과 전에는 공무원에 임명될 수 없다. **단, 기술관은 제외한다.**

(3) **반민특위의 해산**: 반민특위의 활동이 활발해지자 이에 대한 비난과 방해가 시작되었다.

  ① **정부의 비협조**: 이승만 정부는 **친일파** 처단에 소극적이었다. 반민특위의 활동을 견제했으며 반공 집회, 국민 보도 연맹 결성 등 반공 노선을 강화하였다.

    ㉠ **국회 프락치 사건**❶(1949. 5.): 이승만 정부는 반민특위 소속의 국회 의원 중 일부를 공산당과 내통했다는 구실로 구속하였다.

    ㉡ **반민특위 습격 사건**(1949. 6.): 국내 혼란을 야기했다는 이유로 친일 경찰들이 반민특위 사무실을 습격하여 직원들을 연행하였다.

  ② **반민특위 와해**: 반민족 행위자 처벌법이 개정되어 공소 시효를 줄이고 반민족 행위자의 범위도 크게 축소되어 반민특위의 활동은 유명무실하게 되었다. 1949년 8월 31일로 공소 시효가 만료됨에 따라 해체되었다.

  ③ **결과**: 반민특위에서 조사받던 대부분의 사람들은 풀려났으며, 특별 재판에 넘겨진 사람들마저 집행 유예로 풀려나 **실제로 처벌을 받은 민족 반역자는 없었다.**❷ 이리하여 친일파 처단이라는 민족적 과제는 제대로 처리되지 못한 채 좌절되고 말았다.

4. 반공 정책: 정부는 국내 질서 확립을 명분으로 각종 반공 정책을 실시하였다.

(1) **국가 보안법 제정(1948)**: 국가의 안전과 국민의 자유를 확보한다는 명분으로 국가 보안법을 제정하였다. 이를 통해 좌익 세력의 활동을 근본적으로 차단하고자 하였다.

(2) **국민 보도 연맹(1949)**❸: 좌익 활동을 하던 사람들을 전향시켜 만든 반공 단체이다. 실제 좌익 활동을 한 사람들도 있었지만, 머릿수를 채우려는 행정 기관의 강요로 일반인들이 가입하는 경우도 많았다.

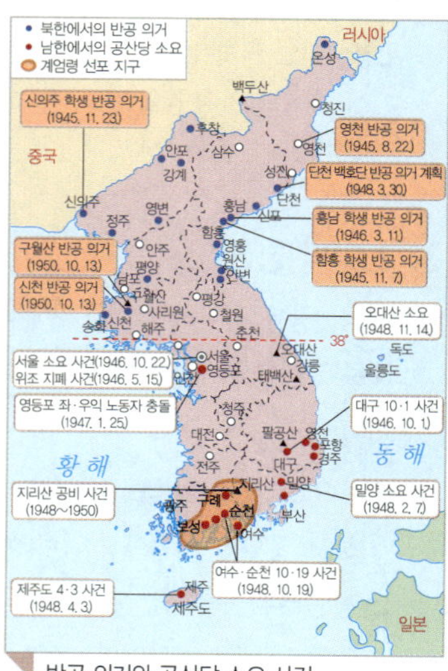

▲ 반공 의거와 공산당 소요 사건

5. 경제 재건

(1) **배경**: 8·15 광복 후 남한은 물가 폭등, 국외 동포의 귀환, 북한의 송전 중단, 미군정의 미숙한 경제 정책 등으로 경제적 어려움을 겪었다.

(2) **경제 정책**: 미군정으로부터 넘겨받은 귀속 재산에 대한 처리를 시작하고, **유상 매수·유상 분배**를 내용으로 하는 **농지 개혁법**을 제정하였다(1949).

1. 해방 직후 북한의 정세

해방 직후 평양에서 조만식[4]을 중심으로 평안남도 건국 준비 위원회가 결성되고, 북한 각 지역에 인민 위원회가 조직되었다. 소련은 처음엔 이를 통치에 이용(행정권 이양하여 자치 인정)했으나, 점차 우익 세력들을 배제하고 김일성 등을 후원하였다.

2. 북조선 임시 인민 위원회(1946. 2.)

김일성을 위원장, 김두봉을 부위원장으로 하는 북조선 임시 인민 위원회가 수립되어 사실상의 정부 역할을 하였다. 1946년 3월부터 무상 몰수·무상 분배의 방식으로 토지 개혁을 실시했으며, 남녀 평등법과 주요 산업 국유화법을 제정하였다.

3. 단독 정부 수립 준비

1946년 3월 북조선 노동당을 창당하고, 1947년 2월 북조선 임시 인민 위원회를 북조선 인민 위원회로 개편하였다. 이어 1948년 2월 군대(조선 인민군)를 창설하였다.

4. 조선 민주주의 인민 공화국(1948. 9. 9.)

대한민국 정부의 수립 직후, 북한은 최고 인민 회의 대의원을 선출하는 선거[5]를 실시(1948. 8. 25.)하였다. 북한의 최고 인민 회의는 헌법을 만들고, 김일성과 박헌영을 수상·부수상으로 선출했다. 9월 9일에는 조선 민주주의 인민 공화국이 수립되었다.

❹ 조만식

일제 강점기에 물산 장려 운동을 주도하였고, 민립 대학 설립 운동과 신간회 활동에도 참여하였다. 1945년 11월 북한에서 조선 민주당을 창당하였고 이를 기반으로 반탁 운동을 전개하다가 소련에 의해 제거되었다.

❺ 최고 인민 회의 대의원 선거

북한은 표면상 남한의 단독 정부 수립을 비판하며 남북 협상에 참여하였다. 그러나 남한에 대한민국 정부가 세워지자 곧바로 최고 인민 회의(남한의 국회에 해당)를 구성할 대의원 선거를 실시하였다.

북한 정권 수립

밑줄 친 '이 회의' 이후에 있었던 사실로 옳지 않은 것은?

2024. 국가직 9급

미국, 영국, 소련 3국의 외무 장관이 모인 이 회의에서는 한국의 민주주의적 임시 정부 수립과 이를 위한 미·소 공동 위원회의 설치, 최대 5년간의 신탁 통치 방안 등이 결정되었다.

① 5 · 10 총선거가 실시되었다.
② 좌우 합작 7원칙이 발표되었다.
③ 조선 건국 준비 위원회가 결성되었다.
④ 반민족 행위 특별 조사 위원회가 구성되었다.

해설

제시된 자료는 1945년 12월 모스크바 3국 외상 회의에서 결정된 내용을 서술한 것이다. ③ 1945년 8월 여운형, 안재홍 등이 중심이 되어 조선 건국 준비 위원회가 결성되었다. ① 1948년 5월의 일이다. ② 1946년 10월의 일이다. ④ 1948년 9월 반민족 행위 처벌법 제정 이후 국회 의원 10명으로 구성된 '반민족 행위 특별 조사 위원회(반민특위)'를 설치하였다.

정답 ③

02강 6·25 전쟁

解/法 기출분석

구분		2008~2018	2019	2020	2021	2022	2023	2024	2025
9급	국가직	6·25 전쟁							
	지방직						6·25 전쟁		6·25 전쟁
	법원직						한·미 상호 방위 조약		

6·25 전쟁의 전개 과정

배 경	중국 공산화(1949. 10.) 미국의 극동 방위선에서 한반도를 제외(애치슨 라인: 1950. 1.)

경 과	1. 북한군 남침(1950. 6. 25.) ⇨ 낙동강 저지선까지 후퇴 ⓐ ⇨ ⓛ 2. 유엔군 참전(1950. 7.): 인천 상륙 작전(1950. 9. 15.), 압록강 진격(1950. 10. 26.) ⓛ ⇨ ⓒ 3. 중국군 참전(1950. 10. 25.): 국제전의 양상을 띰, 흥남 철수(1950. 12.) ⓒ ⇨ ⓐ 4. 휴전 협상 시작(1951. 7.): 휴전 협정 체결(1953. 7. 27.), 한 · 미 상호 방위 조약 체결(1953. 10.)

휴전 회담	구 분	유엔군 주장	공산군 주장
	휴전 방식	선 휴전, 후 협상	선 협상, 후 휴전
	군사 분계선	현재의 군사 대치선 (38도선 보다 북쪽)	38도선의 원상회복
	포로 송환	개별 자원 송환(자유 송환)	전원 자동 송환(강제 송환)

6·25 전쟁의 결과

정 치	분단의 고착화 ⇨ 남북 간의 적대 감정 심화, 남북 무력 대결 상태 지속 ⇨ **남북 모두 독재 체제 강화**(남한의 이승만 정부는 반공주의를 내세워 야당 탄압, 북한의 김일성은 반대파 제거)
경 제	남북한 모두 엄청난 인적 · 물적 피해 ⇨ 미망인 · 전쟁 고아 · 이산가족 발생, 생산 시설 파괴 등
사 회	인구 이동(월남민 증가, 농촌 인구의 도시 이동) ⇨ 전통적인 공동체 의식 약화, 개인주의 확산
문 화	서구 문화의 무분별한 수입, 전통 문화 경시 풍조(전통적 가치 규범 동요)

01 6·25 전쟁의 발발

1. 배경

(1) 국외의 상황

① 중국: 공산당이 국·공 내전에서 승리하여 **중화 인민 공화국이 수립**되었다(1949. 10.).

② 미국: 미국 국무장관 애치슨은 미국의 태평양 지역 방위선에서 **한국과 타이완을 제외**한다는 애치슨 선언을 발표하였다(1950. 1.). 대신 한국의 요청으로 한·미 상호 방위 원조 협정❶을 맺었다.

애치슨 선언

미국의 극동에 있어서의 '방위선(defensive perimeter)'은 알류산(Aleutian) 열도로부터 일본, 오키나와를 거쳐 필리핀을 통과한다. 방위선 밖의 국가가 제3국의 침략을 받는다면, 침략을 받은 국가는 그 국가 자체의 방위력과 국제 연합 헌장의 발동으로 침략에 대항해야 한다.

(2) 한반도: 1948년 말부터 한반도에 주둔하고 있던 **미·소 양군이 철수**하기 시작하였다.

① 북한: 북한은 소련의 지원을 받아 남침(남한의 공산화)을 준비하였다. 중국 국·공 내전에 참전했던 조선 의용군을 북한의 인민군에 편입시켜 전력을 강화하였다.

② 남한: 치안 유지와 국방력 강화를 위해 **국군을 창설**하였다. 한편 38도선 부근에서 북한과 소규모의 무력 충돌이 자주 일어났으며, 일부 좌익 세력들은 지리산으로 들어가 무장 활동❷을 펼쳤다.

2. 북한군의 남침

북한은 1950년 6월 25일 새벽 38도선 전역에서 기습 남침을 감행하였다. 3일 만에 서울이 함락되고, 정부는 대전·대구를 거쳐 부산으로 피난하였다. 북한군의 계속된 남진으로 **국군은 8월에 낙동강 전선까지 후퇴**하였다. 9월 초 북한군은 경상도 일부와 제주도를 제외한 대부분의 지역을 점령하였다.

3. 유엔군 참전❸과 전세 역전

(1) 유엔군 편성: 6·25 전쟁이 일어나자 미국은 긴급 소집된 유엔 안전 보장 이사회에서 북한을 침략자로 규정하고, 대한민국에 군사 지원을 결의하였다. 이에 미국을 비롯한 16개국이 유엔군을 편성하고, 맥아더 장군을 사령관으로 하였다.

(2) 전세 역전: 국군과 유엔군은 낙동강 방어선을 마지막 방어선으로 삼고 반격을 시도하였다. 9월 15일 **인천 상륙 작전**에 성공하고, 9월 28일 서울을 수복하였다. 전세를 역전시킨 국군과 유엔군은 38도선을 넘어 북진을 계속하여 10월 19일에 평양을 탈환하고 이후 **압록강까지 진격**하였다.

❶ **한·미 상호 방위 원조 협정**
1950년 1월에 체결된 군사 원조에 관한 협정이다. 미국은 이를 통해 한국을 지원하고, 중국·소련의 세력 확장을 저지하고자 하였다.

애치슨 라인

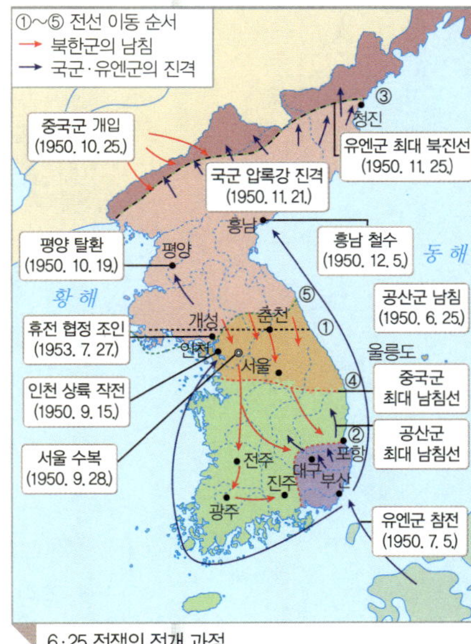

6·25 전쟁의 전개 과정

❷ **남조선 노동당의 무장 투쟁(빨치산)**
국군은 1949년 9월부터 대규모 진압 작전을 펼쳐 1950년 봄까지 이들을 대부분 소탕하였다.

❸ **유엔군 참전**
유엔군이 참전하자, 이승만 대통령은 전쟁을 효과적으로 수행하기 위해 국군의 작전 지휘권을 유엔군 사령관에게 넘겼다.

심화사료 頻出

유엔 안전 보장 이사회, 대한민국에 군사 지원 결의

안전 보장 이사회는 …… 북한군의 대한민국에 대한 무력 공격이 평화 파괴를 조성한다고 단정하였다. 이 지역에서 그 무력 공격을 격퇴하고 국제적 평화와 안전을 회복시키기 위하여 필요한 원조를 대한민국에 제공하도록 국제 연합 제 회원국에게 권고하였다.

– 유엔 안보리 결의 제 83호, 1950. 6. 27.

4. 중국군 개입[1]

(1) **중국의 참전**: 1950년 10월 국군과 유엔군이 압록강까지 도달하자, 유엔군의 만주 진격을 우려한 중국이 개입하였다. 비밀리에 압록강을 건넌 중국군은 10월 말부터 참전하였다.

(2) **후퇴**: 중국군의 인해 전술에 밀린 국군과 유엔군은 후퇴하였다. 1950년 12월 군 수송선과 민간 선박까지 동원된 흥남 철수 작전을 통해 북한 주민을 포함한 약 10만 명의 피난민을 수송하였다. 국군과 유엔군의 후퇴로 1951년 1월 4일 서울은 다시 북한군의 수중에 넘어갔다(1·4 후퇴).

5. 전선의 교착

평택·오산 지방까지 후퇴한 국군과 유엔군은 다시 총공세를 단행하여 70여 일 만에 서울을 재탈환하였다. 이후 국군과 유엔군은 38도선 일대까지 진격했지만, 전선은 38도선 부근에서 교착 상태에 빠졌다.

---

02 휴전과 전후 복구

1. 휴전 협정의 체결

(1) **휴전 회담 시작(1951. 7.)**: 전선이 교착 상태에 빠지자 소련은 유엔을 통하여 휴전(정전)을 제의하였다. 이에 따라 유엔군과 북한군, 중국군 사이에 휴전 회담이 개최되었다.

(2) **휴전 반대 운동**: 이승만 정부는 휴전 반대와 북진 통일을 주장했으며, 국민들도 이에 적극적으로 호응하였다.

(3) **휴전 회담의 진행**

① **주요 쟁점**: 휴전 회담의 주요 쟁점은 **군사 경계선 설정, 포로 송환** 등이었다. 서로 이견을 좁히지 못한 채 2년여 동안 계속되었다.

ㄱ. **유엔군 측**: 38도선보다 훨씬 북쪽(현 대치선)에 군사 분계선을 설정하고 전쟁 포로를 **자유 송환**할 것을 주장하였다.

ㄴ. **북한 측**: 38도선에 군사 분계선을 설정하고 전쟁 포로는 제네바 협정에 따라 **강제 송환**할 것을 주장하였다.

② **반공 포로 석방**[2]: 이승만은 휴전 반대 의사를 표현하기 위해 외교적인 관례를 무시하고 **1953년 6월** 반공 성향의 인민군 포로를 전격적으로 석방하였다.

---

❶ 맥아더의 해임

중공군이 개입하자 맥아더 장군은 만주를 폭격할 계획을 세웠다. 전쟁의 확대를 우려한 미국 대통령 트루먼은 1951년 4월 맥아더 장군을 유엔군 총사령관직에서 해임하였다.

❷ 반공 포로 석방

1953년 6월 18일 이승만은 휴전 협정 체결에 반발하여 거제도를 비롯한 포로수용소의 반공 포로들을 전격 석방하였다.

(4) 휴전 협정[3](1953. 7. 27.): 판문점에서 유엔군 총사령관 클라크와 북한군 최고 사령관 김일성, 중공군 사령관 팽덕회가 협정서에 서명하였다. 휴전선 확정, 비무장 지대 설치, 군사 정전 위원회[4] 설치, 포로 교환(포로의 자유 의사 존중) 등에 합의하였다.

(5) 한국 정부의 입장: 한국 정부는 미국[5]과 한·미 상호 방위 조약을 체결하기로 하고 휴전 협정을 준수하겠다는 입장을 밝혔다.

6·25 전쟁 휴전 협정서의 내용(일부)

1. 한 개의 비무장 지대를 설정하여 이를 완충 지대로 함으로써 적대 행위의 재발을 초래할 수 있는 사건의 발생을 방지한다.
2. 전투 행위를 정지한다는 전제 아래 양측 군대 사이에 비무장 지대를 설치하고자 군사 분계선을 정하는 일
5. 외국 군대의 철수와 한반도 문제의 평화적 해결에 관해서 쌍방 관련 국가의 정부에 권고하는 일

휴전 조인에 대해 이승만이 발표한 담화문

이제 정전이 조인되었음에 나는 정전의 결과에 대한 나의 그동안 판단이 옳지 않았던 것이 되기를 바란다. 한국의 해방과 통일 문제를 평화리에 해결하고 있는 동안 우리는 휴전을 방해하지 않을 것이다. …… 당분간 공산 압제 하에서 계속 고생하지 않으면 안되게 되는 우리들의 동포들에게 우리는 다음과 같이 외친다. "동포여 희망을 잃지 마시오. 우리들은 여러분을 잊지 않을 것이며 모른 체하지도 않을 것입니다. ……"
– 1953년 7월 27일

(6) 한·미 상호 방위 조약(1953. 10.): 휴전에 반대하는 이승만 정부를 설득하기 위해 미국이 준비한 것으로, 휴전 협정 이후에 체결되었다. 미군이 한국에 계속 주둔할 것과 함께 미국이 군사 전략상 필요하다고 판단되는 지역에 군사 기지 설치, 한국군의 작전 지휘권을 유엔군 사령부에 양도, 유효 기간 없음 등을 내용으로 하고 있다.

2. 6·25 전쟁의 영향

(1) 정치적인 측면: 전쟁 뒤 남한의 이승만 정부는 반공 체제의 강화를 이용하여 독재 정권을 유지하였다. 북한에서도 김일성 독재 체제가 형성되었다. 이로써 분단은 더욱 고착화되었다.

(2) 경제적인 측면: 산업 시설·주택·학교·도로 등이 거의 파괴되었다. 그러나 전후 복구 사업이 활발히 진행되었고, 미국 등 우방이 이를 지원하였다.

(3) 사회·문화적인 측면: 전쟁으로 인한 인구 이동으로 지방의 전통 문화가 무너졌으며, 전쟁을 계기로 서구 문화가 무분별하게 우리 사회에 유입되었다.

6·25 전쟁 중 있었던 사실로 옳지 않은 것은?

① 국군과 유엔군이 인천 상륙 작전을 감행하였다.
② 대통령 직선제를 포함한 발췌 개헌안이 국회에서 통과되었다.
③ 이승만 정부가 북한 송환을 거부하는 반공 포로를 석방하였다.
④ 미국이 한반도를 미국의 태평양 지역 방위선에서 제외한다는 애치슨 선언을 발표하였다.

---

❸ 휴전 협정

한국은 전쟁 초기에 작전 지휘권을 유엔군 사령관에게 넘겼기 때문에 휴전 협정서에 서명할 수 없었다.

❹ 군사 정전 위원회

4개 중립국(폴란드, 체코슬로바키아, 스웨덴, 스위스)이 감시 위원회를 구성하였다. 이 기구는 휴전 협정의 이행을 감시하고 위반 사건을 처리하였다.

❺ 미국의 이승만 정부 설득

이승만 정부는 미국에게 한·미 상호 방위 조약의 체결과 장기간의 경제 원조, 한국군의 증강 등을 약속받고 휴전에 동의하였다.

휴전 협정 체결

폐허가 된 서울

해설

6·25 전쟁 기간은 북한이 기습 남침한 1950년 6월 25일부터 휴전 협정이 체결된 1953년 7월 27일까지이다. ④ 애치슨 선언은 6·25 전쟁 발발 이전인 1950년 1월에 발표되었다. ① 1950년 9월 15일의 일이다. ② 1952년의 일이다. ③ 1953년 6월의 일이다.

정답 ④

CHAPTER 2 민주주의의 시련과 발전

01강 4·19 혁명과 민주주의의 성장

- **1** 이승만 정부(제1공화국, 1948~1960)
- **2** 4·19 혁명
- **3** 장면 내각(제2공화국)

02강 민주화 운동과 민주주의의 발전

- **1** 5·16 군사 정변과 군정의 실시
- **2** 박정희 정권(제3공화국, 1963~1972)
- **3** 유신 체제의 성립과 붕괴(제4공화국, 1972~1979)
- **4** 신군부의 등장과 전두환 정권 성립(제5공화국, 1981~1987)
- **5** 6월 민주화 항쟁과 6·29 선언
- **6** 노태우 정부의 수립과 전개(제6공화국, 1988~1992)
- **7** 문민정부, 김영삼 정부의 성립(제6공화국, 1993~1997)
- **8** 국민의 정부, 김대중 정부의 성립(제6공화국, 1998~2002)
- **9** 노무현 정부와 이명박 정부

解·法·기·출·진·맥

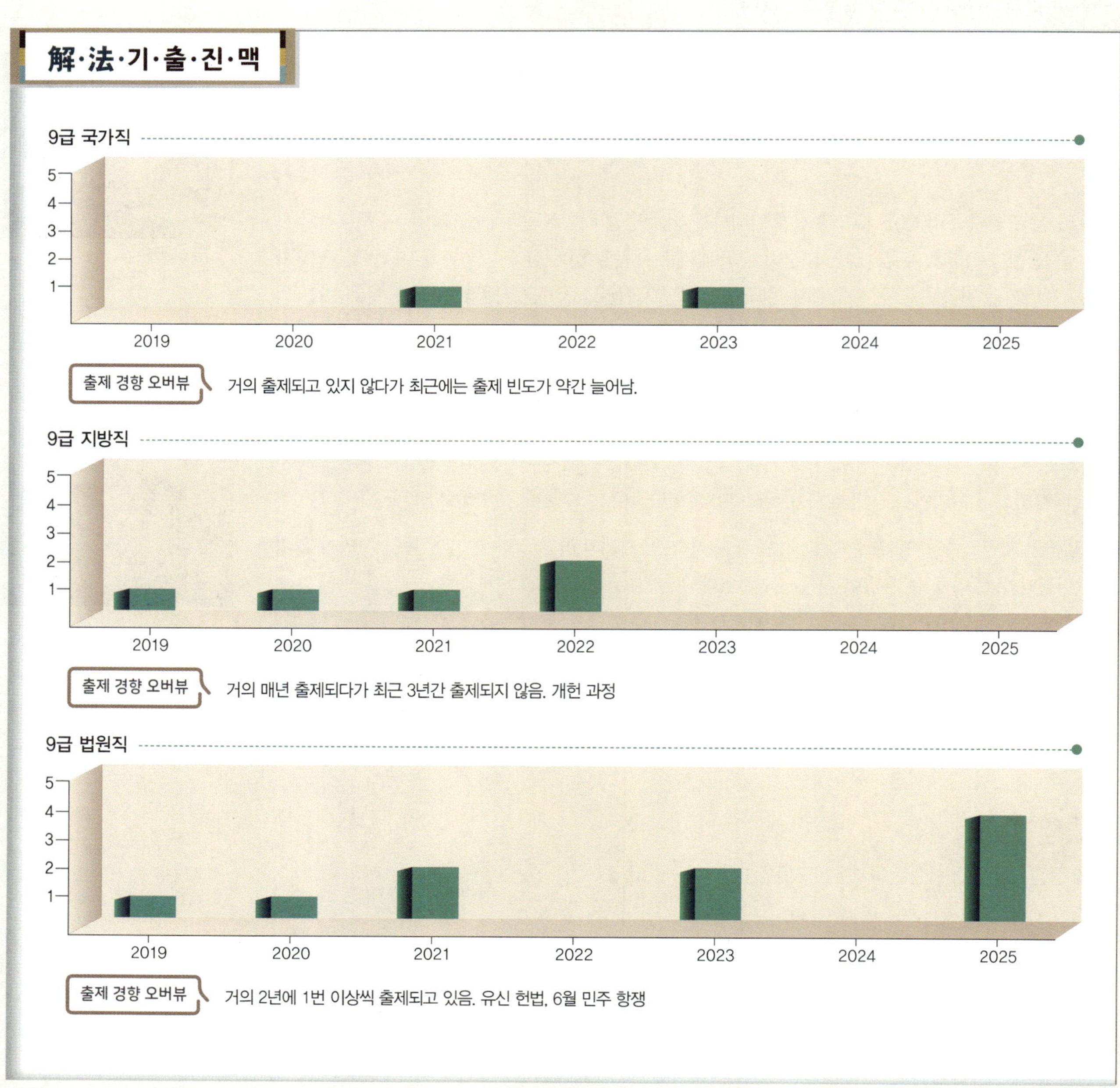

01 강

4·19 혁명과 민주주의의 성장

解/法 기출분석

구분		2008~2018	2019	2020	2021	2022	2023	2024	2025
9급	국가직	•1950년대 정치 •4·19 혁명 •대한민국 헌법							
	지방직	•4·19 혁명 •개헌 과정		3차 개헌		4·19 혁명			
	법원직	2차 개헌			이승만 정부				이승만 정부

10년 단위로 정리하는 현대사

1950년대	제1공화국	이승만	개헌 과정, 4·19 혁명
1960년대	제3공화국	박정희	경제 성장 & 반공
1970년대	유신 체제	박정희	통일 주체 국민 회의 · 긴급 조치
1980년대	제5공화국	전두환	강권 통치 vs 유화 정책, 87년 6月 민주화 항쟁
1988년	제6공화국	노태우	外 북방 외교 vs 內 여소야대
1993년	문민 정부	김영삼	각종 개혁 vs 각종 사건(IMF)
1998년	국민의 정부	김대중	外 햇볕 정책 vs 內 신자유주의

제1공화국

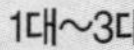

1대~3대

이승만 정부
1948~1960

1. 대한민국 정부 수립(1948)
2. 2대 총선(1950)에서 패배(무소속↑): 친일파 청산 소홀, 농지 개혁에 소극적
3. 6 · 25 전쟁 중에 자유당 조직(1951)
4. **발췌 개헌(1차 개헌, 1952)**: 대통령 직선제 ⇒ 2대 대통령 당선
5. **사사오입 개헌(2차 개헌, 1954)**: 초대 대통령의 중임 제한 철폐
6. 3대 대선(1956): 대통령 이승만, 부통령 장면 당선
7. 독재 정치 강화: 진보당 사건(1958), 보안법 파동(1958), 경향신문 폐간(1959)
8. **3 · 15 부정 선거(1960, 4대 대선)**: 이기붕의 부통령 당선을 목표로 부정 선거
   ⇒ 4 · 19 혁명 ⇒ 이승만 대통령 사임

4 · 19 혁명

배 경

이승만의 장기 독재, 경기 침체(미국의 원조 축소), 3 · 15 부정 선거

과 정

1차 마산 의거(경찰의 발포) ⇒ 2차 마산 의거(김주열 시신 발견, 시위 전국 확산) ⇒ 4월 19일 **서울 대규모 시위**(경찰 무차별 발포) ⇒ 계엄령 선포 ⇒ **대학 교수들의 시국 선언**(4. 25.) ⇒ 이승만 대통령 사임(4. 26.) ⇒ 허정 과도 정부 수립

의 의

• 학생과 시민이 중심이 되어 **독재 정권을 무너뜨린 민주주의 혁명**(아시아 최초)
• 민주주의 발전의 밑바탕, 통일 운동의 활성화 계기

제2공화국

장면 내각
1960~1961

• **제3차 개헌(1960)**: 허정 과도 정부에서 개헌 추진(내각 책임제, 양원제)
   ⇒ 총선에서 민주당 압승, 대통령 윤보선 · 국무총리 장면(장면 내각 성립)
• **민주화 · 통일 운동 ↑**: 소극적, 부정적 대처
• 경제 개발 5개년 계획 마련 ⇒ 5 · 16 군사 정변(1961)으로 붕괴

01 이승만 정부(제1공화국, 1948~1960)

1. 발췌 개헌과 사사오입 개헌

(1) 배경

1950년 5월 2대 국회 의원 선거❶에서 정부에 비판적인 무소속 후보가 대거 당선되었다. 게다가 6·25 전쟁 중 발생한 국민 방위군 사건❷과 거창 양민 학살 사건❸의 영향으로 정부에 대한 여론이 악화되었다. 이승만 정부는 국회 간선제로는 재선이 어렵다고 판단하고, 개헌을 준비하였다.

(2) 독재 기반의 구축

① 자유당❹ 조직: 이승만은 임시 수도인 부산에서 자유당을 창당(1951. 12.)하였다.

② 발췌 개헌(제1차 개헌, 1952. 7.): 이승만은 피난 수도 부산에서 개헌안에 반대하는 야당 의원들을 체포하였다(부산 정치 파동❺). 이어서 대통령 직선제와 국회 양원제(민의원, 참의원)❻를 골자로 하는 발췌 개헌을 거수 기립 표결의 방식으로 통과시켰다.

③ 2대 대통령 당선: 1952년 8월 이승만은 직선제 선거를 통해 대통령에 다시 당선되었다.

심화사료 [頻出]

발췌 개헌(1952)

제31조   입법권은 국회가 행한다. **국회는 민의원과 참의원으로써 구성**한다.

제53조   **대통령과 부통령은 국민의 보통, 평등, 직접, 비밀 투표에 의하여 각각 선거**한다.

부 칙   이 헌법은 공포한 날로부터 시행한다. 단, 참의원에 관한 규정과 참의원의 존재를 전제로 한 규정은 참의원이 구성된 날로부터 시행한다.

발췌 개헌 거수 기립 표결

④ 자유당의 득세: 1954년 제3대 총선에서 자유당은 관권의 개입으로 압승하고 야당은 참패하였다.

⑤ 사사오입 개헌(제2차 개헌, 1954. 11.): 자유당은 이승만의 장기 집권을 위해 '초대 대통령에 한해 중임 제한을 철폐한다.'는 내용의 헌법 개정안을 국회에 제출했다. 개헌안은 정족수 1명이 모자라 부결됐으나, 이틀 후 자유당은 사사오입 논리❼를 내세워 개헌안 통과를 선포하였다.

심화사료 [頻出]

2021. 법원직 9급, 2020. 경찰 1차, 2011. 지방직 9급

사사오입 개헌(1954)

제55조   대통령과 부통령의 임기는 4년으로 한다. 단, 재선에 의하여 1차 중임할 수 있다. 대통령이 궐위(직위가 비는 경우, 대통령 유고)된 때에는 부통령이 대통령이 되고 잔임 기간 중 재임한다.

부칙❽   **이 헌법 공포 당시의 대통령에 대하여는 제55조 단서의 제한을 적용하지 아니한다.**

---

❶ **2대 국회 의원 선거**

1대 총선 때 참여하지 않았던 남북 협상파들이 대거 무소속으로 출마하여 이승만 정권은 210석 가운데 30석밖에 차지하지 못하였다.

❷ **국민 방위군 사건(1951. 1.~4.)**

1·4 후퇴 시기 국민 방위군의 지휘관들이 군사 물자와 군량미 등을 빼돌리는 바람에 다수의 국민 방위군들이 추위와 굶주림으로 사망하였다.

❸ **거창 양민 학살 사건(1951. 2.)**

1·4 후퇴 당시 국군이 민간인을 무차별 학살한 사건이다.

❹ **자유당**

1951년 12월 이승만 정부가 국민회, 민족 청년단(이범석), 대한 청년단 등의 사회단체들을 연합하여 조직한 정당이다.

❺ **부산 정치 파동(1952. 5. 25.)**

이승만은 국무총리 장면을 해임하고, 부산 일대에 계엄령을 선포하였다.

❻ **국회 양원제**

개정된 헌법에 따르면 참의원 선거도 실시하도록 하였다. 그러나 실제로 실시하지는 않아 양원제 국회가 수립되지 않았다.

❼ **사사오입 논리**

개헌안이 통과되기 위해서는 재적 인원 203명의 3분의 2인 136명 이상이 찬성해야 했다. 투표 결과 135명이 찬성하였고 개헌안은 부결되었다. 그러나 자유당은 203명의 3분의 2는 135.333···명이므로, 사사오입하면 135명이 개헌 정족수라고 주장하며 개헌안을 통과시켰다.

❽ **사사오입 개헌안**

개헌안 부칙의 예외 규정을 통해 이승만 대통령의 연임이 가능하도록 하였다.

제8편 현대 사회의 발전

▲ 제3대 대통령 선거 운동

제3대 대선에서 민주당은 "못살겠다. 갈아보자!"라는 구호를 내세웠다.

2. 이승만 정권의 독재 체제 강화

(1) **민주당 창당**: 이승만의 장기 집권을 반대하는 정치인들은 민주당을 결성하여 대항하였다.

(2) **이승만의 3선 성공**: 민주당 후보인 신익희가 돌연 사망하면서 1956년 5월에 실시된 제3대 정·부통령 선거에서 자유당의 이승만이 대통령으로 당선되었다. 그러나 부통령에는 민주당의 장면이 자유당의 이기붕 후보를 누르고 당선되었다.

(3) **진보당 사건(1958)**: 제3대 대선에서 혁신을 주장한 조봉암이 무소속 후보로 출마하였다. 그는 낙선했지만 30% 이상의 유효 득표를 하며 강력한 경쟁자로 등장하였다. 이에 이승만 정부는 조봉암을 비롯한 진보당 간부에게 간첩 혐의를 씌워 구속하였고, 이후 조봉암을 사형시켰다.

9급 위 한국사

조봉암

조봉암은 8·15 광복 후 제헌 국회와 제2대 국회 의원 선거에 당선되었으며, 이승만 정부에서 초대 농림부 장관이 되어 농지 개혁을 추진하였다. 1956년 대통령 선거 때 대통령 후보로 출마한 조봉암은 평화 통일, 수탈없는 경제 체제 확립 등을 주장하여 큰 호응을 얻었다.

진보당 사건

진보당은 1956년 조봉암 등이 결성한 혁신계 정당이다. 1958년 이승만 정부는 간첩죄와 국가 보안법 위반 등을 내세워 평화 통일론을 주장한 조봉암과 진보당 간부들을 탄압하였다. 이를 계기로 평화 통일론 등 통일 정책에 대한 공개적인 논의가 금지되었다.

❶ 국가 보안법 개정안
- 보안법 적용 대상의 확대
- 허위 사실을 발설하거나 유포한 자는 5년 이하의 징역에 처함.
- 대통령, 국회 의장, 대법원장을 비난한 자는 10년 이하 징역에 처함.

❷ 3·15 부정 선거
당시 이승만은 86세라는 고령이었다. 대통령에게 건강상의 문제가 생겨 국정 운영이 어려운 경우 부통령이 대통령직을 승계하기 때문에, 이승만과 자유당(여당)은 부통령으로 이기붕을 당선시키는데 전력을 다했다.

(4) **보안법 파동·언론 탄압**: 1958년 12월 이승만 정부는 **언론 규제**를 골자로 하는 국가 보안법 개정안❶을 통과시켰다(보안법 파동). 또한, 정부에 비판적이었던 『**경향신문**』을 폐간(1959. 4.)하였다.

(5) **3·15 부정 선거❷(1960)**

① **배경**: 제4대 정·부통령 선거 운동 중에 민주당 후보인 조병옥이 갑자기 병사하면서 이승만의 당선이 확실시되자, 자유당은 **이기붕을 부통령으로 당선시키기 위해 부정 선거를 추진하였다.**

② **3·15 부정 선거**: 자유당은 경찰·공무원 등을 총동원하여 4할 사전 투표, 3인·5인·9인조 공개 투표, 대리 투표, 투표함 바꿔치기 등의 부정을 저질렀다. 그 결과 대통령에 이승만이, 부통령에 이기붕이 당선되었다.

고등사료 百出
2015. 서울시 9급

민주당에서 폭로한 3·15 부정 선거 지시 비밀 지령(일부)

1. **4할 사전 투표**: 총 유권자의 40%에 해당하는 표를 자유당 후보에게 기표하여 투표 당일 투표함에 미리 넣어 놓는다.

2. **3인조 또는 5인조 공개 투표**: 나머지 60%의 유권자는 3인, 5인, 9인조로 묶어 매수 혹은 위협을 통해 자유당 후보에게 투표하도록 한다.

3. **완장 부대 활용**: 투표소 부근에 여당 완장을 착용한 완장 부대를 배치하여 야당 성향의 유권자를 위협한다.

4. **야당 참관인 축출**: 야당 참관인은 적당한 구실을 만들어 투표소 밖으로 내쫓는다.
　　　　　　　　　　　　　　　　　　　　　　　　　　　　　─ 『동아일보』 1960년 3월 4일

1. 4·19 혁명의 발발 원인

이승만의 독재 정치, 미국의 원조 감소에 따른 경제 침체 등에 대해 국민들의 불만이 팽배하였다. 이런 상황에서 이승만 정부는 3·15 부정 선거를 저질렀다.

2. 4·19 혁명 전개 과정

(1) 김주열 열사의 죽음: 3·15 선거 당일 마산에서 부정 선거를 규탄하는 시위(1차 마산 의거)가 일어났다. 시위에 참여했던 **고등학생 김주열** 군의 시신이 바다에서 발견되자 시위는 더욱 격렬[3]해졌다 (2차 마산 의거). 이 사건은 4·19 혁명의 도화선이 되었다.

(2) 고려대 학생 피습 사건: 4월 18일 시위에 참여한 고려대 학생들이 정치 깡패에게 폭행을 당하였다.

(3) 시위의 확산: 4월 19일 오전 고려대 학생 피습 사건이 신문에 보도되자, **분노한 학생과 시민들은 전국에서 대규모 시위를 전개**하였다. 시민들이 합세한 시위 군중이 대통령 집무실인 경무대로 진출하자, 경찰은 무차별 총격을 가하여 많은 사상자가 발생하였다.

(4) 계엄령 선포: 학생과 시민들은 **부정 선거 규탄과 이승만의 퇴진**을 부르짖었다. 이승만 정부는 시위 확산을 막기 위해 계엄령을 선포하고 군대를 동원하려고 하였다.

(5) 대학 교수단의 시국 선언문 발표(1960. 4. 25.): 서울 시내 대학 교수들이 '시위대를 옹호하는 한편, 이승만 대통령의 하야를 요구'하는 시국 선언문을 발표하고 국회 앞까지 가두시위를 벌였다.

(6) 이승만 하야(1960. 4. 26.): 이승만은 "국민이 원한다면 대통령직에서 물러나겠다."라는 성명을 발표하고 하야하였다. 이후 이승만은 미국으로 망명하였다.

고등사료 頻出   2022. 지방직 9급, 2019. 서울시 9급, 2017. 국가직 7급(하), 2013. 국가직 7급

서울대학교 4·19 선언문

상아의 진리탑을 박차고 거리에 나선 우리는 질풍과 같은 역사의 조류에 자신을 참여시킴으로써 이성과 진리, 그리고 자유의 대학정신을 현실의 참담한 박토에 뿌리려 하는 바이다. …… 민주주의와 민중의 공복이며, 중립적 권력체인 관료와 경찰은 민주를 위장한 가부장적 전제 권력의 하수인으로 발 벗었다. **민주주의 이념의 최저 공리인 선거권마저 권력의 마수 앞에 농단되었다.**

대학 교수단 4·25 선언문(시국 선언문)

이번 4·19 참사는 우리 학생 운동 사상 최대의 비극이요, 이 나라의 정치적 위기를 극복하기 위한 중대 사태이다. …… 우리 전국 대학 교수들은 이 비상시국에 대처하여 양심의 호소로써 우리의 소신을 선언한다.

2. **이 데모를 공산당의 조종이나 야당의 사주로 보는 것은 고의의 왜곡이며, 학생들의 정의감에 대한 모독**이다.

3. 합법적이고 평화적인 데모 학생에게 총탄과 폭력을 거리낌 없이 남용하여 참극을 빚어낸 경찰은 자유와 민주를 기본으로 한 대한민국의 국립 경찰이 아니라 불법과 폭력으로 권력을 유지하려는 일부 정부 집단의 사병이다.

5. **3·15 선거는 부정 선거이다.** 공명선거에 의하여 정·부통령을 재선거하라.

이승만 대통령의 하야 선언

나 이승만은 국회의 결의를 존중하여 대통령의 직을 사임하고 물러앉아 국민의 한 사람으로서 나의 여생을 국가와 민족을 위하여 바치고자 하는 바이다.
                                                                    – 1960년 4월 26일

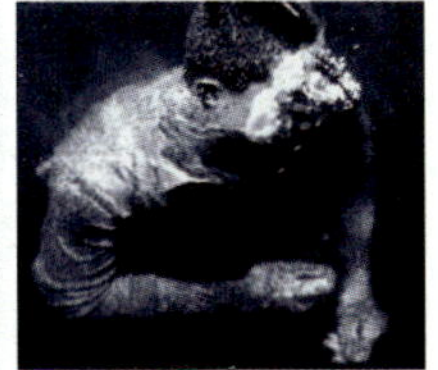
김주열 열사의 죽음

❸ 정부의 대응
정부는 시위의 배후에 공산주의 세력이 개입되었다고 발표하며 상황을 무마하려 하였지만, 국민들의 반감은 더욱 고조되었다.

4·19 혁명

교수들의 시위

4·19 국립 묘지 기념탑

3. 4·19 혁명의 평가

(1) 역사적 의의: 4·19 혁명은 학생과 시민의 힘으로 부패한 독재 정권을 무너뜨린 아시아 최초의 민주주의 혁명이다. 이후 우리나라 민주주의 발전의 토대가 되었다.

(2) 한계: 4·19 혁명의 민주 이념은 5·16 군사 정변으로 인해 미완의 상태로 좌절되었다.

03 장면 내각(제2공화국)

1. 장면 내각의 출범

(1) 제3차 개헌

이승만 독재 정권이 무너지고 허정 과도 정부가 수립되어 내각 책임제 개헌안을 제출하였다. 이에 따라 국회에서는 3·15 부정 선거를 무효로 하고 재선거를 실시하기로 결정했으며, 양원제❶ 의회와 내각 책임제를 골자로 한 개헌안을 통과시켰다(1960. 6.).

(2) 장면 내각의 성립(1960. 8.)

새 헌법에 따라 실시된 7·29 총선에서 자유당이 몰락하고 야당인 민주당이 압승하였다. 새로 구성된 양원제 국회(민의원·참의원)는 대통령에 윤보선, 국무총리에 장면을 선출하였다.

(3) 주요 활동

① 각종 규제 완화: 언론의 자유를 보장하고 각종 정부 규제를 완화하였다. 이에 따라 그동안 억눌려 왔던 노동 운동과 교원 노조 운동❷, 청년 운동, 학생 운동이 활발하게 전개되었다.

② 경제 개발 5개년 계획안 수립: 경제 개발 5개년 계획(1961~1965)을 수립하고 국토 건설단을 결성하였다. 그러나 5·16 군사 정변이 발발함에 따라 실제 시행되지는 못하였다.

2. 장면 내각의 붕괴

(1) 국정 운영의 어려움

① 민주당 내 대립 격화: 장면 내각은 민주당 내부의 파벌 싸움으로 국정 운영에 어려움을 겪었다. 결국 신·구파의 대립 격화로 민주당에서 구(舊)파가 분당하여 따로 신민당을 창당하였다.

② 개혁 의지 후퇴: 장면 내각은 3·15 부정 선거 책임자와 부정 축재자 처벌에도 소극적이었고, 중립화 통일론·남북 협상론❸ 등을 내세운 통일 운동을 탄압하였다.

(2) 장면 내각의 붕괴

장면 내각이 경제 개발 자금을 마련하기 위해 군대를 축소하려고 하자, 1961년 박정희를 비롯한 일부 군인들이 사회 혼란을 구실로 쿠데타를 일으켰다. 이에 장면 내각은 붕괴되었다.

국무총리에 인준된 장면

제3차 개헌(1960. 6. 15.)

제33조 ① **민의원** 의원의 임기는 4년으로 한다. 단, 민의원이 해산된 때에는 그 임기는 해산과 동시에 종료한다.

② **참의원** 의원의 임기는 6년으로 하고 의원 1/2을 개선한다.

제70조 국무총리는 국무회의를 소집하고 의장이 된다. 국무총리는 법률에서 일정한 범위를 정하여 위임을 받은 사항과 법률을 실시하기 위하여 필요한 사항에 관하여 국무회의의 의결을 거쳐 국무원령을 발할 수 있다. **국무총리는 국무원을 대표하여 의안을 국회에 제출하고 행정 각 부를 지휘 감독**한다.

3차 개헌 공포

정부에서는 6월 15일 국회에서 통과된 개헌안을 이송받자 이날 긴급 국무회의를 소집하고 정식으로 이를 공포하였다. 이로써 개정된 새 헌법은 16일 0시를 기해 효력을 발생케 되었다. 새 헌법이 공포됨으로써 16일부터는 **실질적인 내각 책임 체제의 정부**를 갖게 되었으며 **허정 수석 국무위원**은 자동으로 국무총리가 된다.

— 『경향신문』, 1960. 6. 16.

장면 국무총리의 시정 연설(1960. 8. 27.)

첫째로, 통일안에 있어서는 …… 국제 연합 감시하에 남북을 통한 자유 선거에 의하여 통일을 달성한다는 주장을 강조하고자 하는 바입니다. 한·일 양국 간의 외교 관계를 정상화하기 위하여 양국 간의 회담을 재개할 것과 ……

셋째로, 부정 선거의 원흉들과 발포 책임자에 대해서는 이미 공소가 제기되어 있으므로 사법부에서 법과 혁명 정신에 의하여 엄정한 판결을 내릴 것으로 믿고 ……

넷째로, 경제 건설을 촉진하기 위하여 경제 안정의 테두리 안에서 장기 개발 계획의 실현을 위한 투·융자의 확대, 세제의 개혁 …… 등을 실천에 옮겨야 하겠습니다. ……

여섯째로, 경제 건설과의 균형상 국방비의 과중한 부담을 경감시키기 위하여 점차적 감군을 주장하여 온 우리 당의 정책을 실현하고자 국제 연합군 사령부와 협의하여 신년도부터 약간 감군할 것을 계획 중에 있으며, 동시에 새로운 장비를 도입하기 위한 계획도 이미 수립되어 있음을 양해하시기를 바란다.

제4차 개헌 헌법 부칙(1960. 11. 29.)

이 헌법 시행 당시의 국회는 단기 4293년(1960) 3월 15일에 실시된 대통령, 부통령 선거에 관련하여 부정행위를 한 자와 그 부정행위에 항의하는 국민에 대하여 살상한 자 …… 단기 4293년 4월 26일 이전에 지위 또는 권력을 이용하여 부정한 방법으로 재산을 축적한 자에 대한 행정상 또는 형사상의 처리를 하기 위하여 특별법을 제정할 수 있다.

대표 기출문제

다음 개헌이 이루어진 정부 시기에 있었던 사실로 가장 옳은 것은?

2021. 법원직 9급

제55조 대통령과 부통령의 임기는 4년으로 한다. 단, 재선에 의하여 1차 중임할 수 있다. 대통령이 궐위된 때에는 부통령이 대통령이 되고 잔임 기간 중 재임한다.

부 칙 이 헌법 공포 당시의 대통령에 대하여는 제55조 제1항 단서의 제한을 적용하지 아니한다.

— 대한민국 관보 제1228호

① 소련, 중국과 교류를 확대하였다.
② 일본과 국교 정상화를 추진하였다.
③ 진보당 사건으로 조봉암을 처형하였다.
④ 지방 자치제를 전면적으로 실시하였다.

해설

제시된 자료는 1954년 이승만 정부 때 통과된 사사오입 개헌안의 내용이다. ③ 1958년 진보당 사건에 대한 설명으로, 이승만 정부가 강력한 대선 경쟁자로 부상한 조봉암을 제거(이듬해인 1959년 처형됨)한 사건이다.
① 1990년대 노태우 정부 때의 일이다. ② 1960년대 박정희 정부 때의 일이다. ④ 1990년대 김영삼 정부가 추진한 정책에 대한 설명이다.

정답 ③

02 강 민주화 운동과 민주주의의 발전

解/法 기출분석

구분		2008~2018	2019	2020	2021	2022	2023	2024	2025
9급	국가직	• 민주화 운동 선언문 • 6월 민주 항쟁			유신 체제		박정희 정부		
	지방직		베트남 파병		1960~70년대 정치	유신 헌법			
	법원직	• 박정희 정부 • 유신 체제 • 6월 민주 항쟁(2) • 김영삼 정부 • 현대의 정치(2)	민주화 운동	개헌 과정	유신 헌법		• 유신 체제 • 김영삼 정부		• 전두환 정부 • 민주화 운동 • 김영삼 정부

解法 요람

박정희 정권

5대~9대

박정희 정부
1961~1963(군정)
1963~1979

군사 정부 (1961~1963)

1. **군정 실시**: 혁명 공약, **국가 재건 최고 회의**, 중앙정보부 설치
2. **정치**: 정치인들의 활동 제약, 진보 세력 탄압
3. **경제**: **경제 개발 5개년 계획** 시작(1962), 화폐 개혁(10환 ⇨ 1원)
4. **민정 이양 준비**: 5차 개헌(1962) – 대통령 중심제, 민주 공화당 창당

제3공화국 (1963~1972)

1. **한 · 일 기본 조약 체결(1965, 한 · 일 협정)**: 김종필 · 오히라 메모, 6 · 3 항쟁(한 · 일 회담 반대)
2. **베트남 파병(1965)**: 브라운 각서(1966, 미국의 보상 명시), 베트남 특수
3. **경제 정책**: 1 · 2차 경제 개발 5개년 계획 추진(1962~1971) – 노동 집약적 경공업
4. **6차 개헌(3선 개헌, 1969)**: **3선 금지 조항 삭제**, 장기 집권 구축 ⇨ 7대 대통령 당선

유신 체제 (1972~1979)

1. **배경**: 냉전 완화, 경제 침체, 야당의 성장
2. **명분**: 한국적 민주주의 표방, 통일 정책 추진 ⇨ 1972년 7월 **7 · 4 남북 공동 성명** 발표
3. **유신 체제 성립**: 10월 비상 계엄 선포(10월 유신) ⇨ 11월 공포
4. **유신 헌법**: 대통령 권한 강화
   (1) 장기 집권: 대통령 선출(**통일 주체 국민 회의** 간선), 대통령 임기 6년, 중임 제한 ✕
   (2) 대통령의 권한 극대화: **긴급 조치권**(초법적 권리), 국회 장악(국회 의원 1/3 추천)과 법원 장악(법관 임명)
5. **유신 반대 운동**: 개헌 청원 100만인 서명 운동(⇨ 긴급조치 1호), 3 · 1 민주 **구국 선언**(1976)
6. **유신 체제 붕괴**: YH 노동자 사건과 김영삼 의원직 박탈 ⇨ **부 · 마 항쟁**
   ⇨ 10 · 26 사태(중앙정보부장 김재규가 박정희 대통령 저격)

전두환 정부

11대~12대

전두환 정부
1981~1987

1. **12 · 12 사태**: 전두환 신군부 세력의 권력 장악 ⇨ 서울의 봄(신군부 퇴진 요구)
2. **5 · 18 광주 민주화 운동**: 계엄령 철회와 김대중 석방 요구 ⇨ **과잉 진압과 시민군 조직** ⇨ 협상 시도 ⇨ 무자비한 진압 ⇨ 군정 실시(국가 보위 비상 대책 위원회)
3. **전두환 정부 수립**: 11대 대통령 당선(1980, 통일 주체 국민 회의) ⇨ **8차 개헌(1980, 7년 단임, 간선)**, 12대 대통령 선출(1981, 대통령 선거인단 간선)
4. **강권 통치**: 언론 통제, 학생 운동 탄압, 삼청 교육대
5. **유화 정책**: 각종 규제 해제(통행금지 ×, 교복 자율화, 해외여행 자유), 우민화 정책(3S 정책)
6. **경제 정책**: 3저 호황(저달러, 저유가, 저금리), 경제 고도 성장, 최초 무역 수지 흑자
7. **6월 민주 항쟁(1987)**: 직선제 개헌 운동 ⇨ **박종철 고문 치사 사건** ⇨ **4 · 13 호헌 조치** ⇨ **6월 민주 항쟁(조직적, 범국민적)** ⇨ 6 · 29 선언(노태우) ⇨ **9차 개헌(5년 단임, 직선제)**

노태우 정부

13대

노태우 정부
1988~1992

1. **외교 정책**: **북방 외교** – 소련, 중국 등 사회주의 국가와 수교
2. **통일 정책**: 남 · 북한 유엔 동시 가입(1991), 남북 기본 합의서 채택(1991)

김영삼 정부

14대

김영삼 정부
1993~1997

1. **주요 정책**: **금융 실명제 실시**, 지방 자치제 전면 실시, 역사 바로 세우기(일제 잔재 청산)
2. **경제 정책**: UR(우루과이 라운드) 타결, WTO(세계 무역 기구) 출범, OECD(경제 협력 개발 기구) 가입
3. **IMF 외환 위기 발생**(1997) ⇨ IMF에 구제 금융 신청

김대중 정부

15대

김대중 정부
1998~2002

1. **정권 교체**: 최초로 선거에 의한 평화적 여야 정권 교체
2. **주요 정책**: IMF 극복(노사정 위원회, 구조 조정)
3. **통일 정책**: 남북 정상 회담(최초), **6 · 15 남북 공동 선언**(2000)

1. 5·16 군사 정변(1961)

(1) 배경

장면 내각의 군비 축소 계획에 불만을 품은 **박정희**를 비롯한 일부 군인들은 **장면 내각의 무능과 사회 혼란을 구실**로 정변을 일으켰다.

(2) 군사 정변의 발발

1961년 5월 16일 새벽 박정희와 일부 군인들이 서울의 주요 기관을 점령하였다. 곧이어 군사 혁명 위원회를 조직하고 혁명 공약[1]을 발표하며, 전국에 비상계엄령을 선포하고 군정을 실시하였다.

고등사료 百出

5·16 군사 정변 세력의 혁명 공약(1961. 5. 16.)

하나, 반공을 국시의 제1로 삼고 형식적이고 구호에만 그친 반공 체제를 재정비 강화한다.

둘, 유엔 헌장을 준수하고 국제 협약을 충실히 이행할 것이며 미국을 위시한 자유 우방과의 유대를 더욱 공고히 할 것이다.

넷, 민생고를 시급히 해결하고 **국가 자주 경제 재건에 총력**을 경주할 것이다.

여섯, 이와 같은 우리의 과업이 성취되면 참신하고도 양심적인 정치인들에게 **언제든지 정권을 이양하고 우리들 본연의 임무에 복귀할 준비**를 갖추겠다.

---

2. 군정의 시행과 민정 이양의 과정(1961~1963)

(1) 군정의 시행

① 반공 체제 강화: 혁명 공약 1호로 내세웠던 반공 태세의 강화를 적극 추진하였다.

② 군정: 박정희를 의장으로 한 국가 재건 최고 회의[2](최고 권력 기구)를 구성하여 군정을 실시하였다. 또한, 중앙정보부를 설치하여 비판 세력을 탄압하였다.

③ 정치·사회 개혁

  ㉠ 정치 활동 규제: 정치 활동 정화법[3], 반공법 등을 실시하여 정치인들의 활동을 제약하였다.

  ㉡ 혁명 재판 실시: 진보적 지식인과 노조 및 학생 간부들을 혁명 재판[4]에 회부하였다.

  ㉢ 사회 정화 사업: 불량배를 소탕하고 부정 축재 처리법을 만들어 부정 축재자를 처벌하였다.

④ 경제 정책 추진

  ㉠ 경제 개발 5개년 계획 수립: 장면 내각에서 수립했던 경제 개발 5개년 계획을 토대로 1962년 제1차 경제 개발 5개년 계획을 시행하였다.

  ㉡ 각종 경제 정책: 1962년 화폐 개혁[5]을 단행하여 환(圜) 표시의 단위를 원(圓) 표시로 변경(10환 ⇒ 1원)하였다. 또한 농어촌 고리채를 줄여 주었다.

(2) 민정 이양 과정

① 제5차 개헌 단행(1962. 12.): 대통령 중심제로 돌아가고, 양원제를 단원제로 통합하였다.

② 민주 공화당 창당(1963. 2. 26.): 군사 정부는 **민주 공화당**[6]을 창당하고, 지지 세력을 결집시켜 정권을 계속 장악하고자 하였다.

군사 정변의 주역들

❶ 군사 정부의 혁명 공약

반공을 강조하고, 경제 재건과 사회 안정을 약속하였다.

❷ 국가 재건 최고 회의

1963년 12월 제3공화국의 출범과 함께 해체되었다.

❸ 정치 활동 정화법(1962. 3.)

구 정치인과 반대 세력들의 정치 활동이 봉쇄되었다. 이들은 6년 간 선거 출마, 정당 활동 등이 금지되었다.

❹ 혁명 재판

5·16 군사 정변 이후 실시된 특별 군사 재판이다.

5·16 군사 정변 이후 조리돌림 당하는 조직 폭력배들

❺ 화폐 개혁의 결과

갑작스런 화폐 개혁으로 경제 혼란이 발생하여 오히려 경기가 위축되었다.

❻ 4대 의혹 사건

중앙정보부가 공화당 창당 자금을 무리하게 마련하는 과정에서 일어난 4가지 부정부패 사건(증권 파동, 워커힐 사건, 파친코 사건, 새나라 자동차 사건)을 가리킨다.

민주 공화당 창당

1. 제3공화국 성립

박정희가 윤보선 후보를 근소한 차이로 누르고 제5대 대통령에 당선되면서 제3공화국이 출범하였다.

2. 박정희 정권의 주요 정책

(1) 한·일 국교 정상화 및 한·일 협정(1965)

① 추진 배경: 정부는 경제 개발에 필요한 자금을 확보하고자 하였다. 또한, 이는 미국의 동아시아 전략(한·미·일 안보 동맹 구축)과도 맞아떨어지는 것이었다.

② 한·일 회담 과정

㉠ 김종필–오히라 회담(1962): 중앙정보부장 김종필과 외무대신 오히라 간에 한·일 국교 정상화에 대한 비밀 회담이 진행되었다.

㉡ 6·3 항쟁(1964. 6. 3.): 김종필·오히라 메모[7]가 언론을 통해 알려지자 학생과 시민들을 중심으로 '굴욕적인 한·일 회담 반대'[8]를 외치는 시위가 발생하여 6월 3일 절정에 달하였다. 이에 정부는 서울시 전역에 비상계엄령[9]과 휴교령, 위수령[10]을 선포하고 시위를 진압하였다.

③ 한·일 협정 타결과 문제점

㉠ 한·일 협정 체결: 1965년 6월 정부는 한·일 기본 조약을 체결하고 일본과 국교를 정상화하였다. 이어 야당 의원들의 불참 속에서 한·일 협정 비준 동의안을 의결하였다.

㉡ 구성: 한·일 협정은 기본 조약과 이에 부속된 4개의 협정으로 구성되어 있다. 부속 협정으로는 '청구권·경제 협력에 관한 협정', '재일교포의 법적 지위와 대우에 관한 협정', '어업에 관한 협정', '문화재·문화 협력에 관한 협정' 등이 있다.

㉢ 문제점: 일본은 한·일 협정에 식민지 지배에 대한 사과를 명문화하지 않았다. 또한, 일본군 위안부나 강제 동원 희생자 등에 대한 배상 문제를 다루지 못한 한계를 지녔다.

심화사료 百出

2018. 서울시 9급

민족적 민주주의를 장례한다(1964. 5. 20.)

민족사는 바야흐로 위대한 결단을 요구하는 전환기에 섰다. 4월 항쟁의 참다운 가치성은 반외세·반매판·반봉건에 있으며 민족 민주의 참된 길로 나아가기 위한 도정이었으나 5월 군부 쿠데타는 이러한 민족 민주 이념에 대한 정면적인 도전이었으며 노골적인 대중 탄압의 시작이었다. …… **국제 협력이라는 미명 아래 우리 민족의 치떨리는 원수 일본 제국주의를 수입, 대미 의존적 반신불수인 한국 경제를 2중 예속의 철쇄로 속박하는 것이 조국 근대화로 가는 첩경이라고 기만하는 반민족적 음모를 획책하고 있다.** …… 굴욕적인 한·일 회담의 즉시 중단을 엄숙히 요구한다.

한·일 기본 조약(1965. 6. 22.)

제2조 1910년 8월 22일 및 그 이전에 **대한 제국과 일본 제국 간에 체결된 모든 조약 및 협정이 이미 무효임을 확인**한다.

> ↳ 한국과 일본은 제2조에 대해 서로 다르게 해석하고 있다. 우리나라는 **한국 병합에 관한 조약(1910)에 따른 식민 지배 자체가 원천적으로 무효**라고 해석하고 있다. 한편, 일본은 **한국 병합에 관한 조약은 합법적인 것이었지만, 제2차 세계 대전에서 패하였기 때문에 이것이 무효**화되었다고 해석하였다.

제3조 대한민국 정부가 국제 연합 총회의 결의 제195호(Ⅲ)에서 명시된 바와 같이 한반도에 있어서의 유일한 합법 정부임을 확인한다.

---

❼ 김종필·오히라 메모

일본 측은 한국 측에 무상 원조 3억 달러, 유상 원조(해외 경제 협력 기금) 2억 달러, 수출입 은행 차관 1억 달러 이상을 제공한다는 것이 주요 내용이었다.

❽ 한·일 국교 정상화 반대 시위

1964년 5월 서울대생을 중심으로 '민족적 민주주의 장례식'을 개최하여 굴욕적인 한·일 회담 반대 시위을 전개하였다. 이후 시위는 전국으로 확산되었다.

❾ 계엄령

국가 비상시 국가 안녕과 공공질서 유지를 목적으로 헌법 일부의 효력을 일시 중지하고 군사권을 발동하는 것으로, 대통령 고유 권한이다.

❿ 위수령

육군 부대가 한 지역에 계속 주둔하면서 그 지역의 질서 및 시설물을 보호할 것을 규정한 대통령령이다. 이를 통해 시민의 정치적 활동을 억압하였다.

한·일 회담 반대 시위

(2) 베트남 파병(1965~1973)

① 파병 명분: 미국의 6·25 전쟁 참전에 대한 보답과 민주주의 수호를 명분으로 내세웠다.

② 브라운 각서(1966. 3. 7.): 베트남 파병에 필요한 조건을 명시한 브라운 각서를 체결하였다. 한국의 베트남 파병에 대한 미국의 보상을 나타낸 것이다.

③ 영향: 미국으로부터 군사 원조와 1억 5천만 달러의 장기 차관을 획득하였다. 또한 베트남과의 무역 증가로 나타난 베트남 특수는 경제 개발 자금 마련의 밑거름이 되었다.

고등사료 百出

브라운 각서(1966. 3. 7.)

미국 정부는 월남에서 싸우고 있는 자유 세계 군대에 합류하여 크게 기여하려는 대한민국 정부의 결정을 충심으로 환영합니다.

······ 미국은 한국의 방위에 경제적 발전이 필요하다고 보고 다음과 같은 조치를 취할 용의가 있음을 말씀드립니다.

1. 추가 파병에 따른 비용은 미국 정부가 부담한다.

2. 한국군 육군 17개 사단과 해병대 1개 사단의 장비를 현대화한다.

3. 베트남 주둔 한국군을 위한 물자와 용역은 가급적 한국에서 조달한다.

5. 1965년 5월에 한국에 대해 약속했던 1억 5천만 달러 규모의 차관에 덧붙여 ······ 한국의 경제 발전을 돕기 위한 추가 AID 차관을 제공한다.

— 국회 도서관 입법 조사국, 「한국 외교 관계 자료집」

(3) 경제 개발 5개년 계획의 추진

경공업 분야가 크게 발전했으며 중화학 공업에도 진출하기 시작하였다.

(4) 한·미 행정 협정 체결(SOFA, 1966. 7. 9.)

한국 전쟁 후 주한 미군의 법적 지위에 관하여 한·미 양국 간에 합의가 필요하게 되어 체결된 협정이다. 불평등 조항❶으로 구성되어 계속적으로 한·미 간 문제가 되고 있다.

3. 박정희 정권의 장기 집권 계획

(1) 6대 대통령 당선(1967)

박정희는 야당 후보 윤보선을 큰 표 차이로 이기고 대통령에 당선되었다.

(2) 6·8 부정 선거(1967)

① 6·8 부정 선거(제7대 총선): 공화당은 3선 개헌에 필요한 2/3의 의석을 확보하기 위해 부정 선거를 자행했다. 부정 선거를 규탄하는 시위가 전국적으로 확산되었다.

② 정부의 대응: 부정 선거에 대한 비판 분위기가 확대되자 중앙정보부는 이를 무마시키기 위해 동백림 사건❷을 조작하였다.

(3) 한반도의 긴장 고조

① 무장 공비의 침투(1968): 1월에 북한이 보낸 31명의 무장 공비가 청와대를 기습 공격한 1·21 사태(김신조 사건)가 일어났으며, 11월에도 울진·삼척 무장 공비 사건이 일어났다. 이에 대응하여 정부는 향토 예비군을 창설❸하고, 주민등록증❹을 발급하였다.

② 푸에블로호 납치(1968): 미국 첩보함 푸에블로호가 북한 영해를 침범하였다가 북한에 납치되었다.

---

❶ 한·미 행정 협정의 불평등 조항

한국 내 시설과 구역에 대한 사용 권리, 형사 재판 관할권의 치외 법권 행사 등을 미군 측에 부여하였다.

❷ 동백림 사건

1967년 작곡가 고 윤이상 씨, 이응로 화백 등 194명이 옛 동독의 수도인 동베를린(동백림)을 거점으로 대남적화 공작을 벌였다며 처벌당한 사건을 말한다. 2006년 과거사 진상 규명 위원회는 이 사건에 대해 정부가 사과할 것을 권고하였다.

1·21 사태(김신조 사건)

❸ 향토 예비군 창설

1968년 4월 향토 예비군을 창설하였다. 이후 베트남 공산화에 자극받아 1975년 4월에 민방위까지 만들어졌다.

❹ 주민등록증 발급 시작

1968년 1·21 사태 이후, 박정희 정부는 신원 파악을 위해 전 국민에게 신분증을 발급하기로 하였다. 이에 따라 1968년 말까지 발급 대상자들에게 주민등록증을 발급하였다.

(4) 3선 개헌의 단행(제6차 개헌, 1969. 10. 17.)

① 개헌의 명분: 안보의 위기 속에서 조국 근대화와 민족 중흥의 과업을 이룩하기 위해서는 강력한 정치적 리더십이 필요하다고 주장하였다.

② 내용: 기존 헌법의 3선 금지 조항을 삭제하고, **대통령의 연임 횟수를 3회로 연장한 개헌**이다.

③ 개헌안 통과[5]: 3선 개헌안은 야당과의 합의 없이 여당계 의원들의 변칙 날치기로 통과되었다. 반대 시위가 전국으로 확산되었음에도 불구하고 국민 투표에 부쳐져 가결되었다.

(5) 7대 대통령 선거(1971)

김대중이 야당인 신민당 후보로 나와 많은 표를 얻어 **박정희**는 90여만 표 차이로 힘겹게 당선되었다. 그리고 같은 해 총선에서도 야당이 과반수에 가까운 의석을 확보하였다.

03 유신 체제의 성립과 붕괴(제4공화국, 1972~1979)

1. 유신 체제의 성립 배경

(1) 정치적 위기

1969년 미국이 닉슨 독트린을 발표하면서 **냉전 체제가 완화**되기 시작하였다. 그리고 1971년 대통령 선거와 총선에서 **야당이 선전**하였다. 이에 박정희 정부는 **장기 독재 체제를 구축**하기 위해 1971년 12월 국가 안보 위기를 내세워 국가 비상사태를 선언하였다.

(2) 경제·사회적 위기

1960년대 말 세계 경제의 불황으로 한국 경제는 침체되었다. 또한 성장 위주의 경제 개발은 **사회 모순**을 심화시켜 전태일 분신 사건[6], 광주 대단지 사건[7] 등이 발생하였다.

2. 유신 체제의 구축

(1) 10월 유신(1972. 10.)

평화 통일 대비를 명분으로 **한국적 민주주의**를 표방하며 10월 유신을 단행하였다. 10월 17일 비상 계엄을 선포하고 대통령 특별 선언을 통해 **국회를 해산**했으며, 모든 **정치 활동을 금지**하였다.

(2) 유신 헌법(제7차 개헌)

유신 헌법은 비상 국무회의의 의결을 거쳐 11월 국민 투표를 통해 확정되었다.

① 장기 집권: 통일 주체 국민 회의[8]에서 임기 6년의 대통령을 간선제로 선출하게 하였다. 대통령 중임 제한이 철폐되어 박정희의 영구 집권이 가능해졌다.

② 대통령의 권한 극대화: 대통령이 입법, 사법, 행정에 대한 모든 권한을 장악하였다.

㉠ 국회 장악: 대통령이 국회 의원 3분의 1을 추천했으며, 이들은 유신 정우회를 구성하였다. 또한 대통령은 국회를 해산할 수 있으나 국회는 대통령을 탄핵할 수 없다고 규정하였다.

㉡ 법원 장악: 대법원장이 임명하던 법관을 대통령이 임명하였다. 대법원장도 대통령이 국회의 동의를 얻어 임명하도록 규정하였다.

㉢ 긴급 조치권: 대통령에게 긴급 조치라는 초헌법적 권리가 부여되어 국정 전반에 걸쳐 필요한 긴급 조치를 할 수 있었다. 이에 따라 각종 법률의 효력을 대통령이 임의로 정지시킬 수 있었다.

유신 체제 성립 이후 정부의 홍보물

정부는 '10월 유신 100억불 수출, 1000불 국민 소득'을 관제 구호로 내세워 지속적인 경제 성장을 독려하였다.

(3) 제8대 대통령 선출(1972. 12. 23.)

통일 주체 국민 회의 대의원들이 장충체육관에 모여 단일 후보 박정희를 99.9%의 찬성으로 제8대 대통령으로 선출하였다.

3. 유신 체제의 강압과 저항

(1) 유신 반대 운동 탄압

① 김대중 납치 사건[1](1973. 8.): 일본에서 김대중을 납치하여 수장(水葬)을 기도하였으나 미국과 일본에 의해 좌절되었다. 이후 김대중은 국내 자택에 감금 조치되었다.

② 긴급 조치[2]: 1973년 개헌 청원 100만인 서명 운동[3]이 진행되자, **긴급 조치 1호**가 선포되었다. 이후 정부는 긴급 조치를 수시로 발표하여 유신 반대 운동을 탄압하였다.

③ 2차 인혁당 사건[4]: 정부는 인민 혁명당 재건 사건을 조작하여 전국 민주 청년 학생 연맹(민청학련)을 배후 조종한 혐의로 관련자들에게 사형을 비롯한 중형을 선고하였다.

고급사료 頻出
2023. 법원직 9급, 2022. 지방직 9급, 2019. 서울시 9급, 2019. 경찰 1차

유신 헌법

제39조 제1항 **대통령은 통일 주체 국민 회의에서 토론없이 무기명 투표로 선거한다.**

제2항 통일 주체 국민 회의에서 재적 대의원 과반수의 찬성을 얻은 자를 대통령 당선자로 한다.

제40조 제1항 통일 주체 국민 회의는 국회 의원 정수의 1/3에 해당하는 수의 국회 의원을 선거한다.

제47조 대통령의 임기는 **6년**으로 한다.

긴급 조치 1호

• 대한민국 헌법을 부정, 반대, 왜곡 또는 비방하는 일체의 행위를 금한다.

• 대한민국 헌법의 개정 또는 폐지를 주장, 발의, 청원하는 일체의 행위를 금한다.

• 유언비어를 날조, 유포하는 일체의 행위를 금한다.

• 이 조치에 위반한 자와 이 조치를 비방한 자는 비상 군법 회의에서 심판, 처단한다.

긴급 조치 4호

이 조치를 위반한 자, 이 조치를 비방한 자는 영장 없이 체포되어 비상 군법 회의에서 사형, 무기 또는 5년 이상의 징역형에 처한다.

(2) 유신 체제에 대한 저항

① 야당 세력: 야당 총재 김영삼을 중심으로 투쟁을 강화하였다. 결국 1979년 10월 **김영삼이 국회에서 제명**[5]되었다.

② 재야 세력: 1976년 3월 재야 민주 인사들이 명동 성당에서 박정희 정권 퇴진 등을 요구하는 3·1 민주 구국 선언을 발표하였다.

③ 언론계: 유신 체제에 저항하는 언론 자유 수호 운동이 본격적으로 전개되었다.

④ 노동 운동: YH 무역 노동자 사건(1979) 등이 대표적이다.

3·1 민주 구국 선언문(1976)[6]

우리는 …… 이 나라의 먼 앞날을 내다보면서 민주 구국 선언을 선포하는 바이다.

1. 이 나라는 민주주의의 기반 위에 서야 한다.

2. 경제 입국의 구상과 자세가 근본적으로 검토되어야 한다.

3. 민족 통일은 오늘 이 겨레가 짊어진 최대의 과업이다.

4. 유신 체제의 붕괴

(1) 배경

① **대외적 상황**: 2차 석유 파동(1979)이 발생하여 석유 값이 급등함에 따라 경제가 침체되었다. 또한, 박정희는 독자적 군사 노선을 추구하면서 미국과 갈등을 빚었다.

② **YH 무역 노동자 사건(1979. 8.)**: 생존권 보장을 요구하며 신민당사에서 농성을 벌이던 YH 무역의 여공들을 경찰이 강제로 진압하였다.

③ **부·마 항쟁[7](1979. 10.)**: YH 노동자 사건과 관련해 당시 **신민당 총재**였던 김영삼이 국회에서 제명당하였다. 이 사건을 계기로 부산과 마산 등지에서 유신 체제에 저항하는 시위가 발생하였다.

(2) 10·26 사태 발발(1979)

경호실장 차지철과 갈등을 빚던 중앙정보부장 김재규가 10월 26일 궁정동 만찬에서 **박정희 대통령**을 저격하였다.

(3) 10·26 사태 수습

정부는 전국에 비상계엄을 선포하고, 국무총리 최규하가 대통령 권한을 대행하였다. 이후 유신 헌법에 따라 1979년 12월 통일 주체 국민 회의에서 최규하가 10대 대통령으로 선출되었다.

04 신군부의 등장과 전두환 정권 성립(제5공화국, 1981~1987)

1. 신군부의 등장과 서울의 봄

(1) **12·12 사태 발발(1979)**: 전두환을 비롯한 신군부 세력이 군사 쿠데타[8]를 일으켜 권력을 장악하였다.

(2) **서울의 봄(1980)**: 1980년 5월 서울역 앞에서 계엄 해제와 신군부 퇴진 등을 요구하는 대규모 민주화 시위가 열렸다.

(3) **신군부의 권력 확대**: 신군부는 5월 17일에 전국으로 계엄령을 확대하고 일체의 정치 활동을 금지시켰다. 또한 김대중·문익환을 내란 음모죄로 체포하고, 김영삼을 자택에 연금시켰다.

2. 5·18 광주 민주화 운동(1980)

(1) 전개

① **광주 민주화 시위 발발**: 1980년 5월 18일에 광주에서 민주화 시위가 일어나 계엄령 철회와 김대중 석방 등을 요구하였다.

② **과잉 진압과 시민군의 조직**: 신군부는 공수 부대를 투입하여 무자비한 과잉 진압을 하였고, 이에 격분한 시민들이 시위 대열에 합세하였다. 이후 자발적으로 **시민군**이 조직되었다.

---

[6] 3·1 민주 구국 선언

1976년 3월 1일 윤보선, 함석헌, 김대중, 문익환 등 재야 민주 인사들이 명동 성당에서 긴급 조치 철폐, 민주 인사와 학생 석방, 박정희 정권 퇴진, 민족 통일을 추구할 것 등을 요구한 선언이다.

[7] 부·마 항쟁

부·마 항쟁의 진압 방법을 둘러싸고 경호실장 차지철 등 강경파와 중앙정보부장 김재규 등 온건파로 나누어져 갈등을 빚었다.

▲ 10·26 사태 현장 검증

[8] 12·12 사태

보안사령관 전두환의 신군부 세력은 군 내의 정상적인 지휘계통을 무시하고 계엄 사령관 정승화 대장을 10·26 사건과 관련이 있다는 죄목으로 체포하였다.

▲ 서울의 봄

이때 제기된 사항은 계엄령 철폐, 유신 헌법 폐지, 전두환 퇴진, 민간 정부 수립 요구 등이었다.

광주 시내에 진입하는 계엄군

❶ 부산 미 문화원 방화 사건(1982)
부산 지역 대학생들이 광주 민주화 운동 유혈 진압 비호에 대한 미국 측의 책임을 물어 미국 문화원을 방화한 사건이다.

③ 정부와의 협상 시도(1980. 5. 22.): 계엄군은 광주를 철저히 고립하는 한편, 이 사건을 불순분자의 책동이라고 발표하였다. 광주 시민들은 계엄 당국과의 협상을 시도하였으나 실패하였다.

(2) 결과: 5월 27일 새벽에 계엄군은 전남도청을 점령하고, 저항하는 시민군을 무자비하게 살상하였다.

(3) 역사적 의의: 5·18 광주 민주화 운동은 1980년대 민주화 운동의 밑거름이 되었으며, 학생 운동에서 반미 운동❶이 등장하게 되는 계기가 되었다.

고등사료 百出   2017. 서울시 9급

광주 시민군 궐기문(1980. 5. 25.)
우리는 왜 총을 들 수밖에 없었는가. 그 대답은 간단합니다. 너무나 무자비한 만행을 더 이상 보고 있을 수만 없어서 너도나도 총을 들고 나섰던 것입니다. …… 정부 당국에서는 17일 야간에 계엄령을 확대 선포하고 학생과 민주 인사들을 불법 연행하였습니다. 또 **18일 아침에 각 학교에 공수 부대를 투입하고 이에 반발하는 학생들에게 대검을 꽂고 '돌격 앞으로'를 감행하였습니다.** …… 계엄 당국은 18일 오후부터 공수 부대를 대량 투입하여 시내 곳곳에서 학생, 젊은 이들에게 무차별 살상을 자행하였으니!

3. 전두환의 정권 장악(제5공화국)

(1) 정권 장악 과정

① 국가 보위 비상 대책 위원회: 5·18 민주화 운동을 진압한 신군부는 국가 보위 비상 대책 위원회를 설치하여 국정을 장악하였다.

② 11대 대통령 선출: 1980년 8월 통일 주체 국민 회의에서 전두환을 대통령으로 선출하였다.

③ 제8차 개헌❷(1980. 10.): 전두환은 대통령 임기를 7년 단임으로 하고 대통령 선거인단이 대통령을 간접 선출하는 개헌안을 제출하였다.

④ 제5공화국의 출범(1981. 2.): 전두환은 민주 정의당을 창당하고, 대통령 선거인단의 간선에 의해 전두환이 제12대 대통령에 선출되었다.

(2) 전두환 정권의 주요 정책

① 권위주의적 강권 통치

㉠ 언론 통제: 언론을 장악하기 위해 언론 매체를 통폐합하였다. 또한 **보도 지침**을 하달하여 기사 내용을 통제하였다(1980. 12.).

㉡ 학생 운동 탄압: 대학 안에 투입시킨 정·사복 경찰을 통해 학생 운동을 감시하였다.

㉢ 삼청 교육대: 사회악을 뿌리 뽑겠다는 명분으로 수많은 사람들을 체포하여, 순화 교육이라는 이름 아래 군대식 훈련과 노동을 강요하였다.

② 유화 통치

㉠ 정치: 중앙정보부를 국가 안전 기획부(안기부)로 바꾸고, 반공법을 폐지하여 국가 보안법에 흡수하였다. 또한 일부 민주화 인사를 복권시켰다.

㉡ 대학 정책❸: 1984년에는 학도 호국단❹을 폐지하고 학생 자치 기구를 부활시켰다.

㉢ 각종 규제 해제: 해외여행 자유화, 중·고등학교 교복 자율화, 통행금지 해제 등을 실시하였다.

㉣ '3S 정책(Sports, Sex, Screen)': **컬러 TV 방송**을 전격적으로 실시했으며, 각종 **프로 스포츠**(야구, 축구) 등이 출범하였다. 이를 통해 국민의 관심을 정치로부터 멀어지게 하였다.

❷ 8차 개헌의 주요 내용
• 선거인단에 의한 대통령 간선제 및 7년간 단임제
• 통일 주체 국민 회의 폐지

❸ 졸업 정원제
졸업 정원제의 실시로, 대학 정원이 대폭 늘어 교육의 질이 떨어지고 데모의 규모가 확대되는 등 부작용이 커졌다. 이에 따라 1986년 졸업 정원제가 폐지되었다.

❹ 학도 호국단
1949년에 발족하여 중학교 이상의 교육 기관에서 군사 훈련과 반공 사상 교육을 실시하였다. 4·19 혁명 이후 폐지되었다가 1975년에 부활하였다. 이후 1984년 전두환 정부 때 완전히 폐지되었다.

③ 경제 성장(1986~1988): 저달러·저유가·저금리의 3저 호황에 의해 유례없는 경제 성장을 누렸다. 1986년 이래 3년 동안 연 10% 이상의 고도 성장이 지속되었고 사상 최초로 무역 수지 흑자를 달성하였다.

(3) 부정부패 심화와 정권의 타락
① 권력형 부정 비리 사건: 대통령 친인척의 부정·비리 사건 등 각종 권력형 비리 사건들이 속출하였다.
② 민주화 운동 탄압: 부천서 성고문 사건[5], 박종철 고문 치사 사건 등이 폭로되면서 전두환 정권의 비윤리성과 폭력성이 드러나게 되었다.

(4) 전두환 정권에 대한 저항
김영삼·김대중 등 민주 인사들은 민주화 추진 협의회를 조직하여 전두환 정부에 저항하였다.

05 6월 민주화 항쟁과 6·29 선언

1. 배경

(1) 직선제 개헌 요구 운동의 전개
① 직선제 개헌 운동(1986): 야당 정치인들과 재야 세력들이 1천만 명 개헌 서명 운동을 벌였다.
② 박종철 고문 치사 사건(1987)[6]: 서울대생 박종철이 고문으로 사망한 사건이 발생했다. 이 사건은 국민의 분노를 야기해 거국적 민주 항쟁의 도화선이 되었다.

(2) 4·13 호헌 조치(1987)
전두환 정부는 개헌에 대한 정치권의 합의가 이루어지지 않았다는 것을 구실로 헌법을 그대로 유지한 채 선거를 치르겠다는 발표(호헌 조치)를 하였다. 이는 국민의 직선제 개헌 요구를 외면한 것이다.

2. 6월 민주화 항쟁의 발생(1987. 6. 10.)

(1) 민주 헌법 쟁취 국민운동 본부 결성(1987. 5.)
박종철 고문 치사 사건과 4·13 호헌 조치의 발표에 따라 비난 여론이 커져갔다. 이에 따라 야당과 재야 세력을 중심으로 민주 헌법 쟁취 국민운동 본부가 발족되어 전국 규모의 시위를 계획하였다.

(2) 전개 과정
① 이한열 최루탄 치사 사건: 6월 9일 연세대 학생 이한열이 경찰의 최루탄에 맞아 숨졌다.
② 6월 민주 항쟁: 6·10 대회에서는 시민과 학생들이 호헌 철폐, 독재 타도, 민주 헌법 쟁취 등의 구호를 내세우고 전국의 도시에서 시위를 벌였다. 6월 26일 '국민 평화 대행진의 날'에는 전국에서 100만 명 이상의 시민들이 시위에 참여하였다.

(3) 6·29 민주화 선언
① 내용: 1987년 6월 29일 노태우 민주 정의당 대표 위원은 6·29 선언을 발표하였다. 주요 내용은 대통령 직선제 개헌과 평화적 정부 이양, 공정 선거, 김대중 사면·복권 등이었다.
② 결과: 대통령 직선제 및 5년 단임제를 골자로 하는 제9차 개헌이 이루어졌다.

❺ 부천서 성고문 사건
1986년 부천 경찰서 경장 문귀동이 권인숙에게 성고문을 가하며 진술을 강요했던 사건이다.

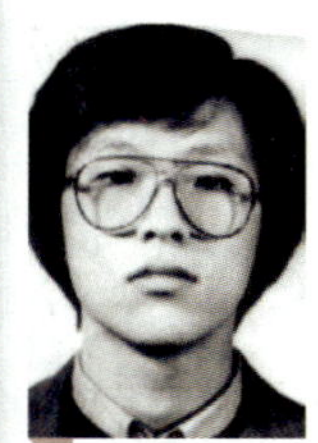
박종철 열사

❻ 박종철 고문 치사 사건
1987년 1월 14일 서울대학교 학생 박종철이 서울 남영동 치안 본부 대공 분실에서 조사받던 중 고문으로 사망하였다. 그러나 경찰은 단순 쇼크사인 것처럼 발표하였다.

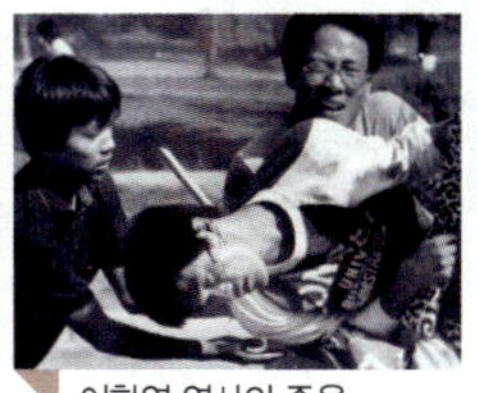
이한열 열사의 죽음

고등사료 頻出

6월 민주화 항쟁

국가의 미래요 소망인 꽃다운 젊은이를 야만적인 고문으로 죽여 놓고 그것도 모자라서 뻔뻔스럽게 국민을 속이려 했던 현 정권에게 국민의 분노가 무엇인지를 분명히 보여 주고, **국민적 여망인 개헌을 일방적으로 파기한 4·13 호헌 조치를 철회**시키기 위한 민주 장정을 시작한다. …… 무엇보다도 우리는 이른바 4·13 대통령의 특별 조치를 국민의 이름으로 무효임을 선언한다.

– 6·10 대회 선언문

6·29 선언

첫째, 여야 합의하에 조속히 **대통령 직선제 개헌**을 하고 새 헌법에 의한 대통령 선거를 통해 88년 2월 평화적 정부 이양을 실현토록 해야 하겠습니다. …… 오늘의 이 시점에서 저는, 사회적 혼란을 극복하고, 국민적 화해를 이룩하기 위하여 대통령 직선제를 택하지 않을 수 없다는 결론에 이르게 되었습니다. 국민은 나라의 주인이며, 국민의 뜻은 모든 것에 우선하는 것입니다.

❖ 역대 주요 민주화 운동 비교 정리

구분	1960년 4·19 혁명	1980년 5·18 광주 민주화 운동	1987년 6월 민주화 항쟁
계기	3·15 부정 선거	신군부의 권력 장악 (계엄령 선포)	직선제 개헌 요구, 4·13 호헌 조치
양상	자연 발생적, 전국적 시위	무력 항쟁, 광주에 국한	계획적·조직적, 전국적 시위
결과	이승만 퇴진	전두환 정권 수립	직선제 개헌 쟁취
개헌	내각제 개헌(3차)	7년 단임 간선제(8차)	5년 단임 직선제(9차)
의의	민주주의의 시작	80년대 민주화 운동의 토대	민주주의의 완성

6·29 선언 발표

🔍 13대 대통령 선거 후보자별 득표율

김종필(8.1) / 기타 / 김대중(27) / 노태우(36) / 김영삼(28)

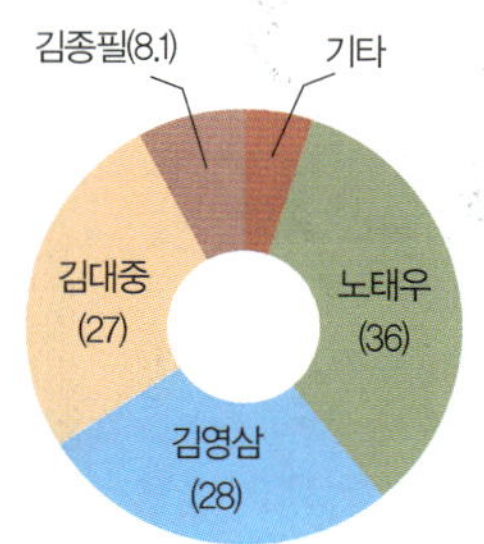

5공 청문회

❶ 지방 자치제의 부분적 시행

단체장 선거는 실시되지 않았다.

서울 올림픽

06 노태우 정부의 수립과 전개(제6공화국, 1988~1992)

1. 노태우 정부의 수립

제13대 대통령 선거에서 김영삼과 김대중이 후보 단일화를 이루지 못하면서 민주 정의당의 **노태우**가 역대 최저 득표율로 당선되었다(36% 득표).

2. 노태우 정부의 주요 정책

(1) 국정 시책: 88 서울 올림픽의 성공적인 개최·적극적인 북방 외교 정책 등을 주요 시책으로 삼았다.

(2) 주요 대내외 정책

① 대내 정책

㉠ 5공 청산 작업: 청문회를 개최하여 전두환 등 신군부의 쿠데타와 광주 학살 문제 등을 단죄하였다.

㉡ 지방 자치제❶ 시행: 5·16 군사 정변으로 중단되었던 **지방 자치제**가 부분적으로 실시되었다.

㉢ 올림픽 개최(1988): 서울 올림픽 대회의 성공적인 개최로 국위를 선양하였다.

㉣ 범죄와의 전쟁(1990): 사회 질서 확립을 위해 범죄 조직에 대한 소탕 등을 추진하였다.

② 대외 정책

  ㉠ 적극적인 북방 외교: 헝가리(1989)를 시작으로 **소련(1990년 한·소 수교)**, **중국(1992년 한·중 수교)** 등 사회주의 국가들과 적극적으로 수교하였다.

  ㉡ 7·7 특별 선언(1988): 북한을 동반자적 관계로 발전시킨다는 대북 협력 의지를 표명하였다.

  ㉢ 한민족 공동체 통일 방안(1989): 자주·평화·민주의 3대 원칙 아래 남북 연합 단계를 거쳐 통일 민주 공화국으로 나아간다는 3단계 통일 방안을 제시하였다.

  ㉣ 남북한 UN 동시 가입(1991. 9.): 남북한이 별개의 의석으로 유엔에 동시 가입하였다.

  ㉤ 남북 기본 합의서(1991. 12.): 남북 정부 당사자 간에 공식 합의된 최초의 문서로 화해, 불가침, 교류·협력을 표방하였다.

  ㉥ 한반도 비핵화 선언(1991. 12.): 한반도의 평화를 위해 핵무기를 개발하지 않겠다는 것이다.

3. 3당 합당(1990)❷ 추진

(1) 배경

1988년 13대 총선에서 민주 정의당은 과반수 의석 확보에 실패하였다. 이에 노태우 정권은 **여소야대**❸ 정국을 타개하기 위해 김영삼, 김종필의 두 야당과 합당하여 **민주 자유당**을 창당하였다.

(2) 정치적 영향

14대 대통령 선거에서 **여당(민주 자유당)**의 김영삼 후보가 야당의 김대중 후보를 누르고 당선되었다.

❀ 대한민국 개헌의 역사

연도	개헌	주요 내용	특징 및 명칭
1948	제헌 헌법	대통령 중심제, 국회 의원에 의한 간선제, 1회 중임 가능(임기 4년)	최초의 헌법
1952	1차 개헌	대통령 직선제, 양원제(실시 안함.)	발췌 개헌
1954	2차 개헌	초대 대통령에 한하여 연임 제한 규정 철폐	사사오입 개헌
1960	3차 개헌	내각 책임제, 양원제, 언론·출판·집회·결사의 자유권 강화	허정 과도 정부
1960	4차 개헌	3·15 부정 선거 관련자·부정 축재자 처벌 소급법 제정	장면 내각
1962	5차 개헌	대통령 중심제, 직선제, 단원제, 국회 의결 거쳐 국민 투표 실시	5·16 군사 정변
1969	6차 개헌	3선 연임 금지를 4선 연임 금지로 수정	3선 개헌
1972	7차 개헌	통일 주체 국민 회의 신설, 대통령 간선제 실시, 임기 6년 긴급 조치권·국회 해산권 등 규정	유신 헌법, 종신 집권 가능 대통령 권한 극대화
1980	8차 개헌	대통령 선거인단의 간접 선거로 대통령 선출, 임기는 7년 단임제, 긴급 조치권 폐지	12·12 군사 쿠데타
1987	9차 개헌	대통령 직선제, 5년 단임제, 대통령 권한 축소(국회 해산권 폐지)	6·29 선언, 현행 헌법

3당 합당 발표

❷ 3당 합당

여당인 민주 정의당, 김영삼의 통일 민주당, 김종필의 신민주 공화당의 합당을 말한다. 김대중의 평화 민주당은 제외되었다.

❸ 여소야대

총 299석 중 여당인 민주 정의당이 125석(전국구 38석)을 차지한 반면, 평화 민주당·통일 민주당·신민주 공화당 3개의 야당이 164석을 차지하였다. 최초로 집권 여당이 과반수 의석 확보에 실패하여 이른바 여소야대의 정국이 전개되었다.

1. 문민정부의 출범[1] : 30여 년 동안 이어진 군사 정권이 종식되고 문민정부가 출범하였다.

심화사료 百出

2016. 교육행정직 9급, 2016. 법원직 9급

김영삼 대통령 취임사 – 우리 다 함께 신한국으로(1993. 2. 25.)

친애하는 7천만 국내외 동포 여러분, 노태우 대통령을 비롯한 전직 대통령, 그리고 이 자리에 참석하신 내외 귀빈 여러분, 오늘 우리는 그렇게도 애타게 바라던 **문민 민주주의의 시대**를 열기 위하여 이 자리에 모였습니다. 오늘을 맞이하기 위해 30년의 세월을 기다려야 했습니다. 마침내 국민에 의한, 국민의 정부를 이 땅에 세웠습니다. **오늘 탄생되는 정부는 민주주의에 대한 국민의 불타는 열망과 거룩한 희생으로 이루어졌습니다.** 민주주의에 대한 저 자신의 열정과 고난이 배어 있는 이 국회의사당 앞에서 오늘 저는 벅찬 감회를 억누를 길이 없습니다.

2. 문민정부의 주요 정책

(1) 공직자 윤리법(1993): 고위 공직자 및 공직 후보자의 재산을 공개·등록하도록 하였다.

(2) 금융 실명제 실시(1993): 모든 금융·부동산 거래를 실명으로 하도록 하는 금융 실명제와 부동산 실명제를 실시하였다.

(3) 지방 자치제 전면 실시(1995): 지방 자치 단체장 선거를 실시하여 주민이 선출하도록 하였다.

(4) 역사 바로 세우기: 12·12 사태를 '쿠데타'로 규정하고, 1995년 전두환·노태우를 반란 혐의로 기소하였다. 이후 5·18 특별법을 제정하고 5·18을 민주화 운동으로 승격시켰다. 또한 **일제 잔재의 청산**을 위해 '국민학교'를 '초등학교'로 개칭하고 **조선 총독부 건물을 철거**하였다.

(5) OECD 가입(1996): 1996년 경제 협력 개발 기구(OECD)[2]에 가입하였다.

3. 외환 위기의 발생(1997. 12.)

(1) 발생 원인: 1997년 한보 철강, 기아자동차 등 대기업이 연쇄적으로 도산하였다. 금융 위기로 확산되면서 **외환 보유고가 급감**하게 되고, 결국 국가 부도 사태로 이어졌다.

(2) IMF 구제 금융 신청 및 영향: 외환 위기를 맞은 정부는 국제 통화 기금(IMF)에 구제 금융을 신청하고, 대신 고금리 정책과 구조 조정 정책 등을 약속하여 기업과 금융권의 구조 조정이 이루어졌다.

(3) 금 모으기 운동: 김대중 정부 때 IMF 관리 체제의 조기 졸업을 위해 **금 모으기 운동**[3]이 일어났다.

---

❶ 문민정부의 주요 국정 지표

부정부패 척결, 경제 회복, 국가 기강 확립을 3대 당면 과제로 제시하면서 '신한국 창조'를 국정 지표로 제시했다.

구속 수감된 두 전직 대통령

❷ OECD 가입의 영향

외국 기업에 대한 규제를 완화하고 해외 자본이 보다 자유롭게 이동할 수 있게 되었다.

✎ 김영삼 대통령 재임 기간 대형 사고

1993년	• 부산 열차 전복 사고 • 서해 페리호 침몰 사고
1994년	서울 성수 대교 붕괴 사고
1995년	• 대구 지하철 공사장 도시가스 폭발 사고 • 삼풍 백화점 붕괴 사고

❸ 금 모으기 운동

대한민국의 외채를 갚기 위해 시민들이 자발적으로 자신이 소유하던 금을 나라에 기부하였다.

 국민의 정부, 김대중 정부의 성립(제6공화국, 1998~2002)

1. 평화적 정권 교체

제15대 대통령으로 김대중이 당선되면서 **최초로 선거에 의한 평화적 여야** 정권 교체가 이루어졌다.

2. 김대중 정부의 주요 정책

(1) 외환 위기(IMF) 극복: 정부는 경제 구조 조정, 외국 자본의 유치, 부실 기업의 정리 등에 힘썼다.

(2) 신자유주의 경제 체제 정비: 김대중 정부는 **노사정 위원회를** 구성하여 노사 협조를 구했으며(고통 분담), 신자유주의 경제 정책을 바탕으로 기업·금융·공공·노동 부문의 개혁을 추진하였다.

(3) 사회 복지 정책 확대: 국민 기초 생활 보장법[4]을 제정하는 등 사회 복지 제도를 확충하였다. 또한 여성부를 출범시키고, 남녀 차별 금지법[5]을 제정하여 여성의 지위 향상에 노력하였다.

(4) 대북 정책: 햇볕 정책을 추진하면서 남북 관계를 개선한 김대중 대통령은 노벨 평화상[6]을 수상하였다.

  ① 금강산 관광 산업(1998): 현대가 북한과 계약을 체결하면서 '금강호'가 첫 출항을 했다.

  ② 남북 정상 회담 및 6·15 남북 공동 선언(2000): 평양을 방문한 김대중 대통령은 김정일 국방 위원장과 최초로 남북 정상 회담을 개최하였고, 6·15 남북 공동 선언을 발표하였다.

  ③ 경의선 철도 복원 기공식(2000): 6·15 남북 공동 선언으로 추진된 남북 최초의 협력 사업이다.

  ④ 개성 공단[7] 사업: 남한의 자본과 기술, 북한의 토지와 인력이 결합하였다.

  ⑤ 이산가족 상봉: 이산가족 문제 등 인도적 문제를 조속히 해결하기로 합의하였다.

 노무현 정부와 이명박 정부

1. 노무현 정부(참여 정부, 2003~2007)

국민과 함께 하는 참여 민주주의, 평화와 번영의 동북아 시대 등을 국정 지표로 제시하였다.

(1) 주요 정책: 수도권 소재의 주요 공공 기관을 지방으로 이전했으며, 과거사 진상 규명법을 제정하여 왜곡된 현대사를 바로잡고자 하였다. 2007년에 제2차 남북 정상 회담을 성사시켜 10·4 선언[8]을 발표하였다.

(2) 개혁의 반발: 재임 중 국회에서 탄핵당하는 헌정 사상 초유의 시련[9]을 겪었다.

2. 이명박 정부(실용 정부, 2008~2012)

'작은 정부, 큰 시장'를 목표로 했으며, 실용주의와 경제 성장, 자원 외교 등을 추진하였다.

(1) 대내 정책: 4대강 정비 사업과 기업 규제 완화와 감세 정책 등 시장 중시 경제 정책을 전개하였다.

(2) 대외 정책: 한·미 결속을 강화하고 북한의 핵 문제에 강경하게 대처하였다.

---

❹ **국민 기초 생활 보장법**

생활 유지 능력이 없거나 생활이 어려운 국민에게 필요한 급여를 지급하여 이들의 최저 생활을 보장하는 것을 목적으로 제정된 법률이다.

❺ **남녀 차별 금지법**

차별 시정 기관으로 민간 기업체와 공공 기관(국가 기관·지방 자치 단체 등)을 규정하였다. 또한 차별 금지 분야를 사회 모든 영역으로 하였다.

6·15 남북 정상 회담

❻ **김대중 노벨 평화상 수상**

2000년 12월 10일 노르웨이 오슬로에서 김대중 대통령이 한국인 최초로 노벨 평화상을 받았다. 6·15 남북 공동 선언을 이끌어내 한반도 긴장 완화에 기여한 공로를 국제 사회에서 인정받은 것이다.

❼ **개성 공단**

2003년에 착공하여 2004년에 완공되었다.

❽ **10·4 남북 공동 선언의 주요 내용**

• 6·15 공동 선언 적극 구현
• 군사적 긴장 완화와 신뢰 구축
• 경제 협력 사업 활성화

❾ **노무현 대통령 탄핵 사태(2004)**

선거 중립 의무 위반이 문제가 되어 탄핵당했으나 헌법 재판소에서 탄핵 소추안을 기각함으로써 무산되었다.

이승만 정부	제헌 헌법
	1차 개헌
	2차 개헌
장면 내각	3차 개헌
	4차 개헌
박정희 정부	5차 개헌
	6차 개헌
	7차 개헌
전두환 정부	8차 개헌
	9차 개헌

9급 위 한국사

역대 대통령 선거

구분	실시	내용	
1대	1948년 7월	국회에서 이승만이 선출(간선제)	
2대	1952년 8월	발췌 개헌에 따라 직선제로 실시, 이승만이 당선	
3대	1956년 5월	자유당 이승만 vs 민주당 신익희 vs 무소속 조봉암 ⇨ 이승만 당선	
4대	1960년 8월	국회에서 민의원과 참의원의 간선으로 윤보선이 당선	
5대	1963년 10월	민주 공화당 박정희 vs 윤보선 ⇨ 박정희 당선	
6대	1967년 5월	민주 공화당 박정희 vs 윤보선 ⇨ 박정희 당선	
7대	1971년 4월	민주 공화당 박정희 vs 신민당 김대중 ⇨ 박정희 당선	
8대	1972년 12월	박정희가 단일 후보로 출마 · 당선	통일 주체 국민 회의 대의원들의 간접 선거에 따라 대통령으로 당선
9대	1978년	박정희가 단일 후보로 출마 · 당선	
10대	1979년 12월	최규하가 단일 후보로 출마 · 당선	
11대	1980년 8월	전두환이 단일 후보로 출마 · 당선	
12대	1981년 2월	대통령 선거인단의 간선에 의해 전두환이 대통령으로 당선	
13대	1987년 12월	민주 정의당 노태우 vs 통일 민주당 김영삼 vs 평화 민주당 김대중 ⇨ 노태우 당선	
14대	1992년 12월	민주 자유당 김영삼 vs 민주당 김대중 ⇨ 김영삼 당선	
15대	1997년 12월	새정치 국민회의 김대중 vs 한나라당 이회창 ⇨ 김대중 당선	

해설

제시된 자료는 1972년에 제정된 유신 헌법(제7차 개헌)의 내용이다. ② 1980년에 통과된 제8차 개헌에 규정된 내용이다.
①③ 유신 헌법에 대한 설명이다.
④ 유신 헌법에 따라 대통령에게 긴급 조치라는 초헌법적 권리가 부여되었다.

정답 ②

🍌 대표 기출문제

다음과 같은 대통령 선출 방식이 포함된 헌법의 내용으로 옳지 않은 것은?   2022. 지방직 9급

제39조 ① 대통령은 통일 주체 국민 회의에서 토론없이 무기명 투표로 선거한다.
② 통일 주체 국민 회의에서 재적 대의원 과반수의 찬성을 얻은 자를 대통령 당선자로 한다.

① 대통령은 국회를 해산할 수 있다.
② 대통령의 임기는 7년으로 하며, 중임할 수 없다.
③ 대법원장은 대통령이 국회의 동의를 얻어 임명한다.
④ 대통령은 국정 전반에 걸쳐 필요한 긴급 조치를 할 수 있다.

CHAPTER 3 평화 통일과 경제·사회·문화의 변화

01강 통일 정책과 북한의 변화

- **1** 1950~1970년대의 통일 정책
- **2** 1980년대 이후의 통일 정책
- **3** 북한 체제의 확립
- **4** 북한의 경제 정책과 변화

02강 경제 발전과 사회·문화의 변화

- **1** 광복 이후의 경제적 상황과 6·25 전쟁 전후 복구
- **2** 경제 성장과 자본주의의 발전
- **3** 산업화와 농촌의 변화
- **4** 노동 운동과 사회 운동
- **5** 의식주 생활의 변화
- **6** 교육·언론과 대중 문화
- **7** 문학과 예술, 종교와 체육, 과학의 발달

解·法·기·출·진·맥

9급 국가직

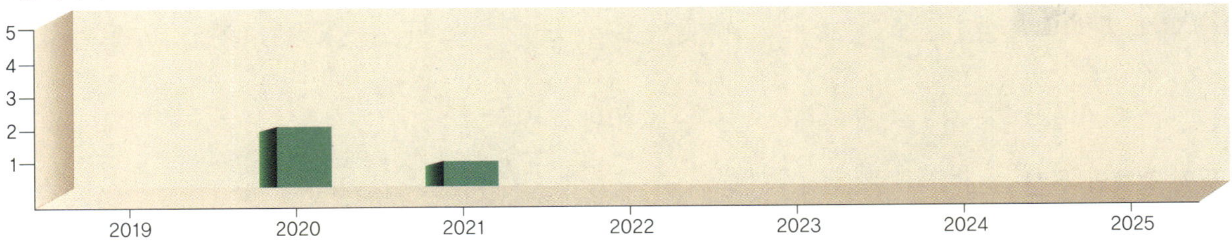

출제 경향 오버뷰 최근 4년간 출제되고 있지 않음. 각 시기별 경제 상황

9급 지방직

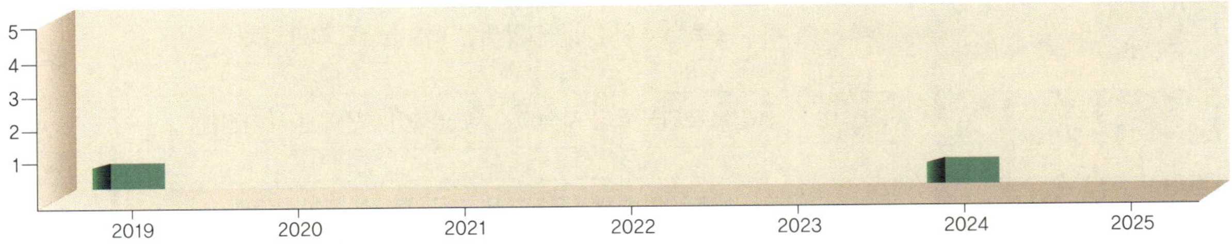

출제 경향 오버뷰 2020년부터 4년간 출제되지 않다가 2024년 출제됨. 통일 정책, 농지 개혁

9급 법원직

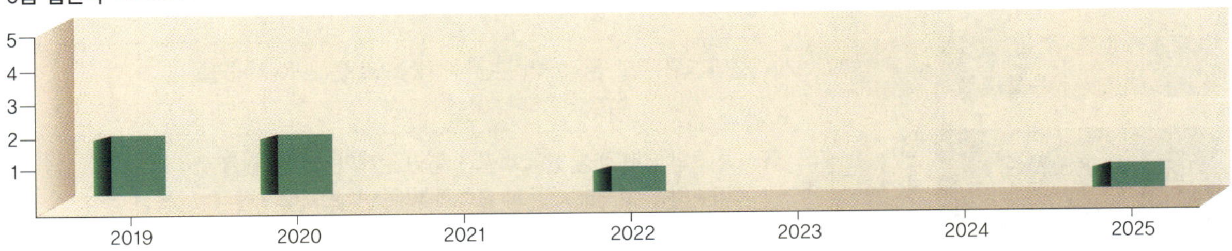

출제 경향 오버뷰 거의 2년에 1번 정도 출제됨. 7·4 남북 공동 성명, 6·15 남북 공동 선언, 농지 개혁

01 강 통일 정책과 북한의 변화

解/法 기출분석

구분		2008~2018	2019	2020	2021	2022	2023	2024	2025
9급	국가직	•남북 기본 합의서 •통일 정책(2)							
	지방직	•7·4 공동 성명(4) •7·4 공동 성명과 6·15 공동 선언 •남북 기본 합의서(2) •통일 정책							
	법원직	•7·4 남북 공동 성명(2) •7·4 남북 공동 성명과 6·15 남북 공동 선언 •통일 정책	6·15 공동 선언	통일 정책		통일 정책			통일 정책

解法 요람

통일 정책의 추진

7·4 남북 공동 성명	1972	• 자주·평화·민족적 대단결의 민족 통일 3대 원칙, 남북 조절 위원회 설치 • 남북 집권 세력은 7·4 남북 공동 성명을 독재 체제 강화에 이용
남북 이산가족 고향 방문	1985	최초로 남북 이산가족 고향 방문, 예술 공연단 교환 방문
남북 유엔 가입	1991. 9.	남북 고위급 회담 시작(1990. 9.), 남북이 유엔에 동시 가입함.
남북 기본 합의서	1991. 12.	• 남북 간의 화해와 불가침 및 교류·협력에 관한 합의서 • 통일을 지향하는 과정에서 잠정적으로 형성되는 특수 관계 인정
한반도 비핵화 선언	1991. 12.	한반도 비핵화에 관한 공동 선언 채택(1991. 12. 31.)
금강산 관광 사업(해로)	1998	현대 그룹 주도, 금강호가 분단 후 처음으로 동해항에서 출발
6·15 남북 공동 선언	2000	• 최초의 남북 정상 회담의 결과, 통일 문제의 자주적 해결 • 남측의 '남북 연합제안'과 북측의 '낮은 단계의 연방제안'의 공통성 인정 • 8·15 이산가족 방문단 교환(상봉 면회소 설치), 개성 공단 설치, 경의선 복구

1. 반공 체제의 강화(1950~1960년대)

(1) 이승만 정부

북진 통일과 멸공 통일을 주장했으며, 평화 통일을 주장한 진보당❶ 인사(조봉암)들을 탄압하였다.

(2) 장면 내각

장면 내각은 "유엔 감시하의 남북 자유 선거에 의한 통일", "선경제 건설, 후통일"을 주장하였다. 한편, 민간에서는 중립화 통일론❷, 남북 협상론❸ 등 통일 운동이 활발히 전개되었다. 그러나 장면 내각은 이 같은 통일 정책 추진에 매우 소극적이었으며, 오히려 반대하였다.

(3) 박정희 정부(1960년대)

① 반공의 국시화: 박정희 정부가 반공을 국시로 삼으면서 반공 태세를 재정비·강화하였다.

② 남북 갈등의 심화: 북한은 1·21 사태와 울진·삼척 무장 공비 사건 등을 일으켰다.

2. 남북 대화의 시작과 7·4 남북 공동 성명(1970년대)

(1) 국제적 배경

닉슨 독트린(1969)❹ 발표 이후 세계적으로 평화 공존(데탕트)의 분위기가 형성되었다. 이에 영향을 받아 일본과 중국, 미국과 중국의 관계가 개선되었고, 한반도에서 남북한의 긴장이 완화되어 주한 미군이 부분적으로 철수하였다.

(2) 박정희 정권 시기의 통일 정책

① 8·15 선언 발표(1970): 북한에 대해 선의의 체제 경쟁을 제안하였다.

② 남북 적십자 회담 제의(1971) – 남북한 사이 최초의 평화 협상

1971년 대한 적십자사가 북한에 1천만 이산가족을 찾기 위한 남북 적십자 회담을 제의하였다. 북한 적십자사는 이에 화답하여 1972년부터 7차에 걸친 본회담이 개최되었다.

③ 7·4 남북 공동 성명(1972)❺

㉠ 발표: 1972년 7월 4일에 남북한 당국은 분단 이후 처음으로 자주·평화·민족 대단결의 3대 통일 원칙을 담고 있는 7·4 남북 공동 성명을 서울과 평양에서 동시에 발표하였다.

㉡ 내용: 남북한 당국은 통일 문제를 협의하기 위해서 남북 조절 위원회❻를 설치하기로 하였다. 또한 북한에 대한 호칭을 괴뢰에서 북한으로 변경하였고, 서울과 평양에 상설 직통 전화의 개설을 약속하였다.

㉢ 결과와 한계: 아무런 성과를 거두지 못하였다. 또한 남북한 당국은 모두 7·4 남북 공동 성명을 정치적으로 이용하여 독재 체제를 구축하였다(남한–유신 헌법, 북한–사회주의 헌법).

❶ **진보당**

1956년 11월 조봉암을 중심으로 한 진보 세력이 결성한 정당으로, 평화 통일론을 주장하였다. 1958년 진보당은 해체되고, 조봉암은 대통령 선거 후 간첩죄 및 국가 보안법 위반 혐의로 체포되어 다음해 사형되었다.

❷ **중립화 통일론**

1948년 남북 협상에서 처음 제기되었다. 주변 강대국의 보장 아래 영세 중립화를 이루게 되면 미국과 소련이 한반도의 통일에 반대하지 않을 것이라고 보았다.

❸ **남북 협상론**

외세의 간섭 없이 민족 자주적 입장에서 남북 협상으로 통일하자는 주장이다.

❹ **닉슨 독트린**

1969년 미국 대통령 닉슨이 아시아 지역에서 베트남 전쟁과 같은 군사적 개입을 피하고 경제적 원조 중심의 지원을 펼치겠다고 발표하였다.

남북 적십자 회담

❺ **7·4 남북 공동 성명**

정부는 비밀리에 중앙정보부장 이후락을 북한에 보내 조직지도부장인 김영주를 만나 통일 문제를 협의하도록 하였다.

❻ **남북 조절 위원회**

7·4 남북 공동 성명의 합의 사항을 추진하고 남북 관계를 개선, 발전시키며 통일 문제를 해결할 목적으로 설치된 남북한 당국 간의 공식 협의 기구였다.

7·4 남북 공동 성명

쌍방은 오랫동안 서로 만나보지 못한 결과로 생긴 남북 사이의 오해와 불신을 풀고 긴장의 고조를 완화시키며 나아가서 조국 통일을 촉진시키기 위하여 다음과 같은 문제들에 완전한 견해의 일치를 보았다.

1. 쌍방은 다음과 같은 조국 통일 원칙들에 합의를 보았다.

   첫째, 통일은 외세에 의존하거나 외세의 간섭을 받음이 없이 **자주적**으로 해결하여야 한다.

   둘째, 통일은 서로 상대방을 반대하는 무력행사에 의거하지 않고 **평화적** 방법으로 실현하여야 한다.

   셋째, 사상과 이념, 제도의 차이를 초월하여 우선 하나의 민족으로서 **민족적 대단결**을 도모하여야 한다.

6. 쌍방은 이러한 합의 사항을 추진시킴과 함께 남북 사이의 제반 문제를 개선·해결하며, 합의된 조국 통일 원칙에 기초하여 나라의 통일 문제를 해결할 목적으로 **이후락 부장과 김영주 부장을 공동 위원장**으로 하는 **남북 조절 위원회를 구성, 운영**하기로 합의하였다.

7·4 남북 공동 성명 발표

02 1980년대 이후의 통일 정책

1. 1980년대 통일 정책

(1) 전두환 정부의 통일 정책

① 민족 화합 민주 통일 방안(1982): 남북한 협의 아래 1민족 1체제의 통일 민주 공화국을 수립하자고 하였다.

② 남북 이산가족 고향 방문(1985): 1984년 남한에 수해가 발생하자 북한이 구호 물자를 보내왔다. 이에 따른 화답으로 1985년 남북한 이산가족 상봉과 예술 공연단의 교환 방문이 처음으로 이루어졌다.

(2) 1980년대 북한의 통일 정책

북한은 1980년 고려 민주 연방 공화국 창설안❶을 확정하여 남한에 제안하였다(한 국가에 두 개의 정부와 체제 존재).

2. 남북 대화의 진전

(1) 노태우 정부의 통일 정책

① 사회주의 체제의 붕괴: 1990년 독일 통일, 1991년 소련 해체 등 냉전 체제가 붕괴되기 시작하였다. 이에 정부는 북방 외교 정책을 적극적으로 추진하여 소련(1990)·중국(1992) 등 공산권 국가와 수교하였다.

② 7·7 특별 선언(1988): 북한을 적대적 대상이 아니라 민족 공동체의 일원으로 인식하고, 공동 번영을 추구하자는 것이 주요 내용이다.

③ 한민족 공동체 통일 방안 제시(1989): 자주·평화·민주의 3대 원칙 아래 '공존공영 ⇨ 남북 연합 ⇨ 단일 민족 국가'의 3단계를 거쳐 통일을 실현하고자 하였다.

④ 남북한 유엔 동시 가입: 1990년부터 남북 고위급 회담❷이 여러 차례 개최되었고, 1991년에는 남북한이 유엔에 동시 가입하였다.

❶ **남한의 반응**

전두환 정부는 이에 대응하여 민족 화합 민주 통일안을 제시하였다.

❷ **남북 고위급 회담**

남한과 북한 간의 긴장 완화와 관계 개선을 위하여 남·북 총리급이 정치, 군사 문제를 협의하는 회담이다.

남북한 유엔 동시 가입 후 유엔 본부 앞에 나란히 게양된 국기

⑤ 남북 기본 합의서(1991)[3]

  ㉠ 과정: 남북 화해·남북 불가침·남북 교류 협력 등을 골자로 하는 '기본 합의서'를 채택하였다.

  ㉡ 주요 내용

    ⓐ 잠정적 특수 관계 인정: 남북한 관계를 통일 과정의 '잠정적 특수 관계'라고 규정하고, 상호 체제(1민족 2체제 2정부)를 인정하였다.

    ⓑ 불가침 및 단계적 통일 합의: 군사적으로 침범하거나 파괴·전복하지 않으며, 교류·협력을 통해 단계적으로 통일을 이룩해 나갈 것을 천명하였다.

  ㉢ 의의: 남북한 정부가 공개적으로 공식 합의한 최초의 통일 방안이었다.

⑥ 비핵화 선언(1991)[4]: 핵무기를 개발하지 않는다는 한반도 비핵화에 관한 공동 선언이 채택되었다.

고등사료 **百出**

22. 서울시 9급, 22. 법원직 9급, 19. 국가직 7급, 18. 법원직 9급, 17. 서울시 9급, 16. 경찰 1차, 15. 경찰 3차, 11. 지방직 9급

남북 사이의 화해와 불가침 및 교류와 협력에 관한 합의서(1991. 12.)

7·4 남북 공동 성명에서 천명된 조국 통일 3대 원칙을 재확인하고, 정치·군사적 대결 상태를 해소하여 **민족적 화해**를 이룩하고 **무력에 의한 침략과 충돌**을 막고 긴장 완화와 평화를 보장하며, **다각적인 교류·협력**을 실현하여 민족 공동의 이익과 번영을 도모하며, **쌍방 사이의 관계가 나라와 나라 사이의 관계가 아닌 통일을 지향하는 과정에서 잠정적으로 형성되는 특수 관계**라는 것을 인정하고 평화 통일을 성취하기 위한 공동의 노력을 경주할 것을 다짐하면서 다음과 같이 합의하였다.

제1장 남북 화해

제1조 남과 북은 서로 상대방의 체제를 인정하고 존중한다.

제2조 남과 북은 상대방의 내부 문제에 간섭하지 아니한다.

제4조 남과 북은 상대방을 파괴·전복하려는 일체 행위를 하지 아니한다.

제2장 남북 불가침

제9조 남과 북은 상대방에 대하여 무력을 사용하지 않으며 상대방을 무력으로 침략하지 아니한다.

제12조 남과 북은 불가침의 이행과 보장을 위하여 이 합의서 발효 후 3개월 안에 남북 군사 공동 위원회를 구성 운영한다.
    ……

제13조 남과 북은 우발적인 무력 충돌과 그 확대를 방지하기 위하여 쌍방 군사 당국자 사이에 직통 전화를 설치 운영한다.

제3장 남북 교류 협력

제15조 남과 북은 민족 경제의 통일적이며 균형적인 발전과 민족 전체의 복리 향상을 도모하기 위하여 자원의 공동 개발, 민족 내부 교류로서의 물자 교류, 합작 투자 등 경제 교류와 협력을 실시한다.

---

(2) **김영삼 정부의 통일 정책**

① 3단계 통일 방안

  ㉠ 3단계 3대 기조 통일 정책(1993): '화해·협력 ⇒ 남북 연합 ⇒ 통일 국가'라는 3단계 과정을 거쳐 통일을 이룬다는 방안이다.

  ㉡ 민족 공동체 통일 방안(1994): 자주·평화·민주를 기본 원칙으로 단계적으로 통일 국가를 형성하자는 방안이다. 1민족·1국가·1체제·1정부 형태의 통일 국가 실현을 목표로 하였다.

② 남북 경제 교류: 한반도 에너지 개발 기구(KEDO)에 의한 경수로 사업[5]을 추진하였다.

<hr>

[3] 남북 기본 합의서의 후속 조치

화해 및 불가침, 교류와 협력에 관한 대책을 협의하고 이행하기 위한 기구로 화해 공동위, 군사 공동위, 경제 공동위, 사회·문화 공동위를 운영하도록 규정하고 있다. 아울러 남북의 긴밀한 연락과 협의를 위해 판문점에 연락 사무소를 설치토록 하였다.

[4] 북한의 대응

북한은 2009년 비핵화 공동 선언을 폐기한다고 공식 발표하였다.

남북 기본 합의서 조인

[5] 경수로 사업

1994년 북한과 경수로 사업에 합의하고, 1995년 KEDO를 설치하였다. 이후 2006년에 대북 경수로 지원 사업은 공식 중단되었다.

(3) 김대중 정부의 대북 화해 협력 정책

① 햇볕 정책: 남북 관계 개선과 평화 정착을 목표로 다양한 대북 화해 협력 정책을 펼쳤다.

② 6·15 남북 공동 선언(2000. 6.)

  ㉠ 정상 회담 성사: 분단 55년 만에 처음으로 대한민국의 김대중 대통령과 북한의 김정일 국방 위원장이 2000년 6월 평양에서 제1차 남북 정상 회담을 가졌다.

  ㉡ 회담 내용: 7·4 남북 공동 성명과 남북 기본 합의서에서 이미 합의된 것을 바탕으로 5개 항의 공동 선언을 발표하였다.

  ㉢ 영향: 남북한 경제 협력을 축으로 사회, 문화, 체육 등 남북 교류·협력이 더욱 활성화되었다.

6·15 남북 공동 선언

1. 남과 북은 나라의 통일 문제를 그 주인인 우리 민족끼리 서로 힘을 합쳐 자주적으로 해결해 나가기로 하였다.

2. 남과 북은 나라의 통일을 위한 **남측의 연합제안과 북측의 낮은 단계의 연방제안이 서로 공통성이 있다고 인정하고 앞으로 이 방향에서 통일을 지향**시켜 나가기로 하였다.

3. 남과 북은 올해 8·15에 즈음하여 **흩어진 가족, 친척 방문단을 교환**하며, 비전향 장기수 문제를 해결하는 등 인도적 문제를 조속히 풀어 나가기로 하였다.

4. 남과 북은 경제 협력을 통하여 민족 경제를 균형적으로 발전시키고, 사회, 문화, 체육, 보건, 환경 등 제반 분야의 협력과 교류를 활성화하여 서로의 신뢰를 다져 나가기로 하였다.   – 2000년 6월 15일

③ 활발해진 남북 교류: 금강산 관광❶이 시작되었고, 끊어진 경의선과 동해선 철도의 연결이 추진되었으며, 북한의 개성에 남한 기업이 공업 단지를 조성하였다. 그리고 남북한 이산가족의 상봉과 이산가족 간의 서신 교환이 이루어졌다.

(4) 노무현 정부의 통일 정책

① 햇볕 정책의 계승: 김대중 정권의 대북 정책인 햇볕 정책을 계승하고 발전시켰다.

② 제2차 10·4 남북 공동 선언(2007): 노무현 대통령이 2007년 10월 북한 평양을 방문해 김정일 국방 위원장과 함께 두 번째 남북 정상 회담을 갖고, 여기에서 10·4 남북 공동 선언을 채택하였다.

10·4 남북 공동 선언(2007, 남북 관계 발전과 평화 번영을 위한 선언)

1. 남과 북은 6·15 공동 선언을 고수하고 적극 구현해 나간다.

2. 남과 북은 사상과 제도의 차이를 초월하여 남북 관계를 상호 존중과 신뢰 관계로 확고히 전환시켜 나가기로 하였다.

4. 남과 북은 **현 정전 체제를 종식시키고 항구적인 평화 체제를 구축**해 나가야 한다는데 인식을 같이하고 직접 관련된 3자 또는 4자 정상들이 한반도 지역에서 만나 **종전을 선언하는 문제를 추진하기 위해 협력**해 나가기로 하였다.

5. 남과 북은 경제 협력 사업을 적극 활성화하기로 하였다.

• 서해 평화 협력 특별 지대를 설치하여 공동 어로 구역과 평화 수역 설정, 민간 선박의 해주 직항로 통과, 한강 하구 공동 이용 등을 적극 추진해 나가기로 하였다.

제1차 남북 정상 회담

개성 공단

❶ 금강산 관광

현대 그룹의 주도로 1998년 해로로 금강산 관광이 시작되었다(해로 관광은 2004년 중단). 2003년부터는 육로 관광도 이루어졌으나, 2008년 관광객 피격 사건으로 중단되었다.

✎ 주요 남북 협력 사업

1984	북한이 구호물자 제공
1991	세계 탁구 선수권 대회 남북 단일팀 구성
1998	초코파이 생산 및 판매 금강산 관광 시작
2000	시드니 올림픽 남북 동시 입장
2002	부산 아시안 게임 북한 참가
2003	전국 노래자랑 평양편 제작 금강산 육로 관광 시작
2004	개성 공단 시범 단지 준공 겨레말 큰사전 공동 편찬
2005	'뽀로로와 친구들 1' 공동 제작 조용필 평양 공연 북관 대첩비 반환 사업 광복 60주년 국제 학술 회의
2006	고구려 유적 공동 조사 안중근 의사 유해 공동 발굴
2007	남북 역사 용어 공동 연구 경의선·동해선 연결
2010	만월대 남북 공동 발굴 조사

❖ 남북한 통일 방안 비교

구분	남한	북한
명칭	민족 공동체 통일 방안(1994)	고려 민주 연방 공화국 창설 방안(1980)
통일 과정	• 1단계: 화해 협력 단계 • 2단계: 남북 연합 • 3단계: 통일 국가 완성 단계	• 전제 조건 – 국가 보안법 폐지 – 주한 미군 철수 • 고려 민주 연방 공화국 수립
과도 체제	남북 연합	없음.
최종 국가 형태	1민족 1국가 1체제 1정부	1민족 1국가 2제도 2정부
특징	민족 사회 우선 건설 (민족 통일 ⇨ 국가 통일)	국가 체제 조직 우선 (국가 통일 ⇨ 민족 통일)

최초의 남북 합작 3D 애니메이션
"뽀로로와 친구들 1"(2005)

03 북한 체제의 확립

❖ 북한 정권의 성립 과정

북조선 임시 인민 위원회 (1946. 2.)	• 위원장(김일성) • 토지 개혁법(1946년 3월, 무상 몰수 · 무상 분배), 남녀 평등법, 산업 국유화법 제정
북조선 인민 위원회 수립 (1947. 2.)	최고 행정 기관으로 북조선 인민 위원회 수립, 인민군 창설(1948. 2.)
최고 인민 회의 대의원 선거 실시(1948. 8.)	8월 25일 최고 인민 회의 대의원 선거를 실시하여 의회 구성 ⇨ 9월 8일 헌법(인민 민주주의 헌법) 통과
조선 민주주의 인민 공화국 (1948. 9. 9.)	• 김일성(수상), 박헌영(부수상) 임명 • 수도: 서울 ⇨ 평양(임시 수도)
북한 정권의 성립	조선 공산당 북조선 분국(1945. 10.) ⇨ 북조선 공산당으로 개칭(1946. 4.) + 북조선 신민당(1946. 2.) ⇨ 북조선 노동당(1946. 8.) + 남조선 노동당 ⇨ 조선 민주주의 인민 공화국 수립(1948. 9.) ⇨ 조선 노동당 창립(1949. 6.)

1. 북한 정치 체제의 성립

(1) 정부 수립 과정: 1946년 4월 정식으로 북조선 공산당이 발족되었다. 8월에 김두봉의 신민당과 합쳐 북조선 노동당을 결성하였다.

(2) 초기의 주요 정치 세력
　① 갑산파[2]: 김일성 등 동북 지방에서 무장 투쟁을 전개해 온 세력이다.
　② 남로당: 박헌영 계열을 중심으로 조선 공산당을 개편한 정당이다.
　③ 소련파[3]: 허가이·박창옥 등 소련 출신 세력이다.
　④ 연안파[4]: 무정·최창익·김두봉 등 중국에서 활동하던 조선 독립 동맹 세력 등이다.

(3) 주요 정치 세력의 숙청: 김일성을 중심으로 한 독재 체제가 형성되기 시작하였다.
　① 6·25 전쟁 중: 소련파의 허가이와 연안파의 무정을 제거하였다.
　② 1953~1955년: 박헌영을 비롯한 남로당 세력을 미국의 간첩이라는 명분으로 숙청하였다.
　③ 1950년대 중·후반: 8월 종파 사건[5]을 계기로 연안파(최창익·김두봉 등)를 숙청하였다.
　④ 1960년대: 군사비 지출과 경제 정책에 대한 이견을 이유로 갑산파의 일부 세력들이 제거되었다.

❷ 갑산파
함경북도 갑산 인근 지역에서 활동하던 조선인 공산주의자들이다. 광복 이후부터 김일성을 중심으로 하는 만주파와 함께 북한의 정치를 주도하였다.

❸ 소련파
소련 내의 한인 출신들로, 광복 후 소련 지원 아래 활동하였다.

❹ 연안파
조선 의용군 출신의 정치 집단으로, 광복 후 북한 정권에 참여하였다.

❺ 8월 종파 사건
1956년에는 소련에서 실권을 잡은 흐루시초프가 스탈린 체제를 비판하고 집단 지도 체제를 강조했다. 이는 북한에도 영향을 미쳐 김두봉을 비롯한 일부 연안파의 지도자들이 독재 체제를 비판(8월 종파 사건)하며 북한을 집단 지도 체제로 전환할 것을 주장하였다.

2. 김일성 유일 체제의 확립

(1) 통치 이념으로서 주체 사상[1] 규정

　① 주체 사상: 마르크스·레닌주의를 북한의 현실에 맞게 적용한 사상이다. 1960년대 중·소 분쟁 이후 구체화되어 김일성 유일 지도 체제를 뒷받침하는 통치 이념이 되었다.

　② 한계: 자주성을 강조하였지만 실상은 김일성 개인에 대한 우상 숭배를 조장한 것이다.

(2) 4대 군사 노선 채택: 1962년 전 인민의 무장화, 전 국토의 요새화, 전 군의 간부화, 전 군의 현대화를 추진하여 군사력을 강화하였다.

(3) 무력 도발을 통한 남북 간 긴장 관계 형성: 북한은 무장 공비 31명을 남파(1·21 사태)하는 등 무력적인 도발을 감행하였다. 그 외의 무력 도발로는 푸에블로호 납치 사건(1968), 판문점 도끼 만행 사건(1976)[2], 아웅산 폭탄 테러 사건(1983), 대한항공 858 폭파 사건(1987) 등이 있다.

(4) 김일성 독재 권력 체제: 사회주의 헌법을 제정하고 국가주석제[3]를 신설하여 권력을 주석 중심으로 개편하였다. 이로써 김일성 독재 권력 체제가 제도화되었다.

3. 김정일 체제로의 전환

(1) 부자 세습 체제

　수년간의 작업 끝에 1980년 조선 노동당 6차 대회에서 김정일은 김일성의 유일한 후계자로 공식 인정받았다. 이후 정치 체제가 김정일 중심으로 개편되었다.

(2) 김일성의 사망

　1994년 7월 김일성이 사망하자, 김정일은 조선 인민국 최고 사령관의 직함을 가지고 김일성의 뜻에 따라 통치하였다. 1998년 헌법의 개정[4]에 따라 김정일 체제가 공식적으로 출범하였다.

(3) 김정일[5]의 통치 체제

　김정일은 선군 정치[6]를 내세워 경제 위기로 인한 혼란을 막으려 하였다. 또한, '우리식 사회주의'를 주체 사상을 구현해 나가는 사회주의라고 규정했으며, 이를 통해 북한 체제의 우월성[7]을 강조하였다.

(4) 북한의 핵(核) 문제 대두

　1992년 국제 원자력 기구(IAEA)의 핵 사찰 이후, 북한의 핵 문제가 국제적으로 대두되었다. 결국 1994년 북·미 간 제네바 협정[8]에 의해 북한은 핵 개발을 포기하였다. 그러나 북미 간 갈등이 고조되자, 북한은 핵 시설을 다시 가동한다고 밝혔다.

04　북한의 경제 정책과 변화

1. 사회주의 경제 체제의 구축

(1) 전후 복구와 농업 협동화

　① 1단계 – 전후 복구 3개년 계획(1954~1956)

　　전쟁으로 파괴된 기간 시설 복구를 목표로 하였다. 경제를 전쟁 이전의 수준으로 복구하였다.

　② 2단계 – 제1차 5개년 계획(1957~1961)

　　본격적인 사회주의 경제 체제를 확립하였다. 모든 농지를 협동 농장화하여 공동으로 생산·경영했으며, 사유제를 일체 인정하지 않았다.

(2) 천리마 운동(1957)

하루에 천리를 달리는 천리마와 같은 속도로 사회주의 경제를 건설하자는 운동이다. 북한 주민의 생산 의욕을 고취하려는 노동 경쟁 운동이자 사상 개조 운동이다.

2. 경제 발전 7개년 계획

1961년부터 3차례에 걸쳐 경제 발전 7개년 계획을 추진하였으나 별다른 성과를 거두지 못하였다.

3. 장기적인 경제 침체

1990년대 이후 공산권 붕괴에 따른 교역 상대국 상실 등으로 경제적 위기는 더욱 심화되었다.

4. 경제 발전을 위한 노력

(1) 외국 자본 유치: 북한은 1984년 합작 회사 경영법(합영법)[9]을 제정하고 외국 자본 유치를 적극 추진하였다. 1992년 합작법을 만들어 무역 지대에서 외국인이 기업을 운영할 수 있도록 하였다.

(2) 경제 특구 마련

① 목적: 중국의 경제 특구를 모방하여 외국 자본과 기술을 유치하기 위해 설치하였다.

② 설치: 1991년 나진·선봉에 자유 무역 지대를 만들었다. 2002년 신의주 특구를 지정하여 본격적인 시장 경제를 도입하고자 했으며, 2003년 개성을 공업 지구로 지정하였다.

(3) 금강산 관광 지구법(2002. 11.): 금강산 관광의 활성화를 위해 관광 지구의 개발을 제도화한 것이다.

자유 무역 지대와 경제 특구

❾ 합영법

합작 회사에서 일하고 있는 외국인이 얻는 임금과 출자자의 소득에 대해서는 북한 소득세법에 의해 과세되며 소득의 일부를 해외 송금할 수 있도록 하였다.

대표 기출문제

(가), (나) 사이 시기에 있었던 사실로 가장 옳은 것은?

2022. 법원직 9급

(가) 남과 북은 상대방에 대하여 무력을 사용하지 않으며 상대방을 무력으로 침략하지 아니한다. …… 민족 전체의 복리향상을 도모하기 위하여 자원의 공동 개발, 민족 내부 교류로서의 물자 교류, 합작 투자 등 경제 교류와 협력을 실시한다.

(나) 남과 북은 나라의 통일을 위한 남측의 연합제 안과 북측의 낮은 단계의 연방제 안이 서로 공통성이 있다고 인정하고 앞으로 이 방향에서 통일을 지향해 나가기로 하였다.

① 남북 조절 위원회가 설치되었다.

② 금강산 관광 사업이 시작되었다.

③ 제2차 남북 정상 회담이 개최되었다.

④ 남북 이산가족 상봉이 최초로 이루어졌다.

해설

(가)는 노태우 정부 때인 1991년 12월에 발표된 남북 기본 합의서의 내용이고, (나)는 김대중 정부 때인 2000년 6월에 발표된 6·15 남북 공동 선언의 내용이다. ② 김대중 정부 때, 현대 그룹의 주도로 1998년 해로로 금강산 관광이 시작되었다.
① 1972년에 발표된 7·4 남북 공동 성명에 따라 남북 조절 위원회가 설치되었다. ③ 노무현 정부 때인 2007년 10월의 일이다. ④ 1985년 전두환 정부 때의 일이다.

정답 ②

02 강 경제 발전과 사회·문화의 변화

解/法 기출분석

구 분		2008~2018	2019	2020	2021	2022	2023	2024	2025
9급	국가직	• 농지 개혁(2) • 1960년대 경제(2) • 인구 정책 • 현대 문화 전반		• 해방 직후 경제 • 1980년대 경제	1950년대 경제				
	지방직	• 농지 개혁(2) • 경제 상황(2) • 교육 정책	농지 개혁					농지 개혁	
	법원직	• 농지 개혁(3) • 경제 개발 5개년 • 경제 상황	1970년대 경제	1960년대 경제					

현대 경제 총정리

1950년대 (농지 개혁)	• 실시: 1949년 6월 제정, **1950년 3월부터** 시행 • 내용: 산림·임야를 제외한 3정보 이상의 농지 대상, 연평균 생산량의 1.5배로 **유상 매입** 　⇒ 농민에게 **3정보를 한도로 유상 분배**, 5년간 수확량의 30%씩 상환 • 의의: 지주제 폐지로 인한 자영농 육성, 6·25 전쟁 당시 남한의 공산화 방지 • 한계: 6·25 전쟁으로 산업 자본의 전환 미흡, 빈농층 몰락으로 소작제 재등장
1960년대 (1, 2차 경제 개발 5개년)	• 정부 주도 **노동 집약적 경공업** 육성(섬유, 신발) ⇒ 수출 중심의 성장 전략 • **베트남 특수**, 빠른 경제 성장과 수출 증대 • 국가의 경제 기반 구축 ⇒ 경부 고속 국도, 포항 제철 건설
1970년대 (3, 4차 경제 개발 5개년)	• 재벌 중심의 **자본 집약적 중화학 공업** 육성(자동차, 조선) • 1973년 1차 석유 파동 ⇒ 건설업 중동 진출(**중동 특수**) • 신흥 공업국으로 성장 ⇒ **100억 달러 수출 달성**(1977) • 1979년 2차 석유 파동 ⇒ 경기 침체
1980년대	3저 호황(1986~1988): 저달러, 저유가, 저금리 ⇒ 3년간 높은 경제 성장률
1990년대	• 국내 시장의 개방: 김영삼 정부 때 1994년 우루과이 라운드(UR) 타결, WTO 체제에 편입, OECD 가입 • 1997년 IMF 외환 위기 발생 ⇒ 2001년 IMF 관리 체제에서 벗어남.

1. 광복 직후의 경제 상황[1]

(1) 분단으로 인한 경제 악화

　① 남북한 경제 불균형: 북한에 자원과 산업 시설이 편재된 상황에서 남한 경제는 큰 타격을 입었다.

　② 남한 인구 증가: 북한에서 많은 동포들이 월남하고 해외 동포들이 귀국하면서 남한 인구는 크게 늘어났다. 실업자 증대와 식량 부족 등으로 남한의 경제는 더욱 악화되었다.

(2) 미군정기의 경제

　① 통화량 급증과 물가 폭등: 일제는 패전 직후 거액의 조선은행권을 발행하여 한국에 있던 일본인들에게 배포하였다. 그 결과 통화량이 급증하였고, 이는 **물가 폭등**으로 이어졌다.

　② 쌀값 폭등

　　㉠ 원인: 미군정은 쌀값을 자유 시장 체제에 맡겼으나 매점매석으로 쌀값이 오히려 폭등하였다. 미군정은 쌀 부족을 해결하기 위해 1946년부터 미곡 수집제를 실시하였다.

　　㉡ 결과: 곡물을 거두는 과정에서 지주들은 빠져나가고 소작 농민에게만 부담이 가중되었다.

　③ 소작제 실시: 미군정은 소작료를 3분의 1로 낮춘 3·1제를 채택하여 농민을 보호하고자 하였다.

　④ 신한 공사 설치(1946): 일본이 소유했던 농지나 공장 등의 재산을 관리하기 위해 신한 공사를 두었다. 미군정은 이후 귀속 재산을 일부 불하하였다.

　⑤ 중앙 토지 행정처 설치(1948): 중앙 토지 행정처는 신한 공사가 소유했던 재산을 넘겨받아 관리하였다.

2. 정부 수립 이후의 경제 정책

(1) 농지 개혁법의 시행(1949년 6월 제정·공포, 1950년 3월 시행)

　① 시행 배경: 광복 이후 민중의 토지 개혁 요구가 계속되었고 북한의 토지 개혁(1946. 3.)에 영향을 받아 이러한 목소리는 더욱 높아져 갔다.

　② 도입 목표: 경자유전의 원칙하에 농지를 농민에게 분배함으로써 **자영농을 육성**하고자 하였다.

　③ 주요 내용: 임야와 산림을 제외한 농지를 대상으로 하였다. 3정보(약 3만㎡)를 토지 소유의 상한으로 정하고 그 이상을 소유한 지주로부터 농지를 **유상 매입**하여 농민에게 **유상 분배**하는 것을 원칙으로 하였다. 이때 지주에게는 지가 증권[2]을 발급하여 농지의 1년 수확량의 150%를 한도로 5년간 보상하였고, 농민은 5년에 걸쳐 수확량의 30%씩을 상환하도록 하였다.

　④ 의의: 농민 중심의 토지 소유가 확립됨에 따라 **자영농 육성**이 가능해졌다. 이 결과 자작농이 증가하고 소작농이 감소하였다. 또한 6·25 전쟁 당시 **남한의 공산화 방지**에 기여하였다.

　⑤ 한계: 농지 개혁이 시간을 끄는 사이에 일부 지주들은 땅을 팔아치워 농지 대상이 되는 토지가 크게 줄었다. 그리고 6·25 전쟁으로 일부 대지주를 제외한 다수의 중소 지주층이 몰락하여 **토지 자본의 산업 자본으로 전환은 미미**했으며, 빈농층의 몰락으로 **소작제가 다시 부활**하였다.

❶ 광복 직후 경제 상황

광복 후 일본인들이 철수하고 일본과의 경제 교류가 끊김에 따라 한국 내의 공업 생산량은 급감하였다.

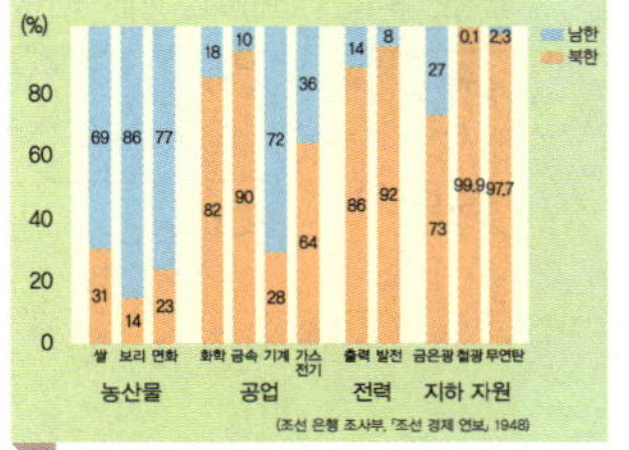

일제 말 남북한 산업의 주요 분야별 총 생산액

서울 도매 물가 지수의 변화

(1936년도 물가 지수 100)

연도	물가 지수
1936	100
1944	241
1945. 9.	2,407
1946. 12.	25,563
1948. 3.	67,066

『식산 은행 월보』 제4권 3호, 1949년

❷ 지가 증권

보상 기간, 지급액 등이 기재되어 있었다. 그러나 전쟁과 인플레로 인해 가치가 폭락하였다. 이에 따라 지주들이 지가 증권을 싼값에 내다 팔면서 중소 지주들이 몰락하였다.

남북한 토지 개혁 비교

남한	북한
산림·임야 제외	전체 토지
1949. 6. (시행 1950. 3.)	1946. 3.
유상 매입, 유상 분배	무상 몰수, 무상 분배
3정보 (토지 상한선)	5정보 (토지 상한선)

❶ 귀속 재산

귀속 재산은 일제 강점기 일본인이 소유하였던 농지, 주택, 기업 등의 재산을 말한다. 미군정이 '적산(敵産)'이라는 이름으로 접수하여, 귀속 농지 중 일부를 우선적으로 소작인에게 매각하는 등 귀속 재산을 처리하였다. 이후 한·미 간의 재정 및 재산에 관한 협정에 의해 귀속 재산 처리는 이승만 정부에게 이관되었다.

6·25 전쟁 당시 파괴된 서울

❷ 미국의 원조 내용

6·25 전쟁 기간에는 3억 달러 이상이었고, 전후 복구 기간에도 22억 달러 이상이 되었다. 이러한 막대한 액수의 미국 원조는 전후 복구 사업에 큰 도움이 되었다.

남한의 농지 개혁법

제1조   본법은 헌법에 의거하여 농지를 농민에게 적절히 분배함으로써 농가 경제의 자립과 농업 생산력의 증진으로 인한 농민 생활의 향상 내지 국민 경제의 균형과 발전을 기함을 목적으로 한다.

제5조   1. 법령 및 조약에 의하여 몰수 또는 국유로 된 농지, 소유권의 명의가 분명치 않은 농지는 정부에 귀속한다.

     2. 농가 아닌 자의 농지, 자경하지 않는 자의 농지, 3정보를 초과하는 부분의 농지, 과수원 등 다년성 식물 재배 토지를 3정보 이상 자영하는 자의 소유인 식물 재배 이외의 농지는 정부가 매수한다.

제12조   농지의 분배는 농지의 종목, 등급 및 농가의 능력 기타에 기준한 점수제에 의거하되 **1가구당 총 경영 면적 3정보를 초과하지 못한다.**

제13조   분배 받은 농지에 대한 상환액은 평년작을 기준으로 하여 주 생산물의 1.5배로 하고, 5년 동안 균등 상환하도록 한다.

제17조   일체의 농지는 소작, 임대차 또는 위탁 경영 등 행위를 금지한다. 단, 제5조 제1항 제2호 단서의 경우 및 정부가 본법 기타 법령에 의하여 인허한 경우에는 예외로 한다.

(2) 귀속 재산❶ 처리

정부는 1949년 귀속 재산 처리법을 제정하고 6·25 전쟁 직후 대규모의 귀속 기업체를 헐값으로 민간에 넘겼다. 이 결과, 귀속 기업체를 산 자본가들은 재벌로 성장할 수 있었다.

귀속 재산 처리법(1949년 제정, 귀속 재산의 처리에 관하여 규정한 법률)

제2조   본 법에서 귀속 재산이라 함은 …… 대한민국 정부에 이양된 일체의 재산을 지칭한다. 단, 농경지는 따로 농지 개혁법에 의하여 처리한다.

제3조   귀속 재산은 본 법과 본 법의 규정에 의하여 발하는 명령이 정하는 바에 의하여 국용 또는 공유 재산, 국영 또는 공영 기업체로 지정되는 것을 제외하고는 대한민국의 국민 또는 법인에게 매각한다.

3. 이승만 정부의 전후 복구 정책

(1) **경제 재건**: 이승만 정권은 6·25 전쟁으로 파괴된 도로·항만·철도 등 **사회 기간 시설**을 보수하였다.

(2) **금융 정책**: 정부는 한국은행법과 은행법을 제정(1950. 5.)하고 한국은행을 설립하였다.

4. 미국의 원조 경제

(1) **미국의 무상 원조❷**

미국은 한국을 공산주의의 방어 기지로 삼기 위해 **경제 무상 원조**를 결정하였다. 이에 따라 1945년부터 3년간 '점령지 행정 구조 원조(GARIOA)'가 전개되어 식료품·의류 등을 제공하였다.

① **한·미 원조 협정(1948. 10.)**: 정부 출범 이후 국가 대 국가의 원조를 실시하기 위해 체결하였다.

② **한·미 상호 방위 원조 협정(1950. 1.)**: 애치슨 선언 이후 한국군에 대한 군사 지원을 목적으로 체결된 조약이다.

(2) 미국 원조의 특징

식료품, 의복 등의 생활 필수품과 밀가루·설탕·면화 등과 같은 소비재 산업의 원료에 집중되었다. 미국은 농산물 원조를 통해 자국의 잉여 농산물을 처리[3]하였다.

(3) 경제 구조의 변화

① 삼백 산업의 성장: 정부의 지원을 받아 원조 물자에 토대를 둔 삼백 산업이 발달하였다. 그 결과 1950년대 이후 삼백 산업[4] 중심으로 재벌이 형성되었다.

② 생산재 산업 부진: 소비재 산업이 어느 정도 발전[5]하였지만, 철강·기계와 같은 생산재 산업의 발달은 부진하였다. 결국 한국 경제는 대부분의 원자재를 수입에 의존할 수밖에 없었다.

③ 농촌 경제 타격: 미국 농산물의 대량 도입으로 농산물 가격이 폭락하였다.

(4) 유상 차관 경제로의 전환(1958)

미국의 경제 불황으로 무상 원조가 유상 차관으로 전환되었다. 이에 따라 경제가 더욱 침체되었다.

❸ 미공법 480호와 대충자금

미국에서 원조 받은 농산물을 판매한 돈은 미국의 '미공법 PL480호(농산물 무역 촉진 원조법)'에 따라 대충자금(代充資金)으로 적립되었다. 대충자금은 원조액을 별도의 특별 계정에다 적립한 것을 말하는데 국내 미군의 유지 비용, 미국으로부터의 무기 도입 등에 소비되었다.

❹ 삼백 산업

삼백은 말 그대로 세 가지 흰색 물품을 지칭하는 것으로 밀가루, 설탕, 면화를 원료로 한 제분, 제당, 면방직 산업을 지칭한다.

❺ 충주 비료 공장

우리나라 최초의 비료 공장으로 미국의 자금을 지원받아 1955년 착공하였다(실제 가동은 1961년).

02 경제 성장과 자본주의의 발전

1. 박정희 정부의 경제 개발 5개년 계획 추진

(1) 장면 내각의 경제 개발 계획 수립

장면 정권은 경제 개발 5개년 계획(1961~1965)을 수립하였으나 5·16 군사 정변으로 시행되지는 못하였다.

(2) 제1·2차 경제 개발 5개년 계획(1962~1966, 1967~1971) – 경공업 육성

① 비용 마련: 경제 개발을 위해 정부는 적극적으로 외자를 도입하였다. 그 일환으로 일본과의 국교 정상화, 베트남 전쟁 참전 등을 추진하였다.

② 추진 방식: 외국 차관과 국내 노동력을 결합시켜 섬유, 신발 등 **경공업 제품**을 만들어 수출하였다. 정부는 수출 산업을 적극적으로 지원하는 한편, 가격 경쟁력을 위해 저임금 정책을 펼쳤다.

심화사료 百出

2023. 국가직 9급

1964년 12월 5일 제1회 수출의 날, 박정희 대통령의 기념사

나는 우리 국민이 선천적으로 타고난 재질을 최대한으로 활용하여 다각적인 생산 활동을 더욱 활발하게 하고, …… **공산품 수출을 진흥**시키는 데 가일층 노력할 것을 요망합니다. 끝으로 나는 오늘 제1회 수출의 날 기념식에 즈음하여 …… 이 뜻깊은 날이 자립 경제를 앞당기는 또 하나의 계기가 될 것을 기원합니다.

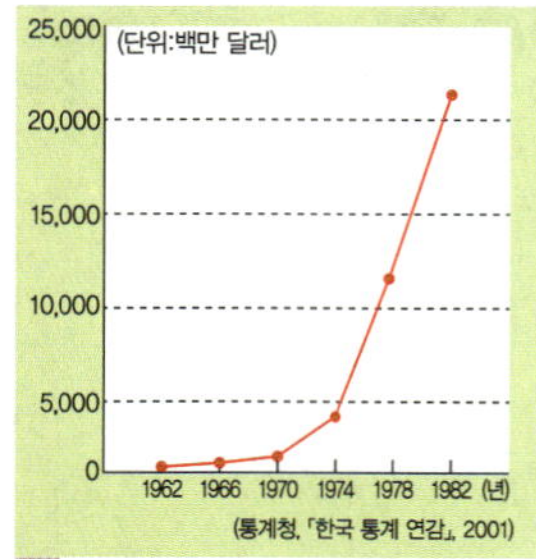

수출액의 변화

경부 고속 국도(1970년 개통)

(3) 제3·4차 경제 개발 5개년 계획(1972~1981) – 중화학 공업 중심

  ① 배경: 1970년 무렵에는 갚아야 할 차관의 원금과 이자가 늘어나고, 경공업 제품의 수출이 차츰 벽에 부딪히면서 그동안 이룩해 온 경제 성장은 위기를 맞아 정책을 재조정할 필요가 있었다.

  ② 추진 방식: 정부는 외국인의 직접 투자 유치, 기업에 대한 각종 특혜 제공, 중화학 공업화 정책 등을 추진하였다. 이에 따라 마산, 이리(익산)에 **수출 자유 지역**❶이 만들어져 많은 외국인 기업이 들어섰다. 또 **철강**❷, 조선, 기계, 석유 화학❸ 등 **중화학 공업 단지**를 조성하였다.

  ③ 제1차 석유 파동(1973): 제1차 석유 파동으로 위기에 봉착하였으나, 외자 도입과 중동 건설을 통해 극복하였다.

  ④ 100억 달러 수출 달성(1977): 100억 달러 수출 및 1인당 GNP 1,000달러를 달성하였다.

고득사료 百出

장기 경제 개발의 기본 목표(중화학 공업 육성)

이번 3차 계획은 …… 우리나라를 상위 중진국 수준을 넘어 선진국 대열에 육박하게 하려는, 완전 민족 자립의 청사진입니다. …… **철강·기계·조선 등 중화학 공업을 건설**하며, 수출의 획기적인 증대로 국제 수지를 개선하려는 데 역점을 둘 것입니다.

– 제3차 경제 개발 5개년 계획, 1972년

(4) 경제 개발 계획의 성과 및 문제점

  ① 경제적 성과: 경부 고속 국도 건설(1970)을 비롯하여 항만 등 사회 간접 시설을 확충하였다. 농업에서는 1972년 이후 다수확 품종인 통일 벼·유신 벼의 도입으로 쌀 생산량이 크게 증가하였다.

  ② 문제점: 빈부 격차가 커졌으며, 미·일에 대한 대외 의존도가 심화되었다. 또한 **외채가 급증**하였다.

    ㉠ 재벌 중심: 재벌 중심의 경제 개발이 이루어졌다. 대표적으로 1972년 **8·3 조치**❹를 내려 **기업의 사채를 동결**하는 등 기업에 특혜를 주었다.

    ㉡ 저임금 정책: 수출 경쟁력 확보를 위한 저임금 정책은 빈부 격차를 심화시켰다.

    ㉢ 저곡가 정책: 농촌 경제가 피폐해져 도·농 간 소득 격차가 심화되었다.

2. 경제 위기의 발생과 전두환 정부의 대응

(1) 1970년대 말~1980년대 초 경제 위기 발생

1979년 **제2차 석유 파동**이 일어나 우리 경제는 위기를 맞았다. 게다가 중화학 공업에 대한 과잉 투자로 국가 재정이 어려워지고 경제 성장률도 급감하였다.

(2) 전두환 정부의 대응

전두환 정부는 중화학 공업에 대한 투자를 조정하고 부실 기업을 정리하였다.

3. 3저(低) 호황(1986~1988)과 문제점

(1) 3저 호황: 국제 금리와 석유 가격의 하락, 달러 가치의 저평가(저달러, 저유가, 저금리) 등 경제 성장❺의 중요 요소들이 한국에 유리하게 작용하여, 1986년부터 3년간 높은 경제 성장률을 기록하였다.

(2) 문제점: 3저 호황기에 벌어들인 막대한 이윤이 생산적 투자가 아닌 부동산 및 주식 투기로 집중되면서 1989년 이후 우리 경제는 다시 침체에 빠졌다.

4. 국내 시장의 개방

(1) 우루과이 라운드[6]의 타결(1994)

　① 성격: 세계 각국의 무역 자유화를 위해 출범한 무역 교섭이었다.

　② 영향: 외국 농수산물이 대량 유입되었고, 그 결과 **국내 농업에 큰 타격**을 주었다.

(2) 세계 무역 기구(WTO)의 설립(1995)

　세계 무역 체제의 개방을 지향하며, 우루과이 라운드를 실천하기 위해 설립된 국제 기구이다. 김영삼 정부 시기에 WTO 체제에 편입되었다.

(3) 시장 개방의 확대

　2000년대 한국은 칠레를 시작으로 아세안, 유럽 연합(EU), 미국 등과 자유 무역 협정(FTA)을 체결하였다.

5. 김영삼 정부의 경제 정책

　우리나라가 주요 경제 국가로 성장함에 따라 아시아·태평양 경제 협력체(APEC)에 참여하고 1996년에는 경제 협력 개발 기구(OECD)[7]에 가입하였다.

6. IMF 외환 위기의 발생과 극복(1997. 11.~2001. 8.)

(1) 발생 원인: 사전 준비가 부족한 상태에서 개방화와 국제화가 급격히 진행되면서 무역 적자가 계속 되었다. 여기에 재벌의 중복 투자에 따른 대기업의 부도 사태, 금융권의 부실, 외국의 투기 자본 등이 더해져 1997년 말에 외환 위기를 맞이하였다.

(2) 대응 및 극복

　① **국제 통화 기금(IMF)의 지원**: 국제 통화 기금(IMF)의 긴급 금융 지원을 받아 국가 부도를 모면하였다. 이후 2001년 8월에 IMF의 관리 체제에서 벗어났다.

　② **국민들의 자발적 모금 운동**: 기업 부도, 대규모 실업 발생 등의 위기 상황 속에서 국민들은 금 모으기 운동을 전개하였다.

　③ **신자유주의 경제 체제**[8]: 김대중 정부는 **노사정 위원회를 구성(1998)**하여 노사 협조를 도모하였다. 신자유주의 경제 정책을 바탕으로 기업·금융·공공·노동 등 4대 부문의 개혁을 추진하였다.

(3) 한국 경제에 미친 영향

　부실 기업의 해외 매각을 통해 많은 기업이 외국인의 소유가 되었다. 그리고, 기업의 구조 조정으로 인해 비정규직 노동자가 크게 증가하였다.

7. 한국 경제의 당면 과제와 발전 방향

　재정의 건전화, 물가의 안정, 빈부 격차, 수도권 집중 현상, 높은 실업 등이 현재 한국 경제가 해결해야 할 문제점으로 지적되고 있다. 정부는 정보 기술(IT)·생명 공학 기술(BT) 등을 차세대 성장 산업으로 육성하고 벤처 기업 장려, 경제 구조 조정, 노사 협조, 실업자 구제 등을 위해 노력하고 있다.

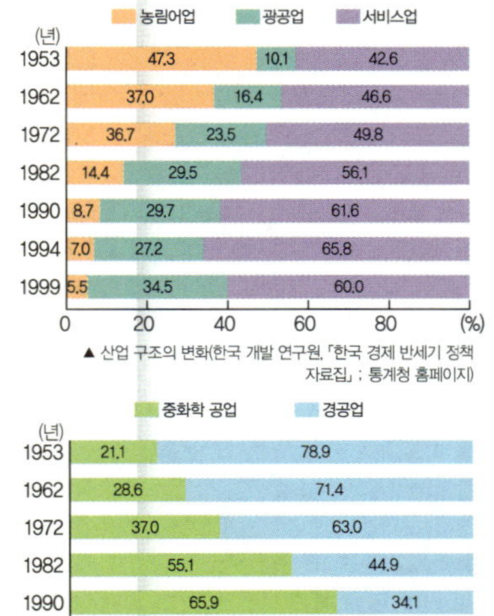

▲ 산업 구조의 변화(한국 개발 연구원, 「한국 경제 반세기 정책 자료집」; 통계청 홈페이지)

▲ 산업 구조의 변화(한국 개발 연구원, 「한국 경제 반세기 정책 자료집」; 통계청 홈페이지)

▼ 산업 구조의 변화

1. 인구의 변화

(1) 1960년대 이전: 8·15 광복 이후 해외 동포의 귀국과 북한 동포들의 월남으로 남한 인구는 크게 증가하였다. 1944년에 남한 인구는 약 1,600만 명 정도였으나, 베이비 붐[1]으로 출산율이 높아지고 사망률은 점차 낮아져 1955년 남한만의 인구는 2,150만 명 정도였다.

(2) 1960년대 이후: 1960년대 이후 정부는 인구 증가를 억제하기 위하여 산아 제한을 실시하였고, 여성의 혼인 연령 상승, 자녀 교육비 증가, 자식에 대한 가치관의 변화 및 피임 확산 등으로 출산율이 점차 낮아졌다.

(3) 연령별 인구 구성: 1960년대에는 높은 출산과 사망으로 피라미드형 인구 구성을 보였다. 그러나 2000년대에는 출산율 감소와 더불어 인구의 고령화가 빠르게 진전되면서 문제가 되고 있다.

9급 위 한국사 — 연대별 인구 정책 표어

연대	표어	특징
해방~1950년대	3남 2녀로 5명은 낳아야죠.	인구 증가
1960년대~1980년대	• 덮어 놓고 낳다 보면 거지꼴을 못 면한다(60년대). • 딸 아들 구별 말고 둘만 낳아 잘 기르자. • 잘 키운 딸 하나 열 아들 안 부럽다. • 하나씩만 낳아도 삼천리는 초만원	산아 제한[2]
1990년대~2000년대	• 아들 바람 부모 세대! 짝궁 없는 우리 세대![3] • 자녀에게 가장 큰 선물은 동생입니다. • 둘째는 두 배의 기쁨, 셋째는 세 배의 행복	출산 장려

2. 산업화

(1) 산업 사회로 전환: 1960년대부터 추진된 경제 개발 5개년 계획은 한국 사회를 농업 중심의 사회에서 공업 중심의 산업 사회로 변화시켰다. 많은 농촌 인구는 일자리를 찾아 도시로 유입되었다.

(2) 부작용: 농촌 중심의 촌락 공동체가 붕괴되면서 개인주의와 황금 만능주의의 풍조가 널리 퍼져갔다. 또한 환경 오염과 환경 파괴 및 도시의 주택 문제[4], 교통 문제 등을 초래하였다.

(3) 대책: 환경 문제를 해결하기 위해 환경부를 신설하고, 교통난을 해결하기 위해 지하철을 건설하였다. 또한 주택난을 해결하기 위해 대규모 아파트 단지를 조성하고 장기 임대 아파트도 건설하였다.

3. 농촌 사회의 변화

(1) 1950~1960년대: 광복 이후 우리나라는 농업국으로 전체 인구의 약 80%가 농민이었다. 1960년대에는 박정희 정부의 성장 제일주의 공업화 정책과 저곡가 정책으로 도시와 농촌의 소득 격차가 벌어지자 농촌의 젊은이들은 도시로 일자리를 찾아 떠났다.

---

❶ **베이비 붐**

1955년부터 1960년까지는 인구가 매해 70만 명씩 늘어날 정도로 급속히 인구가 증가했다.

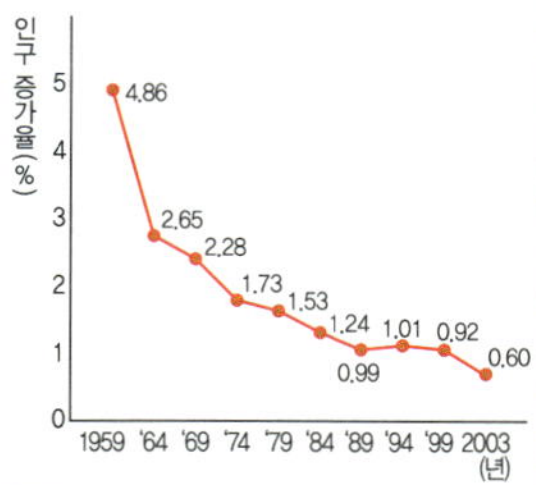
인구 증가율의 변화

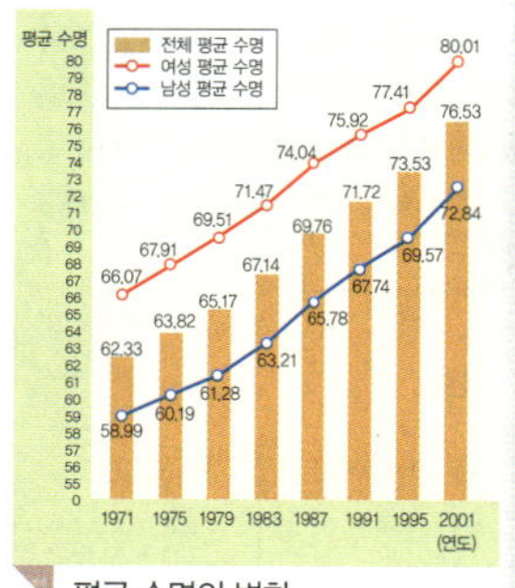
평균 수명의 변화

❷ **산아 제한**

정부는 인구 증가가 가난의 이유라는 논리를 내세워 출산을 억제하였다.

❸ **1990년대 표어**

1990년대 남녀 성비 불균형이 심화된 상황을 반영하였다.

산업화 과정에서 나타난 도시 빈민의 판자촌

❹ **광주 대단지 사건**

1971년 정부의 무계획적인 도시 정책에 반발하여 경기도 광주 대단지(현재 성남시) 주민 5만여 명이 일으킨 폭동 사건이다.

(2) 1970년대: 정부는 4H 운동❺이나 새마을 운동을 실시하여 도시와 농촌 간의 소득, 문화적 격차를 줄이고자 하였다.

① 새마을 운동(1970)

    ㉠ 목표: 박정희 정부는 도시와 농촌의 균형 있는 발전 및 농어촌의 근대화와 소득 증대를 위하여 새마을 운동을 시작하였다.

    ㉡ 활동: 새마을 운동은 근면·자조·협동 정신을 바탕으로 하여 주택 개량, 도로 확충, 하천 정비, 전기 시설의 확충 등의 사업에서 성과를 거두었고 점차 도시로까지 확대되었다.

    ㉢ 한계: 실제로는 정부 주도로 이루어지면서 가시적인 성과 달성에 치중하거나 시간이 갈수록 열의가 감소하는 등의 문제가 나타났다.

심화사료 頻出

새마을 운동 노래

1. **새벽종이 울렸네 새 아침이 밝았네.** / 너도 나도 일어나 새 마을을 가꾸세. / 살기 좋은 내 마을 우리 힘으로 만드세.
2. 초가집도 없애고 마을 길도 넓히고 / 푸른 동산 만들어 알뜰 살뜰 다듬세. / 살기 좋은 내 마을 우리 힘으로 만드세.

② 농민 운동: 값싼 외국산 농산물이 수입되는 상황 속에서 1972년 가톨릭 농민회가 만들어져 농민 운동이 활성화되었다. 이 단체를 중심으로 농민들은 정부의 농산물 가격 정책에 맞섰다.

(3) 1980~1990년대

① 시장 개방: 우루과이 라운드 협상에 따라 1994년에 쌀 시장이 개방되고 세계 무역 기구(WTO) 체제가 출범하면서 우리 농업은 심각한 타격을 받게 되었다.

② 농민 운동: 1989년에 전국적인 농민 조직인 전국 농민 운동 연합이 결성되었다. 또한 1990년대 이후에는 농산물 수입 개방 반대, 농가 부채 해결 등을 요구하는 농민 운동이 전개되었다.

04 노동 운동과 사회 운동

1. 노동 운동

(1) 배경: 정부의 수출 주도형 경제 전략으로 **노동자가 급격히 증가**하였다. 이들은 **저임금과 열악한 노동 환경**에 시달렸다. 이에 따라 노사 간의 대립 격화, 사회적 불균형 확대 등의 노동 문제가 대두되었다.

(2) 전개 과정

① 1970년대

    ㉠ 전태일 분신 사건(1970): 1970년 11월에 서울 청계천 평화 시장❻에서 전태일이 "근로 기준법을 지켜라.", "우리는 기계가 아니다." 등의 구호를 외치고 분신하였다. 이 사건을 계기로 지식인과 종교계도 노동 운동에 적극 참가하게 되었다.

    ㉡ YH 사건(1979): 야당(신민당) 당사에서 **생존권 보장**을 요구하며 농성하던 YH 무역 여성 노동자를 진압하는 과정에서 여성 노동자가 숨지는 사건이 일어났다.

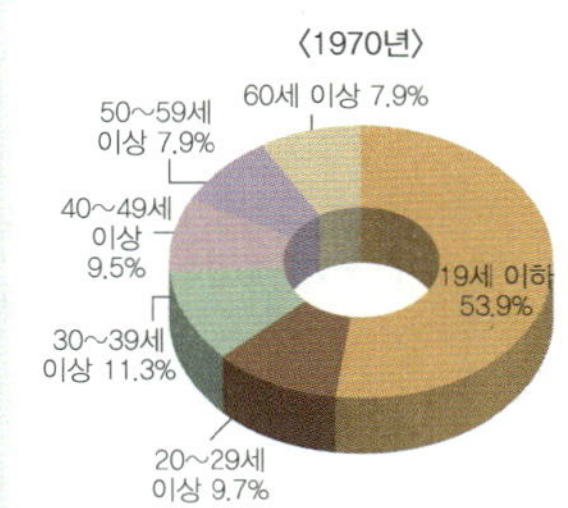

▲ 농가 인구 구성 변화

함평 고구마 피해 보상 운동

전라남도 함평군 가톨릭 농민회는 1976~1978년에 함평 고구마 피해 보상 운동을 전개하여 성공을 거두었다.

전태일 열사(1948~1970)

젊은 나이에 서울 청계천 평화 시장의 의류 제조 회사에 입사하여 근무하면서 근로 환경 개선을 위해 투쟁하였으나, 사회의 무반응과 개혁의 불가함에 의분하여 분신 항거한 노동 운동가이다.

YH 무역 여성 노동자들

노사정 위원회

심화사료 百出

전태일이 대통령에게 보낸 편지

대통령 각하

저희들은 근로 기준법의 혜택을 조금도 못 받으며 더구나 3만여 명을 넘는 종업원의 90% 이상이 평균 18세의 여성입니다. …… 1일 15시간의 작업 시간을 1일 10시간~12시간으로 단축해 주십시오. 1개월 휴일 2일을 늘여서 일요일마다 휴일로 쉬기를 원합니다. 건강 진단을 정확하게 하여 주십시오. 시다공의 수당을 50% 인상하십시오. 절대로 무리한 요구가 아님을 맹세합니다. **인간으로서 최소한의 요구입니다.**

– 조영래, 「전태일 평전」

YH 사건

저희 근로자들이 신민당에 올 수밖에 없었던 것은 회사, 노동청, 은행이 모두 문제를 해결할 수 없다기에 오갈 데 없었기 때문입니다. 악덕한 기업주는 기숙사를 철폐하고 밥은 물론 전기, 수돗물마저 먹을 수 없었을 뿐 아니라 …… 저희들의 회사가 정상화되어 일만 할 수 있게 해주십시오. 저희들의 이 호소가 꼭 이루어지기를 간절히 간절히 바랍니다. – YH 무역 근로자 일동, 1979년 8월 10일

解法 도움닫기　YH 사건

1979년 8월 가발 제조 업체인 YH 무역 측이 경영난을 이유로 문을 닫아야 한다며 여성 근로자들에게 직장을 그만둘 것을 강요하였다. 이에 항의하는 여성 근로자들을 경찰이 해산시키려 하자 신민당사로 몰려와 농성을 벌였다. 그런데 경찰은 신민당사까지 들어와 근로자들을 강제로 해산시켰다. 이 과정에서 근로자 1명이 숨지고, 국회 의원들까지 폭행을 당하였다. 이에 대해 야당은 강력히 반발하였고 정부와 야당의 대립은 더욱 심해졌다.

② 1980년대: 1987년 6월 민주 항쟁 이후 그동안 누적되어 온 노동 문제가 일시에 분출되면서 대규모 노동 쟁의가 일어났으며, 사무직 노동자들도 노동 운동에 참여하였다.

③ 1990년대

　㉠ **노동 운동의 활성화**: 1991년에 국제 노동 기구(ILO)에 가입하고, 1995년에 전국 민주 노동조합 총연맹(민주노총)이 결성되었다.

　㉡ 위기: 1997년의 외환 위기의 여파로 노동자들은 대량 실업 문제에 직면하게 되었다. 이에 따라 김대중 정부는 **노사정 위원회(1998)를 구성**하여 실업 문제 등을 해결하고자 하였다.

❋ 노동 운동

전태일 분신 사건 (1970)	서울 청계천 평화 시장에서 재단사로 일하던 전태일이 "근로 기준법을 지켜라.", "우리는 기계가 아니다." 등의 구호를 외치며 분신한 사건
1970년대 중반	박정희 정부의 노동 3권 제한 ⇒ 노동조합 제대로 조직 못함.
YH 사건 (1979)	야당(신민당) 당사에서 생존권 보장을 요구하며 농성하던 YH 무역 여성 노동자를 진압하는 과정에서 여성 노동자가 숨진 사건
1980년대	1987년 6월 민주 항쟁 이후 전국적으로 수많은 노동조합 결성
1990년대	• 국제 노동 기구(ILO) 가입(1991): 국제 수준의 노동 규칙 따름. • 전국 민주 노동조합 총연맹(1995) 결성 • 노사정 위원회 구성(1998): 구조 조정에 따른 실업 · 노사 문제 해결하기 위함.

2. 시민 운동

1987년 6월 민주 항쟁 이후로 정치적 민주화의 진전, 사회의 다양화 등으로 인해 시민 운동 단체(NGO)가 많이 늘어났다.

3. 여성 운동

(1) 배경: 1960년대 이후 경제 개발과 함께 여성들의 사회 진출과 역할이 크게 증대되었고, 가정에서도 여성의 지위가 크게 향상되어 **남녀 관계는 평등한** 관계로 나아갔다.

(2) 전개: 1987년에는 '남녀고용평등법'을 제정하였고, 1991년에는 '가족법'이 개정되었다. 또한 2001년에는 **여성부**를 신설하였으며, 2005년에는 **호주제가 폐지**되었다.

05 의식주 생활의 변화

1. 의생활

(1) 1950년대: 6·25 전쟁 직후에는 여성은 질기고 오래가는 나일론으로 만든 블라우스를 입었고, 남성은 옷감이 부족하여 군복에 물을 들여 입기도 하였다.

(2) 1960년대: 1961년 군사 정권은 '신 생활 재건 운동'을 추진하면서 남성은 작업복 스타일의 '재건복'을, 여성은 '신생활복'을 입도록 권장하였다.

(3) 1970년대: 젊은층 사이에서는 통기타와 팝송을 상징으로 하는 청년 문화의 복장으로 **청바지와 장발**이 유행하였다.

(4) 1980년대 이후: 맞춤복 시대에서 기성복 시대로 넘어가면서 캐주얼웨어가 큰 인기를 끌었고, 컬러 텔레비전의 영향으로 의복의 색상이 더 화려해졌다.

재건복과 신생활복

2. 식생활

(1) 광복과 6·25 전쟁 이후: 인구의 빠른 증가와 베이비 붐으로 식량난이 계속되었다. 1960년대부터 정부는 분식·보리 혼식 등을 장려[1]하여 식량난을 해결하고자 하였다.

(2) 1970년대: 외국의 벼 종자를 개량한 **통일벼**를 적극 보급하여 **주곡 자급에 성공**하였다.

(3) 1980년대 이후: 서구화된 식생활 습관이 일반화되어 영양 불균형, 영양 과잉 상태를 초래하여 생활 습관병과 비만 등의 문제를 낳았다.

(4) 1990년대: 안전한 식품을 찾는 사람이 늘어났으며 무공해 유기 농산물에 대한 관심도 높아졌다.

혼분식을 장려하는 캠페인

❶ 혼식·분식 장려 정책

1969년 1월부터 매주 수요일·토요일을 분식의 날, 쌀이 없는 날로 지정하였다. 또한 점심 때마다 학생들의 도시락을 검사하여 혼식을 강제하였다.

❷ 재건 주택

유엔의 원조로 건립된 작은 규모의 흙벽돌집이다.

3. 주생활

(1) 광복과 6·25 전쟁 이후: 휴전 이후 파괴된 주택을 복구하고자 재건 주택[2]이 지어졌다. 1964년 서울 마포에 아파트 단지가 조성되면서 아파트는 도시의 새로운 주거 형태로 등장하였다.

(2) 1970년대: 아파트 단지가 강남과 잠실 등지에 건설되었고, 서울의 높은 지대와 변두리에는 '달동네'라는 빈민촌이 생겨났다.

(3) 1980년대 이후: 서울과 수도권 도시, 지방 대도시 곳곳에 아파트 단지가 건설되고, 달동네나 판자촌도 재개발되었다. 1990년대에 정부는 수도권 주택난 해결을 위해 서울 주변에 신도시를 건설하였다.

1. 학문의 발전

(1) **1950년대**: 1950년대 중반 이후 한국학에 관련된 많은 연구 업적이 축적되기 시작하였다. 특히 한글 학회가 일제에 의해 강제로 중단되었던 『우리말 큰 사전』을 완간(1957)해 국어 발전에 이바지하였다.

(2) **1960~1970년대**: 1960년대에 들어서면서 4·19 혁명과 6·3 시위 등으로 지식인들이 점차 민족을 재발견하기 시작하여 한국학 분야의 연구가 고조되었다.

(3) **1980년대 이후**: 1980년대에 들어와 학생들이 체제 변혁 운동을 전개하는 움직임 속에 사회 과학 분야의 서적이 많이 발간되었는데, 그러한 책은 금서로서 탄압받기도 하였다.

2. 교육 정책의 변화

(1) **미군정기의 교육**: 홍익인간 등을 교육 이념으로 채택하였다. 또한 남녀 공학제가 도입되었으며 미국식 민주주의 교육이 보급되었다. 이에 따라 미국식 6-3-3 학제❶가 마련되었다.

(2) **제1공화국의 교육 정책(1950년대)**
광복 이후에는 중등·고등 교육 기관이 크게 확충되었고, 제헌 헌법에서 명문화된 **초등학교의 의무 교육**이 1950년 6월부터 실시되었다.

(3) **제2~3공화국의 교육 정책(1960년대)**
① 장면 정부(학원 민주화 노력): 4·19 혁명을 계기로 정부는 학도 호국단❷을 폐지하고 학원의 민주화, 교육의 질적 향상을 위한 노력을 계속하였다.
② 군사 정부: 조국 근대화를 내걸고 교육에서도 인간 개조 운동을 강조하였다.
③ 제3공화국의 교육 정책: 1968년에 정부는 **국민 교육 헌장**을 선포하여 민족주의적, 국가주의적 교육 이정표를 제시하였다. 그리고 같은 해에 **중학교 무시험 진학 제도**❸가 결정되었다.

고등사료 頻出

국민 교육 헌장(1968)

우리는 민족중흥의 역사적 사명을 띠고 이 땅에 태어났다. 조상의 빛난 얼을 오늘에 되살려, 안으로 자주독립의 자세를 확립하고, 밖으로 인류 공영에 이바지할 때다. 이에, 우리의 나아갈 바를 밝혀 교육의 지표로 삼는다. …… 반공 민주 정신에 투철한 애국 애족이 우리의 삶의 길이며, 자유세계의 이상을 실현하는 기반이다. 길이 후손에 물려줄 영광된 통일 조국의 앞날을 내다보며, 신념과 긍지를 지닌 근면한 국민으로서, 민족의 슬기를 모아 줄기찬 노력으로, 새 역사를 창조하자.

(4) **유신 시기 교육 정책(1970년대)**: 1970년대에는 국사와 국민 윤리 교육을 강화하였다. 한편, 일류 학교 진학을 위한 지나친 교육열이 문제를 일으키자 **고등학교 평준화 정책(1974)**❹을 시행하였다.

(5) **제5공화국의 교육 정책(1980년대)**: 과외 전면 금지를 시행하였다. 또한 교육 유화 정책의 일환으로 대학 입학 본고사 폐지, 졸업 정원제, 교복과 두발 자유화 등이 시행되었다.

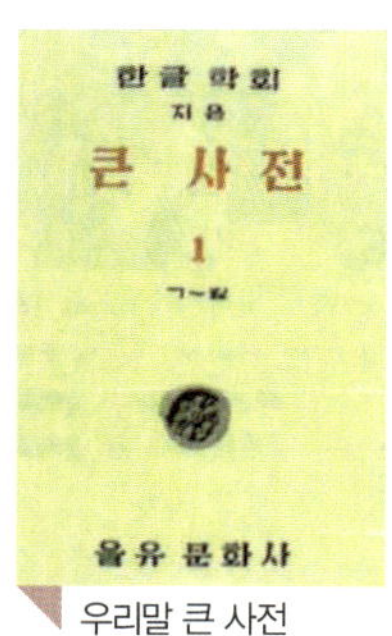
우리말 큰 사전

❶ 6-3-3 학제
초등학교 6년, 중학교 3년, 고등학교 3년으로 편성된 학제이다. 우리나라와 일본, 미국 등지에서 시행되고 있다.

6·25 전쟁 때의 천막 교실

❷ 학도 호국단(1949)
반공 사상 교육과 단체 훈련을 강화하기 위하여 정부 수립 직후인 이승만 정권 시기에 조직되었던 학생 자치 훈련 단체이다.

❸ 중학교 무시험 추첨제
1968년 일류 학교 진학을 위한 입시 과열을 막기 위해 중학교 무시험 추첨제가 도입되었다.

❹ 고교 평준화 정책
고교 평준화 정책에 따라 처음으로 고등학교 입학 시험이 연합고사로 바뀌었다.

(6) 1990년대 이후 교육 정책

① 대입 제도 개편: 암기 위주에서 사고력과 창의력 중심의 교육으로 전환해야 한다는 필요성에 따라 대학 수학 능력 시험이라는 새로운 대학 입시 제도를 도입(1994)하였다.

② 학교 교육 제도 개편: 김대중 정부는 2002학년도부터 중학교 의무 교육의 전국적인 시행, 초등학교 취학 전 만 5세 유아에 대한 무상 교육 및 보육 등을 실시하였다.

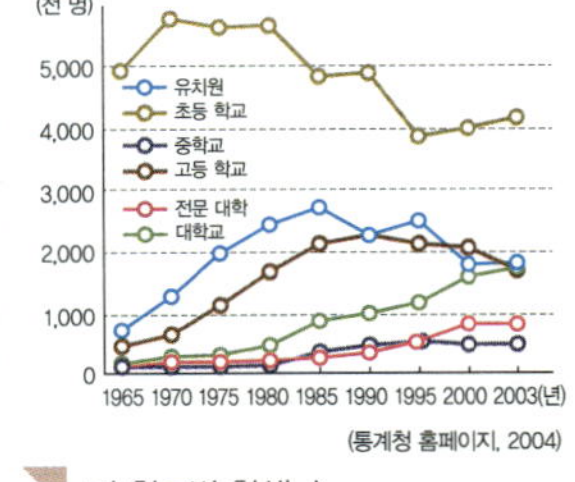

각 학교별 학생 수

박정희 정부 시기의 반공 교육

1969년 박정희 정부는 교련[5]을 대학교와 고등학교에 일반 과목으로 포함시켰다. 이에 따라 고등학생들도 제식 훈련과 총검술 등 기본적인 군사 훈련을 받았다.

❺ 교련

교련은 일제 강점기부터 실시되었다가 1950년대 중단되었다. 그러나 1969년 교련 과목이 다시 부활하였다.

3. 언론 활동의 발달

(1) 1950년대: 1950년대 동아일보, 경향신문, 사상계 등은 이승만 정부의 독재 정치를 규탄하였다. 당시 동아일보와 경향신문이 정부 비판에 앞장서자, 정부는 1959년에 경향신문을 폐간시켰다.

(2) 1960년대: 1960년 4·19 혁명 이후 각종 언론 규제가 사라져 많은 신문들이 새로 발간되었다. 그러나 5·16 군사 정변으로 다시 언론 통제가 강화되었다.

(3) 1970년대: 박정희 정부의 압제에 항거하는 언론인들에 대한 탄압이 계속되었다.

① 언론 자유 수호 운동[6]: 1973년 말부터 동아일보를 중심으로 언론 자유 수호 운동이 본격적으로 전개되었다. 이에 따라 권력 기관의 압력으로 동아일보는 한동안 광고가 끊겼으며, 언론 자유를 위해 저항한 기자들이 해직되었다.

② 프레스 카드제의 시행: 유신 정권은 언론 통폐합을 추진하고 1972년에는 역사상 최초로 기자 등록제인 프레스 카드제를 실시하여 정부에 비판적인 기자들의 행정부처 출입을 막았다.

(4) 1980년대

① 언론 통제[7]: 전두환 정부는 여러 언론 매체들을 통폐합하고 비판적 성향의 기자들을 해직시켰다. 그리고 각 언론사에 보도 지침을 전달하여 언론을 철저히 통제하였다.

② 완화: 1987년 6월 민주 항쟁 이후 기자 등록제인 프레스 카드제가 폐지되고, 한겨레신문 등 많은 신문들이 창간되었다.

(5) 1990년대 이후: 인터넷이 널리 보급되면서 사이버 언론 매체가 등장하였는데, 기존의 언론 매체보다 영향력이 커지는 추세이다.

❻ 언론 자유 수호 선언

1971년 4월 동아일보 기자들이 중앙정보부 요원의 조판실 출입 금지를 주장하며 언론 자유 수호 선언을 발표하였다. 이 사건이 기폭제가 되어 이후 언론 자유 수호 운동이 전개되었다.

❼ 언론 통제

언론 기본법을 통해 비판적 언론의 등장을 봉쇄하고 기존의 언론 기관을 완전히 장악하였다.

언론 통폐합으로 종파한 TBC의 마지막 방송(KBS 2 TV로 통합)

『동아일보』 백지 광고 사태

유신 정권은 자유 언론 실천에 앞장선 『동아일보』에 대한 보복으로 각 기업체에 광고 해약을 하도록 압박하였다. 1974년 12월 26일자 『동아일보』는 3면 백지 상태로 발행되었고, 이듬해 1월에는 90% 이상의 신문 광고가 떨어져 나갔다. 그러나 각 민주 단체와 일반 시민의 격려 광고가 쇄도했으며, 세계적 언론 단체들이 정부의 탄압 중지를 촉구하였다. 그러나 결국 1975년 3월 『동아일보』 경영주는 정부의 압력에 굴복, 114명의 기자를 무더기로 해고하였다.

동아일보 백지 광고

4. 대중문화의 성장

(1) **1960~1970년대**: 1960년대 대중 매체의 발달로 대중문화가 본격적으로 등장하고 1970년대에는 더욱 확산되었다. 무비판적으로 수용했던 **서구 문화에 대한 반성**이 일어나면서 **전통 문화를 되살리는** 노력이 펼쳐졌다.

(2) **1980년대❶**: 대중문화 전반에 쾌락주의의 경향이 두드러졌다. 한편으로는 **정치적 민주화와 사회 경제적 평등의 확대**를 지향하는 **민중 문화 활동**이 대중문화에 영향을 끼치기도 하였다.

(3) **1990년대 이후**: 1990년대에는 정보 통신 혁명과 함께 신세대 문화가 크게 떠올랐다. 김대중 정부 때부터 일본 대중문화의 수입이 개방되었으며, 2000년대 이후 우리나라의 대중문화는 전세계 여러 나라에서 인기를 끌면서 유행하고 있다.

1986년 조선 총독부 건물을 수리하여 국립 박물관으로 사용함으로써 이 건물을 감상하는 일본 관광객이 늘어나게 되었다. 예술문화 공간으로서는 우면산 기슭에 '예술의 전당'을 세웠으며, 서울대공원 옆에는 국립 현대 미술관(1986)을 건립하였다.

07 문학과 예술, 종교와 체육, 과학의 발달

1. 문학 활동의 전개

(1) **1950년대**

6·25 전쟁 이후, 우리 사회에서는 냉전(반공) 문화와 미국식 자유주의 문화가 주류를 이루었다. 정비석의 『자유부인』은 서구 문화의 영향을 받은 여성의 모습을 보여 주고 있다.

(2) **1960년대**

4·19 혁명으로 참여 문학이 대두되어, 이후 민족·민중시로 발전되었다. **신동엽의 「껍데기는 가라」**, 김수영의 「꽃잎」 등의 시가 널리 읽혔으며, 최인훈이 분단 문제를 다룬 소설 『광장』을 발표하였다.

(3) **1970년대**

김지하는 재벌, 국회 의원, 고급 공무원 등을 비판한 시 「오적」을 발표하여 반공법 위반 혐의로 투옥되기도 하였다. 조세희는 소설 『난장이가 쏘아 올린 작은 공』을 통해 도시 빈민의 삶을 묘사하였다.

(4) **1980년대**

5·18 민주화 운동의 영향으로 민중 문학이 활발했으며, 이문열 등의 소설이 대중적 인기를 누렸다.

(5) **1990년대 이후**

흥미 위주의 작품이나 개인의 내면 의식을 묘사하는 작품이 많이 발표되었다.

2. 미술

우리나라의 미술은 세계 현대 미술의 영향을 받으며 성장하였고, 백남준과 같이 세계 무대에서 두각을 나타내는 예술인도 등장하였다.

3. 음악

1980년대 들어와 전통 음악이 대중에게 보급되어 판소리, 탈춤, 풍물 등이 많이 공연되었다.

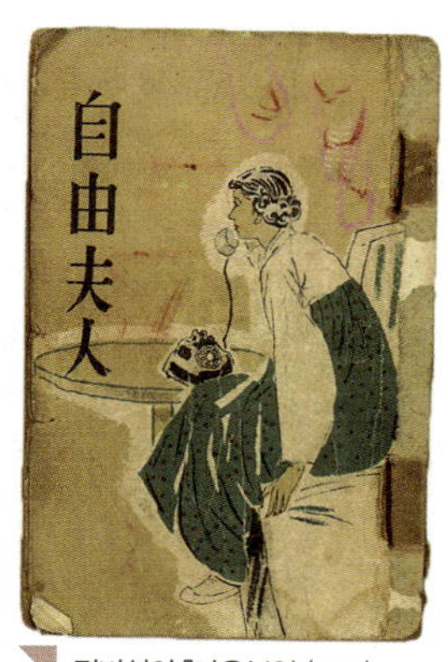

▼ 정비석의 『자유부인』(1954)
6·25 전쟁 직후의 시대적 상황에 따른 혼란한 가치관과 타락한 인물 군상들, 그에 대한 비판과 풍자를 보여 주고 있다.

4. 종교의 성장

종교는 1960~1970년대의 산업화 과정에서 급증한 노동자와 중간 계층의 사회적 좌절감을 해소하는 데 큰 역할을 하였다. 또한 천주교 정의 구현 사제단[2]과 같은 일부 종교 지도자들은 박정희 정부에 맞서 민주화 운동에 앞장서거나 노동, 농민, 통일 운동을 적극적으로 지원하였다.

5. 체육 활동의 발전

(1) 1960~1970년대

정부의 적극적인 지원으로 태릉 선수촌을 건립하였다(엘리트 체육).

(2) 1980년대

정부는 프로 야구, 프로 축구 등을 창설하였고, 제10회 아시아 경기 대회(1986)와 **제24회 서울 올림픽 대회(1988)**를 성공적으로 개최하였다.

(3) 1990년대 이후

2002년에는 일본과 공동으로 월드컵을 개최하였다.

6. 과학의 발전

(1) 1960~1970년대

1966년에 한국 과학 기술 연구소(KIST)가 설립되면서 본격적인 과학 기술 개발이 시작되었으며 1960년대 후반에 과학 기술처[3]가 창설되어 과학 기술 진흥을 위한 종합적 업무를 담당하였다.

(2) 1980년대

1980년대 초에는 한국 과학원과 한국 과학 기술 연구소가 통합되어 한국 과학 기술원(KAIST)이 설립되었고 이어서 한국 과학 기술 대학도 세워졌다.

(3) 1990년대

다목적 실용 위성인 아리랑 1호를 성공적으로 발사하였다(1999).

대표 기출문제

다음 법령에 의해 실시된 정책에 대한 설명으로 옳은 것은? 2024. 지방직 9급

> 제1조 본법은 헌법에 의거하여 농지를 농민에게 적정히 분배함으로써 … (중략) … 농민 생활의 향상 내지 국민 경제의 균형과 발전을 기함을 목적으로 한다.
> 제12조 농지의 분배는 농지의 종목, 등급 및 농가의 능력 기타에 기준한 점수제에 의거하되 1가당 총경영 면적 3정보를 초과하지 못한다.

① 한국 민주당과 지주층의 반발로 중단되었다.
② 주택 개량, 도로 및 전기 확충 등도 추진하였다.
③ 유상 매수, 유상 분배의 방식으로 시행되었다.
④ 자작농이 감소하고 소작농이 증가하는 결과를 낳았다.

88 서울 올림픽의 공식 캐릭터 '호돌이'

서울 시청 앞에서 월드컵 경기를 응원하는 사람들

③ 과학 기술처

과학 기술처는 새로 설립된 한국 과학원을 통해 우수한 고급 과학자를 양성하고 한국 과학 재단을 설립하여 전국 각 대학 및 대학원 교수들에게 많은 연구비를 지급하였다.

KAIST

[해설]

제시된 자료는 남한의 농지 개혁법에 규정된 내용이다. ③ 남한의 농지 개혁법은 유상 분배, 유상 매수를 원칙으로 하였다.
① 한국 민주당과 지주층은 농지 개혁에 반대하는 입장이었지만, 이들의 반발로 중단되지는 않았다. ② 1970년대에 추진된 새마을 운동에 대한 설명이다. ④ 남한의 농지 개혁법에 따라 자작농이 증가하고, 소작농이 감소하였다.

[정답] ③

부록

- 지도로 보는 지역사
- 한국의 세계 유산

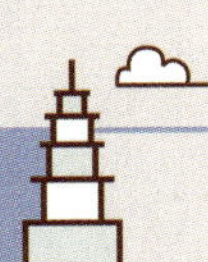

지도로 보는 지역사

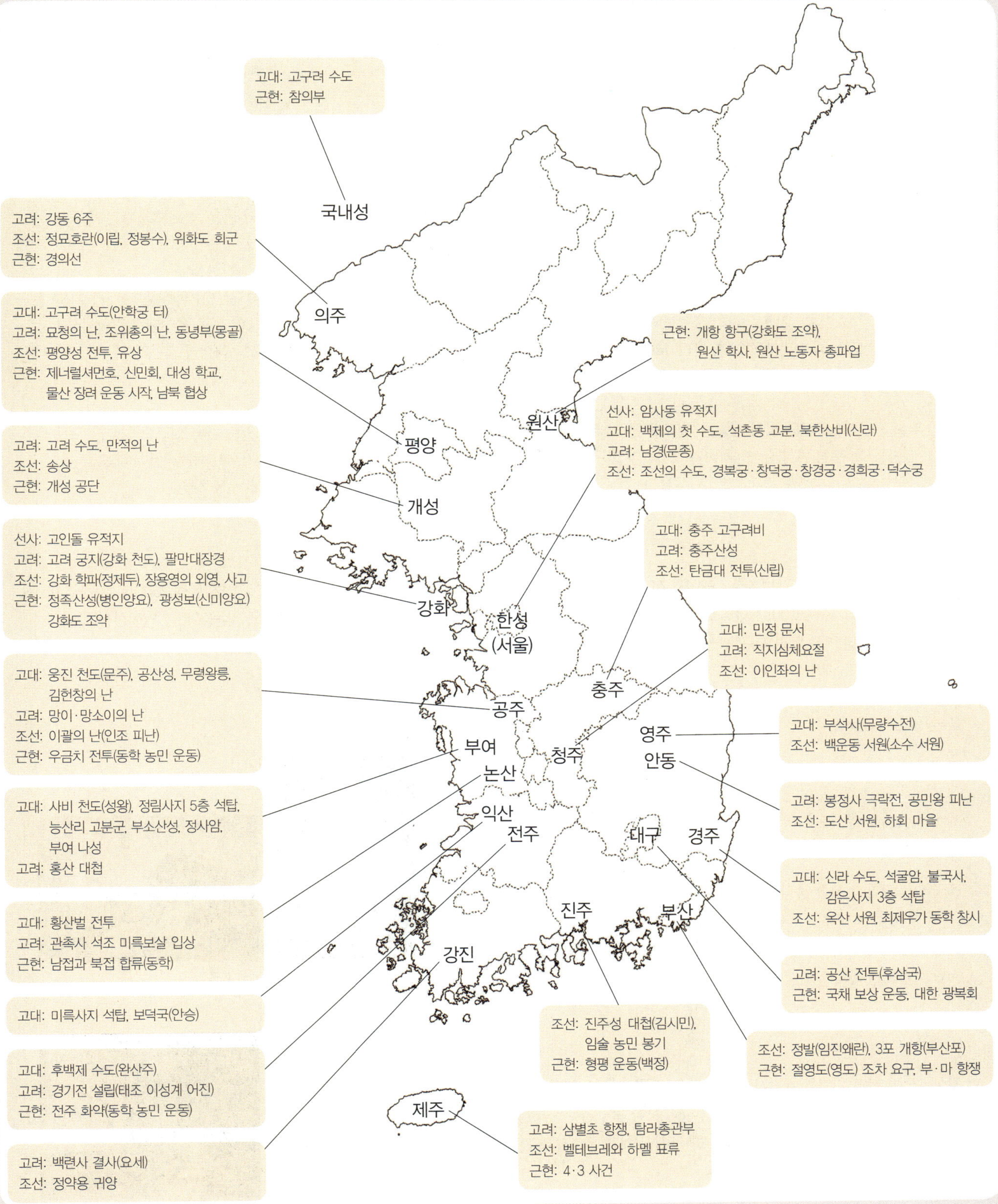
고대: 고구려 수도
근현: 참의부
국내성
고려: 강동 6주
조선: 정묘호란(이립, 정봉수), 위화도 회군
근현: 경의선
의주
고대: 고구려 수도(안학궁 터)
고려: 묘청의 난, 조위총의 난, 동녕부(몽골)
조선: 평양성 전투, 유상
근현: 제너럴셔먼호, 신민회, 대성 학교, 물산 장려 운동 시작, 남북 협상
평양
고려: 고려 수도, 만적의 난
조선: 송상
근현: 개성 공단
개성
선사: 고인돌 유적지
고려: 고려 궁지(강화 천도), 팔만대장경
조선: 강화 학파(정제두), 장용영의 외영, 사고
근현: 정족산성(병인양요), 광성보(신미양요) 강화도 조약
강화
근현: 개항 항구(강화도 조약), 원산 학사, 원산 노동자 총파업
원산
선사: 암사동 유적지
고대: 백제의 첫 수도, 석촌동 고분, 북한산비(신라)
고려: 남경(문종)
조선: 조선의 수도, 경복궁·창덕궁·창경궁·경희궁·덕수궁
한성
(서울)
고대: 충주 고구려비
고려: 충주산성
조선: 탄금대 전투(신립)
충주
고대: 민정 문서
고려: 직지심체요절
조선: 이인좌의 난
청주
고대: 웅진 천도(문주), 공산성, 무령왕릉, 김헌창의 난
고려: 망이·망소이의 난
조선: 이괄의 난(인조 피난)
근현: 우금치 전투(동학 농민 운동)
공주
고대: 사비 천도(성왕), 정림사지 5층 석탑, 능산리 고분군, 부소산성, 정사암, 부여 나성
고려: 홍산 대첩
부여
고대: 황산벌 전투
고려: 관촉사 석조 미륵보살 입상
근현: 남접과 북접 합류(동학)
논산
고대: 미륵사지 석탑, 보덕국(안승)
익산
고대: 후백제 수도(완산주)
고려: 경기전 설립(태조 이성계 어진)
근현: 전주 화약(동학 농민 운동)
전주
고려: 백련사 결사(요세)
조선: 정약용 귀양
강진
고대: 부석사(무량수전)
조선: 백운동 서원(소수 서원)
영주
고려: 봉정사 극락전, 공민왕 피난
조선: 도산 서원, 하회 마을
안동
고대: 신라 수도, 석굴암, 불국사, 감은사지 3층 석탑
조선: 옥산 서원, 최제우가 동학 창시
경주
고려: 공산 전투(후삼국)
근현: 국채 보상 운동, 대한 광복회
대구
조선: 진주성 대첩(김시민), 임술 농민 봉기
근현: 형평 운동(백정)
진주
조선: 정발(임진왜란), 3포 개항(부산포)
근현: 절영도(영도) 조차 요구, 부·마 항쟁
부산
고려: 삼별초 항쟁, 탐라총관부
조선: 벨테브레와 하멜 표류
근현: 4·3 사건
제주

유네스코 지정 유산이란?

유네스코(UNESCO)에서는 인류가 함께 보존해야 할 가치가 있는 귀중한 유산을 세계 유산, 무형 유산, 기록 유산의 세 가지로 나누어 '세계 유산 일람표'에 등록하여 보호하고 있다.

세계 유산 
세계 유산은 자연재해나 전쟁 등으로 위험에 처한 유산의 보호 및 복구 활동 등을 통하여 인류의 문화유산 및 자연 유산을 지키기 위해 지정하고 있다. 세계 유산은 '문화유산'과 '자연 유산' 그리고 문화와 자연의 특수성을 모두 가진 '복합 유산'으로 분류하며, 유적이나 자연물을 그 대상으로 한다. 우리나라는 '조선 왕릉'과 '제주 화산섬과 용암 동굴'을 포함하여 열여섯 가지의 세계 유산을 보유하고 있다.

기록 유산 
기록 유산은 세계적 가치가 있는 귀중한 기록물을 가장 적절한 기술을 통해 보존할 수 있도록 지원하기 위하여 2년마다 지정하고 있다. 기록 유산의 중요성에 대한 인식과 보존의 필요성을 증진하고, 가능한 한 많은 사람이 기록 유산에 접근할 수 있도록 하기 위한 것이다. 우리나라는 '조선왕조실록', '훈민정음', '직지심체요절', '승정원일기', '고려대장경 경판과 제경판', '조선왕조의궤', '동의보감'을 포함한 스무 가지의 기록 유산이 있다.

무형 유산 
무형 유산의 정식 명칭은 '인류 구전 및 무형 유산 걸작'이다. 무형 유산은 소멸 위기에 처해 있는 가치 있고 독창적인 구전 및 무형 유산을 선정하여 보호하기 위한 것이다. 우리나라는 '종묘 제례악'을 포함하여 스물세 가지가 등재되어 있다.

세계 유산 
석굴암·불국사(1995) / 해인사 장경판전(1995) / 종묘(1995) / 창덕궁(1997) / 수원 화성(1997) / 고인돌 유적(2000) / 경주 역사 유적 지구(2000) / 제주 화산섬과 용암 동굴(2007) / 조선 왕릉(2009) / 한국의 역사 마을: 하회와 양동(2010) / 남한산성(2014) / 백제 역사 유적 지구(2015) / 산사·한국의 산지 승원(2018) / 한국의 서원(2019) / 한국의 갯벌(2021) / 가야 고분군(2023)

☐ 석굴암·불국사

석굴암은 토함산 언덕의 암벽에 터를 닦고, 그 터 위에 화강암을 조립하여 만든 인공 석굴의 종교 건축물이다. 직사각형으로 된 전실이 있고, 좁은 통로를 지나면 천장이 돔(dome) 양식으로 된 원형의 주실이 있다. 석굴암의 구조와 석굴 내부의 모든 부분은 정확하고 체계적인 수학적 수치와 기하학적 비례에 따라 설계되었다.

불국사는 토함산 서쪽 중턱의 경사진 곳에 자리하였는데 신라인이 그린 이상적인 피안(彼岸)의 세계를 지상에 옮겨 놓은 것이다. 불국사는 법화경의 사바 세계, 무량수경의 극락 세계, 화엄경의 연화장 세계를 형상화 한 사찰로, 불국사 3층 석탑과 다보탑 등의 문화재를 보유하고 있다.

석굴암 본존불

불국사

☐ 해인사 장경판전

경상남도 합천에 위치한 해인사 장경판전은 세계 유일의 대장경판 보관용 건물이다. 이 판전에는 팔만대장경이라고 부르는 81,258장의 대장경판이 보관되어 있다. 장경판전은 조선 초에 만들어진 전통적인 목조 건축물로, 통풍의 원활·방습의 효과·실내 적정 온도의 유지를 위해 전·후면 창호의 크기와 위치를 다르게 하였다.

해인사 장경판전

ㅁ 종묘

종묘(宗廟)는 조선 왕조 역대 왕과 왕비의 신주를 모신 조선 왕조의 사당으로서, 조선 시대의 가장 장엄한 건축물 중의 하나이다. 조선 시대에는 정전에서 매년 각 계절과 섣달에 대제를 지냈고, 영녕전에서는 매년 봄, 가을과 섣달에 제향일을 따로 정하여 제례를 지냈다. 제사를 지낼 때 연주하는 기악과 노래, 무용을 포함하는 종묘 제례악이 거행되고 있다.

종묘 영녕전

ㅁ 창덕궁

창덕궁은 조선 태종 5년(1405) 경복궁의 이궁(離宮)으로 지어진 궁궐이다. 하지만 창덕궁은 임진왜란 때 경복궁이 소실된 후 1868년 고종이 경복궁을 중건할 때까지 258년 동안 역대 국왕이 정사를 보살피는 본궁(本宮)으로 쓰였다. 창덕궁 안에는 가장 오래된 궁궐 정문인 돈화문(우진각 지붕의 다포양식), 신하들의 하례식이나 외국 사신의 접견 장소로 쓰이던 인정전 등이 있다.

창덕궁 인정전

ㅁ 수원 화성

수원 화성은 정조가 아버지 사도 세자의 무덤을 명당인 수원의 화산으로 옮기면서 축성되었다. 수원 화성은 중국, 일본 등지에서 찾아볼 수 없는 평산성의 형태로 군사적 방어 기능과 상업적 기능을 함께 보유하고 있으며, 시설의 기능이 과학적이고 합리적이며 실용적인 구조로 되어 있다.

수원 화성

ㅁ 고인돌 유적

청동기 시대의 돌무덤으로, 우리나라에는 전국적으로 약 3만여 개의 고인돌이 분포하고 있는 것으로 알려져 있다. 전라북도 고창군, 전라남도 화순군, 인천광역시 강화군에 대거 분포하고 있다.

강화 고인돌

ㅁ 경주 역사 유적 지구

남산 지구(미륵골 석불 좌상, 배리 석불 입상, 나정, 포석정)·월성 지구(월성, 계림, 첨성대)·대릉원 지구(황남리 고분군 등 각종 고분, 금관, 천마도, 유리잔 등 각종 유물 출토)·황룡사 지구(황룡사지, 분황사)·산성 지구(명활산성) 등으로, 신라 천 년의 역사와 문화를 한눈에 파악할 수 있는 다양한 유산이 산재해 있다.

포석정

ㅁ 제주 화산섬과 용암동굴

한반도 남서 해상과 제주도에 위치한 한국 최초의 세계 자연 유산 지구이다. 한라산 천연 보호 구역·거문오름 용암동굴계·성산일출봉 응회환으로 구성되어 있다.

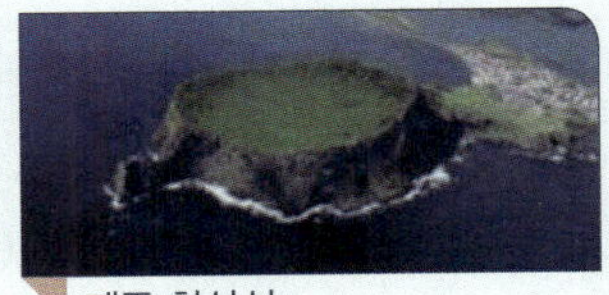
제주 화산섬

ㅁ 조선 왕릉

총 27대 왕과 왕비 및 추존된 왕과 왕비의 무덤으로, 우리나라의 유교적인 문화 전통이 확고하게 드러나는 문화유산이다. 전체 42기 가운데 북한에 있는 2기를 제외하고 우리나라에 있는 40기 모두가 세계 문화유산으로 등재되었다.

조선 왕릉

□ 한국의 역사 마을: 하회와 양동

안동 하회 마을은 조선 중기인 1600년대부터 풍산 류씨들이 모여 조성한 집성촌이다. 오늘날 집성촌은 대부분 소멸되거나 변형되어 그 본래의 모습을 찾아보기 힘들다. 그러나 안동 하회 마을은 그 원형을 그대로 보존하고 있을 뿐만 아니라 양반의 주거 문화를 대표하는 옛 건축물들이 빼어난 건축미를 자랑하고 있으며 주변 자연 경관과 조화를 잘 이루고 있다.
경주 양동 마을은 조선 시대 초기에 입향(入鄕)한 이래 지금까지 대를 이어 거주해 온 월성 손씨와 여강 이씨가 양대 문벌을 이루고 있다. 조선 시대를 대표하는 옛 건물들이 조선 시대부터 이어온 민속과 함께 잘 보존되고 있다.

양동 마을

□ 남한산성

남한산성은 국제 전쟁을 통해 동아시아 국가들 사이에서 무기 발달과 축성술이 상호 교류한 탁월한 증거이며, 성벽에는 무기 체계의 변화에 따른 7세기부터 19세기에 이르는 각 시대별 특징이 잘 나타나 있다. 또한, 조선의 자주권과 독립성을 수호하기 위해 유사시 임시 수도로서 기능할 수 있도록 계획적으로 축조된 유일한 산성 도시로, 아직도 주민들이 생활하고 있는 살아있는 유산이다.

남한산성

□ 백제 역사 유적 지구

백제 역사 유적 지구는 공주시, 부여군, 익산시 3개 지역에 분포된 8개 고고학 유적지로 이루어져 있다. 공주 웅진성과 연관된 공산성과 송산리 고분군, 부여 사비성과 관련된 관북리 유적(관북리 왕궁지) 및 부소산성, 정림사지, 능산리 고분군, 부여 나성, 그리고 익산시 지역의 왕궁리 유적, 미륵사지 등으로, 이들 유적은 475년~660년 사이의 백제의 역사를 보여 주고 있다.

능산리 왕릉

□ 산사 · 한국의 산지 승원

한국의 산지형 불교 사찰의 유형을 대표하는 7개의 사찰로, 통도사 · 부석사 · 봉정사 · 법주사 · 마곡사 · 선암사 · 대흥사가 문화유산으로 지정되었다. 이들 사찰은 경사가 완만한 산기슭에 입지하고 있으며, 7세기~9세기에 걸쳐 창건된 전통있는 절이다.

산사 · 한국의 산지 승원

□ 한국의 서원

한국의 서원은 조선 시대 사립 교육 기관으로, 16세기 중반부터 사림에 의해 건립되었다. 이를 통해 성리학 교육을 적절하게 수행했으며, 전국에 걸쳐 성리학이 전파되는데 기여했다. 소수 서원, 남계 서원, 옥산 서원, 도산 서원, 필암 서원, 도동 서원, 병산 서원, 무성 서원, 돈암 서원의 9개 서원이 문화유산으로 등재되었다.

한국의 서원

□ 한국의 갯벌

충청도의 서천갯벌, 전라도의 고창갯벌과 신안갯벌 그리고 보성–순천갯벌 4개의 갯벌이 유네스코 세계 자연 유산으로 지정되었다. 2,150종의 생물이 살아가는 귀한 생물종의 보고로 인정받았으며, 이 갯벌들은 모두 습지 보호 지역으로 지정되었다.

한국의 갯벌

□ 가야 고분군

가야 고분군은 김해 대성동 고분군, 함안 말이산 고분군, 합천 옥전 고분군, 고령 지산동 고분군 등 7개의 고분군으로 가야 문명을 대표하고 있다. 고분의 입지, 묘제의 변화, 배치 방식 등을 통해 가야 문화의 성립과 발전 과정을 보여 주고 있다.

가야 고분군

▫ 훈민정음

조선 제4대 임금인 세종은 그때까지 사용되던 한자가 우리말과 구조가 다르기 때문에 많은 백성이 배워 사용할 수 없는 현실을 안타까워하여 세종 25년(1443)에 우리말의 표기에 적합한 문자 체계를 완성하고 '훈민정음'이라 하였다. 더불어 훈민정음에 대한 해설서로『훈민정음해례』를 간행하였다.

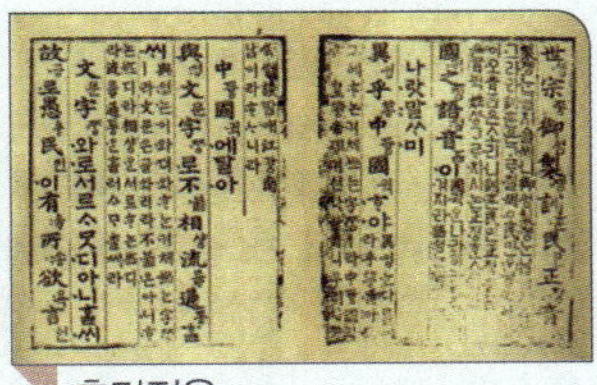
훈민정음

▫ 조선왕조실록

『조선왕조실록』은 태조로부터 철종까지 25대 472년간(1392~1863)의 역사를 편년체로 기록한 책으로, 총 1,893권 888책으로 되어 있다. 조선 시대의 정치, 외교, 군사 등 각 방면의 역사적 사실을 망라하고 있어 세계적으로 유례가 없는 귀중한 역사 기록물이며, 진실성과 신빙성이 매우 높다는 점에서 의의가 크다.

조선왕조실록

▫ 직지심체요절(백운화상초록불조직지심체요절)

청주 흥덕사에서 1377년(고려 우왕 3년)에 간행된 금속 활자 인쇄물이다. 독일의 구텐베르크보다 70여 년이나 앞선 것으로, 1970년 '세계 도서의 해'에 출품되어 세계 최고(最古)의 금속 활자본으로 공인받았다. 개항 이후 서울에 온 주한 프랑스 공사 플랑시에 의해 프랑스로 건너갔고 현재 프랑스 국립 도서관에 보관 중이다.

직지심체요절

▫ 승정원일기

조선 시대에 왕명의 출납을 관장하던 승정원에서 매일 취급한 문서와 사건을 기록한 일기이다. 『승정원일기』는 『조선왕조실록』을 편찬할 때 기본 자료로 이용하였으며, 원본이 1부밖에 없는 귀중한 자료이다. 당시의 정치, 경제, 국방, 사회, 문화 등에 대한 생생한 역사를 그대로 기록했다는 점에서 사료적 가치가 크다.

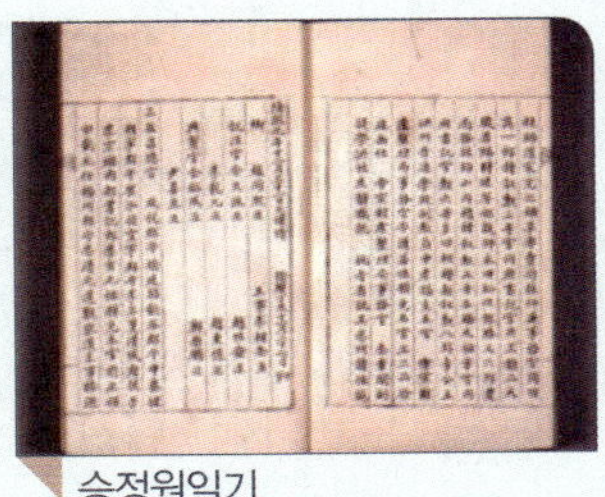
승정원일기

▫ 조선왕조의궤

조선 시대 왕실의 주요 행사, 건축물 조성과 왕실 문화 활동 등을 그림으로 남긴 것으로, 현존하는 것은 임진왜란 이후의 것이다. 반차도 등 각종 도식을 통해 당시의 복제·의물(儀物) 등 제도 및 풍속적 자료들을 많이 포함하고 있고, 또한 이두(吏讀)·차자(借字)와 각종 제도어(制度語) 및 한국 한자어(韓國漢字語)를 많이 사용하고 있어 이 방면의 연구에 필요한 자료를 제공하기도 한다. 왕의 열람을 위하여 고급 재료로 화려하게 만드는 어람용이 따로 있었다. 1866년 병인양요 때 강화도의 외규장각에 있던 많은 수의 의궤가 프랑스에 의해 약탈당했다가 2011년 반환된 바 있다.

조선왕조의궤

▫ 고려대장경판 및 제경판

고려가 몽골의 침입을 부처님의 힘으로 물리치기 위해 강화도에 대장도감을, 진주 남해현에 분사 대장도감을 두고 만든 대장경(경·율·논)이다. 81,258개의 목판에 새긴 대장경판으로 아시아 전역에서는 유일하게 완벽한 형태로 현존하는 판본 자료이며 현재 해인사 장경판전에 보관 중이다.

고려대장경판 및 제경판

□ 동의보감

1610년(광해군 2) 허준이 우리의 전통 한의학을 체계적으로 정리한 의학 백과사전으로, 일반 민중이 쉽게 사용 가능한 의학 지식을 편집한 세계 최초의 공중 보건 의서라는 점을 인정받아 기록 유산으로 등재되었다.

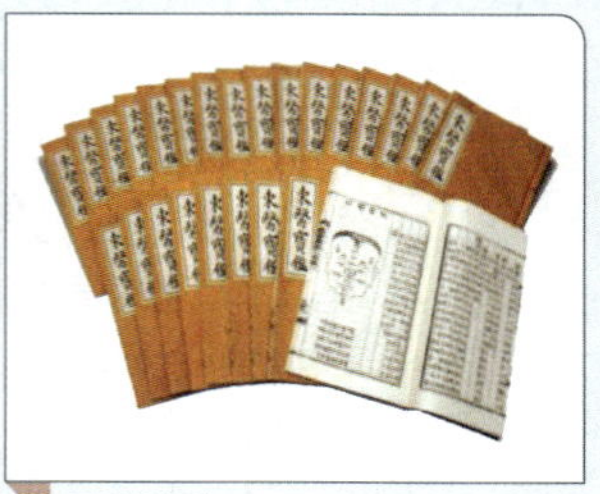
동의보감

□ 일성록

조선 영조 즉위 36년인 1760년부터 1910년까지의 국정 전반을 기록한 왕의 일기로 총 3,243책의 기록이 남아있다. 정조가 세손 시절의 일상생활과 학업 성과를 기록한 『존현각일기』에서 비롯된 『일성록』은 정조 즉위 이후에는 규장각의 각신들이 매일의 정사를 기록하여 공식적인 국정 기록이 되었다. 전제 군주국의 왕이 그날의 국정을 반성하기 위해 집필했다는 점에서 『일성록』은 세계적으로 유례가 많지 않은 독특한 기록물이다.

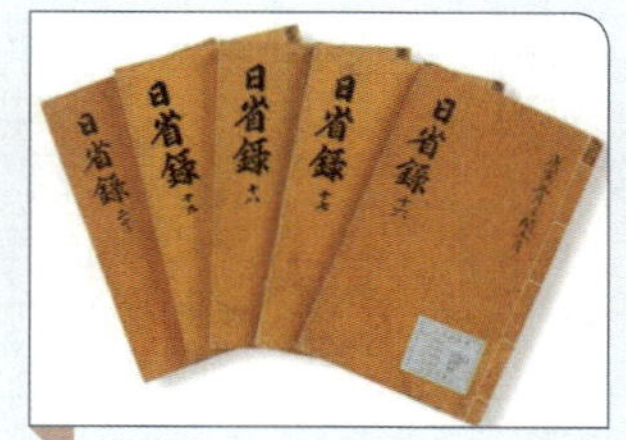
일성록

□ 5·18 민주화 운동 기록물

광주 민주화 운동의 발발과 진압, 그리고 이후의 진상 규명과 보상 등의 과정과 관련해 정부, 국회, 시민 단체, 그리고 미국 정부 등에서 생산한 방대한 자료를 포함하고 있는 기록물이다. 우리나라의 민주화는 물론, 아시아 여러 나라의 민주화 운동에 커다란 영향을 주었으며, 민주화 과정에서 실시한 진상 규명 및 보상 사례도 좋은 선례가 되었다는 점이 높이 평가받았다.

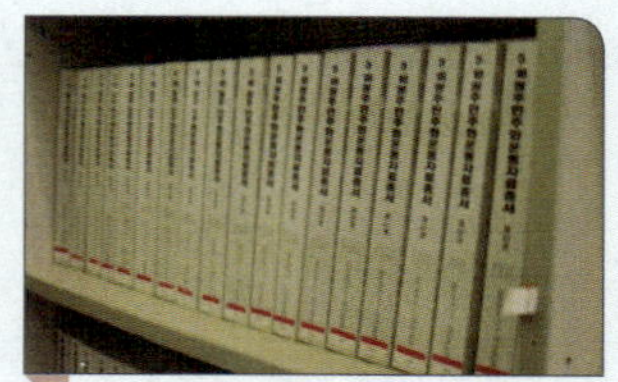
5·18 민주화 운동 기록물

□ 난중일기

이순신(1545~1598) 삼도 수군통제사가 임진왜란(1592~1598) 기간 중 군중(軍中)에서 직접 쓴 친필 일기이다. 모두 8권의 책으로 구성되어 있으며 임진왜란 발발 이후부터 이순신이 1598년 노량 해전에서 전사하기 직전까지 7년 동안의 기간을 망라하여 기록하고 있다.

난중일기

□ 새마을 운동 기록물

대한민국 정부와 국민들이 1970년부터 1979년까지 새마을 운동을 추진하는 과정에서 생산된 약 22,000여 건의 자료를 총칭하는 것으로, 새마을 운동은 당시 최빈국 중 하나였던 대한민국이 세계 10대 경제대국이 되는 데 초석이 되었다.

새마을 운동 기록물

□ KBS 특별 생방송 '이산가족을 찾습니다' 기록물

KBS 특별 생방송 '이산가족을 찾습니다' 기록물은 KBS가 1983년 6월 30일부터 11월 14일까지 생방송한 비디오 녹화 원본 테이프 463개, 담당 프로듀서 업무수첩, 이산가족이 직접 작성한 신청서, 사진 등 20,522건의 기록물을 총칭한다. 이것은 텔레비전을 활용한 세계 최대 규모의 이산가족 찾기 프로그램의 기록물이라는 데서 그 역사적 의의가 있다.

KBS 특별 생방송 '이산가족을 찾습니다' 기록물

□ 한국의 유교책판

유교책판이라고 불리는 이 기록물은 조선 시대(1392~1910)에 718종의 서책을 간행하기 위해 판각한 책판으로, 305개 문중과 서원에서 기탁하였다. 문중-학맥-서원-지역 사회로 연결되는 집단 지성의 전통을 엿볼 수 있다는 점에서 사료적 가치가 크다.

한국의 유교책판

□ **조선 왕실 어보와 어책**

조선의 왕과 왕비, 세자와 세자빈 등을 책봉하거나 존호, 시호, 휘호 등을 수여할 때 만든 의례용 인장과 책으로, 국왕에게 정통성과 권위를 부여했으며 왕조의 지속성을 상징한다.

조선 왕실 어보와 어책

□ **조선 통신사에 관한 기록 -17세기~19세기 한일 간 평화 구축과 문화 교류의 역사**

조선이 임진왜란이 끝난 뒤인 1607년~1811년까지 200여 년간 일본에 12차례 파견한 외교 사절의 외교 · 여정 · 문화 교류에 관한 기록 111건 333점을 일컫는다.

조선 통신사에 관한 기록

□ **국채 보상 운동 기록물**

1907년에 일어난 국채 보상 운동의 과정을 보여 주는 기록물로 총 2,470건의 수기 기록물, 일본 정부 기록물, 당시 실황을 전한 언론 기록물 등으로 구성된다.

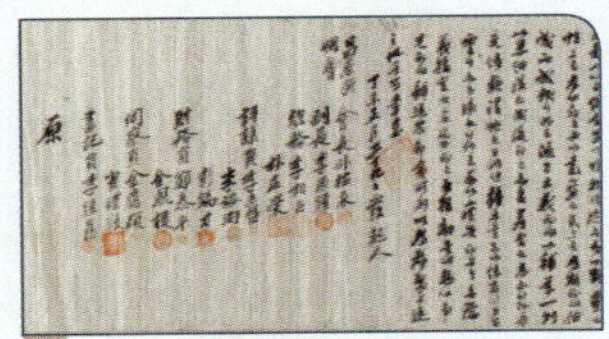
국채 보상 운동 기록물

□ **4 · 19 혁명 기록물**

1960년대 봄 대한민국에서 발발한 학생 주도의 민주화 운동에 대한 1,019점의 기록물로, 1960년대 세계 학생 운동에 영향을 미친 기록 유산으로서 세계사적 중요성을 인정받았다.

4 · 19 혁명 기록물

□ **동학 농민 혁명 기록물**

1894년에 일어난 동학 농민 운동과 관련한 185점의 기록물로, 조선 백성들이 주체가 되어 자유, 평등, 인권의 보편적 가치를 지향하기 위해 노력했던 세계사적 중요성을 인정받았다.

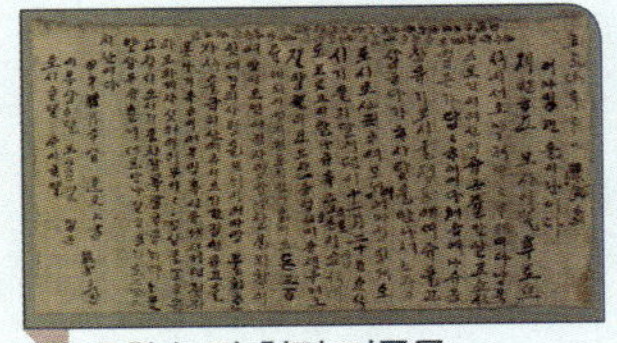
동학 농민 혁명 기록물

□ **산림녹화 기록물**

정부와 민간에서는 산림녹화를 추진하는 과정에서 각종 기록물을 남겼다. 이러한 기록물은 각 사업마다 독특한 형식을 갖추었으며, 다른 국가에서도 찾아보기 힘든 희귀성을 가지고 있다. 산림녹화 기록물은 정부와 민간의 협력을 통해 성과를 거둔 모범 사례이자, 앞으로 인류가 처한 다양한 환경 문제에도 활용이 가능하다는 점에서 중요한 가치를 지닌다.

산림녹화 기록물

□ **제주 4 · 3 기록물**

제주 4 · 3 사건에 대한 기록물로 당시 이해 당사자들이 경험한 기록을 담고 있다. 대한민국 행정 · 입법 · 사법부, 미군정 및 미군, 봉기 세력 등 제주 4 · 3 당시 이해 당사자들이 각자 생산한 기록물, 사건의 서사적 진실을 담고 있는 희생자와 유족의 피해 신고서와 구술 증언, 그리고 민간과 정부 기관의 진상 규명 과정 기록 등을 모두 포함하고 있어 냉전 시대를 집약적으로 보여 주는 희귀한 기록물로서 가치가 있다.

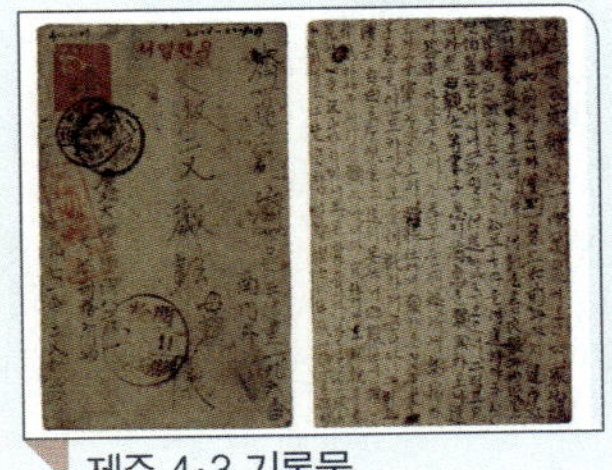
제주 4 · 3 기록물

▢ 종묘 제례 및 종묘 제례악

종묘 제례(宗廟祭禮)는 종묘에서 행하는 제향(祭享) 의식으로, 유교 절차에 따라 거행된다.
종묘 제례악(宗廟祭禮樂)은 종묘에서 제사를 지낼 때 의식을 장엄하게 치르기 위하여 연주하는 기악(器樂)과 노래, 춤을 말한다.

종묘 제례

▢ 판소리

한 명의 소리꾼이 고수(북치는 사람)의 장단에 맞추어 소리(창), 아니리(말), 발림(몸짓)을 섞어 가며 구연하는 일종의 솔로 오페라이다. 초기에 열두 마당이 있었지만 현재는 춘향가 · 심청가 · 수궁가 · 흥보가 · 적벽가의 판소리 다섯 마당으로 정착되었다.

판소리 공연 장면

▢ 강릉 단오제

단오는 음력 5월 5일로 '높은 날' 또는 '신날'이라는 뜻의 '수릿날'이라고 부르는 날이다. 강릉 단오제는 수릿날의 전통을 계승한 축제로, 모심기가 끝난 뒤에 한바탕 놀면서 쉬는 명절로서 농경 사회 풍농 기원제의 성격을 지닌다. 천여 년의 역사를 가지고 있는 강릉 단오제는 한국의 대표적 전통 신앙인 유교, 무속, 불교, 도교를 배경으로 한 다양한 의례와 공연이 전해지고 있다.

강릉 단오제

▢ 강강술래

강강술래는 대한민국 남부 지방에서 풍작과 다산을 기원하기 위해 널리 행해지는 민속놀이이다. 음력 팔월 한가윗날 주로 실행한다. 밝은 보름달 아래 결혼하지 않은 마을 여성들이 둥글게 모여서 손을 잡고 '강강술래'라는 후렴이 붙은 노래를 부르며 빙글빙글 돌면서 밤새 춤추고 노래하는 것으로, 노래 · 무용 · 음악의 삼위일체 형태로 이루어지는 원시 종합 예술이다.

강강술래

▢ 남사당놀이

'남자로 구성된 유랑 광대들의 놀이'라는 의미로, 우두머리인 꼭두쇠를 비롯해 남자들로 구성된 유랑 연예극단인 남사당패가 서민층을 대상으로 조선 후기부터 행했던 놀이이다. 주로 야외에서 사람들에게 둘러싸여 벌이는 남사당놀이는 농어촌 서민들을 즐겁게 해주는 동시에 탈춤과 인형극을 통해 억압받는 하층민들과 남성 우월 사회에서 천대받는 여성들의 현실을 풍자했다.

남사당놀이

□ 영산재

부처가 영취산에서 법화경을 설법하던 모습을 재현한 불교 의식으로 사람이 죽은 지 49일이 되는 날 영혼을 극락으로 천도하는 천도재의 한 형태이다. 영산재를 지내면서 불교 음악 범패(梵唄), 화청(和唱) 등을 연주하며, 바라춤, 나비춤, 법고춤을 춘다. 이러한 요소들은 우리 전통 민속 음악과 민속 무용의 형성에 큰 영향을 미쳤다.

영산재

□ 처용무

처용무는 처용의 가면을 쓰고 추는 탈춤이다. 오늘날에는 무대에서 공연되지만, 당초에는 궁중 무용으로써 악귀를 내쫓고 궁중 연회 때 평화를 기원하거나 새해 전날 행운을 빌기 위해 시작되었다. 통일 신라 시대의 처용이 아내를 범하려던 역신을 노래를 부르고 춤을 추어서 물리쳤다고 하며, 이후 처용의 모습을 문에 새겨두면 병마를 쫓을 수 있다는 설화가 전해 내려온다.

처용무

□ 제주 칠머리당 영등굿

음력으로 두 번째 달에 열리는 의식으로써 풍작과 풍어를 위해 마을의 무당들이 바람의 여신인 영등할머니와 용왕, 산신령들을 위해 벌이는 굿이다. 제주섬에서 열리는 여러 영등굿 가운데 제주도 건입동의 본향당에서 열리는 칠머리당 굿이 가장 대표적이다. 정기적인 의례이자 축제인 이 의식은 제주의 독특한 정체성을 담고 있으며, 그들의 삶을 좌우하는 바다에 대한 마을 사람들의 존경심이 들어있다.

제주 칠머리당 영등굿

□ 가곡

가곡은 시조시(우리나라 고유의 정형시)에 곡을 붙여서 관현악 반주에 맞추어 부르는 우리나라 전통음악으로, '삭대엽(數大葉)' 또는 '노래'라고도 한다. 가곡의 원형은 만대엽, 중대엽, 삭대엽 순이나 만대엽과 중대엽은 사라지고, 지금의 가곡은 조선 후기부터 나타난 빠른 곡인 삭대엽에서 파생한 것으로, 가락적으로 관계가 있는 여러 곡들이 5장 형식의 노래 모음을 이룬 것이다.

가곡

□ 대목장

대한민국에서는 나무를 다루는 사람을 전통적으로 목장, 목공, 목수라 불렀다. 이 목장 가운데 궁궐이나 사찰 또는 가옥을 짓고 건축과 관계된 일을 대목(大木)이라 불렀고, 그 일을 하는 장인을 대목장(大木匠)이라 불렀다. 설계, 시공, 감리 등 나무를 재료로 하여 집을 짓는 전 과정의 책임을 지는 장인으로서, 오늘날 건축가를 일컫는 전통적 명칭이 대목장이다.

대목장

매사냥술

매를 훈련하여 야생 상태에 있는 먹이를 잡는 방식으로 4,000년 이상 지속되고 있다. 과거에 매사냥은 식량 확보 수단으로 사용되었으나, 현재는 자연과의 융화를 추구하는 야외 활동으로 자리매김했으며 60개 이상의 국가에서 전승되고 있다.

매사냥술

줄타기

줄타기는 공중에 맨 줄 위에서 재미있는 이야기와 발림을 섞어가며 갖가지 재주를 부리는 놀이이다. 줄 위를 마치 얼음지치듯 미끄러지며 나가는 재주라고 하여 '어름' 또는 '줄얼음 타기'라고도 부른다. 우리나라의 줄타기는 외국의 줄타기와 달리 줄만 타는 몸 기술에 머무르지 않고, 노래와 재담을 곁들여 줄 타는 사람과 구경꾼이 함께 어우러진 놀이판을 이끄는 특징이 있다.

줄타기

택견

택견은 우리나라 전통 무술의 하나로, 유연한 동작으로 손과 발을 순간적으로 우쭉거려 생기는 탄력으로 상대방을 제압하고 자기 몸을 방어하는 무술이다. 고구려 고분 벽화에 택견을 하는 모습이 그려져 있어 삼국 시대부터 이미 택견이 행해졌음을 알 수 있다. 고려 시대에는 무인들 사이에서 성행하는 무예로 발전되었다. 조선 시대에는 대중적인 무술이 되어 무인뿐만 아니라 일반인들도 널리 행하게 되었다.

택견

한산모시 짜기

모시는 모시풀 껍질을 벗긴 것을 재료로 하여 만든다. 저포, 저치라고도 부르는데, 그 역사는 매우 오래되었다. 한산모시는 충청남도 서천군 한산 지역에서 만드는 모시로 다른 지역에 비해서 품질이 우수하며, 섬세하고 단아하여 모시의 대명사로 불리어 왔으며, 우리나라의 미를 상징하는 대표적인 여름 전통 옷감이다.

한산모시 짜기

아리랑

한국의 대표적인 민요로, 20세기 초 일제 강점기에 국외로까지 확산되었다. 아리랑에는 민중들이 삶의 현장에서 느끼는 희로애락과 염원이 담겨 있으며, 특유의 민중성과 개방적인 특징으로 현대에도 꾸준히 새롭게 창작되고 있다.

아리랑

김장 문화

김치는 양념과 젓갈로 버무린 한국식 저장 채소로, 계층과 지역을 막론하고 한국인들의 식사에서 빠질 수 없다. 김치를 만들기 위한 일련의 과정인 김장은 한국인의 정체성을 확인시켜주며 가족 간 협력 증진의 중요한 기회이기도 하다. 또한 김장은 한국인들에게 인간이 자연과 어울려 사는 중요성을 다시 한 번 확인시켜주기도 한다.

김장 문화

□ 농악

농악은 공동체 의식과 농촌 사회의 여흥 활동에서 유래한 대중적인 공연 예술의 하나이다. 타악기 합주와 함께 전통 관악기 연주, 행진, 춤, 연극, 기예 등이 함께 어우러진 공연으로, 공동체 내에서 연대성과 협력을 강화하고, 공동체 구성원들이 동일한 정체성을 공유할 수 있도록 도와준다.

농악

□ 줄다리기

줄다리기는 대한민국 · 베트남 · 캄보디아 · 필리핀과 공동으로 등재된 무형 유산으로, 풍농을 기원하고 공동체 구성원 간의 화합과 단결을 위하여 동아시아와 동남아시아 벼농사 문화권에서 널리 실시되었다.

줄다리기

□ 제주 해녀 문화

제주 해녀는 산소 공급 장치 없이 10미터 정도 깊이의 바닷속으로 약 1분간 잠수하여 해산물을 채취한다. 제주 해녀는 하루에 여름철에는 6~7시간 정도, 겨울철에는 4~5시간, 연간 90일 정도 물질 작업을 한다. 제주 해녀들은 바다의 여신인 용왕 할머니에게 풍어와 바다에서의 안전을 기원하기 위해 잠수 굿을 지내면서 서우젯소리를 부른다. 또한 노를 저어 바다로 물질을 나갔던 시절에 불렀던 '해녀 노래'가 전승되고 있다.

물에 들어갈 준비를 하는 해녀들

□ 씨름

두 사람이 샅바를 맞잡고 힘과 기술을 이용해 상대를 넘어뜨려 승부를 겨루는 경기이다. 한민족 특유의 공동체 문화를 바탕으로 유구한 역사를 거쳐 현재까지 전승되어 온 민속놀이로, 유네스코 무형 유산으로 남 · 북한 공동 등재되었다.

씨름

□ 연등회

매년 음력 4월 8일(부처님 오신날)이 다가오면 전국적으로 형형색색의 등불이 밝혀지며, 석가모니 탄생을 축하하는 의식이 치러진다. 『삼국사기』에도 불교와 연등에 관한 기록이 존재하며, 고려 시대의 기록에는 연등제가 개최되었다는 기록이 있다. 본래 연등회는 석가모니의 탄생을 기념하기 위한 종교 의식이었으나, 지금은 남녀노소 누구나 참여할 수 있는 대표적인 봄 축제가 되었다.

연등회

□ 한국의 탈춤

탈춤은 춤, 노래, 연극을 아우르는 종합 예술이다. 한국의 탈춤은 한국인의 삶 속에서 전통적 공연 예술의 상징으로 인식되어 왔으며, 양주별산대놀이 등 다양한 지역의 탈춤이 보존·전승되어 왔다.

한국의 탈춤

□ 한국의 장 담그기 문화

한국의 장 담그기 문화는 한국 음식의 기본 양념인 장을 만들고, 관리 · 이용하는 과정의 지식과 신념, 기술을 모두 포함한 것이다. '장'은 한국인의 일상 음식에 큰 비중을 차지해왔으며, 가족 구성원이 함께 만들고 나누어 먹는 문화가 세대 간에 전승되어오며 가족 간의 유대감을 강화하는 기능을 하였다.

한국의 장 담그기 문화

노범석

주요 약력
박문각 공무원 한국사 온라인, 오프라인 전임교수
전) EBS 공무원 한국사 강사
전) KG패스원 공무원 한국사 전임교수
전) 강남구청 인터넷수능방송 강사
전) 두로경찰간부학원 한국사 교수
전) 을지대학교 한국사 특강 교수

주요 저서
2026 박문각 공무원 노범석 한국사 기본서
2025 박문각 공무원 노범석 한국사 필기노트
2025 박문각 공무원 노범석 한국사 기출문제 1100제
2025 박문각 공무원 노범석 한국사 기출필수코드 단원별 실전문제
2025 박문각 공무원 노범석 한국사 기선제압 OX
2025 박문각 공무원 노범석 한국사 적중동형 국가직 · 지방직 봉투모의고사 Vol.1
2025 박문각 공무원 노범석 한국사 적중동형 봉투모의고사 Vol.2
2024 박문각 공무원 입문서 시작! 노범석 한국사
박문각 한국사능력검정시험 노범석 원샷 한능검 심화 1/2/3급

노범석 한국사 단권화 기본서

초판 인쇄 | 2025. 7. 10.   **초판 발행** | 2025. 7. 15.   **편저** | 노범석

발행인 | 박 용   **발행처** | (주)박문각출판   **등록** | 2015년 4월 29일 제2019-000137호

주소 | 06654 서울시 서초구 효령로 283 서경 B/D 4층   **팩스** | (02)584-2927

전화 | 교재 문의 (02)6466-7202

저자와의
협의하에
인지생략

정가 45,000원
ISBN 979-11-7262-970-0